# LES DISPOSITIFS ANTI-ABUS EN DROIT FISCAL INTERNATIONAL

Contribution à l'étude de la théorie de l'abus de droit appliquée au droit fiscal international

Finances publiques/Public finance

*Collection dirigée par/ Collection directed by Thierry Lambert*

Les finances publiques connaissent un développement important et se diversifient. Cette discipline couvre notamment les finances de l'État, le droit public financier, le droit fiscal, les finances communautaires, les finances locales, les finances sociales, les finances internationales et comparées, les procédures fiscales ainsi que le droit douanier. Ces questions peuvent être envisagées dans un cadre national, communautaire ou mondial.

La présente collection a pour vocation de publier des travaux originaux (thèses, essais, colloques...) ou de facture plus classique (manuels, commentaires de textes, recueils de documents...).

Elle a aussi pour ambition de rééditer des ouvrages aujourd'hui introuvables, mais fort utiles, dès lors qu'ils s'imposent comme référence et qu'ils sont agrémentés d'une préface substantielle.

Public finance steadily developing and diversifying. This discipline more particulary covers state finance, public finance law, tax law, EU finance, local finance, social finance, international and comparative finance, tax procedures and customs law. Those questions can be considered within a national community or global framework.

The aim of this collection is to publish original works (theses, essays, symposiums...) or more traditional ones (textbooks text analyses, collections of documents ...).

In addition, it is meant to re-publish books which are currently untraceable no matter how useful provided they stand as genuine references and contain substantial prefaces.

## Dernières parutions

Yoan ANTONIO, *L'intégration de l'égalité femmes-hommes dans le budget de l'Etat*, 2024.

Marie-Caroline LEFEBVRE, *La proportionnalité en droit fiscal, Une action modératrice, par l'adaptation, dans l'application de la norme fiscale*, 2023.

Jennyfer PILOTIN, *Le secret en matière fiscale*, 2022.

Florent OLIVIER, *Le juge et l'impôt, D'un dualisme complexe à un monisme vertueux*, 2022.

Gbandi NADJOMBE, *La fiscalité privilégiée en propriété industrielle. Contribution à la cohérence d'une fiscalité au service de l'innovation*, 2022.

Siankoloute Sambou, *L'équité intergénérationnelle, Quelle fiscalité pour plus d'égalité ?* 2020.

Jean-Bosco KAOMBA MUTUMBA, *La gestion des finances publiques en République démocratique du Congo*, 2021.

Simon Rio

# LES DISPOSITIFS ANTI-ABUS EN DROIT FISCAL INTERNATIONAL

Contribution à l'étude de la théorie de l'abus de droit appliquée au droit fiscal international

*Préface de Martin Collet*

L'Harmattan

**5-7, rue de l'École-Polytechnique - 75005 Paris**

www.editions-harmattan.fr

ISBN : 978-2-336-46001-7

EAN : 9782336460017

*À la mémoire de mon parrain.*
*À mes parents.*

## Remerciements

Merci à Monsieur le professeur Martin COLLET d'avoir accepté de diriger cette thèse. Sa confiance, sa constante disponibilité, ses conseils toujours avisés, ainsi que sa profonde bienveillance, furent précieux pendant ces cinq années. Ces quelques lignes ne suffisent pas pour exprimer toute ma gratitude.

Merci à Madame la professeure Polina KOURALEVA-CAZALS, Messieurs les professeurs Gauthier BLANLUET, Alexandre MAITROT DE LA MOTTE, ainsi qu'à Monsieur le président Phillipe MARTIN, de m'avoir fait l'honneur de lire et de juger ce travail.

Merci à mes compagnons de route, amis et collègues qui, d'une manière ou d'une autre, ont participé à l'achèvement de cette thèse. Mes pensées vont vers Benjamin, Édouard, Fabrice, Grayson, Hugo, Juline, Loïc et Valentin, qui ont pris de leur temps pour relire ces pages.

Merci infiniment aux membres de ma famille pour leur soutien sans faille. Je pense évidemment à mes parents, Maryline et Yvonnick, à mon frère, Vincent, ainsi qu'à ma grand-mère, Simone.

Merci à Agathe, ma compagne, à qui je dois tant. Ces quelques mots sont dérisoires pour exprimer toute ma reconnaissance.

# Préface

Peu de notions captent avec autant d'intensité l'intérêt des praticiens de la fiscalité que celle d'abus de droit. Défini à l'origine par une loi du 13 janvier 1941, ce mécanisme « d'autodéfense du droit fiscal par lui-même contre les dévoiements de la pratique » (Paul Amselek) est sans doute indispensable au bon fonctionnement du système fiscal qu'il entend protéger. Il n'en reste pas moins redoutable pour ceux qui jouent – de manière plus ou moins intentionnelle – avec les marges de la légalité. C'est qu'en effet, par-delà les différentes réformes législatives qui ont permis d'étoffer sa définition et d'élargir son champ d'application, une double caractéristique est restée immuable : en premier lieu, la menace d'une sanction sévère accompagne depuis 1925 (avant même qu'il soit défini par la loi !) sa mise en œuvre tandis que, en second lieu, ses traits caractéristiques sont toujours restés relativement nébuleux. Et pour cause : c'est bien pour prévenir les excès d'inventivité des fiscalistes tentés de tirer profit de la lettre des dispositions fiscales au mépris de leur esprit que cette notion volontairement « floue » a été élaborée et qu'elle persiste ainsi à menacer de châtiment les surdoués de la fiscalité, pour paraphraser Maurice Cozian.

Ainsi, dès l'origine, la notion d'abus de droit constitue un défi pour l'exigence de sécurité juridique ou, pour le dire autrement, de prévisibilité de la règle de droit et de ses modalités d'application. L'absence de définition précise des pratiques susceptibles d'être qualifiées d'abusives est conçue comme une garantie d'efficacité de cet outil essentiellement prophylactique, qui doit inspirer la crainte et n'être utilisé qu'en cas d'absolue nécessité. Une mini-bombe nucléaire entre les mains de l'administration fiscale, en quelque sorte.

Faut-il, dès lors, se féliciter de la multiplication des mécanismes qui, tout en empruntant à la notion « historique » d'abus de droit son objectif de régulation des comportements des contribuables, s'efforcent de viser plus spécifiquement certaines pratiques, tout particulièrement celles se jouant des frontières étatiques ? À l'échelle nationale, les exemples ne manquent pas – qu'il s'agisse de lutter contre les « paradis fiscaux » en y dissuadant la localisation artificielle de revenus ou de bénéfices, ou bien encore de prévenir l'utilisation injustifiée de certains régimes de faveur européens ou de stipulations avantageuses des conventions fiscales bilatérales signées par la France. Ces mécanismes prolifèrent depuis l'entrée en vigueur des différents instruments de lutte contre la fraude et l'optimisation « agressive », promus par l'OCDE comme par l'Union européenne.

Et que penser des dispositifs volontiers assimilables à la notion domestique traditionnelle d'abus de droit, aujourd'hui inscrite à l'article L. 64 du livre des procédures fiscales (LPF), mais prévus par des textes de portée transnationale (ou par l'interprétation qu'en tirent les juridictions internationales) et, dès lors, susceptibles d'homogénéiser voire d'unifier l'appréhension des comportements abusifs à l'échelle européenne voire mondiale ?

Une chose est à peu près certaine : du point de vue des contribuables et de leurs conseils, la multiplication des dispositifs anti-abus « généraux » comme « spéciaux » peut difficilement être perçue comme une bonne nouvelle. Les risques de se voir reprocher de flirter avec les limites de la légalité augmentent évidemment à mesure que ces mêmes limites reçoivent des définitions toujours plus nombreuses et pas nécessairement plus claires. Mais du point de vue des États et de leurs administrations fiscales, rien n'indique que ce mouvement soit vraiment fructueux. Abondance d'outils peut nuire, en particulier lorsque leurs domaines d'application respectifs ne sont pas précisément délimités et, plus encore, lorsque les procédures qui leur sont attachées diffèrent, tout comme les garanties offertes aux contribuables concernés. Le risque d'emprunter la mauvaise direction et de se le voir reprocher par le juge est massif. Le flou – en grande partie volontaire, on l'a rappelé – des critères d'application soulève des difficultés d'interprétation qui n'aident pas à prévoir la lecture que le juge (national comme européen) pourra proposer, demain, des textes litigieux. L'insécurité est alors tout aussi grande pour le contribuable que pour l'administration. Selon certaines indiscrétions, les services de contrôle s'abstiendraient d'ailleurs d'appliquer plusieurs dispositifs entrés récemment en vigueur (les articles L. 64 A du LPF et 205 A du CGI, en particulier), préférant, comme le suggère à mots à peine couverts sa doctrine officielle (BOI-CF-IOR-30-20, n° 110), se concentrer sur l'outil dont la mise en œuvre apparait le mieux balisée, à savoir l'abus de droit de l'article L. 64 du LPF.

Face à ce magma, la tâche de Simon Rio n'était pas simple, à commencer par celle consistant à cartographier les différentes strates de dispositifs anti-abus, en tentant de dégager leurs traits communs comme leurs singularités respectives ; bref, à faire le pari de « mettre du droit dans un trop-plein de droit », pour reprendre l'expression employée par Gauthier Blanluet lors de la soutenance de la thèse. L'exercice, ardu mais indispensable, permet d'envisager ensuite la question cruciale de la mise en œuvre concrète de ces dispositifs et des perspectives de rationalisation que le juge, en premier lieu, pourrait envisager. Pour rester efficaces, ces mécanismes doivent en effet tenir compte des garanties tant constitutionnelles qu'internationales offertes aux contribuables et, plus encore, trouver leurs modalités d'articulation afin de déterminer jusqu'à quel point l'administration fiscale garde le « choix des armes » ou, au contraire, doit n'utiliser que l'instrument idoine, face au comportement particulier qu'elle entend contrer. La thèse de M. Rio se fait ici prospective tant, à l'heure actuelle, les solutions jurisprudentielles sont absentes. L'exercice n'en est que plus stimulant et permet à l'auteur de déployer toutes les qualités qu'on peut espérer d'un travail de recherche doctorale : une prise de distance ou, plutôt, une hauteur de vue, à la fois critique, constructive et nuancée, qui autorise une compréhension plus fine des mécanismes étudiés et propose aux acteurs des pistes d'évolution susceptibles de mieux servir les intérêts – divergents mais conciliables – qu'ils poursuivent.

À n'en pas douter, la thèse de M. Rio méritera d'être lue et relue dans les années à venir, lorsque le juge sera effectivement confronté aux difficultés d'articulation qu'elle met en lumière. Il y trouvera un précieux allié dans la réalisation de son office et dans la recherche du juste équilibre entre l'incontournable objectif de lutte contre les comportements abusifs et frauduleux des contribuables et le nécessaire respect de l'exigence de prévisibilité et de proportionnalité de la norme juridique qui caractérise les États de droit.

Martin COLLET

*Professeur à l'Université Paris-Panthéon-Assas*

## Principales abréviations

**aff.** : affaire
***AJDA*** : *Actualité juridique – Droit administratif*
**al.** : alinéa
**ann.** : annexe
**art.** : article
**Ass.** : Assemblée du contentieux du Conseil d'État
**Ass. plén.** : Assemblée plénière de la Cour de cassation
**ATAD** : Directive établissant des règles pour lutter contre des pratiques d'évasion fiscale qui ont une incidence directe sur le fonctionnement du marché intérieur
***BF*** : *Bulletin fiscal Francis Lefebvre*
***BDCF*** : *Bulletin des conclusions fiscales*
**BEPS** : *Base Erosion and Profit Shifting*
**BOFiP** : Bulletin officiel des finances publiques
**BOI** : Bulletin officiel des impôts
***Bull. civ.*** : *Bulletin des arrêts des chambres civiles de la Cour de cassation*
***Bull. crim.*** : *Bulletin des arrêts de la chambre criminelle de la Cour de cassation*
**C. civ.** : Code civil
**C. com.** : Code de commerce
**CA** : Cour d'appel
**CAA** : Cour administrative d'appel
**CADF** : Comité de l'abus de droit fiscal
**Cass.** : Cour de cassation
***CCC*** : *Cahiers du Conseil constitutionnel*
**CCRAD** : Comité consultatif pour la répression des abus de droit
**CEDH** : Cour européenne des droits de l'homme
**CESDH** : Convention européenne de sauvegarde des droits de l'homme et des libertés fondamentales
**CGI** : Code général des impôts
**Ch.** : Chambre
**chr.** : chronique
**Civ.** : Chambre civile de la Cour de cassation
**CJCE** : Cour de justice des communautés européennes
**CJUE** : Cour de justice de l'Union européenne
**CoMoFi** : Code monétaire et financier
**CML** : Convention multilatérale pour la mise en œuvre des mesures relatives aux conventions fiscales pour prévenir le
**CNRTL** : Centre national de ressources textuelles et lexicales
**concl.** : conclusions
**cons.** : considérant
**Cons. const.** : Conseil constitutionnel
**COP** : Clause d'objectif principal
***D.*** : *Recueil Dalloz*
**Déc.** : Décision
***Dr. admin.*** : *Droit administratif*
***Dr. fisc.*** : *Revue de droit fiscal*
***Dr. soc.*** : *Droit des sociétés*
**Fasc.** : Fascicule
***FI*** : *Fiscalité internationale*
***FR*** : *Feuillet rapide fiscal social*
**G20** : Groupe des vingt
***Gaz. Pal.*** : *Gazette du Palais*

***Ibid.*** : *Ibidem*
**IFI** : Impôt sur la fortune immobilière
**IR** : Impôt sur le revenu
**IS** : Impôt sur les sociétés
**ISF** : Impôt de solidarité sur la fortune
***JCl.*** : *JurisClasseur*
***JCP A*** : *La semaine juridique – édition administrations et collectivités territoriales*
***JCP E*** : *La semaine juridique – édition entreprise et affaires*
***JCP G*** : *La semaine juridique – édition générale*
***JCP N*** : *La semaine juridique – édition notariale*
***JORF*** : *Journal officiel de la République française*
**LGDJ** : Librairie générale de droit et de la jurisprudence
***LPA*** : *Les petites affiches*
**LPF** : Livre des procédures fiscales
**LoB** : Limitation on Benefits
**n°** : numéro
**not.** : notamment
***NCCC*** : *Nouveaux Cahiers du Conseil constitutionnel*
**Obs.** : Observations
**OCDE** : Organisation de coopération et de développement économiques
**ONU** : Organisation des nations unies
***Op. cit.*** : *Opus citatum*
**OVC** : Objectif de valeur constitutionnelle
**p.** : page
**Plén.** : Plénière fiscale
**PLF** : Projet de loi de finances
**pp.** : pages
**PPT** : *Principal Purpose Test*
***préc.*** : cité précédemment
**PUF** : Presses universitaires de France
**QPC** : Question prioritaire de constitutionnalité
**RAS** : Retenue à la source
***Rec.*** : *Recueil* (*Lebon*, Recueil des décisions du Conseil constitutionnel, CJCE et CJUE)
***RDC*** : *Revue des contrats*
***REIDF*** : *Revue européenne et internationale de droit fiscal*
***Rev. int. compliance*** : *Revue internationale de l'éthique des affaires et de la compliance*
***Rev. soc.*** : *Revue des sociétés*
***RFDA*** : *Revue française de droit administratif*
***RFFP*** : *Revue française des finances publiques*
***RFP*** : *Revue fiscale du patrimoine*
***RJF*** : *Revue de jurisprudence fiscale*
***RTD civ.*** : *Revue trimestrielle de droit civil*
***RTD com.*** : *Revue trimestrielle de droit commercial*
**s.** : suivant
**s.-s.** : sous-section
**Sect.** : Section du contentieux du Conseil d'État
**t.** : tome
**TA** : Tribunal administratif
**TC** : Tribunal des conflits
**TFUE** : Traité sur le fonctionnement de l'Union européenne
**TVA** : Taxe sur la valeur ajoutée
**UE** : Union européenne
**v.** : Voir
**vol.** : Volume

## Sommaire

> « *Il est des vérités éternelles, des idées-forces, ou, pour parler le langage anglo-saxon, des "standards" fondamentaux qui, bien que représentant l'armature de toutes les législations à toute époque et dans tout pays, se trouvent périodiquement ou constamment sujets à contestation, à régression, voire même à négation : de ce nombre est le concept de la relativité, et par conséquent de l'abus des droits qui constitue une des pièces maîtresses des systèmes juridiques de tous les pays civilisés, ou, plus exactement, l'atmosphère, le "climat" dans lequel ces systèmes se développent et se réalisent.* »
>
> Louis JOSSERAND[1]

**1. L'abus des droits. –** Louis JOSSERAND est à l'origine de la conceptualisation de l'abus des droits[2]. Ses écrits témoignent d'une époque durant laquelle l'emploi de la notion d'abus de droit en France[3], pourtant de plus en plus fréquent dans la jurisprudence[4], fait l'objet de « *critiques*

---

[1] Louis JOSSERAND, *De l'esprit des droits et de leur relativité : théorie dite de l'abus des droits*, 2ème éd., 1939, Dalloz, p. 1, § 1. La première édition de l'ouvrage de Louis JOSSERAND est parue en 1905, v. Louis JOSSERAND, *De l'abus des droits*, 1905, A. Rousseau.

[2] Par conceptualisation, nous entendons l'opération qui consiste à saisir ou à former un concept. Le concept, quant à lui, se définit comme l'idée abstraite et générale susceptible de généralisation, ou comme une notion générale définissant une classe d'objet donnée ou construite, et convenant d'une manière identique et totale à chacun des individus formant cette classe. En ce sens, v. Concept, in André LALANDE, *Vocabulaire technique et critique de la philosophie*, 3ème éd., 2010, PUF, « Quadrige », p. 160.

[3] Pour une étude, datant de la première moitié du XXème siècle, sur l'abus des droits en droit comparé, v. Milivoïe MARKOVITCH, *La théorie de l'abus des droits en droit comparé*, Thèse, 1936, LGDJ. Pour une étude plus récente de cette question, v. Joseph VOYAME, Bertil COTTIER, Bolivar ROCHA, « L'abus de droit en droit comparé », in *L'abus de droit et les concepts équivalents : principe et applications actuelles*, 1990, Conseil de l'Europe – Service de l'édition et de la documentation, pp. 23-52. Tous les États ne consacrent pas la théorie de l'abus de droit (par exemple : les pays de *Common law*). Les États qui consacrent la théorie de l'abus de droit ne le définissent pas de la même manière. V. Loïc CADIET, Philippe LE TOURNEAU, « Abus de droit », in *Rép. civ.*, § 3.

[4] Pour des exemples classiques, v. CA Colmar, 2 mai 1855 : *DP* 1856, 2, 9 ; Trib. Civ., Sedan, 17 décembre 1901 : *DP* 1906, 5, 38 ; Trib. Civ. Compiègne, 12 février 1913 : *D.* 13, 177 ; Cass. req., 28 janvier 1903 : *DP* 1903, 1, 64 ; Cass. req., 16 juin 1913 : *DP* 1914, 5, 23 ; CA Chambéry, 21 juillet 1914 : *Gaz. Trib.* 19 janvier 1916.

*vigoureuses et mêmes indignées* »[5]. Ces critiques sont fondées sur une vision individualiste, voire absolutiste, de l'exercice des droits subjectifs[6]. Dès le début du XXème siècle, Louis JOSSERAND soutient la thèse de la relativité des droits. D'après lui, l'individu est censé faire valoir et réaliser ses droits en fonction de l'unité sociale à laquelle il appartient[7]. Cet auteur civiliste a tenté de démontrer toute la nécessité du « standard »[8] de l'abus, pour faire

---

[5] Louis JOSSERAND, *De l'esprit des droits et de leur relativité : théorie dite de l'abus des droits*, *op. cit.*, § 1, p. 2. Louis JOSSERAND fait notamment référence aux écrits de Marcel PLANIOL et d'Adhémar ESMEIN. V. Marcel PLANIOL, *Traité élémentaire de droit civil*, t. II, 3ème éd., LGDJ, 1905, p. 283 et s. ; Adhémar ESMEIN, *S.* 1898, I, 17. D'autres auteurs se sont montrés critiques, tels que George RIPERT, v. Georges RIPERT, « L'exercice des droits et la responsabilité civile », *Revue critique de législation et de jurisprudence* 1905, p. 352.

[6] Louis JOSSERAND, *De l'esprit des droits et de leur relativité : théorie dite de l'abus des droits*, *op. cit.*, p. 6, § 4. Cet « *individualisme exaspéré* » ne serait que la résultante d'une lecture extrême des droits et libertés consacrés par la Déclaration des droits de l'homme et du citoyen de 1789.

Les droits subjectifs se définissent comme les prérogatives individuelles reconnues et sanctionnées par le Droit objectif (ensemble des règles de conduite socialement édictées, qui s'imposent aux membres de la société) qui permettent aux titulaires de ces droits de faire, d'exiger ou d'interdire quelque chose dans leur propre intérêt ou, parfois, dans l'intérêt d'autrui. V. « Droit. 1. Droit objectif. 4. Droit subjectif », in Gérard CORNU (dir.), *Vocabulaire juridique*, 13ème éd., PUF, « Quadrige », 2020, p. 310 et s. Pour une étude classique sur les droits subjectifs, v. Octavian IONESCU, *La notion de droit subjectif dans le droit privé*, Thèse, 1931, Librairie du Recueil Sirey.

[7] *Ibid.*, p. 7, § 5. Pour reprendre l'expression de l'auteur : « *Dans la réalité, ce n'est pas en tant qu'individu que l'homme intéresse le législateur, les pouvoirs publics et le juriste, mais bien en tant qu'unité sociale* ».

[8] Pour des études sur le « standard », v. Stéphane RIALS, *Le juge administratif et la technique du standard. Essai sur le traitement juridictionnel de l'idée de normalité*, Thèse, 1980, LGDJ, « Bibliothèque de droit public ». V. aussi Stéphane RIALS, « Les standards, notions critiques du droit », », in Chaïm PERELMAN et Raymond VANDER ELST (dir.), *Les notions à contenu variable en droit*, Bruylant, « Travaux du centre national de recherches en logique », 1984, p. 39.

Pour une définition classique, Céline BLOUD-REY, v. « Standard », in Denis ALLAND, Stéphane RIALS (dir.), *Dictionnaire de la culture juridique*, 2003, PUF, « Quadrige », p. 1439 : « *Le standard est un mot d'origine anglaise qui signifie "étalon, type, modèle". Il est rarement utilisé par les juristes, probablement en raison du halo de mystère qui entoure la notion. Comme son étymologie l'indique, il puise ses origines dans le droit anglo-saxon, ce qui laisse présager des réticences à l'adapter au système juridique français. S'il existe aujourd'hui un certain consensus autour des différentes fonctions du standard, celui-ci n'apparaît pas pour autant complètement conceptualisé* ».

Pour une définition commune, v. « Standard », in Gérard CORNU (dir.), *Vocabulaire juridique*, *op. cit.*, p. 979 : « *Pour désigner une norme souple fondée sur un critère intentionnellement indéterminé, critère directif (englobant et plastique, mais normatif) qu'il appartient au juge, en vertu du renvoi implicite de la loi, d'appliquer espèce par espèce, à la lumière de données extralégales ou même extra juridiques (références coutumières, besoins sociaux, contexte économique et politique), occasion d'adapter la règle à la diversité des situations et à l'évolution de la société, en la pérennisant* ».

À rapprocher de « Notion-cadre », *Ibid.*, p. 689 : « *Notion englobante et directive virtuellement applicable à une série indéfinie de cas, et dont l'application, en raison de son*

face à des actes anti fonctionnels, c'est-à-dire contraires à l'esprit, à la finalité ou au but d'un droit déterminé[9].

2. **L'utilité du standard de l'abus.** – Au fil des années, et à mesure que la notion d'abus de droit s'est diffusée dans les différents pans du droit, la doctrine a fini par adhérer à l'emploi jurisprudentiel de ce standard[10]. Les querelles doctrinales relatives à l'utilité et à la justification de cette notion se sont atténuées[11]. Aujourd'hui, la nécessité de recourir à la notion d'abus de droit est admise. En effet, comme l'estime Judith ROCHFELD, ce standard permet « *de contrôler que l'exercice des droits s'effectue conformément à des impératifs d'intérêt général d'une part ; de respect des intérêts et droits d'autrui, d'autre part* »[12]. En droit fiscal, la doctrine reconnaît l'intérêt de recourir à cette notion[13], afin d'autoriser l'Administration, sous le contrôle du juge, à

---

*indétermination intentionnelle, passe nécessairement par l'appréciation d'un juge (ou d'un interprète) qui l'actualise in casu, si, précisément, il estime que le cas particulier entre dans le cadre de la notion ; critère vague mais chargé d'évocation dont il appartient au juge, sur la force de l'idée directrice qui s'en dégage, de déterminer le contenu variable et évolutif au gré des espèces et au fil du temps* ».

[9] Louis JOSSERAND, *De l'esprit des droits et de leur relativité : théorie dite de l'abus des droits*, *op. cit.*, p. 8, § 7.

[10] *Ibid.*, p. 9, § 8. Louis JOSSERAND explique alors que des auteurs, pourtant récalcitrants au départ, ont finalement admis la relativité des droits et ont encouragé, par leurs écrits, le recours au concept de l'abus des droits par la jurisprudence.

[11] Pour une synthèse sur la théorie civiliste de l'abus de droit : Alain SERIAUX, v. Abus de droit, in Denis ALLAND, Stéphane RIALS (dir.), *Dictionnaire de la culture juridique*, *op. cit.* Il estime que : « *La théorie de l'abus de droit (plus exactement, de l'abus des droits ou, au singulier, de l'abus d'un droit) a pour vocation de corriger certaines conséquences jugées néfastes de la reconnaissance de droits subjectifs au profit des personnes physiques ou morales. Par son inspiration, elle s'apparente ainsi à d'autres correctifs, tels que la bonne foi, l'équité ou la règle fraus omnia corrumpit. Son objet – les droits subjectifs – lui a cependant valu une considération toute particulière de la part de la doctrine juridique* ».

[12] Judith ROCHFELD, *Les grandes notions du droit privé*, 2ème éd., 2013, PUF, « Thémis », p. 184.

[13] Pour Daniel GUTMANN : « *Le recours à la théorie de l'abus de droit a un mérite immense : il permet de débusquer les contribuables qui se croient à l'abri de toute sanction au seul motif qu'ils rendent un hommage de façade à la législation existante* », v. Daniel GUTMANN, *Droit fiscal des affaires*, 12ème éd., 2021-2022, LGDJ, « Précis Domat droit privé », p. 781, § 983.

Pour Martin COLLET, la notion d'abus de droit permet de « *dissuader certains montages juridiques qui, bien qu'étant formellement conformes aux règles d'assiette et de procédure, ont pour unique objet d'éluder l'impôt* », v. Martin COLLET, *Droit fiscal*, 10ème éd., 2022, PUF, « Thémis », p. 232, § 379.

Dans l'ouvrage de Maurice COZIAN, Florence DEBOISSY et Martial CHADEFAUX, l'abus de droit est analysé comme suit : « *Tout n'est pas permis et la liberté de gestion trouve notamment sa limite dans l'abus de droit, qui est le péché des surdoués ou des virtuoses de la fiscalité* », v. Maurice COZIAN, Florence DEBOISSY et Martial CHADEFAUX, *Précis de fiscalité des entreprises*, 44ème éd., 2021-2022, LexisNexis, « Précis fiscal », p. 999, § 2730.

s'opposer aux opérations des contribuables dépourvues de substance juridique ou économique (n° 89 et s.)[14]. Néanmoins, la notion d'abus de droit fiscal fait l'objet de discussions[15], au premier rang desquelles figurent aujourd'hui les dispositifs anti-abus du droit fiscal international français[16]. En effet, la question qui se pose est de savoir si les règles anti-abus du droit fiscal international français forment un système satisfaisant[17] (n° 61).

---

Pour Florence DEBOISSY, l'abus de droit est une « *notion cadre dont les critères sont identifiés, […] [m]ais dont la mise en œuvre comporte nécessairement une part d'incertitude* ». V. Florence DEBOISSY, « Tout n'est-il qu'abus de droit ? », *REIDF*, 2018/1, p. 90.

[14] Les chiffres indiqués renvoient aux numéros des paragraphes du présent travail.

[15] Quelques articles, traitant de sujets fondamentaux, sur lesquels nous reviendrons plus en détail au fil du propos, peuvent être référencés : Olivier FOUQUET, « La réforme de l'abus de droit : pour quoi faire ? », *FR* 39/13, inf. 12, p. 23 ; Même auteur, « La définition de l'abus de droit en question ? », *Dr. fisc.* 2017, n° 43-44, 529 ; « Les deux nouvelles procédures de "mini-abus de droit" instituées par le projet de loi de finances pour 2019 sont-elles constitutionnelles ? », *Dr. fisc.* 2018, n° 49, act. 519 ; Jérôme TUROT, « Demain, serons-nous tous des Al Capone ? À propos d'une éventuelle prohibition des actes à but principalement fiscal », *Dr. fisc.* 2013, n° 33, 394 ; Même auteur, « La liberté de gestion des entreprises entre enfer et paradis (et plus près de l'enfer) », *Dr. fisc.* 2017, n° 27, 378 ; Yann AGUILA, Julien GAYRAL, Yves RUTSCHMANN, « La nouvelle clause anti-abus du régime des sociétés mères : critique de la décision du Conseil constitutionnel et opportunité d'une saisine de la Cour de justice de l'Union européenne », *Dr. fisc.* 2016, n° 13, 248 ; Alexandre MAITROT DE LA MOTTE, « Les clauses anti-abus et le droit de l'Union européenne », *Dr. fisc.* 2016, n° 13, 257 ; Florence DEBOISSY, « Articulation de la procédure d'abus de droit et des clauses anti-abus », *Dr. fisc.* 2016, n° 46, 632 ; Marc PELLETIER, « Principe d'égalité devant les charges publiques et article 123 *bis* du CGI : l'agonie des présomptions irréfragables », *Dr. fisc.* 2017, n° 11, act. 165 ; Philippe MARTIN, Bruno GOUTHIERE, « Les conflits de normes : les clauses anti-évasion », *Dr. fisc.* 2017, n° 39, ét. 479 ; Stéphane AUSTRY, « La fin de l'abus de droit ? », *FR* 54/18 inf. 4, p. 17 ; Alexandre MAITROT DE LA MOTTE, Lauren SILBERMAN, « Les clauses anti-abus, le droit primaire et le droit dérivé de l'Union européenne : presque rien sur presque tout », *Dr. fisc.* 2018, n° 11, comm. 223 ; Yves RUTSCHMANN, Pierre-Marie ROCH, « Transposition de la clause anti-abus en matière d'IS (CGI, art. 205 A) et nouvelle procédure d'abus de droit (LPF, L. 64 A) : les paradoxes de la réforme », *Dr. fisc.* 2019, n° 3, 116 ; Louis NAYBERG, Nicolas VERGNET, « La clause anti-abus générale de la directive ATAD, Réflexions sur le principe européen de lutte contre les pratiques abusives », *FI* 2019, n° 1, 9.4.1 ; Philippe MARTIN, « Interprétation et application de la clause générale anti-abus de l'OCDE », *FI* 2019, n° 4, 9.3 ; Laurent OLLÉON, « Mini-abus de droit : la Campagne des cent fleurs ? », *Dr. fisc.* 2019, n° 30-35, 344.

[16] Nous reviendrons en détail sur le sens à attribuer à cette expression dans cette introduction. V. n° 8 et s.

[17] Par système, nous entendons « *tout groupe de normes juridiques valides au même moment donné et qui forment un sous-ensemble d'un système juridique* ». V. Système juridique, in André-Jean ARNAUD (dir.), *Dictionnaire encyclopédique de théorie et de sociologie du droit*, 2ème éd., 2018, LGDJ, pp. 595-598. Par système satisfaisant nous pouvons reprendre la définition de Jean-Louis BERGEL selon laquelle : « *Pour être techniquement satisfaisant, un système juridique doit être à la fois complet, autrement dit apte à régler toutes les situations, économique, c'est-à-dire dépourvu de choses inutiles, et cohérent, ce qui suppose qu'il ne contienne pas de dispositions incompatibles* ». V. Jean-Louis BERGEL,

Autrement dit, c'est la conciliation des différents intérêts en présence, à savoir la lutte contre les pratiques abusives dans les situations transnationales et la satisfaction d'un niveau raisonnable de prévisibilité juridique, qui nous importe.

**3. Les propositions soutenues. –** L'abus de droit est une « notion-cadre » ou un « standard juridique » indispensable en droit fiscal international. Les éléments constitutifs traditionnels de l'abus de droit sont vagues, flous, voire indéterminés. La notion d'abus de droit, au fil des réformes et des solutions jurisprudentielles, a fait l'objet de précisions et concrétisations diverses en droit fiscal international (n° 170 et s.). Ces dernières permettent de pallier l'imprévisibilité attachée à la mise en œuvre du « standard » de l'abus de droit dans les situations transnationales. Elles ont aussi pour fonction de faciliter les opérations de contrôle et de rectification de l'Administration. Cependant, les pouvoirs publics, animés par la volonté politique de protéger les budgets des États face à l'érosion des assiettes fiscales, ont cru pertinent de stratifier la définition de l'abus de droit fiscal. L'ajout de critères de définition, censés assouplir le seuil à partir duquel une opération est qualifiée de pratique abusive, crée des incertitudes inutiles (n° 137 et s.). Pour résoudre ces incertitudes, nous estimons qu'il est préférable que les juges adoptent une lecture convergente des différents critères à travers l'artificialité (n° 737 et s.). Qui plus est, il convient de veiller à ce que ces mesures anti-abus, qui octroient des prérogatives variées à l'Administration (n° 363 et s.), ne portent pas d'atteintes disproportionnées aux droits et libertés garantis des contribuables (n° 574 et s.). En outre, nous considérons nécessaire de convenir à une articulation plus précise, sur le plan procédural notamment, entre les différentes mesures anti-abus qui, de plus en plus, se font concurrence en droit fiscal international (n° 743 et s.).

**4. <u>La « thèse » défendue</u>. – Cette thèse vise à évaluer la qualité du système formé par les dispositifs anti-abus en droit fiscal international. Le système est jugé satisfaisant s'il permet de concilier suffisamment deux exigences du droit fiscal, la lutte contre les pratiques abusives dans les situations transnationales et la garantie d'un niveau raisonnable de prévisibilité juridique. Les éléments de régime des dispositifs anti-abus sont appréciés à la lumière de deux critères de qualité, celui de la cohérence et celui de la proportionnalité. En effet, nous estimons que des éléments de régime incohérents et disproportionnés ne permettent pas d'assurer un**

---

*Méthodologie juridique : fondamentale et appliquée*, 3ème éd., 2018, PUF, « Thémis. Droit », p. 181, § 96.

**équilibre satisfaisant entre les différents intérêts en présence. En l'état, nous jugeons que le système étudié n'est pas en tout point pertinent. Dès lors, il mériterait d'être davantage rationalisé.**

**5.** À toutes fins utiles, il paraît opportun de caractériser les dispositifs anti-abus applicables en droit fiscal international français (**I**). Ce sujet occupe une place importante en droit fiscal international et suscite de nombreuses interrogations (**II**).

## I – La caractérisation des dispositifs anti-abus en droit fiscal international

**6.** Pour délimiter concrètement les frontières du sujet (**B**), il convient de s'entendre, avant tout, sur la définition des termes qui le composent (**A**).

### *A. La définition des termes du sujet*

**7.** Le sujet renvoie, d'une part, à l'expression « dispositifs anti-abus » (**1**) et, d'autre part, au domaine du droit fiscal international (**2**).

#### *1. Un vocable conceptuel : les dispositifs anti-abus*

**8.** La difficulté liée à l'absence de définition précise, en droit positif, de l'expression « dispositifs anti-abus » doit être dépassée (**a**). En pratique, l'expression « dispositifs anti-abus » renvoie au concept d'abus de droit fiscal, qui, lui, est connu en droit positif. En conséquence, nous supposons que l'emploi de l'expression « dispositifs anti-abus » a pour fonction de désigner une série de règles de droit dotant l'Administration fiscale de prérogatives lui permettant de lutter contre les actes, les opérations ou les montages abusifs des contribuables (**b**).

##### *a. La recherche d'une définition*

**9. Le constat : l'absence de définition en droit positif. –** En droit fiscal, l'expression « dispositifs anti-abus », ainsi que ses expressions voisines et analogues, telles que « dispositions anti-abus », « mesures anti-abus », « règles anti-abus », « mécanismes anti-abus » ou « clauses anti-abus », ne font l'objet d'aucune définition précise. Pour autant, elles sont employées régulièrement dans les travaux ou rapports préparatoires à l'adoption ou à l'aménagement de dispositions fiscales[18], dans l'exposé des

---

[18] Par exemple :

motifs d'articles de projets de loi[19] ou d'amendements parlementaires[20], dans les intitulés de dispositions fiscales[21], dans les conclusions de rapporteurs publics du Conseil d'État[22] ou d'avocats généraux de la Cour de justice de l'Union européenne[23] (ci-après : CJUE) ou encore dans la jurisprudence[24]. L'absence de définition de ces expressions par les dispositions textuelles ou par la jurisprudence laisse planer le doute sur le contenu qu'il convient de leur attacher[25]. Bien qu'elles soient employées dans les ouvrages de droit

---

- L'Action 6 du projet « Base Erosion Profit Shifting » (OCDE, *Empêcher l'octroi inapproprié des avantages des conventions fiscales, Action 6 – Rapport final 2015, Projet OCDE/G20 sur l'érosion de la base d'imposition et le transfert de bénéfices*, 2017, Éditions OCDE), fait régulièrement référence aux expressions : « dispositions anti-abus » (not. p. 7), « règles anti-abus » (not. p. 7), « clauses anti-abus » (not. p. 13).
- La Commission européenne, dans ses recommandations faites aux États membres, (Commission européenne, *Recommandation de la Commission du 6 décembre 2012 relative à la planification fiscale agressive*, (2012/772/UE), décembre 2012) fait référence aux « règles anti-abus » (not. point 8).
- La Commission des finances de l'Assemblée nationale, dans le cadre de l'étude du projet de loi de finances rectificative de juillet 2012 (Commission des finances, de l'économie générale et du contrôle budgétaire, *Rapport sur le projet de loi de finances rectificative pour 2012*, Assemblée nationale, n° 71, 2012) fait également référence aux expressions « mesure anti-abus » (not. p. 219), « dispositif anti-abus » (not. p. 241) et « disposition anti-abus » (not. p. 242).

19 Par exemple, le Gouvernement fait référence aux expressions « mesure anti-abus » et « mécanisme anti-abus » (Gouvernement, *Projet de loi de finances pour 2017*, n° 4061, art. 13).

20 Par exemple, l'amendement n° II-CF1066, déposé le mercredi 31 octobre 2018, adopté le 7 novembre 2018 (ci-après : l'amendement PEYROL) fait référence à l'expression « clause anti-abus ».

21 Par exemple, l'article 6 de la directive « ATAD 1 » (Directive (UE) 2016/1164 du Conseil du 12 juillet 2016 établissant des règles pour lutter contre les pratiques d'évasion fiscale qui ont une incidence directe sur le fonctionnement du marché intérieur) institue une « clause anti-abus générale ».

22 Par exemple, v. Émilie BOKDAM-TOGNETTI, concl. sur CE, 9ème et 10ème s.-s., 30 décembre 2015, n° 374841, *Sté Holcim et Sté Enka* ; n° 366268, *Sté Cameron France* ; n° 374836, *Sté Holcim et Sté Enka* : *RJF* 3/16, C 243. Dans les conclusions de cette affaire, il est fait référence aux expressions : « clause anti-abus » (not., point 1), « disposition anti-abus » (not., point 3), « mécanisme anti-abus » (not., point 16) et « règle anti-abus » (not. point 19).

23 Par exemple, v. Athanasios RANTOS, concl. sur CJUE, 5ème ch., 24 février 2022, aff. C-257/20, *Viva Telecom Bulgaria EOOD* : ECLI:EU:C:2021:779 (not., point 1).

24 Par exemple :

- CE, 9ème et 10ème s.-s., 30 décembre 2015, n° 374841, *Sté Holcim et Sté Enka* ; n° 366268, *Sté Cameron France* ; n° 374836, *Sté Holcim et Sté Enka* : *RJF* 3/16, n° 243 (not. cons. 6).
- Cons. const., 29 décembre 2015, déc. n° 2015-726, *Loi de finances rectificative pour 2015* : *RJF* 3/16, n° 274 (not. cons. 2).

25 Véronique CHAMPEIL-DESPLATS estime que l'absence de définition d'une notion dans les discours juridiques peut s'expliquer par diverses raisons : i) du simple

fiscal international[26], à notre connaissance, aucune démarche doctrinale de délimitation de l'une de ces expressions n'a été entreprise[27]. À tout le moins, des travaux parlementaires ont tenté de dresser, dans le souci de clarifier l'étendue de « *l'arsenal* » à la disposition de l'Administration fiscale, un recensement des « *outils anti-abus* » qui permettent de lutter contre l'évasion fiscale[28]. Toutefois, affecter des règles de droit à la classe des « dispositifs

---

présupposé que le sens des mots est connu par les interprètes et leurs destinataires potentiels ; ii) de certains contextes particuliers de production des textes juridiques, tels que la volonté délibérée de laisser aux destinataires des textes et aux autorités qui les mettront en œuvre une marge d'appréciation en fonction des contextes ; iii) de la volonté de ne pas lier les autorités pour l'avenir. V. Véronique CHAMPEIL-DESPLATS, *Méthodologies du droit et des sciences juridiques*, 2016, 2ème éd., Dalloz, « Méthodes du droit », pp. 312-314.
Comme le laisse entendre Martin COLLET, l'emploi d'une notion, ou d'une expression, en droit positif, censée renvoyer à plusieurs objets concrets, dont la définition n'est pas précisément établie par le droit positif, est regrettable : « *En principe, forger une notion conduit à isoler un ou plusieurs critères d'identification des objets concrets que l'on entend rassembler sous ladite notion. Or, plus ces critères apparaissent vagues, plus les hésitations seront permises sur le point de savoir si tel ou tel objet mérite ou non d'être attrait à la notion en question. Un tel défaut est particulièrement fâcheux s'agissant des notions créées par le droit positif et auxquelles celui-ci entend associer un régime juridique particulier (on parle alors de "catégorie juridique") : l'hésitation implique dans ce cas une forme d'insécurité regrettable* ». V. Martin COLLET, « La régulation fiscale », *Dr. fisc.* 2008, n° 12, 220, § 4.

[26] Par exemple, v. Bernard CASTAGNEDE, *Précis de fiscalité internationale*, 6ème éd., 2019, PUF, not. p. 123, § 111 ; Bruno GOUTHIERE, *Les impôts dans les affaires internationales*, 15ème éd., 2021, Éditions Francis Lefebvre, p. 1385, § 74570.

[27] À vrai dire, la doctrine paraît implicitement s'accommoder du flou attaché à cette expression. Nous ne contestons pas « *l'utilité pédagogique* » (Martin COLLET, « La régulation fiscale », *op. cit.*, § 4) de cette expression. Après tout, « *l'absence de critères suffisamment précis pour distinguer à coup sûr ce [que] recouvre [une notion] de ce qui relève des notions voisines n'enlève rien (ou pas grand-chose) à son intérêt pratique et à son utilité pédagogique : le fait qu'elle ne rende compte que partiellement d'un phénomène ne la rend pas obsolète ou, encore moins, "fausse"* » (*Ibid.*).
Néanmoins, il apparaît nécessaire, dans une démarche scientifique, d'établir, au moins sous forme d'hypothèses ou sous forme de « définition stipulative » (Véronique CHAMPEIL-DESPLATS, *Méthodologies du droit et des sciences juridiques*, *op. cit.*, pp. 308-312), ce que nous entendons par « dispositifs anti-abus ». À titre de remarque, comme l'explique ce dernier ouvrage, une définition stipulative ne peut jamais être considérée comme vraie ou fausse. Elle suppose toutefois une part de fiction ou d'arbitraire. Mais, sa visée première n'est pas de correspondre à une vérité essentielle. La définition stipulative permet simplement de remplir l'objectif poursuivi par celui qui y recourt.

[28] Bénédicte PEYROL, Commission des finances, de l'économie générale et du contrôle budgétaire, *Rapport d'information en conclusion des travaux d'une mission d'information relative à l'évasion fiscale des entreprises*, Assemblée nationale, n° 1236, 2018, p. 101 (ci-après : Rapport PEYROL I).
Bien qu'il parte d'un bon sentiment, ce classement proposé, nous y reviendrons, ne convainc pas. En effet, sont intégrées dans la classe des « outils anti-abus » des règles du droit fiscal international français dont l'objet n'est pas de lutter, en soi, contre l'abus de droit, mais contre d'autres comportements.

anti-abus », sans n'avoir désigné au préalable de « critère » de classification, serait dépourvu de tout intérêt logique et scientifique[29]. Il serait alors délicat d'identifier convenablement les enjeux du sujet.

**10. Un vocable conceptuel. –** Pour reprendre la terminologie employée par Charles EISENMANN, l'expression « dispositifs anti-abus » s'assimile à une « *expression brève* »[30] et, plus spécifiquement, à « *un vocable conceptuel* »[31]. Dans le langage juridique, une expression brève ou un vocable conceptuel est le « *substitut* »[32] ou le « *représentant* »[33] d'un concept et, partant, « *à la façon d'une étiquette ou d'un signe algébrique* »[34], a pour fonction de désigner ce concept. S'agissant du vocable « dispositifs anti-abus », il fait évidemment référence au concept d'abus de droit fiscal. Ce dernier a une acceptation en droit positif[35] (n° 16 et s.), dans la mesure où le législateur et le juge se chargent, au fil des réformes, des décisions et des arrêts, de donner le sens de l'abus de droit fiscal[36]. Pour désigner ce à quoi correspond un

---

29 En ce sens, v. Michel TROPER, « Les classifications en droit constitutionnel », *RDP* 1989, p. 947. Pour Francis HAMON et Michel TROPER, une classification doit avoir une valeur logique et scientifique (Francis HAMON, Michel TROPER, *Droit constitutionnel*, 42ème éd., 2021-2022, LGDJ, « Lextenso », pp. 125-129, § 109 à 112). Une classification est dépourvue de toute logique, notamment, lorsqu'elle repose sur un critère « *trop vague* », dans le sens où il serait difficile de reconnaître que ce critère est présent dans un objet. Une classification est dépourvue de tout intérêt scientifique, notamment, lorsqu'elle ne repose pas sur un critère « *significatif* », dans le sens où cette classification ne permettrait pas de faire progresser la connaissance. Toutefois, l'opération de classification reste un exercice empreint de subjectivité, voire, d'artificialité. « *La classification proprement dite est une opération de l'esprit qui, pour la commodité des recherches ou de la nomenclature, pour le secours de la mémoire, pour les besoins de l'enseignement, ou dans tout autre but relatif à l'homme, groupe artificiellement des objets auxquels il trouve quelque caractère commun, et donne au groupe artificiel ainsi formé une étiquette ou un nom générique* ». V. Antoine-Augustin COURNOT, *Essai sur les fondements de nos connaissances et sur les caractères de la critique philosophique*, 1851, Librairie de L. Hachette et Cie, p. 270.

30 Charles EISENMANN, « Quelques problèmes de méthodologie des définitions et des classifications en science juridique », in *La logique du droit*, Archives de philosophie du droit, 1966, p. 25, § 2.

31 *Ibid.*

32 *Ibid.*

33 *Ibid.*

34 *Ibid.*, p. 26, § 2.

35 Cette remarque fait écho à l'affirmation de Charles EISENMANN selon laquelle : « *[L]e juriste […] est appelé parfois à créer lui-même des concepts à contenu juridique qui lui servent à la connaissance et à l'analyse systématiques du droit, mais qui ne sont pas posés par les sources du droit positif, ou dont la dénomination, même si elle utilisée par "la pratique" pour des qualifications d'objets concrets, ne lie cette fois pas le juriste. Tels sont les concepts de classification théorique, ceux qui fournissent des cadres théoriques d'analyse et de systématisation de phénomènes juridiques, certains diront : les concepts de la typologie* ». *Ibid.*, p. 29, § 6.

36 Dès lors, l'abus de droit n'est pas, selon nous, un « concept de classification théorique ». En dépit du fait qu'il s'agisse d'une notion abstraitement définie, l'abus de droit a un contenu en droit positif. En conséquence, une règle qui n'a pas pour

dispositif anti-abus, il convient alors de se reporter au concept d'abus de droit fiscal.

**11.** Si, à première vue, il suffit de « *relater* » ou de « *reproduire* »[37] la définition de l'abus de droit fiscal, en réalité, délimiter les contours de l'abus de droit fiscal n'a rien d'évident. En tant que « standard » du droit, la notion d'abus de droit a des frontières volontairement imprécises.

#### *b. Le renvoi au concept d'abus de droit fiscal*

**12.** La doctrine civiliste enseigne que dresser une conception générale et unitaire de l'abus de droit, entre les différents sous-ensembles du droit, est délicat[38]. La notion d'abus de droit trouve ses origines en droit de la responsabilité civile. En droit administratif, l'abus de droit, tel qu'il a été conceptualisé par la doctrine civiliste, est classiquement rapproché du concept de détournement de pouvoir[39]. Néanmoins, il n'est pas certain qu'en droit fiscal, l'abus de droit renvoie au phénomène qu'appréhende l'abus de droit, en droit civil ou en droit administratif (**i**). En droit fiscal, s'il apparaît complexe de donner une définition précise, étant donné que la notion d'abus de droit est influencée par de multiples sources, il peut être envisageable, à toutes fins utiles, de s'entendre sur une définition abstraite, commune ou générique (**ii**).

---

objet de lutter contre l'abus de droit ne devrait pas, selon nous, être qualifiée de dispositif anti-abus.

[37] *Ibid.*, p. 26, § 3. Charles EISENMANN estime que dans le cas où, la loi ou la jurisprudence, s'attache à définir un concept, « *le juriste est réduit au très modeste rôle de "relateur (ou : reproducteur) de définition" : appelé à préciser le sens de la règle législative ou de la norme juridictionnelle [...] où figure le mot conceptuel, voulant présenter, analyser, commenter la règle ou la norme, il ne peut faire autre chose que constater : d'après les propres énonciations de son auteur, tel mot de la règle, de la norme désigne telle notion, tel objet ; il signifie ceci ou cela ; voici donc quelle est la notion de ceci ou de cela pour et selon le droit positif* ». En l'espèce, nous faisons le choix de nous en tenir à la définition de l'abus de droit telle qu'elle est donnée en droit positif, et ce, en dépit du fait que cette définition repose essentiellement sur des éléments constitutifs vagues.

[38] Loïc CADIET, Philippe LE TOURNEAU, « Abus de droit », *op. cit.*, § 7.

[39] Toutefois, comme l'explique A. GUILLOT (*Revue internationale de droit comparé* 1964, n° 16-1, p. 231) lors d'une présentation des travaux de L. DUBOUIS (Louis DUBOUIS, *La théorie de l'abus de droit et la jurisprudence administrative*, Thèse, 1962, LGDJ, « Bibliothèque de droit public ») : « *la transposition de l'abus de droit, de son milieu de naissance [le droit privé] à l'univers du droit public en a altéré la substance* ».

### *i.* *L'abus de droit : les liens ambigus entre droit civil, droit administratif et droit fiscal*

**13. L'abus de droit en droit civil. –** À l'origine, la notion d'abus de droit est apparue dans le cadre de contentieux relatifs à la responsabilité civile extracontractuelle. Le juge judiciaire a été amené à s'interroger sur l'exercice abusif des droits subjectifs. Alors que la doctrine civiliste discutait de la « *conception individualiste* », « *subjective* » ou « *moraliste* » de l'abus de droit (le critère de l'abus reposerait sur l'exercice d'un droit dans l'intention de nuire à autrui) ou de la « *conception finaliste* », « *objective* » ou « *téléologique* » de l'abus de droit (le critère de l'abus reposerait sur le détournement de la fonction sociale du droit exercé), le raisonnement du juge a pu varier selon le droit subjectif exercé. Ainsi, les critères de l'abus de droit sont multiples dans la jurisprudence civile[40]. Cela n'empêche nullement le juge de recourir à cette notion pour sanctionner civilement les comportements qui lui paraissent excessifs.

**14. Une jurisprudence emblématique. –** À titre d'exemple, dans le célèbre arrêt *Clément Bayard*[41], la Cour de cassation détermine les éléments constitutifs de l'abus du droit de propriété[42]. À l'époque des faits, Clément-Bayard, ancien industriel et aviateur français, se passionne pour le ballon dirigeable. Il a pour habitude d'entreposer son aéronef dans un garage situé sur un terrain lui appartenant. Mais, le terrain de Clément-Bayard attient à celui de Coquerel. Usant de son droit de propriété, Coquerel décide d'installer sur son propre terrain des carcasses en bois de seize mètres de haut surmontées de tiges en fer pointues. Lors d'une manœuvre, le ballon dirigeable de Clément-Bayard heurte la fameuse construction de Coquerel. La Cour de cassation estime que cette installation ne présente, pour l'exploitation du terrain de Coquerel, « *aucune utilité* » et a été réalisée dans « *l'unique but de nuire* » à Clément-Bayard. En droit civil, celui qui abuse de son droit et cause un dommage à autrui, doit le réparer.

**15. L'abus de droit en droit administratif. –** Quant au juge administratif, il s'interroge sur l'éventuel « détournement de pouvoir » de l'Administration[43]. Le concept du détournement de pouvoir trouve sa

---

[40] Loïc CADIET, Philippe LE TOURNEAU, « Abus de droit », *op. cit.*, § 25 à § 28.
[41] Cass. 1ère civ., 3 août 1915, n° 00-02.378, *Clément-Bayard* : *DP* 1917, 1, 79.
[42] C. civ., art. 544 : « *La propriété est le droit de jouir et disposer des choses de la manière la plus absolue, pourvu qu'on n'en fasse pas un usage prohibé par les lois ou par les règlements* ».
[43] Pour une étude classique de l'abus de droit en droit administratif, v. Louis DUBOUIS, *La théorie de l'abus de droit et la jurisprudence administrative*, *op. cit.*

source dans les décisions *Lesbats*[44] et *Pariset*[45] rendues par le Conseil d'État. Le détournement de pouvoir est traditionnellement rapproché de la conception civiliste de l'abus droit et, plus précisément, de la définition donnée par Louis JOSSERAND[46]. Dans le cas où elle exerce un pouvoir « *dans un but autre que celui en vue duquel il a été conféré par la loi* »[47], la décision administrative qui découle de l'usage de ce pouvoir est entachée d'illégalité. En conséquence, cette décision est susceptible d'être annulée par le juge administratif[48]. Ce dernier, à la différence du juge civil, semble se référer plus explicitement à une conception « téléologique » de l'abus de droit. En effet, il vérifie que l'Administration exerce son pouvoir conformément à la finalité de la prérogative qui lui a été attribuée. Un lien peut donc être fait, au regard de la similitude des pratiques visées, entre le détournement de

---

[44] CE, 25 février 1864, *Lesbats* : *Rec.* p. 209.
[45] CE, 26 novembre 1875, *Pariset* : *Rec.* p. 934.
[46] V. Marc DESSERTEAUX, « Abus de droit ou conflit de droits », *RTD civ.* 1906, p. 122. Cet auteur affirme que : « *Le criterium du détournement du but social paraît avoir dû une partie de sa fortune à la jurisprudence administrative sur le détournement de pouvoir* ». Également, v. Marceau LONG, Prosper WEIL, Guy BRAIBANT, Pierre DELVOLVE, Bruno GENEVOIS, *Les grands arrêts de la jurisprudence administrative*, 23ème éd., 2021, Dalloz, « Grands arrêts », p. 30, § 2.
[47] *Ibid.*
[48] La doctrine (*ibid.*) identifie trois grandes catégories de cas dans lesquels le détournement de pouvoir peut être retenu par le juge administratif :

- L'acte administratif est étranger à tout intérêt public. Par exemple, un maire, titulaire du pouvoir de police administrative, usant de ses prérogatives, non pour prévenir un trouble à l'ordre public, mais pour protéger ses intérêts particuliers, commet un détournement de pouvoir. V. CE, 14 mars 1934, *Delle Rault* : *Rec.* p. 337.
- L'acte administratif est pris dans un intérêt public, mais qui n'est pas celui pour lequel les pouvoirs nécessaires pour prendre l'acte ont été conférés à son auteur. Par exemple, dans l'affaire *Pariset* (*préc.*), un préfet a ordonné la fermeture d'une fabrique d'allumettes d'un industriel, en vertu des pouvoirs de police qu'il tenait des lois et règlements sur les établissements dangereux, incommodes et insalubres. En revanche, le préfet n'a pas usé de ses prérogatives pour agir conformément à la finalité attachée à cette police administrative spéciale. Il a usé de ses prérogatives dans l'intérêt financier de l'État, afin que ce dernier n'ait pas à indemniser l'industriel visé par l'institution du monopole de fabrication des allumettes.
- L'Administration dissimule le contenu réel d'un acte sous une fausse apparence et recourt ainsi à une procédure réservée par la loi à des fins autres que celle qu'elle poursuit, afin d'éluder certaines formalités ou de supprimer certaines garanties. Par exemple, un préfet qui utilise les dispositions du code de procédure pénale pour ordonner la saisie d'un journal, au lieu d'utiliser ses pouvoirs de police, commet un détournement de procédure. V. CE, 24 juin 1960, n° 42289, *Société Frampar et société France éditions et publications*, *Rec.* p. 412. À rapprocher de l'abus de droit « rampant » (n° 385 et s.).

pouvoir en droit administratif et l'abus de droit civil tel qu'il a été conceptualisé par la doctrine.

**16. L'abus de droit en droit fiscal.** – En droit fiscal, la notion d'abus de droit a des caractères spécifiques[49]. L'abus de droit trouve sa source dans la jurisprudence de la Cour de cassation, et ce, dès la seconde moitié du XIXème siècle[50]. Le juge judiciaire était amené à se prononcer sur des contentieux relatifs aux droits d'enregistrement, dans lesquels des contribuables tentaient de s'y soustraire en déguisant la nature véritable de l'acte imposé[51]. Le juge a admis la faculté, pour les services de l'Administration, de remettre en cause la qualification de cet acte opérée par le contribuable, dès lors qu'elle dissimulait sa vraie nature et permettait au contribuable d'échapper à l'impôt normalement dû[52].

**17. La concrétisation de l'abus de droit fiscal dans la loi.** – Pour faire face à un phénomène de plus en plus fréquent, le législateur a fini par se saisir de la question. En 1925, est adopté l'article 44 de la loi du 13 juillet 1925[53]. Ces dispositions textuelles organisaient une majoration,

---

[49] Pour une étude du caractère spécifique de l'abus de droit fiscal par rapport à la théorie de la simulation et de la fraude à la loi, v. Paulin ESMEL-BERAUDY, *De la spécificité de l'abus de droit en matière fiscale*, Thèse, 2000, Nice.

[50] Cass. civ., 20 août 1867, *Sieur Legrand* : *DP* 1867, 1, p. 337 ; Cass. req., 16 décembre 1885, *Esnault de Moulins*, *DP* 1886, I, p. 270. Dans l'arrêt *Legrand*, la Cour de cassation estime que : « *en principe, les parties peuvent revêtir leurs conventions de la forme qui leur agrée, et si la perception des droits d'enregistrement doit s'établir sur la forme extrinsèque et sur les effets légaux des contrats, sans qu'il soit permis à la régie de se prévaloir des vices dont ils seraient entachés, ni de rechercher les intentions secrètes des parties, il en est autrement lorsque la substance d'un acte aussi bien que ses conséquences nécessaires et immédiates protestent contre la qualification que les contractants lui ont donnée, et qu'il ressort de l'économie de ses dispositions qu'elles ont été combinées en vue de dissimuler une autre nature de contrat qu'on voulait soustraire au droit déterminé par la loi fiscale* ». Dans l'arrêt *Esnault de Moulins*, la Cour de cassation estime que : « *Attendu, en droit, que la perception des droits d'enregistrement se fait, non d'après la qualification donnée aux actes par les parties, mais d'après la nature même et la portée juridique des clauses insérées dans lesdits actes* ». Ces passages sont cités par Christophe DE LA MARDIERE, « Abus de droit. - Textes, historique, notion », *in JCl. Procédures fiscales*, fasc. 375, § 14 et § 17. Le Conseil d'État a repris le raisonnement de la Cour de cassation, v. CE, 12 décembre 1930 : *Rec.* p. 1030.

[51] Le juge judiciaire est compétent pour les actions relatives aux droits d'enregistrement depuis la loi du 22 frimaire an VII. Pour la compétence actuelle du juge judiciaire, v. LPF, art. L. 199.

[52] Pour un retour sur l'interprétation de l'abus de droit par la Cour de cassation, v. Bernard POULLAIN, « L'abus de droit en fiscalité. La jurisprudence de la Cour de cassation », *Rev. Soc.* 2002, p. 479.

[53] Loi portant fixation du budget général de l'exercice 1925 du 13 juillet 1925 (*JORF* du 14 juillet 1925), t. 25ème, 1925, p. 291. Elle dispose que « *lorsqu'il est amiablement reconnu ou judiciairement établi que le véritable caractère des stipulations d'un contrat ou d'une*

extrêmement lourde, à savoir le double du montant des droits éludés, propre aux dissimulations qui aboutissaient à la réduction des droits d'enregistrement[54]. Par la loi du 13 janvier 1941 portant simplification, coordination et renforcement du code général des impôts directs[55], la procédure de « *répression des abus de droit* » a été formellement instituée[56]. En 1941, cette procédure s'appliquait en matière d'impôt sur le revenu (ci-après : IR) et permettait à l'Administration fiscale de rendre les opérations abusives des contribuables inopposables. En 1948, cette procédure a été étendue en matière d'impôt sur les sociétés[57] (ci-après : IS). Puis, par la loi du 27 décembre 1963[58], les régimes issus des lois de 1925 et 1941 ont été unifiés[59]. Inscrite à l'ancien article 1649 *quinquies* B du code général des

---

*convention a été dissimulé sous l'apparence de stipulations donnant ouverture à des droits moins élevés, il est dû un double droit en sus* ».

[54] Cette majoration n'était pas applicable pour les autres impôts. Sur le fondement de cette loi, le juge judiciaire n'a pas hésité à sanctionner les contribuables à l'origine d'opérations fictives. V. Cass. req., 19 avril 1932, *Sté La Mutuelle générale française-vie* : *S.* 1933, I, p. 321. La Cour de cassation estime que : « *en la cause, il résulte de nombreux faits et circonstances, régulièrement parvenus à la connaissance de l'Administration et énumérés par le tribunal, qu'il existe des présomptions graves, précises et concordantes que les achats successifs d'actions sont fictifs ; qu'en effet, les différentes cessions ont été réalisées à des intervalles très rapprochés ; qu'elles ont été les seules opérations effectuées par la Société du Miroir, laquelle n'ayant établi ni titres d'actions, ni registres sociaux, ne se présentait pas comme une société destinée à durer ; qu'il y avait, en réalité, avant ces cessions, accord entre les deux sociétés sur le transfert de la propriété de l'immeuble, et qu'elles ont été concertées en vue de masquer la vente à l'Administration et d'éluder le payement de l'impôt* ».

[55] *JORF* 3 février 1941, ann. I, p. 66 a.

[56] Elle dispose que : « *Toute opération conclue sous la forme d'un contrat ou d'un acte juridique quelconque et dissimulant une réalisation ou un transfert de bénéfices ou de revenus, effectués directement ou par personnes ou sociétés interposées n'est pas opposable à l'administration des contributions directes, qui a le droit, après avoir pris l'avis du comité consultatif dont la composition est indiquée au paragraphe 2 du présent article, de restituer à l'opération son véritable caractère et de déterminer en conséquence les bases des impôts cédulaires et de l'impôt général sur le revenu dus par les parties* ».

[57] Décret-loi n° 48-1986 du 9 décembre 1948.

[58] Loi n° 63-1316 du 27 décembre 1963 portant unification ou harmonisation des procédures, délais et pénalités en matière fiscale.

[59] Au départ, en vertu de la législation de 1941, l'Administration était seulement en mesure de rendre inopposables les actes abusifs du contribuable et de requalifier la situation litigieuse pour la soumettre aux impôts normalement dus. Aucune sanction administrative spéciale n'était attachée. C'est la loi du 27 décembre 1963 qui a prévu d'étendre la majoration déjà existante pour les droits d'enregistrement à la mise en œuvre de la répression des abus de droit. Jusqu'à la réforme dite « AICARDI » de 1987 (Loi n° 86-1317 du 30 décembre 1986 de finances pour 1987 ; Loi n° 87-502 du 8 juillet 1987), le taux de majoration était égal à 200 % des impôts éludés, avant d'être abaissé à 80 %. Finalement, en 2008 (Loi n° 2008-1443 du 30 décembre 2008 de finances rectificative pour 2008, art. 35), la majoration de 80 % a été ramenée à 40 % dans certains cas (CGI, art. 1728, b).

impôts[60] (ci-après : CGI), cette nouvelle procédure a été transférée à l'article L. 64 du livre des procédures fiscales[61] (ci-après : LPF) et son application a été successivement étendue à toutes les impositions[62]. La prérogative originelle attachée à la mise en œuvre de l'abus de droit, pour l'Administration, est l'inopposabilité[63]. Les abus initialement visés par la procédure d'abus de droit fiscal ne se rapprochent guère de ceux visés par le droit civil et le droit administratif.

**18. Les abus visés par la procédure de l'abus de droit fiscal. –** En droit fiscal, étaient initialement visés les cas de « dissimulation »[64]. Or, la « dissimulation » renvoie, en réalité, à la conception civiliste de la « simulation »[65] (n° 102 et s.). Ainsi, au départ, l'abus de droit fiscal a un contenu distinct de l'abus de droit, tel qu'il est connu en droit civil. Plus tard, par une décision rendue le 10 juin 1981, le Conseil d'État a affirmé que la procédure de répression des abus de droit visait tant les actes litigieux qui ont un caractère fictif, que les actes « *qui <u>n'ont pu être inspirés par aucun motif</u>*

---

[60] L'ancien article 1649 *quinquies* B du CGI disposait que : « *Les actes dissimulant la portée véritable d'un contrat ou d'une convention sous l'apparence de stipulations donnant ouverture à des droits d'enregistrement moins élevés, ou déguisant, soit une réalisation, soit un transfert de bénéfices ou de revenus, ou permettant d'éviter, soit en totalité, soit en partie le paiement des taxes sur le chiffre d'affaires afférentes aux opérations effectuées en exécution de ce contrat ou de cette convention ne sont pas opposables à l'Administration, laquelle supporte la charge de la preuve du caractère réel de ces actes devant le juge de l'impôt lorsque, pour restituer son véritable caractère à l'opération litigieuse, elle s'est abstenue de prendre l'avis du Comité consultatif dont la composition est indiquée à l'article 1653 C ou lorsqu'elle a établi une taxation non conforme à l'avis de ce Comité* ».

[61] Décret de codification n° 81-859 du 15 septembre 1981.

[62] Pour la réforme de 2008, v. Loi n° 2008-1443 du 30 décembre 2008 de finances rectificative pour 2008, art. 35. Par des réformes précédentes, la procédure avait été étendue aux cas dans lesquels les opérations des contribuables aboutissaient à éviter l'impôt sur la grande fortune (ci-après : IGF) (Loi n° 81-1160 du 30 décembre 1981 de finances pour 1982), l'impôt de solidarité sur la fortune (ci-après : ISF) (Loi n° 88-1149 du 23 décembre 1988 de finances pour 1989), ou la taxe professionnelle (Loi n° 2003-1312 du 30 décembre 2003 de finances rectificative pour 2003). Plus généralement, concernant la codification de la répression des abus de droit : de 1941 à 1948, elle était inscrite à l'article 156 *quinquies* du Code général des impôts directs ; de 1948 à 1963, elle était inscrite à l'article 244 du CGI ; de 1963 à 1981, elle était inscrite à l'article 1649 quinquies B du CGI ; depuis 1981, elle est inscrite à l'article L. 64 du LPF.

[63] La prérogative répressive, c'est-à-dire la possibilité de sanctionner pécuniairement le contribuable, est plus tardive.

[64] Pour l'étude des liens entre l'abus de droit, en droit privé et en droit fiscal, v. Andrée BRUNET, François PASQUALINI, « L'abus de droit en fiscalité. Abus de droit et droit fiscal », *Rev. Soc.* 2002, p. 507.

[65] Pour une étude globale sur cette question, v. Florence DEBOISSY, *La simulation en droit fiscal*, Thèse, 1997, LGDJ, « Bibliothèque de droit privé ». Pour une affirmation en ce sens, v. Maurice COZIAN, « La gestion fiscale de l'entreprise », *RJF* 5/80, p. 204.

*autre que celui d'éluder ou d'atténuer la charge fiscale normalement impliquée par la situation et les activités réelles de l'intéressé* »[66].

**19. Comparaison. –** En tant que telle, cette seconde branche de l'abus de droit fiscal ne se rapproche ni de la conception civiliste de l'abus de droit, ni de la notion de détournement de pouvoir consacrée en droit administratif. Néanmoins, elle se rapproche de la théorie de la fraude à la loi qui est consacrée notamment en droit administratif[67]. Le Conseil d'État estime que : « *si un acte de droit privé opposable aux tiers est en principe opposable dans les mêmes conditions à l'administration tant qu'il n'a pas été déclaré nul par le juge judiciaire, il appartient cependant à l'administration, lorsque se révèle une fraude commise en vue d'obtenir l'application de dispositions de droit public, d'y faire échec même dans le cas où cette fraude revêt la forme d'un acte de droit privé ; que ce principe peut conduire l'administration, qui doit exercer ses compétences sans pouvoir renvoyer une question préjudicielle à l'autorité judiciaire, à ne pas tenir compte, dans l'exercice de ces compétences, d'actes de droit privé opposables aux tiers* »[68].

**20. Illustration jurisprudentielle. –** Par exemple, ce principe trouve application en droit des étrangers. L'Administration dispose ainsi d'un

---

[66] CE, Plén., 10 juin 1981, n° 19079 : *Dr. fisc.* 1981, n° 48-49, comm. 2187, concl. Pierre LOBRY ; *RJF* 9/81, n° 787. Pour le considérant de principe : « *Considérant qu'aux termes de l'article 1649 quinquies B du CGI : "Les actes… déguisant soit une réalisation soit un transfert de bénéfices… ne sont pas opposables à l'Administration, laquelle supporte la charge de la preuve du caractère réel de ces actes devant le juge de l'impôt lorsque, pour restituer son véritable caractère à l'opération litigieuse, elle s'est abstenue de prendre l'avis du comité consultatif dont la composition est indiquée à l'article 1653-C" ; que, lorsque l'Administration use des pouvoirs qu'elle tient de ce texte dans des conditions telles que la charge de la preuve lui incombe, elle doit, pour pouvoir écarter comme ne lui étant pas opposables certains actes passés par le contribuable, établir que ces actes ont un caractère fictif ou, à défaut, qu'ils n'ont pu être inspirés par aucun motif autre que celui d'éluder ou atténuer les charges fiscales que l'intéressé, s'il n'avait pas passé ces actes, aurait normalement supportées eu égard à sa situation et à ses activités réelles* ».

[67] À noter toutefois que, pour Louis JOSSERAND, la fraude à la loi est une espèce de l'abus de droit. En ce sens, la théorie de l'abus de droit englobe la notion de fraude à la loi. V. Louis JOSSERAND, *De l'esprit des droits et de leur relativité : théorie dite de l'abus des droits*, *op. cit.*, p. 372, § 274 : « *L'acte accompli dans le but de tourner une règle d'ordre public, une institution fondamentale, [la fraude à la loi] nous offre un nouvel exemple d'abus, pour cause de malignité de supercherie, mais en dehors de toute intention de nuire* ». La fraude à la loi est également applicable dans d'autres matières. Pour des thèses classiques sur ce sujet, v. not. Henri DESBOIS, *La notion de fraude à la loi et la jurisprudence française*, Thèse, 1927, Dalloz ; Alexandre LIGEROPOULO, *Le problème de la fraude à la loi. Étude de droit privé, interne et international de droit fiscal, pénal et comparé*, Thèse, 1927, Marseille ; Gaston LEROUGE, *Théorie de la fraude en droit fiscal*, Thèse, 1944, LGDJ ; José VIDAL, *Essai d'une théorie générale de la fraude en droit français : le principe « fraus omnia corrumpit »*, Thèse, 1957, Dalloz ; Bernard AUDIT, *La fraude à la loi*, Thèse, 1974, Dalloz, « Bibliothèque de droit international privé ».

[68] CE, Avis Sect., 9 octobre 1992, n° 137342, *Abihilali* : *JCP A* 1993, n° 14, II 22025, comm. Florence LAROCHE-GISSEROT.

moyen pour traiter les questions des mariages[69] ou des reconnaissances d'enfants[70] de complaisance, qui sont réalisés dans le seul but d'obtenir la nationalité française ou un titre de séjour. Le juge autorise l'Administration à rendre inopposable l'acte de droit privé pris « *dans le but exclusif* »[71] d'entrer dans les dispositions du droit public, afin d'obtenir une décision administrative favorable. En droit fiscal, lorsque l'Administration analyse une opération à la lumière de la seconde branche de l'abus de droit, elle doit s'intéresser à la « motivation », au « but » ou à « l'intention » du contribuable, comme lorsqu'elle fait application du principe général d'interdiction de la fraude à la loi en droit des étrangers.

**21. Les évolutions.** – Cette interprétation, issue de la décision de 1981, a prospéré un temps dans la jurisprudence du juge fiscal. Elle a été complétée par les décisions *Janfin*[72] et *Persicot*[73]. La décision *Janfin* reconnaît la faculté pour l'Administration, en dehors du champ d'application de la procédure d'abus de droit, de combattre les actes fictifs, ainsi que « *les actes qui, recherchant le bénéfice d'une application littérale des textes à l'encontre des objectifs poursuivis par leurs auteurs, n'ont pu être inspirés par aucun motif autre que celui d'éluder ou d'atténuer les charges fiscales que l'intéressé, s'il n'avait pas passé ces actes, aurait normalement supportées eu égard à sa situation et à ses activités réelles* ». Dans la décision *Persicot*, le Conseil d'État a repris la définition donnée dans la décision *Janfin* pour interpréter la seconde branche de l'abus de droit dégagée dans la décision de 1981. Ainsi, a été ajoutée à la seconde branche de l'abus de droit, et, accessoirement à la fraude à la loi en droit public, une condition relative à la recherche du bénéfice d'une application littérale des textes à l'encontre des objectifs poursuivis par leurs auteurs. Cette définition a été reprise et inscrite dans la loi lors de la réforme de 2008[74].

---

[69] *Ibid.*
[70] V. CE, 2ème et 7ème s.-s., 10 juin 2013, n° 358835 : *JCP A* 2014, n° 13, 2088.
[71] CE, Avis Sect., 9 octobre 1992, n° 137342, *Abihilali*, *préc.*
[72] CE, Sect., 27 septembre 2006, n° 260050, *Sté Janfin* : *Dr. fisc.* 2006, n° 47, comm. 744, concl. Laurent OLLEON ; *RJF* 12/06, n° 1583, chr. Yohann BENARD, p. 1083. V. aussi, Olivier FOUQUET, « Fraude à la loi et abus de droit », *Dr. fisc.* 2006, n° 47, comm. 65 ; Patrick DIBOUT, « Répression des abus de droit en matière fiscale et principe de fraude à la loi », *JCP E* 2006, n° 50, 2820.
[73] CE, 9ème et 10ème s.-s., 28 février 2007, n° 284565, *Persicot* : *Dr. fisc.* 2007, n° 14, comm. 386, concl. Laurent VALLEE, note Olivier FOUQUET. Pour une étude de l'état du droit juste après les décisions *Janfin* et *Persicot*, v. Patrick SERLOOTEN, « Liberté de gestion et droit fiscal : la réalité et le renouvellement de l'encadrement de la liberté », *Dr. fisc.* 2007, n° 12, 301.
[74] Loi n° 2008-1443 du 30 décembre 2008 de finances rectificative pour 2008, art. 35.

Depuis, la procédure d'abus de droit fait explicitement référence à deux branches : celle de la fictivité et celle de la fraude à la loi[75].

**22.** À ce stade des développements, la définition de l'abus de droit retenue pourrait être celle donnée par les dispositions de l'article L. 64 du LPF. Ainsi, l'abus de droit fiscal renverrait à deux comportements : la simulation et la fraude à la loi. Toutefois, en droit positif, plusieurs définitions de l'abus de droit coexistent[76]. Idéalement, s'entendre sur une définition générique de l'abus de droit permettrait d'y voir plus clair. Pour ce faire, il est possible de s'appuyer sur la définition donnée par le juge européen.

#### *ii. L'abus de droit fiscal : une notion en apparence stratifiée*

**23. Les influences multiples. –** Faire état de la notion d'abus de droit uniquement à la lumière de la définition donnée par la procédure d'abus de droit occulterait les définitions données dans les autres règles, internes, européennes et conventionnelles, qui ont elles aussi pour objet de lutter contre les pratiques abusives. Comme nous le verrons, ces règles anti-abus ont des particularités propres, tant au regard de la définition qu'elles donnent à l'abus de droit fiscal (n° 85 et s.), que du régime juridique qu'elles organisent (n° 267 et s.). Au regard de la diversité de ces dispositions, ayant vocation à lutter contre les pratiques abusives en droit fiscal, il paraît délicat de proposer une définition précise de l'abus de droit fiscal.

**24. Le recours à la définition du juge européen. –** Étant donné que le juge fiscal se situe dans le sillage de la jurisprudence de la Cour de justice pour mettre en œuvre la notion d'abus de droit, et ce, même en dehors du champ d'application du droit de l'Union européenne (ci-après : UE) (n° 686 et s.), la définition de l'abus de droit donnée par le juge européen peut être prise comme définition générique, englobant alors les différentes

---

[75] Dans sa version en vigueur depuis le 1er janvier 2019, l'article L. 64 du LPF dispose : « *Afin d'en restituer le véritable caractère, l'administration est en droit d'écarter, comme ne lui étant pas opposables, les actes constitutifs d'un abus de droit, soit que ces actes ont un caractère fictif, soit que, recherchant le bénéfice d'une application littérale des textes ou de décisions à l'encontre des objectifs poursuivis par leurs auteurs, ils n'ont pu être inspirés par aucun autre motif que celui d'éluder ou d'atténuer les charges fiscales que l'intéressé, si ces actes n'avaient pas été passés ou réalisés, aurait normalement supportées eu égard à sa situation ou à ses activités réelles* ».

[76] En ce sens, v. Daniel GUTMANN, « Les dix définitions de l'abus de droit fiscal », in *Mélanges en l'honneur de Professeur Henri Hovasse*, 2016, LexisNexis, pp. 381-391.

acceptations retenues en droit positif. Dans les arrêts *N Luxembourg 1 et al.*[77] (ci-après : *N Luxembourg 1*) et *Skatteministeriet c/ T Danmark et Y Denmark Aps*[78] (ci-après : *T Danmark*), tous les deux rendus en Grande chambre[79], après avoir admis un principe général du droit de l'Union selon lequel les justiciables ne sauraient frauduleusement ou abusivement se prévaloir des normes du droit de l'Union, la Cour de justice estime que : « *La preuve d'une pratique abusive nécessite, d'une part, un ensemble de circonstances objectives d'où il résulte que, malgré un respect formel des conditions prévues par la réglementation de l'Union, l'objectif poursuivi par cette réglementation n'a pas été atteint et, d'autre part, un élément subjectif consistant en la volonté d'obtenir un avantage résultant de la réglementation de l'Union en créant artificiellement les conditions requises pour son obtention* »[80].

**25. Une définition générique de l'abus de droit. –** De sorte que, en reprenant la définition de la « pratique abusive » donnée par le juge européen, un abus de droit fiscal peut s'assimiler à la situation dans laquelle un contribuable, animé d'une intention fiscale déterminante, obtient un avantage fiscal par la réalisation d'un ou plusieurs actes juridiques artificiels, en suivant formellement les conditions prévues par la législation, sans respecter pour autant l'objectif qu'elle poursuit.

**26. Les contours des dispositifs anti-abus. –** La définition de l'abus de droit fiscal ayant été donnée, il est possible de s'entendre sur le contenu qu'il convient d'attribuer à l'expression « dispositif anti-abus ». Pour reprendre la formule de l'Avocat général Giuseppe TESAURO : « *tout ordre juridique qui aspire à un minimum d'achèvement doit contenir des mesures, pour ainsi dire, d'autoprotection, afin d'éviter que les droits qu'il confère soient exercés de manière abusive, excessive ou déformée* »[81]. Face aux comportements abusifs des contribuables, les pouvoirs publics et les juges réagissent en adoptant des règles destinées à prévenir ou réprimer les abus de droit des contribuables. Sont donc considérées comme des dispositifs anti-abus, les règles du droit

---

[77] CJUE, Grande ch., 26 février 2019, aff. C-115/16, *N Luxembourg 1 et a.* : *Dr. fisc.* 2019, n° 21, comm. 275, note Nicolas DE BOYNES.
[78] CJUE, Grande ch., 26 février 2019, aff. C-116/16 et C-117/16, *Skatteministeriet c/ T Danmark et Y Denmark Aps* : *RJF* 6/19, n° 611.
[79] V. Alexandre MAITROT DE LA MOTTE, « Note sur CJUE, gde ch., 26 fév. 2019, C-116/16 et C-117/16 *Skatteministerie c/ T Danmark et Y Denmark Aps*. – Et CJUE, gde ch., 26 février 2019, C-115/16, C-118/16, C-119/16 et C-299/16, *N Luxembourg 1 et a.* », *FI* 2019, n° 2, 3.
[80] CJUE, Grande ch., 26 février 2019, aff. C-115/16, *N Luxembourg 1 et a.*, *préc.*, point 181 ; CJUE, Grande ch., 26 février 2019, aff. C-116/16 et C-117/16, *Skatteministeriet c/ T Danmark et Y Denmark Aps*, *préc.*, point 124.
[81] Giuseppe TESAURO, concl. sur CJCE, 12 mai 1998, aff. C-367/96, *Kefalas* : *Rec.* p. I-2843, § 24.

fiscal qui ont pour objet d'appréhender une pratique abusive, au sens de la définition qui vient d'être donnée.

**27. Les situations transnationales. –** La question de l'abus de droit fiscal se pose pour les opérations purement internes, c'est-à-dire, lorsqu'un résident fiscal en France réalise une opération qui n'est dotée d'aucun élément d'extranéité. Ainsi, une personne physique ou une personne morale domiciliée ou établie en France qui, par une opération purement française, se place abusivement dans le champ d'application d'une norme fiscale française, dans le but d'obtenir l'avantage fiscal français qu'elle octroie, commet un abus de droit. En parallèle, un contribuable non-résident qui opère en France ou un contribuable résident qui opère à l'étranger peut être à l'origine d'une pratique abusive, aboutissant à la perte d'une base taxable pour l'État. C'est ce dernier phénomène, l'abus de droit en droit fiscal international français, qui fait l'objet de notre étude.

### *2. Un domaine circonscrit : le droit fiscal international*

**28.** Tracer les contours et les enjeux actuels du droit fiscal international (**a**), permet de mieux saisir la problématique de l'abus de droit et, partant, des dispositifs anti-abus en droit fiscal international (**b**).

#### *a. Le contexte en droit fiscal international*

**29. Une définition traditionnelle du droit fiscal international. –** Les règles qui composent le droit fiscal[82] peuvent se diviser en deux catégories : les règles de droit qui ont trait aux situations juridiques nationales et les règles de droit qui ont trait aux situations juridiques transnationales. Les premières règles forment un premier bloc appelé le « droit fiscal interne » et les secondes règles forment un second bloc appelé le « droit fiscal international »[83]. Le critère distinctif entre les deux sous-ensembles du droit fiscal repose sur l'encadrement, ou non, d'une situation dotée d'un élément d'extranéité[84]. Ainsi, le droit fiscal international français s'intéresse aux règles régissant l'imposition d'un résident fiscal qui opère dans un autre État

---

[82] Le droit fiscal peut se définir comme l'ensemble des dispositions régissant les impôts quant à leur assiette, leur liquidation et leur recouvrement.
[83] Bernard PLAGNET, *Droit fiscal international*, 1986, Litec, § 6.
[84] Guy GEST, Gilbert TIXIER, *Droit fiscal international*, 2ème éd., 1990, PUF, « Droit fondamental. Droit financier », p. 13, § 1. V. aussi Andréas KALLERGIS, *La compétence fiscale*, Thèse, 2018, Dalloz, « Nouvelle Bibliothèque de Thèses », p. 5 et s.

et l'imposition d'un non-résident qui opère en France[85]. À ce titre, la définition retenue du droit fiscal international implique que le droit fiscal de l'Union européenne, en dépit du fait qu'il existe un ordre juridique européen distinct de l'ordre juridique interne de chaque État membre et de l'ordre juridique international[86], fasse partie intégrante du droit fiscal international[87].

**30. La prévention des cas de double imposition internationale. –** Comme l'explique Bernard CASTAGNEDE, « *les problèmes fiscaux internationaux naissent de la contradiction entre la mobilité des personnes, des marchandises, des services ou des capitaux et la segmentation de l'espace planétaire en juridictions fiscales*

---

[85] Le « droit fiscal international » se distingue du « droit international fiscal ». Ce dernier représente un sous-ensemble de normes qui fait partie du droit international public (Andréas KALLERGIS, *La compétence fiscale*, *op. cit.*, p. 5 et s.).
Sont qualifiées de normes du « droit international fiscal » celles qui incluent un élément d'extranéité organique dans leur édiction et qui, en même temps, structurent ou régissent le droit fiscal (Guy GEST, « Les grandes évolutions de la fiscalité internationale jusqu'à la crise financière de 2008 », *Dr. fisc.* 2017, n° 39, ét. 469). Le fait de restreindre le sujet au « droit fiscal international » n'exclut pas l'étude du « droit international fiscal ». Même si elles ne découlent pas de la même branche du droit, ces deux matières sont liées et il serait malvenu de faire abstraction de l'impact des sources internationales du droit fiscal sur les dispositifs anti-abus applicables aux situations transnationales.
Qui plus est, les normes du droit fiscal international, qui traitent des situations transnationales, qui trouvent en grande partie leur origine dans les travaux de l'OCDE et de l'UE, sont inscrites dans les conventions fiscales internationales et dans les directives européennes, c'est-à-dire dans les « normes internationales » du droit fiscal.
Pour une étude classique sur le contenu à attacher au droit international fiscal, v. Maxime CHRETIEN, *À la recherche du droit international fiscal commun. Étude de droit positif à partir de la jurisprudence des cours internationales*, 1955, Librairie du Recueil Sirey.

[86] CJCE, 15 juillet 1964, aff. 6-64, *Flaminio Costa c/ ENEL* : *Rec.* p. 1141.

[87] Pour une définition du droit fiscal de l'Union européenne, v. Alexandre MAITROT DE LA MOTTE, *Droit fiscal de l'Union européenne*, 3ème éd., 2022, Bruylant, « Droit de l'Union européenne », p. 10, § 1. Le droit fiscal de l'Union européenne « *détermine ainsi les conditions dans lesquelles les autorités européennes et les États membres éliminent les obstacles fiscaux qui persistent au sein du marché intérieur* ». Le droit fiscal de l'UE a pour ambition, notamment, de procéder à l'intégration des droits fiscaux nationaux, en procédant à « *l'intégration négative* » (élimination : des discriminations, des traitements préférentiels, des entraves diverses) et à « *l'intégration positive* » (définition de standards positifs admis par tous les États), v. *Ibid.*, p. 62 et s., § 39 et s. Comme l'étudie cet auteur dans son ouvrage : i) l'intégration négative des droits fiscaux nationaux renvoie à la prohibition fiscale de la libre circulation (des marchandises, des personnes, des services et des capitaux) et à la prohibition des aides d'États sous forme fiscale incompatibles avec le marché intérieur ; ii) l'intégration positive des droits fiscaux nationaux renvoie à l'harmonisation fiscale, à l'élimination des doubles impositions et à la coopération fiscale. V. aussi, du même auteur : « L'application du droit de l'Union européenne en matière fiscale », *Titre VII* 2019, n° 2.

*distinctes* »[88]. L'exercice simultané par plusieurs États de leur pouvoir fiscal sur une même matière imposable, un même revenu ou une même fortune, est problématique. Cela fait naître des situations de double imposition internationale[89], juridique[90] ou économique[91], néfastes pour les opérateurs internationaux[92]. Ces situations de double imposition, dommageables en pratique, ont suscité des réactions, dès le début des années 1920[93], de la part de l'Organisation des nations unies (ci-après : ONU)[94], de l'Organisation de

---

[88] Bernard CASTAGNEDE, *Précis de fiscalité internationale*, 6ème éd., 2019, PUF, p. 19.

[89] Pour une présentation de la double imposition internationale, v. Bruno GOUTHIERE, *Les impôts dans les affaires internationales, op. cit.*, p. 250, § 7565.

[90] La double imposition juridique, dans un contexte international, correspond à la situation dans laquelle une même personne est imposée deux fois au titre d'un même revenu ou d'un même patrimoine. Elle recouvre deux situations précises. La première situation de double imposition juridique se présente lorsqu'une personne est considérée comme étant fiscalement résidente dans deux États, de sorte que cette personne est imposée deux fois sur l'ensemble de ses revenus. L'exemple du citoyen américain qui est domicilié fiscalement en France est évocateur. En effet, il est rattaché à la fois au territoire fiscal américain en raison de sa nationalité et au territoire fiscal français en raison de son domicile fiscal. Sur le fondement des législations domestiques, il est imposé deux fois sur la totalité de ses revenus : au « *Federal Income Tax* » aux États-Unis et à l'impôt sur le revenu en France. La deuxième situation de double imposition juridique se présente lorsqu'une personne est résidente d'un État (État de résidence) et qu'elle reçoit des revenus d'un autre État (État de la source). En général, l'État de résidence prévoit une obligation fiscale illimitée. Dans ce cas, le contribuable est imposé sur le revenu de source étrangère dans son État de résidence. L'État de la source prévoit généralement aussi l'imposition de ce revenu « local ». Par conséquent, le contribuable est doublement imposé.

[91] La double imposition économique correspond à la situation dans laquelle deux personnes différentes sont imposables au titre d'un même revenu ou d'un même patrimoine. Naturellement, la double imposition économique existe tant dans les situations purement nationales (comme dans le cas d'une distribution de résultats par une société opaque à ses actionnaires) que dans les situations transnationales.

[92] La double imposition implique des surcoûts pour les contribuables qui souhaitent développer leurs affaires économiques et patrimoniales sur le plan international. Ce surcoût potentiel n'incite pas à la mobilité internationale, aux investissements directs à l'étranger et au commerce international.

[93] Pour une étude classique sur le rôle des organisations internationales en droit international fiscal, v. Maxime CHRETIEN, *Contribution à l'étude du droit international fiscal actuel : le rôle des organisations internationales dans le règlement des questions d'impôts entre les divers États*, 1955, Sijthoff, Académie de droit international de La Haye, « Recueil des Cours ».

[94] Historiquement, la Société des Nations (ci-après : SDN), qui trouve son origine dans le traité de Versailles de 1919, ancêtre de l'ONU, fut la première institution internationale à s'être intéressée aux aspects économiques de la double imposition internationale (1921). Par la suite, à l'issue de la conférence de Mexico (1943), elle a élaboré le premier modèle de convention fiscale internationale et l'a amendé lors de la conférence de Londres (1946). En revanche, ces deux modèles n'ont pas eu un succès unanime au regard des déséquilibres relatifs à la répartition des impositions entre les pays développés (majoritairement États de la résidence) et les

coopération et de développement économiques (ci-après : OCDE)[95], des États[96] et de l'Union européenne[97]. Aujourd'hui, l'OCDE et l'ONU proposent, chacune, une « convention modèle »[98] qui comprend, sous forme de recommandations, des solutions « types » afin de régler les situations

---

pays en développement (majoritairement États de la source). L'ONU s'est surtout intéressée à la problématique des situations de double imposition entre les pays développés et les pays en voie de développement (1967). Ainsi, elle a élaboré un « *Manuel de négociation des conventions fiscales bilatérales entre pays développés et pays en développement* » (1979) et un modèle de convention (1980) afin d'équilibrer la répartition du pouvoir d'imposer entre les États développés (avantagés dans le modèle OCDE) et les États en voie de développement. Sur cette question, v. Christophe DE LA MARDIERE, « L'œuvre fiscale de la Société des Nations », *REIDF*, 2021/1, p. 67.

[95] À partir des années 1950, une deuxième institution internationale s'est intéressée au problème de la double imposition internationale : l'Organisation Européenne de Coopération Économique (ci-après : OECE), ancêtre de l'OCDE. Après différents travaux, un « *Modèle de convention de double imposition concernant le revenu et la fortune* » a abouti (1963). Par la suite, l'OCDE a révisé ce premier modèle (1977, 1992) et a proposé plusieurs actualisations (la dernière est de 2017).

[96] La double imposition s'est développée à mesure que les États ont mis en place des impôts fondés sur un critère de résidence, ce qui a été le cas en France à partir du début du XXème siècle. Les États ont pris conscience de l'impact négatif de la double imposition internationale sur la mondialisation des échanges. De sorte que, des solutions ont été mises en place pour endiguer ce problème. Les États peuvent tenter de régler cette question unilatéralement, c'est-à-dire dans leur législation nationale. Pour autant, c'est essentiellement par la voie des conventions fiscales bilatérales qu'ils cherchent à mettre fin à la double imposition. En effet, les conventions fiscales sont des traités internationaux dont l'objet est purement fiscal. Elles ont vocation à prévoir la répartition du pouvoir d'imposer entre les différents États parties à la convention. Classiquement, ces conventions fiscales internationales viennent régir les situations en matière d'impôts sur le revenu et sur la fortune, ainsi qu'en matière de droits d'enregistrement, de droits sur les successions et sur les donations.

[97] Au lendemain de la Seconde guerre mondiale, les premières coopérations entre les États européens, qui se sont traduites par la mise en place de la Communauté européenne du charbon et de l'acier (ci-après : CECA) en 1951 et la Communauté économique européenne (ci-après : CEE) en 1957, avaient pour objectif essentiel de mettre en place une entente progressive sur les plans économiques et politiques. Celle-ci devait permettre une certaine garantie de la paix sur le continent européen. Finalement, l'UE a été créée en 1992 à la suite de la signature du traité de Maastricht dont l'un des objectifs a été la réalisation du marché unique, avec la consécration des quatre grandes libertés de circulation : marchandises, services, personnes et capitaux.

[98] Pour les dernières conventions modèles, v. OCDE, *Modèle de Convention fiscale concernant le revenu et la fortune 2017*, 2019, Éditions OCDE ; ONU, *United Nations Model Double Taxation Convention between Develop and Developing Countries 2017*, 2017. Pour apprécier l'évolution historique des travaux internationaux en matière de lutte contre la double imposition, v. OCDE, *Modèle de Convention fiscale concernant le revenu et la fortune*, *op. cit.*, pp. 9-12. V. aussi : Nicolas VERGNET, *La création et la répartition de la valeur en droit fiscal international*, Thèse, 2020, LGDJ, « Bibliothèque de finances publiques et fiscalité ».

précises de double imposition internationale[99]. Les États, quant à eux, sont libres de reprendre, dans les conventions fiscales qu'ils concluent, les modèles issus des travaux de l'OCDE ou de l'ONU[100]. En droit de l'Union européenne, l'édiction et l'aménagement successifs, à partir du début des années 1990, des directives « *fusions* »[101], « *mères-filles* »[102], « *intérêts-redevances* »[103], de la « *convention européenne d'arbitrage* »[104] et de la directive

[99] Concrètement, après avoir indiqué le champ d'application de la convention, chacun des modèles prévoit la répartition de l'imposition de certains revenus (actifs et passifs) et du patrimoine entre les États parties à la convention grâce à des méthodes précises d'élimination des doubles impositions.

[100] La France est dotée d'un réseau conventionnel étendu : environ 125 conventions bilatérales sont en vigueur aujourd'hui, v. BOI-ANNX-000306-20180307. Près de 3.000 conventions fiscales bilatérales dans le monde trouvent leur source dans une convention modèle OCDE, v. OCDE, *Les travaux de l'OCDE en matière de fiscalité*, 2021, p. 3. Les conventions françaises suivent, la plupart du temps, le modèle de l'OCDE. Quelques conventions fiscales bilatérales, qui lient la France à des pays en voie de développement, s'inspirent des principes du modèle de l'ONU. En pratique, les contribuables actifs sur le plan international s'appuient sur ces conventions fiscales internationales, lorsqu'ils entrent dans le champ d'application de celles-ci, afin de développer ou de pérenniser une activité économique ou patrimoniale transnationale sans subir de double imposition. L'OCDE et l'ONU jouent un rôle essentiel en droit fiscal international. Sur cette question, v. Jean GAEREMYNCK, Sophie CHATEL, Jacques SASSEVILLE, Stephen QUEST, « La gouvernance de la fiscalité internationale », in *La fiscalité internationale à réinventer – Un colloque organisé par le Conseil d'État le 30 novembre 2018*, 2020, La documentation française, « Droits et débats », pp. 17-39.

[101] Directive 90/434/CEE du Conseil, du 23 juillet 1990, concernant le régime fiscal commun applicable aux fusions, scissions, apports d'actifs et échanges d'actions intéressant des sociétés d'États membres différents ; Directive 2005/19/CE du Conseil du 17 février 2005 modifiant la directive 90/434/CEE concernant le régime fiscal commun applicable aux fusions, scissions, apports d'actifs et échanges d'actions intéressant des sociétés d'États membres différents ; Directive 2009/133/CE du Conseil du 19 octobre 2009 concernant le régime fiscal commun applicable aux fusions, scissions, scissions partielles, apports d'actifs et échanges d'actions intéressant des sociétés d'États membres différents, ainsi qu'au transfert du siège statutaire d'une SE ou d'une SCE d'un État membre à un autre.

[102] Directive 90/435/CEE du Conseil, du 23 juillet 1990, concernant le régime fiscal commun applicable aux sociétés mères et filiales d'États membres différents ; Directive 2003/123/CE du Conseil du 22 décembre 2003 modifiant la directive 90/435/CEE concernant le régime fiscal commun applicable aux sociétés mères et filiales d'États membres différents ; Directive 2011/96/UE du Conseil du 30 novembre 2011 concernant le régime fiscal commun applicable aux sociétés mères et filiales d'États membres différents (refonte) ; Directive (UE) 2015/121 du Conseil du 27 janvier 2015 modifiant la directive 2011/96/UE concernant le régime fiscal commun applicable aux sociétés mères et aux filiales d'États membres différents.

[103] Directive 2003/49/CE du Conseil du 3 juin 2003 concernant un régime fiscal commun applicable aux paiements d'intérêts et de redevances effectués entre des sociétés associées d'États membres différents.

[104] Convention relative à l'élimination des doubles impositions en cas de correction des bénéfices d'entreprises associées 90/436/CEE.

« *concernant les mécanismes de règlement des différends fiscaux dans l'Union européenne* »[105] ont marqué la volonté de remédier à la double imposition que pouvaient subir certaines opérations ponctuelles réalisées par les entreprises établies dans différents États membres[106].

**31. L'inadaptation des règles du droit fiscal international. –** Cependant, les interactions entre les systèmes fiscaux internationaux et l'application par les opérateurs internationaux des règles du droit fiscal international des États, des conventions fiscales internationales ou des directives européennes, censées prévenir les cas de double imposition internationale, peuvent être à l'origine de situations de double non-imposition ou de non-imposition regrettables pour les budgets des États[107]. Ce phénomène s'explique essentiellement par un manque d'adaptation des règles du droit fiscal international, puisque ces dernières trouvent leur origine dans des recommandations du début du XXème siècle. Elles ne sont plus du tout adaptées aux modèles économiques contemporains. En effet, l'implantation des opérateurs économiques dans plusieurs États a été

---

[105] Directive (UE) 2017/1852 du Conseil du 10 octobre 2017 concernant les mécanismes de règlement des différends fiscaux dans l'Union européenne.

[106] À la différence de l'harmonisation des impôts indirects (v. Alexandre MAITROT DE LA MOTTE, *Droit fiscal de l'Union européenne*, *op. cit.*, pp. 515-682), l'harmonisation des impôts directs, et notamment, de l'assiette et des taux d'imposition sur les bénéfices des entreprises, est plus délicate à réaliser. Alors même que plusieurs rapports ont préconisé une démarche d'harmonisation de l'assiette et du taux des impôts directs (pour les principaux rapports en ce sens : Commission des Communautés européennes, *Rapport de la Commission fiscale et financière (Rapport « Neumark »)*, 1962 ; *Rapport du Comité de réflexion des experts indépendants sur la fiscalité des entreprises (« Rapport Ruding »)*, 1992), c'est la lutte contre les doubles impositions spécifiques qui a été privilégiée. Un temps plébiscité, le projet d'« assiette commune consolidée pour l'impôt des sociétés » (ci-après : « ACCIS ») (v. Commission européenne, *Proposition de directive concernant une assiette commune consolidée pour l'impôt sur les sociétés*, COM(2011) 121/4, mars 2011 ; *Proposition de directive du Conseil concernant une assiette commune pour l'impôt sur les sociétés*, COM(2016) 685, octobre 2016 ; *Proposition de directive du Conseil concernant une assiette commune consolidée pour l'impôt sur les sociétés*, COM(2016) 683, final, octobre 2016), a été abandonné en mai 2021. Un nouveau projet est en cours, à savoir, la « fiscalité des entreprises pour le XXIème siècle », v. Commission européenne, *Communication au Parlement européen et au Conseil, Fiscalité des entreprises pour le XXIème siècle*, COM(2021) 251 final, mai 2021. Le projet « ACCIS » est remplacé par le projet « BEFIT » (pour : « *Business in Europe : Framework for Income Taxation* »), censé aboutir sur une imposition unique à l'impôt sur les sociétés au sein de l'UE. Pour une étude du « relatif » échec de l'harmonisation des impôts directs au sein de l'UE, v. Alexandre MAITROT DE LA MOTTE, *Droit fiscal de l'Union européenne*, *op. cit.*, pp. 683-725.

[107] Pour une étude générale sur les interactions normatives dans un contexte international, v. Laurence BURGORGUE-LARSEN, Édouard DUBOUT, Alexandre MAITROT DE LA MOTTE, Sébastien TOUZE, Alain PELLET, *Droit de l'Union européenne et droit international : les interactions normatives*, 2012, Pedone, « Cahiers de droit européen ».

facilitée par la libéralisation des marchés, la réduction des barrières douanières, la transformation numérique et les progrès technologiques[108].

**32. L'intégrité du système fiscal international mise en cause. –** Ainsi, en raison d'un défaut de coordination, voire d'un défaut de cohérence[109], entre les règles du droit fiscal international des différents États, y compris entre les États membres de l'Union européenne[110], des

---

[108] V. Pascal SAINT-AMANS, Éric ROBERT, « Le projet BEPS et son héritage », *REIDF*, 2016/4, p. 409. L'OCDE insiste sur le fait que : « *La mondialisation s'est traduite par le passage de modèles d'activité propres aux différents pays à des modèles mondiaux, fondés sur des organisations dirigées par une décentralisation fonctionnelle et sur des chaînes d'approvisionnement intégrées qui centralisent plusieurs fonctions à un niveau régional ou mondial. En outre, le poids croissant des services dans l'économie et l'importance grandissante de l'économie numérique […] permettent désormais aux entreprises d'implanter beaucoup plus facilement de nombreuses activités productives dans des lieux éloignés de l'emplacement physique de leurs clients* ». V. OCDE, *Plan d'action concernant l'érosion de la base d'imposition et le transfert de bénéfices*, 2013, Éditions OCDE, pp. 7-8.
Quant à la Commission européenne, elle estime que l' « *application à l'économie numérique des règles actuelles relatives à l'impôt sur les sociétés a conduit à un décalage entre le lieu où les bénéfices sont taxés et celui où la valeur est créée, notamment pour les modèles d'affaire qui dépendent fortement de la participation des utilisateurs* », v. Commission européenne, *Proposition de directive du Conseil concernant le système commun de taxe sur les services numériques applicable aux produits tirés de la fourniture de certains services numériques*, COM(2018) 148 final, mars 2018, p. 3. Cela tient au fait que l'imposition due par une entreprise du numérique dans un État, en vertu des anciennes règles traditionnelles du droit fiscal international, ne dépend pas des contributions des utilisateurs, constituant la création de valeur, mais d'un certain degré de présence physique (siège ou établissement stable) (*Ibid.*). Pour plus de détails sur la question de la problématique de l'établissement stable, v. notamment Nicolas VERGNET, « Les fondements théoriques de l'établissement stable à l'épreuve de la modernisation de l'économie », *Dr. fisc.* 2017, n° 39, 476.

[109] OCDE, *Plan d'action concernant l'érosion de la base d'imposition et le transfert de bénéfices*, *préc.*, p. 9. En ce sens, l'OCDE estime que : « *Dans le contexte national, la cohérence est généralement obtenue en appliquant le principe de symétrie : un paiement déductible pour le payeur est généralement imposable entre les mains de son bénéficiaire, sauf si ce paiement est explicitement exonéré. Il n'existe pas de principe de cohérence similaire à l'échelon international, ce qui laisse aux contribuables beaucoup de marge pour procéder à des opérations d'arbitrage* ».

[110] À titre d'illustration, un exemple contemporain d'asymétrie, parmi d'autres, peut être donné à ce stade des développements. Une société mère établie dans un État non-membre de l'UE détient les titres d'une société filiale établie en France. La société mère étrangère, en tant qu'actionnaire, décide de la distribution des résultats ou des réserves de la filiale établie en France. Or, l'opération donne normalement lieu à une retenue à la source (ci-après : RAS) française (CGI, art. 119 *bis*). Il se peut qu'une convention fiscale bilatérale soit applicable. Mais, elle peut ne pas exonérer totalement la retenue à la source française. En interposant une société au sein d'un État membre de l'UE, la retenue à la source française peut être évitée. En effet, la filiale française distribue les dividendes à la société européenne interposée en exonération de RAS, par l'application du régime « mères-filles » européen (CGI, art. 119 *ter*). Il suffit que l'État dans lequel la société

opérateurs internationaux ont pu tirer profit de ces asymétries pour réduire drastiquement leurs impositions[111]. Cela remet en cause, en partie, l'intégrité du système fiscal international[112]. En même temps, cela nuit à une certaine concurrence entre les opérateurs qui agissent sur le plan international, qui ont des moyens pour parvenir à éviter certaines charges fiscales, et les opérateurs qui agissent seulement sur un plan national[113]. Une réforme multilatérale des règles du droit fiscal international des États, jugée plus efficace que des réactions unilatérales et non coordonnées des États[114], a été entreprise au début des années 2010, afin que les États puissent « *sauvegarder leur souveraineté fiscale* »[115]. C'est à l'occasion de ce mouvement que les dispositifs anti-abus applicables en droit fiscal international français se sont renouvelés[116].

---

interposée est établie ait une fiscalité plus avantageuse sur les RAS pour que l'opération ne fasse l'objet d'aucune imposition.
L'UE évalue le phénomène de l'évasion fiscale des entreprises en Europe entre 50 et 70 milliards d'euros chaque année, v. Commission européenne, *Communiqué de presse, La Commission européenne propose des règles de transparence fiscale publique pour les multinationales*, IP/16/1349 du 12 avril 2016.

111 OCDE, *Lutter contre l'érosion de la base d'imposition et les transferts de bénéfices*, 2013, Éditions OCDE, p. 9. Pour reprendre les termes de l'OCDE : « *[É]tant donné que les entreprises font l'objet d'une intégration transfrontalière de plus en plus poussée et que les règles fiscales manquent souvent de coordination, un certain nombre de structures, par ailleurs légales du point de vue technique, tirent profit des asymétries qui existent dans les règles fiscales nationales et internationales* ».

112 *Ibid.*, p. 10.

113 *Ibid.*, p. 11.

114 *Ibid.* La multiplication des démarches unilatérales risque de créer des incertitudes inutiles et d'aggraver le manque de cohérence des règles du droit fiscal international. À ce titre, l'adoption des dispositions des articles 299 et s. du CGI, qui instituent une taxe de 3 % assise sur le chiffre d'affaires rattachable à la France (en dehors de toute logique multilatérale) afférent à des services numériques fournis par des sociétés ayant un chiffre d'affaires excédant 750 millions d'euros au niveau mondial et 25 millions d'euros en France, peu important leur lieu de résidence, est discutable (loi n° 2019-759 du 24 juillet 2019 portant création d'une taxe sur les services numériques et modification de la trajectoire de baisse de l'impôt sur les sociétés, art. 1).

115 OCDE, *Plan d'action concernant l'érosion de la base d'imposition et le transfert de bénéfices*, *op. cit.*, p. 9. L'OCDE emploie cette expression pour faire écho aux pertes budgétaires que les États subissent. Toutefois, sur la question du contenu qu'il convient d'attacher à l'expression de souveraineté fiscale, il existe, en doctrine, des développements substantiels, v. Alexandre MAITROT DE LA MOTTE, *Droit fiscal de l'Union européenne*, *op. cit.*, p. 1, § 1 ; Andréas KALLERGIS, *La compétence fiscale*, *op. cit.*, p. 10 et s., § 12 et s.

116 Pour une mise en perspective de ce mouvement global de réforme de la fiscalité internationale, v. Pascal SAINT-AMANS, Thomas JACQUES, « Les perspectives de la fiscalité internationale », *Dr. fisc.* 2017, n° 39, 474 ; Pascal SAINT-AMANS, « Le projet BEPS et la longue marche en direction d'une fiscalité globale pour l'économie du XXIe siècle », *Dr. fisc.* 2015, n° 49, 709.

**33. Le contexte politique après la crise financière de 2008 : la volonté de neutraliser les interactions entre les systèmes fiscaux des États.** – Au lendemain de la crise financière de 2008[117], la question du renouvellement des principes du droit fiscal international s'est intensifiée. Les 18 et 19 juin 2012, lors du sommet de Los Cabos, au Mexique, les dirigeants des pays membres du Groupe des vingt[118] (ci-après : le G20) affirment solennellement « *la nécessité de prévenir l'érosion de l'assiette fiscale et le transfert de bénéfices* »[119]. Cette impulsion politique initiée par le G20 a conduit l'OCDE à évaluer le phénomène d'érosion de la base fiscale et de transfert des bénéfices, autrement appelé « BEPS »[120], ainsi qu'à proposer une série de mesures censées endiguer ce phénomène coûteux[121]. Les pertes budgétaires pour les États sont évaluées entre 100 et 240 milliards de dollars (américains) chaque année[122]. Les multinationales profiteraient des interactions entre les différents systèmes fiscaux nationaux, à l'origine de « *frictions* » et de « *failles* » persistantes, afin de réduire leur imposition[123]. En octobre 2015, le Comité des affaires fiscales de l'OCDE, après avoir publié

---

[117] La doctrine laisse entendre que la crise financière de 2008 a été à l'origine de l'évolution de la fiscalité internationale. Pour identifier les évolutions de la matière, avant et après 2008, v. Guy GEST, « Les grandes évolutions de la fiscalité internationale jusqu'à la crise financière de 2008 », *op. cit.* ; Benoît DELAUNAY, « Les évolutions de la fiscalité internationale depuis la crise financière de 2008 », *Dr. fisc.* 2017, n° 36, ét. 423. Pour une étude historique de la fiscalité internationale, v. Marilyne SADOWSKY, « L'histoire de la fiscalité internationale », *FI* 2021, n° 4, 1.1.

[118] Le G20, à l'instar du « groupe des sept » (ci-après : le G7) est un forum de discussion entre dirigeants internationaux, sans statut juridique. Il s'est réuni pour la première fois les 15 et 16 décembre 1999 à Berlin et permet, à la différence du G7 (créé dans les années 1970), d'intégrer les grands pays émergeants dans les discussions sur l'économie et la stabilité financière. Lors du Sommet de Pittsburgh, en septembre 2009, il est déclaré que le G20 est « *le forum prioritaire de notre coopération économique internationale* » (traduit de l'anglais : « *We designated the G20 to be the premier forum for our international economic cooperation* »), v. G20, *Leader's Statement : the Pittsburgh Summit,* 24-25 septembre 2009, § 19 du préambule. Le G20 est alors désigné comme le forum le plus approprié pour gérer et apporter une réponse collective à la crise économique et financière mondiale.

[119] Traduit de l'anglais : « *We reiterate the need to prevent base erosion and profit shifting and we will follow with attention the ongoing work of the OECD in this area* ». V. G20, *Los Cabos Summit Leader's Declaration*, 19 juin 2012, § 48.

[120] « BEPS » est l'acronyme de « *Base Erosion and Profit Shifting* », traduction anglaise de l'expression « érosion de l'assiette fiscale et le transfert de bénéfices ».

[121] Pour les premiers travaux de l'OCDE, v. OCDE, *Lutter contre l'érosion de la base d'imposition et les transferts de bénéfices*, *op. cit.*

[122] OCDE, *Note de synthèse, L'imposition des entreprises multinationales*, octobre 2015. Cela représente entre 4 et 10 % du montant des recettes tirées de l'impôt sur les bénéfices des sociétés à l'échelle mondiale.

[123] OCDE, *Plan d'action concernant l'érosion de la base d'imposition et le transfert de bénéfices*, *op. cit.*, p. 9.

quinze actions[124], dont l'une traite spécifiquement de l'utilisation abusive des conventions fiscales (Action 6), toutes approuvées par le G20 en novembre 2015 lors du sommet d'Antalya en Turquie[125], recommande aux États d'engager une réforme majeure des règles fiscales internationales[126].

**34. La prise de conscience européenne.** – Dans le même temps, la Commission européenne dénonce les comportements dits de « *planification fiscale agressive* »[127], qui consistent « *à tirer parti des subtilités d'un système fiscal ou des incohérences entre deux ou plusieurs systèmes fiscaux afin de réduire l'impôt à payer* »[128]. Elle recommande aux États membres de l'Union européenne d'adopter une approche générale et commune, afin de limiter les opérations artificielles au sein du marché intérieur[129]. Concomitamment, en France, les

---

[124] V. OCDE, Exposé des actions 2015, *Projet OCDE/G20 sur l'érosion de la base d'imposition et le transfert de bénéfices*, 2015, Éditions OCDE. Action 1 : Relever les défis fiscaux posés par l'économie numérique ; Action 2 : Neutraliser les effets des dispositifs hybrides ; Action 3 : Concevoir des règles efficaces concernant les sociétés étrangères contrôlées ; Action 4 : Limiter l'érosion de la base d'imposition faisant intervenir les déductions d'intérêts et d'autres frais financiers ; Action 5 : Lutter plus efficacement contre les pratiques fiscales dommageables, en prenant en compte la transparence et la substance ; Action 6 : Empêcher l'utilisation abusive des conventions fiscales lorsque les circonstances ne s'y prêtent pas ; Action 7 : Empêcher les mesures visant à éviter artificiellement le statut d'établissement stable ; Actions 8-10 : Aligner les prix de transfert calculés sur la création de valeur ; Action 11 : Mesure et mise en œuvre du BEPS ; Action 12 : Règles de communication obligatoire d'informations ; Action 13 : Documentation des prix de transfert et déclaration pays par pays ; Action 14 : Accroître l'efficacité des mécanismes de règlement des différends ; Action 15 : Élaboration d'un instrument multilatéral pour modifier les conventions fiscales bilatérales. Ces actions reposent sur trois axes centraux : la cohérence entre les règles ayant des effets sur les activités internationales, renforcer les exigences de substance et accroître la transparence ainsi que la sécurité juridique en matière fiscale. L'OCDE rappelle régulièrement que le paquet de mesures a été élaboré par 44 pays, dont l'ensemble des membres de l'OCDE et du G20, participant sur un pied d'égalité, ainsi qu'à travers un vaste processus de consultation auquel ont été associées plus de 80 autres juridictions et qui a bénéficié de contributions d'autres parties prenantes issues du monde de l'entreprise, des milieux universitaires et de la société civile. V. OCDE, *Cadre inclusif sur le BEPS de l'OCDE et du G20 : Rapport d'étape juillet 2016 – juin 2017*, 2017, Éditions OCDE, p. 3.

[125] Pour l'engagement politique du gouvernement français, v. *Questions remises à la présidence de l'Assemblée nationale, Réponses des ministres aux questions écrites, Débats parlementaires*, Réponse LOUWAGIE n° 72648, *JORF*, 7 mars 2017, p. 2022.

[126] Sur cette question, v. Éric BOIGELOT, « Actions BEPS : chronique d'une mort annoncée du chalandage fiscal international ? », in *Mélanges Pascal Minne : fiscalité internationale et patrimoniale*, 2016, Bruylant, pp. 105-130.

[127] Commission européenne, *Recommandation de la Commission du 6 décembre 2012 relative à la planification fiscale agressive*, (2012/772/UE), décembre 2012, cons. 2.

[128] *Ibid.*

[129] *Ibid.*, cons. 4 et 5. Sur cette question, v. Benoît DELAUNAY, « La planification fiscale agressive en droit fiscal de l'Union européenne », *REIDF*, 2015/2, p. 237.

travaux des institutions sur la lutte contre l'optimisation fiscale[130], l'évasion fiscale[131] et la fraude fiscale[132], phénomènes qui se retrouvent dans un contexte international[133], se sont accumulés[134].

---

130 V. not. Pierre-Alain MUET, Commission des finances, de l'économie générale et du contrôle budgétaire, *Rapport d'information en conclusion des travaux d'une mission d'information sur l'optimisation fiscale des entreprises dans un contexte international*, Assemblée nationale, n° 1243, 2013 ; Pierre-Alain MUET, Commission des finances, de l'économie générale et du contrôle budgétaire, *Rapport d'information sur la mise en œuvre des conclusions de la mission d'information sur l'optimisation fiscale des entreprises dans un contexte international*, Assemblée nationale, n° 2023, 2014 ; Isabelle BRUNEAU, Marc LAFFINEUR, Commission des affaires européennes, *Rapport d'information sur l'Union européenne et la lutte contre l'optimisation fiscale*, Assemblée nationale, n° 3101, 2015.

131 Gilles CARREZ, Commission des finances, de l'économie générale et du contrôle budgétaire, *Rapport d'information sur les paradis fiscaux*, Assemblée nationale, n° 1902, 2009 ; Alain BOCQUET, Nicolas DUPONT-AIGNAN, Commission des affaires étrangères, *Rapport d'information en conclusion des travaux d'une mission d'information constituée le 14 novembre 2012 – Lutte contre les paradis fiscaux : si l'on passait des paroles aux actes*, Assemblée nationale, n° 143, 2013 ; Bénédicte PEYROL, Commission des finances, de l'économie générale et du contrôle budgétaire, *Rapport d'information en conclusion des travaux d'une mission d'information relative à l'évasion fiscale des entreprises*, Assemblée nationale, n° 1236, 2018 ; Émilie CARIOU, Pierre CORDIER, Mission d'information commune, *Rapport d'information sur le bilan de la lutte contre les montages transfrontaliers*, Assemblée nationale, n° 2252, 2019 ; Bénédicte PEYROL, Commission des finances, de l'économie générale et du contrôle budgétaire, *Rapport d'information sur la mise en œuvre des conclusions de la mission d'information relative à l'évasion fiscale internationale des entreprises*, Assemblée nationale, n° 4052, 2021.

132 Conseil des prélèvements obligatoires, *La fraude aux prélèvements obligatoires et son contrôle*, 2007 ; Éric BOCQUET, *Rapport au nom de la commission d'enquête sur l'évasion des capitaux et des actifs hors de France et ses incidences fiscales*, Sénat, n° 673, 2012 ; Cour des comptes, *Le rapport public annuel 2016 – La lutte contre la fraude fiscale : des progrès à confirmer*, 2016 ; Émilie CARIOU, Mission d'information commune, *Rapport d'information sur les procédures de poursuite des infractions fiscales*, Assemblée nationale, n° 982, 2018 ; Cour des comptes, *La fraude aux prélèvements obligatoires – Évaluer, prévenir, réprimer – Communication au Premier ministre*, 2019

133 Pour la distinction entre l'évasion, la fraude et l'optimisation, v. une étude globale récente : Édouard COULON, *L'évasion fiscale : essai de construction d'une catégorie juridique*, Thèse, 2021, Paris II. Nous reviendrons, au cours des développements, sur les liens entre l'abus de droit fiscal et, d'un côté, l'optimisation fiscale (n° 220 et s.) et, d'un autre côté, la fraude fiscale (n° 415 et s.). Pour le moment, dans une optique de présentation, nous nous en tenons aux définitions retenues dans le rapport « PEYROL I » (*préc.*, p. 36) :

- La fraude implique une violation délibérée et consciente de la réglementation fiscale en vigueur. Le contribuable se place volontairement en dehors du cadre légal afin d'échapper à tout ou partie de ses obligations fiscales de manière délibérée, à travers des actes juridiquement irréguliers.
- L'évasion a en commun avec la fraude la volonté de ses auteurs de contourner la norme fiscale en vigueur dans le but d'éluder l'impôt, mais repose sur des mécanismes réguliers ou en apparence réguliers.
- L'optimisation fiscale, connue dans le monde anglo-saxon sous le terme de « tax planning » (pouvant se traduire par « planification fiscale »)

**35.** Dans ces travaux, de multiples questions relatives à la réforme d'un système fiscal international sont discutées et abordées. Ils vont aboutir à l'adoption de dispositions majeures pour la « *refonte* »[135] des règles fiscales internationales. Parmi elles, certaines concernent la question de l'abus de droit fiscal[136]. Des nouvelles règles anti-abus ont été adoptées et se sont

---

consiste pour un contribuable à exploiter les moyens légaux à sa disposition pour réduire ou éliminer sa charge fiscale.

[134] Pour des rapports plus anciens, v. notamment : Gérard LEONARD, Charles DE COURSON, *Rapport de la mission parlementaire sur les fraudes et les pratiques abusives*, Assemblée nationale, 1996 ; Jean-Pierre BRARD, Commission des finances, de l'économie générale et du plan, *Rapport d'information sur la fraude et l'évasion fiscales*, Assemblée nationale, n° 1105, 1998 ; Jean-Pierre BRARD, Commission des finances, de l'économie générale et du plan, *Rapport sur la lutte contre la fraude et l'évasion fiscales*, Assemblée nationale, n° 1802, 1999.

[135] OCDE, *Note d'information*, 2015, p. 3.

[136] Les travaux internationaux ont abouti à l'aménagement de plusieurs régimes fiscaux qui concernent, globalement, la question de la création et de la répartition de la valeur entre les différents États. Ces travaux internationaux dépassent, en soi, le seul sujet des dispositifs anti-abus applicables en droit fiscal international. Pour une étude globale de l'évolution du système fiscal international, v. Nicolas VERGNET, *La création et la répartition de la valeur en droit fiscal international*, *op. cit.*

L'une des questions essentielles est celle de la réformation des règles de territorialité de l'impôt sur les sociétés et de leur adaptation à la numérisation de l'économie. À ce sujet, v. Philippe MARTIN, Gauthier BLANLUET, Marie-Pascale ANTONI, Éric ROBERT, Milena MATHE, « L'adaptation des standards du droit fiscal international à une économie mondialisée et transformée par le numérique », in *La fiscalité internationale à réinventer – Un colloque organisé par le Conseil d'État le 30 novembre 2018*, 2020, La documentation française, « Droits et débats », pp. 43-73.

Pour les travaux récents de l'OCDE : OCDE, *Proposition du Secrétariat d'une « Approche unifiée » au titre du Pilier 1*, octobre 2019 ; *Les défis fiscaux soulevés par la numérisation – Rapport sur le blueprint du Pilier Un : Cadre inclusif sur le BEPS, Projet OCDE/G20 sur l'érosion de la base d'imposition et le transfert de bénéfices*, Éditions OCDE, octobre 2020 ; *Déclaration sur une solution reposant sur deux piliers pour résoudre les défis fiscaux soulevés par la numérisation de l'économie*, juillet 2021.

Pour les travaux récents européens : Commission européenne, *Proposition de Directive du Conseil établissant les règles d'imposition des sociétés ayant une présence numérique significative*, COM(2018) 147 final, mars 2018 ; *Proposition de directive du Conseil concernant le système commun de taxe sur les services numériques applicables aux produits tirés de la fourniture de certains services numériques*, COM(2018) 148 final, mars 2018 ; *Communication au Parlement européen et au Conseil, Fiscalité des entreprises pour le XXIème siècle*, COM(2021) 251 final, mai 2021 ; *Proposition de directive du Conseil relative à la mise en place d'un niveau minimum d'imposition mondial pour les groupes multinationaux dans l'Union*, COM(2021) 823 final, décembre 2021.

Pour une présentation générale de ces travaux, v. Daniel GUTMANN, *Droit fiscal des affaires*, *op. cit.*, pp. 517-522 ; Alexandre MAITROT DE LA MOTTE, *Droit fiscal de l'Union européenne*, *op. cit.*, pp. 698-704 ; Bruno GOUTHIERE, *Les impôts dans les affaires internationales*, *op. cit.*, pp. 346-350.

Plus spécifiquement, v. Daniel GUTMANN, « Les Piliers de la réforme fiscale internationale : état des lieux », *FR 36/21*, inf. 9, p. 15 ; « Les Piliers de la réforme fiscale internationale : état des lieux (suite) », *FR 37/21*, inf. 3, p. 15. V. aussi Alexandre MAITROT DE LA MOTTE, « La réforme du système fiscal international :

ajoutées aux règles anti-abus déjà bien ancrées en droit fiscal international français. Le sujet de l'abus de droit fiscal, en droit fiscal international, s'est donc renouvelé.

### *b. Le renouvellement de la lutte contre les abus en droit fiscal international*

**36. L'instrument multilatéral de l'OCDE.** – Certains points traités par l'OCDE, ceux relatifs aux pratiques fiscales dommageables (Action 5)[137], à la lutte contre l'utilisation abusive des conventions fiscales (Action 6), aux déclarations pays par pays des activités des entreprises multinationales (Action 13)[138] et au règlement des différends entre les administrations fiscales de plusieurs pays (Action 14), sont, pour reprendre les termes de l'OCDE, des « standards minimums » que les pays s'engagent à respecter. Pour mettre en œuvre certaines de ces normes minimales, le choix a été fait de recourir à un instrument multilatéral (ci-après : IM)[139], à savoir la « convention multilatérale pour la mise en œuvre des mesures relatives aux conventions fiscales pour prévenir l'érosion de la base d'imposition et le transfert de bénéfices » (ci-après : CML)[140]. Entrée en

---

quelles conséquences pour le droit fiscal de l'Union européenne ? », *Dr. fisc.* 2022, n° 12, 151. V. également, Polina KOURALEVA-CAZALS, « Les Piliers 1 et 2 : les piliers d'un nouvel ordre ? », *Dr. fisc.* 2022, n° 12, 152.
La réflexion porte sur : i) le fait d'allouer davantage de droits d'imposer à l'État dans lequel se situent les utilisateurs d'un service rendu (« juridictions de marché ») par certains groupes internationaux et une imposition minimum de 15 % (l'État de la société mère d'un groupe peut l'imposer lorsque ses filiales ont été insuffisamment taxées dans d'autres États).

[137] En France, l'ancien régime fiscal des produits de la propriété industrielle a été jugé dommageable par l'OCDE et a été aménagé afin de le rendre conforme à l'Action 5 du projet « BEPS ». V. l'article 238 du CGI, issu de l'adoption de la loi n° 2018-1317 du 28 décembre 2018 de finances pour 2018, art. 37.

[138] En France, cette action s'est traduite par l'adoption des dispositions de l'article 223 *quinquies* C du CGI (loi n° 2015-1785 du 29 décembre 2015 de finances pour 2016, art. 121). Ces dispositions sont la transposition de la Directive (UE) 2016/881 du Conseil du 25 mai 2016 modifiant la directive 2011/16/UE en ce qui concerne l'échange automatique et obligatoire d'informations dans le domaine fiscal.

[139] Cet instrument est connu sous son appellation anglaise, « *Multilateral Instrument* » (ci-après : MLI). Pour une étude sur les conséquences de l'instrument multilatéral en droit fiscal international français, v. Philippe MARTIN, Maikel EVERS, Laurence JATON, Édouard MARCUS, Caroline SILBERZTEIN, « La convention multilatérale OCDE : quel impact sur la fiscalité internationale ? Actes de la soirée d'étude annuelle de l'IFA, 4 oct. 2017 », *Dr. fisc.* 2017, n ° 51-52, 587.

[140] L'instrument multilatéral et la convention multilatérale « BEPS » trouvent leur origine dans le rapport de l'Action 15 de l'OCDE (*op. cit.*). Pour une étude globale de la convention multilatérale « BEPS », v. Ana Paula DOURADO, *International and EU Tax Multilateralism : Challenges Raised by the MLI*, 2020, IBFD.

vigueur le 1er juillet 2018[141], la convention multilatérale « BEPS » a pris effet en France au 1er janvier 2019[142]. L'instrument multilatéral est un mécanisme efficace permettant de mettre en œuvre certaines recommandations de l'OCDE[143] de façon synchronisée et efficiente, dans l'ensemble du réseau de conventions existantes conclues en vue d'éviter la double imposition en matière de revenu. Cet instrument permet donc d'éviter aux États de renégocier chaque convention bilatéralement[144]. Ainsi, une série de stipulations de la convention multilatérale « BEPS » (art. 6 et 7), intégrées dans le réseau conventionnel français couvert, s'intéressent plus spécifiquement à la lutte contre l'abus de droit dans les situations transnationales. L'article 6 de la convention multilatérale a vocation à intégrer dans les conventions fiscales couvertes un préambule qui, en substance, prévoit que les conventions fiscales ne promeuvent pas les situations de non-imposition via des pratiques d'évasion[145]. L'article 7 de la convention multilatérale « BEPS » a vocation à intégrer dans les

---

141 Pour le fonctionnement de la convention multilatérale « BEPS », v. OCDE, *Note explicative portant sur la convention multilatérale pour la mise en œuvre des mesures relatives aux conventions fiscales pour prévenir l'érosion de la base d'imposition et le transfert de bénéfices*, 2018.

142 Loi n° 2018-604 du 12 juillet 2018 autorisant la ratification de la convention multilatérale pour la mise en œuvre des mesures relatives aux conventions fiscales pour prévenir l'érosion de la base d'imposition et le transfert de bénéfices ; Décret n° 2019-6 du 4 janvier 2019 portant publication de la convention multilatérale pour la mise en œuvre des mesures relatives aux conventions fiscales pour prévenir l'érosion de la base d'imposition et le transfert de bénéfice, adoptée à Paris le 24 novembre 2016, signée par la France le 7 juin 2017.

143 Pour être précis, la convention multilatérale « BEPS » traite : des dispositifs hybrides (Partie II), de l'utilisation abusive des conventions fiscales (Partie III), des mesures visant à éviter le statut d'établissement stable (Partie IV) et de l'amélioration du règlement des différends (Partie V). Toutefois, seules les stipulations de l'article 6 (modifiant le préambule des conventions fiscales), de l'article 7 (insertion d'une clause anti-abus de portée générale) et de l'article 16 (modernisant la procédure de règlement des différends) sont obligatoires. Les autres articles de la convention multilatérale « BEPS » contiennent des stipulations qui ne sont pas obligatoires. Optionnelles, chaque État décide de les adopter, de les assortir de réserves ou d'options. En ce qui concerne le choix fait par la France, v. l'étude d'impact accompagnant le *Projet de loi autorisant la ratification de la convention multilatérale pour la mise en œuvre des mesures relatives aux conventions fiscales pour prévenir l'érosion de la base d'imposition et le transfert de bénéfices déposé au Sénat le 17 janvier 2018*.

144 CML, p. 1.

145 L'article 6 de la CML prévoit que : « *Une Convention fiscale couverte est modifiée pour inclure le texte du préambule suivant : "Entendant éliminer la double imposition à l'égard d'impôts visés par la présente Convention, et ce, sans créer de possibilités de non-imposition ou d'imposition réduite via des pratiques d'évasion ou de fraude fiscale/évitement fiscal (résultant notamment de la mise en place de stratégies de chalandage fiscal destinées à obtenir des allègements prévus dans la présente convention au bénéfice indirect de résidents de juridictions tierces)"* ».

conventions fiscales couvertes une clause anti-abus destinée à prévenir l'utilisation abusive des conventions fiscales[146].

**37. L'adoption de réformes majeures du droit fiscal international : la directive anti-évasion fiscale de l'Union européenne.** – L'Union européenne, qui se situe dans le sillage de la démarche du G20 et de l'OCDE[147], s'inquiète aussi, entres autres[148], de l'évasion fiscale internationale[149] et, par conséquent, des pratiques abusives. Dans un premier temps, elle a modifié la directive « mères-filles » et a intégré une règle anti-abus commune et minimale, pour éviter l'usage abusif de ce régime de faveur[150]. Dans une optique plus globale, elle a adopté une

---

[146] L'article 7 de la CML prévoit que : « *Nonobstant toute disposition d'une Convention fiscale couverte, un avantage au titre de la Convention fiscale couverte ne sera pas accordé au titre d'un élément de revenu ou de fortune s'il est raisonnable de conclure, compte tenu de l'ensemble des faits et circonstances propres à la situation, que l'octroi de cet avantage était l'un des objets principaux d'un montage ou d'une transaction ayant permis, directement ou indirectement, de l'obtenir, à moins qu'il soit établi que l'octroi de cet avantage dans ces circonstances serait conforme à l'objet et au but des dispositions pertinentes de cette Convention fiscale couverte* ».

[147] Commission européenne, *Communication de la Commission au Parlement européen et au Conseil, Plan d'action pour renforcer la lutte contre la fraude et l'évasion fiscales*, COM(2012) 722 final, décembre 2012 ; *Proposition de directive du Conseil modifiant la directive 2011/96/UE concernant le régime fiscal commun applicable aux sociétés mères et filiales d'États membres différents*, COM(2013) 814 final, novembre 2013 ; *Communication de la Commission au Parlement européen et au Conseil, Paquet de mesures contre l'évasion fiscale : prochaines étapes pour assurer une imposition effective et davantage de transparence fiscale dans l'Union européenne*, COM(2016) 23 final, janvier 2016 ; *Communication de la Commission au Parlement européen et au Conseil sur une stratégie extérieure pour une imposition effective*, COM(2016) 24 final, janvier 2016 ; *Proposition de directive du Conseil établissant des règles pour lutter contre les pratiques d'évasion fiscale qui ont une incidence directe sur le fonctionnement du marché intérieur*, COM(2016) 26 final, janvier 2016 ; *Recommandation (UE) 2016/136 de la Commission du 28 janvier 2016 concernant la mise en œuvre de mesures contre l'utilisation abusive des conventions fiscales*, C(2016) 271, janvier 2016 ; *Communication de la Commission au Parlement européen et au Conseil, Communication sur d'autres mesures visant à renforcer la transparence et la lutte contre la fraude et l'évasion fiscales*, COM(2016) 451 final, juillet 2016.

[148] L'action de l'UE ne se résume pas à la lutte contre les pratiques abusives, v. Bastien LIGNEREUX, « Les dispositifs européens de lutte contre l'optimisation fiscale », *REIDF*, 2021/2, p. 226.

[149] V. Alexandre MAITROT DE LA MOTTE, « La lutte contre l'évasion fiscale internationale », in *La Commission européenne en voie de redynamisation ? – Colloque international de Nice des 1er et 2 avril 2015*, 2017, Pédone, « Institut du droit de la paix et du développement », pp. 221-244 ; « La réaction de l'Union européenne : le "paquet de mesures contre l'évasion fiscale" », *Dr. fisc.* 2016, n° 49, ét. 631.

[150] Directive (UE) 2015/121 du Conseil du 27 janvier 2015 modifiant la directive 2011/96/UE concernant le régime fiscal commun applicable aux sociétés mères et aux filiales d'États membres différents. L'article 2 dispose que : « *Les États membres n'accordent pas les avantages de la présente directive à un montage ou à une série de montages qui, ayant été mis en place pour obtenir, à titre d'objectif principal ou au titre d'un des objectifs principaux, un avantage fiscal allant à l'encontre de l'objet ou de la finalité de la présente*

directive établissant des règles pour lutter contre les pratiques d'évasion fiscale qui ont une incidence directe sur le fonctionnement du marché intérieur en juillet 2016 et, parmi elles, une règle anti-abus dite « générale »[151].

**38. La lutte contre les pratiques abusives avant les réformes internationales. –** Avant la réforme du système fiscal international initiée par le G20[152], la question de l'abus de droit en droit fiscal international français concernait essentiellement l'application de la procédure d'abus de droit fiscal[153] et du principe général d'interdiction de la fraude à la loi aux opérations internationales[154]. Elle avait trait aussi aux mesures anti-abus

---

*directive, n'est pas authentique compte tenu de l'ensemble des faits et circonstances pertinents. Un montage peut comprendre plusieurs étapes ou parties. Aux fins du paragraphe 2, un montage ou une série de montages est considéré comme non authentique dans la mesure où ce montage ou cette série de montages n'est pas mis en place pour des motifs commerciaux valables qui reflètent la réalité économique* ».

[151] Directive (UE) 2016/1164 du Conseil du 12 juillet 2016 établissant des règles pour lutter contre les pratiques d'évasion fiscale qui ont une incidence directe sur le fonctionnement du marché intérieur (ci-après : directive « ATAD 1 »). Elle a été complétée moins d'un an plus tard par une directive relative aux dispositifs dits « hybrides », v. Directive (UE) 2017/952 du Conseil du 29 mai 2017 modifiant la directive (UE) 2016/1164 en ce qui concerne les dispositifs hybrides faisant intervenir des pays tiers (ci-après : directive « ATAD 2 »). Pour une présentation de la directive européenne, v. Caroline DOCCLO, « L'ambition de l'Union européenne d'introduire des règles anti-abus dans les lois disparates de ses États membres », in *Mélanges Pascal Minne : Fiscalité internationale et patrimoniale*, *op. cit.*, pp. 227-268.
Récemment, une proposition de directive, propre aux « sociétés écrans » a été publiée, v. *Proposition de directive du Conseil établissant des règles pour empêcher l'utilisation abusive d'entités écrans à des fins fiscales et modifiant la directive 2011/16/UE*, COM(2021) 565 final, décembre 2021. À ce sujet, v. Alexandre LAGARRIGUE, « Proposition de directive relative "aux sociétés écrans" : l'anticipation s'impose », *Dr. fisc.* 2022, n° 16, 196.
L'article 6 de la directive « ATAD 1 » prévoit que : « *Aux fins du calcul de la charge fiscale des sociétés, les États membres ne prennent pas en compte un montage ou une série de montages qui, ayant été mis en place pour obtenir, à titre d'objectif principal ou au titre d'un des objectifs principaux, un avantage fiscal allant à l'encontre de l'objet ou de la finalité du droit fiscal applicable, ne sont pas authentiques compte tenu de l'ensemble des faits et circonstances pertinents. Un montage peut comprendre plusieurs étapes ou parties. Aux fins du paragraphe 1, un montage ou une série de montages est considéré comme non authentique dans la mesure où ce montage ou cette série de montages n'est pas mis en place pour des motifs commerciaux valables qui reflètent la réalité économique* ».

[152] Sur cette question, v. Christophe DE LA MARDIERE, « L'abus de droit supranational », *REIDF*, 2015/2, p. 222.

[153] V. par ex. CE, 7ème et 8ème s.-s., 21 avril 1989, n° 88983, *Sté Cinécustodia* : *Dr. fisc.* 1989, n° 40, comm. 1172, comm. Gilbert TIXIER.

[154] V. par ex., CE, 3ème et 8ème s.-s., 29 décembre 2006, n° 283314, *Bank of Scotland* : *Dr. fisc.* 2007, n° 4, comm. 87, concl. François SENERS, note Olivier FOUQUET. V. aussi Franck LE MENTEC, « Abus de convention et fraude à la loi. À propos de l'arrêt du Conseil d'État du 29 décembre 2006, Bank of Scotland », *JCP E* 2007, n°

spécifiques édictées à compter du début des années 1970 unilatéralement par la France en vue de lutter contre des transferts abusifs de revenus ou de bénéfices en dehors du territoire fiscal français (CGI, art. 123 *bis*[155] ; 155 A[156] ; 209 B[157] ; 238 A[158]) ou contre l'utilisation abusive de certains régimes de faveur européens par des opérateurs non-résidents (CGI, anc. art. 119 *ter*, 3[159] ; 119 *quater*, 3[160] ; 182 B *bis*, 3[161]). Avant l'entrée en vigueur de la convention multilatérale « BEPS », le réseau conventionnel français contenait, de manière parcellaire, quelques clauses anti-abus particulières (n° 333 et s.).

**39. La lutte contre les pratiques abusives depuis les réformes internationales. –** Ces dernières années, dans le contexte politique de réformation des règles du droit fiscal international pour lutter contre le « BEPS », la France a multiplié les règles anti-abus pour endiguer des pratiques abusives particulières (CGI, anc. art. 885 V *bis*[162] ; art. 979, I, al. 2[163] ; 119 *bis* A, 3[164]). Aussi, ont été transposées les clauses anti-abus qui ont fait l'objet d'une harmonisation européenne (CGI, art. 119 *ter*, 3[165] ; anc. art. 145, 6, k[166] ; art. 205 A[167]). Une nouvelle procédure d'abus de droit, extension de la clause anti-abus générale de la directive « ATAD 1 », a également été adoptée (LPF, art. L. 64 A)[168]. Qui plus est, dans le réseau conventionnel français, en raison de l'entrée en vigueur des stipulations de la convention multilatérale « BEPS », et particulièrement de celles de l'article 7, des « clauses d'objectif principal » (ci-après : « COP ») ou de

---

12, 1399 ; Yohann BENARD, « Fraude à la loi et Treaty Shopping : que penser de la décision Bank of Scotland ? », *RJF* 4/07, chron., p. 319.

[155] Loi n° 98-1266 du 30 décembre 1998 de finances pour 1999, art. 101.

[156] Loi n° 80-30 du 18 janvier 1980 de finances pour 1980, art. 71.

[157] *Ibid.*, art. 70.

[158] Loi n° 73-1150 du 27 décembre 1973 de finances pour 1974, art. 14.

[159] Loi n° 91-1323 du 30 décembre 1991 de finances rectificative pour 1991, art. 24.

[160] Loi n° 2003-1312 du 30 décembre 2003 de finances rectificative pour 2003, art. 27.

[161] *Ibid.*

[162] Loi n° 2016-1917 du 29 décembre de finances pour 2017, art. 7. Il s'agit d'une règle anti-abus en matière d'impôt de solidarité sur la fortune.

[163] Loi n° 2017-1837 du 30 décembre 2017 de finances pour 2018, art. 31. Il s'agit d'une règle anti-abus en matière d'impôt sur la fortune immobilière (ci-après : IFI), qui reprend, en substance, celle applicable précédemment en matière d'impôt de solidarité sur la fortune.

[164] Loi n° 2018-1317 du 28 décembre de finances pour 2019, art. 36. Il s'agit d'une clause anti-abus relative à la cession temporaire de titres.

[165] Loi n° 2015-1786 du 29 décembre 2015 de finances rectificatives pour 2015, art. 29.

[166] *Ibid.*

[167] Loi n° 2018-1317 du 28 décembre 2018 de finances pour 2019, art. 108.

[168] *Ibid.*, art. 109.

« *Principal Purpose Test* » (ci-après : « PPT »), ont massivement intégré les conventions fiscales bilatérales françaises.

**40.** Les règles anti-abus susceptibles d'être mises en œuvre pour appréhender les opérations internationales des contribuables (résidents opérant à l'étranger ou non-résidents opérant en France), ont des caractères communs, auxquelles sont attachés divers enjeux (n° 47 et s.), justifiant une étude d'ensemble. Cependant, s'intéresser aux dispositifs anti-abus en droit fiscal international nécessite d'écarter de la présente étude, certains dispositifs fiscaux.

### *B. Les frontières du sujet*

**41.** Toutes les règles adoptées et aménagées à l'occasion, notamment, des réformes entreprises pour mettre fin au phénomène « BEPS », ou plus généralement pour lutter contre l'évasion et la fraude fiscales, ne s'assimilent pas à des mesures anti-abus. En ce sens, les règles du droit fiscal international dont la mise en œuvre n'est pas conditionnée, spécifiquement, à la caractérisation d'une pratique abusive du contribuable, ne font pas l'objet, en tant que telles, d'une étude particulière.

**42. L'exclusion de certaines thématiques. –** Par exemple, le mécanisme de l'acte anormal de gestion[169] ou les dispositifs relatifs à l'anormalité des prix de transfert[170] visent des comportements qui, en réalité,

---

[169] En principe, l'Administration fiscale n'est pas censée s'immiscer dans les décisions des entreprises (v. not. CE, 9ème et 10ème s.-s., 23 janvier 2015, n° 369214, *SAS Rottapharm* : *Dr. fisc.* 2015, n° 16, comm. 268) et ne peut pas reprocher au contribuable de ne pas « *tirer des affaires qu'il traite le maximum de profits que les circonstances lui auraient permis de réaliser* » (v. not. CE, 7ème s.-s., 7 juillet 1958, n° 35977, *Sté Les Entreprises de travaux publics André Borie* : *Dr. fisc.* 1958, n° 44, comm. 938). Toutefois, l'Administration fiscale est en mesure de rectifier le résultat des entreprises lorsque ces dernières réalisent des opérations qui, « *en raison de leur objet ou de leurs modalités, sont étrangères à une gestion commerciale normale* » (v. not. CE, Plén., 21 décembre 2018, n° 402226, *Sté Cröe Suisse* : *Dr. fisc.* 2019, n° 9, comm. 176, concl. Aurélie BRETONNEAU, note Florence DEBOISSY et Guillaume WICKER). Ainsi, à chaque fois qu'une entreprise vient prendre un acte non conforme à son intérêt, ses bénéfices sont rehaussés du montant des charges déduites anormalement ou du manque à gagner anormal. L'anormalité se distingue ainsi de l'abus de droit. En effet, les critères de définition sont trop éloignés. L'abus de droit repose traditionnellement sur le motif exclusivement fiscal d'une opération, alors que l'acte anormal de gestion repose sur l'inadéquation entre la passation ou la réalisation d'une opération par une entreprise et son propre intérêt.

[170] La problématique des prix de « transfert » fait écho aux transferts indirects de bénéfices (normalement imposés en France) à l'étranger entre des entreprises associées. Le dispositif de l'article 57 du CGI vise les transferts de bénéfices qui peuvent s'opérer soit par voie de « *majoration ou de diminution des prix d'achat ou de vente* », soit par « *tout autre moyen* ». Lorsque des livraisons de biens ou des

sont distincts de l'abus de droit fiscal. En effet, la théorie de l'acte anormal de gestion et les outils relatifs à la lutte contre l'anormalité des prix de transfert peuvent être mis en œuvre lorsqu'une entreprise réalise une opération qui n'est pas conforme à l'intérêt de l'exploitation. Le critère de l'intérêt de l'exploitation se distingue des critères de définition de l'abus de droit. De la même manière, les règles françaises relatives aux États et territoires non coopératifs (ci-après : ETNC)[171], dont la définition est donnée à l'article 238-0 A du CGI[172], ne visent pas spécifiquement l'abus de droit. Ces règles résultent d'un plan général de lutte contre les « paradis fiscaux »[173] initié par le G20 en 2009[174]. Elles sont destinées à dissuader les

---

prestations de services effectuées entre entreprises associées ne sont pas facturées au prix de pleine concurrence (ou en anglais : « *Arm's length price* »), l'Administration fiscale est en droit de rectifier le montant de l'imposition des bénéfices due par la société française. Sur le terrain de la preuve, la mise en œuvre de ce critère de pleine concurrence conduit l'entreprise à démontrer que l'opération litigieuse a finalement une « *contrepartie* » favorable à son exploitation, ce qui renvoie au critère de l'acte anormal de gestion. En ce sens, v. CE, Plén., 27 juillet 1988, n° 50020, *SARL Boutique 2M* : *Dr. fisc.* 1988, n° 49, comm. 2202 ; *RJF* 10/88, n° 1130, concl. Olivier FOUQUET. Pour une décision plus récente, v. CE, 9ème et 10ème ch., 23 novembre 2020, n° 425577, *min. c/Sté Ferragamo France* : *RJF* 2/21, n° 116. La question des prix de transfert est donc éloignée de celle de l'abus de droit. En ce qui concerne le droit conventionnel, v. Convention modèle OCDE 2017, art. 9.

[171] V. not. les dispositions suivantes : CGI, art. 182 B ; 182 A *bis* ; 182 A *ter* ; 187, 2 ; 125 A, III ; 125-0 A, II ; 244 *bis* ; 244 *bis* B ; 39 *duodecies*, 2 c ; 219, I a *sexies*-0 *ter*.

[172] Le point 1 de l'article 238-0 A du CGI dispose que : « *Sont considérés comme non coopératifs, à la date du 1er janvier 2010, les Etats et territoires dont la situation au regard de la transparence et de l'échange d'informations en matière fiscale a fait l'objet d'un examen par l'Organisation de coopération et de développement économiques et qui, à cette date, n'ont pas conclu avec la France une convention d'assistance administrative permettant l'échange de tout renseignement nécessaire à l'application de la législation fiscale des parties, ni signé avec au moins douze Etats ou territoires une telle convention* ». En parallèle, depuis le 1er décembre 2018, est intégrée une liste établie par l'UE. Le point 2 bis de l'article 238-0 A du CGI dispose que : « *sont inscrits sur la liste mentionnée au 1 les Etats et territoires, autres que ceux de la République française, figurant à la date de publication de l'arrêté mentionné au même 1 sur l'annexe I, le cas échéant actualisée, relative à la liste de l'Union européenne des pays et territoires non coopératifs à des fins fiscales, des conclusions adoptées par le Conseil de l'Union européenne le 5 décembre 2017* ».

[173] Loi n° 2009-1674 du 30 décembre 2009 de finances rectificative pour 2009, art. 22. Les dispositions de cet article ont été récemment modifiées par la loi n° 2018-898 du 23 octobre 2018 relative à la lutte contre la fraude, art. 31.

[174] V. G20, *Leader's Statement, London Summit, 2 April 2009*, § 15 : « *To this end we are implementing the Action Plan agreed at our last meeting, as set out in the attached progress report. We have today also issued a Declaration, Strengthening the Financial System. In particular we agree: […] to take action against non-cooperative jurisdictions, including tax havens. We stand ready to deploy sanctions to protect our public finances and financial systems. The era of banking secrecy is over. We note that the OECD has today published a list of countries assessed by the Global Forum against the international standard for exchange of tax information* ». G20, *Leader's Statement, Pittsburgh Summit*, 24-25 September 2009, § 15 : « *Our commitment to fight non-cooperative jurisdictions (NCJs) has produced impressive*

contribuables de s'implanter dans ces États non coopératifs. Le Conseil constitutionnel estime que les dispositions relatives aux ETNC ont vocation à lutter contre la fraude fiscale[175]. Même si une pratique abusive peut, dans certaines circonstances, être qualifiée de fraude fiscale par le juge répressif (n° 415 et s.), la fraude fiscale est plus large que l'abus de droit. Ainsi, les dispositifs fiscaux propres aux ETNC ont vocation à s'appliquer à tous les comportements frauduleux, et pas seulement aux pratiques abusives[176]. Les règles de la convention multilatérale « BEPS » relatives aux hybrides (CML, Partie II), à la nouvelle définition de l'établissement stable (CML, Partie IV), ainsi que les règles européennes relatives à la limitation de la déductibilité des intérêts (« ATAD 1 », art. 4), à l'imposition à la sortie (« ATAD 1 », art. 5), les règles issues de la directive « ATAD 2 » transposées aux articles 205 B et suivants du CGI[177] ne sont pas qualifiables, selon nous, de mesures anti-abus. Il ressort d'une étude formelle des dispositions de ces règles, que leur mise en œuvre n'est nullement conditionnée à la caractérisation d'un abus de droit par l'Administration.

**43. Un problème de délimitation. –** Le tracé des frontières du sujet a pu, à certains égards, être délicat à réaliser. Autrement dit, la question de savoir s'il fallait intégrer ou exclure certaines règles du droit fiscal international dans la « classe » des mesures anti-abus s'est régulièrement posée. Cela tient au fait qu'il puisse exister un décalage, une contradiction ou, du moins, une « *distorsion* »[178], entre les travaux préparatoires ou les intitulés des normes fiscales, d'une part, et leur contenu, c'est-à-dire les dispositions que ces normes renferment, d'autre part. Il est des cas où les travaux préparatoires ou les intitulés laissent entendre que la finalité attachée à une mesure fiscale est la lutte contre l'abus de droit fiscal, alors que l'étude des dispositions du texte finalement adopté démontre que son objet n'est nullement consacré à la lutte contre l'abus de droit. Aussi, le juge

---

*results. We are committed to maintain the momentum in dealing with tax havens, money laundering, proceeds of corruption, terrorist financing, and prudential standards*».

175 Cons. const., 20 janvier 2015, déc. n° 2014-437 QPC, *Association française des entreprises privées et autres* (ci-après : *AFEP*) : *RJF* 4/15, n° 346 ; Cons. const., 25 novembre 2016, déc. n° 2016-508 QPC, *Sté Eurofrance* : *RJF* 12/16, n° 160. V. Gauthier BLANLUET, Stéphane AUSTRY, Ludovic AYRAULT, « Encadrement de la lutte contre la fraude et l'évasion fiscales », *Dr. fisc.* 2015, n° 39, 582.

176 Pour une vision d'ensemble des dispositifs attachés aux ETNC, v. BOI-INT-DG-20-50. À titre de remarque, parmi les dispositifs anti-abus que nous allons étudier, certains d'entre eux (CGI, art. 123 *bis*, 209 B, 238 A) prévoient des aménagements particuliers dès lors que les opérations abusives qu'ils visent impliquent un ETNC.

177 Loi n° 2019-1479 du 28 décembre 2019 de finances pour 2020, art. 45.

178 L'expression est empruntée à : Olivier DEBAT, « La loi relative à la lutte contre la fraude fiscale. Contribution à l'étude des phénomènes de distorsion entre l'intitulé et le contenu des normes juridiques », *Rev. int. compliance* 2014, n° 1, 24.

laisse parfois planer le doute sur la portée qu'il convient d'attribuer à certaines mesures fiscales. Il existe donc des mesures fiscales, applicables en droit fiscal international, dont la portée « anti-abus » est discutée. La détermination de la portée d'une mesure fiscale qui revient, *in fine*, au juge, dépasse l'enjeu de la délimitation du sujet. En effet, le régime juridique attaché au dispositif fiscal, dont la portée est discutée, varie, justement, en fonction de la portée attribuée par le juge[179]. L'étude de ce « décalage », fréquent en pratique, est problématique et fera l'objet d'une étude approfondie (n° 243 et s.).

**44. Illustration des difficultés. –** Par exemple, l'exposé des motifs de l'article 51 du projet de loi de finances pour 2019, relatif au dispositif dit de l' « *exit tax* », qui consiste à aménager le régime d'imposition des plus-values latentes des contribuables qui changent de résidence fiscale (CGI, art. 167 *bis*), est qualifié de « *dispositif anti-abus* ». Cette qualification peut étonner dans la mesure où, à la lecture des dispositions de cette règle, leur mise en œuvre n'est pas conditionnée, en principe, à la caractérisation d'une pratique abusive du contribuable et paraît, en réalité, s'assimiler à une règle interne de répartition de l'assiette imposable entre les États[180]. L'enjeu est de savoir s'il convient, dans ce cas, de privilégier les affirmations qui peuvent être retrouvées, notamment, dans les travaux préparatoires, ou bien, de privilégier l'économie générale des dispositions de la règle fiscale dont la portée « anti-abus » est discutée. Cette question est essentielle puisque de multiples dispositifs fiscaux, qu'ils soient anciens (par exemple : CGI, anc. art. 209, IX ; art. 238 *bis*-0, I) ou issus des travaux récents de l'OCDE (par exemple : CML, art. 12 à 15) ou de l'Union européenne (par exemple : CGI, art. 205 B et s.), présentent un tel décalage.

**45. Une typologie des mesures anti-abus applicables en droit fiscal international étudiées. –** Toujours est-il que les mesures anti-abus en droit fiscal international ramènent à une série de règles de droit dotant l'Administration fiscale de prérogatives, permettant de lutter contre les actes, les opérations ou les montages abusifs des contribuables, résidents ou non-résidents, qui opèrent (respectivement) à l'étranger ou en France. À ce stade des développements, une typologie peut être dressée. D'un côté, se retrouvent les règles du droit fiscal destinées à lutter contre les pratiques

---

[179] Autrement dit, pour reprendre le raisonnement de Charles EISENMANN (« Quelques problèmes de méthodologie des définitions et des classifications en science juridique », *op. cit.*, pp. 27-28, § 5) ; les juges procèdent « *à toute une série de qualifications, c'est-à-dire décident que des objets concrets* », en l'occurrence des règles du droit fiscal international, « *donnés dans la réalité, correspondent au mot, donc au concept qu'il est censé désigner* », ici l'abus de droit, « *ou au contraire n'y correspondent pas* ».

[180] Ce n'est qu'à titre exceptionnel que le dispositif de l'article 167 *bis* du CGI peut être qualifié, selon nous, de dispositif anti-abus (v. CGI, art. 167 *bis*, VII, b).

abusives des contribuables qui ne font aucune distinction entre les opérations purement internes et les opérations dotées d'un élément d'extranéité. Dans la plupart des cas, il s'agit de règles anti-abus qui définissent abstraitement l'abus de droit[181] (par exemple : LPF, art. L. 64 ; L. 64 A ; CGI, art. 205 A ; les principes généraux du droit) (n° 89 et s.). Évidemment, ces mesures anti-abus sont applicables aux opérations dotées d'un élément d'extranéité et, partant, font partie intégrante de l'étude. Ces mesures anti-abus peuvent, par exemple, être appliquées par les services de contrôle pour appréhender l'opération réalisée par un résident impliquant une société étrangère fictive ou une société holding interposée à l'étranger dans le but essentiel d'atténuer ou d'éviter des retenues à la source, l'impôt sur les sociétés ou l'impôt sur le revenu normalement dus en France. D'un autre côté, se retrouvent les règles du droit fiscal destinées à lutter spécifiquement contre des opérations qui prennent une tournure abusive et qui sont dotées d'un élément d'extranéité. Elles peuvent contenir aussi bien une définition concrète de l'abus de droit (par exemple : CGI, anc. art. 119 *ter*, 3 ; art. 119 *quater*, 3 ; 182 B *bis*, 3 ; 123 *bis* ; 155 A ; 209 B ; 238 A) (n° 169 et s.), qu'une définition abstraite de l'abus de droit (par exemple : directive « mères-filles » 2015, art. premier ; CML, art. 7 ; principe général du droit de l'Union européenne d'interdiction des pratiques abusives) (n° 89 et s.).

**46.** Ces deux classes de mesures anti-abus applicables en droit fiscal international français font donc partie de l'univers de recherche. Elles sont à l'origine d'incertitudes qu'il convient de présenter.

## II – Les incertitudes attachées aux dispositifs anti-abus en droit fiscal international

**47.** L'expression « dispositifs anti-abus en droit fiscal international » renvoie à une série de règles permettant à l'Administration d'appréhender les pratiques abusives des contribuables qui opèrent dans les situations transnationales. Une étude globale est nécessaire pour identifier et résoudre les difficultés attachées aux règles anti-abus (**A**). L'objectif est de parvenir à proposer une conciliation des différents intérêts en présence (**B**).

---

[181] Il existe aussi des mesures anti-abus qui définissent concrètement l'abus de droit et qui s'appliquent indistinctement aux opérations dotées ou non d'un élément d'extranéité. Elles sont potentiellement applicables en droit fiscal international. C'est le cas, par exemple, des mesures anti-abus propres à l'impôt de solidarité sur la fortune (CGI, anc. art. 885 V *bis*) et à l'impôt sur la fortune immobilière (CGI, art. 979, I, al. 2).

### *A. Les questionnements récurrents*

**48.** Le phénomène de diversification, de multiplication et de coexistence des mesures anti-abus du droit fiscal international français fait naître des incertitudes, non seulement pour les contribuables opérant dans les situations transnationales (**1**), mais aussi pour les services de l'Administration fiscale (**2**). À l'avenir, il reviendra aux juges de les effacer (**3**).

#### *1. Le contribuable : la question de l'anticipation*

**49. L'anticipation des charges fiscales futures à supporter. –** Les opérateurs internationaux, c'est-à-dire les résidents opérant à l'étranger ou les non-résidents opérant en France, recherchent « *dans quelle mesure ils peuvent utiliser au mieux les juridictions fiscales afin de réduire la charge fiscale qu'ils doivent supporter* »[182]. Autrement dit, animés par un « *légitime souci d'optimisation fiscale* »[183], les contribuables sont en quête de la voie fiscale la moins imposée[184] et, en ce sens, peuvent faire preuve d'habileté[185]. Bien qu'ils puissent librement gérer leurs affaires ou disposer de leur patrimoine afin d'adapter leurs charges fiscales[186], les contribuables ne doivent pas dépasser la limite de l'abus de droit, sous peine de voir l'Administration fiscale mettre en œuvre l'une des nombreuses mesures anti-abus à sa disposition. Les conséquences attachées à l'application d'une règle anti-abus s'avèrent

---

182 Benoit DELAUNAY, « Où commence l'optimisation fiscale internationale ? Fraude, évasion fiscale et *tax planning* », *Dr. fisc.* 2013, n° 39, 436, § 1. Pour une étude sur la question de l'optimisation fiscale internationale, v. Emmanuel DINH, *La planification fiscale internationale*, Thèse, 2009, Paris-Dauphine.

183 L'expression est empruntée à : Pierre COLLIN, concl. sur CE, 9ème et 10ème s.-s., 15 avril 2011, n° 322610, *Sté Alcatel CIT* : *BDCF* 7/11, n° 91.

184 La formule est désormais bien connue : « *entre deux voies, le contribuable n'est jamais tenu de choisir celle qui est fiscalement la moins avantageuse* ». Pour une affirmation en ce sens, v. Emmanuelle CORTOT-BOUCHER, concl. sur CE, 3ème et 8ème s.-s., 11 février 2011, n° 314950, *Picoux* : *BDCF* 5/11, n° 64.

185 V. Maurice COZIAN, « Éloge de l'habileté fiscale », *RFP* 2006, n° 1, 1. « *Chacun reconnaît la nécessité d'une bonne gestion financière, d'une bonne gestion commerciale, d'une bonne gestion sociale ; elles conditionnent le développement, voire la survie des entreprises. On doute en revanche qu'il puisse y avoir une bonne gestion fiscale ; certains la récusent au nom du fatalisme fiscal ; d'autres la réprouvent, la confondant avec la tricherie fiscale ; les plus avisés la pratiquent, qui ne sont ni des fatalistes, ni des tricheurs, mais de bons gestionnaires* ». Pour une étude sur la distinction entre l'abus de droit et l'habileté, v. Fleur ANGOT, *La distinction de l'habileté et de l'abus de droit en droit fiscal comparé : France-Allemagne*, Thèse, 2003, Paris II.

186 Pour une affirmation classique selon laquelle les « *préoccupations fiscales* » des contribuables « *sont licites en elles-mêmes* », v. Cass. com., 19 avril 1988, n° 86-19.079, *Donizel* : *Dr. fisc.* 1988, n° 32-38, comm. 1733. Pour une étude récente sur l'optimisation fiscale, v. Michel GIRAY, « Le devoir d'optimisation fiscale », in *Mélanges en l'honneur du professeur Michel Grimaldi*, 2020, Défrenois, pp. 451-466.

graves. En ce sens, l'éventuel avantage fiscal découlant d'une opération réalisée, sur lequel compte le contribuable[187], peut être refusé (n° 391 et s.). L'Administration est en mesure de rendre inopposable une opération abusive et de rectifier le montant de l'imposition de l'opérateur (n° 372 et s.) et peut, dans certains cas, sanctionner le contribuable (n° 405 et s.). Aussi, des opérations abusives peuvent être poursuivies et réprimées sur le terrain du délit de fraude fiscale (n° 415 et s.). Les contribuables sont donc incités à faire preuve de vigilance et à prévoir, en amont de la réalisation d'une opération, si cette dernière entre dans le domaine de l'abus de droit. Or, cet exercice d'anticipation, à mesure que les dispositifs anti-abus se sont renouvelés en droit fiscal international, est de plus en plus complexe.

**50. Un exercice d'anticipation complexe.** – Déterminer en avance les opérations susceptibles d'être appréhendées sur le terrain de la procédure traditionnelle d'abus de droit (LPF, art. L. 64), depuis son adoption, s'est toujours avéré délicat. L'appréciation d'une opération, au regard des critères de définition abstraits de l'abus de droit, relève nécessairement du cas par cas. Il demeure toujours, en la matière, une part incompressible d'imprévisibilité à la qualification d'abus de droit. Cette part d'imprévisibilité paraît nécessaire et raisonnable, puisqu'elle permet de réguler les comportements des contribuables (n° 119, 146). Néanmoins, ces derniers doivent composer avec les frontières de plus en plus imperceptibles de l'abus de droit, et ce, en raison de la multiplication ou, plutôt, de la stratification et de la superposition, des critères de définition de l'abus de droit fiscal. Les dispositifs anti-abus luttent contre des schémas, des montages ou des opérations internationales qui relèvent d'une même notion, l'abus de droit fiscal, mais dont les contours varient en fonction du dispositif anti-abus envisagé.

**51. Illustration des problématiques actuelles.** – Par exemple, les dispositions de l'article L. 64 du LPF visent les actes ayant un « *but exclusivement fiscal* » (n° 142), alors que les dispositions du nouvel article L. 64 A du LPF et celles de l'article 7 de la convention multilatérale « BEPS » visent les actes ou les opérations qui ont un « *but principalement fiscal* » (n° 150 et s.). Les dispositions des articles 119 *ter*, 3 et 205 A du CGI, visent les montages « *non authentiques* » (n° 156 et s.). Les différences entre ces critères de définition de l'abus de droit, de nature abstraite et floue, sont difficiles à percevoir (n° 161 et s.). Déterminer un degré précis de segmentation et/ou

---

[187] Cette affirmation fait écho à la jurisprudence du Conseil constitutionnel selon laquelle, le contribuable doit avoir la « *possibilité effective [...] d'évaluer avec un degré de prévisibilité raisonnable le montant de son impôt selon les diverses options qui lui sont ouvertes* ». V. Cons. const., 29 décembre 2005, déc. n° 2005-530 DC, *Loi de finances pour 2006* : *Rec.* p. 168, cons. 79.

de recouvrement entre ces critères, c'est-à-dire l'établissement concret de leurs points communs et de leurs différences, s'avère complexe. En conséquence, l'exercice d'anticipation en pâtit. Se pose alors la question de l'utilité et de la nécessité d'une telle stratification de la notion d'abus de droit.

**52.** Tant que le juge ne s'est pas prononcé, définitivement, sur la question de l'articulation des différents critères de définition des pratiques abusives, les contribuables sont dans une situation de doute et de perplexité. En parallèle, les prérogatives à la disposition de l'Administration se sont multipliées ces dernières années. Il n'en demeure pas moins que les services de contrôle, eux aussi, doivent faire face à quelques incertitudes.

### *2. L'Administration : la question procédurale*

**53. La stratification de l'abus de droit. –** Dans un premier temps, l'Administration, au fil des espèces, doit qualifier les opérations qui relèvent de l'abus de droit. Pour ce faire, elle doit savoir à quel point les définitions données dans les dispositifs se recouvrent et/ou se distinguent. Il est vraisemblable qu'elle éprouve des difficultés, tout comme le contribuable, à anticiper les cas dans lesquels le juge de l'impôt dans le cadre d'un contentieux lui donnerait raison. Tant que le flou persistera sur une éventuelle nouvelle grille de lecture de l'abus de droit, l'Administration éprouvera des difficultés. Elle fait face à la question de savoir si elle est autorisée, sur le fondement de nouvelles mesures anti-abus, à lutter contre des opérations qui, par le passé, ne pouvaient être combattues sur le terrain d'autres mesures anti-abus (n° 148 et s.).

**54. Le choix du dispositif anti-abus. –** Ensuite, vient la question de l'articulation des dispositifs anti-abus lorsque, pour une même opération internationale, plusieurs d'entre eux sont potentiellement applicables. Certains dispositifs anti-abus ont une vocation protectrice générale (par exemple : LPF, art. L. 64 ; L. 64 A[188] ; principes généraux du droit). D'autres ont une vocation protectrice plus spéciale. Dans ce cas, ils protègent des bases d'imposition spécifiques, telles que l'impôt sur les sociétés (par exemple : CGI, art. 205 A) ou certaines règles fiscales, telles que les stipulations conventionnelles (par exemple : CML, art. 7), voire des régimes fiscaux très particuliers, tels que l'exonération de retenue à la source sur les opérations transeuropéennes (par exemple : CGI, art. 119 *ter*, 3 ; 119 *quater*, 3 ; 182 B *bis*, 3) ou le bénéfice d'un régime de faveur (anc. art. 145, 6, k ; art. 210-0 A, III) (n° 266 et s.). Ainsi, un dispositif anti-abus ayant une

---

[188] L'article L. 64 A du CGI s'applique sous réserve de l'article 205 A du CGI.

portée spéciale peut être concurrencé par un dispositif anti-abus ayant une portée plus générale. La question qui se pose est celle de la liberté ou de la restriction dans le « *choix des armes* »[189]. L'Administration doit arbitrer entre différentes mesures anti-abus aux régimes juridiques variés. Aucune réponse globale n'est pour le moment donnée par le droit positif. Cette situation est regrettable car selon le dispositif anti-abus envisagé, l'Administration n'est pas soumise aux mêmes obligations probatoires (n° 427 et s.) et procédurales. De la même façon, le niveau de garanties proposées au contribuable varie et les conséquences quant à l'opération du contribuable, en termes de rectification ou de sanction, fluctuent (n° 378, 364 et s.).

**55.** Les services de l'Administration subissent également le phénomène de diversification, de multiplication et de coexistence des mesures anti-abus. Ce phénomène est à l'origine d'un certain flou. Pour résoudre ces questions, les juges seront d'une aide utile.

### *3. Les juges : la question de la rationalisation*

**56. Le rôle des juges. –** Au regard de l'obscurité, des lacunes et des antinomies[190] attachées aux dispositifs anti-abus, il peut être attendu des juges qu'ils rationalisent leur mise en œuvre[191]. Par exemple, étant donné que le législateur n'a pas traité globalement la question de l'articulation des mesures anti-abus, les juges seront vraisemblablement amenés à proposer une méthode d'articulation. En même temps, les mesures anti-abus faisant naître des incertitudes pour le contribuable et l'Administration, il serait souhaitable que les juges fassent l'effort de les effacer. En outre, il revient aux juges d'apprécier la validité des mesures anti-abus aux normes de référence du droit fiscal. Plusieurs juges sont en mesure de participer à cette rationalisation.

**57. Le rôle du juge fiscal. –** Juge de plein contentieux, le juge fiscal doit résoudre les conflits opposant le contribuable et l'Administration fiscale. À cette occasion, il vérifie la légalité des actes d'imposition et, le cas échéant, la sanction appliquée par les services de contrôle. Il veille alors à ce que l'imposition soit bien fondée et à ce que la procédure d'imposition suivie par l'Administration soit régulière. Dans son exercice d'interprétation des normes anti-abus, le juge trace au cas par cas une frontière entre les

---

[189] Florence DEBOISSY, « Articulation de la procédure d'abus de droit et des clauses anti-abus », *op. cit.*, § 16.
[190] Ces termes sont empruntés à : Michel TROPER, v. « Interprétation », in Denis ALLAND, Stéphane RIALS (dir.), *Dictionnaire de culture juridique*, *op. cit.*
[191] V. Philippe MARTIN, Bruno GOUTHIERE, « Les conflits de normes : les clauses anti-évasion », *op. cit.*, § 6.

comportements qui relèvent de l'optimisation fiscale et les comportements qui relèvent de l'abus de droit fiscal. Avec le renouvellement des mesures anti-abus, le tracé de cette frontière est, en apparence du moins, remis en question. Le juge fiscal va probablement s'interroger sur la nécessité de revenir sur les frontières tracées par le passé dans sa jurisprudence (n° 142 et s.) et sur l'articulation qu'il proposait entre les mesures anti-abus. Plusieurs alternatives sont à la disposition du juge. Mais, en réalité, chacune d'elles a son lot d'avantages et d'inconvénients et il sera vraisemblablement délicat pour lui de trancher (n° 672 et s.).

**58. L'influence certaine des juges européen et constitutionnel. –** En tout état de cause, pour rationaliser la mise en œuvre des dispositifs anti-abus en droit fiscal international, la prise en compte des solutions rendues par la Cour de justice et par le Conseil constitutionnel est essentielle. Le juge européen statue, dans le cadre de questions préjudicielles, notamment, sur la conformité et/ou la compatibilité des dispositifs anti-abus au droit de l'Union européenne. Ainsi, ses solutions représentent des clés d'articulation utiles. Étant donné que le juge fiscal tient largement compte des solutions rendues par le juge européen, même pour résoudre des affaires qui n'entrent pas dans le champ d'application du droit de l'Union européenne, il n'est pas improbable, qu'à l'avenir, le juge fiscal s'inspire de l'interprétation de la Cour de justice en matière d'abus de droit pour trouver une cohérence d'ensemble. Le Conseil constitutionnel, quant à lui, est essentiellement amené à traiter la question de la conformité des mesures anti-abus législatives au bloc de constitutionnalité. La jurisprudence constitutionnelle participe, elle aussi, à la création d'un cadre commun et rationnel aux mesures anti-abus applicables en droit fiscal international (n° 476).

**59.** Notre étude vise à évaluer la qualité du système des dispositifs anti-abus en droit fiscal international. Plus précisément, elle a pour but de vérifier que les éléments de régime attachés aux mesures anti-abus proposent une conciliation satisfaisante des différents intérêts en présence, à savoir, la lutte efficace contre les pratiques abusives dans les situations transnationales et la satisfaction d'un niveau raisonnable de prévisibilité juridique.

### *B. La conciliation des intérêts en présence*

**60.** Trouver un équilibre satisfaisant entre la lutte contre les pratiques abusives et la garantie d'un niveau raisonnable de sécurité juridique est le but de ce travail de recherche (**1**). Avant d'annoncer le plan adopté (**3**), il convient d'indiquer la méthode de recherche que nous avons suivie (**2**).

### 1. *La problématique*

**61. La problématique et les axiomes. –** Les incertitudes évoquées précédemment nous conduisent à la problématique suivante : *Les dispositifs anti-abus du droit fiscal international français forment-ils un système satisfaisant ?* Dit autrement, nous nous interrogeons sur la qualité du système proposé. Nous supposons que le système formé par les dispositifs anti-abus en droit fiscal international est satisfaisant s'il permet de concilier suffisamment la lutte contre les pratiques abusives en droit fiscal international[192] et un niveau raisonnable de sécurité juridique[193]. Encore faut-il expliquer ce que nous entendons par sécurité juridique[194].

**62. Une définition de la sécurité juridique. –** Dans son rapport *Sécurité juridique et complexité du droit*, rendu en 2006, le Conseil d'État donne une définition de la sécurité juridique[195]. « *Le principe de sécurité juridique implique que les citoyens soient, sans que cela appelle de leur part des efforts insurmontables, en mesure de déterminer ce qui est permis et ce qui est défendu par le droit applicable. Pour parvenir à ce résultat, les normes édictées doivent être claires et intelligibles, et ne pas être soumises, dans le temps, à des variations trop fréquentes, ni surtout imprévisibles* »[196]. Deux axes centraux composent la sécurité juridique : l'un est « *formel* »[197], l'autre est « *temporel* »[198]. L'axe formel fait référence à la « *qualité* »[199] de la règle de droit et l'axe temporel fait référence à la

---

[192] Nous avons déjà étudié plus haut toute la nécessité de « protéger » l'ordonnancement juridique face aux pratiques abusives (n° 26).

[193] Nous faisons le choix d'axer notre étude sur la question de la sécurité juridique, étant donné que cette exigence est un principe auquel les sujets de droit, et donc les contribuables, sont attachés. L'exigence de sécurité juridique est prise en considération dans le Rapport PEYROL I (*préc.*, pp. 100-113) et le Rapport PEYROL II (*préc.*, pp. 52-59). La question de l'équilibre à trouver entre la lutte contre les pratiques abusives et la protection de la sécurité juridique est d'ailleurs classique dans les travaux de la doctrine. V. par exemple deux articles récents qui apprécient l'état du droit en la matière à la lumière de la sécurité juridique : Florence DEBOISSY, « Tout n'est-il qu'abus de droit », *op. cit.* ; Christophe DE LA MARDIERE, « Abus de droit : affres et misères de la jurisprudence Verdannet », *Dr. fisc.* 2019, n° 29, 330.

[194] Trois rapports du Conseil d'État ont traité la question de la sécurité juridique en droit : Conseil d'État, *De la sécurité juridique – Rapport public annuel 1991*, 1991, La documentation française, « Études et documents du Conseil d'État » ; *Sécurité juridique et complexité du droit – Rapport public annuel 2006*, 2006, La documentation française, « Études et documents du Conseil d'État » ; *Simplification et qualité du droit – Étude annuelle 2016*, 2016, La documentation française, « Les rapports du Conseil d'État ».

[195] Conseil d'État, *Sécurité juridique et complexité du droit*, *préc.*

[196] *Ibid.*, p. 281.

[197] *Ibid.*, p. 282.

[198] *Ibid.*

[199] *Ibid.*

« *stabilité* »[200] et à la « *prévisibilité* »[201] de la règle de droit. La sécurité juridique d'une norme s'évalue donc, à en croire les développements du Conseil d'État, au stade de sa « *production* » et au stade de sa « *mise en œuvre* »[202].

**63.** C'est sous l'angle de la prévisibilité que la sécurité juridique sera essentiellement abordée dans ce travail[203] (**c**). L'appréciation systématique des dispositifs anti-abus au regard d'autres composantes de la sécurité juridique, qui paraissent plus difficiles à manier, telles que l'intelligibilité de la norme (**a**) ou la stabilité de la norme (**b**), est donc réduite.

#### *a. L'axe de l'intelligibilité des normes anti-abus*

**64. L'appréciation des dispositifs anti-abus à la lumière de l'intelligibilité ?** – Pour être de qualité, selon le Conseil d'État, une règle de droit doit être « *intelligible* »[204]. L'intelligibilité d'une norme, c'est-à-dire sa compréhensibilité, dépend de plusieurs caractères comme la « *lisibilité* », la « *clarté* » et la « *précision* » des énoncés qu'elle renferme[205]. Le Conseil constitutionnel, par quelques décisions, a pu donner l'impression de promouvoir la clarté[206] et l'intelligibilité de la loi[207]. Néanmoins, il est délicat

---

200 *Ibid.*
201 *Ibid.*
202 Conseil d'État, *Simplification et qualité du droit*, *op. cit.*, p. 9.
203 Ainsi, nous écartons plusieurs composantes de la sécurité juridique identifiées par le Conseil d'État, qui, dans ce travail ne présentent pas d'enjeux particuliers.
D'abord, la question de la « normativité » d'une norme, c'est-à-dire la nécessité qu'une norme prescrive, interdise ou sanctionne, est laissée de côté. En effet, il existe des règles de droit qui ne font que « permettre ou « ouvrir un espace de liberté » (v. Martin COLLET, « La régulation fiscale », *op. cit.*, § 5) qui, en pratique, paraissent garantir la sécurité juridique des sujets de droit.
Puis, la question de « l'accessibilité matérielle » d'une norme, c'est-à-dire la nécessité de diffuser une norme, est laissée de côté, tant elle paraît évidente et ne mérite pas de commentaires particuliers.
204 Conseil d'État, *Sécurité juridique et complexité du droit*, *op. cit.*, p. 282.
205 *Ibid.*
206 V. Cons. const., 10 juin 1998, déc. n° 98-401 DC, *Loi d'orientation et d'incitation relative à la réduction du temps de travail* : *Rec.*, p. 258. L'exigence de clarté de la loi a une valeur constitutionnelle.
207 V. Cons. const., 16 décembre 1999, déc. n° 99-421 DC, *Loi portant habilitation du Gouvernement à procéder, par ordonnances, à l'adoption de la partie législative de certains codes* : *Rec.* p. 136. L'accessibilité et l'intelligibilité de la loi sont érigées en objectif de valeur constitutionnelle (ci-après : OVC). Cet OVC ne peut pas être invoqué dans le cadre d'une question prioritaire de constitutionnalité (ci-après : QPC), v. Cons. const., 22 juillet 2010, déc. n° 2010-4/17 QPC, *M. Alain C.*
Pour une étude globale sur la question de l'OVC d'accessibilité et l'intelligibilité, v. Patricia RRAPI, *L'accessibilité et l'intelligibilité de la loi en droit constitutionnel : étude du*

de déterminer un contenu explicit à ces exigences[208]. Pour sûr, résumer la clarté ou l'intelligibilité d'une norme aux aspects de « *simplicité* » et de « *précision* » ne convainc pas[209].

**65. L'intelligibilité : synonyme de simplicité ? –** La simplicité est une notion délicate à manier en droit. L'appréciation d'une norme à la lumière de la simplicité est, par essence, subjective et variable en fonction des compétences du sujet de droit. Qui plus est, le droit, cela vaut donc pour le droit fiscal international, est loin d'être une matière « simple ». Les domaines qu'il traite sont souvent de nature complexe. Décrier ainsi la complexité des règles de droit n'est pas forcément constructif, lorsque les objets qu'elles régissent sont complexes. En ce sens, la critique consistant à dénoncer la complexité attachée aux règles anti-abus ne doit pas être systématique. Les pouvoirs publics peuvent être contraints d'adopter ou d'aménager des mesures anti-abus ou, plus généralement, des règles du droit fiscal international, aux énoncés ou aux régimes complexes, afin de traiter des opérations elles-mêmes complexes[210].

**66. L'intelligibilité : synonyme de précision ? –** Quant à la précision, elle ne correspond pas à un idéal qu'il convient de suivre nécessairement. L'excessive précision de l'énoncé d'une règle, comme celui de la clause anti-abus dite « de limitation des avantages de la convention » (ci-après : « LoB »[211]) incluse dans la convention fiscale conclue entre la France et les États-Unis (art. 30), ne rend pas sa compréhension plus aisée. Plus généralement, cette précision ne permet pas de saisir la cohérence de l'ensemble dans lequel cette règle s'insère. Qui plus est, il existe des concepts au contenu fuyant, à l'image des « standards » juridiques ou des principes généraux du droit, qui participent largement à la compréhension

---

*discours sur la « qualité de la loi »*, Thèse, 2014, Dalloz, « Nouvelle Bibliothèque de Thèses ».

[208] La portée de l'objectif de valeur constitutionnelle d'accessibilité et d'intelligibilité, en ce qui concerne les dispositifs anti-abus, est, en réalité, réduite (n° 498 et s.), comme le démontre la solution rendue par le Conseil constitutionnel au sujet de la clause anti-abus « mères-filles », v. Cons. const., 29 décembre 2015, déc. n° 2015-726 DC, *Loi de finances rectificative pour 2015*, *préc.* Sur la question de l'intelligibilité en matière fiscale, v. Vincent DUSSART, « L'intelligibilité de la loi fiscale, un objectif inaccessible », in *Écrits de droit de l'entreprise : mélanges en l'honneur de Patrick Serlooten*, 2015, Dalloz, pp. 627-635.

[209] Thomas PIAZZON, *La sécurité juridique,* Thèse, 2009, Defrénois, « Doctorat & notariat », p. 21, § 15.

[210] Les régimes fiscaux adoptés pour faire face à la problématique des « hybrides » pourraient être qualifiés de « complexes » (CGI, art. 205 B et s.). Cette complexité n'est pas nécessairement critiquable.

[211] « LoB » est l'acronyme de « *Limitation on Benefits* », l'expression anglaise de « limitation des avantages fiscaux ».

du droit. Par exemple, la définition abstraite de l'abus de droit fiscal dans les dispositions de l'article L. 64 du LPF permet, notamment, de réguler les comportements des contribuables et de limiter les cas dans lesquels l'Administration recourt à ce fondement. L'alternative entre l'adoption ou l'aménagement d'une règle à l'énoncé précis et, l'adoption ou l'aménagement d'une règle à l'énoncé flou, est réelle. Le choix de la précision n'est pas, par nature, le plus adéquat ou le plus pertinent, y compris lorsqu'il s'agit de rendre la lutte contre les pratiques abusives plus efficace (n° 263).

**67.** Il n'est pas exclu que certains dispositifs anti-abus soient jugés, dans ce travail de recherche, comme manquant de simplicité, de précision ou d'intelligibilité. Mais, dans la mesure où ces notions peuvent, en pratique, renvoyer à des réalités différentes, il est difficile d'axer l'étude des dispositifs anti-abus uniquement au regard de cet aspect formel de la sécurité juridique. Il en va de même pour l'axe de la stabilité.

### *b. L'axe de la stabilité des normes anti-abus*

**68. L'appréciation des dispositifs anti-abus à la lumière de la stabilité ? –** L'axe temporel de la sécurité juridique renvoie, en partie, à l'idée selon laquelle le droit objectif doit s'inscrire dans une certaine stabilité[212]. L'instabilité, quant à elle, serait à proscrire[213]. Comme le souligne Thomas PIAZZON, la stabilité s'assimile à « *l'absence de changement du contenu de la règle par celui qui a compétence pour la modifier. L'instabilité serait donc la modification de la solution apportée à un problème déjà connu et réglé par le droit positif. Il y a toutefois dans le terme même d'instabilité l'idée d'une pathologie : l'instabilité, ce n'est pas le changement en tant que tel de l'état du droit positif, c'est la multiplication des changements* »[214].

**69. Des évolutions nécessaires. –** Il est vrai que les pouvoirs publics ont une certaine tendance à multiplier l'adoption ou l'aménagement de dispositifs anti-abus en droit fiscal international. Toutefois, la stabilité n'est pas une fin en soi. Il existe des règles qui s'avèrent inadaptées face aux nouveaux modèles économiques. Elles méritent d'être réformées tant elles semblent désuètes. C'est le cas de certaines règles du droit fiscal

---

212 Conseil d'État, *Sécurité juridique et complexité du droit*, *préc.*, p. 282.

213 *Ibid.*

214 Thomas PIAZZON, *La sécurité juridique,* Thèse, 2009, Defrénois, « Doctorat & notariat », *op. cit.*, p. 32, § 22. Aussi, l'instabilité du droit objectif fait naitre un « *sentiment d'insécurité* » plutôt qu'une « *insécurité véritable* » (*Ibid.*, p. 37, § 26). Ce « sentiment » d'insécurité varie aussi au gré des compétences des récepteurs de la norme adoptée ou aménagée. Ainsi, le propos n'est pas de « mesurer » ce sentiment, en quelque sorte, « naturel » face aux changements.

international, comme le mettent en évidence les recommandations de l'OCDE sur le « BEPS »[215]. La stabilité du droit objectif doit donc se concilier avec la mutabilité nécessaire de la règle de droit pour appréhender les évolutions économiques et sociétales. Elle doit aussi tenir compte des évolutions de la conception de l'intérêt général. Si les règles de droit sont modifiées dans un souci de cohérence, alors les réformes qui initient leurs aménagements ne sont pas malvenues et, partant, ne sont pas critiquables.

**70.** Il s'agit donc d'analyser la rationalité des changements proposés dans ces réformes afin de garantir un niveau raisonnable de prévisibilité juridique.

#### *c. L'axe de la prévisibilité des normes anti-abus*

**71.** Communément, la prévisibilité renvoie à « *ce qui peut être prévu* »[216] dans une situation future en se plaçant à l'instant présent. Juridiquement, elle renvoie à deux éléments : « *la possibilité de bâtir des prévisions* »[217] et « *le respect des prévisions déjà bâties* »[218]. Le fait, pour un sujet de droit, de réussir à prévoir en avance les conséquences juridiques et fiscales des actes ou des opérations qu'il réalise, constitue « *l'essence de la sécurité juridique* »[219].

**72. Les contours de la prévisibilité. –** Pour qu'une règle soit prévisible, l'interprétation[220] qui peut en être faite par l'Administration et

---

[215] V. OCDE, *Lutter contre l'érosion de la base d'imposition et les transferts de bénéfices*, *préc.*
[216] CNRTL, v. « Prévisible ».
[217] Thomas PIAZZON, *La sécurité juridique*, *op. cit.*, p. 45, § 31.
[218] *Ibid.*
[219] *Ibid*, p. 49, § 35. Évidemment, l'appréciation de la « prévisibilité » d'une règle de droit est nécessairement subjective. En somme, elle est propre et inhérente à chacun. Elle n'en demeure pas moins essentielle. En effet, comme l'estime Jean RIVERO : « *L'individu ne se sent protégé par le Droit que lorsqu'il peut prévoir à l'avance quelle règle régira la situation dans laquelle il envisage de se placer. C'est pourquoi il a, des siècles durant, lutté pour faire sortir du secret des Temples la Règle qui le condamnait sans qu'elle lui eût été révélée. C'est pourquoi il s'est détourné du règne du Juge, préférant la sécurité de la règle à un arbitraire qui, si excellentes qu'en pussent être les manifestations lorsque le juge était sage, présentait le risque minimum de tous les arbitraires : l'imprévisibilité* ». V. Jean RIVERO, « Apologie pour les "faiseurs de systèmes" », in *Pages de doctrine*, 1980, t. 1, p. 6.
[220] Pour une définition de l'opération d'interprétation, Michel TROPER, v. « Interprétation », in Denis ALLAND, Stéphane RIALS (dir.), *Dictionnaire de culture juridique*, *op. cit.* : « *L'interprétation est une opération par laquelle une signification est attribuée à quelque chose. Deux théories s'opposent : selon la première, elle est une fonction de la connaissance ; selon la seconde, dite réaliste, elle est une fonction de volonté. Si cette deuxième théorie est exacte, l'interprète dispose d'un pouvoir considérable, puisque c'est lui qui produit la norme qu'il est censé appliquer* ».

par le juge, ainsi que la qualification[221] d'une opération en fonction de cette règle, doivent pouvoir être anticipées. Quant aux prévisions déjà bâties, l'application dans le temps du droit ne doit pas les rendre « *aléatoires* »[222], c'est-à-dire que les sujets de droit doivent pouvoir compter sur les conséquences juridiques qu'ils prévoient à l'avance. *In fine*, la sécurité juridique est entendue comme : « *l'idéal de fiabilité d'un droit accessible et compréhensible, qui permet aux sujets de droit de prévoir raisonnablement les conséquences juridiques de leurs actes ou comportements, et qui respecte les prévisions légitimes déjà bâties par les sujets de droit* »[223]. Axée sur le droit fiscal, « *la sécurité juridique consiste donc à garantir aux contribuables le montant des impositions mises à leur charge de telle manière que chacun d'entre eux puisse prévoir et compter sur ce résultat* »[224].

**73. La recherche d'un système satisfaisant : la conciliation des intérêts en présence. –** Nous estimons que la lutte contre les pratiques abusives est nécessaire en droit fiscal international. Mais, cette finalité doit se concilier avec une exigence tout aussi importante, celle d'assurer un niveau satisfaisant de prévisibilité juridique. Autrement dit, le système des dispositifs anti-abus n'est pas satisfaisant s'il porte une atteinte excessive à la prévisibilité juridique. Si les contribuables ne sont plus en mesure de pouvoir prévoir les conséquences fiscales de leurs actes et s'ils ne peuvent plus compter sur les prévisions bâties en raison des dispositifs anti-abus, alors le système formé par les dispositifs anti-abus n'est pas satisfaisant. Nous estimons que les éléments de régime des dispositifs anti-abus portent excessivement atteinte à la prévisibilité juridique dans deux cas de figure : lorsqu'ils manquent de cohérence[225] et lorsqu'ils vont au-delà de ce qui est

---

[221] Pour une définition de l'opération de qualification, Patrick WACHSMANN, v. « Qualification », *Ibid.* : « *Élément essentiel de la pratique du juriste, la qualification consiste, dans une première approche, à subsumer des faits sous des normes juridiques, en vue de la production d'effets de droit. Elle s'inscrit donc dans un processus de concrétisation du droit dont elle représente une étape indispensable en tant qu'elle assure une circulation entre le monde du Sollen (l'univers du symbolique où se situent les textes juridiques destinés à régir la conduite des hommes) et celui du Sein (l'univers concret où se déploient les comportements humains). Activité de passage, la qualification n'a pas bénéficié de l'intérêt doctrinal qu'a suscité l'interprétation, sans doute parce que précisément, elle n'est pas un travail portant sur le seul langage. De qu'on peut dire du juriste (et pas seulement du juriste-praticien) qu'il se livre à la qualification comme Monsieur Jourdain faisait de la prose à chaque fois qu'il se soucie de l'application du droit* ».
[222] V. en ce sens : Frédéric DOUET, *Contribution à l'étude de sécurité juridique en droit fiscal interne français*, Thèse, 1997, LGDJ, « Bibliothèque de droit privé », p. 55, § 96.
[223] V. Thomas PIAZZON, *La sécurité juridique*, *op. cit.*, p. 62, § 48. Cet auteur insiste sur les liens qui existent entre les composantes classiques de la sécurité juridique : la stabilité et l'accessibilité finissent par rejoindre la prévisibilité.
[224] V. Frédéric DOUET, *Contribution à l'étude de sécurité juridique en droit fiscal interne français*, *op. cit.*, p. 11, § 17.
[225] La cohérence peut être assimilée à une qualité inhérente à tout système juridique. Ainsi, nous souscrivons à l'analyse de Jean-Louis BERGEL selon laquelle : « *Pour*

nécessaire pour lutter contre les pratiques abusives[226]. Autrement dit, pour que les dispositifs anti-abus en droit fiscal international puissent former un « *système parfait* »[227], leurs éléments de régime doivent être cohérents et proportionnés.

**74. La cohérence et la proportionnalité : les critères de qualité du système. –** D'un côté, la cohérence renvoie à l'harmonie, à un rapport logique et à l'absence de contradiction dans l'enchaînement des éléments ou des parties qui composent un tout, c'est-à-dire un ensemble[228]. L'incohérence trouble nécessairement la perception et la compréhension d'un système. Ainsi, en cas d'incohérence, il est délicat pour les opérateurs d'anticiper la manière dont seront mis en œuvre les dispositifs anti-abus, et donc de déterminer d'une façon satisfaisante les conséquences fiscales de leurs actes. D'un autre côté, les éléments de régime des mesures anti-abus qui apparaissent disproportionnés sont tout aussi regrettables. En effet, les opérateurs aspirent à une certaine stabilité des prévisions bâties. Il n'est pas raisonnable de laisser les services de contrôle remettre en cause trop aisément les opérations des contribuables. Dans l'hypothèse où les éléments de régime des mesures anti-abus vont au-delà de ce qui est nécessaire pour atteindre l'objectif qui leur est assigné, à savoir protéger l'ordonnancement juridique face aux pratiques abusives transnationales, alors ces éléments de

---

*assurer l' "ordre social" grâce à des règles juridiques sûres au sein d'une organisation structurée et équilibrée, l'ordre juridique doit avoir une unité logique suffisante pour éviter, au maximum, les lacunes et les contradictions* ». Nous croyons aussi que derrière l'étiquette de la cohérence, peuvent être rattachées plusieurs qualités, telles que « *l'harmonie* », « *la complétude* » et « *l'effet utile* » du système juridique. L'harmonie du système juridique renvoie à l'idée selon laquelle « *le droit est ordonné et que ses diverses normes forment un système, si bien que toute disposition doit être interprétée dans le sens où elle s'harmonise avec le reste du texte ou du système juridique* ». La complétude du système juridique renvoie à l'idée selon laquelle « *tout système juridique est complet et doit contenir une règle générale susceptible de s'appliquer à tous les cas qui ne sont pas régis par des dispositions spéciales* ». L'effet utile du système juridique renvoie à l'idée selon laquelle « *l'application d'un texte qui conduirait à priver un autre texte de toute utilité et de toute portée dans l'ordre juridique serait mal fondée* ». V. Jean-Louis BERGEL, « Méthodologie juridique : fondamentale et appliquée », *op. cit.*, pp. 219-225.

[226] Nous croyons aussi que « *le système juridique est orienté vers certaines finalités et inspiré par certaines idées directrices qui en constituent en quelque sorte la charpente* ». V. *Ibid.* Nous estimons que la proportionnalité est une finalité vers laquelle notre système juridique tend. Comme le laisse entendre Jean-Louis BERGEL : « *Pour répondre à la confrontation de principes ou de dispositions antinomiques et de rang équivalent [...], il convient souvent de recourir à un mécanisme de pondération des principes considérés. Il s'agit alors de concilier [...] par une sorte de principe de "proportionnalité"* ». V. *Ibid.*

[227] L'expression est empruntée à : Véronique CHAMPEIL-DESPLATS, *Méthodologies du droit et des sciences du droit*, *op. cit.*, p. 332 , § 538.

[228] CNRTL, v. Cohérence.

régime ne sont pas satisfaisants[229]. Les contribuables devraient donc bénéficier de garanties suffisantes. C'est à la lumière de ces deux critères, la cohérence et la proportionnalité, que nous évaluons la qualité du système formé par les dispositifs anti-abus. Des aménagements sont proposés afin de trouver des points d'équilibre qui paraissent acceptables. Au fil des développements, nous ferons systématiquement l'effort de justifier nos prises de position. Nous jugeons nécessaire de ne pas perdre de vue les idéaux de neutralité et d'objectivité poursuivis dans un travail scientifique[230]. Cependant, nous avons conscience que l'appréciation de la qualité du système renferme une part irréductible de subjectivité[231]. En conséquence, l'objet de cette thèse est de proposer une évaluation, certes, en partie subjective, mais en tentant de convaincre de la pertinence de cette appréciation en apportant les fondements qui justifient nos prises de position. Dans cette optique, nous avons suivi une méthode de recherche.

### 2. *La méthode*

**75. La comparaison des dispositifs anti-abus. –** Le sujet porte sur l'ensemble des règles de droit applicables en droit fiscal dont l'objet est d'appréhender les pratiques abusives des contribuables qui opèrent dans les situations transnationales. Afin d'évaluer les éléments de régime des règles anti-abus du droit fiscal international français, il convient de procéder à leur étude comparée[232]. C'est en étudiant leurs objets et leurs encadrements

---

[229] Ces deux critères de qualité, la cohérence et la proportionnalité, s'inspirent en grande partie des exigences qui découlent du contrôle exercé par la Cour de justice de l'Union européenne pour apprécier les justifications aux restrictions des grandes libertés de circulation (n° 627 et s.). En effet, il ressort de la jurisprudence de la Cour qu'une norme d'un État membre à l'origine d'une restriction, pour être justifiée, doit être appropriée à l'objectif d'intérêt général poursuivi (ce qui renvoie au critère de la cohérence) et ne doit pas aller au-delà de ce qui est nécessaire pour parvenir à l'objectif poursuivi (ce qui renvoie au critère de la proportionnalité). Nous reviendrons au fil des développements sur ces exigences européennes.

[230] Sur la l'objectivité et l'idéal de neutralité axiologique dans la science du droit, v. Véronique CHAMPEIL-DESPLATS, *Méthodologies du droit et des sciences du droit*, *op. cit.*, pp. 284-298. En somme, nous ne prétendons pas détenir « la vérité », mais nous tentons de faire une appréciation personnelle de la qualité du système des mesures anti-abus, en nous fondant sur des éléments objectifs.

[231] Il convient de rappeler que, comme l'indique Véronique CHAMPEIL-DESPLATS dans son ouvrage (*Ibid.*), la neutralité et l'objectivité d'un discours ou d'une appréciation scientifique sont nécessairement « *[rattrapées] en amont par [d]es bagages "pré-conceptuels"* » et « *en aval [...] par le contexte sociopolitique* » dans lequel le discours ou l'appréciation s'inscrit.

[232] Ces travaux, toutefois, n'ont pas vocation à proposer une étude des dispositifs anti-abus en droit comparé, et ce, pour deux raisons principales. La première raison tient au fait que la stratification de l'abus de droit en droit fiscal international français est si marquée, qu'elle mérite, en soi, une étude particulière. La seconde raison tient au fait que, au moment d'entreprendre ces travaux, nous ne

divers, qu'il sera possible de proposer un agencement clarifié, de révéler et de résoudre, si cela s'avère possible, les contradictions et les excès. De cette manière, il sera possible d'établir une conciliation satisfaisante entre la lutte contre les pratiques abusives et la prévisibilité juridique[233].

**76. Une étude variée. –** Pour ce faire, l'analyse porte sur la structure textuelle des mesures anti-abus, sur leurs travaux préparatoires et sur la jurisprudence du juge de l'impôt, de la Cour de justice de l'Union européenne (anciennement Cour de justice des Communautés européennes) et du Conseil constitutionnel. Il est vrai que les règles anti-abus sont, pour la plupart, consacrées dans la loi, dans les directives européennes ou dans les conventions fiscales internationales. Cependant, les juges sont constamment amenés à préciser le sens et la portée des mesures anti-abus. En parallèle, une place non négligeable est accordée aux conclusions des rapporteurs publics (anciennement commissaires du gouvernement) du Conseil d'État et à celles des avocats généraux de la Cour de justice de l'Union européenne. Elles permettent de mieux saisir l'entièreté du phénomène étudié. De la même manière, les interprétations de l'Administration fiscale font l'objet d'une attention particulière, afin

---

connaissions pas suffisamment les tenants et les aboutissants d'autres droits étrangers et nous n'avions pas le recul nécessaire pour proposer une comparaison satisfaisante des systèmes fiscaux étatiques. Ainsi, faire une étude comparative entre plusieurs systèmes fiscaux nationaux paraissait aller au-delà de nos compétences. Plus modestement, dans notre étude, des renvois aux droits étrangers, et aux travaux qui portent sur ces droits étrangers, seront parfois faits pour tenter de mieux illustrer ou d'expliquer les dispositifs anti-abus du droit fiscal international français et, aussi, pour mettre en avant quelques caractères communs ou distincts. Évidemment, ce choix rédactionnel ne remet nullement en cause tout l'intérêt et la pertinence d'entreprendre une étude comparative et globale des dispositifs anti-abus entre différents systèmes fiscaux étatiques, pour tenter de dégager, pourquoi pas, une cohésion des règles anti-abus dans différents États. Pour une étude classique sur des perspectives comparatistes de l'abus de droit fiscal, v. Jean-Marc TIRARD, « L'abus de droit en droit comparé », *Écrits de fiscalité des entreprises. Études à la mémoire du professeur Maurice Cozian*, 2009, LexisNexis, pp. 209-227.

233 Véronique CHAMPEIL-DESPLATS estime que : « *[Le droit positif] ne se présente en effet le plus souvent pas comme un ensemble d'énoncés complet, cohérent ou non contradictoire. En ce sens, les énoncés du droit positif ne forment pas eux-mêmes un système parfait. Par conséquent, les opérations dogmatiques ou théoriques de systémisation quittent ici une visée descriptive pour s'engager dans des reconstructions qui tendent à parfaire la présentation des ordres juridiques à des fins évaluatives ou prescriptives* ». V. Véronique CHAMPEIL-DESPLATS, *Méthodologies du droit et des sciences du droit*, *op. cit.*, p. 332, § 538. De la même manière, pour Martin COLLET, l'intérêt de l'étude doctrinale d'une notion permet de conduire : « *à un regain de cohérence là où le désordre semblait régner, en dissolvant d'apparentes contradictions au profit d'une forme d'unité, en proposant un agencement clarifié d'objets divers mais finalement comparables* ». V. Martin COLLET, « La régulation fiscale », *op. cit.*, § 20.

d'anticiper la façon dont les services de contrôle mettront en œuvre les dispositifs anti-abus. Enfin, les écrits de la doctrine, qui regroupent les travaux des universitaires et des praticiens sur le sujet, sont mobilisés dans la mesure où ils abordent de manière constructive, critique et analytique, le phénomène étudié.

**77.** Tous ces éléments sont alors utilisés, certes à des degrés divers, pour évaluer le système formé par les dispositifs anti-abus en droit fiscal international français.

### *3. Le plan*

**78. Diversification. –** Dans un premier temps, l'étude porte sur la diversification des caractères des dispositifs anti-abus applicables en droit fiscal international français. Si elles ont une structure commune, les règles anti-abus marquent par leur hétérogénéité. Cette disparité peut s'expliquer par diverses raisons logiques et tout à fait justifiées. Cette diversification permet d'assurer, d'une façon cohérente et proportionnée, une meilleure régulation des comportements, ou bien de faciliter les opérations de contrôle et de rectification de l'Administration fiscale dans les situations transnationales. Toutefois, la diversification des dispositifs anti-abus est, dans certains cas, à l'origine d'incertitudes porteuses d'une imprévisibilité juridique excessive.

**79. Rationalisation. –** Dans un second temps, l'étude porte sur la rationalisation de la mise en œuvre des mesures anti-abus applicables en droit fiscal international français. En effet, la diversification des mesures anti-abus étant à l'origine de multiples incertitudes, il paraît nécessaire de les résoudre. Pour ce faire, les principes de valeur supra-législative consacrés en droit constitutionnel, en droit de l'Union européenne et en droit international en général sont mobilisés. La confrontation des dispositifs anti-abus à ces principes permet d'établir un cadre commun aux mesures anti-abus et des garanties sur lesquelles les contribuables peuvent compter. Aussi, il convient de confronter les dispositifs anti-abus les uns aux autres afin de déterminer une méthode d'articulation satisfaisante.

**80.** La diversification des mesures anti-abus en droit fiscal international (**Partie I**) et la rationalisation de la mise en œuvre de ces mesures anti-abus (**Partie II**) seront donc successivement étudiées.

**81. Un champ de recherche délimité. –** En introduction, ont été déterminés les traits communs qui unissent les mesures anti-abus. Ces dernières s'analysent comme des règles de droit octroyant des prérogatives à l'Administration, pour neutraliser les pratiques abusives des contribuables. Les règles anti-abus sont donc composées de deux caractéristiques fondamentales qui justifient leur étude globale. Elles visent une *pratique abusive* et confèrent à l'Administration des *prérogatives* qui permettent de neutraliser fiscalement la pratique en question. Par ailleurs, ces mesures anti-abus, bien qu'ayant une ossature commune, ont des spécificités propres. Observer en détail les dispositifs anti-abus permet d'analyser les points sur lesquels ils convergent ou divergent et de révéler leur degré de segmentation et/ou de superposition. Force est de reconnaître que la diversification des dispositifs anti-abus donne une impression de désordre et fait naître une confusion dans l'esprit des acteurs du droit fiscal[234]. L'objectif est de réussir à évaluer l'imprévisibilité juridique suscitée par cette diversification.

**82. La diversification des critères de définition de l'abus de droit. –** Les réformes entreprises par les pouvoirs publics aboutissent à la multiplication des critères de définition de l'abus de droit. Plus qu'un changement de nature, c'est un changement de degré qu'elles tentent d'instituer. En effet, ces dernières ne visent pas à modifier radicalement les critères de définition de l'abus de droit, mais plutôt à les décliner en sous-critères afin d'améliorer efficacement la lutte contre les pratiques abusives. Il est régulièrement soutenu, dans les rapports de l'Assemblée nationale[235], dans ceux de l'OCDE[236] ou dans la doctrine administrative[237], que le critère du « but principalement fiscal » (par exemple : LPF, art. L. 64 A ; CGI, art. 205 ; clause « PPT ») se distingue du critère du « but exclusivement fiscal » (LPF, art. L. 64). La mise en œuvre du premier critère permettrait d'appréhender des comportements que la mise en œuvre du

---

[234] V. par exemple deux articles récents en ce sens : Laurent OLLEON, « Mini-abus de droit : la Campagne des cent fleurs ? », *op.cit.*, § 1 ; Florence DEBOISSY, « Commentaires administratifs de la nouvelle procédure d'abus de droit (LPF, art. L. 64 A) », *Dr. fisc.* 2020, n° 10, comm. 182, § 3.

[235] Pierre-Alain MUET, Commission des finances, de l'économie générale et du contrôle budgétaire, *Rapport d'information en conclusion des travaux d'une mission d'information sur l'optimisation fiscale des entreprises dans un contexte international*, *préc.*, p. 83 ; Rapport PEYROL I, *préc.*, p. 105.

[236] V. « BEPS », Action 6, p. 63, § 12 ; Convention modèle OCDE 2017, C(29)-100, § 180.

[237] Au sujet de l'article L. 64 A du LPF, v. BOI-CF-IOR-30-20, § 110.

second ne permettrait pas de combattre. Néanmoins, il sera démontré que cette interprétation complexifie inutilement la compréhension du droit positif en la matière et n'est guère favorable à la prévisibilité du droit fiscal. En parallèle, dans diverses réformes, plusieurs pratiques abusives ont été concrètement identifiées dans les textes, permettant aux acteurs du droit fiscal d'identifier par avance les opérations *a priori* abusives. La multiplication des critères de définition de l'abus s'apprécie variablement au regard de l'idéal de prévisibilité juridique. Il convient donc de discuter des multiples critères de définition de l'abus de droit donnés dans les règles anti-abus, du caractère tantôt évasif (afin de laisser une marge d'appréciation aux services de contrôle pour appréhender des montages qui n'ont pas été identifiés en amont dans les textes), tantôt casuistique (pour mettre fin à des montages connus) de ces critères de définition de l'abus droit en droit fiscal international. L'objectif est de juger de la cohérence (ou de l'incohérence) de l'intégration de ces multiples critères de définition dans l'ordonnancement juridique.

**83. La diversification des prérogatives accordées à l'Administration.** – Les mesures anti-abus ont pour fonction commune de protéger l'ordonnancement juridique. Plus précisément, elles rendent inefficaces, par divers moyens qu'il conviendra de relever au fil du propos, les opérations par lesquelles un contribuable *évite* l'application d'une norme fiscale (le contournement d'une norme), et ce, en *invoquant* une norme fiscale distincte dans le champ d'application de laquelle il se place abusivement (l'instrumentalisation d'une norme)[238]. Deux enjeux essentiels apparaissent. Le premier enjeu tient au fait de savoir si la multiplication des mesures anti-abus aboutit à une *surprotection* de l'ordonnancement juridique (n° 266 et s.). Dans bien des cas, de nouvelles mesures anti-abus ont été adoptées pour protéger des normes contre leur contournement et/ou leur instrumentalisation, alors que ces normes faisaient déjà l'objet d'une protection suffisante par d'autres règles anti-abus existantes. Par exemple, le dispositif anti-abus de l'article 205 A du CGI a été adopté pour lutter contre les pratiques abusives qui aboutissent à l'évitement de l'impôt sur les sociétés, alors que l'article L. 64 du LPF avait déjà été mis en œuvre à de multiples reprises dans ce domaine. Le second enjeu tient au niveau de garanties accordées au contribuable dans les mesures anti-abus (n° 380 et s.). Il convient, entre autres, de relever les incohérences et les excès de la loi. Par exemple, lorsque la loi attache une garantie procédurale substantielle à un dispositif anti-abus et ne l'attache pas à un dispositif anti-

---

[238] La distinction entre la *norme contournée* et la *norme instrumentalisée* est davantage détaillée dans l'introduction du Chapitre I du Titre II de cette partie. Par ailleurs, cette distinction trouve sa source dans la thèse de Lucasz STANKIEWICZ. L'auteur distingue, d'un côté, la norme invoquée abusivement, et, d'un autre côté, la norme évitée qui fonde normalement l'imposition. V. Lucasz STANKIEWICZ, *L'abus de convention fiscale internationale*, Thèse, 2009, Lyon III.

abus pourtant semblable ou comparable, alors la loi paraît incohérente et excessive. Finalement, s'interroger sur les points de chevauchement ou de superposition des dispositifs anti-abus permet de révéler les mesures nécessaires pour appréhender des pratiques abusives en droit fiscal international (par exemple : LPF, art. L. 64) et celles qui sont surabondantes (par exemple : LPF, art. L. 64 A ; CGI, art. 205 A).

**84.** Identifier la manière dont les dispositions de chaque mesure anti-abus du droit fiscal international français délimitent, d'une part, les pratiques abusives (**Titre I**) et, d'autre part, la protection de l'ordonnancement juridique (**Titre II**), permet d'évaluer concrètement le phénomène de diversification des mesures anti-abus et, partant, d'apprécier les effets sécurisants et/ou insécurisants qui lui sont attachés.

**85. L'objet des mesures anti-abus : combattre des pratiques abusives. –** En droit fiscal international, les pratiques abusives des contribuables sont combattues par plusieurs règles d'origine interne, européenne ou internationale. De manière générale, une pratique abusive se définit comme une opération par laquelle un contribuable, dans le but d'obtenir un avantage fiscal invoque une règle de portée fiscale dans le champ d'application de laquelle il se place abusivement et évite une règle normalement applicable. Si les mesures anti-abus sont liées par le fait qu'elles visent ce genre de comportement, sur le plan sémantique, les critères de définition sont loin d'être identiques. Ces derniers présentent des terminologies variées. L'enjeu est de savoir si les différentes terminologies distinguées ont une signification convergente ou divergente. Pour traiter cette question, et donc pour les besoins de la démonstration, il est utile de proposer une classification des mesures anti-abus en deux catégories, selon que leurs dispositions donnent une *définition abstraite* ou une *définition concrète* de l'abus de droit.

**86. Des critères de définition abstraits. –** Dans le premier cas de figure, les mesures anti-abus se contentent de donner des éléments constitutifs *larges*, *flous* ou *généraux*, ce qui laisse une marge d'appréciation étendue à l'Administration, sous le contrôle du juge, pour apprécier au cas par cas les opérations qui relèvent, au sens du dispositif anti-abus visé, de l'abus de droit. Autrement dit, des mesures anti-abus se fondent sur la technique du « *standard* »[239]. L'archétype de la mesure anti-abus définissant abstraitement l'abus de droit est celle de l'article L. 64 du LPF. Ce texte distingue deux branches. Il vise aussi bien les « *actes [qui] ont un caractère fictif* », que les « *actes [...] recherchant le bénéfice d'une application littérale des textes ou de décisions à l'encontre des objectifs poursuivis par leurs auteurs, [qui] n'ont pu être inspirés par aucun autre motif que celui d'éluder ou d'atténuer les charges fiscales* »[240]. D'autres mesures anti-abus s'inscrivent dans cette tendance. La nouvelle procédure d'abus de droit (LPF, art. L. 64 A), appelée le « mini-abus de droit » en pratique[241], vise les mêmes

---

[239] Pour une étude classique sur les standards, v. Stéphane RIALS, *Le juge administratif et la technique du standard. Essai sur le traitement juridictionnel de l'idée de normalité*, *op. cit.*
[240] La jurisprudence fait par exemple état de la possibilité pour l'Administration de poursuivre sur le terrain de la procédure d'abus de droit la fusion de deux sociétés qui n'a aucune justification économique (CE, 9ème et 10ème s.-s., 11 avril 2014, n° 352999, *SARL Garnier Choiseul Holding* : *Dr. fisc.* 2014, n° 26, comm. 408, concl. Frédéric ALADJIDI, note Maxime BUCHET) ou l'interposition d'une société aux Pays-Bas par une société établie en France pour éviter l'imposition d'intérêts de source américaine (CE, 9ème et 10ème s.-s., 11 mai 2015, n° 365564, *SA Natixis Banques populaires* : *RJF* 8-9/15, n° 718). Plus exactement, dans cette seconde affaire, le principe général d'interdiction de la fraude a été mis en œuvre.
[241] V. par exemple : Laurent OLLEON, « Mini-abus de droit : la Campagne des cent fleurs ? », *op. cit.*

actes que ceux de la seconde branche de l'article L. 64 du LPF, à la différence près que cette nouvelle procédure n'appréhende que les actes qui traduisent un « *motif [fiscal] principal* ». L'article 205 A du CGI fait également partie des mesures qui donnent une définition abstraite de l'abus de droit, puisqu'il vise « *un montage ou […] une série de montages qui, ayant été mis en place pour obtenir, à titre d'objectif principal ou au titre d'un des objectifs principaux, un avantage fiscal allant à l'encontre de l'objet ou de la finalité du droit fiscal applicable, ne sont pas authentiques compte tenu de l'ensemble des faits et circonstances pertinents* ». Même si ces deux dernières mesures anti-abus ont un *champ de protection* moins étendu que celui de l'article L. 64 du LPF (n° 287 et s.), il n'en demeure pas moins que l'Administration a, *a priori*, toute latitude, sous le contrôle du juge, pour qualifier dans le domaine respectif de chacune des mesures anti-abus les pratiques qui relèvent de l'abus de droit. Définir l'abus de droit par des critères flous permet aux services de contrôle d'appréhender « *toutes les formes de comportement déviant* »[242], et plus précisément, les schémas abusifs qui n'ont pas été anticipés en amont par les pouvoirs publics[243]. Cela confère à ces mesures anti-abus un aspect régulateur, puisque l'abus de droit étant défini abstraitement, le contribuable s'interroge sur la limite à ne pas dépasser. Il est nécessairement découragé à faire preuve d'une hardiesse excessive et inconsidérée sur le plan fiscal. Le problème tient au fait que ces critères abstraits sont changeants d'un dispositif anti-abus à l'autre. Ainsi, il est délicat d'évaluer la différence de portée juridique réelle entre chacun des critères abstraits employés. Les contribuables s'interrogent notamment sur le fait de savoir si une opération dont la qualification d'abus de droit au sens de l'article L. 64 du LPF avait été refusée par le juge, peut être désormais qualifiée de pratique abusive sur le fondement d'un nouveau dispositif anti-abus (par exemple : LPF, art. L. 64 A ; CGI, art. 205 A). En effet, ces nouveaux dispositifs anti-abus laissent apparemment plus de latitude à l'Administration[244]. À tout le moins, si cette situation peut faire naître des inquiétudes légitimes au regard des multiples critères qui coexistent désormais en droit positif, elles peuvent être (au moins) tempérées ou (au mieux) effacées.

**87. Des critères de définition concrets. –** Dans le second cas de figure, les mesures anti-abus donnent des éléments constitutifs *concrets*, *précis* ou *spéciaux*, afin de viser des situations particulières. La loi, les directives européennes et les conventions fiscales illustrent ce qu'elles considèrent comme des pratiques abusives. Par exemple, des règles anti-abus législatives

---

[242] Daniel GUTMANN, *Droit fiscal des affaires*, *op. cit.*, p. 781, § 983.
[243] *Ibid.* Comme le suggère Daniel GUTMANN, l'emploi de cette technique pourrait s'assimiler comme « *le refoulement du juridisme et l'affirmation de la confiance faite à notre administration et à nos juges, capables de discerner, sans le support des textes, les limites de l'acceptable et de l'inacceptable* ».
[244] V. notamment Pierre FERNOUX, « Revisitons le passé à l'aune du but principalement fiscal », *Dr. fisc.* 2019, n° 22, 279.

identifient précisément des cas dans lesquels des interpositions d'entités à l'étranger sont abusives (par exemple : CGI, art. 123 *bis* ; art. 209 B). Les définitions sont précises dans la mesure où elles s'attachent à des critères qui ont trait, notamment, pour les deux exemples cités, à la qualité de la personne à l'origine de l'interposition[245], à la part du capital et/ou des droits de vote que le contribuable visé détient dans la société interposée[246], au régime fiscal auquel est soumise l'entité interposée à l'étranger[247], ou bien à la composition de l'actif de l'entité interposée à l'étranger[248]. Le fait que les conditions de mise en œuvre soient précisément définies dans des textes permet au contribuable et à l'Administration de mieux anticiper les situations déviantes, ce qui est gage de prévisibilité juridique. En effet, même si les services de contrôle ne perdent pas toute liberté d'appréciation, la marge de manœuvre laissée à l'Administration pour décider des opérations qui relèvent de l'abus de droit est plus restreinte. En revanche, cumuler les définitions concrètes de l'abus de droit n'est pas avantageux en tout point dès lors que ces définitions sont à l'origine de redoutables difficultés pratiques. Aussi, il est de plus en plus complexe de distinguer les mesures anti-abus qui définissent concrètement des pratiques abusives, des mesures qui organisent des règles d'assiette spéciales dont l'objectif est de lutter contre l'optimisation fiscale.

**88.** La multiplication des critères employés pour définir les pratiques abusives peut être facteur d'imprévisibilité juridique. Toutefois, cette imprévisibilité est plus ou moins marquée selon que les réformes aient ajouté dans l'ordonnancement juridique des critères de définition revêtant un caractère abstrait (**Chapitre I**) ou revêtant un caractère concret (**Chapitre II**).

---

[245] Les dispositions de l'article 123 *bis* du CGI visent une personne physique domiciliée en France et les dispositions de l'article 209 B du CGI visent une société établie en France.

[246] Les dispositions de l'article 123 *bis* du CGI sont applicables lorsque le contribuable détient 10 % des droits financiers ou des droits de vote de la société interposée. Les dispositions de l'article 209 B du CGI sont applicables lorsque le contribuable détient 50 % des droits financiers ou des droits de vote de la société interposée.

[247] L'entité interposée doit bénéficier d'un « régime fiscal privilégié » au sens des dispositions de l'article 238 A du CGI.

[248] Les dispositions de l'article 123 *bis* du CGI sont applicables lorsque l'actif ou les biens de l'entité établie à l'étranger sont principalement constitués de valeurs mobilières, de créances, de dépôts ou de comptes courants.

## Chapitre I – Les pratiques abusives abstraitement définies

**89. Le recours à des critères abstraits.** – Les règles anti-abus qui proposent une définition abstraite de l'abus de droit sont variées. Elles sont dispersées dans le livre des procédures fiscales (LPF, art. L. 64 ; L. 64 A), dans le code général des impôts (CGI, art. 119 *ter*, 3 ; 205 A ; anc. art. 145, 6, k ; 210-0 A, III), dans les conventions fiscales internationales françaises (les clauses dites « PPT »)[249] ou dans les principes généraux du droit révélés par le juge interne[250] ou par le juge européen[251]. Même si ces règles interviennent dans des domaines tantôt étendus, tantôt circonscrits (n° 266 et s.), les pratiques abusives qu'elles visent sont composées d'éléments constitutifs abstraits, flous ou généraux, qui permettent à l'Administration d'appréhender diverses opérations internationales réalisées par le contribuable[252]. Plus généralement, le problème tient au fait que les termes abstraits employés varient d'un dispositif anti-abus à l'autre. Il peut être délicat d'évaluer leur différence de portée juridique.

**90. L'élément matériel.** – L'existence d'une pratique abusive est conditionnée à ce que le contribuable viole les objectifs du texte dans le champ d'application duquel il se place. Ce critère s'intéressant à l'acte reproché au contribuable (la violation de l'esprit d'un texte fiscal) et au

---

[249] Avant l'entrée en vigueur de la convention multilatérale « BEPS » de l'OCDE, le 1er janvier 2019, plusieurs conventions fiscales bilatérales contenaient une clause anti-abus « PPT » : les conventions liant la France et le Royaume-Uni (art. 11, 6), la France et le Nigéria (art. 12, 6), la France et le Japon (art. 10, 9), la France et Malte (art. 10, 8), la France et la Géorgie (protocole annexé, point 8), la France et Hong-Kong (art. 10, 6), la France et le Panama (art. 10, 8), la France et l'Andorre (art. 25), la France et Singapour (art. 28). La convention multilatérale « BEPS » a considérablement élargi le nombre de conventions fiscales qui intègrent une clause « PPT ». Pour plus de détails sur les principes généraux d'application de la convention multilatérale et sur les effets des options retenues par la France sur ses conventions bilatérales, v. BOI-INT-DG-20-25.

[250] CE, Sect., 27 septembre 2006, n° 260050, *Janfin*, *préc.*

[251] CJUE, Grande ch., 26 février 2019, aff. C-115/16, *N Luxembourg 1 et a.*, *préc.*

[252] À vrai dire, le fait que ces dispositifs anti-abus s'appliquent dans des domaines plus ou moins restreints n'enlève rien au caractère abstrait des critères de définition de l'abus de droit qu'ils proposent. Par exemple, l'article 205 A du CGI est une mesure anti-abus qui n'a vocation à s'appliquer que dans un domaine limité, puisque cette disposition anti-abus ne peut être mise en œuvre que si le montage du contribuable aboutit à l'évitement de l'impôt sur les sociétés (IS). Toutefois, les critères de définition de la pratique visée restent flous, dans la mesure où il est question de lutter contre des « *montages* » qui ne sont pas « *authentiques* » et qui traduisent « *l'objectif [fiscal] principal* » de l'opération du contribuable. Ainsi, même dans un domaine limité (celui de l'IS pour reprendre l'exemple), les services de contrôle ont toute latitude pour déterminer les opérations qui relèvent de l'abus de droit.

résultat de cet acte (l'obtention d'un avantage fiscal), il s'assimile à l'élément constitutif matériel d'une pratique abusive. En pratique, il est régulièrement qualifié de critère « objectif »[253], étant donné que son appréciation devrait se faire sur la base d'éléments tangibles, et donc, de constatations objectives. Plutôt que de parler de critère « objectif » de l'abus de droit, nous préférons employer la terminologie, plus neutre, d'élément constitutif matériel lorsqu'il est fait référence à l'acte reproché au contribuable (la violation de l'esprit d'un texte) et au résultat auquel cet acte aboutit (l'avantage fiscal), *in fine* à l'agissement qui révèle ou extériorise l'abus[254]. Dans les règles anti-abus, les terminologies employées pour faire état de l'élément matériel constitutif de l'abus de droit visé sont variables. D'abord, un abus de droit nécessite un « *acte* » (LPF, art. L. 64 ; L. 64 A), un « *montage* » (CGI, art. 205 A ; 119 *ter*, 3), des « *opérations* » (CGI, art. 210-0 A, III), ou bien une « *transaction* » (Clause « PPT »). Ensuite, l'abus de droit suppose que le contribuable applique « *littéralement* » une règle « *à l'encontre de [ses] objectifs* » (LPF, art. L. 64 ; L. 64), de sa « *finalité* », de son « *but* », ou bien de son « *objet* » (CGI, art. 205 A ; 119 *ter*, 3 ; clause « PPT »). Enfin, un « avantage fiscal » doit résulter de l'opération en question. Si les termes employés sont différents d'un dispositif anti-abus à l'autre, ils renvoient en réalité à un contenu similaire. La difficulté majeure tient à l'absence de méthode claire et précise pour révéler les objectifs d'un texte, ce qui est d'ailleurs critiqué par la doctrine[255]. Si les mesures anti-abus ne fixent pas de méthode d'identification unique de l'esprit d'un texte fiscal, c'est probablement pour laisser une marge de manœuvre à l'Administration, sous le contrôle du juge, dans son exercice de qualification.

---

[253] V. par exemple : Yohann BENARD, « Dissuasion à l'anglaise : la double clef de la fraude à la loi », *RJF* 12/06, n° 1583, chron. p. 1083 ; et, du même auteur, « Optimisation fiscale intracommunautaire : la liberté ne va pas sans risque », *RJF* 12/05, chron. p. 949 ; Laurent OLLEON, concl. sur CE, 8ème et 3ème s.-s., 7 septembre 2009, n° 305586, *SA Axa* : *BDCF* 12/09, n° 142 ; Pierre COLLIN, concl. sur CE, 9ème et 10ème s.-s., 15 avril 2011, n° 322610, *Alcatel CIT*, *préc.* ; Martin COLLET, *Droit fiscal*, *op. cit.*, p. 234, § 383 ; Nicolas JACQUOT, « Abus de droit de l'article L. 64 A du LPF. Mini-abus de droit. - Définition et notions », in *JCl. Procédures fiscales*, fasc. 379, § 68.

[254] L'appréciation « objective » semble plus s'apparenter à un idéal, plutôt qu'à une réalité bien établie, au regard de la complexité d'identifier précisément et clairement l'esprit d'un texte fiscal (n° 121 et s.). Ainsi, la doctrine se montre parfois critique vis-à-vis de l'emploi du qualificatif « objectif », v. Christophe DE LA MARDIERE, « Abus de droit. - Textes, historique et notion », *op. cit.*, § 212 ; Bernard CASTAGNEDE, *Précis de fiscalité internationale*, *op. cit.*, p. 127, § 114. En parallèle, les membres du Palais-Royal ont eu des difficultés à s'accorder sur l'aspect « objectif » ou « subjectif » du critère du « but exclusivement fiscal », v. Olivier FOUQUET, « Fraude à la loi : l'explication du critère subjectif », *Dr. fisc.* 2009, n° 39, act. 287.

[255] V. par exemple : Daniel GUTMANN, *Droit fiscal des affaires*, *op. cit.*, p. 818 et s., § 1009.

**91. L'élément intentionnel. –** Pour reprocher au contribuable une pratique abusive, encore faut-il qu'il ait eu la volonté de violer l'esprit d'un texte fiscal en vue, ou dans le but, d'obtenir un avantage fiscal. Il s'agit de l'élément intentionnel constitutif d'une pratique abusive. En pratique, ce critère est souvent qualifié de « subjectif »[256], puisqu'il suppose de « *sonder les reins et les cœurs, pour déterminer quelles intentions motivaient l'action du contribuable* »[257]. Plutôt que de parler de critère « subjectif » de l'abus de droit, le choix est fait d'employer la terminologie plus neutre d'élément constitutif intentionnel lorsqu'il est fait référence au critère relatif aux intentions motivant l'opération du contribuable[258]. Toutefois, au regard de la variété des terminologies employées dans les mesures anti-abus, différents « seuils » ou « degrés » d'intention abusive existeraient. La rédaction des textes fiscaux donne l'impression qu'une « hiérarchie » est établie entre les « motifs fiscaux » poursuivis par les contribuables. Traditionnellement, pour que l'Administration fiscale puisse remettre en cause les actes d'un contribuable sur le fondement de l'abus de droit par fraude à la loi (LPF, art., L. 64), ils doivent « *n'être inspirés par aucun motif autre que celui d'éluder ou d'atténuer les charges fiscales que l'intéressé, s'il n'avait pas passé ces actes, aurait normalement supportées eu égard à sa situation et à ses activités réelles* ». En revanche, l'élément intentionnel constitutif de l'abus de droit par fraude à la loi, autrement appelé le critère du « but exclusivement fiscal », doit se combiner avec le critère du « but essentiellement fiscal » qui trouve son origine dans la jurisprudence européenne[259], le critère du « but principalement fiscal » (LPF, art. L. 64 A ; clause « PPT »), le critère du « montage non-authentique » (CGI, art. 205 ; 119 *ter*, 3 ; anc. art. 145, 6, k) ou celui des motifs économiques « non valables » (CGI, art. 210-0 A, III). Cet état du droit positif est déstabilisant puisqu'il est très difficile d'évaluer précisément les différences de portée juridique entre les terminologies abstraites inscrites dans les règles anti-abus.

---

256 V. par exemple : Yohann BENARD, « Dissuasion à l'anglaise : la double clef de la fraude à la loi », *op. cit.* ; Laurent OLLEON, concl. sur CE, 8ème et 3ème s.-s., 7 septembre 2009, n° 305586, *SA Axa* : *BDCF* 12/09, n° 142 ; Pierre COLLIN, concl. sur CE, 9ème et 10ème s.-s., 15 avril 2011, n° 322610, *Alcatel CIT*, *préc.*; Martin COLLET, *Droit fiscal*, *op. cit.*, p. 234, § 383 ; Nicolas JACQUOT, « Abus de droit de l'article L. 64 A du LPF. Mini-abus de droit. - Définition et notions », in *JCl. Procédures fiscales*, fasc. 379, § 68.

257 Martin COLLET, *Droit fiscal*, *op. cit.*, p. 234, § 383.

258 L'appréciation de l'abus de droit se faisant nécessairement sur des « éléments objectifs », nous y reviendrons au fil du propos, il paraît plus pertinent de parler de critère « intentionnel », et non de critère « subjectif ».

259 CJCE, Grande ch., 21 février 2006, aff. C-255/02, *Halifax plc* : *RJF* 5/06, n° 648, concl. Luis-Miguel POIARES MADURO, *BDCF* 5/06, n° 68. V. les points 74 et 75 de cet arrêt. V. Yolande SERANDOUR, « L'abus de droit selon la CJCE. À propos de l'arrêt Halifax (CJCE, 21 fév. 2006, aff. C-255/02) », *Dr. fisc.* 2006, n° 16, 16.

**92.** Recourir à des critères abstraits de définition de l'abus de droit peut être utile afin de laisser une marge de manœuvre à l'Administration, sous le contrôle du juge, pour déterminer les opérations qui se révèlent être abusives. Cette marge de manœuvre volontairement laissée aux services de contrôle et au juge de l'impôt suppose nécessairement une part d'imprévisibilité juridique. Pour le démontrer, il convient d'étudier successivement l'élément matériel (**Section I**) et l'élément intentionnel (**Section II**) de chacune des pratiques abusives définies abstraitement dans les mesures anti-abus.

## Section I – L'élément matériel constitutif d'une pratique abusive

**93.** Le contribuable commet un abus de droit lorsqu'il cherche à éviter l'application d'une norme fiscale, en se plaçant abusivement dans le champ d'application d'une autre norme fiscale, et obtient un avantage fiscal. L'élément matériel se décompose donc en plusieurs sous-éléments. Chaque règle anti-abus s'attache, dans un premier temps, à décrire l'attitude, l'action ou l'agissement du contribuable qu'elle a vocation à appréhender. Dans un second temps, chaque règle anti-abus s'attache à décrire le résultat redouté. Néanmoins, les mesures anti-abus font état de plusieurs formes d'abus, avec des terminologies variées. Par exemple, les articles L. 64 et L. 64 A du LPF font référence aux « actes » du contribuable, alors que les dispositifs anti-abus qui trouvent leur source dans les travaux européens et internationaux, comme les articles 205 A du CGI ou la clause « PPT » de la convention multilatérale, ont tendance à faire référence aux « montages » ou aux « opérations » du contribuable. Toutefois, même si les termes employés sont variés, ils ramènent à un contenu similaire. Ces dispositifs anti-abus visent tous une situation dans laquelle, en passant un ou plusieurs actes (§ **1**), un contribuable se place abusivement dans le champ d'application d'un texte, c'est-à-dire qu'il respecte formellement la lettre d'un texte mais viole les objectifs qu'il poursuit (§ **2**), aboutissant au bénéfice d'un avantage fiscal indu (§ **3**).

### *§ 1 – L'élaboration d'un ou plusieurs actes*

**94. Une ou plusieurs manifestations de volonté. –** En s'en tenant aux articles L. 64 et L. 64 A du LPF, il ressort qu'une pratique abusive est le fruit d'un ou plusieurs actes du contribuable. Nécessairement, tous les actes juridiques sont susceptibles de constituer un abus. Comme le laisse entendre la jurisprudence attachée à l'article L. 64 du LPF, l'acte juridique à l'origine d'un abus peut être unilatéral (manifestation d'une seule volonté) ou conventionnel (manifestation d'un accord de volonté), écrit ou non écrit[260], unique ou accompagné d'autres actes juridiques[261]. En tout état de

---

[260] V. notamment en ce sens pour l'absence de nécessité d'un acte écrit en matière de simulation : Henri MAZEAUD, Léon MAZEAUD, Jean MAZEAUD et François CHABAS, *Leçons de droit civil*, t. II, 1er vol., *Obligations, théorie générale*, 9ème éd., 1998, Monchrestien, p. 924, § 808.

[261] V. Pierre COLLIN, concl. sur CE, 8ème et 3ème s.-s., 18 mai 2005, n° 267087, *Sté Sagal* : *BDCF* 8-9/05, n° 110 : « *il n'y a abus de droit qu'en présence* ***d'une série d'actes cohérents et convergents*** *passés en vue de créer une situation juridique ou économique artificielle, et à seule fin d'entrer dans les prévisions d'une disposition fiscale favorable* ». Une analyse plus approfondie des conclusions de Pierre COLLIN est proposée dans l'avant dernier chapitre de ce travail (n° 687).

cause, l'identification d'une ou plusieurs manifestations de volonté[262] est nécessaire pour qualifier un abus de droit. Pourtant, dans sa doctrine, l'Administration fiscale affirme qu'un « *fait qui manifeste l'intention de son auteur et produit des effets de droit* » peut être à l'origine d'un abus de droit[263]. Cette affirmation semble contre-intuitive étant donné qu'un fait juridique ne traduit pas, par définition, la volonté d'un sujet de droit[264]. Il serait délicat de qualifier un abus de droit en raison d'un évènement qui n'est pas volontairement décidé par ce dernier[265]. Toujours est-il que, ce qui importe dans la qualification d'un abus de droit est l'existence d'une volonté en ce sens[266].

**95. Des changements terminologiques : opération, montage et transaction. –** Les clauses anti-abus d'origine européenne transposées en droit français (CGI, art. 119 *ter* 3 ; anc. art. 145, 6, k ; art. 205 A ; 210-0 A, III) et la clause conventionnelle « PPT » insistent sur le fait que des pratiques abusives trouvent leur origine dans les « *opérations* »[267],

---

[262] Depuis la réforme en droit des contrats de 2016, le Code civil définit l'acte juridique comme une « *manifestation de volonté destinée à produire des effets de droit* » (C. civ., art. 1100-1). Il s'oppose ainsi au fait juridique qui se traduit par un « *agissement ou un évènement auquel la loi attache des effets de droit* » (C. civ., art. 1100-2). Pour des développements sur la définition d'acte juridique et de fait juridique, v. : Bertrand FAGES, *Droit des obligations*, 11ème éd., 2021-2022, LGDJ, « Manuel », p. 42, § 20.

[263] En ce qui concerne l'interprétation de l'art. L. 64 A du LPF : BOI-CF-IOR-30-20-20200131, § 40. Dans le même sens, voir l'interprétation concernant l'art. L. 64 du LPF : BOI-CF-IOR-30-10-20200131, § 60. L'Administration fiscale justifie son raisonnement par une décision rendue par le Conseil d'État (CE, 7ème et 9ème s.-s., 18 novembre 1991, n° 77303) dont elle fait une interprétation très extensive, puisque cette décision ne dit pas expressément qu'un fait juridique – en tant que tel – peut être constitutif d'un abus de droit. Qui plus est, elle qualifie l'occupation de résidences principales comme un fait juridique. Bien que l'occupation d'un immeuble produise des effets de droit, ces derniers sont nécessairement issus d'une manifestation de volonté. V. un avis contraire sur le sujet : Florence DEBOISSY, *La simulation en droit fiscal*, Thèse, 1997, LGDJ, « Bibliothèque de droit privé », p. 125, § 339.

[264] Le Conseil d'État considère toutefois qu'une décision de maintenir artificiellement la date de clôture d'un exercice comptable peut être à l'origine d'un abus de droit au sens de l'article L. 64 du LPF. V. CE, 9ème et 10ème ch., 19 mai 2021, n° 429476, *Sté Comsa* : *Dr. fisc.* 2021, n° 38, comm. 371, concl. Céline GUIBE.

[265] V. Christophe DE LA MARDIERE, « Abus de droit. - Textes, historique et notion », *op. cit.*, § 110.

[266] V. Nicolas JACQUOT, article « Abus de droit de l'article L. 64 A du LPF. Mini-abus de droit. - Définition et notions », *op. cit.*, § 79.

[267] Les directives dites « fusions » (Dir. « fusions », art. 15) et « intérêts-redevances » (Dir « intérêts-redevances », art. 5) autorisent les États membres à refuser que des « *opérations* » à l'origine d'une pratique abusive puissent bénéficier des avantages de la directive.

« *montages* »[268] et « *transactions* »[269] d'un contribuable. Il est difficile de donner un contenu juridique précis à ces terminologies pour deux raisons principales. D'abord, les dispositifs anti-abus ne définissent pas expressément les termes employés. Ensuite, ces expressions sont relativement nouvelles en droit fiscal[270].

**96. L'exégèse des nouvelles terminologies. –** Dans le langage courant, les termes en question n'évoquent pas expressément des situations identiques. L'expression « opération » renvoie abstraitement à l'idée selon laquelle des mesures sont adoptées en vue d'atteindre un résultat précis dans un domaine quelconque[271]. Le « montage » se caractérise par l'idée d'assemblage, c'est-à-dire à l'action de mettre ensemble ou de réunir plusieurs éléments, produisant ainsi un résultat[272]. La « transaction » fait référence à un compromis, à une convention ou à un accord[273], ce qui renvoie juridiquement aux actes conventionnels et aux contrats en droit des obligations[274]. Les travaux et commentaires relatifs à ces clauses anti-abus n'adoptent pas une lecture restrictive de ces termes. En ce qui concerne l'expression « *montage ou transaction* », selon les commentaires de l'OCDE, elle s'interprète dans un sens large et fait référence à « *tout accord, entente, mécanisme, transaction ou série de transactions, qu'ils aient ou non force exécutoire* »[275]. Pour donner un contenu à l'expression « *montage* », la Commission européenne fait référence dans ses travaux relatifs à la lutte contre la planification fiscale agressive à tout type : « *de régime, de transaction, de mesure,*

---

[268] Les directives dites « mères-filles » (Dir. « mères-filles » 2015, art. premier) et « anti-évasion » (Dir. ATAD, art. 6) prévoient directement des clauses anti-abus qui encadrent un « *montage ou une série de montages* » prenant un tour abusif.

[269] Quant à la clause « PPT » de la CML (art. 7) issue des travaux « BEPS », elle emploie l'expression « *montage ou transaction* ».

[270] V. Marie-Pierre HOO, « Aménagement du régime mères-filles », *Dr. fisc.* 2016, n° 1, comm. 26, § 19. Toutefois, la jurisprudence européenne faisait déjà référence au vocable « montage ». Pour une décision fondatrice, v. CJCE, 16 juillet 1998, aff. C-264/96, *Imperial Chemical Industries plc (ICI)*, point 26 : *RJF* 12/98, chron. Jérôme TUROT, p. 940 ; *BDCF* 6/98, n° 137, concl. Giuseppe TESAURO. V. aussi le commentaire suivant : Patrick DIBOUT, « Territorialité de l'impôt, répression de l'évasion fiscale et liberté d'établissement dans la Communauté européenne », *Dr. fisc.* 1998, n° 48, 100390. Puis, le Conseil d'État fait référence au « montage » depuis la décision *Pléiade*, v. CE, 8ème et 3ème s.-s., 18 février 2004, n° 247729, *Sté Pléiade, préc.* Le vocable « montage » fait l'objet d'une étude approfondie dans l'avant dernier Chapitre de ce travail (n° 680 et s.)

[271] CNRTL, v. « Opération ».

[272] CNRTL, v. « Montage ».

[273] CNRTL, v. « Transaction ».

[274] En droit des obligations, le contrat est défini comme « *un accord de volontés entre deux ou plusieurs personnes destiné à créer, modifier transmettre ou éteindre des obligations* » (C. civ., art. 1101).

[275] Convention modèle OCDE 2017, C(29)-99, § 177.

*d'opération, d'accord, de subvention, d'entente, de promesse, d'engagement ou d'événement* »[276]. Toutes ces expressions ramènent à diverses situations[277]. Toutefois, les définitions données convergent un minimum et se rejoignent sur un point : la volonté pour un contribuable de parvenir à un résultat donné, en passant un ou plusieurs actes. Chaque expression employée n'est qu'une espèce du genre plus général que représente la manifestation de volonté. Finalement, cela permet à l'Administration de mettre en œuvre ces règles anti-abus contre tout acte de volonté, ce qui lui laisse une large marge d'appréciation dans l'exercice de son pouvoir de contrôle[278].

**97. La date de l'opération. –** S'ils visent le même genre de comportements, ces dispositifs anti-abus n'ont pas tous le même champ d'application temporel étant donné qu'ils n'ont pas été adoptés au même moment. Par exemple, l'article L. 64 du LPF, réaménagé en 2008 pour unifier le fondement de la répression des abus de droit, est applicable aux « *propositions de rectifications notifiées à compter du 1er janvier 2009* »[279]. La clause anti-abus du régime « mères-filles » de l'article 119 *ter*, 3, adoptée lors de la loi de finances rectificative pour 2015, s'applique aux « *exercices ouverts à compter du 1er janvier 2016* ». Quant aux articles 205 A du CGI et L. 64 A du LPF, adoptés lors de la loi de finances pour 2019, ils s'appliquent respectivement aux « *exercices ouverts à compter du 1er janvier 2019* » et aux « *rectifications notifiées à compter du 1er janvier 2021 portant sur des actes passés ou réalisés à compter du 1er janvier 2020* ». Toutes ces mesures anti-abus ne disposent à chaque fois que pour l'avenir. En revanche, certaines d'entre elles sont applicables à des opérations ou à des actes, qui trouvent leur origine avant la date d'entrée en vigueur du texte. Par exemple, l'article 205 A du CGI est applicable à un montage mis en place en 2018 par une société, dès lors qu'il a une incidence sur le calcul de son résultat au titre des exercices ouverts à compter du 1er janvier 2019[280]. En pratique, pour

---

276 Commission européenne, *Recommandation de la Commission du 6 décembre 2012 relative à la planification fiscale agressive*, (2012/772/UE), § 4.3.
277 Au sujet de la clause anti-abus « mères-filles », v. Marie-Pierre HOO, « Aménagement du régime mères-filles », *op. cit.*, § 19.
278 Une remarque peut être faite au sujet de l'exercice d'une option fiscale. L'Administration estime dans sa doctrine que les dispositions de l'article L. 64 du LPF peuvent être mises en œuvre à l'encontre d'un contribuable qui exerce une « *option fiscale offerte par la législation* », notamment dans le cas où le contribuable se place abusivement (ou artificiellement) dans le champ d'application d'une option, v. BOI-CF-IOR-30-10, § 50. Pour un étude classique sur les options fiscales, v. Arnaud AGOSTINI, *Les options fiscales*, Thèse, 1983, LGDJ, « Bibliothèque de finances publiques et de fiscalité ».
279 Le dispositif de l'article L. 64 du LPF a depuis fait l'objet d'un nouvel aménagement lors de l'adoption de la loi n° 2018-1317 du 28 décembre 2018 de finances pour 2019, art. 202.
280 V. en ce sens : BOI-IS-BASE-70, § 1.

reprendre l'exemple donné, la difficulté tient au fait que le contribuable, lors de la mise en place du montage en 2018, avait anticipé le paiement d'un certain montant d'impôt sur cette opération pour les exercices futurs. Il ne pouvait pas anticiper, au moment de la mise en place du montage, qu'un dispositif anti-abus, non encore établi à l'époque, pouvait potentiellement remettre en cause à l'avenir ce montage et, partant, le montant de l'impôt anticipé. Cette « *rétroactivité économique* »[281] ou « *rétroactivité de fait* »[282] est en pratique regrettable. Sans doute, la limitation de la rétroactivité économique mériterait d'être davantage encadrée. Le législateur en tient parfois compte pour les mesures anti-abus. Par exemple, la rédaction de l'article L. 64 A du LPF efface toute portée rétrospective à ses dispositions[283]. En effet, le texte a été voté fin 2018[284], il est entré en vigueur le 1er janvier 2021 et s'applique « *[aux] actes passés et [aux] opérations réalisées à compter du 1er janvier 2020* »[285]. Il est dommage que cette pratique législative, qui consiste à éviter toute rétroactivité économique, n'ait pas été généralisée.

**98.** En tout état de cause, il est reproché au contribuable d'avoir pris (au moins) un acte par lequel il se place formellement dans le champ d'application d'un texte sans pour autant parvenir à atteindre l'objectif (ou les objectifs) du texte.

### *§ 2 – Le respect formel d'un texte et la violation de son esprit*

**99.** L'opération d'un contribuable est abusive lorsqu'elle est conforme à la lettre d'un texte, mais en viole son esprit. Autrement dit, lorsqu'un contribuable rend simplement un « *hommage de façade à la législation* »[286], il n'est pas à l'abri que l'Administration ne mette pas en œuvre les dispositions d'une norme anti-abus afin de neutraliser l'avantage fiscal qu'il a obtenu grâce à son opération. Même si leur rédaction diverge, les dispositifs anti-abus tendent, pour la plupart, à éviter que les contribuables puissent violer les objectifs attachés un texte fiscal (**A**). En pratique, identifier les objectifs d'un texte fiscal reste un exercice délicat, si bien qu'anticiper les opérations susceptibles d'être combattues sur le terrain d'une mesure anti-abus est délicat à réaliser (**B**).

---

281 Cette expression est employée en doctrine, v. par exemple : Daniel GUTMANN, *Droit fiscal des affaires*, *op. cit.*, p. 43, § 36.
282 Cette expression est employée en doctrine, v. par exemple : Martin COLLET, *Droit fiscal*, *op. cit.*, p. 47, § 71.
283 V. Florence DEBOISSY, « Commentaires administratifs de la nouvelle procédure d'abus de droit (LPF, art. L. 64 A) », *op. cit.*, § 6.
284 Loi n° 2018-1317 du 28 décembre 2018, art. 109.
285 V. BOI-CF-IOR-30-20, § 30.
286 Daniel GUTMANN, *Droit fiscal des affaires*, *op. cit.*, p. 781, § 983.

### A. *La variété des terminologies employées*

**100.** Traditionnellement, la simulation et la fraude à la loi forment les deux branches de la procédure d'abus de droit fiscal (LPF, art. L. 64). Par ailleurs, pour révéler le lien entretenu entre l'abus de droit tel que nous l'entendons dans ce travail et, d'un côté, la simulation et, d'un autre côté, la fraude à la loi, il convient de relever les éléments constitutifs matériels des deux branches de l'article L. 64 du LPF (**1**). Les autres dispositifs anti-abus, adoptés plus récemment (LPF, art. L. 64 A ; CGI, art. 205 A ; 119, *ter*, 3 ; 210-0 A, III ; clause « PPT »), ont tous vocation à appréhender les opérations des contribuables qui, bien que se plaçant formellement dans le champ d'application d'un texte fiscal, violent les objectifs de ce texte (**2**).

#### 1. *Les agissements sanctionnés par la procédure d'abus de droit*

**101.** Bien que la simulation soit une des branches de l'article L. 64 du LPF, il n'est pas si évident de la rattacher à l'abus de droit, tel qu'il est défini dans cette thèse. L'élément matériel constitutif de la simulation n'est pas, en tant que tel, le non-respect des objectifs d'un texte fiscal dans le champ d'application duquel le contribuable s'est placé. La simulation se caractérise par la contradiction entre un acte occulte et un acte ostensible (**a**). La fraude à la loi est désormais constituée d'un élément matériel identique à celui de l'abus de droit, si bien que les deux notions se confondent. Elles renvoient à un contenu identique. Néanmoins, la fraude à la loi n'a pas toujours été strictement dans le sillage de l'abus de droit (**b**).

##### a. *La contradiction entre un acte occulte et un acte ostensible : l'élément constitutif matériel de la simulation*

**102. L'acte « fictif » : la première branche de l'abus de droit (LPF, art. L. 64). –** Les dispositions de l'article L. 64 du LPF assimilent clairement les « *actes [qui] ont un caractère fictif* » à des « *actes constitutifs d'un abus de droit* »[287]. En droit fiscal, la « fictivité » est une branche de l'abus de droit. Elle renvoie plus généralement à la théorie de la simulation établie en droit privé[288], même si « *l'identité entre la définition civile et la définition fiscale* » est parfois

---

[287] La simulation est la branche initiale de l'abus de droit dans la loi du 13 janvier 1941 portant simplification, coordination et renforcement du code général des impôts directs. Aujourd'hui, il est regrettable que les dispositions de l'article L. 64 du LPF ne donnent pas les éléments constitutifs de « l'acte fictif ».
[288] Pour une étude globale, v. Florence DEBOISSY, *La simulation en droit fiscal*, *op. cit.*

discutée en doctrine[289]. Sans doute, faire de la simulation une espèce du genre plus général qu'est l'abus de droit pourrait étonner les auteurs en droit privé[290]. En effet, en droit privé, la simulation[291] et l'abus de droit[292] ont des contenus différents[293].

**103. Le comportement auquel renvoie la simulation.** – Les dispositions de l'article L. 64 du LPF ne donnent pas les éléments constitutifs de l'abus de droit par « fictivité ». Par ailleurs, en droit privé, dans une conception stricte, la simulation renvoie à la coexistence d'un *acte occulte* et d'un *acte ostensible.* Plus précisément, « *la simulation suppose un accord de volontés apparent, auquel s'ajoute concomitamment un accord réel et secret* »[294]. La simulation exige donc qu'un acte soit tenu secret (la contre-lettre ou l'acte occulte) et qu'un acte soit apparent vis-à-vis des tiers (l'acte apparent ou l'acte ostensible). Encore faut-il que ces deux actes se contredisent de façon concomitante[295]. Pour reprendre l'expression de Maurice COZIAN, la simulation « *n'est autre qu'un mensonge juridique* »[296]. Sur le plan du droit fiscal, une simulation peut être caractérisée à chaque fois que le contribuable présente à l'Administration fiscale un acte qui ne correspond pas à la réalité[297]. La fictivité a déjà été mise en œuvre par l'Administration pour remettre en cause des opérations internationales.

---

289 V. Daniel GUTMANN, *Droit fiscal des affaires*, *op. cit.*, p. 791, § 995.

290 V. Loïc CADIET, « Remarques sur la notion fiscale d'abus de droit », in *Regards sur la fraude fiscale*, Économica, 1986, p. 37, § 3.

291 Pour une étude globale de la simulation en droit privé, v. Claude OPHELE, « Simulation », in *Répertoire de droit civil.*

292 Pour une étude globale de l'abus de droit en droit privé, v. Loïc CADIET, Philippe LE TOURNEAU, « Abus de droit », *op. cit.*

293 La simulation (en droit privé) a notamment pour effet de rendre inopposable la contre-lettre à l'égard des tiers (par exemple : Cass. 1ère civ., 31 janvier 1989, n° 87-11346 : *RTD civ.* 1989, p. 544, n° 16, obs. Jacques MESTRE), alors que l'abus de droit (en droit privé) a pour effet d'engager la responsabilité civile de l'auteur de l'abus de droit (par exemple : Civ. 1ère, 20 janvier 1964 : *RTD civ.* 1965, 117, obs. René RODIERE).
Dans le cas d'une simulation (en droit fiscal), depuis la décision *Lemarchand* (CE, 8ème et 9ème s.-s., 20 février 1974, n° 83270 : *Dr. fisc.* 1974, n° 30, comm. 958 ; *RJF* 5/74, n° 5, p. 201) l'Administration est autorisée à mettre en œuvre l'article 1201 du Code civil (Code civil, anc. art. 1321). Elle a le choix de se prévaloir de l'acte apparent ou de l'acte occulte pour déterminer le montant réellement dû à l'Administration. Sur ce sujet, v. Laurent OLLEON, « L'être, le paraître et l'abus de droit », *RJF* 4/03, n° 474, chron. p. 303.

294 V. en ce sens : Claude OPHELE, « Simulation », *op. cit.*, § 14.

295 V. Florence DEBOISSY, *La simulation en droit fiscal*, *op. cit.*, p. 33, § 84.

296 V. Maurice COZIAN, *Les grands principes de la fiscalité des entreprises*, *op. cit.*, p. 23, § 15.

297 *Ibid.* Il est généralement admis que la simulation regroupe trois types de comportements (triptyque). La première forme de simulation correspond à « l'acte fictif ». Un contribuable réalise un acte fictif lorsqu'il fait croire à un tiers qu'une

**104. Un exemple ancien : le cas des sociétés de façade. –** Une décision rendue par le Conseil d'État le 19 janvier 1983 peut illustrer la mise en œuvre de la branche de la simulation en droit fiscal international[298]. Une actrice domiciliée fiscalement en France s'engage contractuellement avec une société établie en Suisse. Cette dernière l'emploie afin de rendre des prestations de services hors de France. En contrepartie, la société verse un salaire fixe à l'artiste. Or, quelques jours avant la signature de ce contrat de travail, un autre contrat a été signé entre un producteur britannique et la société suisse, aux termes duquel les cachets des représentations de la comédienne au Royaume-Uni sont versés à cette société suisse. La totalité de ces cachets payés à la société suisse n'est pas reversée à l'actrice domiciliée en France. Finalement, une partie de la rémunération versée par le producteur britannique échappe à l'impôt sur le revenu en France. Néanmoins, au regard de la concomitance des conclusions desdits contrats et de l'absence de moyens de la société suisse afin d'effectuer son rôle d'*impresario* ou d'intermédiaire, la réalité du contrat passé entre la société suisse et l'interprète a été remise en cause sur le terrain de l'abus de droit par fictivité. La société établie en suisse n'est qu'une société de façade[299].

**105. Le rapprochement de la simulation avec l'abus de droit. –** Quoiqu'il en soit, la simulation peut-elle s'assimiler à l'abus de droit ? *A priori*, en adoptant une vision restrictive, la réponse est négative. En effet, la simulation a vocation à appréhender les situations qui font l'objet d'une contradiction entre un acte tenu secret et un acte apparent, alors que l'abus de droit a vocation à appréhender les actes passés par un contribuable qui respectent formellement les conditions d'un texte, tout en violant son

---

opération juridique existe alors qu'en réalité elle n'existe pas. Pour reprendre l'image donnée traditionnellement, l'acte apparent est – en quelque sorte – « détruit » par la contre-lettre dans la mesure où l'acte ne renvoie à aucune substance juridique. La deuxième forme de simulation tient au « déguisement ». Elle renvoie à la situation dans laquelle un acte présenté à l'Administration fiscale « *ne correspond pas au contrat réellement conclu entre les parties* ». Le mensonge ne repose pas sur l'acte lui-même, mais sur sa qualification, autrement dit sur son « *étiquette juridique* ». Enfin, la troisième forme de simulation est « l'interposition de personne ». Si l'acte est parfaitement réel, le mensonge porte sur la personne du contractant.

298 CE, 9ème et 8ème s.-s., 19 janvier 1983, n° 33831 : *Dr. fisc.* 1983, n° 31, comm. 1621, concl. Christian SCHRICKE.

299 V. Bernard CASTAGNEDE, *Précis de fiscalité internationale*, *op. cit.*, p. 127, § 115. Plus généralement, la fictivité d'une société se caractérise à chaque fois qu'elle ne respecte pas ses obligations comptables ou juridiques. Par exemple, la fictivité d'une société peut être reconnue lorsqu'elle ne tient pas de comptabilité ou lorsque les organes sociaux de la société ne se réunissent pas. Pour une étude classique de la question de la fictivité d'une société, v. Maurice COZIAN, Alain VIANDIER, Florence DEBOISSY, *Droit des sociétés*, 34ème éd., 2021, LexisNexis, « Manuels », p. 99, § 284.

esprit. Toutefois, la conclusion selon laquelle la simulation ne participe pas à la définition de l'abus de droit fiscal peut paraître simpliste. Plusieurs remarques s'imposent.

**106. Discussion. –** Tout d'abord, la définition de l'abus de droit donnée en introduction, à laquelle nous confrontons la simulation, est une définition contemporaine. Si le comportement de la simulation n'est pas strictement dans le sillage du comportement de l'abus de droit tel qu'il est défini actuellement, il n'est pas contestable que la simulation est consubstantielle à l'abus de droit fiscal en France. Qui plus est, la doctrine soulève régulièrement le fait que la simulation – en elle-même – n'est qu'une variante précise de l'abus de droit, dans la mesure où le contribuable contrarie nécessairement l'intention de l'auteur de la règle dans le champ d'application de laquelle le contribuable se place[300]. D'un autre côté, adopter une lecture téléologique du concept d'abus de droit semble préférable. Le fait de respecter la lettre d'un texte et ne pas respecter son esprit pourrait faire référence à l'idée plus large selon laquelle l'opération d'un contribuable s'analyse comme une pratique abusive lorsqu'il s'agit d'une « *tromperie* »[301] ou d'un « *subterfuge juridique* »[302], lorsque le contribuable n'est pas « *sincère* »[303] ou lorsqu'il prend une décision non conforme à la « *réalité* »[304]. Le concept d'abus de droit permet d'aller au-delà des apparences, qu'elles soient juridiques ou économiques, et permet d'appréhender la substance taxable qui échappe au Trésor. Ainsi, la simulation pourrait tout de même s'analyser dans le sillage de l'abus de droit.

#### *b. L'application littérale d'une réglementation à l'encontre des objectifs poursuivis par ses auteurs : l'élément constitutif matériel de la fraude à la loi*

**107. La fraude à la loi : deuxième branche de l'abus de droit (LPF, art. L. 64). –** Comme pour la simulation, les auteurs en droit privé pourraient s'étonner du rapprochement fait par le droit fiscal entre la fraude à la loi et l'abus de droit. En effet, la doctrine civiliste classique s'est interrogée avec insistance sur la nature juridique commune ou indépendante de ces deux concepts. Des auteurs ont essayé tantôt de rapprocher la fraude

300 Christophe DE LA MARDIERE, « Abus de droit. - Textes, historique et notion », *op. cit.*, § 320.
301 *Ibid.*, § 114.
302 *Ibid.*
303 *Ibid.*
304 *Ibid.*

à la loi et l'abus de droit[305], tantôt de justifier leur autonomie[306]. En droit fiscal, la théorie de la fraude à la loi est une branche de l'abus de droit, au sens des dispositions de l'article L. 64 du LPF. Qui plus est, l'élément constitutif matériel de la fraude à la loi s'assimile à l'élément constitutif matériel de l'abus de droit. En vertu de l'article L. 64 du LPF, sont constitutifs d'une fraude à la loi, les actes qui recherchent « *le bénéfice d'une application littérale des textes ou de décisions à l'encontre des objectifs poursuivis par leurs auteurs* ». Si cet élément matériel est aujourd'hui clairement identifiable dans la loi, il a longtemps existé un doute sur son existence. Revenir sur son apparition n'est pas inutile.

**108. Le rappel nécessaire : la décision du 10 juin 1981 établissant l'abus de droit en raison d'un *but exclusivement fiscal*. –** Jusqu'à une décision du 10 juin 1981 rendue par le Conseil d'État[307], seule la « fictivité » est réprimée sur le terrain de la procédure de répression des abus de droit. Dans cette décision restée célèbre, le Conseil d'État, suivi quelques années après par le Cour de cassation dans l'arrêt *Donizel*[308], retient une lecture originale des dispositions de l'ancien article 1649 *quinquies* B du CGI (ancien fondement textuel de la procédure d'abus de droit), selon laquelle l'Administration fiscale peut écarter les actes qui « *ont un caractère fictif* » ou bien, à défaut, les actes qui *« n'ont pu être inspirés par aucun motif autre que celui d'éluder ou atténuer les charges fiscales que l'intéressé, s'il n'avait pas passé ces actes, aurait normalement supportées eu égard à sa situation et à ses activités réelles* ». L'émergence de cette nouvelle branche de l'abus de droit fiscal a suscité de vives critiques de la part des praticiens[309]. L'ancienne rédaction de la procédure de répression des abus de droit fiscal ne laisse pas entrevoir, au

---

305 V. Henri DESBOIS, *La notion de fraude à la loi et la jurisprudence française*, Thèse, 1927, Dalloz, pp. 53-61 ; Alexandre LIGEROPOULO, *Le problème de la fraude à la loi. Étude de droit privé, interne et international de droit fiscal, pénal et comparé,* Thèse, 1927, Marseille, pp. 136-149.

306 V. José VIDAL, *Essai d'une théorie générale de la fraude en droit français : le principe « fraus omnia corrumpit »*, Thèse, 1957, Dalloz, pp. 353-362.

307 CE, Plén., 10 juin 1981, n° 19079, *préc.*

308 Cass. com., 19 avril 1988, n° 86-19.079, *Dame Donizel* : *Dr. fisc.* 1988, n° 32-38, comm. 1733 ; *RJF* 2/89, n° 250. Auparavant, la Cour de cassation exigeait de l'Administration l'établissement de la fictivité *et* du but exclusivement fiscal du contribuable pour qualifier un abus de droit : Cass. com., 16 octobre 1984, n° 734, *Sté SEDIF* : *Dr. fisc.* 1985, n° 9, comm. 476 ; *RJF* 2/85, n° 342.

309 Pour des critiques relatives à la décision de 1981, v. Jérôme TUROT, « Réalisme fiscal, abus de droit et opposabilité à l'administration des actes juridiques (ou l'abus de droit rampant) », *RJF* 8-9/89, chron. p. 458. L'auteur affirme que l'extension opérée par la jurisprudence est « *un abus de texte, puisque l'article L 64 du LPF (avant comme après la loi Aicardi) [dans sa version applicable aux faits de l'espèce] vise les actes dissimulant la portée véritable d'un contrat ou d'une convention* ». Selon lui, cette interprétation, qui consacre « *la notion de fraude d'intention, se heurte également […] à un paradoxe : elle contredit la notion d'incitation fiscale* ».

moment des faits, une interprétation aussi extensive[310]. En effet, elle viserait exclusivement la théorie de la simulation[311]. Bien que le principe d'interdiction de la fraude à la loi aurait pu être appliqué en tant que principe général du droit par l'Administration fiscale[312], il était difficile d'admettre une branche supplémentaire à l'abus de droit combattu par l'ancienne version de l'article 1649 *quinquies* B du CGI[313]. Toujours est-il que, dans cette décision de 1981, le juge fiscal va à contre-courant de l'interprétation majoritaire en doctrine et dégage une nouvelle branche à l'abus de droit fiscal.

**109. Quel est l'élément matériel constitutif de la deuxième branche de l'abus de droit ? –** En 1981, le juge fiscal ne laisse pas entrevoir expressément que la nouvelle branche de l'abus de droit, qu'il vient de dégager, est constituée d'un élément matériel qui serait le détournement de l'objet du texte dans le champ d'application duquel le contribuable se place. Tout au plus, le juge laisse entendre que l'opération du contribuable doit aboutir à l'obtention d'un avantage fiscal. De surcroît, la mise en œuvre de cette seconde branche de l'abus de droit est nettement conditionnée à ce que l'Administration démontre que les actes du contribuable « *n'ont pu être inspirés par aucun motif autre que celui d'éluder ou atténuer les charges fiscales* ». Autrement dit, la qualification d'une opération sur le fondement de la seconde branche de l'abus de droit repose essentiellement sur la démonstration de la motivation exclusivement fiscale de l'opération du

---

310 *Ibid.*

311 Selon les dispositions de l'article 1649 *quinquies* B du CGI : « *Les actes dissimulant la portée véritable d'un contrat ou d'une convention sous l'apparence de stipulations donnant ouverture à des droits d'enregistrement ou à une taxe de publicité foncière moins élevés, ou déguisant soit une réalisation, soit un transfert de bénéfices ou de revenus, ou permettant d'éviter soit en totalité, soit en partie, le paiement des taxes sur le chiffre d'affaires afférentes aux opérations effectuées en exécution de ce contrat ou de cette convention ne sont pas opposables à l'administration, laquelle supporte la charge de la preuve du caractère réel de ces actes devant le juge de l'impôt lorsque, pour restituer son véritable caractère à l'opération litigieuse, elle s'est abstenue de prendre l'avis du comité consultatif dont la composition est indiquée à l'article 1653 C ou lorsqu'elle a établi une taxation non conforme à l'avis de ce comité* ».

312 V. Christophe DE LA MARDIERE, « Abus de droit. - Textes, historique et notion », *op. cit.*, § 52. Cet auteur affirme la proposition suivante : « *N'aurait-il pas été plus avisé de fonder la répression de cette fraude [à la loi] sur les principes généraux du droit, comme les juges judicaires et administratifs l'avaient fait pendant des années ?* ».

313 V. Maurice COZIAN, « La gestion fiscale de l'entreprise », *op. cit.*, p. 202. Initialement, Maurice COZIAN défendait l'idée selon laquelle les dispositions de l'ancien article 1649 *quinquies* B visaient simplement à lutter contre la simulation. Il affirmait d'ailleurs que : « *L'abus de droit n'est pas autre chose que la simulation* » et que « *l'abus de droit ne sanctionne pas la fraude à la loi fiscale* ».

À titre de remarque, dans cet article, outre sa prise de position sur la question de l'étendue de l'abus de droit, Maurice COZIAN fait part d'une bibliographie précieuse sur le sujet de la théorie de l'abus de droit fiscal à l'époque.

contribuable. Or, cette condition ne renvoie qu'à l'élément constitutif intentionnel. En adoptant une lecture littérale du considérant de principe de la décision de 1981, le juge viendrait dire que l'obtention d'un avantage fiscal, combinée au motif exclusivement fiscal, aboutirait à la qualification d'un abus de droit. En réalité, à en croire les conclusions de Pierre COLLIN sur la décision *Pléiade*, cette seconde branche de l'abus de droit ne serait que le reflet du principe général d'interdiction de la fraude à la loi[314].

**110. L'abus de droit pour « but exclusivement fiscal » dans le sillage de la fraude à la loi : la référence aux autres branches du droit public.** – Dans une affaire (non fiscale) opposant la Commission nationale de la communication et des libertés (CNCL) à la société TF1[315], le juge laisse entendre que la fraude à la loi « *traduit l'utilisation d'une disposition légale conformément à sa lettre mais en violation de l'esprit dans lequel elle a été instituée* »[316]. Peu de temps après la décision de 1981, afin d'apprécier le bien-fondé de la qualification d'abus de droit retenue dans une affaire, le juge fiscal a apparemment pris l'initiative de vérifier si le contribuable, par son opération, avait fait une application littérale de dispositions législatives en violation des objectifs qu'elles poursuivaient[317]. Ce faisant, le juge a nécessairement placé la nouvelle branche de l'abus de droit fiscal dégagée

---

[314] V. Pierre COLLIN, concl. sur CE, 8ème et 3ème s.-s., 18 février 2004, n° 247729, *Sté Pléiade* : *BDCF* 5/04, n° 65.

[315] CE, Sect., 20 janvier 1989, n° 103063, *CNCL c/ TF1* : *Rec.* p. 9. Cette affaire porte sur les quotas de diffusion d'œuvres d'origine française par les chaînes de télévision. La législation est – au moment des faits – respectée formellement par la chaine de télévision. Toutefois, les œuvres étaient en réalité diffusées la nuit. Le juge estime que la règle est formellement respectée par la chaîne, mais que son esprit est violé.

Cette décision, rappelée par Pierre COLLIN dans ses conclusions sur l'affaire *La Pléiade (préc.)*, était précédée d'une série de décisions qui traitent également de la problématique de la fraude à la loi en droit public. V. CE, Sect., 26 janvier 1951, n° 92339, *Larribeau* : *Rec.* p. 48 ; CE, Sect., 15 mai 1953, n° 8240, *Laplace* : *Rec.* p. 232 ; CE, 3ème et 5ème s.-s., 3 janvier 1975, n° 93525, n° 93526, n° 93876, n° 93882, *SCI Foncière Cannes Benefiat* : *Rec.* p. 1 ; CE, Avis Sect., 9 octobre 1992, n° 137342, *Abihilali*, *préc.* Toutes ces décisions ont été rappelées par Laurent OLLEON dans ses conclusions sur l'affaire *Janfin*. V. Laurent OLLEON, concl. sur CE, Sect., 27 septembre 2006, n° 260050, *Janfin* : *BDCF* 12/06, n° 156.

[316] V. Pierre COLLIN, concl. sur CE, 8ème et 3ème s.-s., 18 février 2004, n° 247729, *Sté Pléiade*, *préc.*

[317] V. CE, Plén., 3 février 1984, n° 38230 : *RJF* 4/84, n° 499 ; *Dr. fisc.* 1984, n° 26, comm. 1278, concl. Marie-Aimée LATOURNERIE. Dans ses conclusions sur la décision *Pléiade* (*préc.*), Pierre COLLIN affirme que le Conseil d'État, dans la décision de 1984, a regardé comme un abus de droit l'utilisation de dispositions législatives accordant des avantages fiscaux dérogatoires dans un but d'intérêt général, « *dans des conditions telles que le but en vue duquel ces avantages fiscaux avaient été prévus par le législateur, n'a pas été atteint* ». Toutefois, à la lecture de la décision de 1984, le Conseil d'État n'est pas aussi explicite.

en 1981 dans le sillage du concept de fraude à la loi. Ainsi, l'élément constitutif matériel de la seconde branche de l'abus de droit correspondrait par assimilation au « *fait de passer des actes à la seule et unique fin de réduire son impôt en faisant un usage de la loi fiscale formellement régulier mais contraire à son esprit* »[318].

**111. Nuances.** – Néanmoins, force est de constater que, jusqu'aux décisions *Janfin*[319] et *Persicot*[320], la jurisprudence du Conseil d'État ne va pas formellement dans ce sens. En conséquence, l'Administration fiscale n'est pas tenue d'établir l'existence de cet élément matériel lorsqu'elle vient mettre en œuvre la seconde branche de l'abus de droit dégagée par la jurisprudence en 1981. Cette situation a pu faire naître un doute sur le fait de savoir si l'élément matériel constitutif de la seconde branche de l'abus de droit est bien l'application littérale d'un texte fiscal à l'encontre des objectifs poursuivis par ses auteurs. Probablement conscient de ce facteur d'imprévisibilité juridique, le juge a fini par rapprocher expressément l'élément constitutif matériel de la fraude à la loi et l'élément constitutif matériel la seconde branche de l'abus de droit[321].

**112. L'unification entre la fraude à la loi et la seconde branche de l'abus de droit : la présence d'un élément matériel.** – Par la décision *Janfin*[322], le Conseil d'État reconnait formellement à l'Administration fiscale le pouvoir de se fonder sur le principe général de droit *fraus omnia corrumpit* (« la fraude corrompt tout ») pour rendre inopposables les actes constitutifs d'une fraude à la loi qui ne rentrent pas dans le champ d'application restrictif de l'ancien article L. 64 du LPF. Avant la réforme de 2008, l'Administration fiscale n'est pas autorisée à mettre en œuvre la procédure d'abus de droit contre les actes qui ne concernent pas expressément les impôts visés par le texte ou qui n'ont pas directement pour effet de minorer l'assiette de l'impôt[323]. Toutefois, le principe général d'interdiction de la fraude à la loi subsiste et reste applicable en dehors du champ de la procédure. Selon le Conseil d'État, sont constitutifs d'une fraude à la loi « *les actes qui, recherchant le bénéfice d'une application littérale des textes à l'encontre des objectifs poursuivis par leurs auteurs, n'ont pu être inspirés par aucun motif autre que celui d'éluder ou*

---

[318] V. Pierre COLLIN concl. sur CE, 8ème et 3ème s.-s., 18 février 2004, n° 247729, *Sté Pléiade*, *préc.*
[319] CE, Sect., 27 septembre 2006, n° 260050, *Janfin*, *préc.*
[320] CE, 9ème et 10ème s.-s., 28 février 2007, n° 284565, *Persicot*, *préc.*
[321] Pour une vision globale de cette question, v. Philippe MARTIN, Patrick DIBOUT, Jean-Louis GAUTIER « La frontière entre abus de droit et optimisation s'est-elle déplacée ? », *Dr. fisc.* 2007, n° 47, 977.
[322] CE, Sect., 27 septembre 2006, n° 260050, *Janfin*, *préc.*
[323] V. Laurent OLLEON, concl. sur CE, Sect., 27 septembre 2006, n° 260050, *Janfin*, *préc.*

*d'atténuer les charges fiscales que l'intéressé, s'il n'avait pas passé ces actes, aurait normalement supportées eu égard à sa situation et à ses activités réelles* ». Le Conseil d'État reprend cette définition pour interpréter la seconde branche de l'abus de droit (dégagée par la décision de 1981) dans les décisions *Persicot*[324] et *Pharmacie des Chalonges*[325]. Concrètement, le juge vient unifier, sur le plan des notions uniquement[326], la seconde branche de l'abus de droit dégagée en 1981 et le concept de fraude à la loi. Le Conseil d'État explicite le fait que la pratique combattue sur le terrain de l'article L. 64 du LPF est celle qui consiste, pour le contribuable, à faire une application littérale d'un texte à l'encontre des objectifs poursuivis par ses auteurs. Par souci de cohérence, la réforme de 2008 a intégré l'interprétation du juge dans les dispositions de l'article L. 64 du LPF et a étendu le champ d'application de la procédure d'abus de droit afin d'éviter des distorsions en matière procédurale[327].

---

[324] CE, 9ème et 10ème s.-s., 28 février 2007, n° 284565, *Persicot, préc.*

[325] CE, 8ème et 3ème s.-s., 5 mars 2007, n° 284457, *Pharmacie des Chalonges* : *Dr. fisc.* 2007, n° 20, comm. 522, note Olivier FOUQUET.

[326] Les dispositions de l'article L. 64 du LPF et le principe d'interdiction de la fraude à la loi ne sont pas mis en œuvre dans les mêmes conditions procédurales. En effet, l'application des dispositions de l'article L. 64 est encadrée spécifiquement (modalités d'enclenchement de la procédure, rescrits, sanctions particulières) alors que le principe d'interdiction de la fraude à la loi s'analyse, au moment des faits jugés, comme une technique de rectification pouvant être mise en œuvre en respectant les règles procédurales de la procédure de rectification de droit commun.

[327] Il aurait été peu opportun de maintenir dans l'ordonnancement juridique deux fondements pour rectifier les impositions du contribuable, la procédure d'abus de droit et le principe d'interdiction de la fraude à la loi. En effet, dans le cas où les impositions du contribuable sont rectifiées sur le terrain du principe général d'interdiction de la fraude à la loi, il n'est pas en mesure de bénéficier des garanties attachées à la mise en œuvre des dispositions de l'article L. 64 du LPF. Quant à l'Administration, lorsqu'elle rectifie les impositions d'un contribuable sur le fondement du principe général d'interdiction de la fraude à la loi, elle ne peut pas infliger la pénalité spécifique réservée à la qualification d'abus de droit (CGI, art. 1729, b). V. Olivier FOUQUET, *Améliorer la sécurité juridique des relations entre l'administration fiscale et les contribuables : une nouvelle approche*, 2008, p. 42 et s.
Récemment, le Conseil d'État est venu dire que l'Administration est en mesure de mettre en œuvre le principe général d'interdiction de la fraude à la loi en dehors du champ d'application de la procédure de rectification de l'article L. 64 du LPF. Par exemple, dans le cadre d'une réclamation portant sur la restitution d'un crédit d'impôt, l'Administration est autorisée à mettre en œuvre le principe d'interdiction de la fraude à la loi, tel qu'il est défini dans la décision *Janfin* (*préc.*). En effet, la procédure d'abus de droit n'est pas applicable étant donné que l'Administration ne « rectifie » en rien l'opération du contribuable. V. CE, 3ème et 8ème ch., 4 février 2022, n° 455278, *Sté Hays* : *Dr. fisc.* 2022, n° 13, comm. 174, note Harold TUROT. Toujours est-il que, dès lors que l'Administration souhaite rectifier les impositions du contribuable en invoquant la « fraude à la loi », elle doit recourir à la procédure de rectification particulière de l'article L. 64 du LPF. En dehors de toute procédure rectification, le principe général peut être mobilisé.

**113. L'influence du juge européen : l'arrêt *Halifax*.** – L'élément matériel constitutif de la seconde branche de l'abus de droit au sens de l'article L. 64 du LPF est identique à l'élément matériel constitutif d'une pratique abusive au sens de la jurisprudence européenne. Il apparaît que le considérant de principe de la décision *Janfin*[328] s'inspire largement de l'arrêt *Halifax*[329] rendu quelques mois plus tôt par la Cour de justice des Communautés européennes. Dans cet arrêt, la Cour estime que les avantages de la sixième directive ne peuvent pas être accordés à un contribuable lorsque les opérations fondant ces avantages sont constitutives d'une pratique abusive. À cette occasion, la Cour de justice des Communautés européennes définit ce qu'elle entend par « pratique abusive ». Cette dernière se compose notamment d'un élément matériel. En effet, « *la constatation d'une pratique abusive exige que [...] les opérations en cause, malgré l'application formelle des conditions prévues par les dispositions pertinentes [d'une réglementation européenne], aient pour résultat l'obtention d'un avantage fiscal dont l'octroi serait contraire à l'objectif de ces dispositions* » (points 74 et 86). Probablement, le fait que la Cour de justice ait précisé les critères de définition d'une pratique abusive a incité le Conseil d'État à dégager explicitement l'élément matériel constitutif de la fraude à la loi et, par la même occasion, l'élément constitutif matériel de la seconde branche de l'abus de droit à la française. Ainsi, le juge européen et le juge de l'impôt français définissent de la même manière l'élément constitutif matériel de l'abus de droit.

**114.** Le fait que le juge de l'impôt et le législateur aient fini par dégager expressément l'élément matériel de la fraude à la loi est bienvenu. En effet, cela permet de clarifier l'état du droit et, surtout, de délimiter, même abstraitement, l'agissement reproché au contribuable. Les autres mesures anti-abus appréhendent également les opérations des contribuables qui, bien qu'entrant formellement dans le champ d'application d'un texte fiscal, sont contraires à l'esprit de ce texte.

### *2. Les agissements appréhendés par les mesures anti-abus concurrentes et contemporaines*

**115.** Les dispositifs anti-abus les plus récents luttent expressément contre le comportement consistant à faire application d'un texte d'une manière non conforme aux objectifs qu'il poursuit. Probablement, la

---

[328] CE, Sect., 27 septembre 2006, n° 260050, *Janfin*, *préc.*
[329] CJCE, Grande ch., 21 février 2006, aff. C-255/02, *Halifax plc*, *préc.*

définition de l'abus de droit donnée par la jurisprudence de la Cour de justice a influencé les législateurs européen et français, ainsi que l'OCDE.

**116. L'élément matériel constitutif d'une pratique abusive selon le juge européen.** – Dans l'arrêt *Emsland-Stärke*[330], la Cour de justice des Communautés européennes révèle de manière expresse l'agissement qui extériorise une pratique abusive. Dans cette affaire, il est question de l'application abusive d'un règlement relatif au régime des restitutions à l'exportation pour les produits agricoles[331]. À cette occasion, le juge européen affirme la chose suivante : « *la constatation qu'il s'agit d'une pratique abusive nécessite [...] que, malgré un respect formel des conditions prévues par la réglementation communautaire, l'objectif poursuivi par cette réglementation n'a pas été atteint* »[332]. Cette interprétation est reprise par la Cour de justice en 2006, cette fois-ci en matière fiscale, dans les arrêts *Halifax* (points 74 et 86)[333] et *Cadbury Schweppes* (point 64)[334]. Plus récemment, dans les arrêts *N*

---

[330] CJCE, 14 décembre 2000, aff. C-110/99, *Emsland-Stärke GmnH* : *Rec.* p. I-11569.

[331] Le règlement (CEE) n° 568/85 de la Commission, du 4 mars 1985, avait pour objet d'accorder des subventions aux producteurs communautaires qui exportaient en dehors du territoire de la Communauté leurs produits à des prix inférieurs à ceux pratiqués au sein de la Communauté. Par ailleurs, certaines pratiques posaient des problèmes aux Administrations douanières, comme dans l'affaire *Emsland-Stärke GmnH*. Des producteurs, probablement attirés par l'octroi de ces subventions, ont exporté des produits en dehors de la communauté. Mais, avec la complicité d'importateurs étrangers, ces mêmes producteurs faisaient en sorte que les produits initialement exportés soient finalement transportés, ou bien dans le pays d'origine, ou bien dans un autre pays membre de la Communauté. De sorte que les producteurs bénéficiaient des subventions, en raison de produits qui, finalement, ne sortaient pas du territoire de la Communauté.

[332] CJCE, 14 décembre 2000, aff. C-110/99, *Emsland-Stärke GmnH*, *préc.*, point 52. Dans ses moyens, la Commission européenne vient donner une définition très large de l'élément objectif : « *un élément objectif, à savoir la preuve que les conditions d'octroi d'une prestation ont été créées artificiellement, c'est-à-dire que l'opération commerciale n'a pas été réalisée dans un but économique, mais exclusivement pour obtenir les aides financières, imputées sur le budget communautaire, qui accompagnent cette opération commerciale. Cela nécessite une analyse, à effectuer au cas par cas, tant du sens et de l'objectif de la réglementation communautaire en cause que du comportement d'un opérateur économique prudent qui gère ses affaires en respectant les règles de droit applicables et conformément aux usages commerciaux et économiques en vigueur dans le secteur en cause* », v. point 39.

[333] CJCE, Grande ch., 21 février 2006, aff. C-255/02, *Halifax plc*, *préc.*, points 74 et 86. Dans cette affaire, il est question de l'abus de la sixième directive TVA.

[334] CJCE, Grande ch., 12 septembre 2006, aff. C-196/04, *Cadbury Schweppes plc et Cadbury Schweppes Ltd* : *RJF* 12/06 n° 1644, point 64. Dans cette affaire, il est question de la compatibilité d'une mesure anti-abus spécifique britannique (comparable au dispositif anti-abus de l'article 209 B du CGI) à la liberté d'établissement garantie par le droit primaire de l'UE. V. Bruno GOUTHIERE, « Article 209 B et droit communautaire. La CJCE précise la notion de montage artificiel », *FR* 39/06, inf. 9, p. 21.

*Luxembourg*[335] (point 124), *T Danmark* et *Y Denmark Aps*[336] (point 97) rendus en 2019, le juge européen a solennellement rappelé que, lorsque le contribuable réalise une opération grâce à laquelle il se place formellement dans le champ d'application d'un texte, d'une manière non conforme à l'intention des auteurs de la règle, il commet un abus de droit. Il apparaît alors que l'élément matériel constitutif de l'abus de droit, tel qu'il ressort de la jurisprudence de la Cour de justice, se rapproche de celui dégagé par Louis JOSSERAND dans ses travaux relatifs à la systématisation de l'abus de droit[337]. L'abus de droit se caractérise lorsque les droits accordés à un sujet de droit se réalisent au mépris de leur mission sociale, c'est-à-dire à l'encontre de leur esprit[338].

**117. Les liens entre la jurisprudence européenne et les dispositifs anti-abus textuels.** – Dans la décision *Janfin*[339], le Conseil d'État a probablement tenu compte de la jurisprudence européenne pour établir l'élément matériel de la fraude à la loi (n° 113). La seconde branche de l'abus de droit au sens de l'article L. 64 du LPF, depuis la réforme de 2008, reprend le critère établi dans la décision *Janfin.* Implicitement, la loi consacre le même élément constitutif matériel de l'abus de droit que celui révélé par la Cour de justice. La procédure de « mini-abus de droit » (LPF, art. L. 64 A) ne fait preuve d'aucune originalité par rapport au dispositif anti-abus de l'article L. 64 du LPF quant à la définition de l'élément constitutif matériel de l'abus de droit. En effet, l'Administration est en droit d'écarter les actes du contribuable qui recherchent « *le bénéfice d'une application littérale des textes ou des décisions à l'encontre des objectifs poursuivis par leurs auteurs* ». Aussi, force est de constater que les clauses anti-abus de la directive « mères-filles » de 2015 (article premier) et de la directive « ATAD 1 » (article 6) font écho à la jurisprudence de la Cour de justice. Ces deux clauses anti-abus veillent à ce que les contribuables ne mettent pas en place des montages qui aboutissent à l'obtention « *[d'] un avantage allant à l'encontre de l'objet ou de la finalité de la directive [mères-filles]* » (CGI, art. 119 *ter*, 3 ; anc. art. 145, 6, k ; art. 205 A)[340] ou à l'obtention « *[d'] un avantage allant à l'encontre de l'objet ou de la*

---

[335] CJUE, Grande ch., 26 février 2019, aff. C-115/16, *N Luxembourg 1 et a., préc.*
[336] CJUE, Grande ch., 26 février 2019, aff. C-116/16 et C-117/16, *Skatteministeriet c/ T Danmark et Y Denmark Aps, préc.*
[337] V. Louis JOSSERAND, *L'abus des droits*, *op. cit.*, pp. 364-423.
[338] V. en ce sens : Pierre FERNOUX, « Abus de droit : revisitons le passé à l'aune de la nouvelle définition », *Dr. fisc.* 2010, n° 49, 584, § 4.
[339] CE, Sect., 27 septembre 2006, n° 260050, *Janfin*, *préc.*
[340] Deux commentateurs ont tenté de démontrer le rapprochement qui pouvait se faire entre les définitions de l'abus de droit données dans les mesures anti-abus des directives européennes et la définition de l'abus de droit donnée par le juge du Luxembourg, v. Louis NAYBERG, Nicolas VERGNET, « La clause anti-abus générale de la directive ATAD, Réflexions sur le principe européen de lutte contre les pratiques abusives », *FI* 2019, n° 1, 9.4.1.

*finalité du droit fiscal applicable* » (CGI, art. 205). Enfin la clause « PPT » de la convention multilatérale « BEPS » (art. 7) permet à un État de refuser un avantage fiscal à un contribuable dès lors qu'il a mis en place un montage qui n'est pas « *conforme à l'objet et au but des dispositions pertinentes de la [...] convention* »[341]. L'identité entre l'élément matériel constitutif de l'abus de droit défini par la Cour de justice et les éléments matériels constitutifs des pratiques abusives identifiées dans chacune de ces mesures anti-abus ne paraît pas faire de doute.

**118. La distinction entre *objet* et *finalité* ?** – Étant donné que les clauses anti-abus européennes et la clause « PPT » de la convention multilatérale « BEPS » emploient les expressions « objet » et « finalité », il convient de s'interroger sur le contenu qu'elles renferment. L'objet d'une règle se rattache classiquement à la matière qu'elle traite[342], plus précisément aux moyens mis en place pour parvenir à la finalité du texte. Toutefois, la différence entre l'objet et la finalité est ténue[343]. L'Administration fiscale[344], la Commission européenne[345] et l'OCDE[346] n'attachent pas un contenu différent aux deux vocables. Dans sa doctrine, l'Administration laisse clairement entendre que « *la notion d'objet ou de finalité [...] renvoie à l'objectif*

---

[341] Une remarque peut être faite au sujet des dispositions de l'article 210-0 A, III du CGI. Une lecture formelle du texte laisse apparaître que la mise en œuvre du dispositif anti-abus qu'il renferme n'est pas expressément conditionnée à ce que l'opération du contribuable aille à l'encontre des objectifs poursuivis par la directive « fusions ». L'alinéa 2 du III de l'article 210-0 A du CGI dispose seulement que les opérations visées par la clause anti-abus sont celles qui n'aboutissent pas, notamment, à la restructuration ou à la rationalisation des conditions d'exploitation des activités des sociétés. En pratique, cette condition peut être lue à la lumière de l'objectif de la directive « fusions ». Cette dernière a pour finalité de faire en sorte que les entreprises puissent accroître leur productivité ou leur position concurrentielle sur le plan international (Directive « fusions », point 2). Or, il peut être postulé que cet objectif (accroître la productivité d'une activité ou améliorer la situation concurrentielle) ne peut pas être atteint par les contribuables qui, à l'issue d'une fusion, ne restructurent pas ou ne rationalisent pas effectivement leurs activités. La loi intègre donc des exemples dans lesquels les contribuables sont réputés faire une application formelle du régime de faveur en violation des objectifs de la directive. Indirectement, la mise en œuvre de la clause anti-abus de l'article 210-0 A, III du CGI est conditionnée à la violation de la finalité du régime de faveur européen.

[342] V. en ce sens : Philippe MARTIN, « L'interprétation des conventions fiscales internationales », *op. cit.*, § 10.

[343] *Ibid.*

[344] Pour la clause anti-abus générale en matière d'impôt sur les sociétés, v. BOI-IS-BASE-70-20190703, § 30.

[345] Commission européenne, *Recommandation de la Commission du 6 décembre 2012 relative à la planification fiscale agressive*, (2012/772/UE), § 4.5.

[346] V. Convention modèle OCDE 2017, C(29)-96, § 170.

*poursuivi [...]* »[347] par les auteurs de la règle. Bien que les expressions varient entre les mesures anti-abus pour faire état de l'élément constitutif matériel de l'abus de droit, elles ramènent à un critère commun : la violation des objectifs du texte dans le champ d'application duquel le contribuable se place.

**119. Une vertu régulatrice. –** La violation des objectifs d'un texte fiscal est l'action par laquelle la pratique abusive « *prend corps et se révèle* »[348]. Il est vrai que cet élément constitutif est abstrait et laisse inévitablement à l'Administration, sous le contrôle du juge, une marge de manœuvre étendue dans son exercice de qualification. L'appréciation de la contradiction entre le montage du contribuable et lesdits objectifs relève évidemment du cas par cas (n° 693 et s.). Cette marge de manœuvre ne doit pas nécessairement être regrettée, dans la mesure où elle permet de réguler les comportements des contribuables. En amont de toute opération, ils s'interrogent sur l'adéquation entre l'opération qu'ils envisagent de prendre et les objectifs du texte fiscal dans le champ d'application duquel ils comptent se placer. En effet, que les contribuables s'évertuent à faire une application cohérente des règles de droit vis-à-vis des objectifs qu'elles poursuivent, ou de leurs « *fonctions sociales* », pour reprendre l'expression de Louis JOSSERAND[349], est bienvenu. Ainsi, l'une des questions qui s'imposent à tout contribuable est de savoir si « *l'opération pour laquelle l'application de la règle fiscale est revendiquée présente [...] une rationalité économique au regard de [son] but* »[350].

**120.** Afin d'anticiper les cas dans lesquels l'application d'une règle fiscale est compatible aux objectifs d'un texte, encore faut-il être en mesure d'identifier quels sont les objectifs du texte. Or, l'identification des objectifs d'un texte est un exercice plus difficile qu'il n'y paraît, ce qui entraîne de redoutables difficultés pratiques. Les contribuables qui tentent de prévoir en avance quelles sont les opérations susceptibles d'être appréhendées sur le terrain d'une mesure anti-abus par l'Administration fiscale subissent cette situation et éprouvent à ce sujet un sentiment d'imprévisibilité juridique.

---

[347] BOI-IS-BASE-70-20190703, § 30.

[348] L'expression est empruntée à : Claire BALLOT SQUIRAWSKI, *Les éléments constitutifs, essai sur les composantes de l'infraction*, Thèse, 2017, Paris-Sud Saclay, p. 246, § 251.

[349] Louis JOSSERAND, *De l'esprit des droits et de leur relativité : théorie dite de l'abus des droits*, *op. cit.*, p. 415, § 305.

[350] L'expression est empruntée à : Maurice COZIAN, Florence DEBOISSY, Martiel CHADEFAUX, *Précis de fiscalité des entreprises*, *op. cit.*, p. 1007, § 2752.

### B. *Des difficultés communes pour déceler les objectifs d'un texte fiscal*

**121. La recherche de l'esprit d'un texte. –** Rapidement après la décision *Janfin*[351], la complexité attachée à l'identification des objectifs d'un texte fiscal a été constatée[352]. Faire « *une recherche téléologique du fondement de la norme* »[353] n'est pas évident lorsqu'il n'existe pas de méthodologie impérative à suivre. La détermination de l'esprit d'un texte reste un exercice empreint de subjectivité, et donc, d'imprévisibilité ; ce qui pourrait dériver pour les plus pessimistes vers la « *consécration du chamanisme fiscal* »[354]. Il n'est pas rare que les objectifs des auteurs des textes ne soient révélés que le jour où les juges suprêmes viennent les dégager[355]. Mais, le contribuable ne peut pas se prévaloir de l'argument selon lequel un abus de droit ne pourrait être caractérisé, dans le cas où les actes litigieux auraient été pris avant que le juge suprême ne vienne donner les objectifs du texte dont il a fait application[356].

**122. Le rôle ambigu des travaux préparatoires.** – L'idée selon laquelle l'utilisation des travaux préparatoires est la solution unique pour déterminer les objectifs d'un texte doit être exclue. La référence aux travaux préparatoires n'est pas une panacée, même si dans les projets de loi de finances, les textes sont généralement accompagnés d'un exposé des motifs succinct. Lorsque l'exposé des motifs n'est pas assez clair, les contribuables (et leurs conseils) ont pris l'habitude de se référer aux débats parlementaires et aux rapports rendus par les commissions des finances de l'Assemblée nationale et du Sénat. Le contribuable peut se faire une idée plus ou moins précise des objectifs du texte. Mais, il n'est pas certain que l'Administration et le juge retiennent *in fine* la même lecture que celle du contribuable[357]. À

---

351 CE, Sect., 27 septembre 2006, n° 260050, *Janfin*, *préc.*

352 V. Laurent OLLEON, concl. sur CE, 8ème et 3ème s.-s., 7 septembre 2009, n° 305586, *SA Axa*, *préc.* Le propos de Laurent OLLEON frôle l'euphémisme : « *Il sera parfois difficile d'identifier l'intention des auteurs des textes* ».

353 Christophe DE LA MARDIERE, « Abus de droit. - Textes, historique et notion », *op. cit.*, § 251.

354 L'expression est empruntée à : Luc JAILLAIS, « Le nouvel abus de droit, ou la consécration du chamanisme fiscal ? », *Option Finance*, 23 mars 2009, n° 1021.

355 V. Daniel GUTMANN, *Droit fiscal des affaires*, *op. cit.*, p. 819, § 1009.

356 CE, 10ème et 9ème ch., 28 décembre 2018, n° 406714, *Sté Acanthe* : *RJF* 3/19, n° 284, concl. Anne ILJIC (C 284). V. le considérant 6 de la décision.

357 Il est fréquent que les prises de position du juge fassent l'objet de critiques. Par exemple, ce fut le cas lorsque le Conseil d'État a identifié les objectifs du régime « mères-filles » en 2013 dans les affaires *Garnier Choiseul*, *préc.* Pour une étude globale sur cette question, v. Guy GEST, « Histoire et esprit du régime des sociétés mères », *Dr. fisc.* 2014, n° 41, 565. Cet auteur met aussi en évidence le fait que le juge s'écarte parfois de la lecture faite par le Parlement lui-même.

cela, s'ajoute le fait que des travaux préparatoires, bien qu'ils puissent exister, ne sont pas toujours publiés et peuvent paraître abscons pour les contribuables. Dès lors, les contribuables n'en ont pas connaissance lorsqu'ils réalisent une opération juridique. Par exemple, en matière de conventions fiscales bilatérales, alors qu'ils pourraient s'avérer utiles en pratique pour les contribuables qui opèrent dans les situations transnationales, les documents diplomatiques préparatoires sont difficilement accessibles[358]. À tout le moins, les rapports de la commission des affaires étrangères de l'Assemblée nationale sur les projets de loi autorisant l'approbation des conventions fiscales entre la France et un autre État permettent de révéler le contexte économique, juridique et politique dans lequel la convention a été signée. Mais elles paraissent insuffisantes. Dans ce cas, comme l'indique Emmanuelle CORTOT-BOUCHER dans ses conclusions sur la décision *M. et Mme Bazin-Faucon* rendue en 2012 par le Conseil d'État, il serait bien délicat, voire excessif, en tant que tel, de faire le reproche aux contribuables de violer ou de ne pas respecter les travaux préparatoires d'un texte fiscal[359]. Selon son analyse, l'utilisation des travaux préparatoires pour déterminer l'esprit d'un texte fiscal ne serait que subsidiaire. L'intention de l'auteur d'un texte découlerait directement de son « *économie générale* », analysée à la lumière du contexte dans lequel il a été élaboré et du contexte dans lequel il s'insère aujourd'hui[360]. Il serait absolument nécessaire, au moins dans un premier temps, de se référer à la lettre même du texte pour déduire sa « *raison d'être* »[361] et à le replacer contextuellement dans l'ordonnancement juridique. L'utilisation des travaux préparatoires compléterait simplement cette première analyse. Elle permettrait seulement de confirmer, relativiser ou nuancer l'intention qui ressort de la première étape du raisonnement, mais elle n'aurait pas du tout vocation à s'y substituer[362].

---

358 Daniel GUTMANN, *Droit fiscal des affaires*, *op. cit.*, p. 818, § 1009.

359 Emmanuelle CORTOT-BOUCHER, concl. sur CE, 3ème et 8ème s.-s., 23 juillet 2012, n° 342017, *M. et Mme Bazin-Faucon* : *BDCF* 11/12, n° 130.

360 *Ibid.* Il serait difficile d'opposer les travaux préparatoires « *in extenso au contribuable. À notre avis, c'est en effet l'économie générale de la loi, telle qu'elle ressort des dispositions adoptées par le législateur, qui doit vous guider, à titre principal, pour déterminer l'intention des auteurs de la norme. Les travaux préparatoires, s'ils ont vocation à confirmer votre analyse ou à l'assouplir ponctuellement, ne peuvent pas se substituer entièrement et totalement à ce que la loi prévoit, même en matière d'abus de droit. Aller dans ce sens, ce serait reprocher au contribuable de ne pas connaître les travaux préparatoires de la loi, ce qui nous paraîtrait excessif* ».

361 Maurice COZIAN, Florence DEBOISSY, Martial CHADEFAUX, *Précis de fiscalité des entreprises, op. cit.*, p. 1007, § 2752.

362 En pratique, l'identification des objectifs d'un texte à la lumière de son « économie générale » est tout de même peu évidente à faire. Cette méthode peut indéniablement susciter des divergences d'interprétation. Plus largement, le propos démontre à quel point les membres du Conseil d'État assument pleinement

**123. L'absence de méthode dans les textes.** – Ni la procédure traditionnelle d'abus de droit (LPF, art. L. 64), ni les nouveaux dispositifs anti-abus, ne précisent la manière dont l'esprit d'un texte, ou plus précisément ses objectifs, doit être recherché. Du point de vue de la prévisibilité juridique, cette situation est regrettable. Quant au juge fiscal, il ne s'évertue guère à donner une méthode unique. À la vérité, la position du juge peut se comprendre pour deux raisons. D'une part, il préfère probablement se laisser une marge de manœuvre suffisante pour déterminer les limites de l'abus dans les espèces à traiter. D'autre part, poser une méthode parfaitement claire permettant de relever immanquablement l'esprit d'un texte fiscal, de manière infaillible, ou sans qu'il n'y ait le moindre doute, n'est pas réaliste[363]. Toutefois, il paraît pertinent de relever la tendance jurisprudentielle en la matière, même si les méthodes auxquelles se réfère le juge n'ont pas de portée impérative. Autrement dit, ce n'est pas parce qu'il s'est référé à une méthode dans une affaire que le juge ne peut pas en user d'une autre dans une affaire distincte. La jurisprudence attachée à l'article L. 64 du LPF le montre bien, le juge fiscal a une grande liberté en la matière[364].

---

s'écarter des travaux préparatoires. *In fine*, ils confirment implicitement la part de création attachée à la détermination des objectifs attachés à une règle fiscale.

[363] La doctrine, dans une démarche de rationalisation appréciable, tente de réduire le plus possible la part d'imprévisibilité attachée à cet exercice d'identification des objectifs d'un texte fiscal. À ce titre, Daniel GUTMANN propose une méthodologie qui peut être d'une aide utile. V. Daniel GUTMANN, *Droit fiscal des affaires*, *op. cit.*, pp. 820-822.

[364] Le juge de cassation, sous l'angle de l'erreur de droit, vérifie que les juges du fond ne se sont pas mépris sur les objectifs d'un texte fiscal, v. CE, 9ème et 10ème s.-s., 17 juillet 2013, n° 356523, *min. c/ SAS Garnier Choiseul Holding*, n° 352989, *min. c/ SARL Garnier Choiseul Holding* et n° 360706, *min. c/ SARL Garnier Choiseul Holding* : *Dr. fisc.* 2013, n° 41, comm. 477, concl. Frédéric ALADJIDI, note Florence DEBOISSY, Guillaume WICKER. Aussi, le Conseil d'État censure pour erreur de droit la décision des juges du fond « *qui juge apportée par l'Administration la preuve de ce que les contribuables n'avaient pu être inspirés, dans l'opération litigieuse, par aucun autre motif que celui d'atténuer les charges fiscales qu'ils auraient normalement dû supporter en vertu du texte appliqué par le contribuable et en déduit directement que l'abus de droit était caractérisé, sans rechercher, alors qu'ils n'ont pas regardé ces opérations comme procédant d'un montage artificiel, si était en outre remplie la condition de la recherche du bénéfice d'une application littérale de ces dispositions à l'encontre des objectifs poursuivis par leurs auteurs résultant de l'article L. 64 du LPF, qu'elle a omis de déterminer* », v. CE, 9ème et 10ème, 8 février 2019, n° 407641, *Ruggieri* : *Dr. fisc.* 2019, n° 21, comm. 272, concl. Marie-Gabrielle MERLOZ, note Pierre-Yves DI MALTA ; *RFP* 2019, n° 4, comm. 6, note Michel LEROY ; *RJF* 5/19, n° 465. Pour plus de détails sur le contrôle opéré par le juge de cassation en matière fiscale, v. Gilles BACHELIER, « Conseil d'Etat. - Juge de cassation. - Portée du contrôle. - Contrôle du bien-fondé de la décision juridictionnelle », in *JCl. Procédures fiscales*, fasc. 444-10.

**124. La référence à l'exposé général des motifs de la loi : méthode issue des décisions *Axa* et *Goldfarb*.** – Les affaires *Axa* et *Goldfarb* traitent d'un montage qui s'inscrit dans le « *marché des crédits d'impôt* »[365]. Deux décisions ont été rendues par le Conseil d'État en 2009. Sous l'empire de la législation antérieure, afin de prévenir les doubles impositions qui naissent des distributions de dividendes par des sociétés soumises à l'impôt sur les sociétés en France, la loi permet aux associés résidents de bénéficier de « l'avoir fiscal » (CGI, anc. art. 158 *bis*)[366]. Ce crédit d'impôt s'impute alors sur l'impôt des associés bénéficiaires des dividendes. Toutefois, certains se trouvent dans une situation dans laquelle ils ne peuvent bénéficier de l'avoir fiscal faute de payer suffisamment d'impôt. De sorte qu'ils font des opérations dites « d'allers-retours » sur les titres en question, afin de valoriser cet avoir fiscal. L'acquéreur « *éphémère* »[367] peut quant à lui imputer le crédit d'impôt sur son propre impôt une fois les dividendes distribués, avant de rétrocéder au propriétaire initial les titres en question[368]. La question étant de savoir si dans une telle situation, le contribuable qui acquiert les titres afin de bénéficier de l'avoir fiscal contourne l'esprit de la règle. En suivant les conclusions rendues par le rapporteur public, le Conseil d'État vient se référer à l'exposé général des motifs du projet de loi à l'origine du régime fiscal dont il est fait application afin de déterminer la finalité de la règle. Cette méthode a la faveur d'une partie de la doctrine car elle permet notamment d'éviter de présumer l'existence d'objectifs qui n'apparaissent pas expressément dans des travaux préparatoires explicites[369].

**125. L'absence de référence à l'exposé des motifs de la loi : méthode issue de la décision *Charcuterie du Pacifique*.** – Dans une affaire *Charcuterie du Pacifique* tranchée en 2010[370], le Conseil d'État paraît

---

[365] CE, 8ème et 3ème s.-s., 7 septembre 2009, n° 305586, *SA Axa* ; n° 305596, *Sté Henri GoldFarb* : *RJF* 12/09, n° 1138. Sur cette question, v. Éric MEIER, Régis TORLET, « "Transferts" d'avoirs fiscaux et fraude à la loi. À la recherche des objectifs des auteurs … », *Dr. fisc.* 2009, n° 39, comm. 484.
[366] Ce système a pris fin à compter du 1er janvier 2005 par la loi n° 2003-1311 du 30 décembre 2003 de finances pour 2004.
[367] Daniel GUTMANN, *Droit fiscal des affaires*, *op. cit.*, p. 821, § 1010.
[368] Pour plus de détails sur cette opération, v. Laurent OLLEON, concl. sur CE, 8ème et 3ème s.-s., 7 septembre 2009, n° 305586, *SA Axa*, *préc.*
[369] V. Daniel GUTMANN, *Droit fiscal des affaires*, *op. cit.*, p. 821, § 1010. Olivier FOUQUET, « Fraude à la loi : l'explication du critère subjectif », *op. cit.*, § 3.
[370] CE, 3ème et 8ème s.-s., 12 mars 2010, n° 306368, *Sté Charcuterie du Pacifique* : *Dr. fisc.* 2010, n° 19, comm. 307, concl. Édouard GEFFRAY et note Florence DEBOISSY. Il s'agit d'une affaire dont les faits se déroulent en Polynésie française, les dispositions du LPF ne s'appliquent pas en raison du statut particulier de la Polynésie. Toutefois, le principe général d'interdiction de fraude à la loi, au sens de la décision *Janfin*, est applicable.

faire une appréciation différente de l'élément matériel de la fraude à la loi, par rapport à celle adoptée dans les décisions *Axa*[371] et *Goldfarb*[372]. Le juge fiscal ne se réfère pas explicitement aux travaux préparatoires pour identifier les objectifs du texte. En effet, plutôt que d'identifier les objectifs du texte par le biais des travaux préparatoires et analyser ensuite la rationalité de l'opération du contribuable aux objectifs identifiés, le juge, qui suit alors les conclusions du rapporteur public, préfère relever le caractère artificiel de l'opération du contribuable, aboutissant ainsi à la qualification de fraude à la loi. En l'espèce, l'artificialité vient du fait que le contribuable bénéficie d'un crédit d'impôt pour sa qualité d'actionnaire – la réglementation en Polynésie française accorde normalement cet avantage fiscal au contribuable investissant dans un projet hôtelier – alors qu'en réalité, le contribuable ne supporte pas entièrement le risque de l'investissement[373]. En quelque sorte, le juge fait une lecture extensive et implicite de l'esprit de la règle[374]. Les travaux préparatoires ne laissent pas entendre expressément que l'avantage fiscal est réservé au contribuable qui supporte financièrement le risque de l'opération immobilière, alors que le Conseil d'État estime que : « *il n'est pas dans l'intention du législateur de la Polynésie française de subventionner par l'octroi d'une prime fiscale des opérations d'investissement purement nominales, dénuées de tout risque véritable, dont le seul but est de profiter d'un avantage fiscal* »[375].

**126. Des solutions jurisprudentielles nuancées. –** L'expérience montre alors que le juge fait preuve de nuance. D'abord, pour déterminer les objectifs du texte dans le champ d'application duquel le contribuable se place, le Conseil d'État se réfère parfois expressément aux travaux préparatoires[376], et, parfois, préfère s'en éloigner[377]. Aussi, le juge veille à ne

---

371 CE, 8ème et 3ème s.-s., 7 septembre 2009, n° 305586, *SA Axa*, *préc.*

372 CE, 8ème et 3ème s.-s., 7 septembre 2009, n° 305596, *Sté Henri GoldFarb*, *préc.*

373 L'opération du contribuable étant complexe, il est nécessaire de se référer aux conclusions du rapporteur public pour bien saisir tous les éléments de l'espèce. V. Édouard GEFFRAY, concl. sur CE, 3ème et 8ème s.-s., 12 mars 2010, n° 306368, *Sté Charcuterie du Pacifique* : *BDCF* 6/10, n° 68.

374 V. Christophe DE LA MARDIERE, « Abus de droit. - Textes, historique et notion », *op. cit.*, § 264.

375 Florence DEBOISSY, « Appréciation de la fraude à la loi : rupture ou continuité ? », *Dr. fisc.* 2010, n° 11, comm. 307, § 14.

376 Pour le régime « mères-filles », v. CE, 9ème et 10ème s.-s., 17 juillet 2013, n° 352989, *SARL Garnier Choiseul Holding*, *préc.*

377 V. en matière d'apport-cession : CE, 8ème et 3ème s.-s., 8 octobre 2010, n° 301934, *Bazire* ; n° 313139, *Bauchart* ; n° 321361, *Four* : *Dr. fisc.* 2010, n° 45, comm. 553, concl. Laurent OLLEON, note Roland POIRIER ; *RJF* 12/2010, n° 1204, n° 1205 et n° 1206.

V. en matière de ventes à soi-même de clientèles libérales : CE, 3ème et 8ème s.-s., 23 juillet 2012, n° 342017, *M. et Mme Bazin-Faucon*, *préc.*

pas accorder une trop grande importance aux travaux préparatoires lorsqu'ils sont très anciens. En effet, dans la décision *SNC Distribution Leader Price* de 2016[378], le Conseil d'État constate le décalage qui peut exister entre l'objectif initial du texte qui apparaît dans les travaux préparatoires originaux et l'opération réalisée par le contribuable[379]. Pour autant, le Conseil d'État n'hésite pas à censurer pour erreur de droit la Cour administrative d'appel qui identifie trop « étroitement » l'esprit d'un régime fiscal[380]. Dans cette décision, le juge viendrait apprécier la « *rationalité économique et sociale* » du texte « *non pas à la date d'adoption du texte mais à la date des faits litigieux* »[381]. Plus largement, dans le contexte actuel de lutte contre la fraude et l'évasion fiscales internationales, le juge présume qu'aucune règle n'a vocation à garantir des opérations dites « *artificielles* »[382] (n° 718 et s.). L'artificialité n'étant jamais plébiscitée ou souhaitée par les auteurs d'une règle de droit, dès lors que l'opération est constitutive d'un montage artificiel, le juge estime que l'opération du contribuable méconnaît l'intention des auteurs du texte dans le champ d'application duquel il se place[383]. Toutefois, en dehors du cas très particulier du « montage

---

V. en matière de report déficitaire : CE, 9ème et 10ème s.-s., 11 avril 2014, n° 352299, *SARL Garnier Choiseul, préc.*
V. en matière du régime mères-filles : CE, 10ème et 9ème s.-s., 10 décembre 2008, n° 295977, *Sté Andros et Cie* : *RJF* 3/09, n° 255 ; CE, 9ème et 10ème s.-s., 11 mai 2015, n° 365564, *SA Natixis Banques populaires* : *RJF* 8-9/15, n° 718, concl. Émilie BOKDAM-TOGNETTI, *BDCF* 8-9/15, n° 109.
[378] CE, 8ème et 9ème s.-s., 15 février 2016, n° 374071, *SNC Distribution Leader Price* : *Dr. fisc.* 2016, n° 11, n° 149, Florence DEBOISSY ; *Dr. fisc.* 2016, n° 17, comm. 304, concl. Benoît BOHNERT.
[379] Dans cette affaire, il est question de savoir si la transformation d'une société anonyme (SA) en société en nom collectif (SNC) est constitutif d'un abus de droit. L'intérêt fiscal résulte de la translucidité de la SNC (CGI, art. 8). L'Administration reprochant au contribuable d'avoir abusé de l'article 8 du CGI, il convient de déterminer les objectifs de ce texte.
[380] Florence DEBOISSY, « Transformation, consolidation sauvage et abus de droit. Les apports de l'arrêt SNC Distribution Leader Price du 15 février 2016 », *Dr. fisc.* 2016, n° 11, act. 149, § 4. En somme, la Cour administrative d'appel de Versailles a identifié l'objectif du régime fiscal attaché à l'article 8 du CGI en appréciant les travaux préparatoires initiaux. Or, ces travaux préparatoires datent de 1923.
[381] *Ibid.*, § 5.
[382] Pour reprendre les conclusions d'Édouard CREPEY sur la décision *Verdannet* (concl. sur CE, Plén., 25 octobre 2017, n° 396954, *Verdannet* : *Dr. fisc.* 2018, n° 2, comm. 64, § 46) : « *le montage artificiel n'est pas seulement un indice du but exclusivement fiscal, mais révèle aussi par lui-même la méconnaissance de l'intention des auteurs du texte qui, quel qu'il soit, ont nécessairement voulu appréhender une substance et non pas un artifice* ».
[383] Pour des affaires dans lesquelles le juge estime que le contribuable a poursuivi un « montage artificiel », v. CE, Plén., 25 octobre 2017, n° 396954, *Verdannet* : *Dr. fisc.* 2018, n° 2, comm. 64 ; CE, Ass., 28 octobre 2020, n° 428048, *Charbit* : *RJF* 1/21, n° 59, concl. Marie-Gabrielle MERLOZ (C 59), chr. Guillaume DE LA TAILLE (p. 7).

artificiel », sur lequel nous reviendrons, le juge s'efforce de déceler les objectifs de la règle dont l'esprit est apparemment contourné, notamment en se référant à ses travaux préparatoires et en la situant dans le contexte dans lequel elle s'insère[384].

**127. L'extension des difficultés aux autres dispositifs anti-abus. –** Ces difficultés pour déceler les objectifs poursuivis par une règle fiscale ont été révélées à la lumière de la jurisprudence relative à la mise en œuvre de l'article L. 64 du LPF. Par analogie, l'application des dispositions de la nouvelle procédure d'abus de droit (LPF, art. L. 64 A), de la clause anti-abus propre à l'impôt sur les sociétés (CGI, art. 205 A) ou de la clause « PPT » de la convention multilatérale « BEPS » risque d'aboutir aux mêmes difficultés. En effet, il est peu probable, pour les raisons qui ont été évoquées précédemment, que le juge décide de poser une méthode unique d'identification des objectifs des règles fiscales. Il est également peu probable que le juge, à l'avenir, décide d'établir des méthodes distinctes, propres à chaque dispositif anti-abus, pour déceler les objectifs du texte fiscal dont le contribuable a fait application. Le contraire ferait naître une certaine confusion dans l'esprit des contribuables, de leurs conseils, de l'Administration et des juges du fond. Cela étant dit, le flou qui persiste sur l'absence d'une méthode bien établie pour déceler l'esprit d'un texte fiscal pourrait être jugé regrettable. Mais, en pratique, il est délicat de proposer une alternative qui serait plus satisfaisante.

**128.** Par ailleurs, pour qu'une pratique abusive soit reconnue, l'acte ou le montage par lequel le contribuable se place formellement dans le champ d'application d'une règle en contrariété avec ses objectifs doit aboutir à l'obtention d'un avantage fiscal.

### *§ 3 – L'obtention d'un avantage fiscal*

**129.** La mise en œuvre des mesures anti-abus est conditionnée à ce qu'une charge fiscale normalement due par le contribuable soit éludée ou atténuée. Si cette condition paraît à première vue évidente, elle peut en pratique être délicate à apprécier (**A**). Nul doute que traiter un exemple jurisprudentiel permet d'illustrer le propos (**B**).

---

384 V. CE, 9ème et 10ème ch. réunies, 8 février 2019, n° 407641, *Ruggieri*, *préc.*
Le propos peut être nuancé dans la mesure où le juge a déjà reconnu l'existence d'un montage artificiel, et ce, en se référant en même temps aux travaux préparatoires de la règle abusée : CE, 10ème et 9ème ch., 12 février 2020, n° 421444, *Wendel – Compagnie de l'Audon* : *Dr. fisc.* 2020, n° 10, comm. 180.

### *A. Les contours du principe*

**130. Le résultat redouté : le contribuable échappe à une charge fiscale normalement due. –** À la vérité, la condition relative à l'obtention d'un avantage fiscal ressort de la lettre même des dispositifs anti-abus. En effet, afin que le dispositif anti-abus de l'article L. 64 du LPF soit applicable, l'acte ou l'opération du contribuable doit lui permettre « *d'éluder ou d'atténuer les charges fiscales [qu'il] aurait dû normalement supporter* »[385]. Il en va de même pour l'article L. 64 A du LPF qui, une nouvelle fois, ne fait preuve d'aucune originalité par rapport à la procédure traditionnelle d'abus de droit[386]. Quant à l'article 205 A du CGI, il dispose que le contribuable doit bénéficier d'un « *avantage fiscal* »[387]. S'agissant de la clause « PPT » de la convention multilatérale « BEPS » (art. 7), elle stipule que l'opération est abusive si le contribuable a bénéficié d'un « *avantage fiscal* »[388]. Dans la décision *Pharmacie des Chalonges*[389], le Conseil d'État laisse entendre que, dans l'hypothèse où la charge fiscale du contribuable n'est pas modifiée par son opération, alors l'Administration n'est pas autorisée à recourir à la procédure d'abus de droit

---

[385] LPF, art. L. 64 : « *Afin d'en restituer le véritable caractère, l'administration est en droit d'écarter, comme ne lui étant pas opposables, les actes constitutifs d'un abus de droit, soit que ces actes ont un caractère fictif, soit que, recherchant le bénéfice d'une application littérale des textes ou de décisions à l'encontre des objectifs poursuivis par leurs auteurs, ils n'ont pu être inspirés par aucun autre motif que celui d'éluder ou d'atténuer les charges fiscales que l'intéressé, si ces actes n'avaient pas été passés ou réalisés, aurait normalement supportées eu égard à sa situation ou à ses activités réelles* ».

[386] Pour s'en convaincre, il suffit de comparer les dispositions de l'article L. 64 A du LPF et les dispositions de l'article L. 64 du LPF. LPF, art. L. 64 A : « *Afin d'en restituer le véritable caractère et sous réserve de l'application de l'article 205 A du code général des impôts, l'administration est en droit d'écarter, comme ne lui étant pas opposables, les actes qui, recherchant le bénéfice d'une application littérale des textes ou de décisions à l'encontre des objectifs poursuivis par leurs auteurs, ont pour motif principal d'éluder ou d'atténuer les charges fiscales que l'intéressé, si ces actes n'avaient pas été passés ou réalisés, aurait normalement supportées eu égard à sa situation ou à ses activités réelles* ».

[387] CGI, art. 205 : « *Pour l'établissement de l'impôt sur les sociétés, il n'est pas tenu compte d'un montage ou d'une série de montages qui, ayant été mis en place pour obtenir, à titre d'objectif principal ou au titre d'un des objectifs principaux, un avantage fiscal allant à l'encontre de l'objet ou de la finalité du droit fiscal applicable, ne sont pas authentiques compte tenu de l'ensemble des faits et circonstances pertinents* ».

[388] CML, art. 7 : « *Nonobstant toute disposition d'une Convention fiscale couverte, un avantage au titre de la Convention fiscale couverte ne sera pas accordé au titre d'un élément de revenu ou de fortune s'il est raisonnable de conclure, compte tenu de l'ensemble des faits et circonstances propres à la situation, que l'octroi de cet avantage était l'un des objets principaux d'un montage ou d'une transaction ayant permis, directement ou indirectement, de l'obtenir, à moins qu'il soit établi que l'octroi de cet avantage dans ces circonstances serait conforme à l'objet et au but des dispositions pertinentes de cette Convention fiscale couverte* ».

[389] CE, 8ème et 3ème s.-s., 5 mars 2007, n° 284457, *SELARL Pharmacie des Chalonges*, *préc.* V. aussi CE, 8ème et 3ème s.-s., 10 juillet 2007, n° 294537, *min. c/ Tomasina* : *RJF* 11/07, n° 1297 ; *BDCF* 11/07, n° 131, concl. Pierre COLLIN.

de l'article L. 64 du LPF[390]. Il n'existe pas de raison évidente et apparente selon laquelle le juge viendrait proposer une interprétation différente de cette condition pour les autres dispositifs anti-abus[391]. En parallèle, il ressort de la jurisprudence relative à l'application de la procédure d'abus de droit de l'article L. 64 du LPF que la nature de l'avantage fiscal résultant de l'acte ou de l'opération réalisée par le contribuable n'importe guère[392]. Le montage peut aboutir à la réduction de l'assiette de l'impôt[393], à l'application d'une mesure de liquidation favorable[394] ou bien à l'obtention d'un avantage acquis à titre définitif ou à titre temporaire[395]. Une fois encore, cette jurisprudence paraît également transposable à l'application des autres dispositifs anti-abus.

**131. L'appréciation de l'avantage fiscal. –** Cependant, l'évaluation de cet avantage fiscal est délicate à faire. En réalité, cette condition suppose qu'il existe « *un avantage par rapport à une situation contrefactuelle dans laquelle les dispositions fiscales pertinentes ne seraient pas applicables* »[396]. Pour évaluer l'avantage fiscal, il convient de déterminer : i) le montant de l'impôt que le contribuable doit en France après avoir réalisé son opération ; ii) le montant

---

[390] Un arrêt rendu par la Cour administrative d'appel de Versailles le 17 décembre 2019 laisse entendre qu'un contribuable, poursuivi sur le terrain de la procédure d'abus de droit, peut se prévaloir de l'existence d'un autre acte non susceptible d'être remis en cause sur le terrain de l'article L. 64 du LPF, entrainant une charge fiscale équivalente. V. CAA Versailles, 1ère ch., 17 décembre 2019, n° 17VE02164 : *RJF* 5/20, n° 468. La doctrine est divisée sur cette question. V. Florence DEBOISSY, « Le contribuable peut-il, pour faire obstacle à l'abus de droit, se prévaloir de l'existence d'une voie non abusive permettant de parvenir au même résultat fiscal ? », *Dr. fisc.* 2020, n° 23, act. 180 ; Jean TOUTTEE, « La présomption d'abus de droit : jusqu'où ira-t-on ? », *FR* 33/20, inf. 6, p. 13. L'affaire n'a pas été tranchée par le Conseil d'État (à la suite d'un désistement des contribuables).

[391] La question de l'éventuel caractère subsidiaire de la procédure d'abus de droit et des autres dispositifs anti-abus est traitée dans l'ultime Chapitre de ce travail (n° 743).

[392] Pour une série d'exemples au sujet de l'article L. 64 du LPF, v. Maurice COZIAN, Florence DEBOISSY, Martiel CHADEFAUX, *Précis de fiscalité des entreprises*, *op. cit.*, p. 1008, § 2755.

[393] Jusqu'à la réforme de 2008 (Loi n° 2008-1443 du 30 décembre 2008 de finances rectificative pour 2008, art. 35), les dispositions de l'article L. 64 du LPF ne visaient que les actes qui avaient pour effet de minorer l'assiette de l'impôt. V. Laurent OLLEON, concl. sur CE, Sect., 27 septembre 2006, n° 260050, *Janfin*, *préc.*

[394] V. CE, 3ème et 8ème ch., 4 février 2022, n° 455278, *Sté Hays*, *préc.* Cet exemple traite de l'application du principe général d'interdiction de la fraude à la loi.

[395] Par exemple, un report ou un sursis d'imposition. Pour des illustrations jurisprudentielles, v. CE, 8ème et 3ème s.-s., 8 octobre 2010, n° 301934, *Bazire* ; n° 313139, *Bauchart* ; n° 321361, *Four*, *préc.* ; CE, 10ème et 9ème s.-s., 27 juillet 2012, n° 327295, *M. et Mme Berjot* : *Dr. fisc.* 2012, n° 46, comm. 522, concl. Édouard CREPEY.

[396] Louis NAYBERG, Nicolas VERGNET, « La clause anti-abus générale de la directive ATAD, Réflexions sur le principe européen de lutte contre les pratiques abusives », *op. cit.*, § 49.

de l'impôt que le contribuable doit payer en France dans le cas où règle impérative à laquelle il échappe (grâce à son opération) s'applique. Cette interprétation trouve sa source dans la décision *Thermo Electron Holding* traitée en 2017 par le Conseil d'État[397]. Comme le souligne Marie-Astrid NICOLAZO DE BARMON dans ses conclusions sur cette décision, « *la mise en évidence d'un abus de droit nécessite donc de rechercher quel aurait été le sort fiscal du contribuable s'il n'avait pas passé les actes litigieux* »[398]. Toutefois, identifier cette « situation hypothétique » est plus facile à conceptualiser qu'à mettre en œuvre. Qui plus est, dans un contexte international, la détermination du montant de l'impôt résulte souvent de la combinaison de dispositions internes et conventionnelles. Comme l'explique le rapporteur public, « *accepter de regarder l'effet qu'aurait produit une convention qui n'était pas matériellement applicable au flux considéré suppose un degré d'abstraction et de complexité assez vertigineux. […] Nous pensons toutefois qu'il est bien nécessaire, pour déterminer si l'on est en présence d'un abus de droit, de comparer les effets des deux conventions fiscales bilatérales, celle qui a été effectivement appliquée par le contribuable à l'opération litigieuse et celle qui aurait dû l'être selon l'administration fiscale. Lorsque l'Administration dénonce, comme en l'espèce, une forme abusive de treaty shopping, il convient de mettre en balance le traitement fiscal complet de l'opération qui résulte de l'application combinée de chacune des deux conventions avec le droit interne français* »[399].

**132.** Pour illustrer toute la difficulté attachée à l'évaluation de l'avantage fiscal dans un contexte international, il peut être utile de présenter l'affaire *Thermo Electron Holding*.

### B. *L'identification de l'avantage fiscal*

**133. L'affaire *Thermo Electron Holding* : les faits. –** Dans cette affaire[400], il est question d'un groupe de sociétés américain qui a pour ambition d'acquérir les titres d'une société cible française. Pour ce faire, la société américaine décide d'établir une société holding en France. C'est bien cette dernière qui a vocation à acquérir les titres de la société cible[401]. La société holding française, pour financer l'opération, s'endette auprès d'une société sœur établie aux Pays-Bas[402]. Or, la société néerlandaise prête à la

---

397 CE, 9ème et 10ème, 21 juillet 2017, n° 392908, *SAS Thermo Electron Holdings* : *Dr. fisc.* 2017, n° 49, comm. 577, concl. Marie-Astrid NICOLAZO DE BARMON.

398 Marie-Astrid NICOLAZO DE BARMON, concl. sur CE, 9ème et 10ème ch., 21 juillet 2017, n° 392908, *Sté Thermo Electron Holdings* : *RJF* 11/17, n° 1080, § 24.

399 *Ibid.*

400 CE, 9ème et 10ème, 21 juillet 2017, n° 392908, *SAS Thermo Electron Holdings, préc.*

401 À l'issue de l'opération d'acquisition, il existe donc une chaîne de participations entre la société américaine, la société holding française et la société cible française.

402 En effet, la société holding française et la société néerlandaise sont toutes les deux détenues par la société américaine.

société française des sommes mises à sa disposition par la société américaine. Cette dernière lui avait d'ailleurs donné l'ordre de prêter ces fonds à la société française. L'enjeu, pour la société holding française redevable de l'impôt sur les sociétés en France, est la déductibilité de son résultat fiscal des intérêts versés à sa société sœur néerlandaise. Au moment des faits, la législation française (CGI, art. 212) limite la déductibilité des intérêts versés aux associés dans le cas où la société emprunteuse est sous-capitalisée[403]. Néanmoins, l'article 212 du CGI ne trouve pas à s'appliquer étant donné que la société néerlandaise n'est pas actionnaire de la société française. L'Administration fiscale a mis en œuvre la procédure d'abus de droit de l'article L. 64 du LPF afin de rendre inopposable l'emprunt réalisé par la société française à la société néerlandaise. Pour les services de contrôle, le véritable prêteur est la société américaine. Sur le fondement de l'abus de droit, l'Administration a pu faire application de l'article 212 du CGI et a réduit le montant des déficits de la société holding française. Qui plus est, l'Administration a fait application de l'article 109, 1, 2° du CGI, estimant que la société américaine a eu la disposition de ces revenus réputés distribués, et a donc mis à la charge de la société holding française une retenue à la source sur le fondement de l'article 119 *bis*, 2 du CGI.

**134. Le contribuable bénéficie-t-il d'un avantage fiscal ? –** Le contribuable estime que l'opération ne peut pas être qualifiée d'abus de droit, étant donné que, s'il avait directement souscrit un emprunt auprès de la société américaine, le dispositif de l'article 212 du CGI n'aurait pas pu être appliqué. L'une des raisons invoquées par le requérant tient au fait que la clause de non-discrimination de la convention franco-étasunienne de 1994 aurait fait obstacle à l'application de ce dispositif fiscal. Si la clause de non-discrimination bénéficie effectivement au contribuable, alors le dispositif de limitation de la déductibilité des intérêts n'est pas applicable. Dès lors, aucune charge fiscale ne serait éludée ou atténuée. Le Conseil d'État valide le fait que l'appréciation de l'abus de droit dépend finalement de la compatibilité du dispositif anti-abus de l'article 212 du CGI aux stipulations de la convention franco-américaine. Il reconnaît que pour apprécier le bien-fondé de la mise en œuvre de la procédure d'abus de droit, il convient d'interpréter les stipulations conventionnelles pertinentes afin

---

[403] Pour comprendre la problématique de la « sous-capitalisation », v. Daniel GUTMANN, *Droit fiscal des affaires*, *op. cit.*, pp. 340-343. Une société est dite sous-capitalisée lorsqu'il existe une disproportion marquée entre son capital ou ses fonds propres et le montant de son endettement auprès de ses associés (*Ibid.*, p. 341, § 542).

de préciser les conditions dans lesquelles elles font obstacle à l'application du dispositif fiscal interne[404].

**135. Trouver le point de comparaison pertinent.** – La condition relative à la caractérisation d'un avantage fiscal est donc essentielle. Cependant, l'identification du « *point de comparaison* »[405] qui doit être pris en compte pour savoir si le contribuable a bénéficié d'un avantage fiscal en France grâce à son opération peut s'avérer complexe. Le juge s'est déjà montré exigeant vis-à-vis de l'Administration lorsque cette dernière met en œuvre la procédure de l'article L. 64 du LPF[406]. Cette dernière doit donc faire preuve de vigilance dans ses écritures. Cette remarque paraît valoir pour toutes les autres mesures anti-abus. Il est difficile d'anticiper une raison qui justifierait une divergence d'interprétation de la part du juge de l'impôt. À chaque fois, il doit être mis en évidence le fait que le contribuable, en raison de son opération, bénéficie d'un avantage fiscal qu'il n'aurait pas obtenu dans l'hypothèse où il n'aurait pas réalisé cette opération. En fonction des situations, cette démonstration peut être plus ou moins délicate à faire.

**136. Conclusion de la Section I.** – Les deux procédures d'abus de droit (LPF, art. L. 64 ; L. 64 A), la clause anti-abus relative à l'impôt sur les sociétés (CGI, art. 205 A) ou la clause anti-abus « PPT » de la convention multilatérale « BEPS » (art. 7) définissent abstraitement les pratiques abusives qu'elles combattent. Ces pratiques abusives sont toutes composées d'un élément matériel. Il est possible de faire le lien entre les différents éléments matériels relevés. Le propos peut être nuancé au sujet de la simulation, étant donné que son élément constitutif matériel paraît quelque peu éloigné des éléments constitutifs matériels des autres pratiques abusives. Globalement, chaque mesure anti-abus vise l'opération d'un contribuable grâce à laquelle il obtient un avantage fiscal, en se plaçant formellement dans le champ d'application d'une règle fiscale, sans pour

---

[404] Plus précisément, le Conseil d'État estime que pour caractériser l'abus de droit, il convient de rechercher si l'application de l'article 212 du CGI ne conduit pas à attribuer au contribuable des bénéfices supérieurs à ceux qui auraient été réalisés dans une situation de pleine concurrence. En effet, les stipulations conventionnelles pertinentes impliquent de rechercher pour l'application du dispositif fiscal interne le montant des intérêts qui aurait pu être déductible si la société française avait pu emprunter auprès d'un tiers indépendant dans une situation de pleine concurrence. Le dispositif fiscal interne fait donc obstacle à la déduction d'intérêts excédant ce montant. La Cour administrative d'appel, n'ayant pas procédé à cette recherche, a commis une erreur de droit (v. *RJF* 11/17, n° 1080).

[405] L'expression est empruntée à : Emmanuelle CORTOT-BOUCHER, concl. sur CE, 3ème et 8ème ch., 24 juillet 2019, n° 411382 : *RJF* 11/19, C 1065, § 23.

[406] CE, 3ème et 8ème ch., 24 juillet 2019, n° 411382 : *RJF* 11/19, n° 1065.

autant parvenir à atteindre la finalité de cette règle. Cette convergence entre les différents éléments constitutifs matériels nous paraît tout à fait pertinente dans la mesure où elle participe à la formation d'une cohérence d'ensemble. Néanmoins, il est vrai que ces éléments constitutifs matériels sont à l'origine de redoutables difficultés pratiques. L'identification des objectifs d'une règle fiscale, ou bien l'évaluation de l'avantage fiscal résultant d'une opération sont des exercices délicats à réaliser. Mais, en l'état, nous ne voyons pas d'alternatives qui permettraient d'assurer un meilleur équilibre. Préciser davantage ces éléments constitutifs matériels risquerait de réduire la marge de manœuvre de l'Administration et du juge et, partant, la portée préventive de l'abus de droit réduirait aussi. En parallèle, outre l'élément constitutif matériel, il convient de traiter l'élément constitutif intentionnel de l'abus de droit.

## Section II – L'élément intentionnel constitutif d'une pratique abusive

**137.** L'élément intentionnel constitutif d'une pratique abusive tient à la volonté du contribuable d'accomplir une opération dans le but d'obtenir un avantage fiscal. La qualification d'une pratique abusive dépend donc de l'appréciation des intentions motivant l'opération du contribuable. Les deux procédures d'abus de droit fiscal (LPF, art. L. 64 et L. 64 A), la clause anti-abus générale en matière d'impôt sur les sociétés (CGI, art. 205 A), la clause anti-abus « mères-filles » (CGI, art. 119 *ter*, 3 ; anc. art. 145, 6, k) et la clause « PPT » de la convention multilatérale « BEPS » (art. 7) emploient des terminologies variées. Néanmoins, il est délicat de savoir si elles ramènent à des situations distinctes. La diversification de ces terminologies a fait naître des incertitudes (§ **1**). Ces dernières peuvent être tempérées à la condition que les significations attachées à ces multiples terminologies soient harmonisées (§ **2**).

### *§ 1 – La variété des terminologies employées*

**138.** Passer en revue l'élément constitutif intentionnel de chaque pratique abusive est nécessaire. En effet, en fonction des dispositifs anti-abus envisagés, les éléments constitutifs intentionnels paraissent présenter des degrés divers. Cette étude peut se faire en deux temps. D'une part, il convient de revenir sur la simulation et la fraude à la loi. Elles forment traditionnellement les deux branches de l'abus de droit au sens de l'article L. 64 du LPF. En pratique, entre la simulation et la fraude à la loi, seule la seconde est constituée d'un élément intentionnel consistant en la volonté d'obtenir un avantage fiscal (**A**). D'autre part, il s'agit de mettre en avant les pratiques abusives des autres mesures anti-abus. L'objectif est d'identifier les différents éléments intentionnels qui les composent, afin de mieux les distinguer, les rapprocher et les comparer de l'élément intentionnel de la fraude à la loi (**B**).

#### *A. L'élément intentionnel traditionnel*

**139.** Dès lors que l'opération d'un contribuable laisse apparaître une contradiction entre un acte occulte et un acte ostensible, alors l'Administration est en mesure de mettre en œuvre la première branche de l'abus de droit de l'article L. 64 du LPF. Ainsi, même si l'opération poursuit des motifs autres que fiscaux, le contribuable ne peut échapper à la rectification de l'Administration (**1**). S'agissant de la fraude à la loi, il est dit qu'elle résulte d'un « motif exclusivement fiscal ». Dès lors que le contribuable poursuit un motif autre que fiscal, la fraude à la loi n'est pas applicable (**2**).

### 1. *L'indifférence aux motifs en matière de simulation*

**140. L'hommage au droit privé. –** L'article L. 64 du LPF ne définit pas expressément et précisément les éléments constitutifs de la première branche[407]. Par ailleurs, la doctrine[408] et l'Administration fiscale[409] assimilent cette branche de l'abus de droit à la simulation en droit privé. De sorte que, il est légitime de penser que les éléments constitutifs de la fictivité en droit fiscal correspondent aux éléments constitutifs de la simulation en droit privé. Or, en droit privé, la question de savoir si la simulation est constituée d'un élément intentionnel fait débat[410]. Majoritairement, la doctrine affirme qu'il n'est pas nécessaire de s'interroger sur les motivations profondes du sujet de droit. Il suffit que l'acte traduise la volonté de créer une apparence trompeuse[411], pour que la simulation soit qualifiée[412]. Ainsi, si l'on tient la prémisse selon laquelle la fictivité juridique en droit fiscal renvoie à la simulation en droit privé pour vraie, alors la motivation fiscale du contribuable n'est pas un élément constitutif de la fictivité[413].

---

[407] Les dispositions de l'article L. 64 du LPF donnent seulement les éléments constitutifs de la seconde branche de l'abus de droit. Pour preuve, voici la lettre de la procédure d'abus de droit : « *Afin d'en restituer le véritable caractère, l'administration est en droit d'écarter, comme ne lui étant pas opposables, les actes constitutifs d'un abus de droit, soit que ces actes ont un caractère fictif, soit que, recherchant le bénéfice d'une application littérale des textes ou de décisions à l'encontre des objectifs poursuivis par leurs auteurs, ils n'ont pu être inspirés par aucun autre motif que celui d'éluder ou d'atténuer les charges fiscales que l'intéressé, si ces actes n'avaient pas été passés ou réalisés, aurait normalement supportées eu égard à sa situation ou à ses activités réelles* ».

[408] V. Florence DEBOISSY, *La simulation en droit fiscal*, *op. cit.* ; Christophe DE LA MARDIERE, « Abus de droit. - Textes, historique et notion », *op. cit.*, § 149.

[409] L'Administration fiscale estime que la fictivité juridique se caractérise « *par la différence objective entre l'apparence juridique créée par l'acte en cause et la réalité, en particulier économique, sous-jacente à cet acte* », v. BOI-CF-IOR-30, § 30.

[410] V. Claude OPHELE, « Simulation », *op. cit.*, § 4.

[411] *Ibid.*

[412] Autrement dit, dès lors que le contribuable créée une apparence, la qualification de la simulation ne peut être écartée au motif qu'il aurait poursuivi des motifs autres que fiscaux. À titre de remarque, Florence DEBOISSY (*La simulation en droit fiscal*, *op. cit.*, p. 38, § 102 et 103) considère que l'élément constitutif intentionnel de la simulation se résume à la finalité suivante : « *l'intention d'induire les tiers en erreur* ». Elle distingue alors « *le but immédiat qui inspire le simulateur* », à savoir « *la création mensongère d'une apparence* » et les « *motivations profondes* » du contribuable. Elle estime alors que « *ces motifs ne sont pas pris en compte pour qualifier la simulation ; ils sont inopérants et n'intéressent pas le juge* ».

[413] La difficulté tient au fait que, pendant un temps, la jurisprudence de la Cour de cassation paraissait conditionner la mise en œuvre de la branche originelle de l'abus de droit, la fictivité juridique ou la simulation, à ce que le contribuable ait eu l'intention d'éluder l'impôt. Cela ressort notamment d'un arrêt très ancien, v. Cass. civ., 20 août 1867, *DP* 1867, 1, 337. Dans cet arrêt, la Cour de cassation estime que : « *lorsque la substance d'un acte aussi bien que ses conséquences nécessaires et immédiates*

**141. L'éloignement apparent de la simulation avec l'abus de droit.** – Dans ces conditions, il est difficile de faire le lien entre la simulation et l'abus de droit. Mais, comme dit plus haut (n° 105 et s.), il s'avère que la simulation reste le comportement originel attaché à l'abus de droit fiscal. Cette tromperie, en tant que telle, « cache » la réalité. En droit fiscal, la théorie de l'abus de droit permet de révéler la substance réelle taxable en écartant les apparences, qu'elles soient grossières (comme la simulation) ou plus subtiles (comme la fraude à la loi). Exclure la simulation du concept d'abus de droit en raison du simple fait que sa mise en œuvre ne soit pas conditionnée à l'appréciation des intentions qui motivent l'opération du contribuable paraît excessif[414]. Qui plus est, à ce sujet, Maurice COZIAN disait : « *Quand un contribuable passe un acte fictif, c'est généralement pour des raisons exclusivement fiscales* »[415].

### 2. *La prise en compte des motifs en matière de fraude à la loi*

**142. Le but exclusivement fiscal.** – À la différence de la première branche de l'article L. 64 du LPF, la seconde fait l'objet d'une définition. En effet, l'abus de droit par fraude à la loi est caractérisé lorsque le contribuable passe des actes qui « *n'ont pu être inspirés par aucun autre motif que celui d'éluder ou d'atténuer les charges fiscales que l'intéressé, si ces actes n'avaient pas été passés ou réalisés, aurait normalement supportées eu égard à sa situation ou à ses activités réelles* ». La motivation fiscale de l'opération du contribuable doit donc être « *déterminante* » pour qu'un abus de droit par fraude à la loi soit qualifié[416]. Par sa nature abstraite, il n'est pas évident d'attacher un contenu

---

*protestent contre la qualification que les contractants lui ont donnée, et qu'il ressort de l'économie de ces dispositions qu'elles ont été combinées en vue de dissimuler une autre nature de contrat qu'on voulait soustraire au droit déterminé par la loi fiscale* », cité dans l'ouvrage suivant : Daniel GUTMANN, *Droit fiscal des affaires*, *op. cit.*, p. 782. Depuis, l'arrêt *Donizel*, la Cour de cassation ne paraît plus conditionner la mise en œuvre de la première branche de l'article L. 64 du LPF à ce que l'opération du contribuable ait pour but exclusif d'éluder l'impôt, v. Cass. com., 19 avril 1988, n° 86-19.079, *Dame Donizel*, *préc.*

Le Conseil d'État, quant à lui, depuis la décision plénière de 1981, ne paraît pas conditionner la mise en œuvre de la première branche de l'abus de droit à ce que l'Administration démontre le but exclusivement fiscal de l'opération, v. CE, Plén., 10 juin 1981, n° 19079, *préc.*

414 V. Maurice COZIAN, *Les grands principes de la fiscalité des entreprises*, *op. cit.*, p. 25, § 15.

415 V. Maurice COZIAN, « Abus de droit, apport-cession et apport-donation : la Cour de cassation est-elle en train de perdre le cap ? », *Dr. fisc.* 2007, n° 36, 795, § 12.

416 Le caractère « déterminant » du motif fiscal, en tant que tel, n'est pas une terminologie employée par les textes, par le juge fiscal ou par le juge européen. En revanche, il est employé par la doctrine et les rapports PEYROL. V. Maurice

précis à cet élément. Son appréciation relève naturellement du cas par cas. L'incertitude attachée au critère du « but exclusivement fiscal » ne doit pas forcément être critiquée. Elle pousse à la réflexion les contribuables. En sachant que l'Administration, sous le contrôle du juge, a toute latitude pour remettre en cause sur le terrain de l'article L. 64 du LPF toute opération, le contribuable est nécessairement découragé. Le juge ne trouve pas d'intérêt à donner une définition plus précise du « but exclusivement fiscal ». À la vérité, il préfère laisser planer le doute sur le contenu à attacher à ce critère, afin de parfaire l'aspect régulateur de la notion d'abus de droit[417].

**143. Un élément intentionnel à interpréter strictement ? –** Dans ses conclusions sur la décision *Janfin*, Laurent OLLEON explique que la mise en œuvre de l'article L. 64 du LPF entrainant automatiquement l'application d'une sanction administrative (CGI, art. 1729, b), la détermination de son champ d'application devrait être interprétée strictement ou littéralement[418]. Cela revient-il à dire qu'une opération présentant *un seul motif non fiscal* n'est jamais qualifiable d'abus de droit ? Le Conseil d'État et la Cour de cassation font preuve de nuance. Les juges suprêmes attachent un contenu juridique plus étendu que ce que peut laisser présumer le sens commun du « but exclusivement fiscal ».

**144. Le but exclusivement fiscal interprété par le Conseil d'État. –** Le juge administratif de l'impôt interprète le motif exclusivement fiscal avec souplesse[419]. Il ne laisse pas le contribuable se prévaloir de motifs non fiscaux « *purement accessoires* »[420] ou « *non déterminants* »[421], pour se dédouaner de la qualification d'abus de droit par fraude à la loi. Cette interprétation a

---

COZIAN, Florence DEBOISSY, Martial CHADEFAUX, *Droit fiscal de l'entreprise*, *op. cit.*, p. 1006, § 2748 ; Rapport PEYROL I, *préc.*, p. 41, p. 105, p. 107, p. 111 et p. 112 ; Rapport PEYROL II, pp. 57-58. Comme l'indique le Rapport PEYROL II (p. 58), à l'avenir, il pourrait être opportun de substituer le caractère déterminant à la nature principale de l'objectif fiscal dans les mesures anti-abus « modalités d'assiette ».

[417] V. Maurice COZIAN, Florence DEBOISSY, Martial CHADEFAUX, *Droit fiscal de l'entreprise*, *op. cit.*, p. 1005, § 2747 : « *[La] jurisprudence laisse nécessairement subsister une part, si réduite soit-elle, d'insécurité. Mais ne s'en plaindront que ceux dont la virtuosité fiscale les conduit à flirter toujours au plus près des limites de l'abus* ».

[418] V. Laurent OLLEON, concl. sur CE, Sect., 27 septembre 2006, n° 260050, *Janfin*, *préc.*

[419] V. Emilie BOKDAM-TOGNETTI, « Coquilles et abus de droit : les délices de la conchyliologie », *RJF* 11/13, p. 883. Dans cette chronique, est affirmée que : « *la notion de "but exclusivement fiscal" ne fait pas obstacle à une appréciation réaliste et non étriquée des circonstances propres à chaque espèce et n'emporte pas exclusion automatique de la reconnaissance d'un abus de droit au seul motif qu'une opération présenterait un certain intérêt économique* ».

[420] Maurice COZIAN, Florence DEBOISSY, Martial CHADEFAUX, *Précis de fiscalité des entreprises*, *op. cit.*, p. 1005, § 2747.

[421] *Ibid.*, p. 1006, § 2748.

été mise en évidence par le Conseil d'État en 2013 dans les affaires *Garnier Choiseul*[422], au sujet des montages dits « coquillards ». Le juge distingue deux cas de figure : d'un côté, un véritable motif économique, patrimonial ou juridique ; d'un autre côté, les « *effets économiques* »[423] qui ne sont que des « *effets collatéraux* »[424], insignifiants ou superflus n'ayant en rien motivé l'opération du contribuable[425]. La méthode adoptée par le juge de l'impôt consiste à comparer les montants respectifs de l'avantage fiscal et de l'avantage économique qui résultent tous les deux de l'opération litigieuse du contribuable[426]. Ainsi, un simple « *effet économique* » à l'opération ne traduit pas automatiquement une « *motivation économique* » de l'opération du contribuable et n'exclut absolument pas la qualification de la « *motivation exclusivement fiscale* » de l'opération[427]. Cette distinction fait état de « *l'absence de myopie du juge dans la mise en œuvre du critère du but exclusivement fiscal* »[428]. Qui plus est, il ressort de la décision *Groupement charbonnier Montdidérien* rendue par le Conseil d'État en 2014 qu'un gain financier conséquent qui résulte d'une simple différence comptable n'est pas en mesure, en tant que tel, de justifier le motif économique d'une opération lorsqu'il s'analyse en réalité comme un simple « *partage de l'avantage fiscal* » qui résulte de l'opération du contribuable[429].

---

422 V. CE, 9e et 10e s.-s., 17 juillet 2013, n° 360706, *min. c/ SARL Garnier Choiseul Holding*, *préc.*

423 Emilie BOKDAM-TOGNETTI, « Coquilles et abus de droit : les délices de la conchyliologie », *op. cit.*

424 *Ibid.*

425 CE, 9ème et 10ème s.-s., 17 juillet 2013, n° 356523, *min. c/ SAS Garnier Choiseul Holding*, n° 352989, *min. c/ SARL Garnier Choiseul Holding* et n° 360706, *min. c/ SARL Garnier Choiseul Holding*, *préc.* ; CE, 9ème et 10ème s.-s., 11 avril 2014, n° 352299, *SARL Garnier Choiseul*, *préc.* Les décisions rendues par le Conseil d'État se placent dans le sillage direct de l'arrêt *Foggia* (point 47) rendu par la CJUE en 2011 : CJUE, 5ème ch., 10 novembre 2011, aff. C-126/10 *Foggia* : *RJF* 2/12, n° 201.

426 Dans l'affaire *Garnier Choiseul* jugée en 2013, l'avantage économique était évalué à (environ) 16 000 euros, alors que l'avantage fiscal était évalué à (environ) 186 000 euros. Pour reprendre la formulation du Conseil d'État : « *le gain de trésorerie était négligeable et sans commune mesure avec l'avantage fiscal retiré de ces opérations* ».
Plus récemment, le Conseil d'État a écarté le motif social invoqué par le contribuable, dans la mesure où, pour le juge, l'opération litigieuse avait simplement indirectement pour effet de satisfaire les revendications des salariés. Le juge a considéré que l'opération ne procède pas à la recherche d'une finalité sociale. En ce sens, v. CE, 10ème et 9ème ch., 13 janvier 2017, n° 391196, *SAS Ingram Micro* : *RJF* 3/17, n° 250, concl. Édouard CREPEY (C 250). L'affaire *Ingram Micro* est traitée plus précisément dans l'avant dernier Chapitre de ce travail (n° 707).

427 Emilie BOKDAM-TOGNETTI, « Coquilles et abus de droit : les délices de la conchyliologie », *op. cit.*

428 *Ibid.*

429 CE, 9ème et 10ème s.-s., 23 juin 2014, n° 360708, *min. c/ Sté Groupement Charbonnier Montdiderien* : *RJF* 10/14, n° 925, concl. Frédéric ALADJIDI, *BDCF* 10/94, n° 99.

**145. Le but exclusivement fiscal interprété par la Cour de cassation.** – À la suite d'un arrêt *RMC France* rendu en 1996, le juge civil de l'impôt a laissé planer le doute sur le fait de savoir si de simples « *effets multiples* » non fiscaux permettaient d'exclure la qualification d'un abus de droit[430]. La Cour de cassation admet que l'opération poursuivie par le contribuable, en l'espèce une transformation d'une société à responsabilité limitée (SARL) en société anonyme (SA), peu de temps avant la cession des titres par les associés, ne peut pas être qualifiée d'abus de droit par fraude à la loi. La raison tient au fait que l'opération a des conséquences juridiques autres que fiscales. L'assimilation, en quelque sorte, des « *effets* » aux « *motifs* » d'une opération est délicate à comprendre et à concevoir dans la mesure où les conséquences d'un acte ne relèvent pas automatiquement l'intentionnalité attachée à celui-ci. L'effet néfaste de cette décision aurait pu être le fait de voir des contribuables poursuivre des pratiques abusives en pensant – à tort – se placer dans des schémas d'optimisation fiscale en arguant le simple fait que des opérations en cause entrainaient des effets juridiques distincts des avantages fiscaux du montage. La Cour de cassation est revenue sur cette interprétation dans l'arrêt *Casino* rendu en 2007[431]. Elle analyse le but exclusivement fiscal d'une opération, au cas présent un apport-cession d'une branche d'activité, non pas au regard des *effets* autres que fiscaux de ladite opération, mais de son absence de « *logique économique* »[432].

**146. Le but exclusivement fiscal face à la sécurité juridique.** – Aujourd'hui, le Conseil d'État et la Cour de cassation font preuve de mesure et de tempérament dans l'appréciation du but exclusivement fiscal. Dès lors, il n'est pas évident de tracer des contours précis au but exclusivement fiscal. *A priori*, cette situation fait naître un sentiment d'imprévisibilité pour le contribuable qui souhaite déterminer les conséquences fiscales attachées à une future opération transnationale patrimoniale ou économique. Toutefois, plusieurs remarques peuvent être faites. Comme dit en introduction, la précision n'est pas gage de clarté. Le flou attaché au but exclusivement fiscal pourrait favoriser l'autorégulation des comportements, y compris dans les affaires internationales. Les contribuables les plus sérieux ne seraient évidemment pas atteints, seuls les moins consciencieux verraient

---

V. Olivier FOUQUET, « Abus de droit : l'acquéreur d'une "coquille" doit réinvestir », *Dr. fisc.* 2014, n° 43-44, comm. 598.

[430] Cass. com., 10 décembre 1996, n° 94-20.070, *Sté RMC France* : *Dr. fisc.* 1997, n° 17, comm. 471, note Patrick DIBOUT ; *RJF* 2/97, n° 186.

[431] Cass. com., 20 mars 2007, n° 05-20.599, *Sté Distribution Casino France* : *RJF* 8-9/07, n° 993.

[432] Christophe DE LA MARDIERE, « Abus de droit. - Textes, historique et notion », *op. cit.*, § 286. V. aussi Maurice COZIAN, « Abus de droit, apport-cession et apport-donation : la Cour de cassation est-elle en train de perdre le cap ? », *op. cit.*

leurs opérations être remises en cause sur le terrain de l'abus de droit[433]. Laisser une marge d'appréciation volontairement large à l'Administration fiscale pousse le juge à être minutieux dans son contrôle[434]. En prenant du recul, il n'est pas inenvisageable d'analyser cette imprécision comme un « mal » nécessaire et proportionné à l'objectif de lutte contre l'évasion fiscale. En complément des quelques règles anti-abus spéciales (n° 169 et s.), il est judicieux de laisser au juge le soin de fixer la limite de l'abus de droit au fil des évolutions sociétales et économiques. Si le flou qui accompagne le critère du « but exclusivement fiscal » n'est pas favorable à la prévisibilité juridique, il permet de freiner les contribuables susceptibles « *de se lancer dans des montages trop audacieux* »[435] et, partant, a pour fonction de réguler les comportements des contribuables.

**147.** Par ailleurs, les dispositifs anti-abus qui adoptent une définition générale de l'abus de droit se sont multipliés. Le critère du « but exclusivement fiscal » se combine avec d'autres critères qui semblent, *a priori*, moins contraignants pour l'Administration fiscale, ce qui lui permettrait d'élargir le champ des opérations susceptibles d'être appréhendées à travers le prisme de l'abus de droit.

### *B. Les éléments intentionnels concurrents et contemporains*

**148. Le but exclusivement fiscal : un critère contraignant et inefficace sur le plan international ? –** Dans le rapport d'information de l'Assemblée nationale sur *l'optimisation fiscale des entreprises dans un contexte international*, il est soutenu la thèse selon laquelle le critère du « but exclusivement fiscal » (LPF, art. L. 64) serait trop contraignant pour les

---

433 Sur la question des liens entre abus de droit et sécurité juridique, v. Florence DEBOISSY, « Tout n'est-il qu'abus de droit ? », *op. cit.* Comme l'explique Florence DEBOISSY, si les dernières évolutions jurisprudentielles « *traduisent une approche moins formelle qu'auparavant […], [i]l ne semble pas pour autant que la sécurité juridique ait été sacrifiée sur l'autel de la lutte contre l'abus de droit* » (§ 7).

434 En cassation, le Conseil d'État, sous l'angle de l'erreur de droit, censure la décision du juge du fond qui se méprend sur les modalités d'appréciation de la poursuite d'un but exclusivement fiscal, v. CE, 10ème et 9ème ch., 19 juin 2020, n° 418452 : *Dr. fisc.* 2020, n° 26, comm. 438, note Florence DEBOISSY, concl. Anne ILJIC ; CE, 10ème et 9ème ch., 19 juin 2020, n° 429393 : *Dr. fisc.* 2020, n° 42, comm. 406, ét. Claire ACARD ; *RJF* 10/20, n° 812 et p. 1277, concl. Anne ILJIC. Aussi, le juge de cassation contrôle la qualification juridique d'abus de droit et vérifie si les circonstances de l'espèce, appréciées souverainement par les juges du fond, permettent de caractériser l'existence d'un abus. Pour la décision de principe, v. CE, 8ème et 9ème s.-s., 29 décembre 1995, n° 133251, *Jomini* : *Dr. fisc.* 1996, n° 21-22, comm. 685 ; *RJF* 2/96, n° 231 et p. 94, concl. Gilles BACHELIER.

435 Martin COLLET, *Droit fiscal*, *op. cit.*, p. 232, § 379.

services de contrôle, et notamment pour la Direction des vérifications nationales et internationales (DVNI)[436]. À en croire ce rapport, prouver que le montage litigieux d'un contribuable a été fait dans l'unique but de réduire son imposition est trop complexe : « *il peut être assez aisé pour l'entreprise d'opposer à l'Administration ne serait-ce qu'un seul argument de caractère non fiscal, même ténu, à l'appui de l'acte contesté (nécessité économique ou de gestion, fût-elle vague)* »[437]. En conséquence, il serait alors nécessaire de « *renforcer la portée de l'article L. 64 du LPF* »[438]. Or, le juge fiscal fait preuve de souplesse quant à l'appréciation du critère du « but exclusivement fiscal »[439]. Ce critère étant par nature abstrait, flou ou général, il permet d'appréhender une multitude d'opérations, que le rapport ne manque pourtant pas de répertorier, telles que : des montages impliquant des sociétés dépourvues de substance établies dans des paradis fiscaux pour dissimuler des opérations spéculatives[440], des montages mis en place pour bénéficier du régime mères-filles[441] ou des montages aboutissant à des abus de conventions fiscales internationales[442].

**149. Le « but principalement fiscal », le « but essentiellement fiscal » et le montage « non-authentique ». –** Pour autant, la proposition selon laquelle il conviendrait d'assouplir le critère du « motif exclusif » de l'article L. 64 du LPF pour faciliter les opérations de contrôle et redresser

---

436 Pierre-Alain MUET, Commission des finances, de l'économie générale et du contrôle budgétaire, *Rapport d'information en conclusion des travaux d'une mission d'information sur l'optimisation fiscale des entreprises dans un contexte international*, *préc.*, p. 83.

437 *Ibid.*

438 *Ibid.*

439 Plusieurs décisions peuvent être citées en ce sens, v. CE, 9ème et 10ème s.-s., 17 juillet 2013, n° 356523, *min. c/ SAS Garnier Choiseul Holding*, n° 352989, *min. c/ SARL Garnier Choiseul Holding* et n° 360706, *min. c/ SARL Garnier Choiseul Holding*, *préc.* ; CE, 9ème et 10ème s.-s., 23 juin 2014, n° 360708, *min. c/ Sté Groupement Charbonnier Montdiderien*, *préc.* ; CE, 10ème et 9ème ch., 13 janvier 2017, n° 391196, *SAS Ingram Micro*, *préc.*

440 V. CE, 8ème et 3ème s.-s., 18 février 2004, n° 247729, *Sté La Pléiade*, *préc.* ; CE, 8ème et 3ème s.-s., 18 mai 2005, n° 267087, *Sté Sagal* : *RJF* 8-9/05, n° 910, concl. Pierre COLLIN *BDCF* 8-9/05, n° 110. V. Guillaume GOULARD, « L'abus de droit à la lumière du droit communautaire. À propos de l'arrêt CE, 18 mai 2005, SA Sagal », *Dr. fisc.* 2005, n° 44-45, 39.

441 Pour une décision postérieure au rapport parlementaire, v. CE, 9ème et 10ème s.-s., 11 mai 2015, n° 365564, *SA Natixis Banques populaires*, *préc.*

442 V. CE, 3ème et 8ème s.-s., 29 décembre 2006, n° 283314, *Bank of Scotland*, *préc.* ; CE, 8ème et 3ème s.-s., n° 343709, *Sté Abbey National Treasury Services* : *RJF* 7/12, n° 735, *BDCF* 7/12, n° 89, concl. Laurent OLLEON. Sur ces deux arrêts, v. Nicolas MELOT, Maxime BUCHET, « Abus de droit : les arrêts Bank of Scotland et Abbey National Treasury Services à la lumière des écrits de Patrick Dibout », *Dr. fisc.* 2013, n° 24, 328. Pour une décision récente, v. CE, Plén., 25 octobre 2017, n° 396954, *Verdannet*, *préc.*

plus efficacement les situations abusives a été adoptée par le législateur. En raison de la multiplication et diversification des dispositifs anti-abus, le critère du « but exclusivement fiscal » n'est plus le seul élément constitutif intentionnel de l'abus de droit. Certes, le Conseil constitutionnel est venu censurer la réforme qui a tenté de remplacer le critère du « but exclusivement » par le critère du « but principalement fiscal » au sein de l'article L. 64 du LPF[443]. Mais, le critère du « but principalement fiscal » avait déjà été intégré auparavant dans d'autres mesures anti-abus spécifiques (CGI, art. 209 B ; 123 *bis* ; anc. art. 119 *ter*, 3 ; 119 *quater*, 3 ; 182 B *bis*, 3) (n° 199). Plus tard, d'autres dispositifs anti-abus concurrents à la procédure d'abus de droit fiscal ont également repris ce critère (CGI, art. 205 A ; art. 119 *ter*, 3 ; 210-0 A, III ; LPF, art. L. 64 A ; clause « PPT ») (**1**). En parallèle, les transpositions en droit interne des directives « mères-filles » et « ATAD 1 » ont consacré le critère du montage « non-authentique » (CGI, art. 119, *ter* 3 ; anc. art. 145, 6, k ; art. 205 A) (**2**). Enfin, la Cour de justice met en œuvre le principe d'interdiction des pratiques abusives en droit de l'Union européenne, en se référant tantôt au critère du « but essentiellement fiscal », tantôt au critère du « but exclusivement fiscal » (**3**).

---

[443] V. Cons. const., 29 décembre 2013, déc. n° 2013-685 DC, *Loi de finances pour 2014* : *RJF* 3/14, n° 267.

### 1. *Le but principalement fiscal*

**150. Le constat.** – Le critère du « but principalement fiscal » est désormais largement consacré dans les dispositifs anti-abus (LPF, art. L. 64 A[444] ; CGI, art. 119 *ter*, 3[445] ; anc. art. 145, 6, k[446] ; art. 205 A[447] ; 210-0 A, III[448] ; Clause « PPT »[449]). Les pouvoirs publics ont prôné le recours à ce critère, afin de lui attribuer une portée différente de celle attachée au « but exclusivement fiscal ». Ainsi entendus, les principes d'appréciation et d'interprétation attachés au « but exclusivement fiscal » dégagés depuis 1981 par le juge de l'impôt[450], ne seraient pas transposables au critère du « but principalement fiscal ». La mise en œuvre du critère du « but principalement fiscal » permettrait de lutter contre des opérations que la mise en œuvre du critère du « but exclusivement fiscal » ne permettrait pas d'appréhender. Pour autant, identifier en amont ne serait-ce que quelques opérations n'entrant pas dans le champ du « but exclusivement fiscal », mais qui entrent dans le champ d'application du « but principalement fiscal » s'avère difficile. Force est de constater que l'Administration fiscale n'apporte pas d'exemple dans sa doctrine administrative. Cette absence d'exemple paraît révéler un certain malaise face à la situation. L'Administration se contente de postuler que : « *L'article L. 64 A du LPF ne s'applique pas dans tous les cas où l'abus peut être caractérisé sur le fondement de l'article L. 64 du LPF c'est-à-dire lorsque les effets*

---

[444] La définition de l'abus de droit au sens de l'article L. 64 A du LPF est identique à celle de la fraude à la loi (LPF, art. L. 64), à l'exception de l'élément intentionnel. Seuls sont appréhendés les actes qui « *ont pour motif principal d'éluder ou d'atténuer les charges fiscales que l'intéressé, si ces actes n'avaient pas été passés ou réalisés, aurait normalement supportées eu égard à sa situation ou à ses activités réelles* », sans pour autant qu'une sanction automatique soit applicable au contribuable.

[445] L'article 119 *ter*, 3 du CGI vise « *un montage ou une série de montages qui, ayant été mis en place pour obtenir, à titre d'objectif principal ou au titre d'un des objectifs principaux* » un avantage fiscal.

[446] La clause anti-abus de l'article 145, 6, k renvoyait, lorsqu'elle était en vigueur, à la définition donnée à l'article 119 *ter*, 3 du CGI. Elle a été abrogée et remplacée à compter du 1er janvier 2019 par la clause anti-abus dite « générale » en matière d'impôt sur les sociétés de l'article 205 A du CGI, v. loi n° 2018-1317 du 28 décembre 2018, art. 108.

[447] Quant à la clause anti-abus dite « générale » en matière d'impôt sur les sociétés (CGI, art. 205 A), elle adopte une rédaction similaire à celle de l'article 119 *ter*, 3 du CGI : « *il n'est pas tenu compte d'un montage ou d'une série de montages qui, ayant été mis en place pour obtenir, à titre d'objectif principal ou au titre d'un des objectifs principaux* ».

[448] Dans la clause anti-abus en matière de fusions (CGI, art. 210-0 A, III), sont visées : « *les opérations de fusion, de scission ou d'apport partiel d'actif ayant comme objectif principal ou comme un de leurs objectifs principaux la fraude ou l'évasion fiscales* ».

[449] La clause « PPT » (CML, art. 7) vise : « *L'octroi de [l'] avantage était l'un des objets principaux d'un montage ou d'une transaction* ».

[450] CE, Plén., 10 juin 1981, n° 19079, *préc.*

*économiques (patrimoniaux, commerciaux...) sont nuls ou négligeables* »[451]. Il aurait pourtant été appréciable qu'elle illustre sa proposition par un exemple concret[452]. En somme, il n'est pas du tout certain que les critères du « but principal » et du « but exclusif » aient un contenu bien différent.

**151. La distinction entre le « motif principal » et le « motif exclusif » à la lumière de la réforme de 2013. –** La question de la différence de portée juridique entre le « but exclusif » et le « but principal » a été soulevée fin 2013 lors de la réforme de la procédure d'abus de droit fiscal. Cette dernière a été finalement avortée en raison de la censure du Conseil constitutionnel[453]. Un amendement pris par l'Assemblée nationale lors du vote de la loi de finances pour 2014 (art. 100) avait pour objet de substituer le critère du « motif principal » au critère du « motif exclusif »[454]. Pour justifier cette réforme, le législateur soutenait qu'il était très difficile pour les vérificateurs d'engager la procédure d'abus de droit. Il considérait simplement que les critères de définition alors en vigueur permettaient au contribuable – dont le montage était fustigé par l'Administration – de se dédouaner aisément de cette qualification (n° 148). Il était nécessaire, selon lui, de faciliter le travail de l'Administration en élargissant l'élément constitutif intentionnel de la fraude à la loi. Cet amendement a fait l'objet de vives critiques sur le terrain de la prévisibilité juridique[455]. Adopter le critère du « motif principal » à l'article L. 64 du LPF, alors même que le juge fiscal éprouve des difficultés à encadrer clairement et précisément le « but exclusif » apparaît regrettable. Dans le cadre du contrôle de constitutionnalité de la loi de finances pour 2014, le Conseil constitutionnel, en se fondant notamment sur l'objectif de valeur constitutionnelle d'accessibilité et d'intelligibilité de la loi, sur le principe de légalité en matière fiscale (Constitution, art. 38) et sur le principe de légalité des délits et des peines (DDHC, art. 8), a censuré cette réforme (n° 501). En effet, au

---

451 BOI-CF-IOR-30-20, § 110. Dans sa doctrine, l'Administration ne remet pas en question la jurisprudence attachée à l'article L. 64 du LPF, selon laquelle le critère du « but exclusivement fiscal » est appréhendé avec « souplesse ».

452 Tout au plus, pour rassurer les praticiens, il a été précisé que « *les transmissions anticipées de patrimoine, y compris lorsque le donateur se réserve l'usufruit du bien transmis, ne sont pas en elles-mêmes concernées par la procédure d'abus de droit prévue à l'article L. 64 A du LPF, sous réserve que les transmissions concernées ne soient pas fictives* ». *Ibid.*, § 80.

453 Cons. const., 29 décembre 2013, déc. n° 2013-685 DC, *Loi de finances pour 2014*, *préc.* cons. 112 à 119.

454 Voici la rédaction de l'art. 100 de la loi de finances pour 2014 : « *Au premier alinéa de l'article L. 64 du livre des procédures fiscales, les mots : "n'ont pu être inspirés par aucun autre motif que celui" sont remplacés par les mots : "ont pour motif principal".* »

455 V. Olivier FOUQUET, « La réforme de l'abus de droit : pour quoi faire ? », *op. cit.* Pour Olivier Fouquet, la réforme serait inefficace (§ 2), utopique (§ 3), en décalage vis-à-vis de la jurisprudence de la Cour de justice (§ 4) et porteuse d'insécurité juridique (§ 7).

regard du caractère répressif de l'article L. 64 du LPF, en raison de la majoration attachée au b de l'article 1729 du CGI (n° 406), une trop grande marge d'appréciation aurait été laissée à l'Administration fiscale.

**152. L'extension du « but principalement fiscal » aux dispositifs anti-abus non répressifs. –** Étant donné qu'ils n'ont pas de portée répressive (n° 407), les autres dispositifs anti-abus qui consacrent le critère du « but principalement fiscal » suscitent moins de critiques sur le plan du respect au bloc de constitutionnalité[456] (n° 502 et s.). Il n'en demeure pas moins que les pratiques abusives qu'ils décrivent, auraient vocation, comme le laissait supposer la réforme de 2013, à appréhender des montages qui ne seraient pas remis en cause sur le terrain de l'abus de droit par fraude à la loi. En effet, interprété littéralement, le « but principal » pourrait renvoyer à l'idée selon laquelle l'Administration devrait remettre en cause une opération dès lors que son but correspond pour plus de la moitié ou majoritairement à la recherche d'un avantage fiscal. L'Administration se donnerait le droit de « peser » les motifs des contribuables, ce qui suppose d'apprécier quantitativement le critère du motif principalement fiscal.

**153. La lecture de la doctrine administrative et des commentaires de la convention modèle de l'OCDE : vers une appréciation quantitative du critère du « but principalement fiscal » ? –** L'Administration affirme que l'appréciation du critère du « but principal » se fait en fonction « *de l'évaluation de l'avantage fiscal qui serait obtenu à l'encontre de la finalité du régime fiscal en question, <u>en proportion de l'ensemble des gains ou avantages de toute nature obtenus au moyen de montage considéré</u>* »[457] et « *qu'un montage peut entrer dans le champ de la clause anti-abus même s'il poursuit <u>plusieurs objectifs concurrents</u>* »[458]. Certains en concluent que l'Administration pourrait se livrer à une estimation « *mathématique* »[459] ou « *bilancielle* »[460] des motifs. Les commentaires de l'OCDE reprennent également l'idée selon laquelle, à motif équivalent (par exemple : un motif économique et un motif fiscal), le contribuable est susceptible de rentrer dans le champ d'application de la définition de l'abus de droit donnée par la clause « PPT »[461]. La

---

[456] Cons. const., 29 décembre 2015, déc. n° 2015-726 DC, *Loi de finances rectificative pour 2015*, *préc.*, cons. 14.
[457] V. en ce sens pour l'article 205 A du CGI : BOI-IS-BASE-70-20190703, § 20.
[458] *Ibid.*
[459] Nicolas JACQUOT, « Abus de droit de l'article L. 64 A du LPF. Mini-abus de droit. - Définition et notions », *op. cit.*, § 134.
[460] Louis NAYBERG, Nicolas VERGNET, « La clause anti-abus générale de la directive ATAD, Réflexions sur le principe européen de lutte contre les pratiques abusives », *op. cit.*, § 66.
[461] V. Convention modèle OCDE 2017, C(29)-100, § 180 : « *La référence à "un des principaux objets" qui figure au paragraphe 7 signifie que l'obtention d'un avantage au titre*

comparaison, ou « *la mise en balance* »[462], des avantages fiscaux et des avantages non fiscaux, révélatrice des intentions des contribuables, pourrait apporter de l'objectivité dans l'appréciation de l'élément constitutif intentionnel de l'abus de droit. Mais, à la vérité, cette démarche apparaît réductrice. L'exercice peut être délicat à réaliser lorsque les avantages qui découlent de l'opération ne prennent pas la forme de gains financiers. La valorisation est complexe[463]. Les propositions de l'Administration fiscale et de l'OCDE pourraient être lues à la lumière des décisions *Garnier Choiseul* de 2013[464], *Groupement charbonnier Montdidérien* de 2014[465] ou *Ingram Micro* de 2017[466] dans lesquelles le Conseil d'État apprécie de manière souple le critère du « but exclusivement fiscal »[467], ce qui suppose nécessairement une part d'imprévisibilité juridique[468]. Le juge fiscal s'efforce de ne pas adopter une lecture restrictive du « degré » d'intentionnalité, mais tente, au regard des éléments d'espèce, de savoir si la motivation fiscale du contribuable a été déterminante[469]. Il serait bienvenu que les critères du « but exclusivement fiscal » et du « but principalement fiscal » soient appréciés avec le même degré de mesure et de réalisme. Autrement dit, l'appréciation

---

*d'une convention fiscale ne doit pas nécessairement être le seul objet, ou l'objet essentiel, d'un montage ou d'une transaction. Il suffit qu'au moins un des principaux objets ait été l'obtention de l'avantage* ».

462 Grégory ABATE, « Le projet BEPS et le concept de substance », *REIDF*, 2016/4, p. 428.

463 *Ibid.* Par exemple, une société « holding », à la tête d'un groupe de sociétés, bénéficiaire ultime des dividendes distribués par ses filiales, est en mesure de bénéficier des avantages fiscaux attachés au régime « mères-filles » (CGI, art. 145 ; 216). Le « motif fiscal », apprécié quantitativement, pourrait être évalué à hauteur de l'avantage fiscal dont bénéficie la société « holding ». Mais, se pose la question de savoir, notamment, à combien peut être valorisé le « motif organisationnel » attaché à cette opération ? Est-il possible de comparer, sur la plan quantitatif, le « motif fiscal » et le « motif organisationnel » de l'opération ? Aucune réponse n'est donnée en droit positif. Apprécier quantitativement le « but » d'une opération s'avère délicat.

464 CE, 9ème et 10ème s.-s., 17 juillet 2013, n° 360706, *min. c/ SARL Garnier Choiseul Holding*, *préc.*

465 CE, 9ème et 10ème s.-s., 23 juin 2014, n° 360708, *min. c/ Sté Groupement Charbonnier Montdiderien*, *préc.*

466 CE, 10ème et 9ème ch., 13 janvier 2017, n° 391196, *SAS Ingram Micro*, *préc.*

467 La souplesse adoptée par le Conseil d'État dans l'appréciation du critère du « but exclusivement fiscal » n'est pas toujours bien vue en doctrine. V. Daniel GUTMANN, *Droit fiscal des affaires*, *op. cit.*, p. 809, § 1005.

468 V. Nicolas JACQUOT, « Abus de droit de l'article L. 64 A du LPF. Mini-abus de droit. - Définition et notions », *op. cit.*, § 134.

469 V. Florence DEBOISSY, « Commentaires administratifs de la nouvelle procédure d'abus de droit (LPF, art. L. 64 A) », *op. cit.*, § 14.

de ces deux critères se ferait d'un point de vue qualitatif et non d'un point de vue quantitatif[470].

**154. Le but principalement fiscal dans le sillage du but exclusivement fiscal ? –** Même si l'Administration estime que les critères du « but principal » et du « but exclusif » se distinguent quant à leur contenu[471], il n'est pas certain qu'ils soient interprétés différemment par le juge fiscal[472]. L'interprétation selon laquelle le critère du « but principal » est plus large que celui du « but exclusif » est discutable, car le critère du « but principalement fiscal » paraît s'assimiler au critère du « but essentiellement fiscal ». Or, le critère du « but essentiellement fiscal » et le critère du « but exclusivement fiscal » renverraient aussi à un contenu similaire[473]. La Cour de justice, bien qu'employant les deux terminologies, n'a jamais expressément dit que le « but essentiel » et le « but exclusif » ont des contenus différents. Si le « but principal » vaut le « but essentiel » et que le « but essentiel » vaut le « but exclusif », difficile de nier la différence entre le « but principal » et le « but exclusif » (n° 159 et s.).

**155.** Le critère du « but principalement fiscal » reste pour le moment énigmatique, ce qui est source de difficultés. De plus, ce critère se combine avec celui du « montage non-authentique » qui a fait une apparition remarquée dans les articles 119 *ter*, 3 et 145, 6, k du CGI, lors de la transposition en droit interne de la directive « mères-filles » de 2015[474]. Son ancrage a été plus largement confirmé lors de la transposition de la clause anti-abus générale de la directive « ATAD 1 » (art. 6) à l'article 205 A du CGI[475].

### *2. Le montage non-authentique*

**156. L'expression « montage non-authentique » : un critère additionnel au but principalement fiscal dans les clauses anti-abus européennes. –** Le critère du « montage non-authentique » a pu susciter, et suscite encore, des incertitudes. S'il a d'abord intégré la clause anti-abus propre au régime « mères-filles » (CGI, art. 119 *ter*, 3 ; anc. art. 145, 6, k), il

[470] V. Nicolas JACQUOT, « Abus de droit de l'article L. 64 A du LPF. Mini-abus de droit. - Définition et notions », *op. cit.*, § 132 et § 134.
[471] Pour l'article 205 A du CGI, v. BOI-IS-BASE-70-20190703, § 20. Pour l'article L. 64 A du LPF, v. BOI-CF-IOR-30-20-20200131, § 110.
[472] V. Martin COLLET, *Droit fiscal*, *op. cit.*, p. 236, § 384.
[473] V. Maurice COZIAN, Florence DEBOISSY, Martial CHADEFAUX, *Précis de fiscalité des entreprises*, p. 1007, § 2749.
[474] Loi n° 2015-1786 du 29 décembre 2015 de finances rectificative pour 2015, art. 29.
[475] Loi n° 2018-1317 du 28 décembre 2018 de finances pour 2019, art. 108.

est également inclus dans la clause anti-abus générale en matière d'impôt sur les sociétés (CGI, art. 205 A). Les avantages de la directive « mères-filles » ou, plus généralement, les avantages obtenus par le contribuable, sont refusés lorsqu'ils trouvent leur origine dans un montage qui a été mis en place pour obtenir à titre d'objectif principal ou d'un des objectifs principaux lesdits avantages fiscaux. Ces clauses anti-abus s'appliquent seulement aux montages « non-authentiques » ne reposant pas sur « *des motifs commerciaux valables qui reflètent la réalité économique* »[476]. Ces clauses anti-abus ont donc deux parties. Comme le souligne la doctrine, le premier temps du raisonnement pourrait être lu comme la possibilité de remettre en cause « *tout montage ayant un élément d'avantage fiscal trop caractérisé* »[477]. Cependant, le second temps du raisonnement pourrait être lu comme « *une sorte de bémol* »[478] qui exclurait la mise en œuvre de ces clauses anti-abus dans le cas où il existerait un « *motif économique sous-jacent à l'opération* »[479]. Pour l'heure, la jurisprudence n'a pas fixé l'articulation de ces deux temps. Il est délicat de se prononcer avec certitude sur la portée à attribuer à cette construction bipartite. La rédaction apparait comme étant alambiquée et ambiguë, ce qui est problématique du point de vue de la prévisibilité juridique. Elle donne l'impression d'être le fruit d'un esprit (au mieux) mesuré ou (au pire) torturé. Cependant, étant issues de travaux européens, ces clauses anti-abus ont dû faire l'objet d'un consensus, vraisemblablement difficile à trouver[480]. Il reviendra sans doute, à l'avenir au juge européen et au juge interne de fixer la portée exacte de ces expressions.

**157. Le contenu du « montage non-authentique ».** – L'expression « montage non-authentique » n'est autre que la traduction de l'expression « *arrangements which […] are not genuine* » employée dans les travaux européens rédigés en langue anglaise[481]. Dans le langage courant, l'authenticité ramène

---

[476] Pour l'article 119 *ter*, 3 CGI : « *Pour l'application du présent 3, un montage ou une série de montages est considéré comme non authentique dans la mesure où ce montage ou cette série de montages n'est pas mis en place pour des motifs commerciaux valables qui reflètent la réalité économique* ». Pour l'article 205 A du CGI : « *Aux fins du présent article, un montage ou une série de montages est considéré comme non authentique dans la mesure où ce montage ou cette série de montages n'est pas mis en place pour des motifs commerciaux valables qui reflètent la réalité économique* ». Cette similarité rédactionnelle entre les deux textes peut être saluée.

[477] Philippe MARTIN, Bruno GOUTHIERE, « Les conflits de normes : les clauses anti-évasion », *op. cit.*, § 6.

[478] *Ibid.*

[479] *Ibid.*

[480] Martin COLLET, *Droit fiscal*, *op. cit.*, p. 242, § 393.

[481] V. l'article 6 de la directive « ATAD 1 » rédigée en anglais. « *1. For the purposes of calculating the corporate tax liability, a Member State shall ignore an arrangement or a series of arrangements which, having been put into place for the main purpose or one of the main purposes of obtaining a tax advantage that defeats the object or purpose of the applicable tax law, are not genuine having regard to all relevant facts and circumstances. An arrangement may*

à ce « *qui fait foi, qui fait autorité ; dont la forme et le contenu ne peuvent être mis en doute* »[482]. L'utilisation, en droit fiscal, du critère de la « non-authenticité » laisse perplexe[483]. Comme le souligne la doctrine, il aurait peut-être été préférable d'utiliser une expression plus parlante et conforme à la « *tradition juridique française* »[484]. Le « montage artificiel »[485], bien plus connu en droit fiscal (n° 686 et s.), paraissait pourtant comme une solide alternative. Toujours est-il qu'il est précisé dans les textes qu'un montage n'est pas authentique dès lors qu'il n'est pas fait pour des « *motifs commerciaux valables qui reflètent la réalité économique* ». Encore faut-il savoir ce que renferme l'expression de « motifs commerciaux valables ». Certains contribuables ont pu croire un temps qu'elle ramenait à l'article 34 du CGI[486]. En ce sens, les avantages du régime « mères-filles » auraient pu être refusés aux sociétés qualifiées d' « *holding pures* »[487]. Ces dernières n'ont pas d'objet commercial au sens de l'article 34 du CGI, dans la mesure où elles ont une activité passive (perception d'intérêts, de dividendes, de redevances, etc.)[488]. Les doutes ont rapidement été levés par l'Administration fiscale, bien consciente de l'imprévisibilité qu'implique cette expression. Elle affirme dans sa doctrine administrative qu'elle n'entend pas adopter une lecture restrictive de la notion de « *motifs commerciaux* »[489]. Au contraire, elle considère que les clauses anti-abus adoptant cette expression ont seulement vocation à appréhender les montages qui n'ont pas de « *justification*

---

*comprise more than one step or part. 2. For the purposes of paragraph 1, an arrangement or a series thereof shall be regarded as non-genuine to the extent that they are not put into place for valid commercial reasons which reflect economic reality* ».

482 CNRTL, v. « Authentique ».

483 V. Florence DEBOISSY, « Société holding et clause anti-abus : le régime mères-filles est-il réservé aux entreprises ? » *Dr. fisc.* 2016, n° 16, ét. 287, § 2.

484 *Ibid.*, § 3.

485 Le rapprochement entre l'expression de « montage artificiel », notion employée par la Cour de justice, et l'expression de « montage authentique », employée par la Commission européenne, pourrait être opportun. V. Dominique BERLIN, « Fiscalité directe. – Régime société mère-filiale, dividendes et intérêts. – Régime fusion, scission, apport. – ACCIS, régime fiscalité de l'épargne. – Régime de la société européenne. – Convention d'arbitrage », in *Jcl. Europe Traité*, fasc. 1620, § 29. « *La notion de montage "non authentique" fait bien entendu allusion aux montages artificiels déjà stigmatisés par la Cour* ».

486 L'article 34 du CGI définit les bénéfices industriels et commerciaux.

487 Florence DEBOISSY, « Société holding et clause anti-abus : le régime mères-filles est-il réservé aux entreprises ? », *op. cit.*, § 5.

488 V. Marie-Pierre HOO, « Aménagement du régime mères-filles », *op. cit.*, § 28.

489 V. BOI-IS-BASE-70-20190703, § 40 : « *la notion de motifs commerciaux s'entend au sens large de toute justification économique, même si elle n'est pas liée à l'exercice d'une activité commerciale au sens de l'article 34 du CGI. Sont donc susceptibles d'être considérées comme répondant à des motifs valables au sens de l'article 205 A du CGI des structures de détention patrimoniale, ayant des activités financières ou encore des structures répondant à un objectif organisationnel* ».

*économique* »[490] ou de « *motifs économiques valables* » (Dir. « ATAD 1 », cons. 11)[491]. Le « montage non-authentique » pourrait donc s'analyser comme le prolongement du critère du « but principalement fiscal » inclus dans les clauses anti-abus propres au régime mères-filles (CGI, art. 119 *ter*, 3 ; anc. art. 145, 6, k) et à l'impôt sur les sociétés (CGI, art. 205 A) et, plus précisément, comme un tempérament à une vision restrictive du « but principalement fiscal »[492]. En définitive, les critères du « but principalement fiscal » et du « but exclusivement fiscal » pourraient ramener à un même contenu.

**158.** En matière d'abus de droit fiscal, le juge de l'impôt a tendance à se situer dans le sillage de l'interprétation donnée par le juge européen (n° 533). Les clauses anti-abus incluant les critères du « but principalement fiscal » et du « montage non-authentique » étant issues de directives européennes, il conviendra de se référer aux futurs arrêts de la Cour de justice de l'Union européenne en la matière (n° 532 et s.). En s'intéressant à la manière dont le juge européen interprète l'abus de droit fiscal, il pourrait être intéressant de tenter d'anticiper le contenu qu'il attachera à ces expressions. Il n'est pas certain que les différentes terminologies employées ramènent à des réalités différentes. Elles semblent converger vers le critère du « but essentiellement fiscal ».

490 *Ibid.*

491 Le considérant 11 de la directive « ATAD 1 » dispose que : « *Lorsqu'il s'agit d'apprécier s'il y a lieu de considérer un montage comme non authentique, il pourrait être possible, pour les États membres, de prendre en considération tous les motifs économiques valables, y compris les activités financières* ».

492 V. Philippe MARTIN, Bruno GOUTHIERE, « Les conflits de normes : les clauses anti-évasion », *op. cit.*, § 6 ; Yves RUTSCHMANN, Pierre-Marie ROCH, « Transposition de la clause anti-abus en matière d'IS (CGI, art. 205 A) et nouvelle procédure d'abus de droit (LPF, L. 64 A) : les paradoxes de la réforme », *op. cit.*, § 12.

### 3. *Le but essentiellement fiscal*

**159. L'assimilation du « but essentiellement fiscal » au « but exclusivement fiscal » par la jurisprudence européenne. –** En droit de l'Union européenne, la Cour de justice a eu l'occasion d'affirmer le principe général selon lequel les pratiques abusives sont interdites (n° 341). Elle l'a fait en matière de libertés de circulation[493], d'impôts directs (Dir. « mères-filles »[494], Dir. « intérêts et redevances »[495], Dir. « fusions »[496]) ou d'impôts indirects[497]. Or, en matière d'abus de taxe sur la valeur ajoutée, la Cour a fluctué quant à la terminologie à employer pour désigner l'élément intentionnel constitutif de l'abus de droit. Dans l'arrêt *Halifax* de 2006, rendu en Grande chambre, la Cour de justice indique que l'abus de droit est caractérisé lorsqu'il résulte « *d'un ensemble d'éléments objectifs que le but essentiel des opérations en cause est l'obtention d'un avantage fiscal* »[498] (point 75). En se référant aux conclusions de l'Avocat général POIARES MADURO (point 89)[499], la Cour explique que « *l'interdiction de pratiques abusives n'est pas pertinente lorsque les opérations en cause sont susceptibles d'avoir une justification autre que la simple obtention d'avantages fiscaux* » (point 75). De sorte que, le contenu attaché au « but essentiellement fiscal » renvoie au contenu attaché au « but exclusivement fiscal », tel que l'entend la jurisprudence du Conseil d'État[500]. Qui plus est, dans l'arrêt *Halifax*, la Cour de justice emploie le critère du « but exclusivement fiscal » (point 69)[501], sans donner expressément aux

---

[493] CJCE, Grande ch., 12 septembre 2006, aff. C-196/04, *Cadbury Schweppes plc et Cadbury Schweppes Ltd*, *préc.*, points 35 et 55.

[494] CJUE, Grande ch., 26 février 2019, aff. C-116/16 et C-117/16, *Skatteministeriet c/ T Danmark et Y Denmark Aps*, *préc.*, point 124.

[495] CJUE, Grande ch., 26 février 2019, aff. C-115/16, *N Luxembourg 1 et a.*, *préc.*, point 181.

[496] CJUE, 5ème ch., 10 novembre 2011, aff. C-126/10 *Foggia*, *préc.*, point 50.

[497] CJCE, Grande ch., 21 février 2006, aff. C-255/02, *Halifax plc.*, *préc.*, point 70.

[498] *Ibid.*, point 75 : « *il doit également résulter d'un ensemble d'éléments objectifs que le but essentiel des opérations en cause est l'obtention d'un avantage fiscal* ».

[499] V. Luís-Miguel POIARES MADURO, concl. sur CJCE, Grande ch., 21 février 2006, aff. C-255/02, *Halifax plc* : *BDCF* 5/06, n° 68.

[500] V. Olivier FOUQUET, « Interprétation française et interprétation européenne de l'abus de droit », *RJF* 5/06, n° 648, p. 383. Pour reprendre son analyse : « *La lecture de l'arrêt de la Cour de justice et des conclusions de l'avocat général donne le sentiment d'une convergence indéniable entre la conception qu'a la Cour de l'abus droit en matière de TVA, c'est-à-dire, dans une matière fiscale relevant de la compétence communautaire, et la jurisprudence du Conseil d'Etat sur l'abus de droit en matière de droit fiscal national* ».

[501] La Cour affirme au point 69 : « *l'application de la réglementation communautaire ne saurait être étendue jusqu'à couvrir les pratiques abusives d'opérateurs économiques, c'est-à-dire les opérations qui ne sont pas réalisées dans le cadre de transactions commerciales normales, mais seulement dans le but de bénéficier abusivement des avantages prévus par le droit communautaire (voir, en ce sens, notamment arrêts du 11 octobre 1977, Cremer, 125/76, Rec. p. 1593, point 21; du 3 mars 1993, General Milk Products, C-8/92, Rec. p. I-779, point 21, et Emsland-Stärke, précité, point 51)* ».

deux expressions un contenu différent. Les deux terminologies sont donc employées alternativement par la Cour de justice. À titre d'illustration, dans l'arrêt *Part Service* (point 45)[502], la deuxième chambre de la Cour de justice préfère l'expression du « but essentiellement fiscal ». La troisième chambre est plus hésitante, puisqu'elle s'est référée tant au critère du « but exclusivement fiscal » dans les arrêts *Ampliscientifica* (point 28)[503], *Paul Newey* (point 46)[504] et *RBS Deutschland Holdings* (point 51)[505], qu'au critère du « but essentiellement fiscal » dans l'arrêt *Weald Leasing* (point 31)[506]. Pour autant, il n'est pas utile d'attribuer une portée excessive à ces changements terminologiques. Plus récemment, la Cour de justice a jugé dans l'affaire *T Danmark* que les montages financiers qui ont « *pour seul but de bénéficier des avantages fiscaux* » doivent être combattus sur le terrain de l'abus de droit au même titre que « *les opérations qui ne poursuivent pas exclusivement un tel but […] lorsque la recherche d'un avantage fiscal constitue le but essentiel des opérations en cause* » (point 107)[507]. Toutefois, ce n'est pas tant pour dire que le « but essentiel » se distingue du « but exclusif »[508], que de dire qu'il ne convient pas d'attribuer une portée restrictive au « but exclusivement fiscal », comme le laissaient déjà entendre par le passé la Cour de justice[509] et le Conseil

---

502 CJCE, 2ème ch., 21 février 2008, aff. C-425/06, *Part Service Srl* : *Dr. fisc.* 2008, n° 23, comm. 366, note Olivier FOUQUET. Selon le point 45 : « *une pratique abusive peut être retenue lorsque la recherche d'un avantage fiscal constitue le but essentiel de l'opération ou des opérations en cause* ».

503 CJCE, 3ème ch., 22 mai 2008, aff. C-162/07, *Ampliscientifica Srl et Amplifin SpA* : *Dr. fisc.* 2008, n° 24, act. 184, note Olivier FOUQUET. Le point 28 indique que : « *Ce principe conduit ainsi à prohiber les montages purement artificiels, dépourvus de réalité économique, effectués à la seule fin d'obtention d'un avantage fiscal* ».

504 CJCE, 3ème ch., 20 juin 2013, aff. C-653/11, *Her Majesty's Commissioners of Revenue and Customs c/ Paul Newey* : *Dr. fisc.* 2013, n° 36, act. 472. Le point 46 parle des montages « *effectués à la seule fin d'obtention d'un avantage fiscal* ».

505 CJUE, 3ème ch., 22 décembre 2010, aff. C-277/09, *RBS Deutschland Holdings* : *RJF* 3/11, n° 396. Le point 51 indique que : « *Les caractéristiques des transactions en cause au principal et la nature des relations existant entre les sociétés qui ont effectué ces opérations ne révèlent, comme l'a observé la juridiction de renvoi, aucun élément susceptible d'établir l'existence d'un montage artificiel, dépourvu de réalité économique et effectué dans le seul but d'obtenir un avantage fiscal* ».

506 CJUE, 3ème ch., 22 décembre 2010, aff. C-103/09, *Weald Leasing* : *RJF* 3/11, n° 397. Le point 31 indique que : « *il doit également résulter d'un ensemble d'éléments objectifs que le but essentiel des opérations en cause est l'obtention d'un avantage fiscal. En effet, l'interdiction des pratiques abusives n'est pas pertinente lorsque les opérations en cause sont susceptibles d'avoir une justification autre que la simple obtention d'avantages fiscaux* ».

507 CJUE, Grande ch., 26 février 2019, aff. C-116/16 et C-117/16, *Skatteministeriet c/ T Danmark et Y Denmark Aps*, *préc.*

508 Ainsi, nous nous écartons de la vision adoptée récemment par : Nicolas JACQUOT, « Abus de droit de l'article L. 64 A du LPF. Mini-abus de droit. - Définition et notions », *op. cit.*, § 29.

509 V. CJUE, 5ème ch., 10 novembre 2011, aff. C-126/10 *Foggia*, *préc.*, point 47.

d'État[510]. En ce sens, le critère du « but exclusivement fiscal » ne se distingue pas du critère « but essentiellement fiscal »[511].

**160. L'assimilation du « but principal » au « but essentiel » par l'Administration fiscale. –** Dans ses commentaires relatifs aux articles 205 A du CGI et L. 64 A du LPF, l'Administration vient assimiler le « but principalement fiscal » au « but essentiellement fiscal ». Elle affirme que : « *pour apprécier si une opération relève des dispositions de l'article 205 A du CGI, il convient de rechercher si, dans la mesure où elle n'est pas mise en place pour des motifs commerciaux valables, l'obtention d'un avantage fiscal constitue la finalité essentielle de l'opération* »[512]. Dans le même sens, l'article L. 64 A du LPF ne vient s'appliquer qu' « *aux actes dont le but essentiel est l'obtention d'un avantage fiscal* »[513]. Dans ce cas, le « but principal » et le « but essentiel » ont un contenu similaire. De sorte que, dans ces circonstances, l'absence d'effet utile à l'intégration du « but principalement fiscal » dans les dispositifs anti-abus peut être relevée[514]. En effet, si le « but principal » équivaut au « but essentiel », et que le « but essentiel » équivaut au « but exclusif », alors le « but principal » équivaut au « but exclusif ». Afin d'attribuer une portée utile à l'article L. 64 A du LPF ou à l'article 205 A du CGI, d'aucuns militent pour attribuer des contenus juridiques distincts au « but principal » et au « but exclusif »[515]. Selon cette interprétation, les dispositifs anti-abus consacrant le « but principalement fiscal » (équivalant au « but essentiellement fiscal ») doivent être mis en œuvre à l'encontre des montages qui traduisent des motifs autres que fiscaux « *secondaires* », alors que l'article L. 64 du LPF consacrant le « but exclusivement fiscal » doit être mis en œuvre à l'encontre des montages qui traduisent des motifs autres que fiscaux « *nuls* » ou « *négligeables* »[516]. Si cette prise de position est séduisante intellectuellement, elle n'est pas souhaitable en pratique. Trop schématique, la dichotomie est excessivement difficile à mettre en œuvre.

---

[510] V. CE, 9ème et 10ème s.-s., 17 juillet 2013, n° 356523, *min. c/ SAS Garnier Choiseul Holding*, n° 352989, *min. c/ SARL Garnier Choiseul Holding* et n° 360706, *min. c/ SARL Garnier Choiseul Holding, préc.* ; CE, 9ème et 10ème s.-s., 23 juin 2014, n° 360708, *min. c/ Sté Groupement Charbonnier Montdiderien, préc.* ; CE, 10ème et 9ème ch., 13 janvier 2017, n° 391196, *SAS Ingram Micro, préc.*

[511] Florence DEBOISSY, « Commentaires administratifs de la nouvelle procédure d'abus de droit (LPF, art. L. 64 A) », *op. cit.*, § 14.

[512] BOI-IS-BASE-70, § 60.

[513] BOI-CF-IOR-30-20, § 120.

[514] V. Florence DEBOISSY, « Commentaires administratifs de la nouvelle procédure d'abus de droit (LPF, art. L. 64 A) », *op. cit.*, § 3, § 15 et § 16.

[515] V. Nicolas JACQUOT, « Abus de droit de l'article L. 64 A du LPF. Mini-abus de droit. - Définition et notions », *op. cit.*, § 126 à 138.

[516] *Ibid.*

**161. Justifications. –** Sur quels éléments concrets est-il possible de se fonder pour distinguer l'opération dont les motifs autres que fiscaux seraient secondaires de celle dont les motifs autres que fiscaux seraient nuls ou négligeables ? Difficile à dire. Persister à penser qu'il existe plusieurs « degrés » à l'élément intentionnel de l'abus de droit n'arrange, en réalité, ni l'Administration, ni le contribuable. Les services de contrôle passeraient inutilement du temps à s'interroger sur la qualification à retenir pour une opération. Le contribuable, par esprit de contradiction, contesterait la qualification retenue par l'Administration. Au cours d'une opération de contrôle, le débat se cristalliserait sur le point de savoir si les motifs autres que fiscaux qui ont motivé l'opération sont « *secondaires* » ou sont « *négligeables* ». La solution est éminemment subjective et n'est pas favorable à la prévisibilité juridique. Cette subjectivité pourrait aboutir à des divergences d'appréciation entre les différents services de contrôle et les différents juges du fond[517].

**162.** Si certains auteurs estiment que derrière ces différentes terminologies, des contenus différents doivent être attachés, afin de garantir aux mesures anti-abus qui les consacrent une « *portée utile* »[518], il n'est pas exclu de penser qu'il n'existe pas de distinction fondamentale entre elles. En d'autres termes, les différentes terminologies pourraient avoir un contenu similaire. Pour sûr, postuler la différence de « degré » entre le critère du « but principalement fiscal » et le critère du « but exclusivement fiscal » peut faire naître de nouvelles incertitudes. Cette différence de degré est insaisissable en pratique. Nul doute que la prévisibilité juridique n'est pas sortie vainqueure de l'ajout des critères du « but principalement fiscal » et du « montage non-authentique », au regard des interrogations multiples qu'ils suscitent, et de l'absence de réponses évidentes à ces questions[519]. Les réformes proposées par les pouvoirs publics sont à l'origine d'une complexité dont les acteurs du droit fiscal se seraient bien passés. L'un des

---

[517] Parallèlement, se pose la question de savoir comment s'articulent ces différentes mesures anti-abus entre elles (n° 743 et s.). Dans le cas où les services de contrôle soutiennent que le contribuable a poursuivi une opération dont les objectifs autres que fiscaux sont *négligeables*, il pourrait en être déduit que l'Administration a l'obligation de se placer sur le terrain de l'article L. 64 du LPF. En parallèle, dans le cas où les services de contrôle soutiennent que le contribuable a poursuivi une opération dont les objectifs autres que fiscaux sont *secondaires*, il pourrait en être déduit que l'Administration a l'obligation de se fonder sur l'article L. 64 A du LPF ou sur l'article 205 A du CGI.

[518] Nicolas JACQUOT, « Abus de droit de l'article L. 64 A du LPF. Mini-abus de droit. - Définition et notions », *op. cit.*, § 137.

[519] V. Jean-François DESBUQUOIS, Julien KOZLOWSKI, « Évolutions récentes de l'abus de droit », *Dr. fisc.* 2019, n° 3, ét. 8 ; François FRULEUX, « Réforme de l'abus de droit : des commentaires administratifs "mesurés" », *JCP N* 2020, n° 10, ét. 1063.

remèdes pourrait être de proposer une harmonisation de ces différents critères.

### *§ 2 – La volonté d'harmoniser les significations*

**163. L'analyse des éléments intentionnels de l'abus de droit à la lumière de la jurisprudence européenne.** – Analyser le « but principalement fiscal » et « le montage non-authentique » à la lumière de la jurisprudence européenne revient à les comparer aux notions employées par le juge européen. La Cour de justice de l'Union européenne n'a pas toujours été rigoureuse quant aux terminologies employées pour désigner le critère intentionnel de l'abus de droit[520]. Lorsqu'elle évoque cet élément constitutif de l'abus de droit, la Cour se réfère tantôt « *au but essentiel* »[521], tantôt « *à la seule fin d'obtention d'un avantage fiscal* »[522] ou même « *aux considérations fiscales de nature prépondérante* »[523]. Si certains s'inquiètent des différentes expressions employées par le juge européen, il est raisonnable de dire qu'il n'est pas forcément nécessaire d'y attacher une importance considérable[524]. Pour preuve, dans les arrêts *Cadbury Schweppes*[525], *T Danmark*[526] et *N Luxembourg*[527], tous les trois rendus en Grande chambre, la Cour donne l'impression de mettre de côté la question relative au « degré » d'intentionnalité fiscale. Elle

520 La CJUE traite de la question de l'abus de droit dans plusieurs circonstances (n° 532 et s.).

521 V. CJCE, Grande ch., 21 février 2006, aff. C-255/02, *Halifax plc*, *préc.*, point 75 ; CJCE, 2ème ch., 21 février 2008, aff. C-425/06, *Part Service Srl*, *préc.*, point 45.

522 V. CJCE, 3ème ch., 22 mai 2008, aff. C-162/07, *Ampliscientifica Srl et Amplifin SpA*, *préc.*, point 28 ; CJCE, 3ème ch., 20 juin 2013, aff. C-653/11, *Her Majesty's Commissioners of Revenue and Customs c/ Paul Newey*, *préc.*, point 46.

523 V. CJUE, 5ème ch., 10 novembre 2011, aff. C-126/10, *Foggia*, *préc.*, point 35.

524 V. Nicolas VERGNET, « Vers l'uniformisation de la lutte contre les pratiques abusives en droit fiscal de l'Union européenne », *REIDF*, 2019/4, p. 451.

525 CJCE, Grande ch., 12 septembre 2006, aff. C-196/04, *Cadbury Schweppes plc et Cadbury Schweppes Ltd*, *préc.* Le point 55 de l'arrêt ne fait jamais état d'un « degré » variable de l'élément intentionnel constitutif de l'abus de droit. Le juge semble indifférent à l'emploi du critère du « but exclusivement fiscal » ou du critère du « but essentiellement fiscal ». En réalité, le juge met en avant les « *comportements consistant à créer des montages purement artificiels, dépourvus de réalité économique, dans le but d'éluder l'impôt normalement dû sur les bénéfices générés par des activités réalisées sur le territoire national* ».

526 CJUE, Grande ch., 26 février 2019, aff. 116/16, *T Danmark et a.*, *préc.* Le point 124, 3) ne fait pas état d'un « degré » variable de l'élément intentionnel constitutif de l'abus de droit. Le juge fait se réfère à : « *un élément subjectif consistant en la volonté d'obtenir un avantage résultant de la réglementation de l'Union en créant artificiellement les conditions requises pour son obtention* ».

527 CJUE, Grande ch., 26 février 2019, aff. C-115/16, *N Luxembourg 1 et a.*, *préc.* Le point 181, 3) est identique au point 124, 3) de l'arrêt *T Danmark*.

paraît faire seulement référence au caractère « déterminant »[528] de la motivation fiscale du contribuable qui découle des « *conditions artificielles* » dans lesquelles le montage combattu a été constitué[529]. Finalement, la terminologie employée importerait peu, dans la mesure où le juge semble insister sur le fait que la qualification d'une pratique abusive dépend de la poursuite ou non d'un avantage autre que fiscal bien réel, non négligeable et qui ne constitue pas un simple prétexte[530].

**164. Un législateur incohérent dans ses réformes. –** À ce niveau, force est de reconnaitre que le législateur français manque de cohérence dans l'établissement de nouvelles mesures anti-abus. L'article L. 64 A du LPF en est l'exemple. En se fondant sur un rapport d'information de l'Assemblée nationale relatif à l'évasion fiscale[531], le législateur a fait le choix de reprendre l'une de ses propositions[532] dans la loi de finances pour 2019[533]. Cette loi met en place une nouvelle procédure d'abus de droit fiscal à l'article L. 64 A du LPF et s'ajoute ainsi à celle prévue à l'article L. 64 du LPF. Elle est applicable aux rectifications notifiées à compter du 1er janvier 2021 sur les actes et opérations passés ou réalisés par les contribuables à compter du 1er janvier 2020. Par cette réforme, le législateur a pour ambition d'assouplir le critère intentionnel « traditionnel » de la fraude à la loi, en employant le critère du « but principalement fiscal ». Le législateur souhaite que ce critère vise des situations plus larges que le « but exclusivement fiscal »[534]. Il met aussi en évidence le fait que l'article L. 64 A du LPF s'analyse comme un complément de la clause anti-abus relative à l'impôt sur

---

528 V. Maurice COZIAN, Florence DEBOISSY, Martial CHADEFAUX, *Droit fiscal de l'entreprise*, *op. cit.*, p. 1006, § 2748 ; Rapport PEYROL I, *préc.*, p. 41, p. 105, p. 107, p. 111 et p. 112 ; Rapport PEYROL II, *préc.*, pp. 57-58. Ce dernier rapport insiste sur le fait que l'opération d'un contribuable poursuit un objectif « déterminant » lorsque l'obtention de l'avantage fiscal a constitué l'élément clef de l'opération. Autrement dit, il convient de répondre à la question suivante : sans cet avantage, l'opération aurait-elle eu lieu ?

529 V. les points 55, 124 et 181 des arrêts *Cadbury Schweppes*, *T Danmark* et *N Luxembourg 1*, *préc.*

530 V. Maurice COZIAN, Florence DEBOISSY, Martial CHADEFAUX, *Précis de fiscalité des entreprises, op. cit.*, p. 1006, § 2748.

531 V. Rapport PEYROL I, *préc.*, p. 113.

532 *Ibid.*, proposition n° 6 (renforcer les outils anti-abus), p. 25. Voici la teneur de la proposition : « *Assouplir l'abus de droit, dans la branche de fraude à la loi, pour l'appliquer aux opérations à motivation fiscale principale et non plus exclusive, tout en réservant les majorations prévues aux motifs exclusivement fiscaux, et clarifier l'articulation des différentes clauses anti-abus* ».

533 Loi n° 2018-1317 du 28 décembre 2018 de finances pour 2019, art. 109.

534 Amendement n° II-CF1066 présenté par Mme PEYROL : « *Le présent amendement, qui traduit cette proposition, prévoit un assouplissement de l'abus de droit, dans la branche de fraude à la loi, pour l'appliquer aux opérations à motivation fiscale principale et non plus exclusive* ».

les sociétés issue de la directive « ATAD 1 »[535]. Il se lit en fonction de l'interprétation européenne de l'abus de droit. Par ailleurs, comme dit précédemment, le juge européen paraît raisonner au regard de l'artificialité d'un montage (n° 163). Or, en s'en tenant à l'interprétation donnée par le juge fiscal, le « but exclusivement fiscal » de la deuxième branche de l'abus de droit (LPF, art. L. 64) se révèle également à travers le montage artificiel (n° 693 et s.). De sorte que, le législateur laisse entendre, d'une part, que le critère du « but principalement fiscal » est plus large que le celui du « but exclusivement fiscal » et, d'autre part, que les critères du « but principalement fiscal » et du « but exclusivement fiscal » s'interprètent tous les deux à la lumière de l' « artificialité ». Cette situation semble contradictoire. La différence de portée juridique que souhaite mettre en place le législateur entre les deux terminologies n'est pas du tout perceptible.

**165. Un juge fiscal gardien de la cohérence. –** Harmoniser les différentes interprétations semble être une nécessité que le juge fiscal prend en considération depuis les décisions *Pléiade*[536] et *Sagal*[537]. Il convient désormais d'effacer les incohérences attachées aux multiples réformes. Il n'est pas certain que la segmentation de la notion d'abus de droit soit réellement suivie par le juge fiscal ou par le juge européen. Le juge fiscal donne l'impression d'appréhender l'abus de droit dans un ensemble cohérent et non pas de manière fragmentée ou parcellaire, à l'exception du cas particulier du « montage artificiel » (n° 718 et s.).

**166. Conclusion de la Section II. –** Mise à part la simulation, la plupart des pratiques abusives visées dans les dispositifs anti-abus étudiés sont composées d'un élément intentionnel tenant à la volonté du contribuable de réaliser une opération dans le but d'obtenir un avantage fiscal. Cependant, il est difficile de savoir pour le moment si les différents critères identifiés, à savoir le « but exclusivement fiscal », le « but principalement fiscal », le « but essentiellement fiscal » et le « montage non authentique » ont un contenu distinct ou équivalent. Les pouvoirs publics justifient la diversité de critères en vue de l'abaissement du seuil de qualification d'un abus de droit. Cette diversification ne paraît pas pertinente. Il pourrait être souhaité que les juges adoptent à l'avenir une interprétation convergente de

---

535 *Ibid.* « *L'article 48 du projet de loi de finances pour 2019 transpose l'article 6 de la directive (UE) 2016/1164 du 12 juillet 2016 établissant des règles pour lutter contre les pratiques d'évasion fiscale qui ont une incidente directe sur le fonctionnement du marché intérieur dite "directive ATAD". […] Le dispositif qui est proposé ici peut ainsi être vu comme étendant à l'ensemble des impôts la clause anti-abus de l'article 48, et est donc* <u>*complémentaire*</u> *à cette dernière* ».

536 CE, 8ème et 3ème s.-s., 18 février 2004, n° 247729, *Sté Pléiade*, *préc.*

537 CE, 8ème et 3ème s.-s., 18 mai 2005, n° 267087, *Sté Sagal*, *préc.*

ces différents critères. Plus largement, il est difficile de déterminer exactement en avance les cas dans lesquels l'Administration et les juges estimeront que le but déterminant d'une opération est l'obtention d'un avantage fiscal. Le fait que le juge de l'impôt apprécie désormais avec souplesse et pragmatisme la condition relative au but d'obtenir un avantage fiscal tend à renforcer la régulation des comportements des contribuables.

## Conclusion du Chapitre I

**167.** Le temps où seule la procédure d'abus de droit traditionnelle (LPF, art. L. 64) renfermait une définition abstraite est révolu. Aujourd'hui, les règles s'attachant à donner une définition abstraite de l'abus de droit sont multiples (LPF, art. L. 64 A ; CGI, art. 205 A ; art. 119 *ter*, 3 ; art. 210-0 A, III ; anc. art. 145, 6, k ; clause « PPT » ; principes généraux du droit, etc.). Ces mesures ont vocation à prévenir des opérations abusives variées. Si elles permettent à l'Administration d'avoir une marge d'appréciation étendue, sous le contrôle du juge, pour déterminer ce qui relève dans les situations transnationales de l'abus de droit, ces mesures ont aussi une vertu préventive. Les contribuables, résidents ou non-résidents, sont dissuadés de poursuivre des opérations abusives pour échapper à l'impôt qu'ils doivent normalement en France. Néanmoins, le mouvement de stratification de l'abus de droit qui apparaît au fil des réformes est facteur d'incertitudes et, partant, d'une imprévisibilité juridique regrettable. La coexistence des critères de la motivation fiscale « principale », de la motivation fiscale « essentielle » et de la motivation fiscale « exclusive » est discutable car elle repose sur un présupposé contestable, celui de croire que cette stratification faciliterait les opérations de contrôle et de rectification de l'Administration. En réalité, multiplier les définitions abstraites de l'abus de droit est inutile et crée de la confusion. Ainsi, maintenir qu'une seule définition abstraite d'abus de droit fiscal, ou interpréter d'une manière convergente les différents critères de définition, est souhaitable.

**168.** En parallèle, il est utile d'adopter et de maintenir des mesures anti-abus qui définissent concrètement et précisément certaines pratiques abusives récurrentes.

## Chapitre II – Les pratiques abusives concrètement définies

**169.** Pour lutter contre les abus en droit fiscal international, il a été jugé utile de recourir, dans les textes, à une technique dite « *énumérative* »[538]. Celle-ci consiste à prendre « *une prescription juridique claire et précise* »[539]. De sorte que, différentes mesures législatives, européennes et conventionnelles font conjointement l'effort de décrire précisément des comportements abusifs dans les situations transnationales. Certaines mesures anti-abus visent notamment à prévenir les cas dans lesquels, grâce à des opérations abusives, des contribuables transféreraient des richesses normalement imposables en France dans des « *cieux fiscaux plus cléments* »[540] (CGI, art. 238 A ; 123 *bis* ; 209 B ; 155 A)[541]. D'autres visent à prévenir les cas dans lesquels des contribuables, dans un contexte international, bénéficieraient indûment des règles du droit fiscal international français, en raison de l'interposition abusive d'une personne ou d'une entité (CGI, art. 119 *bis* A ; anc. art. 119 *ter*, 3 ; 119 *quater*, 3 ; 182 B *bis*, 2)[542]. Si la description concrète des pratiques abusives dans des textes peut être vertueuse, dans le sens où elle pallie l'imprévisibilité attachée à la qualification d'un abus de droit par les services administratifs, elle peut être à l'origine de plusieurs difficultés.

**170. Le recours à des critères concrets de définition : pallier l'imprévisibilité. –** L'emploi de la technique énumérative aboutit à ce que, dans les mesures anti-abus, soient concrètement identifiées certaines pratiques abusives internationales. Ainsi, les contribuables peuvent connaître en avance l'étendue des opérations susceptibles d'être appréhendées par les services administratifs sur le terrain de l'abus de droit. De la même manière, les services de l'Administration sont orientés dans le cadre de l'exercice de leur pouvoir de contrôle. Les mesures anti-abus qui définissent précisément des pratiques abusives internationales ont

---

538 Daniel GUTMANN, *Droit fiscal des affaires*, *op. cit.*, p. 779, § 981.
539 *Ibid.*
540 Martin COLLET, *Droit fiscal*, *op. cit.*, p. 245, § 396.
541 Par exemple, en vertu de l'article 209 B du CGI, une société établie en France détenant une entité établie dans un État dans lequel elle bénéficie d'un régime fiscal privilégié (CGI, art. 238 A) est imposable sur le résultat de cette entité (les bénéfices de cette dernière étant assimilés à des revenus de capitaux mobiliers distribués), sauf si la société française parvient à démontrer que l'interposition de l'entité étrangère n'est pas faite dans un objectif principalement fiscal.
542 Par exemple, en vertu des dispositions de l'ancienne version de l'article 119 *ter*, 3 du CGI, étaient spécifiquement visées les opérations par lesquelles des contribuables établis dans un État non-membre de l'UE (un État tiers) interposaient abusivement des entités dans un État membre de l'UE qui, elles-mêmes, détenaient des entités établies en France dans le but de bénéficier de l'exonération de la retenue à la source sur les dividendes distribués par une société filiale à sa société mère européenne.

l'avantage de réduire le degré d'incertitude attachée à l'exercice de qualification des pratiques abusives. Toutefois, leur mise en œuvre étant subordonnée à ce que différentes conditions précises soient remplies, telles que le bénéfice d'un régime fiscal privilégié à l'étranger (CGI, art. 238 A), des difficultés d'interprétation ou d'appréciation de ces critères peuvent en découler. Des contentieux entre le contribuable et l'Administration peuvent en résulter. La précision des critères de définition des pratiques abusives dans les textes n'est donc pas synonyme d'une garantie totale de prévisibilité juridique. Plus encore, il convient de rappeler qu'une part incompressible d'incertitude est attachée à la mise en œuvre d'une mesure anti-abus, même lorsque ses dispositions définissent concrètement la pratique abusive visée. L'Administration est toujours amenée à apprécier les motivations qui ont poussé le contribuable à poursuivre l'opération internationale litigieuse. D'ailleurs, le fait que la mise en œuvre des mesures anti-abus soit subordonnée à l'appréciation des motivations des contribuables est ce qui les différencie des mesures dites « anti-optimisation ».

**171. Les mesures anti-abus et les mesures anti-optimisation : distinction.** – Les mesures « anti-optimisation », dont le vocable et la définition trouvent leur origine dans les conclusions de rapporteurs publics du Conseil d'État, sont adoptées pour mettre fin à des pratiques, des opérations ou des situations dûment identifiées et trop coûteuses d'un point de vue budgétaire. La limite posée dans une mesure anti-optimisation n'est pas l'abus (c'est-à-dire l'instrumentalisation d'une norme et l'absence de motivation autre que fiscale du contribuable), mais le fait, pour un contribuable, de bénéficier d'un avantage fiscal, d'un cumul d'avantages fiscaux ou d'un effet d'aubaine particulier. Le classement des mesures fiscales dans l'une ou l'autre catégorie, mesures anti-abus ou mesures anti-optimisation, peut s'avérer complexe. En effet, les pouvoirs publics ont tendance à attribuer un objectif de lutte contre la fraude ou l'évasion fiscale, voire un objectif de lutte contre l'abus de droit, à des mesures fiscales dont la mise en œuvre n'est pourtant pas conditionnée à l'existence d'une pratique abusive[543]. Toujours est-il qu'à l'issue des travaux « BEPS » de l'OCDE et des directives « ATAD », la France a multiplié les mesures anti-optimisation (dispositifs anti-hybrides, nouvelle définition de l'établissement stable dans les conventions fiscales, nouvelles conditions pour bénéficier des avantages conventionnels en matière de dividendes, de plus-values mobilières, de plus-values immobilières, etc.). Ainsi, en droit

---

[543] Par exemple, les mesures dites « anti-hybrides », issues de la directive « ATAD 2 », peuvent s'analyser comme des mesures anti-optimisation, puisque leur mise en œuvre n'est pas conditionnée à la caractérisation d'une quelconque pratique abusive. Néanmoins, les dispositifs anti-hybrides trouvent leur source dans une directive qui a vocation à lutter contre l' « évasion fiscale ».

fiscal international, la multiplication des mesures anti-abus est concurrencée, voire complétée, par la multiplication des mesures anti-optimisation.

**172.** Recourir à des mesures qui définissent concrètement l'abus de droit permet, en partie, de pallier l'imprévisibilité attachée à la mise en œuvre des mesures qui définissent abstraitement l'abus de droit (**Section I**). En même temps, il convient de les distinguer des mesures anti-optimisation applicables en droit fiscal international qui les concurrencent de plus en plus (**Section II**).

## Section I – La description des pratiques abusives concrètes

**173.** La lutte contre les pratiques abusives en droit fiscal international ne se traduit pas toujours par l'emploi d'un texte dans lequel l'abus est défini abstraitement. Plusieurs textes concrétisent le principe général d'interdiction des pratiques abusives, en définissant en amont les pratiques abusives à combattre, ou, du moins, les pratiques qui sont supposées être abusives[544]. À première vue, la précision peut s'analyser comme une vertu. Plus la précision est importante, plus le contribuable peut anticiper les opérations susceptibles d'être qualifiées de pratiques abusives. En ce sens, la prévisibilité juridique est renforcée. Ce constat doit néanmoins être nuancé sur plusieurs points, car sont également attachées à ces mesures anti-abus des difficultés pratiques conséquentes. Cette analyse ressort directement de l'étude des dispositifs anti-abus dont la mise en œuvre est conditionnée au bénéfice par un contribuable d'un régime fiscal privilégié à l'étranger (§ **1**) et des dispositifs anti-abus dont la mise en œuvre est conditionnée à la caractérisation d'une interposition d'une personne ou d'une entité (§ **2**).

### *§ 1 – Le bénéfice d'un régime fiscal privilégié à l'étranger*

**174.** L'expression de « régime fiscal privilégié » est inscrite dans plusieurs dispositifs anti-abus visant spécifiquement des situations transnationales (CGI, art. 123 *bis* ; 155 A ; 209 B ; 238 A). Toutes ces mesures anti-abus sont liées par le fait que leur mise en œuvre par l'Administration est subordonnée à ce qu'un résident fiscal français réalise une opération avec une personne ou une entité non-résidente qui bénéficie à l'étranger d'un régime fiscal privilégié. Les comportements abusifs identifiés dans ces textes sont variés. Sont visés certains versements d'un résident fiscal français à une personne non-résidente (CGI, art. 238 A), les détentions de participations d'une personne morale imposable à l'impôt sur les sociétés en France dans des sociétés étrangères (CGI, art. 209 B), les détentions de participations d'une personne physique imposable à l'impôt sur le revenu en France dans des sociétés de portefeuille étrangères (CGI, art. 123 *bis*), ainsi que les paiements effectués à des sociétés de services étrangères (CGI,

---

[544] Les pratiques abusives précisément visées dans les textes sont variées. Dans une perspective de présentation, elles peuvent être regroupées en deux catégories d'opérations. Les premières opérations sont liées par le fait qu'elles impliquent un contribuable résident français et une personne ou une entité établie à l'étranger qui bénéficie d'un régime fiscal privilégié (CGI, art. 209 B ; 123 *bis* ; 238 A ; 155 A, I al. 3). Les secondes opérations impliquent l'interposition d'une personne ou d'une entité (CGI, 119 *bis* A ; anc. art. 119 *ter*, 3 ; art. 119 *quater*, 3 ; 182 B *bis*, 3 ; 155 A ; Clause « LoB »).

art. 155 A). La précision attachée aux conditions de mise en œuvre de ces mesures anti-abus, qu'elles soient communes (**A**) ou spécifiques à chaque mesure anti-abus (**B**), permet de mieux saisir les contours de la notion d'abus de droit. Cette précision apporte de la visibilité aux acteurs du droit fiscal. Toutefois, l'étude de la jurisprudence démontre que l'application de ces mesures anti-abus, bien que précisant la notion d'abus de droit, peut s'avérer parfois délicate.

### *A. La définition du régime fiscal privilégié*

**175.** Si la condition relative au régime fiscal privilégié est précisément définie à l'article 238 A du CGI, la jurisprudence a dû établir, au fil des affaires, une méthode pour apprécier cette condition. Cette méthode permet de déterminer les cas dans lesquels une entité ou une personne bénéficie à l'étranger d'un régime fiscal privilégié. La précision a l'avantage de réduire une part des incertitudes attachées à l'identification des pratiques abusives dans les situations transnationales. En effet, le passage de définitions abstraites de l'abus de droit à des descriptions concrètes de comportements abusifs permet d'anticiper les situations susceptibles d'être qualifiées d'abus de droit par l'Administration (**1**). En pratique, l'appréciation de la condition relative au régime fiscal privilégié se heurte à plusieurs difficultés. D'abord, il convient d'identifier les caractéristiques juridiques propres de la personne ou de l'entité résidente dans l'État étranger afin d'établir sa nature au regard du droit français. Cette première étape est absolument nécessaire car elle permet de déterminer la charge fiscale que la personne ou l'entité aurait supportée en France. Une fois établie, la charge fiscale hypothétiquement supportée en France est comparée à la charge fiscale effectivement supportée à l'étranger (**2**).

#### *1. Les contours du régime fiscal privilégié*

**176. Le contexte. –** L'article 238 A du CGI, dès 1974, fût le premier dispositif anti-abus à faire référence à la condition du « régime fiscal privilégié »[545]. Encore en vigueur aujourd'hui, les dispositions de l'article 238 A du CGI visent des transactions et paiements spécifiques par lesquels un contribuable domicilié ou établi en France (le débiteur) engage des dépenses auprès d'une personne physique ou d'une personne morale qui réside à l'étranger (le créancier). Dans le cas où le créancier est faiblement imposé sur ces revenus dans l'État où il réside, par rapport aux impôts qu'il aurait hypothétiquement supportés en tant que résident fiscal français, il est dit que ce créancier est soumis à un régime fiscal privilégié. Dans ces

---

[545] Loi n° 73-1150 du 27 décembre 1973 de finances pour 1974, art. 14.

conditions, le contribuable débiteur des sommes, établi ou domicilié en France, n'est pas autorisé à déduire de ses résultats imposables ces paiements, sauf s'il démontre, notamment, le caractère réel ou non-fictif de l'opération litigieuse[546]. Peu de temps après l'entrée en vigueur de l'article 238 A du CGI, c'est-à-dire dès le début des années 1980, le législateur a poursuivi sa politique de prévention contre des opérations qui s'apparentent à des délocalisations et à des transferts abusifs de revenus ou de bénéfices, à des contribuables non-résidents soumis à un régime fiscal privilégié[547]. Ainsi, la notion de régime fiscal privilégié se retrouve également dans les dispositions des articles 209 B[548], 155 A[549] et 123 *bis* du CGI[550].

---

[546] Les dispositions de l'article 238 A du CGI impliquent que le contribuable soit également en mesure de démontrer la « normalité » de l'opération. En ce sens : « *Les intérêts, arrérages et autres produits des obligations, créances, dépôts et cautionnements, les redevances de cession ou concession de licences d'exploitation, de brevets d'invention, de marques de fabrique, procédés ou formules de fabrication et autres droits analogues ou les rémunérations de services, payés ou dus par une personne physique ou morale domiciliée ou établie en France à des personnes physiques ou morales qui sont domiciliées ou établies dans un Etat étranger ou un territoire situé hors de France et y sont soumises à un régime fiscal privilégié, ne sont admis comme charges déductibles pour l'établissement de l'impôt que si le débiteur apporte la preuve que les dépenses correspondent à des opérations réelles et qu'elles ne présentent pas un caractère anormal ou exagéré* ».

[547] Les dispositions de l'article 57 du CGI font également référence au régime fiscal privilégié. Par ailleurs, elles n'ont pas directement vocation à lutter contre les pratiques abusives internationales. Elles visent les transferts anormaux de bénéfices à l'étranger (n° 42).

[548] Loi n° 80-30 du 18 janvier 1980 de finances pour 1980, art. 70. Dans sa version en vigueur aujourd'hui, l'article 209 B du CGI dispose que : « *Lorsqu'une personne morale établie en France et passible de l'impôt sur les sociétés exploite une entreprise hors de France ou détient directement ou indirectement plus de 50 % des actions, parts, droits financiers ou droits de vote dans une entité juridique : personne morale, organisme, fiducie ou institution comparable, établie ou constituée hors de France et que cette entreprise ou entité juridique est soumise à un régime fiscal privilégié au sens de l'article 238 A, les bénéfices ou revenus positifs de cette entreprise ou entité juridique sont imposables à l'impôt sur les sociétés. Lorsqu'ils sont réalisés par une entité juridique, ils sont réputés constituer un revenu de capitaux mobiliers imposable de la personne morale établie en France dans la proportion des actions, parts ou droits financiers qu'elle détient directement ou indirectement* ».

[549] Loi n° 80-30 du 18 janvier 1980 de finances pour 1980, art. 71. Dans sa version en vigueur aujourd'hui, l'article 155 A du CGI dispose que : « *Les sommes perçues par une personne domiciliée ou établie hors de France en rémunération de services rendus par une ou plusieurs personnes domiciliées ou établies en France sont imposables au nom de ces dernières : [...] lorsque la personne qui perçoit la rémunération des services est domiciliée ou établie dans un Etat étranger ou un territoire situé hors de France où elle est soumise à un régime fiscal privilégié au sens mentionné à l'article 238 A* ».

[550] Loi n° 98-1266 du 30 décembre 1998 de finances pour 1999, art. 101. Dans sa version en vigueur aujourd'hui, l'article 123 *bis* du CGI dispose que : « *Lorsqu'une personne physique domiciliée en France détient directement ou indirectement 10 % au moins des actions, parts, droits financiers ou droits de vote dans une entité juridique-personne morale, organisme, fiducie ou institution comparable-établie ou constituée hors de France et soumise à un régime fiscal privilégié, les bénéfices ou les revenus positifs de cette entité juridique sont réputés*

**177. Les caractères du régime fiscal privilégié. –** L'expression de personne ou d'entité « soumise à un régime fiscal privilégié » fait l'objet d'une définition unique à l'article 238 A du CGI. Depuis le 1er janvier 2020, une personne est regardée comme soumise à un régime fiscal privilégié dans l'État ou le territoire considéré si elle n'est pas imposée ou si elle y est assujettie à des impôts sur les bénéfices ou les revenus dont le montant est inférieur de 40 % ou plus à celui de l'impôt sur les bénéfices ou sur les revenus dont elle aurait été redevable dans les conditions de droit commun en France, si elle y avait été domiciliée ou établie[551]. La définition donnée par l'article 238 A du CGI n'a pas toujours été aussi précise. À l'origine, le texte exigeait simplement que les bénéfices ou les revenus transférés soient soumis à des impôts « *notablement moins élevés qu'en France* »[552]. La loi de finances pour 2005 a mis fin à cette imprécision[553]. Le législateur a élevé le seuil minimum d'imposition à 50 %. En 2018, lors du vote de la loi relative à lutte contre la fraude, afin de tenir compte d'une diminution progressive du taux de l'impôt sur les sociétés en France, le seuil a été abaissé à 40 %[554].

**178. L'appréciation du régime fiscal privilégié à l'égard du bénéficiaire et comparaison *in concreto* des situations. –** Si l'Administration fiscale, par facilité de langage, indique que les dispositions de l'article 238 A du CGI ont pour objet de lutter contre les « *États refuges* » ou les « *paradis fiscaux* »[555], la loi n'établit aucune liste d'États à fiscalité privilégiée[556]. L'appréciation d'un régime fiscal privilégié se fait au cas par cas[557], compte tenu des éléments apportés par les parties[558]. Par exemple, pour l'application du dispositif de l'article 238 A du CGI, c'est bien le

---

*constituer un revenu de capitaux mobiliers de cette personne physique dans la proportion des actions, parts ou droits financiers qu'elle détient directement ou indirectement lorsque l'actif ou les biens de la personne morale, de l'organisme, de la fiducie ou de l'institution comparable sont principalement constitués de valeurs mobilières, de créances, de dépôts ou de comptes courants* ».

[551] Loi n° 2018-898 du 23 octobre 2018 relative à la lutte contre la fraude, art. 32.

[552] D'après Bruno GOUTHIERE, la doctrine administrative considérait qu'étaient visées les entités qui supportaient une imposition inférieure aux deux tiers de la charge fiscale qu'elles auraient eue à supporter en France sur la même base d'imposition, v. Bruno GOUTHIERE, *Les impôts dans les affaires internationale*, *op. cit.*, p. 1289, § 72983.

[553] Loi n° 2004-1484 du 30 décembre 2004 de finances pour 2005, art. 104, II, IV.

[554] V. Bruno GOUTHIERE, *Les impôts dans les affaires internationales*, *op. cit.*, p. 1289, § 72983.

[555] BOI-BIC-CHG-80-10-20120912, § 150.

[556] Il convient de distinguer l'État dans lequel un revenu bénéficie d'un « régime fiscal privilégié » et l' « État ou territoire non coopératif », au sens des dispositions de l'article 238-0 A du CGI.

[557] CE, 8ème et 3ème s.-s., 2 avril 2003, n° 237751 et n° 237753, *Sté d'Édition des artistes peignant de la bouche et du pied* : *RJF* 6/03, n° 693, concl. Pierre COLLIN *BDCF* 6/03, n° 75.

[558] CE, 9ème et 7ème s.-s., 16 décembre 1987, n° 55790 : *RJF* 2/88, n° 153.

régime fiscal applicable au bénéficiaire des paiements qui est apprécié par les services de contrôle[559]. La comparaison que doit mener l'Administration se fait au niveau du contribuable non-résident. Très rapidement, la jurisprudence a précisé qu'une simple étude de la situation globale du régime d'imposition applicable dans l'État ou le territoire considéré ne suffisait pas à caractériser le bénéfice d'un régime fiscal privilégié[560]. Chaque cas doit être examiné minutieusement, de sorte que la caractérisation d'un régime fiscal privilégié n'a rien d'automatique. L'Administration fiscale doit alors comparer concrètement la charge fiscale effectivement supportée dans l'État de résidence de l'entité bénéficiaire des revenus français, avec celle qu'elle aurait à supporter en France sur la même base d'imposition[561]. En ce sens, les services de contrôle font comme si le bénéficiaire des revenus était résident fiscal français[562]. En résumé, le bénéficiaire desdits revenus est soumis à un régime fiscal privilégié dans trois hypothèses[563] : lorsque dans l'État ou dans le territoire en cause, i) il n'existe pas d'impôt sur les revenus ou les bénéfices, ii) les revenus de source étrangère ne sont pas soumis à l'impôt sur les revenus ou les bénéfices, ou iii) le bénéficiaire des revenus supporte un impôt inférieur à 60 % de l'impôt français[564].

**179.** Cette prise de position, issue de la doctrine administrative, bien qu'elle ait le mérite de simplifier le propos, nécessite d'être approfondie. Le

---

559 V. Bernard CASTAGNEDE, *Précis de fiscalité internationale*, *op. cit.*, p. 182, § 187 ; Bruno GOUTHIERE, *Les impôts dans les affaires internationales*, *op. cit.*, p. 1288, § 72985. Une décision récente précise que le contribuable ne peut pas se défaire de l'application des dispositions de l'article 238 A du CGI en démontrant que l'entité étrangère, qui bénéficie d'un régime fiscal privilégié, reverse les sommes à un tiers qui ne bénéficie pas d'un régime fiscal privilégié, v. CE, 9ème et 10ème ch., 5 juin 2020, n° 425789, *Sté Faraday* : *RJF* 8-9/20, n° 671, concl. Émilie BOKDAM-TOGNETTI (C 671). V. Céline GUIBE, « Sommes versées à un résident étranger : à la recherche du bénéficiaire effectif », *RJF* 7/20, chron. p. 871.

560 CE, 7ème et 9ème s.-s., 21 mars 1986, n° 53002, *min. c/ Sté Auriège* : *Dr. fisc.* 1986, n° 31, comm. 1432, concl. Oliver FOUQUET ; CE, 8ème et 9ème s.-s., 25 janvier 1989, n° 49847, *Société Hempel Peintures Marine France* : *RJF* 3/89, n° 274 ; CE, 8ème et 9ème s.-s., 30 septembre 1992, n° 75464, *SARL Tool France* : *RJF* 11/92, n° 1470 ; CE, 3ème et 8ème ch., 24 avril 2019, n° 413129, *SAS Control Union Inspections France (CUIF)* : *RJF* 7/19, n° 624. V. Maxime BUCHET, Imelda MASSOUNGA, « Paiements à fiscalité privilégiée : précisions sur la notion de paiement et de preuve du régime fiscal privilégié », *JCP E*, n° 29, 1374.

561 CE, 8ème et 9ème s.-s., 25 janvier 1989, n° 49847, *Société Hempel Peintures Marine France*, *préc.*

562 BOI-IS-BASE-60-10-20-20, § 120.

563 BOI-BIC-CHG-80-10, § 130 et s.

564 Pour une série d'exemples jurisprudentiels, v. Bruno GOUTHIERE, *Les impôts dans les affaires internationales*, *op. cit.*, p. 1201, § 72995. V. notamment une décision récente : CE, 3ème et 8ème ch., 24 avril 2019, n° 412284, *Sté Gemar Lumitec* : *RJF* 7/19, n° 632, concl. Laurent CYTERMANN (C 632). V. pour une décision classique : CE, 8ème et 9ème s.-s., 30 septembre 1992, n° 75464, *SARL Tool France*, *préc.*

juge est particulièrement exigeant quant à la méthode à suivre pour conclure à la qualification d'un régime fiscal privilégié. Force est de reconnaître qu'il est parfois loin d'être évident d'évaluer en avance si le bénéficiaire des revenus est soumis à un régime fiscal privilégié.

### 2. *Les difficultés de mise en œuvre*

**180. Des difficultés variées. –** L'Administration doit être en mesure de comparer le montant de l'impôt effectivement supporté à l'étranger par le bénéficiaire des revenus (CGI, art. 238 A ; 155 A) ou par une entreprise, une structure ou une entité établie à l'étranger (CGI, art. 209 B ; 123 *bis*) (n° 194 et s.), avec le montant de l'impôt que ce bénéficiaire, cette entreprise, cette structure ou cette entité aurait hypothétiquement supporté en France en tant que résident fiscal. Cette interprétation trouve son origine dans les conclusions rendues par Olivier FOUQUET dans l'affaire *Auriège*[565] et a été reprise par le Conseil d'État dans d'autres décisions[566]. Effectuer cette comparaison peut s'avérer complexe[567]. Avant même de comparer les deux niveaux d'imposition, c'est-à-dire le montant de l'imposition hypothétiquement due en France et le montant de l'imposition réellement supportée à l'étranger, il convient de savoir à quel régime d'imposition l'entité étrangère concernée serait soumise en France (**a**). Puis, l'appréciation en tant que telle de la condition du régime fiscal privilégié

---

565 Oliver FOUQUET, concl. sur CE, 7ème et 9ème s.-s., 21 mars 1986, n° 53002, *min. c/ Sté Auriège* : *Dr. fisc.* 1986, n° 31, comm. 1432. Dans ses conclusions, Olivier FOUQUET indique que : « *Il convient [...] d'évaluer la charge fiscale que supporterait la [...] société si elle était établie en France et comparer les résultats obtenus* ».

566 Globalement, le Conseil d'État paraît reprendre cette analyse lorsqu'il affirme, notamment dans les décisions *Auriège* (*préc.*), *Société Hempel Peintures Marine France* (*préc.*) et *SARL Tool France* (*préc.*), *CUIF* (*préc.*), que la seule référence de l'Administration à un taux d'imposition ne suffit pas à établir l'existence d'un régime fiscal privilégié.

567 Ce propos peut être tempéré. En effet, il convient de souligner que la loi facilite parfois le travail de l'Administration. En effet, pour la mise en œuvre du dispositif anti-abus de l'article 238 A du CGI, il n'est pas nécessaire de qualifier le régime fiscal privilégié dans le cas où la personne ou l'entité bénéficiaire est résidente dans un ETNC (CGI, art. 238-0 A). V. l'alinéa 3 de l'article 238 A du CGI : « *Toutefois, les intérêts, arrérages et autres produits des obligations, créances, dépôts et cautionnements [...], ainsi que les redevances de cession ou concession de licences d'exploitation, de brevets d'invention, de marques de fabrique, procédés ou formules de fabrication et autres droits analogues ou les rémunérations de services, payés ou dus par une personne physique ou morale domiciliée ou établie en France à des personnes physiques ou morales qui sont domiciliées ou établies dans un Etat ou territoire non coopératif au sens de l'article 238-0 A, ne sont pas admis comme charges déductibles pour l'établissement de l'impôt, sauf si le débiteur apporte la preuve mentionnée au premier alinéa et démontre que les opérations auxquelles correspondent les dépenses ont principalement un objet et un effet autres que de permettre la localisation de ces dépenses dans un Etat ou territoire non coopératif* ».

n'est pas du tout uniforme selon le dispositif anti-abus mis en œuvre, puisque chaque mesure anti-abus renferme des particularités propres (**b**).

#### *a. La détermination du régime d'imposition de l'entité étrangère hypothétiquement applicable en France*

**181. L'appréciation de l'entité étrangère : la prise en compte de sa nature.** – La nature de l'entité étrangère peut rendre délicate l'appréciation de la condition relative au bénéfice d'un régime fiscal privilégié. En effet, savoir à quel type d'entité française l'entité étrangère s'assimile juridiquement est un préalable nécessaire pour savoir quel régime fiscal lui est hypothétiquement applicable en France. Cette question se pose régulièrement en pratique, tant pour l'Administration dans le cadre de son exercice de contrôle, que pour le contribuable résident qui opère avec des entités étrangères. À titre d'illustration, dans un arrêt *Rexel* rendu par la Cour administrative d'appel de Versailles en 2019[568], le juge s'est interrogé sur la condition relative au bénéfice d'un régime fiscal privilégié d'une société de personnes américaine. Dans cette affaire, un *limited partnership* établi dans l'État du Delaware a perçu des intérêts d'une société établie en France.

**182. L'affaire *Rexel*.** – Dans un premier temps, la Cour estime qu'il convient d'identifier le type de société, en droit français, auquel le *limited partnership* est assimilable, en prenant en compte le droit américain qui en régit la constitution et le fonctionnement[569]. Dans un deuxième temps seulement, le juge détermine le régime fiscal hypothétiquement applicable au regard de la loi fiscale française. De sorte que, dans cette affaire, le juge fiscal estime d'abord que la société établie aux États-Unis s'assimile, compte tenu de ses caractéristiques juridiques, à une société en commandite simple

---

[568] CAA Versailles, 1ère ch., 5 mars 2019, n° 16VE02168, *Sté Rexel* : *RJF* 8-9/19, n° 762, concl. Nicolas CHAYVIALLE.

[569] Classiquement, pour déterminer à quel type d'entité française l'entité étrangère s'assimile, le juge fiscal ne tient pas compte du régime fiscal local auquel est soumis l'entité étrangère. Le juge tient uniquement compte des caractéristiques juridiques de l'entité étrangère, notamment de la responsabilité des associés. V. CE, 8ème et 3ème s.-s., 7 septembre 2009, n° 303560 : *RJF* 12/09 n° 1068, concl. Laurent OLLEON *BDCF* 12/09, n° 136. V. aussi : CE, Plén., 24 novembre 2014, n° 363556, *Sté Artemis SA* : *RJF* 2/15 n° 102, chron. Nicolas LABRUNE, concl. Emmanuelle CORTOT-BOUCHER *BDCF* 2/15, n° 15. Pour une affaire récente, v. CE, 9ème et 10ème ch., 2 avril 2021, n° 427880, *min. c/ World Investment Corporation* : *Dr. fisc.* 2021, n° 21, comm. 26, concl. Céline GUIBE, note Florence DEBOISSY.

(SCS) selon la législation française (C. com., art. L. 222-1 et s.)[570]. Ensuite, il fait application du régime fiscal de la SCS en vertu du droit fiscal français. Ainsi, la part revenant aux associés commanditaires est soumise à l'impôt sur les sociétés au nom de la société (CGI, art. 206, 4). Quant aux associés commandités, ils sont imposables conformément au régime fiscal des sociétés de personnes, c'est-à-dire que l'imposition est établie au nom des associés (CGI, art. 8). À ce stade, intervient la comparaison entre le montant de l'impôt qu'auraient supporté hypothétiquement en France la société et ses associés et la charge fiscale effectivement supportée aux États-Unis. S'il était établi en France, le *limited partnership*, s'assimilant à une SCS, dont la personnalité morale est distincte de ses associés, aurait supporté l'impôt sur les sociétés à hauteur de la part des bénéfices qui revient aux associés commanditaires. Or, au cas présent, dans l'État du Delaware, le *limited partnership* est exonéré d'impôt. Qui plus est, en France, les associés commandités des SCS sont imposables en leur nom, à proportion des droits qu'ils détiennent dans la société, y compris ceux qui résident hors de France[571]. Aussi, aux États-Unis, le *general partner* (assimilable à l'associé commandité), qui se trouve être au cas présent une *limited liability company* (une société de capitaux), ne supporte pas d'impôt.

**183. Une comparaison nécessaire. –** Étant donné que les résultats du *limited partnership* américain ne sont pas imposables, ni au nom de la société, ni au nom de ses membres, la qualification de régime fiscal privilégié a été retenue. Si jamais le *limited partnership* avait été établi en France, les résultats seraient imposables tant au nom de la SCS à l'impôt sur les sociétés pour la part revenant aux associés commanditaires, qu'entre les mains des commandités, y compris s'ils ne sont pas résidents fiscaux français, pour la part des bénéfices qui leur revient. Il est nécessaire de faire une analyse rigoureuse du droit étranger pour déterminer l'entité à laquelle elle s'assimile en droit français. Cela permet de déduire le régime fiscal auquel elle serait soumise selon le droit interne. Par ailleurs, il n'y a pas régime fiscal privilégié à chaque fois que la personne ou l'entité étrangère ne supporte pas d'impôt dans son État de résidence. Si jamais cette entité établie à l'étranger s'analyse comme une entité juridique qui ne supporte pas d'impôt selon la législation fiscale française, la qualification de régime fiscal privilégié ne peut pas

---

570 Deux catégories d'associés se retrouvent dans le *limited partnership*, les *limited partners* (apporteurs de capitaux, dont la responsabilité est limitée à la contribution au capital social : assimilables aux associés commanditaires dans la SCS) et les *general partners* (disposant du pouvoir d'engager la société, dont la responsabilité est illimitée : assimilables aux associés commandités dans la SCS). V. en ce sens les conclusions de Nicolas CHAYVIALLE sur l'arrêt *Rexel* (*préc.*).

571 La Cour administrative d'appel de Versailles reprend ce que le Conseil d'État a déjà jugé : CE, Plén., 11 juillet 2011, n° 317024, *Sté Quality Invest* : *RJF* 10/11, n° 1063, concl. Laurent OLLEON *BDCF* 10/11, n° 117.

aboutir et les dispositifs anti-abus concernés (CGI, art. 238 A ; 209 B ; 123 *bis* ; 155 A) ne sont pas applicables[572]. Il serait donc inexact de généraliser la qualification d'un régime fiscal privilégié dans tous les cas où le bénéficiaire du revenu ne supporte pas d'impôt là où il est résident.

**184.** La méthode employée par le juge, bien qu'elle soit clairement établie, est complexe à mettre en œuvre. Certes, les acteurs du droit fiscal peuvent tenter de prévoir en avance les situations dans lesquelles un contribuable bénéficie d'un régime fiscal privilégié. Mais une part d'imprévisibilité demeure inévitablement. En outre, l'appréciation du régime fiscal privilégié peut susciter des difficultés plus singulières. Si certaines ont été résolues par le Conseil d'État, d'autres laissent encore place aux doutes.

---

[572] Voici la situation dans laquelle une société résidente en France verse des intérêts à un organisme de placement collectif (OPC) étranger. Ce paiement ne donne lieu à aucune imposition à l'étranger. L'OPC étranger est-il soumis à un régime fiscal privilégié au sens de l'article 238 A du CGI ? Dans un premier temps, il convient de distinguer le cas dans lequel l'OPC étranger est comparable à un fonds commun de placement (FCP), du cas dans lequel l'OPC étranger est comparable à une société d'investissement à capital variable (SICAV). Les FCP n'ont pas la personnalité juridique et ne sont pas directement imposables. S'analysant comme des copropriétés entre les différents porteurs de parts, les revenus sont imposables entre les mains de ces derniers, soit en cas de distribution des résultats aux porteurs, soit en cas de rachat des parts aux porteurs par le fonds. Les FCP n'étant pas soumis à l'impôt en France du fait de leur statut, l'appréciation d'un régime fiscal privilégié d'un véhicule d'investissement étranger s'analysant comme un FCP n'est pas pertinente. Quant aux SICAV, elles ont une personnalité juridique propre et distincte de celle de leurs épargnants. La loi française exonère d'impôt sur les sociétés les SICAV sur les bénéfices qu'elles réalisent (CGI, art. 208, 1° *bis* A). De sorte que, en comparant l'impôt supporté par le véhicule d'investissement étranger s'assimilant à une SICAV et l'impôt qu'il aurait supporté hypothétiquement en France, l'OPC établi à l'étranger ne bénéficie pas d'un régime fiscal privilégié. En réalité, le problème tient à la comparaison des situations. En effet, les véhicules d'investissement n'ont pas les mêmes caractéristiques entre les États. Il n'est pas certain que l'Administration fiscale assimile automatiquement un véhicule d'investissement étranger à une SICAV française. Tout cela relève d'une appréciation au cas par cas.
Pour plus de précisions, v. Bruno GOUTHIERE, *Les impôts dans les affaires internationales*, *op. cit.*, p. 1333, § 73802. V. aussi BOI-RPPM-RCM-10-30-20-10, § 260. Les OPCVM font l'objet d'une réglementation harmonisée au sein de l'UE. Une SICAV établie au Luxembourg, aux Pays-Bas ou en Belgique qui fonctionnerait conformément à la réglementation européenne, s'assimilerait évidemment comme une SICAV en France si jamais elle y était établie. En revanche, l'Administration fiscale est réticente à assimiler automatiquement un véhicule d'investissement qui n'est pas régi par la réglementation européenne à une SICAV établie en France.

### b. *L'appréciation variée de la condition du bénéfice d'un régime fiscal privilégié*

**185.** En pratique, l'appréciation du régime fiscal privilégié d'une personne ou d'une entité non-résidente s'avère délicate à réaliser. Par conséquent, la précision attachée à la condition du régime fiscal privilégié n'est pas *a fortiori* gage d'une prévisibilité juridique absolue, étant donné qu'elle fait naître des difficultés de mise en œuvre conséquentes. À diverses reprises, le Conseil d'État a dû se prononcer pour mettre fin aux interrogations suscitées par ce critère. L'appréciation en tant que telle de la condition du régime fiscal privilégié n'est pas du tout uniforme entre les dispositifs anti-abus[573]. En somme, chaque dispositif anti-abus enferme des subtilités propres qu'il convient de révéler. Afin d'avoir une image fidèle de la complexité attachée à ce système délicat à manier, y compris pour les juges du fond, trois affaires récentes peuvent être présentées.

**186. L'affaire *SIFA* : l'appréciation de la situation fiscale d'une société établie à l'étranger exploitant un établissement stable dans un autre État.** – La décision *Société industrielle et financière de l'Artois (SIFA)*, rendue par le Conseil d'État en 2011[574], précise la manière dont la charge fiscale d'une société établie au Vanuatu qui exploite un établissement stable en Malaisie doit être appréciée dans le cadre de la mise en œuvre de l'article 209 B du CGI. La question est de savoir si le montant de l'impôt supporté en Malaisie en raison de l'exploitation de l'établissement stable doit être cumulé à la charge fiscale supportée au Vanuatu. La réponse est négative. En effet, comme le relève le rapporteur public, il convient de comparer le montant de l'impôt auquel la société est soumise dans cet État au montant de l'impôt auquel elle serait soumise en France si elle y était établie, sans déplacer les filiales ou les établissements stables de cette société[575]. Or, au cas présent, si la société avait été établie en France, elle ne serait pas imposable sur les résultats de son établissement stable exploité en Malaisie,

---

[573] Par exemple, pour l'article 209 B du CGI, il convient de comparer le montant de l'impôt effectivement supporté par la filiale établie à l'étranger et le montant hypothétiquement supporté en France si elle y était établie. Pour le dernier alinéa de l'article 238 A du CGI, il convient de comparer le montant de l'impôt hypothétiquement supporté par le bénéficiaire des revenus dans l'État où le versement est effectivement perçu par un établissement financier comme s'il y effectuait l'activité génératrice des revenus, avec le montant hypothétiquement supporté en France si le bénéficiaire y effectuait cette même activité.

[574] CE, 9ème et 10ème s.-s., 21 novembre 2011, n° 325214, *min. c/ Sté industrielle et financière de l'Artois (SIFA)* : *RJF* 2/12 n° 102, concl. Pierre COLLIN *BDCF* 2/12, n° 16.

[575] V. Pierre COLLIN, concl. sur CE, 9ème et 10ème s.-s., 21 novembre 2011, n° 325214, *min. c/ Sté industrielle et financière de l'Artois (SIFA)*, *Ibid.*

conformément à l'article 209, I du CGI. Ainsi, la Cour administrative d'appel de Paris[576], qui compare la somme des impôts équivalents à l'impôt sur les sociétés payés par la société établie au Vanuatu à raison des résultats de ses établissements stables dans plusieurs pays étrangers et le montant de l'impôt sur les sociétés qu'elle aurait payé en France si ces résultats y avaient été entièrement imposables, commet une erreur de droit. Il convient de prendre en compte les règles de territorialité quand il s'agit d'évaluer les charges fiscales éventuellement supportées en France si jamais la société y avait été établie. Établie en France, la société du Vanuatu n'aurait pas supporté d'impôt sur les sociétés sur les bénéfices tirés de l'exploitation en Malaisie.

**187. L'affaire *Compagnie des Glénans* : la prise en compte des retenues à la source supportées en France par une société établie à l'étranger. –** Dans le cas où la société établie à l'étranger perçoit des dividendes d'une filiale elle-même établie dans un autre État, la question est de savoir s'il faut tenir compte pour déterminer la charge fiscale supportée effectivement par la société établie à l'étranger, des retenues à la source qu'elle subit dans d'autres États, qui frappent les revenus entrant dans sa base imposable. Cette question a été soulevée dans l'affaire *Compagnie des Glénans*[577]. Il y est question de la même société établie au Vanuatu que dans l'affaire *SIFA*. L'enjeu est de savoir si la société établie au Vanuatu, filiale d'une société mère établie en France, est soumise à un régime fiscal privilégié, afin de faire application de l'article 209 B du CGI. Or, cette société établie dans cette île détient des parts dans une société filiale elle-même établie en France et perçoit des dividendes de source française, sur lesquels une retenue à la source est prélevée (CGI, art. 119 *bis*, 2). La Cour administrative d'appel de Nantes a jugé en 2009[578] qu'il faut prendre en compte cette retenue à la source pour déterminer le montant de la charge fiscale établie à l'étranger. Compte tenu de cette retenue à la source, le montant de l'impôt que la société établie au Vanuatu aurait supporté si elle était établie en France n'est pas inférieur à ce qu'elle supporte effectivement. Le Conseil d'État suit le raisonnement rendu par le juge d'appel. Cette interprétation semble pouvoir se justifier par la volonté de privilégier une appréciation *in concreto* de la condition relative au régime fiscal privilégié[579].

---

[576] CAA Paris, 9ème ch., 18 décembre 2008, n° 06-3136, *SIFA* : *RJF* 8-9/09, n° 727.
[577] CE, 9ème et 10ème s.-s., 21 novembre 2011, n° 327207, *min. c/ Cie des Glénans* : *RJF* 2/12 n° 102, concl. Pierre COLLIN *BDCF* 2/12, n° 16. V. Philippe DURAND, « Le principe de territorialité : une valeur universelle ? À propos des arrêts CE, 21 nov. 2011, SIFA et Cie des Glénans », *Dr. fisc.* 2012, n° 5, comm. 128.
[578] CAA Nantes, 1ère ch., 16 février 2009, n° 07-3143, *SA Cie des Glénans* : *RJF* 7/09, n° 622.
[579] Dans le même sens, dans le cas où la filiale effectivement établie au Vanuatu aurait été établie en France, elle n'aurait pas supporté de retenue à la source en

Aujourd'hui, cette décision suscite encore des interrogations. En effet, les praticiens se demandent s'il faut tenir compte des retenues à la source supportées dans des États tiers, pour déterminer le montant de l'impôt effectivement supporté à l'étranger. À ce sujet, la doctrine est partagée[580]. Dans la continuité de ce qu'a jugé le Conseil d'État, il semblerait nécessaire, selon nous, de tenir compte de la retenue à la source effectivement supportée dans les États tiers, quitte à la comparer avec la retenue à la source hypothétique que la société aurait supportée si jamais elle était établie en France.

**188. L'affaire *Gemar Lumitec* : l'appréciation de la situation fiscale du bénéficiaire d'une somme versée sur un compte tenu dans un organisme financier. –** La décision *Gemar Lumitec*, rendue par le Conseil d'État en 2019[581] est un autre exemple qui illustre les difficultés attachées à la mise en œuvre de la condition relative au régime fiscal privilégié de l'article 238 A du CGI. Le dispositif anti-abus s'applique lorsque les versements visés sont effectués sur un compte tenu dans un organisme financier étranger[582]. Dans cette affaire, des sommes sont versées par une société établie en France sur un compte bancaire ouvert à Hong-Kong, en rémunération de prestations de services fournies par une société établie à Taïwan. L'enjeu est de savoir si lesdites sommes bénéficient d'un régime fiscal privilégié. Avant cette affaire, le Conseil d'État n'avait pas eu l'occasion de se prononcer sur les modalités de comparaison entre la charge fiscale effectivement supportée à l'étranger et la charge fiscale hypothétiquement supportée en France sur les sommes versées dans un compte bancaire établi à l'étranger[583]. L'Administration et le juge d'appel estiment que les sommes bénéficient d'un régime fiscal privilégié, dès lors qu'à Hong-Kong, les revenus de source étrangère ne sont pas imposables. Toutefois, sous l'impulsion des conclusions rendues par son rapporteur

---

France et aurait pu bénéficier du régime favorable des sociétés mères (CGI, art. 216).

580 V. Bruno GOUTHIERE, *Les impôts dans les affaires internationales*, *op. cit.*, p. 1292, § 72993 : il estime que « *la notion de régime fiscal privilégié s'apprécie strictement, l'entorse admise par le Conseil d'État se justifiant sans doute parce que le prélèvement d'amont avait été effectué au profit du Trésor français* ». V. contra Daniel GUTMANN, *Droit fiscal des affaires*, *op. cit.*, p. 585, § 817 : il estime que « *l'interprétation suivie par le Conseil d'État conduit à considérer qu'il en irait de même pour une retenue à la source supportée dans n'importe quel État* ».

581 CE, 3ème et 8ème ch., 24 avril 2019, n° 412284, *Sté Gemar Lumitec*, *préc.*

582 Ainsi, il est possible d'appréhender des situations dans lesquelles le domicile fiscal du bénéficiaire des sommes n'est pas connu. V. l'alinéa 4 de l'article 238 A du CGI.

583 V. une rare décision au sujet de l'interprétation du dernier alinéa de l'article 238 A du CGI : CE, 9ème et 8ème s.-s., 18 mai 1998, n° 157974, *min. c/ SA Arthur Loyd* : *RJF* 7/98, n° 790, concl. Français LOLOUM *BDCF* 4/98, n° 78.

public, le Conseil d'État estime qu'il convient de savoir si le bénéficiaire desdites sommes, s'il était établi dans cet État et s'il réalisait depuis cet État l'activité ayant donné lieu au versement, est lui-même soumis à un régime fiscal privilégié. Cette fois-ci, la comparaison ne porte pas sur le montant effectivement supporté dans l'État où est situé le compte bancaire, mais le montant hypothétique que le bénéficiaire devrait supporter s'il était résident dans l'État de l'organisme financier. Pour l'application de l'alinéa 4 de l'article 238 A du CGI, il s'agit de comparer la somme hypothétiquement supportée à Hong-Kong par le bénéficiaire, avec la somme qu'il aurait hypothétiquement supportée s'il était résident en France.

**189. L'identification du bénéficiaire des versements. –** Or, dans cette affaire, l'identification du bénéficiaire est délicate à réaliser, puisque le titulaire du compte sur lequel sont versées les sommes d'argent n'est autre que le dirigeant de la société établie à Taïwan. Pour preuve, dans l'arrêt d'appel, le juge estime que le bénéficiaire des sommes, même si elles sont versées par le débiteur établi en France sur le compte du dirigeant, est la société établie à Taïwan[584] ; alors que la juridiction de renvoi estime que le bénéficiaire des revenus est le dirigeant de la société[585]. Les deux hypothèses peuvent être envisagées.

**190. La société est bénéficiaire des sommes.** – Dans le cas où la société est réputée bénéficiaire des revenus, l'enjeu est de connaître les modalités de la comparaison. Dans l'arrêt d'appel, le juge estime que conformément aux règles de territorialité en vigueur à Hong-Kong, selon lesquelles les revenus qui n'ont pas pour source ce territoire ne sont soumis à aucun impôt, le montant hypothétiquement supporté à Hong-Kong par la société est nul, étant donné que l'activité génératrice du revenu trouve sa source à Taïwan. Toutefois, le juge d'appel, pour déterminer le montant hypothétiquement supporté en France fait comme si l'activité réalisée à Taïwan était faite en France, de sorte que le montant de l'impôt hypothétiquement supporté en France est nettement supérieur au montant hypothétiquement supporté à Taïwan. Dans ses conclusions sous l'arrêt du Conseil d'État, le rapporteur public n'a pas manqué de soulever la « *dissymétrie* »[586] attachée à la lecture de l'article 238 A du CGI proposée par la Cour administrative d'appel de Versailles. D'un côté (pour déterminer la charge fiscale hypothétiquement supportée par la société à Hong-Kong), il

---

584 CAA Versailles, 9 mai 2017, n° 16VE00568, *Sté Gemar Lumitec*.
585 CAA Versailles, 3ème ch., 28 mai 2020, n° 19VE01481, *Sté Gemar Lemitec*.
586 V. les conclusions de Laurent CYTERMANN sous la décision *Sté Gemar Lumitec* du Conseil d'État (*op. cit.*) Ce raisonnement aurait tout de même déjà eu la faveur des juges du fond dans une affaire précédente : CAA Versailles, 3ème ch., 16 octobre 2012, n° 10VE01908, *Sté Alcatel Lucent France* : *RJF* 2/13, n° 132.

suppose que le siège de la société est à Hong-Kong, tout en attestant que l'activité rémunératrice trouve sa source à Taïwan ; alors que, d'un autre côté (pour déterminer la charge fiscale hypothétiquement supportée par la société en France), il suppose que le siège de la société est en France, tout en attestant que l'activité rémunératrice est en France. Une autre interprétation, celle retenue par le contribuable lors de son pourvoi en cassation, permettant de mettre fin à cette dissymétrie, consiste à retenir le lieu réel de l'activité pour estimer la charge fiscale hypothétiquement supportée en France et celle hypothétiquement supportée dans l'État où se trouve le compte bancaire. Or, compte tenu des règles de territorialité françaises en matière d'impôt sur les sociétés, cela aboutit à ce que le montant hypothétique de l'imposition en France soit toujours nul. L'activité réelle étant à l'étranger, en vertu de l'article 209, I du CGI, il ne peut pas y avoir de bénéfices imposables en France. Cette lecture tend à faire perdre tout effet utile à l'article 238 A du CGI. Une dernière interprétation, qui a la faveur du rapporteur public et du Conseil d'État, consiste à comparer les charges hypothétiquement supportées en France et dans l'État où se situe le compte bancaire par lequel les sommes transitent, en faisant comme si l'activité génératrice de revenus était réalisée en France et dans l'État où se situe l'établissement financier. De cette manière, il n'est en aucune manière tenu compte de la fiscalité de l'État dans lequel l'activité est réalisée.

**191. Le dirigeant est bénéficiaire des sommes. –** Cette manière de raisonner a été reprise par la juridiction de renvoi[587]. Toutefois, celle-ci a estimé devoir retenir comme bénéficiaire des revenus le dirigeant de la société. De sorte qu'elle a comparé le montant de l'impôt hypothétiquement supporté par le dirigeant s'il était résident à Hong-Kong et s'il avait effectué la prestation depuis ce territoire ; avec le montant de l'impôt hypothétiquement supporté par le dirigeant s'il était résident en France et s'il avait effectué la prestation depuis cet État. Outre la solution retenue dans cette affaire, nous constatons toute la complexité liée à l'appréciation de la condition relative au « régime fiscal privilégié » et les capacités d'abstraction qu'elle requiert.

**192. Une comparaison entre les dispositifs anti-abus définissant abstraitement et concrètement les pratiques abusives. –** Si la condition du régime fiscal privilégié est censée : i) être harmonisée entre les différentes règles anti-abus, ii) être précise pour faciliter le travail de l'Administration dans l'exercice d'identification des pratiques abusives et iii) apporter de la prévisibilité au contribuable, des difficultés de mise en œuvre

---

587 CAA Versailles, 3ème ch., 28 mai 2020, n° 19VE01481, *Sté Gemar Lemitec.*

existent tout de même[588]. Cette observation tend à mesurer le propos qui consisterait à analyser les dispositifs anti-abus qui identifient concrètement des pratiques abusives comme de meilleurs outils anti-abus que ceux qui définissent l'abus de droit abstraitement. Ces dispositifs anti-abus particuliers ont pour effet de dissuader les contribuables d'effectuer des opérations dans des États où la fiscalité est avantageuse. Cet effet dissuasif n'est pas problématique lorsque cela permet de raisonner le contribuable qui, par excès d'habileté, pensait planifier une opération très « audacieuse » ou « agressive » sur le plan fiscal. En revanche, cet effet dissuasif est plus délicat à justifier lorsque le contribuable renonce à faire une opération pourtant substantielle et réelle au regard des incertitudes qui planent quant à la mise en œuvre du critère du régime fiscal privilégié. En effet, la qualification d'un régime fiscal privilégié par l'Administration aboutit à une présomption de comportement abusif. Le contribuable est alors dans une position délicate (n° 463). En parallèle, il convient de rappeler que des États étrangers pâtissent de l'effet dissuasif attaché à ces dispositifs anti-abus français. Parmi ces États, se trouvent des pays en voie de développement qui prennent des mesures fiscales incitatives pour attirer des capitaux étrangers. Ainsi, dissuader implicitement les contribuables à poursuivre des opérations (réelles et substantielles) dans ces États ne va pas dans le sens d'une meilleure répartition des richesses entre les pays développés et les pays en voie de développement.

**193.** Toujours est-il que ces mesures ne sont censées viser que des pratiques précisément identifiées dans les textes.

### *B. Les pratiques abusives visées*

**194. Des pratiques concrètement identifiées. –** Les dispositions des mesures anti-abus étudiées dans ce paragraphe concrétisent la notion d'abus en droit fiscal international. Dès lors que le régime fiscal privilégié est qualifié par l'Administration, l'opération visée est présumée être abusive. Il convient alors de déterminer précisément les opérations concernées (**1**). Pour se défaire de la présomption, le contribuable doit démontrer (n° 446 et s.) qu'il a poursuivi cette opération pour des raisons autres que fiscales.

---

588 Récemment, le Conseil d'État est venu indiquer, au sujet de l'application du dispositif anti-abus de l'article 123 *bis* du CGI, que « *le régime des sociétés mères, même s'il s'agit non d'un régime de droit commun mais d'un régime spécial plus favorable, doit être pris en compte dans la comparaison entre les poids respectifs d'imposition dès lors qu'il a une vocation très large à s'appliquer à toutes les entreprises éligibles, et qu'au demeurant, il s'agit d'un régime pérenne harmonisé au sein de l'Europe* », v. CE, 3ème et 8ème ch., 14 février 2022, n° 442061 et n° 442062 : *RJF* 5/22, n° 453, concl. Marie-Gabrielle MERLOZ (C 453). V. aussi CE, 9ème et 10ème ch., 21 juin 2022, n° 449408 : *Dr. fisc.* 2022, n° 26, act. 256.

Dans le cas où l'opération n'est pas « *réelle* »[589] ou s'analyse comme un « *montage artificiel* » dont le but serait de « *contourner la législation fiscale française* »[590], alors l'avantage fiscal auquel l'opération aboutit est neutralisé (n° 391 et s.). L'abus ne s'explique pas tant parce qu'une opération a été réalisée dans un État où elle bénéficie d'un régime fiscal privilégié, que par le fait qu'elle n'est pas justifiée par des raisons autres que fiscales ou apparaît comme étant fictive (**2**).

### *1. La description précise des comportements visés*

**195. Des situations précises. –** Les opérations bénéficiant d'un régime fiscal privilégié visées dans les articles 238 A, 123 *bis*, 209 B et 155 A du CGI sont présumées abusives si et seulement si un certain nombre de conditions précisément distinguées par le législateur sont remplies. À défaut, l'Administration ne peut pas exiger du contribuable qu'il démontre la licéité, c'est-à-dire le caractère non abusif, de son opération. *A priori*, cela permet de limiter l'étendue de ces présomptions et de ne les cantonner qu'à des situations très particulières. Ces conditions sont variables d'un dispositif anti-abus à l'autre. Elles s'attachent à préciser le contribuable visé, d'abord ; et à la nature de l'opération visée, ensuite.

**196. La variété des comportements. –** L'article 123 *bis* du CGI vise uniquement les personnes physiques domiciliées fiscalement en France qui

---

589 V. la rédaction de l'article 238 A du CGI : les versements visés : « *[…] ne sont admis comme charges déductibles pour l'établissement de l'impôt que si […] les dépenses correspondent à des opérations réelles et qu'elles ne présentent pas un caractère anormal ou exagéré* ». L'article 238 A du CGI prévoie donc deux présomptions : une présomption d'abus de droit, une présomption d'acte anormal de gestion.
V. l'interprétation de l'article 155 A du CGI par le Conseil d'État selon laquelle : « *[…] les prestations dont la rémunération est ainsi susceptible d'être imposée entre les mains de la personne qui les a effectuées correspondent à un service rendu pour l'essentiel par elle et pour lequel la facturation par une personne domiciliée ou établie hors de France ne trouve aucune contrepartie réelle dans une intervention propre de cette dernière, permettant de regarder ce service comme ayant été rendu pour son compte* » ; CE, 9ème et 10ème s.-s., 20 mars 2013, n° 346642, *Piazza* : *Dr. fisc.* 2013, n° 20, comm. 282, concl. Frédéric ALADJIDI, note Christophe DE LA MARDIERE ; CE, 3ème et 8ème s.-s., 4 décembre 2013, n° 348136, *M. Edmilson Gomes De Moraes* : *Dr. fisc.* 2014, n° 11, comm. 211, concl. Vincent DAUMAS, note Christophe DE LA MARDIERE ; CE, 3ème et 8ème ch., 12 mai 2017, n° 398300, *Repolowicz* : *RJF* 8-9/17, n° 771 ; CE, 8ème et 3ème ch., 16 juillet 2021, n° 433578, *min. c/ M. B.* : *RJF* 11/21, n° 1017.
590 V. la rédaction des articles 123 *bis* et 209 B du CGI : les dispositifs ne sont pas mis en œuvre dans certains cas : « *si l'exploitation de l'entreprise ou la détention des actions, parts, droits financiers ou droits de vote de cette entité juridique par la personne domiciliée en France ne peut être regardée comme constitutive d'un montage artificiel dont le but serait de contourner la législation fiscale française* ».

détiennent directement ou indirectement, 10 % au moins des actions, parts, droits financiers ou droits de vote dans une structure établie ou constituée hors de France dont le régime fiscal est privilégié, par l'intermédiaire de laquelle elle réaliserait des revenus[591]. L'article 209 B du CGI traite des entreprises ou personnes morales passibles de l'impôt sur les sociétés en France qui réaliseraient des bénéfices par l'intermédiaire d'entreprises ou d'entités étrangères bénéficiant d'un régime fiscal privilégié, dans lesquelles elles détiennent directement ou indirectement, 50 % des actions, parts, droits de vote ou droits financiers[592]. L'article 238 A du CGI s'applique à tout débiteur (personne morale à l'impôt sur les sociétés ou à l'impôt sur le revenu, personne physique à l'impôt sur le revenu) de charges payées ou dues limitativement énumérées (charges financières spécifiques[593], redevances[594] et rémunérations de services[595]) à des personnes domiciliées

---

[591] Le Conseil d'État a jugé, sans doute par pragmatisme, comme le suggère d'ailleurs son rapporteur public, qu'un contribuable qui crée une société étrangère, déclare être le bénéficiaire économique du compte ouvert au nom de cette société dans une banque luxembourgeoise et reconnaît avoir librement disposé des sommes placées sur ce compte remplit la condition de contrôle. Le Conseil d'État interprète avec souplesse cette condition de détention. Alors que la lettre du texte s'attarde quantitativement sur le seuil de détention de 10 %, le juge suprême estime que : « *le législateur a entendu imposer les résidents fiscaux à raison des bénéfices réalisés à l'étranger par certaines entités établies dans des États ou territoires dans lesquels elles sont soumises à un régime fiscal privilégié, sur lesquelles ces résidents exercent un contrôle, même partagé, quelle que soit sa forme juridique et, dans le cas où il est quantifiable, supérieur à 10 %* ». V. CE, 8ème et 3ème ch., 10 mars 2020, n° 427104 : *Dr. fisc.* 2020, n° 41, comm. 402, concl. Romain VICTOR. Dans le même sens, v. CE 3ème et 8ème ch., 12 mai 2022, n° 444994 : *Dr. fisc.* 2022, n° 20, act. 184.
Désormais (depuis loi n° 2009-1674 du 30 décembre 2009), lorsque l'entité est établie dans un ETNC, au sens de l'article 238-0 A du CGI, la condition de détention de 10 % est réputée remplie. V. le b du 4 *ter* de l'article 123 *bis* du CGI.
La question de l'applicabilité de ce dispositif anti-abus dans le cas où le contribuable est bénéficiaire d'un trust se pose en pratique. Sur cette question, très spécifique, v. CAA Paris, 2ème ch., 24 juin 2020, n° 19PA00458, *Clive-Worms* : *Dr. fisc.* 2020, n° 40, comm. 391. Dans cette affaire, la Cour rejette l'application de ce dispositif anti-abus au regard du caractère irrévocable et discrétionnaire du trust. Pour une étude sur cette question, v. Emmanuel DIHN, « Quelles conditions d'application de l'article 123 bis du CGI aux trusts ? », *FI* 2020, n° 3, 9.3.
[592] Les dispositions de l'article 209 B du CGI peuvent être rapprochées des dispositions de de l'article 7 de la directive « ATAD 1 » relatives aux sociétés étrangères contrôlées.
[593] Il s'agit des charges financières suivantes : intérêts, arrérages et tous autres produits des obligations, intérêts, arrérages et tous autres produits des créances hypothécaires, privilégiées et chirographaires, des dépôts de sommes d'argent, des cautionnements en numéraire et des comptes courants.
[594] Il s'agit des redevances de cession ou concession de licences d'exploitation, de brevets d'invention, de marques de fabrique, procédés ou formules de fabrication et autres droits analogues.
[595] À en croire la doctrine administrative, les services visés s'entendent des services de toute nature. Les rémunérations peuvent être versées notamment au titre

ou établies à l'étranger bénéficiant d'un régime fiscal privilégié, ainsi qu'à tout versement ayant fait l'objet d'un paiement dans un organisme financier bénéficiant d'un régime fiscal privilégié. L'alinéa 3 de l'article 155 A du CGI concerne toute personne physique ou morale domiciliée ou établie en France qui prête son concours à une personne physique ou morale domiciliée ou établie hors de France qui bénéficie d'un régime fiscal privilégié sur les revenus qu'elle perçoit, afin d'effectuer une prestation de services (CGI, art. 155 A, I). Le dispositif est également applicable lorsqu'une personne ou une entité non domiciliée ou non établie en France apporte son concours à la société de services étrangère pour une prestation réalisée en France (CGI, art. 155 A, II).

**197. Des champs d'application étendus. –** Les opérations visées sont effectivement précisées dans les textes et vont dans le sens d'une meilleure prévisibilité juridique pour les contribuables. Ces derniers peuvent anticiper clairement les opérations que l'Administration suspecte d'être abusives. Par ailleurs, les conditions d'application posées dans ces mesures anti-abus sont suffisamment larges pour couvrir des situations qui, en pratique, sont fréquentes. De sorte que, nombreux sont les contribuables qui sont susceptibles de tomber sous le coup d'une présomption d'abus de droit. S'agissant de l'article 238 A du CGI, il fait référence à des dépenses engagées régulièrement par des entreprises résidentes (notamment les redevances en cas de concessions de marques), censées être déductibles de leur résultat[596]. Les articles 123 *bis* et 209 B du CGI visent également des situations de contrôle très courantes en pratique. Le seuil de détention est vite atteignable, puisqu'il est calculé tant au regard des participations directes, que des participations indirectes dans l'entité bénéficiant d'un régime fiscal privilégié. Les « *chaînes de participations* »[597] et les cas de « *communauté d'intérêts* »[598] sont donc inclus dans le calcul du pourcentage de détention, ce

---

d'appointements, salaires, indemnités, loyers de biens meubles ou immeubles ; frais d'étude et de recherches ; rémunérations d'intermédiaires et honoraires ; transport, publicité, travaux de façon, redevances diverses, etc. V. BOI-BIC-CHG-80-10, § 50.

[596] Par exemple, dans l'affaire *Gemar Lumitec* (*préc.*), il s'agit de commissions versées au dirigeant d'une société établie à Taïwan.

[597] Cette expression est employée par la doctrine administrative, v. BOI-IS-BASE-60-10-20-10, § 120. Les actions, parts, droits financiers ou droits de vote, détenus indirectement, s'entendent des actions parts, droits financiers ou droits de vote détenus par l'intermédiaire d'une chaîne d'actions, de parts, de droits financiers ou de droits de vote. Pour apprécier le pourcentage, il faut donc multiplier les taux de détention successifs.

[598] Cette expression est employée par la doctrine administrative, v. BOI-IS-BASE-60-10-20-10, § 120. La détention indirecte s'entend aussi des actions, parts, droits financiers ou droits de vote détenus directement ou indirectement : a) par les salariés ou les dirigeants de droit ou de fait de la personne morale française ; b) par

qui élargit considérablement les situations susceptibles d'entrer dans les champs d'application de ces deux dispositifs anti-abus. Concernant spécifiquement le dispositif anti-abus de l'article 209 B du CGI, le seuil de détention de 50 % est même abaissé à 5 % dans les cas dits de « fractionnement » ; c'est-à-dire dans les cas où plus de la moitié des actions, parts, droits financiers ou droits de vote de l'entité juridique non-résidente est détenue par des entreprises qui sont elles-mêmes établies en France[599] ou par des entreprises qui sont placées directement ou indirectement dans une situation de contrôle ou de dépendance au sens de l'article 57 du CGI à l'égard de la personne morale établie en France. Quant au dispositif anti-abus de l'article 155 A du CGI, il a vocation à s'appliquer à tous les secteurs d'activité. Si, au départ, l'application de ce texte concernait essentiellement des opérations impliquant des artistes[600] et des sportifs de haut niveau[601], d'autres secteurs d'activité ont été concernés[602]. Par exemple, l'Administration fiscale a pu appréhender, sur le fondement des dispositions de l'article 155 A du CGI, des prestations de services techniques et

---

une personne physique, son conjoint, ou leurs ascendants ou descendants, lorsque l'une au moins de ces personnes est directement ou indirectement actionnaire, porteuse de parts, titulaire de droits financiers ou de droits de vote dans cette personne morale ; c) par une entreprise ou une entité juridique ayant en commun avec cette personne morale un actionnaire, un porteur de parts ou un titulaire de droits financiers ou de droits de vote qui dispose directement ou indirectement du nombre le plus élevé de droits de vote dans cette entreprise ou cette entité juridique et dans cette personne morale ; d) par un partenaire commercial de la personne morale dès lors que les relations entre cette personne morale et ce partenaire sont telles qu'il existe entre eux un lien de dépendance économique.

599 Dans le cas particulier où les titres de l'entité étrangère sont cotés sur un marché réglementé, le seuil est abaissé à 5 % uniquement si les sociétés établies en France ont agi de concert (C. com., art. L. 233-10).

600 Pour un exemple classique, v. CE, 9ème et 10ème s.-s., 28 mars 2008, n° 271366, *Aznavour* : *RJF* 6/08, n° 629, concl. Claire LANDAIS *BDCF* 6/08, n° 69.
Le montage classiquement visé se résume par la conjonction de diverses opérations. Une personne physique (souvent issue du milieu du sport ou du spectacle) domiciliée fiscalement en France rend des prestations dans différents États. Elle agit comme un préposé d'une société établie dans un État dans lequel elle bénéficie d'une fiscalité attrayante. Juridiquement, la société est rémunérée au titre de la prestation. Dans le cadre d'un tel montage, les règles classiques de territorialité française ne permettent pas d'imposer les rémunérations versées à la société établie hors de France. Il ressort de la jurisprudence *Piazza* (*préc.*) que le dispositif de l'article 155 A du CGI a vocation à imposer la personne qui effectue réellement la prestation de service sur les sommes perçues par la personne résidente à l'étranger.

601 Pour un exemple classique, v. CE, 3ème et 8ème s.-s., 4 décembre 2013, n° 348136, *M. Edmilson Gomes De Moraes*, *préc.*

602 Pour une liste d'exemples jurisprudentiels, v. Bruno GOUTHIERE, *Les impôts dans les affaires internationales*, *op. cit.*, pp. 841-846, § 46060.

commerciales[603]. Bien que précises, les dispositions de ces mesures anti-abus spécifiques ont vocation à appréhender un grand nombre d'opérations internationales.

**198.** Un climat général de méfiance entre le contribuable et l'Administration peut en résulter. D'un côté, l'Administration est sceptique dès lors que le contribuable réalise l'une de ces opérations. D'un autre côté, le contribuable redoute de ne pas réussir à se défaire des présomptions de comportements abusifs instituées par ces mesures anti-abus (n° 463). En tout état de cause, l'Administration est toujours amenée à apprécier les motifs qui ont justifié ces opérations.

### *2. L'appréciation des motifs poursuivis*

**199. Une problématique commune à tous les dispositifs anti-abus.** – Dès lors que le contribuable a réalisé une des opérations visées, il est présumé que le motif déterminant de l'opération est le bénéfice d'un avantage fiscal. De sorte que, pour se défaire de la présomption d'abus de droit, le contribuable doit démontrer que l'opération est réelle (CGI, art. 238 A, al. 1 ; 155 A[604]), qu'elle n'a pas été poursuivie dans un but principalement fiscal (CGI, art. 209 B, III ; 123 *bis*, 4 *bis*, al. 2 ; 238 A, al. 3), dans un but exclusivement fiscal[605] ou que l'opération n'est pas constitutive d'un montage artificiel dont le but serait de contourner la législation fiscale française (CGI, art. 209 B, II ; 123 *bis*, 4 *bis*, al. 1). Évidemment, en pratique, il est parfois délicat de distinguer les cas dans lesquels : i) les opérations sont fictives ou réelles[606], ii) les opérations ne sont justifiées que par des considérations fiscales ou sont justifiées par des considérations autres que fiscales[607]. En outre, les terminologies employées

---

[603] CE, 8ème et 3ème ch., 12 octobre 2018, n° 414383 : *RJF* 1/19, n° 1, concl. Benoît BOHNERT (C 1).

[604] CE, 9ème et 10ème s.-s., 20 mars 2013, n° 346642, *Piazza, préc.* V. aussi : Anne ILJIC, « Quelle est la portée de l'article 155 A du CGI ? », *RJF* 8-9/17, chron. p. 1047.

[605] Ce critère a été utilisé par la Cour administrative d'appel de Versailles dans son arrêt *Rexel* de 2019 (*préc.*). En effet, dans sa solution, le juge d'appel estime que l'entreprise « *apporte ainsi la preuve que le recours à l'endettement ne peut être regardé, en l'espèce, comme réalisé dans des conditions anormales révélant un but exclusivement fiscal de l'opération, et revêtant les caractéristiques d'un abus de droit* ».

[606] V. CE, 3ème et 8ème s.-s., 10 août 2005, n° 275983, *Sté Électromécanique du Nivernais* : *RJF* 12/05, n° 1398, *BDCF* 12/05, n° 151, concl. Emmanuel GLASER. Dans cette affaire, le contribuable démontre que les opérations réalisées dans un État où elles bénéficient d'un régime fiscal privilégié (Italie) sont réelles.

[607] V. CE, 9ème et 10ème s.-s., 30 décembre 2015, n° 372522, *min. c/Sté Paribas International* ; CE, 9ème et 10ème s.-s., 30 décembre 2015, n° 372733, *min. c/Sté BNP Paribas* : *RJF* 3/16, n° 225 et *RJF* 3/16, n° 226, concl. Émilie BOKDAM-TOGNETTI (C 225 et 226), chron. Nicolas Labrune, p. 269. Dans ces deux affaires, le

varient en fonction des dispositifs anti-abus envisagés. Parfois, au sein d'un même dispositif anti-abus, le critère intentionnel, du moins sa sémantique, n'est pas identique selon que l'opération visée ait une dimension européenne, ou bien une dimension internationale. Cette variété terminologique peut être déstabilisante pour les contribuables. Il se demandent nécessairement si ces différentes expressions renvoient, ou non, à des réalités distinctes ou similaires. Si le législateur illustre (en partie) dans l'article 209 B du CGI, les situations dans lesquelles le contribuable n'est pas réputé réalisée une pratique abusive, il reste muet pour les autres dispositifs anti-abus.

**200. Des précisions quant aux motifs. –** À la différence des dispositifs anti-abus étudiés dans le premier chapitre, l'article 209 B du CGI renseigne sur le contenu attaché au critère du « but principalement fiscal ». Autrement dit, le texte donne davantage d'explications sur les situations dans lesquelles l'opération du contribuable serait réputée ne pas avoir eu pour motif déterminant l'obtention d'un avantage fiscal. De sorte que, lorsque ces situations sont révélées, l'Administration doit reconnaître que l'opération n'est pas constitutive d'une pratique abusive. Au demeurant, il peut d'ailleurs paraître étonnant que le législateur n'ait pas fait le choix d'étendre ces précisions dans les autres dispositifs anti-abus. Ainsi, l'article 209 B du CGI dispose que pour les situations dans lesquelles la filiale n'est pas établie dans un État membre de l'Union européenne, le contribuable n'est pas réputé avoir réalisé une pratique abusive si « *l'entreprise ou l'entité juridique établie ou constituée hors de France a principalement une activité industrielle ou commerciale effective exercée sur le territoire de l'État de son établissement ou de son siège* »[608]. La doctrine administrative estime que l'activité industrielle

---

contribuable démontre que les opérations qu'il effectue dans États dans lesquels il bénéficie d'un régime fiscal privilégié (Guernesey et Hong-Kong) n'ont pas principalement pour objet d'échapper à l'impôt français. V. Thierry PONS, « Article 209 B : ou quand la présomption d'évasion est combattue avec succès », *FR* 3/16, inf. 6, p. 6. Pour une affaire récente traitée par les juges du fond au sujet de l'application du dispositif anti-abus de l'article 209 B du CGI à une captive de réassurance établie au Luxembourg, v. CAA Versailles, 1ère ch., 25 mai 2021, n° 19VE00473 : *Dr. fisc.* 2021, n° 38, 364.

[608] Dans sa version antérieure à celle issue de la loi n° 2012-958 du 16 août 2012, cette exception était précisément définie. En effet, elle ne jouait pas lorsque les bénéfices ou les revenus provenaient pour une part importante de certaines opérations sur actifs financiers ou incorporels ou de prestations de services intragroupes. L'Administration éprouvait des difficultés à apprécier ces conditions, ce qui a conduit le législateur à alléger les conditions de mise en œuvre de cette exception. Pour plus de précisions, v. Bruno GOUTHIERE, *Les impôts dans les affaires internationales*, *op. cit.*, p. 1313, § 73263.
Il est également possible de rapprocher ces dispositions textuelles de celles de l'article 7 de la directive « ATAD 1 ». Ces dernières prévoient que la règle relative aux sociétés étrangères contrôlées ne s'applique pas « *lorsque la société étrangère*

s'entend comme celle qui consiste en la production ou en la transformation de biens[609]. Quant à l'activité commerciale, elle s'entend comme les achats en vue de la vente ou de la location de matières ou de marchandises, ainsi que la fourniture de services, y compris dans les domaines de la banque ou de l'assurance. De sorte que, sont exclues de cette clause de sauvegarde, les activités civiles et libérales par nature[610]. L'enjeu pour le contribuable est de démontrer que l'activité poursuivie à l'étranger s'assimile à une activité commerciale ou industrielle, puisque les dispositions de l'article 209 B du CGI ne sont plus applicables dans ce cas. Par le passé, le contribuable a déjà réussi à démontrer que des activités de gestion de trésorerie[611] et de banque privée internationale[612] étaient des activités commerciales. Lorsqu'il est en dehors du champ d'application de cette clause d'exonération automatique, le contribuable est toujours en mesure de démontrer que la finalité de son opération n'était pas celle d'éluder l'impôt normalement dû en France[613].

**201. Analyse. –** Cette précision quant aux intentions du contribuable ne se retrouve qu'au sein de l'article 209 B du CGI et ne se limite qu'au montage impliquant une société qui bénéficie d'un régime fiscal privilégié dans un État tiers de l'Union européenne. Lorsque l'opération implique une entité établie dans un État membre de l'Union européenne, les dispositions de l'article 209 B du CGI ne sont pas applicables lorsque cette opération n'est pas artificielle[614]. L'artificialité ne fait pas l'objet d'une définition

---

*contrôlée exerce une activité économique substantielle au moyen de personnel, d'équipements, de biens et de locaux, corroborée par des faits et des circonstances pertinents* ». Elle s'applique en revanche aux « *montages non authentiques mis en place essentiellement dans le but d'obtenir un avantage fiscal. Aux fins du présent point, un montage ou une série de montages est considéré comme non authentique lorsque l'entité ou l'établissement stable ne posséderait pas les actifs qui sont la source de tout ou partie de ses revenus ni n'aurait pris les risques qui y sont associés si elle ou il n'était pas contrôlé(e) par une société où les fonctions importantes liées à ces actifs et risques sont assurées et jouent un rôle essentiel dans la création des revenus de la société contrôlée* ».

[609] BOI-IS-BASE-60-10-40, § 70 et s.

[610] *Ibid.*

[611] CE, 9ème et 10ème s.-s., 28 novembre 2012, n° 338682 et n° 341128, *Sté BNP Paribas* et *min. c/ BNP Paribas* : *RJF* 2/13 n° 138, concl. Frédéric ALADJIDI *BDCF* 2/13, n° 17. V. Émilie BOKDAM-TOGNETTI, « Article 209 B : causeries autour de la clause de sauvegarde », *RJF* 2/13, chron., p. 107 ; Stéphane AUSTRY, « Clause de sauvegarde de l'article 209 B : une (re)naissance ? », *Dr. fisc.* 2013, n° 7-8, comm. 158.

[612] CE, 9ème et 10ème s.-s., 28 novembre 2012, n° 341127, *min. c/ Sté BNP Paribas* : *RJF* 2/13 n°138.

[613] V. CE, 9ème s.-s., 26 décembre 2012, n° 349071, *min. c/Sté HSBC France* et n° 349070, *min. c/Sté BNP Paribas* : *RJF* 3/13, n° 271.

[614] Pour une série d'exemples jurisprudentiels des juges du fond dans lesquels ils estiment que l'abus – au sens de l'article 209 B du CGI, au sein de l'UE – est caractérisé, v. : Bruno GOUTHIERE, *Les impôts dans les affaires internationales*, *op. cit.*,

précise dans les textes. Tout au plus, il est possible de se référer à la jurisprudence de la Cour de justice de l'Union européenne[615], selon laquelle le montage artificiel est caractérisé lorsque la réalité de l'implantation et l'exercice effectif d'une activité économique ne sont pas établis[616]. Il pourrait donc être utile de se référer à la précision dont l'article 209 B du CGI fait preuve pour les opérations qui ne concernent pas le droit de l'Union européenne. Une telle démarche paraît être en réalité dépourvue d'effet pratique. Qu'il s'agisse d'opérations au sein ou en dehors de l'Union européenne, les dispositions de l'article 209 B du CGI sont applicables lorsque l'implantation de la société à l'étranger n'est pas réelle. De sorte que le renseignement quant à la nature de l'activité ne semble pas utile. Dès lors, par exemple, que les moyens humains et matériels de l'entreprise ne sont pas suffisants pour réaliser son objet social, et ce, peu importe le type d'activité poursuivie (industrielle, commerciale ou civile), les dispositions de l'article 209 B du CGI sont applicables. Finalement, multiplier les terminologies relatives au critère intentionnel de l'abus de droit n'est pas utile s'ils ramènent à une même réalité. La confusion est créée vainement. Proposer une lecture convergente de ces critères semble être la solution la plus adéquate en termes de prévisibilité juridique.

**202.** À côté des mesures anti-abus qui visent à éviter le recours abusif à des entités qui bénéficient d'un régime fiscal privilégié à l'étranger, d'autres ont vocation à lutter contre d'autres formes d'interpositions abusives. Bien que leur mise en œuvre ne soit pas subordonnée à la qualification d'un régime fiscal privilégié, ces mesures anti-abus tendent aussi à viser spécifiquement des opérations abusives dans les situations transnationales.

### *§ 2 – Les interpositions*

**203.** Plusieurs situations d'interpositions de personnes, de sociétés ou d'entités sont spécifiquement visées dans les mesures anti-abus du droit fiscal international français[617]. Plus précisément, ces mesures anti-abus tentent notamment d'éviter les interpositions de personnes ou d'entités « écrans » ou « relais » à l'étranger[618]. Selon l'OCDE, les sociétés écrans sont

---

p. 1219, § 73255. Pour un exemple récent, v. TA Montreuil, 1ère ch., 21 mai 2019, n° 1801760, *Sté Danone.*

615 CJCE, Grande ch., 12 septembre 2006, aff. C-196/04, *Cadbury Schweppes plc et Cadbury Schweppes Ltd, préc.*

616 BOI-IS-BASE-60-10-40, § 20.

617 Pour une étude (ancienne) sur l'interposition de sociétés à l'étranger, v. Franck VAN HASSEL, *L'utilisation des sociétés étrangères à des fins d'évasion fiscale*, Thèse, 1996, Paris II.

618 À ce sujet, deux rapports classiques rendus par l'OCDE le 26 novembre 1986 peuvent être cités : OCDE, « R(5). Les conventions préventives de la double

« *le plus souvent établies dans des zones à faible imposition* » et « *sont utilisées dans le but d'y mettre à l'abris des revenus et de réduire ainsi les impôts dus dans le pays du domicile du contribuable* »[619]. Par ailleurs, une personne peut également user d'entités relais. En effet, elle peut agir « *par l'entremise d'une entité juridique créée dans un État dans le but principal ou exclusif d'obtenir les allègements d'impôts prévus dans les conventions conclues par cet État et auxquels cette personne n'aurait pas droit directement* »[620]. À ce titre, un contribuable résident d'un État tiers à l'Union européenne peut tenter de bénéficier des avantages fiscaux attachés aux directives européennes en interposant une entité relais au sein d'un État membre de l'Union européenne (CGI, anc. art. 119 *ter*, 3 ; art. 119 *quater*, 3 ; 182 B *bis*, 3). Un contribuable non-résident peut aussi interposer une personne ou une entité en France afin d'échapper à un impôt qu'il doit normalement en France (CGI, art. 119 *bis* A). Bien que ces mesures anti-abus aient des particularités propres, elles sont liées par le fait que leur mise en œuvre dépend de la caractérisation d'une interposition spécifique. Dans ces mesures anti-abus, la définition de l'abus de droit prend une forme concrète. En effet, les pratiques abusives sont précisées. Toutefois, cette précision n'a pas que des avantages.

**204.** Pour faire état de cette analyse, trois séries de mesures anti-abus peuvent être présentées. La première série concerne les mesures anti-abus qui visent les interpositions de sociétés relais au sein d'un État membre de l'Union européenne, décidées par des investisseurs qui ne résident pas au sein d'un État membre, pour bénéficier des avantages fiscaux attachés aux régimes de faveur « mères-filles » et « intérêts-redevances » (CGI, anc. art. 119 *ter*, 3 ; art. 119 *quater*, 3 ; 182 B *bis*, 3) (**A**). La deuxième série concerne deux mesures anti-abus. La première mesure anti-abus vise les interpositions d'entités écrans en dehors de la France qui aboutissent à ce que la rémunération due à un prestataire de services normalement imposable en France échappe à l'impôt français (CGI, art. 155 A). La seconde mesure anti-abus vise les opérations dites « d'arbitrage de dividendes » (CGI, art. 119 *bis* A) (**B**). La troisième série concerne la clause conventionnelle de limitation des avantages fiscaux (ou la clause « LoB »), inscrite dans la convention fiscale liant la France et les États-Unis (art. 30), qui vise à éviter les interpositions des résidents « non-qualifiés » (**C**).

---

imposition et l'utilisation des sociétés écrans », in *Model Tax Convention on Income and on Capital 2017 (Full Version)*, Éditions OCDE, 2019 ; OCDE, « R(6). Les conventions préventives de la double imposition et l'utilisation des sociétés relais », in *Model Tax Convention on Income and on Capital 2017 (Full Version)*, Éditions OCDE, 2019.

[619] OCDE, R(5)-2, *préc.*, § 1.

[620] OCDE, R(6)-2, *préc.*, § 2.

### A. *L'interposition d'une personne au sein d'un État membre de l'Union européenne*

**205. Une société dans un État membre de l'Union européenne contrôlée par un contribuable résident d'un État tiers. –** Les directives européennes permettent aux groupes de sociétés européens, dans l'objectif d'éviter les doubles impositions économiques, de bénéficier de certains avantages fiscaux. À ce titre, une exonération de retenue à la source sur les distributions entre sociétés filiales et sociétés mères établies dans des États membres différents de l'Union européenne et une exonération de retenue à la source sur le paiement d'intérêts et redevances entre sociétés associées d'États membres différents sont aménagées par les directives « mères-filles »[621] et « intérêts-redevances »[622]. Néanmoins, les associés résidents d'un État tiers supportent une retenue à la source sur les revenus de source française (CGI, art. 119 *bis* ; 187). Ils pourraient chercher à interposer une société relais au sein d'un État membre pour bénéficier des exonérations de retenue à la source prévues par les directives européennes et ainsi échapper aux retenues à la source françaises normalement dues. Par exemple, une société américaine, au lieu de percevoir directement des dividendes d'une filiale établie en France, soumis à l'imposition d'une retenue à la source française, pourrait décider d'interposer une société dans un État européen à la fiscalité plus avantageuse, modifiant ainsi la chaîne de participations initiale. Une nouvelle société pourrait être établie aux Pays-Bas par la société américaine. Ainsi, ces revenus transiteraient aux Pays-Bas en franchise de retenue à la source française sur le fondement de la directive « mères-filles ». Qui plus est, les dividendes pourraient être redistribués de la société néerlandaise vers la société américaine. Or la convention liant les Pays-Bas et les États-Unis exonère de retenue à la source, à certaines conditions, les dividendes versés par les filiales néerlandaises aux sociétés-mères américaines, ce qui n'est pas le cas de la convention franco-étasunienne.

**206. Le régime « mères-filles » (CGI, anc. art. 119 *ter*, 3). –** C'est ainsi que l'ancienne version de l'article 119 *ter*, 3 du CGI[623] cherchait à neutraliser les situations dans lesquelles une filiale établie en France versait des dividendes à une société mère établie au sein de l'Union européenne, qui elle-même était contrôlée directement ou indirectement par un ou plusieurs

---

[621] Directive 2011/96/UE du Conseil du 30 novembre 2011 concernant le régime fiscal commun applicable aux sociétés mères et filiales d'États membres différents, art. 5.

[622] Directive 2003/49/CE du Conseil du 3 juin 2003 concernant un régime fiscal commun applicable aux paiements d'intérêts et de redevances effectués entre des sociétés associées d'États membres différents, art. premier.

[623] L'ancienne version de cette clause anti-abus trouve son origine dans la loi n° 91-1323 du 30 décembre 1991 de finances rectificative pour 1991, art. 24.

résidents d'un État tiers à l'Union européenne[624]. Cette clause anti-abus a fait l'objet de critiques sur le terrain du droit de l'Union européenne, puisqu'elle organisait une présomption générale de fraude et d'abus en subordonnant l'exonération à la condition que la société mère établisse que la chaîne de participations n'avait pas comme objet principal ou comme l'un de ses objets principaux de tirer avantage de l'exonération, sans que l'Administration soit tenue de fournir ne serait-ce qu'un commencement de preuve de fraude et d'abus[625] (n° 629). Aujourd'hui, cette clause anti-abus n'est plus applicable, puisqu'elle a fait l'objet d'une modification substantielle fin 2015 à la suite de la transposition de la clause anti-abus de la directive « mères-filles »[626]. La nouvelle version de l'article 119 *ter*, 3 du CGI définit désormais largement les pratiques abusives combattues (n° 115).

**207. Le régime « intérêts-redevances » (CGI, art. 119 *quater*, 3 ; 182 B *bis*, 3).** – Les dispositions des articles 119 *quater*, 3 et 182 B *bis*, 3 du CGI définissent concrètement des interpositions abusives. Ces deux mesures anti-abus tendent à prévenir spécifiquement l'interposition des sociétés au sein d'un État membre de l'Union européenne par des investisseurs étrangers, qui cherchent à éviter la retenue à la source normalement due sur les intérêts et les redevances versés par une société établie en France à une société établie dans un État tiers. En effet, ces deux mesures anti-abus sont applicables dès lors que les revenus ou les redevances payés bénéficient à une personne morale ou à un établissement stable d'une personne morale contrôlée directement ou indirectement par un ou plusieurs résidents d'États tiers à l'Union européenne et si la chaîne de participations a comme objet principal ou comme un de ses objets principaux de tirer avantage des exonérations des retenues à la source organisées par la directive européenne[627]. À la différence de l'ancienne version des dispositions de l'article 119 *ter*, 3 du CGI, les dispositions anti-abus relatives au régime « intérêts-redevances » n'organisent pas de présomption d'abus[628].

---

[624] Pour une illustration de l'application des anciennes dispositions de l'article 119 *ter*, 3, v. CE, 8ème et 3ème ch., 23 novembre 2016, n° 383838, *Sté Eurotrade Juice* : *RJF* 2/17, n° 130, concl. Benoît BOHNERT.

[625] CJUE, 6ème ch., 7 septembre 2017, aff. 6/16, *Eqiom SAS et Enka SA* : *RJF* 11/17 n° 1145. V. en particulier le point 36.

[626] Loi n° 2015-1786 du 29 décembre 2015 de finances rectificative pour 2015, art. 29.

[627] Pour une application récente de l'article 119 *quater*, 3 du CGI : CE, 9ème et 10ème ch., 24 février 2021, n° 434129, *Sté France Citévision* : *RJF* 5/21, n° 480, concl. Céline GUIBE (C 480).

[628] *Ibid.* En effet, pour l'application des dispositions de l'article 119 *quater*, 3 : « *il appartient à l'administration, si elle estime que la chaîne de participations a comme objet principal ou comme un de ses objets principaux de tirer avantage des dispositions du 1 de*

**208. Une définition précise suppose-t-elle une marge de manœuvre réduite pour l'Administration ? –** Les terminologies employées dans ces trois mesures anti-abus s'éloignent des terminologies employées dans les mesures anti-abus qui définissent abstraitement l'abus de droit. Il n'est pas question ici d'appréhender les montages (CGI, art. 205 A ; 119 *ter*, 3), les transactions (clause « PPT ») ou une série d'actes (LPF, art. L. 64, L. 64 A). Les services de contrôle se concentrent uniquement sur des opérations particulières, à savoir des interpositions d'entités dans un État membre de l'UE. Par ailleurs, en pratique, nombreux sont les contribuables qui entrent potentiellement dans les champs d'application de ces mesures anti-abus. En effet, il est courant qu'un groupe étranger implante une société holding au sein d'un État membre de l'Union européenne, pour se développer sur le marché européen. L'Administration dispose d'une marge de manœuvre étendue pour délimiter, parmi ces interpositions, celles qui sont justifiées par des motifs autres que fiscaux. Dans les trois mesures anti-abus étudiées, le critère de l'objectif principalement fiscal est encore une fois consacré[629]. Une part d'imprévisibilité, inhérente à l'appréciation des intentions motivant les opérations du contribuable par l'Administration, demeure, et ce, même si le législateur a précisément indiqué les pratiques abusives combattues.

**209.** La même analyse peut être faite des articles 155 A et 119 *bis* A du CGI. Si les dispositions de ces mesures anti-abus sont précises, une part d'imprévisibilité juridique demeure quant à leur mise en œuvre.

### *B. L'interposition d'une personne au sein d'un État étranger*

**210. Les cas visés à l'article 155 A du CGI. –** Les dispositions de l'article 155 A du CGI sont applicables aux situations dans lesquelles des sommes sont perçues par une personne domiciliée ou établie hors de France en rémunération de services rendus par une ou plusieurs personnes domiciliées ou établies en France (ou à l'étranger pour les services rendus en France) lorsque la personne qui perçoit la rémunération des services bénéficie d'un régime fiscal privilégié à l'étranger (CGI, art. 238 A). Par

---

*cet article, d'apporter au soutien de ses affirmations des éléments suffisants pour constituer un commencement de preuve de fraude ou d'abus. Il appartient ensuite au contribuable d'opposer à l'administration tout élément qu'il estime pertinent et, enfin, au juge de l'impôt, de se prononcer au vu des éléments produits par les parties* ».

[629] La question de savoir si, en mettant en œuvre les dispositions de ces mesures anti-abus spécifiques qui consacrent le critère du « but principalement fiscal », les services de contrôle peuvent appréhender des opérations qui échappent à l'application de la procédure d'abus de droit traditionnelle se pose encore (n° 148 et s.).

exemple, des personnes domiciliées fiscalement en France qui se livrent à une activité de courtage en achetant sur le marché français des œuvres d'art pour le compte de deux sociétés établies dans deux États où elles bénéficient d'un régime fiscal privilégié, qu'elles revendent à leurs clients, sont imposables sur les commissions rémunérant leur activité de courtage retenues par les deux sociétés qui les tenaient à leur disposition[630]. Les dispositions de cette mesure anti-abus ont également vocation à s'appliquer dans le cas où la personne qui perçoit les revenus ne bénéficie pas d'un régime fiscal privilégié. En effet, lorsque la personne qui rend effectivement le service, contrôle directement ou indirectement la personne qui perçoit la rémunération, ou bien lorsque cette même personne n'exerce pas de manière prépondérante une activité industrielle ou commerciale, autre que la prestation de services, les dispositions de l'article 155 A du CGI peuvent être mises en œuvre par l'Administration fiscale[631].

**211. Les interpositions à l'étranger et en France justifiant l'adoption de l'article 119 *bis* A du CGI. –** Le législateur a institué le dispositif anti-abus de l'article 119 *bis* A du CGI lors de l'adoption de la loi de finances pour 2019[632]. Il permet de faire échec à certaines opérations dites « d'arbitrage » de dividendes. Il est des cas dans lesquels des contribuables non-résidents détiennent des titres de sociétés françaises. En principe, la distribution des dividendes à l'étranger donne lieu à une retenue à la source sur le fondement de l'article 119 *bis* du CGI. Or, pour éviter cette retenue à la source, un contribuable non-résident peut être tenté de céder temporairement les titres qu'il détient à un autre contribuable[633]. Deux hypothèses se distinguent[634]. La première hypothèse repose sur l'interposition d'une personne à l'étranger[635]. L'opérateur non-résident peut décider de céder temporairement les titres à une personne qui réside dans un État avec lequel la France a signé une convention fiscale bilatérale dont les stipulations prévoient une exonération totale de retenue à la source sur les dividendes. Ainsi, l'acquéreur des titres résident de l'État conventionné perçoit les dividendes. Il n'est redevable d'aucune retenue à la source

---

630 CE, 3ème s.-s., 15 décembre 2004, n° 262325, *Tiroche* : *RJF* 4/05, n° 288.

631 Pour plus de détails à ce sujet, v. BOI-IR-DOMIC-30, § 120. Nous rappelons que l'article 155 A du CGI se lit à la lumière de la jurisprudence *Piazza* (*préc.*). Autrement dit, le contribuable visé doit avoir rendu pour l'essentiel le service et la facturation par la société de services étrangère ne trouve aucune contrepartie réelle dans une intervention propre de cette société.

632 Loi n° 2018-1317 du 28 décembre 2018 de finances pour 2019, art. 36.

633 V. Commission des finances, de l'économie générale et du contrôle budgétaire, *Rapport, en nouvelle lecture, sur le projet de loi de finances pour 2019, modifié par le Sénat*, Assemblée nationale, n° 1504, 2018, p. 155.

634 V. « Un dispositif anti-arbitrage des dividendes est mis en place », *FR* 1/19, inf. 17, p. 36. Ces opérations ont été révélées à l'occasion des « CumEx Files ».

635 Il s'agit d'un « *montage externe* », *Ibid.*

française sur le fondement de la convention fiscale. Il peut reverser ensuite en franchise d'impôt les dividendes perçus, sous réserve évidemment de la fiscalité applicable dans l'État conventionné. La seconde hypothèse repose sur l'interposition d'une personne en France[636]. L'opérateur non-résident peut décider de céder temporairement les titres à un opérateur qui réside en France. Ce dernier, en tant que résident français, n'est redevable d'aucune retenue à la source. Une fois les dividendes perçus, il peut ensuite les verser sous la forme d'un flux financier à l'opérateur non-résident et rétrocéder les titres. *In fine*, dans l'une ou l'autre hypothèse, l'opérateur non-résident évite la retenue à la source française.

**212. La particularité du dispositif de l'article 119 *bis* A du CGI : l'application aux seules interpositions françaises. –** Le dispositif anti-abus de l'article 119 *bis* A du CGI s'applique seulement à la seconde hypothèse, c'est-à-dire dans le cas d'une interposition française[637]. Plusieurs conditions précises doivent être remplies pour que l'Administration puisse l'appliquer. La première condition tient au fait que le contribuable résident doit réaliser un versement « *dans le cadre d'une cession temporaire ou de toute opération donnant le droit ou faisant obligation de restituer ou revendre ces parts ou actions ou des droits portant sur ces titres* » (CGI, art. 119 *bis* A, 1, a). La deuxième condition tient à la période pendant laquelle la cession doit avoir lieu. La cession temporaire doit être réalisée « *pendant une période de moins de quarante-cinq jours incluant la date à laquelle le droit à une distribution de produits d'actions, de parts sociales ou de revenus assimilés [...] est acquis* » (CGI, art. 119 *bis* A, 1, b). Lorsque ces deux conditions sont remplies, alors l'Administration est en mesure de neutraliser l'avantage fiscal recherché par l'opérateur étranger. Cette opération, précisément visée dans le texte, est abusive si et seulement si elle a principalement pour objet et pour effet d'éviter l'application d'une retenue à la source ou d'obtenir l'octroi d'un avantage fiscal (CGI, art. 119 *bis* A, 3).

**213. Une définition précise suppose-t-elle l'absence de difficultés de mise en œuvre ? Le cas de l'article 155 A du CGI. –** Grâce aux conditions de l'article 155 A du CGI, les contribuables peuvent anticiper suffisamment les opérations susceptibles d'être qualifiées de pratiques abusives par l'Administration. En revanche, cela n'empêche pas que des incertitudes entourent la mise en œuvre des dispositions de l'article 155 A du CGI. Des difficultés peuvent notamment apparaître quant à l'évaluation

---

[636] Il s'agit d'un « *montage interne* », *Ibid.*

[637] La première hypothèse a été abandonnée en seconde lecture compte tenu de la neutralisation possible de ces opérations sur le fondement des conventions fiscales, *Ibid.*, § 2. En effet, il est très probable que l'article 8 de la convention multilatérale « BEPS » permette de neutraliser les « montages externes ».

du contrôle exercé par le prestataire de service réel sur la personne interposée. En effet, le législateur est muet à ce sujet, ce qui crée un flou. Les situations dans lesquelles le contrôle est caractérisé relève donc de l'appréciation de l'Administration[638]. En pratique, se pose souvent la question de savoir si un lien de dépendance de fait entre le prestataire de service réel et la société de façade permet à l'Administration de mettre en œuvre l'article 155 A du CGI[639]. Si les juges du fond reconnaissent cette possibilité à l'Administration[640], le Conseil d'État n'est pas intervenu sur ce sujet. Les difficultés tiennent aussi à l'identification de la personne qui rend réellement la prestation de services, ainsi qu'à la détermination du service effectivement rendu par le prestataire[641], à son évaluation et à la détermination du revenu imposable[642]. Qu'en est-il, par exemple, dans le cas

---

[638] V. BOI-IR-DOMIC-30, § 80 et s.

[639] Étant donné que le Conseil d'État fait preuve de souplesse quant à l'interprétation du seuil de détention, au sujet du dispositif anti-abus de l'article 123 *bis* du CGI (v. CE, 8ème et 3ème ch., 10 mars 2020, n° 427104, *préc.*), il n'est pas inenvisageable qu'il fasse preuve de cette même souplesse interprétative au sujet de la condition du contrôle de l'entité étrangère pour le dispositif anti-abus de l'article 155 A du CGI.

[640] CAA Nancy, 2ème ch., 28 septembre 2017, n° 16NC00901.

[641] En pratique, la question qui se pose est celle de savoir si les sommes effectivement versées à l'étranger (à une entité qui bénéficie d'un régime fiscal privilégié, à une entité contrôlée par la personne physique ou à une entité qui n'exerce pas d'activité industrielle ou commerciale autre que la prestation de services), rémunèrent un service rendu par le contribuable visé par l'article 155 A du CGI. Dans l'affaire *Vuarnet*, un ancien skieur de haut niveau domicilié en France cède des marques et logos, qui portent son nom, à une société établie dans les îles Vierges britanniques. Cette dernière, concomitamment, conclut un contrat de licence avec une société établie aux Pays-Bas afin d'exploiter ces marques et logos. La question est de savoir si les redevances versées par la société néerlandaise à la société établie aux îles Vierges sont la contrepartie d'un service rendu par l'ancien skieur. Le Conseil d'État a répondu par la négative à cette question et, en même temps, prend une solution différente de celle proposée par son rapporteur public. L'enjeu repose, en partie, sur le sens qu'il convient d'attribuer au « service rendu » qui, naturellement, se détermine au cas par cas et peut, partant, être source d'imprévisibilité. V. CE, 10ème et 9ème ch., 8 juin 2020, n° 418962 et n° 418963, *Vuarnet* : *Dr. fisc.* 2020, n° 41, comm. 401, concl. Anne ILJIC, note Christophe DE LA MARDIERE. Dans le prolongement de la décision *Vuarnet*, v. une décision au sujet de la concession de brevets : CE, 9ème et 10ème ch., 5 novembre 2021, n° 433367 : *RJF* 1/22, n° 2, concl. Émilie BOKDAM-TOGNETTI (C 2). V. Olivier FOUQUET, « Les redevances de marques et brevets n'entrent pas dans le champ de l'article 155 A du CGI », *Dr. fisc.* 2021, n° 49, comm. 449.
Ces affaires peuvent être rapprochées de la décision : CE, 3ème et 8ème s.-s., 4 décembre 2013, n° 348136, *Edmilson Gomes de Moraes*, *préc.* Les juges du fond estiment que l'Administration doit établir une intervention prédominante dans la fourniture des services, v. CAA Paris, 2ème ch., 7 octobre 2020, n° 19PA03807 : *Dr. fisc.* 2021, n° 11, comm. 185.

[642] Sur cette problématique, v. CE, 8ème et 3ème ch., 4 novembre 2020, n° 436367 : *RJF* 1/21, n° 2, concl. Karin CIAVALDINI (C 2). Comme l'explique le Conseil

particulier où une société établie au Luxembourg facture une multitude de prestations de services à une société établie en France et que, parmi cet ensemble de prestations, une minorité serait réalisée par l'intermédiaire du directeur commercial domicilié fiscalement en France ? Le Conseil d'État n'est pas réticent à reconnaître l'application de l'article 155 A du CGI. De ce fait, le salarié est imposable à hauteur des rémunérations versées à la société établie au Luxembourg en contrepartie des prestations rendues à la société établie en France par le salarié[643]. Puis, comme dit précédemment, il toujours question d'apprécier les motifs de l'opération du contribuable et de savoir, *in fine*, si l'opération est artificielle (n° 691).

**214. Une définition précise suppose-t-elle l'absence de difficultés de mise en œuvre ? Le cas de l'article 119 *bis* A du CGI.** – Sans doute, les conditions d'application du dispositif anti-abus de l'article 119 *bis* A du CGI peuvent susciter des difficultés d'appréciation. Par exemple, il conviendra à l'avenir de s'interroger sur le contenu qu'il convient d'attacher aux cessions temporaires et aux opérations assimilées. Aussi, en pratique, le calcul de la durée de détention et la détermination de la date d'acquisition du droit à distribution risquent d'être à l'origine de certaines difficultés de mise en œuvre. Il est probable que ces conditions donnent lieu à des discussions entre le contribuable et l'Administration, pouvant déboucher sur des contentieux.

**215.** Finalement, préciser l'opération abusive dans un texte apporte de la prévisibilité. Mais des difficultés de mise en œuvre existent. Le juge de l'impôt doit nécessairement les résoudre en cas de contentieux. Il existe aussi un cas particulier dans lequel la précision d'une clause anti-abus peut être considérée comme étant excessive. C'est le cas de la clause de limitation des avantages de la convention fiscale liant la France et les États-Unis.

### *C. L'interposition d'un résident « non qualifié »*

**216. La clause « LoB ».** – La clause de « limitation des avantages fiscaux » (« LoB ») fait désormais partie de la convention modèle OCDE

---

d'État, les dispositions de l'article 155 A du CGI « *ne dispensent pas l'administration, pour soumettre cette rémunération à l'impôt sur le revenu entre les mains de la personne ayant rendu les services, de faire application des règles de taxation relatives à la catégorie de revenus dont elle relève. La détermination de cette catégorie ne saurait dépendre que de l'analyse des relations existant entre la personne domiciliée ou établie en France qui a rendu pour l'essentiel les services facturés et le bénéficiaire de ces services* ».

643 CE, 8ème et 3ème ch., 9 mai 2019, n° 417514 : *RJF* 8-9/19, n° 738, concl. Karin CIAVALDINI (C 738). Sur cette décision, v. Florent ROEMER, Érika MARTIN, « Le simple salarié pris au radar du 155 A pour sa propre prestation intégrée dans une prestation globale », *Dr. fisc.* 2019, n° 30-35, comm. 349.

(art. 29) depuis la révision de cette dernière en 2017, conséquence directe des travaux « BEPS ». Cette clause anti-abus n'a pas une portée étendue en droit fiscal international français. En effet, elle est inscrite uniquement dans la convention fiscale qui lie la France et les États-Unis[644], depuis un avenant signé en 2009. Qui plus est, la France n'a pas opté pour l'intégration de la clause « LoB » à toutes les conventions fiscales couvertes par l'instrument multilatéral « BEPS ». La clause de « limitation des avantages fiscaux » a vocation à protéger l'ensemble des avantages de la convention fiscale et tente d'éviter que des contribuables – bien qu'étant formellement résidents français ou étasuniens – puissent bénéficier des stipulations conventionnelles dans des cas très précis[645]. La clause « LoB » désigne une liste de résidents autorisés à bénéficier des avantages de la convention. Il s'agit notamment des personnes physiques, des sociétés dont les titres sont cotés ou des filiales de ces sociétés. La liste est tellement précise (et longue) qu'il convient de se référer directement à la convention fiscale. À première vue, elle ne détermine en rien des situations abusives. Les résidents qui ne rentrent pas dans la liste préétablie par la convention sont tout simplement exclus du bénéfice de la convention et des avantages attachés. Par ailleurs, la clause « LoB » aménage la faculté pour les personnes qui ne seraient pas « admissibles » de démontrer aux autorités compétentes que « *l'établissement, l'acquisition ou le maintien de cette personne et la conduite de ses opérations n'ont pas eu comme un de leurs objets principaux l'obtention d'avantages prévus par la Convention ; ou qu'il ne serait pas approprié [...] de refuser à cette personne les avantages de la Convention* » (art. 30, 6). Si les personnes résidentes non-admissibles, sont réputées avoir acquis la qualité de résident abusivement, elles ont toujours la faculté de prouver que l'acquisition de ce statut de résident répond à des considérations autres que fiscales.

**217. L'excès de précision de la clause « LoB ». –** Cette clause anti-abus est marquée par son haut degré de précision. Elle ne laisse que très peu de marge d'appréciation à l'Administration. La clause « LoB » de la convention franco-étasunienne suppose une application presque « mécanique », bien que les contribuables aient la possibilité de faire part de leurs motivations. Le défaut de cette clause anti-abus conventionnelle tient à son manque d'adaptabilité face à l'évolution des montages des contribuables les plus ingénieux et pourrait perdre alors en efficacité. Si cette clause n'est pas accompagnée par une clause de portée plus générale,

---

[644] D'ailleurs, la clause « LoB » de la convention franco-étasunienne ne donne lieu qu'à peu de contentieux. Par exemple, v. TA Montreuil, 10 juillet 2017, n° 1601006, *SAS NCH France* : *RJF* 4/18, n° 428.

[645] Pour le rapprochement de la clause « LoB » de la convention franco-étasunienne avec des clauses « voisines » d'autres conventions fiscales, v. Bruno GOUTHIERE, *Les impôts dans les affaires internationales*, *op. cit.*, pp. 1400-1401, § 74785.

telle qu'une clause « PPT », son utilité devient discutable. Cela peut expliquer le choix des autorités françaises de ne pas avoir opté pour la clause « LoB » dans la convention multilatérale. En effet, elles ont préféré doter l'Administration d'une clause anti-abus générale compatible avec la pratique française. Des stipulations similaires à la clause « PPT » de la convention multilatérale avaient déjà été intégrées en amont dans des conventions bilatérales[646].

**218. Conclusion de la Section I. –** Finalement, les mesures qui concrétisent le principe d'interdiction des pratiques abusives, en identifiant précisément les comportements combattus, vont dans le sens d'une meilleure prévisibilité juridique. Elles permettent de pallier l'imprévisibilité attachée aux mesures anti-abus qui définissent abstraitement l'abus de droit. Il n'en demeure pas moins qu'elles suscitent des difficultés de mise en œuvre évidentes. Trouver un équilibre entre quelques mesures définissant concrètement l'abus de droit et une mesure définissant abstraitement l'abus de droit est donc bienvenu. Cela permet, d'un côté, de préciser un peu plus les limites que le contribuable ne peut pas dépasser, et, d'un autre côté, de laisser une liberté à l'Administration, sous le contrôle du juge, pour repérer au fil des affaires les pratiques abusives. Qui plus est, les mesures anti-abus spécifiques ont un objet régulateur. Le contribuable est découragé à poursuivre les montages dument identifiés dans les textes anti-abus qui ne reposent pas sur de solides motifs économiques, financiers, commerciaux ou juridiques. Dès lors que l'opération du contribuable entre potentiellement dans le champ d'application d'une mesure anti-abus, par exemple, parce que l'opération implique une entité qui bénéficie d'un régime fiscal privilégié à l'étranger ou parce qu'une chaîne de participations implique une personne résidente d'un État tiers à l'Union européenne, le contribuable peut être rassuré par le fait que l'Administration ne la qualifiera pas irréfragablement (not. n° 607) de pratique abusive internationale. L'opération peut s'expliquer par des justifications autres que fiscales et être conforme aux objectifs du texte fiscal dans le champ d'application duquel le contribuable concerné se place. Il existe évidemment une part irréductible d'imprévisibilité juridique dans la mise en œuvre de ces mesures anti-abus car l'Administration est amenée à apprécier les motivations du contribuable. Cette appréciation est un exercice empreint de subjectivité, susceptible d'aboutir à un contentieux entre l'Administration et le contribuable devant le juge. Il est vrai aussi que, plus généralement, un climat de méfiance entre les services de contrôle et les contribuables peut découler de ces mesures

---

[646] V. l'étude d'impact accompagnant le *Projet de loi autorisant la ratification de la convention multilatérale pour la mise en œuvre des mesures relatives aux conventions fiscales pour prévenir l'érosion de la base d'imposition et le transfert de bénéfices déposé au Sénat le 17 janvier 2018*, p. 12.

anti-abus spécifiques. Si elles ont une utilité évidente, les mesures anti-abus définissant concrètement des pratiques abusives internationales ont des défauts.

**219.** Ces diverses raisons pourraient probablement expliquer pourquoi, depuis quelques années, les mesures anti-abus spécifiques sont en perte de vitesse. En effet, la loi, les directives européennes et les conventions fiscales préfèrent de plus en plus recourir aux dispositifs anti-optimisation, plutôt qu'aux dispositifs anti-abus spécifiques.

## Section II – La description des pratiques d'optimisation fiscale

**220.** L'ordonnancement juridique contient plusieurs textes qui décrivent précisément les comportements abusifs dotés d'un élément d'extranéité que l'Administration est censée combattre. Ces mesures anti-abus spécifiques sont concurrencées par des mesures anti-optimisation, avec lesquelles elles partagent des similitudes marquantes. Les mesures anti-optimisation prennent la forme de règles juridiques claires et précises. Elles identifient explicitement des pratiques ou des opérations particulières à l'origine d'avantages fiscaux spécifiques auxquelles la loi, les directives européennes ou les conventions fiscales mettent fin. Par exemple, l'article 8 de la convention multilatérale de l'OCDE, a pour objet de neutraliser les avantages fiscaux attachés aux opérations « d'allers-retours » sur les titres des sociétés. Cet article renferme un dispositif qui permet d'éviter qu'un contribuable nouvellement actionnaire puisse être exempté de retenue à la source ou puisse bénéficier d'un taux réduit de retenue à la source sur le dividende distribué s'il n'a pas détenu les titres suffisamment longtemps[647]. Toutefois, les mesures anti-optimisation se différencient des mesures anti-abus sur un point fondamental. Tandis que les secondes s'appliquent aux opérations motivées par des considérations exclusivement, essentiellement ou principalement fiscales, les premières s'appliquent à des opérations qui, bien que n'étant pas abusives, sont trop coûteuses d'un point de vue budgétaire. Les mesures anti-optimisation et les mesures anti-abus, même si elles sont différentes, sont complémentaires (**§ 1**). Ainsi, à première vue, la ligne de démarcation entre les mesures anti-abus et les mesures anti-optimisation peut paraître claire. En pratique, l'opération de classement dans l'une ou l'autre catégorie peut s'avérer délicate à réaliser. C'est le cas, par exemple, des clauses de bénéficiaire effectif. Le classement est fondamental, car selon la qualification retenue, mesure anti-abus ou mesure anti-optimisation, la mesure fiscale concernée est soumise à un régime juridique différent (**§ 2**).

### *§ 1 – La complémentarité entre les mesures anti-abus et les mesures anti-optimisation*

**221.** La jurisprudence du Conseil constitutionnel et du Conseil d'État a permis de clarifier la distinction entre les mesures anti-optimisation et les mesures anti-abus. Revenir sur cette jurisprudence permet de bien

---

[647] En effet, les exemptions ou taux réduits de retenue à la source prévus par les conventions couvertes par l'instrument multilatéral sur les dividendes distribués « *ne s'appliquent que si les conditions de détention sont satisfaites tout au long d'une période de 365 jours incluant le jour du paiement des dividendes* ». V. CML, art. 8.

comprendre en quoi les mesures anti-abus et les mesures anti-optimisation se distinguent. Les mesures anti-optimisation ont l'avantage de pouvoir s'appliquer sans qu'il soit nécessaire, pour les services de contrôle, de déterminer les motifs qui ont justifié l'opération du contribuable. La mise en œuvre des mesures anti-abus est toujours conditionnée à l'appréciation des motifs de l'opération du contribuable (**A**). Bien qu'elles aient une économie générale distincte, les mesures anti-optimisation et les mesures anti-abus sont complémentaires (**B**).

### *A. La distinction des mesures anti-optimisation et des mesures anti-abus*

**222.** Pour étudier la distinction entre les mesures anti-abus et les mesures anti-optimisation, il convient de relever leurs caractères respectifs (**1**). Afin de mieux comprendre les traits distinctifs des mesures anti-optimisation et des mesures anti-abus, il peut être utile de s'intéresser plus spécifiquement à quelques mesures anti-optimisation qui sont récemment entrées en vigueur. Dans une fin didactique, le choix est fait d'étudier plus en détail les mesures dites « anti-hybrides » (**2**).

#### *1. L'économie générale des mesures anti-optimisation*

**223. La distinction des mesures anti-optimisation formalisée par la jurisprudence. –** Le Conseil constitutionnel et le Conseil d'État ont été récemment amenés à clarifier la distinction entre les règles anti-abus et les règles anti-optimisation. N'étant pas soumises aux mêmes contraintes juridiques, les juges ont pris le soin de tracer la frontière entre ces deux catégories. Pour les juges, est applicable aux mesures anti-abus l'interdiction des présomptions irréfragables de fraude ou d'évasion fiscale. Dans le cas où les dispositions d'une mesure anti-abus prévoient une présomption d'abus (n° 446 et s.), ces dispositions ne sont conformes au principe d'égalité devant les charges publiques qu'à la condition où le contribuable est autorisé à apporter la preuve selon laquelle l'opération qu'il réalise répond à des considérations autres que fiscales (n° 607 et s.)[648]. Des

---

[648] Afin de lutter plus efficacement contre les comportements déviants identifiés, les dispositifs anti-abus aménagent parfois des règles de preuve favorables à l'Administration fiscale. Toutefois, ces aménagements ne doivent pas se solder par une *présomption irréfragable de fraude ou d'évasion fiscale*, au risque de voir le dispositif être censuré sur le fondement d'une rupture caractérisée d'égalité devant les charges publiques (DDHC, art. 13). Techniquement, cette limite posée par le juge s'analyse comme une *clause de sauvegarde*. En effet, le contribuable doit toujours avoir la possibilité de rapporter la preuve qu'il n'est pas dans une situation de fraude ou d'évasion fiscale. V. en ce sens : Cons. const., 20 janvier 2015, déc. n°

contribuables tentent alors d'opposer aux services de contrôle, lorsque les dispositions d'une mesure fiscale sont appliquées, l'argument suivant : les dispositions ne sont pas conformes au principe d'égalité devant les charges publiques, car elles organiseraient une présomption irréfragable de fraude ou d'évasion fiscale. Le juge, par le passé, a déjà écarté l'argumentation du contribuable, en indiquant tout simplement (parfois de manière discutable)[649] que la mesure litigieuse ne s'analysait pas comme une mesure anti-abus. En effet, un contribuable ne peut pas soutenir que les dispositions d'une mesure fiscale dont l'objet est de faire obstacle à « *un cumul d'avantages fiscaux* »[650] ou à « *une pratique d'optimisation fiscale* »[651] instituent une présomption irréfragable de fraude ou d'évasion fiscale. Autrement dit, pour que la limite fondée sur l'article 13 de la DDHC soit applicable, encore faut-il que le dispositif fiscal visé ait une vertu anti-abus. Si la mesure fiscale qui fait l'objet du contentieux est une mesure anti-optimisation, alors le contribuable ne peut pas soutenir qu'elle repose sur une présomption irréfragable de fraude ou d'évasion.

**224. L'économie générale des mesures anti-optimisation. –** Dans les décisions *Mi Développement 2*[652], *HighCo*[653] et *Abo Wind*[654] rendues par le Conseil constitutionnel et le Conseil d'État, les juges ne précisent pas explicitement ce qu'ils entendent par « *cumul d'avantages fiscaux* » ou « *pratique d'optimisation fiscale* ». Les conclusions d'Émilie BOKDAM-TOGNETTI sous la décision *HighCo* permettent d'y voir plus clair[655]. Dans un premier temps, il est précisé que « *l'optimisation fiscale – qui suppose en général un choix entre plusieurs voies, dont l'une fiscalement plus avantageuse que l'autre, mais sans franchir les bornes de la légalité – n'est pas la fraude fiscale, et la loi peut vouloir mettre fin à des schémas qu'elle estime trop favorables et ouvrant des facultés injustifiées de réduction*

---

2014-437 QPC, *Association française des entreprises privées et autres (AFEP)*, *préc.* ; Cons. const., 25 novembre 2016, déc. n° 2016-598 QPC, *Sté. Eurofrance*, *préc.* ; Cons. const., 1er mars 2017, n° 2016-614 QPC, *M. L.* : *Dr. fisc.* 2017, n° 10, act. 159 ; Cons. const., 15 décembre 2017, déc. n° 2017-679 QPC, *M. Courtois*, *préc.*

649 V. Alexandre MAITROT DE LA MOTTE, « La conformité de l'amendement Charasse à la Constitution : la déduction d'une charge financière est-elle vraiment un avantage fiscal ? », *Dr. fisc.* 2018, n° 39, 410.

650 Cons. const., 20 avril 2018, déc. n° 2018-701 QPC, *Sté. Mi Développement 2*, *préc.*, cons. 6.

651 CE, 9ème et 10ème ch., 30 mai 2018, n° 412964, *Sté HighCo* : *Dr. fisc.* 2018, n° 42-43, comm. 426, concl. Émilie BOKDAM-TOGNETTI, note Sarah ESPASA-MATTEI, Jean-Phillipe RENAUDIN, Nicolas DRAGUTINI, cons. 4 ; CE, 8ème et 3ème ch., 16 septembre 2019, n° 432818, *EURL Abo Wind* : *Dr. fisc.* 2019, n° 52-52, comm. 488, cons. 5.

652 Cons. const., 20 avril 2018, déc. n° 2018-701 QPC, *Sté. Mi Développement 2*, *préc.*

653 CE, 9ème et 10ème ch., 30 mai 2018, n° 412964, *Sté HighCo*, *préc.*

654 CE, 8ème et 3ème ch., 16 septembre 2019, n° 432818, *EURL Abo Wind*, *préc.*

655 Émilie BOKDAM-TOGNETTI, concl. sur CE, 9ème et 10ème ch., 30 mai 2018, n° 412964, *Sté HighCo* : *RJF* 8-9/18, C 886.

*de leur charge fiscale aux contribuables* : *en fermant la porte à ces pratiques, en supprimant telle ou telle facilité fiscale ou en modifiant ou écartant l'application de certaines règles d'assiette, la loi ne présume alors pas que ceux qui auraient souhaité en bénéficier sont des fraudeurs et que la situation caractérise à tout coup un montage purement artificiel construit dans le seul but d'éluder l'impôt* »[656]. Il est indiqué aussi : « *[qu'] en présence d'une configuration qui est ainsi "susceptible" de donner lieu au bénéfice ou au cumul d'avantages fiscaux que le législateur estime excessifs ou à des pratiques d'optimisation fiscale qu'il entend éviter, le législateur nous paraît donc pouvoir décider de fermer tout bonnement la porte à tous, en supprimant l'application du régime fiscal pour toute configuration qui pourrait permettre une telle optimisation et un tel cumul* »[657]. Les mesures anti-optimisation, qui regroupent les mesures fiscales qui mettent fin à un cumul d'avantages fiscaux ou à une pratique d'optimisation organisent une neutralisation de certains effets d'aubaine obtenus par les contribuables, parce que ces effets sont « *trop favorables* »[658], « *injustifiés* »[659] ou « *excessifs* »[660]. Un texte peut mettre fin à un effet d'aubaine, lorsque l'opération d'optimisation à son origine ne permet pas de compenser, directement ou indirectement, la perte budgétaire qu'elle est susceptible d'entraîner. Autrement dit, lorsque les pouvoirs publics estiment que l'effet d'aubaine, conséquence d'une pratique d'optimisation particulière, n'a pas d'externalités positives suffisantes, il est préférable d'identifier cette opération dans un texte et de neutraliser son effet fiscal indésirable. Le contribuable, à la recherche de la satisfaction d'un intérêt particulier, peut être à l'origine d'opérations parfaitement légales, mais dommageables pour les finances publiques. Les mesures anti-optimisation endiguent ces comportements en limitant le bénéfice des avantages fiscaux au contribuable.

**225. La variété des mesures anti-optimisation dans la loi. –** Plutôt que de prendre une règle anti-abus spécifique, dont la mise en œuvre dépend de l'appréciation des motifs de l'opération du contribuable, ce qui a tendance à favoriser le contentieux entre les services de contrôle et le contribuable, les pouvoirs publics, probablement par souci d'efficacité, en se fondant sur un objectif de lutte contre l'optimisation fiscale[661], préfèrent

---

656 *Ibid.*, § 25.
657 *Ibid.*, § 28.
658 *Ibid.*, § 25.
659 *Ibid.*, § 25.
660 *Ibid.*, § 28.
661 Le Conseil constitutionnel reconnait l'objectif d'intérêt général consistant à mettre fin à des pratiques d'optimisation fiscale, v. Cons. const., 26 juin 2015, n° 2015-473 QPC, *Époux Palhon* : *Dr. fisc.* 2016, n° 3, comm. 81, note Pauline GIRAUD ; Cons. const., 19 septembre 2014, déc. n° 2014-413 QPC, *Sté PV-CP Distribution* : *Dr. fisc.* 2015, n° 5, comm. 119, note Éric MEIER et Édouard DE RANCHER.

prendre une mesure anti-optimisation. Au fond, les mesures anti-abus et les mesures anti-optimisation aboutissent à un résultat commun : la neutralisation d'un effet fiscal obtenu par un contribuable, non désiré par les pouvoirs publics compte tenu, notamment, du coût potentiel qu'ils représentent d'un point de vue budgétaire[662]. Leur différence repose sur leurs conditions de mise en œuvre : seuls les contribuables motivés par des raisons principalement, essentiellement ou exclusivement fiscales sont visées par les mesures anti-abus, alors que tous les contribuables (peu importe leurs motivations) sont visés par les mesures anti-optimisation, dès lors qu'ils réalisent l'opération identifiée par le texte et obtiennent l'avantage fiscal que les pouvoirs publics ne tolèrent pas. Plusieurs mesures fiscales, spécifiquement applicables aux situations internationales[663], peuvent

---

[662] Il convient de rappeler que la procédure d'abus de droit, lorsqu'elle est mise en œuvre par l'Administration, aboutit automatiquement à la sanction du contribuable (CGI, art. 1729 b), à la différence évidemment des mesures anti-optimisation.

[663] À noter aussi que, le législateur prévoit parfois de lutter contre des situations d'optimisation fiscale, sans s'intéresser spécifiquement à une situation transnationale. C'est par exemple le cas en matière d'apport-cession (CGI, art. 150-0 B *ter*) ou de PEA (CoMoFi, art. L. 221-31, II-3° et 4°).

S'agissant du premier dispositif : pour une étude récente de cette mesure anti-optimisation, v. Olivier JANORAY, Alexis GRAJALES, Jean DEMORTIERE, « L'article 150-0 B ter du CGI : mesure anti-abus ou mesure de rendement ? », *RFP* 2019, n° 4, ét. 11. Comme son nom l'indique, ce schéma repose sur deux opérations concomitantes : l'apport par une personne physique de titres à une société holding soumise à l'impôt sur les sociétés qu'elle contrôle et la cession par cette société holding des titres reçus à un cessionnaire. Or, l'opération initiale d'échanges de titres – avant la mise en place de ce dispositif – bénéficiait du régime de *sursis d'imposition* (CGI, anc. art. 150-0 B). Concrètement, la plus-value d'apport était considérée comme une opération intercalaire pour l'apporteur des titres. L'apporteur était imposable uniquement s'il cédait les titres reçus au moment de l'échange sur une base taxable égale à la différence entre le prix de cession des titres reçus à l'échange et le prix d'acquisition initial des titres apportés. Certains contribuables ont repéré un effet d'aubaine. Peu de temps après l'apport, la holding cédait les titres qu'elle recevait de la personne physique à un prix équivalent à la valeur d'apport. Ainsi, la plus-value constatée par la holding était nulle et l'opération n'était pas imposable. À travers la société holding contrôlée, la personne physique bénéficiait de liquidités qui résultaient de la cession des titres. Finalement, par la combinaison de ces opérations, la cession des titres n'était pas imposée. Afin de contrer ces schémas, le législateur a créé un régime de *report d'imposition* (CGI, art. 150-0 B *ter*). La plus-value réalisée par la personne physique au moment de l'apport des titres à une société contrôlée est – de manière imagée – « photographiée », « enregistrée » ou « cristallisée ». Elle est imposable à l'occasion de certains évènements : la cession des titres reçus en rémunération de l'apport par la personne physique ou la cession par la société contrôlée bénéficiaire des apports dans les trois ans suivant l'apport. Toutefois, si la société bénéficiaire réinvestit dans les deux ans qui suivent la cession des titres au moins 60 % du produit de cession dans certains types d'activités, alors il n'est pas mis fin au report d'imposition.

s'assimiler à des mesures anti-optimisation, au sens de la définition donnée par le rapporteur public dans ses conclusions sous la décision *HighCo*[664]. Lorsque les pouvoirs publics souhaitent éviter la multiplication de certaines opérations à l'origine d'avantages fiscaux qu'ils jugent inacceptables, qui au demeurant sont difficiles à combattre sur le terrain d'un dispositif anti-abus général (puisqu'il convient de prouver l'abus du contribuable), ils les identifient dans les textes et empêchent les contribuables, peu importe leurs motivations, de bénéficier desdits effets d'aubaine auxquels elles aboutissent. Par exemple, le législateur français encadre précisément le

---

S'agissant des autres dispositifs en matière de PEA : Le plan d'épargne en actions (PEA) est un produit d'épargne réglementé (CGI, art. 163 *quinquies* D). Il s'assimile à une « enveloppe » constituée auprès d'une banque ou d'une entreprise d'assurance par un épargnant (personne physique domiciliée fiscalement en France), destinée à investir son épargne dans des actions de sociétés établies en France ou dans un État membre de l'UE ou de l'EEE (cette enveloppe prend la forme d'un *compte-espèces* et d'un *compte-titres* ; des versements en numéraire sont effectués sur le compte-espèces. Par le biais de ce compte-espèces, les titres sont acquis et sont inscrits sur le compte-titres). Pour inciter les contribuables à utiliser le PEA, le législateur a trouvé judicieux d'accompagner son utilisation par un régime fiscal de faveur (Loi n° 92-666 du 16 juillet 1992 relative au plan d'épargne en actions). Ainsi, les revenus (dividendes, plus-values et autres produits) issus de la gestion du portefeuille constitué par des versements du contribuable (plafonnés à 150 000 euros) sont exonérés d'impôt sur le revenu pendant toute la durée du plan (CGI, art. 157, 5° *bis*). Des clauses anti-optimisation sont prévues pour plusieurs raisons. En effet, le contribuable, son conjoint, ses ascendants et descendants (groupe familial) ne peuvent pas détenir ensemble, directement ou indirectement, plus de 25 % des droits dans les bénéfices sociaux de la société dont les titres figurent au plan, et ce, à un moment au cours des cinq années précédant l'acquisition des titres dans le cadre du plan ou pendant toute la durée du plan (CoMoFi, art. L. 221-31, II-3°). Cette clause permet d'éviter que la finalité de la législation relative au PEA – « *soutenir l'investissement productif dans les entreprises tierces* » – soit contournée par des contribuables (Commission des finances, *Rapport sur le projet de loi de finances rectificative pour 2016, adopté par l'Assemblée nationale*, Tome 1, p. 452). En effet, ils seraient tentés d'apporter des liquidités à des sociétés qu'ils contrôlent, tout en bénéficiant de l'avantage fiscal organisé par le régime de faveur, alors que l'objectif de la législation est d'accompagner le financement d'entreprises non contrôlées par les investisseurs. Dans le même esprit, le législateur prohibe expressément le contribuable d'utiliser le PEA afin d'acquérir des titres en dehors du plan que lui ou son groupe familial détiennent déjà (CoMoFi, art. L. 221-31, II-4°).

[664] Émilie BOKDAM-TOGNETTI, concl. sur CE, 9ème et 10ème ch., 30 mai 2018, n° 412964, *Sté HighCo*, *préc.*

transfert de domicile fiscal (CGI, art. 167 *bis*[665] ; art. 750 *ter*, 3[666]), le transfert de siège social des sociétés (CGI, art. 221, 2)[667], le transfert d'actifs des sociétés hors de France (CGI, art. 238 *bis*-0 I)[668], l'interposition de sociétés (en France ou à l'étranger) inscrivant à leur actif un bien immobilier situé en France (CGI, art. 990 D et s.)[669], ainsi que l'usage des dispositifs « hybrides » (CGI, anc. art. 212, I, b ; art. 205 B ; 205 C ; 205 D ; Directives « ATAD 1 » et « ATAD 2 »)[670]. Chaque opération visée dans ces mesures

---

[665] Pour une étude approfondie de ce dispositif fiscal, v. Franck LE MENTEC, « Répression de l'évasion fiscale internationale. - Exit tax (CGI, art. 167 *bis*) », in *JCl. Fiscal international*, fasc. 3710. Il est prévu que le transfert de domicile fiscal hors de France entraîne l'imposition immédiate à l'impôt sur le revenu et aux prélèvements sociaux des plus-values latentes sur droits sociaux, valeurs, titres ou droits (sous condition tenant à l'importance des participations détenues), des créances trouvant leur origine dans une clause de complément de prix et de certaines plus-values en report d'imposition. L'objet est d'éviter que le transfert de domicile (le comportement visé) ait pour effet d'aboutir à la non-imposition de plus-values en France (l'effet d'aubaine). En principe, l'application des dispositions de l'article 167 *bis* du CGI n'est pas conditionnée à ce que le motif déterminant de l'opération soit l'obtention d'un avantage fiscal.

[666] V. Rémy GENTILHOMME, « Expatriation et transmissions entre vifs », *Dr. et patri.* 2000, n° 80, p. 26. Les dispositions du 3 de l'article 750 *ter* du CGI encadrent les cas dans lesquels les contribuables transfèrent leur domicile fiscal hors de France (le comportement visé), afin d'éviter que les biens mobiliers et immobiliers sans assise en France échappent au droit de donation ou de succession en France (l'effet d'aubaine).

[667] V. BOI-BIC-CESS-10-20-30, § 290. Les dispositions du 2 de l'article 221 du CGI évitent que le transfert de siège social d'une société, au cours d'un exercice comptable, dans un autre État (le comportement visé), puisse aboutir à la non-imposition des bénéfices constitués en France avant son transfert (l'effet d'aubaine).

[668] Pour une étude approfondie, v. « Lutte contre l'évasion fiscale internationale. - Transferts d'actifs hors de France (CGI, art. 238 *bis*-0 I et 238 *bis*-0 I *bis*) », in *JCl. Fiscal international*, fasc. 3800. En cas de transfert d'actifs par une entreprise établie en France hors de France à une personne, à un organisme ou à un trust chargé de les gérer dans l'intérêt de l'entreprise ou d'assumer un engagement pour son compte (le comportement visé), les résultats attachés à ces actifs restent imposables en France (l'effet d'aubaine).

[669] V. BOI-PAT-TPC-30. Une taxe de 3 % est due, lorsque des immeubles situés en France sont détenus par des entreprises non-résidentes. Cette taxe permet d'éviter que, par la détention de l'immeuble par l'entreprise étrangère (le comportement visé), l'associé personne physique de cette entreprise n'échappe à l'impôt sur la fortune immobilière (ou l'ex-impôt de solidarité sur la fortune) (l'effet d'aubaine).

[670] Les mesures dites « anti-hybrides » sont issues de la transposition des articles 9, 9 *bis* et 9 *ter* de la directive dite « ATAD 2 » dans la loi n° 2019-1479 du 28 décembre 2019 de finances pour 2020, art. 45. Elles s'inspirent de l'Action 2 du projet « BEPS » qui porte sur la neutralisation des effets des dispositifs hybrides. Ces dispositifs mettent fin à des situations de double non-imposition (n° 230 et s.).

fiscales aboutit à l'obtention d'un avantage que les pouvoirs publics n'acceptent pas ou plus.

**226. La variété des mesures anti-optimisation dans les conventions fiscales.** – Il en va de même pour les conventions fiscales internationales. Des clauses conventionnelles sont posées par les États afin d'éviter que des contribuables puissent revendiquer la qualité de résident dans des situations particulières, que les signataires de la convention estiment comme inappropriées[671]. Sans prétendre à l'exhaustivité, quelques illustrations peuvent être données. Les conventions fiscales tentent notamment d'éviter qu'un contribuable bénéficie : de stipulations favorables spécifiques relatives aux revenus d'emploi (lorsqu'il poursuit un montage dit « *rent a star companies* »[672]), aux dividendes (lorsqu'il effectue des opérations d'allers-retours sur le capital d'une filiale autour de la période de distribution[673]), aux gains en capital (lorsqu'il change de résidence fiscale peu de temps avant la cession de titres[674] ; ou, lorsque le contribuable inscrit un immeuble situé dans un État au bilan d'une entité établie dans l'autre État[675]), aux bénéfices des entreprises (lorsqu'une entreprise résidente d'un État emploie un intermédiaire distinct de son établissement stable dans un autre État afin que les bénéfices n'y soient pas rattachés[676] ; lorsqu'un résident fiscal français délocalise des profits[677] ; lorsqu'une même activité est « fragmentée » dans plusieurs États[678] ; lorsqu'un contrat est « fractionné » en plusieurs étapes d'exécution[679]), aux successions (en cas de transfert du domicile fiscal peu de temps avant une donation ou une succession[680]) ou à

---

671 Le terme « inapproprié » est emprunté au titre de l'Action 6 du projet « BEPS » : « *Empêcher l'octroi des avantages des conventions fiscales lorsqu'il est inapproprié d'accorder ces avantages* ».

672 V. Convention modèle OCDE 2017, art. 17.

673 V. CML, art. 8. Qui plus est, avant l'entrée en vigueur de l'instrument multilatéral, plusieurs conventions faisaient déjà explicitement référence à ce type de clause, v. la convention franco-belge, art. 15, 2, a ; la convention franco-italienne, art. 10, 2, a ; la convention franco-américaine, art. 10, 3.

674 V. la convention franco-britannique, art. 14, 6.

675 V. notamment la convention franco-néerlandaise, art. 13,1 ; la convention franco-finlandaise, art. 13, 1 ; la convention franco-espagnole, art. 13, 1, b.

676 V. la convention franco-turque, protocole annexé art. 1 ; la convention entre la France et les Philippines, protocole annexé art. 1 ; la convention entre la France et le Kazakhstan, protocole annexé point 5 a) ; la convention franco-nigérienne, protocole annexé point 3. Ces stipulations s'inspirent de la convention modèle de l'ONU, art. 7, 1, a, b, c.

677 V. la convention entre la France et Oman, art. 19, I, 2 ; la convention entre la France et les Emirats arabes unis, art. 19, 2.

678 V. CML, art. 13, 4.

679 V. CML, art. 14.

680 V. les conventions entre la France et la Suède en vue d'éviter les doubles impositions et de prévenir l'évasion fiscale en matière d'impôts sur les successions

n'importe quelle stipulation conventionnelle (lorsque des qualifications divergentes aboutissent à la non-imposition d'un revenu[681] ; lorsque les revenus sont faiblement imposés dans l'autre État[682]).

**227. Les opérations visées par les mesures anti-optimisation : avantageuses pour les contribuables et coûteuses sur le plan budgétaire. –** Par commodité de langage, ces stipulations conventionnelles sont quelquefois qualifiées de clauses ou de dispositions « anti-abus »[683]. Par ailleurs, elles s'assimilent, dans ce travail de recherche, à des clauses anti-optimisation, car elles se contentent de prévoir des conditions particulières d'imposition ou de répartition du pouvoir d'imposer, sans que leur mise en œuvre ne dépende d'un test des intentions, à l'image de celui prévu, par exemple, dans la clause « PPT » de la convention multilatérale « BEPS » (art. 7). Toutes ces mesures fiscales d'origine interne, européenne et conventionnelle visent des situations diverses. Néanmoins, elles sont liées par des traits communs. Les opérations visées sont systématiquement le fruit d'un ou plusieurs actes juridiques et font naitre une économie d'impôt pour le contribuable. Elles permettent aux contribuables d'éviter l'imposition de leurs revenus et des éléments de leur patrimoine aux impôts français sur le revenu, sur les sociétés, sur les successions, sur la fortune immobilière et/ou de bénéficier de régimes fiscaux favorables à l'étranger ou des stipulations conventionnelles avantageuses. Autrement dit, ces opérations ont pour *effet* de déplacer des bases taxables normalement soumises à l'impôt en France à l'étranger, ce qui aboutit nécessairement à la réduction des recettes fiscales françaises. Ces opérations représentent donc

---

et sur les donations signée le 8 juin 1994, (art. 12, 3), entre la France et les États-Unis tendant à éviter les doubles impositions et à prévenir l'évasion fiscale en matière d'impôts sur les successions et sur les donations (art. 1, 4), entre la France et l'Allemagne en vue d'éviter les doubles impositions en matière d'impôts sur les successions et sur les donations (art. 4, 3).

[681] V. les conventions liant la France et l'Autriche (protocole annexé, point 10), la France et le Kazakhstan (protocole annexé, protocole annexé, point 11), la France et l'Ouzbékistan (protocole annexé, point 11), la France et la Slovénie (protocole annexé, point 10), la France et Hong-Kong (protocole annexé, point 12), la France et le Kenya (art. 22, 3).

[682] V. les conventions liant la France et la Suisse (art. 4, 6, b), la France et Hong-Kong (protocole annexé, points 1 et 11), la France et l'Italie (protocole annexé, point 15), la France et Singapour (art. 22, 1), la France et Chypre (art. 25, 2), la France et le Royaume-Uni (art. 29, 1), la France et le Panama (art. 17), la France et l'Andorre (art. 25, 1, c).

[683] Bruno GOUTHIERE, *Les impôts dans les affaires internationales*, *op. cit.*, p. 1395, § 74715.

un coût pour le Trésor public français[684] ; ce qui justifie leur neutralisation fiscale.

**228. La frontière entre les mesures anti-abus et les mesures anti-optimisation. –** La mise en œuvre des mesures anti-optimisation n'est pas conditionnée à une appréciation des motifs de l'opération réalisée par le contribuable. Autrement dit, savoir si l'opération a été réalisée dans un but principalement, essentiellement ou exclusivement fiscal importe peu. Les dispositions d'une mesure anti-optimisation sont applicables si l'opération qu'elles visent, qui aboutit à l'effet d'aubaine identifié, est réalisée par le contribuable. L'optimisation fiscale s'analyse traditionnellement comme la situation par laquelle un contribuable utilise des moyens légaux pour adapter sa charge fiscale[685], tout en respectant la lettre et l'esprit du texte dans le champ d'application duquel il se place, pour bénéficier d'un avantage fiscal[686]. Pourquoi la restreindre ? De nos jours, l'optimisation fiscale est connotée négativement, en raison de la tournure « *agressive* »[687] qu'elle peut

---

[684] Toutefois, il n'est pas évident d'évaluer l'ampleur budgétaire de ces opérations, surtout lorsqu'il faut conjointement tenir compte des externalités positives que ces opérations sont susceptibles d'engendrer. V. d'ailleurs une mise en évidence des difficultés d'évaluation de la fraude : Cour des comptes, Communication au Premier ministre, *La fraude aux prélèvements obligatoires : Évaluer, prévenir, réprimer*, novembre 2019. V. également : Martin COLLET, *Droit fiscal*, *op. cit.*, p. 247, § 400 et s.

[685] V. Emmanuelle CORTOT-BOUCHER, concl. sur CE, 3ème et 8ème s.-s., 11 février 2011, n° 314950, *Picoux*, *préc.* Emmanuelle CORTOT-BOUCHER reprend une formule bien connue : « *entre deux voies, le contribuable n'est jamais tenu de choisir celle qui est fiscalement la moins avantageuse* ».

[686] V. Pierre COLLIN, concl. sur CE, 9ème et 10ème s.-s., 15 avril 2011, n° 322610, *Alcatel CIT*, *préc.* Pierre COLLIN parle de « *légitime souci d'optimisation fiscale* ». V. Maurice COZIAN, « Éloge de l'habileté fiscale », *RFP* 2006, n° 1, 1. Il affirme la chose suivante : « *Chacun reconnaît la nécessité d'une bonne gestion financière, d'une bonne gestion commerciale, d'une bonne gestion sociale ; elles conditionnent le développement, voire la survie des entreprises. On doute en revanche qu'il puisse y avoir une bonne gestion fiscale ; certains la récusent au nom du fatalisme fiscal ; d'autres la réprouvent, la confondant avec la tricherie fiscale ; les plus avisés la pratiquent, qui ne sont ni des fatalistes, ni des tricheurs, mais de bons gestionnaires* ».

[687] L'emploi de cette expression, aux contours flous, est d'ailleurs critiqué dans le rapport PEYROL I (*préc.*, p. 35). V. Directive (UE) 2018/822 du Conseil du 25 mai 2018 modifiant la directive 2011/16/UE en ce qui concerne l'échange automatique et obligatoire d'informations dans le domaine fiscal en rapport avec les dispositifs transfrontières devant faire l'objet d'une déclaration (Directive « DAC 6 »). Les dispositions de cette directive font plusieurs fois référence aux opérations de planification fiscale à caractère potentiellement agressif. S'il n'est pas possible de donner une définition précise de ce à quoi correspond exactement le caractère potentiellement agressif d'une opération, la directive « DAC 6 » donne une liste de marqueurs variables (v. Annexe IV) : des marqueurs généraux et spécifiques liés au critère de l'avantage principal, des marqueurs spécifiques liés aux opérations transfrontières, des marqueurs spécifiques concernant l'échange automatique

prendre et des conséquences néfastes qu'elle peut avoir sur les budgets des États[688], d'où l'apparition de mesures anti-optimisation. La Commission européenne estime que « *la planification fiscale agressive consiste à tirer parti des subtilités d'un système fiscal ou des incohérences entre deux ou plusieurs systèmes fiscaux afin de réduire l'impôt à payer. Elle peut prendre de multiples formes. Parmi les conséquences de cette pratique, on peut citer les doubles déductions (par exemple, la même perte est déduite à la fois dans l'État de la source et dans l'État de résidence) et la double non-imposition (par exemple, des revenus qui ne sont pas imposés dans l'État de la source sont exonérés dans l'État de résidence)* »[689]. Les pouvoirs publics, à travers les mesures anti-optimisation, tentent de trouver des réponses juridiques pour limiter ces comportements d'optimisation fiscale agressive. Ainsi, les mesures anti-optimisation n'ont pas de portée anti-abus, dans le sens où leur mise en œuvre n'est pas conditionnée à ce que le contribuable visé ait eu l'intention d'obtenir un avantage fiscal en réalisant son opération.

**229.** Les mesures anti-optimisation mettent fin à des pratiques d'optimisation transfrontalières qui, avec le temps, se sont sophistiquées[690]. Par exemple, lorsqu'un même flux de revenu n'est imposé ni dans l'État de la source, ni dans l'État de résidence, l'opération bénéficie d'un avantage fiscal qu'un État peut juger comme étant excessif. De sorte que, plusieurs mesures anti-optimisation ont été prises pour limiter les opérations à l'origine de double non-imposition : les mesures dites « anti-hybrides ». Ces dernières sont des archétypes de mesures anti-optimisation spécifiques au droit fiscal international et méritent d'être présentées, afin de bien saisir la distinction entre les mesures anti-optimisation et les mesures anti-abus.

---

d'informations et les bénéficiaires effectifs ou des marqueurs spécifiques concernant les prix de transfert. Sur cette question v. Nicolas JACQUOT, Olivier JANORAY, Magalie MAZZUCO, « DAC 6 : à vos marqueurs, prêts, partez ! », *RFP* 2020, n° 2, 3. Pour les obligations attachées à la directive « DAC 6 », v. Benjamin HOMO, Alexandre CHAGNEAU, Julia VIDEAU, « Transposition de la directive 2018/822 dite DAC 6 : encadrement de l'optimisation fiscale transfrontière », *Dr. fisc.* 2020, n°15-16, Étude 222 ; Benjamin HOMO, Julia VIDEAU, Nicolas VERGNET, « Commentaires administratifs des obligations des contribuables tendant à la prévention de la fraude – Déclaration de dispositifs transfrontières », *Dr. fisc.* 2020, n°51-52, 474.

688 Selon le rapport final « BEPS » de l'OCDE, les pertes budgétaires imputables au phénomène d'érosion de la base d'imposition et de transfert de bénéfices sont estimées, au niveau mondial, entre 100 et 240 milliards de dollars américains par an (n° 33).

689 Commission européenne, *Recommandation de la Commission du 6 décembre 2012 relative à la planification fiscale agressive* (2012/772/UE), point 2.

690 Pour un tel constat, v. OCDE, *Dispositifs Hybrides, Questions de politiques et de disciplines fiscales*, mars 2012, p. 5, § 1.

### 2. *Une illustration : les mesures anti-hybrides*

**230. Contextualisation.** – L'OCDE et l'Union européenne, depuis la crise financière de 2009, ont pris la mesure du phénomène des instruments financiers dits « hybrides », à l'origine de situations de double non-imposition privant les États de recettes fiscales conséquentes[691]. L'OCDE, dans l'action 2 du projet « BEPS » explique que : « *Les dispositifs hybrides exploitent les différences de traitement fiscal d'une entité ou d'un instrument entre les législations de deux pays ou plus en vue d'obtenir une double exonération [...]. Ces dispositifs, dont l'utilisation est répandue, conduisent à une importante érosion des bases d'imposition dans les pays concernés. Ils ont également des incidences négatives sur la concurrence, l'efficience, la transparence et l'équité* »[692]. Les différences fiscales sont souvent dues à des « *phénomènes de distorsion quant à l'analyse d'une situation juridique donnée* »[693]. Plus largement, les instruments hybrides reposent sur « *les asymétries de traitement, les divergences de qualification ou tout simplement les lacunes des différents droits fiscaux nationaux* »[694], ce qui aboutit à la déduction multiple d'une même charge dans différents États ou au cumul d'une déduction dans un État et d'une non-imposition du paiement dans un autre État.

**231. Exemples.** – En pratique, il existe des situations dans lesquelles un contribuable réalise une opération qui est qualifiée différemment dans deux États. Cette différence de qualification peut aboutir à une double non-imposition. D'un côté, l'État de la source peut voir, dans un flux, le paiement d'intérêts, et de l'autre côté, l'État de la résidence peut assimiler, le même flux, à des dividendes. De sorte que, le contribuable débiteur des revenus (résident d'un État) déduit de sa base imposable les intérêts payés et le contribuable créancier des revenus (résident d'un autre État) n'intègre pas dans sa base imposable les dividendes perçus[695]. Par exemple, une cession temporaire d'instruments financiers (ou en anglais : « *Sale and Repurchase Agreements* » ; couramment appelées « REPO », pour la forme

---

691 V. « BEPS », Action 2 ; Dir. « ATAD 1 », art. 9 ; Dir. « ATAD 2 ».

692 OCDE, *Projet OCDE/G20 sur l'érosion de la base d'imposition et le transfert de bénéfices, Résumés, Rapports finaux*, 2015, p. 9.

693 Olivier DEBAT, « Dispositifs anti-hybrides - Lutte contre les montages internationaux exploitant les effets d'asymétrie », *Revue de droit bancaire et financier*, 2020, n° 2, alerte 22. V. aussi Olivier DEBAT, Aurore MESLIN, « À propos d'un jeu fiscal sur la qualification juridique et sa répression. L'emploi de dispositifs hybrides par les groupes internationaux de sociétés », in *Mélanges en l'honneur du professeur Henri Hovasse : l'ingénierie sociétaire et patrimoniale*, 2016, LexisNexis, pp. 365-380.

694 V. Émilie BOKDAM-TOGNETTI, concl. sur CE, 9ème et 10ème ch., 13 avril 2018, n° 398271, *Sté LVMH* : *RJF* 7/18, C 727, § 17.

695 Daniel GUTMANN, *Droit fiscal des affaires*, *op. cit.*, p. 349, § 554.

contractée de « *Repurchase Agreement Operation* »)[696] et une souscription d'obligations remboursables en actions (couramment appelées « ORA »)[697] sont susceptibles d'être qualifiées d'instruments hybrides, dans la mesure où elles peuvent être à l'origine d'une telle double non-imposition. C'est le cas aussi quand une société mère établie dans un État, effectue un versement à une filiale établie dans un autre État, dont la qualification varie entre un abandon de créance (le contribuable, débiteur de la somme, la déduit de sa base imposable dans le premier État) et un apport en capital (la somme n'est pas imposable dans le second État)[698]. Ces opérations aboutissent donc à des situations où aucun des États n'impose le flux, ce qui, au regard des pertes budgétaires qu'elles engendrent, est loin d'être idéal.

---

[696] L'opération de « REPO » s'assimile à l'opération de « pension », par laquelle une personne cède en pleine propriété des titres financiers, moyennant un prix convenu, à une autre personne et, concomitamment, par laquelle le cédant et le cessionnaire s'engagent respectivement et irrévocablement, le premier à reprendre les titres, le second à les rétrocéder pour un prix et à une date qui ont été convenus. Les sommes versées par le débiteur peuvent s'analyser comme des intérêts déductibles et les sommes reçues par le créancier comme des dividendes exonérés. Souvent, le vendeur des titres verse des intérêts à l'acheteur de titres. Ces intérêts peuvent être déductibles pour le cédant et exonérés pour le cessionnaire si ces revenus s'analysent comme des dividendes. Pour plus de détails, v. CoMoFi, art. L. 211-27.

À titre de remarque, en France, les titres prêtés, mis en pension ou remis en garantie, au sens des articles 38 *bis* à 38 *bis*-0 A *bis* du CGI, ne peuvent pas être pris en compte par les parties au contrat en cause pour l'application du régime « mères-filles », v. CGI, art. 145, 1, c, al. 5.

Il n'est pas exclu que l'Administration appréhende ces montages à travers le prisme de l'article L. 64 du LPF, v. en ce sens : CE, 8ème et 3ème ch., 9 septembre 2020, n° 431283, *Sté Européenne Dassault Systèmes* : *RJF* 12/20, n° 988, concl. Romain VICTOR. V. aussi : TA Montreuil, 1ère ch., 19 décembre 2019 n° 1707095 et n° 1812350, *Sté Lafarge*.

[697] Une « ORA » est une obligation dont le remboursement ne se fait qu'en actions de la société, selon une parité fixée lors de leur émission. Les « ORA » font partie des valeurs mobilières visées à l'article L. 228-91 du C. com. Pour plus de détails, v. BOI-BIC-PVMV-30-30-60-10, § 50.

Il n'est pas exclu que l'Administration appréhende ces montages à travers le prisme de l'article L. 64 du LPF, v. en ce sens : CE, 10ème et 9ème ch., 13 janvier 2017, n° 391196, *SAS Ingram Micro*, *préc.* ; CE, 9ème et 10ème ch., 3 décembre 2018, n° 406617, *Sté Manpower France Holding* : *RJF* 3/19, n° 283, concl. Émilie BOKDAM-TOGNETTI (C 283).

[698] Exemple tiré de : Maurice COZIAN, Florence DEBOISSY et Martial CHADEFAUX, *Précis de fiscalité des entreprises*, *op. cit.*, p. 467, § 1259. Le juge fiscal ne sanctionne pas, en tant que telle, la dissymétrie de qualification d'un flux entre deux États, v. en ce sens : CE, 9ème et 10ème ch., 13 avril 2018, n° 398271, *Sté LVMH* : *RJF* 7/18, n° 727, concl. Émilie BOKDAM-TOGNETTI (C 727). À rapprocher de : CE, 9ème et 10ème ch., 31 mars 2017, n° 383129, *Sté Senoble Groupe Services* : *RJF* 6/17, n° 539, concl. Marie-Astrid NICOLAZO DE BARMON (C 539).

**232. Le sursaut des pouvoirs publics.** – Des mesures dites « anti-hybrides » ont été adoptées afin d'établir « *une corrélation entre la déduction de la charge et l'imposition du profit* »[699]. La problématique des hybrides est l'un des enjeux majeurs et récents de la lutte contre l'érosion des bases d'imposition en droit fiscal international. Les pouvoirs publics ont pris conscience que les règles fiscales devaient être adaptées, afin d'éviter que les groupes de sociétés internationaux ne puissent bénéficier des instruments hybrides, à l'origine d'effets d'aubaine jugés trop coûteux pour les budgets des États. Dans le même temps, le Conseil d'État, bien qu'étant sensible à la problématique des situations de double non-imposition, laisse entendre qu'il n'a pas l'ambition de poser des règles prétoriennes pour résoudre les difficultés attachées à la double non-imposition internationale de certains revenus. Le juge fiscal souhaiterait se référer à des règles de fond édictées dans des textes spécifiques[700].

**233. La réaction du législateur français (CGI, anc. art. 212, I, b). –** En droit fiscal international français, la première règle ayant pour objet de « *lutte[r] contre l'optimisation fiscale au titre des produits hybrides* » a été adoptée à l'occasion du vote de la loi de finances pour 2014 et fût inscrite à l'article 212, I, b du CGI[701]. Selon le projet de loi de finances pour 2014 (art. 14), cette mesure fiscale spécifique visait « *à supprimer la déduction des intérêts d'emprunts versés à des sociétés liées lorsque ces mêmes intérêts ne sont pas soumis chez l'entreprise prêteuse à une imposition au moins égale au quart de celle déterminée dans les conditions de droit commun, que cette entité prêteuse soit ou non résidente de France* ». Elle avait « *pour objet de prévoir que des intérêts, pour être déductibles dans les résultats de la société emprunteuse, doivent faire l'objet d'une imposition minimale entre les mains de l'entreprise prêteuse. Elle [garantissait] ainsi, en la limitant aux opérations entre sociétés liées et dans les cas où la différence de traitement est importante, une symétrie du traitement de la charge, d'une part, et du produit, d'autre part* »[702]. Toutefois, cette mesure s'est vite trouvée limitée, en raison des difficultés d'application

---

699 Maurice COZIAN, Florence DEBOISSY et Martial CHADEFAUX, *Précis de fiscalité des entreprises*, p. 481, § 1287.

700 V. en ce sens Émilie BOKDAM-TOGNETTI, concl. sur CE, 9ème et 10ème ch., 13 avril 2018, n° 398271, *Sté LVMH*, *préc.*, § 19 : « *En l'absence de fondement textuel dérogeant en pareille hypothèse aux règles de droit commun en matière de déductibilité, la déduction d'une charge motif pris de la non-imposition du paiement correspondant chez son bénéficiaire à l'étranger ne saurait être refusée, et il nous paraît exclu de créer prétoriennement des* ***règles liant de manière générale déduction interne et imposition étrangère****. Les seules limites posées à la déductibilité des charges sont celles posées par le Code général des impôts, jointes à la soupape de l'acte anormal de gestion et à l'arme atomique de l'abus de droit* ».

701 Loi n° 2013-1278 du 29 décembre 2014 de finances pour 2014, art. 22.

702 V. Gouvernement, *Projet de loi de finances pour 2014*, n° 1335, art. 14. L'objectif poursuivi est le suivant : « *Lutte contre l'optimisation fiscale au titre des produits hybrides et de l'endettement artificiel* ».

qu'elle suscitait[703], des doutes quant à sa conformité aux normes supérieures[704] et de son caractère désuet compte tenu de la transposition de la directive « ATAD 2 » de 2017 dans la loi de finances pour 2020[705]. Dès lors, les dispositions du b du I de l'article 212 ont été abrogées.

**234. Les réactions de l'Union européenne : de la mesure anti-hybride de la directive « mères-filles » aux mesures anti-hybrides de la directive « ATAD 2 ».** – En matière de mesures anti-hybrides, l'Union européenne a été particulièrement active ces dernières années, si bien que plusieurs dispositions ont été édictées dans la directive « mères-filles » du 8 juillet 2014 (art. premier)[706], dans la directive « ATAD 1 » (art. 9)[707] et dans la directive « ATAD 2 ». Le législateur français a suivi les travaux européens en la matière. Lors de la loi de finances rectificative pour 2014[708], une mesure anti-hybride propre au régime « mères-filles » a été adoptée à l'article 145, 6-b du CGI, permettant de transposer la directive « mères-filles » de 2014. De sorte que, pour les exercices ouverts à compter du 1er janvier 2015, le régime fiscal des sociétés mères n'est pas applicable « *aux produits des titres d'une société, dans la proportion où les bénéfices ainsi distribués sont déductibles du résultat imposable de cette société* ». Puis, fin 2019, le législateur a

---

703 V. Alexandre LAGARRIGUE, Britta HARDECK, « Dispositif anti-hybrides : retour sur les difficultés d'application à la lumière des premiers commentaires de l'administration », *Dr. fisc.* 2014, n° 22, 352.

704 V. Laurent LECLERCQ, Franck LOCATELLI, Sylvain GIBON, « Abrogation de l'article 212, 1-b du CGI : "l'aveu" d'incompatibilité », *Dr. fisc.* 2019, n° 50-52, 485. Toutefois, il convient de noter que la Cour administrative d'appel de Versailles a jugé le dispositif de l'article 212, I, b du CGI, conforme au droit de l'Union européenne et à la convention fiscale franco-mauricienne, v. CAA Versailles, 3ème ch., 9 février 2021, n° 18VE02668, *SASU Thai Union France Holding* : *Dr. fisc.* 2021, n° 18, comm. 235. Fin 2013, le Conseil constitutionnel avait validé ce dispositif anti-abus au regard de l'OVC d'accessibilité et d'intelligibilité de la loi, des articles 13 et 16 de la DDHC. V. Cons. const., 29 décembre 2013, déc. n° 2013-685 DC, *Loi de finances pour 2014*, *préc.*, cons. 28 et s.

705 Loi n° 2019-1479 du 28 décembre 2019 de finances pour 2020, art. 45.

706 Directive 2014/86/UE du Conseil du 8 juillet 2014 modifiant la directive 2011/96/UE concernant le régime fiscal commun applicable aux sociétés mères et filiales d'États membres différents, art. premier.

707 La directive « ATAD 1 », au sujet des mesures anti-hybrides, n'était pas suffisante. V. le point 13 : « *Il est essentiel d'entreprendre des travaux supplémentaires sur les dispositifs hybrides entre États membres et pays tiers, ainsi que sur d'autres dispositifs hybrides tels que ceux impliquant des établissements stables* ». En effet, l'article 9 de la directive « ATAD 1 » se contente de donner les grands principes : « *1. Dans la mesure où un dispositif hybride entraîne une double déduction, la déduction est accordée uniquement dans l'État membre d'origine du paiement. 2. Dans la mesure où un dispositif hybride entraîne une déduction sans prise en compte, l'État membre du contribuable refuse la déduction de ce paiement* ».

708 Loi n° 2014-1655 du 29 décembre 2014 de finances rectificative pour 2014, art. 72.

transposé une série de mesures anti-hybrides, applicables à compter des exercices ouverts au 1er janvier 2020, directement issues des prescriptions de la directive « ATAD 2 », afin de lutter contre les dispositifs hybrides faisant intervenir des États tiers[709]. De multiples cas sont visés aux articles 205 B et suivants du CGI. Ces mesures permettent de neutraliser des dispositifs hybrides « classiques » (c'est-à-dire des situations de déduction/non inclusion et des situations de doubles déductions fiscales)[710] et « particuliers » (c'est-à-dire des hybrides importés[711], inversés[712] et des transferts hybrides[713])[714]. D'une manière générale, sont visés les effets d'asymétrie qui impliquent une entreprise associée d'un contribuable (CGI, art. 205, B, I, 16°)[715]. En ce sens, dans le cas où le paiement au titre d'un instrument financier hybride (par exemple : une « obligation remboursable en actions ») donne lieu, dans le même temps, à la déduction d'une charge de l'assiette de l'impôt sur les sociétés du débiteur établi en France (des intérêts) et à la non-inclusion dans l'assiette de l'impôt du bénéficiaire non

---

[709] Pour plus de détails, v. Nicolas VERGNET, Pauline BARBIER, « Transposition de la directive ATAD 2 relative à la lutte contre les dispositifs hybrides », *Dr. fisc.* 2020, n° 1, comm. 26 ; Guilhem CALZAS, « Transposition française de la directive ATAD 2 : vers un durcissement de la lutte contre les "dispositifs hybrides" », *REIDF*, 2020/3, p. 339 ; Pour une présentation synthétique de la directive « ATAD 2 », v. : Bernard CASTAGNEDE, *Précis de fiscalité internationale*, *op. cit.*, p. 108, § 86.

[710] Pour plus de détails, v. Maurice COZIAN, Florence DEBOISSY et Martial CHADEFAUX, *Précis de fiscalité des entreprises*, *op. cit.*, pp. 555-559.

[711] Dir. « ATAD 2 », point 25.

[712] *Ibid.*, art. 9 *bis*.

[713] *Ibid.*, art. 9, 6.

[714] Pour plus de détails, v. Maurice COZIAN, Florence DEBOISSY et Martial CHADEFAUX, *Précis de fiscalité des entreprises*, *op. cit.*, pp. 565-566, § 1473.

[715] La définition donnée par le texte est la suivante :
« *Entreprise associée d'un contribuable :*
*a) Une entité dans laquelle le contribuable détient directement ou indirectement une participation d'au moins 50 % des droits de vote ou du capital ou dont il est en droit de recevoir au moins 50 % des bénéfices ;*
*b) Une personne qui détient directement ou indirectement une participation d'au moins 50 % des droits de vote ou du capital du contribuable, ou qui est en droit de recevoir au moins 50 % des bénéfices du contribuable ;*
*c) Une entité dans laquelle une personne, qui détient directement ou indirectement une participation d'au moins 50 % des droits de vote ou du capital du contribuable, détient également une participation d'au moins 50 % des droits de vote ou du capital ;*
*d) Ou une entité qui fait partie du même groupe consolidé que le contribuable au sens du 2° du VI de l'article 212 bis, une entreprise sur la gestion de laquelle le contribuable exerce une influence notable ou une entreprise qui exerce une influence notable sur la gestion du contribuable.*
*Pour l'application des a, b et c du présent 16°, une personne qui agit conjointement avec une autre personne au titre des droits de vote ou de la propriété du capital d'une entité est considérée comme détenant une participation dans l'ensemble des droits de vote ou du capital de cette entité qui sont détenus par l'autre personne.*
*Pour les dispositifs hybrides mentionnés aux a ou f du 1°, le seuil de 50 % mentionné aux a, b et c du présent 16° est remplacé par le seuil de 25 %* ».

établi en France (des dividendes), lorsque cet effet d'asymétrie est imputable aux différences de qualification fiscale de l'instrument ou du paiement lui-même (CGI, art. 205 B, I, 1°, a), la charge du débiteur n'est pas admise en déduction du résultat du contribuable établi en France (CGI, art. 205 B, III, 1, a). Symétriquement, il est prévu, dans le cas où le débiteur est établi dans un État tiers et le créancier est établi en France, que le débiteur, au titre du paiement d'un instrument financier hybride (par exemple : une « opération de pension »), passe une charge déductible de son résultat (des intérêts) et que le paiement n'est pas inclus dans la base imposable du créancier établi en France (des dividendes), le produit est inclus dans le résultat du bénéficiaire (CGI, art. 205 B, III, 1, b).

**235. Les travaux de l'OCDE. –** Par ailleurs, la France n'a pas accueilli avec la même ferveur les travaux de l'OCDE en matière d'anti-hybrides. Les articles de la convention multilatérale « BEPS » concernant les instruments hybrides (articles 3 à 5)[716] s'analysent comme des normes facultatives ou optionnelles. Les signataires de la convention sont libres de les suivre. La France a fait le choix de ne pas les appliquer aux conventions couvertes par l'instrument multilatéral et a donc émis plusieurs réserves à leur sujet, pour des raisons tout à fait convaincantes. Par exemple, concernant l'article 5 de la convention multilatérale « BEPS », qui tente de pallier des situations particulières de double exonération (dues aux insuffisances de la méthode dite de l'exemption dans les conventions fiscales), la France a formulé une réserve. En effet, elle a déjà inséré dans un grand nombre de ses conventions fiscales des mécanismes d'élimination de la double imposition répondant à l'objectif d'éviter les doubles exonérations[717]. L'État, par souci d'efficacité et de prévisibilité juridique, fait donc l'effort d'éviter que les mesures anti-optimisation ne soient surabondantes.

**236. Analyse. –** Les mesures anti-hybrides ont pour objectif de rétablir une cohérence des règles du droit fiscal international entre les États[718]. Pour

---

[716] La partie II de la convention multilatérale « BEPS » est consacrée à la lutte contre les dispositifs hybrides : art. 3, entités transparentes ; art. 4, entités ayant une double résidence ; art. 5, application des méthodes d'élimination de la double imposition.

[717] *Projet de loi autorisant la ratification de la convention multilatérale pour la mise en œuvre des mesures relatives aux conventions fiscales pour prévenir l'érosion de la base d'imposition et le transfert de bénéfices déposé au Sénat le 17 janvier 2018, Étude d'impact*, p. 11.
Dans de multiples conventions fiscales bilatérales, la France a déjà pris des stipulations pour éviter les situations de doubles exonérations. Pour une liste de conventions fiscales prévoyant ce genre de stipulations, v. Bruno GOUTHIERE, *Les impôts dans les affaires internationales*, *op. cit.*, p. 1398, § 74765.

[718] « BEPS », Action 2, p. 11 : « *Pour renforcer la cohérence des règles fiscales en matière d'imposition des bénéfices des sociétés à l'échelle internationale, le Projet BEPS mené par l'OCDE et par le G20 prévoit d'élaborer des recommandations relatives à la conception de règles*

ce faire, elles neutralisent fiscalement les effets d'aubaine identifiés. À aucun moment les dispositions des mesures anti-hybrides ne conditionnent la neutralisation desdits effets d'aubaine à une quelconque appréciation des intentions des contribuables. D'un côté, elles s'analysent comme des règles fiscales « défavorables » pour le contribuable. Dès lors que le contribuable bénéficie de l'asymétrie visée par le texte (par exemple : une double non-imposition), l'application de la mesure anti-hybride y met fin. Ces mesures anti-hybrides se différencient alors des mesures anti-abus dont la mise en œuvre dépend de l'étude des motifs de l'opération du contribuable. De l'autre côté, les mesures anti-hybrides et les mesures anti-abus ont des liens étroits, car elles participent toutes les deux à la lutte globale contre l'érosion de la base d'imposition des États. Si elles poursuivent un objectif politique commun, elles n'organisent pas les mêmes moyens pour y parvenir. Les mesures anti-hybrides visent tous les contribuables, alors que les mesures anti-abus visent uniquement les contribuables motivés exclusivement, essentiellement ou principalement par des considérations fiscales.

**237.** Les mesures anti-optimisation ont l'avantage de pouvoir s'appliquer sans qu'il soit nécessaire, pour les services de contrôle, d'apprécier les intentions des contribuables, ce qui les rend plus prévisibles dans leur application par rapport aux mesures anti-abus. En ce sens, les mesures anti-optimisation conditionnent « objectivement » le bénéfice de certains avantages fiscaux. Comme le démontre l'étude des mesures anti-hybrides, les mesures anti-optimisation permettent d'établir une certaine cohérence entre les différents systèmes fiscaux, notamment en évitant que des opérations ne soient pas du tout imposées. La mise en œuvre des dispositions d'une mesure anti-abus dépend de l'appréciation des motivations du contribuable[719]. Aujourd'hui, la tendance est à la multiplication des mesures anti-optimisation, aussi bien dans les conventions fiscales, que dans les directives européennes. Cela traduit un attrait certain des pouvoirs publics pour les mesures anti-optimisation. En réalité, les mesures anti-optimisation et les mesures anti-abus sont complémentaires.

---

*nationales ainsi que des dispositions conventionnelles types visant à neutraliser les effets fiscaux asymétriques des dispositifs hybrides* ».

[719] V. l'analyse d'Édouard MARCUS au sujet de la distinction entre la clause « PPT » et les clauses de la convention multilatérale relatives aux dividendes et plus-values immobilières issues des travaux « BEPS », dans les actes du colloque suivant : Philippe MARTIN, Maikel EVERS, Laurence JATON, Édouard MARCUS, Caroline SILBERZTEIN, « La convention multilatérale OCDE : quel impact sur la fiscalité internationale ? Actes de la soirée d'étude annuelle de l'IFA, 4 oct. 2017 », *op. cit.*, § 29 : « *D'un côté, il y a des conditions objectives, de l'autre il y a un test des intentions* ».

### B. *Les liens entre les mesures anti-abus et les mesures anti-optimisation*

**238. La complémentarité. –** Bien qu'elles aient des caractères différents, les mesures anti-optimisation et les mesures anti-abus applicables en droit fiscal international n'en demeurent pas moins complémentaires. Elles constituent des standards communs entre les différents États et permettent, chacune à leur manière, de lutter contre le phénomène d'érosion des bases fiscales et de transfert de bénéfices. Surtout, elles peuvent s'analyser comme étant, les unes pour les autres, des mesures de « soutien ». D'un côté, les mesures anti-optimisation sont adoptées par les pouvoirs publics pour mettre fin à des pratiques qu'ils jugent intolérables et qui, en passant, sont difficilement appréhendables sur le terrain d'un dispositif anti-abus général. D'un autre côté, les dispositifs anti-abus permettent de lutter contre les pratiques d'optimisation fiscale qui n'ont pas forcément été identifiées dans des mesures anti-optimisation et qui prennent un tournant abusif. Il n'est pas exclu, non plus, qu'un dispositif anti-abus permette de combattre l'opération d'un contribuable qui contourne abusivement l'application d'une mesure anti-optimisation.

**239. La réponse à une règle fiscale inadaptée. –** Les pouvoirs publics ont pu constater, grâce aux travaux de l'OCDE et de l'Union européenne notamment, que les règles fiscales des États apparaissaient parfois comme inadaptées, car favorisant le phénomène « BEPS ». Des réformes concrètes ont été adoptées, telles que la convention multilatérale ou les deux directives « ATAD », pour mettre fin à certaines pratiques. En ce sens, la France a intégré dans son réseau conventionnel couvert par l'instrument multilatéral les articles 8 et 9 de la convention multilatérale. Ils traitent respectivement des transactions autour de la décision de distribution des dividendes[720] et des cessions de parts d'une entité établie dans un État dont la valeur dépend principalement de biens immobiliers situés dans l'autre État[721]. Qui plus est,

---

[720] CML, art. 8 : « *Les dispositions d'une Convention fiscale couverte qui prévoient une exemption d'impôt sur les dividendes payés par une société qui est un résident d'une Juridiction contractante ou qui limitent le taux d'imposition de ces dividendes, sous réserve que le bénéficiaire effectif ou le destinataire du paiement soit une société qui est un résident de l'autre Juridiction contractante et qui possède, détient ou contrôle, dans la société qui paie les dividendes, plus d'un certain montant du capital, des actions, des titres, des droits de vote ou des droits ou participations similaires, ne s'appliquent que si les conditions de détention énoncées dans ces dispositions sont satisfaites tout au long d'une période de 365 jours incluant le jour du paiement des dividendes (il n'est pas tenu compte, aux fins du calcul de cette période, des changements de détention qui résulteraient directement d'une réorganisation, telle qu'une fusion ou une scission de la société qui détient les actions ou qui paie les dividendes)* ». À rapprocher du dispositif anti-abus de l'article 119 *bis* A, 3 du CGI.

[721] CML, art. 9 : « *Les dispositions d'une Convention fiscale couverte qui prévoient que les gains qu'un résident d'une Juridiction contractante tire de l'aliénation d'actions ou d'autres droits*

des mesures conventionnelles ont été adoptées pour appréhender les opérations des contribuables qui aboutissent à l'évitement de la qualification d'établissement stable[722]. Pour ce faire, la France a fait le choix d'abaisser le seuil de qualification d'établissement stable (CML, art. 12)[723], d'encadrer

---

*ou participations dans une entité sont imposables dans l'autre Juridiction contractante à condition que ces actions, droits ou participations tirent plus d'une certaine partie de leur valeur de biens immobiliers (immeubles) situés dans cette autre Juridiction (ou qui prévoient que plus d'une certaine partie des biens de l'entité soit constituée de tels biens immobiliers (immeubles)) : a) s'appliquent si le seuil de valeur pertinent est atteint à un moment donné au cours des 365 jours qui précèdent l'aliénation ; et b) s'appliquent à des actions ou à des droits ou participations similaires, tels que des droits ou participations dans une société de personnes, une fiducie (ou un trust) (dans la mesure où ces actions, droits ou participations ne sont pas déjà couverts), en plus des actions, droits ou participations déjà couverts par les dispositions* ».

722 Pour évaluer les difficultés quant à la détermination de l'établissement stable d'une société étrangère en France, v. le contentieux *Conversant International Ltd* et la décision du Conseil d'État : CE, Plén., 11 décembre 2020, n° 420174, *min. c/ Conversant International Ltd, anciennement dénommée Valueclick International Ltd* : *Dr. fisc.* 2021, n° 4, comm. 117, concl. Laurent CYTERMANN, note Florence DEBOISSY et Guillaume WICKER. Pour l'arrêt de renvoi : CAA Versailles, 2ème ch., 8 décembre 2021, n° 20PA03971, *Conversant International Ltd* : *Dr. fisc.* 2022, n° 7-8, comm. 120.

723 Dans la convention modèle OCDE de 2014 (art. 5, 5), il est prévu qu'une personne est qualifiée d'agent dépendant d'une entreprise (emportant la qualification d'établissement stable) lorsque deux conditions cumulatives sont remplies. D'une part, cette personne doit *agir pour le compte d'une entreprise* résidente dans un premier État contractant et dispose dans un autre État contractant de *pouvoirs* qu'elle y exerce habituellement lui permettant de *conclure des contrats au nom de l'entreprise*. L'article 12 de la convention multilatérale met en avant une nouvelle définition d'établissement stable agent dépendant, qui est intégrée dans le modèle conventionnel de 2017. Une personne constitue un agent dépendant lorsqu'elle « *agit dans une juridiction contractante […] pour le compte d'une entreprise et, ce faisant, conclut habituellement des contrats ou joue habituellement le rôle principal menant à la conclusion de contrats qui, de façon routinière, sont conclus sans modification importante par l'entreprise* » et que « *ces contrats sont (a) au nom de l'entreprise ; ou (b) pour le transfert de la propriété de biens ou pour la concession du droit d'utiliser des biens appartenant à cette entreprise ou que l'entreprise a le droit d'utiliser ; ou (c) pour la prestation de services par cette entreprise.* » Concrètement, le critère de qualification ne repose plus en tant que tel sur un critère juridique, à savoir le pouvoir de conclure des contrats au nom de l'entreprise étrangère (contrat de mandat par exemple). Il repose plus sur un critère économique, à savoir sur le degré d'autonomie de l'intermédiaire dans la conclusion d'un contrat avec un client. Toutefois, des interrogations naissent des nouveaux éléments de définition dans la mesure où une relation de commettant-commissionnaire pourrait aboutir finalement à la qualification d'un établissement stable.

Les agents indépendants sont par définition exclus de la qualification d'agent dépendant. En conséquence, la convention modèle de 2014 (art. 5, 6) écarte de cette catégorie les agents qui pratiquent une activité de *courtier*, *commissionnaire général* ou de tout autre agent jouissant d'un statut *indépendant*, *à condition qu'ils agissent dans le cadre ordinaire de leur activité*. La convention multilatérale confirme le fait que les agents indépendants doivent agir de façon autonome. Toutefois, elle vient durcir les éléments de définition de l'agent indépendant. En effet, « *lorsqu'une personne agit exclusivement ou presque exclusivement pour le compte d'une ou plusieurs entreprises auxquelles*

plus rigoureusement les exceptions dont bénéficient les activités spécifiques[724] (CML, art. 13) et d'endiguer le phénomène dit de « fractionnement » des contrats de chantiers[725] (CML, art. 14). Même si ces stipulations conventionnelles peuvent poser des problèmes de mise en œuvre particuliers[726], elles permettent d'adapter les stipulations des

---

*elle est étroitement liée, cette personne n'est pas considérée comme agent indépendant* ». Ainsi, la qualification d'agent indépendant tombe lorsque l'intermédiaire agit dans la plupart des cas avec une ou plusieurs *entreprises étroitement liées*. Cela apparaît au point 6 de l'article 5 de la convention modèle OCDE de 2017. Cette modification pourrait poser quelques problèmes de qualification. En effet, les commissionnaires intermédiaires d'un seul commettant (ou presque) seraient dans le viseur de cette clause lorsqu'ils sont étroitement liés à celui-ci.

724 Conformément à la convention modèle de 2014 (art. 5, 4), une série de situations ne peuvent pas être qualifiées d'établissement stable. Il s'agit des activités spécifiques (stockage, exposition, livraison, transformation, collecte d'information, etc.), d'une autre activité préparatoire ou auxiliaire et de l'exercice cumulé d'activités spécifiques à condition qu'elles aient un caractère préparatoire ou auxiliaire. Le problème tient au fait que certains contribuables se placent abusivement dans le champ d'application de ces exceptions pour échapper à la qualification d'établissement stable. Pour contrer ce genre de comportements, la France n'a pas fait le choix de changer cette liste détaillée d'exceptions spécifiques. En revanche, une mesure dite « anti-fragmentation » a été ajoutée par la convention multilatérale aux conventions bilatérales signées par la France (Convention multilatérale, art. 13, 4). Cette clause vient, de manière simplifiée, éviter que des contribuables tentent de « fragmenter » ou « diviser » de manière artificielle les activités d'une entreprise en plusieurs opérations qui seraient qualifiables d'opérations spécifiques, préparatoires ou auxiliaires. Une nouvelle fois, il est quelque peu difficile d'anticiper en avance la mise en œuvre de ce critère qui a vocation à rapatrier la base taxable qui échappe à l'Administration fiscale française.

725 L'article 14 de la convention multilatérale prévoit une règle dite « anti-fractionnement » de contrats. Cette clause tient à la question de la qualification d'établissement stable des chantiers de construction ou de montage. En effet, selon la convention modèle de 2014, un tel chantier est qualifiable d'établissement stable que si sa durée dépasse douze mois (Convention modèle OCDE 2014, art. 5, 3). En fractionnant les contrats en plusieurs lots distincts pour des personnes distinctes, certaines entreprises réussiraient à échapper à cette qualification en ne dépassant pas le seuil de douze mois pour chaque contrat. Ainsi, pour neutraliser ces montages, des modalités de calcul du délai ont été aménagées par la convention multilatérale. Désormais, pour calculer le seuil de douze mois, il faut tenir compte de plusieurs périodes. En résumé, à la période pendant laquelle une entreprise d'un État étranger effectue des activités sur le chantier (au cours d'une même période ou pendant plusieurs périodes différentes de plus de trente jours) doit être ajoutée la période pendant laquelle des activités connexes sont exercées sur le même chantier par une ou plusieurs *entreprises étroitement liées* à la première entreprise (au cours d'une même période ou pendant plusieurs périodes différentes de plus de trente jours). La question qui peut se poser est de savoir si ce type de fractionnement entre les contrats ne peut pas être qualifié d' « acte fictif » au sens de l'article L. 64 du LPF.

726 Pour une étude approfondie sur l'abaissement du seuil de qualification d'établissement stable, v. Bruno GIBERT, Frédéric ROUX, « Convention

conventions pour répartir convenablement le pouvoir d'imposition entre les États.

**240. Anticiper les conséquences fiscales attachées à certaines opérations internationales spécifiques.** – L'adoption des mesures anti-optimisation dans la loi, les directives européennes ou les conventions fiscales, permet indirectement d'améliorer les relations entre le contribuable et les services de contrôle. En l'absence de mesure anti-optimisation, qui ferme la porte à un avantage fiscal, l'Administration peut être dépourvue de moyens, sauf à recourir à une mesure anti-abus, pour refuser le bénéfice de l'avantage fiscal. Or, dans le cas où l'Administration appréhende l'opération d'un contribuable sur le terrain d'une mesure anti-abus, l'image du contribuable peut être ternie[727]. Les contribuables peuvent alors être rassurés par le fait que des règles anti-optimisation soient adoptées, afin de prévoir en amont les conséquences fiscales attachées à certaines opérations internationales et, ainsi, éviter qu'elles soient qualifiées de pratiques abusives sur le terrain d'une mesure anti-abus. Ayant à sa disposition plusieurs mesures anti-optimisation, le fisc n'est pas réduit à mettre en œuvre des mesures anti-abus, en d'autres termes, à brandir l'arme de l'abus de droit, à chaque fois que le contribuable bénéficie d'un avantage fiscal, en raison d'une opération transnationale. L'application des dispositions d'une mesure anti-optimisation n'aboutit pas, à la différence de l'application des dispositions d'une mesure anti-abus, au ternissement de la réputation du contribuable. Ainsi, dans la mesure où l'application des dispositions d'une mesure anti-abus est liée à un simple constat matériel, par exemple la double non-imposition d'une opération, a un effet utile quant aux conséquences tenant à la réputation du contribuable. En parallèle, le fait qu'une mesure anti-optimisation ferme le bénéfice d'un avantage fiscal limite les possibilités pour le contribuable de chercher à abuser dudit avantage fiscal. Implicitement, les mesures anti-optimisation permettent de prévenir les pratiques abusives internationales.

**241. Une règle anti-abus générale au soutien des règles anti-optimisation.** – Bien que les mesures anti-optimisation apportent de la prévisibilité juridique, la portée des mesures anti-optimisation est limitée.

---

multilatérale : l'impact des choix de la France en matière d'établissement stable », *Dr. fisc.* 2018, n° 39, 403.

[727] L'enjeu réputationnel prend une place de plus en plus importante en droit fiscal, sans doute en raison des exigences qui découlent de la responsabilité sociale des entreprises. Les contribuables sont attachés à l'image qu'ils renvoient à leurs partenaires, employés, clients, ou, plus généralement, à la société civile. La réputation d'un contribuable peut être ternie dans le cas où l'Administration lui reproche un abus de droit. Pour une présentation des liens entre « RSE » et droit fiscal, v. Daniel GUTMANN, *Droit fiscal des affaires*, *op. cit.*, p. 837 et s.

Dans les textes, seulement quelques situations particulières d'optimisation sont visées. Il est difficile d'imaginer que les pouvoirs publics puissent anticiper en amont (et les inscrire dans des textes) toutes les situations d'optimisation fiscale auxquelles ils s'opposent. Pour cette raison, il est nécessaire que les quelques mesures anti-optimisation existantes soient accompagnées ou complétées par une mesure anti-abus de portée générale qui définit abstraitement l'abus de droit, afin d'appréhender des pratiques d'optimisation fiscale, prenant une tournure abusive, non identifiées en amont par les pouvoirs publics. Par exemple, la convention multilatérale « BEPS » et la directive « ATAD 1 » (art. 6) intègrent chacune d'elles, respectivement, la clause « PPT » (art. 7) et la clause anti-abus générale en matière d'impôt sur les sociétés et viennent compléter les règles d'assiette qu'elles ont aménagées.

**242.** Les mesures anti-optimisation complètent les mesures anti-abus spécifiques. Leur mise en œuvre est censée poser moins de difficultés, étant donné qu'elles ne reposent pas sur une appréciation des motivations du contribuable. Les mesures anti-optimisation sont complétées par des mesures anti-abus de portée plus générale, qui apparaissent plus que jamais comme des garde-fous pour prévenir les situations abusives non anticipées par les pouvoirs publics et non définies dans les textes. L'une des difficultés pour les acteurs du droit fiscal est d'apprécier la frontière qui sépare les dispositifs anti-abus et les dispositifs anti-optimisation. En effet, il existe des cas où il n'est pas évident de savoir si une mesure a une portée anti-abus ou une portée anti-optimisation. Il revient alors au juge de déterminer la portée exacte d'une mesure fiscale.

### *§ 2 – La frontière entre les mesures anti-optimisation et les mesures anti-abus*

**243.** De la nature ou de la portée d'un mécanisme, anti-abus ou anti-optimisation, découle l'application de régimes juridiques distincts. Or, parfois, un doute peut exister quant à la nature anti-abus ou anti-optimisation d'un mécanisme. Il peut être utile de revenir sur la méthode employée par le juge, à savoir l'étude des travaux préparatoires du texte pour identifier les objectifs qu'il poursuit, afin de déterminer la portée exacte à lui attribuer (**A**). Il existe des cas dans lesquels, en fonction des situations envisagées, des mesures fiscales paraissent tantôt avoir une portée anti-optimisation, tantôt une portée anti-abus. C'est le cas des clauses de bénéficiaire effectif (**B**).

### A. *L'appréciation de la portée anti-abus ou de la portée anti-optimisation d'une mesure fiscale*

**244. Une étude des travaux préparatoires.** – La distinction entre les mesures anti-optimisation et les mesures anti-abus ayant été présentée dans le paragraphe précédent, il convient désormais de traiter les cas dans lesquels se pose la question de la détermination de la nature anti-abus ou anti-optimisation d'un mécanisme fiscal[728]. Pour ce faire, les juges recherchent dans les travaux préparatoires les objectifs qui permettent de déterminer la nature du mécanisme pour tirer ensuite les éléments de régime applicables. Afin de fixer l'objet ou la portée d'un dispositif fiscal, le Conseil constitutionnel, dans la décision *Mi développement 2*[729] et le Conseil d'État, dans les décisions *HighCo*[730] et *Abo Wind*[731], se fondent alors sur l'étude des travaux préparatoires. Dans l'affaire *HighCo* (CGI, art. 219, I, a, *septies*), le Conseil d'État énonce : « *qu'il résulte des <u>travaux préparatoires</u> de la loi du 29 décembre 2010 que les dispositions du a septies du I de l'article 219 du CGI ont pour objet de faire obstacle à une pratique d'optimisation fiscale [...]* » (n° 247). Les commentaires de la décision *Mi Développement 2* laissent entendre que le Conseil constitutionnel a également suivi cette méthode. En effet, « le rachat à soi-même » (n° 246), la pratique du contribuable encadrée dans le dispositif fiscal issu de « l'amendement Charasse », ne serait qu'une simple pratique d'optimisation fiscale. Selon les commentaires, cette lecture serait « *corroborée par les <u>travaux parlementaires</u>* »[732].

**245. Une marge de manœuvre étendue.** – Pour autant, les solutions rendues par le Conseil d'État et par le Conseil constitutionnel peuvent étonner. Comme le souligne Vincent DAUMAS dans ses conclusions sur la décision *Mi Développement 2* rendue par le Conseil d'État, en tant que filtre de la question prioritaire de constitutionnalité portant sur les dispositions issues de « l'amendement Charasse » (CGI, art. 223 B, al. 6), les travaux préparatoires accompagnant lesdites dispositions paraissent faire état d'une finalité « anti-abus »[733]. Or, le Conseil constitutionnel octroie une portée

---

[728] Par exemple, au sujet du dispositif de l'article 209 B du CGI : Thierry PONS, « L'article 209 B : règle de territorialité élargie ou mesure anti-évasion ? », *BF* 4/11, ét. p. 319

[729] Cons. const., 20 avril 2018, déc. n° 2018-701 QPC, *Sté. Mi Développement 2*, *préc.*

[730] CE, 9ème et 10ème ch., 30 mai 2018, n° 412964, *Sté HighCo*, *préc.*

[731] CE, 8ème et 3ème ch., 16 septembre 2019, n° 432818, *EURL Abo Wind*, *préc.*

[732] V. le commentaire aux *Cahiers* de la décision n° 2018-701 QPC du 20 avril 2018 *Société Mi Développement 2* (Réintégration de certaines charges financières dans le résultat d'ensemble d'un groupe fiscalement intégré), p. 14.

[733] V. Vincent DAUMAS, concl. sur CE, 3ème et 8ème ch., 1er février 2018, n° 412155, *SAS Mi Développement 2* : *RJF* 4/18, C 421. À la lecture des travaux préparatoires, le rapporteur public indique que l'amendement Charasse a pour but « *de prévenir un <u>usage abusif</u> de l'intégration fiscale* » (§ 15).

« anti-optimisation » à ces dispositions[734]. Dans la décision *Mi Développement 2* rendue par le Conseil constitutionnel, le juge se réfère à une finalité plébiscitée dans les travaux préparatoires apparemment concurrente et prépondérante à la finalité « anti-abus » (pourtant annoncée fermement), pour justifier l'objet « anti-optimisation » du dispositif issu de « l'amendement Charasse »[735]. Dans les affaires *HighCo* et *Abo Wind*, le Conseil d'État donne l'impression de privilégier une analyse de l'économie générale des mesures fiscales étudiées, afin de révéler leur objet « anti-optimisation » (CGI, art. 219, I, a, *septies*). Les commentateurs ne manquent pas de constater que les juges ont une marge d'appréciation étendue dans cet exercice, ce qui crée quelques incertitudes sur le plan de la prévisibilité

---

[734] Dans l'affaire *Mi Développement 2*, les commentaires aux Cahiers indiquent que : « *S'il est vrai que le risque d'abus lié à certaines opérations de "rachat à soi-même", motivées par un but fiscal, a bien été mis en avant lors de la discussion de l'amendement dont les dispositions contestées sont issues, il n'était pas le motif principal ayant conduit le législateur à l'adopter. Ainsi, M. Maurice Blin, rapporteur du texte au Sénat indiquait : "Cet article tend à éviter que la fiscalité de groupe ne soit habilement utilisée, comme cela a été le cas dans le passé, souvent par des sociétés étrangères, pour réaliser des opérations de trésorerie, dont le coût est partiellement supporté par le Trésor public". C'est dire que le législateur a cherché, à titre principal, "à atténuer le coût fiscal que représente le régime institué en faveur des groupes de société, en évitant que les restructurations et les rachats d'entreprises qu'il entendait encourager se fassent au détriment du Trésor public"* ».

[735] Pour une vision critique de la décision rendue par le Conseil constitutionnel, v. les interventions de Stéphane AUSTRY et Gauthier BLANLUET à ce sujet lors du colloque annuel du CEFEP de 2018, « Le financement des entreprises : actualités et perspectives. Actes du XXXIe colloque du CEFEP, tenu le 21 juin 2018 », *Dr. fisc.* 2018, n° 39, 402. Gauthier BLANLUET soutient que : « *s'il existe un dispositif anti-abus, c'est bien celui qui découle de l'amendement Charasse, dans l'esprit de tous les fiscalistes comme dans celui de Michel Charasse lui-même* » (§ 3). V. aussi Alexandre MAITROT DE LA MOTTE, « La conformité de l'amendement Charasse à la Constitution : la déduction d'une charge financière est-elle vraiment un avantage fiscal ? », *op. cit.*, § 4. V. aussi les conclusions du rapporteur public Laurent CYTERMANN attachées à la décision du Conseil d'État qui statue sur l'application de l'amendement Charasse lorsque l'actionnaire contrôlant la société cédée exerce de concert avec d'autres actionnaires le contrôle de la société cessionnaire. Il s'agit de la suite de l'affaire *Mi Développement 2*. V. Laurent CYTERMANN, concl. sur CE, 3ème et 8ème ch., 15 mars 2019, n° 412155, *Sté Mi Développement 2* : *RJF* 6/19, C 523 : « *Tout d'abord, l'analyse faite par le Conseil constitutionnel des buts du dispositif a pu sembler en décalage avec celle qui résultait des travaux parlementaires, qui mettaient l'accent sur le souci de limiter les abus. Ensuite, l'expression de "cumul d'avantages fiscaux", qui n'était expliquée ni par les motifs ni par le commentaire aux Cahiers, a suscité des interrogations sur la nature des avantages autres que l'intégration fiscale qui se cumulaient avec lui. Enfin, le Conseil constitutionnel a examiné la conformité à la Constitution des dispositions de l'article 223 B sans faire un sort particulier à l'hypothèse que vous aviez circonscrite dans votre décision de renvoi, celle où l'actionnaire qui contrôlait la société cédée exerce, de concert avec d'autres actionnaires, le contrôle de la société cessionnaire, qui pouvait sembler la plus problématique* » (§ 9).

juridique[736]. Ils estiment regrettable de ne pas pouvoir anticiper suffisamment l'identification de l'objet des dispositifs. Il serait utile de savoir quels sont les dispositifs dont la mise en œuvre dépend de l'existence (ou non) d'une intention abusive de la part du contribuable. Pour apprécier véritablement cette imprévisibilité, il peut être intéressant de revenir sur les solutions rendues par les juges concernant le dispositif fiscal issu de « l'amendement Charasse » et le dispositif fiscal de l'article 219, I, a, *septies* du CGI.

**246. L'analyse de « l'amendement Charasse ». –** L'intégration fiscale est un régime adopté par le législateur français à la fin des années 1980[737] (CGI, art. 223 A et s.). L'objectif de ce régime est de faire en sorte qu'un groupe de sociétés fasse une seule unité sur le plan fiscal. Concrètement, les opérations intragroupes sont neutralisées et les résultats des sociétés membres du groupe sont, en quelque sorte, « consolidés ». À ce titre, les déficits des sociétés membres du groupe vont s'imputer immédiatement sur les bénéfices dégagés par les autres sociétés. Ce cumul va former un résultat d'ensemble imposable entre les mains de la société mère tête de groupe. Ce régime est particulièrement avantageux dans le cadre des montages à effet de levier, appelés aussi montages *Leveraged buy-out* (« LBO »). En effet, il est très courant qu'une société holding emprunte pour acquérir une participation (à hauteur de 95% du capital) dans une société cible. La société holding, une fois l'acquisition de la cible actée, forme une intégration fiscale avec cette filiale de façon que son résultat déficitaire (formé généralement par des intérêts d'emprunt remboursés) soit consolidé avec le résultat bénéficiaire de la société cible. Toutefois, un an après l'entrée en vigueur du régime de l'intégration fiscale[738], le ministre du Budget de l'époque, M. Michel Charasse, a défendu et a fait adopter par le législateur une mesure protectrice du régime de faveur permettant de contrer certains « *effets d'aubaine* » rencontrés[739]. En effet, des contribuables se sont placés sous ce régime de faveur en utilisant la pratique du « rachat à soi-même », appelée aussi *Owner buy-out* (« OBO »). Pour être précis, il s'agit de la situation dans laquelle une personne (le cédant) cède les titres d'une société (objet de la cession) à une société acquéreuse (le cessionnaire) qu'il contrôle (C. com., art. L. 233-3). Sur le plan économique la situation n'a pas évolué (le cédant contrôle encore le groupe), alors que sur le plan financier le groupe s'est

---

[736] V. les commentaires de Sarah ESPASA-MATTEI, Jean-Philippe RENAUDIN et Nicolas DRAGUTINI sous la décision CE, 9ème et 10ème ch., 30 mai 2018, n° 412964, *Sté HighCo*, *préc.*
[737] Loi n° 87-1060 du 30 décembre 1987 de finances pour 1988, art. 68.
[738] Loi 88-1193 du 29 décembre 1988 de finances rectificative pour 1988, art. 13.
[739] Aurélie BRETONNEAU, concl. sur CE, 10ème et 9ème s.-s., 11 mars 2015, n° 369048, *Sté Groupe JLF Finances* : *BDCF* 6/15, n° 66.

endetté (le cessionnaire emprunte pour acquérir les titres de la société cédée)[740]. Il était raisonnable de penser que, par l'encadrement de cette pratique (CGI, art. 223 B, al. 6)[741], le législateur faisait une consécration spécifique de la prohibition des abus de droit. En effet, M. Michel Charasse affirmait : « *J'ai cependant eu connaissance au cours de ces derniers mois d'un certain nombre de montages purement artificiels et à but uniquement fiscal. Pour éviter de tels détournements, le Gouvernement vous propose de réintégrer les intérêts des emprunts* »[742]. Cette situation révèlerait dans la plupart des cas une absence de rationalité économique dans l'utilisation du régime de l'intégration fiscale. De sorte que, l'analyse du Conseil constitutionnel dans la décision *Mi Développement 2* a pu étonner et donner l'impression de s'écarter de l'esprit du dispositif. De telles affirmations dans les travaux préparatoires pouvaient laisser supposer que l'application de ce dispositif pouvait être écartée lorsque le but de l'opération n'était pas exclusivement fiscal.

**247. L'analyse de l'article 219, I, a, *septies* du CGI.** – Pour reprendre les termes du Conseil d'État dans les décisions *HighCo* et *Abo Wind*, les dispositions de l'article 219, I, a *septies* du CGI traitent des opérations qui consistent « *à céder à une filiale ou à une société sœur, dans les deux années de leur acquisition, des titres de participation ayant normalement vocation à être détenus sur le long terme, afin de constater des moins-values à court terme déductibles des résultats imposables à l'impôt sur les sociétés* ». L'analyse selon laquelle ces dispositions ne visent que les cessions intragroupes artificielles aurait pu se concevoir, d'autant plus que la qualification en dispositif anti-abus semble avoir encore

---

740 À noter toutefois que l'amendement Charasse ne conditionne pas strictement la mise en œuvre du dispositif à un quelconque emprunt.

741 « *Lorsqu'une société a acheté les titres d'une autre société qui est ou qui devient membre du même groupe ou les titres d'une société intermédiaire ou d'une société étrangère aux personnes qui la contrôlent, directement ou indirectement, ou à des sociétés que ces personnes contrôlent, directement ou indirectement, au sens de l'article L. 233-3 du code de commerce, les charges financières déduites pour la détermination du résultat d'ensemble sont rapportées à ce résultat pour une fraction égale au rapport du prix d'acquisition de ces titres, limité, le cas échéant, à la valeur vénale des titres des sociétés du groupe directement ou indirectement détenues par la société intermédiaire ou par la société étrangère acquise, à la somme du montant moyen des dettes, de chaque exercice, des entreprises membres du groupe. Le prix d'acquisition à retenir est réduit du montant des fonds apportés à la société cessionnaire lors d'une augmentation du capital réalisée simultanément à l'acquisition des titres à condition que ces fonds soient apportés à la société cessionnaire par une personne autre qu'une société membre du groupe ou, s'ils sont apportés par une société du groupe, qu'ils ne proviennent pas de crédits consentis par une personne non-membre de ce groupe. La réintégration s'applique pendant l'exercice d'acquisition des titres et les huit exercices suivants.* »

742 V. citation à retrouver dans l'intervention de Gauthier BLANLUET lors du colloque annuel du CEFEP de 2018, « Le financement des entreprises : actualités et perspectives. Actes du XXXIe colloque du CEFEP, tenu le 21 juin 2018 », *op. cit.*

aujourd'hui la faveur de la doctrine[743]. En effet, une société pourrait être tentée de céder des titres de participation à une société liée (CGI, art. 39, 12) dans le but de bénéficier d'une moins-value à court terme déductible de son résultat. Toutefois, sur le plan économique, la situation n'a pas évolué puisque les titres restent dans le groupe de sociétés. Cette situation se rapproche finalement de celle visée par l'amendement « Charasse ». Le reproche fait au contribuable semble être celui de pratiquer une opération qui n'est pas motivée sur le plan économique. En effet, il n'est pas évident de percevoir l'intérêt autre que fiscal dans ce genre d'opération. Pour autant, le Conseil d'État estime que ces dispositions n'ont pas de portée anti-abus.

**248. Discussion. –** Qu'il s'agisse du dispositif visant le « rachat à soi-même » ou du dispositif visant la « cession intra-groupe », les juges estiment qu'ils ont une portée anti-optimisation. Les solutions données par la jurisprudence traduisent et confirment la possibilité de fermer des régimes fiscaux à des pratiques qui – sans être abusives – sont trop favorables au contribuable et trop coûteuses pour le Trésor public[744]. Dans les dispositifs anti-optimisation, tous les contribuables, poursuivant les opérations décrites, sont visés, peu important le fait qu'elles soient réalisées ou non dans un but essentiellement fiscal. En réalité, la démarche des juges qui consiste à se référer aux travaux préparatoires peut être discutée, puisqu'ils peuvent déterminer et choisir librement les éléments qui permettent de justifier la portée à attribuer à une mesure fiscale et, ce faisant, de promouvoir le régime juridique qu'ils estiment adéquat. Ces décisions restreignent en réalité l'applicabilité de la jurisprudence relative à l'interdiction des présomptions irréfragables de fraude ou d'évasion fiscale. En affirmant qu'une mesure fiscale a pour objet de lutter contre l'optimisation fiscale, cette jurisprudence protectrice des contribuables, n'est pas applicable. En effet une mesure anti-optimisation ne peut pas organiser de présomption de fraude ou d'évasion, car son objectif est, justement, de lutter contre l'optimisation fiscale[745].

**249.** Dès lors que les dispositions d'un texte indiquent explicitement que leur mise en œuvre est conditionnée à ce que l'opération du contribuable ait

---

[743] Daniel GUTMANN, *Droit fiscal des affaires*, *op. cit.*, p. 230, § 326.
[744] V. Émilie BOKDAM-TOGNETTI, concl. sur la décision CE, 9ème et 10ème ch., 30 mai 2018, n° 412964, *Sté HighCo*, *préc.* § 28. Après tout, le Conseil constitutionnel reconnait bien l'objectif d'intérêt général consistant à mettre fin à des pratiques d'optimisation fiscale : Cons. const., 29 décembre 2012, déc. n° 2012-661 DC, *3e loi de finances rectificative pour 2012* : *RJF* 3/13, n° 336 ; Cons. const., 26 juin 2015, déc. n° 2015-473 QPC, *Époux P.*, *préc.* ; Cons. const., 19 septembre 2014, déc. n° 2014-413 QPC, *Sté PV-CP Distribution*, *préc.*
[745] V. en ce sens : Maurice COZIAN, Florence DEBOISSY, Martial CHADEFAUX, *Précis de fiscalité des entreprises*, *op. cit.*, p. 456, § 1225.

été réalisée dans un but fiscal déterminant, la portée anti-abus du dispositif ne fait pas de doute. Des interrogations existent lorsqu'un dispositif fiscal a été adopté et qu'il apparaît dans les travaux préparatoires qu'il a vocation à mettre fin à des pratiques abusives, sans pour autant que la mise en œuvre du dispositif fiscal soit explicitement subordonnée à l'appréciation des motifs de l'opération du contribuable. Par exemple, la notion d'établissement stable a été modifiée par la convention multilatérale de l'OCDE. En s'en tenant à la lettre du texte, sa mise en œuvre n'est pas conditionnée à la caractérisation d'un abus[746]. En revanche, les travaux « BEPS » de l'OCDE, à l'origine de la modification de la définition d'établissement stable, de son intégration dans la convention multilatérale et dans la Convention modèle OCDE, laissent entendre que l'aménagement de la définition a pour objectif de lutter contre les contribuables qui évitent « *artificiellement le statut d'établissement stable* » (« BEPS », Action 7). Ce qui vaut pour le dispositif de l'établissement stable, vaut aussi pour les dispositifs issus des directives « ATAD 1 » et « ATAD 2 ». Formellement, ces directives ont vocation à lutter contre l'évasion fiscale. Mais, la plupart des règles qu'elles renferment paraissent s'assimiler à des règles d'assiette dont la mise en œuvre ne requiert aucunement la qualification d'un abus de droit. Cette distorsion pourrait aboutir à des contentieux regrettables entre le contribuable et l'Administration[747]. Dans le cas où ces derniers discutent de la portée à attribuer à une mesure fiscale, le juge reste libre de déterminer la portée qu'il souhaite privilégier. En parallèle, les juges prennent aussi la liberté de faire varier la portée des clauses de bénéficiaire effectif.

---

[746] V. à ce sujet l'analyse de Philippe MARTIN dans les actes du colloque suivant : Philippe MARTIN, Maikel EVERS, Laurence JATON, Édouard MARCUS, Caroline SILBERZTEIN, « La convention multilatérale OCDE : quel impact sur la fiscalité internationale ? Actes de la soirée d'étude annuelle de l'IFA, 4 oct. 2017 », *op. cit.* Il affirme que : « *l'article établissement stable [...] n'est pas du tout un article anti-abus et n'est fondé en aucune sorte sur l'intention* ».

[747] Nous pensons que les pouvoirs publics devraient faire preuve de plus de cohérence, voire de sincérité. S'ils adoptent un dispositif fiscal dans l'optique de lutter contre l'évasion fiscale, ou plus spécifiquement, contre des pratiques abusives, alors l'application du dispositif fiscal adopté devrait être conditionnée à l'appréciation des motifs de l'opération du contribuable. Il est regrettable que les pouvoirs publics invoquent le motif d'intérêt général (qui s'analyse comme un objectif de valeur constitutionnelle) de lutte contre l'évasion fiscale, pour finalement adopter des dispositifs d'assiette dont la mise en œuvre n'est pas conditionnée à une appréciation des motifs de l'opération du contribuable. S'ils souhaitent mettre en place de simples dispositifs d'assiette, dans ce cas, les pouvoirs publics devraient se fonder sur un objectif d'intérêt général plus modeste, tel que celui de la lutte contre l'optimisation fiscale. Qui plus est, en cas de distorsion entre l'objectif poursuivi et le dispositif fiscal adopté, le juge fiscal est dans une position délicate puisqu'il doit arbitrer quant à la portée à attribuer au dispositif fiscal.

### B. *La portée variable de la clause de bénéficiaire effectif*

**250.** En droit fiscal international, la clause de bénéficiaire effectif[748] a des sources diverses (**1**). Elle a une portée fluctuante en droit fiscal international. Tantôt mesure anti-abus, tantôt mesure anti-optimisation, la clause de bénéficiaire effectif voit ainsi son maintien être contesté par une partie de la doctrine (**2**).

#### 1. *L'apparition de la clause de bénéficiaire effectif*

**251. La clause de bénéficiaire effectif : des conventions fiscales aux directives européennes. –** La clause de bénéficiaire effectif[749] est intégrée dans le modèle de convention fiscale de l'OCDE depuis 1977[750]. Les avantages normalement accordés par l'État de la source (réduction ou exonération de retenue à la source) sur les dividendes, intérêts et redevances payés, peuvent être refusés au contribuable qui les perçoit s'il n'a pas la qualité de bénéficiaire effectif[751]. Aujourd'hui, la notion de bénéficiaire effectif est intégrée dans la plupart des conventions fiscales applicables en France. Qui plus est, le Conseil d'État ne voit pas de difficulté à refuser en France, en tant qu'État de la source du revenu, le bénéfice des avantages d'une convention fiscale à un contribuable qui n'en est pas le bénéficiaire effectif, alors même que ladite convention ne prévoit pas explicitement une

---

[748] La notion de bénéficiaire effectif est présente aussi bien en droit des affaires (CoMoFi, art. L. 561-2-2, R. 561-1) qu'en droit fiscal international (Convention modèle OCDE 2017, art. 10, 11 et 12). Pour autant, en droit des affaires, la notion n'a pas la même définition (il s'agit notamment des personnes physiques qui contrôlent en dernier lieu, directement ou indirectement, le client), ne remplit pas les mêmes fonctions (cette notion s'apprécie dans le cadre d'une obligation de déclaration des personnes morales immatriculées au registre du commerce et des sociétés de ses bénéficiaires effectifs : CoMoFi, art. L. 561-46) et ne poursuit pas les mêmes finalités (les obligations qui accompagnent la notion de bénéficiaire effectif ont pour finalité de lutter contre le blanchiment et le financement de terrorisme) qu'en droit fiscal international. La notion de bénéficiaire effectif en droit fiscal international est dotée d'une autonomie propre.

[749] Pour des études sur cette notion, v. Patrick DIBOUT, « Bénéficiaire effectif : l'approche française », in *Fiscalité et entreprise : politiques et pratiques, liber amicorum Jean Pierre Le Gall*, Dalloz, 2007, pp. 49-59. ; Pierre-Henri CUENOT, *La notion de bénéficiaire effectif dans les conventions fiscales bilatérales*, Thèse, 2003, Paris I.

[750] La notion de bénéficiaire effectif était déjà présente dans certaines conventions fiscales avant de faire son apparition dans la Convention modèle de l'OCDE, notamment dans la Convention franco-suisse du 9 septembre 1966, art. 4, § 5. En ce sens, v. Bernard CASTAGNEDE, *Précis de fiscalité internationale*, *op. cit.*, p. 434, § 538.

[751] V. Avis CE, section des finances, 31 mars 2009, n° 382545 : *Dr. fisc.* 2010, n° 22, comm. 339.

telle clause[752]. La clause de bénéficiaire effectif trouve aussi son assise en droit fiscal de l'Union européenne. En effet, les avantages accordés par les directives « intérêts-redevances »[753] et « mères-filles »[754], dans l'État de la source du revenu, sont refusés lorsque le bénéficiaire effectif de ces revenus n'est pas établi au sein de l'Union européenne (CGI, art. 119 *bis*, 2, 2°, b ; 119 *ter*, 2[755] ; 119 *quater*, 2 ; 182 B *bis*, 3).

**252. L'absence de définition précise. –** Si la condition du bénéficiaire effectif est extrêmement répandue en droit fiscal international, il est tout de même étonnant de constater que ce vocable n'est pas défini expressément dans les textes qui le consacrent. Il est alors *a priori* délicat de dégager la portée attachée à la notion de bénéficiaire effectif. À tout le moins, l'OCDE s'est efforcée de commenter cette condition relative au bénéficiaire effectif[756] et les juges ont été amenés à l'interpréter[757]. Quant à

---

752 CE, 8ème et 9ème s.-s., 13 octobre 1999, n° 191191, *SA Diebold Courtage* : *RJF* 12/99, n° 1492, concl. Gilles BACHELIER, chr. Emmanuelle MIGNON, p. 931. V. aussi : Jean-Pierre LEGALL, « L'arrêt Diebold : un incident ou un cataclysme ? », *Dr. fisc.* 2000, n° 15, 100122. Dans cette affaire, qui porte sur la convention franco-néerlandaise, le juge n'a pas hésité à vérifier si les associés d'une société (transparente) ayant son siège aux Pays-Bas, sont les bénéficiaires réels du revenu trouvant sa source en France, alors que la convention ne fait pas état d'une clause de « bénéficiaire effectif ». Plus récemment au sujet de la convention fiscale franco-luxembourgeoise, v. CE, 8ème et 3ème ch., 23 novembre 2016, n° 383838, *Sté Eurotrade Juice*, *préc.*

753 V. dir. « intérêts-redevances », point 5 et art. 1er.

754 La directive « mères-filles » ne conditionne pas explicitement le bénéfice des avantages du régime européen à la qualité de bénéficiaire effectif au sein de l'UE. Toutefois, la CJUE a reconnu dans l'arrêt *T Danmark et Y Denmark Aps*, le fait que le bénéficiaire effectif des dividendes doit être résident au sein de l'UE pour que l'exonération de la retenue à la source soit accordée dans l'État de la source. V. CJUE, Grande ch., 26 février 2019, aff. C-116/16 et C-117/16, *Skatteministeriet c/ T Danmark et Y Denmark Aps*, *préc.*, point 113.

755 V. CE, 9ème et 10ème ch., 5 juin 2020, n° 423809, *Sté Eqiom et sté Enka* : *Dr. fisc.* 2020, comm. 407, concl. Émilie BOKDAM-TOGNETTI. Le 2 de l'article 119 *ter* du CGI, en ce qu'il subordonne l'exonération de la retenue à la source sur les dividendes versés par une société française à sa société mère établie dans un autre État-membre de l'UE à la condition que celle-ci justifie auprès du payeur qu'elle en est le bénéficiaire effectif, est compatible avec les objectifs de la directive « mères-filles ». V. Olivier TEIXEIRA, « Exonération de RAS : la condition de bénéficiaire effectif est compatible avec la directive mère-fille », *FR* 32/20, inf. 6, p. 15.

756 Convention modèle OCDE 2017, C(10)-4, § 12 et s. ; C(11)-8, § 9 et s. ; C(12)-1, § 4 et s.

757 V. CE, 8ème et 9ème s.-s., 13 octobre 1999, n° 191191, *SA Diebold Courtage*, *préc.* ; CE, 3ème et 8ème s.-s., 29 décembre 2006, n° 283314, *Bank of Scotland*, *préc.* ; Avis CE, section des finances, 31 mars 2009, n° 382545, *préc.* ; CE, 8ème et 3ème s.-s., n° 343709, *Sté Abbey National Treasury Services*, *préc.* ; CE, 8ème et 3ème ch., 23 novembre 2016, n° 383838, *Sté Eurotrade Juice*, *préc.* ; CE, 9ème et 10ème ch., 5 juin 2020, n° 423809, *Sté Eqiom et sté Enka*, *préc.* V. aussi, CJUE, Grande ch., 26 février 2019, aff.

l'Administration fiscale, elle n'a pas apporté beaucoup de commentaires dans sa doctrine[758]. En pratique, la clause de bénéficiaire effectif est régulièrement qualifiée de clause anti-abus[759]. Pour autant, la mise en œuvre de la clause de bénéficiaire effectif est-elle toujours conditionnée à l'existence d'une pratique abusive ? Il n'existe pas de réponse absolument définitive, dans la mesure où, en fonction des situations envisagées, la portée de la clause de bénéficiaire effectif varie.

### 2. *Le contenu de la clause de bénéficiaire effectif*

**253.** Si, dans des cas particuliers, le juge a pu attribuer une portée anti-abus à la clause de bénéficiaire effectif, il ressort de la jurisprudence récente, qu'elle peut être mise en œuvre sans même qu'une pratique abusive soit qualifiée. La clause de bénéficiaire effectif a donc une portée anti-optimisation en règle générale (**a**), mais elle présente des liens étroits avec la théorie de l'abus de droit (**b**).

#### a. *La portée anti-optimisation de la clause de bénéficiaire effectif*

**254. L'intermédiation « juridique ». –** Dans ses commentaires liés à la notion de bénéficiaire effectif, l'OCDE laisse entendre que la notion de bénéficiaire effectif permet de proposer une application conforme « *à l'objet et au but de la Convention* » des termes « *payés [...] à un résident* »[760]. Il est précisé que cette clause peut être mise en œuvre dès lors que le percepteur des revenus n'est qu'un « *intermédiaire financier* », tel qu'un mandataire, un commissionnaire ou un autre agent intermédiaire, entre le débiteur et le créancier du revenu qui transite entre les États. Autrement dit, le seul fait pour une entité, alors qu'elle est résidente de l'État conventionné, de percevoir matériellement un revenu qui trouve sa source dans l'autre État conventionné, ne permet pas d'être qualifié de bénéficiaire effectif si elle le perçoit finalement pour le compte d'un créancier qui n'est pas résident. Nul ne semble pouvoir contester qu'appliquée en ce sens, la clause de bénéficiaire effectif n'a pas de portée anti-abus. Elle vise, simplement, à ce que les intermédiaires agissant pour le compte du créancier du revenu non-résident ne puissent pas bénéficier des avantages conventionnels. La clause

---

C-116/16 et C-117/16, *Skatteministeriet c/ T Danmark et Y Denmark Aps*, *préc.* ; CJUE, Grande ch., 26 février 2019, aff. C-115/16, *N Luxembourg 1 et a.*, *préc.*

[758] Pour un bref rappel de la doctrine administrative à ce sujet : v. Bruno GOUTHIERE, *Les impôts dans les affaires internationales*, *op. cit.*, p. 1392, § 74635.

[759] *Ibid.*, p. 1390, § 74630.

[760] Convention modèle OCDE 2017, C(10)-4, § 12.1.

est applicable sans qu'une appréciation des finalités de l'opération du contribuable soit nécessaire. Le refus des avantages tient au fait que l'intermédiaire financier ou récipiendaire n'est pas personnellement imposé sur les sommes perçues. Étant donné que le risque de double imposition n'existe pas, l'avantage est refusé[761]. La clause de bénéficiaire effectif peut être mise en œuvre pour neutraliser sur le plan fiscal une situation d'intermédiation juridique. Dans ce cas, la clause de bénéficiaire effectif a une vertu anti-optimisation.

**255. L'intermédiation « économique ». –** La clause de bénéficiaire effectif est également applicable dans le cadre d'une intermédiation économique, c'est-à-dire lorsqu'un résident est analysé comme un « *simple relais pour le compte d'une autre personne qui bénéficie réellement du revenu en cause* »[762]. Dans ce cas, le récipiendaire est bien créancier du revenu perçu et se distingue alors du simple intermédiaire financier. Par ailleurs, dès lors que le récipiendaire a une obligation contractuelle ou légale de reverser le revenu perçu à une personne non-résidente, les réductions ou exonérations des retenues à la source dans le pays de la source peuvent être refusées[763]. Selon les commentaires de l'OCDE, dans le cas où il n'existe pas d'obligation légale ou contractuelle, la clause peut être encore mise en œuvre dès lors que « *le récipiendaire n'a de toute évidence pas le droit d'utiliser le [revenu]* », et ce après une étude approfondie des « *faits et circonstances* »[764] pertinents. Autrement dit, si le créancier n'a pas la « *libre disposition* »[765] du revenu perçu, la clause de bénéficiaire effectif est applicable. La clause de bénéficiaire effectif peut être mise en œuvre sans même que l'Administration n'ait à apprécier les motifs de l'opération. Cette interprétation est admise depuis

---

[761] Gauthier BLANLUET, « La notion de bénéficiaire effectif en droit fiscal international », *op. cit.*, pp. 521-522. Gauthier BLANLUET indique que : « *Le revenu versé à l'intermédiaire n'est pas son revenu, mais celui de la personne pour le compte de laquelle il agit. Aussi n'est-il pas personnellement imposé sur les sommes qu'il perçoit et il n'existe de ce fait aucun risque de double imposition du fait de son entremise* ».

[762] Convention modèle OCDE 2017, C(10)-5, § 12-3.

[763] La clause de bénéficiaire effectif permet de lutter contre les sociétés dites « relais », au sens du rapport « R(6). Les conventions préventives de la double imposition et l'utilisation des sociétés relais », *préc.*

[764] Convention modèle OCDE 2017, C(10)-5, § 12-4.

[765] Gauthier BLANLUET, « La notion de bénéficiaire effectif en droit fiscal international », *op. cit.*, p. 528. Pour Gauthier BLANLUET : « *Dans cette notion économique de libre disposition, il y a deux idées. Un droit, bien entendu, de jouir du revenu pour soi-même. Un pouvoir, surtout, d'en disposer à son gré. N'est pas bénéficiaire effectif celui qui a les pieds et les poings liés quant à l'emploi du revenu qu'il reçoit. Ainsi en matière d'interposition de personnes, si une personne est tenue en droit ou en fait de reverser le revenu à un tiers, elle agit nécessairement comme un simple conduit ; elle n'a donc pas le bénéfice effectif d'un revenu qui ne fait que transiter par son intermédiaire* ».

peu par le juge européen[766]. En effet, dans l'affaire *T Danmark* et *Y Denmark Aps* du 26 février 2019 (point 113), la Cour de justice de l'Union européenne précise que l'objectif de la directive « mères-filles » est d'éviter les situations de double imposition sur les dividendes distribués par une société filiale à sa société mère. De sorte que, les mécanismes organisés par la directive « *n'ont […] pas vocation à s'appliquer lorsque le bénéficiaire effectif des dividendes est une société ayant sa résidence fiscale en dehors de l'Union puisque, dans un tel cas, l'exonération de la retenue à la source desdits dividendes dans l'État membre à partir duquel ils sont versés risquerait d'aboutir à ce que ces dividendes ne soient pas imposés de façon effective dans l'Union* ». Le simple constat que le revenu distribué ne bénéficie pas effectivement à une société établie dans un État membre aboutit au refus de l'exonération de la retenue à la source dans l'État de la source. Le Conseil d'État a repris cette analyse dans l'arrêt *Eqiom* du 5 juin 2020 (cons. 5)[767]. Utilisée en ce sens, la clause de bénéficiaire effectif n'a pas de portée anti-abus, car sa mise en œuvre ne requiert pas la caractérisation d'une pratique abusive[768]. Cela suscite néanmoins des difficultés.

**256. L'absence de contenu précis. –** Le contenu de la clause de bénéficiaire effectif est délicat à déterminer[769]. Le critère auquel renvoie cette clause, la libre disposition du revenu, étant flou, les services de contrôle ont toute latitude pour déterminer les cas dans lesquels le prétendu bénéficiaire d'un revenu est effectivement celui qui a le pouvoir de disposer du revenu[770]. La circulation des revenus et des capitaux rend le travail d'identification du bénéficiaire effectif délicat. Si le fait de prévoir des clauses anti-optimisation se conçoit lorsque la description des comportements visés apporte de la précision, il n'en va pas de même lorsqu'elles emploient un critère censé être « objectif » (dans le sens où sa mise en œuvre n'est pas conditionnée à l'appréciation des intentions

---

[766] CJUE, Grande ch., 26 février 2019, aff. C-116/16 et C-117/16, *Skatteministeriet c/ T Danmark et Y Denmark Aps*, *préc.*

[767] CE, 9ème et 10ème ch., 5 juin 2020, n° 423809, *Sté Eqiom et sté Enka*, *préc.*

[768] Cette vision a été transposée en droit conventionnel, v. CE, 10ème et 9ème ch., 5 février 2021, n° 430594 et n° 432845, *min. c/ Sté Performing Rights Society Ltd* : *RJF* 4/21 n° 407, concl. Laurent DOMINGO. Dans cette affaire, le rapporteur public estime que : « *il ne nous semble cependant pas que le droit conventionnel, ni même le droit de l'Union européenne […] n'imposent la mise au rebus du bénéficiaire effectif, qui peut servir de fondement direct à la remise en cause d'une exonération conventionnelle, sans en passer par l'abus* » (§ 24).

[769] V. Gauthier BLANLUET, « La notion de bénéficiaire effectif en droit fiscal international », *op. cit.*, pp. 527-530. Pour une étude récente sur cette question, v. Philippe MARTIN, « La notion de bénéficiaire effectif : vers une clarification ? », *FI* 2021, n° 2, 01.

[770] Cette thématique fait plus globalement référence à la question de la propriété économique. Sur cette question, v. Gauthier BLANLUET, *Essai sur la notion de propriété économique en droit privé français. Recherches au confluent du droit fiscal et du droit civil*, Thèse, 1999, LGDJ, « Bibliothèque de droit privé ».

motivant l'action du contribuable), mais qui reste finalement flou et sujet à interprétation. Qui plus est, la clause de bénéficiaire effectif risque d'être mise en œuvre par les services de contrôle, dans des cas où le bénéficiaire d'un revenu de source française résidant dans un État conventionné ou dans un État membre de l'Union européenne, le reverse à un contribuable résidant dans un autre État ou en dehors de l'Union européenne, sans même qu'un avantage fiscal n'aboutisse du schéma et sans même que ce dernier ne s'inscrive dans un contexte d'abus de droit. Par exemple[771], la théorie du bénéficiaire effectif pourrait être mise en œuvre dans le cas où une société française verse un dividende à une société mère établie dans un État membre de l'Union européenne, qui reverse le dividende à une société établie dans un État tiers. Il se trouve que la directive « mères-filles » exonère normalement de retenue à la source le flux entre le contribuable résidant en France et celui résidant dans l'autre État membre. En même temps, la convention bilatérale liant l'État membre et l'État tiers exonère de retenue à la source les dividendes versés. Les services de contrôle français pourraient refuser le bénéfice de la directive « mères-filles » au motif que le bénéficiaire effectif du revenu est un résident de l'État tiers, alors même que dans le cas où le revenu aurait été versé par la société établie en France au contribuable qui réside dans l'État tiers, la convention entre la France et cet État tiers aurait exonéré le flux de retenue à la source.

**257.** La mise en œuvre de la clause de bénéficiaire effectif étant déconnectée de toute appréciation des motifs de l'opération réalisée par le contribuable, elle peut aboutir à des situations peu opportunes, comme dans l'exemple précédent. Si bien que le maintien de cette clause est parfois contesté en doctrine[772]. Par ailleurs, la jurisprudence a tissé des liens étroits entre le concept de l'abus de droit et la théorie du bénéficiaire effectif. En effet, la clause de bénéficiaire effectif peut, dans certains cas, être dotée d'une portée anti-abus. La théorie du bénéficiaire effectif se rapproche d'un concept plus familier, ce qui réduit le sentiment d'incertitude attaché au critère de la libre disposition du revenu.

---

[771] L'exemple trouve sa source dans l'article suivant : Daniel GUTMANN, « Contre la théorie du bénéficiaire effectif en droit fiscal européen et international », *FI* 2019, n° 2, 01.
[772] *Ibid.*

### *b. Les liens entre la clause de bénéficiaire effectif et l'abus de droit fiscal*

**258.** Le Conseil d'État, dans les affaires *Bank of Scotland*[773] et *Abbey National Treasury Services*[774] a refusé le bénéfice d'une convention fiscale au bénéficiaire apparent d'un revenu, en se fondant sur la théorie de la fraude à la loi. Quant à la Cour de justice, dans ses arrêts *T Danmark*[775] et *N Luxembourg*[776], elle estime qu'une obligation contractuelle ou légale, pour une société qui perçoit les dividendes ou les intérêts, de les reverser à un tiers et le fait de ne pas disposer du droit d'utiliser ces dividendes ou ces intérêts et d'en jouir, s'analysent comme des indices d'une pratique abusive.

**259. L'affaire *Bank of Scotland*. –** Les conclusions rendues par François SENERS sur la décision *Bank of Scotland* laissent entendre que la clause de bénéficiaire effectif n'a pas qu'une vertu anti-optimisation. En effet, « *[l]a notion de bénéficiaire effectif […], par nature, […] englobe les hypothèses de fraude à la loi. […] Dès lors qu'elle tend à écarter les effets fiscalement avantageux d'une apparence trompeuse, la notion de bénéficiaire effectif conduit aussi bien à neutraliser les situations où les sommes appréhendées sont reversées sous une forme ou sous une autre, que les situations où un montage abusif a permis à X de se substituer à Y pour bénéficier, au détriment de l'État d'imposition, de l'avantage conventionnel* »[777]. Dans cette affaire, le Conseil d'État autorise la mise en œuvre du principe général d'interdiction de la fraude à la loi[778], pour identifier le véritable bénéficiaire effectif d'un revenu et refuser les avantages conventionnels au bénéficiaire apparent. Un contrat de cession d'usufruit temporaire d'actions d'une société établie en France est passé entre une société établie aux États-Unis (cédant) et une banque établie au Royaume-Uni (cessionnaire). En analysant concrètement les stipulations du contrat qui lie la société américaine à la banque britannique, le juge estime qu'elles reviennent pour la société américaine à déléguer à la filiale française le remboursement d'un prêt

---

[773] CE, 3ème et 8ème s.-s., 29 décembre 2006, n° 283314, *Bank of Scotland, préc.*
[774] CE, 8ème et 3ème s.-s., 24 avril 2012, n° 343709, *Sté Abbey National Treasury Services, préc.*
[775] CJUE, Grande. ch., 26 février 2019, aff. C-116/16 et C-117/16, *Skatteministeriet c/ T Danmark et Y Denmark Aps, préc.*, point 105.
[776] CJUE, Grande ch., 26 février 2019, aff. C-115/16, *N Luxembourg 1 et a., préc.*, point 132.
[777] François SENERS, concl. sur CE, 3ème et 8ème s.-s., 29 décembre 2006, n° 283314, *Bank of Scotland* : *BDCF* 3/07, n° 33.
[778] Dans sa version applicable dans l'affaire *Bank of Scotland*, la procédure d'abus de droit (LPF, art. L. 64), a un champ d'application restrictif. Les dispositions de l'article L. 64 du LPF n'étaient pas applicables. Néanmoins, conformément à la décision *Janfin* (*préc.*), le principe général d'interdiction de la fraude à la loi restait à la disposition de l'Administration.

préalablement passé entre la société américaine et la société britannique. L'unique but de cette manœuvre est de bénéficier des avantages accordés par la convention fiscale franco-britannique sur les dividendes (l'avoir fiscal et la réduction du taux de retenue à la source sur les dividendes). Pour écarter la qualité de bénéficiaire effectif à la société établie au Royaume-Uni et l'attribuer à la société mère établie aux États-Unis, encore faut-il rendre inopposable l'acte juridique qui octroie cette qualité à la société britannique. Pour ce faire, invoquer la fraude à la loi est une nécessité, dans la mesure où la simple requalification du contrat de cession en contrat de prêt n'aurait pas pu aboutir au refus de la qualité de bénéficiaire effectif (les dividendes étant effectivement versés, peu importe le fait que ces dividendes viennent rembourser un prêt). Dans ce cas, le bénéficiaire apparent (la société britannique) se voit refuser les avantages conventionnels car le montage a été effectué dans le seul but de bénéficier des avantages conventionnels.

**260. Le rapprochement entre bénéficiaire effectif et abus de droit.** – La théorie du bénéficiaire effectif aurait vocation à attribuer fiscalement un revenu à une personne qui n'est pas son créancier[779]. Or, pour attribuer ce revenu, il convient de rendre inopposable l'opération litigieuse[780]. L'abus de droit serait alors l'outil adéquat à mettre en œuvre pour déterminer le bénéficiaire effectif d'un revenu. Cette interprétation est séduisante, puisqu'elle a pour conséquence d'établir des contours familiers à la clause de bénéficiaire effectif[781]. Elle ne serait que la traduction du concept de l'abus de droit. Sa mise en œuvre dépendrait donc d'une appréciation des motifs de l'opération du contribuable. Ainsi, les services de contrôle ne pourraient pas refuser le bénéfice d'une convention ou d'une directive en appréciant seulement le fait de savoir si le prétendu bénéficiaire a la libre disposition du revenu[782]. Finalement, lorsqu'un contribuable revendique le bénéfice d'un avantage conventionnel ou d'une directive, l'Administration pourrait remettre en cause le bénéfice dudit avantage sur deux fondements

---

[779] V. Gauthier BLANLUET, « La notion de bénéficiaire effectif en droit fiscal international », *op. cit.*, p. 534.

[780] *Ibid.*

[781] Dans ses conclusions sur la décision *Faraday* (*préc.*), Émilie BOKDAM-TOGNETTI estime que la « *notion de bénéficiaire effectif, présente dans les conventions fiscales […], est en général mobilisée pour autoriser les États à aller au-delà des apparences, afin de ne pas être tenu d'accorder des avantages à des situations qui ne répondraient pas réellement aux conditions qu'ils ont fixées et aux hypothèses [visées] et pour leur permettre de lutter contre les abus* » (§ 20).

[782] Comme l'explique Gauthier BLANLUET (« La notion de bénéficiaire effectif en droit fiscal international », *op. cit.*, p. 534), « *l'inopposabilité des droits est une arme dont l'emploi doit être soigneusement encadré. On ne déroge pas sans raison au principe selon lequel les conventions licites doivent être respectées et produire leurs effets. Aussi n'est-il possible de les écarter que si elles produisent une perturbation dans l'ordre juridique. Tel est le cas lorsqu'elles contribuent à créer une fiction constitutive d'une apparence trompeuse, ou bien tout simplement lorsqu'elles permettent d'éluder la loi ou d'échapper à son application* ».

distincts, soit sur le terrain d'une clause anti-optimisation, soit sur le terrain d'une clause anti-abus. Le fait que la clause de bénéficiaire effectif présente des portées différentes est loin d'être idéal, car cela n'apporte guère de prévisibilité dans son application. En effet, un certain désordre apparaît, puisque sa mise en œuvre dépend parfois d'une appréciation des motifs de l'opération du contribuable, parfois elle n'en dépend pas. L'obsolescence de la clause de bénéficiaire effectif ne manque pas d'être relevée ou discutée en doctrine[783]. En effet, les clauses anti-abus « PPT », les clauses anti-abus protégeant spécifiquement les directives européennes et les dispositifs anti-abus de portée générale inscrits dans le CGI et le LPF peuvent appréhender les montages visés par la clause de bénéficiaire effectif. Comme mesure anti-optimisation, la clause de bénéficiaire effectif n'apparait pas comme étant assez précise. Renfermant un critère trop vague et trop difficile à mettre en œuvre[784], celui de la libre disposition du revenu, la clause de bénéficiaire effectif est à l'origine d'une incertitude pesante pour les contribuables.

**261. Conclusion de la Section II.** – Les mesures anti-abus et les mesures anti-optimisation, bien qu'elles aient un objet distinct, paraissent complémentaires. Il peut être utile de prévoir dans l'ordonnancement juridique des dispositions qui conditionnent objectivement l'obtention d'un avantage fiscal ou qui ferment tout simplement un avantage fiscal. Après tout, les décideurs politiques sont en mesure de décider, pour des considérations d'intérêt général, de mettre fin à des effets d'aubaine particuliers. Toutefois, la difficulté majeure tient à distinguer la portée de certaines règles fiscales. En effet, il ressort de l'intitulé ou des travaux

---

[783] V. Daniel GUTMANN, « Contre la théorie du bénéficiaire effectif en droit fiscal européen et international », *op. cit.* ; Stéphane AUSTRY, Stéphane GELIN, David SOREL, « Les clauses de bénéficiaire effectif ont-elles un effet utile ? », *RJF* 12/08, p. 1097.

[784] Pour un exemple récent qui illustre ces difficultés, v. CE, 10ème et 9ème ch., 5 février 2021, n° 430594 et n° 432845, *min. c/ Sté Performing Rights Society Ltd*, *préc.* Dans cette affaire, il est question de savoir si une société de droit britannique qui perçoit, au titre de son activité de collecte et de gestion des droits d'utilisation, de diffusion et de distribution des œuvres, notamment musicales, dont les membres sont les auteurs, compositeurs ou interprètes, la part des redevances payées pour l'usage desdits droits en France, collectés par la SACEM, en est le bénéficiaire effectif. Sur cette question, v. Jean-Luc PIERRE, « L'éloignement du droit de la propriété intellectuelle et du droit fiscal dans la détermination du régime d'imposition des produits de source française perçus par une société britannique de gestion collective de droits d'auteur et reversés, pour l'essentiel, à des membres de celle-ci ayant leur résidence fiscale au Royaume-Uni », *Dr. fisc.* 2021, n° 17, comm. 226.
Pour une affaire traitée, au sujet d'une société holding suisse, à qui les juges refusent la qualité de bénéficiaire effectif de dividendes versés par sa filiale française, v. CAA Versailles, 3ème ch., 27 mai 2021, n° 19VE00090, *SAS Alphatrad* : *Dr. fisc.* 2022, n° 13, comm. 172.

préparatoires de plusieurs règles récemment adoptées qu'elles auraient pour objectif de lutter contre l'évasion fiscale ou, plus spécifiquement, de lutter contre les pratiques abusives des contribuables. Or, en s'intéressant aux dispositifs fiscaux que ces textes renferment, nous nous apercevons qu'elles n'ont pas directement pour objet de lutter contre des pratiques abusives. Cette distorsion est regrettable, car elle est susceptible d'être à l'origine de contentieux entre le contribuable et l'Administration afin de savoir si une mesure fiscale a une portée anti-optimisation ou une portée anti-abus. Ce sont les juges qui détermineront, *in fine*, la portée qu'il convient de leur attribuer. L'étude de la jurisprudence démontre que, ces dernières années, les juges ont plutôt favorisé l'attribution d'une portée anti-optimisation à plusieurs mesures qui, pourtant, dans les travaux préparatoires ou traditionnellement, étaient assimilées à des mesures anti-abus.

## Conclusion du Chapitre II

**262.** Les mesures anti-abus qui définissent précisément des pratiques abusives dans les situations transnationales sont variées (CGI, art. 123 *bis* ; 155 A ; 209 B ; 238 A ; anc. art. 119 *ter*, 3 ; art. 119 *quater*, 3 ; art. 187 B *bis*, 3 ; art. 119 *bis* A, 3 ; clause conventionnelle « LoB », etc.). L'intérêt de ces mesures anti-abus est certain. L'identification de certaines interpositions ou transactions à la substance juridique ou économique douteuse, dans les mesures anti-abus législatives, européennes ou conventionnelles, est porteuse de prévisibilité juridique. Cela permet aux contribuables, résidents ou non-résidents, d'anticiper plus aisément les opérations susceptibles d'être qualifiées par les services de contrôle français de pratiques abusives. Toutefois, ces mesures anti-abus peuvent causer de sérieuses difficultés. En effet, si leur champ d'application est précisément défini, il n'est pas toujours aisé d'identifier avec certitude toutes les opérations pouvant être appréhendées. Autrement dit, la prévisibilité de leur mise en œuvre n'est pas totale. Mais l'existence de ces mesures anti-abus spécifiques parait toutefois justifiée, dès lors qu'elles participent à la formation d'une cohérence d'ensemble. La même analyse peut être faite des mesures anti-optimisation. Par ailleurs, la frontière entre les dispositifs anti-abus (dont la mise en œuvre est conditionnée à l'appréciation des motifs de l'opération du contribuable) et les dispositifs anti-optimisation (dont la mise en œuvre n'est pas conditionnée à l'appréciation des motifs de l'opération) reste parfois difficile à tracer et tend à créer des incertitudes regrettables.

## Conclusion du Titre I

**263.** La diversification des définitions de l'abus de droit aboutit à la coexistence dans l'ordonnancement juridique des mesures anti-abus définissant abstraitement l'abus de droit et des mesures anti-abus définissant concrètement des pratiques abusives internationales. Ces deux types de règles anti-abus paraissent complémentaires. Certaines règles anti-abus renseignent précisément les acteurs du droit fiscal sur les opérations dont la substance juridique et économique est douteuse. D'autres laissent une marge de manœuvre plus étendue à l'Administration. Autrement dit, la prévisibilité attachée à la mise en œuvre des premières pallie l'imprévisibilité attachée à la mise en œuvre des secondes. Puis, le recours à une mesure anti-abus définissant abstraitement l'abus de droit permet de prévenir et de lutter contre les nouvelles formes d'abus de droit ou contre les opérations qui n'entrent pas dans le champ d'application d'une mesure anti-abus spécifique. Ces mesures anti-abus paraissent également complémentaires avec les mesures anti-optimisation.

**264.** Néanmoins, la diversification des critères de définition aboutit à une stratification regrettable de l'abus de droit. Il est encore délicat de dire si les critères du « but exclusivement fiscal », du « but principalement fiscal » et du « but essentiellement fiscal » ramènent à des situations distinctes ou similaires. En outre, il peut être encore difficile de distinguer les mesures anti-abus spécifiques et les mesures anti-optimisation. Ces différents éléments tendent à complexifier la compréhension du système dans sa globalité, ce qui est dommageable.

**265.** Les dispositifs anti-abus ne définissent pas nécessairement de la même manière les pratiques abusives. Aussi, ils protègent, chacun à leur façon, l'ordonnancement juridique.

## Titre II – La délimitation de la protection de l'ordonnancement juridique

**266. La protection de l'ordonnancement juridique. –** Les dispositifs anti-abus ont vocation à éviter que les contribuables puissent contourner l'application d'une norme qui fonde une imposition, en invoquant l'application d'une autre norme dans le champ d'application de laquelle ils se placent abusivement. En ce sens, ils protègent l'ordonnancement juridique[785]. Le caractère protecteur des mesures anti-abus tient, d'une part, à ce qu'elles garantissent l'application des normes fiscales conformément à leur finalité, et, d'autre part, à ce qu'elles garantissent le rendement des impôts. Ainsi, chaque dispositif anti-abus délimite un domaine de protection, plus ou moins étendu. Pour assurer leur fonction protectrice, les mesures anti-abus octroient des prérogatives de puissance publique aux services de contrôle. La mise en œuvre des mesures anti-abus peut aboutir à de multiples conséquences telles que l'inopposabilité de l'opération abusive (n° 373 et s.), la neutralisation des avantages fiscaux obtenus abusivement (n° 391 et s.) ou la sanction du contribuable (n° 404 et s.).

**267. De multiples domaines de protection. –** La multiplication des mesures anti-abus aboutit à des cas dans lesquels, pour une même situation, les dispositions de plusieurs mesures anti-abus se font concurrence. Autrement dit, les champs d'application des mesures anti-abus peuvent se superposer. En réalité, la pertinence de l'ajout d'une mesure anti-abus dans l'ordonnancement juridique peut s'analyser de plusieurs façons. En effet, lorsque les dispositions d'une mesure anti-abus permettent de protéger un pan du Droit qui, auparavant, n'était pas protégé, ou permettent de compléter utilement la protection assurée par une autre mesure anti-abus, leur pertinence peut être avérée[786].

**268. La diversification des prérogatives attribuées à l'Administration pour lutter contre l'abus de droit. –** Traditionnellement, l'abus de droit (LPF, art. L. 64) a une portée répressive, en raison de la majoration prévue au b de l'article 1729 du CGI. Cette portée répressive peut justifier que la mise en œuvre de la procédure d'abus de droit s'accompagne du respect de certaines garanties spécifiques et que le

---

[785] Pour une définition de l'ordonnancement juridique, v. Léon DUGUIT, *Droit constitutionnel*, t. II, 2ème éd., 1923, Fontemoing & Cie, p. 220. Il s'agit de « *l'état social existant à un moment donné d'après les règles de droit s'imposant aux hommes du groupement social considéré et les situations juridiques qui s'y rattachent* ».

[786] À titre de remarque, il convient de rappeler que les exigences de légistique doivent être prises en compte pour éviter des réformes inutiles. Pour les exigences contemporaines, v. Premier ministre, Conseil d'État, *Guide de légistique*, 3ème éd., 2017, La Documentation française.

fardeau de la preuve repose principalement sur l'Administration. Par ailleurs, dans l'optique d'améliorer l'efficacité de la lutte contre les pratiques abusives, les armes à la disposition de l'Administration se sont diversifiées. En effet, la plupart des dispositifs anti-abus adoptés n'ont pas de portée répressive. Néanmoins, au fil de ces réformes, la protection du contribuable visé sur le terrain d'une de ces nouvelles mesures anti-abus s'est considérablement réduite. Les garanties substantielles sont bien moins nombreuses et les règles de preuve favorables à l'Administration ont été multipliées. Or, cette évolution n'est pas en tout point pertinente. D'abord, elle peut être de nature à tendre les relations entre l'Administration et le contribuable et à créer un certain déséquilibre. Ensuite, la loi manque parfois de cohérence quant aux garanties qu'elle accorde aux contribuables[787]. Si l'amélioration de l'efficacité de la lutte contre les pratiques abusives passe probablement par l'aménagement de nouvelles prérogatives à la disposition de l'Administration, il convient de trouver un équilibre convenable et une cohérence d'ensemble.

**269.** Ainsi, deux difficultés principales apparaissent. La première consiste à savoir si la multiplication des mesures anti-abus en droit fiscal international aboutit à une surprotection de l'ordonnancement juridique. La seconde consiste à savoir si l'octroi de nouvelles prérogatives à l'Administration n'aboutit pas à un déséquilibre entre l'Administration et le contribuable dans leurs rapports. Pour traiter ces deux problèmes, il convient d'étudier successivement les domaines de protection des mesures anti-abus (**Chapitre I**) et les prérogatives octroyées à l'Administration pour lutter contre les pratiques abusives (**Chapitre II**).

---

787 C'est le cas par exemple, lorsque la loi accorde la faculté pour le contribuable de saisir le Comité de l'abus de droit fiscal lorsque l'Administration met en œuvre les dispositions de l'article L. 64 A du LPF, mais ne l'accorde pas lorsque l'Administration met en œuvre les dispositions de l'article 205 A du CGI.

## Chapitre I – Les domaines de protection

**270. Les dispositifs anti-abus : deux fonctions protectrices. –** Dans cette thèse, il est admis que les mesures anti-abus ont deux fonctions protectrices. Elles protègent, d'une part, les impôts nationaux contre leur évitement (ou leur contournement) et, d'autre part, les règles fiscales contre leur instrumentalisation (ou leur invocation abusive). Évidemment, ces deux fonctions, même si elles sont distinguées pour les besoins de la démonstration, sont très liées, voire imbriquées. Les dispositifs anti-abus, pris dans leur globalité, font en sorte de neutraliser tant la *conséquence* d'une pratique abusive (échapper à l'impôt), que le *moyen* pour le contribuable de parvenir à cette économie d'impôt (l'instrumentalisation d'une règle). Seulement, et cela relève plutôt d'une sensibilité juridique que d'une véritable démonstration scientifique, certains dispositifs anti-abus donnent l'impression de « prioriser » une fonction par rapport à l'autre. En effet, leur mise en œuvre est conditionnée, plus ou moins spécifiquement, à l'un et/ou l'autre de ces deux éléments. L'objet de ce chapitre est de mettre en évidence les différents domaines de protection des dispositifs anti-abus, et ce, pour apprécier la pertinence de leur juxtaposition ou de leur superposition[788]. Les

---

[788] Un exemple courant peut illustrer le problème.
Une société établie en France, contrôlée par une société établie dans un État tiers de l'UE, décide d'établir une filiale dans un autre État membre de l'UE. À la fin de son exercice fiscal, la société établie en France décide, en tant qu'actionnaire de la société établie dans l'autre État membre, de distribuer les résultats de l'exercice de sa filiale européenne. Recevant les dividendes de sa filiale, elle opte pour le régime de faveur des sociétés mères (CGI, art. 145). Qui plus est, la société mère établie à l'étranger décide, en tant qu'actionnaire de la société établie en France, de distribuer les résultats de la société établie en France. Il est admis qu'une convention fiscale liant la France et l'État dans lequel se situe la société à la tête du groupe prévoie l'exonération de retenue à la source (RAS) dans l'État de la source sur les dividendes distribués. Ainsi, la distribution de dividendes entre la société établie en France et la société mère étrangère est exonérée de la retenue à la source en France.
En exerçant son pouvoir de contrôle, l'Administration fiscale française, pour des raisons qui lui incombent, peut estimer que la société à la tête du groupe a artificiellement établi la société en France, et ce, pour bénéficier de la combinaison du régime « mères-filles » et de l'exonération de retenue à la source conventionnelle sur les distributions transfrontières.
Pour refuser l'exonération de la réception de dividendes provenant de la société établie dans l'État européen, l'Administration fiscale française pourrait être tentée d'appliquer les dispositions de la clause anti-abus relative à l'impôt sur les sociétés (CGI, art. 205 A) ou même la procédure d'abus de droit (LPF, art. L. 64). Sur le fondement du droit conventionnel, pour refuser l'exonération de la retenue à la source en France sur la distribution transfrontière, l'Administration fiscale française pourrait appliquer des dispositifs internes tels que la procédure de « mini abus de droit » (LPF, art. L. 64 A), voire la procédure traditionnelle de l'abus de droit (LPF, art. L. 64) ou également les clauses anti-abus prévues dans la

dispositifs anti-abus ne protègent pas l'ordonnancement d'une manière parfaitement homogène. Il convient de démontrer à quel point la multiplication des dispositifs anti-abus ne parait pas toujours pertinente et justifiée.

**271. La protection contre l'évitement des impôts.** – La mise en œuvre des dispositifs anti-abus est toujours conditionnée à l'évitement d'une matière imposable. Ainsi, plusieurs dispositifs anti-abus peuvent avoir vocation à s'appliquer pour une même situation, parce qu'ils protègent simultanément *l'impôt* auquel le contribuable, par son opération abusive, tente d'échapper. Par exemple, l'article 205 A du CGI peut être mis en œuvre par l'Administration fiscale lorsque l'opération litigieuse aboutit à l'évitement de l'impôt sur les sociétés. D'un autre côté, d'autres dispositifs anti-abus peuvent s'intéresser à l'évitement de plusieurs impôts. Par exemple, l'article L. 64 du LPF est applicable peu important la matière imposable évitée par le contribuable. En conséquence, les dispositifs anti-abus des articles 205 A du CGI et L. 64 du LPF, comme d'autres, ont des domaines de protection qui se superposent.

**272. La protection contre l'instrumentalisation des normes fiscales.** – Plusieurs dispositifs anti-abus peuvent avoir vocation à s'appliquer pour une même situation, parce qu'ils protègent simultanément *la règle* que le contribuable *instrumentalise* pour obtenir un avantage fiscal. La mise en œuvre d'un dispositif anti-abus peut être conditionnée à l'instrumentalisation d'une norme en particulier, alors que d'autres ne font pas de distinction et sont applicables peu important les règles qui font l'objet d'une instrumentalisation. Par exemple, les clauses anti-abus relatives aux régimes « mères-filles », « fusions » et « intérêts-redevances » ainsi que les clauses anti-abus inscrites dans les conventions fiscales du type « PPT » ou « bénéficiaire effectif » ne peuvent être mises en œuvre que si le contribuable *instrumentalise* les régimes de faveur qu'elles sont censées protéger. Elles se distinguent alors des articles L. 64, L. 64 A du LPF ou 205 A du CGI qui sont applicables peu important la norme qui fait l'objet d'une instrumentalisation.

**273.** Loin de l'utopie fiscale dans laquelle il n'existerait qu'un dispositif anti-abus applicable à toutes les matières, ou bien, des dispositifs anti-abus aux domaines de protection parfaitement segmentés qui ne poseraient pas de problèmes de frontières, il convient de s'interroger nécessairement sur la pertinence de la mise en place et/ou du maintien dans l'ordre juridique de

---

convention fiscale qui lie la France et l'autre État dans lequel se situe la société tête de groupe, notamment la clause générale « PPT » ou la clause de bénéficiaire effectif.

mesures protectrices dans un domaine déjà protégé par d'autres mesures anti-abus. Ainsi, il convient de traiter de la cohérence de ce phénomène de superposition, en s'intéressant tantôt au fait que les mesures anti-abus protègent l'ordonnancement juridique contre *l'évitement* d'un impôt ou de plusieurs impôts (**Section I**) et tantôt au fait qu'elles protègent l'ordonnancement juridique contre *l'instrumentalisation* d'une ou de plusieurs normes fiscales (**Section II**).

## Section I – La protection des impôts contre leur évitement

**274.** Depuis la réforme de 2008[789], l'article L. 64 du LPF est présenté comme une mesure anti-abus avec une vertu protectrice générale, dans le sens où elle s'applique à toutes les matières du droit fiscal et permet de protéger le rendement[790] de tous les impôts (§ **1**). La pertinence d'adopter lors de la loi de finances pour 2019 les dispositions des articles 205 A du CGI et L. 64 A du LPF[791], ou de maintenir, par exemple, les dispositions des articles 123 *bis*, 155 A, 209 B, 238 A du CGI, qui protègent l'ordonnancement juridique dans des domaines plus restreints, peut ainsi être discutée. Si les premiers ont un caractère superfétatoire, les seconds ont une utilité non négligeable (§ **2**).

### *§ 1 – La protection du rendement de tous les impôts*

**275.** Le propos a pour objet de revenir sur l'évolution (récente) du domaine de protection de l'article L. 64 du LPF. Étant donné que la procédure d'abus de droit tend à protéger tous les impôts, il convient de se demander s'il est pertinent de multiplier des dispositifs anti-abus dans l'ordonnancement juridique. Revenir sur la décision *Janfin* (**A**) permet de trouver des éléments de réponse et de rendre compte des raisons pour lesquelles il est utile et pertinent d'adopter et/ou de maintenir une mesure anti-abus dans l'ordonnancement juridique (**B**).

#### *A. L'apport de la décision Janfin*

**276. L'étendue du domaine de protection. –** Avant la réforme de 2008, la protection proposée par l'article L. 64 du LPF n'était ni générale, ni absolue. En effet, elle n'était applicable que lorsque le contribuable, par son opération, évitait certains impôts, à savoir les droits d'enregistrement, l'impôt sur le revenu, l'impôt sur les sociétés, les taxes sur le chiffre d'affaires, l'impôt sur la fortune et la taxe professionnelle (LPF, anc. art. L. 64 et anc. art. L. 64 A). Au prix d'une interprétation littérale de l'ancien article L. 64 du LPF, la procédure n'était applicable qu'aux opérations visant à minorer l'assiette de l'impôt[792]. De sorte que, dans les situations

---

[789] Loi n° 2008-1443 du 30 décembre 2008 de finances rectificative pour 2008, art. 35.

[790] Les dispositifs anti-abus préviennent et luttent contre l'évitement des impôts. En ce sens, ils protègent le rendement des impôts.

[791] Loi n° 2018-1317 du 28 décembre 2018 de finances pour 2019, art. 108 et 109.

[792] Laurent OLLEON concl. sur CE, Sect., 27 septembre 2006, n° 260050, *Janfin*, *préc.* : « *Il ressort de la lettre de l'article L. 64 que celui-ci ne vise que les actes ayant pour effet de minorer l'assiette de l'impôt* ». Il est vrai que, l'ancienne version de l'article L. 64 du

transnationales, dans lesquelles il est souvent question d'imputer sur un impôt français un crédit d'impôt étranger ou d'attribuer un taux réduit de retenue à la source, l'ancienne rédaction de l'article L. 64 du LPF n'était pas suffisante. Aujourd'hui, la procédure d'abus de droit s'applique dès lors que l'opération abusive réalisée par le contribuable a pour effet « *d'éluder* » ou « *d'atténuer* » ses « *charges fiscales* ». Ainsi, il ressort de la lettre même de l'article L. 64 du LPF, que la procédure est applicable dans toutes les matières du droit fiscal. Autrement dit, peu importe le type d'impôt évité par le contribuable, la procédure d'abus de droit peut être appliquée. Qui plus est, l'article L. 64 du LPF ne fait pas de distinction selon que l'opération porte sur le fait générateur (ou la naissance de l'obligation fiscale), l'assiette (ou la base taxable), la liquidation (ou le calcul de l'obligation fiscale), ou bien sur le paiement de l'impôt (ou l'exécution de l'obligation fiscale)[793].

**277. Contextualisation. –** Avant 2008, se posait alors la question de savoir si – en dehors du champ d'application réduit de la procédure d'abus de droit – il était possible de mobiliser un principe général du droit, qui rendrait inopposables à l'Administration fiscale les situations de « fraude à la loi ». Ce principe est plus connu sous la maxime latine *fraus omnia corrumpit*[794]. Les commentateurs qui soutenaient l'applicabilité directe de ce principe en dehors du champ d'application de l'article L. 64 du LPF n'étaient pas majoritaires en doctrine[795]. Cette question pouvait laisser dans l'embarras. Deux arguments principaux ont été soulevés pour justifier le refus de l'applicabilité du principe. Le premier tient au fait que la loi attache des garanties à la procédure de l'article L. 64 du LPF (n° 380 et s.). Faire application d'un principe général, dont le contenu se rapprocherait de la

---

LPF était rédigée comme suit : « *Ne peuvent être opposés à l'administration des impôts les actes qui dissimulent la portée véritable d'un contrat ou d'une convention à l'aide de clauses : […] b) qui déguisent soit une réalisation, soit un transfert de bénéfices ou de revenus […]* ». Ainsi, la procédure ne pouvait pas s'appliquer, par exemple, en matière de crédits d'impôts, réductions d'impôts ou de remboursement de TVA, qui ne concernent pas – à proprement parler – l'assiette de l'impôt.

793 V. BOI-CF-IOR-30-10, § 10.

794 Aujourd'hui, l'Administration fiscale peut toujours recourir au principe général de fraude à la loi quand l'article L. 64 du LPF ne trouve pas à s'appliquer, notamment en dehors d'une procédure de rectification ; par exemple, à l'occasion d'une demande d'une restitution des créances de crédit d'impôt recherche. V. CE, 3ème et 8ème ch., 9 juin 2020, n° 427441, *Sté Hays* : *Dr. fisc.* 2020, n° 29, comm. 315, concl. Laurent CYTERMANN, note Virginie RESTINO, Zoé DE DAMPIERRE ; CE, 3ème et 8ème ch., 4 février 2022, n° 455278, *Sté Hays France*, *préc.* Dans la dernière décision, en tant que filtre d'une QPC, le Conseil d'État estime que la différence des garanties offertes au contribuable selon le fondement juridique retenu, principe général d'interdiction de la fraude à la loi ou procédure d'abus de droit, n'est pas contraire aux articles 6 et 13 de la DDHC.

795 V. Maurice COZIAN, Florence DEBOISSY, « Les garanties procédurales de l'abus de droit », *RJF* 2/93, p. 99.

seconde branche de l'abus de droit dégagée dans la décision de 1981[796], sans accorder au contribuable les garanties spécifiques de la procédure de rectification, serait contestable. Le second tient à un postulat qui découle d'une lecture constructive de la jurisprudence établie par le Conseil d'État au milieu du XXème siècle[797]. Étant donné que la lutte contre l'abus de droit trouve son assise dans la loi depuis 1941, l'Administration n'aurait pas la possibilité de se fonder sur ses pouvoirs généraux de rectification pour lutter contre les pratiques abusives.

**278. La solution du juge. –** Pour éviter la prolifération des abus de droit en dehors du champ d'application de la procédure d'abus de droit, certes étendu mais pas absolu, l'invocabilité de la fictivité et de la fraude à la loi, en tant que principes généraux du droit, a été admise par le Conseil d'État dans la décision *Janfin*[798]. Dès lors que l'ancienne procédure d'abus de droit n'était pas applicable, soit parce que le montage aboutissait à éviter un impôt non couvert par son champ d'application, soit parce que le montage portait sur un autre aspect que la détermination de l'assiette de l'impôt, les principes généraux du droit rendant inopposables à l'Administration fiscale une fraude ou une simulation étaient, quant à eux, applicables[799].

**279. Une alternative à la solution ? –** Le juge aurait-il pu raisonner différemment ? Au lieu de révéler l'applicabilité de ces principes généraux, lui aurait été-t-il possible d'étendre le champ d'application de l'article L. 64

[796] CE, Plén., 10 juin 1981, n° 19079, *préc.*
[797] CE, 7ème s.-s., 5 novembre 1955, n° 22322 : *Dr. fisc.* 1956, n° 1, p. 5 ; CE, 7ème s.-s., 8 avril 1959, n° 36889 : *BCD Dupont*, 1959, n° 7, p. 391 ; CE, 8ème s.-s., 27 avril 1960, n° 45818 : *Dr. fisc.* 1960, n° 22, 247 ; CE, 25 février 1966, n° 64228 : *BCD Dupont*, p. 241.
[798] CE, Sect., 27 septembre 2006, n° 260050, *Janfin*, *préc.*
[799] Pour s'en convaincre, il suffit de se référer au considérant de principe de la décision *Janfin* : « *Considérant que si un acte de droit privé opposable aux tiers est en principe opposable dans les mêmes conditions à l'administration tant qu'il n'a pas été déclaré nul par le juge judiciaire, il appartient à l'administration, lorsque se révèle une fraude commise en vue d'obtenir l'application de dispositions de droit public, d'y faire échec même dans le cas où cette fraude revêt la forme d'un acte de droit privé ; que ce principe peut conduire l'administration à ne pas tenir compte d'actes de droit privé opposables aux tiers ; que ce principe s'applique également en matière fiscale, dès lors que le litige n'entre pas dans le champ d'application des dispositions particulières de l'article L. 64 du livre des procédures fiscales, qui, lorsqu'elles sont applicables, font obligation à l'administration fiscale de suivre la procédure qu'elles prévoient ; qu'ainsi, hors du champ de ces dispositions, le service, qui peut toujours écarter comme ne lui étant pas opposables certains actes passés par le contribuable, dès lors qu'il établit que ces actes ont un caractère fictif, peut également se fonder sur le principe sus rappelé pour écarter les actes qui, recherchant le bénéfice d'une application littérale des textes à l'encontre des objectifs poursuivis par leurs auteurs, n'ont pu être inspirés par aucun motif autre que celui d'éluder ou d'atténuer les charges fiscales que l'intéressé, s'il n'avait pas passé ces actes, aurait normalement supportées eu égard à sa situation et à ses activités réelles* ».

du LPF à des opérations traitant de la liquidation d'un impôt ? Pour Laurent OLLEON, cela ne semblait pas concevable, étant donné que la mise en œuvre de la procédure aboutissait à une sanction administrative automatique et spécifique (CGI, art. 1729, b)[800]. Il était soutenu que la lecture de son champ d'application devait se faire en vertu d'un principe d'interprétation stricte[801]. Pourtant, cette solution alternative, de rendre la procédure applicable aux opérations ne portant pas sur l'assiette de l'impôt, n'aurait pas forcément été incohérente compte tenu de la jurisprudence antérieure du Conseil d'État. La Haute juridiction administrative, en 1981, a été particulièrement audacieuse en étendant le champ d'application de la procédure d'abus de droit aux opérations qui traduisaient un but exclusivement fiscal, alors même que la lettre du texte ne semblait viser que les opérations fictives[802]. En 2006, le juge n'a pas osé franchir le pas et n'a pas étendu le champ d'application de l'article L. 64 du LPF au-delà des seules opérations qui traitent de l'assiette d'un impôt visé par la procédure d'abus de droit. En souhaitant certainement garantir la sécurité juridique des contribuables et en tenant compte de la coloration punitive de la procédure d'abus de droit, le Conseil d'État a semblé se restreindre dans l'exercice de son pouvoir créateur[803].

**280.** Au-delà des conséquences directes attachées à l'applicabilité de ces principes généraux du droit en dehors de la procédure de l'abus de droit, la décision *Janfin* est intéressante car elle permet de relever concrètement un cas précis dans lequel il est judicieux d'ajouter un dispositif protecteur de l'ordonnancement juridique contre les pratiques abusives.

### *B. La pertinence de la décision Janfin*

**281.** Nous estimons qu'il est possible d'interpréter cette solution de la manière suivante : il est pertinent d'ajouter à l'ordonnancement juridique une règle anti-abus lorsqu'elle permet de protéger un pan du droit

---

800 Laurent OLLEON, concl. sur CE, Sect., 27 septembre 2006, n° 260050, *Janfin*, *préc.* : « *dès lors que la mise en œuvre de l'article L. 64 du LPF emporte automatiquement l'application d'une sanction administrative, la détermination de son champ d'application doit faire l'objet d'une interprétation stricte* ».
801 *Ibid.*
802 CE, Plén., 10 juin 1981, n° 19079, *préc.*
803 Laurent OLLEON, concl. sur CE, Sect., 27 septembre 2006, n° 260050, *Janfin*, *préc.* : « *Nous ne sommes pas convaincus, au demeurant, qu'en l'état de votre jurisprudence, eu égard notamment à l'attention accrue que vous portez aux questions de sanctions à coloration pénale, vous prendriez aujourd'hui la liberté que votre plénière fiscale a prise en 1981, en donnant de l'article L 64 du LPF l'interprétation que nous avons rappelée tout à l'heure, laquelle, en envisageant non seulement les cas de fictivité, mais aussi ceux de fraude à la loi, s'est fortement écartée de la lettre du texte* ».

susceptible d'être abusé, qui était, jusqu'alors, non protégé par une autre mesure anti-abus. Encore faut-il expliquer cette prise de position.

**282. Les effets : la coexistence de deux fondements pour réprimer les pratiques abusives.** – Par sa décision *Janfin*, le Conseil d'État n'a pas manqué de créer quelques incertitudes en raison de la coexistence de deux fondements, l'un issu de la loi, l'autre de la jurisprudence, pour lutter contre les abus de droit[804]. Les difficultés ne portaient pas vraiment sur les notions d'abus de droit et de fraude à la loi. Le Conseil d'État a pris rapidement le soin de donner une seule définition aux pratiques abusives, et ce, qu'elles soient combattues en vertu du fondement légal ou du fondement jurisprudentiel[805]. En revanche, il existait une dichotomie procédurale peu commode en pratique. D'ailleurs, c'est ce qui a amené le législateur, sous l'impulsion du rapport FOUQUET[806], à unifier le fondement de la répression des abus de droit à l'article L. 64 du LPF, effaçant ainsi ce qui apparaissait comme un certain désordre.

**283. La pertinence théorique.** – Pour autant, révéler ce principe général était nécessaire. Le principe général du droit est venu « *au secours de la loi* »[807]. Le champ d'application de la procédure d'abus de droit étant restreint, le doute planait sur l'impossibilité pour l'Administration de réprimer un abus de droit en dehors du champ d'application de la procédure. Révéler l'applicabilité de ces principes généraux permet tout simplement de combler les lacunes de l'ancienne rédaction de l'article L. 64 du LPF quant à son domaine de protection. Cela a eu pour fonction, en dehors du champ d'application législatif, d'éviter que les contribuables s'adonnent à des pratiques abusives. C'est précisément l'un des rôles d'un principe général du droit que de « *s'interpose[r] lorsque la rencontre de la loi et de la liberté ne traduit plus une harmonie mais un conflit* »[808]. À l'image d'un étendard, la liberté de gestion est souvent brandie par les praticiens pour justifier leurs opérations[809]. Pour autant, le juge laisse entendre qu'elle n'est pas illimitée. La liberté de gestion ne permet pas au contribuable de s'adonner à des

---

804 V. Philippe MARTIN, Patrick DIBOUT, Jean-Louis GAUTIER « La frontière entre abus de droit et optimisation s'est-elle déplacée ? », *op. cit.*

805 CE, 9ème et 10ème s.-s., 28 février 2007, n° 284565, *Persicot*, *préc.* ; CE, 8ème et 3ème s.-s., 5 mars 2007, n° 284457, *Pharmacie des Chalonges*, *préc.*

806 Olivier FOUQUET, *Améliorer la sécurité juridique des relations entre l'administration fiscale et les contribuables : une nouvelle approche*, 2008, p. 42 et s.

807 Yohann BENARD, « Dissuasion à l'anglaise : la double clef de la fraude à la loi », *op. cit.*

808 Jean-Marc MAILLOT, *La théorie administrativiste des principes généraux du droit*, Thèse, 2003, Dalloz, « Nouvelle Bibliothèque de Thèses », p. 13, § 17.

809 La liberté de gestion trouve sa source en jurisprudence. Pour une décision fondatrice, v. CE, 8ème s.-s., 20 décembre 1963, n° 52308 : *Dr. fisc.* 1964, n° 4-5, comm. 156.

pratiques abusives, et ce, même en dehors du champ d'application de la procédure de rectification spécifique. En effet, dans le domaine non couvert par le texte spécifique, le principe général d'interdiction de la fraude à la loi demeure applicable, tout comme celui qui rend inopposables les actes fictifs à l'Administration fiscale. Il est donc pertinent que l'Administration dispose de mesures anti-abus ayant des champs de protection qui se juxtaposent. Qui plus est, le principe *fraus omnia corrumpit* a été particulièrement mis en œuvre par l'Administration fiscale pour des opérations qui relèvent du droit fiscal international.

**284. La pertinence pratique sur le terrain du droit fiscal international.** – Dans les affaires *Bank of Scotland* de 2006[810] et *Abbey National Treasury Services* de 2012[811], la Haute juridiction a autorisé l'Administration fiscale à appréhender sur le terrain de la fraude à la loi (donc sur le fondement du principe général) les montages par lesquels des sociétés établies aux États-Unis, en cédant temporairement l'usufruit des actions de leur filiale française à une société établie au Royaume-Uni, ont tenté de bénéficier d'un remboursement par le Trésor public de l'avoir fiscal accordé par la convention fiscale franco-britannique dans le cadre d'une distribution de dividendes. Cet avantage, qui porte sur la liquidation d'un impôt, n'était pas octroyé par la convention fiscale franco-américaine. Or, la procédure d'abus de droit fiscal n'était pas applicable. Les deux décisions du Conseil d'État ont montré à quel point le principe général était utile puisqu'il permet de combler les « brèches » formées par la rédaction imparfaite de la loi relative à l'ancienne procédure d'abus de droit fiscal. D'ailleurs, la Cour de justice n'a pas hésité à reconnaitre la force d'un tel principe sur le plan européen dans les arrêts *Halifax*[812], *N Luxembourg*[813] et *T Danmark*[814].

**285. La pertinence d'ajouter un dispositif anti-abus à la lumière de la décision *Janfin*.** – La décision *Janfin* est éclairante sur un point. Ajouter une mesure anti-abus dans l'ordonnancement juridique est utile dès lors qu'elle permet de mettre fin à une inadaptation du droit. Dans la décision *Janfin*, jugeant le champ d'application matériel de l'article L. 64 du LPF comme étant trop restrictif, le Conseil d'État a pris le soin d'établir une solution adéquate pour résoudre le problème identifié. Le juge a segmenté parfaitement les domaines de protection du fondement légal et du

---

810 CE, 3ème et 8ème s.-s., 29 décembre 2006, n° 283314, *Bank of Scotland, préc.*
811 CE, 8ème et 3ème s.-s., n° 343709, *Sté Abbey National Treasury Services, préc.*
812 CJCE, Grande ch., 21 février 2006, aff. C-255/02, *Halifax plc, préc.*
813 CJUE, Grande ch., 26 février 2019, aff. C-115/16, *N Luxembourg 1 et a., préc.*
814 CJUE, Grde. ch., 26 février 2019, aff. C-116/16 et C-117/16, *Skatteministeriet c/ T Danmark et Y Denmark Aps, préc.*

fondement jurisprudentiel, évitant ainsi une superposition. En effet, le juge fiscal estime que l'Administration a l'obligation de se fonder sur le terrain de la procédure spécifique de l'abus de droit lorsqu'une pratique abusive est révélée et qu'elle entre dans son domaine d'application[815]. Ainsi, le principe général n'a qu'un caractère supplétif. À tout le moins, les pouvoirs publics devraient être aussi précautionneux que le juge lorsqu'ils adoptent une règle anti-abus. Ils ne devraient proposer un dispositif anti-abus qu'en cas de nécessité absolue, c'est-à-dire, lorsque le droit s'avère inadapté pour faire face aux dérives de la pratique.

**286.** Désormais, l'article L. 64 du LPF a un domaine de protection qui embrasse toutes les matières du droit fiscal. L'enjeu est de s'interroger sur la pertinence d'ajouter et de maintenir des règles luttant contre l'abus de droit, lorsqu'il existe déjà un dispositif anti-abus général, tel que l'article L. 64 du LPF et que, de manière supplétive, des principes généraux du droit restent applicables[816].

### *§ 2 – La protection du rendement de certains impôts*

**287.** Au lendemain de la crise financière de la fin des années 2000, le législateur a adopté, sous l'influence de l'OCDE et de l'Union européenne, plusieurs nouveaux dispositifs anti-abus, tels que les articles 205 A du CGI et L. 64 A du LPF (**A**). Quelques années auparavant, le législateur avait pris l'habitude d'adopter par « à-coup », tout au long de la seconde moitié du XX$^{ème}$ siècle, des mesures anti-abus pour protéger l'ordonnancement juridique contre l'évitement de certains impôts, telles que les articles 238 A, 209 B, 155 A ou 123 *bis* du CGI (**B**). L'enjeu est de voir si leur adoption était pertinente et si leur maintien est toujours justifié[817].

---

[815] Cela a été rappelé récemment par le Conseil d'État dans la décision *Hays*, v. CE, 3$^{ème}$ et 8$^{ème}$ ch., 4 février 2022, n° 455278, *Sté Hays France, préc.*

[816] Comme dit précédemment, les décisions *Sté Hays* (*préc.*) enseignent sur le fait que les principes généraux sont encore applicables en dehors de toute procédure de rectification.

[817] À titre de remarque, la question des mesures anti-abus conventionnelles est traitée plus particulièrement dans la section suivante au regard de leur vertu protectrice spécifique qui consiste, prioritairement, à éviter que les contribuables *instrumentalisent* les stipulations des conventions fiscales internationales. En protégeant des stipulations conventionnelles, ces mesures anti-abus ont aussi vocation à protéger l'ordonnancement juridique français contre l'évitement d'un impôt français. Simplement, les rédacteurs des clauses anti-abus conventionnelles paraissent d'abord mettre l'accent sur la protection des stipulations conventionnelles, avant de s'intéresser aux conséquences sur le plan interne pour chaque État partie à la convention.

### A. *Les protections contemporaines proposées par les articles 205 A du CGI et L. 64 A du LPF*

**288. La pertinence d'ajouter une mesure anti-abus. –** Revenir sur la décision *Janfin* a permis de mettre en lumière un élément déterminant. Le juge a estimé utile d'autoriser l'Administration à recourir aux principes généraux du droit dans le cas où la procédure de rectification de l'article L. 64 du LPF n'est pas applicable. Lorsqu'ils entreprennent la réflexion d'adopter une nouvelle mesure anti-abus ou d'aménager un dispositif anti-abus déjà existant, les pouvoirs publics devraient s'inspirer du raisonnement adopté par le Conseil d'État dans la décision *Janfin*. Il paraît utile d'adopter ou d'aménager un nouveau dispositif anti-abus, pour protéger un pan du Droit qui ne fait pas l'objet d'une protection suffisante ou adéquate par un dispositif anti-abus déjà existant.

**289. Illustration.** – En 2008, les pouvoirs publics ont entrepris ce type de réflexion. Dans un premier temps, ils ont pris objectivement la mesure des difficultés engendrées par la juxtaposition de la procédure d'abus de droit fiscal et des principes généraux d'interdiction de la fraude à la loi et de l'acte fictif[818]. Entreprenant une réforme de grande ampleur sur l'abus de droit, ils mirent tout simplement fin auxdites difficultés. Le législateur a fait en sorte de conférer un « *champ d'application maximal* »[819] à la procédure d'abus de droit fiscal en « *absorbant* »[820] dans la lettre du texte l'apport de la décision *Janfin*. Plutôt que de laisser subsister deux fondements pour rectifier des *pratiques abusives identiques* avec des *régimes procéduraux distincts*, le législateur a unifié les fondements permettant de garantir la protection de l'ordonnancement juridique dans tous ses domaines[821]. Dès lors, une question demeure : à quoi bon adopter des mesures anti-abus qui protègent l'ordonnancement juridique contre l'évitement de certains impôts, alors même que les dispositions de l'article L. 64 du LPF, depuis sa version de 2008, permettent de rectifier toutes sortes d'opérations abusives dans un domaine extrêmement étendu ? Cette question se pose particulièrement depuis que le législateur, par la loi de finances pour 2019, a ajouté deux dispositifs anti-abus à l'arsenal de l'Administration fiscale pour rectifier les

---

818 Olivier FOUQUET, *Améliorer la sécurité juridique des relations entre l'administration fiscale et les contribuables : une nouvelle approche*, 2008, p. 42 et s.

819 Laurent OLLEON, « Mini-abus de droit : la Campagne des cent fleurs ? », *op. cit.*, § 6.

820 *Ibid.*

821 Ce propos peut être mesuré compte tenu de la jurisprudence récente du Conseil d'État. En dehors de toute procédure de rectification, les principes généraux d'interdiction de la fraude à la loi et de la fictivité restent tout de même applicables. V. CE, 3ème et 8ème ch., 4 février 2022, n° 455278, *Sté Hays France*, *préc.*

impositions des contribuables : les articles 205 A du CGI et L. 64 A du LPF[822].

**290. Les domaines de protection des articles 205 A du CGI et L. 64 A du LPF. –** Les dispositions des articles 205 A du CGI et L. 64 A du LPF se distinguent quant à leur domaine de protection[823]. L'article 205 A du CGI est une mesure anti-abus qui a trait à « *l'établissement de l'impôt sur les sociétés* ». Les dispositions de l'article 205 A du CGI sont applicables lorsque l'opération poursuivie par le contribuable est une pratique abusive qui aboutit à l'évitement de l'impôt sur les sociétés. Lorsque l'opération du contribuable aboutit à l'évitement d'un autre impôt français, les dispositions de l'article 205 A du CGI ne sont pas applicables. Le champ de protection de l'article L. 64 A du LPF est moins évident à déterminer. Il ressort de la lettre du texte que la mise en œuvre du dispositif anti-abus de l'article L. 64 A du LPF est conditionnée à ce que l'opération poursuivie par le contribuable lui permette « *d'éluder ou d'atténuer [s]es charges fiscales* ». En ce sens, le domaine de protection de l'article L. 64 A du LPF apparait, *a priori*, comme étant aussi étendu que celui de l'article L. 64 du LPF.

**291. Des difficultés de mise en œuvre. –** Dans ce cas, les dispositions de la clause anti-abus générale en matière d'impôt sur les sociétés et les deux procédures d'abus de droit pourraient être simultanément applicables dans le cas où l'opération d'un contribuable aboutit à l'évitement de l'impôt sur les sociétés. Cela dit, le législateur a cru bon d'indiquer que les dispositions de l'article L. 64 A du LPF sont applicables « *sous réserve de l'application [des dispositions] de l'article 205 A du code général des impôts* ». Dans sa doctrine, l'Administration fiscale estime que les dispositions de l'article L. 64 A du LPF « *concernent par conséquent tous les impôts à l'exception de l'impôt sur les sociétés* »[824]. En s'en tenant à cette dernière interprétation (le juge ne s'étant pas encore prononcé sur la question) les dispositions des articles 205 A du CGI et L. 64 A du LPF auraient un domaine de protection parfaitement segmentés et juxtaposés. Autrement dit, les domaines de protection ne se superposeraient pas. À la vérité, que les domaines de protection attachés à ces deux mesures anti-abus se superposent ou se juxtaposent, l'adoption de l'article 205 A du CGI (**1**) et l'adoption de l'article L. 64 A du LPF (**2**) paraissent tout de même superfétatoires.

---

[822] Loi n° 2018-1317 du 28 décembre 2018 de finances pour 2019, art. 108 et 109.
[823] Rappelons que ces mesures anti-abus proposent également des définitions abstraites (aux terminologies variées) de l'abus de droit (n° 115 et s.).
[824] BOI-CF-IOR-30-20-20200131, § 20.

### 1. *Le caractère superfétatoire de l'article 205 A du CGI*

**292. La justification de l'adoption de l'article 205 A du CGI. –** Dans le souci de transposer correctement la clause anti-abus prévue à l'article 6 de la directive « ATAD 1 », les pouvoirs publics ont estimé qu'il était nécessaire de la retranscrire à l'identique à l'article 205 A du CGI[825]. La pertinence de cette transposition, sans être totalement remise en cause sur le plan « politique » (n° 294 et s.), peut être discutée. Pour ce faire, il convient de revenir un instant sur la nature d'une directive européenne. Définie au troisième alinéa de l'article 288 du TFUE, la directive s'assimile à un acte juridique de l'Union qui « *lie tout État membre destinataire quant au résultat à atteindre, tout en laissant aux instances nationales la compétence quant à la forme et aux moyens* ». Il découle des dispositions de cet article une obligation de transposition des directives européennes dans l'ordre interne de chaque État membre[826]. Cette obligation s'analyse comme une « *obligation de résultat* »[827]. Autrement dit, le droit national doit être compatible avec les objectifs fixés dans la directive. Pour autant, le juge européen n'exige pas forcément que les États membres reprennent formellement les prescriptions d'une directive[828]. En effet, s'il existe déjà des principes généraux qui garantissent « *la pleine application* » de la directive, il n'est pas nécessaire de suivre une transposition aussi formaliste que celle qui consiste à recopier une disposition proposée dans une directive[829]. Une telle

---

[825] Gouvernement, *Projet de loi de finances pour 2019*, n° 1255, art. 48. V. Séverine LAURATET, Charlotte DELSOL, « Transposition de la nouvelle clause anti-abus générale en droit fiscal français : s'agit-il d'une révolution législative et quelles seront les évolutions jurisprudentielles ? », *Dr. fisc.* 2018, n° 47, 472. V. aussi, Séverine LAURATET, Sylvain GIBON, Julien SUEUR, « La clause anti-abus issue de la transposition française de la directive ATAD », *FI* 2020, n° 2, 02.2.

[826] En droit interne, le Conseil constitutionnel et le Conseil d'État ont eu l'occasion de dire que cette obligation de transposition trouve sa source à l'article 88-1 de la Constitution, v. Cons. const., 10 juin 2004, déc. n° 2004-496 DC, *Loi pour la confiance dans l'économie numérique* : *RFDA* 2004, n° 4, p. 651 et s., note Bruno GENEVOIS ; CE, Ass., 8 février 2007, n° 287110, *Arcelor Atlantique et Lorraine et autres* : *RFDA* 2007, p. 384 et s., concl. Mathias GUYOMAR.

[827] Francesco MARTUCCI, *Droit de l'Union européenne*, 3me éd., 2021, Dalloz, « Hypercours », p. 504, § 633. L'auteur fait référence à l'expression employée par le professeur Pierre PESCATORE.

[828] CJUE, 1ère ch., 3 mars 2011, aff. C-50/09, *Commission c/ Irlande* : *Rec.* p. I-873, point 46 : « *selon une jurisprudence constante, la transposition en droit interne d'une directive n'exige pas nécessairement une reprise formelle et textuelle des dispositions de celle-ci dans une disposition légale ou réglementaire expresse et spécifique et peut se satisfaire d'un contexte juridique général, dès lors que celui-ci assure effectivement la pleine application de la directive d'une façon suffisamment claire et précise (voir, notamment, arrêt du 16 juillet 2009, Commission/Irlande, C-427/07, Rec. p. I-6277, point 54 et jurisprudence citée)* ».

[829] À ce sujet, le Conseil d'État a déjà considéré que dans le cas où des dispositions de droit interne permettent d'atteindre les objectifs fixés par une directive

transposition est d'ailleurs considérée comme « *superflue* » par le juge européen[830]. Ainsi, dans certains cas, la prise en compte des objectifs de la directive dans une loi parait être amplement suffisante lorsqu'une mesure interne déjà existante est à-même de les remplir.

**293. Les objectifs de la directive « ATAD 1 » et le dispositif anti-abus général préexistant en France. –** De manière générale, la directive « ATAD 1 » a pour objectif central, comme l'indique sa dénomination complète, de « *lutter contre les pratiques d'évasion fiscale qui ont une incidente directe sur le fonctionnement du marché intérieur* ». Pour satisfaire cet objectif, la directive insiste sur le fait que les ordres juridiques nationaux doivent se doter de clauses anti-abus générales. Les clauses anti-abus générales ont plusieurs fonctions. Elles doivent permettre de compléter les clauses anti-abus spécifiques, elles doivent être applicables aux situations « *non authentiques* »[831] et elles doivent s'appliquer de manière uniforme à des situations nationales, au sein de l'Union européenne et à l'égard des pays tiers (Dir. « ATAD 1 », point 11). La procédure d'abus de droit fiscal (LPF, art. L. 64) aurait permis de répondre aux objectifs fixés par la directive, sans qu'une nouvelle mesure anti-abus ne soit adoptée[832]. La loi de finances pour 2019 aurait pu prévoir un article indiquant que le législateur prenait bien en

---

européenne, ces dispositions sont réputées transposer la directive. V. CE, 10ème et 9ème s.-s., 15 décembre 2014, n° 380942, *SA Technicolor* : *Dr. fisc.* 2015, n° 11, comm. 203. Le Conseil d'État l'a affirmé pour la directive « mères-filles » : « *Le régime des sociétés mères résultant des dispositions des articles 145 et 216 du CGI, issu de textes législatifs antérieurs et qui n'a pas été modifié à la suite de l'intervention de cette directive, doit être regardé comme assurant la transposition de ses objectifs* ».

830 CJCE, 6ème ch., 20 novembre 2003, aff. C-296/01, *Commission c/ France* : *Rec.*, p. I-13909, point 55 ; CJUE, 3ème ch., 11 juin 2015, aff. C-29/14, *Commission c/ Pologne* : ECLI:EU:C:2015:379, point 38 : « *Ainsi, une reprise formelle des prescriptions d'une directive dans une disposition légale expresse et spécifique n'est pas toujours requise, la mise en œuvre d'une directive pouvant, en fonction du contenu de celle-ci, se satisfaire d'un contexte juridique général. En particulier, l'existence de principes généraux de droit constitutionnel ou administratif peut rendre superflue la transposition par des mesures législatives ou réglementaires spécifiques à condition, toutefois, que ces principes garantissent effectivement la pleine application de la directive par l'administration nationale [...] (voir, notamment, arrêt Commission/France, C-296/01, EU:C:2003:626, point 55 et jurisprudence citée)* ».

831 La directive « ATAD 1 » se réfère à l'expression de « *montage non-authentique* » et laisse de côté l'expression employée par la jurisprudence, à savoir le « *montage artificiel* », pour définir le concept d'abus de droit. En pratique, la CJUE ne s'est pas encore expressément prononcée sur les points communs et les différences de ces deux terminologies.

832 Les pouvoirs publics auraient pu « confronter » plus sérieusement la procédure d'abus de droit fiscal avec la clause anti-abus générale de la directive « ATAD 1 ». Pour une telle confrontation du dispositif anti-abus général belge avec l'article 6 de la directive « ATAD 1 », v. Aymeric NOLLET, « La mesure générale anti-"abus fiscal" en vigueur en droit belge confrontée à la clause générale anti-abus de la directive "ATAD" », *REIDF*, 2020/3, p. 367.

compte les objectifs de la directive « ATAD 1 » et que la France parviendrait à les respecter en mettant en œuvre les dispositions de l'article L. 64 du LPF. Finalement, l'adoption des dispositions de l'article 205 A du CGI paraît superflue au regard de l'alternative solide de l'article L. 64 du LPF pour atteindre les objectifs fixés par la directive « ATAD 1 ». Néanmoins, l'adoption de l'article 205 A du CGI ne paraît pas totalement incohérente d'un point de vue politique[833]. Les États européens, ainsi, évitent inutilement de « *faire de la résistance* »[834].

**294. Premier tempérament : la continuité du législateur dans l'exercice de transposition des clauses anti-abus européennes. –** Par le passé, le législateur avait adopté aux articles 119 *ter*, 3 et 145, 6, k la clause anti-abus de la directive « mères-filles »[835], sans tenir compte d'ailleurs des incertitudes qu'elle créait[836]. La rédaction de cette clause anti-abus a très largement inspiré celle de la clause anti-abus générale de la directive « ATAD 1 ». Ainsi, en adoptant les dispositions de l'article 205 A du CGI, les pouvoirs publics ont tenté de se placer dans une certaine continuité par rapport à la réforme précédente[837]. Ils ne font qu'étendre une clause anti-abus, au champ d'application restreint, ancrée depuis peu en droit interne, dans un domaine plus étendu, à savoir, celui de l'impôt sur les sociétés.

**295. Deuxième tempérament : une directive (trop) précise et inconditionnelle pour s'en écarter. –** Même si le TFUE (art. 288) accorde une certaine liberté aux États membres quant au choix « *de la forme et des*

---

833 Pour la transposition de la clause anti-abus générale de l'article 6 de la directive « ATAD 1 » dans d'autres États de l'UE, v. : Thomas JACQUEMONT, « La clause anti-abus générale de la directive ATAD : tour d'horizon européen », *FI* 2020, n° 2, 02 ; Séverine LAURATET, « La clause anti-abus générale de la directive ATAD : comparaison des transpositions dans cinq États membres (France, Allemagne, Irlande, Luxembourg et Pays-Bas) », *FI* 2021, n° 2, 02.1 ; Gabriele RAUTENSTRAUCH, « The ATAD general anti-abuse rule in Germany », *FI* 2020, n° 2, 02.3 ; Kevin SMITH, Finn KELLY, « The ATAD general anti-abuse rule in Ireland », *FI* 2020, n° 2, 02.4 ; Michel BOEREN, Maxime GROSJEAN, Maja VULEVIC, « The ATAD general anti-abuse rule in Luxembourg », *FI* 2020, n° 2, 02.5 ; Ivo KUIPERS, « The ATAD general anti-avoidance rule in the Netherlands », *FI* 2020, n° 2, 02.6.

834 L'expression est empruntée à : Martin COLLET, *Droit fiscal*, *op. cit.*, p. 242, § 393.

835 Loi n° 2015-1786, 29 décembre 2015 de finances rectificative pour 2015, art. 29 et 36.

836 V. Marie-Pierre HOO, « Aménagement du régime mères-filles : note sous L. n° 2015-1786, 29 déc. 2015, art. 29 et 36 », *op. cit.* ; Florence DEBOISSY, « Société holding et clause anti-abus : le régime mères-filles est-il réservé aux entreprises ? », *op. cit.* ; Yann AGUILA, Julien GAYRAL, Yves RUTSCHMANN, « La nouvelle clause anti-abus du régime des sociétés mères : critique de la décision du Conseil constitutionnel et opportunité d'une saisine de la Cour de justice de l'Union européenne », *op. cit.*

837 Gouvernement, *Projet de loi de finances pour 2019*, n° 1255, art. 48.

*moyens* » pour parvenir au résultat fixé par une directive, en pratique, la rédaction des actes de transposition dépend du « degré » d'harmonisation proposé par la directive. À mesure que l'harmonisation s'intensifie, la marge d'appréciation des États membres se réduit[838]. Autrement dit, ils n'ont pas vraiment le choix. Si la doctrine dénonce une certaine « *dénaturation* »[839] des directives, il n'en demeure pas moins que, parfois, les États n'ont pas d'alternatives à ce qui est proposé dans la directive. Ainsi, la clause anti-abus dite « générale » de l'article 6 de la directive « ATAD 1 » est tellement précise et inconditionnelle, que les États membres s'interrogent sur leur capacité à respecter les objectifs fixés dans le cas où ils ne recopieraient pas fidèlement la directive. Ils préfèrent simplement retranscrire *verbatim* la directive, afin d'éviter à l'avenir un recours en manquement exercé par la Commission européenne (TFUE, art. 258 et s.)[840].

**296. Troisième tempérament : l'alternative discutable de l'article L. 64 du LPF. –** Les dispositions de l'article L. 64 du LPF apparaissaient comme une alternative séduisante à l'adoption des dispositions de l'article 205 A du CGI. L'expérience montre que le juge fiscal interne se situe régulièrement dans le sillage de l'interprétation donnée par la Cour de justice de l'Union européenne pour mettre en œuvre la procédure d'abus de droit fiscal (n° 691). Par exemple, le Conseil d'État a fait le choix d'interpréter (très régulièrement) la notion d'abus de droit à la lumière de l'artificialité[841], qui trouve sa source dans la jurisprudence de la Cour de justice[842]. Néanmoins, au regard de la volonté apparente du législateur de l'Union

---

[838] Francesco MARTUCCI, *Droit de l'Union européenne*, *op. cit.*, p. 508, § 638.
[839] *Ibid.*
[840] V. l'analyse de Christophe POURREAU dans : Florence DEBOISSY, Christophe POURREAU, Olivier DAUCHEZ, Cyrille DERO, Philip KERFS, « La diversification des règles anti-évasion », in *La fiscalité internationale à réinventer ?*, Colloque, 30 novembre 2018, Conseil d'État, Droits et débats, La documentation française, 2020, p. 113. Christophe POURREAU, en tant que directeur de la législation fiscale à la direction générale des finances publiques du ministère de l'économie et des finances, estime que : « *Par prudence, et par volonté de ne pas être en délicatesse vis-à-vis de la transposition de la directive, le Gouvernement a fait le choix de transposer de façon littérale cette disposition [Dir. "ATAD 1", art. 6], en ayant sans doute été influencé par le précédent de la disposition anti-abus relative à la directive "mère-fille" puisqu'il avait été considéré, à l'époque, qu'une transposition était nécessaire sur ce point.*
*Mais […], il est tout à fait clair qu'il existe une certaine incertitude sur les cas possibles d'application de cette disposition et sur les situations qui ne seraient pas couvertes aujourd'hui par la procédure d'abus de droit. Et donc, il y a encore une incertitude sur le recours, le taux et la fréquence avec lesquels les services de l'administration fiscale utiliseront ce dispositif de façon concrète dans les opérations de contrôle qu'ils auront à mener* ».
[841] Pour une décision essentielle, v. CE, 8ème et 3ème s.-s., 18 mai 2005, n° 267087, *Sté Sagal*, *préc.*
[842] Pour un arrêt important, v. CJCE, 16 juillet 1998, aff. C-264/96, *Imperial Chemical Industries plc (ICI)*, *préc.*

européenne de réduire le seuil de substance économique à partir duquel une pratique abusive est reconnue[843], il n'est pas du tout certain qu'à l'avenir le juge européen interprète les objectifs de la directive « ATAD 1 » et (plus spécifiquement) la clause anti-abus dite « générale » à la lumière de l'artificialité. La Cour de justice pourrait décider d'appréhender des comportements qui, sans être totalement artificiels, seraient tout de même abusifs. Or, si le juge fiscal interne tente d'adapter l'article L. 64 du LPF à l'interprétation du juge européen, autrement dit, s'il réduit (lui aussi) le seuil de substance économique qui permettrait de qualifier les pratiques abusives par rapport au seuil qu'il propose aujourd'hui, le risque est de rendre son interprétation non conforme à la Constitution. Abaisser le seuil de qualification d'une pratique abusive, au sens de la procédure d'abus de droit, pourrait être contestable compte tenu de la décision du Conseil constitutionnel rendue le 29 décembre 2013[844] (n° 501). Ainsi, adopter un dispositif anti-abus, tel que celui de l'article 205 A du CGI, qui reprend exactement les dispositions de l'article 6 de la directive « ATAD 1 », poserait moins de difficultés sur le plan de sa conformité à la Constitution, s'il permet d'appréhender des opérations que l'Administration ne peut pas rectifier à l'avenir sur le fondement de l'article L. 64 du LPF[845].

**297.** La transposition *verbatim* de l'article 6 de la directive « ATAD 1 » dans la loi de finances pour 2019 s'explique essentiellement par le peu de marge de manœuvre laissée par la directive pour atteindre les objectifs fixés. En revanche, l'adoption de l'article L. 64 A du LPF reste du propre chef du Parlement. Ce choix est particulièrement malvenu car il ne répond à aucun

---

843 Les dispositions de l'article 6 de la directive « ATAD 1 », ainsi que les dispositions de l'article premier de la directive « mères-filles » de 2015, font référence au « montage non-authentique » et au critère du « but principalement fiscal » pour définir une pratique abusive. Cela peut traduire, implicitement, la volonté d'abaisser le seuil de substance économique à partir duquel un abus de droit.

844 Cons. const., 29 décembre 2013, déc. n° 2013-685 DC, *Loi de finances pour 2014*, *préc.*

845 Toutefois, le juge fiscal et le juge européen font preuve de souplesse dans l'interprétation de l'abus de droit fiscal (CE, 9ème et 10ème s.-s., 17 juillet 2013, n° 356523, *min. c/ SAS Garnier Choiseul Holding*, n° 352989, *min. c/ SARL Garnier Choiseul Holding* et n° 360706, *min. c/ SARL Garnier Choiseul Holding*, *préc.* ; CJUE, Grande ch., 26 février 2019, aff. C-115/16, *N Luxembourg 1 et a.*, *préc.* ; CJUE, Grande ch., 26 février 2019, aff. C-116/16 et C-117/16, *Skatteministeriet c/ T Danmark et Y Denmark Aps*, *préc.*). Il est difficile d'imaginer que cette souplesse d'interprétation soit jugée non conforme à la Constitution. Le Conseil d'État est d'ailleurs réticent à l'idée de transmettre au Conseil constitutionnel une QPC qui porte sur l'interprétation de l'article L. 64 du LPF, v. CE, 9ème et 10ème s.-s., 23 mai 2014, n° 374056, *Sté Financière des Pins* : *Dr. fisc.* n° 43-44, 23 octobre 2014, comm. 596, concl. Claire LEGRAS.

besoin. Les dispositions de l'article L. 64 A du LPF laissent place à des incertitudes.

### 2. *Le caractère superfétatoire de l'article L. 64 A du LPF*

**298. Le domaine de protection de l'article L. 64 A du LPF. –** L'adoption de l'article L. 64 A du LPF ne paraît pas pertinente. Si la transposition des dispositions de l'article 6 de la directive « ATAD 1 » dans la loi est à l'initiative du gouvernement, l'élaboration de la procédure de « mini-abus de droit » trouve sa source dans un amendement déposé devant l'Assemblée nationale par la députée Bénédicte PEYROL[846]. Cet amendement a reçu l'aval du gouvernement et a été voté dans la loi de finances pour 2019 (art. 109). Mais, comme dit plus haut (n° 290 et s.), le domaine de protection de l'article L. 64 A du LPF reste difficilement perceptible, en raison de la combinaison de la lettre du texte et l'interprétation faite par l'Administration fiscale dans sa doctrine.

**299. L'analyse des travaux préparatoires.** – Dans l'exposé sommaire de cet amendement, il est indiqué que le dispositif « *peut ainsi être vu comme étendant à l'ensemble des impôts la clause anti-abus de l'article 48 [CGI, art. 205 A], et est donc complémentaire à cette dernière* ». Qui plus est, le dispositif anti-abus inscrit à l'article L. 64 A du LPF est analysé comme un nouvel « *étage* » de la procédure d'abus de droit fiscal (LPF, art. L. 64). Il est aussi rappelé qu'à la différence de l'article 205 A du CGI, la procédure de « *l'abus de droit concerne toutes les impositions et à un champ beaucoup plus large* ». Or, si les dispositions de l'article L. 64 A sont analogues à celles de l'article L. 64 du LPF, leurs champs de protection sont, *de facto*, analogues. Le législateur donne l'impression d'avoir voulu adopter un dispositif anti-abus « croisé » entre les dispositifs anti-abus des articles 205 A du CGI et L. 64 du LPF. Par conséquent, les dispositions de l'article L. 64 A du LPF peuvent être analysées comme organisant une mesure anti-abus dans la continuité de celle prévue à l'article 205 A du CGI, applicable à tous les impôts. Inévitablement, cette interprétation laisse supposer que les articles L. 64 A du LPF et 205 A du CGI ont des domaines de protection qui se superposent au niveau de l'impôt sur les sociétés. Plutôt que de laisser penser que le législateur superpose les deux dispositifs anti-abus, l'Administration fiscale, très peu à l'aise face à l'adoption du dispositif anti-abus de l'article L. 64 A

---

[846] Amendement n° II-CF1066, déposé le mercredi 31 octobre 2018, adopté le 7 novembre 2018 (ci-après : l'amendement PEYROL).

du LPF[847], a préféré indiquer que les domaines de protection des dispositifs anti-abus des articles 205 A du CGI et L. 64 A du LPF sont parfaitement segmentés. En réalité, que les deux fondements aient des champs d'application qui se superposent ou se juxtaposent, l'adoption de l'article L. 64 A du LPF est malvenue.

**300. *Quid* si les dispositifs anti-abus des articles 205 A du CGI et L. 64 A du LPF ont des domaines de protection qui se juxtaposent ? –** L'hypothèse selon laquelle la clause anti-abus « générale » en matière d'impôt sur les sociétés et la nouvelle procédure de l'abus de droit fiscal ont des domaines de protection qui ne se superposent pas est privilégiée par l'Administration fiscale. Même dans ces circonstances, la mise en place de l'article L. 64 A du LPF reste problématique. Sur le plan sémantique, bien que les pratiques abusives poursuivies par les deux articles ne soient pas définies exactement de la même manière, elles sont composées d'éléments constitutifs comparables (n° 163 et s.). À l'avenir, il est envisageable que le juge décide d'harmoniser les définitions de l'abus de droit données dans ces deux mesures anti-abus. Après tout, l'article L. 64 A du LPF, comme le laisse entendre l'amendement PEYROL, n'est que le prolongement de la transposition de la clause anti-abus de la directive « ATAD 1 »[848]. De sorte que, les deux mesures poursuivraient le même type d'abus de droit. Seulement, elles le feraient dans des domaines juxtaposés. Au niveau procédural, les deux dispositifs n'accordent pas les mêmes garanties au contribuable. La différence majeure réside dans le fait que le contribuable a la faculté de saisir le Comité de l'abus de droit fiscal, si l'Administration fiscale met en œuvre la procédure de « mini-abus de droit », alors que le contribuable ne dispose pas de cette faculté lorsque l'Administration décide de mettre en œuvre les dispositions de l'article 205 A du CGI[849]. Cette situation est à l'origine d'un désordre procédural. Elle n'est pas sans rappeler l'état du droit positif après la décision *Janfin*. Le législateur paraît paradoxal. En 2008, il prend conscience de la dichotomie procédurale créée par la juxtaposition de l'article L. 64 du LPF et des principes généraux du droit. D'une manière parfaitement compréhensible, il l'a effacée en grande partie. En adoptant l'article L. 64 A du LPF, il crée pourtant une différence analogue à celle qu'il avait combattue dix ans plus tôt. Il est bien difficile de trouver une justification à la différence de traitement procédural proposée

---

[847] V. Martin COLLET, *Droit fiscal*, *op. cit.*, p. 243, § 394 : « *Reste à savoir si l'administration souhaitera véritablement utiliser cette nouvelle arme dont, à la vérité, elle ne voulait pas, et qui suscite le scepticisme de la grande majorité des praticiens* ».
[848] V. aussi Rapport PEYROL II, *préc.*, p. 54.
[849] V. l'alinéa 2 de l'article L. 64 A du LPF : « *En cas de désaccord sur les rectifications notifiées sur le fondement du présent article, le litige peut être soumis, à la demande du contribuable ou de l'administration, à l'avis du comité mentionné au deuxième alinéa de l'article L. 64 du présent livre* ».

par le législateur entre l'article L. 64 A du LPF et l'article 205 A du CGI (n° 585).

**301.** ***Quid*** **si les dispositifs anti-abus des articles 205 A du CGI et L. 64 A du LPF ont des domaines de protection qui se superposent ? –** L'hypothèse selon laquelle les domaines de protection des deux mesures anti-abus se superposent ne doit pas être laissée de côté. Dans ce cas, se pose la question de savoir si l'Administration a le choix des armes entre les deux fondements, ou bien, si elle est contrainte de recourir aux dispositions d'une mesure anti-abus plutôt qu'à celles de l'autre[850]. Cette question risque d'être une source de contentieux entre le contribuable et l'Administration fiscale, ce qui, évidemment, est regrettable.

**302.** Au regard des interrogations que font naitre l'adoption et le maintien des dispositions de l'article L. 64 A du LPF, la démarche des sénateurs, lors de l'étude du projet de loi de finances pour 2020, qui proposait d'abroger ce texte, n'était pas dénuée de sens[851]. *In fine*, le Parlement n'en a pas décidé ainsi[852]. Le caractère superfétatoire des

---

[850] Deux questions peuvent être posées :
i) L'Administration doit-elle mettre en œuvre prioritairement les dispositions de l'article L. 64 A du LPF, étant donné qu'elles accordent une garantie procédurale substantielle au contribuable ?
ii) L'Administration doit-elle mettre en œuvre les dispositions de l'article 205 A du CGI, étant donné que les dispositions de l'article L. 64 A du LPF indiquent qu'il est nécessaire de tenir compte de l'application de la clause anti-abus générale en matière d'impôt sur les sociétés ? (n° 743 et s.).

[851] Amendement n° II-1186 rect., proposé par Mme LAMURE, adopté (en 1ère lecture) le 5 décembre 2019. Plusieurs éléments, mis en évidence dans cet amendement tels que, le sentiment d'insécurité juridique du monde économique et des entreprises du fait de la multiplication des mesures anti-abus, le risque contentieux attaché à l'articulation des mesures anti-abus générales et spécifiques, le risque de non-conformité des dispositions de l'article L. 64 A du LPF à la Constitution, le défaut de lisibilité fiscale et de stabilité juridique et la perte d'efficacité attachée à la lutte contre les pratiques abusives, justifieraient l'abrogation des dispositions de l'article L. 64 A du LPF.

[852] Si la Commission des finances du Sénat était favorable à l'abrogation des dispositions de l'article L. 64 A du LPF, le Gouvernement était – quant à lui – réticent. En définitive, le Parlement n'a pas adopté définitivement cet amendement. Pour les raisons qui ont poussé l'Assemblée nationale à ne pas suivre le Sénat, v. Commission des finances, de l'économie générale et du contrôle budgétaire, *Rapport, en nouvelle lecture, sur le projet de loi de finances, modifié par le Sénat pour 2020 (n° 2493), n° 2504, Commentaires d'articles (Volume 1)*, pp. 673-682. La commission des finances de l'Assemblée nationale estime notamment que le dispositif anti-abus de l'article L. 64 A du LPF est un outil « *juridiquement robuste* ».
Conformément à l'article 109 II A de la loi n° 2018-1317 du 28 décembre 2018, les dispositions de l'article L. 64 A s'appliquent aux rectifications notifiées à compter du 1er janvier 2021 portant sur des actes passés ou réalisés à compter du 1er janvier 2020. Si les dispositions de l'article L. 64 A du LPF avaient été abrogées par la loi

dispositions des articles 205 A du CGI et L. 64 A du LPF paraîtra encore plus marquant si, à l'avenir, le juge fiscal et le juge européen décident d'interpréter de manière unifiée la notion d'abus de droit, et ce, en mettant de côté la volonté annoncée des rédacteurs des textes fiscaux de créer des stratifications, au demeurant difficilement perceptibles, de la notion d'abus de droit. Les autres dispositifs anti-abus, quant à eux, ne paraissent pas nécessairement surabondants. Leur maintien dans l'ordonnancement juridique peut se justifier par diverses raisons.

### *B. La protection proposée par les autres dispositifs anti-abus*

**303.** Les domaines de protection des articles 205 A du CGI, L. 64 A et L. 64 du LPF se superposent avec les domaines de protection des dispositifs anti-abus plus anciens (CGI, art. 119 *ter*, 3 ; 119 *quater*, 3 ; 182 B *bis*, 3 ; 123 *bis* ; 155 A ; 209 B ; 238 A, etc.). L'utilité du maintien dans l'ordonnancement juridique de ces dispositifs anti-abus spécifiques peut être questionnée.

**304. L'état des lieux des superpositions. –** D'autres dispositifs anti-abus, tout comme ceux des articles 205 A du CGI, L. 64 A ou L. 64 du LPF, ont pour objet d'éviter que des contribuables, résidents ou non-résidents, puissent échapper à un ou plusieurs impôts français en poursuivant des opérations abusives. Pour sûr, les domaines de protection de ces autres mesures anti-abus se superposent avec le domaine de protection de l'article L. 64 du LPF. Ils se superposent aussi avec les domaines de protection des mesures anti-abus des articles 205 A du CGI et L. 64 A du LPF. Par exemple, les dispositifs anti-abus des articles 209 B ou 238 A du CGI permettent de prévenir et de lutter contre des pratiques abusives qui aboutissent à l'évitement de l'impôt sur les sociétés, tout comme le dispositif anti-abus de l'article 205 A du CGI. Quant aux dispositifs anti-abus des articles 123 *bis* et 155 A du CGI, ils ont vocation à éviter que des contribuables puissent échapper à l'impôt sur le revenu, tout comme le dispositif anti-abus du nouvel article L. 64 A du LPF. Les dispositions de l'article 979, I, alinéa 2 du CGI luttent contre l'évitement de l'impôt sur la fortune immobilière, tout comme les deux procédures d'abus de droit fiscal (LPF, art. L. 64 A et L. 64). Les dispositions des articles 119 *bis* A, 119, *ter*, 3, 119 *quater* et 182 B *bis* du CGI traitent de la question de l'évitement des retenues à la source applicables en France respectivement sur les dividendes, les intérêts et les redevances versés dans un autre État. Pour

---

de finances pour 2020, en réalité, l'Administration n'aurait jamais eu l'occasion de les mettre en œuvre.

lutter contre les pratiques abusives à l'origine d'évitement de retenues à la source françaises, les dispositions des articles L. 64 et L. 64 A du LPF pourraient être également mises en œuvre. Si la superposition entre ces dispositifs anti-abus est incontestable, puisque ces dispositifs anti-abus visent finalement à protéger la rentabilité d'impôts équivalents, elle ne paraît pas systématiquement critiquable.

**305. Les mesures anti-abus visant des pratiques abusives spéciales : des superpositions justifiées. –** L'adoption et/ou l'aménagement des mesures anti-abus spécifiques remplissent une fonction essentielle. Ces mesures anti-abus permettent de réguler les comportements des contribuables, dans le sens où ces derniers sont découragés de poursuivre certaines opérations spécifiques dont la substance juridique et/ou économique est douteuse. En même temps, elles renforcent la prévisibilité juridique, puisque sont identifiées plusieurs pratiques abusives particulières et, partant, les contribuables peuvent anticiper les opérations susceptibles d'être visées (n° 218). Ce propos vaut aussi bien pour les mesures anti-abus qui visent les opérations internationales impliquant le bénéfice, à l'étranger, d'un régime fiscal privilégié (CGI, 238 A ; 123 *bis* ; 209 B ; 155 A), que pour les autres mesures anti-abus qui visent des interpositions de personnes ou d'entités dans un autre État membre de l'Union européenne, dans un État tiers ou en France (CGI, art. 119 *bis* A ; anc. art. 119 *ter*, 3 ; 119 *quater*, 3 ; 182 B *bis*, 3 ; 155 A). Qui plus est, parmi ces mesures anti-abus, certaines aménagent des règles de preuve favorables à l'Administration et permettent de faciliter le travail des services de contrôle qui, parfois, rencontrent des difficultés pour démontrer le caractère fictif ou artificiel d'une opération (n° 445 et s.). Ainsi, même si les opérations spécifiquement visées peuvent éventuellement être combattues par l'Administration sur le fondement des dispositions des articles 205 A du CGI, L. 64 A ou L. 64 du LPF, destinées à protéger largement la rentabilité de l'impôt sur les sociétés et/ou des autres impôts, ces mesures anti-abus qui identifient spécifiquement ou concrètement des pratiques abusives et les endiguent en y attachant un régime juridique précis, ne paraissent pas superfétatoires.

**306. Les mesures visant des pratiques abusives générales : des superpositions discutables. –** L'analyse est différente pour les mesures anti-abus qui, bien qu'ayant un domaine de protection spécifique, définissent abstraitement l'abus de droit. L'intérêt d'adopter et/ou de maintenir un dispositif anti-abus, dans un domaine très particulier, qui vise une pratique abusive générale et comparable à celle visée par les dispositions d'un autre dispositif anti-abus, qui protège la rentabilité d'un même impôt, est discutable. Par exemple, la démarche des pouvoirs publics qui a consisté à abroger, lors de la loi de finances pour 2019[853], la clause anti-abus de l'article 145, 6, k du CGI qui se trouvait dénuée de portée pratique, du fait de l'intégration de l'article 205 A du CGI, peut être approuvée. Les anciennes dispositions de l'article 145, 6, k du CGI, issues de la transposition de la clause anti-abus de la directive « mères-filles »[854], étaient applicables lorsqu'une société mère établie en France percevait, grâce à un montage « non authentique », des dividendes d'une filiale qui par application du régime des sociétés mères étaient exonérés d'impôt sur les sociétés. Les dispositions de l'article 205 A du CGI s'analysent comme l'extension à l'ensemble de l'impôt sur les sociétés des dispositions de l'ancienne version de l'article 145, 6, k du CGI. Il n'était donc pas nécessaire de maintenir dans l'ordonnancement juridique ces dernières dispositions. La question de l'éventuelle abrogation des dispositions de l'article 119 *ter*, 3 du CGI au moment de l'adoption des dispositifs anti-abus des articles 205 A du CGI et L. 64 A du LPF s'est posée. Complémentaires aux dispositions de l'ancien article 145, 6, k, les dispositions de l'article 119 *ter*, 3 du CGI évitent que les dividendes versés par une filiale établie en France à sa société mère établie dans un autre État membre de l'Union européenne soient exonérés de retenue à la source en cas de montage « non authentique ». Les dispositions des articles 205 A et L. 64 A du LPF ne sont-elles pas en mesure d'assurer l'évitement des retenues à la source ? Les dispositions de l'article 205 A du CGI visent l'établissement de l'impôt sur les sociétés. Ainsi, le dispositif anti-abus de l'article 205 A du CGI n'est pas applicable lorsque l'opération du contribuable aboutit à l'évitement de retenues à la source françaises. Autrement dit, les dispositions des articles 205 A et 119 *ter*, 3 ne se superposent pas quant aux impôts qu'ils protègent. Néanmoins, les dispositions de l'article L. 64 A du LPF, complémentaires aux dispositions de l'article 205 A du CGI, peuvent éventuellement être mises en œuvre pour appréhender un montage « non authentique » qui aboutit à l'évitement des retenues à la source françaises. La protection proposée par les dispositions de l'article L. 64 A du LPF se superpose à celle qui était déjà proposée par les dispositions de l'article 119 *ter*, 3 du CGI[855]. Le problème ne se serait pas posé si l'article L. 64 A du LPF n'avait pas été adopté.

---

[853] Loi n° 2018-1317 du 28 décembre 2018 de finances pour 2019, art. 108.

[854] Loi n° 2015-1786 du 29 décembre 2015 de finances rectificative pour 2015, art. 29 et 36.

[855] L'intérêt des dispositions de l'article 119 *ter*, 3 réside dans le fait qu'elles s'analysent comme une règle d'assiette. En ce sens, dans le cas où un contribuable demande le remboursement des retenues à la source qui ont été versées par la société filiale, l'Administration pourrait opposer les dispositions de l'article 119 *ter*, 3, en cas de montage « non authentique », sans passer par le formalisme d'une procédure de rectification. Ce sont plutôt les dispositions de l'article L. 64 A du LPF qui paraissent surabondantes.

**307. Conclusion de la Section I. –** Le fait de multiplier les dispositifs anti-abus qui luttent contre l'évitement d'un même impôt n'est pas pertinent si cela ne permet pas d'améliorer l'efficacité de la lutte contre les pratiques abusives. L'autre vertu protectrice des dispositifs anti-abus est de neutraliser l'instrumentalisation d'une norme fiscale. Si certains dispositifs anti-abus ont vocation à lutter contre l'instrumentalisation de toutes les normes qui ont une portée fiscale, d'autres ont vocation à ne protéger qu'un type de normes ou un sous-ensemble de normes. Cette situation crée, une nouvelle fois, un désordre certain, car plusieurs dispositifs anti-abus sont potentiellement simultanément applicables lorsqu'une norme est instrumentalisée par le contribuable.

## Section II – La protection des normes fiscales contre leur instrumentalisation

**308.** Les dispositifs anti-abus ont pour point commun de neutraliser le *moyen* employé par le contribuable pour parvenir à l'évitement d'un impôt en France. Autrement dit, les mesures anti-abus ont pour fonction de contrer l'instrumentalisation de la norme dans le champ d'application de laquelle le contribuable se place abusivement. Les mesures anti-abus n'adoptent pas une protection parfaitement homogène. Certaines ont une vertu protectrice générale, d'autres ont une vertu protectrice plus spécifique. Par exemple, la procédure de l'abus de droit fiscal (LPF, art. L. 64) a une vertu protectrice générale, dans le sens où, peu importe la règle de droit qui fait l'objet d'une instrumentalisation, l'Administration est en mesure de mettre en œuvre la procédure d'abus de droit. Les clauses anti-abus conventionnelles, les clauses anti-abus relatives aux régimes « mères-filles », « fusions », « intérêts-redevances » ou les autres dispositifs anti-abus inscrits dans le CGI ont une vertu protectrice spécifique, dans le sens où l'Administration est en mesure de mettre en œuvre ces clauses anti-abus uniquement lorsque certaines règles particulières font l'objet d'une instrumentalisation. *In fine*, les dispositifs anti-abus finissent, dans certains cas, par protéger les mêmes normes fiscales, contre des instrumentalisations identiques, ce qui n'est pas forcément pertinent. Il convient de s'intéresser dans un premier temps aux dispositifs anti-abus qui préviennent et luttent contre l'instrumentalisation de toutes les règles du droit fiscal (§ **1**), pour ensuite étudier ceux qui protègent uniquement une norme ou un sous-ensemble de règles composant le droit fiscal (§ **2**).

### *§ 1 – La protection de toutes les normes fiscales*

**309.** Le dispositif anti-abus de l'article L. 64 du LPF est applicable lorsque le contribuable recherche « *le bénéfice d'une application littérale des <u>textes ou de décisions</u> à l'encontre des objectifs poursuivis par leurs auteurs* ». La formulation est volontairement large afin de protéger toutes les règles du droit fiscal[856]. Cette remarque vaut aussi pour le dispositif anti-abus de l'article L. 64 A du LPF, dans la mesure où, sur ce point, ses dispositions sont identiques à celles de l'article L. 64 du LPF. Quant au dispositif anti-abus de l'article 205 A du CGI, il peut être mis en œuvre dès lors que le montage

---

[856] V. Pierre-François RACINE, « Existe-t-il des décisions dont on puisse abuser ? », *Dr. fisc.* 2010, n° 23, ét. 357, § 4. Pour Pierre-François RACINE, l'expression « textes » renvoie à « *<u>toutes les normes</u> intervenant en matière fiscale édictées conformément aux règles constitutionnelles par les autorités compétentes et seulement celles-là, qu'elles soient de <u>droit interne</u> (lois, ordonnances, décrets, arrêtés) ou de <u>droit international</u> : conventions fiscales bilatérales, règlements européens, voire directives non transposées dans les délais* ».

(aboutissant à l'évitement de l'impôt sur les sociétés) va « *à l'encontre de l'objet ou de la finalité du droit fiscal applicable* ». Une première lecture de l'expression « *droit fiscal applicable* » permettrait de dire que la mise en œuvre de ce dispositif anti-abus n'est pas conditionnée à ce qu'un type de règle, interne ou internationale, soit instrumentalisée. Ainsi, les dispositifs anti-abus des articles 205 A du CGI, L. 64 et L. 64 A du LPF protègent des normes identiques (la loi, les directives européennes, les conventions fiscales internationales) contre des instrumentalisations identiques. Cela crée donc des situations de superposition et des problèmes d'articulation, ce qui confirme une fois de plus que les articles L. 64 A du LPF et 205 A du CGI sont superfétatoires[857]. Les dispositions de ces trois mesures anti-abus sont applicables dès lors qu'une norme interne (**A**) ou une norme internationale (**B**) fait l'objet d'une instrumentalisation dans le cadre d'une opération poursuivie par le contribuable.

### *A. La protection des normes internes*

**310.** Il ressort des textes et de la jurisprudence que les dispositifs anti-abus des articles 205 A du CGI, L. 64 et L. 64 A du LPF s'appliquent à l'opération poursuivie par le contribuable qui détourne la finalité d'une loi (**1**). Toutefois, comme il n'est pas évident de connaître les étendues précises du terme « *décisions* » (LPF, art. L. 64 et L. 64 A) et de l'expression « *droit fiscal applicable* » (CGI, art. 205 A), la question se pose de savoir si la « doctrine administrative » est susceptible de faire l'objet d'un abus. Le Conseil d'État, dans sa décision *Charbit*[858], a pris le soin de répondre à cette

---

[857] Deux tempéraments peuvent nuancer le propos. D'abord, il n'est pas inenvisageable, qu'à l'avenir, l'article L. 64 du LPF soit exclusivement réservé pour lutter contre les « montages artificiels ». Ainsi, la seconde procédure d'abus de droit (LPF, art. L. 64 A) et la clause anti-abus générale en matière d'impôt sur les sociétés (CGI, art. 205 A) pourraient être réservées aux pratiques abusives qui ne seraient pas totalement artificielles (n° 731 et s.). Ensuite, il existe un cas particulier, qui sera étudié dans les développements suivants, en vertu duquel seule la procédure d'abus de droit traditionnelle (LPF, art. L. 64) peut être mise en œuvre pour lutter contre les instrumentalisations de la loi telle qu'interprétée par les circulaires et instructions de l'Administration fiscale, lorsque le contribuable se rend coupable d'un montage artificiel dénué de substance. De sorte que, les dispositifs anti-abus des articles 205 A, L. 64 et L. 64 A du LPF ne viseraient pas toujours les mêmes instrumentalisations et n'auraient pas, systématiquement, des champs d'application qui se superposeraient.

[858] CE, Ass., 28 octobre 2020, n° 428048, *Charbit*, *préc.* V. les (nombreux) commentaires : Martin COLLET, « Opposabilité de la doctrine et répression des abus de droit : quelle conciliation en cas de montage abusif ? », *Dr. fisc.* 2020, n° 47, 441 ; Stéphane AUSTRY et Sarah DARDOUR-ATTALI, « Doctrine administrative et abus de droit : confirmations et innovations », *FR* 47/20 inf. n° 7, p. 16 ; Florence DEBOISSY, « Opposabilité de la doctrine administrative et abus de droit : le montage artificiel emporte tout », *Dr. fisc.* 2020, n° 47, comm. 444 ; Olivier

interrogation. En effet, l'Administration est en mesure de lutter contre les instrumentalisations de la loi telle qu'interprétée par la doctrine administrative, en cas de montage dénué de toute substance (**2**).

### *1. La protection de la loi fiscale*

**311. La protection de loi fiscale. –** En visant l'abus de « *textes* » ou l'abus du « *droit fiscal applicable* », les dispositions des articles L. 64, L. 64 A du LPF, 205 A du CGI protègent l'ensemble de la législation fiscale française[859]. Ces mesures anti-abus permettent de lutter contre l'instrumentalisation de toutes les lois du droit fiscal et les règlements qui en précisent les conditions d'application[860]. Elles protègent aussi bien les règles relatives au bien-fondé de l'impôt, que les règles relatives aux procédures fiscales[861]. À première vue, les deux procédures d'abus de droit, ne semblent pas forcément se cantonner à l'instrumentalisation d'un texte fiscal[862]. Qui plus est, dans des écrits académiques, certains auteurs adoptent une vision originale de la question du « droit abusé ». Selon eux, l'étendue de ce « droit » ne recouvre pas tant la règle fiscale dans le champ de laquelle le contribuable se place, que la « *voie du droit exercé au moyen de l'acte litigieux* »[863]. Dit autrement, le « droit abusé » ne serait que le « droit subjectif » exercé par le sujet de droit pour parfaire son opération fiscale[864]. Cette analyse a une vertu certaine : elle permet de rapprocher l'abus de droit en matière civile, essentiellement fondé sur l'abus des « droits subjectifs »,

---

FOUQUET, « Les nouveaux rapports entre la garantie contre les changements de doctrine (LPF, art. L. 80 A) et l'abus de droit : jurisprudence infléchie ou complétée ? », *Dr. fisc.* 2020, n° 45, 380 ; Pierre-Olivier RIGAUDEAU, « Garantie contre les changements de doctrine administrative. La vraie nature de la garantie contre les changements de doctrine enfin révélée », *Dr. fisc.* 2020, n° 39, 379 ; Jérôme ARDOUIN et Mathieu FERRE, « Abus de droit et doctrine administrative : le montage artificiel chasse l'opposabilité », *RFP* 2020, n° 12, 17 ; Guillaume DE LA TAILLE, « Abus, doctrine et artifice », *RJF* 1/21, chron. p. 7 ; Christophe DE LA MARDIERE, « Abus de droit et doctrine administrative, une autre lecture de l'arrêt Charbit », *Dr. fisc.* 2021, n° 7-8, 148.

[859] V. Daniel GUTMANN, *Droit fiscal des affaires, op. cit.*, p. 792, § 997 ; Christophe DE LA MARDIERE, « Abus de droit. - Textes, historique et notion », *op. cit.*, § 222.

[860] V. BOI-CF-IOR-30-10-20200131, § 70.

[861] En pratique, ce sont les lois relatives au bien-fondé de l'impôt qui font l'objet d'un abus de la part du contribuable. V. Gilles DEDEURWAERDER, *Théorie de l'interprétation et droit fiscal*, Thèse, 2010, Dalloz, « Nouvelle Bibliothèque de Thèses », p. 301, § 296.

[862] V. Christophe DE LA MARDIERE, « Abus de droit. - Textes, historique et notion » *op. cit.*, § 222. Un abus de droit sur le plan fiscal peut, dans le même temps, conduire à l'abus d'une loi non fiscale.

[863] Loïc CADIET, « Remarques sur la notion fiscale d'abus de droit », *op. cit.*, p. 51, § 30.

[864] V. Florence DEBOISSY, *La simulation en droit fiscal*, *op. cit.*, p. 274, § 708.

de l'abus de droit en matière fiscale. Toutefois, elle semble dénuée d'effet et de portée pratiques. En effet, le juge fiscal ne s'intéresse pas à cette question. Il cantonne son étude à la méconnaissance de la finalité de la règle du droit fiscal dans le champ d'application de laquelle le contribuable s'est placé. D'ailleurs, le juge semble même réticent à l'idée de laisser l'Administration fiscale reprocher au contribuable l'instrumentalisation d'une législation qui n'a aucun objet ou aucune portée fiscale[865].

**312. La variété des régimes internes susceptibles d'être abusés dans un contexte international. –** Les avis du Comité d'abus de droit fiscal et certaines décisions du Conseil d'État illustrent la vertu protectrice générale de l'article L. 64 du LPF. Les dispositifs anti-abus des articles L. 64 A du LPF et 205 A du CGI sont trop récemment entrés en vigueur pour faire l'objet d'illustrations en jurisprudence. Dans un contexte international, l'Administration fiscale française fait régulièrement le reproche à des contribuables de bénéficier abusivement de régimes fiscaux législatifs. Par exemple, il lui arrive de critiquer, sur le fondement des dispositions de l'article L. 64 du LPF, l'opération par laquelle une société établie en France instrumentalise le régime « mères-filles » à des fins fiscales (n° 695 et s.). L'abus peut être reconnu dans l'hypothèse où la société française perçoit des dividendes de filiales établies dans un État tiers qui sont, par application de la loi (CGI, art. 145 et 216), exonérés d'impôt en France[866]. L'abus peut être reconnu dans l'hypothèse où la société française distribue des dividendes à une société établie dans un autre État membre de l'Union européenne qui sont, par application de la loi (CGI, art. 119 *ter*), exonérés de retenue à la source[867]. L'Administration fiscale conteste également les opérations dites d'apport-cession internationales placées sous les régimes

---

[865] V. CAA Douai, 4ème ch., 1er juillet 2019, n° 17DA01029 : *RJF* 11/19, n° 1064. Le considérant 6 de l'arrêt est rédigé de la façon suivante : « *D'autre part, l'administration fiscale soutient que la SARL Thierry C. a recherché l'application littérale des dispositions de l'article 619 du code civil, selon lesquelles l'usufruit temporaire concédé à une personne morale ne peut excéder trente ans, à l'encontre de l'intention de leurs auteurs. Toutefois, de telles dispositions, en elles-mêmes, n'ont aucun objet ni aucune portée fiscale et ne sauraient en conséquence être utilement invoquées par l'administration pour démontrer l'existence d'une fraude à la loi fiscale qui suppose l'utilisation de dispositifs fiscaux à l'encontre de l'intention de leur auteur* ».

[866] V. CE, 8ème et 3ème s.-s., 18 février 2004, n° 247729, *Sté Pléiade, préc.* ; CE, 8ème et 3ème s.-s., 18 mai 2005, n° 267087, *Sté Sagal, préc.* ; CE, 10ème et 9ème s.-s., 10 décembre 2008, n° 295977, *Sté Andros et Cie, préc.* ; CE, 8ème et 3ème s.-s., 27 juillet 2009, n° 295358, *Caisse interfédérale de Crédit Mutuel* : *RJF* 12/09, n° 1140 ; CE, 8ème et 3ème s.-s., 27 juillet 2009, n° 295805, *Conforama Holding* : *RJF* 12/09 n° 1142 ; CE, 9ème et 10ème s.-s., 15 avril 2011, n° 322610, *Alcatel CIT* : *Dr. fisc.* 2011, n° 24, comm. 394, note Patrick DIBOUT ; CE, 9ème et 10ème s.-s., 11 mai 2015, n° 365564, *SA Natixis Banques populaires, préc.*

[867] CADF, aff. n° 2013-25.

d'imposition différée[868] (n° 702 et s.). De manière plus occasionnelle, le juge fiscal s'est prononcé, toujours dans un contexte international, sur la question de l'instrumentalisation des règles générales de déductibilité des charges à l'impôt sur les sociétés (CGI, art. 39 et 212) dans le cadre d'une émission d'obligations remboursables en actions (ORA) concomitante à une distribution de dividendes par une société établie en France à une société établie aux Luxembourg[869] (n° 707 et s.) et dans le cadre d'un prêt entre une société établie en France et une société sœur établie aux Pays-Bas[870] (n° 133 et s.). Aussi, il est tout à fait envisageable que l'Administration fiscale puisse reprocher à une société établie en France d'abuser de l'option de l'intégration fiscale (CGI, art. 223 A et s.) dans le cadre d'une opération de « LBO » orchestrée par une société établie aux États-Unis[871].

**313. La surprotection de la loi. –** Les dispositions de l'article L. 64 du LPF sont à même d'appréhender une multitude d'instrumentalisations, si ce n'est toutes les instrumentalisations de la loi fiscale. Autrement dit, le dispositif anti-abus de l'article L. 64 du LPF apparait comme une arme permettant d'appréhender tant les montages les plus caricaturaux, comme les montages artificiels ou les opérations dénuées de toute substance économique[872], que les abus de droit plus subtils ou moins évidents à identifier en raison des quelques avantages économiques attachés à l'opération poursuivie sur le terrain de l'abus de droit[873]. L'utilité d'adopter les dispositifs anti-abus des articles L. 64 A du LPF et 205 A du CGI est donc difficile à percevoir. Pour attribuer un effet utile à ces deux dernières mesures anti-abus, il conviendrait que le juge propose une nouvelle

---

[868] V. CE, 3ème et 8ème s.-s., 11 février 2011, n° 314950, *Picoux*, *RJF* 5/11, n° 628, concl. Emmanuelle CORTOT-BOUCHER *BDCF* 5/11, n° 64. ; CAA Nantes, 1ère ch., 23 mars 2009, n° 06-01192, *Soulé* : *Dr. fisc.* 2009, n° 20, comm. 319.

[869] V. CE, 10ème et 9ème ch., 13 janvier 2017, n° 391196, *SAS Ingram Micro, préc.* ; CE, 3ème et 8ème ch., 19 juillet 2017, n° 48227, *Sté Ingram Micro* : *Dr. fisc.* 2017, n° 43-44, comm. 529, concl. Emmanuelle CORTOT-BOUCHER.

[870] V. CE, 9ème et 10ème ch., 21 juillet 2017, n° 392908, *Sté Thermo Electron Holdings, préc.*

[871] V. TA Montreuil, 1ère ch., 16 juin 2011, n° 0905509 et n° 1007116, *Sté Nordstrom European Capital Group* : *RJF* 12/11, n° 1345.

[872] Par exemple : CE, 8ème et 3ème s.-s., 18 mai 2005, n° 267087, *Sté Sagal, préc.* ; CE, 8ème et 3ème s.-s., 18 février 2004, n° 247729, *Sté Pléiade, préc.* ; CE, Plén., 25 octobre 2017, n° 396954, *Verdannet, préc.*

[873] Par exemple : CE, 9ème et 10ème s.-s., 17 juillet 2013, n° 356523, *min. c/ SAS Garnier Choiseul Holding*, n° 352989, *min. c/ SARL Garnier Choiseul Holding* et n° 360706, *min. c/ SARL Garnier Choiseul Holding, préc.* ; CE, 9ème et 10ème s.-s., 11 avril 2014, n° 352299, *SARL Garnier Choiseul, préc.* ; CE, 9ème et 10ème s.-s., 23 juin 2014, n° 360708, *min. c/ Sté Groupement Charbonnier Montdiderien, préc.* ; CE, 10ème et 9ème ch., 28 décembre 2018, n° 406714, *Sté Acanthe, préc.* ; CE, 9ème et 10ème ch., 19 mai 2021, n° 433201, *Sté Douaisienne de transports* : *Dr. fisc.* 2021, n° 44, comm. 415, concl. Céline GUIBE.

interprétation de l'abus de droit. Il faudrait que le dispositif anti-abus de l'article L. 64 du LPF ne vise plus qu'un type particulier de pratiques abusives, à savoir le montage artificiel dénué de toute substance. Quant aux dispositifs anti-abus des articles 205 A du CGI et L. 64 A du LPF, ils devraient viser des abus distincts de ceux appréhendés par l'article L. 64 du LPF, tels que les opérations qui, sans être totalement artificielles, seraient tout de même abusives (n° 731). Toutefois, cette dichotomie ne convainc pas car elle repose sur une distinction peu claire. L'Administration aurait une marge de manœuvre très étendue dans le cadre de son exercice de qualification, puisque la distinction entre les différents types de pratiques abusives ne repose sur aucun critère précis. La mise en œuvre de cette distinction serait difficile à anticiper pour le contribuable et rendrait le contrôle du juge plus complexe. Le dispositif anti-abus de l'article L. 64 du LPF, en raison de la vertu protectrice de portée générale qui lui a été attribuée lors de la réforme de 2008[874], permet justement d'appréhender toutes les opérations par lesquelles les contribuables s'engouffrent dans les « brèches » de la loi. La procédure d'abus de droit fiscal permet de protéger l'ordonnancement juridique des instrumentalisations que les dispositifs anti-abus des articles L. 64 A du LPF et 205 A du CGI sont censés combattre.

**314.** La clause anti-abus en matière d'impôt sur les sociétés (CGI, art. 205 A) et la seconde procédure d'abus de droit (LPF, art. L. 64 A) proposent donc, inutilement, une protection supplémentaire de la loi. Toutefois, au regard de la jurisprudence récente, ces deux dispositifs anti-abus ne permettent pas, semble-t-il, de lutter contre les abus qui découlent d'une fraude à la loi telle qu'interprétée par la doctrine administrative. Seule la procédure d'abus de droit fiscal (LPF, art. L. 64) paraît applicable pour ce genre de montages abusifs.

#### *2. La protection de la doctrine administrative*

**315. L'exégèse délicate du terme « décisions ». –** Les dispositions des articles L. 64 et L. 64 A du LPF mettent en évidence le fait que, dans le cas où les contribuables se placent abusivement dans le champ d'application de « *décisions* », l'Administration est fondée à les remettre en cause sur le terrain de l'abus de droit. Par ailleurs, les dispositions de l'article 205 A du CGI ne font pas référence aux « *décisions* ». La question de l'abus de la doctrine

---

[874] Loi n° 2018-1443 du 30 décembre 2008 de finances rectificative pour 2008, art. 35.

administrative a fait l'objet de nombreux commentaires[875]. Quelques affaires seulement ont été traitées par le juge[876]. Tout l'enjeu est de savoir si, derrière cette expression de « *décisions* », l'Administration fiscale peut reprocher au contribuable d'instrumentaliser ce que les acteurs du droit fiscal appellent la « doctrine administrative », opposable à l'Administration fiscale sur le fondement des dispositions de l'article L. 80 A du LPF. La doctrine administrative peut se définir comme l'ensemble des interprétations générales et impersonnelles des textes en matière fiscale (prenant la forme d'instructions ou circulaires) et des prises de position sur une situation de fait (prenant la forme de rescrits publiés) qui proviennent de l'Administration[877]. Si le Conseil d'État est traditionnellement réticent à l'idée de reconnaître la possibilité pour les services de contrôle de lutter contre l'abus de doctrine[878], il a récemment autorisé l'Administration à recourir à la procédure d'abus de droit, pour faire échec au mécanisme de garantie de l'article L. 80 A du LPF, dans le cas où le contribuable a poursuivi un montage artificiel dénué de toute substance, élaboré sans autre finalité que d'éluder ou d'atténuer l'impôt, ce qui lui a permis d'entrer dans les prévisions de la loi telle qu'interprétée par la doctrine administrative[879].

---

[875] Pour des commentaires classiques, v. Jérôme TUROT, « La vraie nature de la garantie contre les changements de doctrine », *RJF* 5/92, p. 371 ; Olivier FOUQUET, « L'application littérale de la doctrine administrative peut-elle être constitutive d'un abus de droit ? », *Dr. fisc.* 2009, n° 42, 316 ; Pierre-François RACINE, « Existe-t-il des décisions dont on puisse abuser ? », *op. cit.* ; Pierre FERNOUX, « Quelles sont les décisions dont on pourrait abuser ? », *Dr. fisc.* 2017, n° 49, 650.

[876] V. l'avis *SDMO* et les commentaires qui l'accompagnent : CE, Avis Ass., 8 avril 1998, n° 192539, *Sté de distribution de chaleur de Meudon et d'Orléans (SDMO)* : *Dr. fisc.* 1998, n° 18, comm. 398, concl. Guillaume GOULARD ; Cyrille DAVID, Olivier FOUQUET, Bernard PLAGNET Pierre-François RACINE, *Les grands arrêts de la jurisprudence fiscale*, Dalloz, 5ème éd., 2009, n° 9 ; Stéphane VERCLYTTE, « Abus de droit et garanties des contribuables ayant appliqué la doctrine administrative : le triomphe de la sécurité juridique », *RJF* 5/98, n° 562, chron. p. 359.
V. aussi l'affaire *Charbit* traitée par les juges du fond : CAA Paris, Ch. réunies, 20 décembre 2018, n° 17PA00747, *M. Charbit* : *Dr. fisc.* 2019, n° 11, comm. 206, concl. Olivier LEMAIRE, note Jérôme TUROT ; *Dr. fisc.* 2019, n° 22, comm. 280, obs. Thurian JOUNO ; *Ingénierie Patrimoniale* 2019, n° 1, 1, Pierre-François RACINE ; *Procédures* 2019, n° 3, comm. 104, Olivier NEGRIN ; Noël CHAID-NOURAÏ et Laurent OLLEON, « Abus de droit et garantie contre les changements de doctrine ; une réponse ou des questions ? », *Dr. fisc.* 2019, n° 5, act. 17 ; Olivier FOUQUET, « La garantie contre les changements de doctrine remise en cause ? », *FR 4/19*, inf. 4, p. 10.

[877] V. Martin COLLET, Pierre COLLIN, *Procédures fiscales*, *op. cit.* p. 100, § 147.

[878] CE, Avis Ass., 8 avril 1998, n° 192539, *Sté de distribution de chaleur de Meudon et d'Orléans (SDMO)*, *préc.*

[879] CE, Ass., 28 octobre 2020, n° 428048, *Charbit*, *préc.*

**316. La position initiale du Conseil d'État et la réforme de 2008. –** Dans l'avis *Société de distribution de chaleur de Meudon et d'Orléans (SDMO)* rendu le 8 avril 1998, le Conseil d'État a pris une position claire sur le sujet : l'application littérale de la doctrine administrative, opposable à l'Administration fiscale sur le fondement de l'article L. 80 A du LPF, ne peut pas être constitutive d'un abus de droit[880]. Toutefois, cette interprétation a été donnée sous l'ancienne rédaction de l'article L. 64 du LPF. L'actualité de cette question a été relancée lorsque, par la réforme de 2008[881], le législateur a étendu l'applicabilité de l'article L. 64 du LPF à l'encontre des contribuables qui font un usage abusif de « décisions ». Il a également repris cette formulation dans les dispositions de l'article L. 64 A du LPF[882]. Pour autant, le Comité de l'abus de droit fiscal est réticent à l'idée d'admettre que la procédure d'abus de droit fiscal (LPF, art. L. 64 du LPF) puisse être invoquée à l'encontre d'un contribuable qui a fait une application d'une instruction générale publiée au BOFIP, sans doute, au regard des difficultés à déterminer son esprit[883]. Aussi, plusieurs commentateurs arguent le fait que cette extension dans la loi n'est que le fruit d'une anomalie rédactionnelle de la part du législateur[884]. L'Administration fiscale et les juges du fond ne sont pas de cet avis. Ils estiment qu'il est tout à fait possible d'engager la procédure d'abus de droit à l'encontre des contribuables qui instrumentalisent les décisions qui « *vont au-delà du simple*

---

880 V. en ce sens la rédaction de l'avis *SDMO* (*préc.*) du CE : « *Dans l'hypothèse où le contribuable n'a pas appliqué les dispositions mêmes de la loi fiscale mais a seulement entendu se conformer à l'interprétation contraire à celle-ci qu'en avait donnée l'administration dans une instruction ou une circulaire, l'administration ne peut faire échec à la garantie que le contribuable tient de l'article L. 80 A du livre des procédures fiscales et recourir à la procédure de répression des abus de droit en se fondant sur ce que ce contribuable, tout en se conformant aux termes mêmes de cette instruction ou circulaire, aurait outrepassé la portée que l'administration entendait en réalité conférer à la dérogation aux dispositions de la loi fiscale que l'instruction ou la circulaire autorisait* ».

881 Loi n° 2008-1443 du 30 décembre 2008 de finances rectificative pour 2008, art. 35.

882 Loi n° 2018-1317 du 28 décembre 2018 de finances pour 2019, art. 109.

883 CADF, aff. n° 2015-07, n° 2015-08 et n° 2015-09 : *Dr. fisc.* 2016, n° 17, comm. 300.

884 V. Olivier FOUQUET, « L'application littérale de la doctrine administrative peut-elle être constitutive d'un abus de droit ? », *op. cit.* ; Pierre FERNOUX, « Quelles sont les décisions dont on pourrait abuser ? », *op. cit.*, § 3.

*commentaire de la norme et qui de ce fait créent du droit* »[885], lorsqu'ils se placent artificiellement dans le champ d'application de cette doctrine[886].

**317. La position du Conseil d'État dans la décision *Charbit*.** – Dans sa décision rendue en Assemblée du contentieux le 28 octobre 2020, le Conseil d'État est venu mettre fin au débat[887]. Il estime que « *le terme « décisions » figurant à l'article L 64 du LPF ne peut être interprété comme faisant référence aux instructions ou circulaires émanant de l'administration fiscale* ». La décision, à ce sujet, est limpide. Le Conseil d'État ne consacre pas « l'abus de doctrine administrative ». Il confirme son avis rendu en 1998 selon lequel la doctrine ne peut pas faire, en tant que telle, l'objet d'un abus. Pour le Conseil d'État, la doctrine n'est pas une source du droit[888], mais elle est source de droits sur le fondement de l'article L. 80 A du LPF. Le contribuable peut se fier aux instructions et circulaires de l'Administration, même si elles s'avèrent illégales, et en faire une interprétation littérale, pour ensuite l'opposer à l'Administration. Cette dernière ne peut pas reprocher au contribuable d'avoir violé le but que la doctrine poursuit. Néanmoins, le Conseil d'État a posé un tempérament à ce raisonnement. Il explique qu'en cas de montage artificiel, la garantie de l'article L. 80 A du LPF n'est plus applicable : « *l'administration peut mettre en œuvre la procédure de répression des abus de droit prévue à l'article L 64 du LPF et faire échec à [l'article L. 80 A du LPF] si elle démontre, par des éléments objectifs, que la situation à raison de laquelle le contribuable entre dans les prévisions de la loi, dans l'interprétation qu'en donne le ministre par voie d'instruction ou de circulaire, procède d'un montage artificiel, dénué de toute substance et élaboré sans autre finalité que d'éluder ou d'atténuer l'impôt* ». Le juge de cassation propose une nouvelle lecture de l'expression « *application littérale des textes* ». En effet, ce qui est reproché au contribuable, c'est l'opération par laquelle il se place abusivement dans le champ d'application

---

885 BOI-CF-IOR-30-10-20200131, § 80 et s. L'Administration précise son propos dans le BOFIP. Les décisions de portée générale comportant une interprétation favorable de la loi sont notamment les réponses ministérielles à des questions écrites des parlementaires ou les réponses à des représentants d'organisations professionnelles, voire les rescrits individuels publiés au BOFIP. En revanche, l'Administration fiscale estime que les décisions individuelles (opposables sur le fondement de l'article L. 80 B du LPF), autrement dit les prises de position sur une situation de fait (non publiées au BOFIP) ne peuvent pas servir de fondement à l'application de la procédure d'abus de droit fiscal.

886 TA Paris, 4 janvier 2017, n° 1516621 : *RJF* 7/17, n° 720 ; CAA Paris, Ch. réunies, 20 déc. 2018, n° 17PA00747, *M. Charbit, préc.*

887 CE, Ass., 28 octobre 2020, n° 428048, *Charbit, préc.*

888 Le Conseil d'État se situe dans le sillage de sa jurisprudence : CE, Avis Sect., 8 mars 2013, n° 353782, *Monzani* : *Dr. fisc.* 2013, n° 15, comm. 240, concl. Édouard CREPEY, note Olivier FOUQUET. En effet, les dispositions de l'article L. 80 A du LPF ne confèrent pas un pouvoir réglementaire à l'Administration fiscale qui lui permet de déroger à la loi fiscale. La doctrine n'est pas une source du droit fiscal.

de la loi telle qu'interprétée par la doctrine administrative. Plus précisément, le juge fiscal laisse entendre que ce genre d'abus de droit particulier (quand le contribuable tente de bénéficier des prévisions favorables d'une doctrine) peut être sanctionné sur le terrain de l'article L. 64 du LPF seulement en cas de montage artificiel dénué de toute substance, ce qui permet, *in fine*, d'écarter l'application des dispositions de l'article L. 80 A du LPF.

**318. Analyse.** – Comme indiqué, le Conseil d'État ne consacre pas la possibilité pour l'Administration d'invoquer l'abus d'une doctrine administrative. Il écarte aussi le raisonnement de son rapporteur public qui estimait possible de mettre en œuvre le principe général du droit *fraus omnia corrumpit*[889]. En revanche, comme l'expliquent les commentateurs, le juge ne fait pas une étude séparée entre, d'un côté, la loi et, de l'autre côté, l'interprétation donnée dans le BOFIP. L'interprétation de l'Administration s'incorpore directement à la loi[890]. L'article L. 64 du LPF est applicable, non pas parce que le contribuable a abusé d'une instruction ou d'une circulaire, mais parce qu'il a abusé d'une règle de droit, en l'occurrence une loi, telle qu'interprétée par l'Administration[891]. Le Conseil d'État vient donc autoriser les services de contrôle à remettre en cause l'opération sur le terrain de l'article L. 64 du LPF lorsqu'elle correspond à un « *montage artificiel* ». Les juges du Palais-Royal donnent l'impression de faciliter le travail de l'Administration, car la démonstration d'un montage artificiel par les services de contrôle permet de caractériser les deux critères de la fraude à la loi, à savoir, l'application littérale du texte fiscal à l'encontre des objectifs poursuivis par ses auteurs et le but exclusivement fiscal (n° 719 et s.). Il est admis que le montage artificiel « *révèle aussi par lui-même la méconnaissance de l'intention des auteurs du texte qui, quel qu'il soit, ont nécessairement voulu appréhender une substance et non pas un artifice* »[892]. Qui plus est, le montage artificiel n'étant pas strictement défini, l'Administration et le juge ont une marge d'appréciation étendue pour déterminer les opérations qui s'analysent ainsi, ce qui laisse les contribuables dans une certaine imprévisibilité. En revanche, la référence au montage artificiel pourrait aussi signifier que les

---

[889] Marie-Gabrielle MERLOZ, concl. sur CE, Ass., 28 octobre 2020, n° 428048, *Charbit* : *RJF* 1/21, C 59, § 80 et 81.

[890] V. à ce sujet les explications de Martin COLLET (*op. cit.*) et Florence DEBOISSY (*op. cit.*). L'expression employée par Jérôme ARDOUIN et Mathieu FERRE (*op. cit.*) est parlante : « *la découverte d'un abus de la loi derrière l'écran de la doctrine* ».

[891] V. à ce sujet que le Conseil d'État n'a pas suivi les conclusions du rapporteur public Marie-Gabrielle MERLOZ. Cette dernière estime dans ses conclusions (*préc.*) que : « *si la doctrine administrative, lorsqu'elle est opposable, n'a pas, en tant que telle, d'existence autonome puisqu'elle n'est qu'une interprétation de la loi, elle ne s'incorpore pas pour autant à celle-ci, puisqu'elle lui est contraire, à la différence d'une interprétation jurisprudentielle constante* », § 32.

[892] Édouard CREPEY, concl. sur CE, Plén., 25 octobre 2017, n° 396954, *Verdannet*, *préc.*, § 46.

services de contrôle ne peuvent appréhender que les montages les plus caricaturaux.

**319. L'application à une situation internationale ? –** S'il manque des illustrations jurisprudentielles et, partant, des cas d'application, pour traiter cette question, nul doute que l'Administration fiscale est à même d'appliquer la solution rendue par le Conseil d'État dans sa décision *Charbit* à des opérations internationales. Toutefois, dans l'hypothèse où la lutte contre les montages artificiels serait cantonnée à l'article L. 64 du LPF, l'Administration ne pourrait pas mettre en œuvre les articles L. 64 A du LPF et 205 A du CGI pour contrer ce genre d'opérations. La question qui se pose, et qui reste pour le moment sans réponse, est de savoir si ces deux derniers dispositifs anti-abus peuvent lutter contre des opérations qui, sans être totalement artificielles, seraient tout de même abusives. La difficulté tient en réalité à la frontière entre, d'un côté, ce qui relève du montage artificiel, et de l'autre côté, l'opération qui, sans être totalement dénuée de substance économique, reste abusive (n° 725 et s.).

**320.** La loi fait l'objet d'une surprotection dans le cas où les dispositifs anti-abus des articles L. 64, L. 64 A du LPF et 205 A du CGI luttent contre les mêmes instrumentalisations. Dans le cas inverse, c'est-à-dire dans le cas où ils ne visent pas les mêmes genres d'abus de droit, la critique peut être atténuée, puisque leur champ d'application est segmenté. Néanmoins, il risque d'être compliqué de distinguer clairement le montage artificiel (aboutissant à la mise en œuvre des dispositions de l'article L. 64 du LPF) et de l'autre le montage qui, sans être totalement artificiel, reste abusif (aboutissant à la mise en œuvre des dispositions des articles L. 64 A du LPF et 205 A du CGI). La même analyse peut être faite au sujet des normes internationales du droit fiscal. Ces dernières apparaissent comme étant surprotégées, puisque plusieurs dispositifs anti-abus viennent lutter contre les mêmes instrumentalisations.

### *B. La protection des normes internationales*

**321.** Les cas dans lesquels les contribuables abusent d'une norme issue d'une directive européenne (**1**) ou d'une convention fiscale (**2**) sont tout à fait envisageables. Une nouvelle fois, l'applicabilité simultanée des dispositifs anti-abus des articles L. 64, L. 64 A du LPF et 205 A du CGI n'est pas idéale.

### *1. La protection des directives européennes*

**322. L'abus des directives européennes.** – Rien n'interdit l'Administration de mettre en œuvre les dispositions de l'article L. 64 du LPF pour lutter contre l'instrumentalisation d'une règle fiscale issue de la transposition d'une directive européenne[893]. Après tout, les directives autorisent les États membres à contrecarrer les pratiques qui consistent pour les contribuables à abuser des règles fiscales prévues par les directives européennes. En effet, la directive « mères-filles » indique qu'elle « *ne fait pas obstacle à l'application de dispositions nationales ou conventionnelles nécessaires afin d'éviter les fraudes et abus* » (Dir. « mères-filles », art. 1er, al. 2). Quant à la directive « fusions », elle prend soin de dire que les État membres ont la possibilité « *de refuser le bénéfice de l'application de la présente directive lorsque l'opération de fusion, de scission, de scission partielle, d'apport d'actifs, d'échange d'actions ou de transfert du siège statutaire d'une SE ou d'une SCE a pour objectif la fraude ou l'évasion fiscales* » (Dir. « fusions », point 13). Il en va de même pour la directive « intérêts-redevances », selon laquelle il « *convient en outre de ne pas priver les États membres de la possibilité de prendre les mesures nécessaires pour combattre les fraudes et les abus* » (Dir. « intérêts-redevances », point 6). Aussi, le juge européen affirme, dans l'arrêt *Halifax*, qu'en matière de taxe sur la valeur ajoutée « *la lutte contre la fraude, l'évasion fiscale et les abus éventuels est un objectif reconnu et encouragé par la sixième directive* » (point 71)[894]. Ainsi, l'Union européenne laisse la possibilité aux États membres d'aménager des mesures anti-abus générales et nationales, pour protéger les dispositions fiscales qui font l'objet d'une harmonisation au sein de l'Union européenne. Les dispositions de l'article L. 64 du LPF ont été très souvent mises en œuvre pour combattre l'instrumentalisation du régime mères-filles[895]. L'exemple le plus parlant en la matière est sans doute la situation dans laquelle une société mère établie en France devient actionnaire d'une société de portefeuille dépourvue de substance économique établie dans un autre État membre de l'Union européenne, afin de faire remonter les bénéfices de la filiale, essentiellement constitués de revenus passifs, en franchise d'impôt sur les sociétés en France grâce au régime des sociétés mères[896] (n° 695 et s.).

---

[893] Pour une étude globale sur l'abus de directive, v. Juan Carlos LEON AGUIRRE, « À propos de quelques spécificités de l'abus de directive », *REIDF*, 2020/3, p. 319.

[894] CJCE, Grande ch., 21 février 2006, aff. C-255/02, *Halifax plc*, *préc.* Qui plus est la sixième directive TVA fait à plusieurs reprises état de cet objectif, notamment aux articles 13, 14 et 15.

[895] Pour une étude en ce sens, v. Émilie BOKDAM-TOGNETTI, « Régime des sociétés mères et abus de droit : de l'arrêt Sté Pléiade à l'arrêt Groupement charbonnier Montdiderien, retour sur dix ans de jurisprudence du Conseil d'Etat », *Dr. fisc.* 2014, n° 41, 566.

[896] CE, 8ème et 3ème s.-s., 18 février 2004, n° 247729, *Sté Pléiade*, *préc.*

L'Administration fiscale française a aussi combattu, certes de manière plus parcellaire, l'instrumentalisation du régime des fusions[897] ou du régime de la taxe sur la valeur ajoutée[898] en mettant en œuvre la procédure d'abus de droit fiscal (LPF, art. L. 64).

**323. La lutte contre l'instrumentalisation des directives : surprotection. –** L'adoption des dispositifs anti-abus des articles 205 A du CGI et L. 64 A du LPF laisse une fois de plus dubitatif et circonspect. En effet, ces nouvelles mesures anti-abus s'appliquent, tout comme la procédure d'abus de droit fiscal, lorsque le contribuable instrumentalise les règles issues des directives européennes afin d'éviter un impôt en France. Qui plus est, la superposition de ces trois dispositifs anti-abus est d'autant plus malvenue, car plusieurs mesures anti-abus ont été spécifiquement adoptées dans la loi pour lutter contre l'instrumentalisation de ces directives, comme l'ancien article 145, 6, k du CGI ou les actuels articles 119 *ter*, 3, 119 *quater*, 182 B *bis* et 210-0 A, III du CGI (n° 347 et s.). Le fait que le législateur ait adopté les dispositions des articles L. 64 A du LPF et 205 A du CGI complexifie l'articulation entre les dispositifs anti-abus. Nul doute qu'une seule mesure anti-abus de portée générale suffise.

**324.** Le problème se pose également en matière d'abus des conventions fiscales internationales. Plusieurs mesures anti-abus viennent protéger l'ensemble des règles qui composent les conventions fiscales.

### 2. *La protection des conventions fiscales internationales*

**325. L'abus des conventions fiscales internationales. –** Dans sa décision *Verdannet* rendue en plénière fiscale le 25 octobre 2017, le Conseil d'État affirme que la procédure d'abus de droit fiscal (LPF, art. L. 64) est applicable « *lorsque la norme dont le contribuable recherche le bénéfice procède d'une convention fiscale bilatérale ayant pour objet la répartition du pouvoir d'imposer en vue d'éliminer les doubles impositions* », même si *« cette convention ne prévoit pas*

---

[897] CE, 9ème et 10ème s.-s., 11 avril 2014, n° 352299, *SARL Garnier Choiseul, préc.*
[898] CADF, aff. n° 2015-11. V. le Rapport annuel 2015 du CADF. En matière de taxe sur la valeur ajoutée, le Comité a validé le recours à la procédure de l'abus de droit, estimant que l'interposition d'une société danoise avait permis une utilisation abusive de l'article 262 *ter* du CGI afin d'éviter le paiement de la TVA qui aurait normalement été due en France. Pour une étude globale sur l'abus de droit en matière de fiscalité indirecte, et donc, en matière de TVA, v. Damien FALCO, « Pratiques abusives et fiscalité indirecte », *REIDF*, 2020/3, p. 313. Pour une affaire récente relative à l'abus de TVA traitée par la Cour de justice, v. CJUE, 5ème ch., 18 juin 2020, aff. C-276/18, *KrakVet Marek Batko sp.k. c/ Nemzeti Adó- és Vámhivatal Fellebbviteli Igazgatósága* : ECLI:EU:C:2020:485.

*explicitement l'hypothèse de fraude à la loi* »[899]. Ainsi, par cette formulation parfaitement claire, le juge admet que les conventions fiscales bilatérales fassent partie du champ de protection de l'article L. 64 du LPF. Toutefois, avant que le Conseil d'État ne prenne position sur cette question dans sa décision *Verdannet*, le doute existait sur la possibilité de retenir l'abus d'une convention fiscale bilatérale. Cela tient à l'objet des conventions fiscales, celui de répartir le pouvoir d'imposer entre les États.

**326. L'interprétation littérale des conventions fiscales. –** Après avoir abandonné la jurisprudence selon laquelle le juge administratif se refuse à interpréter les traités, dans la décision *Gisti*[900], de nombreuses décisions rendues postérieurement par le Conseil d'État laissent tout de même penser qu'il interprète littéralement ou strictement les stipulations des conventions fiscales internationales[901]. Dans ce cas, il pourrait être soutenu le fait que les conventions fiscales s'appliquent sans rechercher ou sans tenir compte de leur finalité. Cette affirmation renforcerait alors l'interprétation selon laquelle l'Administration ne peut en aucun cas reprocher l'abus d'une convention fiscale à un contribuable, étant donné que la contrariété aux objectifs ou à la finalité d'une règle fiscale ne pourrait être caractérisée[902]. Or, ce raisonnement, qui paraît un peu extrême, n'est pas justifié[903]. Une

---

[899] CE, Plén., 25 octobre 2017, n° 396954, *Verdannet, préc.*

[900] CE, Ass., 29 juin 1990, n° 78519, *Gisti* : *RJF* 8-9/90, n° 1096.

[901] V. Philippe MARTIN, « L'interprétation des conventions fiscales internationales », *op. cit.*, § 6. Comme l'explique Philippe MARTIN, la lecture littérale se justifie principalement par le fait que « *les raisons précises de la répartition du droit d'imposer pour telle ou telle catégorie de revenus sont souvent inconnues. Les travaux préparatoires des conventions fiscales (article 32 de la convention de Vienne) sont en général inaccessibles* ».
V. CE, 8ème et 9ème s.-s., 6 mai 1996, n° 154217, *min c/ SA Quartz d'Alsace* : *Dr. fisc.* 1996, n° 30, comm. 988, concl. Gilles BACHELIER ; CE, Sect., 30 décembre 1996, n° 128611, *min. c/ M. Benmiloud* : *RJF* 2/1997, n° 158, concl. Gilles BACHELIER ; CE, 9ème et 10ème s.-s., 25 février 2004, n° 250328, *Sté Hallminster Ltd* : *Dr. fisc.* 2004, n° 51, comm. 911, concl. Laurent VALLEE ; CE, 8ème et 3ème s.-s., 26 juillet 2006, n° 284930, *Sté Natexis Banques populaires* : *Dr. fisc.* 2006, n° 50, comm. 791, concl. Pierre COLLIN.

[902] V. Édouard CREPEY, concl. sur CE, Plén., 25 octobre 2017, n° 396954, *Verdannet, préc.*, § 15 : « *Il pourrait dès lors paraître tentant de transposer aux conventions fiscales le raisonnement que vous avez tenu pour la doctrine administrative : les instructions fiscales fournissant, grâce à l'article L. 80 A du LPF et au nom de l'exigence de sécurité juridique, aux contribuables qui en respectent les termes une garantie contre tout changement ultérieur dans l'interprétation de la loi par l'Administration, il n'y a pas lieu de confronter leur lettre aux objectifs qu'elles poursuivraient, de sorte qu'il n'y a pas de place, en la matière, pour la caractérisation d'un abus de droit* ».

[903] V. Anne ILJIC, « Peut-on abuser d'une convention fiscale bilatérale ? », *RJF* 12/17, chron. p. 1553. Pour Anne ILJIC : « *la convention sur le droit des traités conclue à Vienne le 23 mai 1969, qui a été interprétée comme commandant une interprétation littérale des conventions internationales, fournit elle-même une méthode d'interprétation fondée sur la*

interprétation littérale des stipulations d'une convention suppose une analyse poussée de la lettre des stipulations conventionnelles. Pour autant, il ne convient pas d'interpréter ces stipulations avec étroitesse. En d'autres termes, il est nécessaire d'envisager les stipulations conventionnelles dans un tout cohérent[904]. Qui plus est, le juge fiscal ne se réfère pas qu'à la seule méthode de l'interprétation littérale pour interpréter les conventions. Il interprète les conventions également à la lumière de leur contexte, de leur objet et de leur but[905]. D'ailleurs, le Conseil d'État a même tendance, ces dernières années, à s'écarter expressément d'une lecture littérale des conventions fiscales pour les interpréter conformément à leur objet[906].

**327. L'exécution d'un traité international et l'application d'une norme interne anti-abus. –** Comme l'insinue Édouard CREPEY dans ses conclusions sur la décision *Verdannet*[907], remettre en cause l'exécution d'un traité par la mise en œuvre d'une norme anti-abus interne n'est pas évident à concevoir, tant au regard de l'impératif selon lequel les traités ont une autorité supérieure à celle des lois (Constitution, art. 55), que du principe d'exécution de bonne foi des traités internationaux qui ressort de l'adage

---

*prise en compte de l'objet, du but et du contexte des conventions pour éclairer le sens ordinaire à attribuer à leurs termes. C'est en reprenant cette méthode d'interprétation, qui implique de rechercher l'intention des auteurs de la convention, que le Conseil d'Etat s'était déjà évadé par le passé des exigences d'une application stricte du principe d'interprétation littérale, comme le démontre l'arrêt de plénière fiscale Giorgis du 11 avril 2014. Le principe d'exécution de bonne foi des traités, énoncé par la même convention de Vienne, implique également, selon nous, l'existence d'une intention des parties à la convention, que celles-ci doivent respecter sous peine de méconnaître leurs obligations conventionnelles* ».

904 V. Philippe MARTIN, « L'interprétation des conventions fiscales internationales », *op. cit.*, § 7. Pour reprendre le raisonnement de Philippe MARTIN : « *L'interprétation littérale pratiquée par le Conseil d'État correspond, au regard de l'article 31, § 1 de la convention de Vienne, à la fois à la recherche du sens ordinaire des mots et à celle du contexte, entendu comme l'ensemble des règles écrites de la convention qui doivent être combinées. La lecture littérale n'est pas une recherche sémantique limitée à quelques mots pris isolément* ».

905 Cette lecture se fait conformément aux principes de l'article 31 de la convention sur le droit des traités conclue à Vienne le 23 mai 1969. La Convention de Vienne a valeur coutumière en France. V. CE, 5ème et 7ème s.-s., 21 avril 2000, n° 206902, *Zaïdi* : *JCP G* 2000, IV, 2633 ; CE, Ass., 23 décembre 2011, n° 303678, *Kandyrine de Brito Paiva* : *Dr. fisc.* 2012, n° 4, act. 48.

906 CE, Plén., 11 avril 2014, n° 362237, *Giorgis* : *RJF* 7/14, n° 718, chron. Émilie BOKDAM-TOGNETTI p. 635, concl. Édouard CREPEY *BDCF* 7/14, n° 73 ; CE, Plén., 24 novembre 2014, n° 368935, *min. c/ Société Lufthansa AG* : *RJF* 2/15, n° 120, concl. Benoît BOHNERT *BDCF* 2/15, n° 21 ; CE, 9ème et 10ème s.-s., 9 novembre 2015, n° 370054, *min. c/ Landesärztekammer Hessen Versorgungswerk* : *RJF* 2/16, n° 178, concl. Marie-Astrid NICOLAZO DE BARMON.

907 Édouard CREPEY, concl. sur CE, Plén., 25 octobre 2017, n° 396954, *Verdannet*, *préc.*, § 17.

*Pacta sunt servanda* (Préambule de la Constitution de 1946, al. 14)[908]. En effet, dans cette affaire, l'autre État partie à la Convention (le Luxembourg) a émis des réserves quant aux commentaires de la convention modèle OCDE sur le revenu et la fortune qui ont admis, certes, postérieurement à l'entrée en vigueur de la convention applicable en l'espèce[909], que des dispositifs internes puissent être mis en œuvre pour contrer des « *opérations qui représentent un recours abusif aux dispositions de la convention* »[910]. Qui plus est, rien dans la convention applicable ne permettait d'affirmer expressément que les États parties consentaient mutuellement à lutter contre l'abus de droit fiscal international. Ainsi, les faits sont bien différents des décisions *Bank of Scotland* de 2006 et *Abbey National Treasury Services* de 2012 dans lesquelles le Conseil d'État se prononçait sur la question de l'abus d'une convention fiscale qui prévoyait expressément une clause conventionnelle anti-abus[911]. Pour autant, le juge fait fi de ces difficultés et paraît privilégier une certaine orthodoxie. Après tout, les dispositions de l'article L. 64 du LPF sont applicables quelle que soit l'origine du « *texte* » abusé (interne, européenne ou conventionnelle). Qui plus est, comme le soulignent certains auteurs, il serait délicat d'admettre qu'une norme fiscale qui a pour finalité de promouvoir la mobilité des personnes, des marchandises, des services ou des capitaux, autrement dit les échanges internationaux, puisse bénéficier à un contribuable qui s'adonne à un montage artificiel[912].

---

[908] Cons. const., 9 avril 1992, déc. n° 92-308 DC, *Traité sur l'UE* : *Rec.* p. 55, cons. 7.

[909] Pour le Conseil d'État, les commentaires de l'OCDE ne lient pas son interprétation. Toutefois, ils peuvent être mobilisés pour interpréter la convention. Il fût un temps où, pour prendre en compte les commentaires de l'OCDE, la convention applicable au litige devait être postérieure à l'édiction des commentaires. V. CE, Sect., 30 décembre 2003, n° 233894, *SA Andritz* : *RJF* 3/04, n° 238, concl. Gilles BACHELIER, chron. Laurent OLLEON : *RJF* 2/04 p. 83 ; CE, 9ème et 10ème s.-s., 9 novembre 2015, n° 370964, *Sodirep Textiles SA-NV* : *Dr. fisc.* 2016, n° 24, comm. 377. Récemment, le Conseil d'État a pris en compte des commentaires OCDE postérieurs à la ratification de la convention fiscale applicable. V. CE, 8ème et 3ème ch., 16 juillet 2020, n° 436570 : *RJF* 11/20, n° 932, concl. Karin CIAVALDINI, obs. Olivier FOUQUET, *RTD com.* 3/20, p. 729 ; CE, Plén., 11 décembre 2020, n° 420174, *min. c/ Sté Conversant International Ltd*, *préc.*

[910] Édouard CREPEY, concl. sur CE, Plén., 25 octobre 2017, n° 396954, *Verdannet*, *préc.* § 22.

[911] CE, 3ème et 8ème s.-s., 29 déc. 2006, n° 283314, *Bank of Scotland*, *préc.* ; CE, 8ème et 3ème s.-s., n° 343709, *Sté Abbey National Treasury Services*, *préc.* Sur cette question, v. aussi : Avis CE, section des finances, 31 mars 2009, n° 382545, *préc.*

[912] V. Anne ILJIC, « Peut-on abuser d'une convention fiscale bilatérale ? », *op. cit.* ; Florence DEBOISSY, « La fraude corrompt tout, y compris l'application d'une convention fiscale », *Dr. fisc.* 2018, n° 2, comm. 64, § 12. Pour une lecture critique de la décision : Christophe DE LA MARDIERE, « Abus de droit : affres et misères de la jurisprudence Verdannet », *op. cit.*

**328. La variété des stipulations conventionnelles susceptibles d'être abusées dans un contexte international. –** Les opérations abusives de « chalandage fiscal » ou en anglais : *Treaty shopping*) peuvent être appréhendées sur le fondement des dispositions de l'article L. 64 du LPF[913]. Le chalandage fiscal s'assimile à un montage par lequel une première personne agit par l'entremise d'une deuxième personne afin d'obtenir les avantages fiscaux des conventions fiscales conclues par un État avec d'autres États[914]. Comme le souligne l'OCDE, « *les cas de chalandage fiscal concernent généralement des personnes qui sont résidentes d'un troisième État et tentent de bénéficier indirectement des avantages prévus par une convention conclue entre deux États* »[915]. Plusieurs montages, assimilables à des opérations de chalandage fiscal, ont déjà été appréhendés, à savoir : l'interposition artificielle d'une société au Luxembourg dans le cadre d'une cession d'un ensemble immobilier en France permettant à un contribuable d'éviter l'imposition de la plus-value immobilière afférente[916], ou encore la cession temporaire de l'usufruit des titres d'une société française par une société américaine à une société britannique afin de bénéficier d'un taux réduit de retenue à la source et de l'ancien avoir fiscal[917].

---

[913] Pour une étude globale sur l'abus de convention fiscale internationale, v. Kévin JESTIN, *La notion d'abus de convention fiscale : réflexions à la lumière des droits français et américain,* Thèse, 2017, Aix-Marseille ; Stéphanie GLASPER, *Les clauses anti-abus dans les conventions fiscales internationales*, Thèse, 2007, Montpellier.

[914] Pour la définition du chalandage fiscal de Gauthier BLANLUET, « La notion de bénéficiaire effectif en droit fiscal international », *op. cit.*, pp. 513-514 : « *Une personne agit par l'entremise d'une entité qu'elle constitue dans un État afin d'obtenir les allègements d'impôts prévus dans les conventions fiscales conclues par cet État* ». V. aussi Kévin JESTIN, « Le *treaty shopping* à la lumière du droit de l'Union européenne », *REIDF*, 2020/3, p. 329.
Par extension, le procédé de « Law shopping » s'assimile à la situation dans laquelle une personne choisit la législation la plus attrayante. Sur la question du « Law shopping » en matière sociétaire, v. Dominique BUREAU, Horatia MUIR WATT, *Droit international privé*, t. 2, 5ème éd., 2021, PUF, « Thémis », p. 635, § 1070 ; Michel MENJUCQ, *Droit international et européen des sociétés*, 6ème éd., 2021, LGDJ, « Domat droit privé », p. 144, § 151. Pour une réflexion plus globale sur « *la pluralité des sources de droit, la pluralité des règles qui visent à organiser des fonctions économiques, la pluralité des mécanismes d'application des règles, mais aussi sur la "combinaison" de ces diverses règles et mécanismes par les acteurs privés et publics en fonction de leurs besoins concrets* », v. Gilles LHUILIER, *Le droit transnational*, 2016, Dalloz, « Méthodes du droit », p. 21.

[915] OCDE, *Prévention de l'utilisation abusive des conventions - Rapport d'examen par les pairs sur le chalandage fiscal, Projet OCDE/G20 sur l'érosion de la base d'imposition et le transfert des bénéfices*, 2017, Éditions OCDE, p. 18.

[916] CE, Plén., 25 octobre 2017, n° 396954, *Verdannet*, *préc.*

[917] CE, 3ème et 8ème s.-s., 29 décembre 2006, n° 283314, *Bank of Scotland*, *préc.* ; CE, 8ème et 3ème s.-s., n° 343709, *Sté Abbey National Treasury Services*, *préc.* ; CADF, aff. n° 2012-45, 2012-47, 2012-48, 2013-53 et 2016-53.

**329. Les articles L. 64 A du LPF et 205 A du CGI et la lutte contre l'instrumentalisation des conventions fiscales.** – Rien n'indique que les dispositifs anti-abus des articles L. 64 A du LPF et 205 A du CGI, tout comme la procédure d'abus de droit de l'article L. 64 du LPF, ne puissent lutter contre les l'abus des conventions fiscales internationales. La seule réserve tient au fait que ces deux nouvelles mesures anti-abus sont censées viser des pratiques abusives à « but principalement fiscal ». Or, se pose la question de savoir si les dispositions de l'article L. 64 du LPF, au regard de la jurisprudence *Verdannet*[918], permettent de lutter contre toutes les instrumentalisations des stipulations conventionnelles, ou seulement, contre les instrumentalisations à l'origine d'un montage artificiel dénué de toute substance. Tout l'enjeu est de savoir si l'Administration fiscale doit mettre en œuvre les dispositifs anti-abus des articles 205 A du CGI et L. 64 A du LPF uniquement contre des montages impliquant des conventions fiscales qui, sans être totalement artificiels, pourraient tout de même être abusifs (n° 732 et s.). En tout état de cause, l'applicabilité des deux procédures d'abus de droit et de la clause anti-abus propre à l'impôt sur les sociétés paraît être réduite aux cas dans lesquels les conventions fiscales ne prévoient pas directement de clauses anti-abus conventionnelles, telles qu'une clause « PPT » ou une clause de bénéficiaire effectif (n° 757).

**330.** Les dispositifs anti-abus des articles 205 A du CGI, L. 64 et L. 64 A du LPF ont pour fonction de lutter contre l'instrumentalisation de toutes les normes du droit fiscal, ce qui peut créer des situations de superposition. Une fois de plus, il est difficile de percevoir l'utilité de l'adoption des dispositions des articles 205 A du CGI et L. 64 A du LPF, dans la mesure où elles paraissent lutter contre des instrumentalisations qui peuvent être combattues sur le seul terrain de la procédure traditionnelle d'abus de droit fiscal (LPF, art. L. 64). Qui plus est, ces nouvelles mesures anti-abus doivent aussi s'articuler avec des mesures anti-abus (internes ou conventionnelles) qui ont vocation à lutter contre l'instrumentalisation d'une seule norme ou d'un sous-ensemble de normes. Cela crée une nouvelle forme de superposition.

### *§ 2 – La protection « sectorielle » des normes fiscales*

**331.** Il existe des dispositifs anti-abus qui ont une vertu protectrice moins étendue que celle proposée par les mesures anti-abus précédemment étudiées (LPF, art. L. 64 et L. 64 A ; CGI, art. 205 A). Des règles anti-abus ont été adoptées dans l'unique but d'éviter l'instrumentalisation d'une catégorie particulière de normes. Dans ce cas, il est dit que la protection

---

[918] CE, Plén., 25 octobre 2017, n° 396954, *Verdannet, préc.*

proposée par les mesures anti-abus est « sectorielle »[919]. Par exemple, le dispositif anti-abus de la clause « PPT » a vocation à s'appliquer uniquement si l'une des stipulations conventionnelles qu'il est censé protéger est instrumentalisée par un contribuable. D'autres mesures anti-abus luttent contre l'instrumentalisation d'un régime fiscal particulier. Par exemple, les dispositions du 3 de l'article 119 *ter* du CGI ont pour objet de lutter contre l'instrumentalisation du régime des sociétés mères qui octroie une exonération de retenue à la source en cas de distribution de dividendes entre une filiale française et sa société mère européenne. Ainsi, il est des cas où des mesures anti-abus protègent le même « sous-ensemble » de normes (**A**) ou bien une seule et même norme en particulier (**B**).

### A. La lutte contre l'instrumentalisation d'un « sous-ensemble » de normes

**332.** La difficulté majeure tient au fait que les domaines de protection des mesures anti-abus peuvent se superposer. Deux hypothèses de travail peuvent être distinguées. La première hypothèse tient à la superposition des clauses dites de bénéficiaire effectif et « PPT » dans les conventions fiscales internationales[920]. Elles protègent toutes un même « sous-ensemble » de normes. En effet, ces mesures anti-abus tendent à éviter que les contribuables instrumentalisent les stipulations des conventions fiscales. Étant donné qu'elles sont amenées à protéger les mêmes stipulations conventionnelles, la pertinence de l'adoption et/ou du maintien de ces deux types de clauses anti-abus dans les conventions fiscales peut être discutée (**1**). La seconde hypothèse tient au droit de l'Union européenne. La Cour de justice refuse que les dispositions européennes fassent l'objet d'un abus. En ce sens, elle autorise les États membres à recourir à un principe général du droit de l'Union européenne d'interdiction des pratiques abusives. Or, ce

---

919 V. Philippe MARTIN, Maikel EVERS, Laurence JATON, Édouard MARCUS, Caroline SILBERZTEIN, « La convention multilatérale OCDE : quel impact sur la fiscalité internationale ? Actes de la soirée d'étude annuelle de l'IFA, 4 oct. 2017 », *op. cit.*, § 29. Édouard MARCUS explique qu'il existe des dispositifs anti-abus « sectoriels » : « *lorsque l'on compare la CML avec nos conventions bilatérales, une difficulté d'articulation peut apparaître car nos conventions contiennent des articles sectoriels (intérêts, dividendes, redevances, etc.) prévoyant des clauses anti-abus fondées sur l'intention* ».

920 À l'occasion de l'adoption de la convention multilatérale « BEPS », l'État n'a pas jugé opportun de combiner la clause « PPT » avec une clause dite de « limitation des avantages conventionnels », alors même que la convention multilatérale proposait cette option (CML, art. 7.6). Cela s'explique par le fait que, dans la pratique conventionnelle française, cette clause anti-abus faisait figure d'exception. Le choix de ne pas intégrer la clause « LoB » dans les conventions fiscales couvertes par la convention multilatérale « BEPS » parait cohérent. Cela évite d'alourdir les conventions fiscales de plusieurs clauses anti-abus (n° 216 et s.).

principe général s'ajoute à des dispositifs anti-abus qui ont eux-aussi vocation à protéger les dispositions européennes. De la même manière, leur superposition suscite des interrogations (**2**).

### *1. Les clauses de bénéficiaire effectif et « PPT » des conventions fiscales internationales*

**333.** La coexistence d'une clause de bénéficiaire effectif et d'une clause « PPT » dans une même convention fiscale peut faire désordre en apparence. L'adoption de ces clauses anti-abus dans les conventions fiscales bilatérales s'est faite en plusieurs temps. Il n'est pas inutile de revenir rapidement sur cette évolution pour juger de la pertinence de l'adoption successive de ces clauses anti-abus conventionnelles.

**334. L'apparition des clauses de bénéficiaire effectif. –** La clause dite de « bénéficiaire effectif » est la clause anti-abus la plus ancienne. Depuis 1977, le modèle OCDE fait référence à la condition du bénéficiaire effectif. La clause de bénéficiaire effectif a été adoptée afin d'éviter que les avantages fiscaux en matière de dividendes (art. 10), intérêts (art. 11) et redevances (art. 12) soient accordés par l'État de la source[921], lorsque ces dividendes, intérêts et redevances sont payés à un « *agent* » ou un « *mandataire* » (un bénéficiaire apparent) qui agit pour le compte d'une personne résidente d'un

---

[921] En pratique, l'étendue de ce refus pose question. Plus précisément, les deux États parties à une convention fiscale – État de la source et État de la résidence – peuvent-ils se fonder sur cette clause de bénéficiaire effectif pour refuser à un contribuable les avantages qu'ils sont censés octroyer ? La solution a été donnée dans un avis de 2009 rendu par la section des finances du Conseil d'État (Avis CE, section des finances, 31 mars 2009, n° 382545, *préc.*). La clause de bénéficiaire effectif ne peut être utilisée que par l'État de la source. En conséquence, les avantages relatifs aux taux de retenue à la source des dividendes, intérêts ou redevances sont tout simplement refusés par l'État de la source au *contribuable qui ne bénéficie pas effectivement* de ces revenus. Concrètement, le contribuable en question voit son revenu être imposé par des retenues à la source fondées sur le droit interne de l'État de la source sans bénéficier des réductions de taux prévues dans la convention fiscale applicable. Quant à l'État de résidence du contribuable, il est tout de même censé lui octroyer l'avantage (exemption ou imputation) prévu par la convention fiscale. Cette solution semble se justifier par le fait que, dans le cas contraire, la finalité même de la prévention contre la double imposition ne serait pas respectée par l'État de résidence et par le fait que – en principe – les qualités de bénéficiaire effectif et de résident fiscal ne sont pas liées. Être bénéficiaire effectif n'est pas une condition nécessaire à la qualification de résident fiscal. En effet, juridiquement, ce contribuable – même s'il n'est pas bénéficiaire effectif – reste *a priori* un résident fiscal au sens de la convention.

État tiers à la convention fiscale[922] (le bénéficiaire effectif). Au fil des années, la portée de la clause de bénéficiaire effectif a été étendue aux cas dans lesquels les intermédiaires s'analysaient à des « *relais* » sur le plan économique. Cette extension permet d'éviter qu'une personne, telle qu'une société relai, soit interposée dans un des États parties à la convention, pour qu'une personne non-résidente puisse bénéficier indûment des avantages de la convention fiscale[923]. Pour le juge fiscal français, la clause de bénéficiaire effectif a un objet anti-abus[924] (n° 258 et s.). Depuis qu'elle a fait son apparition dans la convention modèle OCDE en 1977, la clause de bénéficiaire effectif a été adoptée dans la plupart des conventions fiscales conclues par la France.

**335. La pertinence de l'adoption (massive) des clauses de bénéficiaire effectif ? –** Avant la solution dégagée dans la décision *Bank of Scotland*[925], il était très délicat pour l'Administration de protéger les stipulations conventionnelles contre leur instrumentalisation. En effet, par le passé, la procédure d'abus de droit, compte tenu de son champ d'application restreint, ne permettait pas de combattre certains types d'abus[926]. L'intégration des clauses de bénéficiaire effectif dans le réseau conventionnel français dès l'apparition des premiers travaux de l'OCDE et, surtout, leur lecture par le Conseil d'État à travers le principe général d'interdiction de la fraude à la loi, ont permis d'appréhender des montages que les anciennes dispositions de l'article L. 64 du LPF ne permettaient pas de combattre[927]. Le juge fiscal français a alors donné un effet utile à la clause

---

[922] Autrement dit, pour bénéficier de la convention, encore faut-il être un véritable créancier juridique de la somme versée et pas un simple intermédiaire récipiendaire. V. Convention modèle OCDE 2017, C(10)-5, § 12.2.

[923] *Ibid.*, § 12.3.

[924] CE, 3ème et 8ème s.-s., 29 décembre 2006, n° 283314, *Bank of Scotland, préc.* ; CE, 8ème et 3ème s.-s., n° 343709, *Sté Abbey National Treasury Services, préc.*

[925] *Ibid.*

[926] La décision *Bank of Scotland* (*préc.*) est claire à ce sujet : « *n'entre pas dans le champ d'application de l'article L. 64 la remise en cause par l'administration de la portée d'un contrat qui, sans déguiser la réalisation ou le transfert d'aucun revenu, tend seulement à bénéficier abusivement d'un crédit d'impôt ou d'un taux d'imposition réduit* ».

[927] V. l'un des considérants de principe de la décision *Bank of Scotland*, *préc.* : « *Considérant que le litige opposant la société Bank of Scotland et l'administration fiscale concerne le refus de celle-ci de lui accorder le remboursement de l'excédent de retenue à la source et la restitution de l'avoir fiscal ; qu'il est constant que la société n'a pas fait l'objet d'une procédure de redressement et que les pénalités attachées à la répression des abus de droit ne lui ont pas été appliquées ; que dès lors, l'administration fiscale pouvait, sous le contrôle du juge, requalifier le contrat de cession litigieux comme dissimulant la réalité d'un contrat de prêt conclu dans l'unique but d'obtenir abusivement le bénéfice des clauses favorables de la convention fiscale franco-britannique, afin de déterminer le bénéficiaire effectif des dividendes versés par la société française, sans mettre en œuvre la procédure prévue par l'article L. 64 précité, inapplicable en l'espèce* ».

de bénéficiaire effectif, afin d'octroyer un moyen à l'Administration de lutter contre les opérations de chalandage fiscal abusives.

**336. L'intégration (parcellaire) des clauses « PPT ».** – Les clauses relatives aux objectifs du bénéficiaire, régulièrement appelées « clauses d'objectif principal » (COP) ou clauses de « *Principal Purpose Test* » (PPT), ont d'abord été intégrées dans quelques conventions fiscales bilatérales françaises. Les clauses « PPT » ont été négociées et adoptées à compter du début des années 2000. Les conventions liant la France au Royaume-Uni (art. 11.6 ; 12.5 ; 13.5 ; 23.4)[928], au Qatar (art. 8.7 ; 9.4 ; 10.4 ; 16 A.3)[929], au Nigéria (art. 10.5 ; 11.7 ; 12.6)[930], au Japon (art. 10.9 ; 11.10 ; 12.6 ; 22.5)[931], à Malte (art. 10.8 ; 11.8 ; 12.8 ; 22.3)[932], à la Géorgie (protocole, point 8)[933], à Hong-Kong (art. 10.6 ; 11.8 ; 12.7 ; 13.6)[934] au Panama (art. 10.8 ; 11.8 ; 12.7 ; 20.4)[935], à l'Andorre (art. 10.8 ; 11.8 ; 12.6 ; 20.4)[936], à la Chine (art.

---

928 Convention entre le Gouvernement de la République française et le Gouvernement du Royaume-Uni de Grande-Bretagne et d'Irlande du Nord en vue d'éviter les doubles impositions et de prévenir l'évasion et la fraude fiscales en matière d'impôts sur le revenu et les gains en capital, ensemble un protocole, en date du 19 juin 2008.

929 Convention entre le Gouvernement de la République française et le Gouvernement de l'État du Qatar en vue d'éviter les doubles impositions du 4 décembre 1990, accord sous forme d'échanges de lettres du 12 janvier 1993, modifiés par l'avenant du 14 janvier 2008.

930 Convention franco-nigérienne, *préc.*

931 Convention entre la France et le Japon en vue d'éviter les doubles impositions et de prévenir l'évasion et la fraude fiscales en matière d'impôts sur le revenu (ensemble un protocole) du 3 mars 1995 modifiée par l'avenant du 11 janvier 2007.

932 Accord entre le Gouvernement de la République française et le Gouvernement de la République de Malte tendant à éviter les doubles impositions et à prévenir l'évasion fiscale en matière d'impôts sur le revenu et sur la fortune du 25 juillet 1977 modifiée par l'avenant du 8 juillet 1994, l'échange de lettre du 8 juillet 1994 et l'avenant du 29 août 2008.

933 Convention entre le Gouvernement de la République française et le Gouvernement de la Géorgie en vue d'éviter les doubles impositions et de prévenir l'évasion fiscale en matière d'impôts sur le revenu et sur la fortune signée le 7 mars 2007.

934 Accord entre le Gouvernement de la République française et le Gouvernement de la région administrative spéciale de Hong-Kong de la République populaire de Chine en vue d'éviter les doubles impositions en matière d'impôts sur le revenu et sur la fortune et de prévenir la fraude et l'évasion fiscales.

935 Convention entre le Gouvernement de la République française et le Gouvernement de la République de Panama en vue d'éviter les doubles impositions et de prévenir l'évasion et la fraude fiscales en matière d'impôts sur le revenu signée le 30 juin 2011.

936 Convention entre le Gouvernement de la République française et le Gouvernement de la principauté d'Andorre tendant à éviter les doubles impositions et à prévenir l'évasion et la fraude fiscales en matière d'impôts sur le revenu signée le 2 avril 2013.

10.7 ; 11.8 ; 12.7 ; 22.4)[937] et à Singapour (art. 28)[938] ont été dotées d'une clause d'objectif principal. Ces clauses « PPT » permettent d'éviter que des contribuables puissent bénéficier des avantages fiscaux accordés en matière de dividendes, intérêts, redevances, gains en capital ou autres revenus, lorsqu'ils se placent abusivement dans le champ d'application de la convention. Grâce à ces clauses anti-abus, l'Administration fiscale est à même, par exemple, de refuser le bénéfice d'une réduction de retenue à source sur les dividendes distribués par une filiale établie en France à une société mère établie dans l'autre État conventionné. Même si la clause « PPT » a un champ de protection plus étendu que celui proposé par la clause de bénéficiaire effectif[939], ces deux clauses anti-abus ont pour fonction de protéger les avantages accordés en matière de dividendes, intérêts et redevances, contre des instrumentalisations similaires. Les clauses de bénéficiaire effectif et les clauses « PPT » ont donc des domaines de protection qui se superposent. Cette superposition, qui tend à se généraliser avec l'adoption de la convention multilatérale « BEPS » (CML, art. 7), peut être discutée.

**337. La pertinence d'ajouter des clauses « PPT » ? –** L'adoption de clauses « PPT » dans des conventions fiscales qui, jusqu'alors, ne présentent pas des clauses de bénéficiaire effectif, se comprend aisément. En effet, grâce aux clauses « PPT », les stipulations de la convention qui les intègrent font désormais l'objet d'une protection. Or, étant donné que les clauses de bénéficiaire effectif ont été adoptées massivement, les cas dans lesquels les conventions ne disposaient d'aucune protection étaient réduits[940]. Intégrer des clauses « PPT » dans quelques conventions fiscales pour protéger des stipulations conventionnelles déjà préservées par les clauses de bénéficiaire effectif peut laisser dubitatif. À tout le moins, adopter des clauses « PPT » dans une convention fiscale déjà pourvue de clauses de bénéficiaire effectif peut éventuellement se justifier pour deux raisons. Une première raison tient au fait que les clauses de bénéficiaire effectif se cantonneraient

---

937 Accord entre le Gouvernement de la République française et le Gouvernement de la République populaire de Chine en vue d'éviter les doubles impositions et de prévenir l'évasion fiscale en matière d'impôts sur le revenu (ensemble un protocole) signée le 30 mai 1984.

938 Convention entre le Gouvernement de la République française et le Gouvernement de la République de Singapour en vue d'éviter les doubles impositions et de prévenir l'évasion et la fraude fiscales en matière d'impôts sur le revenu signée le 15 janvier 2015.

939 V. Convention modèle OCDE 2017, C(10)-6, § 12.5.

940 Puis, dans les rares cas où une convention fiscale ne contient pas de clauses de bénéficiaire effectif, le juge fiscal n'est pas réticent à l'idée que l'État de la source refuse les avantages fiscaux à un contribuable qui n'est pas le bénéficiaire effectif des revenus. V. CE, 8ème et 9ème s.-s., 13 octobre 1999, n° 191191, *SA Diebold Courtage*, *préc.* (n° 251).

uniquement aux cas dans lesquels des contribuables usent d'intermédiaires s'analysant comme des « relais ». Les instrumentalisations visées par les clauses « PPT » ne se limiteraient pas aux seuls « relais ». Ayant un champ de protection plus étendu, les clauses « PPT » permettraient à l'Administration fiscale d'appréhender des situations abusives de « *treaty shopping* », qu'elle ne pourrait combattre sur le fondement d'une clause de bénéficiaire effectif. Dans ce cas, il aurait été probablement judicieux de prévoir que les nouvelles clauses « PPT » absorbent les anciennes clauses de bénéficiaire effectif[941]. La seconde raison tient au fait que l'adoption des clauses « PPT » dans les conventions fiscales permettrait aux deux États parties d'affirmer explicitement leur volonté de lutter conjointement contre les pratiques abusives dans le domaine particulier des conventions fiscales. Si une convention fiscale contient une telle clause anti-abus, il parait difficile qu'un autre État puisse reprocher à la France de mettre en œuvre une clause anti-abus conventionnelle ou un dispositif anti-abus national pour lutter contre une pratique abusive[942].

**338. La clause « PPT » de la convention multilatérale : une protection étendue et supplétive.** – Le paragraphe 1 de l'article 7 de l'instrument multilatéral « BEPS », qui a pris effet en France le 1er janvier 2019, consacre une clause « PPT » comme règle minimale anti-abus[943]. À la différence des clauses « PPT » incluses de manière parcellaire et protégeant seulement certaines stipulations conventionnelles contre leur instrumentalisation, la clause « PPT » de la convention multilatérale a vocation à s'appliquer dès lors qu'une stipulation conventionnelle est instrumentalisée. En effet, comme l'indiquent les commentaires de l'OCDE, la clause « PPT » porte sur « *toutes les formes de limitation (réduction,*

---

941 V. Philippe MARTIN, Maikel EVERS, Laurence JATON, Édouard MARCUS, Caroline SILBERZTEIN, « La convention multilatérale OCDE : quel impact sur la fiscalité internationale ? Actes de la soirée d'étude annuelle de l'IFA, 4 oct. 2017 », *op. cit.*, § 31. Selon Édouard MARCUS : « *La notion de bénéficiaire effectif reste pertinente pour l'application des conventions fiscales, d'une manière ou d'une autre, parce qu'elle est inhérente au système conventionnel et à l'évitement des montages et des abus. Peut-être la notion de bénéficiaire effectif est-elle inhérente à la clause PPT, c'est un point à expertiser* ».

942 Cette problématique tend à s'estomper. En effet, la convention multilatérale « BEPS » aboutit à ce que les conventions bilatérales couvertes intègrent désormais un préambule indiquant clairement qu'elles ont pour objectif la lutte contre l'évasion et la fraude fiscales résultant notamment de la mise en place de stratégies de chalandage fiscal destinées à obtenir des allégements fiscaux (CML, art. 6).

943 CML, art. 7 : « *Nonobstant toute disposition d'une Convention fiscale couverte, un avantage au titre de la Convention fiscale couverte ne sera pas accordé au titre d'un élément de revenu ou de fortune s'il est raisonnable de conclure, compte tenu de l'ensemble des faits et circonstances propres à la situation, que l'octroi de cet avantage était l'un des objets principaux d'un montage ou d'une transaction ayant permis, directement ou indirectement, de l'obtenir, à moins qu'il soit établi que l'octroi de cet avantage dans ces circonstances serait conforme à l'objet et au but des dispositions pertinentes de cette Convention fiscale couverte* ».

*exonération, report ou remboursement d'impôt) de l'imposition applicable à l'État de la source au titre des articles 6 à 22 de la Convention, l'élimination de la double imposition prévue à l'article 23 et la protection assurée aux résidents et aux nationaux d'un État contractant au titre de l'article 24 ainsi que toute autre limitation similaire* »[944]. Cette nouvelle clause « PPT » peut s'analyser comme une clause « balai ». Si les autres clauses anti-abus (au champ d'application plus restreint : comme la clause de bénéficiaire effectif) ne sont pas applicables, cette clause « PPT » version « BEPS » peut être mise en œuvre par l'Administration[945]. Finalement, elle a une vertu protectrice générale (car elle protège l'ensemble des stipulations des conventions fiscales), d'un côté, et a un objet supplétif, de l'autre côté[946].

**339.** La superposition des clauses de bénéficiaire effectif et des clauses « PPT » dans les conventions fiscales est réelle. En effet, ces deux types de clauses anti-abus visent à protéger les mêmes stipulations conventionnelles. Or, cette superposition ne paraît pas impertinente dans l'hypothèse où les clauses de bénéficiaire effectif et les clauses « PPT » n'ont pas vocation à prévenir des instrumentalisations identiques. À l'avenir, il n'est pas inenvisageable que le juge fiscal décide de restreindre la portée des clauses de bénéficiaire effectif. Le juge fiscal pourrait estimer que ces dernières sont de simples règles « anti-optimisation ». Ainsi, leur mise en œuvre ne serait pas conditionnée à la caractérisation d'une pratique abusive. Chacune des deux clauses aurait alors un effet utile. Les clauses de bénéficiaire effectif seraient mises en œuvre pour refuser les avantages d'une convention fiscale à une personne qui n'a pas la « libre disposition du revenu »[947] (n° 253 et s.). Les clauses « PPT » seraient mises en œuvre pour refuser les avantages à une personne qui est à l'origine d'une pratique abusive.

**340.** En parallèle, le principe général du droit de l'Union européenne d'interdiction des pratiques abusives permet de protéger les normes européennes contre leur instrumentalisation. Tout comme la clause « PPT », ce principe général a un objet supplétif par rapport aux autres mesures anti-abus déjà en vigueur dans chaque État membre.

---

944 Convention modèle OCDE 2017, art. 29(9), C(29)-98, § 175.

945 Pour une étude globale, v. Agnès DE L'ESTOILE-CAMPI, « La clause générale anti-abus de la Convention multilatérale de l'OCDE : commentaire et exemples d'application », *REIDF*, 2021/02, p. 247.

946 V. Nicolas VERGNET, « Abus de conventions fiscales : une tentative d'exégèse de la "clause PPT" », *Dr. fisc* 2018, n° 26, 313.

947 La principale difficulté tient à l'absence de définition du critère de la « libre disposition du revenu ».

### 2. *Le principe général du droit de l'Union européenne d'interdiction des pratiques abusives*

**341. L'étendue du principe général d'interdiction des pratiques abusives.** – Dans les arrêts *N Luxembourg*[948] (point 96) et *T Danmark*[949] (point 70) du 26 février 2019, la Cour de justice de l'Union européenne a eu l'occasion de rappeler solennellement le fait qu'il existe « *dans le droit de l'Union, un principe général de droit selon lequel les justiciables ne sauraient frauduleusement ou abusivement se prévaloir des normes du droit de l'Union* ». Cela n'a rien d'étonnant compte tenu de la jurisprudence antérieure à ce sujet[950]. Toutefois, la Cour apporte des précisions intéressantes sur la portée et l'étendue de ce principe. Si les justiciables doivent respecter ce principe (*N Luxembourg*, point 97), il oblige en même temps les États membres à refuser le bénéfice des dispositions européennes lorsque les justiciables tentent d'en bénéficier abusivement (*N Luxembourg*, point 98). La Cour vient généraliser l'applicabilité du principe, d'une manière parfaitement explicite (*N*

---

[948] CJUE, Grande ch., 26 février 2019, aff. C-115/16, *N Luxembourg 1*, *préc.*

[949] CJUE, Grande ch., 26 février 2019, aff. C-116/16 et C-117/16, *Skatteministeriet c/ T Danmark et Y Denmark Aps*, *préc.*

[950] Dans l'arrêt *N Luxmbourg*, le juge européen se fonde sur la jurisprudence récente en matière d'abus de droit pour justifier l'existence de ce principe général du droit de l'UE : CJCE, 9 mars 1999, aff. C-212/97, *Centros* : *Rec.* p. I-1459, point 24 ; CJCE, Grande ch., 21 février 2006, aff. C-255/02, *Halifax et al.*, *préc.*, point 68 ; CJCE, Grande ch., 12 septembre 2006, aff. C-196/04, *Cadbury Schweppes et Cadbury Schweppes overseas*, *préc.*, point 35 ; CJUE, 4ème ch., 22 novembre 2017, aff. C-251/16, *Cussens et al.* : ECLI:EU:C:2017:881, point 27 ; CJUE, 5ème ch., 11 juillet 2018, aff. C-365/15, *Commission c/ Belgique* : ECLI:EU:C:2017:19, point 99. D'autres arrêts plus anciens – explicités dans l'arrêt *Centros* – peuvent également être cités, même s'ils ne traitent pas directement du droit fiscal : dans le domaine de la libre prestation de services, CJCE, 3 décembre 1974, aff. C-33/74, *Van Binsbergen* : *Rec.* p. 1299, point 13 ; CJCE, 3 février 1993, aff. C-148/91, *Veronica Omroep Organisatie* : *Rec.* p. I-487, point 12 ; CJCE, 5 octobre 1994, aff. C-23/93, *TV10* : *Rec.* p. I-4795, point 21 ; en matière de liberté d'établissement, CJCE, 7 février 1979, aff. C-115/78, *Knoors*, point 25 ; CJCE, 1ère ch., 3 octobre 1990, C-61/89, *Bouchoucha* : *Rec.* p. I-3551, point 14 ; en matière de libre circulation des marchandises, CJCE, 10 janvier 1985, aff. C-229/83, *Leclerc et al.* : *Rec.* p. 1, point 27 ; en matière de sécurité sociale, CJCE, 2 mai 1996, C-206/94, *Paletta* : *Rec.* p. I-2357, point 24 ; en matière de libre circulation des travailleurs, CJCE, 21 juin 1988, aff. C-39/86, *Lair* : *Rec.* p. 3161, point 43 ; en matière de politique agricole commune, CJCE, 3 mars 1993, aff. C-8/92, *General Milk Products* : *Rec.* p. I-779, point 21 ; en matière de droit des sociétés, CJCE, 12 mai 1998, aff. C-367/96, *Kefalas et al.*, *préc.*, point 20. Pour plus de références jurisprudentielles, v. les points 99 et 100 de l'arrêt *N Luxembourg* (*préc.*). Peuvent aussi être évoqués les arrêts : CJCE, 5 novembre 2002, aff. C-208/00, *Überseering* : *Rec.* p. I-9919 ; CJCE, 30 septembre 2003, aff. C-167/01, *Inspire Art* : *Rec.* p. I-10155.

*Luxembourg*, point 101)[951], à toutes les matières traitées par le droit européen. Tout l'enjeu est de savoir si ce principe constitue un motif de droit permettant à l'Administration fiscale de refuser les avantages accordés sur le terrain du droit de l'Union européenne.

**342. Les réticences à l'applicabilité directe du principe général. –** La question de l'applicabilité directe de ce principe général suscite des discussions[952]. Avant les arrêts *N Luxembourg* et *T Danmark*, le juge européen avait déjà autorisé les autorités nationales à faire application de ce principe général en matière de fiscalité indirecte, notamment dans les arrêts *Schoenimport «Italmoda» Mariano Previti*[953] (point 62) et *Cussens*[954] (point 31) rendus en 2014 et 2017[955]. Appliquer le principe général pour refuser les avantages des directives « mères-filles », « fusions » et « intérêts-redevances » est plus délicat à concevoir, dans la mesure où elles intègrent déjà des articles qui consacrent et reflètent ce principe général du droit, à la différence de la directive « TVA ». Les États membres peuvent décider de transposer ces articles dans leur droit interne par des mesures spécifiques ou bien de recourir à des dispositions déjà existantes en les interprétant conformément au principe d'interdiction des pratiques abusives. Appliquer directement un principe général, qui fait l'objet d'une consécration spécifique dans les directives, avec un contenu peu clair et peu précis, pourrait nuire à l'objectif d'harmonisation des directives et « *menacerait la sécurité juridique* » que les directives tentent d'apporter[956]. Si la Cour a donné l'impression de partager cet avis[957], elle oblige toutefois les États membres à appliquer le principe général lorsqu'il n'existe pas en droit interne de

---

951 « *[L]e principe d'interdiction des pratiques abusives n'en constitue pas moins un principe général du droit de l'Union qui s'applique indépendamment du point de savoir si les droits et les avantages dont il est abusé trouvent leur fondement dans les traités, dans un règlement ou dans une directive* ».

952 V. Juliane KOKOTTE concl. sur CJUE, Grande ch., 26 février 2019, aff. C-115/16, *N Luxembourg 1* : ECLI:EU:C:2018:143, point 104. L'Avocat général fait preuve de réticence vis-à-vis de l'éventualité pour les autorités d'un État de mettre en œuvre directement le principe général d'interdiction des pratiques abusives : « *Les autorités compétentes dans l'affaire au principal ne devraient pas davantage être en droit d'invoquer directement à l'encontre d'un particulier le principe général de droit de l'Union selon lequel l'abus de droit est prohibé* ».

953 CJUE, 1ère ch., 18 décembre 2014, aff. C-131/13, C-163/13 et C-164/13, *Schoenimport «Italmoda» Mariano Previti et al.* : ECLI:EU:C:2014:2455.

954 CJUE, 4ème ch., 22 novembre 2017, aff. C-251/16, *Cussens et al.*, *préc.*

955 Ce principe général du droit a aussi été consacré en matière de travailleurs détachés : CJUE, Grande ch., 6 février 2018, aff. C-359/16, *Altun et al.* : ECLI:EU:C:2018:63, point 49.

956 Juliane KOKOTTE concl. sur CJCE, 1ère ch., 5 juillet 2007, aff. C-321/05, *Kofoed* : ECLI:EU:C:2007:86, point 67.

957 CJCE, 1ère ch., 5 juillet 2007, aff. C-321/05, *Kofoed* : *Rec.* p. I-5795, point 46.

disposition anti-abus nationale ou conventionnelle permettant d'endiguer les abus[958].

**343. Le principe général d'interdiction des pratiques abusives : fonctions interprétative et supplétive.** – Une lecture des points 116 à 118 de l'arrêt *N Luxembourg 1* laisse entrevoir le fait que le principe général d'interdiction des pratiques abusives a des fonctions diverses et variables en fonction des situations envisagées. Dans un premier temps, la Cour laisse les autorités nationales appliquer leurs dispositifs anti-abus internes à la lumière des articles des directives qui reflètent le principe général d'interdiction des pratiques abusives. Dans ce cas, le principe général n'a qu'une fonction interprétative et permet d'harmoniser les interprétations de la notion d'abus de droit entre les différents États membres. Dans un second temps, la Cour explique que l'application directe du principe général du droit de l'Union européenne n'aurait à se faire que si le droit interne d'un État membre n'octroie pas des armes suffisantes aux autorités administratives pour combattre les pratiques abusives sur le terrain du droit de l'Union européenne. À l'image du raisonnement du juge fiscal interne dans l'affaire *Janfin*[959], le juge européen vient simplement dire que le principe européen comblerait les lacunes des ordres juridiques internes. Ainsi, en France, au regard de l'arsenal dont dispose déjà l'Administration fiscale, il est bien peu probable que les services de contrôle décident de se fonder sur ce principe européen pour appréhender les pratiques abusives.

**344. Exemple.** – Un exemple peut être donné pour illustrer la portée du principe général d'interdiction des pratiques abusives. L'Administration fiscale française pourrait contester la substance économique d'une opération impliquant une société établie en France et une société établie aux Pays-Bas. En ce sens, des revenus pourraient être rapatriés en France en exonération d'impôt sur les sociétés grâce au régime « mères-filles » (CGI, art. 145 ; 216) ou des revenus pourraient être transférés aux Pays-Bas en exonération de retenue à la source française (CGI, art. 119 *ter* ; 119 *quater* ; 182 B *bis*). En suivant la méthodologie édictée par la Cour de justice, il conviendrait de mettre en œuvre les mesures internes applicables en les interprétant au regard du principe européen d'interdiction des pratiques abusives. Plusieurs dispositifs textuels spécifiques (CGI, anc. art. 145, 6, k ; 119 *ter*, 3 ; 119 *quater*, 3 ; 182 B *bis*, 3) et généraux (CGI, art. 205 A ; LPF, art. L. 64 A ; L. 64) sont susceptibles d'être mis en œuvre.

---

[958] CJUE, 1ère ch., 18 décembre 2014, aff. C-131/13, C-163/13 et C-164/13, *Schoenimport «Italmoda» Mariano Previti et al.*, *préc.*, point 54 ; CJUE, 4ème ch., 22 novembre 2017, aff. C-251/16, *Cussens et al.*, *préc.*, point 33 ; CJUE, Grande ch., 26 février 2019, aff. C-115/16, *N Luxembourg 1 et a.*, *préc.*, point 117.

[959] CE, Sect., 27 septembre 2006, n° 260050, *Janfin*, *préc.*

**345.** En droit fiscal international français, il est difficile de voir, à l'avenir, l'Administration fiscale mettre en œuvre le principe général européen d'interdiction des pratiques abusives. Il est néanmoins envisageable que les autorités nationales des États européens qui n'ont pas de dispositifs anti-abus internes suffisants pour appréhender les pratiques abusives dans les situations européennes fassent une application directe de ce principe général. Toutefois, ce propos est à nuancer dans la mesure où la transposition de la directive « ATAD 1 » a été l'occasion pour ces États de se doter d'une mesure anti-abus en matière d'impôt sur les sociétés et de combler les lacunes de leur droit interne. Ce principe général du droit de l'Union européenne n'aurait finalement qu'une valeur supplétive dans le cadre de son application et ne poserait pas un véritable problème de superposition.

**346.** En plus des dispositifs anti-abus précédents qui protègent un « sous-ensemble » de normes, il convient de préciser qu'il existe aussi des mesures anti-abus qui ont vocation à protéger une norme fiscale particulière.

### *B. La lutte contre l'instrumentalisation d'une norme particulière*

**347.** Il convient de démontrer pourquoi, dans certains cas, l'aménagement des dispositifs anti-abus qui luttent contre l'instrumentalisation d'une norme fiscale en particulier paraît surabondant. Pour ce faire, il convient d'étudier les dispositifs anti-abus selon qu'ils protègent une disposition fiscale de droit interne (**1**), une disposition fiscale faisant l'objet d'une harmonisation sur le plan européen (**2**) ou une stipulation conventionnelle (**3**).

#### *1. La protection d'une règle interne*

**348. L'instrumentalisation d'une règle fiscale interne.** – Il existe des mesures anti-abus qui ont spécifiquement vocation à lutter contre une instrumentalisation spécifique d'un régime fiscal interne particulier. Par exemple, l'ancienne clause anti-abus relative au plafonnement de l'impôt de solidarité sur la fortune (CGI, anc. art. 885 V *bis*) et la clause anti-abus relative au plafonnement de l'impôt sur la fortune immobilière (CGI, art. 979, I, al. 2) luttent contre l'instrumentalisation de la règle du plafonnement propre à ces deux impôts[960]. Mais, il est difficile de trouver des dispositifs

[960] La règle du plafonnement permet d'éviter que le montant cumulé des impôts supportés l'année N par les redevables de l'impôt sur la fortune immobilière (IFI) ne dépasse 75 % des revenus perçus l'année N-1 (CGI, art. 979, I). La même règle

anti-abus, encore en vigueur, qui assurent spécifiquement la protection d'une disposition fiscale purement interne, contre une opération internationale spécifique[961].

**349. Les dispositifs anti-abus des articles 123 *bis*, 155 A, 209 B et 238 A du CGI. –** S'agissant des dispositions des articles 123 *bis*, 155 A, 209 B et 238 A du CGI, il apparaît que leur mise en œuvre n'est pas spécifiquement conditionnée à la caractérisation de l'instrumentalisation d'une règle de portée fiscale interne. Il n'est pas formellement reproché au contribuable de se placer artificiellement dans le champ d'application d'une règle fiscale interne. Ces mesures anti-abus paraissent traiter de la situation du contribuable qui tente d'échapper à l'application des règles de territorialité en matière d'impôt sur le revenu ou d'impôt sur les sociétés. Il pourrait être dit que ces mesures anti-abus visent à appréhender le contribuable qui exerce abusivement une liberté, comme une liberté de circulation européenne, ou bien, plus simplement, la liberté de gestion et la liberté de disposer de son patrimoine[962].

---

de plafonnement s'appliquait pour l'ancien impôt de solidarité sur la fortune (ISF) (CGI, anc. art. 885 V *bis*, I). La loi de finances pour 2017 (Loi n° 2017-1837 du 30 décembre 2017 de finances pour 2018, art. 31) a mis en place une clause anti-abus qui permet de contrer « *certains détournements des modalités de calcul du plafonnement des revenus* » en matière d'ISF (BOI-PAT-IFI-40-30-20-20190802, § 1). Cette clause anti-abus a été reprise en matière d'IFI, lorsque ce dernier a remplacé l'ISF. L'objet de cette clause anti-abus est d'éviter que des contribuables tentent de diminuer artificiellement le montant des revenus perçus l'année N-1, afin de réduire, par l'effet du plafonnement, le montant de l'IFI à payer en N. Une pratique particulière impliquant des société dites « Cash-box » consiste à faire encaisser les revenus des contribuables redevables de l'IFI par une société passible de l'impôt sur les sociétés (IS) contrôlée par le redevable (C. com., L. 233-3). Formellement, par cette distribution, le montant des revenus perçus par le redevable de l'IFI diminue. Ainsi, par la simple interposition d'une société opaque sur le plan fiscal, un contribuable peut réduire le montant des revenus pris en compte pour le calcul du plafonnement et, partant, peut réduire le montant de l'IFI normalement dû. En mettant en œuvre la règle anti-abus spécifique, l'Administration fiscale est en mesure de réintégrer le montant les revenus abusivement distribués à la société passible de l'impôt sur les sociétés.

961 Pour reprendre l'exemple du dispositif anti-abus propre à la protection de la règle du plafonnement en matière d'impôt sur la fortune immobilière (CGI, art. 979 I, al. 2), il apparaît qu'aucune distinction n'est faite entre l'opération purement interne et l'opération purement internationale. D'ailleurs, nous pensons que cette clause anti-abus est applicable, aussi bien à l'hypothèse où les revenus sont distribués à une société passible de l'impôt sur les sociétés en France, qu'à l'hypothèse où les revenus sont distribués à une société non-établie en France passible d'un impôt équivalent à l'impôt sur les sociétés.

962 La liberté de gestion et la liberté de disposer de son patrimoine pourraient trouver leur source dans l'article 4 de la DDHC. En ce sens : « *La liberté consiste à pouvoir faire tout ce qui ne nuit pas à autrui : ainsi, l'exercice des droits naturels de chaque*

**350. L'ancien dispositif fiscal issu de « l'amendement Carrez ». –** Les anciennes dispositions issues de « l'amendement Carrez » (CGI, anc. art. 209, IX)[963] paraissent contenir un dispositif anti-abus dont l'objet est de protéger une règle fiscale interne contre une opération abusive internationale spécifique. Même si depuis le vote de la loi de finances pour 2019, ces dispositions ne sont plus en vigueur[964], il n'est pas inopportun de les étudier. La pratique visée par les anciennes dispositions de l'article 209, IX est la suivante. Une société française acquiert les titres de participation d'autres sociétés. Pour les besoins de la cause, la société française s'endette. De sorte que, en principe, les intérêts versés par la société française sont déductibles de son résultat fiscal. Le législateur redoute les cas dans lesquels la dette est artificiellement localisée en France par des groupes étrangers[965]. Pour le législateur, il est incongru que la loi autorise la déductibilité des charges financières liées à l'acquisition des titres de participation dans le cas où, en pratique, la société française (ou sa société mère ou sa société sœur établie en France/UE/EEE)[966] n'est pas à l'origine de la décision d'investissement ou bien lorsqu'elle ne contrôle pas ou n'influence pas effectivement la société dont les titres de participation ont été acquis[967]. Ainsi, sur le fondement des dispositions de l'article 209, IX du CGI, l'Administration était en mesure de réintégrer les charges financières afférentes à l'acquisition des titres de participation dans le résultat de la société française.

---

*homme n'a de bornes que celles qui assurent aux autres membres de la société la jouissance de ces mêmes droits. Ces bornes ne peuvent être déterminées que par la loi* ».

963 Loi n° 2011-1978 du 28 décembre 2011 de finances rectificative pour 2011, art. 40.

964 Loi n° 2018-1317 du 28 décembre 2018 de finances pour 2019, art. 34.

965 L'exposé des motifs de « l'amendement CARREZ » (amendement n° 90-CF) explicite que le dispositif fiscal institué avait pour objectif « *de lutter contre certains abus constatés, caractérisés par le rattachement au résultat imposable en France de charges financières afférentes à des titres de sociétés qui ne sont pas contrôlées par la société les détenant juridiquement* ». Il en va de même du rapport de la commission des finances de l'Assemblée nationale. En effet, il est indiqué que « *le dispositif impose, en définitive, un renversement de la charge de la preuve de la réalité du rattachement des charges financières à une entreprise française* », v. Commission des finances, de l'économie générale et du contrôle budgétaire, *Rapport sur le projet de loi de finances rectificative pour 2011*, Assemblée nationale, n° 4006, 2011, p. 211.

966 Loi n° 2017-1837 du 30 décembre 2017 de finances pour 2018 (1), art. 38. La prise en compte des situations européennes est la conséquence de l'arrêt relatif à l'ancienne clause anti-abus en matière d'exonération de retenue à la source pour les distributions encadrées par le régime des sociétés mères : CJUE, 6ème ch., 7 septembre 2017, aff. C-6/16, *Eqiom SAS, anciennement Holcim France, Enka SA* : *Dr. fisc.* 2018, n° 11, comm. 223, note Alexandre MAITROT DE LA MOTTE et Lauren SILBERMAN.

967 V. BOI-IS-BASE-35-30-10-20180404, § 70.

**351. L'analyse du dispositif fiscal.** – Au-delà de la simple présentation des dispositions issues de « l'amendement Carrez », c'est la cohérence de l'adoption et/ou du maintien de ce genre de dispositions qui nous intéresse. Dans le cas où le législateur souhaite protéger une seule et même disposition fiscale[968] contre une instrumentalisation particulière[969], il paraît nécessaire que la pratique abusive à l'origine de l'instrumentalisation soit identifiée avec une précision suffisante. Si cette précision n'est pas suffisante, alors l'utilité de l'adoption du dispositif anti-abus peut être discutée. En l'espèce, le niveau de précision des critères relatifs à la réalité du « contrôle » et de « l'influence » exercée sur la société dont les titres de participation sont détenus est sujet à discussion. Ils nous paraissent toutefois suffisamment précis[970]. Par ailleurs, le maintien d'une mesure anti-abus dans l'ordonnancement juridique n'est pas toujours utile. Lorsque les dispositions d'une mesure anti-abus sont à l'origine d'une complexité excessive et qu'elles apparaissent superfétatoires, elles peuvent être abrogées. Cette complexité et ce caractère superfétatoire s'apprécient au cas par cas. Par exemple, lors de l'adoption de la loi de finances pour 2019, le législateur a fait le choix d'abroger purement et simplement le dispositif fiscal du point IX de l'article 209 du CGI afin de tenir compte du renouvellement des règles relatives à la déductibilité des charges financières issues de la transposition de la directive « ATAD 1 »[971].

**352. La portée anti-optimisation.** – Toutefois, le Conseil constitutionnel, s'inspirant sans doute de la solution donnée dans la décision *Société Mi Développement 2*[972] relative au dispositif fiscal issu de « l'amendement Charasse » (n° 246), a estimé que le dispositif de l'article 209, IX du CGI a vocation à faire obstacle à une pratique d'optimisation fiscale. Le Conseil constitutionnel l'a jugé dans une décision *Société Zimmer*

---

[968] Le dispositif fiscal issu de « l'amendement CARREZ » veille à éviter l'instrumentalisation de la déductibilité fiscale des charges financières afférentes à l'acquisition de titres de participation.

[969] Le dispositif fiscal issu de « l'amendement CARREZ » veille à éviter la localisation artificielle d'une dette en France.

[970] Rappelons que le droit comptable définit les titres de participation comme ceux dont la possession durable est estimée utile à l'activité de l'entreprise, notamment parce qu'elle permet d'exercer une influence sur la société émettrice des titres ou d'en assurer le contrôle, v. BOI-BIC-PVMV-30-10, § 40.

[971] V. Gouvernement, *Projet de loi de finances pour 2019*, n° 1255, art. 13. Les motifs poursuivis sont les suivants : « *Les dispositifs limitant la déduction des intérêts en cas de sous-capitalisation et interdisant la déduction des charges financières afférentes à l'acquisition de titres de participation, respectivement prévus au II de l'article 212 et au IX de l'article 209 du CGI, sont supprimés en raison de leur caractère redondant et de la complexité qui résulterait de leur juxtaposition avec les nouvelles règles* ».

[972] Cons. const., 20 avril 2018, déc. n° 2018-701 QPC, *Sté. Mi Développement 2*, *préc.*

*Biommet France Holdings*[973]. Le reproche fait au contribuable ne résulte pas tant de la motivation exclusivement fiscale de l'opération, que de l'autonomie de la société établie en France quant à ses prises de décision. Ainsi, la mise en œuvre de ce dispositif fiscal n'est pas conditionnée à la caractérisation d'une pratique abusive. Une fois de plus, cela révèle à quel point il peut être délicat de déterminer la portée anti-abus ou la portée anti-optimisation d'une mesure fiscale avant que les juges ne se prononcent dessus (n° 244 et s.).

**353.** Toujours est-il que les dispositifs anti-abus protégeant une norme fiscale interne particulière contre des pratiques abusives spéciales ne paraissent pas surabondants. Cette prise de position est valable également pour les dispositifs anti-abus qui protègent spécifiquement et uniquement des règles qui font l'objet d'une harmonisation sur le plan européen.

### 2. *La protection d'une règle faisant l'objet d'une harmonisation européenne*

**354. Des régimes fiscaux favorables faisant l'objet d'une harmonisation européenne. –** Sur le plan du droit de l'Union européenne, à partir du début des années 1990, plusieurs directives ont été adoptées pour harmoniser certains pans de la fiscalité directe. Les directives originelles ont laissé les États membres décider de l'opportunité d'adopter des mesures anti-abus pour éviter que des contribuables puissent bénéficier abusivement des avantages prévus par la directive. Le législateur français, dans la continuité des mesures anti-abus qu'il avait déjà adoptées par le passé, a saisi l'opportunité laissée par les directives européennes pour en adopter de nouvelles.

**355. La lutte contre des instrumentalisations spécifiques : les sociétés relais au sein d'un État membre. –** Réticent à l'idée d'exonérer de retenue à la source les distributions entre une filiale établie en France et une société mère établie dans un autre État membre de l'Union européenne, elle-même contrôlée par une personne morale établie dans un État tiers, le législateur a pris soin d'adopter au début des années 1990 une clause anti-abus particulière (CGI, anc. art. 119 *ter*, 3)[974]. Le risque pour les finances de l'État tient au fait que des groupes étrangers puissent décider d'interposer une société relais dans un autre État membre, pour éviter la retenue à la source due sur les dividendes distribués entre une filiale établie en France

---

[973] Cons. const., 30 novembre 2018, déc. n° 2018-748 QPC, *Sté Zimmer Biomet France Holdings* : *Dr. fisc.* 2019, n° 7, comm. 156.

[974] Loi n° 91-1323 du 30 décembre 1991 de finances rectificative pour 1991, art. 24.

et une société tête de groupe établie au sein d'un État tiers. Au début des années 2000, il a fallu transposer la directive relative aux versements des intérêts et redevances entre entreprises associées établies dans plusieurs États membres. Le législateur a adopté deux règles anti-abus comparables à celle de l'article 119 *ter*, 3 du CGI, pour contrer l'instrumentalisation spécifique, par des groupes étrangers, des régimes de faveur de retenue à la source (CGI, art. 119 *quater*, 3 ; 182 B *bis*, 3)[975]. Il n'est pas incohérent de protéger dans des dispositifs anti-abus particuliers les exonérations européennes de retenue à la source, contre des instrumentalisations particulières[976] (n° 205 et s.).

**356. La lutte contre les instrumentalisations générales. –** Le législateur a également adopté des mesures anti-abus qui luttent contre des instrumentalisations générales des régimes faisant l'objet d'une harmonisation sur le plan européen. En 2015, l'Union européenne s'est souciée de l'application abusive du régime mères-filles[977]. Elle a prévu une mesure, aux termes très généraux, nouveaux et incertains[978] (n° 156).

---

[975] Loi n° 2003-1312 du 30 décembre 2003 de finances rectificative pour 2003, art. 27.

[976] Il suffit que la fiscalité de l'autre État membre soit plus clémente sur les flux en direction d'un État tiers à l'UE (les distributions ou les paiements d'intérêts/redevances), pour que le groupe étranger décide d'installer dans cet autre État membre une société mère intermédiaire ou une société associée. Ainsi, cela permet d'éviter d'être redevable d'une retenue à la source (RAS) en France. Un tel avantage apparaît lorsque la convention fiscale liant l'État membre dans lequel est établie la société interposée et l'État tiers, dans lequel est établi la tête du groupe de sociétés, prévoit une exonération de RAS. Pour des illustrations en jurisprudence de l'application de l'ancienne clause anti-abus du régime « mères-filles » (CGI, anc. art. 119 *ter*, 3), v. CE, 8ème et 3ème ch., 23 novembre 2016, n° 383838, *Sté Eurotrade Juice*, *préc.* ; CAA Marseille, 3ème ch., 17 décembre 2015, n° 14MA00697, *SAS Eurotrade Fish* ; CAA Nantes, 1ère ch., 28 mai 2015, n° 13NT02033, *SARL Flèche Intérim* : *RJF* 10/15, n° 783. Il est arrivé que le juge ne suive pas l'Administration : TA Montreuil, 7ème ch., 20 novembre 2017, n° 1507740, *Sté Compagnie Géofinancière* : *RJF* 6/18, n° 616 ; TA Lyon 20 novembre 2007, n° 05-04128, *SAS Mac Kechnie France* : *Dr. fisc.* 2008, n° 11, comm. 205. Pour une affaire relative à l'instrumentalisation des dispositions de l'article 119 *quater* du CGI et de la mise en œuvre des dispositions anti-abus du 4 de l'article 119 *quater*, v. CE, 9ème et 10ème ch., 24 février 2021, n° 434129, *Sté France Citévision*, *préc.*

[977] Dir. (UE) n° 2015/121 du Conseil du 27 janvier 2015, modifiant la directive 2011/96/UE concernant le régime fiscal commun applicable aux sociétés mères et aux filiales d'États membres différents, art. premier. Plutôt que de laisser les États membres déterminer leurs propres mesures anti-abus en la matière, il a été décidé d'ajouter à la directive « mères-filles » une règle anti-abus commune et minimale, afin d'harmoniser au sein de l'UE la lutte contre les pratiques abusives.

[978] V. la clause rédigée dans la directive mères-filles de 2015 : « *Les États membres n'accordent pas les avantages de la présente directive à un montage ou à une série de montages qui, ayant été mis en place pour obtenir, à titre d'objectif principal ou au titre d'un des objectifs principaux, un avantage fiscal allant à l'encontre de l'objet ou de la finalité de la présente*

Curieusement, la France s'est empressée de transposer fidèlement cette clause anti-abus en droit interne (CGI, art. 119 *ter*, 3[979] ; anc. art. 145, 6, k)[980], pour protéger les avantages prévus par la directive européenne. Néanmoins, l'adoption de ces deux dispositifs anti-abus a pu paraître surabondante compte tenu de l'option offerte par les dispositions de l'article L. 64 du LPF. La procédure d'abus de droit de l'article L. 64 du LPF aurait permis d'appréhender les « montages non-authentiques » visés par la clause anti-abus de la directive « mères-filles ». De la même manière, la clause anti-abus adoptée en matière de restructurations lors de la loi de finances rectificative pour 2017[981], qui prévoit de lutter contre l'instrumentalisation du régime des « fusions », paraît surabondante (CGI, art. 210-0 A, III). Donnant une définition générale et abstraite de l'abus de droit[982], les dispositions de l'article L. 64 du LPF auraient pu paraître suffisantes pour lutter contre les opérations de restructuration abusives[983]. Le législateur ne souhaite définitivement pas tenir compte de l'alternative solide proposée par l'article L. 64 du LPF.

**357. L'analyse de l'action législative. –** L'utilité de multiplier des dispositifs anti-abus qui luttent contre des *pratiques abusives générales* dans des *domaines spécifiques* est discutable (CGI, anc. art. 145, 6, k ; art. 209, II ; 210-0 A, III ; anc. art. 210 C, 2). La procédure de l'article L. 64 du LPF permet

---

*directive, n'est pas authentique compte tenu de l'ensemble des faits et circonstances pertinents. Un montage peut comprendre plusieurs étapes ou parties. Aux fins du paragraphe 2, un montage ou une série de montages est considéré comme non authentique dans la mesure où ce montage ou cette série de montages n'est pas mis en place pour des motifs commerciaux valables qui reflètent la réalité économique. La présente directive ne fait pas obstacle à l'application de dispositions nationales ou conventionnelles nécessaires pour prévenir la fraude fiscale ou les abus* ».

979 Le législateur a pris soin d'abroger l'ancienne version du 3 de l'article 119 *ter* du CGI.

980 Loi n° 2015-1786 du 29 décembre 2015 de finances rectificative pour 2015 (1), art. 29. Les dispositions du k, du 6 de l'article 145 ont été abrogées fin 2018, compte tenu de la transposition de l'article 6 de la directive « ATAD 1 » et de l'adoption des dispositions de l'article 205 A du CGI. V. Loi n° 2018-1317 du 28 décembre 2018 de finances pour 2019, art. 108.

981 Loi n° 2017-1775 du 28 décembre 2017 de finances rectificative pour 2017, art. 23.

982 V. la rédaction adoptée par le législateur : « *Ne peuvent pas bénéficier des dispositions prévues au 7 bis de l'article 38, aux I ter et V de l'article 93 quater, aux articles 112,115,120,121,151 octies, 151 octies A, 151 octies B, 151 nonies, 208 C, 208 C bis, 210 A à 210 C, 210 F, aux deuxième et troisième alinéas du II de l'article 220 quinquies et aux articles 223 A à 223 U, les opérations de fusion, de scission ou d'apport partiel d'actif ayant comme objectif principal ou comme un de leurs objectifs principaux la fraude ou l'évasion fiscales* ». Il a tout simplement repris littéralement l'article 15 de la directive « fusions ».

983 Par le passé, l'Administration a déjà réussi à démontrer l'utilisation abusive du régime des fusions, v. CE, 9ème et 10ème s.-s., 11 avril 2014, n° 352299, *SARL Garnier Choiseul*, *préc.*

justement d'appréhender, grâce à la définition abstraite qu'elle propose, toute forme de pratiques abusives. Proposer une autre définition abstraite dans une clause anti-abus spécifique, pour lutter contre l'instrumentalisation d'une seule et même norme ne paraît pas justifié. Lorsque des *instrumentalisations précises* d'une seule et même norme risquent de se produire à l'avenir ou sont récurrentes en pratique, leur encadrement dans des mesures anti-abus précises se justifie (CGI, anc. art. 119 *ter*, 3 ; art. 119 *quater*, 3 ; 182 B *bis*, 3)[984].

**358.** Les dispositifs anti-abus protégeant une seule et même règle fiscale européenne contre des pratiques abusives spéciales ne paraissent pas surabondants. Ceux qui protègent une règle européenne contre des pratiques abusives générales paraissent surabondants. Pour cette raison, les travaux récents de l'OCDE qui promeuvent la combinaison des règles spécifiques pour éviter des instrumentalisations particulières ou des effets d'aubaine particuliers, avec une seule mesure anti-abus générale, telle que la clause « PPT » méritent d'être salués.

#### *3. La protection d'une stipulation conventionnelle*

**359. La protection contre une instrumentalisation sectorielle. –** Il arrive que des contribuables tentent de se placer abusivement dans le champ d'application d'une convention fiscale internationale pour bénéficier des avantages fiscaux qu'elle octroie. À ce sujet, les travaux de l'OCDE mettent en lumière le fait que des contribuables tentent « *de contourner les limitations prévues par la convention pour bénéficier de [ses] avantages fiscaux* »[985]. Des mesures anti-abus de droit interne (LPF, art. L. 64 ; L. 64 A et CGI, art. 205 A) et conventionnelles (les clauses « PPT ») permettent d'appréhender des instrumentalisations très diverses du fait de la définition abstraite de l'abus de droit qu'elles retiennent. Autrement dit, dans leur domaine respectif, ces mesures fiscales permettraient de combattre, de manière générale, toutes les instrumentalisations, notamment celle où un contribuable tente de

---

[984] Anticiper l'articulation de plusieurs dispositifs aux *domaines spécifiques* visant des *instrumentalisations précises* (CGI, anc. art. 119 *ter*, 3 ; art. 119 *quater*, 3 ; 182 B *bis*, 3) et d'un dispositif anti-abus au *domaine absolument général* (LPF, art. L. 64) paraît relativement aisé à faire. Si le contribuable ne se rend pas coupable de l'instrumentalisation spécifique, le dispositif anti-abus de portée générale (LPF, art. L. 64) peut toujours être mis en œuvre. Il en va différemment lorsqu'il s'agit d'anticiper l'articulation entre un dispositif anti-abus au *domaine spécifique* visant des *instrumentalisations abstraitement définies* (CGI, art. 119 *ter*, 3 ; anc. art. 145, 6, k ; art. 209, II ; 210-0 A, III ; anc. art. 210 C, 2) et celle du dispositif anti-abus de l'article L. 64 du LPF.

[985] « BEPS », Action 6, p. 18.

bénéficier d'une convention liant la France avec un autre État, alors qu'il n'est résident ni en France, ni dans l'autre État partie à la convention dont il cherche le bénéfice[986] ; ou même celle où un contribuable normalement redevable d'un impôt en France poursuit une opération afin d'être dans le champ d'application d'une convention fiscale qui lui est favorable[987]. Plutôt que de laisser l'Administration mettre en œuvre des mesures anti-abus visant des pratiques générales dans un domaine très étendu, il peut être utile et cohérent de mettre en place des clauses anti-abus ou des clauses anti-optimisation afin de protéger une stipulation conventionnelle particulière contre des instrumentalisations ou des effets d'aubaine identifiés, récurrents et spécifiques. C'est pour cette raison que, dans un premier temps, quelques stipulations spécifiques ont fait leur apparition dans la pratique conventionnelle française. Puis, les travaux de OCDE ont clairement permis de diffuser ces stipulations à l'ensemble du réseau conventionnel français grâce à la mise en œuvre de la convention multilatérale « BEPS » (n° 238 et s.).

**360. La complémentarité entre mesures anti-abus et mesures anti-optimisation. –** L'adoption de mesures conventionnelles pour protéger une stipulation d'une convention fiscale en particulier contre des opérations spécifiques est gage de prévisibilité, même si elles peuvent être à l'origine de problématiques particulières et peuvent poser des difficultés d'interprétation ou d'application dans certains cas[988]. Le fait que les conventions fiscales prévoient une clause minimale anti-abus « PPT », qui s'analyse comme une clause « balai », peut rassurer les services de contrôle. La clause de bénéficiaire effectif semble néanmoins s'insérer maladroitement entre les clauses anti-abus et anti-optimisation spéciales et la clause « PPT ». Plus généralement, l'articulation entre les anciennes stipulations des conventions fiscales bilatérales couvertes par l'instrument multilatéral « BEPS » et les stipulations de la convention multilatérale risque de poser quelques difficultés pratiques[989], même si la volonté d'harmoniser

---

[986] V. CE, 3ème et 8ème s.-s., 29 décembre 2006, n° 283314, *Bank of Scotland*, *préc.*
[987] V. CE, Plén., 25 octobre 2017, n° 396954, *Verdannet*, *préc.*
[988] V. par exemple les problèmes attachés à la nouvelle définition de l'établissement stable soulevés par Caroline SILBERZTEIN dans les actes de la soirée annuelle de l'IFA : Philippe MARTIN, Maikel EVERS, Laurence JATON, Édouard MARCUS, Caroline SILBERZTEIN, « La convention multilatérale OCDE : quel impact sur la fiscalité internationale ? Actes de la soirée d'étude annuelle de l'IFA, 4 oct. 2017 », *op. cit.* Pour une étude classique sur les établissements stables, v. Isabelle RIU, *Sociétés et établissements stables en droit fiscal international et de l'Union européenne*, Thèse, 2012, L'Harmattan, « Finances publiques ».
[989] Philippe MARTIN, Maikel EVERS, Laurence JATON, Édouard MARCUS, Caroline SILBERZTEIN, « La convention multilatérale OCDE : quel impact sur la fiscalité internationale ? Actes de la soirée d'étude annuelle de l'IFA, 4 oct. 2017 », *op. cit.*

les clauses anti-optimisation et les clauses anti-abus dans l'ensemble du réseau conventionnel français afin d'éviter les disparités paraît pertinent.

**361. Conclusion de la Section II. –** La protection particulière d'une norme fiscale dans une mesure anti-abus peut se comprendre, dès lors que le dispositif anti-abus vient protéger cette norme contre une instrumentalisation particulière (CGI, art. 119 *quater*, 3 ; 182 B *bis*, 3, etc.). Ainsi, le contribuable peut identifier les cas susceptibles d'être analysés comme des pratiques abusives et les opérations de contrôle de l'Administration sont facilitées. L'adoption d'un dispositif anti-abus qui lutte contre l'instrumentalisation d'un « sous-ensemble » de normes (tel que le dispositif de la clause « PPT » de la convention multilatérale « BEPS ») est *a priori* délicate à justifier dans le cas où il existe un dispositif anti-abus qui tend à lutter contre l'instrumentalisation de toutes les normes fiscales (tel que le dispositif de l'article L. 64 du LPF). En réalité, la volonté d'adopter un standard commun international, intégré dans de multiples conventions fiscales, pour lutter contre l'instrumentalisation des stipulations des conventions fiscales se justifie pleinement.

## Conclusion du Chapitre I

**362.** Les cas dans lesquels les mesures anti-abus ont des domaines de protection qui se superposent ne sont pas rares. Ces superpositions prennent forme lorsque les dispositifs anti-abus ont vocation à protéger les mêmes impôts contre leur évitement et/ou lorsqu'ils ont vocation à protéger les mêmes normes contre leur instrumentalisation. Elles peuvent être critiquées lorsqu'elles n'ont aucun effet utile, c'est-à-dire lorsqu'elles ne sont justifiées ni par l'assurance d'une meilleure efficacité dans la lutte contre les pratiques abusives en droit fiscal international, ni par l'assurance d'une meilleure prévisibilité juridique. À ce titre, les dispositifs anti-abus des articles 205 A du CGI et L. 64 A du LPF paraissent surabondants, compte tenu de l'alternative solide que représente la procédure d'abus de droit (LPF, art. L. 64). De la même manière, la clause de bénéficiaire effectif des conventions fiscales peut paraître surabondante au regard de l'alternative que représente désormais la clause « PPT » largement intégrée dans le réseau conventionnel français depuis l'entrée en vigueur de la convention multilatérale « BEPS ». Néanmoins, les dispositifs anti-abus qui définissent concrètement et précisément des pratiques abusives internationales, tels que ceux des articles 209 B ou 123 *bis* du CGI, facilitent le travail de l'Administration et garantissent une certaine prévisibilité juridique, même si leur domaine de protection se superpose à celui de la procédure d'abus de droit fiscal. Dans l'optique d'assurer une cohérence d'ensemble, il pourrait être tentant de donner un effet utile aux mesures anti-abus jugées superfétatoires dans ce travail, par exemple en affirmant que les dispositifs anti-abus des articles 205 A du CGI et L. 64 A du LPF permettent d'appréhender des opérations que la procédure traditionnelle d'abus de droit (LPF, art. L. 64) ne permet pas d'appréhender. En réalité, une telle démarche parait artificielle, compte tenu de l'imprévisibilité attachée à la distinction des opérations susceptibles d'être appréhendées sur le fondement des premières mesures anti-abus et celles susceptibles d'être appréhendées sur le terrain de l'article L. 64 du LPF. Il serait préférable d'abroger les mesures anti-abus qui paraissent surabondantes.

**363.** Pour protéger l'ordonnancement juridique, les mesures anti-abus octroient à l'Administration des prérogatives. Au fil des réformes, ces prérogatives se sont diversifiées.

## Chapitre II – Les prérogatives exorbitantes de protection

**364. La variété des prérogatives. –** Les mesures anti-abus renferment des prérogatives de puissance publique[990], qui permettent à l'Administration fiscale de « remettre en cause » les pratiques abusives dans les situations transnationales. Ces outils varient d'un dispositif anti-abus à l'autre. Les pouvoirs publics ont sans cesse recherché à renouveler les armes à la disposition de l'Administration pour rendre la lutte contre les abus de droit plus efficace. Deux enjeux apparaissent. Le premier est de savoir si l'adoption d'une multitude de prérogatives à la disposition de l'Administration permet finalement d'atteindre l'objectif poursuivi par les pouvoirs publics. Le second est de savoir si les mesures anti-abus proposent une protection suffisante des contribuables face aux prérogatives de l'Administration.

**365. L'efficacité d'une mesure anti-abus : la dissuasion. –** Comme le relève le rapport PEYROL, une mesure anti-abus est utile lorsqu'elle a une portée dissuasive[991]. Par son existence même, elle est censée décourager les contribuables à se placer abusivement dans le champ d'application d'une règle de droit[992]. De sorte que, par le renouvellement des outils anti-abus,

---

[990] Pour une présentation contemporaine sur les prérogatives de puissance publique, v. Benoît PLESSIX, *Droit administratif général*, 3ème éd., 2020, pp. 632-645. Pour reprendre la définition donnée par cet auteur : « *Les prérogatives de puissance publique peuvent être définies comme les modes opératoires conférés par la Constitution ou la loi à tous ceux à qui est confié le bon accomplissement de l'action administrative, de ses fins d'intérêt général et de ses missions de service public, et dont la mise en œuvre leur est réservée en exclusivité afin qu'ils disposent précisément des moyens de leur action* ».
Pour une présentation traditionnelle des prérogatives de puissance publique, v. Maurice HAURIOU, *Précis de droit administratif et de droit public*, 12ème éd., 1933, impr. 2002, Dalloz, pp. 10-11. Pour reprendre la définition de cet auteur : « *De sa liaison avec le pouvoir exécutif gouvernemental, l'administration publique retient des prérogatives de puissance publique ; elle n'est pas seulement l'accomplissement d'une fonction, elle est l'exercice d'un pouvoir ; elle ne se borne pas à proposer des services facultatifs, en principe, elle impose ses services ; ses agents ont le maniement de la puissance publique, et leurs décisions sont, en principe, exécutoires par elles-mêmes* ». Parmi les prérogatives, il convient de distinguer « *la jouissance de droits de puissance publique exorbitants du droit commun, impliquant des injonctions ou des réquisitions, tels que les droits de police, les droits d'impôt, d'expropriation pour cause d'utilité publique, etc.* ».
[991] Rapport PEYROL I, *préc.*, p. 102.
[992] Le Conseil d'État partage cet avis au sujet du dispositif anti-abus de l'article 209 B du CGI dans la décision *Sonepar*. Il explique que : « *l'article 209 B du CGI, qui est applicable au litige, a pour objet de dissuader les entreprises passibles de l'impôt sur les sociétés de localiser une partie de leurs bénéfices dans des sociétés établies dans des États ou territoires à fiscalité privilégiée au sens de l'article 238 A du CGI, c'est-à-dire dans des États ou territoires où elles sont soit non imposables soit soumises à des impôts sur les bénéfices ou les revenus notablement moins élevés qu'en France ; que si les dispositions du I bis de cet article, qui ont été appliquées à la société Sonepar, permettent, certes, d'imposer un contribuable à raison des*

les contribuables doivent s'interroger constamment sur la limite entre « l'acceptable » et « l'inacceptable ». Juger l'efficacité d'une mesure anti-abus à la faculté qu'elle a de réguler les comportements des contribuables est séduisant[993], même s'il est difficile dans un travail de recherche juridique d'évaluer quantitativement les effets des mesures anti-abus en termes de régulation. En somme, plus la mesure anti-abus est dissuasive, moins les contribuables se rendent coupables d'abus de droit. En parallèle, les services de contrôle n'auraient à recourir qu'exceptionnellement aux mesures anti-abus. De sorte que l'ordonnancement juridique en ressort « apuré », pour prendre un terme imagé, sans intervention de l'Administration. L'efficacité d'une mesure anti-abus ne s'apprécie donc pas en fonction de son rendement, c'est-à-dire au nombre de fois qu'elle a été mise en œuvre, au nombre de contribuables à qui les services de contrôle l'ont opposée et aux recettes qui découlent directement de son application[994]. En effet, dans le cas où une mesure anti-abus est mise en œuvre à de nombreuses reprises, contre une multitude de contribuables et permet d'engranger *ex post* des recettes fiscales, sa portée dissuasive laisse à désirer. Une mesure anti-abus est efficace parce qu'elle décourage *ex ante* les contribuables à poursuivre une pratique abusive et, partant, lorsqu'elle est utilisée minutieusement par les services de contrôle pour appréhender les montages des contribuables les plus audacieux. En ce sens, la diversification des prérogatives à la disposition de l'Administration permet, *a priori*, de rendre la lutte contre les abus de droit plus efficace. Les contribuables, craignant de voir de nouveaux dispositifs anti-abus être mis en œuvre, et donc de nouveaux outils, sont davantage dissuadés de poursuivre des pratiques abusives.

---

*bénéfices réalisés par un tiers, il résulte des dispositions du II bis du même article que le contribuable peut échapper à cette imposition s'il établit que les opérations du tiers en cause n'ont pas principalement pour objet d'échapper à l'impôt français et que cette condition est réputée remplie lorsque l'entreprise tierce exerce une activité économique effective et qu'elle réalise ses opérations de façon prépondérante sur le marché local* ». V. CE, 9ème et 10ème s.-s., 2 février 2012, n° 351600, *Sonepar* : *Dr. fisc.* 2012, n° 10, comm. 180, concl. Pierre COLLIN. Il l'avait aussi affirmé au sujet du dispositif anti-abus de l'article 155 A du CGI dans la décision *Moreau*, v. CE, 10ème et 9ème s.-s., 24 septembre 2010, n° 341573 : *RJF* 12/10 n° 1218, concl. Julien BOUCHER *BDCF* 12/10, n° 134. Le Conseil d'État explique que : « *Considérant, en troisième et dernier lieu, que l'article 155 A du code général des impôts tend à dissuader les contribuables assujettis à l'impôt sur le revenu d'échapper à une telle imposition en faisant percevoir par une personne tierce, domiciliée ou établie dans un État étranger ou un territoire situé hors de France, la rémunération des services rendus par ces contribuables en France* ».

[993] Étudier les mécanismes du droit fiscal à travers la régulation n'est pas dénué d'intérêt, v. Paul AMSELEK, « Les mécanismes régulateurs de la pratique du droit fiscal en France », *Dr. fisc.* 1983, n° 40, p. 1178 ; Martin COLLET, « La régulation fiscale », *op. cit.* ; Gilles NOËL, « Le juge de l'imposition et la régulation fiscale. La technique de la "chrysalidation juridique" de préceptes contenus dans la Charte du contribuable », *Dr. fisc.* 2014, n° 21, 335.

[994] V. Rapport PEYROL, *préc.*, p. 102.

**366. Des conditions procédurales assouplies. –** Néanmoins, au fil des réformes, il apparaît que les conditions procédurales auxquelles les services de contrôle doivent se plier sont de moins en moins contraignantes. Quant aux règles de preuve, elles sont de plus en plus favorables à l'Administration. Les contribuables redoutent alors que le recours aux mesures anti-abus par les services de contrôle se banalise, alors que, traditionnellement, il est admis que la théorie de l'abus de droit est mise en œuvre uniquement pour appréhender des comportements extrêmes[995]. En effet, les textes leur facilitant la tâche, les services de contrôle sont plus enclins à mettre en œuvre les mesures anti-abus. En ce sens, elles seraient moins efficaces, car elles seraient à l'origine d'une discorde entre les contribuables et l'Administration.

**367. De la répression aux modalités d'assiette. –** En organisant la faculté pour l'Administration de rendre inopposables sur le plan fiscal les actes simulés ou frauduleux du contribuable (LPF, L. 64) et de le sanctionner sévèrement (CGI, art. 1729, b), le contribuable est nécessairement dissuadé de poursuivre des pratiques abusives. En d'autres termes, la procédure de répression des abus de droit apparaît comme une «*forme d'épouvantail*»[996]. Le recours à l'article L. 64 du LPF par les services de contrôle est d'ailleurs très exceptionnel[997], ce qui confirme son aspect dissuasif. Cela s'explique aussi par le fait qu'une procédure particulière doit être rigoureusement respectée par l'Administration[998]. Cela conduit les services de contrôle, et ils sont invités en ce sens par leur hiérarchie, à user de la procédure d'abus de droit avec minutie[999]. Par ailleurs, les autres mesures anti-abus n'aboutissent pas, lorsqu'elles sont mises en œuvre, à la sanction du contribuable. Par conséquent, elles ont une portée dissuasive réduite par rapport à celle attachée à l'article L. 64 du LPF. Qui plus est, leurs contraintes procédurales sont moins étendues que celles entourant la procédure d'abus de droit. De sorte que, l'Administration étant moins contrainte juridiquement, la mise en œuvre des mesures anti-abus par les services de contrôle risque de s'étendre. En pratique, cela peut conduire à une exacerbation des tensions entre le contribuable et l'Administration, ce qui n'est pas souhaitable.

---

[995] V. Martin COLLET, *Droit fiscal, op. cit.*, p. 232, § 379.

[996] *Ibid.*

[997] Par exemple, en 2021, le Comité de l'abus de droit fiscal a été saisi de 30 nouvelles affaires. En 2020, en 2019 et en 2018, le Comité a été saisi, respectivement, 38, 85 et 46 fois. V. CADF, *Rapport annuel 2021*, p. 5.

[998] Pour plus de détails sur les procédures des articles L. 64 et L. 64 A du LPF, v. : Nicolas JACQUOT, « Abus de droit fiscal. - Procédure », in *JCl. Procédures fiscales*, fasc. 378.

[999] Martin COLLET, Pierre COLLIN, *Procédures fiscales, op. cit.*, p. 156, § 222.

**368. Des règles de preuve favorables à l'Administration. –** La question de la preuve a tellement évolué au fil des années, qu'elle mérite d'être traitée spécifiquement. Les pouvoirs publics, les contribuables et le juge fiscal ont bien conscience que la charge de la preuve ne puisse peser uniquement sur l'Administration. Le contribuable doit aussi, dans certains cas, être en mesure de démontrer que son opération répond à des considérations autres que fiscales. Toutefois, au fil des réformes, les règles de preuve en faveur du fisc se sont multipliées. Si ces règles de preuve ont en partie vocation à décourager les contribuables de poursuivre des pratiques abusives (redoutant de porter le fardeau de la preuve), il n'en demeure pas moins qu'elles facilitent grandement le travail de l'Administration. Une fois de plus, cela risque d'inciter cette dernière à mettre en œuvre les mesures anti-abus contre des montages qui ne seraient pas nécessairement poursuivis sur le terrain de l'article L. 64 du LPF.

**369.** La sanction attachée à la qualification de l'abus de droit et la faculté de refuser les avantages fiscaux découlant d'une pratique abusive incitent effectivement les contribuables à ne pas commettre d'abus de droit (**Section I**). En parallèle, étant donné que les règles de preuve sont devenues de plus en plus favorables à l'Administration, les contribuables sont également dissuadés de réaliser des opérations abusives (**Section II**).

## Section I – Une procédure de répression particulière et des « modalités d'assiette »

**370.** La diversification des techniques employées dans les mesures anti-abus est censée améliorer la prévention contre les pratiques abusives. Dans cette perspective, les pouvoirs publics ont facilité le travail des services de contrôle. Les contribuables, ayant conscience de cet état du droit, sont évidemment dissuadés de poursuivre des pratiques abusives et de chercher à profiter des incohérences des systèmes fiscaux. La prévention contre les abus de droit, en apparence, est renforcée. Néanmoins, le risque tient à ce que le recours aux mesures anti-abus par les services de contrôle se généralise, dans une logique, en somme, de rentabilité ou de gain. Les contraintes procédurales entourant la mise en œuvre des mesures anti-abus étant, en même temps, de plus en plus réduites, l'Administration est implicitement encouragée à les mettre en œuvre plus régulièrement. Ainsi, il convient de s'intéresser au fait que l'arme initiale et traditionnelle à la disposition de l'Administration est l'inopposabilité des pratiques abusives. Au fil des années, des techniques juridiques différentes de l'inopposabilité, mais non dépourvues de liens avec elle, ont également été consacrées. L'emploi de ces techniques aboutit à la neutralisation des effets fiscaux avantageux obtenus par le contribuable (§ **1**). Par ailleurs, seule la procédure d'abus de droit fiscal permet, lorsqu'elle est mise en œuvre, de sanctionner automatiquement le contribuable (CGI, art. 1729, b) (§ **2**).

### *§ 1 – Entre inopposabilité et neutralisation des effets fiscaux d'une pratique abusive*

**371.** Les techniques employées dans les dispositifs anti-abus pour appréhender les pratiques abusives présentent des caractères distincts. D'un côté, il existe la technique de l'inopposabilité des pratiques abusives (**A**) et, de l'autre côté, il existe la technique de la neutralisation des effets fiscaux obtenus grâce aux pratiques abusives (**B**). Bien que ces techniques soient différentes, elles découragent toutes les deux les contribuables à poursuivre des pratiques abusives. En effet, les mesures anti-abus mettent fin aux avantages fiscaux qui en découlent. Le message est clair : le contribuable n'a aucun intérêt à instrumentaliser un texte pour éviter l'application du droit fiscal français. Dans les deux cas, le contribuable perd le bénéfice de l'avantage fiscal obtenu abusivement.

### A. *L'inopposabilité : une prérogative originelle et renouvelée*

**372.** L'inopposabilité est une arme redoutable. Consacrée d'abord par le juge et encadrée ensuite par la loi (n° 16 et s.), elle trouve aujourd'hui son assise dans les deux procédures d'abus de droit fiscal (LPF, art. L. 64 et L. 64 A) et dans la clause anti-abus générale en matière d'impôt sur les sociétés (CGI, art. 205). Crainte par les contribuables, cette technique juridique assure pleinement une fonction dissuasive. Néanmoins, l'encadrement procédural variable de cette technique (**1**) est de nature à faire naître des difficultés pratiques pour l'Administration et le contribuable (**2**).

#### 1. *L'inopposabilité : une technique commune à plusieurs dispositifs anti-abus à l'encadrement procédural variable*

**373.** Il convient dans un premier temps de mettre en avant les caractères de l'inopposabilité (**a**), avant de mettre en lumière l'encadrement procédural de cette prérogative (**b**).

##### a. *Les contours de l'inopposabilité*

**374. Un principe : l'opposabilité des situations de droit privé à l'Administration fiscale. –** Dans la décision *Janfin*[1000], le Conseil d'État explique « *[qu'] un acte de droit privé opposable aux tiers est en principe opposable à l'administration* »[1001]. En ce sens, le juge fiscal admet qu'un acte juridique d'un contribuable produit des effets qui se répercutent sur l'Administration. En effet, cette dernière en tient compte pour déterminer les impôts dus en conséquence. *A priori*, l'Administration fiscale n'ignore ni l'existence de l'acte, ni ses stipulations, ni sa qualification. Comme le souligne une partie de la doctrine, le principe d'opposabilité des actes de droit privé à l'Administration induit « *une présomption de sincérité et d'exactitude des actes*

---

[1000] CE, Sect., 27 septembre 2006, n° 260050, *Janfin*, *préc.*

[1001] Le juge suprême reprend la position prononcée dans l'avis de section *Abibilali* du 9 octobre 1992 (*préc.*). Dans la décision *Janfin*, le juge estime que : « *si un acte de droit privé opposable aux tiers est en principe opposable dans les mêmes conditions à l'administration tant qu'il n'a pas été déclaré nul par le juge judiciaire, il appartient à l'administration, lorsque se révèle une fraude commise en vue d'obtenir l'application de dispositions de droit public, d'y faire échec même dans le cas où cette fraude revêt la forme d'un acte de droit privé ; que ce principe peut conduire l'administration à ne pas tenir compte d'actes de droit privé opposables aux tiers* ».

*juridiques passés par les contribuables, qu'il s'agisse de leur existence, de leur contenu ou de leur qualification* »[1002].

**375. L'inopposabilité en cas de rectification d'une pratique abusive. –** Toutefois, l'acte n'est plus opposable à l'Administration lorsqu'il est le fruit d'une pratique abusive. Le juge de l'impôt l'a rappelé dans la décision *Janfin* et le législateur l'a formellement inscrit dans trois mesures anti-abus (LPF, art. L. 64 ; L. 64 A et CGI, art. 205 A). Cette faculté octroyée à l'Administration n'est pas cantonnée au droit fiscal. Le Conseil d'État reconnait cette prérogative dans tous les cas où un administré commet une fraude à la loi en vue d'obtenir l'application d'une disposition de droit public, même si l'acte litigieux est un acte de droit privé[1003]. Schématiquement, la prérogative de l'inopposabilité se traduit par deux opérations successives, à savoir une opération de « *déqualification* »[1004] (l'Administration écarte l'aspect formel de l'acte présenté par le contribuable), et en suivant, une opération de « *requalification* »[1005] (l'Administration révèle la réalité et en déduit les conséquences sur le plan fiscal). Si la mise en œuvre par l'Administration aboutit à une « *nullité fiscale* »[1006] ou à une « *inefficacité juridique* »[1007], il n'en demeure pas moins que l'acte en question lie encore les parties sur le plan civil.

---

[1002] Maurice COZIAN, Florence DEBOISSY et Martial CHADEFAUX, *Précis de fiscalité des* entreprises, *op. cit.*, p. 999, § 2730. V. aussi : Martin COLLET, *Droit fiscal*, *op. cit.*, p. 233, § 381.

[1003] CE, Avis Sect., 9 octobre 1992, n° 137342, *Abihilali*, *préc.* La théorie de la fraude à la loi s'applique aussi en droit privé, particulièrement en droit international privé, v. Cass. civ., 18 mars 1878, *Princesse de Bauffremont* : *S.* 1878, 1, 193.

[1004] Jean UNTERMAIER, « Déqualification et requalification en droit fiscal. Réflexions à propos de la répression des abus de droit », in *Annales de la Faculté de droit de Lyon III*, 1974, p. 155.
Les articles L. 64 et L. 64 A du LPF précisent que : « *l'administration est en droit d'écarter, comme ne lui étant pas opposables les actes* » constitutifs d'un abus de droit. L'article 205 A du CGI précise que : « *il n'est pas tenu compte d'un montage ou d'une série de montages qui [...] ne sont pas authentiques* ».

[1005] *Ibid.*
Il ressort des articles L. 64 et L. 64 A du LPF que l'Administration, en mettant en œuvre l'inopposabilité, doit « *restituer le véritable caractère* » des actes abusifs. L'article 205 A du CGI dispose « *qu'il n'est pas tenu compte* » des montages abusifs (au sens de cet article) « *pour l'établissement de l'impôt sur les sociétés* ».

[1006] L'expression est empruntée à : Jean UNTERMAIER, « Déqualification et requalification en droit fiscal. Réflexions à propos de la répression des abus de droit », *op. cit.*, p. 176.

[1007] L'expression est empruntée à : Jean LAMARQUE, Olivier NEGRIN, Ludovic AYRAULT, *Droit fiscal général*, 4ème éd., 2016, LexisNexis, « Manuels », p. 601, § 950.

**376. La frontière entre l'inopposabilité en matière d'abus de droit et la requalification fondée sur le pouvoir général de rectification. –** La prérogative de l'inopposabilité se distingue de la technique de la requalification fondée sur le pouvoir général de rectification. En effet, l'Administration est parfois amenée à donner une nouvelle qualification à un acte mal qualifié. Dans ce cas, elle ne fait que corriger une simple erreur de la part du contribuable. Cette technique s'inspire de celle inscrite à l'article 12 du Code de procédure civile selon laquelle le juge « *doit donner ou restituer leur exacte qualification aux faits et actes litigieux sans s'arrêter à la dénomination que les parties en auraient proposée* ». L'opération de requalification aboutit à la substitution de la qualification retenue par les parties par une autre qualification. Si cette technique est mise en œuvre dans des affaires qui intéressent des situations purement internes[1008], elle peut aussi être employée en droit fiscal international[1009]. Le juge fiscal autorise l'Administration à ne pas tenir compte de la qualification donnée par les parties, dans le cas où il ressort des « *termes mêmes du contrat* » ou de « *tout autre élément de l'instruction* » que le titre donné à l'acte est en décalage par rapport à la commune intention des parties[1010]. En ce sens, ce n'est pas tant l'acte qui est rendu inopposable, que la qualification donnée par les parties[1011]. De sorte que la requalification employée dans le cadre des pouvoirs généraux se distingue de la prérogative accordée dans les dispositifs anti-abus.

**377. L'inopposabilité : une arme dissuasive. –** Toujours est-il que l'Administration est à même d'écarter une pratique abusive dument

---

[1008] CE, 7ème et 8ème s.-s., 7 octobre 1987, n° 49774 : *Dr. fisc.* 1988, n° 5, comm. 158, concl. Bruno MARTIN-LAPRADE. Pour des développements et des références jurisprudentielles en matière de requalification, v. Christophe DE LA MARDIERE, « Abus de droit. - Textes, historique et notion », *op. cit.*, § 337 et s.

[1009] CE, 10ème et 9ème s.-s., 31 mars 2010, n° 304715 et n° 308525, *Sté Zimmer Limited* : *Dr. fis.* 2010, n° 16, comm. 289. V. aussi : Gauthier BLANLUET, « L'arrêt Zimmer : une victoire du droit au service d'une plus grande sécurité juridique », *Dr. fisc.* 2010, n° 16, act. 127. Dans cette affaire, l'enjeu est de savoir si une société établie au Royaume-Uni a un établissement stable en France. Elle est liée contractuellement avec un commissionnaire. La qualité de commissionnaire exclut la qualification d'un établissement stable. Encore faut-il que le contrat de commission opposé par le contribuable à l'Administration en soit un.

[1010] Tout comme le fait la Cour de cassation en matière civile (Cass. 1ère civ., 13 décembre 1988, n° 86-19068, *Bull. civ.* I, n° 352), le Conseil d'État dégage la commune intention des parties en tenant compte de leur comportement (CE, 3ème et 8ème s.-s., 17 décembre 2010, n° 318048, *min. c/ SARL Concept Sport* : *Dr. fisc.* 2011, n° 10, comm. 249, concl. Emmanuelle CORTOT-BOUCHER, note Florence DEBOISSY).

[1011] Dans le même sens, v. Thierry SCHMITT, « Le juge et l'abus de droit rampant », in *Écrits de fiscalité des entreprises. Études à la mémoire du professeur Maurice Cozian*, *op. cit.*, p. 196.

identifiée, dans le cadre d'une procédure de rectification[1012], pour calculer les droits réellement dus par le contribuable. Cette technique ne doit pas être minimisée. Jérôme TUROT n'hésite pas à la présenter comme la « *prérogative la plus exorbitante de tout le droit fiscal* »[1013]. La mise en œuvre de l'inopposabilité étant particulièrement redoutable, les contribuables craignent l'application des dispositions des articles L. 64, L. 64 A du LPF et 205 A du CGI. À elle seule, cette prérogative de puissance publique est dissuasive. Elle permet de prévenir plus efficacement les abus de droit. Autrement dit, elle favorise le caractère « *prophylactique* »[1014] des dispositifs anti-abus contre les dérives de la pratique. Octroyer cette prérogative à l'Administration est en cohérence avec l'objectif recherché. Pour autant, pour qu'elle ne soit pas à l'origine d'un déséquilibre, il paraît nécessaire que la mise en œuvre de cette prérogative soit dument limitée. Pour ce faire, l'emploi de cette prérogative doit être suffisamment encadré d'un point de vue procédural. Autrement dit, le contribuable doit bénéficier de solides garanties. Seulement, et alors même que cette prérogative est consacrée dans plusieurs dispositifs anti-abus, les pouvoirs publics n'ont pas trouvé utile de l'encadrer de la même manière selon la règle anti-abus envisagée. Cette situation est extrêmement regrettable tant au regard de l'exigence de cohérence, que de l'exigence de proportionnalité.

##### *b. Des encadrements procéduraux variables*

**378. Un point commun : l'inopposabilité dans le cadre d'une procédure de rectification contradictoire. –** Afin de corriger, réparer ou rectifier les erreurs (involontaires ou volontaires) des contribuables, susceptibles d'entacher les actes d'imposition, les textes fiscaux organisent, à travers plusieurs procédures de rectification, un droit de reprise à l'Administration[1015]. Le plus souvent, les contribuables à qui l'Administration reproche d'avoir poursuivi une pratique abusive ont rempli leurs obligations déclaratives, de sorte qu'ils ne font pas l'objet d'une

---

[1012] Dans le cadre de l'examen d'une réclamation faite par le contribuable à l'Administration (LPF, art. L. 190), cette dernière peut se fonder directement sur le principe général d'interdiction de la fraude à la loi (au sens de la décision *Janfin*) pour justifier un refus à la réclamation du contribuable. V. en ce sens en matière de réclamation pour le crédit d'impôt recherche (CIR) : CE, 3ème et 8ème ch., 9 juin 2020, n° 427441, *Sté Hays*, *préc.*
[1013] Jérôme TUROT, « La liberté de gestion des entreprises entre enfer et paradis (et plus près de l'enfer) », *op. cit.*, § 5.
[1014] L'expression est empruntée à : Martin COLLET, « La régulation fiscale », *op. cit.*, § 18.
[1015] Martin COLLET, Pierre COLLIN, *Procédures fiscales*, *op. cit.*, p. 85, § 121.

procédure d'imposition d'office[1016]. Ainsi, les modalités procédurales communes attachées à la procédure de rectification contradictoire, qui garantit les droits de la défense[1017], sont en principe applicables lorsque l'Administration met en œuvre les articles 205 A du CGI, L. 64 A et L. 64 du LPF[1018]. Par ailleurs, il a été jugé utile d'encadrer la mise en œuvre de la théorie de l'abus de droit fiscal, grâce à laquelle l'Administration peut rendre un acte ou une opération inopposable, par des modalités procédurales supplémentaires à celles de la procédure de rectification contradictoire de droit commun (LPF, art. L. 64). Deux avantages résultent de cet encadrement procédural. D'abord, les contraintes procédurales particulières permettent de décourager les services de contrôle de mettre en œuvre la procédure d'abus de droit contre des pratiques d'optimisation fiscale dont la tournure abusive n'est pas évidente. Ensuite, elles permettent d'organiser une protection du contribuable face à l'Administration. En revanche, les contraintes procédurales qui pèsent sur l'Administration, lorsqu'elle fait application des articles L. 64 A du LPF et 205 A du CGI, sont moins lourdes que celles attachées à l'article L. 64 du LPF. Qui plus est, l'octroi des garanties s'est fait sans grande cohérence. Ces trois mesures anti-abus aboutissant à une même conséquence, à savoir l'inopposabilité de l'acte ou du montage abusif, il nous paraîtrait pertinent que les mêmes contraintes soient posées à l'encontre de l'Administration et que les mêmes garanties soient accordées au contribuable.

**379. Des différences quant au visa de l'inspecteur divisionnaire. –** Seule la procédure d'abus de droit traditionnelle (LPF, art. L. 64 du LPF) voit sa mise en œuvre être conditionnée par le visa d'un inspecteur divisionnaire (LPF, art. R.* 64-1)[1019]. Cette contrainte n'a été étendue, ni à la nouvelle procédure d'abus de droit (LPF, art. L. 64 A), ni à la clause anti-abus en matière d'impôt sur les sociétés (CGI, art. 205 A). Il aurait sans doute été utile de faire en sorte que les services de contrôle soient formellement encadrés par leur supérieur hiérarchique avant de mettre en œuvre des dispositifs anti-abus qui ont pour conséquence de rendre inopposable un acte de droit privé ou un montage dans son intégralité. Le fait de ne pas rendre obligatoire l'aval de l'inspecteur divisionnaire traduit, implicitement du moins, la volonté de ne pas contraindre les vérificateurs dans leur exercice de contrôle. Indirectement, cela risque de les encourager

---

[1016] Les procédures d'imposition d'office font écho à la taxation d'office (LPF, art. L. 66) et à l'évaluation d'office (LPF, art. 73).

[1017] Martin COLLET, *Droit fiscal*, *op. cit.*, p. 141, § 231.

[1018] Il convient de se reporter aux éléments de régime de la procédure de rectification contradictoire (LPF, art. L. 55 et s.).

[1019] LPF, art. R*64-1 : « *La décision de mettre en œuvre les dispositions prévues à l'article L. 64 est prise par un agent ayant au moins le grade d'inspecteur divisionnaire qui vise à cet effet la notification de la proposition de rectification* ».

à faire usage de ces mesures anti-abus dans des cas où l'abus du contribuable est moins flagrant. Néanmoins, dire qu'à l'avenir les services de contrôle appliqueront massivement ces mesures anti-abus parce que le visa de l'inspecteur divisionnaire n'est pas une condition de leur mise en œuvre, peut paraître excessif. À tout le moins, il serait souhaitable, qu'en pratique, l'inspecteur divisionnaire exige de ses équipes, avant de rectifier un contribuable sur le fondement d'une mesure anti-abus du type L. 64 A du LPF ou 205 A du CGI, sa consultation.

**380. Des différences quant au Comité de l'abus de droit fiscal. –** Depuis 1941[1020], la loi consacre l'inopposabilité comme prérogative de l'Administration pour écarter les abus de droit des contribuables. L'originalité de cette réforme tient aussi dans la création du Comité consultatif de répression des abus de droit (CCRAD). Ce dernier, appelé Comité de l'abus de droit fiscal (CADF) depuis la réforme de 2008[1021], permet de réguler l'emploi de cette prérogative par l'Administration[1022]. Organiser un débat contradictoire[1023], devant un comité indépendant par sa composition très diversifiée (CGI, art. 1653 C)[1024], au sujet de la qualification retenue par l'Administration, dont la conséquence est très grave (l'inopposabilité), permet d'apaiser les tensions entre le contribuable et l'Administration fiscale. Même si les avis rendus ne lient pas l'Administration, la procédure devant le Comité apporte de la sérénité dans les débats. Plus encore, le fait que le Comité rende chaque année des rapports quant aux affaires traitées, permet d'informer les contribuables sur la licéité de certains montages et d'orienter les comportements. Si au départ le Comité ne pouvait être saisi que par l'Administration fiscale, la réforme dite « AICARDI » de 1987[1025] a consacré la faculté pour le contribuable de le saisir. Cette faculté s'analyse ainsi comme une garantie procédurale venant

---

[1020] Loi du 13 janvier 1941 portant simplification, coordination et renforcement du code général des impôts directs, *JORF* du 3 février 1941, p. 537.

[1021] Loi n° 2008-1443 du 30 décembre 2008 de finances rectificative pour 2008, art. 35.

[1022] À titre de remarque, la sanction – majoration équivalente au double du montant des droits éludés (CGI, anc. art. 1732) – trouve son origine dans la loi n° 63-1316 du 27 décembre 1963. De sorte qu'il peut être admis, qu'initialement, c'est bien la prérogative de l'inopposabilité qui a été encadrée.

[1023] L'Administration et le contribuable sont invités par le président du Comité de l'abus de droit fiscal à présenter leurs observations dans le cadre d'un débat oral et contradictoire (CGI, art. 1653 E). Les règles d'incompatibilité et de secret professionnels des membres du Comité sont de nature à garantir un véritable débat impartial (CGI, art. 1653 D).

[1024] Au Comité de l'abus de droit fiscal, se retrouvent : un conseiller d'État qui préside le Comité, un conseiller à la Cour de cassation, un avocat, un conseiller maître à la Cour des comptes, un notaire, un expert-comptable, un professeur des universités, agrégé de droit ou de sciences économiques.

[1025] Loi n° 87-502 du 8 juillet 1987 modifiant les procédures fiscales et douanières.

protéger le contribuable[1026]. Ainsi, en cas de désaccord du contribuable à l'issue de la procédure de rectification, celui-ci est autorisé à saisir le Comité de l'abus de droit fiscal pour avis, dans les trente jours à compter de la réception de la réponse de l'Administration à ses observations (LPF, art. R*64-2). En 2018, le législateur n'a pas hésité à étendre cette garantie procédurale au « deuxième étage » de la procédure d'abus de droit (LPF, art. L. 64 A). Toutefois, il n'a pas trouvé utile d'étendre cette garantie au contribuable dont l'imposition est rectifiée sur le fondement de l'article 205 A du CGI. Il n'est pas cohérent d'avoir admis, lorsque l'Administration rectifie l'imposition sur le fondement de l'article L. 64 A du LPF, la faculté pour le contribuable de saisir le Comité de l'abus de droit fiscal et, en parallèle, de ne pas avoir consacré cette faculté lorsque l'Administration rectifie l'imposition sur le fondement de l'article 205 A du CGI. En effet, le dispositif anti-abus de l'article L. 64 A du LPF est censé « prolonger » le dispositif anti-abus de l'article 205 A du CGI dans les domaines que ce dernier ne vise pas.

**381. Accorder au contribuable la possibilité de saisir le Comité de l'abus de droit fiscal. –** Plusieurs raisons peuvent être avancées pour justifier l'extension de cette garantie. D'abord, le législateur a octroyé cette garantie aux contribuables dans le cas où l'Administration rectifie l'imposition d'un contribuable sur le fondement de la clause anti-abus en matière d'impôt sur la fortune immobilière (CGI, art. 979, I, al. 2). Le législateur aurait pu en faire de même lors de l'adoption de l'article 205 A du CGI. Ensuite, la prérogative selon laquelle l'Administration peut rendre une opération inopposable ne remplit pas les fonctions d'une règle d'assiette. Il s'agit d'une technique, certes inscrite dans une règle d'assiette, qui, en pratique, est utilisée pour rectifier les impositions du contribuable. Dès lors qu'elle rectifie l'imposition du contribuable en employant cette technique, les mêmes garanties procédurales devraient être accordées aux contribuables. En outre, que le Comité de l'abus de droit fiscal puisse se prononcer sur la distinction entre les critères du « but principal », du « but exclusif » et du « montage non-authentique » aurait permis d'enrichir le débat quant aux frontières de l'abus. Enfin, de sérieux doutes existent quant à la conformité ou à la compatibilité de cette différence de traitement aux

[1026] Le terme de garantie doit s'entendre au sens de : CE, Sect., 16 avril 2012, n° 320912, *M. et Mme Meyer* : *Dr. fisc.* 2012, n° 27, comm. 366, concl. Delphine HEDARY, note Olivier FOUQUET. V. aussi : *RJF* 7/12, n° 672, chr. Cécile RAQUIN ; *JCP G* 2012, note 687, Martin COLLET. Lorsqu'une irrégularité porte sur une « garantie » reconnue au contribuable, notion dont le juge est amené à tracer les contours au fil des affaires, les procédures de rectification et de sanction sont jugées irrégulières.

principes d'égalité devant la loi (DDHC, art. 6) et de non-discrimination (CESDH, art 1 P1 et 14) (n° 584 et s.).

**382. Les avantages du rescrit.** – La réforme de 1987 a également consacré un rescrit[1027] spécifique en matière d'abus de droit. Le législateur a prévu à l'article L. 64 B du LPF la possibilité pour le contribuable, préalablement à la conclusion d'un ou plusieurs actes, de consulter par écrit l'Administration afin de s'assurer de la licéité d'une opération, notamment lorsqu'elle présente un degré de complexité élevé[1028]. L'Administration doit en principe répondre dans un délai de six mois. En cas de réponse positive ou à défaut de réponse, les services de contrôle ne sont pas autorisés à remettre en cause à l'avenir le montage visé par le contribuable dans sa demande sur le terrain de l'article L. 64 du LPF (LPF, art. L. 80 A). Cette procédure de rescrit a été étendue pour les cas dans lesquels un contribuable s'interroge sur l'applicabilité de l'article L. 64 A du LPF. Ainsi, le contribuable peut solliciter dans les mêmes conditions l'Administration pour s'assurer que l'opération qu'il envisage ne poursuit pas un « but principalement fiscal ». En parallèle, le législateur a fait le choix d'étendre cette faculté spécifique au contribuable lorsqu'il s'interroge sur l'applicabilité de l'article 205 A du CGI, au 9° *bis* de l'article L. 80 B du LPF.

**383. Une procédure délaissée par les contribuables.** – Néanmoins, le contribuable, probablement méfiant envers l'Administration, ne sollicite que très (trop ?) peu cette procédure[1029]. Pourtant, celui-ci ne devrait pas hésiter à recourir à la technique du rescrit s'il souhaite sécuriser sur le plan fiscal une opération[1030]. Ce faisant, le contribuable réduit le risque de voir, *ex post*, son opération être remise en cause sur le terrain de l'abus de droit. Opposer l'imprévisibilité juridique au phénomène des dispositifs anti-abus et ne pas saisir l'opportunité d'interroger l'Administration paraîtrait tout de même contradictoire. Qui plus est, si le contribuable estime que la réponse

---

[1027] Pour une définition du rescrit, v. Martin COLLET, Pierre COLLIN, *Procédures fiscales*, *op. cit.*, p. 110, § 164. Les rescrits se définissent comme « *des mécanismes [qui] conduisent l'Administration à adopter, en amont, une prise de position formelle sur le régime fiscal qu'elle estime applicable à la situation de fait dans laquelle se trouve le contribuable, ou encore sur l'opération qu'il envisage de réaliser – et donc, en cas de prise de position favorable, à lui apporter sa bénédiction* ».

[1028] Pour plus de précisions, v. BOI-SJ-RES-10-20-20-80.

[1029] En 2020, le nombre de rescrits « abus de droit » (LPF, art. L. 64 B) délivrés par les services centraux s'élève à 15. À titre de comparaison, en 2019, ce nombre s'élevait à 23. Au titre de l'année 2020, 2 rescrits visés à l'article L. 80 B, 9° *bis* ont été délivrés par l'Administration. V. *Rapport sur l'activité en matière de rescrit*, année 2020, p. 15.

[1030] Pour les vertus du rescrit, v. Edouard MARCUS, « Droit à l'erreur, accompagnement : les nouvelles traductions du principe de sécurité juridique en matière fiscale », *REIDF*, 2020/1, p. 104.

de l'Administration n'est pas satisfaisante, rien ne l'empêche de demander un nouvel examen (LPF, art. L. 80 CB), ce qui favorise indubitablement le dialogue entre le contribuable et l'Administration fiscale. De plus, il convient de rappeler que, conformément à la décision *Export Press* rendue en 2016 par le Conseil d'État[1031], le contentieux devant le juge de l'excès de pouvoir est ouvert contre les réponses négatives de l'Administration à l'issue du second examen. L'objectif de ce rappel n'est pas tant d'inciter les contribuables à se placer massivement dans la voie du contentieux des rescrits. Cependant, cela devrait encourager le contribuable, qui a des arguments solides quant à la substance de l'opération envisagée et qui a des « *effets notables autres que fiscaux* »[1032] évidents, à user de cette voie contentieuse. En d'autres termes, lorsque l'Administration fait preuve de bien peu de diligence quant à l'étude d'un rescrit (ce qui semble tout de même rare en matière d'abus de droit), le contrôle du juge s'avère utile. Le simple fait que cette voie contentieuse soit ouverte devrait inciter les services à traiter avec le plus grand sérieux les demandes de rescrits, de sorte que le contentieux devant le juge de l'excès de pouvoir devrait être limité en la matière[1033].

**384.** *In fine*, à certains égards, le niveau de garanties proposées au contribuable mériterait d'être repensé dans l'optique d'assurer un regain de cohérence et un regain d'équilibre dans les relations entre l'Administration et le contribuable. En outre, comme ces mesures anti-abus ne présentent pas des garanties équivalentes, certains contribuables pourraient tenter de contester les rectifications de l'Administration sur le terrain de l'abus de droit dit « *implicite* » ou « *rampant* »[1034].

---

[1031] CE, Sect., 2 décembre 2016, n° 387613, *min. c/ Société Export Press* : *Dr. fisc.* 2017, n° 8, comm. 172, concl. Emmanuelle CORTOT-BOUCHER, note Charles MENARD et Jean-Pierre LIEB. V. Martin COLLET, « Contrôle juridictionnel des rescrits fiscaux : les bons sentiments font-ils les bonnes décisions ? », *JCP G* 2017, n° 4, 88.

[1032] Le Conseil d'État définit ces « *effets notables* » dans la décision *Export Press* (*préc.*) de la manière suivante : « *lorsque le fait de se conformer à la prise de position de l'administration aurait pour effet, en pratique, de faire peser sur le contribuable de lourdes sujétions, de le pénaliser significativement sur le plan économique ou encore de le faire renoncer à un projet important pour lui ou de l'amener à modifier substantiellement un tel projet* ».

[1033] En 2020, 23 demandes de second examen ont été reçues par le collège national de second examen. Une seule décision défavorable rendue en 2020 a fait l'objet d'un REP. V. *Rapport sur l'activité en matière de rescrit*, année 2020, p. 16.

[1034] L'expression est empruntée à : Jérôme TUROT, « Réalisme fiscal, abus de droit et opposabilité à l'administration des actes juridiques (ou l'abus de droit rampant) », *op. cit.*

### 2. *Les difficultés induites : l'abus de droit implicite*

**385. L'abus de droit « implicite ».** – L'abus de droit « implicite » trouve son origine dans la décision *Bendjador* rendue par le Conseil d'État en 1989[1035]. Il se définit comme la situation dans laquelle l'Administration fiscale rectifie un contribuable, en lui reprochant d'avoir commis une simulation ou une fraude à la loi, sans mettre en œuvre la procédure de l'abus de droit fiscal (LPF, art. L. 64). Ce comportement peut être reproché à l'Administration car le contribuable dont l'imposition est rectifiée est privé des garanties essentielles attachées à la procédure d'abus de droit, à savoir, le visa de l'inspecteur divisionnaire et la faculté de saisir le Comité de l'abus de droit fiscal. L'abus de droit « implicite » s'assimile à un détournement de procédure[1036]. Dans le cas où le juge reconnaît un abus de droit « implicite », les rectifications et les sanctions prononcées par l'Administration tombent, dans la mesure où la procédure est entachée d'irrégularité. Si le principe peut se comprendre aisément, sa mise en œuvre est plus délicate à analyser, d'autant plus que le Conseil d'État[1037], à la différence de la Cour de cassation[1038], a plutôt tendance à restreindre les cas d'abus de droit « implicite »[1039]. À la lecture de la jurisprudence, il s'avère difficile de systématiser les cas dans lesquels les juges reprochent à l'Administration ce détournement de procédure. Toutefois, à en croire une partie de la doctrine, le juge aurait tendance à reconnaitre l'abus de droit

---

1035 CE, Plén., 21 juillet 1989, n° 59970, *Bendjador* : *Dr. fisc.* 1990, n° 1, comm. 28, concl. Monique LIEBERT-CHAMPAGNE.

1036 Martin COLLET, Pierre COLLIN, *Procédures fiscales*, *op. cit.*, p. 152, § 224.

1037 V. CE, 9ème et 10ème s.-s., 23 novembre 2001, n° 205132, *SA Cogedac* : *Dr. fisc.* 2002, n° 13, comm. 281, concl. Jean COURTIAL ; CE, 8ème et 3ème s.-s., 30 juillet 2003, n° 232004, *SARL Azur Industrie* : *RJF* 11/03, n° 1273, concl. Pierre COLLIN *BDCF* 11/03, n° 144 ; CE, 10ème et 9ème s.-s., 6 octobre 2010, n° 299986, *Kalpokdjian* : *Dr. fisc.* 2011, n° 4, comm. 126, concl. Julien BOUCHER ; CE, 3ème et 8ème s.-s., 17 décembre 2010, n° 318048, *min. c/ SARL Concept Sport*, *préc.* ; CE, 8ème et 3ème s.-s., 27 juin 2012, n° 36392, *Sté Gérard Poulalion* : *Dr. fisc.* 2012, n° 41, comm. 474, concl. Nathalie ESCAUT *BDCF* 10/12, n° 120. Dans ces affaires, dès lors que l'Administration se fondait légalement sur un fondement distinct de l'abus de droit (essentiellement la requalification et la théorie de l'acte anormal de gestion), l'abus de droit « implicite » n'était pas reconnu. Pour une affaire récente dans laquelle le Conseil d'État casse le raisonnement d'une Cour administrative d'appel qui avait retenu l'abus de droit implicite, v. CE, 8ème et 3ème ch., 11 février 2022, n° 455794 : *Dr. fisc.* 2022, n° 22, comm. 239, concl. Karin CIAVALDINI, note Florence DEBOISSY.

1038 V. Cass. com., 9 juin 2004, n° 01-11.964, *SA Prominox* : *Dr. fisc.* 2004, n° 37, comm. 682 ; Cass. civ., 2 juin 2015, n° 13-19.486, *Mme Gihr-Chitarrini* : *Dr. fisc.* 2015, n° 42, comm. 643, note Florence DEBOISSY ; Cass. com., 4 mars 2020, n° 17-31.642 : *Dr. fisc.* 2020, n° 23, comm. 261, note Pierre FERNOUX.

1039 V. Martin COLLET et Pierre COLLIN, *Procédures fiscales*, *op. cit.*, p. 157, § 224.

« implicite » dans le cas où l'Administration dénonce formellement une simulation ou une fraude à la loi dans les écritures sans mettre en œuvre l'article L. 64 du LPF[1040], ou bien dans les cas où l'Administration use de son pouvoir général de requalification et applique au bout du compte une pénalité notamment pour manquement délibéré[1041]. Ainsi, l'abus de droit « implicite » s'explique certainement par le fait que la « requalification » employée dans le cadre du pouvoir général de rectification se rapproche, sans être forcément identique, de la technique de l'inopposabilité de la procédure d'abus de droit (n° 376). Bien qu'étant appliquée d'une manière très restrictive par le Conseil d'État, il est sans doute utile de se demander si cette jurisprudence a vocation à être étendue compte tenu de l'adoption des dispositifs anti-abus des articles 205 A du CGI et L. 64 A du LPF[1042].

**386. L'abus de droit « implicite » : le renouvellement. –** L'enjeu est de savoir s'il peut être reproché à l'Administration un tel détournement de procédure, dans le cas où elle appréhende un montage transnational sur le fondement de l'article 205 A du CGI, au lieu de l'article L. 64 A et/ou L. 64 du LPF. Les conditions d'application de ces trois dispositifs anti-abus sont proches, mais les contraintes procédurales que l'Administration doit respecter se distinguent. D'une certaine façon, agir sur le terrain de l'article 205 A du CGI pourrait indument priver le contribuable de la garantie accordée par les deux procédures d'abus de droit, à savoir la faculté de saisir le Comité de l'abus de droit fiscal. L'Administration qui entend appréhender, dans ses écritures, sur le fondement de l'article 205 A du CGI, un montage « *dépourvu de toute substance économique* » ou même « *un montage artificiel, dénué de toute substance* », ne commettrait-elle pas un abus de droit rampant ? En effet, le dispositif anti-abus de l'article 205 A du CGI permet seulement de combattre les montages « *non-authentiques* ». En pratique, la réponse à donner à cette question dépendra de la prise position future du juge quant au fait de savoir si les mesures anti-abus visent différents degrés de gravité de l'abus de droit (n° 731 et s.). Pour illustrer le problème que pourrait poser l'abus de droit « rampant » avec les dispositifs anti-abus issus de la loi de finances pour 2019, un exemple (fictif mais probable)[1043] peut être traité.

---

[1040] Christophe DE LA MARDIERE, « Abus de droit. - Textes, historique et notion », *op. cit.*, § 413.

[1041] Florence DEBOISSY, « Abus de droit ou pouvoir général de requalification d'un contrat : le choix des armes », *Dr. fisc.* 2011, n° 10, 249, § 2.

[1042] Pour un article en ce sens, v. Stéphane AUSTRY, « La fin de l'abus de droit ? », *op. cit.*

[1043] Pour le moment, aucune affaire n'a été traitée par la jurisprudence. Mais, dans un souci didactique, il est utile de proposer un cas qui peut être traité à l'avenir par les juges.

**387. Illustration d'une situation problématique.** – Voici qu'un inspecteur des impôts est affecté à la direction des vérifications nationales et internationales (DVNI). En janvier 2023, il est amené à contrôler les résultats des exercices 2020, 2021 et 2022 de la « société A », établie en France. En s'intéressant aux opérations passées au cours de l'année 2020, un montage laisse l'agent quelque peu circonspect. Il s'aperçoit que la « société A » dispose depuis plusieurs années de liquidités conséquentes et inutilisées. Le 1er janvier 2020, la « société A » constitue une « société B » en Belgique et lui apporte les excédents de trésorerie. La « société B » investit dans divers titres financiers et engrange des revenus conséquents, tels que des intérêts obligataires, des dividendes ou des plus-values de cession de titres financiers. Sur le plan fiscal, en Belgique, si les revenus que la « société B » engrange ne sont pas soumis à un régime fiscal privilégié, il n'en demeure pas moins qu'elle paye moins d'impôt que si la « société A » comptabilisait directement lesdits revenus. Le vérificateur constate que les résultats de l'exercice 2020 de la « société B » sont versés sous forme de dividendes au cours de l'exercice 2021 à la « société A » et sont exonérés d'imposition en France en vertu du régime des sociétés mères (CGI, art. 145 ; 216). Le vérificateur estime, au regard des circonstances de l'espèce, qui se rapprochent fortement des faits jugés dans les décisions *Pléiade*[1044] et *Sagal*[1045] (n° 695 et s.), que le montage, bien qu'étant juridiquement réel, est dépourvu de « *substance économique* ». Dans sa proposition de rectification notifiée à la « société A », l'agent vérificateur se fonde sur l'article 205 A du CGI et développe un argumentaire précis et étayé dans lequel il affirme notamment la chose suivante : « *Le montage susvisé est dépourvu de toute substance économique et artificiel. Conformément à l'article 205 A du CGI, il n'y a pas lieu de tenir compte de l'apport des liquidités à la "société B" établie en Belgique pour établir l'impôt sur les sociétés dû en France par la "société A" au titre de l'exercice 2021. Les revenus perçus par la "société B" sont inclus dans la base d'imposition de "la société A"* ».

**388. L'analyse de l'exemple.** – Or, cela ne revient-il pas à priver le contribuable de la garantie proposée à l'article L. 64 A[1046] et/ou L. 64 du LPF ? En l'état, le dispositif anti-abus de l'article L. 64 A du LPF a vocation à appréhender des pratiques qui n'ont pas de *substance économique*[1047]. Le dispositif anti-abus de l'article L. 64 du LPF pourrait être analysé comme

---

1044 CE, 8ème et 3ème s.-s., 18 février 2004, n° 247729, *Sté Pléiade, préc.*
1045 CE, 8ème et 3ème s.-s., 18 mai 2005, n° 267087, *Sté Sagal, préc.*
1046 L'hypothèse tient compte du fait que l'article L. 64 A du LPF pourrait aussi être applicable dans le champ d'application de l'impôt sur les sociétés.
1047 V. BOI-CF-IOR-30-20, § 110.

ayant vocation à appréhender uniquement les *montages artificiels*[1048]. En tout état de cause, dans le cadre d'un contentieux, il est possible qu'un contribuable tente d'opposer à l'Administration un abus de droit « implicite » d'un nouveau genre, étant donné qu'en l'état, le vérificateur l'aurait privé de la faculté de saisir le Comité de l'abus de droit fiscal. En effet, en visant formellement dans ses écrits des pratiques qui entrent uniquement dans le champ d'application des deux procédures d'abus de droit (absence de substance économique et montage artificiel), il se serait placé implicitement mais nécessairement dans les champs d'application des articles L. 64 A et/ou L. 64 du LPF. Évidemment, la question se poserait différemment si jamais le vérificateur avait fait usage dans ses écritures des critères de l'article 205 A du CGI. Ainsi, il peut être recommandé aux services de contrôle de faire preuve d'une grande prudence quant au maniement des critères législatifs dans leurs écritures, afin d'éviter la multiplication des contentieux relatifs à une éventuelle nouvelle forme d'abus de droit « implicite », qui n'est d'ailleurs pas souhaitable en pratique.

**389. Les perspectives d'évolution. –** Il paraît peu probable que le Conseil d'État infléchisse sa jurisprudence en matière d'abus de droit « rampant ». Le contribuable qui opposerait, de son propre aveu, le fait qu'il ait pratiqué un montage artificiel ou une opération dépourvue de substance économique à l'Administration, pour finalement échapper à la rectification pourtant due, peut paraître choquant, incohérent et contradictoire[1049]. Dans un sens, cela contreviendrait même à l'adage *nemo auditur propriam turpitudinem allegans*, selon lequel « *nul ne peut se prévaloir de sa propre turpitude* »[1050]. Au cas présent, ce n'est pas tant l'Administration qui doit être blâmée dans le cadre de son exercice de contrôle (qui plus est, lorsqu'elle assume explicitement viser une pratique abusive et pas une simple erreur), mais plutôt les pouvoirs publics qui multiplient les dispositifs anti-abus sans tenir compte des difficultés majeures qu'ils peuvent susciter.

**390.** Les pouvoirs publics affirment tenir compte des difficultés rencontrées par l'Administration dans la lutte contre les pratiques abusives. Pour autant, ils adoptent des réformes qui, en réalité, complexifient encore plus le travail de l'Administration. L'efficacité de la lutte contre les pratiques abusives est loin d'être renforcée intelligemment. Sans doute il pourrait être jugé plus utile de prévoir des mesures anti-abus qui aboutissent simplement

---

[1048] La question du rôle de l' « artificialité », comme point d'articulation entre les mesures anti-abus, est spécifiquement traitée dans l'avant dernier Chapitre de ce travail.
[1049] Christophe DE LA MARDIERE, « Abus de droit. - Textes, historique et notion », *op. cit.*, § 375.
[1050] *Ibid.*

à une neutralisation des effets fiscaux, sans que l'Administration n'ait formellement à recourir à la technique de l'inopposabilité. Encore faut-il que ces mesures anti-abus « modalités d'assiette » n'aboutissent ni à la réduction de l'effet dissuasif des mesures anti-abus, ni à la transformation des mesures anti-abus en mesures de rendement.

### *B. La technique contemporaine : la neutralisation des effets fiscaux avantageux*

**391.** Plutôt que de rendre inopposable un acte juridique ou un montage, les pouvoirs publics ont prévu, pour dissuader les contribuables de poursuivre des pratiques abusives, de simples « modalités d'assiette ». Autrement dit, la mise en œuvre des mesures anti-abus « modalités d'assiette » permet de neutraliser l'avantage fiscal qui découle de la pratique abusive poursuivie par le contribuable. Les mesures anti-abus « modalités d'assiette » permettent, d'une manière différente, de prévenir les pratiques abusives spécifiquement identifiées. Dans l'hypothèse où le contribuable poursuit tout de même l'opération abusive visée dans le texte anti-abus, l'Administration peut faire application des modalités d'assiette qu'il renferme. Ces modalités d'assiette peuvent aboutir, d'un côté, au « rapatriement » d'une base imposable qui échappe au Trésor public (**1**), d'un autre côté, au refus d'accorder le régime fiscal favorable dans le champ d'application duquel le contribuable se place abusivement (**2**).

#### *1. Le rapatriement d'une base imposable évadée*

**392. L'esprit général : dissuader les pratiques abusives. –** À partir de la deuxième moitié du XX$^{ème}$ siècle, les pouvoirs publics constatent que des contribuables échappent à l'impôt qu'ils doivent normalement grâce à de multiples schémas transnationaux. Les contribuables réussiraient, sans violer la loi, à transférer abusivement leurs revenus à l'étranger. Ainsi, les pouvoirs publics aménagent des dispositifs anti-abus qui ont pour effet, lorsqu'ils sont mis en œuvre, de « rapatrier » les bases imposables qui échapperaient abusivement au Trésor public. Lorsqu'elles sont mises en œuvre, ces règles anti-abus permettent directement d'augmenter le montant de la base taxable du contribuable qui a poursuivi une pratique abusive (CGI, art. 119 *bis* A ; 123 *bis* ; 155 A ; 209 B). Elles s'analysent comme des règles de fond particulières et dérogatoires aux règles de territorialité de l'impôt. Elles sont censées dissuader les contribuables susceptibles de commettre des abus de droit. Mais, dans le cas où les contribuables poursuivent effectivement les pratiques abusives identifiées dans les textes, l'Administration, peut, *ex post*, rapatrier les bases imposables évadées. Les dispositifs anti-abus des articles 123 *bis*, 155 A et 209 B du CGI, bien que visant des situations distinctes, présentent des traits communs. Ils peuvent être rapprochés du dispositif anti-abus de l'article 119 *bis* A du CGI récemment entré en vigueur.

**393. L'effet commun des articles 209 B, 123 *bis*, 155 A et 119 *bis* A du CGI : une extension d'assiette.** – Issu de la loi de finances pour 1980[1051], l'article 209 B du CGI est un dispositif anti-abus bien connu du fait de son ancienneté[1052]. Il permet d'imposer à l'impôt sur les sociétés en France les résultats réalisés par des entreprises ou entités étrangères, soumises à un régime fiscal privilégié (CGI, art. 238 A), qui sont exploitées ou détenues par une société établie en France. Cette dernière est directement imposable sur l'ensemble des résultats positifs de l'entreprise ou l'entité étrangère, ce qui est dérogatoire aux règles de territorialité classiques de l'impôt sur les sociétés (CGI, art. 209, I, al. 1)[1053]. En principe, si une société établie en France exploite une entreprise à l'étranger, la société n'est normalement pas redevable de l'impôt sur les sociétés en France sur les résultats de cette entreprise. Aussi, le dispositif anti-abus de l'article 209 B du CGI permet d'assimiler les bénéfices d'une entité établie à l'étranger, à des revenus de capitaux mobiliers (ci-après : RCM) de la société établie en France à hauteur des droits financiers qu'elle détient[1054]. Alors même que les revenus ne sont pas distribués, la société est imposée dessus comme si la filiale avait effectivement distribué les revenus. Le dispositif anti-abus de l'article 123 *bis* du CGI se rapproche de l'article 209 B du CGI. Il trouve son origine dans la loi de finances pour 1999[1055]. Ce dispositif anti-abus consiste à imposer les personnes physiques domiciliées fiscalement en France qui détiennent des participations dans des entités étrangères dont

---

[1051] Loi n° 80-30 du 18 janvier 1980 de finances pour 1980, art. 70.
[1052] Pour une étude approfondie de ce dispositif anti-abus, v. Emmanuel DINH, « Bénéfices de sociétés établies dans un pays à fiscalité privilégiée (CGI, art. 209 B) », in *JCl. Fiscal international*, fasc. 3740.
[1053] Les sociétés sont passibles de l'impôt sur les sociétés en France uniquement sur les « *bénéfices réalisés dans les entreprises exploitées en France* ». Sur les aspects pratiques et théoriques de cette question, v. Nicolas MELOT, *Territorialité et mondialité de l'impôt : étude de l'imposition des bénéfices des sociétés de capitaux à la lumière des expériences française et américaine*, Thèse, 2004, Dalloz, « Nouvelle Bibliothèque de Thèses ». V. aussi : Raymonde CATALAN, « Territorialité. - Impôt sur les sociétés. - Droit interne (CGI, art. 209, I) », in *JCl. Fiscal international*, fasc. 3300. L'article 209, I, al. 1 du CGI prévoit que sont soumis à l'impôt sur les sociétés en France : i) les revenus et plus-values afférents à des immeubles situés en France (CGI, art. 164 B, I, a, e, e bis, e ter) ; ii) les bénéfices dont l'imposition est attribuée à la France par une convention fiscale internationale relative aux doubles impositions.
[1054] À titre de remarque, les revenus qualifiés de revenus de capitaux mobiliers au sens de l'article 209 B du CGI ne bénéficient pas du régime de faveur des sociétés mères, v. en ce sens : BOI-IS-BASE-60-10-30-20, § 120.
[1055] Loi n° 98-1266 du 30 déc. 1998 de finances pour 1999, art. 101.

les résultats sont soumis à un régime fiscal privilégié (CGI, art. 238 A)[1056]. Il permet, sous certaines conditions, d'assimiler les bénéfices réalisés par l'entité étrangère, à des revenus de capitaux mobiliers de la personne physique domiciliée en France à hauteur des droits financiers qu'elle détient, alors même que les bénéfices n'ont pas été distribués par l'entité étrangère. Autrement dit, par cette modalité d'assiette, le contribuable voit sa base imposable être augmentée de revenus qui, en réalité, n'ont pas été distribués par l'entité étrangère dans laquelle il a des intérêts capitalistiques. En principe, une personne physique domiciliée en France est imposable à l'impôt sur le revenu à hauteur de l'ensemble de ses revenus mondiaux (CGI, art. 4 A), sous réserve que le contribuable dispose effectivement desdits revenus (CGI, art. 12). Or, le dispositif anti-abus de l'article 123 *bis* du CGI prévoit une modalité qui a pour effet d'imposer une personne physique domiciliée en France sur des revenus qu'elle n'a pas reçus ou qui ne sont pas disponibles. Quant à l'article 155 A du CGI[1057], il attribue directement les revenus perçus par une personne établie ou domiciliée à l'étranger à une autre personne, alors même que cette dernière ne les perçoit pas effectivement, ce qui, une nouvelle fois, est dérogatoire aux règles du droit commun. Enfin, le dispositif de l'article 119 *bis* A du CGI, qui est entré en vigueur le 1er juillet 2019, à l'image des dispositifs anti-abus des articles 209 B et 123 *bis* du CGI, assimile à des revenus distribués des versements réalisés par un résident à un non-résident. Ainsi, ce revenu peut être soumis à la retenue à la source de l'article 119 *bis* du CGI.

**394. Des dispositifs anti-abus reposant sur des techniques distinctes de l'inopposabilité. –** À la différence des deux procédures d'abus de droit (LPF, art. L. 64 et L. 64 A) et de la clause anti-abus en matière d'impôt sur les sociétés (CGI, art. 205 A), l'Administration, lorsqu'elle met en œuvre l'une des quatre mesures anti-abus envisagées (CGI, art. 119 *bis* A, 123 *bis* ; 155 A ; 209 B), ne rend pas expressément inopposables les opérations poursuivies par le contribuable. Ces dispositifs anti-abus reposent sur des fictions juridiques[1058]. L'application de ces dispositifs anti-abus permet de considérer comme existantes des

---

1056 Pour une étude approfondie sur ce dispositif, v. Xavier CABANNES, « Participations dans des entités étrangères soumises à un régime fiscal privilégié (CGI, art. 123 *bis*) », in *JCl. Fiscal international*, fasc. 3760.

1057 Ce dispositif anti-abus trouve sa source dans la loi n° 80-30 du 18 janvier 1980 de finances pour 1980, 71.

1058 Philippe MARTIN, Bruno GOUTHIERE, « Les conflits de normes : les clauses anti-évasion », *op. cit.*, § 5. Pour Pierre PESCATORE, la fiction se définit comme « *un procédé, légal ou jurisprudentiel, qui consiste à supposer un fait […] différent de la réalité, en vue d'en déduire des conséquences juridiques déterminées* ». V. Pierre PESCATORE, *Introduction à la science du droit, 1960*, 2ème réimpression, 2009, Université du Luxembourg, Bruylant, p. 220, § 145.

distributions qui n'existent pas, ou d'attribuer la réalisation d'une prestation de service à un contribuable formellement réalisée par une autre personne, entrainant alors des conséquences fiscales distinctes de celles qui résulteraient de la réalité des opérations. Néanmoins, le dispositif anti-abus de l'article 155 A du CGI, quant à lui, a pour effet « *de faire abstraction de la personne interposée* »[1059]. Autrement dit, il repose sur une technique proche de celle de l'inopposabilité. Ainsi, il existe une distinction entre les dispositifs anti-abus qui reposent sur une fiction de distribution (les mesures du type « *deemed dividend* ») (CGI, art. 119 *bis* A ; 123 *bis* ; 209 B) et ceux qui regardent « *à travers une entité étrangère* » (les mesures du type « *look through* ») (CGI, art. 155 A)[1060]. Cette distinction intéresse les acteurs du droit fiscal sur le plan pratique, puisqu'en fonction de la technique employée, la qualification du revenu et l'identification du bénéficiaire du revenu divergent, ce qui peut entraîner des conséquences quant à l'articulation de ces mesures anti-abus avec les stipulations des conventions fiscales (n° 653 et s.). Toujours est-il que ces techniques permettent, tout comme la technique de l'inopposabilité, de dissuader les contribuables de poursuivre des opérations abusives.

**395. Des traits communs avec d'autres dispositifs d'assiette. –** À titre de comparaison, d'autres dispositifs d'assiette inscrits dans le CGI organisent, de la même manière, des règles dérogatoires au droit commun (CGI, art. 167 *bis* ; 221, 2 ; 238 *bis*-0 I ; 750 *ter*, 3 ; 990 D)[1061]. D'une façon

---

[1059] Bernard CASTAGNEDE, *Précis de fiscalité internationale*, *op. cit.*, p. 299, § 355.
[1060] Philippe MARTIN, Bruno GOUTHIERE, « Les conflits de normes : les clauses anti-évasion », *op. cit.*, § 5.
[1061] **L'article 167 *bis* du CGI** prévoit une modalité d'assiette qui s'écarte du principe selon lequel sont seulement intégrés dans la base taxable de l'impôt sur le revenu (IR) les revenus effectivement perçus par le contribuable (CGI, art. 12). En effet, la base d'imposition de *l'exit-tax* est composée de revenus qui sont à l'état de simple éventualité ou possibilité. Aucun revenu n'est constaté ou comptabilisé car aucune cession de titres ou droits sociaux n'a eu lieu. Dans un sens, le fait générateur classique de l'imposition des plus-values de cession à titre onéreux des valeurs mobilières, droits sociaux et autres titres assimilés est substitué par un autre fait générateur spécial. En principe, la naissance de l'IR dépend de la cession à titre onéreux des valeurs mobilières d'une société (CGI, art. 150-0 A), alors que dans ce dispositif, l'obligation fiscale naît au jour du transfert d'un domicile fiscal.
**L'article 221, 2 du CGI** permet d'imposer une société qui transfère son siège ou un établissement dans un État tiers à l'UE/EEE sur des plus-values latentes. Pour autant, le transfert d'actifs au sein d'une même personne juridique ne vaut pas cession. De sorte que cette modalité d'assiette vient déroger au principe général selon lequel le fait générateur d'imposition à l'impôt sur les sociétés des plus-values et des moins-values des éléments de l'actif immobilisé d'une société intervient le jour de leur cession (CGI, art. 39 *duodecies*).
**L'article 238 *bis*-0 I du CGI** permet d'appréhender en France, le revenu des éléments d'actifs qu'une entreprise transfère à l'étranger pour être gérés par un tiers dans son intérêt. Les résultats qui proviennent de la gestion ou de la disposition de ces actifs ou des biens acquis en remploi sont imposés à l'impôt sur

les sociétés dans les résultats de l'entreprise française. Ce dispositif adapte la législation fiscale à des montages financiers assez complexes et fiscalement avantageux et plus particulièrement aux montages impliquant une émission de titres subordonnés à durée indéterminée (TDSI) et sur les opérations de désendettement. Juridiquement, le bénéficiaire du transfert d'actifs recueille les fruits ou subit les pertes de la gestion, de la disposition des actifs ou des biens acquis en remploi. En vertu de la règle classique de territorialité de l'impôt sur les sociétés, ces résultats ne seraient pas imposés en France. En effet, ils ne sont pas qualifiables de bénéfices réalisés par une entreprise exploitée en France (CGI, art. 209, I, al. 1). Pour autant, ce dispositif aménage une modalité d'assiette qui permet au fisc français de les imposer. D'une certaine manière, les actifs sont réputés ne jamais avoir été transférés à l'étranger, ainsi les résultats qui en découlent sont rattachés aux résultats de l'entreprise française. Une nouvelle fois, une modalité d'assiette spéciale vient déroger à une règle d'assiette générale.
Les règles de territorialité en matière de droits de mutation à titre gratuit (successions, donations) sont issues d'une loi du 29 décembre 1976. Jusqu'à l'entrée en vigueur de la loi de finances pour 1999, l'étendue de l'obligation fiscale dépend uniquement du lieu du domicile fiscal (CGI, art. 4 A) du donateur – pour les donations – ou du défunt (*de cujus*) – pour les successions. Si le donateur ou le *de cujus* ont leur domicile fiscal en France, alors *tous les biens* donnés ou recueillis sont imposables aux droits de mutation à titre gratuit français, et ce, qu'ils soient situés en France ou hors de France (CGI, art. 750 *ter*, 1°). Si le donateur ou le *de cujus* n'ont pas leur domicile fiscal en France, alors *seuls les biens situés en France* donnés ou recueillis sont imposables aux droits de mutation à titre gratuit (CGI, art. 750 *ter*, 2°). Cet article ne visait pas les *donataires ou héritiers domiciliés fiscalement en France* qui reçoivent ou recueillent d'un donateur ou d'un *de cujus* non domiciliés fiscalement en France des *biens situés hors de France*. Ainsi, certains contribuables – en général très fortunés – transféraient leur domicile fiscal et échappaient aux droits de donation et succession sur les biens mobiliers et immobiliers sans assise en France. Le législateur a trouvé utile d'ajouter une modalité au **3° de l'article 750 *ter* du CGI** pour dissuader ce genre de comportement. En effet, depuis la loi de finances pour 1999, l'étendue des droits de mutation à titre gratuit dépend désormais aussi du domicile fiscal des donataires ou héritiers. Si le donateur ou le *de cujus* n'ont pas leur domicile fiscal en France et que les donataires ou héritiers ont leur domicile fiscal en France, tous les biens donnés ou recueillis sont imposables aux droits de mutation à titre gratuit français, et ce, qu'ils soient situés en France ou hors de France.
**L'article 990 D du CGI** a vocation à imposer – sous réserve de nombreuses exemptions – toutes les entités juridiques qui, directement ou par entité interposée, possèdent un ou plusieurs immeubles en France ou qui sont titulaires de droits réels portant sur ces immeubles ou droits. La taxe est due au taux de 3 % à raison de la valeur vénale des immeubles et droits réels détenus, au 1er janvier de l'année d'imposition. En pratique, ce mécanisme vise à éviter que des contribuables normalement redevables de l'impôt sur la fortune immobilière en France (anciennement IGF et ISF) puissent y échapper, en acquérant ou en détenant des propriétés immobilières en France, sous couvert de personnes morales établies dans des États qui ne pratiquent pas d'échanges d'informations avec la France. En principe, sont redevables de l'impôt sur la fortune immobilière les contribuables domiciliés fiscalement en France sur l'ensemble de leurs actifs immobiliers et les contribuables non domiciliés fiscalement en France uniquement sur leurs actifs immobiliers qui ont une assise en France (CGI, art. 964). Toutefois, si l'Administration fiscale n'est pas en mesure de connaitre le nom des associés ou

relativement similaire aux mesures anti-optimisation du CGI, les conventions fiscales prévoient des clauses anti-optimisation qui ont pour objet de répartir plus équitablement les bases imposables entre les États. Par exemple, les effets fiscaux avantageux attachés à l'interposition d'une société dite « *rent a star company* »[1062], à un transfert de bénéfices à une filiale à l'étranger[1063], à un transfert de résidence fiscale[1064] ou même à

---

actionnaires de l'entité établie à l'étranger, il est difficile pour elle d'imposer les contribuables qui détiennent indirectement un actif immobilier situé en France. De sorte que, le choix a été fait – plutôt que de laisser l'Administration fiscale prouver que les personnes physiques détiennent indirectement des immeubles en France – d'imposer forfaitairement la personne morale interposée. Ce dispositif est une modalité d'imposition spéciale, qui vient appréhender une base d'imposition qui échappe au fisc français et se substitue ainsi à l'imposition générale qu'est l'IFI.

1062 À l'image de l'article 155 A du CGI, les conventions fiscales signées par la France intègrent une règle visant à prévenir les schémas dits *Rent a star company*. En principe, un artiste ou un sportif est normalement imposable dans l'État dans lequel il exerce une activité artistique ou sportive (Convention modèle OCDE 2017, art. 17, 1). Toutefois, si une société perçoit les revenus au titre des prestations effectivement réalisées par l'artiste ou le sportif, c'est la société qui est imposable (dans l'État de sa résidence ou dans l'État dans lequel elle exploite un établissement stable) (Convention modèle OCDE 2017, art. 7). Puis, si l'artiste ou le sportif est salarié de cette société, il est en principe imposable dans l'État dans lequel il est résident (Convention modèle OCDE 2017, art. 15). Pour contrer l'interposition de société (ou de toute autre personne), les conventions fiscales aménagent la répartition du pouvoir d'imposer les revenus des artistes et sportifs d'une façon spécifique (Convention modèle OCDE 2017, art. 17, 2) et s'écarte de la répartition traditionnelle normalement prévue. Nonobstant les stipulations relatives à l'imposition des entreprises et des revenus d'emploi, il est admis que les revenus de ces contribuables sont imposables – même en cas d'interposition d'une autre personne (le plus souvent une société, mais il peut s'agir d'une personne physique) – dans l'État dans lequel l'artiste ou le sportif rend réellement la prestation. Par cette nouvelle répartition du pouvoir d'imposer, les États qui suivent cette clause dans leur politique conventionnelle – c'est le cas de la France – neutralisent les avantages fiscaux attachés au schéma et récupèrent la valeur taxable correspondante.

1063 Les conventions entre la France et Oman (art. 19, I, 2) et entre la France et les Emirats arabes unis (art. 19, 2) ont un fonctionnement qui se rapproche du dispositif anti-abus de l'article 209 B du CGI. En effet, elles stipulent que « *lorsqu'une personne [...] établie dans [l'un de ces États du golfe] [...] est une filiale contrôlée directement ou indirectement à plus de 50 p. cent par une société dont le siège de direction est en France, les revenus de cette personne sont imposables en France nonobstant toute autre disposition de la présente Convention* ». Ainsi, cette modalité a été adoptée pour éviter que les profits de sociétés mères françaises soient transférés dans des États du Golfe et puissent échapper à l'impôt sur les sociétés en France. Elle s'écarte du principe selon lequel une entreprise d'un État contractant n'est imposable que dans cet État, sauf si elle exerce son activité à travers un établissement stable dans l'autre État (Convention modèle OCDE, art. 7).

1064 Les deux conventions signées par la France avec Oman et les Emirats prévoient des modalités de répartition propres aux contribuables personnes physiques qui se rapprochent de celles prévues afin de lutter contre la délocalisation des profits. Globalement, il est stipulé que « *lorsqu'une personne est un résident dans [l'un de ces États*

l'interposition d'un intermédiaire[1065] sont neutralisés. Or, le fait que les pouvoirs publics emploient des techniques similaires pour dissuader, d'un côté des pratiques abusives et d'un autre côté des pratiques d'optimisation fiscale, ne facilite pas l'exercice de délimitation entre les dispositifs qui ont une portée anti-abus et ceux qui ont une portée anti-optimisation (n° 243 et s.). En pratique, qu'il s'agisse d'une mesure anti-abus « modalité d'assiette » ou d'une mesure anti-optimisation, l'Administration a la capacité de rapatrier des bases imposables qui échappent au Trésor public. La seule différence tient au fondement de ce rapatriement : dans le premier cas, cela tient au fait que l'opération réponde essentiellement à des considérations fiscales en vue d'éluder l'impôt normalement dû, dans le second cas, cela tient au fait que le contribuable poursuive une opération d'optimisation fiscale (n° 223 et s.).

---

*du golfe] […], est fiscalement domiciliée en France au sens du droit interne français, les revenus de cette personne sont imposables en France nonobstant toute autre disposition de la présente Convention* ». Dans ce cas, ces modalités d'assiette s'écartent clairement des modalités prévues dans la convention modèle de l'OCDE. En principe, lorsqu'une personne est résidente de deux États contractants, une méthodologie pour résoudre la difficulté est donnée par la convention modèle. En effet, le lieu de résidence dépend d'abord du lieu où se situe le foyer d'habitation permanent, à défaut, il dépend du lieu de séjour habituel ou à défaut de la nationalité du contribuable (Convention modèle OCDE 2017, art. 4). Au cas présent, la méthodologie n'est pas suivie. En cas de double résidence d'une personne physique, la France est habilitée à imposer tous les revenus du contribuable, et ce, afin de neutraliser le transfert de résidence fiscale de certains contribuables domiciliés fiscalement en France dans les pays du golfe.

[1065] De manière très particulière, des conventions prévoient une clause dite de « *force attractive* » de l'établissement stable. Ce concept, dégagé par l'ONU (Convention modèle de l'ONU, art. 7, 1, a, b, c), a pour effet de rattacher les revenus qui – en principe – ne sont pas imputables à l'établissement stable, à cet établissement, et ce, afin de neutraliser certaines pratiques. Une société établie dans un État pourrait certes avoir un établissement stable dans un autre État, mais elle pourrait exercer en partie l'activité de l'établissement stable par l'intermédiaire d'agents indépendants, de sorte que l'activité ne serait pas imputable à l'établissement stable. Cet État n'aurait pas le pouvoir d'imposer les bénéfices issus de cette activité. De sorte que, le concept de force attractive permet d'imposer les bénéfices afférents aux ventes de marchandises de même nature (ou de nature analogue) que celles qui sont vendues par l'établissement stable et ceux afférents à d'autres activités commerciales exercées dans l'État de situation de l'établissement stable de même nature (ou de nature analogue) que celles qui sont exercées par l'établissement stable. Globalement, tous les revenus qui trouvent leur source dans l'État où est situé l'établissement stable y sont imposables et pas seulement ceux qui sont imputables à l'activité propre de l'établissement stable. Les conventions liant la France qui consacrent ce concept sont très rares en pratique. Elles ne sont pas du tout présentes dans les conventions qui lient la France avec les pays développés. Elles concernent surtout les pays en voie de développement qui redoutent la perte de leur base taxable.

**396.** En revanche, il serait regrettable que les services de contrôle mettent sur le même plan les mesures anti-abus et les mesures anti-optimisation. En effet, les premières appréhendant des abus de droit, leur recours devrait rester exceptionnel, même si leur application n'est pas spécifiquement contrainte d'un point de vue procédural par les textes. Il paraîtrait contestable que l'Administration applique les mesures anti-abus dans la seule perspective d'augmenter les recettes du contrôle fiscal. En réalité, une utilisation en ce sens des mesures anti-abus découragerait les contribuables à opérer sur le plan international. En pratique, si l'Administration dispose de plusieurs outils anti-abus, elle ne paraît pas en faire un usage excessif. Il ressort des documents de politique transversale de 2021[1066] que l'Administration, en 2020, a mis en œuvre les dispositifs anti-abus des articles 209 B du CGI à 13 reprises[1067], 155 A du CGI à 31 reprises[1068] et 123 *bis* du CGI à 50 reprises[1069].

**397.** La même analyse peut être faite au sujet des mesures anti-abus qui, lorsqu'elles sont mises en œuvre, aboutissent au refus du bénéfice d'un régime de faveur. L'Administration n'étant pas spécifiquement contrainte d'un point de vue procédural, il ne faudrait pas qu'elle décide de recourir excessivement à ces mesures anti-abus.

#### 2. *Le refus d'accorder les avantages d'un régime de faveur*

**398. La diversité des régimes de faveur sur le plan international. –** Les États prévoient des régimes fiscaux favorables afin d'inciter les contribuables à opérer à l'international. Les contribuables établis ou domiciliés en France (ou à l'étranger) sont encouragés à étendre leur activité économique ou patrimoniale dans d'autres États (ou en France)[1070]. Divers exemples peuvent illustrer ce propos. Les régimes communs européens (« mères-filles », « fusions », « intérêts et redevances ») contribuent au développement des activités de groupe au sein de l'Union européenne en raison des avantages fiscaux qu'ils octroient. Les conventions fiscales prévoient souvent des taux réduits de retenue à la source afin d'encourager

---

[1066] Ministère de l'Action et des Comptes publics, *Lutte contre l'évasion fiscale et la fraude en matière d'impositions de toutes natures et de cotisations sociales, Document de politique transversale, Projet de loi de finances pour 2022*, 2021, p. 68 et s.

[1067] *Ibid.* En 2019, l'Administration l'avait mis en œuvre 10 fois.

[1068] *Ibid.* En 2019, l'Administration l'avait mis en œuvre 86 fois.

[1069] *Ibid.* En 2019, l'Administration l'avait mis en œuvre 78 fois.

[1070] Comme l'explique le Conseil constitutionnel, les dispositions du droit fiscal peuvent inviter les contribuables à opérer des arbitrages. Ainsi, la charge finale de l'impôt est conditionnée aux choix éclairés du contribuable, v. Cons. const., 29 décembre 2005, déc. n° 2005-530 DC, *Loi de finances pour 2006*, *préc.*, cons. 79.

les contribuables d'un État à investir dans un autre État. Les mesures prévues directement par le droit interne d'un État[1071] incitent parfois les contribuables établis ou domiciliés dans un autre État à développer une activité ou à s'implanter dans le premier État car la fiscalité est plus clémente[1072].

**399. La problématique de l'abus des régimes de faveur. –** Les contribuables sont clairement incités à se placer dans le champ d'application des régimes fiscaux favorables, puisque de substantielles économies d'impôts sont potentiellement à la clé. Toutefois, il existe des cas dans lesquels « *les incitations peuvent se révéler contre-productives* »[1073]. En effet, certains contribuables, ne voyant que l'intérêt fiscal, se placent abusivement dans le champ d'application des régimes de faveur. Toutefois, plutôt que de laisser l'Administration fiscale combattre ces schémas sur le fondement de l'article L. 64 du LPF, il a été décidé d'adopter des mesures anti-abus d'un nouveau genre. Cela consiste à insérer une condition supplémentaire pour bénéficier d'un régime de faveur. Il est explicitement indiqué, dans la loi, dans les directives européennes ou dans les conventions fiscales, que le régime de faveur qu'elles encadrent, bénéficie seulement aux contribuables qui n'adoptent pas un comportement abusif. En conséquence, l'Administration est en mesure de refuser au contribuable le bénéfice du régime de faveur, parce que, en poursuivant une opération abusive, le contribuable ne respecte pas les conditions d'application du régime de faveur.

**400. La qualification de la technique employée : une règle d'assiette. –** Pour reprendre l'expression du Conseil constitutionnel, les dispositions de ce type de mesures anti-abus « *se bornent à prévoir une nouvelle condition à laquelle est subordonné le bénéfice [d'un] régime fiscal dérogatoire* ». Ainsi, ces dispositions déterminent « *une règle d'assiette* »[1074]. Cette analyse a été faite

---

[1071] En France, par exemple, le régime relatif au crédit d'impôt recherche (CIR) est une mesure incitative destinée à encourager la recherche et le développement. Ainsi, les contribuables étrangers sont incités, par ce régime de faveur, à s'implanter en France pour en bénéficier.

[1072] La concurrence entre les États doit rester « saine ». Les États ne doivent pas adopter une « *concurrence fiscale dommageable* » (termes utilisés dans le Code de conduite de l'UE) ou adopter des « *pratiques fiscales dommageables* » (termes utilisés dans l'Action 5 du projet BEPS de l'OCDE).

[1073] L'expression est empruntée à : Jean TIROLE, *Économie du bien commun,* 2018, PUF, p. 65.

[1074] Cons. const., 29 décembre 2015, déc. n° 2015-726 DC, *Loi de finances rectificative pour 2015*, *préc.*, cons. 12. V. Olivier FOUQUET, « Dispositif anti-abus et poursuite d'un but principalement fiscal. À propos de Cons. const., déc. n° 2015-726 DC, 29 déc. 2015 », *Dr. fisc.* 2016, n° 4, act. 50 ; Yann AGUILA, Julien GAYRAL, Yves RUTSCHMANN, « La nouvelle clause anti-abus du régime des sociétés mères :

pour la clause anti-abus du régime « mères-filles » (CGI, anc. art. 145, 6, k). Elle est transposable aux autres clauses anti-abus en matière de « fusions » (CGI, 210-0 A III) ou de paiement des « intérêts-redevances » (CGI, art. 119 *quater*, 3 ; 182 B *bis*, 3) qui conditionnent l'octroi des avantages fiscaux à l'absence d'abus du contribuable. Il en va de même des dispositions des articles 238 A du CGI et 979, I, al. 2 du CGI qui conditionnent respectivement la déductibilité de certaines charges et le bénéfice du plafonnement en matière d'impôt sur la fortune immobilière aux opérations qui, au sens de ces dispositifs anti-abus, ne sont pas abusives. C'est également le cas pour les clauses dites « PPT » et de bénéficiaire effectif, qui ont pour effet de refuser les avantages octroyés par les conventions fiscales aux pratiques abusives[1075]. Mettre en œuvre ces clauses anti-abus reviendrait simplement à examiner si les conditions des régimes de faveur sont respectées, de sorte que l'Administration devrait seulement suivre une procédure de rectification, sans qu'aucune garantie spécifique ou particulière ne soit accordée au contribuable.

**401. Une règle d'assiette dans le sillage de l'inopposabilité ? –** La qualification de ces dispositifs anti-abus en « règles d'assiette » peut être discutée. Certes, ces dispositions prévoient expressément le refus des avantages fiscaux normalement octroyés par ces régimes de faveur. Toutefois, ce refus ne rejoint-il pas finalement la prérogative originelle et exorbitante attachée à la mise en œuvre de la procédure d'abus de droit, à savoir l'inopposabilité ?[1076] En effet, refuser les avantages spécifiques d'un régime de faveur revient à mettre de côté une opération qui permettrait normalement d'en bénéficier. Par exemple, lorsque l'Administration refuse l'exonération de la retenue à la source à une société mère établie au sein d'un État membre de l'Union européenne qui perçoit des dividendes d'une filiale établie en France (CGI, art. 119 *ter*, 3), cela revient implicitement à rendre inopposable l'opération du contribuable qui entre formellement dans le champ d'application du régime de faveur. Néanmoins, à la différence de la prérogative prévue aux articles L. 64, L. 64 A du LPF et à l'article 205 A

---

critique de la décision du Conseil constitutionnel et opportunité d'une saisine de la Cour de justice de l'Union européenne », *op. cit.*

[1075] S'agissant de la clause de bénéficiaire effectif, le Conseil d'État a récemment expliqué qu'il y a lieu d'appliquer directement la convention bilatérale conclue entre la France et l'État de résidence du bénéficiaire effectif de redevances de source française, en écartant la convention de l'État du bénéficiaire apparent. V. CE, 9ème et 10ème ch., 20 mai 2022, n° 444451, *Sté Planet* : *Dr. fisc.* 2022, n° 21, act. 199. Sur cet arrêt, v. Daniel GUTMANN, Stéphane AUSTRY, « Convention fiscale et clause de bénéficiaire effectif. À propos de CE, 20 mai 2022, n° 444451, Sté Planet », *Dr. fisc.* 2022, n° 24, act. 232.

[1076] V. Florence DEBOISSY, « Articulation de la procédure d'abus de droit et des clauses anti-abus », *op. cit.*, § 12.

du CGI, l'Administration n'est pas admise à requalifier l'ensemble de l'opération pour déterminer le montant des impôts dus par le contribuable. Par exemple, l'Administration peut refuser l'exonération de la retenue à la source qui porte sur la distribution d'un dividende par une filiale établie en France à sa société mère établie dans un autre État membre sur le fondement des dispositions de l'article 119 *ter*, 3 du CGI, au motif que l'interposition de la société mère européenne, à l'origine de laquelle se trouve une société tête de groupe américaine, est artificielle. Dans ce cas, l'Administration peut refuser l'exonération de la retenue à la source normalement applicable (CGI, art. 119 *ter*) et réclamer la retenue à la source de droit commun (CGI, art. 119 *bis*, 2) sur le flux européen. Toutefois, l'Administration, sur le fondement des dispositions de l'article 119 *ter*, 3 du CGI, n'est pas en mesure de rendre inopposable l'interposition de la société européenne. Concrètement, l'Administration ne paraît pas être autorisée à calculer le montant de l'imposition sur le flux entre la société filiale établie en France et la société tête de groupe établie aux États-Unis. La clause anti-abus de l'article 119 *ter*, 3 du CGI constitue une condition supplémentaire d'appréciation des modalités de détermination de la retenue à la source applicable sur la distribution des dividendes entre une société fille établie en France et une société mère établie au sein d'un État membre de l'Union européenne.

**402.** Les techniques employées dans les mesures anti-abus « modalités d'assiette » ne se distinguent pas de celles employées dans les mesures anti-optimisation. Par exemple, les mesures anti-hybrides des articles 205 B et suivants du CGI (n° 231 et s.) ont été adoptées pour permettre à l'Administration de refuser, notamment, le bénéfice de la déductibilité de certaines charges passées par le contribuable en France dès lors que le revenu, à l'étranger, n'est pas imposable. Les mesures anti-optimisation permettent à l'Administration de refuser tout simplement le bénéfice d'avantages fiscaux favorables. Une nouvelle fois, la ligne de démarcation entre les dispositifs anti-abus et les dispositifs anti-optimisation n'est pas évidente à tracer, puisqu'ils organisent des régimes juridiques semblables. Toujours est-il que de simples règles d'assiette dissuadent les contribuables de poursuivre des pratiques abusives (ainsi que des pratiques d'optimisation fiscale que les pouvoirs publics réprouvent). Le risque, une fois de plus, serait que les services de contrôle brandissent trop fréquemment ces armes anti-abus, étant donné que leur mise en œuvre n'est pas conditionnée par l'enclenchement d'une procédure spécifique. En pratique, l'Administration ne paraît pas appliquer excessivement ce type de mesures anti-abus. Par exemple, en 2020, l'Administration a mis en œuvre à 15 reprises le dispositif anti-abus de l'article 238 A du CGI[1077]. Quant aux dispositifs anti-abus propres au régime « mères-filles », en 2017, ceux-ci ont permis de rectifier en droits 33 millions d'euros, alors que la procédure d'abus de droit (LPF, art. L. 64), à titre de comparaison, a permis de rectifier, en droits, 171 millions d'euros[1078].

**403.** Lorsqu'elles sont mises en œuvre, les mesures anti-abus « modalités d'assiette » aboutissent à la neutralisation des avantages fiscaux obtenus abusivement. Ainsi, elles rebutent les contribuables à poursuivre les pratiques abusives identifiées dans les textes. Leur vertu dissuasive est certaine. Toutefois, seule la procédure d'abus de droit aboutit à la sanction automatique du contribuable (CGI, art. 1729, b) et lui confère une vertu dissuasive plus importante.

### *§ 2 – Entre sanction automatique et sanction conditionnée d'une pratique abusive*

**404.** Le pouvoir de sanction en matière fiscale permet de réprimer le comportement illicite du contribuable et, partant, se distingue du pouvoir de rectification qui consiste à déterminer le montant des droits dus par le contribuable. Le pouvoir de sanction, bien qu'il ait vocation à réprimer, *ex post*, un comportement particulier, permet, surtout, de « *dissuader les contribuables de tricher* »[1079]. La crainte de la sanction décourage nécessairement le contribuable de franchir la ligne rouge de l'abus de droit. En ce sens, attribuer une portée répressive à une mesure anti-abus a deux fonctions : sanctionner le contribuable qui commet effectivement une pratique abusive ; prévenir en amont de toute opération les abus. Classiquement, l'Administration fiscale est en mesure de réprimer les abus de droit caractérisés selon la procédure classique de l'article L. 64 du LPF (CGI, art. 1729, b), c'est-à-dire les actes constitutifs d'une simulation ou d'une fraude à la loi. Néanmoins, la diversification récente des mesures anti-abus renouvelle la question de la sanction de l'abus de droit. À la différence

---

1077 Ministère de l'Action et des Comptes publics, *Lutte contre l'évasion fiscale et la fraude en matière d'impositions de toutes natures et de cotisations sociales, Document de politique transversale, Projet de loi de finances pour 2022*, 2021, p. 68 et s. À titre de comparaison, en 2019, le dispositif anti-abus de l'article 238 A du CGI a été mis en œuvre à 20 reprises.

1078 V. Rapport PEYROL I, *préc.*, p. 101.

1079 Martin COLLET, Pierre COLLIN, *Procédures fiscales*, *op. cit.*, p. 163, § 239. Pour une affirmation des objectifs de ***prévention*** et de ***répression*** des pénalités fiscales de la fraude et de l'évasion fiscales auxquels répondent les pénalités fiscales, v. CE, Avis, 3ème et 8ème s.-s., 4 décembre 2009, n° 329173, *Sté Rueil Sports* : *Dr. fisc.* 2010, n° 181. Pour une étude récente sur les sanctions fiscales, v. Lolita GIRONDEAU, *Contribution à l'étude de la pénalisation du droit fiscal*, Thèse, 2021, L'Harmattan, « Finances publiques ».

de la procédure d'abus de droit traditionnelle, les autres mesures anti-abus n'auraient pas de vertu répressive. À la vérité, le doute existe sur le fait de savoir si la seule application de ces dispositions d'assiette est susceptible d'emporter, ou non, l'application des pénalités pour abus de droit ou des pénalités de droit commun (**A**). S'il est vrai que la répression de l'abus de droit est une prérogative essentielle de l'Administration, encore faut-il se demander si le juge pénal, notamment au regard des réformes récentes[1080], n'est pas en mesure de sanctionner plus fréquemment pour fraude fiscale (CGI, art. 1741) le contribuable réalisant une opération qualifiable d'abus de droit sur le fondement d'un dispositif anti-abus (**B**).

### *A. La répression administrative des pratiques abusives*

**405.** L'abus de droit au sens de l'article L. 64 du LPF est sanctionné en vertu de l'article 1729, b du CGI. La sanction automatique attachée à la mise en œuvre de la procédure d'abus de droit lui confère un objet répressif. Il convient de se demander si cette sanction est applicable lorsque l'Administration met en œuvre une mesure anti-abus différente de la procédure d'abus de droit traditionnelle (**1**). À tout le moins, l'enjeu est de savoir si les majorations à caractère général (CGI, art. 1729, a et c) sont applicables au contribuable qui voit son impôt être rectifié sur le terrain d'une clause anti-abus dite « règle d'assiette » (**2**).

#### *1. L'application d'une majoration pour abus de droit (CGI, art. 1729, b)*

**406. La conséquence de la mise en œuvre de l'article L. 64 du LPF : une majoration de 80 % ou de 40 % (CGI, art. 1729, b). –** La mise en œuvre de l'article L. 64 du LPF est susceptible d'entrainer, pour le contribuable qui a poursuivi une opération abusive, une majoration à hauteur de 80 % des droits éludés. Cette majoration est ramenée à 40 % « *lorsqu'il n'est pas établi que le contribuable a eu l'initiative principale du ou des actes constitutifs de l'abus de droit ou en a été le principal bénéficiaire* »[1081] (CGI, art. 1729,

---

[1080] Loi n° 2018-898 du 23 octobre 2018 relative à la lutte contre la fraude.

[1081] La réforme de 2008 a permis de distinguer le taux de 80 % et le taux de 40 %. Selon le rapport FOUQUET (*préc.*), cela permettrait d'éviter que des actionnaires minoritaires puissent subir les décisions des actionnaires majoritaires. V. Daniel GUTMANN, *Droit fiscal des affaires*, *op. cit.*, p. 824, § 1013. Cet auteur estime qu'il est discutable de considérer d'un côté qu'un contribuable a commis un abus de droit et de l'autre qu'il n'en aurait pas eu l'initiative principale ou n'en aurait pas été le principal bénéficiaire. V. l'avis de l'Administration à ce sujet : BOI-CF-INF-10-20-20 n° 80. V. aussi l'interprétation du Conseil d'État sur l'articulation entre la majoration de 80 % et de 40 % de l'article 1729, b du CGI : CE, 9ème et 10ème ch.,

b). Qu'il s'agisse d'une simulation ou d'une fraude à la loi, le contribuable risque la même majoration. Des auteurs regrettent tout de même que le mensonge juridique (la simulation) et l'excès d'habilité fiscale (la fraude à la loi) encourent la même sanction, et ce, pour deux raisons principales. D'abord, l'appréciation des deux éléments constitutifs de la fraude à la loi est plus délicate que l'appréciation de la fictivité d'une opération[1082]. Ensuite, dans le cas d'une fraude à la loi, le contribuable ne cache rien à l'Administration. À la différence de la simulation, qui suppose un acte occulte (n° 103), les actes constitutifs d'une fraude à la loi sont licites lorsqu'ils sont pris isolément et sont toujours « *étalés au grand jour* »[1083]. En tout état de cause, la répression des abus de droit au sens de l'article L. 64 du LPF est particulièrement sévère compte tenu des majorations de 80 % ou 40 %[1084]. Cette sévérité a évidemment une vertu préventive et l'Administration tâche de mettre en œuvre cette procédure modérément[1085].

**407. Les autres clauses anti-abus et l'article 1729, b du CGI. –** Seule l'application de l'article L. 64 du LPF aboutit à la majoration du b de l'article 1729 du CGI. De sorte que, en principe, aucune sanction pour abus de droit (80 % ou 40 %) ne peut être appliquée au contribuable lorsque l'Administration fait application des dispositions d'une mesure anti-abus distincte de la procédure d'abus de droit fiscal traditionnelle. Cela tient à la

---

19 mars 2018, n° 399862, *min. c/ M. A*, *préc.* CE, 9ème et 10ème ch., 19 mars 2018, n° 399862, *min. c/ A.* : *Dr. fisc.* 2018, n° 28, comm. 334, concl. Yohann BENARD. Il ressort de cette décision que : « *lorsque les éléments invoqués par l'Administration permettent de regarder comme établie l'existence d'un abus de droit au sens de l'article L. 64 du LPF mais ne permettent pas de justifier l'application de la majoration pour abus de droit au taux de 80 % prévue par le b de l'article 1729 du CGI, il appartient au juge, alors même qu'il n'aurait pas été saisi d'une demande en ce sens, d'appliquer la majoration pour abus de droit au taux de 40 % et de substituer ce taux à l'autre en ne prononçant, en conséquence, que la décharge partielle de la pénalité contestée* ».

[1082] V. Daniel GUTMANN, *Droit fiscal des affaires*, *op. cit.*, p. 825, § 1013. Cet auteur estime que : « *L'examen du droit comparé enseigne […] qu'il pourrait être fructueux d'envisager de façon distincte la question de l'abus de droit par fictivité (qui pourrait effectivement donner prise à la pénalité de l'article 1729) et l'abus de droit par recherche d'un but exclusivement fiscal en contrariété avec les objectifs des auteurs des textes (dont l'indéterminabilité laisse planer un doute sérieux sur le caractère punissable)* ». À rapprocher de : Jérôme TUROT, « L'abus d'abus de droit est-il un vice ? », *RJF* 7/96, p. 486.

[1083] Christophe DE LA MARDIERE, « Abus de droit. - Textes, historique et notion », *op. cit.*, § 331.

[1084] V. Martin COLLET, Pierre COLLIN, *Procédures fiscales*, *op. cit.*, p. 175, § 258 : « *la frontière entre le montage habile (légal) et l'abus de droit (conduisant au redressement assorti d'une majoration de 80 %) n'est pas toujours évidente, alors que les conséquences du passage de frontière sont, elles, énormes* ».

[1085] En 2021, le Comité de l'abus de droit fiscal a été saisi de 30 affaires. À titre de comparaison, le Comité a été saisi de 38 affaires en 2020, de 85 affaires en 2019 et de 46 affaires en 2018. V. CADF, *Rapport annuel 2021*, p. 5 ; *Rapport annuel 2020*, p. 4 ; *Rapport annuel 2019*, p. 4 ; *Rapport annuel 2018*, p. 4.

jurisprudence du Conseil constitutionnel. Ce dernier estime que les dispositions de la clause anti-abus du régime des sociétés mères (CGI, anc. art. 145, 6, k) « *n'instituent pas une sanction ayant le caractère de punition* »[1086]. Ainsi, la mise en œuvre de cette clause anti-abus n'emporte pas application des majorations du b de l'article 1729 du CGI. Cela vaut aussi pour les autres mesures anti-abus « modalités d'assiette » analogues[1087]. Qui plus est, l'Administration fiscale, pour tenir compte des exigences attachées à la décision du Conseil constitutionnel de 2013[1088], indique dans sa doctrine que : « *Contrairement à la procédure de l'abus de droit prévue à l'article L. 64 du LPF, le dispositif de l'article L. 64 A du LPF n'entraîne pas l'application automatique des majorations prévues au b de l'article 1729 du CGI* »[1089]. Comme le suggère le rapport PEYROL, un double étage apparaît donc dans la lutte contre les pratiques abusives[1090]. Le premier étage aboutit à l'application automatique de la sanction de l'article 1729, b. Le second étage n'aboutit à aucune sanction automatique.

**408. Une distinction discutable. –** Il ressort de cet état du droit que la poursuite d'un « but exclusivement fiscal » est plus grave que la poursuite d'un « but principalement fiscal », au regard de la différence de traitement qu'il attache au pouvoir de sanction de l'Administration. Dans un sens, cette distinction aboutit à un phénomène déstabilisant. Toutes ces règles sont liées par le fait qu'elles luttent contre la violation de l'esprit d'un texte fiscal. Mais, elles n'aboutissent pas à la même sanction, selon le « degré » du motif fiscal de l'opération du contribuable, alors que la frontière entre ces différents « degrés » est difficilement perceptible (n° 148 et s.). Par ailleurs, n'est-il pas discutable, alors même que l'imposition d'un contribuable est rehaussée sur le terrain de l'abus de droit (en suivant un « but principalement fiscal »), qu'il ne soit pas sanctionné spécifiquement pour ce comportement ? Finalement, le contribuable commettant ce genre d'abus de droit est traité, sur le plan des sanctions, de la même manière qu'un contribuable qui a commis une simple erreur.

**409.** En parallèle, lorsque l'imposition d'un contribuable est rectifiée sur le fondement d'une mesure anti-abus distincte de la procédure d'abus de

---

[1086] Cons. const., 29 décembre 2015, déc. n° 2015-726 DC, *Loi de finances rectificative pour 2015*, *préc.*, cons. 13.

[1087] Au sujet des dispositions de l'article 155 A du CGI, v. Cons. const., 26 novembre 2010, déc. n° 2010-70 QPC, *M. Moreau* : *Dr. fisc.* 2010, n° 48, act. 458, cons. 5. Selon le Conseil constitutionnel, le dispositif anti-abus de l'article 155 A du CGI « *n'institue ni une peine ni une sanction ayant le caractère d'une punition* ».

[1088] Cons. const., 29 décembre 2013, déc. n° 2013-685 DC, *Loi de finances pour 2014*, *préc.*

[1089] BOI-CF-IOR-30-20, § 130.

[1090] Rapport PEYROL I, *préc.*, p. 113.

droit de l'article L. 64 du LPF, l'Administration pourrait être tentée de faire application des majorations à caractère général, soit pour manquement délibéré (CGI, art. 1729, a), soit pour manœuvres frauduleuses (CGI, art. 1729, c).

### 2. *L'application d'une majoration pour manquement délibéré ou pour manœuvres frauduleuses (CGI, art. 1729, a et c)*

**410. La sanction pour manquement délibéré. –** *A priori*, rien n'empêche l'Administration de faire application des dispositions d'une mesure anti-abus (pour rectifier l'imposition du contribuable), pour ensuite sanctionner le comportement du contribuable sur le terrain du manquement délibéré, aboutissant à une majoration de 40 % du montant des droits éludés. Cette sanction à caractère général, fortement teintée de subjectivisme[1091], n'est pas définie strictement par le CGI[1092]. Elle est intrinsèquement liée à la notion de mauvaise foi[1093]. Selon l'Administration, dans les cas où « *l'intéressé a nécessairement eu connaissance des faits ou des situations qui motivent les rehaussements* »[1094], la pénalité est applicable. De manière générale, l'Administration s'attache à réprimer le contribuable qui élude sciemment son obligation fiscale, et ce à l'issue d'une appréciation au cas par cas[1095]. La question est de savoir si le seul motif selon lequel l'Administration fait application d'une clause anti-abus pour rehausser l'imposition du contribuable, permet de sanctionner ce dernier sur le fondement de l'article 1729, a du CGI.

**411. La simple constatation d'une pratique abusive ne suffirait pas à justifier la pénalité pour manquement délibéré. –** Un certain moralisme pousserait à dire que le contribuable qui a poursuivi une opération abusive doit être nécessairement sanctionné pour manquement

---

1091 V. Martin COLLET, Pierre COLLIN, *Procédures fiscales*, *op. cit.*, p. 181, § 256.

1092 Comme l'estime la jurisprudence, pour établir l'existence d'un manquement délibéré, l'Administration doit apporter la preuve, d'une part, de l'insuffisance, de l'inexactitude ou du caractère incomplet des déclarations et, d'autre part, de l'intention de l'intéressé d'éluder l'impôt. V. par exemple : CE, 9ème ch., 8 mars 2021, n° 434803 : *RJF* 5/21, n° 447.

1093 V. l'ancienne version de l'article 1729, 1 du CGI (dans sa version applicable avant le 1er janvier 2006) : « *Lorsque la déclaration ou l'acte mentionnés à l'article 1728 font apparaître une base d'imposition ou des éléments servant à la liquidation de l'impôt insuffisants, inexacts ou incomplets, le montant des droits mis à la charge du contribuable est assorti de l'intérêt de retard visé à l'article 1727 et d'une majoration de 40% si la mauvaise foi de l'intéressé est établie ou de 80% s'il s'est rendu coupable de manœuvres frauduleuses ou d'abus de droits au sens de l'article L. 64 du livre des procédures fiscales* ».

1094 BOI-CF-INF-10-20-20, § 40.

1095 *Ibid.*

délibéré. Il serait tout de même discutable de ne pas sanctionner le contribuable dont l'imposition est rehaussée en raison de la réalisation d'une opération qualifiée de pratique abusive. À défaut, il serait traité comme un contribuable qui aurait commis une simple erreur. Un courant jurisprudentiel initié par la Cour administrative d'appel de Nantes, peu de temps après la décision *Janfin*[1096], laissait entendre, en matière d'application du principe général d'interdiction de la fraude à la loi, « *que la simple référence aux considérations de fait caractérisant une fraude à la loi et résultant d'une application littérale des textes à l'encontre des objectifs poursuivis par leurs auteurs suffit à établir que le contribuable a eu l'intention d'éluder l'impôt et, donc, à caractériser un manquement délibéré* »[1097]. De sorte que, il pourrait être admis que la qualification d'une pratique abusive, au sens d'une mesure anti-abus distincte de la procédure classique de l'abus de droit (LPF, art. L. 64), justifierait en elle-même la majoration pour manquement délibéré. En revanche, une partie de la doctrine doute que cette interprétation puisse être transposée aux clauses anti-abus récentes, car cela contreviendrait à la décision du Conseil constitutionnel de 2015[1098]. Cela aboutirait à conférer un caractère automatique de sanction aux clauses anti-abus, alors même qu'elles n'ont pas de vertu punitive et s'analysent comme des règles d'assiette[1099]. Semble-t-il, comme le suggère la doctrine administrative, dans leurs propositions de rectification (sur le volet des sanctions), les services de contrôle devraient étayer des éléments supplémentaires aux seules circonstances de la qualification de la pratique abusive, pour sanctionner le contribuable d'un manquement délibéré[1100]. En définitive, le contribuable ne serait pas tant sanctionné pour le montage abusif en lui-même, que pour

---

[1096] CE, Sect., 27 septembre 2006, n° 260050, *Janfin*, *préc.*

[1097] CAA Nantes, 1ère ch., 7 avril 2008, n° 06-976, *Paumard* : *RJF* 10/08, n° 1104 ; CAA Nantes, 1ère ch., 7 avril 2008, n° 06-453, *Ciavatta* : *RJF* 10/08, n° 1104.

[1098] Cons. const., 29 décembre 2015, déc. n° 2015-726 DC, *Loi de finances rectificative pour 2015*, *préc.*

[1099] V. Stéphane AUSTRY, « La fin de l'abus de droit ? », *op. cit.*, § 16 et 19.

[1100] Pour l'article L. 64 A du LPF, v. BOI-CF-IOR-30-20, § 130 : « *Toutefois l'administration pourra, à condition de les justifier au regard des circonstances de fait et de droit propres à l'affaire considérée, appliquer les pénalités pour insuffisances, omissions ou inexactitudes prévues aux a et c de l'article 1729 du CGI, aux taux respectifs de 40 % pour manquements délibérés et 80 % pour manœuvres frauduleuses. L'application de ces pénalités ne saurait se déduire uniquement du fait que les conditions d'application de l'article L. 64 A du LPF sont remplies* ».

Pour l'article 205 A du CGI, v. BOI-IS-BASE-70, § 80 : « *Si l'opération est constitutive d'un montage qui vérifie les conditions d'application de l'article 205 A du CGI, il convient d'en écarter les conséquences sur le fondement de cet article. Dans ce cas de figure, l'administration peut en outre, à condition de les justifier au regard des circonstances de fait et de droit propres à l'opération considérée, appliquer les pénalités pour insuffisances, omissions ou inexactitudes prévues aux a et c de l'article 1729 du CGI. L'application de ces pénalités ne saurait se déduire uniquement du fait que les conditions d'application de l'article 205 A du CGI sont remplies* ».

avoir commis un manquement délibéré distinct de la pratique abusive rectifiée[1101].

**412. La sanction pour manœuvres frauduleuses. –** La sanction pour manœuvres frauduleuses est applicable par l'Administration lorsque le contribuable commet un manquement délibéré (l'accomplissement conscient et intentionnel d'éluder l'impôt) complété par « *des procédés destinés à masquer l'existence de l'infraction ou à la présenter sous la forme d'une opération parfaitement régulière en créant une situation de nature à égarer le service ou à restreindre le pouvoir de contrôle et de vérification de l'administration* »[1102]. Comme en matière de manquement délibéré, il est difficile d'imaginer l'Administration appliquer directement cette majoration après avoir qualifié une pratique abusive sur le fondement d'une clause anti-abus, sans donner des éléments distincts et propres à la qualification de cette sanction. D'ailleurs, les juges du fond ont déjà considéré que la simple référence aux considérations de fait caractérisant une fraude à la loi n'est pas de nature à caractériser une manœuvre frauduleuse au sens où l'entend traditionnellement la jurisprudence[1103].

**413.** La jurisprudence du Conseil constitutionnel aboutirait donc à ce que la qualification d'une pratique abusive ne soit pas suffisante pour sanctionner le contribuable. Cette diversification des mesures anti-abus aboutit à remettre en cause, en partie, l'effet répressif attaché à l'abus de droit depuis 1963[1104]. Dans un sens, ne pas sanctionner automatiquement le comportement du contribuable qui consiste à poursuivre une opération qualifiable d'abus de droit, conduit à ne pas faire systématiquement la distinction entre « *le tricheur et l'étourdi* »[1105]. Le contribuable à l'origine d'une pratique abusive serait finalement placé, au regard du pouvoir de sanction de l'Administration, dans une situation identique à celle du contribuable dont l'imposition a été rectifiée en raison d'une simple erreur.

**414.** D'un autre côté, le juge pénal est compétent pour sanctionner les contribuables sur le terrain du délit général de fraude fiscale (CGI, art.

---

[1101] Pour une série d'exemples en jurisprudence de qualification d'un manquement délibéré, v. BOI-CF-INF-10-20-20, § 40.

[1102] BOI-CF-INF-10-20-20, § 60. Pour une affirmation du juge en ce sens, v. CE, 9ème et 8ème s.-s., 8 janvier 1997, n° 139711, *Fattel* : *RJF* 3/97, n° 195.

[1103] CAA Nantes, 1ère ch., 18 décembre 2006, n° 05-486, *Bazire* ; CAA Nantes, 1ère ch., 18 décembre 2006, n° 05-650, *Simmenauer* : *RJF* 5/07, n° 598.

[1104] Loi n° 63-1316, 27 décembre 1963 portant unification ou harmonisation des procédures, délais et pénalités en matière fiscale, art. 41 : *JORF* du 29 Décembre 1963.

[1105] L'expression est empruntée à : Martin COLLET, Pierre COLLIN, *Procédures fiscales*, *op. cit.*, p. 180, § 256.

1741). Il n'est pas inenvisageable qu'il soit en mesure de sanctionner pénalement le contribuable à l'origine d'une pratique abusive.

### *B. La répression pénale des pratiques abusives*

**415. Les enjeux. –** Prévu à l'article 1741 du CGI, le délit de fraude fiscale vise « *quiconque s'est frauduleusement soustrait ou a tenté de se soustraire frauduleusement à l'établissement ou au paiement total ou partiel de l'impôt* ». Ce délit est composé d'un *élément matériel*, à savoir l'existence de faits tendant à permettre au contribuable de se soustraire totalement ou partiellement à l'impôt, ainsi que d'un *élément intentionnel*, à savoir une intention délibérée de fraude. La répression pénale se distingue de la répression administrative à plusieurs niveaux. D'abord, le délit de fraude fiscale peut aboutir à une peine d'emprisonnement (en principe de cinq ans) et à une amende (en principe de 500 000 euros)[1106]. Ensuite, les poursuites du délit de fraude fiscale sont soumises à une procédure particulière (LPF, art. L. 228). Enfin, le délit est nécessairement prononcé par le juge pénal. L'enjeu est de savoir si, au regard de la formulation extrêmement large du délit de fraude fiscale, une pratique abusive constatée par l'Administration dans le cadre de son pouvoir de contrôle, peut être poursuivie sur le terrain du délit de fraude fiscale au sens de l'article 1741 du CGI. De sorte qu'il convient d'étudier tant la frontière entre l'abus de droit et la fraude fiscale[1107], que les conditions procédurales attachées à l'engagement de l'action pénale et au prononcé de la sanction pénale[1108].

**416.** Pendant un temps, l'Administration était réticente à l'idée de réprimer sur le terrain pénal les opérations qui étaient sanctionnées sur le fondement de l'article 1729, b du CGI (**1**). Des réformes récentes tendent à réduire la marge de manœuvre de l'Administration dans le choix des dossiers susceptibles d'être transmis au Parquet et, partant, susceptibles d'être jugés par un tribunal correctionnel. Depuis l'assouplissement du « verrou » de

---

[1106] Les peines sont portées à sept ans d'emprisonnement et à une amende de 3 000 000 €, dont le montant peut être porté au double du produit tiré de l'infraction, lorsque les faits ont été commis en bande organisée ou réalisés ou facilités au moyen : 1° Soit de comptes ouverts ou de contrats souscrits auprès d'organismes établis à l'étranger ; 2° Soit de l'interposition de personnes physiques ou morales ou de tout organisme, fiducie ou institution comparable établis à l'étranger ; 3° Soit de l'usage d'une fausse identité ou de faux documents, au sens de l'article 441-1 du code pénal, ou de toute autre falsification ; 4° Soit d'une domiciliation fiscale fictive ou artificielle à l'étranger ; 5° Soit d'un acte fictif ou artificiel ou de l'interposition d'une entité fictive ou artificielle.

[1107] Pour une étude classique sur la question, v. Florence DEBOISSY, « Abus de droit : quel est le risque pénal ? », *Dr. fisc.* 2014, n° 46, 623.

[1108] Pour une étude globale de la réforme de 2018, v. *Dr. fisc.* 2019, n° 11, études 197 à 201.

Bercy[1109], le Parquet est en grande partie compétent pour déterminer les manquements réputés les plus graves qui mériteraient d'être poursuivis devant le juge pénal. Craignant que le Parquet fasse preuve de sévérité les concernant, les contribuables sont dissuadés de poursuivre des opérations abusives, afin d'éviter la qualification pénale de fraude fiscale (**2**).

### *1. La réticence initiale à la répression pénale*

**417. La fraude fiscale (CGI art. 1741) et l'abus de droit (LPF, art. L. 64) : une frontière bien établie ? –** Une multitude de comportements peut potentiellement tomber sous la qualification du délit de fraude fiscale. Si la loi vise expressément des comportements particuliers (l'omission de déclaration, la dissimulation de sommes sujettes à l'impôt, l'organisation d'insolvabilité), elle prévoit aussi que le juge pénal puisse sanctionner « *toute autre manière frauduleuse* » pour un contribuable de se soustraire à l'impôt[1110]. Des travaux[1111] ont démontré qu'une même opération réalisée par un contribuable pouvait être qualifiée, d'un côté, de simulation[1112] ou de fraude à la loi[1113] sur le terrain de la loi fiscale (LPF, art. L. 64 du LPF), et d'un

---

[1109] Pour une étude globale du « verrou » de Bercy, v. Rapport CARIOU, *préc.*, p. 19 et s.

[1110] Pour une étude globale, et une série de qualifications jurisprudentielles, sur la fraude fiscale (CGI, art. 1741) dans le domaine international, v. Bruno GOUTHIERE, *Les impôts dans les affaires internationales*, *op. cit.*, pp. 1280-1285.

[1111] Pour une étude d'ensemble et une analyse de la jurisprudence, v. Claire ACARD, Nicolas GENESTIER, Guillaume EXERJEAN, « La ligne de démarcation entre risque fiscal et risque pénal (2e volet). - Un abus de droit peut-il être constitutif d'une fraude fiscale ? », *Dr. fisc.* 2016, n° 7-8, 207.

[1112] En matière de simulation par acte fictif, v. une affaire dans laquelle une société fictive établie au Liechtenstein est impliquée : Cass. crim., 14 décembre 1987, n° 86-94.560, *Inédit*. V. aussi une affaire dans laquelle une société fictive établie au Luxembourg est impliquée : CAA Lyon, 2ème ch., 8 juin 2010, n° 08LY01883, *M. et Mme A.*, *Inédit au Recueil Lebon*, pour la condamnation fiscale (arrêt définitif, le pourvoi en cassation ayant été jugé irrecevable par CE, 12 avr. 2012, n° 343739). - Cass. crim., 18 mai 2011, n° 10-87.011, *Inédit*, pour la condamnation pénale.

[1113] En matière de fraude à la loi, v. une affaire portant sur une opération d'achat-revente de titres autour du détachement du coupon : CE, 8ème et 3ème s.-s., 7 septembre 2009, n° 305586, *SA Axa*, *préc.* et CE, 8ème et 3ème s.-s., 7 septembre 2009, n° 305596, *Sté Henri GoldFarb*, *préc.*, pour la qualification fiscale d'abus de droit (non retenue). - Cass. crim., 4 novembre 2010, n° 10-81.233, *F-D, DSF de Paris Est et a. c/ M. Laurent* : *RJF* 4/2011, n° 513 ; *Dr. fisc.* 2011, n° 3, 111, n° 1 - pour le volet pénal contre le dirigeant de la société. V. aussi une affaire portant sur l'imputation des déficits : CE, 7ème et 9ème s.-s., 4 novembre 1988, n° 62221 et n° 74341 : *Dr. fisc.* 1989, n° 29, comm. 1487, concl. Bruno MARTIN LAPRADE, pour la qualification d'abus de droit. - CA Colmar, ch. corr., 9 août 1989, n° 857/89, *M. Gianoli*, pour la qualification de fraude fiscale. V. également une affaire relative à l'acquisition d'une coquille déficitaire : Cass. crim., 22 novembre 2006, n° 05-87267, pour la condamnation pénale. - CAA Paris, 7ème ch., 17 février 2012, n° 09PA04156, *SNC Verneuil et associés*, pour la qualification d'abus de droit (arrêt

autre côté, de fraude fiscale sur le terrain de la loi pénale (CGI, art. 1741). Cela tient en réalité à « *la définition de la fraude fiscale [qui] embrasse un champ potentiellement immense* »[1114]. De sorte que, « *les comportements susceptibles d'être réprimés au titre de l'abus de droit se coulent parfaitement dans les éléments constitutifs du délit de fraude fiscale* »[1115]. Lorsque le contribuable réalise une opération qualifiable de simulation ou de fraude à la loi, il échappe à ses obligations fiscales et se soustrait intentionnellement à l'impôt. Qui plus est, depuis la loi du 6 décembre 2013[1116], lorsque les faits reprochés au contribuable ont été réalisés ou facilités au moyen d'un acte fictif ou artificiel, d'une interposition d'une entité fictive ou artificielle, le contribuable commet une fraude fiscale aggravée. Ainsi, les poursuites pénales des pratiques abusives sont tout à fait envisageables dans la mesure où elles pourraient être qualifiées de frauduleuses d'un point de vue pénal[1117]. Pour autant, l'Administration a, pendant longtemps, été réticente à l'idée d'engager des poursuites pénales à l'encontre d'un contribuable à qui elle reprochait d'avoir réalisé une opération abusive[1118]. Jusqu'à fin 2018, l'Administration détenait le monopole de l'engagement des poursuites de fraude fiscale, couramment appelé le « verrou » de Bercy. Ainsi, les affaires dans lesquelles un contribuable a vu son opération être qualifiée, cumulativement, de pratique abusive, par le juge fiscal, et de fraude fiscale, par le juge pénal, se faisaient rares. Plusieurs raisons peuvent être à l'origine de cette réticence de l'Administration fiscale à engager les poursuites pénales.

**418. L'indétermination de l'esprit d'un texte fiscal.** – Une difficulté tient au cas où les objectifs poursuivis par les auteurs des textes fiscaux, au moment de la constitution de l'opération n'étaient pas clairement établis (n° 121 et s.). Le juge de l'impôt n'y voit aucune difficulté pour la qualification de l'abus de droit. Cette qualification est justifiée même en cas d'incertitudes, au moment de la constitution de l'opération, quant aux objectifs poursuivis par les auteurs des textes fiscaux[1119]. Le juge répressif pourrait raisonner de la même manière. Cependant, engager des poursuites

---

définitif, le pourvoi en cassation ayant été jugé irrecevable par CE, 3 juin 2013, n° 358529).

[1114] Daniel GUTMANN, « La "pénalisation" du droit fiscal : mythe ou réalité ? », *Dr. fisc.* 2011, n° 4, 122.

[1115] Florence DEBOISSY, « Abus de droit : quel est le risque pénal ? », *op. cit.*, § 1.

[1116] Loi n° 2013-1117 du 6 décembre 2013 relative à la fraude et à la grande délinquance économique et financière, art. 9.

[1117] Plus largement, le Conseil constitutionnel estime que les contribuables auteurs des manquements les plus graves peuvent faire l'objet de procédures complémentaires et de sanctions proportionnées en application des dispositions de l'article 1729 et 1741 du CGI, v. Cons. const., 24 juin 2016, déc. n° 2016-546 QPC : *Dr. fisc.* 2016, n° 26, act. 409.

[1118] Florence DEBOISSY, « Abus de droit : quel est le risque pénal ? », *op. cit.*, § 6.

[1119] CE, 10ème et 9ème ch., 28 décembre 2018, n° 406714, *Sté Acanthe*, *préc.*

pénales contre ce même contribuable peut paraître sévère, voire excessif, lorsque la limite entre le comportement licite et le comportement illicite n'était pas clairement établie. Probablement, ces circonstances ont pu décourager l'Administration à transmettre des dossiers au parquet. Plus l'appréciation de l'opération est délicate ou subtile, moins il est opportun de reprocher, dans le même temps, une fraude fiscale sur le terrain pénal[1120]. Bien que l'opération d'un contribuable puisse potentiellement donner lieu tant à la qualification d'une pratique abusive (sur le terrain de la loi fiscale), qu'à la qualification d'une fraude fiscale (sur le terrain de la loi pénale), les difficultés techniques attachées à la qualification d'abus de droit désincitent l'Administration à aller sur le terrain pénal[1121].

**419. L'indépendance entre les procédures fiscale et pénale. –** Il est tout à fait envisageable que l'imposition d'un contribuable soit rectifiée par l'Administration sur le fondement de l'article L. 64 du LPF, que le contribuable soit sanctionné sur le fondement de l'article 1729, b du CGI et qu'il soit poursuivi parallèlement sur le terrain de l'article 1741 du CGI. Néanmoins, par le passé, il est arrivé que le juge pénal condamne le contribuable sur le terrain de la fraude fiscale, dans un premier temps, et que le juge fiscal décharge au fond le contribuable, dans un second temps, et donc refuse la qualification d'abus de droit[1122]. Cette situation, certes très

---

[1120] Daniel GUTMANN, « La "pénalisation" du droit fiscal : mythe ou réalité ? », *op. cit.* L'auteur soutient que : « *Dans certains cas, il est vrai, l'abus de droit présente les caractères d'une infraction pénale. Il en va ainsi lorsque le contribuable est parfaitement en mesure de connaître l'intention du législateur, parce que celle-ci est révélée sans ambiguïté par l'exposé des motifs de la loi ou les travaux préparatoires. Il est alors possible d'estimer que l'élément intentionnel de l'infraction pénale est présent. Dans d'autres cas, en revanche, le contribuable à la recherche d'une économie d'impôt sait qu'il se trouve dans une situation "limite". Sa situation n'a pas été véritablement envisagée par le législateur mais il n'est pas certain que l'acte ou les actes envisagés soient contraires aux objectifs poursuivis par les auteurs des textes. Objectivement, l'existence d'un abus de droit est alors incertaine. En pareille circonstance, il nous semble qu'il n'y a pas de fraude fiscale et que, plus généralement, aucune sanction de nature punitive ne devrait pouvoir être infligée au contribuable. À supposer même que les agissements du contribuable soient finalement qualifiés d'abus de droit par le juge de l'impôt en raison de leur contrariété avec les objectifs poursuivis par les auteurs des textes, il n'existe pas d'élément intentionnel au sens pénal car il n'existe pas chez le contribuable une volonté de commettre un acte dont il connaît le caractère illicite. En conclusion, le potentiel de la notion de fraude fiscale ne doit pas faire oublier le principe de l'interprétation stricte des infractions pénales, principe qui n'est pas sans lien intellectuel (à défaut d'être juridique) avec celui de l'application mesurée de la loi, qu'elle soit fiscale ou pénale* ».

[1121] V. Florence DEBOISSY, « Abus de droit : quel est le risque pénal ? », *op. cit.*, § 6. Dans son article, Florence DEBOISSY rappelle, notamment, la caractérisation délicate d'un abus de droit, la complexité des faits souvent à l'origine d'un abus de droit et la subtilité attachée à l'opération de qualification.

[1122] Cass. crim., 28 juin 2006, n° 05-86.759, *F-D, C. Jean-Louis et Isabelle* : *Dr. fisc.* 2007, n° 28, comm. 739, pour la qualification pénale de fraude fiscale. - CAA Paris, 5ème ch., 25 mars 2010, n° 08PA04326 : *RFP* 2010, comm. 57 (arrêt définitif, l'abus

exceptionnelle en pratique, était regrettable. La Cour de cassation, sans remettre en question le principe d'indépendance des procédures fiscale et pénale[1123], a assoupli sa jurisprudence afin d'éviter ce genre de situations inéquitables en pratique[1124]. En ce sens, la Cour a reconnu que le juge répressif puisse tenir compte (sans y être contraint) de ce que le juge de l'impôt a établi au préalable dans ses décisions ; ce qui peut être salué[1125]. En dépit de cela, la situation n'était pas idéale pour les contribuables. Pour pallier ces difficultés, des auteurs ont plébiscité les vertus du sursis à statuer[1126], de la question préjudicielle posée par le juge pénal au juge de l'impôt[1127], ou bien de la suspension de la décision rendue par le juge pénal le temps que le juge fiscal statue de manière définitive[1128]. Toutes ces propositions prennent pour postulat que le juge fiscal, spécialiste de la

---

de droit fiscal n'a pas été qualifié). Plus largement, il était déjà arrivé qu'un contribuable ait été déchargé pour un motif de fond et ait été condamné pour fraude fiscale par le juge pénal, v. Cass. crim., 13 juin 2012, n° 11-84.092 : *Dr. fisc.* 2012, n° 42, comm. 488.

1123 Pour une définition claire, v. Daniel GUTMANN, « La véritable signification de l'indépendance des procédures fiscale et pénale », *FR* 6/11, inf. 23, p. 29 : « *les poursuites pénales et les poursuites fiscales peuvent être engagées parallèlement et tranchées par chaque ordre de juridiction indépendamment du résultat obtenu par l'autre* ». Le juge pénal n'est pas tenu de suivre ce qui a été jugé par le juge fiscal. Cela tient au fait que le contentieux pénal et le contentieux fiscal n'ont pas le même objet, v. Cass. crim., 9 avril 1970, n° 68-92.282 : *D.* 1970 p. 755 ; Cass. crim., 10 mars 1986, n° 84-95.510, *Sabathie et Delhomme* : *RJF* 7/86, n° 742. De sorte que le juge pénal n'est ni tenu d'attendre que le juge fiscal statue sur le fond de l'affaire, v. Cass. crim., 5 juillet 1976, n° 75-93.347 : *Gaz. Pal.* 1976, II p. 788, ni tenu de réviser sa solution lorsque le juge de l'impôt a tranché postérieurement, v. Cass. crim., 4 juin 1970, *Delfaux*, n° 69-93.414 : *Dr. fisc.* 1970, n° 28, comm. 833. De la même manière, la Cour de cassation a déjà été amenée à refuser la faculté pour le juge pénal de surseoir à statuer le temps que le juge de l'impôt statue de son côté, v. Cass. crim., 25 février 1991, n° 90-80672 : *RJF* 7/91, n° 1020.

1124 Cass. crim. 4 novembre 2010, n° 10-81233 : *RJF* 4/11, n° 513.

1125 V. Daniel GUTMANN, *Droit fiscal des affaires*, *op. cit.*, p. 774, § 980. Il est admis que le juge pénal peut, sans méconnaître les principes de la plénitude de juridiction du juge répressif, justifier sa décision de relaxe en retenant notamment les décisions de décharge de l'imposition rendues par les juridictions administratives.

1126 V. Martin COLLET, Pierre COLLIN, *Procédures fiscales*, *op. cit.*, p. 193, § 283. V. aussi sur la question d'un éventuel sursis à statuer entre la Commission des infractions fiscales et le Comité de l'abus de droit fiscal : Florence DEBOISSY, « Retour sur un principe controversé : l'indépendance des procédures pénale et fiscale », *Dr. fisc.* 2014, n° 51-52, ét. 692. La Cour de cassation a autorisé le juge du fond (mais ne l'oblige en rien), dans l'exercice de son pouvoir souverain, à surseoir à statuer dans l'instance pénale, en cas de risque sérieux de contrariété de décisions entre juge pénal et juge fiscal. V. Cass. crim., 11 septembre 2019, n° 18-81.980 : *Dr. fisc.* 2019, n° 43, ét. 412 ; Cass. crim., 8 avril 2021, n° 19-87.905 : *Dr. fisc.* 2021, n° 21, comm. 260.

1127 V. Martin COLLET, Pierre COLLIN, *Procédures fiscales*, *op. cit.*, p. 193, § 283.

1128 V. Thierry RICARD, « L'originalité de la procédure pénale en matière fiscale », *Dr. fisc.* 2007, n° 2, ét. 18.

matière, est un aiguilleur tout à fait sérieux pour le juge pénal, bien moins connaisseur des techniques du droit fiscal. Même si le contentieux répressif et le contentieux devant le juge de l'impôt n'ont pas le même objet, les liens qui unissent les deux contentieux sont forts en matière de fraude fiscale[1129]. En conséquence, une meilleure articulation des procédures était souhaitée en pratique.

**420. Les réserves du Conseil constitutionnel. –** La jurisprudence du Conseil constitutionnel, a permis, en partie, de résoudre certaines de ces difficultés. Depuis deux décisions rendues le 24 juin 2016, le Conseil constitutionnel estime que le « *principe de nécessité des délits* » (DDHC, art. 8) implique qu'un contribuable qui a été déchargé de l'impôt par un motif de fond ne puisse pas être condamné pour fraude fiscale (CGI, art. 1741)[1130]. Plus largement, le juge constitutionnel, fonde sur le « *principe de proportionnalité des peines* » (DDHC, art. 8) l'obligation selon laquelle le montant global des sanctions prononcées ne dépasse pas le montant le plus élevé de l'une des sanctions encourues[1131]. Ces garanties étant posées[1132], l'Administration aurait pu être davantage incitée à actionner plus fréquemment le levier pénal face aux pratiques abusives. Il n'en fût rien. En effet, il est possible de supposer que l'aléa contentieux en matière d'abus de droit est nettement plus élevé par rapport à des dossiers moins sophistiqués[1133].

**421.** Les difficultés attachées à la qualification d'abus de droit et à l'indépendance des procédures n'encouragent pas les services de contrôle à engager l'action pénale pour réprimer les contribuables qui poursuivent des

---

1129 Comme l'indique Daniel GUTMANN : « *L'élément matériel de l'infraction de fraude fiscale - à savoir la soustraction frauduleuse à l'établissement ou au paiement de l'impôt - ne peut être totalement détaché de l'analyse du droit fiscal applicable à la situation litigieuse. Il en va de même de l'élément intentionnel : la volonté de frauder suppose que l'état du droit fiscal soit suffisamment clair pour que le contribuable ait sciemment souhaité s'y soustraire* », v. « La véritable signification de l'indépendance des procédures fiscale et pénale », *op. cit.*
1130 Cons. const., 24 juin 2016, déc. n° 2016-545 QPC et déc. n° 2016-546 QPC : *Dr. fisc.* 2016, n° 26, act. 409. V. aussi, Cons. const., 23 novembre 2018, n° 2018-745 QPC, *M. Thomas T et a.* : *RJF* 2/19, n° 187.
1131 Cons. const., déc. n° 89-260 DC, 28 juillet 1989 : *Rec.* p. 71, cons. 22.
1132 Depuis l'arrêt CEDH, 4 mars 2014, n° 18640/18, *Grande Stevens et al. c/ Italie* : *Dr. fisc.* 2014, n° 19, 276, note Marc PELLETIER, la question de la compatibilité du cumul des sanctions administratives et pénales au principe *non bis in idem* garanti à l'article 4 du protocole additionnel n° 7 de la CESDH se pose. Sur cette question, v. Martin COLLET, *Droit fiscal*, *op. cit.*, p. 157, § 252. Pour l'interprétation récente de la CJUE sur une question préjudicielle formée par la Cour de cassation, v. CJUE, 1ère ch., 5 mai 2022, aff. C-250/20, *BV c/ DDFIP de la Haute-Savoie* : *Dr. fisc.* 2022, n° 20, act. 176, aperçu rapide de Marc PELLETIER.
1133 V. Rapport CARIOU, *préc.*, p. 51.

pratiques abusives[1134]. Par ailleurs, dans la mesure où les modalités d'engagement de l'action pénale ont été assouplies par le législateur, il est envisageable que les opérations des contribuables soient plus fréquemment poursuivies sur les deux terrains. Les contribuables devraient être davantage dissuadés.

### 2. *La dissuasion contemporaine attachée à la répression pénale*

**422. L'initiative des poursuites des pratiques abusives sur le terrain de la fraude fiscale. –** Jusqu'à la loi relative à la lutte contre la fraude adoptée fin 2018[1135], l'Administration détenait le monopole pour initier les poursuites pénales. Pour transmettre le dossier au Parquet, l'Administration devait formellement déposer plainte après avoir recueilli l'avis conforme de la commission des infractions fiscales (ci-après : CIF)[1136]. Dans un souci d'impartialité, le législateur a trouvé utile de changer la loi afin d'éviter que l'Administration décide seule de l'opportunité des poursuites[1137]. Désormais, dans des cas rigoureusement définis par la loi, l'Administration transmet automatiquement des dossiers au Parquet, sans même que la commission n'ait à se prononcer (LPF, art. L. 228, I)[1138]. Deux cas intéressent le sujet des dispositifs anti-abus. D'abord, il est prévu qu'en cas de majoration de 80 % du montant des droits éludés (sur des droits dont le montant est supérieur à 100 000 euros), pour abus de droit ou manœuvres

---

1134 Une notable exception peut être donnée au sujet de l'affaire *Wendel*. Une opération, aux forts enjeux financiers, appréhendée sur le terrain de l'abus de droit en droit fiscal (n° 704), a été qualifiée de fraude fiscale par le juge pénal. En effet, le 20 avril 2022, la chambre correctionnelle du tribunal judiciaire de Paris a condamné les ex-dirigeants de la société et leurs conseils pour fraude fiscale et complicité de fraude fiscale. V. Parquet national financier, *Communiqué de presse du procureur de la République financier*, 20 avril 2022.

1135 Loi n° 2018-898 du 23 octobre 2018 relative à la lutte contre la fraude.

1136 En 2017, 973 dossiers ont été transmis à la CIF par l'Administration. Sur 992 affaires traitées, 944 ont eu un avis favorable. V. CIF, *Rapport annuel à l'attention du Gouvernement et du Parlement 2017*, 2018, p. 8.

1137 V. CIF, *Rapport annuel à l'attention du Gouvernement et du Parlement 2018*, 2019, p. 4. La CIF explique que : « *En imposant désormais à l'administration fiscale de transmettre automatiquement au ministère public les faits de fraude les plus graves, la loi n° 2018-898 du 23 octobre 2018 relative à la lutte contre la fraude a entendu répondre aux critiques, entachées souvent de suspicions infondées, adressées au précédent monopole de dépôt de plaintes de cette administration en matière de fraude fiscale* ».

1138 Cela conduit nécessairement l'autorité judiciaire à traiter plus fréquemment des dossiers pour les délits fiscaux. V. Émilie CARIOU et Éric DIARD, Commission des finances de l'économie général et du contrôle budgétaire, *Rapport sur l'application de la loi n° 2018-898 du 23 octobre 2018 relative à la lutte contre la fraude*, 2020, Assemblée nationale, n° 3341, p. 47. En 2019, l'Administration a dénoncé automatiquement 965 dossiers au Parquet. Par ailleurs, 672 plaintes pour fraude fiscale ont été déposées par l'Administration fiscale auprès du Parquet.

frauduleuses, le dossier est transmis automatiquement au Parquet. Ensuite, lorsque l'Administration sanctionne le contribuable à hauteur de 40 %, pour abus de droit ou manquement délibéré, et que le contribuable a déjà été sanctionné lors des six années qui précédent l'application de cette majoration, le dossier est également directement transmis au Parquet. Ainsi, l'Administration est consciente, qu'en cas de mise en œuvre : i) de la procédure d'abus de droit (LPF, art. L. 64) aboutissant à l'application automatique d'une majoration (CGI, art. 1729, b), ou bien ii) d'une mesure anti-abus complétée par le prononcé d'une sanction fiscale (CGI, art. 1729, a et c), l'affaire sera automatiquement étudiée par le Parquet. Ce dernier appréciera l'opportunité des poursuites. Ainsi, le Parquet s'interrogera probablement plus fréquemment sur la question de la frontière entre l'abus de droit et la fraude fiscale.

**423. Analyse de l'état du droit. –** Les mesures anti-abus « modalités d'assiette » n'ont pas d'objet répressif. Les probabilités selon lesquelles l'Administration viendrait directement sanctionner le contribuable sur le fondement des majorations à caractère général, après avoir fait application de l'une d'entre elles, sont faibles. Ainsi, la simple mise en œuvre d'une mesure anti-abus, qui aboutit à la caractérisation d'une pratique abusive au sens du dispositif anti-abus visé, n'est pas suffisante, en tant que telle, pour faire l'objet d'une transmission automatique au Parquet. Cette dernière est envisageable dans le cas où l'opération du contribuable, qualifiée de pratique abusive par les services de contrôle sur le fondement d'une mesure anti-abus « modalités d'assiette », a fait, en plus, l'objet d'une sanction pour manquement délibéré (CGI, art. 1729, a) et si le contribuable avait déjà été sanctionné sur le fondement d'une majoration à caractère général dans les six dernières années. Dans l'éventualité où le Parquet étudie ce type de dossier, il n'est pas certain qu'il décide de saisir nécessairement le juge répressif. À tout le moins, les pratiques abusives qui donneraient lieu à la saisine du juge pénal, et qui auraient des chances d'être réprimées sur le terrain de la fraude fiscale, seraient les pratiques abusives les plus graves. Les simulations et les montages artificiels dénués de toute substance, appréhendés sur le terrain de la procédure classique d'abus de droit (LPF, art. L. 64) et sanctionnés sur le fondement de l'article 1729, b du CGI pourraient s'analyser comme étant les pratiques abusives les plus graves. Mais, en pratique, il ressort de la jurisprudence qu'une opération, appréhendée par la mise en œuvre d'un dispositif anti-abus « modalité d'assiette » sur le terrain fiscal, puisse, en parallèle, être constitutive d'une fraude fiscale, sur le terrain pénal, dans le cas où le contribuable a omis de déclarer les revenus taxables sur le fondement dudit dispositif anti-abus « modalité d'assiette »[1139].

**424. Le renforcement de la dissuasion.** – Le levier pénal pourrait éventuellement être actionné plus fréquemment à l'avenir, ce qui est de nature à dissuader encore plus les contribuables. Néanmoins, cela ne signifie pas pour autant que le juge pénal sera plus fréquemment et systématiquement amené à sanctionner sur le fondement de l'article 1741 du CGI les pratiques abusives des contribuables. Ces nouvelles modalités procédurales, qui aboutissent à une transmission plus importante des dossiers fiscaux au Parquet, pour que ce dernier décide lui-même de l'opportunité des poursuites devant le juge répressif, dissuadent les contribuables de réaliser des opérations abusives. Les peines attachées au délit de fraude fiscale peuvent freiner les contribuables.

**425.** La répression des abus de droit est assurée par l'application des pénalités d'assiette de l'article 1729 du CGI. Elle peut également être assurée par la condamnation pénale du contribuable sur le fondement du délit de fraude fiscale en vertu de l'article 1741 du CGI. Toutefois, en pratique, ces sanctions ont essentiellement une vertu dissuasive. *In fine*, seules les opérations abusives les plus graves, ou les plus évidentes, seraient susceptibles d'être effectivement sanctionnées pénalement.

**426. Conclusion de la Section I.** – Pour dissuader les contribuables de poursuivre des pratiques abusives, les prérogatives à la disposition de l'Administration se sont diversifiées. Difficile de nier que l'Administration dispose d'un « arsenal » complet pour contrer les pratiques abusives des contribuables. Cette diversification s'accompagne parfois d'incertitudes, d'incohérences et d'excès qui mériteraient d'être effacées. Nous estimons que les services de contrôle devraient systématiquement être autorisés formellement par un inspecteur divisionnaire avant de rectifier l'imposition d'un contribuable sur le fondement d'un dispositif anti-abus. En effet, les conséquences attachées à la mise en œuvre d'un dispositif anti-abus sont graves pour le contribuable. Aussi, il paraîtrait opportun d'octroyer à ce dernier la faculté de saisir le Comité de l'abus de droit dès lors qu'il est en désaccord avec la rectification prononcée par l'Administration sur le fondement d'une mesure anti-abus, ne serait-ce que pour éviter les contentieux sur le terrain de l'abus de droit « implicite ». En parallèle, les aménagements successifs des règles de preuve favorables à l'Administration

---

[1139] Cass. crim., 8 avril 2021, n° 19-87.905, *préc.* Dans cette affaire, la Cour de cassation a refusé de surseoir à statuer, ce qui n'a pas manqué de surprendre les praticiens, v. Éric MEIER, Mathieu VALETEAU, Manon FREDY, « Juge fiscal et juge pénal : qui a la priorité », *FR* 30/21, inf. 5, p. 10.

découragent également les contribuables à poursuivre des opérations abusives. Toute la difficulté tient au fait que ces règles de preuve peuvent être à l'origine d'incertitudes regrettables.

## Section II – Des règles de preuve favorables à l'Administration

**427.** Traditionnellement, la preuve désigne aussi bien la réalité d'un fait, que le moyen de parvenir à la démonstration de cette réalité[1140]. Quant aux règles régissant la preuve, elles ont vocation à s'appliquer tant au stade précontentieux[1141], qu'au stade du contentieux opposant l'Administration et le contribuable[1142]. Aussi, elles font classiquement écho à la dévolution de la charge de la preuve (c'est-à-dire, la désignation de la personne qui est censée prouver) et à l'administration de la preuve (c'est-à-dire, les moyens de prouver)[1143]. Sans surprise, les règles de preuve attachées aux mesures anti-abus applicables en droit fiscal international s'imposent au stade précontentieux et/ou au stade contentieux et tiennent à la dévolution et/ou à l'administration de la preuve. Néanmoins, au fil des réformes, les règles de preuve en la matière s'avèrent de plus en plus favorables à l'Administration. Dans une certaine mesure, ce mouvement peut se justifier par le fait que, dans les situations transnationales, l'Administration éprouve régulièrement des difficultés à démontrer le caractère abusif d'une opération. Mais, à certains égards, il est parfois difficile, au regard de la diversité des caractères des mesures anti-abus, d'établir une cohérence d'ensemble.

**428.** En principe, lorsque l'Administration accuse le contribuable d'avoir réalisé une opération abusive, la charge de la preuve repose sur les services fiscaux. Le contribuable a tout de même un rôle prépondérant à jouer (**§ 1**). Cependant, des présomptions d'abus de droit dans des situations

---

[1140] Christophe DE LA MARDIERE, *La preuve en droit fiscal*, Litec, 2009, p. 1, § 2. Pour reprendre l'analyse d'Emmanuel JOANNARD-LARDENT, *L'établissement de la preuve fiscale : essai de droit processuel*, Thèse, 2019, L'Harmattan, « Finances publiques », p. 18, § 4 : « *Prouver consiste donc à soumettre une proposition de fait à une épreuve afin de lui conférer une force probante* ». Pour des développements classiques sur la preuve : Jean-Philippe LEVY, v. « Preuve », in Denis ALLAND, Stéphane RIALS (dir.), *Dictionnaire de culture juridique*, *op. cit.*

[1141] Elles guident les discussions entre le contribuable et l'Administration dans le cadre d'un contrôle fiscal.

[1142] À titre de remarque, le contentieux de l'assiette débute par la réclamation adressée par le contribuable à l'Administration fiscale. La phase juridictionnelle du litige est postérieure à une phase administrative contentieuse (LPF, art. L. 199). Pour plus de détails, v. Martin COLLET, Pierre COLLIN, *Procédures fiscales*, *op. cit.*, p. 241, § 325.

[1143] Christophe DE LA MARDIERE, *La preuve en droit fiscal*, *op. cit.*, p. 5, § 15. Pour reprendre la formulation employée par l'auteur : « *La charge de la preuve est très étroitement liée à son administration. À la question : "qui doit prouver ?", on ne trouvera de réponse convaincante qu'en répondant aussi à une autre interrogation : "que faut-il prouver et comment ?"* ». Dans cette thèse, la charge et l'administration de la preuve sont analysées de manière combinée.

transnationales, souvent bien précises, ont été adoptées. La logique classique de la preuve en matière d'abus de droit a donc été quelque peu bousculée, et ce, en raison de la spécificité attachée aux opérations transnationales (§ **2**).

### *§ 1 – Le fardeau supporté par l'Administration*

**429.** Pour la plupart d'entre elles, les mesures anti-abus exigent que l'Administration, dès lors qu'elle oppose au contribuable un abus de droit, prouve cette accusation en apportant des éléments tangibles et sérieux (**A**). Le contribuable n'est pas inactif. Il est primordial qu'il réponde aux allégations de l'Administration, et ce, dès le stade précontentieux (**B**).

#### *A. Les exigences pesant sur l'Administration*

**430. Un équilibre. –** L'abus de droit est une accusation grave qui peut être lourde de conséquences pour le contribuable en termes de rectification, de sanction et de réputation. Dans l'hypothèse où la charge de la preuve ne reposerait pas sur l'Administration, la sécurité juridique en pâtirait excessivement[1144]. Il est compréhensible de laisser à l'Administration, aux stades précontentieux et contentieux, le soin de prouver l'abus de droit. D'ailleurs, dans sa décision *Établissements Lebreton* de 2003, le Conseil d'État estime qu'en vertu des règles générales relatives à l'attribution de la charge de la preuve « *il incombe, en principe, à chaque partie d'établir les faits nécessaires au succès de sa prétention* »[1145]. Ainsi, lorsque l'Administration conteste la substance juridique ou économique des actes passés ou des opérations réalisées par le contribuable, elle doit être en mesure de prouver l'abus qu'elle reproche au contribuable. Toutefois, pendant un temps, devant le juge de l'impôt, ce fardeau de la preuve pouvait être transféré au contribuable dans le cas où le Comité de l'abus de droit fiscal, saisi par l'Administration ou le contribuable, rendait un avis favorable à la qualification d'un abus de droit.

**431. L'ancienne incidence de l'avis du Comité de l'abus de droit fiscal sur la charge de la preuve lors de la phase contentieuse. –** Jusqu'à la loi de finances pour 2019[1146], le sens de l'avis avait une portée très

---

[1144] Christophe DE LA MARDIERE, *La preuve en droit fiscal*, *op. cit.*, p. 290, § 854.
[1145] CE, Sect., 20 juin 2003, n° 232832, *Sté Établissements Lebreton* : *Dr. fisc.* 2004, n° 5, comm. 200, concl. Pierre COLLIN, *BDCF* 10/03, n° 125.
[1146] Loi n° 2018-1317 du 28 décembre 2018 de finances pour 2018, art. 202.

importante, dans le cadre du contentieux, sur la charge de la preuve[1147]. Si le Comité de l'abus de droit fiscal retenait la qualification d'abus de droit, c'était au contribuable de prouver devant le juge que l'opération fustigée par l'Administration n'était pas constitutive d'un abus de droit. À l'inverse, si le Comité de l'abus de droit fiscal ne retenait pas la qualification d'abus de droit ou s'il n'était pas saisi, l'Administration devait apporter la preuve du bien-fondé de la rectification. La doctrine n'a pas manqué de relever que cette situation apparaissait comme « *sans danger* »[1148] pour les services de contrôle. Si le Comité suivait le contribuable, le fardeau de la preuve était inchangé pour l'Administration. En revanche, si le Comité suivait l'Administration, le contribuable se trouvait dans une situation très inconfortable. Depuis le 1er janvier 2019, cette modalité, analysée comme une « *anomalie* »[1149], a pris fin. Désormais, peu importe le sens de l'avis rendu par le Comité, la charge de la preuve du bien-fondé de la qualification d'abus de droit incombe à l'Administration lors de la phase contentieuse (LPF, art. L. 192, al. 1). Cette réforme bienvenue permet d'éviter que les contribuables se brident et soient réticents à l'idée de saisir ce comité indépendant.

**432. Une ancienne distinction entre la preuve du bien-fondé de la rectification et la preuve du bien-fondé de la sanction.** – Par le passé, la preuve du bien-fondé de la rectification de l'imposition du contribuable (LPF, L. 64) et la preuve du bien-fondé de la sanction du contribuable (CGI, art. 1729, b) répondaient à des règles distinctes. À l'époque où l'avis du Comité de l'abus de droit fiscal avait une incidence sur la charge de la preuve, le juge estimait que cet avis avait une portée uniquement sur la preuve du bien-fondé de la rectification[1150]. Cette dichotomie pouvait aboutir à des situations dans lesquelles le contribuable devait prouver, lors de la phase contentieuse, qu'il n'avait pas poursuivi une pratique abusive et à l'Administration de prouver que la sanction pour abus de droit était justifiée[1151]. Dans l'esprit des juges du Conseil d'Etat, la procédure d'abus

---

[1147] V. l'ancienne version de l'article L. 64 du LPF, al. 3 : « *Si l'administration ne s'est pas conformée à l'avis du comité, elle doit apporter la preuve du bien-fondé de la rectification* ».

[1148] Martin COLLET, Pierre COLLIN, *Procédures fiscales*, *op. cit.*, p. 156, § 223.

[1149] Daniel GUTMANN, *Droit fiscal des affaires*, *op. cit.*, p. 826, § 1015.

[1150] V. CE, 9ème et 10ème s.-s., 29 septembre 2010, n° 341065, *Sté Snerr Théâtre de Paris* : *Dr. fisc.* 2010, n° 45, comm. 551, concl. Pierre COLLIN. Le juge estime que : « *l'article L. 64 du livre des procédures fiscales ne détermine pas la charge de la preuve en matière de pénalités pour abus de droit* ». En réalité, cette analyse a permis au Conseil d'État de refuser la transmission d'une QPC portant sur l'article L. 64 du LPF (n° 608).

[1151] La sanction du contribuable s'élève à 80 % ou 40 % du montant des droits éludés (CGI, art. 1729, b). Pour appliquer le taux de 80 %, le contribuable doit avoir eu l'initiative principale du ou des actes constitutifs de l'abus de droit ou doit en avoir été le principal bénéficiaire. La dichotomie des règles de preuve entre le bien-fondé de la rectification et le bien-fondé de la sanction implique que, sous la législation antérieure à la loi de finances pour 2019, dans le cas où le Comité de

de droit ne serait qu'un article d'assiette, dans la mesure où sa mise en œuvre permet de déterminer, dans un premier temps, le montant des impôts dus par le contribuable, et ce, même si son application peut aboutir, ensuite, à une sanction du contribuable de 80 % ou 40 % des droits éludés[1152]. Depuis la loi de finances pour 2019, cette dichotomie n'a plus d'intérêt.

**433. La charge de la preuve incombant à l'Administration. –** Pour beaucoup de mesures anti-abus, le fardeau de la preuve pèse en principe sur l'Administration (par exemple : LPF, art. L. 64 ; L. 64 A ; CGI, art. 205 A ; 119 *ter*, 3 ; 119 *quater*, 3 ; 182 B *bis*, 3 ; 210-0 A, III ; 979, I, al. 2). Classiquement, la jurisprudence estime que les éléments apportés par les services de contrôle doivent être suffisamment précis et solides pour que l'Administration soit réputée avoir apporté cette preuve. Le Conseil d'État l'a admis au sujet de l'article L. 64 du LPF dans la décision *SCI Ram* rendue en 2010[1153]. Le juge suprême l'a réaffirmé à plusieurs reprises, notamment dans des affaires relatives à la mise en œuvre de l'article L. 64 du LPF contre des opérations transnationales[1154]. Il n'en saurait être autrement pour les autres dispositifs anti-abus. D'ailleurs, le juge l'a confirmé au sujet de l'application des dispositions du 3 de l'article 119 *quater* du CGI[1155]. De la

---

l'abus de droit fiscal rend un avis favorable à l'Administration, bien que le contribuable doive démontrer devant le juge que son opération n'est pas constitutive d'un abus de droit, l'Administration doit tout de même démontrer que le contribuable est à l'initiative de l'opération litigieuse pour justifier la sanction de 80 %. Autrement, l'avis du Comité de l'abus de droit fiscal n'a aucun impact sur le fardeau de la preuve de la sanction. Dans le cas où l'Administration ne démontre pas que le contribuable est à l'initiative de l'abus de droit ou en est le principal bénéficiaire, la pénalité de 40 % reste applicable.

[1152] Dans un arrêt récent, le Conseil d'État estime que : « *La charge de la preuve, en ce qui concerne les pénalités pouvant être infligées en cas d'abus de droit, est régie, non par les dispositions du dernier alinéa de l'article L. 64 du LPF, mais par celles de l'article L. 195 A du même livre, en vertu desquelles la preuve incombe à l'Administration, et par celles de l'article 1729 du CGI, lesquelles prévoient également qu'il appartient à l'Administration d'établir le bien-fondé des pénalités en cas d'abus de droit* ». V. CE, 9ème et 10ème ch., 19 mars 2018, n° 399862, *min. c/ A*, *préc.*

[1153] CE, 3ème et 8ème s.-s., 17 novembre 2010, n° 314291, min. *c/ SCI Ram* : *Dr. fisc.* 2011, n° 10, comm. 250, concl. Édouard GEFFRAY, note Christophe DE LA MARDIERE. « *L'administration fiscale apporte cette preuve par la production de tous éléments suffisamment précis attestant du caractère fictif des actes en cause ou de l'intention du contribuable d'éluder ou d'atténuer ses charges fiscales normales* ».

[1154] V. CE, 10ème et 9ème ch., 13 janvier 2017, n° 391196, *SAS Ingram Micro*, *préc.* ; CE, 9ème et 10ème ch., 3 décembre 2018, n° 406617, *Sté Manpower France Holding*, *préc.*

[1155] Le Conseil d'État estime que : « *Il appartient à l'administration, si elle estime que la chaîne de participations a comme objet principal ou comme un de ses objets principaux de tirer avantage des dispositions du 1 de cet article, d'apporter au soutien de ses affirmations des éléments suffisants pour constituer un commencement de preuve de fraude ou d'abus* ». V. CE, 9ème et 10ème ch., 24 février 2021, n° 434129, *Sté France Citévision*, *préc.*

même manière, l'Administration estime que, lorsqu'elle applique les dispositions de la clause anti-abus propre à l'impôt sur la fortune immobilière (CGI, art. 979, I, al. 2), la charge de la preuve de l'abus incombe à l'Administration[1156].

**434. Les modes de preuve : liberté.** – En contentieux fiscal, de la même manière qu'en contentieux administratif, la preuve est libre[1157]. Comme l'estime la Cour de cassation, « *l'administration des impôts est admise à rétablir la nature exacte des actes soumis à imposition par tous modes de preuve* »[1158]. Les dispositifs anti-abus ne prévoient pas de limitation particulière dans cet exercice. À tout le moins, le Conseil d'État affirme, au sujet de l'application de l'article L. 64 du LPF, que les « *éléments* » apportés par l'Administration doivent être « *suffisamment précis* »[1159]. Cette formulation est bien trop générale pour étayer et préciser exactement les éléments qui sont à prendre en compte dans la preuve d'une pratique abusive. De sorte que, la preuve apportée par l'Administration ne devrait pas se résumer à de simples allégations ou suppositions, mais à une véritable analyse (matérielle et intentionnelle) des faits[1160]. À défaut, le juge pourrait douter du bien-fondé des prétentions de l'Administration.

**435.** Dans le cas où l'Administration apporte des éléments suffisamment précis, le contribuable est inévitablement amené à répondre à l'argumentation de l'Administration[1161]. En pratique, le fardeau de la preuve est partagé entre l'Administration, qui initie la discussion, et le contribuable, qui répond à l'Administration et qui est chargé d'apporter la preuve contraire.

---

1156 BOI-PAT-IFI-40-30-20, § 80.

1157 Christophe DE LA MARDIERE, *La preuve en droit fiscal*, *op. cit.*, p. 13, § 22.

1158 Cass., 1ère civ., 11 juillet 1984, n° 83-12.312 : *Bull. civ.* I, n° 231.

1159 CE, 3ème et 8ème s.-s., 17 novembre 2010, n° 314291, min. *c/ SCI Ram*, *préc.*

1160 Les juges du fond paraissent attachés à la précision de la démonstration de l'Administration, v. par exemple : CA Paris, 1ère ch., sect. B, 16 septembre 2005, n° 03-8922, *Cts Logeais* : *RJF* 2/06, n° 223. Le juge estime que : « *Considérant enfin que l'administration invoque l'analogie de l'espèce avec celle de l'avis n° 98-5 du comité consultatif pour la répression des abus de droit ; que toutefois, s'agissant d'identifier l'intention d'un redevable d'éluder les impositions dont était passible l'opération réalisée, la seule comparaison d'une espèce à une autre des éléments matériels de cette opération ou de leurs effets […] est insuffisante ; qu'il conviendrait d'analyser dans chaque espèce, au-delà de la matérialité des actes, leur signification psychologique ou économique, ce que ne fait pas l'administration* ».

1161 Pour une affaire récente relative à la charge de la preuve, dans laquelle le Conseil d'État censure la CAA de Paris qui exige des contribuables qu'ils justifient que l'opération d'ensemble réalisée était la seule possible pour atteindre l'objectif économique poursuivi par le texte dans le champ d'application duquel ils se sont placés, v. CE, 10ème et 9ème ch., 19 juin 2020, n° 418452, *préc.*

### *B. Les exigences pesant sur le contribuable*

**436. La réponse nécessaire et libre du contribuable.** – C'est une évidence, seul le contribuable connaît véritablement les raisons motivant la réalisation de son opération. Ainsi, lorsque l'Administration invoque l'abus de droit, cela implique nécessairement une réponse de la part du contribuable[1162]. Concrètement, une fois les allégations sérieuses de l'Administration connues et transmises au contribuable, il incombe à ce dernier de répondre à l'Administration en apportant des éléments de preuve de la substance juridique et/ou économique des actes ou opérations litigieux. La réponse du contribuable peut être analysée lorsqu'elle intervient au stade précontentieux ou au stade contentieux.

**437. La réponse donnée à la proposition de rectification.** – Dans le cadre d'une procédure de rectification contradictoire, après que l'Administration notifie sa proposition de rectification, dûment motivée[1163], le contribuable peut faire parvenir ses observations dans un délai de trente jours (LPF, art. R* 57-1)[1164]. Le contribuable a l'occasion de répondre aux allégations de l'Administration et, éventuellement, d'exprimer son désaccord quant à la qualification d'abus de droit retenue. Le contribuable est toutefois libre de ne pas répondre même si l'absence de réponse n'est guère recommandée. Dans le cas où il ne répond pas, le contribuable est réputé avoir accepté la proposition de rectification de l'Administration, ce qui entraîne plusieurs conséquences. D'abord, le contribuable perd une chance de convaincre l'Administration qu'il n'a pas commis d'abus de droit et, partant, d'éviter les rectifications (et les sanctions) attachées. Ensuite, le contribuable perd la faculté d'exercer un recours hiérarchique (LPF, art. L. 54 C)[1165]. Enfin, il perd la faculté de saisir le Comité de l'abus de droit fiscal,

---

1162 V. Daniel GUTMANN, *Droit fiscal des affaires*, *op. cit.*, p. 826, § 1015.

1163 Au stade précontentieux, dans le cadre d'une procédure de rectification contradictoire, l'Administration est tenue de suffisamment motiver sa proposition de rectification, ainsi que sa réponse aux observations du contribuable (LPF, art. L. 57). Lorsqu'elle fait application d'une mesure anti-abus ou de la procédure d'abus de droit, pour respecter cette exigence de motivation, l'Administration doit donc apporter les éléments qui l'amènent à retenir le fondement de l'abus de droit. D'une certaine manière, elle est obligée de prouver, dès la phase précontentieuse, la qualification qu'elle retient.

1164 Un délai supplémentaire peut être accordé (LPF, art. L. 57, al. 2).

1165 Comme l'explique l'Administration fiscale : « *En cas de désaccord avec l'agent en charge du contrôle fiscal, le contribuable peut demander un recours hiérarchique. Il s'agit d'un recours administratif pré-contentieux qui s'adresse aux supérieurs hiérarchiques de l'auteur de la décision. Cette garantie vise à assurer au contribuable un regard neuf sur son dossier et lui permet d'ouvrir un dialogue avec un nouvel interlocuteur. L'objectif est d'instaurer une relation positive avec le contribuable en ouvrant la possibilité d'un recours anticipé afin de dégager une solution définitive évitant les litiges, longs et coûteux pour les deux parties* ». V. BOI-CF-PGR-30-10, § 410.

dans la mesure où la saisine est réservée aux cas dans lesquels il existe un désaccord sur la rectification notifiée par l'Administration (LPF, art. L. 64, al. 2). Répondre à la proposition de rectification de l'Administration qui reproche un abus de droit s'avère donc essentiel pour le contribuable lors de la phase précontentieuse.

**438. La discussion contradictoire devant le juge. –** Dans le cas où la phase précontentieuse n'a pas permis de résoudre le désaccord entre le contribuable et l'Administration sur la qualification d'un abus de droit et, partant, sur les impositions supplémentaires ou les sanctions qui en découlent, le contribuable est en mesure de contester l'acte d'imposition de l'Administration[1166]. Dans l'hypothèse où le juge est saisi, l'Administration doit, dans un premier temps, apporter des éléments de preuve suffisamment précis du caractère abusif de l'opération du contribuable. Une fois que l'Administration s'est acquittée de cette obligation : « *il incombe ensuite au contribuable, s'il s'y croit fondé, d'apporter la preuve de la réalité des actes contestés ou de ce que l'opération litigieuse est justifiée par un motif autre que celui d'éluder ou d'atténuer ses charges fiscales normales* »[1167]. Ainsi, le contribuable est amené à démontrer la substance des actes litigieux[1168].

**439. Analyse du rôle du contribuable.** – Le Conseil d'État n'oblige pas le contribuable à répondre aux assertions de l'Administration. Le contribuable est censé y répondre seulement dans l'hypothèse où les services s'acquittent de leurs obligations de preuve initiales et « *s'il s'y croit fondé* ». Dans un sens, cela signifie que le contribuable a l'initiative de la réponse. En revanche, il n'est pas certain que le juge fiscal serait amené à refuser la qualification d'abus de droit, dans le cas où le contribuable ne répondrait pas en définitive aux accusations circonstanciées de l'Administration. En général, les dossiers poursuivis sur le terrain de l'article L. 64 du LPF sont « bien ficelés ». Dans ce cas, ne serait-il pas contre-intuitif, pour le contribuable, de ne pas répondre aux éléments apportés aux débats par l'Administration ? Le juge fiscal ne croirait-il pas que si le contribuable ne répond pas sérieusement à l'Administration, c'est parce que, justement, son opération n'est justifiée que par des considérations fiscales ?

---

[1166] Pour ce faire, il forme une réclamation préalable auprès de l'Administration, d'abord, et, si la décision issue de la réclamation préalable ne donne pas entière satisfaction au contribuable, il peut saisir le juge de l'impôt, ensuite (LPF, art. L. 199).

[1167] CE, 3ème et 8ème s.-s., 17 novembre 2010, n° 314291, min. *c/ SCI Ram*, *préc.*

[1168] V. Christophe DE LA MARDIERE, « La charge de la preuve en matière d'abus de droit », *Dr. fisc.* 2011, n° 10, 250 : « *Nous n'ignorons pas les difficultés de preuve rencontrées par le juge de l'impôt, contraint d'exiger du contribuable la manifestation d'une vérité qu'il est souvent le seul à connaître tout entière. Mais, en matière répressive, nul n'a à faire la démonstration de son innocence* », § 4.

Dans le cadre d'un contentieux, le contribuable devrait mettre en avant les éléments qui prouvent la réalité et la substance de l'opération litigieuse, même si la charge de la preuve repose principalement sur l'Administration. Comme le rappelle la doctrine, « *la charge de la preuve, et donc le risque de la preuve, pèse sur l'Administration. Il s'ensuit que si un doute subsiste à l'issue du débat contradictoire, ce doute doit profiter au contribuable* »[1169].

**440. Un « système ternaire ».** – De manière imagée, un auteur n'hésite pas à qualifier ce cheminement en matière de preuve de « *système ternaire* »[1170]. Cela tient au fait que le contribuable s'acquitte, dans un premier temps, de ses obligations déclaratives. Dans un deuxième temps, l'Administration donne des éléments pour remettre en cause les déclarations du contribuable. Dans un troisième temps, le contribuable apporte les justificatifs nécessaires pour répondre aux allégations sérieuses de l'Administration. Cette dialectique de la preuve se rapproche finalement du droit commun de la preuve en contentieux fiscal[1171]. En matière d'abus de droit, la charge de la preuve ne s'assimile pas tant comme une obligation de démontrer complètement et définitivement des hypothèses d'abus de droit, mais plutôt comme la désignation de la partie qui initie la discussion en apportant des éléments suffisamment probables et sérieux[1172]. De sorte que, le juge peut considérer que la preuve n'est pas apportée par l'Administration si les éléments relevés au départ ne sont pas suffisamment étayés. Symétriquement, si le contribuable ne contrebalance pas d'une manière convaincante les arguments solides de l'Administration, il est probable que le juge statue finalement en faveur de l'Administration. Cette dialectique « *permet de pousser le contribuable à rentrer dans le débat sur la qualification d'abus de droit en découvrant ses cartes* »[1173]. Autrement dit, il « joue » la carte de la transparence. S'agissant des abus dans les situations transnationales, la jurisprudence fait état des cas où, tantôt l'Administration[1174], tantôt le contribuable[1175], apporte des éléments de preuve suffisants et convaincants pour remporter l'affaire. Force est de reconnaître que tout est affaire de cas particuliers. Évidemment, la dialectique de la preuve est bien assimilée par

---

[1169] Florence DEBOISSY, « Interposition d'une société holding, PEA et abus de droit », *Dr. fisc.* 2020, n° 46, comm. 438.
[1170] André BONNET, « La charge de la preuve en contentieux fiscal », *Dr. fisc.* 2013, n° 49, comm. 535.
[1171] Vincent DAUMAS, « Abus de droit : derniers développements jurisprudentiels », *RJF* 1/11, chron. p. 5.
[1172] *Ibid.*
[1173] *Ibid.*
[1174] Par exemple, v. CE, 8ème et 3ème s.-s., 27 juillet 2009, n° 295805, *Conforama Holding, préc.*
[1175] Par exemple, v. CE, 9ème et 10ème s.-s., 15 avril 2011, n° 322610, *Sté Alcatel CIT, préc.*

les acteurs du droit fiscal en ce qui concerne la mise en œuvre de l'article L. 64 du LPF. Elle peut être transposée aux dispositifs anti-abus qui n'organisent pas une présomption d'abus de droit (n° 446 et s.).

**441. Les difficultés en matière de preuve. –** Pour répondre aux accusations de l'Administration, un contribuable est amené à se renseigner sur les affaires qui ont été portées au Comité de l'abus de droit fiscal et devant le juge fiscal. Le contribuable et l'Administration peuvent évidemment s'y référer pour étayer leur argumentaire. Si l'analyse des solutions retenues dans les avis du Comité et par la jurisprudence fiscale permettent de préparer un dossier dans le cadre d'un contentieux à la suite de la mise en œuvre de la procédure traditionnelle d'abus de droit (ou même pour préparer un rescrit « abus de droit »), elle perd de son utilité en ce qui concerne la mise en œuvre future des nouveaux dispositifs anti-abus. En effet, les critères de définition ont volontairement été modifiés par les pouvoirs publics (n° 148), justement, pour appréhender des opérations qui ne tombent pas dans le champ d'application de l'article L. 64 du LPF[1176]. L'Administration peut être en mesure de rectifier le contribuable en apportant des éléments qu'elle n'avait pas forcément l'habitude de présenter dans les débats et dans les précédentes affaires, ce qui place le contribuable dans une position inconfortable. En tout état de cause, à l'issue de la discussion entre l'Administration et le contribuable, il revient au juge d'apprécier la pertinence des éléments de preuve apportés à tour de rôle par les parties, afin d'opérer la qualification juridique qui convient selon sa conviction[1177]. Comme l'a remarqué Pierre COLLIN dans ses conclusions sur la décision *Pléiade* : « *lorsque les arguments convaincants de l'une des parties ne sont pas contrebalancés de manière crédible par l'autre, l'opinion du juge tend alors à se former* »[1178].

**442.** L'Administration éprouvant des difficultés à démontrer le caractère abusif de certaines opérations transnationales, des présomptions légales et conventionnelles d'abus de droit ont été adoptées pour assouplir le fardeau de la preuve qui pèse sur l'Administration.

---

[1176] V. Pierre FERNOUX, « Revisitons le passé à l'aune du but principalement fiscal », *op. cit.*

[1177] À ce sujet, v. une analyse sur la conviction des juges en matière fiscale, qui représente finalement une « *conception particulière de la vérité juridique* » : Emmanuel JOANNARD-LARDENT, *L'établissement processuel de la preuve fiscale : essai de droit comparé interne*, Thèse, 2017, Paris I, pp. 211-234.

[1178] V. Pierre COLLIN, concl. CE, 8ème et 3ème s.-s., 18 février 2004, n° 247729, *Sté Pléiade*, *préc.* À rapprocher de la « preuve objective », v. Martin COLLET, Pierre COLLIN, *Procédures fiscales*, *op. cit.*, p. 280, § 384.

### *§ 2 – L'allègement du fardeau supporté par l'Administration*

**443. La présomption légale : une technique au service de la lutte contre les pratiques abusives transnationales.** – Le Code civil a longtemps défini les présomptions comme « *les conséquences que la loi ou le magistrat tire d'un fait connu à un fait inconnu* » (C. civ., anc. art. 1349)[1179]. S'attache alors aux présomptions organisées par la loi ou par le juge, un raisonnement du type inductif, selon lequel l'existence d'une situation est admise lorsque d'autres éléments sont démontrés[1180]. La présomption aboutit à admettre une réalité sur le fondement d'une simple probabilité ou d'une vraisemblance[1181]. Le domaine de la présomption est celui de la preuve[1182]. La fonction d'une présomption ne consiste pas tant à dédouaner entièrement la charge de la preuve qui pèse normalement sur une partie, qu'à déplacer l'objet de la preuve sur l'élément probable sur lequel est fondé la présomption[1183]. La loi fiscale (entendue au sens large) organise de nombreuses présomptions afin de lutter contre l'évasion fiscale internationale[1184]. Au fil des années, les présomptions d'abus de droit se sont généralisées en droit fiscal international (**A**). Leur utilité peut être discutée (**B**).

#### *A. La généralisation des règles de preuve favorables à l'Administration*

**444.** De façon très ciblée, le législateur a intégré dans le CGI des présomptions d'abus de droit afin de faciliter les opérations de contrôle de l'Administration (**1**). Si les présomptions sont moins présentes dans les conventions fiscales, la convention multilatérale « BEPS » a récemment aménagé une règle de preuve favorable à l'Administration pour la clause dite « PPT » (**2**).

---

[1179] Pour une lecture critique de l'ancien article 1349 du Code civil, v. Claire QUETAND-FINET, *Les présomptions en droit privé*, Thèse, 2013, IRJS Éditions, « Bibliothèque de l'Institut de recherche juridique de la Sorbonne - André Tunc ».

[1180] Florence DEBOISSY, *La simulation en droit fiscal*, *op. cit.*, p. 307, § 806. Comme le dit Florence DEBOISSY, « *L'expérience aidant, on induit l'existence d'un fait lorsqu'un autre fait est démontré, parce qu'il en va probablement ainsi. Le fondement de la présomption réside dans la probabilité* ». Pierre PESCATORE définit les présomptions comme « *des règles de droit en vertu desquelles nous tenons établi (provisoirement ou définitivement) ce qui n'apparaît que comme probable ou normal* ». V. Pierre PESCATORE, *Introduction à la science du droit, 1960*, *op. cit.*, p. 218, § 143.

[1181] Christophe DE LA MARDIERE, *La preuve en droit fiscal*, *op. cit.*, p. 55, § 150.

[1182] En ce sens, Florence DEBOISSY, *La simulation en droit fiscal*, *op. cit.*, p. 307, § 806.

[1183] V. à ce sujet Roger DECOTTIGNIES, *Les présomptions en droit privé*, *op. cit.*, p. 226, § 90. Cet auteur parle d'un simple « *déplacement de la preuve* ».

[1184] À ce sujet, v. Damien JOUSSET, *L'emploi des présomptions dans la lutte contre la fraude et l'évasion fiscales internationales*, Thèse, 2016, Paris I.

### 1. *Les présomptions réfragables du CGI*

**445.** Le CGI contient une multitude de mesures anti-abus, telles que les articles 238 A, 209 B, 123 *bis*, 155 A et 119 *bis* A, dont les dispositions contiennent des présomptions d'abus en droit fiscal international[1185]. Il fût un temps où les anciennes dispositions de l'article 119 *ter*, 3 du CGI contenaient aussi une présomption d'abus de droit. Pour certaines mesures anti-abus (CGI, art. 238 A ; 209 B ; 123 *bis* ; 155 A), l'évènement qui rend vraisemblable l'abus de droit est l'implication d'une entité ou d'une personne qui bénéficie d'un régime fiscal privilégié (**a**). Pour d'autres (CGI, anc. art. 119 *ter*, 3 ; 155 A), l'évènement qui rend probable l'existence d'un abus de droit tient essentiellement à une situation de contrôle d'une entité ou d'une personne. À la vérité, le législateur est libre de cibler certaines opérations internationales et ne se limite pas à ces deux types de présomption (CGI, art. 119 *bis* A) (**b**).

#### a. *Les présomptions d'abus en cas de régime fiscal privilégié*

**446. L'économie générale des présomptions. –** Les dispositifs anti-abus des articles 238 A, 209 B et 123 *bis* du CGI reposent sur une présomption d'abus de droit. En effet, il suffit pour l'Administration de démontrer que i) le créancier non-résident d'une somme payée par un contribuable résident, ii) la filiale étrangère ou l'établissement exploité à l'étranger d'une société établie en France, ou iii) la société de portefeuille étrangère détenue par une personne physique domiciliée en France, soit soumis à un régime fiscal privilégié dans un autre État (CGI, art. 238 A), pour présumer l'abus du contribuable résident. Plus précisément, l'Administration doit prouver que les personnes établies ou domiciliées à l'étranger et impliquées dans l'une des opérations visées « *n'y sont pas imposables* » ou bien « *y sont assujetties à des impôts sur les bénéfices ou les revenus dont le montant est inférieur de 40 % ou plus à celui de l'impôt sur les bénéfices ou sur les revenus dont elles auraient été redevables dans les conditions de droit commun en France, si elles y avaient été domiciliées ou établies* » (n° 175 et s.).

**447. La distinction avec les autres règles de preuve. –** Les règles de preuve attachées à ces trois mesures anti-abus sont plus favorables à l'Administration que celles attachées aux dispositifs anti-abus étudiés dans le paragraphe précédent (LPF, art. L. 64 ; L. 64 A et CGI, art. 205 A ; 119

---

[1185] Pour une étude d'ensemble sur les règles de preuve, v. Marien SERAILLE, « Répression de l'évasion fiscale internationale. – Charge de la preuve dans les dispositifs de lutte contre l'évasion et la fraude fiscales », in *JCl. Fiscal international*, fasc. 3880.

*ter*, 3 ; 119 *quater*, 3 ; 182 B *bis*, 3 ; 210-0 A, III ; 979, I, al. 2). En effet, l'Administration n'est pas chargée d'apporter tous les éléments nécessaires à la qualification d'un abus de droit. Elle supporte toujours la charge de la preuve, mais sur un objet beaucoup plus restreint, à savoir la qualification d'un régime fiscal privilégié[1186]. Dans ce cas, le fardeau de la preuve est bien moins difficile à porter pour l'Administration, étant donné qu'il s'agit pour elle de démontrer simplement un élément matériel. Par conséquent, si elle arrive à caractériser l'implication d'une personne ou d'une entité bénéficiant d'un régime fiscal privilégié à l'étranger, il revient, *in fine*, au contribuable de faire état des motifs de son opération pour démontrer qu'il n'a réalisé aucune pratique abusive. Il s'agit là d'un sérieux avantage pour l'Administration dans la mesure où, en somme, il revient au contribuable de démontrer la substance de l'opération litigieuse.

**448. La preuve du régime fiscal privilégié par l'Administration. –** À tout le moins, la doctrine ne manque pas de relever que la démonstration de ce régime fiscal privilégié est appréciée strictement par le juge fiscal, ce dernier n'admettant que très rarement sa qualification[1187]. La jurisprudence laisse entendre que l'Administration ne peut se permettre d'apporter au débat des considérations générales et évasives à ce sujet. Par exemple, le Conseil d'État refuse d'admettre qu'une simple référence à « *divers documents, et notamment [au] "rapport annuel sur la charge fiscal en Suisse" […], qui donnent à penser que les sociétés pourraient être soumises en Suisse à des impôts sur les bénéfices notablement moins élevés qu'en France* » est suffisant pour établir le régime fiscal privilégié[1188]. L'Administration est nécessairement amenée à « *apporter tous*

---

1186 Pour une affirmation de principe au sujet de l'application des dispositions de l'article 238 A du CGI, v. CE, 7ème et 9ème s.-s., 21 mars 1986, n° 53002, *min. c/ Sté Auriège, préc.* Le Conseil d'État estime que : « *lorsqu'elle s'en prévaut [CGI, art. 238 A] pour contester la déduction de rémunérations, l'administration doit justifier que le bénéficiaire de ces rémunérations est soumis hors de France à un régime fiscal privilégié* ».

1187 En ce sens, v. Bernard CASTAGNEDE, *Précis de fiscalité internationale*, p. 182, § 187. Néanmoins, plusieurs contribuables ont vu leur imposition être rectifiée en raison d'une opération impliquant une entité ou une personne bénéficiant d'un régime fiscal privilégié au Liechtenstein, v. CE, 9ème et 7ème s.-s., 16 décembre 1987, n° 55790 : *RJF* 2/88, n° 153 ; CE, 8ème et 9ème s.-s., 26 mai 1993, n° 75800, *SA Brenneisen* : *RJF* 7/93, n° 981 ; CE, 8ème et 3ème s.-s., 2 avril 2003, n° 237751 et n° 237753, *Sté d'Édition des artistes peignant de la bouche et du pied, préc.* ; CAA Lyon, 2ème ch., 2 mai 2000, n° 96-2779, *Sté touristique, thermale et hôtelière de Divonne-les-Bains* : *RJF* 11/00, n° 1241.

1188 CE, 7ème et 9ème s.-s., 21 mars 1986, n° 53002, *min. c/ Sté Auriège, préc.* Plus récemment, le Conseil d'État a jugé que « *l'administration n'apporte pas la preuve qu'une société établie dans un État étranger y est soumise à un régime fiscal privilégié […] en se prévalant de la seule absence, au cours des exercices litigieux, d'un impôt sur les sociétés dans cet État, sans prendre en compte les autres impositions directes sur les bénéfices et les revenus prévues, le cas échéant, par la législation de l'État en cause [la principauté d'Andorre]* ». En

*éléments circonstanciés non seulement sur le taux d'imposition, mais sur l'ensemble des modalités selon lesquelles des activités du type de celles qu'exerce ce bénéficiaire sont imposées dans le pays où il est domicilié ou établi* »[1189].

**449. La dialectique en matière de présomption.** – Le rôle du contribuable ne doit pas être minimisé. Pour reprendre l'expression du juge, il « *peut, de son côté, faire valoir, en réponse à l'administration, tous éléments propres à la situation du bénéficiaire en cause* »[1190]. Même s'il n'est pas obligé de répondre à l'Administration, le contribuable a intérêt de dialoguer avec elle, afin, pourquoi pas, de démontrer que l'opération ne bénéficie pas d'un régime fiscal privilégié. Dans le cas où l'Administration apporte les éléments suffisants à la qualification du régime fiscal privilégié, le contribuable est chargé de démontrer que l'opération litigieuse n'est pas abusive. Ainsi, la charge de la preuve du caractère non abusif de l'opération incombe au contribuable[1191]. Si, dans un premier temps, il revient à l'Administration d'initier le débat quant au bénéfice du régime fiscal privilégié, il revient, dans un second temps, au contribuable d'initier un nouveau débat quant à l'absence d'un abus de droit. Ainsi, dans le cadre d'un contrôle opéré par l'Administration, le contribuable doit toujours être en mesure de démontrer la substance de son opération par des éléments tangibles. À défaut, l'Administration peut faire application des dispositifs anti-abus. Devant le juge, si l'Administration doit initier le débat quant à la qualification du régime fiscal privilégié, c'est au contribuable d'être en mesure de démontrer que les dépenses sont réelles et normales. Le juge peut alors être convaincu[1192], ou non[1193], de la substance juridique ou économique de l'opération poursuivie par le contribuable.

---

ce sens, v. CE, 8ème et 3ème ch., 29 juin 2020, n° 433937, *Société Bernys* : *RJF* 8-9/20, n° 767, concl. Romain VICTOR (C 767).

1189 CE, 3ème et 8ème ch., 24 avril 2019, n° 413129, *SAS Control Union Inspections France (CUIF)*, *préc.*

1190 *Ibid.*

1191 *Ibid.* Au sujet de l'application du dispositif anti-abus de l'article 238 A du CGI, le juge estime qu'une fois la condition du régime fiscal privilégié démontrée, « *il appartient au contribuable d'apporter la preuve que les dépenses en cause correspondent à des opérations réelles et ne présentent pas un caractère anormal ou exagéré* ».

1192 Au sujet de l'application du dispositif anti-abus de l'article 209 B du CGI, v. deux affaires rendues le même jour dans lesquelles le juge estime que le contribuable apporte suffisamment la preuve du caractère non abusif de son opération : CE, 9ème et 10ème s.-s., 30 décembre 2015, n° 372522, *min c/ Sté Paribas International,* n° 372733, *min. c/ Sté BNP Paribas*, *préc.*

1193 Au sujet de l'application du dispositif anti-abus de l'article 209 B du CGI, v. une affaire dans laquelle le juge estime que le contribuable n'apporte pas suffisamment la preuve du caractère non abusif de son opération : CE, Plén., 4 juillet 2014, n° 357264 et n° 359924, *Bolloré SA* : *Dr. fisc.* 2014, n° 38, comm. 536, concl. Marie-Astrid NICOLAZO DE BARMON, note Jérôme ARDOUIN. V. aussi

**450. Les dépenses payées à un créancier qui bénéficie d'un régime fiscal privilégié (CGI, art. 238 A).** – Le dispositif anti-abus de l'article 238 A du CGI traite du cas où un contribuable domicilié ou établi en France est débiteur de certaines dépenses[1194] auprès de personnes domiciliées ou établies dans un autre État dans lequel elles bénéficient d'un régime fiscal privilégié. Le débiteur ne peut déduire de son bénéfice imposable lesdites dépenses uniquement dans le cas où il arrive à démontrer que les opérations sont « *réelles* » et qu'elles ne présentent pas un caractère « *anormal* » ou « *exagéré* »[1195]. Les dispositions de l'article 238 A du CGI prévoient donc deux présomptions, d'un côté, une présomption de fictivité (ce qui revient à une présomption d'abus de droit) et, d'un autre côté, une présomption d'anormalité.

**451. Les sociétés étrangères contrôlées (CGI, art. 209 B) et les sociétés de portefeuille contrôlées (CGI, art. 123 *bis*) qui bénéficient d'un régime fiscal privilégié dans un État tiers à l'Union européenne.** – Qu'il s'agisse de l'application des dispositions des articles 209 B, 123 *bis* ou 238 A du CGI, voire de l'article 155 A du CGI, l'Administration a toujours la charge de la preuve du bénéfice d'un régime fiscal privilégié à l'étranger. Les dispositions de l'article 209 B du CGI prévoient que le contribuable peut se défaire de la présomption d'abus de droit, une fois le régime fiscal privilégié établi par l'Administration, en démontrant, s'il n'est pas dans le champ d'application du droit de l'Union européenne, que l'opération visée n'a pas un but principalement fiscal[1196]. De la même

---

Philippe OUDENOT, « La prise en compte des bénéfices réalisés dans un pays à fiscalité privilégiée : état des lieux de l'article 209 B », *Dr. fisc.* 2014, n° 38, 528.

[1194] Il s'agit des : « *intérêts, arrérages et autres produits des obligations, créances, dépôts et cautionnements, les redevances de cession ou concession de licences d'exploitation, de brevets d'invention, de marques de fabrique, procédés ou formules de fabrication et autres droits analogues ou les rémunérations de services* » (CGI, art. 238 A, al. 1).

[1195] À titre de remarque : « *il appartient au contribuable, lorsque l'administration a remis en cause la déduction d'une charge sur le fondement de l'article 238 A du CGI, d'apporter la preuve que les dépenses correspondent à des prestations réelles et qu'elles ne présentent pas un caractère anormal ou exagéré, nonobstant les dispositions, applicables, sauf loi contraire, de l'article L 192 du LPF issues de la loi 87-502 du 8 juillet 1987 en vertu desquelles la charge de la preuve incombe à l'administration lorsque la commission départementale des impôts a été saisie* ». V. CE, 8ème s.-s., 26 juillet 2006, n° 282595, *Sté des Hôtels et Casinos de Deauville* : *RJF* 5/07, n° 601.

[1196] CE, 9ème et 10ème s.-s., 2 février 2012, n° 351600, *Sonepar, préc.* ; CE, 9ème et 10ème s.-s., n° 338682, *BNP Paribas, préc.* V. le III, al. 1 de l'article 209 B du CGI, selon lequel le dispositif anti-abus de l'article 209 B du CGI : « *ne s'applique pas lorsque la personne morale établie en France démontre que les opérations de l'entreprise ou de l'entité juridique établie ou constituée hors de France ont principalement un objet et un effet autres que de permettre la localisation de bénéfices dans un État ou territoire où elle est soumise à un régime fiscal privilégié* ». Cette condition est réputée remplie « *lorsque l'entreprise ou l'entité juridique établie ou constituée hors de France a principalement une activité industrielle ou*

manière, les dispositions de l'article 123 *bis* du CGI prévoient le même fardeau de la preuve dans le cas où la société de portefeuille est établie en dehors de l'Union européenne, le contribuable devant démontrer que son opération ne poursuit pas un objectif principalement fiscal[1197].

**452. Les sociétés étrangères contrôlées (CGI, art. 209 B) et les sociétés de portefeuille contrôlées (CGI, art. 123 *bis*) qui bénéficient d'un régime fiscal privilégié dans un État membre de l'Union européenne. –** Il peut être plus délicat d'identifier à qui incombe la charge de la preuve lorsqu'il s'agit d'une opération impliquant une entité ou une personne résidente d'un État membre de l'Union européenne. En effet, la loi est moins explicite. Elle dispose seulement que les dispositifs anti-abus des articles 209 B et 123 *bis* du CGI ne sont pas applicables, si l'exploitation de l'entreprise ou la détention des actions, parts, droits financiers ou droits de vote de l'entité juridique par la personne morale passible de l'impôt sur les sociétés (CGI, art. 209 B, II) ou par la personne domiciliée en France (CGI, art. 123 *bis*, 4 *bis*, al. 1)[1198] ne peut être regardée comme constitutive d'un « *montage artificiel* » dont le but serait de contourner la législation fiscale française. La loi n'indique pas explicitement si le contribuable visé doit démontrer que l'opération n'est pas constitutive d'un montage artificiel, ou bien, si l'Administration doit démontrer que l'opération est constitutive d'un montage artificiel. Dans ses conclusions sur la décision *Bolloré SA*, Marie-Astrid DE BARMON, estime que la charge de la preuve incombe au contribuable[1199]. Il reviendrait au contribuable d'apporter des éléments tangibles quant à la substance juridique ou économique de l'opération. Néanmoins, il est permis de douter de cette affirmation, ou du moins, de la

---

*commerciale effective exercée sur le territoire de l'État de son établissement ou de son siège* », v. le III, al. 2 de l'article 209 B.

1197 V. le 4 *bis*, al. 2 de l'article 123 *bis* du CGI, selon lequel le dispositif anti-abus de l'article 123 *bis* du CGI : « *si la personne domiciliée en France démontre que l'exploitation de l'entreprise ou la détention des actions, parts, droits financiers ou droits de vote de cette entité juridique a principalement un objet et un effet autres que de permettre la localisation de bénéfices ou de revenus dans un État ou territoire où elle est soumise à un régime fiscal privilégié* ».

1198 Cette rédaction est la conséquence d'une modification législative (loi de finances rectificative pour 2017, n° 2017-1775 du 28 décembre 2017, art. 25), elle-même motivée par : Cons. const., 1er mars 2017, déc. n° 2016-614 QPC, *M. Dominique L.*, *préc.* ; Cons. const., 6 octobre 2017, déc. n° 2017-659 QPC, *Nabitz* : *Dr. fisc.* 2017, n° 11, act. 165. Avant cette modification, la charge de la preuve reposait sur le contribuable, v. CAA Nancy, 1ère ch., 22 août 2008, n° 07NC00783, *M. Rifaut* : *Dr. fisc.* 2008, n° 41, comm. 535.

1199 Marie-Astrid DE BARMON, concl. sur CE, Plén., 4 juillet 2014, n° 357264 et n° 359924, *Bolloré SA* : *RJF* 7-8/14, n° 880. Elle considère que le juge européen « *estime légitime de faire peser la charge de la preuve de l'absence de montage artificiel sur le contribuable, qui est le mieux placé à cet effet* ». Toutefois, rappelons que cette affaire portait sur l'application des dispositions de l'article 209 B du CGI, qui résultaient d'une ancienne version de la loi.

tempérer[1200]. Dans leur version actuelle, les dispositifs législatifs ne font pas reposer explicitement la charge de la preuve sur le contribuable lorsque l'opération est européenne. À vrai dire, il ressort d'une étude de ces dispositifs anti-abus, que la loi fait preuve de neutralité s'agissant des opérations européennes. En revanche, s'agissant des autres opérations transnationales (c'est-à-dire pour les opérations qui n'impliquent pas d'État membre) la loi est beaucoup moins neutre. Cette dernière explicite le fait que, dans ces circonstances, c'est au contribuable de démontrer que l'opération visée n'est pas abusive. Plus fondamentalement, la jurisprudence récente de la Cour de justice insiste sur le fait que l'Administration d'un État membre, lorsqu' elle met en œuvre une mesure anti-abus, ne doit pas être exonérée d'apporter des éléments de preuve quant à l'absence de substance de l'opération qu'elle conteste (n° 629). Pour ces deux raisons, nous estimons qu'il revient, d'abord, à l'Administration d'apporter des éléments tangibles pour faire état du caractère artificiel de l'opération ; il revient, ensuite, au contribuable de répondre aux assertions de l'Administration.

**453.** Ainsi, pour certaines opérations transnationales limitativement énumérées par la loi, la seule implication d'une personne ou d'une entité qui bénéficie d'un régime fiscal privilégié à l'étranger a pour conséquence de faire présumer l'abus de droit. Il revient alors au contribuable de démontrer la substance de son opération. Il en va de même dans des simples situations de contrôle.

#### *b. Les présomptions d'abus en cas de contrôle*

**454. Les sociétés de services (CGI, art. 155 A). –** Dans la décision *Piazza*[1201], rendue par le Conseil d'État en 2013, le juge suprême est venu préciser la portée du dispositif anti-abus de l'article 155 A du CGI. Dans cette affaire, l'Administration avait imposé les rémunérations versées par des sociétés françaises à une entreprise établie au Luxembourg pour des prestations de services rendues, entre les mains de deux personnes physiques contrôlant la société luxembourgeoise. À cette occasion, afin de rendre compatibles les dispositions de l'article 155 A du CGI au droit de l'Union européenne, le Conseil d'État a affirmé que : « *les prestations dont la*

---

1200 V. Bruno GOUTHIERE, *Les impôts dans les affaires internationales*, *op. cit.*, p. 1341, § 74005.
1201 CE, 9ème et 10ème s.-s., 20 mars 2013, n° 346642, *Piazza*, *préc.*

*rémunération est ainsi susceptible d'être imposée entre les mains de la personne qui les a effectuées correspondent à un service rendu pour l'essentiel par elle et pour lequel la facturation par une personne domiciliée ou établie hors de France ne trouve aucune contrepartie réelle dans une intervention propre de cette dernière, permettant de regarder ce service comme ayant été rendu pour son compte* ». Il est alors admis que la mise en œuvre du dispositif anti-abus de l'article 155 A du CGI est « *cantonnée aux montages purement artificiels* »[1202].

**455. L'étude du régime.** – Ainsi, le contrôle direct ou indirect de l'entité étrangère qui perçoit les rémunérations par des contribuables, résidents (CGI, art. 155 A, I)[1203] ou non-résidents (CGI, art. 155 A, II)[1204], est de nature à faire présumer le caractère abusif ou artificiel de l'opération. De la même manière, dans le cas où l'entité étrangère bénéficie d'un régime fiscal privilégié au sens de l'article 238 A du CGI ou dans le cas où l'entité étrangère n'exerce pas de manière prépondérante une activité industrielle ou commerciale autre que la prestation de service litigieuse (CGI, art. 155 A), l'opération est présumée être abusive. Dans la décision *Piazza*, le Conseil d'État précise les règles de preuve en la matière. Le juge administratif suprême laisse entendre qu'il incombe à l'Administration d'apporter des éléments justifiant l'imposition des sommes en cause sur le fondement de l'article 155 A du CGI au motif que les personnes visées par le dispositif ont réalisé les prestations de services et qu'elles contrôlent la personne qui perçoit la rémunération de ces services[1205]. Dès lors que ces éléments sont probants, il incombe ensuite au contribuable d'apporter des éléments en sens contraire et de justifier la réalité pour compte propre de l'intervention

---

1202 Anne ILJIC, « Quelle est la portée de l'article 155 A du CGI ? », *op. cit.*

1203 Le I de l'article 155 A du CGI dispose que : « *Les sommes perçues par une personne domiciliée ou établie hors de France en rémunération de services rendus par une ou plusieurs personnes domiciliées ou établies en France sont imposables au nom de ces dernières en France* ».

1204 Le II de l'article 155 A dispose que les dispositions du I « *sont également applicables aux personnes domiciliées hors de France pour les services rendus en France* ». Dans ce cas, le Conseil d'État estime que lorsque l'Administration apporte des éléments suffisants permettant de penser que la prestation a été rendue en France, il appartient ensuite au contribuable d'apporter toutes justifications utiles sur le lieu d'exercice de ses activités professionnelles, v. CE, 3ème et 8ème ch., 22 janvier 2018, n° 406888 : *RJF* 4/8, n° 342, concl. Emmanuelle CORTOT-BOUCHER. V. Clara COUDERT, Juan Carlos LEON AGUIRRE, « Services rendus en France par une "rent a star company" : définition et dévolution de la preuve », *RFP* 2018, n° 4, 6.

1205 Par analogie, il pourrait en être déduit que c'est aussi à l'Administration de démontrer que la personne étrangère n'a aucune activité industrielle et commerciale ou qu'elle bénéficie d'un régime fiscal privilégié. Toutefois, l'Administration estime que c'est au contribuable d'être en mesure de démontrer que la personne qui perçoit la rémunération de la prestation exerce de façon prépondérante une activité industrielle ou commerciale autre que la prestation de services, v. BOI-IR-DOMIC-30, § 110.

de la société établie hors de France[1206]. Autrement dit, la preuve de l'Administration est réduite à la démonstration de simples considérations matérielles. La preuve du contribuable tient à la caractérisation de la substance de l'opération.

**456. Le contrôle d'une entité établie dans un État membre de l'Union européenne par des non-résidents (CGI, anc. art. 119 *ter*, 3). –** Jusqu'au 1er janvier 2016[1207], l'ancienne version du 3 de l'article 119 *ter* du CGI allégeait également la charge de la preuve de l'Administration en matière d'abus du régime « mères-filles ». Dans le cas où une filiale établie en France distribuait des dividendes à une société mère établie au sein de l'Union européenne et que la société mère était contrôlée directement ou indirectement par un non-résident européen, alors la société mère européenne devait démontrer que la chaîne de participations n'avait pas d'objet principalement fiscal pour bénéficier de l'exonération de retenue à la source[1208]. Comme pour le dispositif anti-abus de l'article 155 A du CGI, il convenait simplement de démontrer une situation de contrôle, au cas présent le contrôle par une personne ou une entité non-résidente de l'Union européenne, pour présumer l'abus du contribuable.

**457. Les versements réalisés par un résident à un non-résident (CGI, art. 119 *bis* A). –** Le législateur est tout à fait libre de décider de l'évènement probable qui fait naître l'abus. L'adoption récente du dispositif anti-abus de l'article 119 *bis* A du CGI en est l'illustration. En effet, une présomption d'abus de droit naît du seul fait, pour un contribuable résident, de procéder à un versement à un contribuable non-résident dans le cadre d'une cession temporaire de titres ou une opération assimilée. Une fois de plus, la charge de la preuve de l'Administration est restreinte. Dès lors que l'Administration démontre l'existence d'une telle opération, il revient au contribuable de démontrer qu'il n'a pas commis d'abus de droit pour éviter l'application du dispositif anti-abus.

---

1206 *RJF* 6/13, n° 578. Pour reprendre la formulation du Conseil d'État, il revient au contribuable « *d'apporter des éléments permettant d'établir que la facturation de ces prestations par la société établie hors de France aurait trouvé une contrepartie réelle dans une intervention qui lui aurait été propre et de regarder le service ainsi rendu comme l'ayant été pour son compte* ».

1207 Loi n° 2015-1786 du 29 décembre 2015 de finances rectificative pour 2015, art. 29.

1208 Pour être précis le 3 de l'article 119 *ter* disposait que les modalités relatives à l'exonération de la retenue à la source « *ne s'appliquent pas lorsque les dividendes distribués bénéficient à une personne morale contrôlée directement ou indirectement par un ou plusieurs résidents d'Etats qui ne sont pas membres de l'Union, sauf si cette personne morale justifie que la chaîne de participations n'a pas comme objet principal ou comme un de ses objets principaux de tirer avantage [desdites] dispositions* ».

**458.** Tous ces exemples démontrent à quel point le législateur est méfiant vis-à-vis de certaines opérations internationales. En définitive, la simple preuve par l'Administration d'un élément matériel, à savoir le bénéfice d'un régime fiscal privilégié (CGI, art. 238 A ; 209 B ; 123 *bis* ; 155 A), une situation de contrôle (CGI, art. 155 A ; anc. art. 119 *ter*, 3) ou d'une opération de cession temporaire (CGI, art. 119 *bis* A) permet de présumer un abus de droit et, partant, d'obliger le contribuable à justifier l'absence d'abus de droit. Les exigences en matière de preuve reposent essentiellement sur le contribuable, ce qui paraît quelque peu sévère (n° 462 et s.) et discutable au regard de la jurisprudence récente de la Cour de justice (n° 629). En parallèle de ces dispositifs anti-abus internes, la clause « PPT » de la convention multilatérale « BEPS » contient une règle de preuve favorable à l'Administration.

### 2. *Le partage de la preuve dans la clause « PPT » de la convention multilatérale « BEPS »*

**459. L'Administration initie le débat quant à l'établissement d'un motif fiscal significatif et le contribuable démontre la conformité de l'opération à l'esprit de la convention.** – La clause « PPT » de la convention multilatérale « BEPS » paraît aménager une règle de preuve favorable à l'Administration[1209]. Elle prévoit que les avantages fiscaux octroyés par une convention sont refusés lorsque l'opération du contribuable a un « but principalement fiscal » (élément constitutif intentionnel) et détourne la finalité attachée la stipulation conventionnelle dont il recherche l'application (élément constitutif matériel)[1210]. Plutôt que de laisser les autorités administratives des États supporter la preuve de ces deux éléments constitutifs, elles doivent démontrer uniquement le motif fiscal prépondérant (le « but principalement fiscal ») de l'opération du contribuable. Évidemment, le contribuable peut répondre aux assertions de l'Administration, en démontrant que l'opération est justifiée par des

---

[1209] V. Philippe MARTIN, « Interprétation et application de la clause générale anti-abus de l'OCDE », *FI* 2019, n° 4, 9.3, § 15 à 18.

[1210] Cette clause « PPT » stipule que : « *Nonobstant les autres dispositions de la convention de la présente Convention, un avantage au titre de celle-ci ne sera pas accordé au titre d'un élément de revenu ou de fortune s'il est raisonnable de conclure, compte tenu de l'ensemble des faits et des circonstances propres à la situation, que l'octroi de cet avantage était l'un des objets principaux du montage ou d'une transaction, ayant permis, directement ou indirectement, de l'obtenir, à moins qu'il soit établi que l'octroi de cet avantage dans ces circonstances serait conforme à l'objet et au but des dispositions pertinentes de la présente convention* ». V. Convention modèle OCDE 2017, art. 29, 9 ; CML, art. 7.

considérations autres que fiscales[1211]. Si le contribuable est convaincant, l'Administration peut décider de ne pas faire application de la clause « PPT » (lors de la phase précontentieuse) et le juge peut estimer que la mise en œuvre de la clause « PPT » n'est pas fondée (lors de la phase contentieuse). Par ailleurs, si la démonstration de l'Administration repose sur des éléments solides ou que les éléments apportés en réponse par le contribuable ne sont pas suffisamment convaincants[1212], il incombe au contribuable de démontrer que son opération aboutit à l'octroi d'un avantage conforme à l'objet et au but des stipulations conventionnelles dont l'application est recherchée[1213]. L'Administration est naturellement amenée à répondre à l'argumentaire du contribuable.

**460. Analyse de la règle de preuve.** – L'assouplissement du fardeau de la preuve pour l'Administration est réel, mais celui-ci reste conséquent pour elle. À l'avenir, il n'est pas improbable que le juge exige de l'Administration une analyse poussée et sérieuse de l'opération, afin qu'elle soit réputée avoir suffisamment apporté la preuve du motif fiscal prépondérant de l'opération du contribuable[1214]. La distinction des règles de preuve attachées à la

---

[1211] Comme l'explique Philippe MARTIN (« Interprétation et application de la clause générale anti-abus de l'OCDE », *op. cit.*, § 16) : « *la neutralité des termes de la clause OCDE dans son premier temps débouche probablement sur une dialectique de la preuve dans laquelle il incombe à l'Administration d'établir l'existence d'un motif fiscal significatif et au contribuable d'expliquer les motifs non fiscaux de l'opération* ».

[1212] Convention modèle OCDE 2017, C(29)-100, § 179 : « *Une personne ne peut éviter l'application de ce paragraphe en se contentant d'affirmer que le montage ou la transaction n'a pas été conclu en vue d'obtenir les avantages de la convention* ».

[1213] La logique paraît différente pour la clause « LoB » incluse dans la convention modèle OCDE. Si l'Administration démontre que le contribuable est un résident « non-qualifié » dans un premier temps, le contribuable est amené à démontrer qu'il n'a pas eu l'intention d'abuser de la convention pour bénéficier des avantages conventionnels dans un second temps. V. Convention modèle OCDE 2017, art. 29, 8, c. En effet, il ressort de la clause « LoB » que : « *Si les avantages prévus par cette convention sont refusés, en vertu des dispositions précédentes de ce paragraphe, à l'égard d'un élément de revenu tiré par un résident d'un État contractant, l'autorité compétente de l'autre État contractant peut néanmoins accorder ces avantages à l'égard de cet élément de revenu si, en réponse à une demande de ce résident, cette autorité compétente considère que l'octroi de ces avantages est justifié au regard des motifs pour lesquels ce résident n'a pas satisfait les conditions de ce paragraphe […]* ».

[1214] Les commentaires de l'OCDE insistent sur le fait que l'application du dispositif de la clause « PPT » dépend d'une analyse « *de l'ensemble des faits et des circonstances propres à la situation* ». V. Convention modèle OCDE 2017, C(29)-99, § 178 : « *La détermination des objets d'un montage ou d'une transaction est une question d'ordre factuel à laquelle on ne peut répondre qu'en examinant cas par cas toutes les circonstances qui entourent ce montage ou cette transaction* ». Plus loin, ces mêmes commentaires insistent aussi sur le fait que : « *On ne doit toutefois pas présupposer à la légère que l'obtention d'un avantage conféré par une convention fiscale était un des objets principaux d'un montage ou d'une transaction, et se borner à examiner les effets d'un montage ne permettra généralement pas de tirer une conclusion à propos de ses objets* ».

qualification de l'élément intentionnel (la charge de la preuve incombe à l'Administration) et la qualification de l'élément matériel (la charge de la preuve incombe au contribuable) peut paraître « *artificielle* »[1215], tant les appréciations des deux conditions sont imbriquées. En effet, si, dans le cadre de la mise en œuvre de la clause « PPT », l'Administration apporte les éléments pour démontrer l'absence de substance juridique ou économique du montage poursuivi par le contribuable, ce dernier répond à l'argumentation de l'Administration en apportant les éléments démontrent la substance de son opération.

**461.** En tout état de cause, ces règles de preuve organisent un partage du fardeau. L'enjeu est de savoir s'il apparaît équilibré ou non. Évidemment, sur ce sujet, les points de vue peuvent diverger.

### *B. La justification des règles de preuve favorables à l'Administration*

**462. Faciliter le contrôle, la rectification et la résolution du contentieux.** – La raison pour laquelle les pouvoirs publics ont voulu alléger le travail de l'Administration tient aux difficultés supplémentaires qu'elle rencontre pour prouver un abus de droit dans les situations transnationales. Vincent DAUMAS résume bien l'objet de ces règles anti-abus en affirmant que : « *[c]'est pour faciliter le travail de contrôle et de rectification des déclarations des contribuables qui incombe à l'administration fiscale que le législateur a adopté des dispositifs faisant pièce à certains types de montages qui, par leur nature, peuvent être réputés avoir pour objectif essentiel, si ce n'est exclusif, d'éluder l'impôt* »[1216]. Il est également utile de rappeler que, dans le cadre du contentieux devant le juge de l'impôt, l'aménagement de ces règles de preuve permet d'équilibrer le travail entre l'Administration et le contribuable. Faciliter le travail de l'Administration peut se comprendre aisément dans un contexte où la coopération entre les États dans la lutte contre la fraude et l'évasion fiscales internationales n'est pas développée. Or, force est de reconnaître que l'Administration dispose aujourd'hui de

---

[1215] Philippe MARTIN, « Interprétation et application de la clause générale anti-abus de l'OCDE », *op. cit.*, § 18.

[1216] Au sujet du dispositif anti-abus de l'article 155 A du CGI, v. Vincent DAUMAS, concl. sur CE, 3ème et 8ème ch., 12 mai 2017, n° 398300, *Repolowicz* : *RJF* 8/9-17, n° 771, § 15. L'étude des travaux préparatoires est parlante. Par exemple, au sujet de la charge de la preuve pour le dispositif anti-abus de l'article 209 B du CGI, v. *Projet de loi de finances rectificative pour 2012*, Assemblée nationale, n° 71, art. 11, p. 34 : l'assouplissement de la charge de preuve pour l'Administration dans le cadre des opérations en dehors du champ du droit de l'UE est analysé comme permettant de « *renforcer les moyens de l'Administration* ».

plusieurs moyens pour opérer le contrôle des opérations internationales[1217]. En parallèle, la multiplication des règles de preuve favorables à l'Administration est de nature à complexifier l'intelligibilité des dispositifs anti-abus en droit fiscal international. En outre, à l'évidence, le transfert progressif de la charge de la preuve sur le contribuable le pousse à être précautionneux lorsqu'il poursuit une opération internationale. Il est dissuadé de poursuivre des opérations internationales abusives. En

---

[1217] Pour une étude d'ensemble sur ce sujet, v. Alexandre LAUMONIER, *La coopération entre États dans la lutte contre la fraude et l'évasion fiscales internationales*, Thèse, 2019, LGDJ, « Bibliothèque de finances publiques et fiscalité. Pour des études plus anciennes, v. Jérôme Nirmal THOMAS, *Le contrôle fiscal des opérations internationales*, Thèse, 2004, L'Harmattan, « Finances publiques » ; Pierre LEVINE, *La lutte contre l'évasion fiscale de caractère international en l'absence et en présence de conventions internationales,* Thèse, 1988, LGDJ, « Bibliothèque de finances publiques et fiscalité ».
L'état du droit a été récemment modifié avec l'entrée en vigueur d'une obligation déclarative des « montages », issue de l'adoption de la Directive (UE) 2018/822 du Conseil du 25 mai 2018 modifiant la directive 2011/16/UE en ce qui concerne l'échange automatique et obligatoire d'informations dans le domaine fiscal en rapport avec les dispositifs transfrontières devant faire l'objet d'une déclaration, dite « DAC 6 ». Ces obligations déclaratives pèsent sur les intermédiaires qui proposent des dispositifs de « planification fiscale agressive ». Cette déclaration peut peser sur le client de l'intermédiaire, s'il n'est pas établi dans l'UE ou s'il est soumis au secret professionnel. Pour les mesures de transposition françaises, v. Ordonnance n° 2019-1068 du 21 octobre 2019 relative à l'échange automatique et obligatoire d'informations dans le domaine fiscal en rapport avec les dispositifs transfrontières devant faire l'objet d'une déclaration (CGI, art. 1649 AD à 1649 AH ; art. 1729 C *ter*). V. aussi un dossier entièrement dédié à cette question : Daniel GUTMANN, « Directive DAC 6 : transpositions françaises et européennes », *FI* 2020, n° 3, 02.
Plus largement, les instruments internationaux de coopération sont nombreux. Quelques-uns peuvent être cités afin de montrer l'étendue des prérogatives à la disposition de l'Administration fiscale : la convention multilatérale concernant l'assistance administrative mutuelle en matière fiscale (signée le 25 janvier 1988, entrée en vigueur le 1er septembre 2005) devenue un instrument multilatéral complet offrant toutes les formes possibles de coopération fiscale pour combattre l'évasion et la fraude fiscales (144 juridictions participent) ; la directive 2011/16/UE (*préc.*) dite « DAC 1 » relative aux mécanismes d'échange d'informations entre les États membres interdisant notamment à un État membre de refuser de transmettre des informations pour des raisons tenant au secret bancaire ; les directives ayant modifié « DAC 1 » (directive 2014/107/UE, dite « DAC 2 » ; directive 2015/2376/UE, dite « DAC 3 » ; directive 2016/881/UE, dite « DAC 4 » ; directive 2016/2258/UE, dite « DAC 5 ; directive « DAC 6 », *préc.* ; directive 2021/514/UE, dite « DAC 7 ») ; la norme commune de déclaration dite « CRS » (signée le 29 octobre 2014, entrée en vigueur le 24 février 2016) ; l'accord entre la France et les États-Unis en vue d'améliorer le respect des obligations fiscales à l'échelle internationale et de mettre en œuvre la « loi Fatca » (signé le 14 novembre 2014, entré en vigueur le 14 octobre 2014) ; les conventions fiscales bilatérales qui incluent des stipulations relatives à l'assistance administrative (Convention modèle OCDE 2017, art. 26).

prévision de la réalisation d'une opération, le contribuable vérifie minutieusement que les conditions d'application de ces dispositifs anti-abus ne sont pas remplies. Dans les entreprises, il est même de coutume de préparer un dossier afin de rassembler les éléments qui paraissent pertinents pour démontrer l'aspect substantiel d'une opération, et donc d'anticiper d'éventuelles rectifications sur le fondement de l'un de ces dispositifs anti-abus[1218]. De sorte que, l'aspect régulateur de ces normes apparaît clairement. Savoir que dans le cadre des opérations de contrôle et en cas de contentieux le fardeau de la preuve repose, en partie, sur le contribuable, incite fortement ce dernier à ne pas suivre les pratiques abusives spécifiquement visées.

**463. Analyse des règles de preuve favorables à l'Administration. –** En revanche, les critères légaux qui fondent les présomptions d'abus du CGI pourraient, dans une certaine mesure, être analysés comme étant désuets. N'est-il pas incommodant que la loi considère que le simple fait de bénéficier d'un régime fiscal privilégié à l'étranger, qu'une situation de contrôle d'une entité étrangère par un contribuable imposable en France ou que le contrôle d'une société mère européenne par une société non européenne, puissent faire naître une suspicion d'abus de droit ? Il convient de rappeler que l'obtention d'un avantage fiscal n'est pas constitutive à elle-seule d'une pratique abusive. Or, les présomptions d'abus inscrites dans les dispositions étudiées découlent de la simple démonstration d'une opération à laquelle est attachée un avantage fiscal. Le contribuable a alors la charge de démontrer en suivant que son opération est justifiée sur le plan juridique, patrimonial, financier et/ou économique. En somme, le contribuable doit être en mesure de démontrer la substance de son opération. Pour reprendre l'expression de Florence DEBOISSY, l'emploi des présomptions d'abus de droit peut s'apparenter à une « *arme brutale et expéditive* »[1219]. En effet, l'Administration est amenée à suspecter presque « mécaniquement » des contribuables d'abus. Dès lors, il paraît nécessaire que les présomptions soient fondées sur des probabilités ou des vraisemblances pertinentes et justifiées. Les présomptions étudiées marquent par leur précision et leur caractère restreint, dans le sens où elles visent simplement quelques montages spécifiques. La clause « PPT » de la convention multilatérale « BEPS », en raison de sa portée très large, fait figure d'exception parmi les mesures anti-abus qui aménagent des règles de preuve favorables à l'Administration. À tout le moins, organiser pour les contribuables visés par ces présomptions un droit de réponse aux allégations de l'Administration, afin de se défaire de ces présomptions d'abus, est absolument fondamental.

---

1218 En matière patrimoniale, l'exercice d'anticipation est également important. V. Michel GIRAY, « Le devoir d'optimisation fiscale », *op. cit.*, pp. 463-466.

1219 Florence DEBOISSY, *La simulation en droit fiscal*, *op. cit.*, p. 360, § 933.

Dans le cas contraire, la conformité de ces dispositifs anti-abus aux sources du droit fiscal serait discutable. En effet, si les dispositifs anti-abus ne laissent pas la possibilité aux contribuables de renverser ces présomptions, ces dernières risquent d'être qualifiées de présomptions irréfragables de fraude ou d'évasion. Or, les présomptions irréfragables sont sanctionnées tant par le Conseil constitutionnel (n° 607), que par la Cour de justice de l'Union européenne (n° 628).

**464. Conclusion de la Section II. –** Traditionnellement, lorsque l'Administration met en œuvre une mesure anti-abus, elle supporte le fardeau de la preuve. Elle doit apporter des éléments suffisamment convaincants pour démontrer que le contribuable a réalisé une opération qualifiable d'abus de droit. Le contribuable, quant à lui, répond aux allégations de l'Administration. Toutefois, plusieurs dispositifs anti-abus aménagent des règles de preuve favorables à l'Administration, afin de tenir compte des difficultés particulières qu'elles rencontrent dans les situations transnationales pour démontrer le caractère abusif de certaines opérations spécifiques. La charge de la preuve pèse toujours sur l'Administration, mais sur des éléments matériels beaucoup plus restreints. En suivant, le contribuable est amené à démontrer que son opération répond à des considérations autres que fiscales afin de faire tomber la présomption d'abus de droit. Dans l'ensemble, ces règles de preuve paraissent justifiées et équilibrées. En réalité, ces règles de preuve de plus en plus favorables à l'Administration poussent les contribuables à préconstituer la preuve de la substance juridique et économique des opérations qu'ils réalisent. Néanmoins, deux difficultés majeures apparaissent. Il est parfois délicat d'identifier l'étendue de ces règles de preuve. Certains critères légaux qui fondent les présomptions pourraient apparaître comme désuets.

## Conclusion du Chapitre II

**465.** Les prérogatives de l'Administration pour lutter contre les pratiques abusives ont évolué. Étant donné que l'Administration est autorisée, sur le fondement des mesures anti-abus, à exiger du contribuable des éléments démontrant la substance d'une opération litigieuse, à rendre inopposable une opération abusive, à neutraliser les avantages fiscaux attachés à l'opération abusive ou à sanctionner le contribuable d'une majoration de 40 % ou 80 % du montant des droits éludés, le contribuable est nécessairement dissuadé de poursuivre des pratiques abusives. De la même manière, du fait des réformes récentes relatives à la lutte contre la fraude fiscale, le risque pénal est désormais plus élevé pour le contribuable qui commet un abus de droit. Ces éléments de régime sont en cohérence avec l'objectif de dissuasion et de prévention des pratiques abusives. Toutefois, concomitamment à la diversification des prérogatives à la disposition de l'Administration, les garanties procédurales accordées au contribuable se sont réduites, en partie pour faciliter les opérations de contrôle et de rectification de l'Administration. Parfois, cet assouplissement des garanties procédurales s'est fait sans grande cohérence. Le fait que le contribuable ait la faculté de saisir le Comité de l'abus de droit fiscal lorsqu'il est en désaccord avec les rectifications proposées par l'Administration sur le fondement de certaines mesures anti-abus, mais que cette faculté ne soit pas admise lorsqu'il est en désaccord avec les rectifications proposées par l'Administration sur le fondement d'autres mesures anti-abus analogues, est fort regrettable. Cette situation peut être critiquée dans la mesure où, en voulant rendre plus efficace la lutte contre les pratiques abusives, les garanties du contribuable n'ont pas fait l'objet d'évolutions majeures. Autrement dit, un déséquilibre dans les rapports entre l'Administration et le contribuable apparaît. Il faudrait donc y remédier.

## Conclusion du Titre II

**466.** L'Administration est dotée de multiples prérogatives pour lutter contre les pratiques abusives dans les situations transnationales, et ce, dans de nombreux domaines. Tous les pans du droit fiscal font l'objet d'une protection par une ou plusieurs mesures anti-abus. Ce mouvement peut s'expliquer par la volonté de la France d'adopter des mesures issues des travaux « BEPS » et des directives « ATAD ». Néanmoins, cette accumulation de mesures anti-abus est parfois regrettable. À certains égards, ce mouvement aboutit à une surprotection de l'ordonnancement juridique. L'effet utile de certaines mesures anti-abus est difficile à percevoir. Qui plus est, un déséquilibre dans les rapports entre l'Administration et le contribuable apparaît. Que les pouvoirs publics aient la volonté d'assurer une protection satisfaisante de l'ordonnancement juridique face aux pratiques abusives des opérateurs qui agissent dans les situations transnationales est tout à fait compréhensible. Cependant, il est fâcheux qu'ils n'aient pas proposé, plutôt que d'accumuler les mesures anti-abus dans l'ordonnancement juridique, une refonte globale, cohérente et proportionnée des dispositifs anti-abus afin d'éviter les éléments de régime contradictoires et excessifs.

## Conclusion de la Partie I

**467.** La diversification des mesures anti-abus du droit fiscal international traduit la volonté des pouvoirs publics de protéger l'ordonnancement juridique face aux pratiques abusives des contribuables. Les techniques pour parvenir à cet objectif sont variées : recourir à des définitions abstraites et concrètes, accentuer spécifiquement la protection de certains pans du droit fiscal international, compléter les mesures anti-abus par des mesures anti-optimisation, ou bien multiplier les prérogatives à la disposition de l'Administration. L'utilité de certaines mesures anti-abus applicables en droit fiscal international a été démontrée, c'est le cas : de la procédure d'abus de droit fiscal (LPF, art. L. 64) (elle agit comme un « garde-fou » ultime à la disposition de l'Administration), des clauses anti-abus conventionnelles « PPT » (il s'agit d'un outil commun entre les États dans la lutte contre l'utilisation abusive des conventions fiscales) et des mesures anti-abus qui définissent concrètement les pratiques abusives internationales (elles renseignent les acteurs du droit fiscal sur les opérations dont la substance juridique ou économique est douteuse). Toutefois, l'utilité de cette diversification a pu être contestée. En ce sens, les dispositifs anti-abus des articles L. 64 A du LPF et 205 A du CGI paraissent surabondants. En parallèle, la multiplication des critères de définition de l'abus de droit, ainsi que le flou qui existe sur la portée anti-abus ou anti-optimisation de certaines mesures fiscales (telles que les clauses de bénéficiaire effectif) accroissent le sentiment d'imprévisibilité juridique des contribuables. Aussi, cette diversification a contribué à créer un certain déséquilibre dans les rapports entre l'Administration (à qui les pouvoirs publics octroient des prérogatives importantes) et le contribuable (à qui les pouvoirs publics imposent de plus en plus d'obligations, sans pour autant étendre leurs garanties procédurales censées assurer un certain équilibre).

**468.** Pour mettre fin à ces difficultés, les pouvoirs publics pourraient apporter des solutions en proposant des réformes concrètes, telles que l'abrogation des dispositifs anti-abus surabondants, l'extension de la faculté pour le contribuable de saisir le Comité de l'abus de droit fiscal et faire converger les différentes définitions de l'abus. Toutefois, la priorité du législateur ne paraît pas être celle de refonder les mesures anti-abus. Pour rationaliser la mise en œuvre des mesures anti-abus, il convient de compter sur les juges.

**469. La recherche d'une mise en œuvre rationnelle des mesures anti-abus. –** Le développement des mesures anti-abus applicables en droit fiscal international a conduit à la naissance d'un certain nombre d'incertitudes. Les difficultés générées par la multiplication, la diversification et la coexistence des mesures anti-abus ont amené les pouvoirs publics à suggérer ponctuellement des solutions afin d'y remédier. En dépit de travaux parlementaires en ce sens[1220], aucune réforme d'envergure ne se dessine pour le moment, tant le sujet est sensible politiquement. Il n'est pas certain que les pouvoirs politiques français aient la volonté d'apporter des aménagements aux mesures anti-abus. Ils risqueraient de renvoyer l'image, essentiellement auprès d'un public non spécialiste, mais sensible à la question de la lutte contre la fraude et l'évasion fiscales, selon laquelle ils seraient conciliants vis-à-vis des pratiques abusives.

**470. La contribution des juges à la rationalisation des dispositifs anti-abus.** – Cependant, les juges ont la capacité de rationaliser la mise en œuvre des mesures anti-abus. Dans le cadre de contentieux, ils ont toute latitude pour mettre fin aux difficultés attachées aux mesures anti-abus et, en même temps, pour déterminer une logique d'ensemble cohérente et équilibrée. Pour ce faire, la mobilisation des grands principes du droit fiscal, qu'ils soient d'origine constitutionnelle, européenne ou conventionnelle, est d'un grand secours. Les mesures anti-abus doivent se concilier avec les normes protectrices des droits et libertés des contribuables, dont le respect est au moins aussi fondamental, en termes de valeur juridique, que la lutte contre l'évasion fiscale[1221]. Il revient aux juges, le juge fiscal, le juge de l'excès de pouvoir, le juge constitutionnel et le juge européen, d'assurer la conciliation des mesures anti-abus avec les grands principes de valeur supra-législative. Déterminer une logique d'ensemble passe également par la détermination d'une articulation entre les mesures anti-abus elles-mêmes et, aussi, avec les règles voisines du droit fiscal international. Par conséquent, il convient de résoudre deux types de difficultés : d'un côté, l'articulation des mesures anti-abus aux principes de valeur supra-législative protecteurs

---

[1220] V. Rapport PEYROL II, *préc.*, pp. 52-59.

[1221] Rappelons que la lutte contre l'évasion fiscale est un l'objectif de valeur constitutionnelle. En ce sens, v. Cons. const., 23 juillet 2010, déc. n° 2010-16 QPC, *M. Philippe E.* : *RJF* 11/10, n° 1072.

des droits et libertés des contribuables et, de l'autre côté, l'articulation des mesures anti-abus entre elles.

**471. L'articulation des dispositifs anti-abus et des principes de valeur supra-législative : la protection des droits et libertés des contribuables.** – Les contrôles des dispositifs anti-abus au regard des principes de valeur supra-législative ont façonné, au fil des décisions et des arrêts, un encadrement commun. Ils permettent d'éviter une atteinte excessive aux droits et libertés des contribuables. Sur le fondement de ces principes, le juge a pu poser des limites, comme la prohibition des présomptions irréfragables d'évasion fiscale ou la neutralisation des situations de double imposition qui résultent de l'application des dispositifs anti-abus. Dans plusieurs affaires, le Conseil d'État[1222], le Conseil constitutionnel[1223] et la Cour de justice de l'Union européenne[1224] ont eu l'occasion de résoudre les difficultés d'articulation qui opposaient les mesures anti-abus, le plus souvent inscrites dans la loi (par exemple : CGI, art. 123 *bis* ; 155 A ; 209 B ; 119 *ter*, 3), à des principes de valeur supra-législative, tels que le principe d'égalité en matière fiscale (DDHC, art. 6 et 13), le principe de non-discrimination consacré en droit de l'Union européenne combiné à la protection des grandes libertés (par exemple : TFUE, art. 49) ou les stipulations inscrites dans les conventions fiscales (notamment la clause de répartition des bénéfices des entreprises). L'œuvre des juges, dans cet exercice de rationalisation de la mise en œuvre des mesures anti-abus, reste incomplète tant qu'ils ne se sont pas prononcés de manière ferme et définitive sur les mesures anti-abus nouvellement édictées (LPF, art. L. 64 A ; CGI, art. 205 A ; clause « PPT »).

**472. L'articulation entre les mesures anti-abus : trouver des clés de conciliation entre les différences de traitement.** – Parallèlement, les juges traitent des conflits qui opposent les dispositifs anti-abus entre eux. Il existe des cas dans lesquels, pour une même situation juridique, plusieurs

---

[1222] V. par ex. : CE, Ass., 28 juin 2002, n° 232276, *min. c/ Schneider Electric*, *préc.* ; CE, 8ème et 3ème s.-s., 18 mai 2005, n° 267087, *Sté Sagal*, *préc.* ; CE, 10ème et 9ème s.-s., 28 mars 2008, n° 271366, *Aznavour*, *préc.* ; CE, 9ème et 10ème s.-s., 20 mars 2013, n° 346642, *Piazza*, *préc.* ; CE, Plén., 4 juillet 2014, n° 357264 et n° 359924, *Bolloré SA*, *préc.*

[1223] V. par ex. : Cons. const., 26 novembre 2010, déc. n° 2010-70 QPC, *M. Moreau*, *préc.* ; Cons. const., 1er mars 2017, déc. n° 2016-614 QPC, *M. Dominique L*, *préc.* ; Cons. const., 6 octobre 2017, déc. n° 2017-659 QPC, *Époux N.*, *préc.*

[1224] V. par ex. : CJCE, Grande ch., 12 septembre 2006, aff. C-196/04, *Cadbury Schweppes plc et Cadbury Schweppes Ltd*, *préc.* ; CJUE, 1ère ch., 8 mars 2017, aff. C-14/16, *Euro Park Service venant aux droits et obligations de la SCI Cairnbulg Nanteuil c/ Ministre des Finances et des Comptes publics* : *Dr. fisc.* 2017, n° 20, comm. 306 ; 6ème ch., 7 septembre 2017, aff. 6/16, *Eqiom SAS, anciennement Holcim France SAS, Enka SA c/ Ministre des Finances et des Comptes publics*, *préc.*

dispositifs anti-abus sont applicables, alors qu'ils aboutissent à des conséquences différentes (n° 266 et s.). Or, l'articulation des mesures anti-abus pose des problèmes. Des questions restent en suspens, telles que celle du choix, libre ou contraint, de la mise en œuvre d'un dispositif anti-abus par l'Administration fiscale[1225], ou celle de la lecture, segmentée ou convergente, des mesures anti-abus[1226]. Ces difficultés ne trouvent pas immédiatement des solutions en droit positif et laissent planer une part d'incertitude regrettable. Si les pouvoirs publics ont régulièrement intégré de nouveaux dispositifs anti-abus dans l'ordonnancement juridique, ils ne se sont pas souciés suffisamment, à quelques exceptions près, des questions relatives à l'articulation des mesures anti-abus entre elles[1227]. Cette situation est dommageable au regard de l'imprévisibilité juridique qu'elle suscite. Ce sont les juges, à l'avenir, qui seront amenés à trouver les solutions aux problématiques que la coexistence des mesures anti-abus fait naître, sauf si les pouvoirs publics décident de les résoudre en amont. La tâche n'est pas aisée et va prendre du temps. La difficulté tient au fait que plusieurs solutions coexistent. Il convient de les présenter et de les commenter, afin de voir celles qui paraissent les plus équilibrées pour satisfaire deux exigences : i) celle de la prévisibilité juridique à laquelle aspirent les contribuables, ii) celle de la lutte efficace contre les pratiques abusives en droit fiscal international. Autrement dit, l'idéal est d'identifier une lecture articulée des mesures anti-abus pour que le contribuable puisse raisonnablement anticiper l'action des services de contrôle et pour que l'Administration puisse convenablement mettre en œuvre les outils anti-abus à sa disposition.

**473.** Déterminer une mise en œuvre rationnelle des mesures anti-abus passe par la recherche d'un équilibre entre les mesures anti-abus et les principes de valeur supra-législative protégeant les droits et libertés des contribuables (**Titre I**), et par l'établissement d'une articulation entre les mesures anti-abus (**Titre II**).

---

[1225] V. not. sur ce sujet : Florence DEBOISSY, « Articulation de la procédure d'abus de droit et des clauses anti-abus », *op. cit.*

[1226] V. not. sur ce sujet : Philippe MARTIN, Bruno GOUTHIERE, « Les conflits de normes : les clauses anti-évasion », *op. cit.*, § 6.

[1227] V. Rapport PEYROL I, *préc.*, p. 110.

## Titre I – La combinaison des dispositifs anti-abus et des principes de valeur supra-législative

**474. Les contrôles exercés par les juges sur les dispositifs anti-abus.** – L'Administration dispose d'armes variées pour combattre les pratiques abusives dans les situations transnationales. Il n'en demeure pas moins que les services de contrôle sont soumis à des contraintes textuelles, de fond, de forme ou de procédure, afin notamment d'assurer un niveau minimum de protection aux contribuables. Au fil des contentieux, dans lesquels les requérants interrogent les juges sur la conformité ou la compatibilité[1228] des mesures anti-abus à des principes de valeur supra-législative, il n'est pas rare que de nouvelles contraintes soient édictées. Les juges sont invités à adapter les mesures anti-abus à la Constitution, au droit de l'Union européenne et aux conventions fiscales. Le contrôle de conformité des mesures anti-abus aux sources du droit fiscal est un exercice auquel les juges sont rompus. Au fil des demandes, les juges évaluent l'équilibre proposé par le dispositif anti-abus litigieux entre deux objectifs : la lutte contre l'évasion fiscale et la protection des droits et libertés des contribuables garantis sur le plan constitutionnel et conventionnel. Il peut être attendu des juges qu'ils assurent un contre-pouvoir effectif et raisonné afin de pallier, lorsqu'il y en a, les insuffisances attachées aux mesures anti-abus. Ainsi, cela permettrait d'éviter que la mise en œuvre des mesures anti-abus soit excessivement attentatoire aux droits et libertés des contribuables.

**475. L'étendue des contrôles exercés par les juges.** – Le contrôle est exercé dans un cadre bien précis sur lequel il convient de revenir. En fonction des normes de référence contrôlées (constitutionnelle, européenne, internationale) et de la valeur normative de la mesure anti-abus qui fait l'objet du contrôle (législative, européenne, conventionnelle), le juge compétent varie. De sorte que plusieurs juges, le juge de l'impôt, le juge de l'excès de pouvoir, le Conseil constitutionnel et la Cour de justice de l'Union européenne, peuvent être sollicités. *A priori*, chaque juge, lorsqu'il est compétent, est libre de trouver l'équilibre convenable entre le dispositif

---

[1228] Selon René CHAPUS : « *se conformer à la norme supérieure signifie ne rien faire qui soit en contradiction avec elle, et c'est cette obligation de non-contradiction que l'on désigne, usuellement et très normalement, comme une obligation de conformité* » (René CHAPUS, *Droit administratif général*, t. 1, Montchrestien, 15ème éd., 2001, § 1201). Toutefois, la distinction entre le contrôle de conformité et le contrôle de compatibilité est parfois discutée en doctrine, voire remise en cause. En ce sens, v. Marie GAUTIER, Fabrice MELLERAY, Sébastien PLATON, « Application des normes internationales », in *JCl. Administratif*, fasc. 22, § 62. Dans nos travaux, nous estimons que les contrôles de conformité et de compatibilité se valent. Le contrôle est simplement plus ou moins spécialisé, en fonction du degré de généralité de la norme de référence mobilisée par le juge.

anti-abus qui fait l'objet d'un contrôle de conformité ou de compatibilité et la norme invoquée par le contribuable. L'expérience démontre que le Conseil constitutionnel et le Conseil d'État font parfois preuve d'une certaine réticence à opérer leur contrôle des dispositifs anti-abus[1229]. En effet, cette réticence demeure exceptionnelle. La plupart du temps, les juges ont la volonté de limiter les « *emballements politiques ou administratifs* »[1230] manifestement incohérents, excessifs et inutiles pour parvenir à l'objectif poursuivi par les mesures anti-abus et/ou attentatoires aux principes de valeur supra-législative protecteurs des droits et libertés des contribuables.

**476. L'exercice des contrôles des juges.** – L'interprétation et l'application des normes de référence par les juges sont à l'origine de contraintes diverses. Par exemple, la jurisprudence prohibe les présomptions irréfragables d'évasion[1231] et les présomptions générales d'abus[1232]. Le juge exige aussi que l'application d'une mesure anti-abus ne soit pas à l'origine d'une double imposition pour le contribuable visé par cette mesure anti-abus[1233]. Le plus souvent, lorsqu'un juge décide de contraindre la mise en œuvre d'une mesure anti-abus sur le fondement d'une norme protectrice des intérêts des contribuables, les pouvoirs publics en prennent acte. À titre d'illustration, le législateur a réformé les dispositions de l'article 209 B du CGI, une fois la décision *Schneider Electric* rendue par le Conseil d'État[1234]. De la même manière, les dispositions de l'article 123 *bis* du CGI ont été aménagées après que le Conseil constitutionnel a limité, à deux reprises, ces dispositions[1235]. En parallèle, les pouvoirs publics en profitent pour réformer les mesures anti-abus analogues à celles qui ont fait

---

[1229] Pour la jurisprudence du Conseil constitutionnel : Cons. const., 29 décembre 2015, déc. n° 2015-726, *Loi de finances rectificative pour 2015*, *préc.* Pour la jurisprudence du Conseil d'État : CE, 9ème et 10ème s.-s., 29 septembre 2010, n° 341065, *Sté Snerr Théâtre de Paris*, *préc.* ; CE, 9ème et 10ème s.-s., 23 mai 2014, n° 374056, *Sté Financière des pins*, *préc.*

[1230] L'expression est empruntée à : Martin COLLET, « Opposabilité de la doctrine et répression des abus de droit : quelle conciliation en cas de montage abusif ? », *op. cit.*, § 6.

[1231] V. not. Cons. const., 1er mars 2017, déc. n° 2016-614 QPC, *M. Dominique L.*, *préc.*

[1232] V. not. CJUE, 6ème ch., 7 septembre 2017, aff. 6/16, *Eqiom SAS, anciennement Holcim France SAS, Enka SA c/ Ministre des Finances et des Comptes publics*, *préc.*

[1233] Cons. const., 26 novembre 2010, déc. n° 2010-70 QPC, *Moreau*, *préc.*

[1234] CE, Ass., 28 juin 2002, n° 232276, *min. c/ Schneider Electric* : *RJF* 10/02, n° 1080, concl. Stéphane AUSTRY *BDCF* 10/02, n° 120. V. Noël CHAHID-NOURAÏ, Patrice COUTURIER, « Article 209 B et conventions fiscales, Commentaire de l'arrêt d'Assemblée du 28 juin 2002 », *FR* 34/02, inf. 14, p. 15.

[1235] Cons. const. 1er mars 2017, déc. n° 2016-614 QPC, *M. Dominique L.*, *préc.* ; Cons. const., 6 octobre 2017, déc. n° 2017-659 QPC, *Époux N.*, *préc.* Les pouvoirs publics ont pu aussi donner l'impression de prendre certaines libertés par rapport aux solutions édictées par les juges (n° 611 et s.).

l'objet d'une limitation par la jurisprudence[1236]. Néanmoins, il existe un certain flou sur l'étendue et la portée de quelques exigences établies par le juge. C'est le cas, par exemple, de l'obligation selon laquelle une mesure anti-abus doit viser spécifiquement « *les montages purement artificiels* »[1237] pour être compatible au droit primaire et/ou au droit dérivé de l'Union européenne. Aussi, d'autres mesures anti-abus ont fait récemment leur apparition dans l'ordonnancement juridique (CGI, art. 205 A ; LPF, art. L. 64 A ; clause « PPT ») et n'ont pas encore fait l'objet d'un traitement complet par la jurisprudence. Il convient de mener une réflexion sur le fait de savoir si ces mesures anti-abus nouvellement édictées sont conformes aux différentes exigences jurisprudentielles[1238]. Plus généralement, l'expérience démontre que la jurisprudence reste « *permissive sur l'application des mesures anti-abus* »[1239]. Seules les mesures anti-abus les plus « *liberticides* »[1240] ou les plus « *problématiques* »[1241] sont susceptibles d'être sanctionnées par les juges.

**477.** Seront donc étudiés successivement le cadre des contrôles opérés par les juges (**Chapitre I**) et les différentes contraintes établies ou susceptibles d'être établies par les juges (**Chapitre II**).

---

1236 Par exemple, le dispositif anti-abus de l'article 209 B du CGI a été réformé après l'arrêt *Cadbury Schweppes* (*préc.*) rendu par la CJCE, alors que l'arrêt concernait une mesure fiscale britannique relative aux sociétés étrangères contrôlées.
1237 CJCE, Grande ch., 12 septembre 2006, aff. C-196/04, *Cadbury Schweppes plc et Cadbury Schweppes Ltd*, *préc.*
1238 Par exemple, le principe d'égalité et/ou le principe de non-discrimination pourraient être mis en œuvre afin d'étendre à l'article 205 A du CGI les garanties de l'article L. 64 A du LPF accordées aux contribuables.
1239 L'expression est empruntée à : Philippe MARTIN, Bruno GOUTHIERE, « Les conflits de normes : les clauses anti-évasion », *op. cit.*, § 3.
1240 L'expression est empruntée à : Martin COLLET, « Opposabilité de la doctrine et répression des abus de droit : quelle conciliation en cas de montage abusif ? », *op. cit.*, § 6.
1241 *Ibid.*

## Chapitre I – L'étendue des contrôles des juges

**478. Des contrôles variables. –** Les contrôles de constitutionnalité et de conventionnalité revêtent des caractères différents selon la valeur normative de la mesure anti-abus qui fait l'objet d'un contrôle. Inéluctablement, des difficultés pratiques apparaissent, telles que la détermination du juge compétent ou la détermination des modalités de contrôle. Ces difficultés ne doivent pas être minimisées dans la mesure où elles peuvent freiner le processus de rationalisation des règles anti-abus. Afin d'évaluer la potentialité de chaque type de contrôle, nous faisons le choix de distinguer deux cas de figure. D'une part, les contrôles de constitutionnalité et de conventionnalité peuvent porter sur une mesure anti-abus d'origine interne. D'autre part, ils peuvent porter sur une mesure anti-abus d'origine internationale (européenne ou conventionnelle).

**479. L'articulation des mesures anti-abus *d'origine interne* avec les normes constitutionnelles et internationales de référence. –** Les mesures anti-abus d'origine interne (par exemple : LPF, art. L. 64 ; L. 64 A ; CGI, art. 209 B ; 123 *bis* ; 155 A ; 238 A ; etc.) peuvent faire l'objet d'un contrôle de constitutionnalité ou de conventionnalité. Suivant l'image classique de la hiérarchie des normes, selon laquelle les règles de droit forment une structure pyramidale ordonnée[1242], les mesures anti-abus internes doivent être conformes à la Constitution et compatibles aux normes internationales[1243]. La rationalisation des mesures anti-abus internes, grâce à la mise en œuvre des normes constitutionnelles et internationales, est tout à fait envisageable. Par ailleurs, apparaît parfois une certaine réticence, de la part des acteurs du droit fiscal, à l'idée de développer tout le potentiel du contrôle de constitutionnalité. Si cette réticence reste accessoire et ne concerne que quelques cas particuliers, elle

---

1242 Ce modèle pyramidal, repris par les juristes, majoritairement à des fins pédagogiques et didactiques depuis les travaux de Hans KELSEN (v. Hans KELSEN, *Théorie pure du droit*, 2ème éd., 1962, Dalloz, « Philosophie du droit »), est employé comme « métaphore ». Ce modèle a fait l'objet de discussions doctrinales. V. par ex. l'opposition entre : Paul AMSELEK, « Réflexions critiques autour de la conception kelsénienne de l'ordre juridique », *RDP* 1978, p. 5 ; Michel TROPER, « La pyramide est toujours debout ! », *RDP* 1978, p. 1523. De nos jours, le modèle fait l'objet de contestations, notamment en raison de l'ordre juridique européen et de l'équivalence des protections entre les différentes sources du droit. Pour un résumé sur cette question, v. les développements suivants : Benoît PLESSIX, *Droit administratif général*, 3ème éd., 2020, LexisNexis, « Manuels », p. 228 et s., § 180.

1243 L'étude de la compatibilité des mesures anti-abus aux sources du droit fiscal international s'est intensifiée à partir du début des années 1990. V. par exemple : Patrick DIBOUT, « L'article 209 B du CGI est-il compatible avec les conventions fiscales internationales et le droit communautaire ? », *Dr. fisc.* 1990, n° 44, 100037.

est tout de même regrettable. De surcroît, bien que les contrôles de constitutionnalité et de conventionnalité de la loi revêtent des caractères variés, ils sont complémentaires. Plus encore, le rôle de la Cour de justice de l'Union européenne est essentiel, puisque sa jurisprudence agit, en pratique, comme un « fer de lance » dans la rationalisation des mesures anti-abus d'origine interne.

**480. L'articulation des mesures anti-abus *d'origine internationale* avec les normes constitutionnelles et internationales de référence. –** La question de l'articulation entre, d'un côté, les mesures anti-abus conventionnelles (clauses « PPT », clause « LoB », clauses de « bénéficiaire effectif ») ou européennes (CGI, art. 205 A ; 119 *ter*, 3 ; anc. art. 145, 6, k) et, d'un autre côté, les normes constitutionnelles ou internationales du droit fiscal, se pose différemment. Cela s'explique par le fait que, *a priori*, en dehors de toute logique de hiérarchie des normes, il est peu évident de contrôler la validité d'une norme internationale vis-à-vis de la Constitution ou vis-à-vis d'une autre norme internationale. Par ailleurs, comme le suggère la jurisprudence, dans le cas où le juge constate l'existence d'un conflit entre une norme internationale et une norme constitutionnelle ou entre deux normes internationales[1244], il s'efforce dans la mesure du possible de l'éviter. Pour ce faire, il suit une démarche de conciliation entre les normes en présence, afin de les rendre compatibles. Alors que le juge fiscal a les outils nécessaires pour rationaliser la mise en œuvre des mesures anti-abus conventionnelles ou européennes en les conciliant aux normes constitutionnelles ou aux normes internationales, peu de contentieux en ce sens aboutissent. C'est en grande partie dû au fait que les requérants éprouvent des difficultés pour démontrer l'existence d'un conflit entre lesdites normes. Par ailleurs, l'influence du droit de l'Union européenne est telle que ce dernier peut apparaître comme un moyen efficace de rationaliser la mise en œuvre des mesures anti-abus internationales.

**481.** L'analyse de l'étendue des contrôles de constitutionnalité et de conventionnalité des mesures anti-abus d'origine interne (**Section I**) et des mesures anti-abus d'origine internationale (**Section II**) permet de démontrer le degré de potentialité de rationalisation de la mise en œuvre des mesures anti-abus par la jurisprudence.

---

[1244] Sur les conflits entre traités internationaux, v. Jérôme PREVOST-GELLA, *Le juge administratif français et les conflits de traités internationaux*, Thèse, 2018, Dalloz, « Nouvelle Bibliothèque de thèses ».

## Section I – Le contrôle portant sur les mesures anti-abus d'origine interne

**482.** Les mesures anti-abus d'origine interne (LPF, art. L. 64 ; L. 64 A ; CGI, art. 209 B ; 155 A ; 123 *bis* ; 238 A ; 182 B *bis* ; 119 *quater* ; 119 *bis* A ; etc.) dont l'Administration fait usage sur le plan international peuvent entrer en conflit avec les normes constitutionnelles et conventionnelles. Il est vrai que le contrôle de constitutionnalité et le contrôle de conventionnalité ont des caractères variés. En effet, les contrôles n'interviennent pas au même moment, les juges compétents divergent, les normes de référence mobilisées sont différentes et les conséquences du contrôle sont distinctes. Pour autant, la démarche qui consiste à vérifier que les normes anti-abus internes sont conformes aux normes constitutionnelles ou sont compatibles aux normes internationales permet de rationaliser la mise en œuvre des mesures anti-abus. Elle aboutit *in fine* à l'effacement des incohérences attachées aux mesures anti-abus ou à la neutralisation des atteintes excessives qu'elles portent aux droits et libertés des contribuables (n° 573 et s.). Toutefois, l'expérience démontre que la rationalisation des mesures anti-abus internes grâce à la mobilisation des normes constitutionnelles et conventionnelles n'a rien d'automatique. Cette rationalisation dépend largement de la volonté des juges. En réalité, plusieurs facteurs freinent la pleine effectivité du contrôle de constitutionnalité des mesures anti-abus internes (§ **1**). Ces difficultés peuvent être atténuées par le fait que le contrôle de conventionnalité comble les lacunes du contrôle de constitutionnalité (§ **2**).

### *§ 1 – Le contrôle de constitutionnalité des mesures anti-abus d'origine interne*

**483. Le rôle du Conseil constitutionnel. –** Les dispositifs anti-abus législatifs applicables aux situations transnationales sont soumis au respect des normes ayant une valeur constitutionnelle. Le Conseil constitutionnel est, en principe, seul compétent pour exercer ce contrôle et faire en sorte que les exigences constitutionnelles soient respectées par la loi. Dans un premier temps, la Constitution permet depuis 1958 au Conseil constitutionnel, saisi par les autorités compétentes, de vérifier la conformité d'une loi ordinaire votée par le Parlement, avant sa promulgation, aux normes et principes constitutionnels dans le cadre d'un contrôle dit « *a priori* » (Constitution, art. 61). La Constitution organise donc une procédure qui a vocation à ce que la loi respecte les normes constitutionnelles. Les caractères de ce contrôle sont bien connus : il est « spécialisé » (seul le Conseil constitutionnel l'exerce), « préventif » (le juge intervient, certes postérieurement au vote de la loi, mais avant sa promulgation) et « abstrait » (le juge analyse la constitutionnalité de la loi en elle-même indépendamment de tout litige). Dans un second temps, la question prioritaire de constitutionnalité, introduite à la suite de la réforme constitutionnelle de 2008[1245] et entrée en vigueur en 2010[1246], a permis d'étendre le contrôle de constitutionnalité aux lois déjà promulguées et publiées (Constitution, art. 61-1) qui portent atteinte à un droit ou à une liberté que la Constitution garantit[1247]. Il s'agit donc d'un contrôle « *a posteriori* », qui n'en demeure pas moins spécialisé, mais survient à l'occasion d'un litige. Le Conseil constitutionnel statue après filtrage du juge suprême compétent, c'est-à-dire le Conseil d'État ou la Cour de cassation.

**484.** En pratique, les parlementaires sont de moins en moins enclins à saisir le Conseil constitutionnel lorsqu'il s'agit de contrôler la conformité à la Constitution d'une mesure anti-abus censée lutter contre les abus de droit (**A**). Cette situation est regrettable, même si la question prioritaire de constitutionnalité permet de remédier, en partie, à cette difficulté. Toutefois, les normes de référence susceptibles d'avoir un effet utile, c'est-à-dire qui contraignent effectivement la mise en œuvre des mesures anti-abus, sont limitées tant par le Conseil constitutionnel à l'occasion de son contrôle, que par le Conseil d'État lorsqu'il filtre les questions prioritaires de constitutionnalité (**B**).

### *A. L'accès limité au Conseil constitutionnel*

**485.** Dès lors qu'une réforme portant sur une mesure anti-abus fait naître des difficultés sur le plan de la conformité à la Constitution, le Parlement peut tenter de les résoudre en amont du vote. Si la loi est votée et qu'elle suscite toujours des inquiétudes, il convient de compter sur les parlementaires pour saisir le Conseil constitutionnel[1248]. À défaut, la question prioritaire de constitutionnalité sera la seule alternative possible pour contester la constitutionnalité de la loi. Les parlementaires ont récemment fait preuve de réticence à saisir directement le Conseil constitutionnel. Ainsi, la possibilité d'encadrer d'une manière rationnelle et équilibrée les mesures anti-abus, en amont de toute mise en œuvre par

---

[1245] Loi constitutionnelle n° 2008-724 de modernisation des institutions de la Vème République, art. 29.

[1246] Pour être précis, la procédure de la question prioritaire de constitutionnalité est entrée en vigueur le 1er mars 2010.

[1247] Dans le cadre d'une question prioritaire de constitutionnalité, les règles de forme, de compétence, de fond sans lien avec les libertés publiques ne sont pas invocables. Pour une décision fondatrice, v. Cons. const., 18 juin 2010, déc. n° 2010-5 QPC, *SNC Kimberly Clark* : *Rec.* p. 114.

[1248] En pratique, les autres autorités compétentes ne défèrent pas les lois de finances ou de finances rectificatives au Conseil constitutionnel.

l'Administration fiscale, se réduit[1249] (**1**). De surcroît, dans le cadre des questions prioritaires de constitutionnalité, le juge suprême compétent procède au filtrage des questions posées par les justiciables. Cet exercice est nécessairement subjectif. L'accès au Conseil constitutionnel est cette fois-ci limité par le juge suprême (**2**).

### *1. La réticence des parlementaires à saisir le Conseil constitutionnel*

**486. La réticence récente des parlementaires. –** À l'occasion du vote de la loi de finances pour 2019, les mesures anti-abus des articles 205 A du CGI et L. 64 A du LPF ont été instituées. La loi de finances a été déférée au Conseil constitutionnel par les parlementaires sur le fondement de l'article 61 de la Constitution. Néanmoins, les parlementaires n'ont pas trouvé utile de soulever la non-conformité des dispositions qui instituaient les deux nouveaux dispositifs anti-abus. Il est regrettable que les parlementaires n'aient pas franchi le pas. S'assurer de la conformité à la Constitution de ces deux dispositifs anti-abus, en amont de toute mise en œuvre par les services de contrôle, aurait été appréciable. En pratique, les parlementaires, notamment ceux de l'opposition, donnent l'impression de ne plus s'inquiéter des éventuelles contrariétés des mesures anti-abus à la Constitution. Cette attitude peut paraître étonnante. En effet, quelques années auparavant, ils s'étaient mobilisés pour déférer au Conseil constitutionnel les réformes relatives à plusieurs dispositifs anti-abus. Ils s'étaient notamment opposés à l'ajout du critère du « but principalement fiscal » à l'article L. 64 du LPF[1250], à la transposition de la clause anti-abus de la directive « mères-filles » aux articles 119 *ter*, 3 et 145, 6, k du CGI[1251] ainsi qu'à l'adoption du dispositif anti-plafonnement en matière d'impôt de solidarité sur la fortune inscrit à l'article 885 V *bis* du CGI[1252].

**487. Analyse de la position des parlementaires.** – Les autorités compétentes n'ont pas fait l'effort de saisir le Conseil constitutionnel.

---

[1249] La seule possibilité qui reste aux contribuables est, éventuellement, de contester par le biais d'un recours pour excès de pouvoir la doctrine administrative publiée qui commente les dispositions législatives et, en même temps de soulever une question prioritaire de constitutionnalité portant sur ces dispositions législatives.

[1250] Cons. const., 29 décembre 2013, déc. n° 2013-684 DC, *Loi de finances rectificative pour 2013*, *préc.*

[1251] Cons. const., 29 décembre 2015, déc. n° 2015-726 DC, *Loi de finances rectificative pour 2015*, *préc.*

[1252] Cons. const., 29 décembre 2016, déc. n° 2016-744 DC, *Loi de finances pour 2017* : *RJF* 3/17, n° 252.

Pourtant, ce dernier est en mesure de « *ramener à la raison (juridique)* »[1253] les décideurs politiques. Il serait opportun que les parlementaires continuent de se soucier de la conciliation entre la lutte contre les abus de droit et les exigences constitutionnelles garantissant les droits et libertés des contribuables[1254]. Le fait que les dispositions instituant l'article 205 A du CGI n'aient pas été déférées au Conseil constitutionnel peut se comprendre d'un point de vue politique. En effet, l'adoption de ce dispositif anti-abus résulte de la transposition de la clause anti-abus générale de la directive « ATAD 1 » (n° 294 et s.). Il semble plus contestable que les dispositions adoptant l'article L. 64 A du LPF n'aient pas été déférées au Conseil constitutionnel (n° 298 et s.). Ce n'est pas faute, pour la doctrine, d'avoir tenté d'alerter les pouvoirs publics sur les difficultés que les deux nouveaux dispositifs anti-abus de la loi de finances pour 2019 allaient susciter sur le plan constitutionnel[1255]. En l'état, de sérieux doutes existent encore sur la conformité de ces dispositifs anti-abus au principe d'égalité en matière fiscale (n° 579 et s.).

**488. Le Conseil constitutionnel et la technique de la question soulevée d'office en matière de dispositifs anti-abus. –** Si le Conseil constitutionnel n'est pas saisi pour contrôler les dispositions législatives instituant les règles anti-abus, il est *a fortiori* délicat pour lui d'en assurer le contrôle. Il arrive pourtant au Conseil constitutionnel d'élargir les termes d'une saisine effectuée sur le fondement de l'article 61 de la Constitution. Ce faisant, il s'autorise à aller au-delà de la volonté des saisissants, et ce, grâce à deux techniques[1256]. Par la technique contentieuse des moyens soulevés d'office, le juge peut substituer une norme de référence à celle invoquée par les requérants contre la disposition législative qui fait l'objet d'une contestation. Le Conseil constitutionnel modifie alors la référence constitutionnelle choisie par les saisissants[1257]. Par la technique des

---

[1253] L'expression est empruntée à : Martin COLLET, « Opposabilité de la doctrine et répression des abus de droit : quelle conciliation en cas de montage abusif ? », *op. cit.*, § 6.
[1254] Depuis la décision *Loi sur l'évolution de la Nouvelle-Calédonie* (Cons. const., 23 août 1985, déc. n° 85-197 DC : *Rec.* p. 70, cons. 27), le Conseil constitutionnel estime que la loi votée par le Parlement n'exprime la volonté générale que dans le respect de la Constitution. Ainsi, négliger la saisine du Conseil constitutionnel, comme les parlementaires semblent le faire depuis peu en matière de dispositifs anti-abus est regrettable.
[1255] V. un article antérieur au vote de la loi de finances pour 2019 qui n'a pas eu l'effet escompté : Olivier FOUQUET, « Les deux nouvelles procédures de "mini-abus de droit" sont-elles constitutionnelles ? », *op. cit.*
[1256] V. en ce sens : Anne-Charlène BEZZINA, *Les questions et les moyens soulevés d'office par le Conseil constitutionnel*, Thèse, 2014, Dalloz, « Bibliothèque parlementaire et constitutionnelle », p. XVIII.
[1257] *Ibid.*

conclusions ou des « *questions* »[1258] soulevées d'office, le juge prend l'initiative de contrôler une ou plusieurs dispositions de la loi déférée non contestées par la saisine. De son propre office, le Conseil constitutionnel identifie alors une disposition de la loi non contestée et la confronte à une norme de référence constitutionnelle de son choix[1259]. Le Conseil constitutionnel a déjà été amené à annuler des dispositions d'une loi déférée par les requérants, qui n'étaient pourtant pas dénoncées comme contraires à la Constitution[1260]. Le juge constitutionnel se considère toujours saisi de l'ensemble de la loi[1261]. Il tente, en usant de ces techniques, de rendre le plus effectif possible l'accomplissement de sa mission de contrôle de constitutionnalité des lois[1262].

**489. La réticence du Conseil constitutionnel à user des questions soulevées d'office. –** Lorsque la loi de finances pour 2019 a été déférée au Conseil constitutionnel, ce dernier a refusé d'user de « la question soulevée d'office ». Il n'a pas eu à vérifier la constitutionnalité des dispositions de la loi instaurant les mesures anti-abus aux articles 205 A du CGI et L. 64 A du LPF. Cette attitude s'explique probablement par le souci de prévenir la critique classique d'un éventuel « *gouvernement des juges* »[1263]. Il est probable que le Conseil constitutionnel souhaite éviter d'aller à contre-courant du mouvement politique général de lutte contre la fraude et l'évasion fiscales internationales. En effet, les pouvoirs publics, en France et dans les autres États, s'entendent massivement depuis la crise économique et financière apparue à la fin des années 2000 pour lutter contre ce phénomène.

**490.** En réalité, cela ne fait que retarder le contentieux devant le Conseil d'État ou la Cour de cassation et, le cas échéant, devant le Conseil constitutionnel. À l'avenir, des contribuables pourraient être tentés de contester la conformité de ces nouvelles mesures anti-abus aux droits et

---

1258 *Ibid.*
1259 *Ibid.*
1260 V. la décision dite *Quotas par sexe* du 18 novembre 1982 : Cons. const., 18 novembre 1982, déc. n° 82-146 DC : *Recueil Dalloz*, 1984, n° s.n., pp. 469-470, note Léo HAMON.
1261 V. en ce sens : Francis HAMON, Michel TROPER, *Droit constitutionnel*, *op. cit.*, p. 817, § 801. V. Cons. const., 30 décembre 1996, déc. n° 96-386 DC, *Loi de finances rectificative pour 1996* : *LPA* 1997, n° s.n., pp. 32-34, note Michel VERPEAUX, Laurence BAGHESTANI.
1262 Anne-Charlène BEZZINA, *Les questions et les moyens soulevés d'office par le Conseil constitutionnel*, *op. cit.*, p. XIX.
1263 L'expression est empruntée à Édouard LAMBERT. V. l'ouvrage classique (réédité) sur la question du gouvernement des juges : Édouard LAMBERT, Franck MODERNE, *Le gouvernement des juges et la lutte contre la législation sociale aux États-Unis : l'expérience américaine du contrôle judiciaire de la constitutionnalité des lois*, 2005, Dalloz, « Bibliothèque Dalloz ».

libertés garantis par la Constitution. Toutefois, il n'est pas certain que ces contentieux aboutissent forcément devant le Conseil constitutionnel. En effet, tout dépend de la prise de position du juge suprême compétent. Même si les principes de valeur supra-législative peuvent rationaliser la mise en œuvre des mesures anti-abus, cette rationalisation n'est pas automatique.

### 2. *La subjectivité du filtrage des questions prioritaires de constitutionnalité*

**491. Des contribuables incités à former des questions prioritaires de constitutionnalité.** – Par le passé, le Conseil constitutionnel a été amené à traiter des questions prioritaires de constitutionnalité qui concernaient des mesures anti-abus anciennes (LPF, art. L. 64 ; CGI, art. 209 B ; 123 *bis*, 155 A). Il n'est pas inenvisageable qu'à l'avenir les contribuables tentent de saisir le juge constitutionnel à l'occasion d'un contentieux. Ce contentieux peut avoir pour objet, soit l'application d'un dispositif anti-abus récemment entré en vigueur (LPF, art. L. 64 A ; CGI, art. 205 A), soit la contestation des instructions commentant ces mesures anti-abus ou la contestation du refus, par l'Administration, d'abroger ces instructions. Les requérants ont à l'esprit que, si une question prioritaire de constitutionnalité aboutit, ils peuvent obtenir l'abrogation des dispositions législatives déclarées non conformes à la Constitution[1264], ou, à tout le moins, une interprétation restrictive des dispositions problématiques[1265]. Le Conseil d'État et la Cour de cassation, bien que n'étant pas des juges de la constitutionnalité des lois, sont amenés à filtrer les questions prioritaires de constitutionnalité soulevées au cours d'une instance par un justiciable. En tant que filtres, les juges suprêmes s'interrogent alors sur l'applicabilité au litige de la disposition législative contestée, l'absence de déclaration de

---

[1264] Pour une solution fondamentale sur la modulation les effets de la décision dans le temps, v. Cons. const., 25 mars 2010, déc. n° 2010-108 QPC, *Marie-Christine D.* : *Rec.* p. 154. Comme l'indiquent les commentaires aux *Cahiers* : « *Le Conseil constitutionnel a précisé, d'une part, qu'en principe, la déclaration d'inconstitutionnalité doit bénéficier à l'auteur de la question prioritaire de constitutionnalité et que la disposition législative déclarée contraire à la Constitution ne peut être appliquée dans les instances en cours à la date de la publication de la décision du Conseil constitutionnel et, d'autre part que l'article 62 réserve au Conseil constitutionnel la possibilité tant de fixer la date de l'abrogation et reporter dans le temps les effets de la déclaration d'inconstitutionnalité que de fixer les conditions et limites dans lesquelles les effets que la disposition a produits peuvent être remis en cause* ».

[1265] Au sujet des dispositifs anti-abus, v. Martin COLLET, « Opposabilité de la doctrine et répression des abus de droit : quelle conciliation en cas de montage abusif ? », *op. cit.*, § 6. Il s'agit, pour le Conseil constitutionnel, de mettre en œuvre la technique de la réserve d'interprétation. Pour une étude classique sur cette technique, v. Alexandre VIALA, *Les réserves d'interprétation dans la jurisprudence du Conseil constitutionnel*, Thèse, 1999, LGDJ, « Bibliothèque constitutionnelle et de science politique ».

conformité de la disposition contestée à la Constitution et le caractère nouveau et sérieux de la question posée[1266]. Ce filtrage est vertueux dans le sens où il permet d'éviter des recours dilatoires[1267]. Mais, il peut susciter des difficultés. En effet, le juge administratif ou judiciaire suprême a une marge de manœuvre étendue pour décider des dispositions législatives qui méritent d'être examinées par le Conseil constitutionnel.

**492. La marge de manœuvre du juge suprême compétent. –** Seuls le Conseil d'État et la Cour de cassation[1268] ont le pouvoir de transmettre une question prioritaire de constitutionnalité au Conseil constitutionnel. Certes, le juge suprême compétent prend sa décision en fonction de critères parfaitement identifiables, tels que la nouveauté ou le caractère sérieux de la question posée. Mais l'appréciation de ces critères « *fait appel à des considérations nécessairement subjectives* »[1269]. Le juge décide ce qui relève de la nouveauté ou du sérieux d'une question posée. Dès lors, si le juge suprême compétent refuse systématiquement de transmettre les questions prioritaires de constitutionnalité fondées sur certains types de moyens, il s'érige en « *juge constitutionnel négatif* »[1270]. Pour certains, cette attitude du juge suprême est contestable, dans la mesure où seul le Conseil constitutionnel, en tant que juridiction spécialisée, dispose d'une légitimité suffisante pour traiter de la constitutionnalité de la loi[1271].

**493. Exemples jurisprudentiels. –** La doctrine a fait part de son étonnement lorsque le Conseil d'État a systématiquement refusé de transmettre au Conseil constitutionnel les questions prioritaires de constitutionnalité posées au sujet de la conformité de la procédure d'abus de droit fiscal et des sanctions attachées (LPF, art. L. 64 ; CGI, art. 1729,

---

1266 Lorsqu'une question prioritaire de constitutionnalité est posée devant les juridictions du fond, ces dernières doivent apprécier, sans délai, trois conditions pour qu'elle soit transmise au Conseil d'État ou à la Cour de cassation. La disposition contestée doit être applicable au litige, elle ne doit pas déjà avoir été déclarée conforme à la Constitution dans les motifs et le dispositif (sauf changement de circonstances) et la question ne doit pas être dépourvue d'un caractère sérieux. V. Loi organique n° 2009-1523 du 10 décembre 2009 relative à l'application de l'article 61-1 de la Constitution.

1267 Francis HAMON, Michel TROPER, *Droit constitutionnel*, *op. cit.*, p. 834, § 812.

1268 Le Conseil d'État a été amené à se prononcer plus souvent que la Cour de cassation, dans la mesure où la plupart des dispositifs anti-abus s'appliquent dans des matières qui relèvent de la compétence du juge administratif (à l'exception notable de la clause anti-abus propre à l'impôt sur la fortune immobilière qui relève de la compétence du juge de l'ordre judiciaire). Pour les principes relatifs à la répartition de la compétence du juge en matière fiscale, v. LPF, art. 199.

1269 Martin COLLET, *Droit fiscal*, *op. cit.*, p. 19, § 26.

1270 Francis HAMON, Michel TROPER, *Droit constitutionnel*, *op. cit.*, p. 836, § 813.

1271 *Ibid.*

b) à diverses normes constitutionnelles[1272]. En pratique, le juge administratif suprême donne l'impression de manquer d'objectivité lorsqu'il s'agit d'apprécier le sérieux ou la nouveauté d'une question qui a pour objet la portée effective de l'interprétation qu'il donne de l'article L. 64 du LPF[1273]. Il propose, pour éviter de transmettre les questions, des interprétations constructives[1274] ou des motivations laconiques[1275], sur lesquelles nous reviendrons (n° 507 et s.), afin de ne pas laisser le Conseil constitutionnel contrôler la portée de sa jurisprudence[1276]. Par exemple, le Conseil d'État va jusqu'à affirmer, dans la décision de non-renvoi *Société Financière des Pins* de 2014, que les articles L. 64 du LPF et 1729 du CGI « *ne présentent aucune ambiguïté en ce qui concerne la définition des infractions qu'ils sanctionnent* »[1277]. Cette prise de position est discutable. En effet, la définition de l'abus de droit suscite encore des difficultés. Il est délicat de saisir la portée effective de la jurisprudence du Conseil d'État en matière d'abus de droit. Il est notamment difficile d'affirmer la fonction qu'il convient d'attribuer au critère du « montage artificiel » (n° 718 et s.).

**494. Un propos nuancé. –** Cette réticence du Conseil d'État ne doit pas être généralisée. Elle concerne essentiellement les questions prioritaires de constitutionnalité portant sur la procédure d'abus de droit de l'article L. 64

---

1272 V. Christophe DE LA MARDIERE, « Abus de droit. - Textes, historique et notion », *op. cit.*, § 95.
1273 V. une étude d'ensemble (critique) à ce sujet : Christophe DE LA MARDIERE, « Question prioritaire de constitutionnalité (QPC) et abus de droit fiscal », *REIDF*, 2020/4, p. 476.
1274 V. CE, 9ème et 10ème s.-s., 29 septembre 2010, n° 341065, *Sté Snerr Théâtre de Paris*, *préc.*
1275 V. CE, 9ème et 10ème s.-s., 23 mai 2014, n° 374056, *Sté financière des pins*, *préc.*
1276 Il fût un temps, la Cour de cassation refusait de transmettre des questions prioritaires de constitutionnalité au motif que celles-ci ne portaient pas sur une disposition législative (c'est-à-dire sur le texte même), mais sur l'interprétation jurisprudentielle de ce texte (c'est-à-dire l'interprétation que la jurisprudence constante de la Cour de cassation donnait à cette disposition législative). V. Cass., Ass. plén., 19 mai 2010, n° 09-70.161 ; Cass. crim., 19 mai 2010, n° 09-87.651, *Inédit* ; Cass., Ass. plén., 20 mai 2011, n° 11-90.025, 11-90.032 et 11-90.033. V. aussi la prise de position du Conseil constitutionnel qui estime que tout justiciable peut contester dans le cadre d'une QPC la portée effective d'une interprétation jurisprudentielle constante d'un texte législatif : Cons. const., 6 octobre 2010, déc. n° 2010-39 QPC, *Mmes Isabelle D. et Isabelle B.* : *Rec.* p. 264 ; Cons. const., 14 octobre 2010, déc. n° 2010-52 QPC du 14 octobre 2010, *Compagnie agricole de la Crau* : *Rec.* p. 283. Le Conseil d'État suit le raisonnement du Conseil constitutionnel. Il explique que : « *la circonstance que le Conseil d'État a, dans ses formations contentieuses, fixé sur certains points l'interprétation à donner des dispositions législatives en litige, ne fait pas obstacle à ce qu'il statue, ainsi que le lui prescrit l'article 61-1 de la Constitution, sur le bien-fondé du renvoi au Conseil constitutionnel de la question de constitutionnalité qu'ils soulèvent* ». V. CE, 1ère et 6ème s.-s., 12 septembre 2011, n° 34744 : *RJDA* 12/11, n° 1014.
1277 CE, 9ème et 10ème s.-s., 23 mai 2014, n° 374056, *Sté financière des pins*, *préc.*

du LPF. Le juge suprême a autorisé le renvoi de questions au Conseil constitutionnel lorsqu'elles avaient pour objet des dispositifs anti-abus spécifiques, tels que ceux des articles 155 A[1278] et 123 *bis*[1279] du CGI. Les décisions de non-renvoi au Conseil constitutionnel peuvent s'analyser aussi comme la volonté du Conseil d'État de stabiliser la portée effective de la jurisprudence attachée à l'article L. 64 du LPF. Cette stabilisation permet de renforcer les certitudes que la jurisprudence tente d'apporter aux contribuables et à l'Administration. Concernant les nouvelles mesures anti-abus dont les portées effectives n'ont pas encore été fixées par la jurisprudence (LPF, art. L. 64 A ; CGI, art. 205 A), le Conseil d'État pourrait sans doute être plus souple. Il pourrait effectivement autoriser les transmissions d'éventuelles questions prioritaires de constitutionnalité. Il pourrait également en profiter pour donner des interprétations conformes aux droits et libertés garantis par la Constitution, mettant fin ainsi aux incertitudes que ces mesures anti-abus font naître[1280]. En revanche, dans ce dernier cas, le Conseil d'État s'exposerait à la critique selon laquelle il empièterait en partie sur la compétence du Conseil constitutionnel[1281].

**495.** En somme, il peut être délicat d'accéder au juge constitutionnel. En parallèle, le Conseil constitutionnel et le Conseil d'État laissent entendre que les normes constitutionnelles de référence n'ont pas toutes un effet utile. Autrement dit, certaines normes constitutionnelles ne permettent pas de contraindre, effectivement, les services de contrôle dans la mise en œuvre des mesures anti-abus applicables en droit fiscal international.

### B. *La limitation des normes constitutionnelles de référence ayant un effet utile*

**496.** Les exigences constitutionnelles susceptibles de trouver un effet utile en droit fiscal, c'est-à-dire qui « *permettent de faire éventuellement écarter telle*

---

1278 CE, 10ème et 9ème s.-s., 24 septembre 2010, *Moreau*, *préc.*

1279 CE, 8ème et 3ème ch., 15 décembre 2016, n° 404270 : *RJF* 3/17, n° 256, concl. Benoît BOHNERT (C 256) ; CE, 8ème et 3ème ch., 7 juillet 2017, n° 410620 : *RJF* 11/17, n° 1090, concl. Benoît BOHNERT (C 1090).

1280 Au sujet de l'interprétation de la loi faite par les juges suprêmes dans le cadre des questions prioritaires de constitutionnalité pour éviter de les transmettre au Conseil constitutionnel, v. Agnès ROBLOT-TROIZIER, « Les cours suprêmes et l'interprétation de la loi », *NCCC* 2013, n° 38, p. 216.

1281 Le Conseil d'État n'a pas hésité à refuser de transmettre au Conseil constitutionnel une question prioritaire de constitutionnalité ayant pour objet le dispositif anti-abus de l'article 209 B du CGI. Le Conseil d'État a proposé une interprétation neutralisante de ce dispositif anti-abus au regard des normes de référence pertinentes. V. CE, 9ème et 10ème s.-s., 2 février 2012, n° 351600, *Sté Sonepar*, *préc.*

*ou telle disposition fiscale* »[1282], sont variées. Elles trouvent leur source dans le texte de la Constitution (art. 34)[1283], dans la DDHC (art. 6[1284], 8[1285], 9[1286], 13[1287], 14[1288], 16[1289]) ou dans les objectifs de valeur constitutionnelle dégagés par la jurisprudence du Conseil constitutionnel[1290]. Parmi ces normes de référence, certaines ont été largement mobilisées (DDHC, art. 6 et 13) et leur application a conduit à l'encadrement des mesures anti-abus. À l'avenir, il n'est pas inenvisageable qu'elles soient à nouveau appliquées pour contraindre la mise en œuvre des mesures anti-abus nouvellement édictées (n° 573 et s.).

**497.** D'autres normes constitutionnelles, qui auraient potentiellement une portée étendue en matière de dispositifs anti-abus, font l'objet d'une lecture restreinte par les juges. En ce sens, le Conseil constitutionnel a, au fil des décisions, réduit la portée effective de l'objectif de valeur constitutionnelle d'accessibilité et d'intelligibilité de la loi fiscale (**1**). S'agissant du Conseil d'État, en tant que filtre, il a toujours refusé de transmettre les questions prioritaires de constitutionnalité portant sur la

---

1282 L'expression est empruntée à : Daniel GUTMANN, *Droit fiscal des affaires*, *op. cit.*, p. 28, § 24.

1283 L'article 34 de la Constitution renvoie au principe de légalité du droit fiscal : « *la loi fixe [...] les règles concernant l'assiette, le taux et les modalités de recouvrement des impositions de toutes natures* ».

1284 L'article 6 de la DDHC renvoie au principe d'égalité devant la loi : « *La Loi est l'expression de la volonté générale. [...] Elle doit être la même pour tous, soit qu'elle protège, soit qu'elle punisse* ».

1285 L'article 8 de la DDHC renvoie au principe de légalité des délits et des peines, selon lequel : « *La Loi ne doit établir que des peines strictement et évidemment nécessaires, et nul ne peut être puni qu'en vertu d'une Loi établie et promulguée antérieurement au délit, et légalement appliquée* ».

1286 L'article 9 de la DDHC renvoie à la présomption d'innocence : « *Tout homme étant présumé innocent jusqu'à ce qu'il ait été déclaré coupable [...]* ».

1287 L'article 13 de la DDHC renvoie au principe d'égalité devant les charges publiques : « *Pour l'entretien de la force publique, et pour les dépenses d'administration, une contribution commune est indispensable : elle doit être également répartie entre tous les citoyens, en raison de leurs facultés* ».

1288 L'article 14 de la DDHC renvoie au principe de nécessité de l'impôt : « *Tous les citoyens ont le droit de constater, par eux-mêmes ou par leurs représentants, la nécessité de la contribution publique, de la consentir librement, d'en suivre l'emploi, et d'en déterminer la quotité, l'assiette, le recouvrement et la durée* ».

1289 L'article 16 de la DDHC renvoie à la garantie des droits : « *Toute société dans laquelle la garantie des droits n'est pas assurée, ni la séparation des Pouvoirs déterminée, n'a point de Constitution* ».

1290 Par exemple, l'objectif de valeur constitutionnelle d'accessibilité et d'intelligibilité de la loi a déjà été mobilisé par le Conseil constitutionnel, dans le cadre d'un contrôle *a priori*, pour censurer une réforme portée sur la procédure d'abus de droit fiscal, en le combinant avec d'autres normes constitutionnelles, v. Cons. const., 29 décembre 2013, déc. n° 2013-685 DC, *Loi de finances pour 2014*, *préc.*

procédure d'abus de droit (LPF, art. L. 64) et sur les dispositions législatives fondant les sanctions attachées à la qualification de l'abus de droit (CGI, art. 1729, b). Pour justifier ces refus, le Conseil d'État a proposé des interprétations qui paraissent, pour certaines du moins, quelque peu artificielles. Ce faisant, le Conseil d'État souhaite indirectement que la notion d'abus de droit, au sens de la procédure d'abus de droit, ne fasse pas l'objet de multiples interprétations (**2**).

### 1. *L'interprétation par le Conseil constitutionnel de l'objectif de valeur constitutionnelle d'accessibilité et d'intelligibilité de la loi*

**498. La portée variable des normes de référence. –** Le juge constitutionnel décide de la portée à attribuer aux normes constitutionnelles de référence en fonction des dispositifs anti-abus qui font l'objet du contrôle. En ce sens, le Conseil constitutionnel estime, par exemple, qu'il n'a pas à vérifier la conformité des dispositions qui « *n'instituent pas une sanction ayant le caractère d'une punition* » à l'article 8 de la DDHC[1291]. Ainsi, les dispositifs anti-abus des articles 119 *ter*, 3 et 145, 6, k du CGI ne peuvent faire l'objet d'un contrôle au regard du principe de légalité des délits et des peines[1292]. Le Conseil constitutionnel accepte de contrôler la conformité des dispositions fiscales ayant un objet répressif à l'article 8 de la DDHC. Par exemple, les dispositions de l'article L. 64 du LPF ont un objet répressif. En effet, l'application de l'article L. 64 du LPF peut aboutir à une majoration de 40 % ou 80 % du montant des droits éludés (CGI, art. 1729 b)[1293] (n° 406). Le juge n'a pas hésité à censurer les dispositions de la loi de finances pour 2013 qui tentaient d'instituer le critère du « but principalement fiscal » dans la définition de la seconde branche de l'abus de

---

[1291] Cons. const., 29 décembre 2015, déc. n° 2015-726 DC, *Loi de finances rectificative pour 2015*, *préc.*, cons. 13.

[1292] *Ibid.*

[1293] Le Conseil constitutionnel a jugé que : « *Considérant que, d'une part, la procédure de l'abus de droit fiscal peut s'appliquer à tous les impôts pesant sur les entreprises et les particuliers ; que, d'autre part, la mise en œuvre de cette procédure est assortie, outre du rétablissement de l'impôt normalement dû et du paiement d'intérêts de retard à raison de 0,40 % par mois en vertu du paragraphe III de l'article 1727 du code général des impôts, d'une majoration égale, en vertu de l'article 1729 du même code, à 80 % des impôts dus, ramenée à 40 % "lorsqu'il n'est pas établi que le contribuable a eu l'initiative principale du ou des actes constitutifs de l'abus de droit ou en a été le principal bénéficiaire"* ». V. Cons. const., 29 décembre 2013, déc. n° 2013-685 DC, *Loi de finances pour 2014*, *préc.*, cons. 115 et s.

droit de l'article L. 64 du LPF[1294]. En étendant le respect des principes constitutionnels qui guident le droit pénal aux sanctions prononcées par l'Administration[1295], le Conseil constitutionnel s'inscrit dans une démarche volontairement protectrice des administrés[1296] et, partant, des contribuables[1297]. Par ailleurs, il est plus délicat de comprendre pourquoi le Conseil constitutionnel a décidé de restreindre la portée de l'objectif de valeur constitutionnelle d'accessibilité et d'intelligibilité de la loi[1298]. Avant d'expliciter cet état jurisprudentiel et pour mieux le comprendre, il convient de revenir un instant sur les caractères attachés aux objectifs de valeur constitutionnelle et plus particulièrement sur l'objectif d'accessibilité et d'intelligibilité de la loi.

**499. Les caractères des objectifs de valeur constitutionnelle. –** Les objectifs de valeur constitutionnelle[1299] s'analysent comme des « *exigences d'intérêt général pesant sur le législateur que le juge constitutionnel tire de la lettre ou de l'esprit de la Constitution lato sensu* »[1300]. Le Conseil constitutionnel identifie des objectifs de valeur constitutionnelle afin de les concilier avec les droits reconnus dans le bloc de constitutionnalité[1301]. D'un côté, cela permet de

---

1294 Sur cette question, v. Yann AGUILA, Guillaume FROGER, Julien GAYRAL, Yves RUTSCHMANN, « La réforme de l'abus de droit au prisme de la Constitution », *FR* 50/13, inf. 5, p. 13.

1295 Pour des décisions fondamentales, v. Cons. const., 22 avril 1997, déc. n° 97-389 DC, *Loi portant diverses dispositions relatives à l'immigration* : *Rec.* p. 45, cons. 30 ; Cons. const., 30 décembre 1997, déc. n° 97-395 DC, *Loi de finances pour 1998* : *Rec.* p. 333, cons. 37.

1296 Le propos peut être nuancé par le fait que les garanties proposées aux contribuables en droit fiscal sont différentes de celles qui sont offertes en procédure pénale.

1297 Le Conseil constitutionnel estime tout de même que « *l'exercice des libertés et droits individuels ne saurait en rien excuser la fraude fiscale ni en entraver sa légitime répression* ». V. Cons. const., 29 décembre 1983, déc. n° 83-164 DC, *Loi de finances pour 1984* : *Rec.* p. 67, cons. 27.

1298 Pour la consécration de l'objectif de valeur constitutionnelle d'accessibilité et d'intelligibilité de la loi dans la jurisprudence du Conseil constitutionnel, v. : Cons. const., 16 décembre 1999, déc. n° 99-421 DC, *Loi portant habilitation du Gouvernement à procéder, par ordonnances, à l'adoption de la partie législative de certains codes*, *préc.*

1299 V. la décision fondatrice du Conseil constitutionnel en matière d'objectifs de valeur constitutionnelle : Cons. const., 27 juillet 1982, déc. n° 82-141 DC, *Loi sur la communication audiovisuelle* : *Rec.* p. 48.

1300 Benoît PLESSIX, *Droit administratif général*, *op. cit.*, p. 66, § 51. V. aussi pour une étude synthétique : Pierre DE MONTALIVET, « Les objectifs de valeur constitutionnelle », *CCC* 2006, n° 20, p. 169. Pour une étude d'ensemble, v. Pierre DE MONTALIVET, *Les objectifs de valeur constitutionnelle*, Thèse, 2006, Dalloz, « Bibliothèque parlementaire et constitutionnelle ».

1301 Xavier PRETOT, Pascal JAN, « Bloc de constitutionnalité », *JCl. Administratif*, fasc. 1418, § 112.

limiter l'exercice des droits ou des libertés garantis par la Constitution[1302]. D'un autre côté, cela permet de protéger, voire de concrétiser, les droits fondamentaux constitutionnels généraux. Par exemple, l'objectif d'accessibilité et d'intelligibilité, découle des articles 4, 5, 6 et 16 de la DDHC de 1789. Néanmoins, les objectifs de valeur constitutionnelle ne sont ni des obligations de résultat pour le législateur, ni des droits ou des libertés que la Constitution garantit. De sorte que la méconnaissance d'un objectif de valeur constitutionnelle ne peut, en elle-même, être invoquée à l'appui d'une question prioritaire de constitutionnalité[1303]. L'emploi des objectifs de valeur constitutionnelle s'apparenterait alors simplement à « *une méthode de jugement permettant au juge constitutionnel d'apprécier l'atteinte à un droit constitutionnel à l'aune des buts d'intérêt collectif que le législateur doit parallèlement s'efforcer d'atteindre le mieux qu'il peut* »[1304]. En matière de dispositifs anti-abus, il est déjà arrivé que le Conseil vérifie la conformité d'une réforme législative à l'objectif de valeur constitutionnelle d'accessibilité et d'intelligibilité de la loi. Toutefois, l'étude de la jurisprudence à ce sujet montre que le Conseil constitutionnel est réticent à attribuer une portée générale à cet objectif de valeur constitutionnelle. Toute imprécision ou ambiguïté de l'énoncé d'un texte législatif n'est pas censurée.

**500. L'objectif de valeur constitutionnelle d'accessibilité et d'intelligibilité de la loi : un domaine potentiellement étendu. –** Plutôt que de consacrer sur le plan constitutionnel un principe de sécurité juridique[1305], le Conseil constitutionnel préfère élever l'accessibilité et d'intelligibilité de la loi, elle-même composante de la sécurité juridique, au rang d'objectif de valeur constitutionnelle[1306]. L'objectif d'accessibilité et d'intelligibilité de la loi découle des articles 4, 5, 6 et 16 de la DDHC. Il impose au législateur « *afin de prémunir les sujets de droit contre une interprétation contraire à la Constitution ou contre le risque d'arbitraire, d'adopter des dispositions suffisamment précises et des formules non équivoques* ». En droit fiscal, le Conseil constitutionnel le combine avec le principe de légalité (Constitution, art.

---

1302 Par exemple, l'objectif de valeur constitutionnelle de lutte contre la fraude fiscale (Cons. const., 29 décembre 1999, déc. n° 99-424 DC, *Loi de finances pour 2000* : *Rec.* p. 156) limite de manière générale l'exercice de la liberté. Cette dernière est garantie en partie par l'article 2 de la DDHC. Probablement, cette disposition est la source du principe de liberté de gestion, même si le Conseil constitutionnel n'a jamais consacré la liberté de gestion sur le plan constitutionnel.

1303 Au sujet de l'objectif de valeur constitutionnelle d'accessibilité et d'intelligibilité de la loi, v. : Cons. const., 22 juillet 2010, déc. n° 2010-4/17 QPC, *M. Alain C. et autre*, *préc.*

1304 Benoît PLESSIX, *Droit administratif général*, *op. cit.*, p. 66, § 51.

1305 Cons. const., 7 novembre 1997, déc. n° 97-391 DC, *Loi portant mesures urgentes à caractère fiscal et financier* : *Rec.* p. 232.

1306 Pour la première censure sur ce fondement, v. : Cons. const., 24 juillet 2003, déc. n° 2003-475 DC, *Loi portant réforme de l'élection des sénateurs* : *Rec.* p. 397.

34), selon lequel « *il incombe au législateur d'exercer pleinement la compétence que lui confie la Constitution* ». Ainsi, le législateur est contraint de ne pas « *reporter sur des autorités administratives ou juridictionnelles le soin de fixer des règles* » qui entrent dans le domaine de la loi[1307]. À première vue, le Conseil constitutionnel dispose d'une arme redoutable pour invalider les dispositions imprécises et équivoques inscrites dans la loi, et notamment les mesures anti-abus qui laisseraient une marge de manœuvre trop importante au juge fiscal ou à l'Administration fiscale. En pratique, la portée effective de cet objectif de valeur constitutionnelle est bien en-deçà des espérances qu'il a pu faire naître après la décision du Conseil constitutionnel de 2013[1308]. L'objectif d'accessibilité et d'intelligibilité de la loi ne permet pas de rationaliser la mise en œuvre de toutes les mesures anti-abus.

**501. La politique jurisprudentielle du Conseil constitutionnel. –** Le Conseil constitutionnel ne censure que très rarement les réformes législatives sur le fondement de l'objectif d'accessibilité et d'intelligibilité de la loi. Le plus souvent, le juge censure les dispositions législatives qui méconnaissent, en plus de l'objectif d'accessibilité et d'intelligibilité, une autre norme de référence[1309]. Par exemple, lorsque le Conseil constitutionnel invalide en 2013[1310] le dispositif fiscal relatif à l'obligation de déclaration d'un « *schéma d'optimisation fiscale* », il le fait en se fondant sur l'objectif d'accessibilité et d'intelligibilité de la loi, ainsi que sur la liberté d'entreprendre garantie par l'article 4 de la DDHC[1311]. De la même manière, lorsque le juge invalide la réforme de l'article L. 64 du LPF de 2013 qui modifie la définition de la branche de la fraude à la loi, il se fonde aussi bien sur l'objectif d'accessibilité et d'intelligibilité de la loi, que sur le principe de

---

[1307] Cons. const., 29 décembre 2013, déc. n° 2013-685 DC, *Loi de finances pour 2014*, *préc.*, cons. 114.

[1308] Cons. const., 29 décembre 2013, déc. n° 2013-684 DC, *Loi de finances rectificative pour 2013*, *préc.*

[1309] À tout le moins, pour la première censure du Conseil constitutionnel sur ce fondement (qui ne concerne pas un dispositif fiscal), le juge se fonde sur l'objectif de valeur constitutionnelle d'accessibilité et d'intelligibilité de la loi ainsi que sur un autre principe constitutionnel, à savoir le principe de loyauté des suffrages. V. Cons. const., 24 juillet 2003, déc. n° 2003-475 DC, *Loi portant réforme de l'élection des sénateurs*, *préc.*

[1310] Cons. const., 29 décembre 2013, déc. n° 2013-684 DC, *Loi de finances rectificative pour 2013*, *préc.*

[1311] La réforme fait peser des sanctions aux professionnels (commercialisant ou mettant en œuvre ces schémas) qui ne les déclareraient pas à l'avenir. Pour ce dispositif, la définition du fameux « *schéma d'optimisation fiscale* » laissait place à beaucoup d'incertitudes. Qui plus est, les conséquences attachées au manquement de l'obligation de déclaration étaient très lourdes (amende de 5 % du montant des revenus perçus au titre de la commercialisation dudit schéma). Force est de constater que la directive « DAC 6 » (*préc.*) fait preuve de plus de précision en mettant en avant une variété de « marqueurs ».

légalité des délits et des peines de l'article 8 de la DDHC. Le juge constitutionnel considère que le législateur ne fixe pas suffisamment le champ d'application de l'abus de droit et ne le définit pas d'une façon suffisamment claire et précise. Cette dernière solution rendue par le Conseil constitutionnel a le mérite d'effacer les incertitudes attachées au remplacement du critère du « but exclusivement fiscal » par le critère du « but principalement fiscal » à l'article L. 64 du LPF[1312]. Les contribuables ont alors cru voir dans l'objectif d'accessibilité et d'intelligibilité de la loi un moyen qui allait permettre, à l'avenir, de censurer les réformes porteuses d'imprévisibilité juridique, et notamment celles qui organisaient l'assouplissement de la définition de l'abus de droit fiscal. L'expérience démontre que les attentes vis-à-vis du Conseil constitutionnel étaient trop grandes. Le juge a, peu de temps après la décision de 2013, réduit la portée de l'objectif d'accessibilité et d'intelligibilité de la loi fiscale.

**502. La conformité de la clause anti-abus « mères-filles ».** – En 2015, lorsque le législateur transpose la clause anti-abus de la directive « mères-filles »[1313], il le fait au-delà de ce que prévoit normalement la directive (n° 553 et s.). Le Conseil constitutionnel s'estime en partie compétent pour exercer un contrôle classique de conformité sur le fondement de l'article 61 de la Constitution[1314]. En substance, la réforme prévoit l'intégration de la clause anti-abus du régime « mères-filles ». Cette clause anti-abus consacre une définition abstraite de l'abus de droit, dont les éléments constitutifs s'attachent au « but principalement fiscal » de l'opération réalisée par contribuable, ainsi qu'au caractère « non-authentique » de son « montage ». Cette réforme a pu laisser les contribuables dubitatifs. En effet, il était difficile de saisir précisément la différence de portée juridique entre les critères employés dans cette réforme et ceux qui étaient déjà employés en droit positif (n° 156 et s.). Dans le cadre de leur saisine, les sénateurs ont soulevé plusieurs moyens, notamment ceux de : i) la méconnaissance de l'autorité de la chose jugée de la décision de 2013, ii) la contrariété au principe de légalité des délits et des peines (DDHC, art. 8) et iii) la contrariété à l'objectif d'accessibilité et l'intelligibilité de la loi.

---

1312 V. en ce sens : Olivier FOUQUET, « Abus de droit : la sécurité juridique rédactionnelle. À propos de la censure des articles 96 et 100 de la loi de finances pour 2014 », *Dr. fisc.* 2014, n° 1-2, act. 3. V. aussi du même auteur : « L'abus de droit et la sécurité juridique », *RFFP* 2015, n° 130, p. 23.

1313 Directive (UE) 2015/121 du Conseil du 27 janvier 2015 modifiant la directive 2011/96/UE concernant le régime fiscal commun applicable aux sociétés mères et aux filiales d'États membres différents.

1314 Cons. const., 29 décembre 2015, déc. n° 2015-726, *Loi de finances rectificative pour 2015*, *préc.*

**503. La solution du Conseil constitutionnel.** – Le rejet des deux premiers moyens par le Conseil constitutionnel se comprend compte tenu du fait que la procédure de l'abus de droit fiscal (LPF, art. L. 64 ; CGI, art. 1729, b) et la clause anti-abus « mères-filles » ont des caractères distincts. La clause anti-abus « mères-filles », lorsqu'elle est mise en œuvre, aboutit au refus du bénéfice des avantages d'un régime de faveur. Elle n'aboutit pas à une sanction automatique du contribuable (n° 405 et s.). Ainsi, il est difficile de voir dans la réforme de 2015 la méconnaissance de l'autorité de la chose jugée de la décision rendue par le Conseil constitutionnel en 2013 au sujet de l'article L. 64 du LPF et la contrariété à l'article 8 de la DDHC qui s'applique seulement aux dispositions législatives ayant un objet répressif. Par ailleurs, le Conseil constitutionnel explique que « *les dispositions contestées déterminent une règle d'assiette suffisamment précise conditionnant le bénéfice du régime fiscal des sociétés mères* » (cons. 13) et qu'elles « *ne méconnaissent ni l'objectif de valeur constitutionnelle d'accessibilité et d'intelligibilité de la loi ni aucune autre exigence constitutionnelle* » (cons. 14). Comme la clause anti-abus du régime « mères-filles » n'a pas vocation à sanctionner le contribuable, le moyen n'est pas fondé.

**504. Analyse de la jurisprudence.** – Le Conseil constitutionnel fait le choix de limiter la portée de l'objectif de valeur constitutionnelle lorsqu'il est finalement question d'apprécier les dispositions renfermant une « règle d'assiette »[1315]. Pourtant, la doctrine n'hésite pas à dire que la clause anti-abus du régime « mères-filles », validée par le Conseil constitutionnel sur le fondement de l'objectif d'accessibilité et d'intelligibilité de la loi, « *détonne par son imprécision* »[1316]. Cette imprécision aurait pu pousser le Conseil constitutionnel à être plus sévère avec la réforme de 2015. Selon le juge, la règle de droit, même si elle ne donne pas l'impression d'être favorable à la prévisibilité juridique, ne doit pas être automatiquement censurée sur le terrain de l'objectif de valeur constitutionnelle d'intelligibilité et d'accessibilité de la loi. Dans le cas où le Conseil constitutionnel vérifie la conformité d'une clause anti-abus qui n'aboutit pas à la répression du contribuable, son imprécision ne justifie pas de censure. La prise de position du Conseil constitutionnel peut être critiquée. Le critère du « but principalement fiscal », qu'il a jugé ambigu et équivoque en 2013, n'est pas

---

[1315] Il revient sur une décision dans laquelle des dispositions instituant une règle d'assiette ont été censurées car elles n'étaient pas conformes à l'objectif de valeur constitutionnelle d'accessibilité et d'intelligibilité de la loi et à l'article 34 de la Constitution. V. Cons. const., 29 décembre 2014 déc. n° 2014-708 DC, *Loi de finances rectificative pour 2014* : *RJF* 3/15, n° 244.
[1316] Yann AGUILA, Julien GAYRAL, Yves RUTSCHMANN, « La nouvelle clause anti-abus du régime des sociétés mères : critique de la décision du Conseil constitutionnel et opportunité d'une saisine de la Cour de justice de l'Union européenne », *op. cit.*, § 3.

gage de prévisibilité juridique. Cette imprévisibilité est identique peu important le fait que ce critère soit inscrit à l'article L. 64 du LPF, dont la mise en œuvre aboutit à une sanction automatique (CGI, art. 1729, b), ou dans un dispositif anti-abus « règle d'assiette ». Même si elles ne déterminent pas de majoration automatique des droits éludés, les mesures anti-abus « règles d'assiette », lorsqu'elles sont mises en œuvre par les services de contrôle, aboutissent toujours à des conséquences graves pour le contribuable. En effet, elles mettent à disposition de l'Administration fiscale des armes redoutables (n° 364 et s.) : l'inopposabilité d'une opération pour déterminer le montant de l'impôt (LPF, art. L. 64 A ; CGI, art. 205 A), le refus d'accorder un avantage fiscal (CGI, art. 119 *ter*, 3 ; anc. art. 145, 6, k ; clause « PPT », clause « LoB »), l'imposition en France d'une base taxable non imposable en vertu des règles de territorialité de droit commun (CGI, art. 209 B ; 123 *bis* ; 155 A) ou même le renversement de la charge de la preuve en faveur de l'Administration. Ainsi, sont attachées à ces mesures anti-abus « règles d'assiette » des conséquences qui justifieraient amplement que le Conseil constitutionnel analyse plus sérieusement, dans le cadre de son contrôle *a priori*, leur conformité à l'objectif d'accessibilité et d'intelligibilité de la loi. Le Conseil constitutionnel pourrait censurer les dispositions qui ne sont pas suffisamment précises ou non équivoques. La différence de portée à attribuer à l'objectif d'accessibilité et d'intelligibilité, selon qu'il est question de contrôler l'article L. 64 du LPF ou un dispositif anti-abus « règle d'assiette », ne convainc pas. Le juge constitutionnel donne l'impression d'instrumentaliser l'objectif d'accessibilité et d'intelligibilité de la loi[1317]. Ce dernier serait tout bonnement « *devenu le moyen commode pour le Conseil constitutionnel d'invalider ou non une disposition, cela sans aucune justification et en fonction du seul résultat qu'il souhaite atteindre* »[1318].

**505. Un propos nuancé. –** Par ailleurs, lorsqu'il a rendu la décision de 2015, le Conseil constitutionnel devait faire face à une difficulté. En effet, le juge effectue un contrôle de conformité distinct selon que la clause anti-abus « mères-filles » s'applique aux situations régies par la directive « mères-filles » (flux entre la France et un État-membre de l'Union européenne) ou aux situations régies par le droit interne (flux franco-français ou flux entre la France et un État tiers à l'Union européenne) (n° 553 et s.). Si le Conseil constitutionnel censure les dispositions qui s'appliquent pour les situations régies par le droit interne, les dispositions applicables dans le champ de la directive demeurent toujours. Le Conseil constitutionnel n'a pas voulu se mettre dans une position où il aurait fini par juger que les dispositions qui trouvent leur source dans une directive européenne seraient trop imprécises

---

1317 Florence DEBOISSY, « Société holding et clause anti-abus : le régime mères-filles est-il réservé aux entreprises ? », *op. cit.*
1318 *Ibid.*

au regard d'une exigence constitutionnelle. En réalité, le Conseil constitutionnel concilie la suprématie de la Constitution dans l'ordre interne avec la primauté du droit de l'Union européenne. Toutefois, il est regrettable qu'il ait dû le faire au détriment de l'objectif d'accessibilité et d'intelligibilité de la loi fiscale. Ce dernier apparaissait depuis 2013 comme un frein aux réformes relatives à l'abus de droit porteuses d'une imprévisibilité excessive. À l'avenir, il est difficile d'imaginer le Conseil constitutionnel censurer un dispositif anti-abus sur le seul fondement de l'objectif d'accessibilité et d'intelligibilité de la loi. Deux raisons peuvent être avancées. D'abord, une question prioritaire de constitutionnalité ne peut aboutir lorsqu'elle est fondée uniquement sur ce moyen[1319]. Ensuite, les pouvoirs publics donnent l'impression de privilégier la multiplication des dispositifs anti-abus « règles d'assiette » au sens de la jurisprudence du Conseil constitutionnel, pour lesquels l'objectif de valeur constitutionnelle n'a point d'effet utile. Ainsi, l'objectif d'accessibilité et d'intelligibilité de la loi n'est pas un moyen qui permet d'encadrer ou de rationaliser la mise en œuvre de toutes les mesures anti-abus du droit fiscal international, mais seulement de l'article L. 64 du LPF.

**506.** Le Conseil d'État, lui aussi, réduit parfois la portée de certaines normes de référence. La plupart du temps, l'explication est la suivante : il est réticent à l'idée de transmettre des questions prioritaires de constitutionnalité portant sur les dispositions de la procédure d'abus de droit fiscal (LPF, art. L. 64) et des dispositions instituant la sanction pour abus de droit (CGI, art. 1729, b).

#### 2. *L'interprétation par le Conseil d'État de la procédure d'abus de droit et des sanctions attachées*

**507.** Le Conseil d'État ne paraît pas apprécier l'idée de transmettre des questions prioritaires de constitutionnalité ayant pour objet les dispositions des articles L. 64 du LPF (**a**) et 1729 b du CGI (**b**). Cette position du Conseil d'État s'explique probablement, en pratique, par sa volonté de préserver l'interprétation qu'il donne à l'abus de droit. Le Conseil d'État évite ainsi que son interprétation soit concurrencée par celle du Conseil constitutionnel.

---

[1319] Cons. const., 22 juillet 2010, déc. n° 2010-4/17 QPC, *M. Alain C. et autre*, *préc.*

#### *a. L'assimilation du dispositif de l'article L. 64 du LPF à « une règle d'assiette »*

**508.** Par deux décisions rendues lors des débuts de la question prioritaire de constitutionnalité, le Conseil d'État a été amené à s'interroger sur l'opportunité de transmettre des questions prioritaires de constitutionnalité dont l'objet portait sur les dispositions de l'article L. 64 du LPF. En effet, des requérants ont contesté la constitutionnalité de la procédure d'abus de droit aux principes constitutionnels applicables en matière répressive. Les solutions rendues par le Conseil d'État démontrent sa réticence à laisser le Conseil constitutionnel statuer sur l'article L. 64 du LPF.

**509. Le régime de la preuve en matière d'abus de droit et la présomption d'innocence (DDHC, art. 9) : la décision *Société Snerr Théâtre de Paris*. –** En 2010, dans la décision *Société Snerr Théâtre de Paris*[1320], une lecture audacieuse des dispositions de l'article L. 64 du LPF a été proposée par le Conseil d'État. Il était question de savoir, notamment, si les dispositions de l'alinéa 3 de l'article L. 64 du LPF étaient susceptibles de poser un problème de conformité au regard de l'article 9 de la DDHC. Ce dernier garantit le principe de présomption d'innocence[1321]. Dans la version applicable au litige[1322], la loi dispose que lorsque le Comité consultatif pour la répression des abus de droit rend un avis en faveur de l'Administration, il revient au contribuable de prouver, dans le cadre d'un contentieux devant le juge de l'impôt, que son opération n'est pas constitutive d'un abus de droit[1323] (n° 431). Le requérant en déduit que la loi fait supporter au contribuable la preuve de l'existence d'un abus de droit pour l'application des pénalités prévues au b de l'article 1729 du CGI. Selon lui, ces

---

[1320] CE, 9ème et 10ème s.-s., 29 septembre 2010, n° 341065, *Sté Snerr Théâtre de Paris, préc.*

[1321] Comme l'explique Pierre COLLIN dans ses conclusions sur la décision (*Dr. fisc.* 2010, n° 45, comm. 551), le Conseil constitutionnel estime que, sur le fondement de l'article 9 de la DDHC, en matière répressive, la charge de la preuve incombe toujours à la partie poursuivante (Cons. const., 19 et 20 janvier 1981, déc. n° 80-127 DC, *Loi sécurité et liberté* : *Rec.* p. 15). Ce principe s'applique, non seulement à la matière pénale, c'est-à-dire lorsque le juge pénal prononce des peines, mais aussi à toute sanction ayant le caractère d'une punition, même si la sanction n'est pas prononcée par une juridiction (Cons. const., 16 juin 1999, déc. n° 99-411 DC, *Loi portant diverses mesures relatives à la sécurité routière et aux infractions sur les agents des exploitants de réseau de transport public de voyageurs* : *Rec.* p. 75).

[1322] Loi n° 2008-1443 du 30 décembre 2008 de finances rectificative pour 2008.

[1323] LPF, art. L. 64, al. 3 : « *Si l'administration ne s'est pas conformée à l'avis du comité, elle doit apporter la preuve du bien-fondé de la rectification* ».

dispositions sont contestables au regard du principe de la présomption d'innocence.

**510. Une interprétation constructive : l'article L. 64 du LPF est un « article d'assiette ».** – Dans sa décision, le Conseil d'État a opéré une distinction entre les règles probatoires attachées à l'article L. 64 du LPF et celles attachées à l'article 1729, b du CGI. Le juge administratif suprême a considéré que l'objet de la contestation ne concernait que le dispositif anti-abus de l'article L. 64 du LPF. Or, pour le Conseil d'État, les dispositions de l'article L. 64 du LPF, en tant que telles, n'ont pas d'objet répressif. L'article L. 64 du LPF s'analyse comme un « *article d'assiette* », pour reprendre le vocable employé par Pierre COLLIN[1324]. De sorte que, la conformité de la règle de preuve organisée par l'article L. 64 du LPF à l'article 9 de la DDHC, applicable uniquement en matière répressive, n'a pas à être vérifiée par le Conseil constitutionnel. La règle de preuve contestée ne concerne que le redressement au principal, et non la sanction. Le Conseil d'État estime qu'en mettant en œuvre l'article 1729, b du CGI, l'Administration fiscale est toujours amenée à prouver le bien-fondé de la sanction, conformément à l'article L. 195 A du LPF. Le sens de l'avis rendu par le Comité n'influe pas sur le régime de la preuve de la sanction[1325]. En pratique, cette interprétation

---

[1324] Pierre COLLIN, concl. sur CE, 9ème et 10ème s.-s., 29 septembre 2010, n° 341065, *Sté Snerr Théâtre de Paris, préc.* Pour le rapporteur public : « *Il nous semble donc que si l'article L. 64 du LPF avait eu pour objet de faire supporter au contribuable la preuve de l'existence d'un abus de droit pour l'application des pénalités, la question aurait pu être regardée comme sérieuse. Mais l'article L. 64 du LPF n'est qu'un article d'assiette. La question des pénalités est régie par l'article 1729, b du CGI [...]. Le renversement de la charge de la preuve en cas d'avis du CCRAD favorable à l'Administration ne concerne donc que le redressement au principal* ».
Le Conseil d'État analyse l'article L. 64 du LPF comme une « règle d'assiette », alors que le Conseil constitutionnel l'analyse comme un dispositif ayant un objet « répressif » (Cons. const., 29 décembre 2013, déc. n° 2013-684 DC, *Loi de finances rectificative pour 2013, préc.*).

[1325] Fort de cette interprétation, dans la décision *Sté Snerr Théâtre de Paris* (*préc.*), le Conseil d'État a estimé que le contribuable ne pouvait pas contester les dispositions relatives à la composition et au mode de désignation des membres du Comité consultatif pour la répression des abus de droit (CGI, art. 1653 C). Ces éléments ne posaient aucune difficulté au regard du principe de la garantie des droits consacré à l'article 16 de la DDHC. La garantie des droits implique le droit à un recours juridictionnel effectif, le droit à un procès équitable et le principe du respect des droits de la défense (Cons. const., déc. n° 96-373 DC, 9 avril 1996, *Loi organique portant statut d'autonomie de la Polynésie française* : *Rec.* p. 43 ; Cons. const., déc. n° 2006-540 DC, 27 juillet 2006, *Loi relative au droit d'auteur et aux droits voisins dans la société de l'information* : *Rec.* p. 88). Le rapporteur public explique que la composition et le mode de désignation des membres du Comité consultatif pour la répression des abus de droit, dont l'avis n'a d'effet que sur le bien-fondé de la rectification, ne peut être contestée au regard des exigences attachées à l'article 16 de la DDHC. Plus précisément : « *dès lors que l'on déconnecte l'intervention du comité de*

laisse perplexe pour deux raisons. La première tient au fait que « *la dénonciation de l'abus* » (qui relève de l'article L. 64 du LPF) paraît « *inséparable de sa répression* »[1326] (qui relève de l'article 1729, b du CGI). La seconde tient au fait que l'article L. 195 A du LPF ne régit pas directement les règles de preuve en matière de sanction d'abus de droit, mais uniquement les règles de preuve en matière de « manœuvres frauduleuses » et de « mauvaise foi » (aujourd'hui remplacée par le « manquement délibéré »). Cette interprétation aboutit à la conséquence selon laquelle il est extrêmement délicat, sauf revirement futur de jurisprudence du Conseil d'État, de contester dans le cadre d'une question prioritaire de constitutionnalité la conformité des seules dispositions de l'article L. 64 du LPF aux principes protégés par la DDHC en matière répressive.

**511. La confirmation par la décision *Verneuil*.** – Dans la décision *Verneuil*[1327], rendue en 2011, le Conseil d'État a jugé que le moyen qui consiste à dire que les dispositions de l'article L. 64 du LPF méconnaissent l'article 8 de la DDHC, qui garantit notamment le principe de légalité des délits et des peines[1328], est dépourvu de caractère sérieux. En effet, le Conseil d'État reprend sa prise de position selon laquelle la procédure de l'abus de droit traditionnelle n'a pas en tant que telle d'objet répressif. Une nouvelle fois, le Conseil d'État donne l'impression d'éviter la question de savoir si le concept d'abus de droit est suffisamment clair, comme s'il était mal à l'aise quant à la réponse à y donner[1329].

**512.** Il paraît cohérent que les principes constitutionnels, propres à la matière répressive, ne soient pas applicables aux dispositifs anti-abus « règles d'assiette ». Ainsi, la solution du Conseil constitutionnel au sujet de

---

*la question de la charge de la preuve en matière de pénalités, le degré d'exigence, en termes d'indépendance et d'impartialité, s'en trouve amoindri. Il ne s'agit alors plus d'une sorte de quasi-tribunal, ou de prétribunal, mais d'une simple commission administrative ayant pour mission d'émettre un avis sur le bien-fondé d'une imposition et garantissant au contribuable un examen plus distancié de son cas* ».

1326 Christophe DE LA MARDIERE, « Abus de droit. - Textes, historique et notion », *op. cit.*, § 98.

1327 CE, 10ème et 9ème s.-s., 28 novembre 2011, n° 352520, *Sté Verneuil et associés* : *Dr. fisc.* 2011, n° 49, act. 378.

1328 L'article 8 de la DDHC dispose que : « *La Loi ne doit établir que des peines strictement et évidemment nécessaires, et nul ne peut être puni qu'en vertu d'une Loi établie et promulguée antérieurement au délit, et légalement appliquée* ». Le Conseil constitutionnel estime qu'une sanction fiscale « *ne peut être infligée qu'à la condition que soient respectés le principe de légalité des délits et des peines, le principe de nécessité des peines, le principe de non-rétroactivité de la loi répressive d'incrimination plus sévère ainsi que le principe du respect des droits de la défense* », v. Cons. const., 30 décembre 1997, déc. n° 97-395 DC, *Loi de finances pour 1998*, *préc.*, cons. 37.

1329 Christophe DE LA MARDIERE, « Abus de droit. - Textes, historique et notion », *op. cit.*, § 100.

la clause anti-abus « mères-filles »[1330] se comprend aisément. Néanmoins, l'interprétation du Conseil d'État selon laquelle l'article L. 64 du LPF n'a pas d'objet répressif est contestable au regard de la jurisprudence du Conseil constitutionnel. En effet, le Conseil constitutionnel laisse entendre que les dispositions de l'article L. 64 du LPF ont un objet répressif, et ce, en raison de la majoration automatique prononcée sur le fondement de l'article 1729, b du CGI[1331].

**513.** À tout le moins, les dispositions de l'article 1729, b du CGI peuvent être contestées au regard des principes constitutionnels applicables à la matière répressive. Seulement, le Conseil d'État a accordé un brevet de constitutionnalité aux dispositions du b de l'article 1729 du CGI.

#### *b. La conformité des dispositions de l'article 1729, b du code général des impôts aux principes constitutionnels applicables en matière répressive*

**514. La polyvalence de l'article 8 de la DDHC. –** Plusieurs exigences découlent de l'article 8 de la DDHC, telles que le principe de légalité des délits et des peines et le principe de non-rétroactivité de la loi répressive[1332]. Le Conseil d'État refuse pourtant de transmettre au Conseil constitutionnel les questions prioritaires de constitutionnalité qui reprochent aux dispositions de l'article 1729, b du CGI, de ne pas être conformes à l'article 8 de la DDHC et, partant, aux deux principes auxquels ce dernier renvoie (**i**). Se pose également la question de savoir s'il existe un principe d'interprétation « stricte » de la loi, en matière répressive, susceptible de contraindre la mise en œuvre des dispositions de l'article 1729, b du CGI (et en même temps, celles de l'article L. 64 du LPF). Le Conseil d'État a refusé de transmettre au Conseil constitutionnel cette question prioritaire de constitutionnalité (**ii**).

---

[1330] Cons. const., 29 décembre 2015, déc. n° 2015-726 DC, *Loi de finances rectificative pour 2015*, *préc.*
[1331] *Ibid.*, cons. 12.
[1332] Cons. const., 30 décembre 1997, déc. n° 97-395 DC, *Loi de finances pour 1998*, *préc.*, cons. 37.

#### *i. La conformité aux principes de légalité et de non-rétroactivité en matière répressive*

**515. Le principe de légalité des délits et des peines et l'article 1729, b du CGI.** – Le principe de légalité des délits et des peines implique que tout individu puisse connaître en avance les critères de définition d'un manquement qui aboutit à une sanction[1333]. Cette exigence est applicable lorsque la sanction est prononcée par un juge ou par l'Administration. Ainsi, les manquements doivent être définis en des termes suffisamment clairs et précis[1334]. Par ailleurs, ce principe, lorsqu'il est mis en œuvre par le Conseil constitutionnel, n'aboutit pas systématiquement à l'invalidation ou l'abrogation de tous les manquements légalement définis et sanctionnés qui emploient des critères de définition flous[1335]. À ce sujet, il a déjà été dit plus haut qu'il peut être délicat pour les pouvoirs publics d'identifier en avance tous les comportements susceptibles d'être réprimés (n° 89 et s.). Définir des infractions ou des manquements avec des critères abstraits permet d'appréhender des comportements qui, au moment de la rédaction du texte répressif, ne pouvaient être anticipés. Il revient au juge de façonner cette répression en interprétant et en appliquant des notions aux définitions volontairement larges et évasives. L'abus de droit fait partie de ces notions. Le choix d'user de critères de définition abstraits ne peut pas, en tant que tel, faire l'objet de critique sur le fondement du principe de légalité des délits et des peines[1336]. En revanche, le problème tient « *au degré d'incertitude qui entoure la notion* »[1337], ou bien, pour employer l'expression utilisée par le Conseil d'État, au fait que les critères présentent une « *ambigüité* »[1338]. En somme, le principe de légalité des délits et des peines exige que le manquement visé par la règle de droit répressive soit rédigé ou interprété de telle manière que l'administré puisse anticiper la façon dont l'Administration la mettra en œuvre. Par conséquent, dans le cadre d'une

---

1333 V. Claire LEGRAS, concl. sur CE, 9ème et 10ème s.-s., 23 mai 2014, n° 374056, *Sté financière des pins* : *Dr. fisc.* 2014, n° 43-44, comm. 596, § 3 : « *Le principe de légalité des délits et des peines est une règle de fond et non de compétence : il exige, en matière répressive, une prévisibilité suffisante de la règle de droit* ».

1334 Cons. const., 29 décembre 2013, déc. n° 2013-685 DC, *Loi de finances pour 2014*, *préc.*, cons. 115.

1335 V. la jurisprudence du Conseil constitutionnel citée par Claire LEGRAS dans ses conclusions sur *Sté financière des pins* (*préc.*) : Cons. const., 25 novembre 2011, déc. n° 2011-199 QPC, *M. Michel C.* : *Rec.* p. 555 ; Cons. const., 20 juillet 2012, déc. n° 2012-266 QPC, *M. Georges R.* : *Rec.* p. 390.

1336 *Ibid.*

1337 Daniel GUTMANN, « Réflexions comparatistes sur la constitutionnalité de la répression de l'abus de droit », *FR* 56/08, inf. 11, p. 23.

1338 CE, 9ème et 10ème s.-s, 23 mai 2014, n° 374056, *Sté Financière des Pins*, *préc.*

question prioritaire de constitutionnalité, c'est au juge suprême compétent de dire si l'ambiguïté ou l'incertitude d'une définition est telle, que le Conseil constitutionnel doit s'interroger sur sa conformité au principe de légalité des délits et des peines.

**516. L'absence d'ambigüité affirmée : la décision *Société Financière des Pins*.** – Dans la décision *Société Financière des Pins* de 2014[1339], dans laquelle le Conseil d'État filtre une question prioritaire de constitutionnalité soulevée à l'encontre de l'article 1729, b du CGI, le juge estime que l'article L. 64 du LPF (dans sa rédaction antérieure à la réforme de 2008) et l'article 1729, b du CGI (en tant qu'il institue une majoration en cas d'abus de droit), ne présentent aucune ambigüité en ce qui concerne la définition des infractions qu'ils sanctionnent. Le requérant soulève le moyen selon lequel les dispositions de l'article 1729, b du CGI méconnaissent l'article 8 de la DDHC en ce qu'elles ne précisent pas suffisamment les cas d'abus de droit qu'elles sanctionnent. La critique porte essentiellement sur la branche de la fraude à la loi. Après avoir indiqué que les dispositions de l'article 1729, b du CGI instituent une majoration devant s'analyser comme une sanction, ce qui rend l'article 8 de la DDHC applicable, le Conseil d'État analyse la définition de l'abus attachée à l'article L. 64 du LPF. Évidemment, la conformité de l'article 1729, b du CGI à l'article 8 de la DDHC dépend de l'interprétation jurisprudentielle attachée à l'article L. 64 du LPF. Il est vrai que le décalage entre la lettre de l'ancienne version de la procédure de l'abus de droit et l'interprétation donnée par le juge est marquant. Ce décalage trouve sa source dans la décision de plénière fiscale de 1981, dans laquelle le juge a étendu le champ d'application de la procédure d'abus de droit aux opérations présentant un « but exclusivement fiscal » sans pour autant être fictives[1340]. Par ailleurs, le Conseil d'État estime que l'interprétation attachée à l'article L. 64 du LPF n'est pas de nature à poser un problème de conformité sur le terrain de l'article 8 de la DDHC. Il justifie sa solution au regard de la constance de cette interprétation jurisprudentielle.

**517. Le principe de non-rétroactivité en matière répressive et l'article 1729, b du CGI.** – En matière répressive, le Conseil constitutionnel reconnaît le principe de non-rétroactivité des peines et des sanctions[1341]. Ainsi, une loi, dont les dispositions répriment un comportement, ne peut pas être appliquée à des situations juridiques antérieures à l'entrée en vigueur de cette loi, sauf à ce que ladite loi soit plus

---

1339 *Ibid.*
1340 CE, Plén., 10 juin 1981, n° 19079, *préc.*
1341 Cons. const., 7 février 2002, déc. n° 2002-458 DC, *Loi organique portant validation de l'impôt foncier sur les propriétés bâties en Polynésie française* : Rec. p. 80.

douce[1342]. Le Conseil d'État, dans une question prioritaire de constitutionnalité posée en 2019[1343], a été amené à s'interroger sur le fait de savoir si les dispositions issues de la réforme de 2008 méconnaissent ce principe. Ces dispositions sont applicables depuis le 1er janvier 2009. Les propositions de rectification pouvaient porter sur des situations antérieures à l'entrée en vigueur de la loi. Toutefois, le Conseil d'État reconnaît depuis plusieurs années que la réforme de 2008, au sujet de la pénalité du b de l'article 1729, s'analyse comme une loi répressive plus douce, au regard de la modulation des sanctions (80 % ou 40 %) qui n'existait pas auparavant[1344]. Qui plus est, l'argument qui consiste à dire que la réforme de 2008 a étendu la procédure aux cas de fraude à la loi n'est pas retenu, dans la mesure où ils sont aussi visés dans la version antérieure de l'article L. 64 du LPF à la réforme, du fait de la décision *Persicot* de 2007[1345].

**518. Analyse de la jurisprudence.** – D'aucuns s'étonnent que les contribuables puissent douter de la conformité à la Constitution des articles L. 64 du LPF et 1729, b du CGI et puissent oser contester l'interprétation du Conseil d'État en la matière[1346]. Il n'en demeure pas moins que les questions prioritaires de constitutionnalité soulevées ont le mérite d'illustrer, voire de verbaliser, les difficultés que rencontrent les contribuables dans l'appréhension de l'article L. 64 du LPF. La procédure d'abus de droit renferme des incertitudes pesantes et complexes qui gagneraient à être effacées. Par exemple, des difficultés ont trait à l'identification des objectifs d'un texte (n° 121 et s.), ou à la portée qu'il convient d'attribuer au critère du « montage artificiel » (n° 718 et s.). Toutefois, selon le Conseil d'État, il n'est pas nécessaire que le Conseil constitutionnel s'interroge sur le fait de savoir si ces incertitudes sont de

---

1342 Il s'agit de la rétroactivité *in mitius*.

1343 CE, 10ème et 9ème ch., n° 423020, 8 février 2019, *M. et Mme. H.* : *Dr. fisc.* 2019, n° 42, comm. 410, concl. Anne ILJIC.

1344 CE, 8ème et 3ème s.-s., 27 juillet 2009, n° 295358, *Caisse interfédérale de Crédit Mutuel*, *préc.*

1345 CE, 9ème et 10ème s.-s., 28 février 2007, n° 284565, *Persicot*, *préc.*

1346 V. Olivier FOUQUET, « La définition jurisprudentielle de l'abus de droit n'est pas inconstitutionnelle », *Dr. fisc.* 2014, n° 43-44, comm. 596 : « *Il fallait sans doute une certaine audace de la part d'un contribuable pour demander au Conseil d'État de transmettre au Conseil constitutionnel une question prioritaire de constitutionnalité relative à l'interprétation que la Haute juridiction a donnée de l'abus de droit tel qu'il était écrit par l'article L. 64 du LPF dans sa rédaction antérieure à la loi de finances rectificative pour 2008 du 30 décembre 2008* ». Olivier FOUQUET laisse-t-il penser que la jurisprudence du Conseil d'État en matière d'abus de droit est toujours d'une clarté absolue ? Rappelons tout de même que ce même auteur s'interroge régulièrement sur la cohérence des décisions rendues par le Conseil d'État au sujet de l'abus de droit. V. Olivier FOUQUET, « La définition de l'abus de droit en question ? », *op. cit.*
Au demeurant, le contribuable ne mérite pas tellement un soutien particulier, étant donné qu'il s'était rendu coupable d'un montage dit « coquillard ».

nature à rendre la définition de l'abus de droit tellement ambigüe, qu'elle mériterait d'être abrogée ou réinterprétée. Dans une certaine mesure, le postulat du Conseil d'État selon lequel il n'existe point de problème sur le terrain de l'article 8 de la DDHC, affirmé à plusieurs reprises[1347], s'assimile à la volonté du juge administratif suprême d'éviter que le Conseil constitutionnel puisse être amené à modifier l'interprétation attachée à l'article L. 64 du LPF[1348]. Laisser l'opportunité au Conseil constitutionnel de s'exprimer à ce sujet risquerait de bousculer une jurisprudence que le Conseil d'État construit, façonne et tente de stabiliser au fil des affaires à traiter[1349].

**519.** En parallèle, le Conseil d'État refuse de transmettre au Conseil constitutionnel la question de savoir s'il existe un principe d'interprétation « stricte » en matière répressive.

***ii. L'absence de difficulté quant à un éventuel principe d'interprétation « stricte » de la loi en matière répressive***

**520. L'interprétation « stricte » de la loi en matière répressive et l'article 1729, b du CGI. –** Dans ses conclusions (contraires) sur la décision *Société Financière des pins*[1350], Claire LEGRAS pose la question de savoir si, par l'interprétation retenue depuis la décision de 1981[1351], le juge s'écarte excessivement de la lettre de la loi. Dans le cas où l'interprétation jurisprudentielle est trop éloignée de la lettre du texte, le rapporteur public estime que la conformité des articles L. 64 du LPF et 1729, b du CGI pourrait être discutée au regard d'un éventuel principe d'interprétation « stricte » en matière répressive. Ce dernier serait éventuellement garanti par l'article 8 de la DDHC. En pratique, la validité du raisonnement repose sur la consécration, ou non, de ce principe sur le plan constitutionnel. Le caractère nouveau d'une question peut dépendre du fait qu'il convient de

---

[1347] V. notamment : CE, 9ème et 10ème s.-s., 23 juin 2014, n° 360708, *Sté Groupement charbonnier montdidérien*, *préc.* ; CE, 10ème et 9ème ch., 22 septembre 2017, n° 412408, *Époux G.* : *Dr. fisc.* 2018, n° 29, comm. 347, concl. Aurélie BRETONNEAU.

[1348] V. dans le même sens, Christophe DE LA MARDIERE, « Abus de droit. - Textes, historique et notion », *op. cit.*, § 95 : « *Sans doute l'abus de droit fait-il partie de la chasse gardée du Palais-Royal, dont le périmètre ne s'étend pas à la rue de Montpensier, pourtant toute proche, où siège le Conseil constitutionnel* ».

[1349] Quant à Christophe DE LA MARDIERE, il y voit plus de la « *mauvaise volonté* » de la part du Conseil d'État. *Ibid.*

[1350] Claire LEGRAS, concl. sur CE, 9ème et 10ème s.-s., 23 mai 2014, n° 374056, *Sté financière des pins*, *préc.*

[1351] CE, Plén., 10 juin 1981, n° 19079, *préc.*

prendre parti sur la consécration d'un principe sur le plan constitutionnel. En ce sens, la transmission de la question prioritaire de constitutionnalité au Conseil constitutionnel pourrait se justifier.

**521. Les contours de l'interprétation stricte.** – En matière pénale, l'exigence d'interprétation « stricte » de la loi trouve son assise dans la loi (C. pénal, art. 111-4)[1352]. Ce principe, qui ne renvoie ni à la méthode d'interprétation « *littérale* »[1353], ni à la méthode d'interprétation « *analogique* »[1354], obligerait le juge, pour sanctionner le comportement d'un individu poursuivi, à employer une méthode d'interprétation dite « *téléologique* »[1355]. Si le Conseil constitutionnel n'a sans doute pas trouvé

---

[1352] Wilfrid JEANDIDIER, « Principe de légalité criminelle. - Interprétation de la loi pénale », in *JCl. Pénal Code*, fasc. 20.

[1353] *Ibid.*, § 8 : « *Comme son nom l'indique, la méthode littérale – appelée aussi restrictive – privilégie la lettre de la loi. Il faut ici faire très attention à la terminologie et éviter des confusions. L'interprétation littérale n'a rien à voir avec l'interprétation stricte […]. Dans la méthode littérale, le juge recourt à toutes les ressources de la logique abstraite (raisonnement par syllogisme, a contrario, a fortiori). Il peut aussi utiliser les travaux préparatoires et examiner les précédents. Mais, et voilà l'essentiel, s'il y a contradiction entre ce qu'a voulu le législateur et ce qu'il a exprimé, c'est le texte de la loi qui l'emporte nécessairement. Et si le texte reste désespérément obscur, le juge doit toujours choisir la solution la plus favorable à la personne poursuivie, ce qu'énonce le vieil adage in dubio pro reo (le doute profite à l'accusé)* ». Cette vision est traditionnellement rejetée en matière pénale, v. § 15 et s. Pour la jurisprudence pertinente, v. Cass. crim., 17 mars 1854 : *D.* 1854, 1, p. 165 ; Cass. crim., 8 mars 1930 : *DP* 1930, 1, p. 101 ; Cass. crim. 10 décembre 1985, n° 85-90.814 : *Bull. crim* 1985, n° 396.

[1354] *Ibid*, § 11 : « *La technique de l'analogie évoque l'idée de glissement. Si une loi est imparfaite, au sens où elle ne prévoit pas de répression dans une hypothèse où il paraîtrait souhaitable qu'il y en ait, il est tentant de raisonner par une sorte d'assimilation. L'omission du législateur doit être palliée par une extension de ce qu'il a prévu à ce qu'il a omis ; ce qui n'est même plus vraiment de l'interprétation* ». Cette vision est rejetée en matière pénale, v. § 15 et s. Pour la jurisprudence pertinente, v. not. Cass. crim., 5 novembre 1847 : *DP* 1847, I, p. 510 ; Cass. crim. 23 décembre 1968, n° 68-92.026 : *Bull. crim.* 1968, n° 353 ; Cass. crim., 3 février 1972, n° 71-92.033 : *Bull. crim.* 1972, n° 45 ; Cass. crim., 24 novembre 1983, n° 82-90.672 : *Bull. crim.* 1983, n° 315 ; Cass., Ass. plén., 13 février 2009, n° 01-85.826 : *Bull. crim.* 2009, Ass. plén., n° 1.

[1355] *Ibid*, § 13 : « *La démarche est ici radicalement différente car le raisonnement est axé sur la finalité du droit. Certes, la lettre de la loi ne saurait être ouvertement contrecarrée ou bafouée ; mais ce seul interdit une fois posé, le juge a pratiquement toute latitude pour essayer de découvrir ce qu'a vraiment voulu le législateur. La méthode téléologique – ou déclarative – présente une autre originalité par rapport à la méthode littérale : il s'agit de ses conséquences puisque la solution la plus favorable à l'individu poursuivi n'est pas forcément la plus vraisemblable, tant s'en faut. L'immense avantage de l'interprétation téléologique est d'éviter le vieillissement prématuré des textes, en les adaptant à l'évolution technologique notamment. Ainsi le juge doit même essayer d'imaginer la réaction des auteurs du texte s'ils avaient eu connaissance de toutes les données apparues depuis. Pour ce faire, tout est bon : travaux préparatoires, renseignements historiques, économiques, politiques, scientifiques, etc. L'inconvénient, on le devine aisément : de serviteur du texte, le juge se mue insensiblement en coauteur, corédacteur. Toute la question est de savoir s'arrêter à temps* ». Pour la jurisprudence pertinente, v.

nécessaire de l'ériger en tant que règle constitutionnelle[1356], ce principe pourrait être étendu à l'ensemble de la matière répressive sur le fondement de l'article 8 de la DDHC. Il pourrait donc s'appliquer en matière fiscale[1357]. Dans l'hypothèse où le juge fiscal devrait suivre une méthode d'interprétation « *téléologique* », pour respecter le principe d'interprétation « stricte », serait-il possible de reprocher au juge d'avoir ajouté, par exemple, la seconde branche de la fraude à la loi à la procédure d'abus de droit ? Dans la décision de 1981, difficile en réalité de savoir si le juge a simplement fait une interprétation « *téléologique* », en raisonnant en termes de « finalité du droit », c'est-à-dire en appréhendant un cas que le texte initial (vieillissant) ne visait pas, et donc en adaptant le texte aux évolutions sociétales ; ou bien, si le juge s'est autorisé à faire une interprétation « *analogique* » en ajoutant purement et simplement un cas omis par le législateur. Dans le premier cas, l'exigence d'interprétation « stricte » serait respectée, alors que dans le deuxième cas, l'exigence d'interprétation « stricte » ne serait pas respectée. La frontière entre ces deux techniques est délicate à tracer et, de toute évidence, la réponse à donner dépend de la sensibilité juridique de chacun.

**522. Analyse de la jurisprudence. –** Pour le Conseil d'État, il aurait été risqué de transmettre une telle question. En effet, la construction jurisprudentielle entourant la procédure d'abus de droit aurait pu être tout bonnement invalidée. Le Conseil d'État souhaite donc vraisemblablement éviter que l'interprétation qu'il s'efforce de donner aux dispositions de l'article L. 64 du LPF soit revue ou aménagée par le Conseil constitutionnel. Cela expliquerait qu'il refuse de transmettre les questions ayant pour objet les dispositions de la procédure d'abus de droit et/ou celles de l'article 1729, b du CGI. À l'avenir, il est difficile d'imaginer le Conseil constitutionnel encadrer la mise en œuvre des articles L. 64 du LPF et 1729, b du CGI, tant que le Conseil d'État refusera de transmettre les questions qui soulèvent la non-conformité des dispositions qu'ils renferment aux droits et libertés garantis par la Constitution. Le Conseil constitutionnel pourra éventuellement contrôler les mesures anti-abus nouvellement édictées qui

---

not. Cass. crim., 8 février 1993, n° 91-86.622 : *Bull. crim.* 1993, n° 65 ; Cass. crim., 22 juin 2005, n° 04-85.340 : *Bull. crim.* 2005, n° 192.

[1356] Cons. const., 16 juillet 1996, déc. n° 96-377 DC, *Loi tendant à renforcer la répression du terrorisme et des atteintes aux personnes dépositaires de l'autorité publique ou chargées d'une mission de service public et comportant des dispositions relatives à la police judiciaire* : Rec. p. 87.

[1357] À tout le moins, le commissaire du gouvernement y fait référence dans ses conclusions sous la décision *Janfin* (*préc.*) en 2006, pour justifier la position selon laquelle la procédure d'abus de droit fiscal ne peut pas être appliquée en dehors de son champ d'application.

n'ont pas fait l'objet d'un contrôle *a priori* de constitutionnalité (CGI, art. 205 A ; LPF, art. L. 64 A).

**523.** Le contrôle de conventionnalité peut aussi être une solution pour rationaliser la mise en œuvre des mesures anti-abus. Ainsi, les contraintes attachées au contrôle de constitutionnalité peuvent être, en partie, effacées.

### *§ 2 – Le contrôle de conventionnalité des mesures anti-abus d'origine interne*

**524.** Dès 1975, le Conseil constitutionnel a décliné sa compétence pour traiter la question de la conformité des lois aux normes internationales[1358]. Dès lors, la Cour de cassation et le Conseil d'État ont admis, après quelques hésitations pour les juges du Palais-Royal, qu'il revenait au juge de droit commun de résoudre les conflits qui s'élevaient entre une disposition législative et une norme internationale, même postérieure[1359]. Il revient au juge de droit commun, en cas de contentieux, d'étudier les moyens soulevés estimant qu'un conflit existe entre une norme anti-abus d'origine interne (appliquée par l'Administration) et une norme internationale garantissant un droit ou une liberté fondamentale (invoquée par le contribuable). Le travail du juge consiste alors à analyser la compatibilité de la règle anti-abus avec la norme internationale. Pour ce faire, le juge interne est régulièrement amené à interpréter les normes internationales invoquées. Il se limitait un temps dans cet exercice d'interprétation. Depuis le début des années 1990, il s'estime libre d'interpréter des normes du droit international. Il a donc la capacité de mobiliser les normes internationales pour encadrer la mise en œuvre des mesures anti-abus. Par ailleurs, le juge interne doit composer avec la jurisprudence de la Cour de justice de l'Union européenne[1360], régulièrement amenée à interpréter les normes européennes de référence.

**525.** De sorte que, le juge de droit commun, à travers le contrôle de conventionnalité qu'il exerce, complète le contrôle de constitutionnalité des lois opéré par le Conseil constitutionnel. Prenant notamment en compte

---

[1358] Cons. const., 15 janvier 1975, déc. n° 74-54 DC, *Loi relative à l'interruption volontaire de grossesse* : *Rec.* p. 19.

[1359] La Cour de cassation a rapidement tenu compte de la prise de position du Conseil constitutionnel : Cass. Mixte, 24 mai 1975, n° 73-13.556, *Administration des douanes c/ Société des cafés Jacques Vabre* : *D.* 1975 p. 497. Quant au Conseil d'État, il lui a fallu plus de temps pour abandonner la jurisprudence *Syndicat général des fabricants de Semoule de France* (CE, Sect., 1er mars 1968, n° 62814, *Syndicat général des fabricants de Semoule de France* : *Rec.* p. 149) et pour franchir le pas lors de l'affaire *Nicolo* : CE, Ass., 20 octobre 1989, n° 108243, *Nicolo* : *Rec.* p. 190.

[1360] Pour les conditions du renvoi préjudiciel à la Cour de justice, v. CJCE, 6 octobre 1982, aff. 283/81, *Cilfit* : *Rec.* p. 3415.

l'interprétation des normes européennes faite par la Cour de justice, le juge de l'impôt ou le juge de l'excès de pouvoir cherche alors un équilibre entre la protection des droits fondamentaux des contribuables et la lutte contre les pratiques abusives (**A**). En parallèle, les conventions fiscales internationales, en tant que normes internationales du droit fiscal, priment sur les normes législatives et, donc, sur les mesures anti-abus inscrites dans la loi. En revanche, sans doute pour tenir compte de la particularité des conventions fiscales, le juge administratif de l'impôt a établi une méthode pour traiter un conflit entre une disposition du droit interne et les stipulations conventionnelles. Il s'agit de la subsidiarité des conventions fiscales par rapport au droit interne (**B**).

### *A. La compatibilité des mesures anti-abus d'origine interne aux normes internationales : généralités*

**526. La confrontation d'un dispositif anti-abus législatif à une norme internationale. –** La question de la confrontation d'une mesure anti-abus à une norme internationale du droit fiscal s'est déjà posée par le passé dans plusieurs affaires[1361]. Dans le cadre du contentieux de l'impôt, un contribuable peut soulever comme moyen le fait que les dispositions d'une mesure anti-abus législative entrent en contradiction avec une norme internationale qui garantit un droit ou une liberté[1362]. Le juge fiscal est compétent pour dire si une loi, et donc un dispositif anti-abus législatif, à l'image des articles 209 B, 155 A, 123 *bis*, 238 A ou l'ancien article 119 *ter*, 3 du CGI, est compatible à une norme internationale. Lorsque le juge de l'impôt reconnaît l'incompatibilité d'une disposition législative à une norme internationale, alors l'application de la loi inconventionnelle peut être écartée. Ainsi, à la différence de l'exception d'inconstitutionnalité de la loi soulevée dans une question prioritaire de constitutionnalité, l'exception d'inconventionnalité de la loi ne peut pas aboutir à son abrogation. Toutefois, même si les deux contrôles n'aboutissent pas aux mêmes

---

1361 V. not. CE, 8ème et 3ème s.-s., 18 mai 2005, n° 267087, *Sté Sagal, préc.* ; CE, 9ème et 10ème s.-s., 20 mars 2013, n° 346642, *Piazza, préc* ; CE, Plén., 4 juillet 2014, n° 357264 et n° 359924, *Bolloré SA, préc.* ; CJUE, 1ère ch., 8 mars 2017, aff. C-14/16, *Euro Park Service, préc.* ; CJUE, 6ème ch., 7 septembre 2017, aff. C-6/16, *Eqiom SAS, anciennement Holcim France, Enka SA, préc.*

1362 Dans une décision du 24 mai 1995, le Conseil d'État estime que : « *en l'absence de demande mettant en cause la légalité d'une décision administrative, il n'appartient pas au juge administratif de déclarer inapplicables des dispositions législatives au motif qu'elles ne seraient pas compatibles avec des engagements internationaux de la France* ». V. CE, 10ème s.-s., 24 mai 1995, n° 131990, *Brunet*, publié au *Rec.* Pour le cas particulier des conventions fiscales, v. CE, Ass., 28 juin 2002, n° 232276, *min. c/ Schneider Electric, préc.* (n° 542 et s.).

conséquences, le contrôle de conventionnalité de la loi complète le contrôle de constitutionnalité de la loi. Cela tient essentiellement au fait que le juge de l'impôt est en mesure d'interpréter les normes internationales de référence. Or, les droits et libertés garantis par les normes internationales sont substantiellement équivalentes aux droits et libertés garantis par la Constitution. Le juge de l'impôt n'hésite pas à donner un plein effet aux premières. La Cour de justice n'y est d'ailleurs pas pour rien. Ainsi, les difficultés liées à la saisine du Conseil constitutionnel pour contrôler la conformité des mesures anti-abus législatives à la Constitution peuvent être relativisées, étant donné que le contrôle de conventionnalité peut prendre le relai.

**527.** L'expérience montre que le juge de l'impôt n'est pas réticent à l'idée d'opérer un contrôle de conventionnalité des mesures anti-abus d'origine purement interne (**1**). Dans une perspective de conciliation, il favorise le recours à la technique de l'interprétation conforme des dispositions de la mesure anti-abus dont la compatibilité à une norme internationale est douteuse. Ce faisant, il évite d'écarter systématiquement l'application de la norme anti-abus législative litigieuse (**2**).

### *1. Le contrôle de conventionnalité des mesures anti-abus législatives : un substitut au contrôle de constitutionnalité*

**528.** Le juge fiscal est à même de concilier les deux exigences que sont la lutte contre les pratiques abusives et la protection des droits et libertés des contribuables. Pour ce faire, il suffit qu'il soit saisi, dans le cadre d'un litige, d'un recours par voie d'exception contre une mesure anti-abus législative, dont le reproche serait de ne pas être compatible à une norme de référence internationale qui garantit un droit ou une liberté. Le juge peut, en principe, interpréter les normes internationales et trouver l'équilibre qu'il estime raisonnable (**a**). Toutefois, en cas de doute sur l'interprétation à retenir d'une norme de référence européenne dans le cadre d'un litige, la Cour de justice doit être saisie d'une question préjudicielle en interprétation. L'interprétation qu'elle retient s'impose au juge interne. La jurisprudence de la Cour de justice attache une importance particulière à la protection des grandes libertés européennes. Elle a sans doute insufflé au juge interne l'idée de déployer toute la potentialité des normes internationales, et particulièrement les normes européennes, afin d'encadrer la mise en œuvre des mesures anti-abus applicables en droit fiscal international (**b**).

#### *a. Les prérogatives du juge interne*

**529. Les prérogatives du juge de l'impôt : l'interprétation de la loi et des normes internationales. –** Le juge interne n'est pas réticent à l'idée d'opérer un contrôle de conventionnalité des mesures anti-abus législatives. À vrai dire, il dispose d'une marge d'appréciation étendue dans le cadre du contrôle de conventionnalité des lois, tant pour interpréter la loi, que pour interpréter les normes internationales. Il a la capacité de déterminer les exigences qui s'imposent au dispositif anti-abus législatif faisant l'objet du contrôle sur le fondement d'une norme internationale invoquée et applicable au litige. Depuis la décision *Gisti* rendue en 1990 par le Conseil d'État[1363], le juge, en cas de difficulté d'interprétation des dispositions internationales[1364], ne renvoie plus la question au ministre des Affaires étrangères[1365]. Le juge est alors à même d'interpréter, c'est-à-dire de donner un sens, aux dispositions internationales. Ainsi, il peut contraindre la mise en œuvre d'une norme interne, telle qu'une mesure anti-abus, en se fondant sur une norme internationale.

**530. La liberté du juge. –** D'aucuns, sans doute attachés à la vision selon laquelle l'interprétation est un « acte de connaissance »[1366], laissent entendre que le juge fiscal suit des « principes » issus de la coutume du droit international public[1367] (ou des commentaires de la convention modèle de

---

1363 CE, Ass., 29 juin 1990, n° 78519, *Gisti, préc.* La Cour de cassation a suivi peu de temps après la solution des juges du Palais-Royal. V. en ce sens : Cass. soc., 29 avril 1993, *Caisse autonome mutuelle de retraite des agents de chemins de fer c/ Djaidir et a.* : *Gaz. Pal.* 1994, 1 p. 179 ; Cass., 1ère civ., 19 décembre 1995, n° 93-20.424, *Banque africaine de Développement* : *Gaz. Pal.* 1996, 2, p. 686 ; Cass. crim., 11 février 2004, n° 02-84.472 : *RJF* 2/05, n° 179.

1364 Le juge avait recours à la théorie de « l'acte clair » selon laquelle il n'appliquait que les clauses conventionnelles dont le sens était « clair et certain ». Pour un arrêt fondateur, v. CE, Ass., 19 juin 1964, *Sté des pétroles Shell-Berre* : *Rec.* p. 344.

1365 Le juge fiscal, tout comme le juge administratif, était contraint de suivre l'interprétation donnée par le ministre des Affaires étrangères, même si les questions préjudicielles en ce sens n'étaient pas fréquentes en pratique : CE, 9ème et 7ème s.-s., 27 juillet 1984, n° 16649 : *Dr. fisc.* 1984, n° 39, comm. 1570, concl. Pierre François RACINE. La France, du fait de l'emploi de cette pratique, a été condamnée par la CEDH dans l'arrêt *Beaumartin c/ France.* V. CEDH, 24 novembre 1994, *Beaumartin c/ France : AJDA* 1995, p. 137.

1366 V. Marie GAUTIER, Fabrice MELLERAY, Sébastien PLATON, « Application des normes internationales », *op. cit.*, § 33.

1367 Comme l'indique l'avis de la Section des finances du Conseil d'État du 31 mars 2009, n° 382545 : « *Les principes coutumiers du droit international, repris aux articles 31 et 32 de la convention de Vienne de 1969 sur le droit des traités, prévoient, d'une part, qu'un traité doit être interprété de bonne foi suivant le sens ordinaire à attribuer aux termes du traité dans leur contexte et à la lumière de son objet et de son but, et d'autre part, qu'il peut être fait appel à des moyens complémentaires d'interprétation* ». Les juges du Conseil d'État prennent effectivement en compte ces « principes » d'interprétation, v. not. : CE, 8ème et 9ème s.-s., 13 octobre 1999, n° 190083, *Banque française de l'Orient* : *RJF* 12/99, n° 1587, p. 938, concl. Jacques ARRIGHI DE CASANOVA ; CE, Sect., 30 décembre 2003, n° 233894, *SA Andritz, préc.* ; CE, 3ème et 8ème s.-s., 29 juin 2011, n° 320263, *min. c/ Chauvin* : *Dr. fisc.* 2011, n° 39, comm. 532, concl. Emmanuelle CORTOT-BOUCHER.

l'OCDE[1368]) pour interpréter les dispositions internationales (ou les conventions fiscales bilatérales). Mais, en pratique, le juge de l'impôt reste libre d'interpréter comme il l'entend les dispositions internationales[1369]. Bien que le Conseil d'État prenne en considération les méthodes d'interprétation du droit international, ces dernières ne sauraient être assimilées à des contraintes juridiques. Le juge est en mesure de trouver un point d'équilibre entre la protection de l'ordonnancement juridique contre les pratiques abusives et la protection des droits et libertés des contribuables garantis par les normes internationales. En d'autres termes, sur le fondement de principes qui trouvent leur source dans les traités internationaux, le juge peut user de son pouvoir créateur pour contraindre la mise en œuvre d'une disposition législative interne.

---

[1368] Encore faut-il que les commentaires de la convention modèle de l'OCDE soient antérieurs à la conclusion de la convention fiscale. En ce sens, v. not. : CE, sect., 30 décembre 2003, n° 233894, *SA Andritz, préc.* ; CE, 10ème et 9ème s.-s., 11 avril 2014, n° 346687, *Banca di Roma Spa* : *Dr. fisc.* 2014, n° 23, comm. 365, concl. D. HEDARY ; CE, 9ème et 10ème s.-s., 28 mai 2014, n° 360890, *Sté Al Hayat Publishing Company Ltd* : *RJF* 8-9/14, n° 839 ; CE, 9ème et 10ème s.-s., 9 novembre 2015, n° 370964, *Sodirep Textiles SA-NV, préc.* V. toutefois, la nouvelle interprétation du Conseil d'État, qui tient compte de commentaires postérieurs : V. CE, 8ème et 3ème ch., 16 juillet 2020, n° 436570, *préc.* ; CE, Plén., 11 décembre 2020, n° 420174, *min. c/ Sté Conversant International Ltd, préc.*

[1369] Le propos s'inscrit donc dans le sillage de la théorie réaliste de l'interprétation selon laquelle l'opération d'interprétation s'analyse comme un « acte de volonté ». Ainsi, le juge fiscal peut user de son pouvoir créateur, pour garantir une mise en œuvre rationnelle des mesures anti-abus avec les normes internationales du droit fiscal.

Pour une présentation de l'opposition entre l'interprétation comme « acte de connaissance » et l'interprétation comme « acte de volonté », v. Michel TROPER, v. « Interprétation », in Denis ALLAND, Stéphane RIALS (dir.), *Dictionnaire de culture juridique*, *op. cit.* Pour l'interprétation « acte de connaissance : « *Selon une conception traditionnelle, l'interprétation est une fonction de la connaissance. [...] Cette conception repose sur quelques présupposés : l'interprétation porte sur des énoncés dotés d'une signification ; cette signification serait unique, en raison d'un rapport nécessaire entre les mots et leurs significations ; ainsi chaque énoncé aurait sa signification qu'il importerait seulement de formuler ; néanmoins, cette formulation ne serait pas une véritable interprétation ; c'est seulement lorsque la signification est cachée, en raison des caractères de certains énoncés vagues et ambigus qu'il faudrait interpréter ; l'interprétation n'est donc pas nécessaire lorsque l'énoncé est clair (in claris cessat interpretatio) et lorsqu'il ne l'est pas, l'interprétation consiste à faire apparaître cette signification cachée* ».

Pour l'interprétation « acte de volonté » : « *Selon la conception opposée, quelquefois appelée réaliste, l'interprétation est une fonction de la volonté. Tout énoncé est doté non pas d'une, mais de plusieurs significations entre lesquelles il s'agit de choisir. Ce choix ne correspond pas à une réalité objective, mais traduit seulement les préférences de celui qui l'exprime. C'est une décision* ».

**531.** Depuis quelques années, les juges préfèrent « *dialoguer* » entre eux, plutôt que de se faire la « *guerre* »[1370] (n° 577 et s.). Nul doute que la jurisprudence des juges du Luxembourg a poussé le juge interne à prendre davantage en considération la protection des droits et libertés des sujets de droit dans son contrôle de compatibilité des mesures anti-abus internes et, *in fine*, à trouver un équilibre semble-t-il convenable[1371].

#### *b. Les prérogatives de la Cour de justice de l'Union européenne*

**532. L'interprétation des dispositions du droit de l'Union européenne par la Cour de justice. –** Le juge national est assimilé au « *juge de droit commun du droit de l'Union [européenne]* »[1372]. En ce sens, d'après l'arrêt *Simmenthal* rendu par la Cour de justice des Communautés européennes en 1978[1373], le juge doit « *protéger les droits conférés aux particuliers par le droit communautaire* » (point 16). Toutefois, lorsqu'une disposition du droit de l'Union européenne est en cause dans un litige, une juridiction de droit interne a la faculté ou l'obligation, en fonction des circonstances, de saisir la Cour de justice de l'Union européenne d'une question préjudicielle (TFUE, art. 267)[1374]. La doctrine qualifie cette procédure de « *charnière juridictionnelle entre l'ordre juridique national et l'ordre juridique européen* »[1375]. Cette procédure participe à l'uniformisation de l'interprétation (et de l'application) du droit de l'Union européenne dans les différents États membres[1376]. Ainsi, la Cour de justice est compétente pour statuer, à titre

---

[1370] Cette expression fait référence aux conclusions de Bruno GENEVOIS sur la décision *Cohn-Bendit* : CE, Ass., 22 décembre 1978, n° 11604, *Cohn-Bendit* : *RJF* 3/79, n° 166.

[1371] Sur la question de la prise en compte de la jurisprudence européenne par le Conseil d'État, v. Philippe MARTIN, « La jurisprudence fiscale de la CJCE du point de vue du Conseil d'État », *Dr. fisc.* 2009, n° 12, 247.

[1372] Francesco MARTUCCI, *Droit de l'Union européenne*, *op. cit.*, p. 667, § 818. Cette expression est employée essentiellement par la doctrine.

[1373] CJCE, 9 mars 1978, aff. 106/77, *Simmenthal*, *Rec.* p. 629.

[1374] Selon l'article 267 du TFUE : « *Lorsqu'une telle question est soulevée devant une juridiction d'un des États membres, cette juridiction peut, si elle estime qu'une décision sur ce point est nécessaire pour rendre son jugement, demander à la Cour de statuer sur cette question. Lorsqu'une telle question est soulevée dans une affaire pendante devant une juridiction nationale dont les décisions ne sont pas susceptibles d'un recours juridictionnel de droit interne, cette juridiction est tenue de saisir la Cour* ».

[1375] Francesco MARTUCCI, *Droit de l'Union européenne*, *op. cit.*, p. 694, § 872.

[1376] *Ibid.* À ce titre, la Cour de justice a affirmé récemment que : « *la clef de voûte du système juridictionnel ainsi conçu est constituée par la procédure du renvoi préjudiciel prévue à l'article 267 TFUE qui, en instaurant un dialogue de juge à juge, précisément entre la Cour et les juridictions des États membres, a pour but d'assurer cette cohérence et cette unité d'interprétation du droit de l'Union, permettant ainsi d'assurer son plein effet et son autonomie ainsi que, en dernière instance, le caractère propre du droit institué par les traités* ». V. la

préjudiciel, sur l'interprétation des traités, ainsi que sur la validité et l'interprétation des actes pris par les institutions, organes ou organismes de l'Union. Pour apprécier la compatibilité des mesures anti-abus internes (applicables aux opérations internationales) au droit de l'Union européenne, la prise en compte par le juge de l'impôt des interprétations du TFUE et des directives européennes par la Cour de justice est essentielle. Si le juge interne applique une norme de référence européenne, et ne respecte pas l'interprétation donnée par la Cour de justice, alors un recours en manquement peut être envisagé (TFUE, art. 258, 259 et 260). Le caractère contraignant des interprétations données par le juge européen ne fait pas de doute[1377]. Le juge de l'impôt en a évidemment conscience et prend soin de respecter les arrêts de la Cour de justice.

**533. La prise en compte de l'interprétation de la Cour de justice de l'Union européenne : illustrations.** – Le juge interne, pour traiter la compatibilité d'une mesure anti-abus interne au droit de l'Union européenne, a plusieurs fois pris l'initiative de poser une question préjudicielle en interprétation d'une norme de référence européenne (une grande liberté garantie par le TFUE ou une disposition d'une directive européenne) à la Cour de justice. L'expérience démontre qu'il applique toujours cette norme en se conformant à l'interprétation donnée par la Cour[1378]. Par exemple, dans les affaires *Euro Park Service*[1379] et *Eqiom*[1380], le Conseil d'État avait sollicité la Cour de justice d'une question préjudicielle en interprétation du droit primaire et du droit dérivé de l'Union. Dans ces

---

jurisprudence pertinente citée par Francesco MARTUCCI : CJUE, Grande ch., 6 mars 2018, aff. C-284/16, *Achmea* : ECLI:EU:C:2018:158 ; CJUE, Grande ch., 24 juin 2019, aff. C-619/18, *Commission c/ Pologne* : ECLI:EU:C:2019:531; CJUE, Grande ch., 26 mars 2020, aff. C-558/18 et C-563/18, *Miasto Lowicz* : ECLI:EU:C:2020:234.

1377 Seulement, la doctrine discute parfois du point de savoir si les arrêts pris après une question préjudicielle en interprétation revêtent « *une autorité absolue de la chose jugée* » (Marie GAUTIER, Fabrice MELLERAY, « Applicabilité des normes internationales », in *JCl. Administratif*, fasc. 20, § 117) ou « *une autorité de chose interprétée* » (Francesco MARTUCCI, *Droit de l'Union européenne*, *op. cit.*, p. 718, § 931).

1378 Sur la question des liens entre la souveraineté fiscale et la jurisprudence de la CJUE, v. Philippe MARTIN, Hervé CASSAGNABERE, Alexandre MAITROT DE LA MOTTE, Jérôme TUROT, « La souveraineté fiscale à l'épreuve de la jurisprudence de la CJUE », *FI* 2019, n° 2, 2.2.

1379 Pour la jurisprudence européenne : CJUE, 1ère ch., 8 mars 2017, aff. C-14/16, *Euro Park Service*, *préc.* Pour la question préjudicielle : CE, 9ème et 10ème s.-s., 30 décembre 2015, n° 369311, *Sté Euro Park Service* : *Dr. fisc.* 2016, n° 13, comm. 258, concl. Frédéric ALADJIDI, note Allard DE WAAL.

1380 Pour la jurisprudence européenne : CJUE, 6ème ch., 7 septembre 2017, aff. C-6/16, *Eqiom SAS, anciennement Holcim France, Enka SA*, *préc.* Pour la question préjudicielle : CE, 9ème et 10ème s.-s., 30 décembre 2015, n° 374836, *Sté Holcim France SAS*, *préc.*

deux affaires, il s'est plié à l'interprétation du droit de l'Union européenne donnée par les juges du Luxembourg[1381]. Il a donc pu statuer sur la compatibilité des dispositifs anti-abus des anciens articles 210 B et 119 *ter*, 3 du CGI au droit de l'Union européenne. De plus, le juge de l'impôt n'hésite pas à se reporter à l'interprétation du droit de l'Union européenne donnée par la Cour de justice à l'occasion d'autres litiges. Par exemple, le juge suprême, pour juger de la compatibilité des anciennes versions des articles L. 64 du LPF, 209 B et 155 A du CGI, dans les décisions *Sagal*[1382], *Bolloré*[1383] et *Piazza*[1384], s'est conformé à l'interprétation de la liberté d'établissement donnée par la Cour de justice dans l'arrêt *Cadbury Schweppes*[1385]. Les juges du fond se réfèrent aussi à l'interprétation du juge européen. Par exemple, dans l'affaire *Rifaut*[1386], la Cour administrative d'appel de Nancy a fondé son raisonnement sur les arrêts *Imperial Chemical Industries*[1387], *De Lasteyrie du Saillant*[1388], *Marks and Spencer*[1389] et *Cadbury Shweppes*[1390]. Elle a donc pu apprécier la compatibilité du dispositif de l'article 123 *bis* du CGI au droit de l'Union européenne. Plus récemment encore, pour apprécier la compatibilité de l'ancienne version de l'article 119 *ter*, 2 du CGI, les juges du Palais-Royal n'ont pas hésité à se conformer à l'interprétation de la directive « mères-filles » faite par la Cour de justice. En effet, dans la décision *Eqiom*[1391] de 2020, le Conseil d'État a repris la solution de l'arrêt *T Danmark* et *Y Denmark Aps*[1392] afin d'apprécier la compatibilité de la condition de « bénéficiaire effectif » au droit de l'Union européenne.

**534. L'appréciation de la compatibilité des normes anti-abus internes au droit de l'Union européenne. –** Formellement, dans le cadre

---

1381 V. CE, 9ème et 10ème ch., 26 juin 2017, n° 369311, *Sté Euro Park Service* : *Dr. fisc.* 2017, n° 43-44, comm. 526 ; CE, 9ème ch., 7 février 2018, n° 393279.
1382 CE, 8ème et 3ème s.-s., 18 mai 2005, n° 267087, *Sté Sagal, préc.*
1383 CE, Plén., 4 juillet 2014, n° 357264 et n° 359924, *Bolloré SA, préc.*
1384 CE, 9ème et 10ème s.-s., 20 mars 2013, n° 346642, *Piazza, préc.*
1385 CJCE, Grande ch., 12 septembre 2006, aff. C-196/04, *Cadbury Schweppes plc et Cadbury Schweppes Ltd, préc.*
1386 CAA Nancy, 1ère ch., 22 août 2008, n° 07NA783, *Rifaut* : *RJF* 2/09, n° 122.
1387 CJCE, 16 juillet 1998, aff. C-264/96, *Imperial Chemical Industries plc (ICI), préc.*
1388 CJCE, 5ème ch., 11 mars 2004, aff. C-9/02, *De Lasteyrie du Saillant* : *Rec.* p. I-2409. Au sujet de cet arrêt et des conséquences relatives au régime dit de l' « Exit Tax », v. Laurent OLLEON, « Exit l'exit tax », *RJF* 5/04, chron. p. 347.
1389 CJCE, Grande. ch., 13 décembre 2005, *Marks and Spencer plc* : *RJF* 2/06, n° 227 : obs. Melchior WATHELET *FR* 59/05, inf. 11 p. 27, concl. Luis-Miguel POIARES P. MADURO, *BDCF* 2/06, n° 13.
1390 CJCE, Grande ch., 12 septembre 2006, aff. C-196/04, *Cadbury Schweppes plc et Cadbury Schweppes Ltd, préc.*
1391 CE, 9ème et 10ème ch., 5 juin 2020, n° 423809, *Sté Eqiom, préc.*
1392 CJUE, Grande ch., 26 février 2019, aff. C-116/16 et C-117/16, *Skatteministeriet c/ T Danmark et Y Denmark Aps, préc.*

d'une question préjudicielle en interprétation des traités ou des actes pris par les institutions, organes ou organismes de l'Union (TFUE, art. 267), la Cour de justice n'apprécie pas la compatibilité d'une disposition législative interne qui n'entre pas dans le champ d'application du droit de l'Union[1393]. Par exemple, ce n'est pas à la Cour de justice d'apprécier, dans le cadre d'une question préjudicielle en interprétation, la compatibilité des dispositions de l'article L. 64 du LPF au droit de l'Union européenne. Elle peut seulement interpréter les normes de référence européennes invoquées[1394]. Il revient au juge interne d'apprécier la compatibilité de la mesure anti-abus. Classiquement, il est dit que la Cour de justice se contente d'interpréter *in abstracto* le droit de l'Union européenne[1395]. Quant au juge interne, il apprécie *in concreto* la compatibilité des dispositions internes aux normes européennes qui ont été interprétées par la Cour de justice[1396]. Toutefois, la doctrine explique, qu'indirectement, ou par une « *voie détournée* », la Cour de justice de l'Union européenne opère un contrôle du droit national[1397]. En effet, le juge européen, en employant la formule selon laquelle la disposition européenne « *doit être interprétée en ce sens qu'il s'oppose à une législation fiscale nationale, telle que celle en cause au principal* »[1398], semble bien opérer, en pratique, un contrôle de compatibilité du droit fiscal national au droit de l'Union européenne. Le juge interne ne peut alors que constater la non-compatibilité de la mesure interne au droit de l'Union européenne. À ce sujet, dans l'arrêt *Eqiom* rendu par la Cour de justice[1399], le dispositif anti-abus de l'ancien article 119 *ter*, 3 du CGI a fait l'objet d'un tel contrôle indirect de compatibilité. Ainsi, le Conseil d'État, en se pliant à l'interprétation de la Cour de justice, n'a pu que constater la non-compatibilité de ce dispositif anti-abus[1400]. En parallèle, le juge de l'impôt doit aussi se conformer à l'interprétation que la Cour de justice donne des

---

[1393] V. la prise de position de la Cour de justice, dès 1964, dans l'arrêt *Costa c/ Enel* (*préc.*) : « *Dans le cadre de la procédure préjudicielle, la Cour ne peut ni appliquer le traité à une espèce déterminée, ni statuer sur la validité des mesures de droit interne au regard de celui-ci, comme il lui serait possible de le faire dans le cadre de l'article 169 [TFUE, art. 258]* ». Pour que la Cour soit compétente pour apprécier la validité d'un dispositif d'un État membre au droit de l'UE, il faudrait qu'un recours en manquement soit exercé (TFUE, art. 258 à 260).
[1394] Dans l'arrêt *Costa c/ Enel* (*préc.*), la Cour de justice estime toutefois que « *la Cour peut toutefois dégager du libellé imparfaitement formulé par la juridiction nationale les seules questions relevant de l'interprétation du traité* ».
[1395] Francesco MARTUCCI, *Droit de l'Union européenne*, *op. cit.*, p. 712, § 909.
[1396] *Ibid.*
[1397] *Ibid.*, p. 711, § 906.
[1398] CJUE, 6ème ch., 7 septembre 2017, aff. C-6/16, *Eqiom SAS, anciennement Holcim France, Enka SA*, *préc.*
[1399] *Ibid.*
[1400] CE, 9ème ch., 7 février 2018, n° 393279.

mesures anti-abus internes qui reprennent les dispositions des directives européennes.

**535. L'interprétation des mesures anti-abus internes reprenant les dispositions des directives européennes.** – Le juge européen, depuis l'arrêt *Leur-Bloem*[1401] s'estime compétent pour interpréter les dispositions du droit interne qui reprennent en substance les dispositions du droit de l'Union européenne. Cette prise de position se justifie par la volonté d'assurer une interprétation uniforme[1402]. Ainsi, à l'avenir, la Cour de justice de l'Union européenne pourrait être saisie, dans le cadre d'une question préjudicielle, pour interpréter à la lumière du droit de l'Union européenne les dispositions de l'ancien article 145, 6, k du CGI. Ce dispositif anti-abus a été intégré en droit interne pour lutter contre les opérations qui se placent artificiellement dans le champ d'application de la directive « mères-filles »[1403]. Le législateur a trouvé utile de les rendre applicables aux opérations internes et internationales (non-européennes), qui ne sont pas régies par la directive (n° 553 et s.). Ce dispositif anti-abus, également applicable pour des situations qui n'entrent pas dans le champ du droit de l'Union européenne, peut être interprété à la lumière du droit de l'Union européenne puisqu'il reprend en substance les dispositions de la directive « mères-filles » de 2015.

**536. Le cas particulier des dispositions de l'article L. 64 A du LPF.** – S'agissant des dispositions de l'article L. 64 A du LPF, quelques incertitudes subsistent sur le fait de savoir si la Cour de justice de l'Union européenne est compétente pour les interpréter à la lumière du droit de l'Union européenne. Il ressort de l'arrêt *Kleinwort Benson*[1404], que « *la Cour de justice se déclare incompétente lorsque le droit national n'opère pas un renvoi direct et inconditionnel au droit de l'Union, mais se borne à prendre pour modèle un acte relevant du droit de l'Union et n'en reproduit que partiellement les termes* »[1405]. L'article L. 64 A du LPF opère-t-il un renvoi direct et inconditionnel au droit de l'Union

---

1401 CJCE, 17 juillet 1997, *Leur-Bloem*, aff. C-28/95 : *Dr. fisc.* 1997, n° 39, comm. 979.
1402 Il ressort, notamment, de l'arrêt *Leur-Bloem* (*préc.*), que : « *lorsqu'une législation nationale se conforme pour les solutions qu'elle apporte à des situations purement internes à celles retenues en droit communautaire afin, notamment, d'éviter l'apparition de discriminations à l'encontre des ressortissants nationaux ou d'éventuelles distorsions de concurrence, il existe un intérêt communautaire certain à ce que, pour éviter des divergences d'interprétation futures, les dispositions ou les notions reprises du droit communautaire reçoivent une interprétation uniforme, quelles que soient les conditions dans lesquelles elles sont appelées à s'appliquer* ».
1403 Directive (UE) 2015/121 du Conseil du 27 janvier 2015 modifiant la directive 2011/96/UE concernant le régime fiscal commun applicable aux sociétés mères et aux filiales d'États membres différents.
1404 CJCE, 28 mars 1995, *Kleinwort Benson*, aff. C-346/93 : *Rec.* p. I-615.
1405 Francesco MARTUCCI, *Droit de l'Union européenne*, *op. cit.*, p. 645, § 862.

européenne ? Dans l'amendement PEYROL, à l'origine de l'ajout de l'article L. 64 du LPF, il est dit que « *le dispositif qui est proposé ici [l'art. L. 64 A du LPF] peut ainsi être vu comme étendant à l'ensemble des impôts la clause anti-abus de l'article 48 [elle-même issue de la directive ATAD 1], et est donc complémentaire à cette dernière* »[1406]. La Cour de justice pourrait s'estimer compétente pour interpréter les dispositions de l'article L. 64 A du LPF, étant donné que l'amendement à l'origine de cette mesure anti-abus laisse clairement entendre que l'article L. 64 A du LPF est dans le sillage de l'article 205 A du CGI. Or, l'article 205 A du CGI transpose l'article 6 de la clause anti-abus générale de la directive « ATAD 1 ». Toutefois, la lettre du texte s'éloigne de la directive. Ce deuxième étage à la procédure d'abus de droit pourrait être assimilé à une mesure du droit national qui ne reprend que partiellement les termes de la clause anti-abus générale européenne.

**537. Analyse. –** Les cas dans lesquels la Cour de justice de l'Union européenne peut contraindre le juge interne dans le cadre de son contrôle de compatibilité des mesures anti-abus législatives au droit de l'Union européenne sont multiples. Le juge européen peut interpréter les normes de référence européennes, les normes anti-abus à la lumière du droit de l'Union européenne ou contrôler implicitement le droit interne au regard du droit de l'Union européenne. La rationalisation de la mise en œuvre des mesures anti-abus législatives par le droit de l'Union européenne est tout à fait envisageable. Le temps où le juge interne refusait de poser des questions préjudicielles en interprétation[1407], ou bien à se plier à l'interprétation du droit de l'Union européenne par le juge européen[1408], est aujourd'hui révolu. Au-delà des cas dans lesquels l'interprétation du juge européen s'impose au juge interne, le juge de l'impôt se place parfois dans le sillage de ses arrêts. C'est d'ailleurs le cas lorsqu'il fait référence au « montage artificiel » (n° 687 et s.). Il n'est pas inenvisageable, par souci de lisibilité du droit, que le juge de l'impôt décide d'uniformiser l'interprétation de la notion d'abus de droit avec celle de la Cour de justice, même dans les cas qui ne sont pas régis par le droit de l'Union européenne. Cette uniformisation peut ne pas convenir à ceux qui regrettent l'influence du droit de l'Union européenne, qu'ils jugent excessive, sur le droit interne. Néanmoins, elle aurait le mérite de faciliter la lisibilité du droit fiscal en matière de lutte contre l'abus de droit.

---

[1406] Amendement PEYROL, *préc.*

[1407] Pour le recours à la théorie de l'acte clair : CE, Ass., 19 juin 1964, n° 47007, *Sté des Pétroles Shell-Berre et a.*, *préc.* En matière fiscale, la France a été récemment condamnée pour ne pas avoir saisi la Cour de justice : CJUE, 5ème ch., 4 octobre 2018, aff. 416/17, *Commission c/ France* : *RJF* 12/18, n° 1299.

[1408] Pour un exemple classique : CE, Sect., 26 juillet 1985, n° 42204, *Office national interprofessionnel des céréales* : *Rec.* p. 233.

Par exemple, elle permettrait d'éviter des stratifications quant aux champs d'application des mesures anti-abus.

**538.** Le contrôle de conventionnalité, dans la mesure où il revient à opérer un contrôle au regard de normes de référence internationales équivalentes à celles du droit constitutionnel, permet de compléter le contrôle de constitutionnalité. En parallèle, lorsqu'une question relative à la compatibilité d'une mesure anti-abus législative à une norme internationale protectrice des droits et des libertés des contribuables se pose, le juge de l'impôt tente toujours, dans un premier temps, de prévenir le conflit, plutôt que d'écarter directement l'application de la loi. Ce faisant, il vient adapter la loi à l'exigence internationale, dans la perspective de protéger les contribuables.

### *2. Le contrôle de conventionnalité des mesures anti-abus législatives : la recherche d'une conciliation par l'interprétation neutralisante*

**539. La prévention du conflit : le recours à l'interprétation neutralisante par le juge interne. –** Lorsque l'articulation entre une mesure anti-abus législative et une disposition internationale garantissant les droits et libertés d'un contribuable est délicate, le juge interne fait face à une première difficulté : celle de concilier deux exigences apparemment contradictoires. Le juge peut tenter de « *minimiser voire de supprimer le conflit existant entre les normes qu'il doit appliquer* »[1409]. Pour ce faire, il lui est loisible de recourir à la technique de l'interprétation conforme ou neutralisante. Il s'efforce de trouver une interprétation lui permettant de prévenir la non-compatibilité de la loi à la norme internationale invoquée[1410]. Pour reprendre ce que dit la doctrine : « *le juge de l'impôt s'efforce de retenir l'interprétation qui évite de […] rendre [la disposition législative] incompatible avec les normes supérieures* »[1411]. L'étude de la jurisprudence enseigne que le juge fiscal recourt

---

[1409] Bertrand SEILLER, *Droit administratif, Les sources et le juge*, t. 1, 8ème éd., 2021, Flammarion, « Champs. Université », p. 77.

[1410] À titre de remarque, pour que le juge procède à l'interprétation neutralisante d'une loi de transposition d'une directive, plusieurs conditions doivent être remplies : 1) la loi interprétée est prise pour la transposition d'une directive, 2) les dispositions législatives sont sujettes à interprétation, 3) le législateur ne doit pas avoir entendu traiter différemment les opérations internes et les opérations transfrontalières. V. en ce sens : CE, 10ème et 9ème s.-s., 15 décembre 2014, n° 380942, *SA Technicolor*, *préc.*

[1411] Laurent OLLEON, « Mini-abus de droit : la Campagne des cent fleurs ? », *op. cit.*

à cette technique[1412], y compris en matière de dispositifs anti-abus. En effet, dans les décisions *Bolloré*[1413] et *Piazza*[1414], le Conseil d'État a proposé une interprétation neutralisante des dispositions des articles 209 B et 155 A du CGI. Quelques années auparavant, le juge suprême, dans la décision *Sagal*[1415], a interprété l'article L. 64 du LPF de telle manière à ce qu'il soit conforme au droit primaire de l'Union européenne. Les juges du fond aussi sont à même de recourir à la technique de l'interprétation neutralisante pour rendre compatibles les mesures anti-abus au droit international[1416].

**540. Analyse de la technique.** – Par le passé, le recours à cette technique pouvait être analysé comme le fait, pour le juge, de privilégier la norme interne au détriment de la norme internationale[1417]. En d'autres termes, « *sous couvert d'interprétation, le juge fai[t] prévaloir la norme interne* »[1418]. La méfiance vis-à-vis de l'interprétation neutralisante a pu notamment se manifester dans les commentaires de certaines décisions du Conseil d'État. En tant que filtre des questions prioritaires de constitutionnalité, le juge administratif suprême a proposé des interprétations constructives des articles L. 64 du LPF et 1729, b du CGI (n° 507 et s.). Toutefois, l'utilisation de cette technique ne doit pas forcément être décriée ou dénoncée. Dans les affaires *Bolloré*, *Piazza* et *Sagal*, le juge interne restreint la mise en œuvre des mesures anti-abus aux opérations abusives les plus évidentes. Ce faisant, il assure la protection des contribuables réalisant des opérations substantielles (n° 691). Puis, en pratique, cette technique a l'avantage d'éviter qu'une mesure anti-abus ne soit rendue inapplicable au litige. Ainsi, cela permet d'éviter que des contribuables ayant réalisé une opération dont le caractère abusif ne laisse guère place au doute, puissent être, au fond, déchargés du montant de l'impôt qu'ils doivent réellement. Enfin, à la différence des interprétations conformes de la procédure d'abus de droit à la DDHC données par le Conseil d'État, ce dernier s'inspire régulièrement de l'interprétation donnée par la Cour de justice de l'Union européenne (n°

---

1412 V. par exemple : CE, 9ème et 10ème s.-s., 17 juin 2011, n° 314667, *Sté Finaparco* et CE, 9ème et 10ème s.-s., 17 juin 2011, n° 324392, *SARL Méditerranée automobiles* : *Dr. fisc.* 2011, n° 37, comm. 502, concl. Pierre COLLIN, note Pierre-François RACINE ; CE, 9ème et 10ème s.-s., 5 novembre 2014, n° 356148, *min c/ Smet* : *Dr. fisc.* 2014, n° 51-52, comm. 705.

1413 CE, Plén., 4 juillet 2014, n° 357264 et n° 359924, *Bolloré SA*, *préc.*

1414 CE, 9ème et 10ème s.-s., 20 mars 2013, n° 346642, *Piazza*, *préc.*

1415 CE, 8ème et 3ème s.-s., 18 mai 2005, n° 267087, *Sté Sagal*, *préc.*

1416 CAA Lyon, 5ème ch., 1er décembre 2016, n° 14LY02357.

1417 Marie GAUTIER, Fabrice MELLERAY, Sébastien PLATON, « Application des normes internationales », *op. cit.*, § 54. V. par ex. la jurisprudence : CE, Sect., 9 juillet 1997, n° 151064, *Assoc. Ekin* : *RFDA* 1997, p. 1284, concl. Martin DENIS-LINTON.

1418 *Ibid.*

695 et s.). Il ne propose pas d'interprétation excessivement constructive qui lui permettrait d'éviter les exigences attachées aux grandes libertés européennes.

**541.** En revanche, lorsqu'il est question de contrôler la compatibilité des mesures anti-abus aux conventions fiscales internationales, le raisonnement du juge revête des spécificités sur lesquelles il convient de revenir. Le juge cherche essentiellement à satisfaire l'objectif et l'objet des conventions fiscales internationales. Ces dernières ont pour finalité de prévenir les situations de double imposition. Pour ce faire, les stipulations des conventions fiscales organisent la répartition du droit d'imposer entre l'État de résidence et l'État de la source.

### *B. Les rapports entre les mesures anti-abus d'origine interne et les conventions fiscales internationales : spécificités*

**542. Le rappel du principe de subsidiarité des conventions fiscales.** – Comme toute disposition fiscale législative, l'application d'une mesure anti-abus peut être remise en cause si elle méconnait une convention fiscale internationale. Toutefois, la question de la combinaison du droit interne avec le droit conventionnel est appréhendée d'une manière différente de la question de la compatibilité des dispositifs anti-abus avec les autres normes internationales du droit fiscal. Le Conseil d'État a adopté une « *prescription méthodologique* »[1419], dont la portée pratique est parfois discutée[1420], pour résoudre les conflits entre droit interne et droit conventionnel[1421]. Il est dit que le droit conventionnel est « subsidiaire » par rapport au droit interne, ou que le droit interne est « prioritaire » par rapport au droit conventionnel[1422]. Lorsque le juge résout une question de fiscalité

---

[1419] Bernard CASTAGNEDE, *Précis de fiscalité internationale*, *op. cit.*, p. 355, § 424.

[1420] À ce sujet, v. Maurice-Christian BERGERES, « Le principe de subsidiarité des conventions fiscales internationales », *Dr. fisc.* 2005, n° 36, 30 ; Pascal COUDIN, « Réflexions sur la portée du principe de subsidiarité des conventions fiscales internationale », in *Écrits de fiscalité des entreprises. Études à la mémoire du professeur Maurice Cozian*, 2009, LexisNexis, pp. 499-512.

[1421] La Cour de cassation ne partage pas l'interprétation du Conseil d'État et ne reconnaît pas le principe de subsidiarité des conventions fiscales. Elle considère que : « *en vertu de la hiérarchie des normes, il convient de se référer, d'abord, aux conventions internationales* ». V. Cass., Ass. Plén., 2 octobre 2015, n° 14-14.256, *Eshagh* : *Dr. fisc.* 2015, n° 46, comm. 679, note Christian LAROCHE.

[1422] Pour des études d'ensemble récentes, v. Marilyne SADOWSKY, « Le principe de subsidiarité des conventions fiscales internationales », *Dr. fisc.* 2018, n° 45, 436 ; Anapaula TRINDADE MARINHO, *La subsidiarité des conventions fiscales*, Thèse, 2015, Paris I.

internationale, il doit analyser la situation, dans un premier temps, au regard du droit interne français et, ensuite, au regard du droit conventionnel[1423].

**543. Les contours du principe.** – Le caractère prioritaire du droit interne a été reconnu dans les conclusions des commissaires du gouvernement, d'abord sur une décision plénière de 1975[1424] et, ensuite, sur la décision *Memmi* rendue par le Conseil d'État en 1993[1425]. La portée exacte du principe de subsidiarité des conventions fiscales a été explicitée et consacrée par le Conseil d'État dans la décision *Schneider Electric* de 2002[1426]. À cette occasion, le juge suprême a posé un principe, en deux temps, dont la formulation est la suivante : « *si une convention bilatérale conclue en vue d'éviter les doubles impositions peut, en vertu de l'article 55 de la Constitution, conduire à écarter, sur tel ou tel point, la loi fiscale nationale, elle ne peut pas, par elle-même, directement servir de base légale à une décision relative à l'imposition* ». Le juge poursuit en expliquant que : « *par suite, il incombe au juge de l'impôt, lorsqu'il est saisi d'une contestation relative à une telle convention, de se placer d'abord au regard de la loi fiscale nationale pour rechercher si, à ce titre, l'imposition contestée a été valablement établie et, dans l'affirmative, sur le fondement de quelle qualification ; qu'il lui appartient ensuite, le cas échéant, en rapprochant cette qualification des stipulations de la convention, de déterminer - en fonction des moyens invoqués devant lui ou même, s'agissant de déterminer le champ d'application de la loi, d'office - si cette convention fait ou non obstacle à l'application de la loi fiscale* ». Le Conseil d'État est formel : une imposition française ne peut pas être directement levée sur le fondement d'une convention fiscale internationale, mais uniquement sur le terrain de la loi fiscale[1427]. Le juge fiscal confronte alors la loi à la convention fiscale

---

1423 Bruno GOUTHIERE, *Les impôts dans les affaires internationales*, *op. cit.*, p. 301, § 10642.
1424 CE, Plén., 19 décembre 1975, n° 84774 et n° 91895, *Cie d'assurance A.* : *RJF* 2/76, n° 77, chron. Bruno MARTIN-LAPRADE.
1425 CE, 8ème et 9ème s.-s., 17 mars 1993, n° 85894, *Memmi* : *RJF* 5/93, n° 612.
1426 CE, Ass., 28 juin 2002, n° 232276, *min. c/ Schneider Electric*, *préc.*
1427 Cette affirmation peut être tempérée à plusieurs égards. D'abord, l'imposition peut être établie sur le fondement d'une convention lorsque la loi le prévoit elle-même. V. par exemple : le I de l'article 209 du CGI, selon lequel : « *les bénéfices passibles de l'impôt sur les sociétés sont déterminés, […] en tenant compte [notamment] des bénéfices dont l'imposition est attribuée à la France par une convention fiscale internationale relative aux doubles impositions* ». V. la jurisprudence pertinente à ce sujet, not. CE, Sect., 20 juin 2003, n° 224407, *min c/ Sté Interhome AG* : *RJF* 10/03, n° 1147. Toutefois, le Conseil d'État est revenu sur cette décision, v. CE, 3ème et 8ème s.-s., 31 juillet 2009, n° 296471, *Sté Overseas Thoroughbred Racing Stud Farms Limited* : *RJF* 11/09, n° 979 ; CE, 3ème et 8ème s.-s., 31 juillet 2009, n° 297933, *min. c/ Sté Swiss International Air Lines AG* : *RJF* 11/09, n° 980. Aussi, des stipulations conventionnelles peuvent avoir un effet direct en droit interne, ayant une incidence sur les modalités d'imposition. Des avantages fiscaux prévus par le droit interne peuvent être refusés sur le fondement de stipulations conventionnelles. V. la

uniquement dans le cas où l'imposition du revenu est légalement justifiée[1428]. Pour ce faire, le juge de l'impôt rapproche la qualification légale du revenu et les stipulations conventionnelles, afin de voir si la convention autorise, ou non, l'imposition du revenu en France. Comme l'indiquent les observations sur la décision *Schneider Electric* : « *le caractère subsidiaire n'est relatif qu'à l'ordre d'examen du droit applicable : imposition fondée en droit interne, convention faisant obstacle au droit interne. Pour autant, la norme conventionnelle l'emporte sur le droit interne, mais dans un rapport qui est d'inapplicabilité et non d'incompatibilité* »[1429].

**544. La justification du principe. –** Sans doute, cette méthodologie, qui guide l'application des conventions fiscales, s'explique par la prise en compte de l'objet des conventions fiscales, à savoir la répartition équilibrée du pouvoir d'imposer[1430]. Elle permet de donner un plein effet à cette répartition des revenus entre les États. Dans une certaine mesure, elle permet aussi de tenir compte du but des conventions fiscales, à savoir la prévention des doubles impositions[1431]. Il est vrai que, si la loi fiscale

---

jurisprudence pertinente à ce sujet, not. CE, 9ème et 10ème s.-s., 12 mars 2014, n° 362528, *Sté Céline* : *RJF* 6/14, n° 602.

[1428] Qui plus est, la supériorité d'une convention fiscale internationale sur la norme interne constitue un moyen d'ordre public. Le juge fiscal doit relever d'office ce moyen lorsque les parties ont renoncé à le soulever, alors qu'en principe le Conseil d'État refuse d'assimiler la violation du droit international comme un moyen d'ordre public. Pour le rapport droit interne et droit de l'UE, v. : CE, Sect., 11 janvier 1991, n° 90995, *SA Morgane* : *RJF* 2/91, n° 219, concl. Marie-Dominique HAGELSTEEN. Pour le rapport droit interne et droit de la CESDH : CE, 9ème et 8ème, 16 janvier 1995, n° 112746, *SARL « Constructions industrielles pour l'agriculture » (CIPA)* : *Dr. fisc.* 1995, n° 22, comm. 1187. Pour une affirmation solennelle du principe selon lequel la violation d'une norme internationale par la loi n'est pas un moyen d'ordre public, v. : CE, Ass., 6 décembre 2002, n° 239540, *Maciolak* : *RFDA* 2003, p. 694.

[1429] *RJF* 10/02, n° 1080. Il convient d'ajouter qu'une convention fiscale ne peut être invoquée à l'appui d'un recours pour excès de pouvoir. Un tel moyen est inopérant. En ce sens, v. CE, 8ème et 3ème s.-s., 12 juillet 2013, n° 359314, *Gibier* : *RJF* 11/13, n° 1028 ; CE, 8ème et 3ème s.-s., 12 juillet 2013, n° 359994, *Aube Martin* : *RJF* 11/13, n° 1028.

[1430] V. Vincent DAUMAS, « Subsidiarité des conventions fiscales internationales : un pragmatique retour à l'orthodoxie », *RJF* 11/09, chron. p. 819.

[1431] Pour reprendre l'analyse faite par Alexandre MAITROT DE LA MOTTE : « *les conventions fiscales internationales ne s'opposent à l'application du droit fiscal national (et ne s'appliquent donc elles-mêmes) que si celui-ci les contrarie à raison d'une double imposition, et elles le laissent s'appliquer dans le cas contraire (auquel cas elles restent elles-mêmes inappliquées). Cette logique méthodologique, compatible avec la plupart des conventions fiscales internationales actuellement en vigueur, résulte de ce que ces conventions ne créent pas des systèmes fiscaux qui se substituent aux droits nationaux, mais interdisent seulement et de manière marginale (c'est-à-dire dans la stricte limite des doubles impositions dont elles prévoient l'élimination) l'application de dispositions de droit interne* ». V. Alexandre MAITROT DE LA MOTTE, *Droit fiscal de l'Union européenne*, *op. cit.*, p. 191, § 126.

n'aboutit pas à l'imposition en France d'un contribuable (qui opère sur le terrain international), l'utilité de la convention fiscale devient discutable[1432]. En ce qui concerne l'application des mesures anti-abus internes, la mise en œuvre de cette méthodologie est susceptible de causer des difficultés pratiques redoutables (n° 654 et s.).

**545. Conclusion de la Section I. –** Les mesures anti-abus d'origine interne, inscrites dans la loi, doivent s'adapter aux normes constitutionnelles et internationales. Les contrôles opérés par les juges sont des outils utiles et complémentaires pour rationaliser la mise en œuvre des mesures anti-abus en droit fiscal international, pour garantir les droits et libertés des contribuables et la répartition équilibrée des bases taxables entre les États. Toutefois, l'exercice est plus complexe à réaliser lorsqu'il s'agit d'étudier l'articulation des dispositifs anti-abus d'origine internationale avec les normes constitutionnelles et internationales. En effet, le recours à la logique de la hiérarchie des normes s'avère inutile.

---

[1432] V. Marilyne SADOWSKY, « Le principe de subsidiarité des conventions fiscales internationales », *op. cit.*, § 34.

## Section II – Le contrôle portant sur les mesures anti-abus d'origine internationale

**546.** Les dispositifs anti-abus conventionnels (Clause « PPT », clause « LoB », clause de bénéficiaire effectif) et les dispositifs anti-abus européens transposés en droit interne (CGI, art. 205 A ; 119 *ter*, 3 ; anc. art. 145, 6, k), de la même manière que les dispositifs anti-abus qui trouvent leur source en droit interne, doivent s'adapter aux principes de valeur supra-législative. S'agissant des dispositifs anti-abus conventionnels, ils peuvent faire l'objet d'un contrôle de compatibilité à titre préventif à la Constitution par le Conseil constitutionnel (Constitution, art. 54). En pratique, le juge constitutionnel n'a jamais été saisi en ce sens et il revient alors au juge de l'impôt de concilier l'application des mesures anti-abus conventionnelles internationales avec les normes constitutionnelles. Quant aux mesures anti-abus européennes transposées en droit interne, en principe, elles peuvent faire l'objet d'un contrôle particulier devant le Conseil constitutionnel afin de tenir compte des exigences de l'article 88-1 de la Constitution. En pratique, au regard des caractères particuliers de ce contrôle, il est difficile d'imaginer le Conseil constitutionnel censurer les mesures anti-abus européennes. Ainsi, la rationalisation de la mise en œuvre des normes anti-abus conventionnelles et européennes par la mobilisation des normes constitutionnelles reste peu probable (§ **1**). En parallèle, lorsqu'une norme internationale entre en conflit avec une autre norme internationale, le juge s'efforce de les concilier. En effet, il serait délicat pour le juge de faire le choix d'appliquer une norme internationale au détriment d'une autre (§ **2**).

### *§ 1 – Le contrôle de constitutionnalité des mesures anti-abus d'origine internationale*

**547. La combinaison entre les normes internationales et les normes constitutionnelles. –** Les mesures anti-abus dites d'origine internationale ou externe, peuvent trouver leur source dans les stipulations des conventions fiscales internationales, d'une part (CML, art. 7 ; clause « LoB » de la convention franco-étasunienne), et, dans les dispositions des directives européennes transposées en droit interne, d'autre part (par exemple : CGI, art. 205 A ; 119 *ter*, 3 ; anc. art. 145, 6, k). L'enjeu est de savoir si ces mesures anti-abus peuvent être soumises à des contraintes qui trouvent leur source dans le bloc de constitutionnalité. Traiter ce sujet renvoie à la problématique générale des conflits entre, d'un côté, les normes du droit international et du droit européen et, de l'autre côté, les normes constitutionnelles. Il ressort des décisions *Sarran-Levacher*[1433] et *Syndicat national Industrie Pharmaceutique*[1434] rendues par le Conseil d'État que, dans l'ordre interne, la Constitution prime sur les traités internationaux et le droit de l'Union européenne. Le juge européen reconnaît, quant à lui, depuis l'arrêt *Costa c/ Enel*[1435], le principe de primauté du droit de l'Union européenne. Pour la Cour de justice, un État ne peut pas invoquer des difficultés internes[1436], notamment sur le terrain constitutionnel[1437], pour échapper aux obligations du droit de l'Union européenne. Ce principe rejoint l'article 27 de la Convention de Vienne sur le droit des traités[1438], selon lequel le droit international prime sur le droit interne des États. Les rapports hiérarchiques entre la Constitution et les normes internationales sont variables selon le point de vue adopté[1439].

**548.** Le Conseil constitutionnel et le Conseil d'État peuvent apparemment être amenés à concilier les mesures anti-abus conventionnelles et européennes au bloc de constitutionnalité. Toutefois, l'expérience montre que la mobilisation des normes constitutionnelles pour rationaliser la mise en œuvre des mesures anti-abus d'origine internationale (**A**) et européenne (**B**) est peu probable.

### *A. La conciliation entre les clauses anti-abus conventionnelles et les normes constitutionnelles*

**549.** Le conflit entre une clause anti-abus conventionnelle et une norme constitutionnelle peut apparaître à plusieurs moments : avant la ratification

---

1433 CE, Ass., 30 octobre 1998, n° 200286, *Sarran, Levacher et autres* : *Rec.* p. 368. Cette solution a été reprise par la Cour de cassation : Cass., Ass. Plén., 2 juin 2000, n° 99-60.274, *Fraisse* : *Bull.* 2000, Ass. Plén., n° 4, p. 7.

1434 CE, 1ère et 2ème s.-s., 3 décembre 2001, n° 226514, *Syndicat National de l'industrie pharmaceutique* : *JCP G*, 2002, n° 24, 1962. V. parallèlement la jurisprudence du Conseil constitutionnel : Cons. const., 19 novembre 2004, déc. n° 2004-505 DC, *Traité établissant une Constitution pour l'Europe* : *Rec.* p. 173.

1435 CJCE, 15 juillet 1964, aff. 6/64, *Costa c/ Enel*, *préc.*

1436 CJCE, 9 mars 1978, aff. 106/77, *Simmenthal*, *préc.*

1437 CJCE, 17 décembre 1970, aff. 11/70, *Internationale Handelsgesellschaft* : *Rec.* p. 1125.

1438 Convention de Vienne de 1969, art. 27 : « *Une partie ne peut invoquer les dispositions de son droit interne comme justifiant la non-exécution d'un traité* ».
Quant aux avis classiques de la Cour permanente de justice internationale, v. : CPJI, avis du 31 juillet 1930, *Question des « communautés » gréco-bulgares*, Sér. B, n° 17 ; CPJI, avis du 4 février 1932, *Traitement des nationaux polonais et des autres personnes d'origine ou de langue polonaise dans le territoire de Dantzig*, Sér. A/B, n° 44.

1439 Sur les aspects généraux des rapports du droit international et du droit interne, v. Denis ALLAND, *Manuel de droit international public*, 8ème éd, 2021, PUF, « Droit fondamental. Manuels », p. 212, § 159.

de la convention fiscale qui institue une clause anti-abus, ou bien lors la mise en œuvre de la clause anti-abus conventionnelle par les services de contrôle. Dans le premier cas, le Conseil constitutionnel a les moyens de prévenir un éventuel conflit. Dans le second cas, le juge de l'impôt peut proposer une interprétation de la norme internationale conformément à une exigence constitutionnelle afin de neutraliser l'éventuel conflit. De sorte que, en principe, les exigences constitutionnelles qui s'imposent aux mesures anti-abus législatives peuvent être étendues aux mesures anti-abus conventionnelles.

**550. Le rôle du Conseil constitutionnel : la prévention du conflit. –** L'article 54 de la Constitution dispose que le Conseil constitutionnel peut être saisi par plusieurs autorités politiques[1440] afin de statuer sur la compatibilité entre un engagement international, avant qu'il ne soit ratifié, et la Constitution[1441]. En tout état de cause, l'autorisation de ratification par la loi ne peut intervenir qu'après la révision de la Constitution si une incompatibilité a été relevée par le Conseil constitutionnel. Ainsi, comme l'énonce la doctrine, la Constitution organise un contrôle « *préventif* »[1442] des conflits. De manière complémentaire, le Conseil constitutionnel peut être saisi en vertu de l'article 61 de la Constitution dans le cadre d'un contrôle *a priori* de conformité à la Constitution de la loi autorisant la ratification d'un traité international[1443]. En pratique, le Conseil constitutionnel n'a jamais été saisi pour vérifier la compatibilité d'une convention fiscale à la Constitution. Il ne s'est pas directement interrogé sur la question de la conformité d'une clause anti-abus conventionnelle, par exemple la clause « PPT », avec le bloc de constitutionnalité[1444]. Il est plus probable que cette question se retrouve au stade de la mise en œuvre de la clause anti-abus conventionnelle qui, éventuellement, pose un problème de conformité aux droits ou aux libertés

---

[1440] Il s'agit des autorités suivantes : le président de la République, le Premier ministre, le président de l'une des deux assemblées parlementaires, soixante députés ou soixante sénateurs.

[1441] Pour une liste précise des saisines du Conseil constitutionnel sur le fondement de l'article 54 de la Constitution, v. : Jean-Eric GICQUEL, « Constitution du 4 octobre 1958 », in *JCl. Administratif*, fasc. 10, § 123.

[1442] Marie GAUTIER, Fabrice MELLERAY, « Sources internationales et hiérarchie des normes », in *JCl. Administratif*, fasc. 21, § 24.

[1443] Pour une liste précise des saisines du Conseil constitutionnel sur le fondement de l'article 61 de la Constitution, Jean-Eric GICQUEL, « Constitution du 4 octobre 1958 », *op. cit.*, § 129.

[1444] À vrai dire, les normes de référence sur lesquelles le Conseil constitutionnel a été amené à vérifier la compatibilité d'un traité à la Constitution par le passé, ne sont pas celles traditionnellement invoquées en matière fiscale. En effet, difficile de voir une quelconque application, par exemple, de l'article 1er de la Constitution qui pose le principe d'indivisibilité de la République, l'article 2 selon lequel la langue de la République est le français, ou plus généralement des conditions essentielles d'exercice de la souveraineté nationale.

garantis par la Constitution. Pour le résoudre, une lecture conciliante de la clause anti-abus conventionnelle à la norme constitutionnelle sur laquelle il existe un risque d'incompatibilité pourrait être proposée. Cette lecture ne peut être faite que par le juge de droit commun dans la mesure où une question prioritaire de constitutionnalité n'est recevable que pour vérifier la conformité d'une loi à la Constitution[1445], et non la conformité d'une norme internationale à la Constitution.

**551. Le rôle du juge fiscal : la résolution d'un conflit par l'interprétation. –** Le Conseil d'État, par le passé, a déjà été amené à traiter de la question de la compatibilité d'un traité avec une norme constitutionnelle. Si le juge administratif refuse traditionnellement d'examiner directement la compatibilité d'un traité à la Constitution[1446], il n'en demeure pas moins que l'approche adoptée dans la décision *Koné*, rendue en 1996[1447], peut être très utile en ce qui concerne le sujet des anti-abus. Le Conseil d'État estime qu'en vertu d'un principe fondamental reconnu par les lois de la République, l'État doit refuser l'extradition d'un ressortissant étranger lorsqu'elle fondée sur un motif politique, de sorte qu'une convention d'extradition entre la France et un autre État qui ne mentionne pas cette condition, doit être interprétée au regard de ce principe. Par analogie, dans le cas où un contribuable contesterait une clause anti-abus conventionnelle sur le fondement du principe d'égalité en matière fiscale (DDHC, art. 6 et 13), rien n'empêcherait que le juge fiscal décide d'appliquer la méthode retenue dans la décision *Koné*. En ce sens, il pourrait, par exemple, étendre la jurisprudence protectrice du Conseil constitutionnel, selon laquelle les présomptions irréfragables d'évasion sont prohibées, à la clause anti-abus conventionnelle. Ainsi, par l'usage de la technique employée dans la décision *Koné*, des exigences issues des normes constitutionnelles, applicables à des mesures anti-abus législatives, pourraient être éventuellement étendues aux quelques clauses anti-abus conventionnelles (par exemple : clause « PPT ; clause « LoB »). Encore faut-il que le juge considère que la norme anti-abus conventionnelle faisant

---

[1445] À titre de remarque, une loi autorisant la ratification d'un traité ne peut pas faire l'objet d'une question prioritaire de constitutionnalité, puisqu'elle n'est pas applicable au litige. V. CE, 10ème et 9ème s.-s., 14 mai 2010, n° 312305, *Jurovic* : *Rec.* p. 165.

[1446] Le juge administratif refuse de vérifier la constitutionnalité d'un traité dans le cadre d'un recours par voie d'exception. V. Marie GAUTIER, Fabrice MELLERAY, « Sources internationales et hiérarchie des normes », *op. cit.*, § 27. Les commentateurs s'appuient sur une jurisprudence ancienne bien établie : CE, Ass., 27 juin 1958, n° 35160, *Georger et Teivassigamany* : *Rec.* p. 403 ; CE, 3 mars 1961, *André et Sté des tissages Nicolas Gaimant* : *Rec.* p. 154. Cette dernière a d'ailleurs été reprise plus récemment : CE, 8ème et 3ème s.-s., 8 juillet 2002, n° 239366, *Commune de Porta* : *Rec.* p. 260.

[1447] CE, Ass., 3 juillet 1996, n° 169219, *Koné* : *Rec.* p. 255.

l'objet d'un contrôle entre en conflit avec une norme constitutionnelle et, surtout, que le Conseil d''État étende l'application de la solution *Koné* qui, en réalité, est très exceptionnelle.

**552.** Bien que l'adaptation des mesures anti-abus d'origine internationale aux exigences constitutionnelles soit envisageable, elle est, en pratique, délicate à mettre en œuvre. En parallèle, la question spécifique et particulière de la constitutionnalité des mesure anti-abus issues des transpositions des directives européennes s'est posée. L'article 54 de la Constitution n'est pas d'une aide utile, car les actes de droit dérivé ne nécessitent pas de ratification préalable par le législateur (Constitution, art. 53). Toutefois, le Conseil constitutionnel, depuis la décision *Loi pour la confiance dans l'économie numérique*[1448], estime que, sur le fondement de l'article 88-1 de la Constitution, la transposition des directives européennes est une exigence constitutionnelle. De sorte que, le Conseil constitutionnel exerce un contrôle particulier des lois de transposition des directives européennes lorsqu'il est saisi selon la procédure de l'article 61 alinéa 2 de la Constitution.

### B. La conciliation entre les clauses anti-abus européennes et les normes constitutionnelles

**553. Les dispositifs anti-abus législatifs issus de la transposition d'une directive européenne. –** L'Union européenne participe grandement au phénomène de diversification et de multiplication des dispositifs anti-abus. Dans un objectif d'harmonisation au sein du marché unique, des directives dans lesquelles sont directement intégrées des clauses anti-abus que les États membres se doivent de transposer dans leur ordre interne[1449], ont été adoptées[1450]. Toutefois, il existe peu de chance, comme nous le

---

[1448] Cons. const., 10 juin 2004, déc. n° 2004-496 DC du 10 juin 2004, *Loi pour la confiance dans l'économie numérique* : *Rec.* p. 101, cons. 7.

[1449] Rappelons que la transposition ne nécessite pas nécessairement une retranscription à la lettre des dispositions en droit interne, lorsque ce dernier contient déjà des dispositions de nature à atteindre les objectifs fixés par la directive (n° 292).

[1450] S'agissant des directives pertinentes, v. Directive (UE) 2015/121 du Conseil du 27 janvier 2015 modifiant la directive 2011/96/UE concernant le régime fiscal commun applicable aux sociétés mères et aux filiales d'États membres différents ; Directive (UE) 2016/1164 du Conseil du 12 juillet 2016 établissant des règles pour lutter contre les pratiques d'évasion fiscale qui ont une incidence directe sur le fonctionnement du marché intérieur ; Directive (UE) 2017/952 du Conseil du 29 mai 2017 modifiant la directive (UE) 2016/1164 en ce qui concerne les dispositifs hybrides faisant intervenir des pays tiers. V. aussi, Commission européenne, *Proposition de directive du Conseil établissant des règles pour empêcher l'utilisation abusive d'entités écrans à des fins fiscales et modifiant la directive 2011/16/UE*, COM(2021)565, décembre 2021.

verrons, pour que les mesures anti-abus issues des transpositions des directives européennes soient jugées non conformes aux exigences constitutionnelles.

**554. La transposition d'une directive européenne et le contrôle du Conseil constitutionnel. –** Parmi les clauses anti-abus qui ont fait l'objet d'une harmonisation précise[1451] sur le plan européen et d'une transposition à l'identique dans le CGI, se trouvent notamment la clause anti-abus du régime « mères-filles » (Directive « mères-filles » 2015, art. premier) et la clause anti-abus générale de la directive « ATAD 1 » (art. 6). Elles ont été transposées respectivement aux articles 119 *ter*, 3 et 205 A du CGI. Se pose alors une question : une loi assurant la transposition d'une directive européenne peut-elle être contrôlée par le Conseil constitutionnel ? La réponse a initialement été donnée dans une décision de conformité de 2004[1452], complétée par des décisions de 2006[1453] et de 2010[1454], et directement appliquée, au sujet des dispositifs anti-abus, dans une décision de 2015[1455]. Le Conseil constitutionnel compose avec, d'un côté, la suprématie de la Constitution dans l'ordre interne et, de l'autre côté, la primauté du droit européen. Le juge constitutionnel estime qu'il ressort de l'article 88-1 de la Constitution[1456] une exigence constitutionnelle selon

---

[1451] Ces clauses anti-abus se distinguent de celles qui ont été adoptées par l'État, profitant de la faculté laissée par les directives aux États membres de prévoir des clauses anti-abus générales ou spécifiques. Par exemple, l'ancienne version de l'article 119 *ter*, 3 du CGI (dans sa version antérieure à la loi n° 2015-1786 du 29 décembre 2015) contient un dispositif anti-abus adopté par le législateur français dans le cadre de la faculté offerte par la directive 90/435/CEE du Conseil, du 23 juillet 1990, concernant le régime fiscal commun applicable aux sociétés mères et filiales d'États membres différents (art. premier, 2). De la même façon, les dispositifs anti-abus des articles 119 *quater*, 3 et 182 B *bis*, 3 sont issues de la faculté ouverte par la directive 2003/49/CE du Conseil du 3 juin 2003 concernant un régime fiscal commun applicable aux paiements d'intérêts et de redevances effectués entre des sociétés associées d'États membres différents (art. 5). La directive « fusions », tout comme les directives « mères-filles » et « intérêts-redevances », laisse aux États membres la faculté de lutter contre la fraude et les abus.

[1452] Cons. const., 10 juin 2004, déc. n° 2004-496 DC, *Loi pour la confiance dans l'économie numérique*, *préc.*

[1453] Cons. const., 27 juillet 2006, déc. n° 2006-540 DC, *Loi relative au droit d'auteur et aux droits voisins dans la société de l'information*, *préc.*

[1454] Cons. const., 12 mai 2010, déc. n° 2010-605 DC, *Loi relative à l'ouverture à la concurrence et à la régulation du secteur des jeux d'argent et de hasard en ligne* : Rec. p. 78.

[1455] Cons. const., 29 décembre 2015, déc. n° 2015-726 DC, *Loi de finances rectificative pour 2015*, *préc.*

[1456] Pour la teneur de l'article 88-1 de la Constitution : « *La République participe à l'Union européenne constituée d'États qui ont choisi librement d'exercer en commun certaines de leurs compétences en vertu du traité sur l'Union européenne et du traité sur le fonctionnement de l'Union européenne, tels qu'ils résultent du traité signé à Lisbonne le 13 décembre 2007* ».

laquelle une directive européenne doit être transposée en droit interne. Dès lors que la loi se borne à tirer les conséquences nécessaires d'une directive précise et inconditionnelle, cette loi ne peut pas faire l'objet d'une censure de la part du Conseil constitutionnel[1457], et ce, qu'il s'agisse d'un contrôle dit *a priori*, ou d'une question prioritaire de constitutionnalité[1458]. Toutefois, cette exigence est doublement limitée. Le Conseil constitutionnel estime que la transposition ne doit pas « *aller à l'encontre d'une règle ou d'un principe inhérent à l'identité constitutionnelle de la France, sauf à ce que le constituant y ait consenti* »[1459] et « *[qu'] il ne saurait déclarer non conforme à l'article 88-1 de la Constitution qu'une disposition législative manifestement incompatible avec la directive qu'elle a pour objet de transposer* »[1460]. De plus, il admet que la Constitution « *a ainsi consacré l'existence d'un ordre juridique européen intégré à l'ordre juridique interne et distinct de l'ordre juridique international* », ce qui explique la particularité du raisonnement sur le terrain européen et qu'il s'écarte des solutions données plus classiquement en matière conventionnelle.

**555. La clause anti-abus « mères-filles » et la réforme de 2015 : une transposition au-delà du champ d'application de la directive. –** Lors du contrôle de conformité de la loi de finances rectificative pour 2015, le Conseil constitutionnel a appliqué le raisonnement présenté ci-dessus, pour vérifier la constitutionnalité de la transposition dans la loi de la clause anti-abus de la directive « mères-filles »[1461]. Toutefois, il a dû tenir compte des particularités de cette réforme. Alors que la clause anti-abus, au demeurant précise et inconditionnelle, devait être transposée dans l'ordre interne des États membres de l'Union européenne et être appliquée uniquement aux opérations réalisées au sein de l'Union européenne, le législateur français a pris l'initiative d'aller au-delà de ce qui était prévu par la directive. En effet, la clause anti-abus (CGI, anc. art. 145, 6, k) s'applique tant aux opérations

---

1457 V. les commentaires aux *Cahiers du Conseil constitutionnel* (*CCC* 2004, Cahier n° 17) sous la décision *Loi pour la confiance dans l'économie numérique*, *préc.* : « *Il en résulte (en l'absence, comme en l'espèce, de disposition expresse contraire de la Constitution) que ne peuvent être utilement critiquées devant le Conseil constitutionnel des dispositions législatives qui se bornent à tirer les conséquences nécessaires d'une directive précise et inconditionnelle* ».

1458 Cons. const., 17 décembre 2010, déc. n° 2010-79 QPC, *M. Kamel D.* : *Rec.* p. 406.

1459 Les commentaires de la décision en déduisent qu'il s'agit d'un « principe » qui ne trouve pas d'équivalent en droit de l'UE. Récemment, une décision du Conseil constitutionnel est venue préciser que l'interdiction de déléguer l'exercice de la force publique à des personnes privées est un principe inhérent à l'identité constitutionnelle de la France. En ce sens, v. Cons. const., 15 octobre 2021, n° 2021-940 QPC, *Sté Air France* : *JCP G* 2021, n° 46, p. 2100.

1460 Le contrôle opéré par le Conseil constitutionnel est donc limité aux cas dans lesquels le législateur s'est manifestement éloigné de la directive précise et inconditionnelle.

1461 Cons. const., 29 décembre 2015, déc. n° 2015-726 DC, *Loi de finances rectificative pour 2015*, *préc.*

européennes (dans le champ de la directive) qu'aux opérations internes et extra-européennes (en dehors du champ de la directive). Le Conseil constitutionnel a dû adapter son contrôle de constitutionnalité.

**556. La distinction des contrôles.** – Le Conseil constitutionnel dissocie le contrôle de constitutionnalité de la loi selon qu'elle transpose la directive européenne dans le champ d'application de cette dernière ou qu'elle étende la clause anti-abus dans un champ distinct de celui prévu initialement dans la directive. Dans le premier cas, le Conseil constitutionnel apprécie si les dispositions adoptées par le législateur « *se bornent à tirer les conséquences nécessaires des dispositions précises et inconditionnelles* » de cette dernière et « *ne portent pas atteinte à une règle ou un principe inhérent à l'identité constitutionnelle de la France* ». De sorte que, ces dispositions ne sont pas censurées sur le plan constitutionnel. Dans le second cas, le Conseil constitutionnel se demande si les (mêmes) dispositions, cette fois dans leur version applicable aux opérations en dehors du champ de l'Union européenne, sont conformes aux normes constitutionnelles. Pour ce faire, il procède à un contrôle classique de constitutionnalité des dispositions de la loi au regard des exigences constitutionnelles.

**557. Analyse de la jurisprudence.** – Dans un souci de cohérence, le Conseil constitutionnel aurait pu adopter un contrôle unique sur le fondement de l'article 88-1 de la Constitution[1462]. Il se serait alors borné à appliquer sa jurisprudence initiée par la décision *Loi pour la confiance dans l'économie numérique*[1463]. Il aurait alors contrôlé l'erreur manifeste de transposition de la part du législateur et aurait vérifié que les dispositions ne portent aucune atteinte à l'identité constitutionnelle de la France. Qui plus est, distinguer les contrôles fait naître un risque, en théorie du moins, selon lequel des dispositions législatives peuvent être déclarées conformes en ce qu'elles respectent l'exigence de l'article 88-1 de la Constitution, d'un côté, et déclarées non conformes à la Constitution en vertu d'une exigence constitutionnelle non respectée, d'un autre côté.

**558. La justification de la jurisprudence.** – Cette alternative d'unité dans le contrôle n'a pas été suivie pour plusieurs raisons. D'abord, il convient de relativiser les cas dans lesquels la dissociation des contrôles est susceptible de créer une discordance sur les terrains européen et constitutionnel. La tendance en jurisprudence consiste plutôt à proposer des lectures conciliantes des normes de référence sur le plan européen et

---

[1462] V. le commentaire de la décision dans *les Cahiers du Conseil constitutionnel*, notamment à la p. 12.

[1463] Cons. const., 10 juin 2004, déc. n° 2004-496 DC, *Loi pour la confiance dans l'économie numérique*, *préc.*

constitutionnel[1464]. Aussi, effectuer un contrôle unique aurait forcé le Conseil constitutionnel à traiter de la conformité d'une loi à une directive européenne (certes sous le couvert d'un contrôle de l'erreur manifeste), alors même que la loi intervient dans un domaine non couvert par la directive. Cela aurait pu paraître étonnant compte tenu de la jurisprudence du Conseil d'État selon laquelle le juge ne conçoit pas qu'une loi puisse être directement écartée par une directive lorsque la première traite d'une situation qui n'entre pas dans le champ d'application de la seconde[1465]. Le juge administratif procède seulement à une interprétation neutralisante lorsque la loi doit être lue à la lumière de la directive, au sens de l'arrêt de principe *Leur-Bloem* rendu en 1997 par la Cour de justice des Communautés européennes[1466]. Finalement, une portée extrêmement large et extensive aurait été conférée à l'article 88-1 de la Constitution.

**559. *Quid* de l'article 205 A du CGI ?** – L'adoption des dispositions de l'article 205 A du CGI n'a pas fait l'objet d'un contrôle de conformité *a priori* de la part du Conseil constitutionnel. La directive « ATAD 1 » prévoit un champ d'application très étendu pour la clause anti-abus générale. Cette dernière est censée s'appliquer aux opérations internes, européennes et internationales. Les dispositions de la directive « ATAD 1 », sur ce point, ont été transposées *verbatim* par le législateur. De sorte que, dans le cadre hypothétique d'un contrôle de constitutionnalité *a posteriori*, le Conseil d'État, en tant que filtre, estimerait certainement que la question manque de sérieux. Aussi, le Conseil constitutionnel s'estimerait sans doute non-compétent pour contrôler la conformité des dispositions de l'article 205 A du CGI aux droits et libertés garantis par la Constitution. En effet, les dispositions de l'article 205 A du CGI se bornent à tirer les conséquences nécessaires des dispositions précises et inconditionnelles de la directive « ATAD 1 » (art. 6). En revanche, si l'article 205 A du CGI pose un problème sur le fondement d'un principe constitutionnel qui trouve son équivalent en droit de l'Union européenne, alors un contrôle de

---

1464 V. CE, Ass., 8 février 2007, n° 287110, *Sté Arcelor Atlantique et Lorraine*, *préc.* V. l'aménagement de la solution *Arcelor*, dans la décision *French Data Network* : CE, Ass., 21 avril 2021, n° 393099, n° 394922, n° 397844, n° 397851, n° 424717 et n° 424718, *Sté Free Mobile, French Data Network, La Quadrature du Net et Féd. fournisseurs d'accès à internet associatifs* : *JCP G* 2021, n° 24, 659.

1465 CE, 10ème et 9ème s.-s., 17 janvier 2007, n° 262967, *Banque fédérative du Crédit mutuel (BFCM)* : *RJF* 4/07, n° 406 ; CE, 9ème et 10ème s.-s., 30 janvier 2013, n° 346683, *Sté Ambulances de France* : *RJF* 4/13, n° 392.

1466 CJCE, 17 juillet 1997, *Leur-Bloem*, aff. C-28/95, *préc.* Sur cette question, v. not. Pierre COLLIN, « L'application du droit de l'Union européenne dans les situations purement internes », *Dr. fisc.* 2012, n° 47, 531 ; Philippe MARTIN, « Le régime français des sociétés mères à la lumière de la directive : les méthodes d'interprétation du juge fiscal », *Dr. fisc.* 2014, n° 41, 569.

compatibilité de la directive « ATAD 1 » à ce principe européen est toujours envisageable[1467].

**560.** ***Quid*** **des dispositifs anti-abus du CGI pris sur le fondement d'une faculté ouverte par une directive ? –** Il existe aussi des dispositifs anti-abus, inscrits dans le CGI, qui sont le simple fruit d'une faculté offerte par les directives européennes. En effet, l'ancienne directive « mères-filles », les directives dites « fusions » et « intérêts-redevances » ouvrent la possibilité pour les États membres de lutter contre les pratiques abusives. Elles ne contraignent pas les États à uniformiser leurs clauses anti-abus. Ainsi, le juge a déjà reconnu que l'ancienne clause anti-abus de l'article 119 *ter*, 3 du CGI ne relève pas d'un domaine qui fait l'objet d'une harmonisation exhaustive en droit de l'Union européenne[1468]. Cette analyse pourrait alors être transposée aux dispositifs anti-abus des articles 119 *quater*, 182 B *bis* ou 210-0 A III du CGI. De sorte que ces mesures anti-abus, bien que protégeant des régimes qui font l'objet d'une harmonisation sur le plan européen, ne participent pas à un phénomène d'harmonisation des clauses anti-abus. Ainsi, lorsque le législateur a adopté ces règles anti-abus, il ne s'est pas borné à tirer les conséquences nécessaires de dispositions précises et inconditionnelles du droit dérivé. En conséquence, le contrôle de conformité de ces dispositifs législatifs à la Constitution se ferait d'une manière tout à fait classique : le Conseil constitutionnel vérifierait que ces dispositifs anti-abus respectent les exigences constitutionnelles concernées.

**561.** Le Conseil constitutionnel et le Conseil d'État ont la faculté de rationaliser la mise en œuvre des mesures anti-abus internationales grâce à la mobilisation des normes constitutionnelles. Toutefois, dans les faits, les normes anti-abus internationales semblent avoir acquis une immunité sur le plan constitutionnel. Ainsi, la rationalisation des mesures anti-abus internationales par le contrôle de constitutionnalité est peu envisageable. En revanche, leur mise en œuvre peut être rationalisée grâce au contrôle de compatibilité avec les normes internationales du droit fiscal, et particulièrement avec celles du droit de l'Union européenne. En effet, le droit de l'Union européenne prime sur le droit conventionnel. Les mesures anti-abus conventionnelles doivent nécessairement respecter les exigences européennes. S'agissant des normes anti-abus des directives européennes,

---

[1467] V. la solution rendue dans le contentieux *Conseil national des barreaux* dans lequel le juge administratif organise le contrôle de compatibilité d'une directive européenne à des principes généraux du droit de l'UE : CE, Sect., 10 avril 2008, *Conseil national des barreaux*, n° 296845 : *D.* 2008, p. 2322.

[1468] Pour l'ancienne directive « mères-filles », v. CE, 9ème ch., 7 février 2018, n° 393279, *Holcim* (cons. 4). Le Conseil d'État tire les conséquences de l'arrêt C-6/16 du 7 septembre 2017 de la CJUE (*préc.*).

elles doivent être correctement transposées en droit interne et doivent respecter les interprétations qu'en donne la Cour de justice de l'Union européenne.

### *§ 2 – Le contrôle de conventionnalité des mesures anti-abus d'origine internationale*

**562.** De la même manière que pour un dispositif anti-abus d'origine nationale, il n'est pas inenvisageable qu'un contribuable estime qu'une mesure anti-abus conventionnelle (par exemple : la clause « PPT » d'une convention fiscale) ou une mesure anti-abus d'origine européenne transposée en droit interne (par exemple : les dispositifs anti-abus des articles 205 A ou 119 *ter*, 3 du CGI) entre en conflit avec une norme internationale. Ces normes ayant des finalités différentes, les unes luttent contre l'abus de droit, les autres garantissent des droits et libertés aux contribuables ; la question de leur compatibilité se pose. Pour résoudre une difficulté d'articulation entre les traités et les accords internationaux, le recours à la logique hiérarchique est exclu[1469]. Le juge admet tout de même que le moyen tiré du concours de conventions internationales est opérant, « *non pas que l'une puisse avoir une valeur supérieure à l'autre ou que l'une ne soit pas valide au regard de l'autre, mais parce qu'il faut bien trancher la question franco-française de savoir laquelle des deux doit le cas échéant céder le pas devant l'autre, dans l'ordre interne, pour apprécier la légalité de la décision litigieuse* »[1470]. Pour traiter ce type de conflit, la jurisprudence du Conseil d'État a dégagé une méthode (**A**), tout en réservant le cas particulier des conflits qui impliquent le droit de l'Union européenne. Ainsi, la question du respect du droit de l'Union européenne par les clauses anti-abus conventionnelles ainsi que par les clauses anti-abus issues des directives européennes sera étudiée séparément au regard de ses spécificités (**B**).

---

[1469] Pour reprendre la formule employée dans la décision *Commune de Porta* rendue par le Conseil d'État rendue en 2002 : « *il n'appartient pas au Conseil d'État statuant au contentieux de se prononcer sur le bien-fondé des stipulations d'un engagement international, sur sa validité au regard d'autres engagements internationaux souscrits par la France [...]* ». V. CE, 8ème et 3ème s.-s., 8 juillet 2002, n° 239366, *Commune de Porta*, *préc.* Aussi, v. les commentaires sous la décision *Kandyrine* : *RJF* 3/12, n° 288.

[1470] Édouard CREPEY, concl. sur CE, Plén., 11 avril 2014, n° 362237, *Giorgis* : *BDCF* 7/14, n° 73.

### *A. La résolution des conflits entre les normes internationales : la méthode dégagée dans la décision Kandyrine de Brito Paiva*

**563. La priorité à la conciliation entre les normes internationales en cas d'incompatibilité.** – Jusqu'à la décision *Kandyrine de Brito Paiva*[1471], rendue en 2011 par le Conseil d'État, la thématique du conflit entre conventions internationales faisait l'objet d'une jurisprudence casuelle et hésitante[1472]. Dans la décision *Kandyrine*, rendue à l'occasion d'un litige dans lequel un requérant soulevait l'incompatibilité d'un accord franco-russe de 1997 (lié à l'indemnisation des emprunts russes) à la CESDH, le juge suprême a dégagé une méthode pour résoudre un conflit entre normes internationales[1473]. Cette méthode n'a pas été posée pour résoudre une question de droit fiscal international. Pourtant, le juge de l'impôt pourrait y recourir dans le cas où un contribuable soulèverait un conflit, par exemple, entre une clause anti-abus « PPT » d'une convention fiscale et une stipulation de la CESDH. Ainsi, le Conseil d'État, explique que : « *il incombe au juge administratif, après avoir vérifié que les stipulations de cet autre traité ou accord sont entrées en vigueur dans l'ordre juridique interne et sont invocables devant lui, de définir, conformément aux principes du droit coutumier relatifs à la combinaison entre elles des conventions internationales, les modalités d'application respectives des normes internationales en débat conformément à leurs stipulations, de manière à assurer leur conciliation, en les interprétant, le cas échéant, au regard des règles et principes à valeur constitutionnelle et des principes d'ordre public* ». Autrement dit, le juge estime utile de recourir aux principes coutumiers du droit international[1474], notamment aux stipulations de la Convention de Vienne de 1969 sur le droit des traités[1475], ainsi qu'aux principes généraux du droit international[1476], pour

---

[1471] CE, Ass., 23 décembre 2011, *Kandyrine de Brito Païva*, n° 303678, *préc.*

[1472] Pour une présentation complète, v. Marie GAUTIER, Fabrice MELLERAY, « Sources internationales et hiérarchie des normes », *op. cit.*

[1473] Cette méthode fait l'objet d'une jurisprudence constante. V. CE, Ass., 19 juillet 2019, n° 424216 et n° 424217, *Association des Américains accidentels* : *JCP G* 2019, n° 47, 1193.

[1474] À rapprocher de la décision *Zaïdi* : CE, 5ème et 7ème s.-s., 21 avril 2000, n° 206902, *Zaïdi*, *préc.*

[1475] L'article 30 de la Convention de Vienne a pour objet « *l'application de traités successifs portant sur la même matière* ». Même s'il ne permet pas de résoudre tous les conflits, cet article est d'une aide utile pour le juge. Selon cet article, dans un premier temps, il convient de se référer à chaque traité afin de savoir s'ils prévoient des clauses de compatibilité ou des clauses de subordination entre deux traités. Ensuite, une priorité d'application entre deux traités est également prévue selon que les parties aux traités sont identiques (ou non).

[1476] Pour les principes susceptibles d'être appliqués, v. Marie GAUTIER, Fabrice MELLERAY, « Sources internationales et hiérarchie des normes », *op. cit.* Les auteurs font référence notamment au principe *lex specialis*, ainsi qu'à un éventuel caractère

combiner les normes entre elles. Ce faisant, le juge peut déterminer les stipulations qui doivent être, le cas échéant, écartées. En tout état de cause, le juge de l'impôt s'évertue à concilier les traités internationaux grâce à son pouvoir d'interprétation, tout en proposant, dans la mesure du possible, une interprétation à la lumière de la Constitution[1477]. Pour reprendre l'exemple donné dans ce paragraphe, le juge de l'impôt peut interpréter la clause « PPT » d'une convention fiscale de telle manière à ce qu'elle soit compatible avec les exigences du principe de non-discrimination garanti par la CESDH. Toutefois, dans le cas où leur conciliation s'avère impossible, le juge fait un choix quant à la norme internationale à appliquer.

**564. L'application de la norme internationale dans le champ de laquelle la décision administrative s'est placée.** – Dans la décision *Kandyrine*, le Conseil d'État prévoit que : « *dans l'hypothèse où, au terme de cet examen, il n'apparaît possible ni d'assurer la conciliation de ces stipulations entre elles, ni de déterminer lesquelles doivent dans le cas d'espèce être écartées, il appartient au juge administratif de faire application de la norme internationale dans le champ de laquelle la décision administrative contestée a entendu se placer et pour l'application de laquelle cette décision a été prise et d'écarter, en conséquence, le moyen tiré de son incompatibilité avec l'autre norme internationale invoquée, sans préjudice des conséquences qui pourraient en être tirées en matière d'engagement de la responsabilité de l'État tant dans l'ordre international que dans l'ordre interne* ». Ainsi, pour continuer avec l'exemple donné, dans le cas où le juge n'arriverait pas à combiner ou à concilier la clause anti-abus « PPT » d'une convention fiscale avec une stipulation de la CESDH, la première l'emporterait. En effet, l'Administration a fait application de cette norme anti-abus pour refuser un avantage conventionnel. Cette situation pourrait être jugée regrettable dans la mesure où les normes internationales proposant une protection des droits et libertés des contribuables ne trouveraient à s'appliquer dans les cas où une mesure anti-abus conventionnelle serait mise en œuvre par l'Administration fiscale. Pour autant, certains émettent des doutes quant au fait que le juge écarterait systématiquement l'application de la CESDH (ou du droit de l'Union européenne), étant donné que cette convention garantit les droits fondamentaux des individus[1478].

**565. Des difficultés pratiques. –** À la vérité, difficile d'imaginer le juge ne pas opérer de conciliation lorsqu'il constate un conflit, c'est-à-dire une incompatibilité, entre les normes internationales. Dans le cas contraire, une

---

prioritaire de l'application d'un traité multilatéral sur un traité bilatéral, voire du caractère prioritaire des traités garantissant les droits et libertés des individus.

[1477] À rapprocher de la décision *Koné* : CE, Ass., 3 juillet 1996, n° 169219, *Koné*, *préc.*

[1478] V. Marie GAUTIER, Fabrice MELLERAY, « Sources internationales et hiérarchie des normes », *op. cit.*, § 69.

situation inconfortable aboutirait. En effet, le juge pourrait être amené à privilégier l'application d'une norme par rapport à l'autre. D'un côté, si le juge écarte l'application d'une norme internationale protectrice des droits et libertés du contribuable, la responsabilité de la France risque d'être engagée. D'un autre côté, s'il écarte l'application de la norme anti-abus internationale, car incompatible avec un traité international, un contribuable potentiellement à l'origine d'une pratique abusive peut avoir gain de cause face à l'Administration. Toutefois, tout cela est conditionné au fait que le juge constate une incompatibilité entre une norme anti-abus internationale et un traité international. Il ressort de la jurisprudence, non spécifique à la matière fiscale, que le juge est particulièrement exigeant quant à la vérification des conditions d'applicabilité et d'invocabilité des normes internationales mobilisées par le requérant[1479], ainsi qu'à la démonstration concrète de l'incompatibilité entre les normes internationales[1480]. Le juge laisse entendre que les allégations, « *sans autre précision* »[1481], selon lesquelles une norme internationale serait incompatible avec une autre norme internationale, sont insuffisantes pour que l'incompatibilité soit reconnue et, partant, pour engager un éventuel processus de conciliation.

**566.** Le contentieux relatif aux conflits entre les normes anti-abus internationales et les normes internationales du droit fiscal n'est pas très courant. Il n'a sans doute pas encore développé tout son potentiel. En cas de conflit entre une mesure anti-abus internationale et une norme européenne, il est probable, au regard de la jurisprudence de la Cour de justice de l'Union européenne, que le droit de l'Union européenne finisse par primer. Ainsi, la rationalisation de la mise en œuvre des mesures anti-abus internationales par le droit de l'Union européenne est tout à fait envisageable.

### B. La prise en compte du droit de l'Union européenne

**567. Le respect du droit de l'Union européenne par les normes anti-abus conventionnelles. –** Pour le moment, les contentieux qui traitent des conflits entre les normes anti-abus conventionnelles et le droit de l'Union européenne sont, semble-t-il, inexistants. Par ailleurs, dans les arrêts *Gilly*[1482]

[1479] CE, Ass., 23 décembre 2011, n° 303678, *Kandyrine de Brito Païva*, *préc.*
[1480] CE, Ass., 19 juillet 2019, n° 424216 et n° 424217, *Association des Américains accidentels*, *préc.*
[1481] *Ibid.*
[1482] CJCE, 12 mai 1998, aff. 336/96, *Gilly* : *RJF* 7/98, n° 890, concl. Dámaso RUIZ-JARABO COLOMER *BDCF* 4/98, n° 97.

et *Compagnie de Saint-Gobain*[1483], la Cour de justice de l'Union européenne a déjà été amenée à traiter de la question de la compatibilité entre les stipulations d'une convention fiscale bilatérale conclue entre deux États membres et le droit primaire de l'Union européenne[1484]. Quant au Conseil d'État, il s'est prononcé sur la compatibilité d'une convention fiscale avec le droit primaire de l'Union européenne dans la décision *Regazzacci*[1485]. Il s'est aussi prononcé sur la compatibilité d'un traité international avec le droit dérivé dans la décision *Association des Américains accidentels*[1486]. Même si les juges n'adoptent pas un raisonnement global pour traiter de ce type de conflit, à l'image de la méthode suivie dans la décision *Kandyrine*, ils ont tendance à faire primer le droit de l'Union européenne sur les accords internationaux des États membres[1487]. Toutefois, il n'est pas certain que le juge reconnaisse systématiquement l'incompatibilité d'une clause conventionnelle anti-abus avec le droit de l'Union européenne. Il est toujours envisageable, pour le juge de l'impôt, d'interpréter la clause anti-abus conventionnelle au regard du droit de l'Union européenne. Pour ce faire, il peut tenir compte de l'interprétation de la notion d'abus de droit faite par la Cour de justice ou des exigences qu'elle établit dans ses arrêts. Cette méthode permettrait alors d'éviter tout conflit entre une clause anti-abus conventionnelle et le droit de l'Union européenne. La jurisprudence européenne peut alors être une source d'inspiration pour le juge interne afin de rationaliser la mise en œuvre des mesures anti-abus conventionnelles.

**568. Le cas des mesures anti-abus européennes. –** Les mesures anti-abus inscrites dans la loi peuvent trouver leur source dans les directives européennes. C'est par exemple le cas des dispositifs anti-abus des articles 205 A, 119 *ter*, 3 ou du dispositif anti-abus de l'ancienne version de l'article 145, 6, k du CGI. Ces dispositifs anti-abus sont issus d'une transposition des clauses anti-abus des directives « ATAD 1 » et « mères-filles ». D'autres mesures anti-abus, souvent anciennes, sont, quant à elles, le fruit d'une faculté ouverte par les directives européennes. Par exemple, les anciennes versions des articles 119 *ter*, 3 ou 210 C du CGI, ainsi que les versions

---

1483 CJCE, 21 septembre 1999, aff. 307/97, *Cie de Saint-Gobain ZN* : *RJF* 12/99 n° 1629.

1484 Sur ce sujet, v. Eric MEIER, Bernard BOUTEMY, « Conventions fiscales bilatérales au sein de l'Union européenne ou l'histoire d'une passation de pouvoir ? », *BF* 1/05, p. 21. Pour des développements substantiels à ce sujet, v. Alexandre MAITROT DE LA MOTTE, *Droit fiscal de l'Union européenne*, *op. cit.*, pp. 190-220.

1485 CE, 9ème et 10ème s.-s., 27 juillet 2012, n° 337656 et n° 337810, *min. c/ Regazzacci et Regazzacci* : *RJF* 11/12, n° 1012.

1486 CE, Ass., 19 juillet 2019, n° 424216 et n° 424217, *Association des Américains accidentels*, *préc.*

1487 V. en ce sens les conclusions d'Alexandre LALLET sur la décision *Association des Américains accidentels* : *RJF* 11/19, n° 1079.

actuelles des articles 210-0 A, III, 119 *quater*, 3 ou 182 B *bis*, 3 du CGI sont des mesures anti-abus prises sur le fondement des autorisations ouvertes par les directives « mères-filles » (version 1990, art. premier, 2), « fusions » (art. 15, 1, a) et « intérêts-redevances » (art. 5) aux États membres.

**569. Un contrôle variable. –** Il convient d'étudier la question de la conformité de ces mesures anti-abus inscrites dans le CGI au droit de l'Union européenne. Dans les arrêts *Euro Park Service*[1488] et *Eqiom SAS (anciennement Holcim France SAS) et Enka SA*[1489], la Cour de justice de l'Union européenne s'interroge, après que le Conseil d'État a renvoyé des questions préjudicielles en interprétation[1490], sur la façon dont s'articulent les mesures anti-abus d'origine européenne avec le droit de l'Union européenne. Le juge européen estime que « *toute mesure nationale dans un domaine qui a fait l'objet d'une harmonisation exhaustive à l'échelle de l'Union doit être appréciée au regard des dispositions de cette mesure d'harmonisation, et non pas de celles du droit primaire* »[1491]. Ainsi, il paraît en résulter que les dispositifs anti-abus des articles 205 A, 119 *ter*, 3 ou de l'ancien article 145, 6, k du CGI doivent être appréciés uniquement au regard de l'article 6 de la directive « ATAD 1 » ou de l'article premier de la directive « mères-filles » de 2015. Les directives « ATAD 1 » et « mères-filles » sont susceptibles de constituer des « écrans », dans le sens où les requérants ne peuvent se prévaloir de l'incompatibilité des mesures anti-abus du CGI avec les grandes libertés garanties par le droit primaire de l'Union européenne[1492]. En réalité, cette difficulté peut être contournée par le fait que le juge national est toujours en mesure de poser une question préjudicielle en appréciation de validité de la directive concernée au droit primaire de l'Union européenne, sur le fondement de l'article 267 du TFUE. En cas d'invalidité de la disposition de la directive au droit primaire de l'Union européenne, cela fait évidemment échec à l'application de la mesure interne de transposition. Quant aux mesures anti-abus internes qui sont le fruit d'une faculté ouverte par les directives pour éviter les fraudes et les

---

[1488] CJUE, 1ère ch., 8 mars 2017, aff. C-14/16, *Euro Park Service venant aux droits et obligations de la SCI Cairnbulg Nanteuil c/ Ministre des Finances et des Comptes publics, préc.*

[1489] CJUE, 6ème ch., 7 septembre 2017, aff. 6/16, *Eqiom SAS, anciennement Holcim France SAS, Enka SA c/ Ministre des Finances et des Comptes publics, préc.*

[1490] CE, 9ème et 10ème s.-s., 30 décembre 2015, n° 369311, *Sté Euro Park Service, préc.* ; CE, 9ème et 10ème s.-s., 30 décembre 2015, n° 374836, *Sté Holcim France SAS, préc.*

[1491] CJUE, 1ère ch., 8 mars 2017, aff. C-14/16, *Euro Park Service venant aux droits et obligations de la SCI Cairnbulg Nanteuil c/ Ministre des Finances et des Comptes publics, préc.*, point 19 ; CJUE, 6ème ch., 7 septembre 2017, aff. 6/16, *Eqiom SAS, anciennement Holcim France SAS, Enka SA c/ Ministre des Finances et des Comptes publics, préc.*, point 15.

[1492] V. en ce sens : Alexandre MAITROT DE LA MOTTE, Lauren SILBERMAN, « Les clauses anti-abus, le droit primaire et le droit dérivé de l'Union européenne : presque rien sur presque tout », *op. cit.*, § 8.

abus, elles sont appréciées tant au regard des dispositions de la directive, que des dispositions du droit primaire de l'Union européenne ; c'est d'ailleurs ce contrôle qui a été opéré par la Cour de justice dans les arrêts *Euro Park* et *Eqiom*. Le juge européen a apprécié les dispositions des anciennes versions des articles 210 C et 119 *ter*, 3 du CGI.

**570. Conclusion de la Section II.** – La Cour de justice de l'Union européenne est donc en mesure d'adapter, à des degrés divers, les dispositifs anti-abus d'origine internationale, et ce, qu'ils aient une origine conventionnelle ou une origine européenne. La rationalisation des mesures anti-abus internationales grâce aux normes constitutionnelles est, semble-t-il, plus délicate à réaliser. Dans l'objectif d'établir une cohérence d'ensemble, il serait alors pertinent, une fois de plus, de se référer à l'interprétation européenne. L'avantage serait d'éviter les divergences d'interprétation en fonction des situations envisagées.

## Conclusion du Chapitre I

**571.** L'adaptation des mesures anti-abus, quelle que soit leur origine, interne, européenne ou conventionnelle, aux sources constitutionnelles, européennes et internationales du droit fiscal, est tout à fait envisageable. Toutefois, plusieurs obstacles au processus de rationalisation jurisprudentielle des mesures anti-abus existent. D'abord, la diversité des juges compétents et les particularités propres à chaque type de contrôle, en fonction de l'objet du contrôle et de la norme de référence contrôlée, peuvent être de nature à complexifier ce processus. Il existe aussi un risque de divergence d'interprétation entre les juridictions. En ce sens, la conciliation des clauses anti-abus internationales (européennes ou conventionnelles) avec les normes constitutionnelles, européennes ou internationales, en raison des caractéristiques mêmes de ces contrôles, peut être délicate à réaliser. Ensuite, il est des situations dans lesquelles l'accès au juge compétent est restreint, ce qui tend à limiter le processus de rationalisation. C'est notamment le cas lorsque les parlementaires, essentiellement pour des considérations politiques, refusent de déférer au Conseil constitutionnel les dispositions d'une loi votée (mais non encore promulguée) adoptant ou aménageant un dispositif anti-abus. C'est aussi le cas lorsque le Conseil d'État, probablement dans l'optique d'éviter que l'interprétation qu'il donne aux dispositions d'une mesure anti-abus soit concurrencée par celle du Conseil constitutionnel, refuse de transmettre des questions prioritaires de constitutionnalité portant sur ces dispositions. Enfin, les juges peuvent avoir tendance à limiter la portée effective de certaines normes de référence lorsqu'il s'agit de contrôler les dispositions des mesures anti-abus. À ce sujet, le Conseil constitutionnel est de moins en moins enclin à donner un effet utile à l'objectif de valeur constitutionnelle d'accessibilité et d'intelligibilité de la loi.

**572.** Le cadre des contrôles opérés par les juges ayant été posé, il convient d'identifier les contraintes établies par la jurisprudence et celles qui, potentiellement, pourraient être établies à l'avenir. L'établissement de ces contraintes jurisprudentielles permettent, *in fine*, de rationaliser la mise en œuvre des mesures anti-abus en droit fiscal international.

## Chapitre II – L'exercice des contrôles des juges

**573. Des exigences variables selon les normes de référence confrontées aux mesures anti-abus. –** Bien que l'existence des mesures anti-abus se justifie par la nécessité de protéger l'ordonnancement juridique contre les pratiques abusives, leur mise en œuvre ne doit pas dépasser certaines limites. Ces dernières ont été édictées à mesure que les normes de référence constitutionnelles, européennes et conventionnelles, garantissant les droits et libertés des contribuables[1493], ont été invoquées par les requérants et mobilisées par les juges. Si, *a priori*, les normes de référence ont chacune leurs spécificités et peuvent être à l'origine d'exigences singulières, il n'en demeure pas moins que leur mise en œuvre aboutit, certes à des degrés divers, à la rationalisation de la mise en œuvre des mesures anti-abus. Le juge cherche un équilibre satisfaisant entre la lutte contre les pratiques abusives et les finalités des normes constitutionnelles, européennes et internationales de référence. L'objet de ce chapitre est de mettre en avant cet équilibre, façonné par les juges au cours des affaires, et donc, d'identifier les exigences que les mesures anti-abus doivent respecter afin qu'elles soient conformes et/ou compatibles avec les principes de valeur supra-législative. Les exigences édictées par la jurisprudence s'analysent alors comme des seuils de protection minimaux que les pouvoirs publics et l'Administration ne peuvent ignorer. Ces exigences, trouvent leur source, d'un côté, dans les principes d'égalité et de non-discrimination, de l'autre côté, dans les directives européennes et dans les conventions fiscales qui ont pour finalité de prévenir les situations de double imposition.

**574. Les exigences tenant aux principes d'égalité et de non-discrimination. –** L'étude commune des principes d'égalité et de non-discrimination tient aux liens qui les unissent. Il est vrai que chacun des principes a ses propres caractères et, partant, ses propres implications[1494]. Il

---

[1493] Pour une étude globale sur cette question en matière fiscale, v. Ariane PERIN-DUREAU, *L'obligation fiscale à l'épreuve des droits et libertés fondamentaux*, Thèse, 2014, Dalloz, « Nouvelle Bibliothèque de Thèses ». Pour une étude plus spécifique, v. Thierry PONS, « Les mesures contre l'évasion fiscale internationale et la Constitution », *BF* 01/12, ét. p. 5.

[1494] D'abord, ils n'ont pas la même valeur sur le plan de la hiérarchie des normes. Le principe d'égalité en matière fiscale est consacré par les articles 6 et 13 de la DDHC, alors que le principe de non-discrimination est consacré tant par les articles 14 et 1 P1 de la CESDH que par le droit primaire de l'UE (TFUE, art. 18). Ensuite, ces principes imposent en partie des limites distinctes. Par exemple, le principe d'égalité devant les charges publiques (DDHC, art. 13) exige notamment du législateur, lorsqu'il adopte une réforme, qu'elle soit cohérente par rapport aux objectifs qu'elle poursuit (v. not. Cons. const., 29 décembre 2009, déc. n° 2009-599 DC, *Loi de finances pour 2010* : *Rec.* p. 218, cons. 82), alors que le principe de

n'en demeure pas moins que les juges attachent à ces principes des exigences qui, sans être toujours identiques, convergent. En ce sens, le juge constitutionnel et le juge européen peuvent, chacun, opérer un contrôle de proportionnalité, aboutissant à des contraintes, tantôt équivalentes[1495], tantôt complémentaires[1496]. Aussi, le Conseil constitutionnel et le juge de l'impôt (voire le juge de l'excès de pouvoir) peuvent contrôler les justifications sur lesquelles reposent les différences de traitement qui résultent de la loi[1497]. Comme les juges opèrent régulièrement un « *dialogue* »[1498] entre eux, lorsqu'ils interprètent et appliquent les principes d'égalité et de non-discrimination[1499], les appréhender dans une section

---

non-discrimination, tel qu'il est protégé par le droit primaire de l'UE, exige qu'une mesure fiscale d'un État membre qui porte atteinte aux grandes libertés de circulation (car à l'origine d'une discrimination), soit justifiée par un motif impérieux d'intérêt général et proportionnée à l'objectif qu'elle poursuit (v. not. CJCE, 5ème ch., 11 mars 2004, aff. C-9/02, *De Lasteyrie du Saillant, préc.*).
Sur la spécificité du contrôle de constitutionnalité par rapport au contrôle de conventionnalité en matière fiscale en général, v. Marc PELLETIER, « La spécificité du contrôle de constitutionnalité des lois fiscales. Conseil constitutionnel versus Cour de justice de l'Union européenne et Cour européenne des droits de l'homme », *Dr. fisc.* 2015, n° 13, 230.

1495 Sur le fondement de l'article 13 de la DDHC, le Conseil constitutionnel prohibe les présomptions irréfragables de fraude ou d'évasion fiscale, v. Cons. const., 6 octobre 2017, déc. n° 2017-659 QPC, *Nabitz, préc.* Le droit de l'Union européenne prohibe aussi ce type de présomption, v. CJCE, 12 septembre 2006, aff. C-196/04, *Cadbury Schweppes, préc.* Nous y reviendrons en détail au fil du propos.

1496 En droit de l'Union européenne, sont également prohibées les présomptions générales de fraude et d'abus, v. CJUE, 1ère ch., 8 mars 2017, aff. C-14/16, *Euro Park Service venant aux droits et obligations de la SCI Cairnbulg Nanteuil c/ Ministre des Finances et des Comptes publics, préc.* ; CJUE, 6ème ch., 7 septembre 2017, aff. C-6/16, *Eqiom SAS, anciennement Holcim France, Enka SA, préc.* Nous y reviendrons en détail au fil du propos.

1497 Pour une décision fondatrice en matière d'égalité devant la loi (DDHC, art. 6), v. Cons. const., 27 décembre 1973, déc. n° 73-51 DC, *Taxation d'office* : *Rec.* p. 25. Pour une décision fondatrice sur le principe de non-discrimination en matière fiscale (CESDH, art. 1P1 et 14), v. CE, 8ème et 3ème s.-s., 10 avril 2015, n° 379955, *Sté Red Bull on Premise* : *Dr. fisc.* 2015, n° 26, comm. 434, concl. Benoît BONHERT.
En se fondant sur ces principes, les juges pourraient par exemple étudier la différence de traitement organisée entre les articles L. 64 A du LPF et 205 A du CGI sur le plan des garanties procédurales (la faculté de saisir le Comité de l'abus de droit fiscal), puisque le contribuable poursuivi sur le terrain de la clause anti-abus en matière d'impôt sur les sociétés est moins bien traité que le contribuable poursuivi sur le terrain de l'article L. 64 A du LPF.

1498 Cette expression fait référence aux conclusions de Bruno GENEVOIS sur la décision *Cohn-Bendit* : CE, Ass., 22 décembre 1978, n° 11604, *Cohn-Bendit, préc.* Pour une étude complète sur cette question, v. *Le dialogue des juges : mélanges en l'honneur du président Bruno Genevois*, 2009, Dalloz.

1499 Au sujet d'un dialogue entre le juge de l'impôt et le Conseil constitutionnel dans la mise en œuvre du principe d'égalité en matière fiscale et du principe de non-discrimination garanti par la CESDH, v. Martin COLLET, « Les bienfaits du "dialogue des juges". Remarques sur la mise en œuvre par le juge fiscal des articles

commune paraît justifié. L'enjeu est d'identifier les exigences concrètes fondées sur ces deux principes voisins qui s'imposent aux mesures anti-abus applicables en droit fiscal international.

**575. Les exigences tenant à la prévention des doubles impositions.** – Les dispositifs anti-abus sont également soumis au respect des directives européennes et des conventions fiscales. Étudier dans une même section les exigences issues d'une partie du droit dérivé de l'Union européenne et des stipulations conventionnelles s'explique par le fait qu'elles peuvent poursuive une finalité commune[1500] : la lutte contre les doubles impositions[1501]. La finalité des directives « mères-filles », « fusions » et « intérêts-redevances » est d'atténuer les situations de double imposition au sein de l'Union européenne sur les opérations de distributions de dividendes[1502], de restructurations[1503] et de paiements d'intérêts et

---

14 de la Convention EDH et 1er de son protocole additionnel », *Dr. fisc.* 2006, n° 51, 70. Plus largement, en matière fiscale, la question du dialogue dépasse celle relative aux principes d'égalité et de non-discrimination. Pour la proximité du raisonnement en droit public français en matière de sauvegarde des libertés et en droit primaire de l'UE en matière de protection des libertés de circulation, v. Benoit DELAUNAY, « L'évolution de la jurisprudence relative aux justifications des restrictions fiscales aux libertés communautaires », *Dr. fisc.* 2009, n° 12-13, 248. Pour la question des liens entre la sécurité juridique et la confiance légitime, v. Emmanuel JOANNARD-LARDENT, « Les principes de sécurité juridique et de confiance légitime en droit fiscal, à propos de Cons. const., déc. 19 déc. 2013, n° 2013-682 DC, Loi de financement de la sécurité sociale pour 2014 », *Dr. fisc.* 2014, n° 10, 191.

1500 Évidemment, toutes les directives européennes n'ont pas pour finalité principale de lutter contre la double imposition. Dans ce chapitre, il est question de la compatibilité des mesures anti-abus adoptées par l'État, avec les directives européennes « mères-filles », « fusions » et « intérêts-redevances » qui autorisent les États membres à recourir à des mesures internes pour lutter contre les fraudes et les abus. Avant d'inviter les États membres à prendre des mesures anti-abus communes pour lutter contre les pratiques abusives (Dir. « mères-filles » 2015, art. 1er ; Dir. « ATAD 1 », art. 6), dont l'obligation de transposition a été respectée à la lettre par la France, les trois directives européennes en présence autorisaient les États membres à user de leurs propres outils pour lutter contre les abus (Dir. « mères-filles » 2011, art. 1er, 2 ; Dir. « fusions » 2011, art. 15, 1, a ; Dir. « intérêts-redevances », art. 5).

1501 Il est vrai que les exigences liées au respect des directives européennes qui luttent contre des doubles impositions spécifiques et les exigences attachées aux conventions fiscales ne sont pas similaires. Toutefois, ces exigences sont établies dans l'optique de réaliser l'objectif commun qui leur est assigné, à savoir, la lutte contre la double imposition.

1502 Pour une affirmation en ce sens, v. CJUE, 6ème ch., 7 septembre 2017, aff. 6/16, *Eqiom SAS, anciennement Holcim France SAS, Enka SA c/ Ministre des Finances et des Comptes publics*, *préc.*, point 22.

1503 Pour une affirmation en ce sens, v. Directive 2009/133/CE du Conseil du 19 octobre 2009 concernant le régime fiscal commun applicable aux fusions, scissions, scissions partielles, apports d'actifs et échanges d'actions intéressant des

redevances entre entreprises associées[1504]. Si, sur le fondement de ces directives, les États membres ont une marge de manœuvre pour lutter contre les abus au sein de l'Union européenne, cela ne signifie pas pour autant que l'usage de ces facultés est sans limite. La Cour de justice exige des États membres qu'ils n'aillent pas au-delà de ce qui est nécessaire pour prévenir et combattre les abus[1505]. En parallèle, les mesures anti-abus doivent se concilier avec les stipulations des conventions fiscales. Se pose la question, plus spécifique, de savoir si l'application d'une mesure anti-abus législative par l'Administration fiscale peut être mise en échec par les stipulations d'une convention fiscale dont l'objet est la répartition du pouvoir d'imposer entre les États[1506].

**576.** Il convient alors d'étudier les exigences attachées aux principes d'égalité et de non-discrimination (**Section I**), ainsi que les exigences tenant à l'objectif de prévention des doubles impositions poursuivi par les directives européennes et les conventions fiscales (**Section II**).

---

sociétés d'États membres différents, ainsi qu'au transfert du siège statutaire d'une SE ou d'une SCE d'un État membre à un autre, point 14.

[1504] Pour une affirmation en ce sens, v. CJUE, Grande ch., 26 février 2019, aff. C-115/16, C-118/16, C-119/16 et C-299/16, *N Luxembourg 1 et a.*, *préc.*, point 90.

[1505] V. par ex. CJUE, 6ème ch., 7 septembre 2017, aff. 6/16, *Eqiom SAS, anciennement Holcim France SAS, Enka SA c/ Ministre des Finances et des Comptes publics*, *préc.*

[1506] V. par ex. CE, Ass., 28 juin 2002, n° 232276, *min. c/ Schneider Electric*, *préc.*

## Section I – Les exigences tenant aux principes d'égalité et de non-discrimination

**577.** La mise en œuvre des mesures anti-abus du droit fiscal international doit se concilier avec les principes d'égalité et de non-discrimination. Sur le fondement de ces principes, le Conseil constitutionnel, la Cour de justice et le Conseil d'État ont établi plusieurs limites. Pour établir ces limites, les juges procèdent à différents types de contrôle. D'abord, sur le fondement du principe d'égalité devant la loi (DDHC, art. 6) et du principe de non-discrimination combiné au droit au respect des biens (CESDH, art. 14 et 1 P1), le juge constitutionnel et le juge de l'impôt (ou de l'excès de pouvoir) exigent que les différences de traitement instituées par les mesures fiscales soient pleinement justifiées[1507] (**§ 1**). Ensuite, le juge constitutionnel, en se fondant sur le principe d'égalité devant les charges publiques (DDHC, art. 13) impose que les dispositions adoptées par le législateur soient cohérentes par rapport à l'objectif qui leur est assigné. D'une manière moins prononcée, il impose que les mesures fiscales législatives soient cohérentes par rapport au régime fiscal dans lequel elles s'insèrent (**§ 2**). Enfin, le Conseil constitutionnel, la Cour de justice de l'Union européenne et le juge de l'impôt opèrent un contrôle de proportionnalité (**§ 3**). Le propos consiste à présenter ces trois types de contrôle et, partant, leur effectivité variable dans le cadre de la rationalisation de la mise en œuvre des mesures anti-abus applicables en droit fiscal international.

### *§ 1 – L'exigence de justification des différences de traitement*

**578.** Les pouvoirs publics n'ont eu de cesse de diversifier les mesures anti-abus applicables dans les situations transnationales. En conséquence, les différences de traitement entre les mesures anti-abus se sont multipliées. Ces différences de traitement, pour être conformes au principe d'égalité devant la loi (DDHC, art. 6) ou pour être compatibles au principe de non-discrimination combiné au droit au respect des biens (CESDH, art. 14 et 1 P1), doivent nécessairement être justifiées. Par le passé, l'exercice de ce contrôle ne s'est pas révélé être efficace pour rationaliser la mise en œuvre des mesures anti-abus (**A**). Toutefois, à l'avenir, il est probable que des

---

[1507] Il est vrai que, dans le cadre du contrôle opéré sur le terrain des grandes libertés européennes, il convient de s'interroger sur la justification attachée à la différence de traitement adoptée par un État membre entre les résidents de cet État membre et les non-résidents. Mais, au regard de la particularité du contrôle opéré par la Cour de justice, sur lequel nous reviendrons plus bas (n° 598), nous avons fait le choix de l'étudier de manière spécifique et de le rapprocher du contrôle de proportionnalité opéré par le Conseil constitutionnel sur le fondement de l'article 13 de la DDHC.

contribuables aient l'ambition de contester, sur le fondement du principe d'égalité ou du principe de non-discrimination, le fait que les dispositions de l'article L. 64 A du LPF proposent une garantie substantielle supplémentaire par rapport aux dispositions de l'article 205 A du CGI, à savoir la possibilité de saisir le Comité de l'abus de droit fiscal (n° 380). En effet, il est légitime de se demander si la différence de traitement entre le contribuable dont les impositions sont rectifiées sur le fondement des dispositions de l'article 205 A du CGI et le contribuable dont les impositions sont rectifiées sur le fondement de l'article L. 64 A du LPF est justifiée (**B**).

### *A. La complémentarité entre l'article 6 de la DDHC et les articles 1 P1 et 14 de la CESDH*

**579.** Le principe d'égalité devant la loi (DDHC, art. 6) et le principe de non-discrimination combiné au droit au respect des biens (CESDH, art. 14 et 1 P1), bien que conceptuellement différents, sont deux principes voisins. En pratique, ils peuvent être appliqués, respectivement, par le juge constitutionnel et par le juge de l'impôt. Ils peuvent être analysés comme des leviers complémentaires pour mettre fin à des différences de traitement non justifiées qui existent au sein de la catégorie des dispositifs anti-abus du droit fiscal international.

**580. La garantie sur le plan constitutionnel : le principe d'égalité devant la loi. –** Ayant une rédaction très générale, l'article 6 de la DDHC, qui renferme le principe d'égalité devant la loi, trouve à s'appliquer en droit fiscal. L'article 6 de la DDHC dispose que la loi « *doit être la même pour tous, soit qu'elle protège, soit qu'elle punisse* ». Autrement dit, dès lors que deux personnes sont dans une situation identique, elles doivent être traitées par la loi d'une manière identique. Sous cet angle, le principe s'apparente à une égalité de traitement au sein d'une même catégorie. Néanmoins, le Conseil constitutionnel autorise le législateur à aménager des différences de traitement. Selon une formule bien connue et constante en jurisprudence : « *Le principe d'égalité ne s'oppose ni à ce que le législateur règle de façon différente des situations différentes, ni à ce qu'il déroge à l'égalité pour des raisons d'intérêt général, pourvu que, dans l'un et l'autre cas, la différence de traitement qui en résulte soit en rapport direct avec l'objet de la loi qui l'établit* »[1508]. Cette interprétation du Conseil constitutionnel, bien qu'elle s'éloigne quelque peu de celle retenue

---

[1508] Pour la formulation du principe, v. par ex. le contentieux relatif aux « discriminations à rebours » : Cons. const., 3 février 2016, déc. n° 2015-520 QPC, *Sté Metro Holding* : *Dr. fisc.* 2016, n° 12, ét. 233, Gauthier BLANLUET ; Cons. const., 3 avril 2020, déc. n° 2019-832/833 QPC, *Marc S et al.* : *Dr. fisc.* 2020, n° 20, 240, note Louis NAYBERG et Nicolas VERGNET.

traditionnellement par le juge administratif[1509], est désormais partagée par le Conseil d'État depuis la décision *Duvignères*[1510]. Le Conseil constitutionnel prévoit ainsi un aménagement et une dérogation au principe d'égalité. D'un côté, le législateur est à même de tracer les différentes catégories de contribuables qu'il souhaite traiter d'une façon différente sur le plan fiscal. Encore faut-il que cette distinction entre les catégories soit « *objective* » et qu'elle soit « *en phase avec l'objet du texte qui en est le support* »[1511]. En pratique, les décisions de censure du Conseil constitutionnel fondées sur l'article 6 de la DDHC concernent les cas dans lesquels la distinction opérée par le législateur est « *artificielle* »[1512]. D'un autre côté, le législateur est habilité à déroger au principe d'égalité, s'il se fonde sur un motif d'intérêt général en

---

[1509] Par exemple, dans la décision *Denoyez et Chorques* (CE, Sect., 10 mai 1974, n° 88032 et n° 88148, *Denoyez et Chorques* : *RDP* 1974, p. 467, note Marcel WALINE), le Conseil d'État estime que : « *La fixation de tarifs différents applicables, pour un même service rendu, à diverses catégories d'usagers d'un service ou d'un ouvrage public implique, à moins qu'elle ne soit la conséquence nécessaire d'une loi, soit qu'il existe entre les usagers des différences de situation appréciables, soit qu'une nécessité d'intérêt général en rapport avec les conditions d'exploitation du service ou de l'ouvrage commande cette mesure* ». Le principe d'égalité a été érigé en principe général du droit en 1951, v. CE, Sect., 9 mars 1951, n° 92004, *Société des concerts du Conservatoire* : *Rec.* p. 151.

[1510] CE, Sect., 18 décembre 2002, n° 233618, *Mme Duvignères* : *Rec.* p. 463 ; *GAJA*, n° 103. Dans un formulation quasi-similaire à celle retenue par le Conseil constitutionnel, le Conseil d'État indique que : « *Le principe d'égalité ne s'oppose pas à ce que l'autorité investie du pouvoir réglementaire règle de façon différente des situations différentes ni à ce qu'elle déroge à l'égalité pour des raisons d'intérêt général, pourvu que la différence de traitement qui en résulte soit, dans l'un comme l'autre cas, en rapport avec l'objet de la norme qui l'établit et ne soit pas manifestement disproportionnée au regard des différences de situation susceptibles de la justifier* ». L'exigence de proportionnalité se retrouve – en droit fiscal constitutionnel – à l'article 13 de la DDHC. Pour une étude (critique) relative à l'évolution du principe d'égalité en droit administratif, v. Bertrand SEILLER, « Contribution à la résolution de quelques paradoxes de la formulation prétorienne du principe d'égalité », in *Mélanges Lachaume*, Dalloz, 2007, p. 979.

[1511] Ludovic AYRAULT, « Le principe d'égalité en matière fiscale », *Titre VII* 2020, n° 4.

[1512] *Ibid.* Pour une étude en ce sens, nous renvoyons à l'article de Ludovic AYRAULT, riche d'exemples jurisprudentiels.

S'agissant de la question de la discrimination à rebours, v. Cons. const., 3 février 2016, déc. n° 2015-520 QPC, *Sté Metro Holding*, *préc.* ; Cons. const., 3 avril 2020, déc. n° 2020-832/833 QPC, *Marc S.*, *préc.* V. les commentaires de : Gauthier BLANLUET, « Discrimination à rebours : le droit interne à l'épreuve du droit de l'Union européenne. À propos de Cons. const., 3 février 2016, n° 2015-520 QPC, Sté Metro Holding », *Dr. fisc.* 2016, n° 12, 233 ; « Discriminations à rebours : pour elles sonne le glas ? », *Dr. fisc.* 2020, n° 28, ét. 302 ; Martin COLLET, « Le Conseil constitutionnel et les discriminations à rebours en matière fiscale », *JCP G* 2016, n° 13, 373 ; Alexandre MAITROT DE LA MOTTE, « L'extension des régimes fiscaux européens aux situations originellement exclues de leur champ : vers l'élimination des discriminations européennes par le principe constitutionnel d'égalité corrélative ? », *Dr. fisc.* 2016, n° 37, 475 ; « Les limites du principe constitutionnel d'égalité corrélative », *Dr. fisc.* 2020, n° 20, 163.

rapport direct avec l'objet de la loi. Les motifs d'intérêt général sont toujours poursuivis par le législateur et se caractérisent par leur variabilité en droit fiscal[1513]. En pratique, le Conseil constitutionnel évite de contraindre trop largement le législateur quant à l'établissement des catégories. En effet, il estime qu'il ne dispose pas *« d'un pouvoir général d'appréciation et de décision identique au parlement »*[1514]. Il reconnaît ainsi que les distinctions opérées par le législateur relèvent d'un choix « *éminemment politique* »[1515]. Toutefois, rien n'empêche le Conseil constitutionnel de censurer des différences de traitement entre les dispositifs anti-abus qui ne sont pas justifiées au regard des critères énoncés. En parallèle le juge de l'impôt, ou le juge de l'excès de pouvoir, dans le cadre d'un contrôle de conventionnalité de la loi, peut être amené à écarter les mêmes différences de traitement non justifiées en mobilisant le principe de non-discrimination garanti par la CESDH.

**581. La garantie sur le plan conventionnel : le principe de non-discrimination. –** En matière fiscale, l'article 1 P1, qui garantit le droit au respect des biens[1516], et l'article 14 de la CESDH[1517], qui garantit le principe de non-discrimination, peuvent être combinés afin de lutter contre les différences de traitement injustifiées qui existeraient en matière fiscale.

---

[1513] Il est d'ailleurs parfois difficile de les distinguer. C'est particulièrement le cas lorsqu'il s'agit de discerner les motifs de lutte contre la fraude fiscale (Cons. const., 29 décembre 1983, déc. n° 83-164 DC, *Loi de finances pour 1984*, *préc.*), l'évasion fiscale (Cons. const., 29 décembre 1989, déc. n° 89-268 DC, *Loi de finances pour 1990* : *Rec.* p. 110) ou l'optimisation fiscale (Cons. const., 26 juin 2015, déc. n° 2015-473 QPC, *Époux P.*, *préc.*).

[1514] Depuis la déc. n° 74-54 DC du 15 janvier 1975, *Loi relative à l'interruption volontaire de la grossesse* (*préc.*), il est régulièrement affirmé en jurisprudence que : « *Considérant que l'article 61 de la Constitution ne confère pas au Conseil constitutionnel un pouvoir général d'appréciation et de décision identique à celui du Parlement, mais lui donne seulement compétence pour se prononcer sur la conformité à la Constitution des lois déférées à son examen* ».

[1515] Martin COLLET, *Droit fiscal*, *op. cit.*, p. 36, § 59.

[1516] L'article 1 P1 de la CESDH est rédigé comme suit : « *Toute personne physique ou morale a droit au respect de ses biens. Nul ne peut être privé de sa propriété que pour cause d'utilité publique et dans les conditions prévues par la loi et les principes généraux du droit international.*
*Les dispositions précédentes ne portent pas atteinte au droit que possèdent les États de mettre en vigueur les lois qu'ils jugent nécessaires pour réglementer l'usage des biens conformément à l'intérêt général ou pour assurer le paiement des impôts ou d'autres contributions ou des amendes* ».

[1517] L'article 14 de la CESDH est rédigé comme suit : « *La jouissance des droits et libertés reconnus dans la présente Convention doit être assurée, sans distinction aucune, fondée notamment sur le sexe, la race, la couleur, la langue, la religion, les opinions politiques ou toutes autres opinions, l'origine nationale ou sociale, l'appartenance à une minorité nationale, la fortune, la naissance ou toute autre situation* ».

Dans l'avis *Financière Labeyrie*[1518], le Conseil d'État estime que les stipulations de la CESDH « *peuvent être utilement invoquées pour soutenir que la loi fiscale serait à l'origine de discriminations injustifiées entre contribuables* »[1519]. Ainsi entendu, le juge de l'impôt a la capacité de contrôler la compatibilité des mesures anti-abus à ces stipulations conventionnelles qui, finalement, se rapprochent du principe d'égalité devant la loi (DDHC, art. 6). Depuis la décision *Sarteur* rendue en 2005[1520], le juge interprète les articles 1 P1 et 14 de la CESDH de la manière suivante : « *une distinction entre des personnes placées dans une situation analogue est discriminatoire, au sens de ces stipulations, si elle n'est pas assortie de justifications objectives et raisonnables, c'est-à-dire si elle ne poursuit pas un objectif d'utilité publique ou si elle n'est pas fondée sur des critères objectifs et rationnels en rapport avec les buts de la loi* »[1521]. La formule du Conseil d'État rappelle effectivement celle employée par le Conseil constitutionnel lorsqu'il contrôle la conformité d'une loi fiscale au principe d'égalité devant la loi. D'ailleurs, lorsque le Conseil d'État vient apprécier la compatibilité d'une disposition législative qui a déjà été reconnue comme étant non-conforme à la Constitution sur le fondement du principe d'égalité devant la loi, il n'hésite pas à se placer dans le sillage de la solution rendue par le Conseil constitutionnel et à reprendre les motifs retenus dans la décision du juge constitutionnel[1522].

**582. L'effectivité des principes d'égalité devant la loi et de non-discrimination. –** L'intérêt pour le requérant est de mobiliser le principe d'égalité devant la loi ou le principe de non-discrimination pour effacer toute différence de traitement qui n'a pas de rapport avec l'objet de la loi qui l'établit ou qui ne repose pas sur des justifications objectives et raisonnables. Sans doute, le Conseil constitutionnel et le juge de l'impôt (voire le juge de l'excès de pouvoir) ont une marge de manœuvre étendue pour décider des différences de traitement qu'il convient de neutraliser. Pour l'heure, l'article 6 de la DDHC ainsi que les articles 1 P1 et 14 de la

---

1518 CE, Avis Ass., 12 avril 2002, n° 239693, *SA Financière Labeyrie* : *RJF* 6/02, n° 673, concl. François SENERS *BDCF* 6/02, n° 83 ; *AJDA* 2002, n° 5, p. 410, chron. Mathias GUYOMAR et Pierre COLLIN.

1519 Dans cet avis le Conseil d'État refuse que les dispositions de l'article 14 de la convention puissent être invoquées lorsqu'est en cause une différence de traitement organisée par la loi entre l'Administration et le contribuable.

1520 CE, 9ème et 10ème s.-s., 10 août 2005, n° 259741, *Sarteur* : *RJF* 11/05, n° 1305, concl. Laurent VALLEE *BDCF* 11/05, n° 141.

1521 V. en ce sens : CE, 8ème et 3ème s.-s., 10 avril 2015, n° 379955, *Sté Red Bull on Premise*, *préc.* ; CE, 8ème et 3ème ch., 29 mars 2017, n° 399506, *Sté Layher* : *Dr. fisc.* 2017, n° 25, comm. 365, concl. Romain VICTOR ; CE, 8ème et 3ème ch., 22 novembre 2019, n° 431867 : *Dr. fisc.* 2020, n° 8, comm. 150, concl. Karin CIAVALDINI.

1522 V. en ce sens les deux décisions suivantes : Cons. const., 19 septembre 2014, déc. n° 2014-417 QPC, *Sté Red Bull on Premise* : *RJF* 12/14, n° 1133 ; CE, 8ème et 3ème s.-s., 10 avril 2015, n° 379955, *Sté Red Bull on Premise*, *préc.*

CESDH n'ont pas eu d'influence particulière en ce qui concerne les mesures anti-abus du droit fiscal international. En effet, les juges ne sont pas enclins à sanctionner toutes les différences de traitement.

**583. Des illustrations jurisprudentielles. –** Il est peu probable que les juges invalident la différence de traitement entre les contribuables qui relèvent d'un régime de droit commun et les contribuables qui relèvent d'une mesure anti-abus dérogatoire à ce régime commun. La différence de traitement repose sur une différence de situations en rapport avec l'objet ou le but de la mesure anti-abus qui consiste à prévenir des situations d'évasion fiscale. En ce sens, la Cour administrative d'appel de Lyon a refusé de voir dans la différence de traitement, quant à la charge de la preuve, entre les contribuables qui relèvent du régime de droit commun défini à l'article 39, 1°, 1 du CGI et ceux qui relèvent de l'article 238 A du CGI, comme une discrimination prohibée par les stipulations combinées des articles 14 et 1 P1 de la CESDH. La différence de traitement repose sur des risques objectifs d'évasion fiscale, donc en rapport avec les buts de la loi[1523]. Il en irait de même, hypothétiquement, dans le cas où un requérant se plaindrait de la différence de traitement entre les contribuables qui relèvent de l'article 209 du CGI et ceux qui relèvent de l'article 209 B du CGI, dans la mesure où le régime dérogatoire institué repose sur des risques d'évasion fiscale. En réalité, ne pas admettre la justification des différences de traitement entre les contribuables conduirait à vider de leur substance les mesures anti-abus en droit fiscal international.

**584.** En revanche, une différence de traitement, telle que le bénéfice d'une garantie procédurale substantielle, entre les contribuables qui relèvent d'une première mesure anti-abus et ceux qui relèvent d'une autre mesure anti-abus, peut être problématique. Ainsi, la différence de traitement entre les contribuables dont l'imposition est rectifiée sur le fondement des dispositions de l'article 205 A du CGI et les contribuables dont l'imposition est rectifiée sur le fondement des dispositions de l'article L. 64 A du LPF, au sujet de la possibilité de saisir ou non le Comité de l'abus de droit fiscal, est problématique.

### B. *Une illustration : la différence de traitement organisée par les articles 205 A du CGI et L. 64 A du LPF*

**585. Les contours du problème. –** Les dispositions des articles 205 A du CGI et L. 64 A du LPF posent quelques difficultés sur le terrain du

---

[1523] CAA Lyon, 2ème ch., 7 mai 2008, n° 05-646, *SARL Production métallurgique de Bourgogne* : *RJF* 12/08, n° 1304.

principe d'égalité devant la loi (DDHC, art. 6)[1524] et, parallèlement, sur le terrain du principe de non-discrimination (CESDH, art. 1 P1 et 14). Le législateur a pris soin de transposer la clause anti-abus générale de l'article 6 de la directive « ATAD 1 » à l'article 205 A du CGI. Il a aussi pris l'initiative d'étendre la clause anti-abus générale applicable en matière d'impôt sur les sociétés à tous les impôts, et ce, à l'article L. 64 A du LPF. Or, le législateur a décidé d'octroyer une garantie supplémentaire au contribuable dont l'imposition est rectifiée sur le terrain de l'article L. 64 A du LPF : la faculté de saisir le Comité de l'abus de droit fiscal. La différence de traitement entre les contribuables est identifiable. Des contribuables pourraient tenter de plaider que les dispositions des articles 205 A du CGI et L. 64 A du LPF visent des situations semblables ou analogues. Ces deux dispositifs anti-abus s'appliquent à des pratiques abusives *a priori* équivalentes (n° 149 et s.). Dans ce cas, cette différence de traitement organisée par l'article L. 64 A du LPF est-elle justifiée par une raison d'intérêt général ou par un objectif d'utilité publique ; est-elle en rapport avec l'objet ou les buts de la loi qui la met en place ?

**586. Une différence de traitement justifiée ? –** En l'état, quelques doutes peuvent être émis quant au respect des principes d'égalité et de non-discrimination. Il est délicat de trouver une justification à la différence de traitement identifiée, étant donné que l'instauration de l'article L. 64 A du LPF a précisément vocation à étendre la clause anti-abus générale de l'article 205 A du CGI à tous les impôts[1525]. En parallèle, l'interprétation donnée par l'Administration fiscale, qui consiste à dire que l'article L. 64 A du LPF exclut de son champ d'application les opérations qui aboutissent à l'évitement de l'impôt sur les sociétés, ne rend pas forcément la disposition conforme au principe d'égalité. Comme le résume la doctrine : « *on peinera à trouver une justification au fait que l'entreprise dont l'Administration écarte des actes en arguant de leur finalité principalement fiscale ne peut saisir le Comité de l'abus de droit fiscal lorsque la rectification conduit à des suppléments d'impôt sur les sociétés, alors qu'elle le peut si cette rectification entraîne, par exemple, des suppléments d'impôt sur le revenu dans la catégorie des bénéfices industriels et commerciaux ou des compléments de TVA* »[1526]. Il ne serait guère étonnant qu'un contribuable tente de contester les dispositions de la loi qui ont étendu la clause anti-abus de l'article 205 A du CGI à l'article L. 64 A du LPF, tant en se fondant sur le

---

[1524] V. en ce sens : Laurent OLLEON, « Mini-abus de droit : la Campagne des cent fleurs ? », *op. cit.*, § 5.

[1525] V. amendement PEYROL, *préc.* : « *Le dispositif qui est proposé ici peut ainsi être vu comme étendant à l'ensemble des impôts la clause anti-abus de l'article 48 [qui transpose la clause anti-abus générale de l'article 6 de la directive « ATAD »], et est donc complémentaire à cette dernière* ».

[1526] Laurent OLLEON, « Mini-abus de droit : la Campagne des cent fleurs ? », *op. cit.*, § 5.

principe d'égalité devant la loi (DDHC, art. 6) qu'en se fondant sur le principe de non-discrimination (CESDH, art. 1 P1 et 14). Cependant, ce n'est pas la transposition de l'article 6 de la directive « ATAD 1 » qui est contestable sur le plan constitutionnel ou conventionnel. Contester la constitutionnalité ou la conventionnalité des dispositions de l'article 205 A du CGI s'avère être, en pratique, un exercice complexe, puisque cela revient à s'interroger sur la constitutionnalité (n° 554 et s.) ou la conventionnalité (n° 562 et s.) des dispositions précises et inconditionnelles d'une directive européenne. Ce sont bien les dispositions législatives prévoyant l'extension de la clause anti-abus de l'article 205 A du CGI à l'article L. 64 A du LPF qui posent un problème sur le plan constitutionnel et conventionnel.

**587. La réticence future du juge ?** – Dans le cadre d'une éventuelle question prioritaire de constitutionnalité, le Conseil d'État peut être amené à apprécier le sérieux et la nouveauté de cette question (n° 492). De la même manière, le juge de l'impôt peut être amené à traiter cette question dans le cadre d'un contrôle de conventionnalité de la loi. Néanmoins, force est de reconnaître que, dans l'affaire *Société Hays France*[1527], le Conseil d'État a refusé de transmettre une question prioritaire de constitutionnalité ayant pour objet les dispositions de l'article L. 64 du LPF. Cette question portait sur la coexistence du régime de la procédure de rectification de l'article L. 64 du LPF et du principe général d'interdiction de la fraude à la loi[1528]. La difficulté principale tient au fait que la loi n'attache pas les mêmes garanties procédurales à ces deux fondements. Une différence de traitement est identifiable. L'enjeu est de savoir si cette différence de traitement est justifiée. Le Conseil d'État, en suivant les conclusions de son rapporteur public[1529], estime que les contribuables se trouvent dans une situation différente selon que l'abus de droit est sanctionné sur le fondement de la procédure d'abus de droit ou sur le fondement du principe général. Le Conseil d'État juge que les champs des deux fondements ne se recoupent pas. Le principe général d'interdiction de la fraude à la loi s'applique uniquement dans le cas où la procédure d'abus de droit n'est pas applicable[1530]. Il en déduit que la différence de traitement se justifie par une différence de situations en rapport avec l'objet de la loi[1531]. Or, il n'est pas

---

[1527] CE, 3ème et 8ème ch., 4 février 2022, n° 455278, *Sté Hays France*, *préc.*

[1528] *RJF* 5/22, n° 485.

[1529] Marie-Gabrielle MERLOZ, concl. sur CE, 3ème et 8ème ch., 4 février 2022, n° 455278, *Sté Hays France* : *RJF* 5/22, C 485, § 20.

[1530] La procédure de l'article L. 64 du LPF est limitée aux hypothèses où l'Administration engage une procédure de rectification. Le principe d'interdiction de la fraude à la loi peut s'appliquer, par exemple, à l'hypothèse d'une réclamation tendant au remboursement d'un crédit d'impôt ou d'un impôt.

[1531] Il est regrettable que le Conseil d'État et son rapporteur public, dans la décision *Sté Hays France* (*préc.*) et dans les conclusions, se bornent simplement à affirmer ce

du tout exclu que le juge administratif suprême adopte un raisonnement similaire au sujet des dispositions de l'article L. 64 A du LPF et celles de l'article 205 A du CGI. Il pourrait estimer que les champs de ces deux dispositifs anti-abus ne se recoupent pas et, partant, en conclure que la différence de traitement se justifie par une différence de situations en rapport avec l'objet de la loi[1532].

**588.** L'idéal aurait été que le législateur prenne la mesure de cette difficulté avant d'entreprendre cette réforme afin d'éviter une vague de contestations. Dans le souci de respecter le principe d'égalité ou de non-discrimination, il serait judicieux que le législateur vienne octroyer au contribuable dont l'imposition est rectifiée sur le fondement des dispositions de l'article 205 A du CGI, la faculté de saisir le Comité de l'abus de droit fiscal. Plus largement, les pouvoirs publics devraient faire preuve de plus de cohérence dans les réformes qu'ils entreprennent en la matière.

### *§ 2 – L'exigence de cohérence*

**589.** L'article 13 de la DDHC[1533], auquel est attaché le principe d'égalité devant les charges publiques, dispose que : « *Pour l'entretien de la force publique, et pour les dépenses d'administration, une contribution commune est indispensable : elle doit être également répartie entre tous les citoyens, en raison de leurs facultés* ». Le juge constitutionnel a usé de son pouvoir créateur pour encadrer l'action législative en matière fiscale. Sur le fondement du principe d'égalité devant les charges publiques, le Conseil constitutionnel exige que le législateur fasse preuve de cohérence dans ses réformes. Plus précisément, il exige qu'un dispositif fiscal législatif soit cohérent par rapport à l'objectif qu'il poursuit. Le contrôle repose sur « *la rationalité de la démarche* »[1534] entreprise par le législateur. Si l'exigence de rationalité est admise par le Conseil constitutionnel, l'exercice de ce contrôle, au sujet des mesures anti-abus, ne semble pas être d'une grande effectivité (**A**). Aussi, le Conseil

---

rapport avec l'objet de la loi sans faire état de plus amples explications. Cette affirmation, qui donne l'impression d'être quelque peu péremptoire, est discutable au regard de l'objet de la loi de 2008 (loi n° 2008-1443 du 30 décembre 2008, art. 35) qui, en pratique, tend à étendre le champ d'application de la procédure d'abus de droit aux cas visés par le principe général d'interdiction de la fraude à la loi. *In fine*, une fois de plus, le Conseil d'État paraît refuser de transmettre une QPC au Conseil constitutionnel afin d'éviter que ce dernier se prononce directement sur les dispositions de l'article L. 64 du LPF.

1532 Une telle affirmation serait également discutable, étant donné que l'objet de la loi est bien d'étendre la clause anti-abus issue de la transposition de l'article 6 de la directive « ATAD 1 » à tous les impôts.

1533 Pour une étude d'ensemble, v. Ludovic AYRAULT, « Le principe d'égalité en matière fiscale », *op. cit.*

1534 *Ibid.*

constitutionnel s'assure parfois qu'un dispositif fiscal soit cohérent au regard du régime dans lequel il s'insère[1535]. À supposer que le Conseil constitutionnel accepte de contrôler la cohérence d'une mesure anti-abus au regard des autres mesures anti-abus, en somme à la lumière d'une cohérence générale, il pourrait effacer les éléments de régime qui paraissent irrationnels. Tout cela reste très hypothétique, car il n'est pas certain que le Conseil constitutionnel s'arroge le droit d'effectuer un tel contrôle sur le fondement de l'article 13 de la DDHC (**B**).

### *A. La rationalité d'un dispositif anti-abus par rapport à l'objectif poursuivi : l'exigence affirmée de l'article 13 de la DDHC*

**590. L'exigence de rationalité admise par le Conseil constitutionnel. –** Dès lors que le législateur traite différemment des contribuables, il se doit de tenir compte de l'exigence de rationalité établie par le Conseil constitutionnel sur le fondement de l'article 13 de la DDHC. De manière tout à fait constante, le Conseil constitutionnel indique qu'il appartient au législateur, sur le fondement de l'article 34 de la Constitution, « *de déterminer les règles selon lesquelles doivent être appréciées les facultés contributives* ». Dans cette perspective, le législateur se doit de fonder « *son appréciation sur des critères objectifs et rationnels en fonction des buts qu'il se propose* ». À cet égard, il y a « *rupture caractérisée de l'égalité devant les charges publiques* » dès lors que le législateur manquerait de cohérence ou de rationalité dans son appréciation des facultés contributives des contribuables[1536]. Cette exigence de rationalité a pu paraître un temps énigmatique[1537]. Aujourd'hui, elle ramène à un contenu stable. Sur le fondement de l'article 13 de la DDHC, le Conseil constitutionnel a pour habitude d'effectuer un contrôle de cohérence du dispositif législatif au regard de l'objectif qui lui est attaché. Sans rationalité, adéquation ou justification dans la démarche, le législateur méconnaît le principe d'égalité devant les charges publiques, ce qui peut justifier la censure du dispositif fiscal par le juge. Le Conseil constitutionnel

---

[1535] V. Martin COLLET, *Droit fiscal*, *op. cit.*, p. 40, § 63.

[1536] Pour des explications récentes et des exemples jurisprudentiels contemporains, v. Ludovic AYRAULT, « Le principe d'égalité en matière fiscale », *op. cit.* L'expression a été employée récemment lors du contrôle de constitutionalité *a priori* de la loi de finances pour 2021 : Cons. const., 28 décembre 2020, déc. n° 2020-813 DC, *Loi de finances pour 2021*.

[1537] V. Gweltaz EVEILLARD, « L'exigence de critères objectifs et rationnels dans le contrôle de l'égalité devant l'impôt par le Conseil constitutionnel », *LPA* 2000, n° 20, p. 8.

a pu se montrer exigeant dans son contrôle, même s'il vient sanctionner uniquement l'erreur manifeste d'appréciation[1538].

**591. Le contrôle de l'erreur manifeste d'appréciation du législateur.** – Dans la jurisprudence constitutionnelle, la formule suivante est régulièrement rappelée : *« Le Conseil constitutionnel n'a pas un pouvoir général d'appréciation et de décision de même nature que celui du Parlement. Il ne saurait rechercher si les objectifs que s'est assignés le législateur auraient pu être atteints par d'autres voies, dès lors que les modalités retenues par la loi ne sont pas manifestement inappropriées à l'objectif visé »*[1539]. Ainsi, le Conseil constitutionnel vient volontairement restreindre son contrôle à l'erreur manifeste d'appréciation. Cela réduit les espoirs qui pouvaient naître pour effacer les incohérences attachées aux dispositifs anti-abus révélées dans ce travail. En pratique, même si le Conseil constitutionnel exerce un contrôle approfondi lorsqu'il étudie une mesure incitative[1540], qui s'applique également *a priori* aux mesures dissuasives telles que les dispositifs anti-abus, le Conseil constitutionnel ne sanctionne pas tout type d'incohérence.

**592. Des illustrations.** – Par exemple, les dispositions de l'article L. 64 A du LPF paraissent incohérentes à divers niveaux. Une première confusion du législateur tient dans le présupposé selon lequel le dispositif anti-abus de l'article L. 64 A du LPF est nécessaire afin de rectifier des actes, des opérations ou des montages, que l'Administration ne pourrait rectifier sur le fondement la deuxième branche de l'article L. 64 du LPF[1541]. Or, le législateur ne tient pas compte de l'interprétation souple du critère du « but exclusivement fiscal » faite par le Conseil d'État[1542]. Ce dernier a voulu laisser une marge de manœuvre aux services de contrôle pour appréhender tout type d'opérations abusives (n° 143 et s.). Une autre confusion tient au fait que le législateur adopte les dispositions de l'article L. 64 A du LPF dans l'optique d'étendre la clause anti-abus générale issue de la directive « ATAD 1 » à tous les impôts[1543]. Cependant, le législateur ne retranscrit pas

---

[1538] Par exemple, ce fût le cas au sujet de la « Taxe Carbone » : Cons. const., 29 décembre 2009, déc. n° 2009-599 DC, *Loi de finances pour 2010*, *préc.*, cons. 82.
[1539] V. par ex. : Cons. const., 22 novembre 2019, déc. n° 2019-814 QPC, *Sté Prato Corbara* : *RJF* 2/20, n° 160, cons. 8.
[1540] Ludovic AYRAULT, « Le principe d'égalité en matière fiscale », *op. cit.*
[1541] V. l'amendement PEYROL, *préc.* : « *Le présent amendement, qui traduit cette proposition, prévoit un assouplissement de l'abus de droit, dans la branche de fraude à la loi, pour l'appliquer aux opérations à motivation fiscale principale et non plus exclusive. Ainsi cet amendement permettrait d'aboutir à un abus de droit "à deux étages" plus souple [...]* ».
[1542] V. CE, 9ème et 10ème s.-s., 17 juillet 2013, n° 360706, *min. c/ SARL Garnier Choiseul Holding*, *préc.*
[1543] V. amendement PEYROL, *préc.* « *Le dispositif qui est proposé ici peut ainsi être vu comme étendant à l'ensemble des impôts la clause anti-abus de l'article 48 [qui transpose la*

fidèlement les termes employés par la directive à l'article L. 64 A du LPF, alors qu'il souhaite étendre la clause anti-abus européenne, précise et inconditionnelle, au-delà de son champ d'application initial. Ce faisant, le législateur suscite la perplexité. Pour autant, il est difficile d'imaginer le Conseil constitutionnel aller jusqu'à reconnaître un défaut de cohérence entre le dispositif anti-abus étudié (LPF, art. L. 64 A) et l'objectif politique qu'il poursuit. Il est vraisemblable que le Conseil constitutionnel fasse preuve de mesure, voire de « *retenue* »[1544], vis-à-vis des nouvelles mesures anti-abus récemment entrées en vigueur au regard de leur enjeu politique évident.

**593.** Dans l'hypothèse où le Conseil constitutionnel accepterait de vérifier la rationalité d'une mesure anti-abus par rapport à une cohérence d'ensemble des mesures anti-abus, plusieurs imperfections pourraient être effacées. Toutefois, même si, exceptionnellement, il est déjà arrivé au Conseil constitutionnel de contrôler la cohérence d'une mesure législative par rapport au régime dans lequel elle s'insère, il est en réalité difficile d'imaginer le Conseil constitutionnel franchir le pas.

### *B. La rationalité d'un dispositif anti-abus au regard de la cohérence générale des mesures anti-abus : l'exigence hypothétique de l'article 13 de la DDHC*

**594. Le contrôle d'un dispositif anti-abus au regard de la cohérence générale des dispositifs anti-abus ?** – N'est-il pas envisageable que le Conseil constitutionnel apprécie la cohérence d'un dispositif anti-abus, non pas uniquement en fonction de l'objectif que le législateur lui assigne, mais aussi au regard de la « *cohérence générale du régime dans lequel il s'insère* »[1545] ? Comme l'indique la doctrine, le Conseil constitutionnel refusait, en règle générale, pour effectuer son contrôle de rationalité, « *d'apprécier les effets globaux du système fiscal dans son ensemble* »[1546]. Autrement dit, le Conseil constitutionnel appréciait normalement la situation des contribuables au

---

*clause anti-abus générale de l'article 6 de la directive « ATAD »], et est donc complémentaire à cette dernière* ».

1544 Le terme est emprunté à : Martin COLLET, *Droit fiscal*, *op. cit.*, p. 42, § 64. Si le Conseil constitutionnel fait preuve d'une « *forme de retenue* », c'est pour « *éviter de regarder de trop près certains dispositifs politiquement sensibles mais dont la cohérence juridique n'apparaît pas évidente* ».

1545 Martin COLLET, *Droit fiscal*, *op. cit.*, p. 40, § 63.

1546 Olivier FOUQUET, « Le Conseil constitutionnel et le principe d'égalité devant l'impôt », *NCCC* 2011, n° 33, p. 9, § 3.

regard de « *chaque imposition prise isolément* »[1547]. Cependant, le Conseil constitutionnel s'est autorisé à apprécier un dispositif fiscal au regard d'un ensemble d'impositions « *étroitement liées* »[1548]. De telles appréciations ont notamment été faites pour les différents régimes de la contribution sociale généralisée[1549]. Le Conseil constitutionnel, de manière plus contestable[1550], a apprécié les dispositions législatives instaurant la contribution exceptionnelle de solidarité sur les très hauts revenus au regard de l'impôt sur le revenu alors même que les deux impôts ne présentaient guère de similitudes[1551]. En ce qui concerne les dispositifs anti-abus, sont-ils suffisamment liés pour que le Conseil constitutionnel puisse s'autoriser à effectuer un contrôle de la cohérence d'ensemble ?

**595. L'analyse de la position du Conseil constitutionnel. –** Dans l'hypothèse où la réponse à cette question est positive, rien n'empêcherait le Conseil constitutionnel d'apprécier, par exemple, la cohérence des dispositions de l'article L. 64 A du LPF au regard des dispositifs anti-abus législatifs qui luttent contre des pratiques abusives dites générales (n° 89 et s.), dans la mesure où ils présentent une finalité et des éléments de régime communs. Néanmoins, le fait que le Conseil constitutionnel puisse se prononcer globalement sur la cohérence d'une mesure fiscale au regard d'un ensemble de mesures fiscales auxquelles elle est étroitement liée, peut être mal perçu en pratique. D'abord, définir les mesures fiscales qui sont étroitement liées est un exercice subjectif sujet à discussion, qui frôle l'opportunisme. La conséquence directe serait que le Conseil constitutionnel aurait toute latitude pour déterminer les mesures qu'il souhaite ou non contrôler au regard d'une cohérence d'ensemble. Ensuite, cela laisserait indirectement au Conseil constitutionnel une marge de manœuvre plus étendue qu'à l'accoutumée dans le cadre de son contrôle.

**596. Un sujet « sensible » politiquement. –** En tout état de cause, il est difficile d'imaginer le juge constitutionnel se placer dans une démarche

---

1547 Cons. const., 17 septembre 2010, déc. n° 2010-28 QPC, *Association Football Club de Metz* : *RJF* 12/10, n° 1214.
1548 Olivier FOUQUET, « Le Conseil constitutionnel et le principe d'égalité devant l'impôt », *op. cit.*, p. 9, § 3.
1549 Cons. const., 28 décembre 1990, déc. n° 90-285 DC, *Loi de finances pour 1991* : *Rec.* p. 95 ; Cons. const., 18 décembre 1997, déc. n° 97-393 DC, *Loi de financement pour la sécurité sociale pour 1998* : *Rec.* p. 320.
1550 V. Martin COLLET, *Droit fiscal*, *op. cit.*, p. 41, § 63.
1551 Cons. const., 29 décembre 2012, déc. n° 2012-662 DC, *Loi de finances pour 2013* : *Rec.* p. 724. Comme l'indique Martin COLLET (*Ibid.*) Ces deux impôts ne poursuivent pas le même objectif. Si la contribution exceptionnelle avait une vertu dissuasive, l'impôt sur le revenu (IR) est un impôt de rendement. Ainsi, estimer que la contribution exceptionnelle était dans le prolongement de l'IR s'avérait discutable.

où il viendrait étudier cette cohérence générale, pour effacer ce qui apparaît comme des imperfections. L'objectif attaché aux mesures anti-abus, consistant à lutter contre l'évasion fiscale, fait tellement l'unanimité sur le plan politique, qu'il est peu probable que Conseil constitutionnel prenne le risque d'aller à contre-courant de ce mouvement, même si cela permettrait effectivement de mettre fin à des incertitudes peu favorables à la prévisibilité juridique. À l'avenir, il n'est pas certain que le Conseil constitutionnel oblige le législateur à être cohérent lorsqu'il prend une mesure anti-abus au regard de la catégorie, si tant est qu'il en existe une, dans laquelle elle s'insère.

**597.** L'expérience montre que les juges sont plus enclins à contraindre la mise en œuvre des mesure anti-abus en procédant à un contrôle de proportionnalité. Qu'il soit effectué pour garantir la correcte application de l'article 13 de la DDHC ou pour protéger l'exercice des grandes libertés européennes de circulation européennes, le contrôle de proportionnalité permet de réduire les atteintes excessives aux intérêts du contribuable.

### *§ 3 – L'exigence de proportionnalité*

**598.** L'exigence de proportionnalité a permis, sur certains points seulement, de rationaliser la mise en œuvre des mesures anti-abus[1552]. L'exigence de proportionnalité se retrouve à deux niveaux. Dans un premier temps, sur le fondement de l'article 13 de la DDHC, la jurisprudence du Conseil constitutionnel contraint les pouvoirs publics, lorsqu'ils prévoient des différences de traitement entre des catégories de contribuables, à ce qu'elles ne soient pas excessives. Elle permet d'éviter de faire peser une charge disproportionnée à des contribuables, au regard de leurs facultés contributives. En procédant à un contrôle de proportionnalité, le Conseil constitutionnel a pu effacer des éléments de régime de dispositifs anti-abus jugés excessifs. En ce sens, le juge constitutionnel tient à ce que tout risque de double imposition juridique soit effacé et à ce que les mesures anti-abus n'organisent pas de présomptions irréfragables de fraude ou d'évasion fiscale (**A**). En parallèle, la jurisprudence de la Cour de justice de l'Union européenne veille à éviter les entraves injustifiées et disproportionnées aux libertés de circulation. Plusieurs obligations en découlent. Par exemple, les mesures anti-abus doivent viser spécifiquement les montages purement artificiels et ne doivent prévoir aucune présomption générale de fraude ou d'abus (**B**).

---

[1552] Sur cette question, v. Cécile RAQUIN, « Le contrôle des juges de la constitutionnalité et de la conventionnalité sur les dispositifs de prévention de l'évasion fiscale », *RJF* 4/12, chron. p. 299.

### A. *L'exigence de proportionnalité prévue à l'article 13 de la DDHC*

**599.** Comme l'indique la doctrine, l'article 13 de la DDHC tend à protéger les contribuables contre « *une différence trop importante de traitement entre eux pouvant conduire à les placer dans une situation anormale au regard de l'obligation de contribuer aux charges publiques* »[1553]. En ce sens, le Conseil constitutionnel exige du législateur une « *juste proportionnalité de la contribution du redevable aux charges publiques* »[1554]. Sur ce fondement, par exemple, il refuse qu'une imposition présente un caractère confiscatoire ou excessif[1555]. En ce qui concerne les dispositifs anti-abus, le Conseil constitutionnel a été amené à mettre en œuvre l'article 13 de la DDHC. Par sa jurisprudence, il oblige le législateur à prévoir des mesures anti-abus qui ne s'appliquent qu'aux situations abusives[1556]. Autrement dit, ce propos, un brin tautologique, renvoie à l'idée selon laquelle le champ d'application d'une mesure anti-abus doit être défini de telle manière qu'il ne doit pas laisser la possibilité à l'Administration fiscale d'appréhender, sur le fondement de cette mesure anti-abus, des situations non abusives. Le législateur doit donc « *veiller à ce que les critères d'application d'[une] mesure [anti-abus] garantissent que son champ n'excède pas les cas abusifs* »[1557].

**600.** Il serait excessif (voire incohérent) au regard de l'objectif poursuivi, à savoir lutter contre les abus de droit (ou plus largement contre l'évasion fiscale), qu'une mesure anti-abus soit *in fine* mise en œuvre par l'Administration pour appréhender une opération non abusive. Pour cette raison, le Conseil constitutionnel juge que l'application d'un dispositif anti-abus (CGI, art. 155 A), qui a pour conséquence de rapatrier une base imposable qui a échappé au Trésor en raison d'une opération particulière (n° 392 et s.), ne doit pas aboutir à une double imposition du contribuable visé (**1**). Il refuse aussi que les dispositifs anti-abus qui reposent sur des présomptions d'abus (n° 445 et s.) aboutissent à des situations dans lesquelles les contribuables visés ne puissent pas s'en défaire. Toute présomption de pratiques abusives doit pouvoir être renversée par le contribuable. Dans le cas contraire, des contribuables, motivés par des considérations autres que fiscales, pourraient ne pas être en mesure de se justifier et l'Administration pourrait leur appliquer mécaniquement une

---

1553 Ludovic AYRAULT, « Le principe d'égalité en matière fiscale », *op. cit.*
1554 *Ibid.*
1555 Pour des références jurisprudentielles, v. *Ibid.* V. not. Cons. const., déc. n° 2005-530 DC du 29 déc. 2005, *Loi de finances pour 2006, préc.*, cons. 65.
1556 Bastien LIGNEREUX, *Précis de droit constitutionnel fiscal, op. cit.*, p. 423, § 697.
1557 *Ibid.*

règle de droit initialement faite pour appréhender des situations abusives (**2**).

### *1. Le risque de double imposition limité*

**601. L'article 155 A du CGI et l'article 13 de la DDHC. –** En 2011, dans la décision *Moreau*, le Conseil constitutionnel s'est prononcé sur la conformité des dispositions de l'article 155 A du CGI à l'article 13 de la DDHC[1558]. Si le Conseil constitutionnel n'a rien trouvé à redire concernant la cohérence de ces dispositions par rapport à l'objectif poursuivi, le juge a ajouté une réserve d'interprétation à ce dispositif pour que l'exigence de proportionnalité attachée à l'article 13 de la DDHC soit respectée. Le Conseil constitutionnel contraint le législateur à être mesuré dans les dispositifs fiscaux qu'il prend, c'est-à-dire à prévoir une charge proportionnelle aux facultés contributives des contribuables. Dans la décision *Moreau*, le Conseil constitutionnel rappelle d'abord la lettre de l'article 13 de la DDHC selon laquelle une contribution commune, si elle est indispensable, doit être également répartie entre les citoyens[1559]. Ensuite, il indique que « *cette exigence ne serait pas respectée si l'impôt revêtait un caractère confiscatoire ou faisait peser sur une catégorie de contribuables une charge excessive au regard de leurs facultés contributives* »[1560]. Afin d'éviter que les dispositions de l'article 155 A du CGI soient jugées contraires à l'exigence d'égale répartition de la contribution commune entre tous les citoyens en raison de leurs facultés, et donc, à « *l'exigence de proportionnalité de la contribution du redevable aux charges publiques* »[1561], le juge constitutionnel propose une réserve d'interprétation selon laquelle la mise en œuvre du dispositif anti-abus de l'article 155 A du CGI ne doit pas conduire à une double imposition du contribuable visé. En effet, « *dans le cas où la personne domiciliée ou établie à l'étranger reverse en France au contribuable tout ou partie des sommes rémunérant les prestations réalisées par ce dernier* »[1562], le contribuable risque d'être imposé une première fois au titre du dispositif de l'article 155 A du CGI et une deuxième fois à l'impôt sur le revenu. Si cette réserve d'interprétation s'incorpore directement à la loi, ses contours doivent être néanmoins précisés. Il est nécessaire de rappeler que cette limite ne s'applique qu'à un type particulier

---

[1558] Cons. const., 26 novembre 2010, déc. n° 2010-70 QPC, *Moreau*, *préc.* Pour la décision de renvoi de la QPC : CE, 10ème et 9ème s.-s., 24 septembre 2010, n° 341573, *préc.*

[1559] L'article 13 de la DDHC dispose que : « *Pour l'entretien de la force publique, et pour les dépenses d'administration, une contribution commune est indispensable : elle doit être également répartie entre tous les citoyens, en raison de leurs facultés* ».

[1560] Cons. const., 26 novembre 2010, déc. n° 2010-70 QPC, *Moreau*, *préc.*, cons. 3.

[1561] La phrase est empruntée à : Ludovic AYRAULT, « Le principe d'égalité en matière fiscale », *op. cit.*

[1562] Cons. const., 26 novembre 2010, déc. n° 2010-70 QPC, *Moreau*, *préc.*, cons. 4.

de mesures anti-abus, celles qui organisent le rapatriement d'une base imposable *a priori* évadée (n° 445 et s.).

**602. Les contours de la réserve d'interprétation. –** Aujourd'hui, la loi ne prévoit pas les modalités attachées à cette réserve d'interprétation. Tout au plus, l'Administration explique dans sa doctrine[1563] que, dans le cas où le prestataire réel percevrait une rémunération de la personne à laquelle il a prêté son concours, le contribuable ne serait taxé qu'à raison du revenu faisant ressortir la base d'imposition la plus élevée. Il convient de noter que l'Administration ne prévoit pas directement le cas dans lequel le prestataire détiendrait une participation dans le capital de la personne interposée et que cette dernière lui verserait un dividende. Il est difficile de savoir si la réserve d'interprétation couvre également cette situation. Tout dépend de la signification attachée au terme « *reverser* », sur lequel il existe encore un certain flou[1564]. Qui plus est, cette réserve d'interprétation est destinée seulement à éviter une double imposition juridique en France, c'est-à-dire le cas dans lequel un contribuable redevable d'un impôt en France est imposé deux fois sur un même revenu[1565]. Ainsi, l'hypothèse d'une double imposition économique, c'est-à-dire le cas dans lequel deux contribuables distincts sont imposés sur un même revenu[1566], n'intéresse pas le Conseil constitutionnel. Le juge constitutionnel ne souhaite pas donner une portée trop étendue à l'article 13 de la DDHC et garantir, sur le plan constitutionnel, la prévention des doubles impositions économiques[1567]. La seule possibilité pour le contribuable redevable d'un impôt sur le fondement des dispositions de l'article 155 A du CGI serait de se prévaloir d'une convention fiscale internationale qui lie la France et l'autre État dans lequel est situé le prestataire apparent, afin qu'une procédure de concertation entre Administrations centrales soit enclenchée, dans l'objectif d'éliminer la double imposition économique qui pourrait en résulter[1568]. Il n'est pas exclu

---

1563 BOI-IR-DOMIC-30, § 240.

1564 Bruno GOUTHIERE, « Article 155 A du CGI : Compatibilité avec les normes juridiques supérieures ? », *BF* 6/11, p. 469, § 11.

1565 C'est le cas lorsque le prestataire réel est imposé i) au titre de l'article 155 A du CGI et ii) au titre de l'impôt sur le revenu au moment du reversement du revenu par l'entité résidente à l'étranger.

1566 C'est le cas lorsque i) le prestataire apparent est imposé une première fois dans son État de résidence (ou même en France si l'entité résidente à l'étranger détient un établissement stable en France), ii) le prestataire réel est redevable de l'article 155 A du CGI.

1567 À titre de remarque, la Cour de justice ne prohibe pas les doubles impositions économiques sur le fondement des libertés de circulation. V. CJCE, Grande ch., 20 mai 2008, aff. C-194/06, *Orange European Smallcap Fund NV* : *Rec.* p. I-3747. V. les développements suivants à ce sujet : Alexandre MAITROT DE LA MOTTE, *Droit fiscal de l'Union européenne*, *op. cit.*, p. 213, § 141.

1568 BOI-IR-DOMIC-30, § 190.

que le prestataire (apparent) non-résident soit aussi redevable d'un impôt dans cet État sur cette même base imposable. Toujours est-il que, cette réserve d'interprétation attachée au dispositif anti-abus de l'article 155 A du CGI est favorable aux contribuables, même si elle n'endigue que la double imposition juridique[1569], et non la double imposition économique (n° 801 et s.)[1570].

**603. Une uniformisation partielle entre les dispositifs anti-abus internes.** – La décision *Moreau* a participé à une certaine uniformisation dans la mise en œuvre des dispositifs anti-abus législatifs. Elle permet au contribuable de bénéficier d'une garantie supplémentaire à l'image de ce que prévoyaient déjà d'autres dispositifs anti-abus à l'économie générale semblable, tels que ceux des articles 123 *bis* et 209 B du CGI. Par sa jurisprudence, le Conseil constitutionnel vient uniformiser le régime de ces quelques mesures anti-abus internes. Dans un sens, le juge replace le dispositif anti-abus de l'article 155 A du CGI par rapport aux dispositifs anti-abus internes voisins. En effet, le point 4 de l'article 123 *bis* du CGI dispose que les revenus distribués ou payés à la personne physique résidente en France, par l'entité établie dans un État où elle bénéficie d'un régime fiscal privilégié, ne constituent pas des revenus imposables en France au sens de l'article 120 du CGI, étant donné qu'ils ont déjà été imposés une première fois sur le fondement de l'article 123 *bis* du CGI. Autrement dit, les distributions effectives de revenus sont dispensées d'imposition à hauteur des revenus antérieurement réputés acquis. Il en va de même pour le dispositif anti-abus de l'article 209 B du CGI. En effet, l'article 102 Y de l'annexe II du CGI dispose que, en cas de distribution des dividendes et produits de participations de l'entité établie dans l'autre État, la société établie en France les retranche de son bénéfice net total, étant donné que le contribuable qui réside en France a déjà été imposé une première fois conformément aux dispositions de l'article 209 B du CGI.

**604. Les limites à l'uniformisation.** – Toutefois, le Conseil constitutionnel n'a pas estimé nécessaire, sur le fondement de l'article 13 de la DDHC, de réduire les cas de double imposition économique. Le dispositif anti-abus de l'article 155 A du CGI ne prévoit pas la possibilité pour le contribuable de déduire des sommes imposables en France l'impôt acquitté localement par la personne domiciliée ou établie hors de France, à l'image

---

[1569] Le Conseil d'État estime que la réserve d'interprétation du Conseil constitutionnel ne concerne que les impositions françaises, v. CE, 8ème et 3ème ch., 12 octobre 2018, n° 414383, *préc.* ; CE, 8ème et 3ème ch., 9 mai 2019, n° 417514, *préc.*
[1570] Comme nous le verrons, le Conseil d'État fait en sorte d'éviter la double imposition économique. Seulement, cette limitation ne trouve pas sa source dans la réserve d'interprétation du Conseil constitutionnel.

de ce que prévoient les dispositions des articles 123 *bis* (point 3) et 209 B (I, 4) du CGI. Qui plus est, le point 5 du I de l'article 209 B du CGI dispose que lorsque les produits de l'entité étrangère comprennent des dividendes, intérêts ou redevances qui proviennent d'un État ou territoire autre que celui dans lequel l'entreprise ou l'entité juridique est établie ou constituée, les retenues à la source attachées aux dividendes, intérêts ou redevances sont imputables sur l'impôt sur les sociétés dû par la personne morale établie en France[1571]. En matière de double imposition, le Conseil constitutionnel n'est pas allé jusqu'à proposer une uniformisation complète entre les dispositifs anti-abus. Il serait alors judicieux que le législateur propose des garanties équivalentes en matière de double imposition, à l'image de celles qui viennent d'être énoncées, entre les dispositifs anti-abus analogues.

**605. L'étendue de la réserve d'interprétation. –** La réserve d'interprétation du Conseil constitutionnel est cantonnée aux dispositifs anti-abus qui reposent sur une fiction juridique du type « *deemed dividend* » ou « *look through* » (n° 394). Les autres mesures anti-abus applicables en droit fiscal international n'aboutissent pas, lorsqu'elles sont mises en œuvre, à une double imposition juridique en France. Toutefois, il est vrai que, hypothétiquement, leur mise en œuvre pourrait aboutir à une double imposition économique. Par exemple, dans le cas où les services de contrôle mettent en œuvre le dispositif anti-abus de l'ancienne version de l'article 145, 6, k du CGI ou le dispositif anti-abus de l'article 205 A du CGI, pour refuser à une société mère établie en France le bénéfice du régime de faveur, le revenu risque d'être imposé deux fois : i) une première fois, au titre des résultats de la filiale distributrice établie dans un autre État, ii) une seconde fois, au titre des résultats de la société mère française. Or, l'exigence de proportionnalité, attachée au principe d'égalité devant les charges publiques, n'impose pas que toute double imposition économique soit supprimée, dans la mesure où le Conseil constitutionnel a volontairement limité la protection au cas des doubles impositions juridiques.

**606.** L'exigence de proportionnalité attachée à l'article 13 de la DDHC permet de limiter spécifiquement le phénomène de double imposition juridique en France lorsqu'il se présente[1572]. Surtout, cela aboutit au

---

[1571] Cette imputation est toutefois subordonnée à la condition que l'Etat ou le territoire d'où proviennent ces dividendes, intérêts ou redevances soit la France ou un Etat ou territoire qui est lié à la France par une convention d'élimination des doubles impositions en matière d'impôt sur les revenus et qui n'est pas non coopératif au sens de l'article 238-0 A, auquel cas l'imputation se fait au taux fixé dans la convention.

[1572] Cette limitation de la double imposition juridique peut être rapprochée de la limite établie dans la décision *M. Dominique L.*, décision n° 2016-614 QPC (*préc.*),

rapprochement des régimes des mesures anti-abus qui, malgré leurs spécificités (n° 173 et s.), ont une économie générale semblable (CGI, art. 123 *bis*, 209 B, 155 A). Parallèlement, le Conseil constitutionnel refuse qu'une mesure fiscale puisse aboutir à une présomption irréfragable de fraude ou d'évasion fiscale. La mesure fiscale irait au-delà de ce qui est nécessaire pour parvenir à l'objectif qu'elle poursuit. En effet, un contribuable entrant dans le champ d'application d'une mesure anti-abus qui organise une présomption de comportement abusif (CGI, art. 238 A ; 155 A ; 209 B ; 123 *bis*) doit pouvoir être en mesure de rapporter la preuve qu'il n'a pas poursuivi de pratique abusive.

### 2. *L'interdiction des présomptions irréfragables de fraude ou d'évasion*

**607. Les présomptions irréfragables. –** Sur le fondement de l'article 13 de la DDHC, le Conseil constitutionnel prohibe le fait que la loi puisse organiser des présomptions irréfragables de fraude[1573] et d'évasion[1574]. Le

---

dans laquelle le Conseil constitutionnel estime que : « *Le second alinéa du 3 de l'article 123 bis du code général des impôts définit forfaitairement un montant minimal de revenu imposable, applicable lorsque l'entité juridique est localisée soit dans un État ou territoire n'ayant pas conclu de convention d'assistance administrative avec la France en vue de lutter contre la fraude et l'évasion fiscales, soit dans un État ou territoire non coopératif au sens de l'article 238-0 A du même code. Le législateur, eu égard aux insuffisances des échanges d'informations avec les États ou territoires en cause, a entendu remédier à la difficulté pour l'administration française de disposer des éléments nécessaires à la détermination du résultat imposable de l'entité juridique et au calcul des revenus réputés acquis par la personne physique. Les dispositions du second alinéa du 3 de l'article 123 bis du code général des impôts ne sauraient, sans porter une atteinte disproportionnée au principe d'égalité devant les charges publiques, faire obstacle à ce que le contribuable puisse être autorisé à apporter la preuve que le revenu réellement perçu par l'intermédiaire de l'entité juridique est inférieur au revenu défini forfaitairement en application de ces dispositions* ».

1573 Au sujet du bénéfice du régime « mères-filles » en cas de réception de dividendes versés par des sociétés établies dans des ETNC (CGI, art. 145, 6, j) et du bénéfice de l'exonération des plus-values de cession par une société établie en France de titres de sociétés établies dans des ETNC (CGI, art. 39 *duodecies*, 2, c et 219, I a-*sexies*, 0 *ter*), v. Cons. const., 20 janvier 2015, déc. n° 2014-437 QPC, *AFEP*, *préc.*, cons. 9.
Au sujet de la retenue à la source appliquée aux produits distribués dans un ETNC (CGI, art. 187, 2), v. Cons. const., 25 novembre 2016, déc. n° 2016-598 QPC, *Sté. Eurofrance*, *préc.*, cons. 8.

1574 Au sujet d'un régime d'imposition relatif à une opération de « donation-cession », v. Cons. const., 29 décembre 2012, déc. n° 2012-661 DC, *Loi de finances rectificative pour 2012 (III)*, *préc.*, cons. 23 et 24. Au sujet de l'article 123 *bis* du CGI, v. Cons. const., 1er mars 2017, déc. n° 2016-614 QPC, *M. Dominique L.*, *préc.*, cons. 9 ; si cette décision mêle la « lutte contre la fraude » et la « lutte contre l'évasion », les commentaires aux *Cahiers* insistent sur l'objectif de « lutte contre l'évasion fiscale », en se fondant notamment sur les travaux parlementaires qui l'accompagnent, poursuivi par les dispositions de l'article 123 *bis* du CGI. Il est

juge vérifie que le législateur ne porte pas une « *atteinte disproportionnée* »[1575] au principe d'égalité devant les charges publiques. Le juge exerce son contrôle en plusieurs étapes. Dans un premier temps, il vient dégager l'objet du dispositif étudié. Il cherche à savoir si la mesure fiscale litigieuse vise une situation de fraude fiscale, d'évasion fiscale ou d'optimisation fiscale (n° 243 et s.). Ensuite, dans le cas où il s'agit d'une mesure qui lutte effectivement contre la fraude ou l'évasion (et non contre l'optimisation fiscale), il étudie le régime de preuve correspondant. Dans le cas où il estime que la mesure fiscale organise une présomption irréfragable de fraude ou d'évasion, le Conseil constitutionnel peut attacher une réserve d'interprétation au dispositif pour le rendre conforme au principe d'égalité[1576], ou censurer la partie du dispositif fiscal non-conforme au principe d'égalité[1577]. Quoi qu'il en soit, la démarche du Conseil constitutionnel a vocation à mettre fin aux présomptions irréfragables de fraude ou d'évasion fiscale. Plus précisément, il octroie la possibilité au contribuable entrant dans le champ d'une telle présomption d'apporter la preuve qu'il ne poursuit pas un objectif de fraude ou d'évasion fiscale[1578]. Autrement dit, toute mesure anti-abus organisant des règles de preuve favorables à l'Administration fiscale (n° 443 et s.) ne doit pas dépasser la limite établie par le Conseil constitutionnel. Si les juges ont été amenés à étudier les régimes des dispositifs fiscaux visant à lutter contre les ETNC (CGI, art. 238-0 A), notamment dans les décisions *AFEP*[1579] et *Eurofrance*[1580], ils ont aussi eu l'occasion de se prononcer au sujet des

---

bien difficile de distinguer les deux notions en pratique et d'identifier ce qu'entend précisément le Conseil constitutionnel par « fraude fiscale » ou « évasion fiscale ». Sur cette distinction, v. Édouard COULON, *L'évasion fiscale : essai de construction d'une catégorie juridique*, *op. cit.*

1575 Au sujet de l'article 123 *bis* du CGI, v. Cons. const., 1e mars 2017, déc. n° 2016-614 QPC, *M. Dominique L.*, cons. 7 ; Cons. const., 6 octobre 2017, déc. n° 2017-659 QPC, *Époux N.*, cons. 7.

1576 Dans les décisions *AFEP* et *Eurofrance*, le juge s'intéresse à plusieurs dispositifs qui ont pour objet de lutter contre la fraude fiscale. Il prévoit des réserves d'interprétation, afin de laisser la possibilité aux contribuables entrant dans le champ de ces dispositifs qui luttent contre la fraude fiscale, de démontrer qu'ils n'ont pas d'intention de se soustraire à l'impôt. Le Conseil constitutionnel s'inspire alors de ce qui est déjà prévu dans d'autres dispositifs fiscaux (CGI, art. 125 A, 182 A *bis*, 182 B). Au sujet d'une ancienne version l'article 123 *bis* du CGI, le Conseil constitutionnel a également eu recours à la technique de l'interprétation neutralisante (v. la décision *Époux N.*, *préc.*).

1577 Dans la décision *M. Dominique L.*, *préc.*, une partie d'une ancienne version de l'article 123 *bis* du CGI a été censurée.

1578 V. Martin COLLET, *Droit fiscal*, 2021 *op. cit.*, p. 38, § 62. Il découlerait de ce type de contrôle opéré par le Conseil constitutionnel une obligation de « *sincérité* » de la part du législateur.

1579 Cons. const., 20 janvier 2015, déc. n° 2014-437 QPC, *AFEP*, *préc.*

1580 Cons. const., 25 novembre 2016, déc. n° 2016-598 QPC, *Sté. Eurofrance*, *préc.*

dispositions de l'article 209 B du CGI, dans la décision *Sonepar*[1581] rendue en 2012 par le Conseil d'État, ainsi qu'au sujet des dispositions de l'article 123 *bis* du CGI[1582], dans les décisions *M. Dominique L.*[1583] et *Époux N.*[1584] rendues toutes les deux en 2017 par le Conseil constitutionnel.

**608. La proportionnalité du dispositif de l'article 209 B du CGI : la décision *Sonepar*. –** Quelques années avant que le Conseil constitutionnel vienne contrôler la conformité des dispositions des anciennes versions de l'article 123 *bis* du CGI, le Conseil d'État avait déjà eu l'occasion de s'interroger sur le sérieux et la nouveauté d'une question prioritaire de constitutionnalité portant sur le dispositif anti-abus de l'article 209 B du CGI. Le requérant faisait grief à ce dernier de ne pas respecter l'exigence de proportionnalité attachée à l'article 13 de la DDHC. Dans la décision *Sonepar*[1585], le Conseil d'État refuse de transmettre la question au Conseil constitutionnel. Dans un premier temps, le Conseil d'État constate que les dispositions de l'article 209 B du CGI aboutissent, lorsqu'elles sont mises en œuvre par l'Administration, à l'imposition « *[d'] un contribuable à raison des bénéfices réalisés par un tiers* ». Toutefois, ce simple constat n'est pas suffisant pour caractériser la non-conformité du dispositif anti-abus au principe d'égalité devant les charges publiques. Ce faisant, le Conseil d'État valide implicitement l'emploi des fictions juridiques du type « *deemed dividend* » ou « *look through* » incluses dans les mesures anti-abus, sous réserve, bien entendu, qu'elles n'aboutissent pas à des situations de double imposition juridique (n° 601 et s.). Dans un second temps, le Conseil d'État poursuit son raisonnement en expliquant que les dispositions de l'article 209 B du CGI permettent au contribuable visé par la mesure anti-abus, au cas présent, celui qui détient des parts d'une société dont les résultats bénéficient d'un régime fiscal privilégié dans un État tiers à l'Union européenne, « *[d'] échapper à cette imposition s'il établit que les opérations du tiers en cause n'ont pas principalement pour objet d'échapper à l'impôt français et que cette condition est réputée remplie lorsque l'entreprise tierce exerce une activité économique effective et qu'elle réalise ses opérations de façon prépondérante sur le marché local* ». Ainsi, « *l'application de ce texte repose ainsi sur des critères objectifs et rationnels qui sont proportionnés à l'objectif constitutionnel de lutte contre l'évasion fiscale poursuivi par le législateur* ». Par conséquent, le dispositif anti-abus de l'article 209 B du CGI « *ne peut être regardé comme méconnaissant le principe d'égalité devant les charges publiques résultant*

---

1581 CE, 9ème et 10ème s.-s., 2 février 2012, n° 351600, *Sonepar, préc.*
1582 À ce sujet, v. Marc PELLETIER, « Principe d'égalité devant les charges publiques et article 123 *bis* du CGI : l'agonie des présomptions irréfragables », *op. cit.* V. aussi Ludovic AYRAULT, « La fin des présomptions ? À propos des présomptions irréfragables », *REIDF*, 2018/1, p. 17.
1583 Cons. const., 1er mars 2017, déc. n° 2016-614 QPC, *M. Dominique L., préc.*
1584 Cons. const., 6 octobre 2017, déc. n° 2017-659 QPC, *Époux N., préc.*
1585 CE, 9ème et 10ème s.-s., 2 février 2012, n° 351600, *Sonepar, préc.*

*de l'article 13 de la Déclaration des droits de l'homme et du citoyen* ». Le Conseil d'État, implicitement, autorise les pouvoirs publics à recourir, dans les mesures anti-abus du droit fiscal international, à des règles de preuve favorables à l'Administration, tant que le contribuable est autorisé à prouver que son opération s'explique par des considérations autres que fiscales. Si la présomption d'abus ne peut pas être renversée, alors la mesure anti-abus va au-delà de ce qui est nécessaire pour atteindre l'objectif poursuivi. En même temps, ce raisonnement se rapproche de celui adopté par la Cour de justice dans le cadre de son contrôle de proportionnalité (n° 627)[1586]. Le Conseil constitutionnel a pu, lui aussi, tenir un tel raisonnement lorsqu'il a apprécié la conformité des anciennes versions de l'article 123 *bis* du CGI à l'article 13 de la DDHC.

**609. Le dispositif de l'article 123 *bis* du CGI face à l'article 13 de la DDHC : la décision *M. Dominique L.* –** Dans la décision n° 2016-614 QPC du 1er mars 2017[1587], le Conseil constitutionnel vient traiter des dispositions de l'ancienne version de l'article 123 *bis* du CGI issue de la loi de finances rectificative du 30 décembre 2009. Le législateur, tenant compte de la jurisprudence européenne[1588] et d'un arrêt rendu par la Cour administrative d'appel de Nancy[1589], avait prévu que le dispositif anti-abus de l'article 123 *bis* ne s'appliquait pas lorsque l'entité étrangère était établie ou constituée dans un État de l'Union européenne, dans le cas où la pratique visée n'était pas un montage artificiel qui aurait permis de contourner la législation fiscale française (CGI, anc. art. 123 *bis*, 4 *bis*). Le Conseil constitutionnel a relevé que l'exemption d'application de l'article 123 *bis* en cas d'absence de montage artificiel visant à contourner la législation fiscale française ne bénéficiait qu'aux entités localisées dans un État de l'Union européenne. Ainsi, aucune autre disposition législative ne permet au contribuable qui opérait avec une entité établie dans un État tiers, d'être exempté de cette application en prouvant que la localisation de l'entité dans un autre État ou territoire n'avait pas pour objet ou pour effet un tel contournement. Ce faisant, le législateur a porté une atteinte disproportionnée au principe d'égalité devant les charges publiques. Partant, le point 4 *bis* de l'article 123 *bis* a été abrogé.

---

1586 Ce faisant, le Conseil d'État assimile l'exigence dégagée par la Cour de justice dans l'arrêt *Cadbury Schweppes* au sujet d'une règle « CFC » britannique (CJCE, 12 septembre 2006, aff. C-196/04, *Cadbury Schweppes*, *préc.*, point 70).
1587 Cons. const., 1er mars 2017, déc. n° 2016-614 QPC, *M. Dominique L.*, *préc.*
1588 CJCE, 12 septembre 2006, aff. C-196/04, *Cadbury Schweppes*, *préc.*
1589 CAA Nancy, 1ère ch., 22 août 2008, n° 07NA783, *Rifaut*, *préc.*

**610. La décision *Époux N.* –** En suivant un raisonnement comparable, le Conseil constitutionnel, dans une décision du 6 octobre 2017[1590], a ajouté une clause de sauvegarde au dispositif anti-abus de l'article 123 *bis* du CGI dans sa version applicable au 31 mars 1999. Pour rendre le dispositif anti-abus de l'article 123 *bis* du CGI conforme à l'article 13 de la DDHC, il a estimé que le contribuable est autorisé à prouver que la participation qu'il détient dans l'entité établie ou constituée hors de France n'avait ni pour objet ni pour effet de permettre, dans un but de fraude ou d'évasion fiscale, la localisation de revenus à l'étranger. Le Conseil constitutionnel permet donc d'éviter une atteinte excessive aux facultés contributives du contribuable.

**611. L'intervention du législateur : le rapprochement des dispositifs des articles 123 *bis* et 209 B du CGI. –** Le législateur est intervenu lors de la loi de finances rectificative pour 2017[1591] afin de tenir compte de la jurisprudence du Conseil constitutionnel. Le législateur a alors rapproché les clauses de sauvegarde attachées aux dispositifs anti-abus des articles 123 *bis* et 209 B du CGI. Les dispositions de ces deux articles ont une économie générale similaire. Il est possible d'identifier, dans les dispositions de ces deux articles, une clause de sauvegarde qui se subdivise en deux parties, une première pour tenir compte des exigences européennes (CGI, art. 123 *bis*, 4 *bis*, al. 1 ; 209 B, II) sur lesquelles nous reviendrons (n° 628 et s.), une seconde qui tient compte des exigences constitutionnelles rappelées dans la décision du Conseil d'État de 2012 et dans les deux décisions du Conseil constitutionnel de 2017 (CGI, art. 123 bis, 4 *bis*, al. 2 ; 209 B, III). Toutefois, une difficulté apparaît à ce niveau. Ces dispositions prévoient en effet deux hypothèses. En premier lieu, s'agissant d'une entité étrangère implantée au sein d'un État membre de l'Union européenne, les dispositifs anti-abus ne trouvent à s'appliquer que si l'opération visée constitue « *un montage artificiel dont le but serait de contourner la législation fiscale française* ». En second lieu, s'agissant d'une entité située dans un État tiers à l'Union européenne, les dispositifs anti-abus s'appliquent si le contribuable ne parvient pas à démontrer que l'opération visée a « *principalement un objet et un effet autres que de permettre la localisation de bénéfices dans un Etat ou un territoire où elle est soumise à un régime fiscal privilégié* ». Or, cette distinction selon l'État de situation de l'entité est discutable, au regard de la décision du 1er mars 2017 rendue par le Conseil constitutionnel[1592].

---

[1590] Cons. const., 6 octobre 2017, déc. n° 2017-659 QPC, *Époux N.*, *préc.*
[1591] Loi n° 2017-1775 du 28 décembre 2017 de finances rectificative pour 2017, art. 25.
[1592] Cons. const., 1er mars 2017, déc. n° 2016-614 QPC, *M. Dominique L.*, *préc.* V. Marc PELLETIER, « Principe d'égalité devant les charges publiques et article 123 *bis* du CGI : l'agonie des présomptions irréfragables », *op. cit.*, § 5.

**612. La distinction en fonction du lieu de résidence de l'entité étrangère impliquée dans l'opération.** – Ce dernier a jugé que la clause de sauvegarde prévue pour des entités établies dans un État membre de l'Union européenne devait être généralisée aux entités établies en dehors de l'Union européenne. En effet, « *le Conseil estime que la localisation des entités dans un État membre de l'Union européenne ou dans un État ne pratiquant pas d'assistance administrative avec la France n'est pas un paramètre pertinent de nature à justifier une application différenciée de l'article 123 bis* »[1593]. Comme l'indiquent les commentaires aux Cahiers, la censure du point 4 *bis* de l'article 123 *bis* du CGI « *aboutit à généraliser la clause de sauvegarde permettant à la personne physique ayant son domicile fiscal en France d'échapper à l'imposition en démontrant que l'exploitation de l'entreprise ou la détention des actions, parts, droits financiers ou droits de vote dans l'entité juridique "ne peut être regardée comme constitutive d'un montage artificiel dont le but serait de contourner la législation fiscale française" – ceci quel que soit l'État dans lequel est localisée l'entité juridique* ». Or, le législateur a refusé d'unifier les clauses de sauvegarde dans le cas où les opérations visées font intervenir une société établie dans un État membre ou dans un État tiers à l'Union européenne[1594]. Se pose alors la question de savoir si la distinction nouvellement opérée par la loi contrevient à la décision du Conseil

---

[1593] *Ibid.*

[1594] Les dispositions de l'article 123 *bis* du CGI ne sont pas applicables dans le cadre d'une opération dans un État membre de l'UE ou un État avec lequel la France a signé une convention d'assistance administrative et une convention d'assistance mutuelle en matière de recouvrement, lorsque l'opération ne peut pas être regardée comme constitutive d'un montage artificiel dont le but serait de contourner la législation fiscale française. Quant à la charge de la preuve, elle incombe à l'Administration.
Les dispositions de l'article 123 *bis* du CGI ne sont pas applicables, dans tous les autres cas, lorsque le contribuable ne démontre pas que l'opération n'a pas principalement un objet et un effet autre que fiscal (le bénéfice d'un régime fiscal privilégié). Quant à la charge de la preuve, dans ce cas, elle incombe au contribuable visé par le dispositif anti-abus.
Les dispositions de l'article 209 B du CGI ne sont pas applicables, dans le cadre d'une opération dans un État membre de l'UE lorsque cette opération ne peut pas être regardée comme un montage artificiel dont le but serait de contourner la législation fiscale française. Dans ce cas, la charge de la preuve incombe, en principe, à l'Administration.
Les dispositions de l'article 209 B du CGI ne sont pas applicables, dans tous les autres cas, lorsque l'opération a principalement un objet et un effet autre que fiscal (la localisation de bénéfices dans un État dans lequel ils sont soumis à un régime fiscal privilégié). Dans ce cas, la charge de la preuve incombe au contribuable. Il serait pertinent que la clause de sauvegarde propre aux opérations européennes soit étendue aux opérations réalisées dans un État avec lequel la France a signé une convention d'assistance administrative et une convention d'assistance mutuelle en matière de recouvrement. En somme, unifier les clauses de sauvegarde des dispositifs anti-abus des articles 123 *bis* et 209 B du CGI paraît raisonnable et favorable à la sécurité juridique.

constitutionnel[1595]. Plutôt que de laisser planer le doute, il serait plus judicieux, en termes de prévisibilité, de prévoir une seule et même clause de sauvegarde pour les contribuables qui agissent au sein de l'Union européenne et ceux qui agissent en dehors de l'Union européenne. Cela aurait le mérite d'aller dans le même sens que la directive « ATAD 1 ». Cette dernière prévoit en effet que le standard de l'abus de droit s'applique de la même manière à des opérations purement internes, à des opérations qui impliquent une entité établie dans un État membre de l'Union européenne ou à des opérations qui impliquent une entité établie dans un État tiers[1596].

**613. L'opportunité d'abandonner la différence de traitement en fonction du lieu de résidence de l'entité étrangère. –** Il est vrai que la différenciation faite, dans l'application de la clause de sauvegarde des mesures anti-abus, entre les situations européennes et les autres situations internationales ne favorise pas leur mise en œuvre unifiée dans les situations transnationales[1597]. Des contribuables pourraient même être tentés de contester ces différences sur le fondement du principe d'égalité devant la loi (DDHC, art. 6) ou du principe de non-discrimination (CESDH, art. 1 P1 et 14) (n° 579). À première vue, il n'est pas évident d'identifier la raison qui justifie de distinguer les critères de définition de l'abus de droit, entre les opérations européennes et les opérations internationales. Toutefois, la démarche de distinction, sur la dialectique de la preuve, peut être jugée conforme au principe d'égalité et au principe de non-discrimination. En effet, elle peut être justifiée par la difficulté pour l'Administration fiscale française de recueillir les informations nécessaires pour l'établissement de l'impôt en France d'un contribuable, en fonction de l'État dans lequel il opère, par exemple, un État avec lequel la France n'a pas signé de convention d'assistance administrative ou un ETNC (CGI, art. 238-0 A). S'agissant du dispositif anti-abus de l'article 123 *bis* du CGI, la différence de traitement, en matière de preuve, repose sur la différence de situations suivante. La première hypothèse concerne les opérations impliquant les États membres de l'Union européenne et les États avec lesquels la France a

---

[1595] Dans le même sens, v. Bruno GOUTHIERE, *Les impôts dans les affaires internationales*, *op. cit.*, p. 1340, § 74000.

[1596] Pour reprendre ce qui est annoncé au point 11 de la directive « ATAD 1 » : « *Il est en outre important de s'assurer que les clauses anti-abus générales s'appliquent de manière uniforme à des situations nationales, au sein de l'Union et à l'égard des pays tiers, de sorte que leur champ d'application et les résultats de leur application à des situations nationales et transfrontières soient identiques* ». Nous ne voyons pas pourquoi cela ne pourrait pas être le cas pour les clauses anti-abus « spéciales », telles que les clauses anti-abus des articles 123 *bis* et 209 B du CGI.

[1597] C'est à se demander s'il ne convient pas *in fine* d'établir, pour reprendre l'expression d'Édouard CREPEY, « *une clause du contribuable le plus favorisé* » (Édouard CREPEY, « Réflexions sur la jurisprudence Metro Holding », *Dr. adm.* 2016, alerte 80).

conclu une convention d'assistance administrative en vue de lutter contre la fraude et l'évasion fiscales et une convention d'assistance au recouvrement. La seconde hypothèse concerne les opérations impliquant les autres États, c'est-à-dire ceux avec lesquels l'Administration risque de rencontrer des difficultés pour recueillir des informations sur le contribuable[1598]. Faire reposer le fardeau de la preuve sur le contribuable dans le deuxième cas paraît justifié.

**614. La prise en compte de l'exigence de proportionnalité dans les nouvelles mesures anti-abus.** – Toujours est-il que l'exigence de proportionnalité issue du principe d'égalité devant les charges publiques est susceptible de s'appliquer à chaque fois qu'une mesure anti-abus organise une règle de preuve favorable à l'Administration. Sur le fondement de l'article 13 de la DDHC, la jurisprudence interdit seulement les présomptions irréfragables de fraude ou d'évasion, c'est-à-dire les cas dans lesquels un contribuable visé par une mesure anti-abus n'a pas la possibilité de s'en défaire. Les pouvoirs publics ont pris la mesure de cette exigence puisque les dispositifs anti-abus récents, tels que ceux des articles 205 A du CGI, L. 64 A du LPF ou de la clause « PPT », n'organisent pas de présomptions irréfragables. Il en va de même pour les mesures anti-abus plus anciennes. Cette limite est donc parfaitement assimilée par les pouvoirs publics, ainsi que par les services de contrôle de l'Administration.

**615.** De la même manière que le principe d'égalité devant les charges publiques (DDHC, art. 13), les grandes libertés de circulation européennes, combinées avec le principe de non-discrimination du droit de l'Union européenne (TFUE, art. 18), peuvent être mobilisées afin de rationaliser la mise en œuvre des mesures anti-abus du droit fiscal international. L'application du droit primaire de l'Union européenne a permis de bâtir des limites communes aux dispositifs anti-abus du droit fiscal international français. Aussi, les exigences européennes s'appliquent aux dispositifs anti-abus des autres États membres de l'Union européenne. La démarche d'uniformisation dépasse les seules mesures anti-abus françaises.

---

[1598] La distinction opérée par les dispositions de l'article 209 B du CGI paraît plus discutable. La différence est faite entre les États membres de l'UE et les États tiers de l'UE. À tout le moins, il serait cohérent que la distinction opérée dans les dispositions de l'article 123 *bis* du CGI soit étendue aux dispositions de l'article 209 B du CGI.

### B. *La combinaison du principe de non-discrimination et des grandes libertés de circulation en droit de l'Union européenne*

**616.** Depuis l'arrêt *Schumacker*, rendu en 1995 par la Cour de justice des Communautés européennes[1599], il ne fait plus aucun doute que les législations fiscales des États membres sont soumises au respect des libertés fondamentales de circulation du droit primaire de l'Union européenne[1600]. Dans cet arrêt emblématique, la Cour a affirmé la chose suivante : « *Bien que la matière des impôts directs ne relève pas, en tant que telle, du domaine de la compétence de la Communauté, l'exercice par les États membres de cette compétence retenue ne peut s'affranchir du respect du droit communautaire* » (point 21). Depuis cet arrêt, la jurisprudence européenne a su imposer un cadre commun en sanctionnant, sur le fondement des grandes libertés de circulation, les dispositifs fiscaux discriminatoires des États membres. En conjuguant le principe de non-discrimination[1601] et les libertés de circulation[1602], la Cour de justice a pu rationaliser la mise en œuvre des mesures anti-abus. Les libertés protégées en droit de l'Union européenne sont multiples : la libre circulation des marchandises (TFUE, art. 28, 30, 34, 110)[1603], la libre circulation des

---

1599 CJCE, 14 février 1995, C-279/93, *Schumacker* : *Dr. fisc.* 1995, n° 20, comm. 1089.

1600 Pour une étude de l'évolution de la portée fiscale des libertés de circulation, v. Alexandre MAITROT DE LA MOTTE, *Droit fiscal de l'Union européenne*, *op. cit.*, pp. 145-347 ; *Souveraineté fiscale et construction communautaire : Recherche sur les impôts directs*, Thèse, 2005, LGDJ, « Bibliothèque de science financière », p. 58 et s. ; Philippe MARTIN, « La portée fiscale des libertés communautaires de circulation : réflexions au regard du droit interne », *Dr. fisc.* 2000, n° 44, p. 1448. Pour une étude globale de la prise en compte du marché intérieur, v. Fabrice PEZET, *La fiscalité et le marché. De l'État fiscal à la fiscalité de marché*, Thèse, 2017, Créteil.

1601 Selon l'article 18 du TFUE : « *Dans le domaine d'application des traités, et sans préjudice des dispositions particulières qu'ils prévoient, est interdite toute discrimination exercée en raison de la nationalité* ».

1602 Sur la conjugaison du principe de non-discrimination et des libertés de circulation, v. Alexandre MAITROT DE LA MOTTE, *Souveraineté fiscale et construction communautaire : Recherche sur les impôts directs*, *op. cit.*, p. 150 et s., § 268 et s. Comme l'indique Alexandre MAITROT DE LA MOTTE : « *Seule une combinaison du principe de non-discrimination et du principe de libre circulation a donc permis à la Cour de Justice des Communautés Européennes de soumettre la fiscalité directe des États membres à son contrôle. Cette conjugaison fait apparaître clairement le caractère complémentaire des deux principes, le principe de libre circulation permettant au principe de non-discrimination d'être applicable, et le principe de non-discrimination permettant ensuite d'établir l'atteinte qui est portée au principe de libre circulation* ». *Ibid*, p. 151, § 271.

1603 Pour un exemple d'impositions discriminatoires ou protectionnistes condamnées, v. CJCE, 15 mars 2001, C-265/99, *Commission c/ France* : *Rec.* p. I-2305.

personnes, qui intègre la libre circulation des travailleurs (TFUE, art. 45)[1604] et la liberté d'établissement (TFUE, art. 49)[1605], la libre circulation des services (TFUE, art. 56)[1606] et la libre circulation des capitaux (TFUE, art. 63)[1607]. Plusieurs arrêts de la Cour de justice et décisions du Conseil d'État ont permis de mettre fin aux entraves injustifiées aux grandes libertés provoquées par les dispositifs anti-abus du droit fiscal international français (**1**). Cela ne signifie pas pour autant que toutes les entraves sont sanctionnées. Le droit de l'Union européenne admet qu'elles puissent être justifiées. C'est d'ailleurs le cas lorsqu'une mesure anti-abus vise effectivement à faire échec aux montages purement artificiels. L'entrave que la mesure anti-abus porte à la liberté de circulation applicable, éventuellement justifiée par le motif impérieux d'intérêt général de la lutte contre les montages purement artificiels, doit néanmoins être proportionnée à cet objectif. Sur le fondement de cette exigence de proportionnalité, plusieurs limites concrètes ont été édictées (**2**).

### *1. L'interdiction des entraves*

**617. Les libertés en cause. –** Avant qu'un éventuel contrôle de compatibilité d'une mesure anti-abus soit effectué au regard des grandes libertés européennes, encore faut-il que cette mesure fiscale entre dans le champ de protection du droit primaire de l'Union européenne. Il convient alors de déterminer la liberté de circulation applicable[1608] susceptible d'être affectée par une mesure anti-abus. Souvent, la liberté d'établissement et la libre circulation des capitaux sont en cause et/ou en concurrence l'une et l'autre[1609]. La question de l'identification de la liberté applicable n'est pas

---

[1604] Pour la portée fiscale de la libre circulation des travailleurs, v. CJCE, 5ème ch., 8 mai 1990, aff. C-175/88, *Klaus Biehl* : *Rec.* p. I-1779. V. aussi l'arrêt *Schumacker, préc.*

[1605] Pour la portée fiscale de la liberté d'établissement, v. CJCE, 28 janvier 1986, aff. 270/83, *Commission c/ France* : *Rec.* p. 273.

[1606] Pour la portée fiscale de la libre prestation de services, v. CJCE, 26 octobre 1999, aff. C-294/97, *Eurowings Luftverkehrs AG* : *Rec.* p. I-7447. Au sujet d'un dispositif anti-évasion belge, v. CJUE, 1ère ch., 5 juillet 2012, aff. C-318/10, *Sté d'investissement pour l'agriculture tropicale SA (SIAT)* : *Dr. fisc.* 2013, n° 3, comm. 71, note Eric MEIER, Ariane CALLOUD.

[1607] Pour la portée fiscale de la libre circulation des capitaux, v. : CJCE, 6 juin 2000, aff. C-35/98, *B.G.M. Verkooijen* : *Rec.* p. I-4071.

[1608] V. en ce sens : Benoit DELAUNAY, « La détermination de la liberté de circulation applicable dans le contentieux fiscal européen », *Dr. fisc.* 2013, n° 24, 318.

[1609] V. en ce sens : Alexandre MAITROT DE LA MOTTE, Lauren SILBERMAN, « Les clauses anti-abus, le droit primaire et le droit dérivé de l'Union européenne : presque rien sur presque tout », *op. cit.*, § 14. Dans l'arrêt *Rifaut* (*préc.*), la Cour administrative d'appel de Nancy a jugé l'ancienne version de l'article 123 *bis* du CGI contraire à la liberté d'établissement et la libre circulation des capitaux.

d'ordre théorique. Elle intéresse particulièrement les contribuables résidents d'un État tiers à l'Union européenne[1610]. Il ressort de l'article 63 du TFUE que « *toutes les restrictions aux mouvements de capitaux entre les États membres et entre les États membres et les pays tiers sont interdites* ». Ainsi, la protection de la libre circulation des capitaux est plus étendue que celle proposée par la liberté d'établissement, puisque la première protège tant les contribuables qui résident dans un État membre, que les contribuables qui résident dans un État tiers à l'Union européenne[1611]. L'identification de la liberté en cause a alors un enjeu pratique certain, celui du champ d'application territorial de ladite liberté.

**618. L'identification des libertés en cause.** – La jurisprudence européenne estime que « *pour savoir si une législation nationale relève de l'une ou de l'autre des libertés de circulation, il y a lieu de prendre en considération l'objet de la législation en cause* »[1612]. Dès lors que la législation concerne les participations qui permettent d'exercer une influence sur les décisions d'une société ou de déterminer ses activités, alors la liberté d'établissement est en cause. Dans le cas où les dispositions litigieuses ont pour objet les participations prises dans le seul but de réaliser un placement financier, alors la libre circulation des capitaux est la norme de référence à retenir. Si le juge étudie nécessairement les caractères de la disposition législative pour prendre position, il n'hésite pas non plus à tenir compte des éléments d'espèce afin de savoir si la législation litigieuse s'applique concrètement au cas dans lequel un actionnaire souhaite exercer une influence sur la gestion de la société ou au cas dans lequel un actionnaire a pour simple objectif de réaliser une opération financière ou patrimoniale[1613].

**619. La prohibition des restrictions. –** Grâce au droit primaire de l'Union européenne, le juge peut mettre fin aux entraves subies par les contribuables résidents d'un État membre de l'Union européenne ou

---

[1610] À ce sujet, v. Alexandre MAITROT DE LA MOTTE, « Les libertés européennes de circulation et les "pays tiers" », *Dr. fisc.* 2014, n° 25, comm. 384.
[1611] Pour une affirmation en ce sens v. : CJCE, Grande ch., 18 décembre 2007, aff. C-101/05, *Skatteverket c/ A.* : *Rec.* p. I-11531. Pour une étude d'ensemble sur la libre circulation des capitaux, v. en ce sens : Benoit DELAUNAY, « L'évolution de la jurisprudence fiscale de la Cour de justice en matière de liberté de circulation des capitaux », *Dr. fisc.* 2012, n° 47, 526.
[1612] CJUE, 6ème ch., 7 septembre 2017, aff. C-6/16, *Eqiom SAS, anciennement Holcim France, Enka SA, préc.*, point 40.
[1613] Par exemple, le Conseil d'État est venu indiquer que le moyen qui consiste à invoquer le principe de libre circulation des capitaux (TFUE, art. 63) à l'encontre du dispositif anti-abus de l'article 209 B du CGI est inopérant, car ce dernier s'applique uniquement aux participations permettant d'exercer une influence sur des filiales établies hors de France. V. CE, 9ème et 10ème ch., 25 avril 2022, n° 439859, *Sté Rubis* : *Dr. fisc.* 2022, n° 19, act. 172.

résidents d'un État tiers en raison de la politique de l'État membre de l'Union européenne dans lequel ils veulent exercer leur liberté : il s'agit des « *entraves à l'entrée* »[1614]. Le juge peut aussi mettre fin aux restrictions subies par les résidents d'un État membre en raison de la politique de l'État de leur résidence qui les restreint à exercer leur liberté dans un autre État : il s'agit des « *entraves à la sortie* »[1615].

**620. Les entraves à l'entrée.** – Selon une formule constante en jurisprudence, sont considérées comme des entraves ou des restrictions à une liberté du droit primaire « *toutes les mesures qui interdisent, gênent ou rendent moins attrayant l'exercice de cette liberté* »[1616]. Depuis l'arrêt *Schumacker*[1617](points 26 à 28), en matière fiscale, la Cour de justice explicite le fait que le droit primaire prohibe non seulement les discriminations ostensibles fondées sur la nationalité[1618], mais aussi toutes formes dissimulées de discriminations qui, par application d'autres critères de distinction, aboutissent en fait au même résultat[1619]. Les discriminations fondées sur la résidence peuvent donc être interdites, dans le cas où la différence de traitement ne repose pas sur une différence de situation objective[1620]. En ce sens, les contribuables non nationaux ou non-résidents sont dissuadés d'exercer pleinement les libertés européennes de circulation dans un État membre de l'Union européenne.

**621. Des illustrations jurisprudentielles.** – Par exemple, il a déjà été jugé que l'ancienne version de l'article 119 *ter*, 3 du CGI constituait, pour les sociétés mères européennes, dont les actionnaires étaient résidents dans un État tiers à l'Union européenne, une entrave à la liberté d'établissement. En effet, la société mère établie au sein de l'Union européenne qui percevait

---

1614 Alexandre MAITROT DE LA MOTTE, *Droit fiscal de l'Union européenne*, *op. cit.*, p. 221, § 145.

1615 *Ibid.*

1616 V. par ex. : CJUE, 1ère ch., 8 mars 2017, aff. C-14/16, *Euro Park Service venant aux droits et obligations de la SCI Cairnbulg Nanteuil c/ Ministre des Finances et des Comptes publics*, *préc.*, point 59 ; CJUE, 6ème ch., 7 septembre 2017, aff. C-6/16, *Eqiom SAS, anciennement Holcim France, Enka SA*, *préc.*, point 56.

1617 CJCE, 14 février 1995, C-279/93, *Schumacker*, *préc.*

1618 La doctrine parle de « *discrimination directe* », v. Alexandre MAITROT DE LA MOTTE, *Droit fiscal de l'Union européenne*, *op. cit.*, p. 222, § 147.

1619 La doctrine parle de « *discrimination indirecte* », *Ibid.*

1620 La différence de situation objective s'apprécie au cas par cas. Traditionnellement, l'étude de la différence de situation objective se fait au stade de l'identification de l'éventuelle entrave. En ce sens, si elle repose sur une différence de situation, la différence de traitement n'est pas à l'origine d'une entrave (v. l'arrêt *Cadbury Schweppes*, *préc.*, point 46). Toutefois, depuis les années 2010, comme en témoigne le point 60 de l'arrêt *Eqiom, Enka* (*préc.*), l'identification de la différence de situation peut aussi intervenir au stade de la justification de la restriction.

des dividendes d'une filiale française était moins bien traitée qu'une société mère établie en France qui percevait des dividendes d'une filiale française, alors même qu'elles étaient dans une situation comparable[1621]. Le fait que, au bout de l'opération, le bénéficiaire ultime des dividendes soit résident dans un État tiers à l'Union européenne, n'empêche pas que la société mère européenne, interposée entre la filiale résidente d'un État membre et l'ultime bénéficiaire résident d'un État tiers, puisse invoquer la liberté d'établissement[1622]. Parallèlement, une telle entrave pourrait être caractérisée au sujet des dispositifs anti-abus propres au régime des « intérêts-redevances », puisqu'ils ont vocation à appréhender les interpositions des sociétés au sein d'un État membre de l'Union européenne par des investisseurs étrangers (CGI, art. 119 *quater*, 3 ; 182 B *bis*, 3). Ils traitent différemment les sociétés bénéficiaires d'intérêts et de redevances en fonction de leur résidence, en France ou dans un autre État, qui perçoivent des revenus d'une société française.

**622. Les entraves à la sortie.** – Depuis l'arrêt *Imperial Chemical Industries* rendu en 1998[1623], les « *entraves à la sortie* »[1624] sont également prohibées. Il a déjà été jugé qu'un dispositif anti-abus de type « SEC » ou « CFC » pouvait être constitutif d'une entrave à la liberté d'établissement pour les sociétés mères résidentes d'un État membre[1625]. Dans le même sens, le dispositif anti-abus français relatif aux fusions transfrontalières a été jugé comme dissuadant les sociétés établies en France d'exercer leur liberté d'établissement[1626]. Rien n'empêche également que les dispositifs anti-abus qui définissent abstraitement l'abus de droit (LPF, art. L. 64 ; L. 64 A ; CGI, art. 205 A) puissent être à l'origine d'une « *entrave à la sortie* », comme l'a

---

1621 CJUE, 6ème ch., 7 septembre 2017, aff. C-6/16, *Eqiom SAS, anciennement Holcim France, Enka SA, préc.*, points 59 et 60. La Cour de justice estime que la situation d'une société mère établie en France et d'une société mère établie dans un autre État membre sont comparables. Elle s'autorise à dire que ces deux situations sont analogues lorsqu'un État membre, en l'occurrence la France, exerce sa compétence fiscale aussi bien sur l'actionnaire résident dans ledit État membre (en France) que sur l'actionnaire résident dans un autre État membre de l'UE. Évidemment, cette justification tend à étendre les cas dans lesquels la législation fiscale internationale d'un État membre de l'UE entre dans le champ d'application du droit primaire de l'UE.

1622 *Ibid.*, point 48.

1623 CJCE, 16 juillet 1998, aff. C-264/96, *Imperial Chemical Industries plc (ICI), préc.*

1624 Cette expression trouve sa source dans les conclusions rendues par l'avocat général Gisueppe TESAURO sur l'arrêt *ICI* (*préc.*).

1625 Pour un dispositif britannique, v. CJCE, 12 septembre 2006, aff. C-196/04, *Cadbury Schweppes, préc.* ; pour l'ancienne version du dispositif anti-abus de l'article 209 B du CGI, v. CE, Plén., 4 juillet 2014, n° 357264 et n° 359924, *Bolloré SA, préc.*

1626 CJUE, 1ère ch., 8 mars 2017, aff. C-14/16, *Euro Park Service venant aux droits et obligations de la SCI Cairnbulg Nanteuil c/ Ministre des Finances et des Comptes publics, préc.*

laissé entendre le Conseil d'État dans la décision *Sagal*[1627] au sujet de la procédure d'abus de droit prévue à l'article L. 64 du LPF. Le juge interne n'hésite pas, dans ce cas, à proposer une interprétation neutralisante de la mesure anti-abus concernée, afin d'éviter toute restriction au droit primaire de l'Union européenne. S'il l'a fait pour le dispositif anti-abus de l'article L. 64 du LPF, il n'est pas inenvisageable qu'il propose ce genre d'interprétation pour les dispositifs anti-abus des articles L. 64 A du LPF ou 205 A du CGI. Finalement, les juges ont une marge d'appréciation étendue pour déterminer dans quels cas un État membre restreint, à la sortie, l'exercice d'une liberté de circulation[1628].

**623.** Lorsqu'une mesure anti-abus constitue une entrave à « *l'entrée* » ou à « *la sortie* » au regard de l'exercice d'une liberté de circulation garantie sur le plan européen, car à l'origine d'une discrimination, elle peut être, dans des cas précis, justifiée par une raison impérieuse d'intérêt général. Toutefois, la restriction doit être appropriée et proportionnée à l'objectif poursuivi par le texte. Le contrôle de proportionnalité exercé sur le terrain du droit primaire de l'Union européenne se différencie quelque peu de celui exercé dans le champ du droit constitutionnel (DDHC, art. 13). Pour autant, il peut arriver que les limites établies par le juge européen ou par le juge constitutionnel se rejoignent.

### 2. *La possible justification aux entraves*

**624. Le caractère limitatif des justifications aux restrictions. –** Une mesure fiscale à l'origine d'une entrave à une liberté de circulation européenne peut être justifiée. Deux sortes de justifications existent : celles stipulées dans le TFUE[1629], celles qui sont d'origine prétorienne, à savoir les

---

[1627] CE, 8ème et 3ème s.-s., 18 mai 2005, n° 267087, *Sté Sagal, préc.*
[1628] Selon la doctrine, seraient donc appréhendées, sur le terrain des « entraves à la sortie », des mesures qui, apparemment, ne seraient pas discriminatoires en tant que telles. C'est leur effet dissuasif qui est sanctionné, v. Bernard CASTAGNEDE, *Précis de fiscalité internationale*, *op. cit.*, p. 56, § 33. C'est la différence de traitement entre les contribuables qui exercent les libertés européennes et ceux qui ne les exercent pas, qui est appréhendée, v. Daniel GUTMANN, *Droit fiscal des affaires*, *op. cit.*, p. 86, § 84. Tout cela va dans le sens selon lequel la Cour de justice retient « *une vision maximaliste de la notion d'entrave, dont elle n'en a en fin de compte jamais défini le moindre critère d'identification* », v. en ce sens : Alexandre MAITROT DE LA MOTTE, *Droit fiscal de l'Union européenne*, *op. cit.*, p. 296, § 168.
[1629] V. en ce sens les développements d'Alexandre MAITROT DE LA MOTTE : *Ibid.*, pp. 298-304, § 172 et 173. Des considérations d'ordre public, de sécurité publique et de santé publique peuvent justifier des entraves (TFUE, art. 45, 52 et 62). Le TFUE autorise aussi les États membres à prévoir des mesures spécifiques à la libre circulation des capitaux et des moyens de paiement (TFUE, art. 64 et 65). Pour l'application de l'article 64 et de la « clause de gel » qu'il renferme, au sujet d'un dispositif fiscal allemand de type « SEC » ou « CFC » à l'origine d'une restriction

raisons impérieuses d'intérêt général[1630]. En l'état actuel de la jurisprudence, en matière de dispositifs anti-abus, les justifications d'origine jurisprudentielle ont un effet utile plus marqué. En principe, quatre motifs impérieux d'intérêt général sont susceptibles d'être avancés par les États membres pour justifier les politiques fiscales à l'origine d'une « entrave à l'entrée » ou d'une « entrave à la sortie ». Au fil des affaires, la Cour de justice a admis comme justifications : l'efficacité des contrôles fiscaux[1631] et l'efficacité du recouvrement de l'impôt[1632], la prévention de la fraude et l'évasion fiscales (plus précisément, la lutte contre les montages purement artificiels)[1633], la cohérence du régime fiscal applicable[1634], ainsi que la répartition équilibrée du pouvoir d'imposition entre les États membres[1635]. En matière de dispositifs anti-abus, parmi ces quatre « motifs impérieux d'intérêt général » qui permettent aux États membres de l'Union européenne de justifier les restrictions qu'ils portent aux grandes libertés européennes, le deuxième mérite de faire l'objet de développements particuliers[1636].

---

aux mouvements de capitaux à destination ou en provenance de pays tiers, v. CJUE, Grande ch., 26 février 2019, aff. C-135/17, *X GmbH c/ Finanzamt Stutgart Körperschaften* : *RJF* 5/19, n° 503. La « clause de gel » permet, en substance, aux États membres d'appliquer « *aux pays tiers, des restrictions existant le 31 décembre 1993 en vertu du droit national ou du droit de l'Union en ce qui concerne les mouvements de capitaux à destination ou en provenance de pays tiers lorsqu'ils impliquent des investissements directs, y compris les investissements immobiliers, l'établissement, la prestation de services financiers ou l'admission de titres sur les marchés de capitaux* ».

[1630] Pour une étude classique de cette question, v. Benoit DELAUNAY, « L'évolution de la jurisprudence relative aux justifications des restrictions fiscales », *op. cit.*

[1631] Pour un arrêt fondateur, v. CJCE, 15 mai 1997, aff. C-250/95, *Futura Participations SA et Singer* : *Rec.* p. I-2471.

[1632] Pour un arrêt fondateur, v. CJCE, Grande ch., 3 octobre 2006, aff. C-290/04, *FKP ScorpioKonzertproduktionen, GmbH* : *Rec.* p. I-9461.

[1633] Pour un arrêt fondateur, v. CJCE, 16 juillet 1998, aff. C-264/96, *Imperial Chemical Industries plc (ICI), préc.*

[1634] Pour un arrêt fondateur, v. CJCE, 28 janvier 1992, aff. C-204/90, *Bachmann* : *Rec.* p. I-249. Pour un regain d'intérêt par le juge européen, v. CJCE, 4ème ch., 23 octobre 2008, aff. C-157/07, *Krankenheim Ruhesitz am Wannsee-Seniorenheimstatt GmbH* : *Rec.* p. I-8061.

[1635] Pour un arrêt fondateur, v. CJCE, 13 décembre 2005, aff. C-446/03, *Marks & Spencer plc* : *Rec.* p. I-10837.

[1636] Il est nécessaire d'avoir à l'esprit que la « répartition équilibrée du pouvoir d'imposer », raison impérieuse d'intérêt général dégagée dans l'arrêt *Marks & Spencer* (*préc.*), est souvent analysée par la Cour comme englobant une autre raison impérieuse d'intérêt général, à savoir la prévention des montages purement artificiels destinés à contourner la législation fiscale d'un État membre, v. notamment le point 56 de l'arrêt *Cadbury Schweppes* (*préc.*). Pour une analyse critique de cette interprétation, v. Daniel GUTMANN, *Droit fiscal des affaires*, *op. cit.*, p. 90, § 94. Daniel GUTMANN plaide pour une distinction plus rigoureuse entre les différents motifs, dans l'objectif de gagner en clarté dans l'appréciation de

**625. La lutte contre les montages purement artificiels.** – La justification dégagée dans l'arrêt *ICI*[1637], à savoir, la lutte contre les montages purement artificiels a été rappelée à diverses reprises dans les arrêts *Lankhorst-Hohorst*[1638] (point 37), *Lasteyrie du Saillant*[1639] (point 50) et *Marks and Spencer*[1640] (point 57). Elle a été précisée dans l'affaire *Cadbury Schweppes*[1641] (points 51 et suivants). Dans cet arrêt de 2006, le juge européen indique que : « *Il s'ensuit que, pour qu'une restriction à la liberté d'établissement puisse être justifiée par des motifs de lutte contre des pratiques abusives, le but spécifique d'une telle restriction doit être de faire obstacle à des comportements consistant à créer des montages purement artificiels, dépourvus de réalité économique, dans le but d'éluder l'impôt normalement dû sur les bénéfices générés par des activités réalisées sur le territoire national* » (point 55). La Cour de justice apprécie alors si la mesure législative litigieuse « *est exclusivement destinée à atteindre cet objectif* »[1642]. Si cette vérification faite par le juge risque de se confondre avec le contrôle de proportionnalité qu'il effectue[1643], elle a le mérite de rappeler aux États que les simples allégations selon lesquelles la mesure fiscale litigieuse serait justifiée par l'objectif de lutte contre les montages artificiels ne sont pas admises[1644]. Toutefois, elle laisse planer le doute sur le fait de savoir si les États membres doivent littéralement faire référence au critère du montage

---

l'exigence de proportionnalité. Ce faisant, « *l'application du principe de proportionnalité pourrait avoir lieu de façon distributive, justification par justification* » (*ibid.*).
Le fait de s'intéresser à cette raison impérieuse d'intérêt général n'exclut pas que les entraves d'un dispositif anti-abus applicable dans les situations transnationales puissent être justifiées par plusieurs motifs. Par exemple, au sujet d'un dispositif anti-abus belge, il a été reconnu qu'il contribuait à la réalisation de la lutte contre la fraude et de l'évasion fiscales, à la nécessité de garantir l'efficacité des contrôles fiscaux et à la nécessité de préserver la répartition du pouvoir d'imposition entre les États membres. V. CJCE, 1ère ch., 5 juillet 2012, *SIAT c/ État belge*, aff. C-318/10, *préc.*, point 48.

1637 CJCE, 16 juillet 1998, aff. C-264/96, *Imperial Chemical Industries plc (ICI), préc.*

1638 CJCE, 12 décembre 2002, aff. C-324/00, *Lankhorst-Hohorst GmbH* : *RJF* 3/03, n° 391.

1639 CJCE, 11 mars 2004, aff. C-9/02, *Lasteyrie du Saillant, préc.*

1640 CJCE, 13 décembre 2005, *Marks and Spencer plc, préc.*

1641 CJCE, 12 septembre 2006, *Cadbury Schweppes, préc.*

1642 V. Alexandre MAITROT DE LA MOTTE, *Droit fiscal de l'Union européenne, op. cit.*, p. 309, § 176.

1643 *Ibid.* V. par ex. le point 59 de l'arrêt *Cadbury Schweppes* (*préc.*), où le juge européen vérifie si la législation « SEC » britannique vise « *les pratiques qui n'auraient d'autre but que d'éluder l'impôt* », et ce, avant même d'aborder l'exigence de proportionnalité.

1644 V. au sujet d'un dispositif fiscal belge, CJUE, 1ère ch., 5 juillet 2012, *SIAT c/ État belge*, aff. C-318/10, *préc.*, point 40. Pour d'autres affaires où il est question de savoir si un dispositif fiscal d'un État membre a effectivement pour objectif de lutter contre les « montages purement artificiels », v. CJCE, Grande ch., 13 mars 2007, aff. C-524/04, *Test Claimants in the Thin Cap Group Litigation* : *Rec.*, p. I-2107 (au sujet d'un dispositif fiscal britannique) ; CJCE, 4ème ch., 17 janvier 2008, aff. C-105/07, *Lammers & Van Cleef NV c/ Belgische Staat* : *Rec.*, p. I-173 (au sujet d'un dispositif fiscal belge).

purement artificiel dans leur législation ou dans l'interprétation qu'en fait le juge national, pour qu'elle soit compatible au droit primaire de l'Union européenne.

**626. La confrontation des mesures anti-abus à l'exigence du montage purement artificiel. –** Les mesures anti-abus qui appréhendent spécifiquement, dans le champ du droit de l'Union européenne, des montages purement artificiels, poursuivent donc une raison impérieuse d'intérêt général susceptible de justifier une entrave à une liberté garantie par le droit de l'Union européenne. Tenant compte de cette exigence, le Conseil d'État n'a pas hésité, dans la décision *Bolloré*[1645] de 2014, à conditionner la mise en œuvre des dispositions de l'ancienne version de l'article 209 B du CGI, afin de justifier l'entrave qu'elle porte à la liberté d'établissement, « *à des sociétés ou groupements qui ont le caractère de montages purement artificiels destinés à éluder l'impôt normalement dû en France* ». Dans le même sens, dans la décision *Sagal*[1646], le juge administratif suprême a interprété les dispositions de l'article L. 64 du LPF de telle manière à ce qu'elles ne puissent pas être « *regardées comme apportant une restriction à la liberté d'établissement incompatible* » avec le droit primaire de l'Union européenne. Pour ce faire, le juge estime que l'objet de la procédure d'abus de droit fiscal « *consiste spécifiquement à exclure du bénéfice de dispositions fiscales favorables les montages purement artificiels dont le seul objet est de contourner la législation fiscale française* ». Cela explique aussi pourquoi le Conseil d'État, dans la décision *Piazza*[1647], a limité la mise en œuvre du dispositif anti-abus de l'article 155 A du CGI spécifiquement aux opérations dont la réalité était douteuse[1648]. La Cour de justice de l'Union européenne, dans la décision *Eqiom et Enka*[1649], a implicitement constaté (point 64, renvoi au point 33) que le droit primaire de l'Union européenne s'oppose aux dispositions de l'ancienne version de l'article 119 *ter*, 3 du CGI dans la mesure où elles ne visent pas spécifiquement les montages purement artificiels dont le but est d'échapper

---

1645 CE, Plén., 4 juillet 2014, n° 357264 et n° 359924, *Bolloré SA*, *préc.*

1646 CE, 8ème et 3ème s.-s., 18 mai 2005, n° 267087, *Sté Sagal*, *préc.*

1647 CE, 9ème et 10ème s.-s., 20 mars 2013, n° 346642, *Piazza*, *préc.*

1648 À titre de remarque, avant la solution *Piazza* rendue par le Conseil d'État, la Cour administrative d'appel de Paris a jugé que les principes de liberté de circulation des travailleurs et la liberté de prestation de services faisaient obstacle à l'imposition en France d'une artiste en application des dispositions de l'article 155 A du CGI, au titre des sommes correspondant à son activité en France versées à une société néerlandaise non artificielle. V. CAA Paris, 9ème ch., 11 octobre 2012, n° 10PA04573, *Casta* : *RJF* 1/13, n° 113, concl. Aurélie BERNARD. V. Grégoire LOUSTALET, « Article 155 A du CGI et conformité au droit de l'Union européenne : la guerre de Troie aura-t-elle lieu ? », *JCP E*, 2013, n° 6, 1102.

1649 CJUE, 6ème ch., 7 septembre 2017, aff. C-6/16, *Eqiom SAS, anciennement Holcim France, Enka SA*, *préc.*

à la législation interne[1650]. À ce stade des développements, il est légitime de se demander si les mesures anti-abus relatives aux versements des « intérêts et des redevances » entre entreprises associées (CGI, art. 119 *quater* ; 182 B *bis*, 3), aux cessions temporaires (CGI, art. 119 *bis* A), aux opérations de « fusions » (CGI, art. 210-0 A, III), les mesures anti-abus « PPT » ou « LoB » des conventions fiscales internationales, ainsi que la clause anti-abus générale de la directive « ATAD 1 », respectent cette exigence. En effet, ces quelques dispositifs anti-abus font référence au critère du « but principalement fiscal », sans tenir compte explicitement de la condition relative au montage artificiel. Aujourd'hui, il est difficile d'imaginer ce qu'en déduirait la Cour de justice ou le juge national, mais cette rédaction est un motif potentiel d'incompatibilité au droit primaire de l'Union européenne. Dans le cadre de leur mise en œuvre, le juge de l'impôt aurait tout intérêt à les interpréter de telle manière à ce qu'elles soient compatibles à l'exigence du « montage purement artificiel »[1651].

**627. La proportionnalité de la mesure à l'objectif poursuivi : une mesure appropriée et nécessaire. –** L'entrave au droit primaire de l'Union européenne par un État membre peut être justifiée par un motif impérieux d'intérêt général. Les mesures anti-abus du droit fiscal international français peuvent avoir pour objectif de lutter contre les montages purement artificiels. Cela étant dit, les normes anti-abus doivent tout de même être proportionnées à l'objectif poursuivi. Deux exigences sont attachées au principe de proportionnalité : la mesure fiscale litigieuse doit être appropriée à l'objectif poursuivi, d'une part, et, elle ne doit pas aller au-delà

---

[1650] La difficulté tient en réalité au fait que dans cet arrêt, pour juger de la compatibilité de cette mesure anti-abus française, qui est le fruit d'une faculté ouverte par l'ancienne version de la directive « mères-filles », à la liberté d'établissement, la Cour de justice renvoie aux motifs de l'incompatibilité de cette mesure anti-abus à l'ancienne version de la directive « mères-filles » (n° 646 et s.). V. en ce sens une analyse critique du raisonnement de la CJUE : Alexandre MAITROT DE LA MOTTE, Lauren SILBERMAN, « Les clauses anti-abus, le droit primaire et le droit dérivé de l'Union européenne : presque rien sur presque tout », *op. cit.*, § 19 et 20.

[1651] Mais, comme nous le verrons par la suite (n° 729 et s.), nous pensons que les juges devraient apprécier avec souplesse le critère de l' « artificialité ». D'ailleurs, c'est ce que semble faire la Cour de justice dans les arrêts récents *N Luxembourg 1* (*préc.*) et *T Danemark* (*préc.*). De sorte que, il paraît peu probable que la Cour de justice invalide ces mesures anti-abus en retenant comme motif le fait qu'elles ne visent pas spécifiquement les « montages purement artificiels ». Toutefois, au sujet d'un dispositif fiscal suédois, reposant sur le critère du « but principalement fiscal », la Cour de justice a estimé qu'il n'était pas conforme au droit de l'UE, v. CJUE, 5ème ch., 18 juin 2020, aff. C-276/18, *KrakVet Marek Batko sp.k. c/ Nemzeti Adó- és Vámhivatal Fellebbviteli Igazgatósága* : *RJF* 4/21, n° 439.

de ce qui est nécessaire pour atteindre cet objectif, d'autre part[1652]. En pratique, il est difficile de distinguer ces deux étapes. La doctrine n'hésite pas à dire qu'il s'agit en réalité d'un contrôle qui porte « *sur l'adéquation entre les moyens et les finalités poursuivies par les États* »[1653]. Ainsi entendu, il est possible de constater la perméabilité des frontières entre les contrôles de proportionnalité et de cohérence pratiqués par les juges[1654]. Cela n'empêche que sur le fondement de l'exigence de proportionnalité, le juge européen déduit plusieurs limites applicables aux mesures anti-abus[1655]. Les premières limites établies par le juge européen se retrouvent dans l'arrêt *Cadbury Schweppes* rendu en 2006 au sujet d'une mesure « CFC » britannique. Les autres limites ont fait leur apparition plus récemment et se retrouvent notamment dans les arrêts *Euro Park Service* et *Eqiom* & *Enka*.

**628. Les limites identifiées dans l'arrêt *Cadbury Schweppes*.** – Au-delà du fait que le juge européen exige parfois au stade du contrôle de proportionnalité qu'une mesure anti-abus établie par un État membre vise spécifiquement les montages purement artificiels, il ressort de l'arrêt *Cadbury Schweppes*[1656] que l'application d'une mesure anti-abus doit toujours se faire sur la base « *[d'] éléments objectifs et vérifiables par des tiers* » (point 67). Au sujet des législations « CFC », la jurisprudence précise que, nonobstant l'existence de motivations de nature fiscale du contribuable, lorsque ladite société contrôlée est « *réellement implantée* » (point 65) dans l'État membre d'accueil et y exerce des « *activités économiques effectives* » (point 66), la législation anti-abus ne doit pas s'appliquer. De plus, un contribuable visé par un dispositif anti-abus doit toujours « *être mis en mesure [par la législation] de produire des éléments* » qui seraient de nature à démontrer la réalité de l'opération (point 70). Ainsi, de la même manière que le Conseil constitutionnel interdit sur le fondement du principe d'égalité devant les

---

[1652] V. par ex. : CJCE, 11 mars 2004, aff. C-9/02, *Lasteyrie du Saillant*, *préc.*, point 49.

[1653] Daniel GUTMANN, *Droit fiscal des affaires*, *op. cit.*, p. 91, § 95.

[1654] Alexandre MAITROT DE LA MOTTE estime que, dans le cadre du contrôle de proportionnalité des restrictions n'impliquant que des États membres, la Cour de justice veille à ce que les normes examinées « *ne soient pas trop générales ou trop absolues et qu'il n'existe pas un moyen moins contraignant permettant d'atteindre le résultat requis* ». V. Alexandre MAITROT DE LA MOTTE, *Droit fiscal de l'Union européenne*, *op. cit.*, p. 333, § 188.

[1655] Il convient de noter que l'appréciation de l'exigence de proportionnalité varie selon qu'il s'agit de traiter de restrictions impliquant seulement des États membres ou des restrictions impliquant des États tiers. En ce sens, v. *Ibid.*, pp. 333-347. Pour un exemple jurisprudentiel au sujet de la restriction d'un dispositif « CFC » allemand, v. CJUE, Grande ch., 26 février 2019, aff. C-135/17, *X GmbH c/ Finanzant Stuttgart Körperschaften*, *préc.*

[1656] CJCE, 12 septembre 2006, *Cadbury Schweppes*, *préc.*

charges publiques le recours aux présomptions irréfragables de fraude[1657] ou d'évasion[1658] (n° 607 et s.), la jurisprudence européenne tend à prohiber le recours à de telles présomptions irréfragables. Force est de reconnaître que le Conseil constitutionnel a pu être inspiré par la jurisprudence de la Cour de justice. Les juges du fond, avant que le législateur ne vienne adapter les mesures anti-abus aux limites établies dans la jurisprudence européenne, n'hésitaient pas à reconnaître l'absence de proportionnalité des anciennes versions des mesures anti-abus du CGI à l'objectif qu'elles poursuivaient, telles que celles des articles 155 A[1659] et 123 *bis* du CGI[1660]. Par la suite, le législateur a su s'adapter pour éviter des contestations. En effet, désormais, les clauses de sauvegarde inscrites aux articles 123 *bis* (point 4 *bis*, al. 1) et 209 B (point II) du CGI veillent scrupuleusement à ce que ces limites instituées par le juge européen soient respectées[1661]. Ces limites édictées par le juge européen ont pour fonction de trouver un point d'équilibre entre deux objectifs : la lutte contre les montages purement artificiels et la protection des libertés de circulation des contribuables. Plus récemment encore, d'autres limites ont été posées par la Cour de justice de l'Union

---

[1657] V. not. Cons. const., 20 janvier 2015, déc. n° 2014-437 QPC, *AFEP*, *préc.*

[1658] V. not. Cons. const., 1er mars 2017, déc. n° 2016-614 QPC, *M. Dominique L.*, *préc.*

[1659] En ce qui concerne le dispositif anti-abus de l'article 155 A du CGI, avant que le Conseil d'État ne procède à son interprétation neutralisante au regard du droit primaire de l'UE dans la décision *Piazza* (*préc.*), la Cour administrative d'appel de Douai avait jugé que les dispositions de l'article 155 A du CGI étaient incompatibles avec la liberté d'établissement et la liberté des prestations de services. Pour les juges du fond, elles allaient au-delà de ce qui était nécessaire pour atteindre l'objectif visé. La Cour a reproché aux dispositions de l'article 155 A du CGI d'instaurer une présomption irréfragable d'évasion fiscale. V. CAA Douai, 2ème ch., 14 décembre 2010, n° 08-1103, *Deschilder* : *RJF* 4/11, n° 400, concl. Patrick MINNE.

[1660] En ce qui concerne les anciennes dispositions de l'article 123 *bis* du CGI : en visant, d'une manière générale, toute situation dans laquelle un contribuable domicilié en France détient au moins 10 % des actions, parts, droits financiers ou droits de vote dans une institution établie hors de France et soumise à un régime fiscal privilégié et instaurant ainsi une présomption irréfragable d'évasion fiscale à l'encontre de contribuables ayant effectué un tel placement, sans réserver l'application de ces dispositions aux montages purement artificiels, les dispositions de l'article 123 *bis* du CGI excédaient largement ce qui était nécessaire à la lutte contre l'évasion fiscale. Elles ont été déclarées incompatibles avec le principe de libre circulation des capitaux et, lorsque les participations détenues confèrent au contribuable une influence certaine sur les décisions de l'institution en cause, avec le principe de liberté d'établissement. V. CAA Nancy, 1ère ch., 22 août 2008, n° 07NA783, *Rifaut*, *préc.*

[1661] À ce sujet, Daniel GUTMANN estime que la jurisprudence de la Cour de justice permet « *d'assurer l'effectivité du droit de l'Union européenne tout en donnant indirectement aux États d'utiles conseils pour améliorer leur législation interne* ». V. Daniel GUTMANN, *Droit fiscal des affaires*, *op. cit.*, p. 91, § 96.

européenne, confirmant ainsi la volonté du juge européen de combiner le plus possible ces deux objectifs.

**629. Les limites complémentaires identifiées dans les arrêts *Euro Park Service* et *Eqiom & Enka*.** – Le juge européen a mis en évidence d'autres limites auxquelles les mesures anti-abus sont soumises sur le fondement du droit primaire de l'Union européenne[1662]. Dans les affaires *Euro Park Service*[1663] et *Eqiom (anciennement Holcim) et Enka*[1664], toutes les deux rendues en 2017[1665], la Cour de justice de l'Union européenne rappelle d'abord que, lorsque les services de contrôle appliquent une mesure anti-abus à des contribuables, ils « *doivent procéder à un examen individuel de l'ensemble de l'opération concernée* »[1666]. En parallèle, la Cour de justice explique que : « *L'institution d'une mesure fiscale revêtant une portée générale excluant automatiquement certaines catégories de contribuables de l'avantage fiscal, sans que l'administration fiscale soit tenue de fournir ne serait-ce qu'un commencement de preuve ou d'indice de fraude et d'abus, irait au-delà de ce qui est nécessaire pour éviter les fraudes et les abus* »[1667]. À défaut, la mesure organise une « *présomption générale de fraude [ou d'évasion] et d'abus* » (*Euro Park Service*, point 55 ; *Eqiom*, point 36). Dans les affaires *Euro Park Service* et *Eqiom*, la Cour de justice reproche aux anciennes mesures anti-abus françaises, propres aux « fusions »

---

1662 Toutefois, la Cour de justice a été déroutante dans son raisonnement. En effet, elle a mêlé les exigences attachées aux directives européennes, à celles du droit primaire de l'UE (n° 648 et s.). Reste que le juge européen renforce un peu plus la protection du contribuable sur le terrain du droit primaire de l'UE.

1663 CJUE, 1ère ch., 8 mars 2017, aff. C-14/16, *Euro Park Service, préc.*

1664 CJUE, 6ème ch., 7 septembre 2017, aff. C-6/16, *Eqiom SAS, anciennement Holcim France, Enka SA, préc.* Cette affaire peut être rapprochée de l'affaire *Desteir Holding* : CJUE, 6ème ch., 20 décembre 2017, aff. C-504/16 et C-613/16, *Deister Holding AG, anciennement Traxx Investments NV et Juhler Holding A/S c/ Bundeszentralamt für Steuern* : *RJF* 11/18, n° 1195.

1665 Pour les questions préjudicielles posées par le Conseil d'État, v. CE, 9ème et 10ème s.-s., 30 décembre 2015, n° 374836, *Sté Holcim France SAS* : *Dr. fisc.* 2016, n° 13, comm. 257, concl. Émilie BOKDAM-TOGNETTI, comm. Alexandre MAITROT DE LA MOTTE ; CE, 9ème et 10ème s.-s., 30 décembre 2015, n° 369311, *Sté Euro Park Service, préc.*

1666 V. CJUE, 1ère ch., 8 mars 2017, aff. C-14/16, *Euro Park Service, préc.*, point 69, renvoi aux points 55 et 56 ; CJUE, 6ème ch., 7 septembre 2017, aff. C-6/16, *Eqiom SAS, anciennement Holcim France, Enka SA, préc.* point 65, renvoi au point 32 ; CJUE, 6ème ch., 20 décembre 2017, aff. C-504/16 et C-613/16, *Deister Holding AG, anciennement Traxx Investments NV et Juhler Holding A/S, préc.*, point 69. Cette exigence a le mérite de rappeler à l'Administration d'apprécier chaque situation au cas par cas. Elle enrichit l'obligation pour l'Administration de se fonder sur des éléments vérifiables par les tiers. Globalement, cela pourrait inciter les services de contrôle à analyser les éléments de faits avec minutie et de recourir parcimonieusement au concept d'abus de droit, c'est-à-dire uniquement lorsque les faits relèvent une pratique abusive évidente.

1667 *Ibid.*

transfrontalières (CGI, anc. art. 210 C) et au régime « mères-filles »[1668] (CGI, anc. art. 119 *ter*, 3), d'instituer une telle présomption générale de fraude et d'abus. Cette limite, concrètement définie, porte sur l'équilibre du fardeau de la preuve en matière d'abus de droit[1669]. Elle complète l'interdiction du recours aux présomptions irréfragables. Bien que le contribuable doive être mis en mesure de démontrer que son opération ne correspond pas à une pratique abusive (interdiction des présomptions irréfragables), l'Administration ne doit pas être exonérée d'apporter des éléments démontrant la pratique abusive du contribuable (interdiction des présomptions générales). Les mesures anti-abus actuellement en vigueur, qu'il s'agisse des anciennes mesures anti-abus (CGI, art. 155 A ; 209 B ; 123 *bis* ; 238 A ; LPF, art. L. 64 ; etc.), ou des nouvelles mesures anti-abus (CGI, art. 119 *bis* A ; 205 A ; LPF, art. L. 64 A ; clause « PPT »), doivent intégrer ces limites fondamentales, dès lors qu'elles sont mises en œuvre pour appréhender une opération européenne.

**630. Conclusion de la Section I. –** La protection assurée par le droit primaire de l'Union européenne complète celle garantie par les normes de valeur constitutionnelle. Bien que la lutte contre l'évasion fiscale soit nécessaire, il est tout aussi important que différents garanties constitutionnelles et conventionnelles puissent protéger les contribuables visés par les mesures anti-abus. Le contrôle de proportionnalité, réalisé dans l'optique de rendre les mesures fiscales conformes aux principes d'égalité et de non-discrimination, apparaît alors comme le plus approprié pour trouver des points d'équilibre convenables. En effet, en le mettant en œuvre, les juges ont multiplié les limites auxquelles les pouvoirs publics et l'Administration sont concrètement soumis. Simultanément, sur le fondement des directives européennes et des conventions fiscales, la mise en œuvre des mesures anti-abus a pu être encadrée et précisée à la lumière du but originel du droit fiscal international, à savoir la prévention des doubles impositions.

---

[1668] Sur la question de la compatibilité au droit de l'UE de l'ancienne version du dispositif anti-abus de l'article 119 ter, 3 du CGI, v. Harold TUROT, « On n'a pas tout dit sur la clause anti-abus de l'article 119 ter ! », *Dr. fisc.* 2017, n° 8, 162.

[1669] La Cour de justice avait déjà mis en évidence une telle limite dans l'arrêt *SIAT c/ État belge* (*préc.*) (point 55). Dans cette affaire, la Cour de justice avait également invalidé le dispositif belge dans la mesure où le contribuable n'était pas en mesure de déterminer au préalable et avec la précision suffisante le champ d'application de ce dispositif anti-abus, ce qui laissait subsister des incertitudes quant à son applicabilité (point 57). En ce sens, le dispositif anti-abus belge ne satisfaisait pas aux exigences de la sécurité juridique que doit respecter une règle de droit, à savoir la clarté, la prévision et la prévisibilité dans ses effets, en particulier lorsqu'elle peut avoir pour les individus et les entreprises des conséquences défavorables (point 58).

## Section II – Les exigences tenant à la prévention des doubles impositions

**631.** Prévenir les situations de double imposition est un objectif essentiel du droit fiscal international et européen (n° 30). Cet intérêt se comprend dans la mesure où la double imposition n'incite ni à la mobilité internationale (ou européenne), ni aux investissements directs à l'étranger. Pour cette raison, les conventions fiscales bilatérales, d'abord, et les directives européennes, ensuite, ont contribué à limiter ce phénomène. Au fil des années, cet objectif est entré en concurrence avec celui de la lutte contre l'évasion fiscale internationale, qui a pris une place prépondérante depuis la crise financière de 2008. Les deux objectifs précités peuvent être conciliés. Pour ce faire, ont été mobilisés les dispositions des directives européennes (**§ 1**) et les stipulations des conventions fiscales internationales (**§ 2**).

### *§ 1 – La prise en compte des objectifs poursuivis dans les directives européennes*

**632. Une dichotomie entre les directives : l'obligation ou la faculté de prendre des mesures anti-abus. –** Plusieurs directives européennes traitent de la lutte contre les pratiques abusives. Toutefois, elles le font de façon différente. D'un côté, les directives européennes les plus récentes en matière d'impôts directs, telles que la directive « mères-filiales » et « ATAD 1 », obligent les États membres à adopter des mesures anti-abus. La France, pour éviter d'éventuelles actions en manquement de la Commission européenne, n'a pas hésité à transposer *verbatim* ces mesures anti-abus, alors même que le droit fiscal français aurait pu se satisfaire d'un unique dispositif anti-abus général législatif (n° 288 et s.). Ainsi, il est peu probable que la compatibilité de ces deux mesures anti-abus aux directives « mères-filles » et « ATAD 1 » soit contestée. D'un autre côté, les directives « fusions » (art. 15, 1, a)[1670] et « intérêts-redevances » (art. 5, 1)[1671], tout comme l'ancienne version de la directive « mères-filles » (art. 1er, 2)[1672] ou l'ancienne version

---

1670 Directive 2009/133/CE du Conseil du 19 octobre 2009 concernant le régime fiscal commun applicable aux fusions, scissions, scissions partielles, apports d'actifs et échanges d'actions intéressant des sociétés d'États membres différents, ainsi qu'au transfert du siège statutaire d'une SE ou d'une SCE d'un État membre à un autre.

1671 Directive 2003/49/CE du Conseil du 3 juin 2003 concernant un régime fiscal commun applicable aux paiements d'intérêts et de redevances effectués entre des sociétés associées d'États membres différents.

1672 Directive 90/435/CEE du Conseil, du 23 juillet 1990, concernant le régime fiscal commun applicable aux sociétés mères et filiales d'États membres différents.

de la directive « fusions » (art. 11, 1, a)[1673], n'obligent pas les États membres de l'Union européenne à prendre des mesures anti-abus pour protéger les avantages fiscaux octroyés par ces directives européennes. Ces dispositions, qui reflètent le principe général du droit de l'Union européenne selon lequel les pratiques abusives sont interdites[1674], rappellent simplement aux États membres qu'ils ont la faculté de lutter contre les pratiques abusives en employant des mesures anti-abus de leur droit interne. La France a exercé la liberté qui lui était offerte pour établir un certain nombre de mesures anti-abus protectrices des régimes de faveur européens (n° 354 et s.). Si certaines de ces dispositions ne sont plus en vigueur aujourd'hui (CGI, anc. art ; 119 *ter*, 3 ; anc. art. 210 B, 3 et anc. art. 210 C, 2), d'autres sont encore inscrites dans la loi (CGI, art. 119 *quater*, 3 ; 182 B *bis*, 3).

**633.** Toujours est-il que, si les États membres ont toute latitude pour prendre des mesures anti-abus conformément aux facultés ouvertes par les directives, la jurisprudence européenne n'a pas hésité, sur le fondement de ces mêmes directives qui ont pour objectif de prévenir les situations de double imposition au sein de l'Union européenne, à contraindre leur mise en œuvre par des limites concrètes. D'abord, dans le cas où les mesures anti-abus s'accompagnent de modalités procédurales particulières, la Cour de justice veille à ce qu'elles respectent les principes d'équivalence et d'effectivité garantis par le droit de l'Union européenne[1675]. Pour apprécier la compatibilité de ces modalités au dernier principe, la Cour n'hésite pas à tenir compte de l'exigence de sécurité juridique[1676] (**A**). En parallèle, le juge européen explicite le fait que, en principe, les directives organisent des règles fiscales avantageuses qui ont pour objectif de rendre les opérations visées neutres sur le plan fiscal[1677]. Il déduit de cette proposition que les dispositions des directives qui autorisent les États membres à refuser les avantages fiscaux doivent s'analyser comme des dérogations et doivent, en ce sens, faire l'objet d'une interprétation « *restrictive* »[1678] ou « *stricte* »[1679]. Le juge européen conclut alors que les mesures anti-abus nationales sont

---

[1673] Directive 90/434/CEE du Conseil, du 23 juillet 1990, concernant le régime fiscal commun applicable aux fusions, scissions, apports d'actifs et échanges d'actions intéressant des sociétés d'États membres différents.
[1674] CJUE, 6ème ch., 7 septembre 2017, aff. C-6/16, *Eqiom SAS, anciennement Holcim France, Enka SA, préc.*, point 26.
[1675] CJUE, 1ère ch., 8 mars 2017, aff. C-14/16, *Euro Park Service, préc.*, point 36.
[1676] *Ibid.*, point 37.
[1677] *Ibid.*, point 47 ; CJUE, 6ème ch., 7 septembre 2017, aff. C-6/16, *Eqiom SAS, anciennement Holcim France, Enka SA, préc.*, points 20 à 22.
[1678] CJUE, 1ère ch., 8 mars 2017, aff. C-14/16, *Euro Park Service, préc.*, point 49.
[1679] CJUE, 6ème ch., 7 septembre 2017, aff. C-6/16, *Eqiom SAS, anciennement Holcim France, Enka SA, préc.*, point 26.

soumises à une exigence de nécessité[1680]. Le juge européen fixe donc un certain nombre d'interdictions qui, parfois, ressemblent à s'y méprendre à celles établies sur le fondement des grandes libertés de circulation du droit primaire de l'Union européenne (**B**).

### *A. Les principes d'équivalence et d'effectivité*

**634. L'ancienne clause anti-abus en matière de « fusions transfrontalières ».** – Dans l'arrêt *Euro Park Service*, rendu par la Cour de justice de l'Union européenne en 2017, il est question de savoir si les dispositions des anciennes versions des articles 210 B, 3 et 210 C, 2 du CGI sont compatibles aux dispositions de l'article 11, 1, a de la directive « fusions » (90/434/CEE). La directive de 1990, à l'image de celle en vigueur aujourd'hui à son article 15, prévoit la possibilité pour les États membres de refuser le bénéfice des avantages de la directive lorsque l'opération qui entre dans le champ d'application de cette dernière « *a comme objectif principal ou comme un de ses objectifs principaux la fraude ou l'évasion fiscales* »[1681]. Les pouvoirs publics français avaient cru bon, pour les opérations de fusions transfrontières dans lesquelles une entité française apportait son patrimoine à une entité étrangère de subordonner le bénéfice du régime de faveur de la directive à l'obtention d'un agrément (CGI, anc. art. 210 C, 2)[1682]. Toutefois, les conditions procédurales attachées à cet agrément ne respectaient pas les principes d'équivalence et d'effectivité garantis par le droit de l'Union européenne.

**635. La confrontation aux principes d'équivalence et d'effectivité.** – Le droit de l'Union européenne reconnait un principe d'autonomie procédurale aux États membres[1683]. Ainsi, chaque État membre décide des modalités procédurales qui permettent d'assurer la sauvegarde des droits que les contribuables tirent du droit de l'Union européenne, notamment des

---

1680 CJUE, 1ère ch., 8 mars 2017, aff. C-14/16, *Euro Park Service*, *préc.*, point 24 ; CJUE, 6ème ch., 7 septembre 2017, aff. C-6/16, *Eqiom SAS, anciennement Holcim France, Enka SA*, *préc.*, point 29.

1681 À titre complémentaire, il est précisé dans la directive que : « *le fait que l'une des opérations visées [...] n'est pas effectuée pour des motifs économiques valables, tels que la restructuration ou la rationalisation des activités des sociétés participant à l'opération, peut constituer une présomption que cette opération a comme objectif principal ou comme un de ses objectifs principaux la fraude ou l'évasion fiscales* ».

1682 L'ancien article 210 C, 2 dispose que : « *Ces dispositions [le régime de faveur des restructurations prévu aux articles 210 A et 210 B du CGI] ne sont applicables aux apports faits à des personnes morales étrangères par des personnes morales françaises que si ces apports ont été préalablement agréés dans les conditions prévues au 3 de l'article 210 B* ». Plusieurs conditions de fond devaient également être respectées (CGI, anc. art. 210 B, 3) (n° 642 et s.).

1683 CJUE, 1ère ch., 8 mars 2017, aff. C-14/16, *Euro Park Service*, *préc.*, point 36.

directives européennes. Toutefois, ce principe n'est pas sans limite. D'une part, les modalités procédurales prévues par les États membres ne doivent pas être moins favorables que celles régissant des situations similaires de nature interne : il s'agit du principe d'équivalence. D'autre part, les modalités procédurales ne doivent pas rendre impossible en pratique ou excessivement difficile l'exercice des droits conférés par le droit de l'Union européenne : il s'agit du principe d'effectivité[1684].

**636. Le contrôle opéré par la Cour de justice.** – S'agissant de l'étude de la compatibilité des conditions procédurales établies par la France au principe d'équivalence, la Cour de justice de l'Union européenne a estimé ne pas avoir suffisamment d'éléments pour déterminer si l'article 11, 1, a de la directive « fusions » s'opposait aux dispositions de l'ancienne mesure anti-abus française. Elle a préféré renvoyer au juge interne le soin d'apprécier cette question[1685]. Si le Conseil d'État n'a pas explicitement traité ce point[1686], la différence de traitement organisée par le droit français entre les situations européennes et internes ne semblait pas compatible avec le principe d'équivalence, dans la mesure où les situations de droit interne se trouvaient être mieux traitées que les situations européennes. Quant au principe d'effectivité, la Cour a jugé la mesure anti-abus française contraire au droit de l'Union européenne. Plus précisément, le juge européen a estimé que le principe de sécurité juridique, qui découle du principe d'effectivité, n'était pas respecté. En effet, le principe de sécurité juridique exige que les modalités procédurales attachées à la mise en œuvre des dispositions d'une directive européenne, et donc, de la directive « fusions » au cas présent : « *soient suffisamment précises, claires et prévisibles pour permettre aux contribuables de connaître avec exactitude leurs droits afin d'assurer qu'ils seront en mesure de bénéficier des avantages fiscaux en vertu de ladite directive et de s'en prévaloir, le cas échéant, devant les juridictions nationales* »[1687]. Le juge européen, considérant que la mise en œuvre de la procédure d'agrément par l'Administration était en décalage par rapport aux conditions procédurales légalement établies, a admis que ces dernières étaient à l'origine d'incertitudes incompatibles avec l'exigence de sécurité juridique[1688]. Qui plus est, en cas de refus implicite de l'agrément, les décisions de l'Administration n'étaient pas toujours motivées[1689]. De sorte que, les modalités procédurales de l'ancienne version de la clause anti-abus propre aux fusions transfrontalières, manquant de précision, de clarté

---

[1684] V. not. CJUE, 5ème ch., 18 octobre 2012, aff. C-603/10, *Pelati* : *RJF* 1/13, n° 125, point 23.
[1685] CJUE, 1ère ch., 8 mars 2017, aff. C-14/16, *Euro Park Service*, *préc.*, point 39.
[1686] CE, 9ème et 10ème ch., 26 juin 2017, n° 369311, *Euro Park Service*, *préc.*
[1687] CJUE, 1ère ch., 8 mars 2017, aff. C-14/16, *Euro Park Service*, *préc.*, point 40.
[1688] *Ibid.*, point 42.
[1689] *Ibid.*, point 45.

et de prévisibilité, violaient le principe d'effectivité garanti par le droit de l'Union européenne. Les pouvoirs publics français, comme pour les limites dégagées par le juge européen dans le champ du droit primaire de l'Union européenne, ont tenu compte de ces exigences. Ils ont fait en sorte d'effacer les modalités procédurales discriminantes qui conditionnaient le bénéfice d'un régime fiscal européen favorable.

**637. Analyse de la position de la Cour de justice. –** À la différence du Conseil constitutionnel qui refuse de mobiliser l'objectif de valeur constitutionnelle d'accessibilité et d'intelligibilité de la loi pour encadrer les mesures anti-abus « modalités d'assiette » (n° 501 et s.), le juge européen n'hésite pas à recourir à l'exigence de sécurité juridique pour apprécier les modalités procédurales attachées à une mesure anti-abus. Le juge européen n'interdit pas, par principe, la procédure d'agrément pour bénéficier d'un régime de faveur européen. Il suffit que les exigences relatives aux principes d'équivalence et d'effectivité soient respectées. Toutefois, les pouvoirs publics français ont préféré mettre fin à cette procédure. Depuis le 1er janvier 2018[1690], le régime de faveur organisé par la directive européenne est applicable de plein droit, tant aux opérations purement internes, qu'aux opérations européennes ou internationales, et ce, sans passer par la procédure d'agrément pour bénéficier des avantages fiscaux[1691]. Les pouvoirs publics auraient pu maintenir cette exigence aux opérations d'apports d'une société établie en France à une société établie dans un État tiers à l'Union européenne. Sans doute par souci de lisibilité du droit, les pouvoirs publics ont préféré tenir compte de la jurisprudence européenne y compris pour régir les opérations qui n'entrent pas dans le champ d'application du droit de l'Union européenne. Cette volonté d'éviter les stratifications en fonction du type d'opération envisagée (interne, européenne ou impliquant un État tiers) doit être saluée, puisqu'elle est favorable à la sécurité juridique. Plus largement, cela pourrait encourager les pouvoirs publics, ou même le juge de l'impôt, à effacer les différences de traitement entre les opérations européennes et internationales, dont les justifications peuvent, parfois, paraître discutables, dans d'autres dispositifs anti-abus (CGI, art. 123 *bis* ; 209 B) (n° 613).

---

[1690] Loi n° 2017-1775 du 28 décembre 2017 de finances rectificative pour 2017, art. 23.

[1691] Toutefois, lorsqu'une opération dans le champ des dispositions de l'article 210 A du CGI implique une personne morale étrangère, la société apporteuse, établie en France, est soumise à une déclaration spéciale (CGI, art. 210-0 A, IV ; art. 46 quater-0 ZS ter de l'annexe III ; art. 1760 *bis*). La compatibilité de cette déclaration au droit de l'UE ne semble pas excessivement contraignante, dans la mesure où elle ne conditionne pas le bénéfice des avantages du régime de faveur des « fusions » à cette modalité procédurale.

**638.** Au-delà du respect des principes d'équivalence et d'effectivité du droit de l'Union européenne, les mesures anti-abus doivent se conformer aux conditions de fond établies par les directives européennes.

### B. *Le respect des conditions de fond établies dans les directives européennes*

**639.** Dès lors qu'ils remplissent les conditions de fond d'un régime de faveur prévu par une directive européenne (« fusions », « mères-filles », « intérêts-redevances »), les contribuables sont censés bénéficier des avantages fiscaux attachés. Deux difficultés majeures peuvent se présenter. La première tient au fait que le législateur a pu, par le passé, prévoir en droit interne des conditions de fond supplémentaires à celles prévues par les directives pour qu'un contribuable puisse bénéficier des avantages garantis par le droit dérivé de l'Union européenne. Or, la Cour de justice estime que ces conditions supplémentaires sont contraires à la directive[1692]. La seconde tient au fait que les directives autorisent les États membres à refuser les avantages fiscaux aux contribuables qui poursuivent une opération frauduleuse ou abusive. Cependant, la Cour de justice interdit aux États membres d'aller au-delà de ce qui est nécessaire pour appréhender les pratiques frauduleuses ou abusives[1693]. Le juge européen apprécie donc, la manière dont les États membres transposent les conditions de fond aménagées dans les directives européennes, d'un côté, et la manière dont ils mettent en œuvre les facultés ouvertes par les directives pour lutter contre les abus, d'un autre côté.

**640.** Dans les affaires *Euro Park Service* et *Eqiom*, la Cour de justice a jugé que les directives « fusions » et « mères-filles » devaient être interprétées comme s'opposant aux dispositions des deux anciennes mesures anti-abus françaises spécifiques au régime des « fusions » (CGI, anc. art. 210, B, 3 et 210, C, 2) et au régime « mères-filles » (CGI, anc. art. 119 *ter*, 3). Revenir en détail sur les affaires *Euro Park* (**1**) et *Eqiom* (**2**) permet d'identifier concrètement comment se traduit l'exigence de nécessité, d'analyser le pouvoir créateur du juge européen dans l'établissement des limites que les États membres ne doivent pas dépasser pour être compatibles au droit dérivé de l'Union européenne et de constater comment les pouvoirs publics français se sont adaptés aux solutions rendues par le juge européen.

---

[1692] CJUE, 1ère ch., 8 mars 2017, aff. C-14/16, *Euro Park Service*, *préc.*, point 51 ; CJUE, 6ème ch., 7 septembre 2017, aff. C-6/16, *Eqiom SAS, anciennement Holcim France, Enka SA*, *préc.*, point 24.
[1693] CJUE, 1ère ch., 8 mars 2017, aff. C-14/16, *Euro Park Service*, *préc.*, point 55 ; CJUE, 6ème ch., 7 septembre 2017, aff. C-6/16, *Eqiom SAS, anciennement Holcim France, Enka SA*, *préc.*, point 36.

### 1. *L'affaire Euro Park Service*

**642.** Dans l'affaire *Euro Park Service*, la Cour de justice a eu l'occasion d'apprécier les conditions de fond qui permettent à un contribuable de bénéficier du régime de faveur des fusions garanti par le droit dérivé de l'Union européenne. Le juge européen a estimé que l'article 11, 1, a de l'ancienne version de la directive « fusions » devait être interprétée comme s'opposant aux dispositions des anciens articles 210 B, 3 et 210 C, 2 du CGI. Le juge a eu l'occasion de rappeler que les États membres ne devaient pas établir de conditions de fond supplémentaires à celles prévues par la directive européenne, et, dans le cas où une mesure anti-abus spécifiquement dédiée à la protection de la directive « fusions » est aménagée, elle ne doit pas aller au-delà de ce qui est nécessaire pour parvenir à l'objectif fixé. En ce sens, la directive européenne s'oppose à ce que soit attachée à une mesure anti-abus une présomption générale de fraude ou d'évasion.

**643. L'ancienne clause anti-abus du régime des « fusions » : l'affaire *Euro Park Service*. –** Au moment des faits, le droit interne français exige que plusieurs conditions de fond soient remplies par le contribuable pour bénéficier des avantages de la directive « fusions » [1694]. La première condition tient à ce que l'opération soit « *justifiée par un motif économique* ». La deuxième condition exige que l'opération n'ait pas « *comme objectif principal ou comme un de ses objectifs principaux la fraude ou l'évasion fiscales* ». La troisième, et dernière condition, oblige à ce que « *les modalités de l'opération [du contribuable] permettent d'assurer l'imposition future des plus-values mises en sursis d'imposition* »[1695]. La deuxième condition ne pose pas de difficulté d'ordre juridique, dans la mesure où la directive européenne autorise les États membres à refuser les avantages de la directive pour ce genre de situations. Quant aux deux autres conditions, alors que la France a tenté de les justifier en estimant qu'elles avaient vocation à lutter contre la fraude et l'évasion fiscales, le juge a laissé entendre qu'elles ajoutaient à la directive et, partant, ont été jugées surabondantes[1696]. En l'espèce, le juge européen estime que le droit français oblige « *le contribuable [à] démontre[r] que l'opération concernée est justifiée par un motif économique et qu'elle n'a pas comme objectif principal ou l'un de ses objectifs principaux la fraude ou l'évasion fiscales, sans que l'administration fiscale*

---

[1694] Pour une analyse de l'affaire, v. Nicolas DE BOYNES, « La CJUE ouvre la voie à une réforme du régime des fusions et des apports », *Dr. fisc.* 2017, n° 20, 306.
[1695] Pour que cette condition soit remplie, la doctrine de l'Administration fiscale imposait que les actifs de la société française absorbée soient affectés à un établissement stable français de la société absorbante étrangère.
[1696] CJUE, 1ère ch., 8 mars 2017, aff. C-14/16, *Euro Park Service*, *préc.*, points 50 à 52.

*soit tenue de fournir ne serait-ce qu'un commencement de preuve de l'absence de motifs économiques valables ou d'indices de fraude ou d'évasion fiscales* »[1697]. Le juge reproche à « *cette législation [d']instaure[r] une présomption générale de fraude ou d'évasion fiscales* »[1698]. Or, il est de jurisprudence constante qu'une présomption générale de fraude ou d'abus va au-delà de ce qui est nécessaire pour parvenir à lutter contre la fraude ou les abus, et, partant, porte atteinte à l'objectif poursuivi par la directive[1699]. L'interdiction du recours à une présomption générale de fraude ou d'abus, fondée sur l'exigence de proportionnalité attachée au droit primaire de l'Union européenne (n° 629), trouve donc son origine dans l'exigence de nécessité attachée au droit dérivé de l'Union européenne. Qu'elle soit justifiée par le droit dérivé ou par le droit primaire, cette limite concrètement établie par la Cour de justice a vocation à rééquilibrer un rapport de force quant au fardeau de la preuve. Les limites posées par le juge européen ont été assimilées par la France.

**644. Les suites de l'affaire *Euro Park Service*. –** Les motifs de la solution rendue par la Cour de justice ont poussé le Conseil d'État à reconnaître l'incompatibilité de la mesure anti-abus propre aux opérations de « fusions » transfrontières à la directive européenne[1700]. Le législateur interne a pris acte de cette incompatibilité. Il a abrogé les dispositions de l'ancienne version de la clause anti-abus. Concomitamment, une nouvelle mesure anti-abus, au champ d'application plus général, a été édictée à l'article 210-0 A, III du CGI[1701]. Cette dernière respecte les limites qu'impose la Cour de justice dans son arrêt *Euro Park Service*. D'abord, la France ne conditionne plus le bénéfice du régime de faveur des « fusions » européennes à des conditions additionnelles à celles de la directive « fusions ». Qui plus est, le principe de nécessité est respecté étant donné qu'aucune présomption générale de fraude ou d'évasion ne résulte des dispositions de l'article 210-0 A, III du CGI. D'ailleurs, l'alinéa 2 de l'article 210-0 A, III dispose que l'opération est appréciée dans le cadre d'une procédure de contrôle contradictoire, qui garantit un équilibre quant au fardeau de la preuve. Enfin, à titre de remarque, la clause anti-abus est susceptible d'être appliquée à toutes les opérations de « fusions », internes, européennes et internationales. Les pouvoirs publics n'ont pas fait le choix de distinguer, au sein de la clause anti-abus, les cas qui relèvent de la directive européenne et les cas qui n'en relèvent pas, évitant ainsi des stratifications inutiles peu favorables à la lisibilité du droit. Par souci de

---

1697 CJUE, 1ère ch., 8 mars 2017, aff. C-14/16, *Euro Park Service*, *préc.*, point 55.
1698 *Ibid.*, point 56.
1699 CJUE, 5ème ch., 10 novembre 2011, aff. C-126/10, *Foggia*, *préc.*, point 37.
1700 CE, 9ème et 10ème ch., 26 juin 2017, n° 369311, *Sté Euro Park Service*, *préc.*
1701 Loi n° 2017-1775 du 28 décembre 2017 de finances rectificative pour 2017, art. 23.

rationalisation, les pouvoirs publics pourraient être incités, une nouvelle fois, à revoir les différences de traitement entre les opérations européennes et internationales instituées dans les anciennes mesures anti-abus françaises, telles que celles des articles 123 *bis* et 209 B du CGI.

**645.** La Cour de justice a également été amenée à apprécier la compatibilité des dispositions de l'ancienne version de la clause anti-abus spécifique au régime « mères-filles » au droit dérivé de l'Union européenne.

### 2. *L'affaire Eqiom et Enka*

**646. L'ancienne clause anti-abus du régime « mères-filles » : l'affaire *Eqiom et Enka*.** – Dans l'affaire *Eqiom*, la Cour de justice de l'Union européenne a eu à traiter de la question de savoir si l'ancienne version de la directive « mères-filles » devait être interprétée comme s'opposant aux dispositions de l'ancienne version de l'article 119 *ter*, 3 du CGI[1702]. Au moment des faits, cette mesure anti-abus française prévoit de refuser l'exonération de la retenue à la source sur les dividendes distribués par une filiale établie en France à une société mère établie dans un autre État membre de l'Union européenne contrôlée par un ou plusieurs résidents d'États tiers. La seule possibilité pour que l'avantage ne soit pas refusé est que la société mère européenne démontre que la chaîne de participations n'a pas comme objet principal ou comme un de ses objets principaux de tirer avantage de l'exonération de la retenue à la source. La Cour de justice a alors confronté cette disposition à l'exigence de nécessité, selon laquelle l'État membre ne peut pas aller au-delà de ce qui est nécessaire pour lutter contre les abus.

**647. Le raisonnement de la Cour de justice.** – Le juge européen a suivi un raisonnement en plusieurs temps. D'abord, la Cour rappelle les limites issues de l'arrêt *Cadbury Schweppes* (n° 628), pourtant relatives au respect du droit primaire de l'Union européenne (point 30). S'y référer pour contrôler la compatibilité des dispositions françaises à la directive européenne a pu en étonner certains[1703]. À la différence de l'arrêt *Euro Park Service*, le juge européen estime qu'une législation d'un État membre, destinée à lutter contre les fraudes et les abus d'une directive européenne, doit lutter spécifiquement contre les montages purement artificiels dépourvus de réalité économique, dont le but serait de bénéficier indûment d'un avantage

---

[1702] CJUE, 6ème ch., 7 septembre 2017, aff. C-6/16, *Eqiom SAS, anciennement Holcim France, Enka SA*, *préc.*

[1703] Alexandre MAITROT DE LA MOTTE, Lauren SILBERMAN, « Les clauses anti-abus, le droit primaire et le droit dérivé de l'Union européenne : presque rien sur presque tout », *op. cit.*

fiscal. Le juge semble revenir à une certaine orthodoxie lorsqu'il précise que la directive s'oppose à ce que les États membres recourent à une présomption générale de fraude ou d'abus (point 31) et rejoint ainsi l'arrêt *Euro Park Service*[1704]. Le juge européen rappelle que l'institution d'une mesure fiscale revêtant une portée générale excluant automatiquement certaines catégories de contribuables de l'avantage fiscal, sans que l'administration fiscale soit tenue de fournir ne serait-ce qu'un commencement de preuve ou d'indice de fraude et d'abus, va au-delà de ce qui est nécessaire pour éviter les fraudes et les abus (point 32). Parallèlement, le juge européen laisse également entendre que les dispositions de l'ancienne version de l'article 119 *ter*, 3 du CGI ajoutent une condition supplémentaire à la directive européenne, en tenant compte de la résidence des associés de la société mère européenne (point 37). Estimant que les dispositions de la mesure anti-abus ne visent pas spécifiquement les montages purement artificiels (point 33) et qu'elle instaure une présomption générale de fraude et d'abus (point 36), la Cour de justice s'oppose alors, sur le fondement de l'ancienne version de la directive « mères-filles », à l'ancienne clause anti-abus française de l'article 119 *ter*, 3 du CGI. Le juge de l'impôt[1705] a tenu compte de l'arrêt rendu par la Cour de justice. Quant au législateur, il avait déjà modifié l'article 119 *ter*, 3 du CGI pour transposer la nouvelle clause anti-abus de la directive « mères-filles »[1706].

**648. Les difficultés induites par la jurisprudence européenne : un problème de forme. –** La première difficulté attachée à l'arrêt *Eqiom* tient à la motivation retenue par la Cour pour conclure à la contrariété d'une mesure anti-abus interne au droit de l'Union européenne. Lorsqu'une mesure anti-abus, issue d'une faculté ouverte par une directive européenne, est contrôlée tant au regard du droit dérivé, que du droit primaire, il aurait été plus rigoureux, par souci de lisibilité, de ne pas mêler les limites issues des grandes libertés de circulation avec celles issues des directives européennes. Il aurait été plus judicieux d'éviter de renvoyer à ce qui a été jugé au sujet de la directive pour traiter la question de la compatibilité au droit primaire de l'Union européenne[1707]. Par ce raisonnement, la Cour de justice risque de donner l'impression que, finalement, les limites issues des directives européennes (qui autorisent les États membres à employer leurs

---

[1704] CJUE, 1ère ch., 8 mars 2017, aff. C-14/16, *Euro Park Service*, *préc.*, point 54.
[1705] CE, 9ème ch., 7 février 2018, n° 393279, *préc.*
[1706] Loi n° 2015-1786 du 29 décembre 2015 de finances rectificative pour 2015, art. 29.
[1707] V. Alexandre MAITROT DE LA MOTTE, Lauren SILBERMAN, « Les clauses anti-abus, le droit primaire et le droit dérivé de l'Union européenne : presque rien sur presque tout », *op. cit.*, § 20. La CJUE a pourtant pris l'habitude de faire de tels renvois. V. par exemple : CJUE, 2017, *Deister Holding AG, anciennement Traxx Investments NV et Juhler Holding A/S*, *préc.*, point 97.

propres mesures anti-abus pour éviter l'instrumentalisation des régimes européens) et des grandes libertés, sont similaires, alors qu'elles semblaient bien distinctes jusqu'à l'arrêt *Euro Park Service*.

**649. Les difficultés induites par la jurisprudence européenne : un problème de fond.** – Plus largement, il est question de savoir si la mise en œuvre du principe de nécessité aboutit aux mêmes exigences selon la norme de référence contrôlée. Dans les deux affaires traitées, qu'il s'agisse de l'ancienne directive « fusions » ou de l'ancienne directive « mères-filles », le juge européen prohibe le recours aux présomptions générales de fraude et d'abus. Cela signifie, que s'agissant de la charge de la preuve, l'Administration est tenue de démontrer qu'il existe potentiellement un abus dans l'opération poursuivie par le contribuable, en apportant un commencement de preuve ou des indices de l'abus. Toutefois, toujours sur le fondement du principe de nécessité, le juge européen exige que la législation d'un État membre refusant le bénéfice des avantages de la directive « mères-filles » doit appréhender uniquement les « *montages purement artificiels* »[1708], alors qu'il ne prévoit pas une telle limite au sujet des mesures anti-abus qui concernent le régime de faveur des « fusions ». Dans l'arrêt *Euro Park Service*, le juge ne fait pas référence à la lutte contre les montages artificiels. L'enjeu est de savoir s'il existe une différence de portée significative selon qu'une mesure anti-abus vise explicitement les montages purement artificiels ou non.

**650. Illustration jurisprudentielle.** – Par exemple, il est légitime de s'interroger sur le point de savoir si les mesures anti-abus françaises (CGI, art. 119 *quater*, 3 ; 182 B *bis*, 2) issues de la faculté ouverte par la directive « intérêts-redevances », sont compatibles à l'exigence de « nécessité ». En principe les intérêts et redevances versés entre les sociétés associées d'États membres différents sont exonérés de retenue à la source afin d'éviter les situations de double imposition (Dir. « intérêts-redevances », point 3). De la même manière que l'ancienne version de la directive « mères-filles » et de la directive « fusions », les États membres peuvent exceptionnellement prendre les mesures « nécessaires » pour éviter les abus. Si les deux mesures anti-abus propres aux régimes « intérêts-redevances » n'organisent pas, *a priori*, à la différence de l'ancienne version de l'article 119 *ter*, 3 du CGI, une présomption générale de fraude ou d'abus, les textes ne visent pas spécifiquement les montages purement artificiels. Ce dernier élément peut être potentiellement un motif d'incompatibilité de ces deux mesures anti-abus à la directive « intérêts-redevances ». Récemment, le Conseil d'État a

---

1708 La Cour a confirmé cette prise de position. V. par exemple : CJUE, 2017, *Deister Holding AG, anciennement Traxx Investments NV et Juhler Holding A/S*, *préc.*, point 60.

pris en compte les exigences issues de la jurisprudence de la Cour de justice de l'Union européenne, afin de rendre les dispositions de l'article 119 *quater*, 3 compatibles au droit de l'Union européenne[1709]. À ce titre, le juge administratif suprême estime le dispositif anti-abus de l'article 119 *quater*, 3 du CGI compatible au droit de l'Union européenne, sans même restreindre son application aux opérations s'analysant comme des montages purement artificiels.

**651. Vers une lecture convergente des clauses anti-abus ? –** Finalement, lorsqu'il est question de juger la compatibilité d'une mesure anti-abus adoptée par un État membre aux directives qui ouvrent la faculté, pour les États membres, de combattre les abus, l'appréciation faite de l'exigence de nécessité peut être source d'incertitudes. Il est parfois difficile de se repérer dans les prises de position de la Cour de justice. Plus largement, un décalage existe aujourd'hui entre, d'un côté, les anciennes mesures anti-abus qui visent spécifiquement le cas dans lequel le contribuable poursuit un « *montage purement artificiel* » pour être conformes au droit de l'Union européenne, et, d'un autre côté, les nouvelles mesures anti-abus issues de l'actuelle directive « mères-filles », de la directive « ATAD 1 », ou bien les clauses anti-abus des conventions fiscales internationales (par exemple : clause « PPT », clause « LoB ») qui n'y font pas référence. Sans doute, proposer une lecture harmonisée de la notion d'abus de droit autour du critère du montage artificiel permettrait de renforcer la prévisibilité dans la mise en œuvre des mesures anti-abus (n° 732 et s.).

**652.** En parallèle, les mesures anti-abus doivent tenir compte des exigences issues des conventions fiscales internationales qui cherchent à prévenir les situations de double imposition. Néanmoins, les limites qui ressortent de la confrontation des mesures anti-abus aux stipulations conventionnelles divergent radicalement de celles trouvant leur source dans les directives européennes.

---

[1709] CE, 9ème et 10ème ch., 24 février 2021, n° 434129, *Sté France Citévision*, *préc.* Pour reprendre le raisonnement du Conseil d'État : « *Il ressort des termes mêmes des dispositions du 3 de l'article 119 quater du code général des impôts que le législateur n'a pas entendu instaurer une présomption de fraude à l'égard des bénéficiaires contrôlés par des résidents d'États tiers. Il appartient à l'administration, si elle estime que la chaîne de participations a comme objet principal ou comme un de ses objets principaux de tirer avantage des dispositions du 1 de cet article, d'apporter au soutien de ses affirmations des éléments suffisants pour constituer un commencement de preuve de fraude ou d'abus. Il appartient ensuite au contribuable d'opposer à l'administration tout élément qu'il estime pertinent et, enfin, au juge de l'impôt, de se prononcer au vu des éléments produits par les parties. Par suite, c'est sans commettre d'erreur de droit que la cour a jugé que les dispositions du 3 de l'article 119 quater du code général des impôts n'étaient pas incompatibles avec les objectifs de la directive 2003/49/CE* ».

### *§ 2 – La prise en compte de la répartition du pouvoir d'imposer dans les conventions fiscales*

**653.** La finalité première des conventions fiscales est de prévenir les situations de double imposition. Pour ce faire, les stipulations qu'elles prévoient ont vocation à répartir le pouvoir d'imposer entre les États conventionnés. Ainsi, les conventions fiscales posent un certain nombre de règles de répartition susceptibles de contraindre la mise en œuvre des mesures anti-abus. En pratique, la confrontation des mesures anti-abus législatives aux conventions fiscales s'est déjà illustrée dans les affaires *Schneider Electric*[1710], *Aznavour*[1711] et *Verdannet*[1712], au sujet des dispositions de l'ancienne version de l'article 209 B, de celles de l'article 155 A du CGI et de celles de l'article L. 64 du LPF. Des difficultés techniques attachées à la subsidiarité des conventions fiscales sont apparues.

**654.** Ces difficultés renvoient à la problématique selon laquelle les stipulations d'une convention fiscale peuvent faire obstacle à l'application d'une mesure anti-abus interne. Les stipulations d'une convention fiscale peuvent attribuer le pouvoir d'imposer un revenu ou un patrimoine à l'autre État partie à la convention. La base imposable censée être appréhendée par la mesure anti-abus risque, dans certains cas, de n'être soumise à aucune imposition. Autrement dit, une double non-imposition peut en résulter. Cette situation est de moins en moins tolérée par les États. En effet, les budgets des États pâtissent de la double non-imposition. Dans sa décision *Schneider Electric*, le Conseil d'État n'a pas cherché à éviter ce phénomène de double non-imposition. Le législateur et l'Administration ont, quant à eux, été plus attentifs à cette question. Ils ont apporté les aménagements qu'ils estimaient nécessaires dans la loi et dans les conventions fiscales pour neutraliser cette conséquence néfaste pour le budget de la France. Toutefois, cette situation, consistant à aménager les mesures anti-abus internes afin de rendre inefficaces des stipulations conventionnelles censées attribuer le pouvoir d'imposer un revenu à un autre État, pourrait être jugée regrettable au regard des principes d'exécution et d'interprétation de bonne foi des conventions fiscales (**A**). En parallèle, il peut toujours exister des cas dans lesquels les stipulations d'une convention fiscale attribuent le revenu appréhendé par une mesure anti-abus interne à l'autre État partie à la Convention. Il peut en résulter une situation de double non-imposition internationale. Or, une nouvelle finalité liée à la lutte contre la double non-

---

[1710] CE, Ass., 28 juin 2002, n° 232276, *min. c/ Schneider Electric, préc.*
[1711] CE, 10ème et 9ème s.-s., 28 mars 2008, n° 271366, *Aznavour, préc.* Sur cette décision, v. Bruno GOUTHIERE, « Dispositifs anti-abus et conventions fiscales », *FR* 26/08, inf. 8, p. 9.
[1712] CE, Plén., 25 octobre 2017, n° 396954, *Verdannet, préc.*

imposition est intégrée dans les conventions fiscales couvertes par l'instrument multilatéral « BEPS ». Dès lors, il n'est pas certain que le juge de l'impôt privilégie une lecture à la lettre de la stipulation conventionnelle qui attribue le pouvoir d'imposer à l'autre État. Dans le cas contraire, il privilégierait les situations de double non-imposition et, partant, irait à l'encontre de la finalité assignée aux conventions fiscales couvertes par la convention multilatérale « BEPS » (**B**).

### *A. De la décision Schneider Electric à la décision Aznavour*

**655. L'affaire *Scheider Electric* : l'ancienne version de l'article 209 B du CGI confrontée à l'ancienne version de la convention fiscale franco-suisse. –** Les dispositions de l'ancienne version de l'article 209 B du CGI, avant la modification apportée par la loi de finances pour 2005, ont été jugées inapplicables par le Conseil d'État, car contraires aux stipulations de l'ancienne convention fiscale conclue entre la France et la Suisse (avant l'avenant du 22 juillet 1997)[1713]. Dans cette affaire, une société mère établie en France détient une filiale établie en Suisse qui bénéficie d'un régime fiscal privilégié (CGI, art. 238 A). Ainsi, le dispositif anti-abus de l'article 209 B du CGI, dans sa rédaction applicable au moment des faits, a été mis en œuvre par l'Administration fiscale. De sorte que, la société mère française a été « *soumise à l'impôt sur les sociétés sur les résultats bénéficiaires de la société étrangère dans la proportion des droits sociaux qu'elle y détient* ». Tout l'enjeu est alors de connaître la qualification de ces « *résultats bénéficiaires* » pour la confronter aux stipulations de la convention fiscale franco-suisse applicable. Si le dispositif anti-abus de l'article 209 B a pour objet, comme le soutenait l'Administration et le commissaire du gouvernement[1714], d'imposer des « *revenus réputés distribués* », la convention fiscale franco-suisse autorisait, dans sa rédaction d'alors, la France à imposer ces revenus sur le fondement de la « clause balai » de la Convention fiscale franco-suisse (at. 23), dans la catégorie des « autres revenus ».

**656. La solution du Conseil d'État. –** Toutefois, le Conseil d'État a considéré que l'objet des dispositions de l'article 209 B du CGI est de permettre : « *l'imposition en France des bénéfices résultant de l'exploitation d'une société établie à l'étranger et non [...] des distributions de bénéfices réputées opérées par cette société étrangère à son actionnaire résidant en France* ». L'article 7, 1° de la

---

[1713] Sur cette affaire, v. Patrick DIBOUT, « L'inapplicabilité de l'article 209 B du CGI face à la convention fiscale franco-suisse du 9 septembre 1966 (À propos de l'arrêt CE, Ass., 28 juin 2002, Schneider Electric) », *Dr. fisc.* 2002, n° 36, 28.

[1714] V. Stéphane AUSTRY, concl. sur CE, Ass., 28 juin 2002, n° 232276, *Schneider Electric*, *BDCF* 10/02, n° 120.

convention fiscale franco-suisse stipule que : « *les bénéfices d'une entreprise d'un État contractant ne sont imposables que dans cet État, à moins que l'entreprise n'exerce son activité dans l'autre État contractant par l'intermédiaire d'un établissement stable* ». Le Conseil d'État, en suivant la Cour administrative d'appel, a estimé que : « *il y a identité de nature entre les bénéfices d'exploitation de la [filiale] dont l'imposition est attribuée à la Suisse par le 1° de l'article 7 de la convention fiscale franco-suisse et les résultats bénéficiaires de la [filiale] imposés en France au nom de la société [mère] sur le fondement de l'article 209 B du code général des impôts* ». De sorte que, étant donné que la filiale n'avait pas d'établissement stable en France, ses bénéfices ne peuvent pas être imposés en France. L'application de la mesure anti-abus interne a donc été écartée au profit de la convention fiscale bilatérale. Dans cette affaire, le Conseil d'État n'a pas cherché à neutraliser la répartition prévue par la convention, alors même que l'opération du contribuable était potentiellement à l'origine d'une situation de double non-imposition. En suivant, le législateur n'a pas hésité à modifier les dispositions de l'article 209 B du CGI pour neutraliser les effets attachés à cette répartition du droit d'imposer défavorable à la France.

**657. La réaction des pouvoirs publics à la décision *Schneider Electric* : les modifications de l'article 209 B du CGI. –** Le législateur a modifié la définition du revenu visé par l'article 209 B du CGI, afin d'éviter que les stipulations conventionnelles relatives aux bénéfices des entreprises octroyant le droit d'imposer à l'autre État conventionné ne puissent écarter l'application de la mesure anti-abus interne[1715]. Cette démarche du législateur, bien que compréhensible d'un point de vue budgétaire, peut être assimilée à un cas de « *Treaty override* »[1716]. Elle aboutit finalement à « *vider de sens les conventions fiscales* »[1717]. En effet, la loi vient éviter qu'une stipulation conventionnelle, pourtant négociée entre les États parties à la convention fiscale, désigne l'autre État comme étant compétent pour imposer un revenu. Désormais, il est prévu à l'article 209 B du CGI que les bénéfices des filiales sont « *réputés constituer un revenu de capitaux mobiliers imposable de la personne morale établie en France dans la proportion des actions, parts ou droits financiers qu'elle détient* »[1718]. De sorte que, les stipulations conventionnelles relatives aux bénéfices des entreprises ne sont plus applicables. Pour autant, la compétence de la France pour imposer ces revenus n'est pas automatique. Tout dépend de la rédaction de la convention fiscale applicable. Une

---

1715 Pour une analyse de l'affaire, v. Laurent OLLEON, « Article 209 B et conventions fiscales internationales : "Après les ténèbres, la lumière" », *RJF* 10/02, n° 1080, chron. p. 755.

1716 Marilyne SADOWSKY, « Le principe de subsidiarité des conventions fiscales internationales », *op. cit.*, § 10.

1717 Bruno GOUTHIERE, *Les impôts dans les affaires internationales*, *op. cit.*, p. 303, § 10650.

1718 Loi n° 2004-1484 du 30 décembre 2004 de finances pour 2005, art. 104.

convention peut stipuler que les revenus réputés distribués s'assimilent à des dividendes. Dans ce cas, la France est potentiellement autorisée à imposer les revenus (Convention modèle OCDE, art. 10). Lorsqu'une convention ne dit rien au sujet des revenus réputés distribués, la « clause balai » (Convention modèle OCDE, art. 21) est applicable, ce qui rend l'un ou l'autre État, en fonction des choix qui ont été négociés, compétent pour imposer ces revenus. Tout est question de cas particulier et dépend de la rédaction de la convention fiscale bilatérale applicable, puisqu'il n'est pas inenvisageable que la « clause balai » attribue les autres revenus à l'État de la source[1719].

**658. La réaction des pouvoirs publics : les modifications des conventions fiscales.** – En parallèle, une autre technique, plus conforme au principe d'application de bonne foi des traités internationaux et à l'article 55 de la Constitution[1720], peut être mise en œuvre pour neutraliser la répartition prévue dans une convention fiscale. Elle consiste à modifier les stipulations conventionnelles afin qu'elles n'aboutissent pas, une fois mises en œuvre, à l'inapplication d'un dispositif anti-abus, tel que le dispositif de l'article 209 B et le dispositif de l'article 155 A du CGI. Par exemple, l'Administration fiscale française a plaidé auprès des Administrations étrangères des aménagements dans les conventions fiscales bilatérales afin que des établissements stables étrangers exploités par des sociétés françaises soient imposables en France lorsque les dispositions de l'article 209 B du CGI sont mises en œuvre[1721]. En effet, les revenus de l'établissement stable étranger ne sont pas assimilés à des revenus réputés distribués à la société établie en France. Il s'agit de bénéfices qui, en principe, sont imposables à l'étranger en raison du principe de territorialité de l'impôt sur les sociétés. De sorte que, sans adaptation des stipulations de la convention fiscale, les règles relatives aux bénéfices des entreprises sont applicables et risquent d'attribuer le pouvoir d'imposer à l'État dans lequel se situe l'établissement stable. En ajoutant des stipulations du type « *les dispositions de la convention n'empêchent en rien la France d'appliquer les dispositions de l'article 209 B de son Code*

---

1719 Pour plus de détails, v. Bruno GOUTHIERE, *Les impôts dans les affaires internationales*, *op. cit.*, p. 1318, § 73303.

1720 L'article 55 de la Constitution dispose que : « *Les traités ou accords régulièrement ratifiés ou approuvés ont, dès leur publication, une autorité supérieure à celle des lois, sous réserve, pour chaque accord ou traité, de son application par l'autre partie* ».

1721 L'article 209 B du CGI qualifie les revenus visés de « bénéfices ». De sorte que, en principe, en vertu de la stipulation relative aux bénéfices des entreprises (Convention modèle OCDE 2017, art. 7), la France n'est pas compétente pour imposer ces revenus. Des modifications ont donc parfois été apportées pour permettre à la France d'imposer ces bénéfices, notamment en ajoutant une stipulation indiquant explicitement que l'article 209 B du CGI était applicable. Pour plus de détails, v. Bruno GOUTHIERE, *Les impôts dans les affaires internationales*, *op. cit.*, p. 1319, § 73315.

*général des impôts ou d'autres dispositions analogues qui amenderaient ou remplaceraient celles de cet article* »[1722], les États consentent donc à une clause de compatibilité du dispositif anti-abus de l'article 209 B du CGI aux stipulations de la convention. Cette clause assure alors une pleine efficacité de la mesure anti-abus concernée[1723].

**659. La décision *Aznavour* : l'article 155 A du CGI et la compatibilité aux conventions fiscales. –** Les dispositions de l'article 155 A du CGI visent à faire fi des interpositions de personnes à l'étranger qui ont vocation à mettre à l'abri une partie des revenus d'un prestataire de services domicilié ou établi en France ou d'un prestataire non-domicilié ou non-établi en France qui effectue une prestation en France. Dans le cas où le dispositif de l'article 155 A du CGI est mis en œuvre par l'Administration, il est question de savoir si une convention fiscale peut y faire échec. Encore faut-il déterminer la convention fiscale applicable. Cette question s'est posée dans l'affaire *Aznavour*[1724], dans laquelle le Conseil d'État a apporté des éclairages bienvenus. En l'espèce, un artiste de variété est domicilié fiscalement en Suisse. Il a réalisé une prestation en France qui a été rémunérée par des versements à une société interposée au Royaume-Uni. Les services de contrôle ont alors mis en œuvre l'alinéa 2 de l'article 155 A du CGI. Le contribuable a soutenu l'argument selon lequel la convention fiscale britannique s'opposait à la mise en œuvre du dispositif de l'article 155 A du CGI. Sans doute, le contribuable a vu dans la décision *Schneider Electric* une aubaine pour échapper à l'application des dispositions de l'article 155 A du CGI.

**660. L'argumentation du contribuable. –** La société britannique est destinataire des revenus issus de la prestation. Ils font ainsi partie des bénéfices de la société britannique. Le contribuable invoque alors l'application de la convention fiscale franco-britannique. Celle-ci stipule que les bénéfices d'une société établie au Royaume-Uni y sont en principe

---

[1722] V. pour un exemple, parmi d'autres : Convention fiscale franco-américaine, art. 24, 1, e, iii. Pour plus de détails, v. Bruno GOUTHIERE, *Les impôts dans les affaires internationales*, *op. cit.*, p. 1319, § 73315.

[1723] La pleine efficacité de l'article 123 *bis* du CGI ne fait pas de doute non plus. Les articles 209 B et 123 *bis* du CGI ont une économie générale commune. Toutefois, à la différence de l'ancienne version de l'article 209 B du CGI qui qualifiait les revenus appréhendés comme des bénéfices, l'article 123 *bis* du CGI a toujours estimé que les bénéfices ou les revenus positifs de l'entité juridique détenue par la personne physique domiciliée en France étaient « *réputés constituer un revenu de capitaux mobiliers de cette personne physique* ». De sorte que, les stipulations conventionnelles relatives aux bénéfices des entreprises ne sont pas applicables.

[1724] CE, 10ème et 9ème s.-s., 28 mars 2008, n° 271366, *Aznavour*, *préc.* V. Julie BURGUBURU, « Mes concerts, mes impôts, mes... ou quand l'article 155 A pousse sa chansonnette un peu plus loin », *RJF* 5/08, n° 629, chron. p. 447.

imposables. Aussi, c'est seulement dans le cas où un établissement stable de la société britannique est exploité en France, que la France est autorisée à imposer les bénéfices de la société britannique. En conséquence, étant donné que la société britannique n'exploite pas d'établissement stable en France, le Royaume-Uni est compétent pour imposer les bénéfices de la société britannique.

**661. La solution du Conseil d'État.** – Toutefois, le Conseil d'État n'a pas retenu l'argumentation du contribuable. Pour ce faire, le juge suprême, conformément à la logique de subsidiarité des conventions fiscales internationales (n° 542 et s.), a dans un premier temps cherché qui était, selon la loi, le destinataire du revenu imposé. Le dispositif de l'article 155 A du CGI, reposant sur une fiction juridique du type « *look through* » (n° 394), estime que les revenus imposés en France sont des revenus du prestataire réel et non pas des revenus de la société interposée. Au cas présent, en vertu des dispositions de l'article 155 A du CGI, l'artiste résidant en Suisse est réputé avoir acquis les revenus. En parallèle, la société britannique, interposée dans le but d'échapper à l'impôt français, n'est pas réputée avoir acquis les revenus. De sorte que, la convention fiscale franco-britannique n'est pas applicable. En revanche, il est envisageable de confronter les dispositions de l'article 155 A du CGI avec les stipulations de la convention fiscale franco-suisse. Il se trouve que l'article 19 de la convention franco-suisse stipule que les revenus des artistes retirés de l'exercice de leur activité professionnelle sont imposables dans l'État contractant où ces activités sont exercées. En l'espèce, la prestation ayant été réalisée en France, l'artiste est imposable en France. De sorte que, la convention fiscale franco-suisse ne fait pas obstacle à l'application du dispositif de l'article 155 A du CGI. Cet exemple jurisprudentiel illustre donc la manière dont le juge de l'impôt met en œuvre le principe de subsidiarité des conventions fiscales internationales. Mais, cette fois-ci, à la différence de la décision *Schneider Electric*, la solution du Conseil d'État n'aboutit pas à l'inapplication du dispositif anti-abus interne mis en œuvre par l'Administration fiscale. En fonction de la rédaction des mesures anti-abus, leur efficacité face aux stipulations des conventions fiscales varie[1725].

**662.** En réalité, cette décision pourrait aussi être analysée comme les prémices de la lutte de plus en plus marquée contre les situations de double non-imposition en droit fiscal international.

---

1725 Sur cette question, v. Guy GEST, « Subsidiarité des conventions, fictions fiscales et associés non-résidents des sociétés de personnes françaises », *Dr. fisc.* 2013, n° 24, 321.

### *B. La prise en compte du risque de double non-imposition*

**663. Le risque de double non-imposition du revenu. –** Plusieurs mesures anti-abus propres aux situations transnationales sont applicables lorsque des opérations spécifiquement identifiées bénéficient d'un régime fiscal privilégié à l'étranger (n° 176 et s.). Or, si une convention fiscale attribue la base imposable visée par un dispositif anti-abus interne à l'autre État, alors des situations de double non-imposition peuvent en découler. Après tout, sauf stipulation conventionnelle contraire, une personne assujettie à l'impôt, mais qui n'est pas effectivement imposée sur ce revenu, est résidente au sens d'une convention et peut bénéficier des avantages conventionnels. Toutefois, de manière générale, les situations de double non-imposition sont amenées à disparaître. En effet, au regard du contexte actuel, le juge de l'impôt pourrait trouver dans les années à venir un nouvel équilibre entre la lutte contre les pratiques abusives et le respect de la répartition du pouvoir d'imposer entre les États.

**664. L'encadrement. –** Dans sa politique conventionnelle, la France a pris le temps d'intégrer des conditions subordonnant l'octroi des avantages au paiement effectif d'un impôt dans l'autre État (n° 226). Le Conseil d'État prend en considération la finalité des conventions fiscales, à savoir la prévention des doubles impositions. Il exige implicitement que le contribuable se situe dans une situation de double imposition pour être qualifié de « résident » au sens de la convention fiscale et puisse bénéficier des avantages conventionnels[1726]. Le juge administratif suprême peut donc faire évoluer sa jurisprudence selon une lecture toujours plus finaliste des conventions fiscales, pour éviter toute situation de double non-imposition. Le préambule des conventions fiscales qui rentrent dans le champ d'application de l'instrument multilatéral « BEPS » affirme qu'elles n'ont pas vocation « *à créer de possibilités de non-imposition ou d'imposition réduite par l'évasion ou la fraude fiscale* » (CML, art. 6). Conformément à cette finalité, il n'est pas inenvisageable que le juge de l'impôt, à l'avenir, refuse de rendre

---

[1726] En ce sens, le Conseil d'État refuse que des entités ou des personnes exonérées d'impôt dans un État à raison de leur statut ou de leur activité ne soient analysées comme assujetties au sens d'une convention fiscale (et donc comme résidentes). V. deux décisions rendues le même jour : CE, 9ème et 10ème s.-s., 9 novembre 2015, n° 370054, *Landesaumlrztekammer Hessen Versorgungswerk (LHV)* et n° 371132, *Santander Pensiones SA EGFP* : *Dr. fisc.* 2016, n° 28, comm. 421, concl. Marie-Astrid NICOLAZO DE BARMON ; *RJF* 2/2016, n° 138. V. aussi : CE, 3ème et 8ème s.-s., 20 mai 2016, n° 389994, *min. c/ Société Easyvista* : *Dr. fisc.* 2016, n° 28, comm. 422, concl. Emmanuelle CORTOT-BOUCHER ; *Dr. sociétés* 2016, comm. 40, note Jean-Luc PIERRE ; *RJF* 8-9/2016, n° 753.

inapplicable une mesure anti-abus interne dans le cas où l'imposition du revenu en question est, en vertu d'une convention, octroyée à l'autre État.

**665. Prospective.** – Encore faut-il que le Conseil d'État donne une telle portée à la finalité assignée aux conventions fiscales. À vrai dire, il en découlerait une évolution majeure par rapport à la décision *Schneider Electric*. Dans cette décision, le juge administratif suprême indiquait que : « *à supposer même qu'il soit établi qu'un objectif de lutte contre l'évasion et la fraude fiscales ait été assigné à la convention [applicable], cet objectif ne permet pas, faute de stipulation expresse le prévoyant, de déroger aux règles énoncées par cette convention* ». Le contexte politique a évolué depuis la décision d'assemblée de 2002. Les États se sont entendus à de multiples reprises (dans la convention multilatérale « BEPS », dans les directives européennes) pour lutter communément contre l'abus de droit et éviter les situations de double non-imposition. De sorte que, le juge pourrait en prendre acte et voir dans les conventions fiscales un instrument qui, non seulement évite que les contribuables soient doublement imposés, mais qui ne garantit pas à un contribuable le bénéfice d'une situation de double non-imposition. L'équilibre entre la lutte contre les pratiques abusives et la protection des droits des contribuables semblerait ainsi être assuré.

**666.** Plutôt que de se fonder uniquement sur un objectif général attribué aux conventions fiscales, il est sans doute plus raisonnable de recourir à des mesures écrites. La première possibilité consiste à appliquer les mesures anti-optimisation spécifiquement prévues, en droit interne et en droit conventionnel, pour neutraliser les cas de double non-imposition. La seconde possibilité consiste à donner la portée nécessaire à la clause anti-abus « PPT » pour écarter l'application d'une stipulation conventionnelle dans le champ d'application de laquelle le contribuable s'est abusivement placé et, grâce à laquelle, il bénéficie d'une double non-imposition. En parallèle, il est tout à fait envisageable que le recours aux dispositifs anti-abus, tels que ceux des articles 205 A du CGI ou L. 64 et L. 64 A du LPF, puisse être accordé, dans le cas où une stipulation conventionnelle est instrumentalisée par un contribuable motivé essentiellement par une absence totale d'imposition (n° 329).

**667. Conclusion de la Section II.** – Sur le fondement des directives européennes et des conventions fiscales internationales, les juges proposent plusieurs limitations aux dispositifs anti-abus. La jurisprudence peut tout de même être à l'origine de certaines difficultés qui mériteraient d'être levées à l'avenir. En effet, il est parfois délicat d'évaluer l'étendue des exigences que le juge européen tire des directives européennes. Quant aux conventions fiscales internationales, il n'est pas certain qu'à l'avenir le juge décide de les mobiliser dans l'optique de neutraliser l'application d'une disposition anti-abus interne dans le cas où l'opération aboutit à une situation de double non-imposition. En réalité, cette étude démontre que les points d'équilibre entre la lutte contre les pratiques abusives et la lutte contre la double imposition internationale ne sont jamais définitivement figés.

## Conclusion du Chapitre II

**668.** Par le passé, sur le fondement de plusieurs normes de référence constitutionnelles, européennes ou internationales, les juges ont été amenés à établir une série de limites aux dispositifs anti-abus applicables en droit fiscal international. La plupart de ces limites ont été élaborées après la mise en œuvre d'un double contrôle : un contrôle de proportionnalité et un contrôle de nécessité. Parmi les limites édictées, certaines sont, aujourd'hui, parfaitement ancrées dans l'ordonnancement juridique et, selon toute vraisemblance, ne risquent pas d'évoluer dans un futur proche. C'est le cas, par exemple, de l'interdiction faite aux pouvoirs publics de recourir à des présomptions irréfragables de fraude ou d'évasion fiscale et à des présomptions générales de fraude et d'abus. D'autres exigences, par ailleurs, peuvent être amenées à évoluer à l'avenir. C'est le cas de la contrainte établie par la Cour de justice, selon laquelle un dispositif anti-abus doit s'appliquer, dans le champ du droit de l'Union européenne, seulement aux « montages purement artificiels ». Au regard de l'évolution attachée à l'interprétation de l'abus de droit fiscal, il ne serait pas étonnant que le juge européen vienne assouplir cette condition ou, du moins, vienne proposer une lecture convergente de l'abus de droit. Aussi, il n'est pas exclu que de nouvelles exigences ou aménagements soient établis à l'avenir. En premier lieu, sur le fondement des principes d'égalité et de non-discrimination, d'abord, les mêmes garanties procédurales pourraient être attachées aux mesures anti-abus analogues. Plus généralement, les pouvoirs publics gagneraient à unifier les régimes des différentes mesures anti-abus analogues, par exemple, en proposant une lecture harmonisée de l'abus de droit ou en stratifiant plus clairement les obligations probatoires de l'Administration et du contribuable en fonction des situations envisagées. En second lieu, la prise en compte du nouvel objectif attaché à la lutte contre la double non-imposition justifierait une nouvelle adaptation des mesures anti-abus législatives aux stipulations des conventions fiscales internationales. Cette adaptation éviterait qu'une mesure anti-abus soit privée d'effet en raison des stipulations d'une convention fiscale, lorsque l'application de ces dernières aboutit à une double non-imposition internationale.

## Conclusion du Titre I

**669.** La mobilisation des multiples principes de valeur supra-législative, même si elle peut s'avérer délicate à certains égards, et ce, pour des raisons diverses, est un moyen efficace pour rationaliser la mise en œuvre des dispositifs anti-abus en droit fiscal international. Au fil des affaires à traiter, les juges sont en mesure d'évaluer l'équilibre proposé par les dispositifs anti-abus entre, d'un côté, la lutte contre l'évasion fiscale et, d'un autre côté, la protection des droits et libertés des contribuables, ainsi que la répartition équilibrée du pouvoir d'imposer entre les États. Si plusieurs limites, tantôt spécifiques, tantôt communes, ont été édictées par le passé, il n'est pas exclu que certaines d'entre elles évoluent et, qu'à l'avenir, de nouvelles soient aménagées. Toujours est-il que, pour qu'ils puissent constituer un système satisfaisant, les dispositifs anti-abus doivent satisfaire aux exigences établies au fil des arrêts et des décisions par la jurisprudence. Force est de reconnaître que les juges ont une marge de manœuvre étendue pour déterminer des points d'équilibre satisfaisants.

**670.** Cela étant dit, la rationalisation des mesures anti-abus ne peut se faire sans proposer une réflexion plus large de l'articulation des mesures anti-abus entre elles. Si les juges, une fois encore, vont sans doute jouer un rôle majeur pour proposer une articulation satisfaisante, il serait opportun que les pouvoirs publics adoptent une vision globale afin de trouver des clés de conciliation entre les différentes mesures anti-abus applicables en droit fiscal international.

## Titre II – La combinaison entre les dispositifs anti-abus

**672.** La multiplication des mesures anti-abus aboutit à ce que, potentiellement, plusieurs mesures anti-abus soient simultanément applicables pour appréhender une opération transnationale réalisée par un contribuable (n° 270 et s.). L'enjeu central est de savoir si les services de contrôle sont libres ou contraints dans le choix du dispositif anti-abus à mettre en œuvre. L'accroissement contemporain des mesures anti-abus (LPF, art. L. 64 A ; CGI, art. 205 A ; 119 *ter*, 3 ; clause « PPT », etc.) et des mesures anti-optimisation spécifiques (par exemple : dispositifs anti-hybrides, clauses anti-optimisation issues de la convention multilatérale de l'OCDE, etc.), pousse à mener une réflexion sur la thématique de l'articulation des mesures anti-abus entre elles. Indirectement, elle pousse aussi à s'interroger sur l'articulation des mesures anti-abus vis-à-vis des autres dispositions d'assiette du droit fiscal international. La difficulté tient au caractère incomplet des règles relatives à l'articulation des mesures anti-abus. Dans un souci de prévisibilité juridique et de lisibilité du droit, ces règles mériteraient d'être refondues. À tout le moins, leur articulation pourrait être précisée par la jurisprudence.

**673. L'articulation des mesures anti-abus à la lumière de l' « artificialité ». –** L' « artificialité » peut s'analyser comme un facteur guidant la mise en œuvre de toutes les mesures anti-abus. Dès lors qu'une opération est « artificielle », c'est-à-dire lorsque le contribuable a créé artificiellement les conditions requises pour obtenir un avantage fiscal, une mesure anti-abus est susceptible d'être mise en œuvre par l'Administration. Toutefois, depuis peu, la jurisprudence du Conseil d'État estime que les pratiques abusives visées par l'article L. 64 du LPF peuvent procéder d'un « *montage artificiel, dénué de toute substance économique* »[1727] ou « *d'un montage artificiel, dénué de toute substance et élaboré sans autre fin que d'éluder ou d'atténuer l'impôt* »[1728]. La question qui se pose est de savoir si « le montage artificiel dénué de toute substance » est une « forme aggravée »[1729] d'abus de droit et, partant, si l'abus de droit se segmente en plusieurs « degrés » d' « artificialité »[1730]. En effet, à côté du « montage artificiel, dénué de toute substance », il pourrait exister une forme moins grave d'abus de droit, le

---

[1727] V. CE, Plén., 25 octobre 2017, n° 396954, *Verdannet*, *préc.*

[1728] CE, Ass., 28 octobre 2020, n° 428048, *Charbit*, *préc.*

[1729] L'expression de « forme aggravée » est empruntée à : Olivier NEGRIN, « La garantie contre les changements de doctrine ne fait pas obstacle à la répression de la fraude à la loi aggravée », *Procédures* 2021, n° 1, comm. 30.

[1730] La question de la portée à attribuer au montage artificiel se pose avec insistance depuis la décision *Verdannet*, v. en ce sens : Christophe DE LA MARDIERE, « Abus de droit : vers une plus grande répression ? Comment analyser l'état du droit depuis la décision Verdannet ? », *Dr. fisc.* 2018, n° 24, 297.

« montage artificiel non dénué de toute substance ». Cette distinction pourrait entraîner éventuellement des répercussions sur l'articulation des mesures anti-abus. En ce sens, la mise en œuvre des dispositions de l'article L. 64 du LPF, ayant un objet répressif, pourrait être réservée aux pratiques abusives les plus graves, c'est-à-dire aux « opérations artificielles dénuées de toute substance ». Quant aux autres dispositifs anti-abus, tels que ceux des articles 205 A du CGI ou L. 64 A du LPF, leur mise en œuvre pourrait être réservée aux opérations dont le « degré » d' « artificialité » est moins marqué, c'est-à-dire à des formes moins graves d'abus. Les cas de conflits entre les mesures anti-abus seraient alors réduits, puisqu'elles auraient un champ d'application segmenté. Cependant, il convient de savoir si l'articulation des mesures anti-abus, qui reposerait sur l'éventuelle stratification des pratiques abusives selon leur degré plus ou moins marqué d' « artificialité », est optimale en termes de prévisibilité juridique. En réalité, il n'est pas évident de déterminer objectivement des éléments qui permettraient de distinguer une « forme aggravée » et une « forme non aggravée » d'abus de droit. Qui plus est, cette distinction, bien qu'elle permette de prévenir des conflits entre la procédure d'abus de droit et les autres mesures anti-abus, ne permet pas de régler les conflits entre les mesures anti-abus qui viseraient des formes non aggravées d'abus de droit.

**674. L'articulation des mesures anti-abus à la lumière de leur objet.** – À la lecture de la jurisprudence du Conseil constitutionnel, il apparaît que les différentes mesures anti-abus ont des objets distincts[1731]. La principale opposition tient à ce que se retrouvent, d'un côté, les mesures anti-abus qui déterminent l'application des règles d'assiette et, d'un autre côté, l'article L. 64 du LPF qui a pour objet de réprimer les abus de droit[1732]. Il pourrait alors en être déduit que, en fonction de la finalité poursuivie par l'Administration, d'un côté, rectifier le montant de l'imposition du contribuable ou, d'un autre côté, sanctionner le comportement du contribuable, l'Administration est libre de mettre en œuvre la mesure anti-abus de son choix[1733]. Cette conception, en cohérence avec la jurisprudence du Conseil constitutionnel, doit néanmoins se combiner avec les règles d'articulation anciennement posées par le juge fiscal, ainsi qu'avec celles qui ont été nouvellement posées dans les mesures anti-abus récentes (LPF, art. L. 64 A ; CGI, art. 205 A). Elles aussi tiennent compte de l'objet des mesures anti-abus. L'enjeu est de savoir s'il convient de rendre l'application d'une mesure anti-abus prioritaire ou subsidiaire par rapport à d'autres mesures anti-abus (ou d'autres

---

[1731] V. Cons. const., 29 décembre 2015, déc. n° 2015-726 DC, *Loi de finances rectificative pour 2015*, *préc.*, cons. 12 et 13.

[1732] V. le commentaire aux *Cahiers* de la décision n° 2015-726 DC, p. 15.

[1733] Florence DEBOISSY, « Articulation de la procédure d'abus de droit et des clauses anti-abus », *op. cit.*, § 16.

modalités d'assiette du droit fiscal international) en fonction de l'objet qui leur sont attachées.

**675.** Le choix est fait de traiter la question de l'articulation des mesures anti-abus, c'est-à-dire de la prévention ou de la résolution des conflits entre les mesures anti-abus, à la lumière du critère de l' « artificialité » (**Chapitre I**) et à la lumière de l'objet des mesures anti-abus (**Chapitre II**).

## Chapitre I – L'articulation à la lumière de l'artificialité

**676.** Pour la Cour de justice de l'Union européenne, une mesure anti-abus est compatible au droit de l'Union européenne lorsque sa finalité est de lutter spécifiquement contre les « montages purement artificiels » (n° 625 et s.). Probablement soucieux de dialoguer avec le juge européen, le juge fiscal fait aussi référence à des expressions voisines, telles que le « montage », le « montage artificiel » ou le « montage artificiel, dénué de toute substance ». La jurisprudence fiscale paraît assimiler l' « artificialité » à un standard commun à toutes les mesures anti-abus applicables en droit fiscal international. Plus encore, l' « artificialité » pourrait être mobilisée, à l'avenir, comme un critère d'articulation entre les différentes mesures anti-abus.

**677. La consécration initiale du « montage artificiel ».** – La consécration du « montage artificiel » dans la jurisprudence du Conseil d'État s'est faite en plusieurs étapes. Sous l'influence de la jurisprudence européenne, le Conseil d'État a progressivement fait référence à cette expression, ou à des expressions analogues, depuis le début des années 2000. L'étude de la jurisprudence tend à démontrer que le juge de l'impôt use de cette expression pour valider (ou non) la rectification des impositions d'un contribuable, notamment lorsqu'il opère dans un contexte international, sur le fondement d'une mesure anti-abus. Autrement dit, le juge fiscal cherche à savoir si le contribuable est à l'origine (ou non) d'une opération « artificielle ». L' « artificialité » est une terminologie qui renvoie à un contenu abstrait, ce qui permet à l'Administration, sous le contrôle du juge, d'appréhender une multitude d'opérations. S'il est possible d'illustrer, par des exemples jurisprudentiels, les opérations qui ont été qualifiées d' « artificielles », il est très difficile d'établir *ex ante* les frontières précises de cette terminologie.

**678. La potentialité actuelle du « montage artificiel ».** – Les fonctions attachées à l' « artificialité » ont évolué au fil des décisions. Les conclusions des rapporteurs publics (anciennement commissaires du gouvernement) et les décisions du Conseil d'État donnent l'impression que le « montage artificiel » s'analyse comme une « forme aggravée » d'abus de droit auquel est attaché un régime juridique particulier. Cette « forme aggravée » d'abus est susceptible d'être combattue sur le terrain de la seconde branche de l'article L. 64 du LPF. La question qui se pose est de savoir si, désormais, dans l'optique de donner un effet utile aux nouvelles mesures anti-abus, la mise en œuvre de la procédure d'abus de droit ne devrait pas être réservée qu'aux formes d'abus les plus graves, c'est-à-dire aux « montages artificiels dénués de toute substance »[1734]. En parallèle, la mise en œuvre des nouvelles mesures anti-abus pourrait être réservée aux formes moins marquées d'abus de droit, c'est-à-dire aux « montages artificiels qui ne seraient pas dénués de toute substance »[1735].

**679.** D'abord, il convient de revenir sur les liens initiaux entre le « montage artificiel » et l'abus de droit. L'objectif est de démontrer que l'« artificialité » s'analyse comme un critère commun à toutes les mesures anti-abus (**Section I**). Ensuite, il convient d'étudier la jurisprudence récente qui tend à stratifier l'« artificialité » en plusieurs « degrés » de gravité et, partant, de discuter de l'éventuelle articulation entre les mesures anti-abus qui pourrait découler de cette jurisprudence (**Section II**).

---

[1734] Sur cette question, v. Thierry STUCKER, « L'artificialité, métronome de la lutte contre les montages », *FI* 2021, n° 2, 9.1.

[1735] À la différence de la première expression (le montage artificiel dénué de toute substance), cette expression (le montage artificiel non dénué de substance) n'a fait l'objet d'aucune consécration jurisprudentielle.

## Section I – La consécration du « montage artificiel »

**680.** Les conclusions de Pierre COLLIN, sur la décision *Sagal*[1736] ont sans aucun doute permis de clarifier la relation qu'entretiennent le « montage » et l'abus de droit. Avant ce précieux éclairage, à quelques exceptions près, la référence au « montage » dans la jurisprudence fiscale était plutôt rare. Il est probable que le juge de l'impôt ne souhaitait pas recourir à l'expression peu parlante de « montage », afin d'éviter de créer des incertitudes. Par ailleurs, comme la jurisprudence européenne faisait de plus en plus référence à l'expression de « montage purement artificiel », le juge fiscal en a tenu compte. Probablement plus enclin que par le passé à instaurer un dialogue avec le juge européen, le Conseil d'État intègre les vocables de « montage » et de « montage artificiel » dans les décisions relatives à la mise en œuvre des différentes mesures anti-abus et, particulièrement, dans les affaires où l'Administration a rectifié le contribuable sur le fondement de la seconde branche de la procédure d'abus de droit fiscal (LPF, art. L. 64). Le recours de plus en plus fréquent au champ lexical de l' « artificialité » laisse penser que le juge conditionne la mise en œuvre d'une mesure anti-abus à ce que le contribuable ait créé artificiellement les conditions pour entrer dans les prévisions d'une disposition fiscale (§ **1**). L'étude de la jurisprudence démontre qu'une multitude d'opérations abusives ont pu être appréhendées par le passé. Revenir sur certaines de ces affaires permet d'illustrer toute la plasticité de l' « artificialité » (§ **2**).

### *§ 1 – L'apparition du « montage artificiel » dans la jurisprudence*

**681.** L'emploi de l'expression « montage » dans la jurisprudence propre au droit fiscal international ne s'est fait qu'au début des années 2000. Avant cela, le juge ne recourait qu'exceptionnellement à cette expression (**A**). Pierre COLLIN, dans ses conclusions sur la décision *Sagal*[1737], propose une définition du « montage ». Encore aujourd'hui, cette définition apparaît comme un guide dans la mise en œuvre de la procédure d'abus de droit fiscal. Puis, au fil des décisions, l' « artificialité » fût également employée dans la jurisprudence relative aux autres mesures anti-abus « modalités d'assiette » applicables en droit fiscal international. Il en ressort alors que la fonction commune des mesures anti-abus est d'appréhender uniquement les opérations constitutives d'un « montage artificiel » (**B**).

---

[1736] Pierre COLLIN, concl. sur CE, 8ème et 3ème s.-s., 18 mai 2005, n° 267087, *Sté Sagal* : *BDCF* 8-9/05, n° 110.
[1737] *Ibid.*

### *A. Le recours exceptionnel à l'expression « montage »*

**682. L'expression « montage » et le risque d'imprévisibilité juridique.** – Dans sa jurisprudence, le juge de l'impôt n'a consacré que récemment l'expression de « montage ». Jusqu'au début des années 1990, la jurisprudence fiscale ne faisait que prudemment référence à cette expression[1738]. Les commissaires du gouvernement, dans leurs conclusions, ainsi que la doctrine l'employaient parfois[1739], sans doute à des fins didactiques. À l'époque, l'apparition, même timide, de cette expression n'a pas été bien accueillie par la doctrine[1740]. D'aucuns expliquaient que le critère du « montage » était « *atteint d'[un] [...] défaut de sécurité juridique* »[1741] et, de manière imagée, le comparaient à une « *contamination imparable* »[1742]. Aujourd'hui encore, l'expression « montage » fait l'objet de critiques. L'emploi de cette expression aurait rendu la conception de l'abus de droit « *de plus en plus vague et de moins en moins juridique* »[1743], du fait notamment de son caractère « *mou* »[1744] qui aurait donc tendance à rendre imprévisible la mise en œuvre du concept d'abus de droit par l'Administration et le juge

---

[1738] V. par ex. CE, 9ème et 8ème s.-s., 24 juin 1991, n° 70938, *Sofipark* : *RJF* 8-9/91, n° 1119. Dans cette affaire, le Conseil d'État qualifie une série d'opérations d'abus de droit, au sens de l'article L. 64 du LPF. Cette opération est qualifiée de « *montage* » afin d'appliquer les sanctions au contribuable.

[1739] D'après Jérôme TUROT, les conclusions de Monique LIEBERT-CHAMPAGNE, sur les décisions *Bendjador* et *Lalande* (CE, Plén., 21 juillet 1989, n° 59970 et n° 58871, *Bendjador* et *Lalande* : *RJF* 8-9/89, n° 998 et n° 999), insistent sur le fait que l'abus de droit devrait être mis en œuvre pour écarter un « montage ». Pour le commentateur, le montage se définit comme : « *l'organisation par le contribuable d'une situation juridique qui n'est ni fictive ni illégale (sinon il n'est pas nécessaire de parler de montage), et qui a pour seul objet de le placer dans une situation fiscale meilleure, mais dont on estime qu'elle est abusive parce qu'elle conduit à éluder la charge fiscale qui serait "normalement" due* ». V. Jérôme TUROT, « Réalisme fiscal, abus de droit et opposabilité à l'administration des actes juridiques (ou l'abus de droit rampant) », *op. cit.*
V. CE, 9ème et 8ème s.-s., 9 décembre 1992, n° 71859, *Ravot* : *RJF* 2/93, n° 207. Dans cette affaire, le juge de l'impôt n'emploie pas explicitement l'expression « montage ». Néanmoins, comme l'expliquent les observations sur cette décision, les conclusions de Philippe MARTIN font référence aux « *montages destinés à éluder l'impôt* ».

[1740] Jérôme TUROT, « Réalisme fiscal, abus de droit et opposabilité à l'administration des actes juridiques (ou l'abus de droit rampant) », *op. cit.*

[1741] *Ibid.*

[1742] *Ibid.*

[1743] Jérôme TUROT, « La liberté de gestion des entreprises entre enfer et paradis (et plus près de l'enfer) », *op. cit.*, § 2.

[1744] Jérôme TUROT, « La fin du "Tout noir ou tout blanc" ? À propos de CE, 10ème et 9ème ch., 12 février 2020, n° 421444 et 421441 », *Dr. fisc.* 2020, n° 10, act. 68, § 1.

fiscal[1745]. De sorte que, le risque d'imprévisibilité juridique auquel renverrait l'expression « montage », a probablement freiné le juge de l'impôt à la consacrer directement dans ses décisions.

**683. Des références implicites au « montage » dans les affaires non spécifiques au droit fiscal international. –** Dans deux affaires non spécifiques au droit fiscal international, à savoir dans la décision *Avalle*[1746] et l'arrêt *Société Béton chantier du Lot*[1747] rendus par le Conseil d'État et la Cour de cassation en 1997, les juridictions suprêmes laissent entendre que la procédure d'abus de droit, si elle s'applique pour sûr à des actes pris isolément, s'applique également à une pluralité d'actes, c'est-à-dire à un « montage ». Dans la première affaire, il est question de savoir si un contribuable qui prête une somme d'argent à une société qui, en suivant, prête, pour l'acquisition d'un immeuble, la même somme à une société civile immobilière (SCI), dont le contribuable est le principal associé, est constitutif d'un abus de droit. Si le juge d'appel a reconnu l'abus de droit, estimant que le contribuable, à travers ce « *montage* », s'était consenti un « *prêt à lui-même* », et qu'il n'avait eu d'autre objet que de réduire la base imposable des revenus fonciers en déduisant les intérêts versés par la SCI, le Conseil d'État a jugé que la Cour administrative d'appel avait commis une erreur dans la qualification juridique des faits, étant donné qu'aucune économie d'impôt ne ressortait de l'opération. Il est vrai que le Conseil d'État remet en cause la qualification juridique des faits par le juge d'appel. En revanche, il ne sanctionne pas en tant que tel l'emploi de l'expression « *montage* » par la Cour. Dans la seconde affaire, relative à la dissimulation de la cession d'un fonds de commerce par diverses cessions des éléments isolés dudit fonds, la Cour de cassation fait implicitement référence à

---

[1745] Néanmoins, la critique, quasi-systématique, dont fait preuve Jérôme TUROT face aux expressions de « montage » ou d' « artificialité » peut être tempérée.
D'abord, il convient de rappeler que les dispositions de l'ancienne version de la procédure d'abus de droit explicitaient le fait que l'Administration avait le pouvoir de rendre inopposables des « <u>*actes*</u> » et qu'elle était « *en droit de restituer son véritable caractère à* <u>*l'opération*</u> ». Il est alors possible de voir dans l'expression « *montage* » un synonyme des « *actes* » visés dans le texte. Un montage pourrait être analysé comme une série d'actes à l'origine d'un abus de droit (n° 96).
Puis, la marge de manœuvre étendue de l'Administration pour déterminer ce à quoi correspond le « montage artificiel » ne doit pas être forcément décriée. C'est le propre des terminologies ou « standards » du droit (v. not. Stéphane RIALS, *Le juge administratif et la technique du standard. Essai sur le traitement juridictionnel de l'idée de normalité*, *op. cit.*), qui marquent par leur caractère abstrait, large ou flou. Il n'est pas nécessaire de donner une définition concrète ou précise au vocable « montage artificiel », au risque de mettre fin au caractère régulateur attaché à la procédure d'abus de droit fiscal.

[1746] CE, 8ème et 9ème s.-s., 21 avril 1997, n° 144943, *Avalle* : *RJF* 6/97, n° 598.

[1747] Cass. com., 10 juin 1997, n° 95-13.799, *Sté Béton chantier du Lot* : *Bull. com.* 1997 IV n° 182, p. 160.

l'expression « *montage* », qui avait été également employée par le juge d'appel. Le juge suprême explique « *qu'il résulte de l'article L. 64 [du LPF] que l'Administration est en droit de restituer son véritable caractère à l'opération litigieuse, laquelle peut résulter d'une pluralité d'actes dont aucun, pris isolément, n'est soumis à impôt mais dont l'ensemble des composantes, étroitement liées, aboutit au résultat recherché par les parties* ».

**684. L'absence de référence au « montage » dans les anciennes affaires emblématiques spécifiques au droit fiscal international. –** Dans les décisions anciennes du Conseil d'État en matière d'abus de droit fiscal international, relatives aux sociétés d'artistes[1748], ou plus généralement aux interpositions de sociétés à l'étranger[1749], aucune référence au « montage » n'est faite. Le juge fiscal, refusant d'employer cette expression, cherchait probablement à éviter de décourager les résidents français d'opérer sur le plan international ou de dissuader les non-résidents à opérer en France. À la vérité, le non-emploi de cette expression pouvait aussi tenir à la nature des faits jugés dans ces affaires. Il s'agissait d'opérations qui, datant des années 1960 et 1970, ne marquaient pas par leur complexité et ne nécessitaient pas du juge l'emploi de l'expression « montage ». Cette dernière suppose une pluralité d'actes qui, lorsqu'ils sont pris un à un, ne révèlent aucune fictivité. Dans ces affaires, le plus souvent, l'Administration reprochait aux contribuables d'interposer une société fictive à l'étranger[1750] (n° 104), ou de conclure un contrat fictif avec un organisme étranger[1751]. Par exemple, dans une décision du 6 mai 1985[1752], il est jugé que l'Administration peut mettre en œuvre la procédure d'abus de droit lorsqu'un contribuable, auteur littéraire, conclut un contrat fictif avec un organisme situé au Liechtenstein, qui stipule le versement d'une partie des droits d'auteurs dus par l'éditeur, en contrepartie de la promotion de l'auteur ou de la fourniture de conseils littéraires par l'organisme. La fictivité du contrat est révélée dans la mesure où le versement des droits d'auteur à l'organisme n'avait aucune contrepartie réelle.

**685.** Quelques années plus tard, le juge a commencé à user de l'expression « montage » dans ses décisions. Dans les affaires spécifiques au

---

[1748] CE, 8ème et 9ème s.-s., 19 janvier 1983, n° 33831, *préc.* ; CE, 7ème et 8ème s.-s., 21 mars 1983, n° 29742 : *RJF* 5/83, n° 700 ; CE, 7ème et 8ème s.-s., 21 avril 1989, n° 88983, *Cinécustodia*, *préc.*
[1749] CE, 7ème et 8ème s.-s., 6 mai 1985, n° 35572 : *RJF* 7/85, n° 1096. À tout le moins, dans cette affaire, l'acte fictif du contribuable a été qualifié de « *montage* » afin d'appliquer les pénalités pour « manœuvres frauduleuses ».
[1750] CE, 8ème et 9ème s.-s., 19 janvier 1983, n° 33831, *préc.* ; CE, 7ème et 8ème s.-s., 21 mars 1983, n° 29742, *préc.*
[1751] CE, 7ème et 8ème s.-s., 6 mai 1985, n° 35572, *préc.*
[1752] *Ibid.*

droit fiscal international, dès qu'il en a eu l'occasion, et qu'il trouvait son emploi utile, le juge fiscal a fait usage de l'expression « montage ». La caractérisation d'un montage artificiel permet alors de qualifier les situations de « fraude à la loi » qui ne relèvent aucun acte fictif du contribuable.

### *B. Le recours contemporain aux expressions « montage » et « montage artificiel »*

**686. L'emploi de l'expression « montage » dans la décision *Pléiade*. –** « *Longtemps ignoré par le juge fiscal et le législateur le terme de "montage" [a fait] une entrée remarquée* »[1753] en droit fiscal international, en raison notamment des décisions *Pléiade*[1754] et *Sagal*[1755] rendues par le Conseil d'État en 2004 et 2005. Ces deux décisions marquent un tournant dans la mise en œuvre de l'abus de droit fiscal. Sous l'impulsion des conclusions de Pierre COLLIN, à l'époque commissaire du Gouvernement, le Conseil d'État trace la ligne de démarcation entre l'optimisation fiscale et l'abus de droit fiscal grâce à l'expression de « montage ». La définition du « montage » qui ressort des conclusions de Pierre COLLIN peut paraître imprécise. Mais, ce dernier insiste sur le caractère « artificiel » des conditions dans lesquelles les opérations litigieuses ont été passées. Les années suivantes, les rapporteurs publics ont repris cette définition. Les conclusions se rejoignent sur le fait que l'absence de « substance » sépare l'optimisation fiscale et l'abus de droit. Quant au juge fiscal, il emploie diverses expressions, telles que « montage », « montage artificiel » ou « montage artificiel dénué de toute substance », sans les définir précisément et sans dire si ces expressions renferment un contenu similaire ou distinct.

**687. La définition du « montage » dans les conclusions de Pierre COLLIN sur la décision *Sagal* : la prise en compte de la jurisprudence européenne. –** Dans ses conclusions sur la décision *Sagal*, Pierre COLLIN prend le soin de définir le vocable « montage ». L'idée générale tient dans l'affirmation suivante : « *ce que l'abus de droit sanctionne, c'est le montage* »[1756]. Autrement dit, c'est « *l'existence d'un montage [qui marque] la frontière entre l'optimisation fiscale et l'abus de droit* »[1757]. Il explique que le « montage » peut s'assimiler à « *une pure fiction juridique* », ou à « *une pure fiction économique* »[1758], chacune des formules renfermant les deux branches de l'abus de droit, la

---

1753 La formulation est empruntée à : Florence DEBOISSY, « L'opposabilité à l'administration fiscale des montages contractuels », *RDC* 2007, p. 1006, § 1.
1754 CE, 8ème et 3ème s.-s., 18 février 2004, n° 247729, *Sté Pléiade, préc.*
1755 CE, 8ème et 3ème s.-s., 18 mai 2005, n° 267087, *Sté Sagal, préc.*
1756 Pierre COLLIN, concl. sur CE, 8ème et 3ème s.-s., 18 mai 2005, n° 267087, *Sté Sagal, préc.*
1757 *Ibid.*
1758 *Ibid.*

fictivité et la fraude à la loi, qui cohabitent depuis la décision de 1981[1759]. Évidemment, la « pureté » de la fiction juridique ou économique, à laquelle le commissaire du Gouvernement fait référence, ne renvoie pas à un contenu juridique déterminé. Cependant, elle n'est pas dénuée d'intérêt dès lors qu'elle peut s'analyser comme une simple image destinée, semble-t-il, à faire comprendre que l'Administration doit mettre en œuvre la procédure d'abus de droit de manière très exceptionnelle, c'est-à-dire contre des montages artificiels. En fondant son raisonnement sur une ancienne décision du Conseil d'État[1760], le commissaire du Gouvernement rapproche l'expression de « montage », à la notion de « manœuvre » et donne la définition suivante : « *il n'y a abus de droit qu'en présence d'une série d'actes cohérents et convergents, passés en vue de créer une situation juridique ou économique artificielle à seule fin d'entrer dans les prévisions d'une disposition fiscale favorable* »[1761]. Autrement dit, une série d'actes est un montage, et donc, un abus de droit, si le contribuable est à l'origine d'une opération artificielle. Dans la décision *Sagal*[1762], rendue par le Conseil d'État, le juge estime que la procédure d'abus de droit « *consiste spécifiquement à exclure du bénéfice de dispositions fiscales favorables les montages purement artificiels dont le seul objet est de contourner la législation fiscale française* ». Amené à traiter de la compatibilité de l'article L. 64 du LPF au droit primaire de l'Union européenne, le juge suprême n'hésite pas à cantonner le champ d'application de la procédure d'abus de droit, en tenant compte notamment de l'arrêt *ICI* (point 26)[1763] rendu par la Cour de justice des Communautés européennes en 1998, aux « montages purement artificiels ». L'analyse du Conseil d'État dans la décision *Sagal* est également en harmonie avec celle de la Cour de justice dans l'arrêt *Cadbury Schweppes* (point 68)[1764] rendu un an plus tard. Sur le plan sémantique, les expressions consacrées dans les conclusions et dans la décision du Conseil d'État divergent. Faut-il voir une distinction entre le « montage » au sens où l'entend Pierre COLLIN et le « montage purement artificiel dont le seul objet est de contourner la législation fiscale » au sens de la décision *Sagal* ?

**688. La comparaison de la solution et des conclusions. –** Dans la décision *Sagal*, le Conseil d'État explique que le contribuable est à l'origine d'un « *montage […] constitutif d'un abus de droit* ». Pour la qualification du montage et, partant, de l'abus de droit par fraude à la loi, le juge fiscal ne

---

1759 CE, Plén., 10 juin 1981, n° 19079, *préc.*
1760 CE, 8ème s.-s., 29 janvier 1964, n° 47515 : *Rec.* p. 57.
1761 Cette définition se rapproche de celle proposée par l'Administration dans ses conclusions. En effet, elle parle de : « *un ensemble d'actes concertés et cohérents s'inscrivant dans une même logique et axés vers un même et exclusif objectif d'évasion fiscale* ».
1762 CE, 8ème et 3ème s.-s., 18 mai 2005, n° 267087, *Sté Sagal, préc.*
1763 CJCE, 16 juillet 1998, aff. C-264/96, *Imperial Chemical Industries plc (ICI), préc.*
1764 CJCE, Grande ch., 12 septembre 2006, aff. C-196/04, *Cadbury Schweppes plc et Cadbury Schweppes Ltd, préc.*

fait alors aucune référence explicite à l'artificialité, à la différence de Pierre COLLIN. Toutefois, le Conseil d'État précise l'objet de l'article L. 64 du LPF afin de le rendre compatible au droit primaire de l'Union européenne. Il indique que la procédure d'abus de droit fiscal, comme cela a été dit plus haut, ne s'applique qu'aux montages purement artificiels qui visent exclusivement à contourner la loi fiscale française. Il est donc possible de dire que, lorsque le juge de l'impôt fait référence au « montage » d'un contribuable, il dénonce par la même occasion son artificialité et, en conséquence, un abus de droit. Cela revient, *in fine*, à la définition donnée par Pierre COLLIN. Autrement dit, le montage porterait en lui-même l'artificialité. De sorte que, d'un côté, les deux expressions « montage » et « artificialité » sont imbriquées[1765], et, d'un autre côté, le « montage » est consubstantiel à l'abus de droit[1766]. Si, en étudiant globalement la série d'actes du contribuable[1767], il apparaît que ce dernier a créé une situation artificielle, alors cette série d'actes relève du « montage » constitutif d'un abus de droit. À l'inverse, sans artificialité, l'opération ne s'assimile pas à un « montage » constitutif d'un abus de droit. Par conséquent, cela signifie aussi qu'une opération, constituée de plusieurs actes, n'est pas en elle-même abusive. Une opération n'est abusive que si elle est « artificielle », c'est-à-dire, lorsqu'elle peut s'assimiler à un « montage ».

**689. Le « montage artificiel » dans les conclusions des rapporteurs publics[1768]. –** La définition de Pierre COLLIN est très souvent rappelée dans les conclusions des autres commissaires du Gouvernement et rapporteurs

---

1765 V. Florence DEBOISSY, « L'opposabilité à l'administration fiscale des montages contractuels », *op. cit.*, § 1. Florence DEBOISSY explique que : « *Ainsi, le terme de "montage" n'a été consacré en droit fiscal que pour dénoncer l'artifice dont il peut à l'occasion être le vecteur* ».

1766 V. dans le même sens Yohann BENARD, « Optimisation fiscale intracommunautaire : la liberté ne va pas sans risque », *op. cit.* Yohann BENARD explique que : « *la notion de montage est consubstantielle à l'abus de droit dans chacune de ses deux branches* ». Des problèmes de frontières entre les deux branches de l'abus de droit peuvent se poser. Ce fût le cas, notamment, dans les décisions *Pléiade* et *Sagal (préc.)*. Dans ces deux affaires, le juge de l'impôt reconnaît l'absence de substance d'une société établie au Luxembourg (n° 695 et s.) pour admettre l'existence d'un montage constitutif d'une fraude à la loi.

1767 Le Conseil d'État laisse entendre qu'il ne convient pas de « *traiter de façon isolée les différents actes mais au contraire d'identifier la finalité globale de l'opération* ». V. Florence DEBOISSY, « L'opposabilité à l'administration fiscale des montages contractuels », *op. cit.*, § 2.

1768 Dans ses conclusions sur l'affaire *Verdannet*, Édouard CREPEY témoigne de l'importance attachée par les rapporteurs publics à la définition du « montage » donnée par Pierre COLLIN. Il est affirmé que : « *Nous n'avons pas trouvé meilleure définition du montage que celle proposée par P. Collin dans ses conclusions sur l'affaire min. c/ Sagal* ». V. Édouard CREPEY, concl. sur CE, Plén., 25 octobre 2017, n° 396964, *Verdannet*, *préc.*, § 42.

publics du Conseil d'État[1769]. Par ailleurs, les notions de « montage » et de « montage purement artificiel » ont pu être « *difficile[s] à cerner* »[1770]. Chacun a alors tenté de reformuler, de préciser ou de compléter la définition de « montage ». Certains ont laissé entendre que le montage renferme « *une construction juridique traduisant un minimum de complexité* »[1771]. D'autres, ont insisté sur le caractère « artificiel » ou « non substantiel » du montage. Pour eux, « *la clé de distinction entre le montage abusif et le montage légitime, d'optimisation fiscale, est le caractère artificiel ou non du montage* »[1772]. Plus précisément, c'est « *l'absence de substance juridique et économique du montage pratiqué par le contribuable* » qui permet « *de déduire le caractère purement artificiel du montage* »[1773]. Un glissement terminologique peut être constaté. La frontière entre l'abus de droit n'est plus séparée par le vocable « montage », qui renferme la définition donnée par Pierre COLLIN dans ses conclusions sur *Sagal.* Elle est séparée par l'expression « montage abusif » ou « montage artificiel ». En réalité, la nouvelle expression de « montage artificiel » ne fait que reprendre la définition de « montage » initialement donnée dans les conclusions de l'affaire *Sagal.* Simplement, dans les conclusions des rapporteurs publics, le « montage » s'entend comme une « série d'actes ». Ainsi, tout « montage », au sens de cette dernière définition, n'est pas nécessairement qualifiable d'abus de droit. Un « montage » peut être à l'origine d'une simple situation d'optimisation fiscale. Par ailleurs, un « montage » devient abusif lorsqu'il est passé en vue de créer une situation juridique ou économique artificielle à seule fin d'entrer dans les prévisions d'une disposition fiscale favorable,

---

1769 Pour un exemple de référence récente, v. Anne IJLIC, concl. sur CE, 10ème et 9ème ch., 12 février 2020, n° 421441 et n° 421444, *Wendel* : *RJF* 4/20, C 372, § 73. Dans les conclusions, est affirmé que : « *il ne faut pas perdre de vue qu'en matière d'abus de droit la question est précisément de savoir si le contribuable n'a pas créé de toutes pièces un montage qu'il conviendrait d'écarter pour rétablir leur véritable portée aux actes qu'il a passés* ».

1770 Laurent OLLEON, concl. CE, Sect., 27 septembre 2006, n° 260050, *Janfin*, *préc.*

1771 *Ibid.* Certains membres du Palais-Royal sont plus mesurés quant à l'éventuelle « complexité » attachée à un montage. V. en ce sens : Émilie BOKDAM-TOGNETTI, « Coquilles et abus de droit : les délices de la conchyliologie », *op. cit.* Elle affirme que : « *Toutefois, la notion d'abus de droit ne se réduit pas aux montages se caractérisant par une imbrication complexe d'actes faisant intervenir artificiellement des simulacres de sociétés ad hoc* ». De la même manière, la doctrine est mesurée quant à la condition de « complexité ». En ce sens, v. Maurice COZIAN, « Le cousinage sybillin entre abus de droit et acte anormal de gestion », in *Regards critiques et perspectives sur le droit et la fiscalité : liber amicorum Cyrille David*, LGDJ, « Bibliothèque de l'Institut André Tunc », p. 85, § 14.

1772 François SENERS, concl. sur CE, 3ème et 8ème s.-s., 29 décembre 2006, n° 283314, *Bank of Scotland* : *BDCF* 3/07, n° 33.

1773 Emmanuel GLASER, concl. sur CE, 8ème et 3ème s.-s., 27 juillet 2009, n° 295358, *Caisse interfédérale de Crédit Mutuel* : *BDCF* 12/09, n° 143. Il reprend l'analyse faite par Olivier FOUQUET, v. Olivier FOUQUET, « Interprétation française et interprétation européenne de l'abus de droit », *op. cit.*

c'est-à-dire lorsqu'il est « artificiel »[1774]. Les rapporteurs publics expliquent que, le « montage » étant ainsi entendu, son « *existence [...], n'est donc pas, à elle seule, caractéristique d'un abus de droit : il dépend de sa substance économique et juridique [...]. S[i] [le montage] est dépourvu d'une telle substance, qui doit être appréciée au regard de l'objet des instruments juridiques utilisés, il doit être regardé comme artificiel* »[1775].

**690. La variété des vocables du Conseil d'État. –** Si le Conseil d'État a d'abord fait référence au « montage purement artificiel » dans la décision *Sagal*[1776], il a ensuite employé l'expression « montage », sans référence explicite à son caractère éventuellement « artificiel »[1777]. Ce n'est que plus tard que le juge a eu recours au vocable « artificiel »[1778]. Plus récemment, la décision d'assemblée *Charbit*[1779] a consacré l'expression de « *montage artificiel, dénué de toute substance et élaboré sans autre finalité que d'éluder ou d'atténuer l'impôt* ». Ce manque de constance fait naître quelques difficultés. *A priori*, il est possible de voir dans cette évolution un simple glissement sémantique, dans la rédaction des décisions du juge suprême, sans conséquence pratique. La qualification d'abus de droit découle de l'artificialité de l'opération poursuivie par le contribuable. En ce sens, l'artificialité recouvrirait entièrement la notion d'abus de droit.

---

[1774] V. Pierre COLLIN, concl. sur CE, 9ème et 10ème s.-s., 15 avril 2011, n° 322610, *Sté Alcatel CIT*, *préc.* Au sujet des affaires *Sagal* et *CICM*, *préc.* : « *si vous avez reconnu l'abus de droit dans ces affaires, c'est uniquement en raison du caractère purement artificiel du montage* ».

[1775] Laurent VALLEE, concl. sur CE, 9ème et 10ème s.-s., 28 février 2007, n° 284565, *Persicot* : *BDCF* 5/07, n° 61.

[1776] CE, 8ème et 3ème s.-s., 18 mai 2005, n° 267087, *Sté Sagal*, *préc.*

[1777] Il est possible de supposer que l'artificialité est incluse dans l'expression « montage ». Cela renvoie à la définition initiale de l'expression « montage » de Pierre COLLIN dans ses conclusions sur la décision *Sagal* (*préc.*). V. par ex. les décisions propres au droit fiscal international : CE, 8ème et 3ème s.-s., n° 247729, *Sté Pléiade*, *préc.* ; CE, 3ème et 8ème s.-s., 27 juillet 2009, n° 295358, *Caisse interfédérale de Crédit mutuel*, *préc.* ; CE, 3ème et 8ème s.-s., 27 juillet 2009, n° 295805, *Sté Conforama holding*, *préc.* ; CE, 10ème et 9ème s.-s., 10 décembre 2008, n° 295977, *Sté Andros et cie*, *préc.* ; CE, 3ème et 8ème s.-s., 11 février 2011, n° 314950, *Picoux*, *préc.* ; CE, 9ème et 10ème s.-s., 15 avril 2011, n° 322610, *Alcatel*, *préc.* ; CE, 8ème et 3ème s.-s., 24 avril 2012, n° 343709, *Abbey National Treasury Services*, *préc.* ; CE, 9ème et 10ème s.-s., 11 mai 2015, n° 365564, *SA Natixis*, *préc.*

[1778] V. CE, 3ème et 8ème s.-s., 29 décembre 2006, n° 283313, *Bank of Scotland*, *préc.* ; CE, 3ème et 8ème ch., 19 juillet 2017, n° 408227, *SAS Ingram Micro* : *Dr. fisc.* 2017, n° 43-44, comm. 529 ; CE, Plén., 25 octobre 2017, n° 396954, *Verdannet*, *préc.* ; CE, 9ème et 10ème ch., 3 décembre 2018, n° 406617, *Sté Manpower France Holding*, *préc.*

[1779] CE, Ass., 28 octobre 2020, n° 428048, *Charbit*, *préc.* Même si la décision *Charbit* s'analyse comme un cas particulier, à savoir la conciliation entre la procédure d'abus de droit (LPF, art. L. 64) et la garantie contre les changements de doctrine (LPF, art. L. 80 A), cela n'enlève rien au fait qu'il existe un manque de constance et de définitions des différentes expressions employées.

**691. La fonction initiale de l'artificialité : un guide commun aux mesures anti-abus. –** En résumé, l'expression de « montage artificiel » a d'abord été employée dans le champ du droit de l'Union européenne. Elle a alors été « *parfaitement intériorisée par le Conseil d'État* »[1780]. La référence au « montage artificiel » s'est propagée dans les décisions du juge suprême afin de rendre compatibles les mesures anti-abus internes au droit de l'Union européenne, y compris celles qui visent les opérations motivées par un « but principalement fiscal ». Ainsi, l'artificialité guide la mise en œuvre de toutes les mesures anti-abus. Par exemple, dans l'affaire *Bolloré*[1781], le Conseil d'État explique que le dispositif anti-abus de l'article 209 B du CGI doit être mis en œuvre pour appréhender des montages purement artificiels. De la même manière, dans l'affaire *Eurotrade Juice*[1782] traitée en 2016 par le Conseil d'État, ce dernier se réfère au « montage artificiel » pour mettre en œuvre les dispositions de l'ancienne version de l'article 119 *ter*, 3 du CGI. La conséquence classique attachée à l'emploi de cette expression dans les affaires traitées par le juge est la qualification d'abus de droit[1783]. Accessoirement, l'expression est employée à des fins de pédagogie, de

---

[1780] Olivier NEGRIN, « La garantie contre les changements de doctrine ne fait pas obstacle à la répression de la fraude à la loi aggravée », *op. cit.*, § 5.

[1781] V. CE, Plén., 4 juillet 2014, n° 357264 et n° 359924, *Bolloré SA*, *préc.* La référence au « montage artificiel » ou à « l'artificialité », qu'elle soit faite dans le cadre de la mise en œuvre de l'article L. 64 du LPF ou qu'elle soit faite dans le cadre de la mise en œuvre d'un autre dispositif anti-abus renferme un contenu semblable. La différence, certes notable, tient à ce que les dispositifs anti-abus autres que l'article L. 64 du LPF, organisent souvent des règles de preuve favorables à l'Administration pour pallier les difficultés qu'ont les services de contrôle à prouver l'artificialité d'une opération particulière (n° 444 et s.) et n'aboutissent pas, lorsqu'ils sont mis en œuvre à une sanction automatique du contribuable (n° 410 et s.). Mais, au fond, la signification du « montage artificiel » ou de « l'artificialité » ne diverge pas. Aussi, la référence au « montage non-authentique », qui a fait son apparition dans les dispositifs anti-abus d'origine européenne peut renvoyer à l'interprétation attachée au « montage artificiel ». Une opération est qualifiable de « montage non-authentique » lorsqu'il ressort de ses conditions de mise en œuvre, son caractère artificiel. V. Dominique BERLIN, « Fiscalité directe. – Régime société mère-filiale, dividendes et intérêts. – Régime fusion, scission, apport. – ACCIS, régime fiscalité de l'épargne. – Régime de la société européenne. – Convention d'arbitrage », *op. cit.*, § 29.

[1782] CE, 8ème et 3ème ch., 23 novembre 2016, n° 383838, *Sté Eurotrade Juice*, *préc.*

[1783] V. Florence DEBOISSY, « Opposabilité de la doctrine administrative et abus de droit : le montage artificiel emporte tout », *op. cit.*, § 17. Pour Florence DEBOISSY : « *La notion de montage artificiel a, dans un premier temps, été utilisée par le Conseil d'État pour désigner, sous une forme imagée, une opération relevant de l'abus de droit par fraude à la loi […] sans que cette qualification ne produise, en tant que telle, de conséquences autres que la mise en œuvre de l'article L. 64 du LPF et des sanctions qui lui sont attachées* ». Par la suite, le « montage artificiel » a été employé pour mettre en œuvre d'autres mesures anti-abus, telles que les dispositions des articles 209 B et 119 *ter*, 3 du CGI.

rhétorique ou d'image[1784]. Sans doute pour appuyer et justifier leurs prises de position dans leurs conclusions, au sujet de la mise en œuvre de l'article L. 64 du LPF, les rapporteurs publics du Conseil d'État font explicitement référence à l'artificialité (n° 689). Ils y font également référence lorsqu'il est question de contrôler la mise en œuvre des mesures anti-abus spécifiques telles que celles des articles 155 A[1785] ou 119 *quater*, 3[1786] du CGI. Les avocats généraux de la Cour de justice ont également recours dans leurs conclusions à l' « artificialité »[1787].

**692.** Toujours est-il que l'emploi de cette expression par le Conseil d'État permet, d'un côté, de justifier la mise en œuvre d'une mesure anti-abus contre des opérations très audacieuses, comme dans les affaires du type *Sagal*[1788], *Garnier Choiseul*[1789], *Bolloré*[1790], *Verdannet*[1791] ou *Charbit*[1792] ; de l'autre côté, de justifier le refus de la mise en œuvre de la théorie de l'abus de droit à des opérations dont la substance économique est plus évidente, comme dans l'affaire *Alcatel CIT*[1793]. Dans ces affaires, le juge, au regard des éléments d'espèce, valide la mise en œuvre d'une mesure anti-abus car

---

[1784] En ce sens, v. Maurice COZIAN, « Le cousinage sybillin entre abus de droit et acte anormal de gestion », in *Regards critiques et perspectives sur le droit et la fiscalité : liber amicorum Cyrille David*, *op. cit.*, p. 85, § 14.

[1785] Au sujet de l'article 155 A du CGI, v. Emmanuelle CORTOT-BOUCHER, concl. sur CE, 3ème et 8ème ch., 22 janvier 2018, n° 406888 : *RJF* 4/18, C 342, § 9, § 13 et § 27 ; Frédéric ALADJIDI, concl. sur CE, 9ème et 10ème s.-s., 20 mars 2013, n° 346642, *Piazza*, *préc.* : *BDCF* 6/13, n° 63.

[1786] V. Céline GUIBE, concl. sur CE, 9ème et 10ème ch., 24 février 2021, n° 434129, *Sté France Citévision*, *préc.* : *RJF* 5/21, C 480, § 36 à 38.

[1787] V. les conclusions d'avocats généraux de la CJUE/CJCE dans quelques affaires emblématiques d'abus de droit, en droit fiscal de l'UE/droit communautaire : Juliane KOKOTT, concl. sur CJUE, Grande ch., 26 février 2019, aff. C-115/16, C-118/16, C-119/16 et C-299/16, *N Luxembourg 1 et a.*, *préc.* ; Juliane KOKOTT, concl. sur CJUE, 6ème ch., 7 septembre 2017, aff. C-6/16, *Eqiom SAS, anciennement Holcim France, Enka SA :* ECLI:EU:C:2017:34 ; Michal BOBEK, concl. sur CJUE, 4ème ch., 22 novembre 2017, aff. C-251/16, *Cussens et al.* : ECLI:EU:C:2017:648 ; Melchior WATHELET, concl. sur CJUE, 1ère ch., 8 mars 2017, aff. C-14/16, *Euro Park Service*, *préc.* : ECLI:EU:C:2016:806 ; Philippe LEGER, concl. sur CJCE, Grande ch., 12 septembre 2006, aff. C-196/04, *Cadbury Schweppes plc et Cadbury Schweppes Ltd*, *préc.* : ECLI:EU:C:2006:278 ; Luis-Miguel POIARES MADURO, concl. sur CJCE, Grande ch., 21 février 2006, aff. C-255/02, *Halifax et al.* : ECLI:EU:C:2005:200 ; Jean MISCHO, concl. sur CJCE, 11 mars 2004, aff. C-9/02, *Lasteyrie du Saillant* : *BDCF* 5/04, n° 69.

[1788] CE, 8ème et 3ème s.-s., 18 mai 2005, n° 267087, *Sté Sagal*, *préc.*

[1789] CE, 9ème et 10ème s.-s., 11 avril 2014, n° 352299, *SARL Garnier Choiseul*, *préc.*

[1790] CE, Plén., 4 juillet 2014, n° 357264 et n° 359924, *Bolloré SA*, *préc.*

[1791] CE, Plén., 25 octobre 2017, n° 396954, *Verdannet*, *préc.*

[1792] CE, Ass., 28 octobre 2020, n° 428048, *Charbit*, *préc.*

[1793] CE, 9ème et 10ème s.-s., 15 avril 2011, n° 322610, *Alcatel*, *préc.*

l'opération est artificielle[1794]. Autrement dit, l' « artificialité » est un standard guidant le juge de l'impôt. À des fins présentatives, il peut être intéressant d'illustrer des cas dans lesquels le juge a reconnu que le contribuable avait poursuivi des opérations internationales artificielles.

### *§ 2 – La variété des opérations artificielles*

**693.** S'il n'est pas possible matériellement de révéler dans ce travail toutes les opérations qui, par le passé, ont été jugées comme étant artificielles, ou qui, dans le futur, seront jugées comme telles, il peut être utile de présenter quelques affaires typiques. D'abord, cela permet d'identifier concrètement les éléments retenus par le juge fiscal pour caractériser l' « artificialité » d'une opération. Ensuite, cela permet de montrer que la qualification d'une opération en pratique abusive ne relève pas toujours de l'évidence et dépend, systématiquement, d'une appréciation au cas par cas. De plus, cela démontre l'adaptabilité du critère de l'artificialité à la multitude d'opérations susceptibles d'être réalisées par le contribuable dans un contexte transnational.

**694.** Pour sûr, il ressort de la jurisprudence que l'opération d'un contribuable impliquant une entité dite « non-substantielle », s'assimile à une opération artificielle, justifiant ainsi la mise en œuvre de la procédure d'abus de droit par l'Administration fiscale. Plus encore, ce type d'opération artificielle peut également être appréhendé sur le terrain d'autres mesures anti-abus (**A**). L'étendue de l' « artificialité » n'est pas restreinte aux entités dépourvues de substance économique. D'autres opérations, impliquant des entités dotées d'une substance économique certaine, peuvent tout de même s'assimiler à des opérations artificielles. L'étude de la jurisprudence relative à l'article L. 64 du LPF montre à quel point l'Administration et le juge font preuve de pragmatisme dans la lutte contre les pratiques abusives en droit fiscal international, ce qui, sans doute, contribue à prévenir les situations d'abus de droit (**B**).

---

[1794] Le Conseil d'État opère un contrôle de l'erreur de qualification juridique sur le caractère d'opération purement artificielle d'un montage, v. CE, 9ème et 10ème s.-s., 27 janvier 2011, n° 320313, *M. et Mme Bourdon* : *Dr. fisc.* 2011, n° 15, comm. 304, concl. Claire LEGRAS, note Olivier FOUQUET et Catherine CHARPENTIER. De la même manière, le Conseil d'État contrôle la qualification juridique de l'artificialité d'un montage au sens de l'article 119 *ter*, 3 du CGI, v. CE, 8ème et 3ème ch., 23 novembre 2016, n° 383838, *Sté Eurotrade Juice*, *préc.* V. Franck LE MENTEC, « Clause anti-abus de l'article 119 ter du CGI : office des juges du fond et portée du contrôle du juge de cassation », *Dr. fisc.* 2017, n° 3, comm. 66.

### A. *Les opérations impliquant des entités dépourvues de substance*

**695. Une société de portefeuille interposée à l'étranger.** – Les services de contrôle et le juge sont vigilants vis-à-vis des prises de participations dans des sociétés holdings non substantielles[1795]. Dans plusieurs affaires emblématiques traitées par le Conseil d'État, il est reproché à des sociétés françaises d'acquérir ou de souscrire des parts de sociétés de portefeuille établies au Luxembourg[1796], en Belgique[1797], aux Pays-Bas[1798] ou au Panama[1799]. Au lieu d'investir directement dans divers produits financiers, les sociétés françaises préfèrent donc interposer une société à l'étranger[1800]. De sorte que, formellement, la société interposée investit dans lesdits produits financiers. Cette société perçoit ainsi des revenus financiers qui, dans l'État où elle est établie, sont soumis à un régime fiscal favorable[1801]. *In fine*, les sociétés établies en France peuvent

---

[1795] Pour une étude globale de la question de la problématique de la substance des sociétés, v. : Pierre FERNOUX, « La substance d'une société dans la mécanique de l'abus de droit », *Dr. fisc.* 2017, n° 45, ét. 155. V. aussi : Éric MEIER, Régis TORLET, « Filiales étrangères : de la substantielle question de la substance … », *Dr. fisc.* 2013, n° 23, comm. 310.

[1796] CE, 8ème et 3ème s.-s., 18 février 2004, n° 247729, *Sté Pléiade, préc.* ; CE, 8ème et 3ème s.-s., 18 mai 2005, n° 267087, *Sté Sagal, préc.* ; CE, 8ème et 3ème s.-s., 27 juillet 2009, n° 295358, *Caisse interfédérale de Crédit Mutuel, préc.* ; CE, 8ème et 3ème s.-s., 27 juillet 2009, n° 295805, *Conforama Holding, préc.*

[1797] CE, 9ème et 10ème s.-s., 15 avril 2011, n° 322610, *Alcatel, préc.*

[1798] CE, 9ème et 10ème s.-s., 11 mai 2015, n° 365564, *SA Natixis Banques populaires, préc.*

[1799] CE, 10ème et 9ème s.-s., 10 décembre 2008, n° 295977, *Sté Andros et cie, préc.*

[1800] Pour une étude d'ensemble (ancienne) sur ce sujet, v. Boustani BETTINA, *Montages sociétaires et abus de droit fiscal*, Thèse, 2004, Nice. V. aussi Nicolas DE BOYNES, « Les sociétés holding face au grief de l'abus de droit », *Dr. fisc.* 2015, n° 31-35, comm. 526.

[1801] Par exemple, au Luxembourg, il existait un régime fiscal spécial applicable aux sociétés relevant de la catégorie dite des « Holdings 1929 ». Ce régime a été abrogé par une loi luxembourgeoise du 22 décembre 2006. Aujourd'hui, plusieurs États européens proposent dans leur législation interne des régimes fiscaux très incitatifs. Le Luxembourg, depuis une loi du 11 mai 2007, propose le dispositif fiscal des « sociétés de gestion de patrimoine familial ». Localement, ces sociétés bénéficient d'une exonération (notamment) d'impôt sur les sociétés, d'impôt sur la fortune et d'impôt communal. Aux Pays-Bas, il existe le régime dit de la « participation-exemption », grâce auquel une société « Holding » néerlandaise, qui détient 5 % du capital d'une filiale locale ou étrangère, est exonérée d'impôt sur les dividendes perçus et sur les plus-values de cessions portant sur les titres détenus. Pour plus de détails sur ces régimes fiscaux étrangers favorables, v. *Memento Patrimoine*, Francis Lefebvre, « Memento pratique », 2021-2022, § 35223 et s.

Plus largement, la question se pose de savoir dans quelle mesure la concurrence fiscale entre les États est « dommageable ». Pour les travaux de l'OCDE, v. notamment : OCDE, *Pratiques Fiscales Dommageables - Rapport d'étape de 2018 sur les régimes préférentiels : Cadre inclusif sur le BEPS : Action 5*, Projet OCDE/G20 sur

percevoir, en tant qu'actionnaires, des dividendes exonérés d'impôt sur les sociétés en vertu du régime des sociétés « mères-filiales », plutôt que de percevoir des produits financiers pleinement imposables[1802].

**696. L'absence de substance d'une société étrangère : mise en œuvre de l'article L. 64 du LPF.** – L'Administration et le juge n'assimilent pas automatiquement l'acquisition de parts d'une société établie à l'étranger ou l'apport dans le capital d'une société étrangère, à une pratique abusive. Ce sont les considérations d'espèce qui justifient la qualification d'abus de droit. Évidemment, lorsque la société établie à l'étranger est « fictive »[1803],

---

l'érosion de la base d'imposition et le transfert de bénéfices, 2019, Éditions OCDE ; OCDE, *Lutter plus efficacement contre les pratiques fiscales dommageables, en prenant en compte la transparence et la substance, Action 5 - Rapport final 2015*, Projet OCDE/G20 sur l'érosion de la base d'imposition et le transfert de bénéfices, 2016, Éditions OCDE ; OCDE, *Concurrence fiscale dommageable : Un problème mondial*, 1998, Éditions OCDE. Le Forum sur les pratiques fiscales dommageables (ou en anglais : *Forum on Harmful Tax Practices*, « FHTP ») examine les « régimes fiscaux préférentiels » des États participant au cadre inclusif « BEPS ». En janvier 2022, depuis le démarrage du projet « BEPS », le « FHTP » a examiné plus de 300 régimes fiscaux préférentiels.
Pour les travaux de l'UE, v. notamment les documents du groupe « Code de conduite » ; COM (2009) 201 final, 28 avril 2009, « Encourager la bonne gouvernance dans le domaine fiscal » ; Conclusions du Conseil ECOFIN, 1er décembre 1997, en matière de politique fiscale ; COM (97) 564, 5 novembre 1997, « Un ensemble de mesures pour lutter contre la concurrence fiscale dommageable dans l'Union européenne ». V. aussi Benjamin ANGEL, Maxime MONLEON, « Le code de conduite et la bonne gouvernance fiscale », *Dr. fisc.* 2021, n° 6, 140. Selon ces deux auteurs, 482 régimes fiscaux internes ont été étudiés par le Groupe « Code de conduite », dans 27 % des cas, le Groupe a retenu un caractère dommageable.

[1802] L'Administration ne se limite pas à combattre les pratiques impliquant des sociétés étrangères dépourvues de substance. Elle se réserve également le droit de reprocher à une société étrangère d'interposer artificiellement en France une société dépourvue de substance économique afin de bénéficier d'un régime fiscal favorable. Par exemple, dans une affaire récemment traitée par le Comité de l'abus de droit fiscal (CADF, affaire n° 2020-26), l'Administration a reproché à une société norvégienne d'interposer en France une société dépourvue de substance économique dans le but exclusif de bénéficier du Crédit d'impôt recherche. Dans cette affaire, le Comité de l'abus de droit fiscal n'a pas suivi l'Administration.

[1803] V. des exemples déjà évoqués : CE, 8ème et 9ème s.-s., 19 janvier 1983, n° 33831, *préc.* ; CE, 7ème et 8ème s.-s., 21 mars 1983, n° 29742, *préc.* En droit commun, la fictivité d'une société est rarement reconnue. Pour des développements et des exemples jurisprudentiels en ce sens, v. Maurice COZIAN, Alain VIANDIER, Florence DEBOISSY, *Droit des* sociétés, *op. cit.*, p. 99, § 284. En effet : « *Il ne faut pas pécher par pruderie juridique [...]. La déclaration de fictivité, qui demeure exceptionnelle, suppose la réunion d'un faisceau d'indices concordants : défaut de pluralité d'associés, défaut de consentement réel des associés, défaut d'activité sociale, défaut de comptabilité, défaut de compte en banque, défaut de respect du rite sociétaire, défaut d'autonomie patrimoniale de la société, défaut d'autonomie juridique et décisionnelle* ... ». En pratique, sans doute, l'Administration préfère recourir à la branche « fraude à la loi » de l'abus de droit, car, sur le terrain de la preuve, il peut être parfois moins délicat de plaider

l'Administration fiscale peut mettre en œuvre la première branche de l'article L. 64 du LPF. Aussi, dans le cas où tous les actes constitutifs d'une opération sont bien réels, l'Administration peut mettre en œuvre les dispositions de l'article L. 64 du LPF si le contribuable a recherché, par son opération, à bénéficier d'un avantage fiscal, et ce, en violant l'esprit du texte dans le champ d'application duquel il s'est placé[1804]. Dans les solutions jurisprudentielles précédemment évoquées, les sociétés étrangères, dans lesquelles les résidents français sont actionnaires, sont « *dépourvue[s] de toute substance* ». Dans ces affaires, le défaut de substance des sociétés de portefeuille étrangères est caractérisé en raison : de l'absence de « *compétences techniques en matière de placements financiers* » des sociétés (alors que leur objet social consiste à gérer des actifs financiers) ; du fait, pour les sociétés interposées, d'être « *sous l'entière dépendance* » d'un autre établissement (la banque à l'origine du montage, par exemple)[1805] ; du fait, pour les actionnaires, de ne prendre « *aucune part aux assemblées statutaires* » ; ou bien, du fait que « *la politique de placement avait été définie une fois pour toutes lors de la création de la filiale* »[1806].

---

« l'absence de substance économique », que « l'absence de substance juridique ». En effet, démontrer la contradiction entre un acte occulte et un acte apparent (n° 102 et s.) n'est pas aisé à faire, d'autant plus que, comme nous venons de l'exposer, la fictivité est délicate à démontrer en droit commun. Pour les difficultés pratiques attachées à la distinction entre société « fictive » et société « dépourvue de substance économique », v. Yohann BENARD, « Optimisation fiscale intracommunautaire : la liberté ne va pas sans risque », *op. cit.* Yohann BENARD explique que la jurisprudence ne distingue pas toujours nettement en pratique les deux hypothèses identifiées à l'article L. 64 du LPF. Selon lui, « *il n'est pas rare que le Conseil d'État se fonde simultanément sur l'existence d'un acte fictif et sur le but exclusivement fiscal qui lui a été assigné pour caractériser un abus de droit* (CE, 9ème et 8ème s.-s., 10 mai 1993, n° 95128, *SARL Elite Model Management* : *RJF* 7/93, n° 1038), *ou au moins, que sa décision laisse apparaître que l'artifice sanctionné était juridique tout autant qu'économique* (CE, 8ème et 9ème s.-s., 10 novembre 1993, n° 62445, *Gianoli* : *RJF* 1/94, n° 68) ».

1804 Pour une application récente dans une affaire relative à la transmission d'un patrimoine, v. CE, 9ème et 10ème ch., 28 janvier 2022, n° 433965 : *RJF* 4/22, n° 353, concl. Laurent DOMINGO (C 353). Dans cette affaire, il est rappelé que la constitution d'une société à l'étranger, en soi, n'est pas constitutive d'un abus de droit, y compris dans une optique de transmission de patrimoine. Toutefois, une opération d'apport-cession de titres, impliquant une société établie en Belgique, dépourvue de toute substance, créée à la seule fin d'éluder l'impôt en France sur la plus-value réalisée lors de la cession, est constitutive d'un montage artificiel.

1805 CE, 8ème et 3ème s.-s., 18 février 2004, n° 247729, *Sté Pléiade, préc.* ; CE, 8ème et 3ème s.-s., 18 mai 2005, n° 267087, *Sté Sagal, préc.*

1806 CE, 9ème et 10ème s.-s., 11 mai 2015, n° 365564, *SA Natixis Banques populaires, préc.*

**697. L'appréciation de la substance d'une société : personnel, locaux et équipement.** – Dans l'arrêt *Cadbury Schweppes*[1807], le juge européen contrôle la compatibilité au droit de l'Union européenne des règles britanniques relatives aux « CFC ». Le juge estime qu'une société mère britannique doit pouvoir éviter leur application lorsque « *la constitution [de la filiale dans un autre État membre]* » correspond « *à une implantation réelle ayant pour objet l'accomplissement d'activités économiques effectives dans l'État membre d'accueil* » (point 66). Dans cet arrêt, la Cour de justice des Communautés européennes rappelle une jurisprudence constante[1808] selon laquelle la liberté d'établissement permet à un « *ressortissant d'un État membre de créer un établissement secondaire dans un autre État membre pour y exercer ses activités et de favoriser ainsi l'interpénétration économique et sociale à l'intérieur de la Communauté* » (point 53). Ainsi, l'exercice de la liberté doit permettre « *à un ressortissant communautaire de participer, de façon stable et continue, à la vie économique d'un État membre autre que son État membre d'origine et d'en tirer profit* » (point 53). Si, dans une opération, sont interposées des sociétés qui, en réalité, n'ont pas le « *degré d'existence physique* » nécessaire en termes « *de locaux, de personnel et d'équipements* » (point 67), la mise en œuvre de règles anti-abus est autorisée et, *in fine*, la qualification d'abus de droit peut être justifiée. Autrement dit, si une société interposée ne fait pas état d'un personnel suffisant et compétent, d'un matériel adéquat ou de locaux nécessaires pour réaliser son objet social, elle n'est pas substantielle[1809].

**698. La prise en compte de l'objet de l'activité des sociétés.** – Comme le précise la Cour de justice de l'Union européenne dans son arrêt *T Danmark*[1810] de 2019 : « *l'absence d'activité économique effective doit, à cet égard, à la lumière des spécificités caractérisant l'activité économique en question, être déduite d'une analyse de l'ensemble des éléments pertinents relatifs, notamment, à la gestion de la société, à son bilan comptable, à la structure de ses coûts et aux frais réellement exposés, au personnel qu'elle emploie ainsi qu'aux locaux et à l'équipement dont elle dispose* » (point 104). Ainsi entendu, si chaque société doit être substantielle, le degré de substance, en termes de présence physique ou de salariés, notamment, varie selon l'activité de chaque société. Une activité de gestion patrimoniale ne suppose pas le même nombre de salariés ou les mêmes types

---

[1807] CJCE, Grande ch., 12 septembre 2006, aff. C-196/04, *Cadbury Schweppes plc et Cadbury Schweppes Ltd*, *préc.*

[1808] CJCE, 21 juin 1974, aff. 2/74, *Reyners* : *Rec.* p. 631, point 21 ; CJCE, 30 novembre 1995, aff. C-55/94, *Gebhard* : *Rec.* p. I-4165, point 55.

[1809] Évidemment, le seul fait de constituer une société, par exemple, au Luxembourg, n'est pas, en soi, constitutif d'un abus de droit. V. en ce sens, CE, 3ème et 8ème ch., 24 juillet 2019, n° 411382 : *Dr. fisc.* 2019, n° 40, comm. 388, concl. Emmanuelle CORTOT-BOUCHER, note Olivier FOUQUET.

[1810] CJUE, Grande ch., 26 février 2019, aff. C-116/16 et C-117/16, *Skatteministeriet c/ T Danmark et Y Denmark Aps*, *préc.*

de locaux qu'une activité opérationnelle commerciale ou industrielle[1811]. Finalement, les moyens mis en place pour exercer l'activité doivent être en adéquation avec l'objet de l'activité pour éviter toute critique sur le plan de l'abus de droit. Cette appréciation dépend donc d'une analyse au cas par cas en fonction de la nature de l'activité exercée[1812]. Il revient alors au juge de dire si, au regard des éléments d'espèce, la société a une activité économique consistante et effective[1813].

**699. La multiplicité des mesures anti-abus susceptibles d'être mises en œuvre pour appréhender les interpositions de sociétés dépourvues de toute substance. –** Un contribuable qui prend une participation dans une société sans substance dans un État, afin d'éviter l'imposition de cette activité qu'il peut réaliser en France, se rend coupable d'un « montage artificiel » susceptible d'être poursuivi sur le fondement des dispositions de l'article L. 64 du LPF. Toutefois, la procédure d'abus de droit n'est pas la seule mesure anti-abus susceptible d'être appliquée dans ce genre de situations. À la lumière de la décision *Bolloré*[1814], il apparaît que le dispositif anti-abus de l'article 209 B du CGI s'applique dans le cas où une société étrangère contrôlée n'a point « *d'activité économique effective* », c'est-à-dire, lorsqu'elle est dénuée de toute substance. De la même manière, comme le laisse entendre Benoît BOHNERT dans ses conclusions sur l'affaire *Eurotrade Juice*, rendue en 2016 par le Conseil d'État, la mise en œuvre de l'ancienne version de l'article 119 *ter*, 3 du CGI, permet aussi d'appréhender les opérations qui impliquent des entités dépourvues de substance[1815]. Par analogie, les autres mesures anti-abus spécifiques du droit

---

1811 V. une étude globale à ce sujet : François LUGAND, Mirouna VERBAN, Driss TOF, « La notion de substance en fiscalité internationale », *Dr. fisc.* 2011, n° 9, ét. 228.

1812 Pour la question de l'appréciation de la substance d'une société holding, v. Florence DEBOISSY, « Interposition d'une société holding, PEA et abus de droit », *op. cit.*

1813 Cette appréciation relevant du cas par cas, il est très difficile de fixer un seuil « objectif » en dessous duquel les sociétés seraient dépourvues de substance. V. en ce sens Émilie BOKDAM-TOGNETTI, concl. sur CE, 9ème et 10ème s.-s., 11 mai 2015, n° 365564, *SA Natixis Banques populaires* : *BDCF* 8-9/15, n° 109. Selon Émilie BOKDAM-TOGNETTI : « *il ne s'agit pas de fixer une fois pour toutes le degré de substance en dessous duquel une société ne pourrait jamais descendre ni de condamner tout recours à des filiales étrangères dont l'activité consisterait à gérer plus ou moins passivement des valeurs mobilières [...]* ». Puis, plus largement, un abus de droit peut être caractérisé, même lorsque la société interposée est dotée d'une certaine substance juridique ou économique. En effet, l'interposition d'une société (dotée de moyens matériels et humains cohérents au regard de son objet social) peut être à l'origine d'un abus de droit (n° 701 et s.).

1814 CE, Plén., 4 juillet 2014, n° 357264 et n° 359924, *Bolloré SA*, *préc.*

1815 Benoît BOHNERT, concl. sur CE, 8ème et 3ème ch., 23 novembre 2016, n° 383838, *Sté Eurotrade Juice* : *RJF* 2/17, C 130, § 9.

fiscal international, telles que celles des articles 119 *quater*, 2, 182 B *bis*, 3, 123 *bis*, 155 A du CGI, permettent d'endiguer les opérations dans lesquelles sont impliquées des entités dépourvues de substance. De la même manière, rien ne semble pouvoir interdire l'Administration de mettre en œuvre les mesures anti-abus plus récentes, telles que celles des articles 205 A du CGI, L. 64 A du LPF, voire la clause « PPT » lorsque l'opération traitée implique des entités dépourvues de substance.

**700.** Plus encore, les mesures anti-abus applicables en droit fiscal international permettent également d'appréhender des opérations qui impliquent des entités dotées d'une certaine substance.

### B. Les opérations impliquant des entités substantielles

**701.** À l'image de l'argumentation proposée par les requérants dans l'affaire *Verdannet*[1816], des contribuables ont pu croire, à tort, que la qualification d'une pratique abusive suppose nécessairement la caractérisation d'une entité dépourvue de toute substance. En réalité, le juge estime qu'une opération d'un contribuable peut être artificielle, et être combattue par l'Administration sur le terrain de la procédure d'abus de droit, alors même qu'elle implique des sociétés substantielles, ce qui, d'ailleurs, inquiète les praticiens. Sans prétendre à l'exhaustivité, quelques illustrations peuvent être présentées en ce sens, afin de montrer toute la potentialité attachée à l' « artificialité ». L'étude de la jurisprudence montre que des opérations d'apport-cession (**1**) ou de financement (**2**), impliquant des sociétés substantielles, peuvent être jugées comme étant « artificielles » et être appréhendées sur le terrain de la procédure d'abus de droit. Le juge de l'impôt fait donc preuve de souplesse dans l'appréciation de l' « artificialité » de l'opération, dans le sens où ne sont pas visées

---

[1816] V. Édouard CREPEY, concl. sur CE, Plén., 25 octobre 2017, n° 396954, *Verdannet*, *préc.*, § 30 : « *[les requérants] fondent une grande partie de leur raisonnement sur l'affirmation que la société Partinverd n'était pas une structure artificielle mais avait, et a d'ailleurs continué à avoir,* ***une réelle substance économique****. Or quoi qu'il faille en penser – nous y reviendrons –, la question n'est, contrairement à ce qu'ils soutiennent, nullement déterminante s'agissant de savoir si le portage de l'opération immobilière par ce véhicule a pu avoir des motivations autres que fiscales* » ; Émilie BOKDAM-TOGNETTI, concl. sur CE, 9ème et 10ème s.-s., 11 mai 2015, n° 365564, *SA Natixis Banques populaires*, *préc.* : « *il s'agit seulement de constater que, eu égard au dossier particulier qui lui était soumis et dès lors notamment que la société n'invoquait aucun intérêt concret autre que fiscal à l'interposition de la société néerlandaise, la cour a pu considérer, sans entacher son arrêt ni de dénaturation ni d'erreur de qualification juridique, que les éléments produits par l'administration établissaient l'absence de substance économique et le but exclusivement fiscal de l'interposition de la société* ».

uniquement les sociétés non-substantielles[1817]. Par analogie, le juge pourrait également faire preuve de souplesse dans l'appréciation de l' « artificialité » d'une opération qui est appréhendée sur le terrain d'une mesure anti-abus spécifique du droit fiscal international, ou sur le terrain du « mini-abus de droit » (LPF, art. 64 A), de la clause anti-abus « IS » (CGI, art. 205 A) ou d'une clause conventionnelle « PPT ».

### *1. Les opérations d'apport-cession*

**702. Les opérations d'apport-cession placées sous les régimes d'imposition différée.** – Dans la décision *Picoux*[1818], rendue le 11 février 2011, le Conseil d'État autorise l'Administration à mettre en œuvre la procédure d'abus de droit contre une opération faisant intervenir plusieurs sociétés substantielles. Dans cette affaire, une personne physique (le contribuable), qui réside en France, apporte les titres d'une société française à une société luxembourgeoise dans laquelle elle est déjà actionnaire. Cet apport aboutit à un échange de titres. En contrepartie de son apport de titres de la société française, le contribuable perçoit des titres de la société luxembourgeoise. Parallèlement, la société luxembourgeoise inscrit à son bilan les titres de la société française. Or, cette opération d'échange fait naître une plus-value de cession pour le contribuable. En principe, la plus-value est imposable à l'impôt sur le revenu, sous réserve toutefois de l'application des régimes d'imposition différée[1819]. En l'espèce, la cession qui découle de l'opération d'apport est soumise au régime du report d'imposition (CGI, anc. art. 160, I *ter*, 4). Autrement dit, le contribuable n'est pas immédiatement imposable sur la plus-value d'échange constatée. Cette dernière devient imposable le jour où le contribuable cède les titres qu'il a obtenus en échange de l'apport des titres. Tant que les titres reçus en échange par le contribuable ne sont pas cédés, la plus-value d'apport n'est pas imposable. Par ailleurs, dans cette affaire, la société bénéficiaire de l'apport décide de céder peu de temps après l'opération d'apport, les titres qu'elle a perçus à un prix équivalent à la valeur d'apport. Ce faisant, cette

---

[1817] Pour un exemple qui concerne un autre dispositif anti-abus, v. la décision *Piazza* (*préc.*) relative à la mise en œuvre du dispositif anti-abus de l'article 155 A du CGI. Bien que les sommes aient été payées à une société « substantielle » établie au Luxembourg, le dispositif anti-abus de l'article 155 A du CGI est tout de même applicable, car l'opération a un caractère artificiel. V. *RJF* 6/13, n° 578.

[1818] CE, 3ème et 8ème s.-s., 11 février 2011, n° 314950, *Picoux*, *préc.*

[1819] Pour le régime actuel, v. CGI, art. 150-0 B (ces dispositions instituent un régime de sursis d'imposition pour les plus-values et les moins-values d'échange de titres, v. BOI-RPPM-PVBMI-30-10-20) ; art. 150-0 B *ter* (ces dispositions instituent un régime de report d'imposition pour les plus-values générées lors d'opérations d'apport de titres à une société à l'impôt sur les sociétés lorsque cette société est contrôlée par l'apporteur des titres : v. BOI-RPPM-PVBMI-30-10-20-10).

cession n'est pas à l'origine d'une plus-value imposable. Ainsi, sur le plan fiscal, l'ensemble de l'opération n'est soumis à aucune imposition.

**703. La condition de réinvestissement des liquidités perçues. –** Au premier abord, difficile de suspecter une pratique abusive. Les services de contrôle ne relèvent aucune « fictivité » dans cette opération. Ils ne concluent pas à l'absence de substance matérielle, au sens de la décision *Sagal*[1820], de la société interposée au Luxembourg. Toutefois, le juge estime que cette opération relève de l'abus de droit. Le Conseil d'État juge que : « *le placement en report d'imposition d'une plus-value réalisée par un contribuable lors de l'apport de titres à une société qu'il contrôle et qui a été suivi de leur cession par cette société est constitutif d'un abus de droit s'il s'agit d'un montage ayant pour seule finalité de permettre au contribuable, en interposant une société, de disposer effectivement des liquidités obtenues lors de la cession de ces titres tout en restant détenteur des titres de la société reçus en échange lors de l'apport* ». Le juge administratif suprême assimile cette opération à un « montage ». Ce faisant, le Conseil d'État suppose que le contribuable a créé artificiellement les conditions pour obtenir un avantage fiscal, à savoir, le bénéfice du régime d'imposition différée. L'opération est artificielle car, à travers la société luxembourgeoise, le contribuable bénéficie des liquidités de la cession des titres qu'il a précédemment apportés[1821]. Peu de temps avant la décision *Picoux*, le Conseil d'État expliquait déjà que les différés d'imposition avaient vocation, *in fine*, à s'appliquer à des opérations de restructuration, à l'origine de plus-values, qui ne dégagent pas de liquidités[1822]. Réciproquement, le juge estime qu'une opération d'apport-cession ne peut pas être reprochée sur le terrain de la procédure d'abus de droit lorsque la société interposée, conformément à son objet, réinvestit les liquidités dans une activité économique. Dans ce cas, l'opération se justifie par un intérêt autre que fiscal. Il est clair qu'en réinvestissant le produit de la cession des titres perçus lors de l'apport, l'opération peut être justifiée.

---

[1820] CE, 8ème et 3ème s.-s., 18 mai 2005, n° 267087, *Sté Sagal, préc.*
[1821] Pour une étude d'ensemble sur la question de l'apport-cession v. Aurélie MONTEIRO, *L'apport-cession-délocalisation*, Thèse, 2013, Paris II.
[1822] V. not. CE, 8ème et 3ème s.-s., 8 octobre 2010, n° 301934, *Bazire, préc.* Pour d'autres affaires d'abus sur les différés d'imposition et, plus précisément, sur le sursis d'imposition institué à l'article 150-0 B du CGI, v. CE, 10ème et 9ème s.-s., 27 juillet 2012, n° 327295, *M. et Mme Berjot, préc.*

**704. Les opérations d'apport-cession : *quid* dans le cas où la société interposée ne perçoit pas de liquidités ?** – Les décisions *Wendel*[1823] révèlent que des contribuables ont pu croire, à tort, qu'à partir du moment où la cession des titres par la société interposée n'aboutit pas à la perception de liquidités, l'Administration ne peut reprocher l'opération sur le terrain de la procédure d'abus de droit fiscal (LPF, art. L. 64). En l'espèce, la question est de savoir si une opération d'apport-cession est constitutive d'un abus de droit, lorsque la société de portefeuille interposée, au demeurant, dotée d'une substance économique, perçoit des titres de sociétés en échange de l'opération de cession. Les contribuables estiment pouvoir bénéficier du régime d'imposition différée dans la mesure où la société interposée ne perçoit aucune liquidité, mais des titres de société. Dans ces affaires, le Conseil d'État a jugé que, au regard de la succession d'opérations dans un laps de temps très court, les contribuables visés sont entrés artificiellement dans les prévisions du sursis d'imposition de l'article 150-0 B du CGI. Si cette solution a pu paraître sévère pour une partie de la doctrine[1824], il apparaît, à la lecture des faits de l'espèce, que les contribuables ont cherché à éviter l'imposition d'une plus-value de cession de titres, dans le cadre d'une opération de « management package » pour les dirigeants d'une société[1825]. Il ressort des solutions rendues par le Conseil d'État que, dès lors que l'utilité économique de la série d'interpositions n'apparaît pas utile aux yeux du juge, il y a de fortes chances que la qualification d'abus de droit soit maintenue[1826]. L'appréciation se faisant au cas par cas, il n'est pas certain que le Conseil d'État aurait retenu la qualification d'abus de droit dans le cas où la société bénéficiaire de l'apport, en contrepartie de la cession, aurait obtenu des titres de participations qui auraient été utiles à son activité.

---

[1823] CE, 10ème et 9ème ch., 12 février 2020, n° 421441 et n° 421444, *Wendel* : *Dr. fisc.* 2020, n° 10, comm. 180, concl. Anne ILJIC, note Régis VABRES. V. Céline GUIBE, « Abus de droit et gains de management package : affaire Wendel, le scénario se précise », *RJF* 4/20, chron. p. 427.

[1824] V. Olivier FOUQUET, « Abus de droit : du nouveau ? À propos des affaires Wendel », *FR* 18/20, inf. 17, p. 30.

[1825] Pour bien comprendre les tenants et aboutissants des opérations, nous renvoyons aux conclusions rendues par le rapporteur public sur cette affaire, v. Anne ILJIC, concl. sur CE, 10ème et 9ème ch., 12 février 2020, n° 421441 et n° 421444, *Wendel* : *RJF* 4/20, C 372.

[1826] V. Martin COLLET, « Opposabilité de la doctrine et répression des abus de droit : quelle conciliation en cas de montage abusif ? », *op. cit.*, § 20. Notons aussi que, la solution rendue dans l'affaire *Wendel* s'explique sans doute par les considérations d'espèce. En effet, elle concernait une personnalité importante du monde des affaires, Ernest-Antoine Seillière, et les montants éludés étaient particulièrement élevés.

**705.** L'étude de ces décisions montre que la mise en œuvre de l'article L. 64 du LPF est évolutive. L'Administration et le juge s'adaptent avec pragmatisme à toutes sortes d'opérations, mêmes les plus sophistiquées, comme en témoignent les décisions *Picoux*[1827] et *Wendel*[1828]. La lutte contre les pratiques abusives ne se cantonne pas à la mise en cause des sociétés dépourvues de toute substance[1829]. Des opérations internationales de financement, alors mêmes qu'elles n'impliquaient pas des sociétés dépourvues de toute substance, ont également pu être appréhendées sur le terrain de l'abus de droit par fraude à la loi.

### 2. Les opérations de financement

**706.** L'abus de droit par fraude à la loi peut être caractérisé dans le cadre d'une opération de financement internationale, notamment lorsqu'une société sans substance est artificiellement interposée à l'étranger. C'est ce qui ressort d'ailleurs de la décision *Natixis*[1830] rendue en 2015 par le Conseil d'État. Mais, ces dernières années, l'Administration fiscale a eu recours à la procédure d'abus de droit pour appréhender des opérations de financement internationales qui n'impliquent pas de sociétés dépourvues de substance. Dans la mesure où il n'est pas reproché au contribuable d'avoir interposé une société dépourvue de toute substance, il est plus difficile de dire si le contribuable a commis (ou non) une pratique abusive. Pour autant, des opérations impliquant des émissions d'obligations remboursables en actions (**a**), ainsi que des opérations impliquant la réorganisation d'un groupe international de sociétés (**b**), ont été appréhendées sur le terrain de la procédure d'abus de droit (LPF, art. L. 64).

[1827] CE, 3ème et 8ème s.-s., 11 février 2011, n° 314950, *Picoux*, *préc.*
[1828] CE, 10ème et 9ème ch., 12 février 2020, n° 421441 et n° 421444, *Wendel*, *préc.*
[1829] En matière d'apport-cession, certains montages impliquent des sociétés dépourvues de substance à l'étranger, v. CE, 9ème et 10ème ch., 28 janvier 2022, n° 433965, *préc.*
[1830] CE, 9ème et 10ème s.-s., 11 mai 2015, n° 365564, *SA Natixis Banques populaires*, *préc.*

### a. *L'émission d'obligations remboursables en actions pour financer une distribution de dividendes*

**707. Le financement d'une distribution de dividendes par l'émission d'obligations remboursables en actions. –** Dans les décisions *Ingram Micro*[1831] et *Manpower*[1832], rendues respectivement en 2017 et en 2018, le Conseil d'État traite d'opérations dans lesquelles sont concomitantes : une distribution par une filiale française de son report à nouveau sous forme de dividendes à son actionnaire étranger, une société dont la substance n'est d'ailleurs pas discutée, et une émission d'obligations remboursables en actions (ORA) par cette filiale au profit de ce même actionnaire. D'un point de vue fiscal, la filiale française déduit de son résultat imposable, sur le fondement de l'article 39 du CGI, les charges financières dues à la société étrangère conformément à l'émission des « ORA ». Qui plus est, il se trouve que, en vertu de la législation étrangère, celle applicable dans l'État du Delaware aux États-Unis, ces intérêts ne sont pas imposables. L'Administration fiscale et le juge voient dans ces opérations un abus de droit par fraude à la loi, ce qui a pu inquiéter les praticiens[1833]. L'intérêt est de saisir pourquoi, dans ces affaires, les opérations poursuivies par les contribuables s'assimilent à des pratiques abusives.

**708. Les facteurs déterminants : un simple jeu d'écritures comptables, aucun flux financier. –** Dans la première décision *Ingram*[1834], les juges ont estimé que la distribution du report à nouveau sous forme de dividendes et l'émission des ORA sont deux opérations ayant un « *caractère contradictoire* ». En effet, les ORA ont, d'un point de vue comptable, la nature de fonds propres. Ainsi, comme le met en avant le Conseil d'État, reprenant l'argument des juges du fond, au terme du contrat d'émission des ORA, les deux opérations produisent les mêmes effets qu'une incorporation des réserves au capital social[1835]. Le Conseil d'État révèle que ces opérations

---

[1831] CE, 10ème et 9ème ch., 13 janvier 2017, n° 391196, *SAS Ingram Micro*, *préc.* V. Anne ILJIC, « Distributions de dividendes et émission d'obligations remboursables en actions : réflexions sur l'affaire SAS Ingram Micro », *RJF* 4/17, chron., p. 435.
[1832] CE, 9ème et 10ème ch., 3 décembre 2018, n° 406617, *Sté Manpower France Holding*, *préc.* V. Florence DEBOISSY, « L'endettement intra-groupe à l'épreuve de l'abus de droit : être ou ne pas être artificiel », *Dr. fisc.* 2019, n° 4, comm. 132.
[1833] V. Hervé KRUGER, « Haro sur les ORA : la liberté de financement des entreprises est-elle soluble dans l'abus de droit ? », *Dr. fisc.* 2015, n° 46, 670 ; Eric MEIER, Régis TORLET, « Obligations remboursables en actions et distributions de dividendes : simple optimisation ou abus ? », *Dr. fisc.* 2015, n° 46, 681.
[1834] CE, 10ème et 9ème ch., 13 janvier 2017, n° 391196, *SAS Ingram Micro*, *préc.*
[1835] V. Émilie BOKDAM-TOGNETTI, concl. sur CE, 9ème et 10ème ch., 3 décembre 2018, n° 406617, *Sté Manpower France Holding* : *RJF* 3/19, C 283, § 12. Émilie

traduisent en réalité un simple jeu d'écritures comptables et ne génèrent aucun flux financier. Non convaincus par les arguments du contribuable qui tentent de justifier l'opération par sa volonté de restructurer le groupe de sociétés, d'améliorer la situation des salariés intéressés aux résultats et de maintenir sa note de crédit, les juges ont conclu au fait que le seul but des deux opérations synchrones est de permettre à la filiale française de déduire de son résultat les intérêts dus à la société mère étrangère. Ces deux opérations traduisent un montage artificiel, de sorte que la déduction des intérêts qui en découle est nécessairement contraire aux objectifs poursuivis par les auteurs de l'article 39 du CGI[1836]. Dans la décision *Manpower*[1837], même si l'opération diffère quelque peu dans la mesure où les ORA émis par la société française, souscrits par la société mère étrangère établie au Danemark, ont été cédés à la société grand-mère établie aux États-Unis[1838], le Conseil d'État suit un raisonnement similaire à celui tenu dans l'affaire *Ingram*[1839].

**709. La discussion de la portée de la solution. –** D'aucuns pourraient se dire que, du fait de ces deux jurisprudences, toute opération d'une société française qui finance la distribution de dividendes à une société mère étrangère par un emprunt est susceptible d'être appréhendée sur le terrain de la procédure d'abus de droit. En réalité, il n'en est rien. Le Conseil d'État, dans chacune des deux affaires, ainsi que les membres qui le composent, dans leurs conclusions et commentaires, ont pris le soin d'expliquer que le choix de financer une distribution de dividendes en recourant à l'emprunt n'est pas, en lui-même, constitutif d'un abus de droit. Comme l'explique Édouard CREPEY, dans ses conclusions sur la première décision *Ingram*, les entreprises, disposant d'une liberté de gestion, peuvent distribuer des dividendes et financer cette distribution par un emprunt, notamment lorsqu'elle ne dispose de liquidités suffisantes[1840]. Dans ce cas, les intérêts

---

BOKDAM-TOGNETTI affirme même que ces deux opérations aboutissent « *à transformer provisoirement en dettes une incorporation de réserves au capital social* ».

1836 CE, 3ème et 8ème ch., 19 juillet 2017, n° 408227, *SAS Ingram Micro*, *préc.*

1837 CE, 9ème et 10ème ch., 3 décembre 2018, n° 406617, *Sté Manpower France Holding*, *préc.*

1838 Pour les tenants et aboutissants de cette affaire, v. Émilie BOKDAM-TOGNETTI, concl. sur CE, 9ème et 10ème ch., 3 décembre 2018, n° 406617, *Sté Manpower France Holding*, *préc.*

1839 CE, 10ème et 9ème ch., 13 janvier 2017, n° 391196, *SAS Ingram Micro*, *préc.* ; CE, 3ème et 8ème ch., 19 juillet 2017, n° 408227, *SAS Ingram Micro*, *préc.*

1840 Édouard CREPEY, concl. sur CE, 10ème et 9ème ch., 13 janvier 2017, n° 391196, *SAS Ingram Micro* : *RJF* 3/17, C 250, § 8 : « ***Cette liberté de gestion s'étend*** *naturellement* ***au choix d'une société*** *de restructurer son capital par une distribution de dividendes financée par emprunt,* ***qui aura pour effet d'augmenter son ratio dette/fonds propres****. Il est parfaitement légitime, par exemple, qu'une société qui dégage un*

de l'emprunt ayant eu pour objet de financer la distribution de bénéfices peuvent être déduits du résultat imposable de la filiale française. De la même manière, il n'est pas interdit qu'une société filiale et une société mère décident, respectivement, d'émettre et de souscrire à des ORA[1841]. Cette souscription n'est pas, en tant que telle, susceptible d'être qualifiée d'abus de droit, tant sur le fondement de la procédure d'abus de droit, que sur le fondement des dispositions d'une autre mesure anti-abus. Plus encore, les décisions rendues par le Conseil d'État laissent entendre que, la seule considération selon laquelle les intérêts dus par une société française à une société étrangère ne sont pas imposables dans le résultat de la société étrangère, n'est pas suffisante pour qualifier une pratique abusive[1842]. Plus globalement, c'est la combinaison d'un « *faisceau d'indices* » et des « *justifications peu convaincantes* »[1843] du contribuable qui a poussé le juge à qualifier, dans ces affaires, l'opération litigieuse d' « artificielle ». Autrement dit, l' « artificialité » se dégage de « *l'absence de toute rationalité économique ou juridique* » de l'opération[1844].

**710.** L'Administration et le juge fiscal profitent de la plasticité de la notion d' « artificialité » pour lutter contre des formes variées de comportements abusifs et ne sauraient se restreindre aux cas dans lesquels des sociétés dépourvues de substance sont impliquées.

---

*bénéfice et souhaite en restituer une partie aux actionnaires, plutôt que de le réinvestir en totalité, le fasse par emprunt si elle ne dispose pas de la trésorerie nécessaire* ».

1841 V. Anne ILJIC, « Distributions de dividendes et émission d'obligations remboursables en actions : réflexions sur l'affaire SAS Ingram Micro », *op. cit.* Divers avantages attachés aux ORA, ou plus généralement aux instruments hybrides, sont cités : différer ou limiter l'effet dilutif d'une augmentation de capital, se financer à moindre coût pour la filiale ou maximiser l'effet de levier pour la société mère. « *Bien que de nature à intriguer l'administration fiscale, cette seule circonstance n'est pas à elle seule de nature à caractériser un quelconque abus : [...] elle peut en effet refléter le choix de l'actionnaire de continuer à soutenir sa filiale non plus en laissant à sa disposition des bénéfices distribuables mais en recourant à un instrument de dette lui permettant de percevoir des intérêts* ».

1842 Comme l'indique Florence DEBOISSY, le choix de localiser la dette dans un État étranger relève de la liberté de gestion, et plus précisément du « *Law shopping* » ce qui n'est pas condamnable juridiquement. V. Florence DEBOISSY, « L'endettement intra-groupe à l'épreuve de l'abus de droit : être ou ne pas être artificiel », *op. cit.*, § 6. Toutefois, il est tout à fait envisageable qu'une mesure anti-hybride soit appliquée pour limiter ce phénomène de « déduction/non-imposition » (n° 230 et s.).

1843 Anne ILJIC, « Distributions de dividendes et émission d'obligations remboursables en actions : réflexions sur l'affaire SAS Ingram Micro », *op. cit.*

1844 Émilie BOKDAM-TOGNETTI, concl. sur CE, 9ème et 10ème ch., 3 décembre 2018, n° 406617, *Sté Manpower France Holding*, *préc.*, § 11.

### *b. L'interposition d'une société dissimulant une opération de pensions de titres*

**711.** L'affaire *Dassault Sytèmes* est une illustration récente des difficultés attachées à la qualification d'une pratique abusive. En l'espèce, l'Administration reproche au contribuable, par une opération internationale particulièrement sophistiquée, de dissimuler une opération de pension de titres, afin de bénéficier du régime des sociétés mères et d'éviter ainsi l'imposition d'intérêts. Bien que l'affaire n'ait pas été définitivement tranchée par le Conseil d'État[1845], il peut être utile, au moins dans une finalité didactique, de revenir sur les faits de l'espèce qui ont été jugés sur renvoi par la Cour administrative d'appel de Versailles[1846].

**712. L'acquisition des sociétés cibles américaines par la mise en œuvre d'une opération de financement (au départ) classique aboutissant à la perception d'intérêts par la société « Dassault Systèmes ». –** Souhaitant intégrer dans son groupe de sociétés deux entreprises américaines (les sociétés cibles « Abacus » et « Matrix one »), la société *Dassault systèmes SE* (dite la société « Dassault Systèmes »), établie en France, prête à sa filiale américaine, la société *Dassault Système Corp Inc* (dite la société « DS Corp »), les fonds nécessaires pour que cette dernière acquiert les deux sociétés cibles. À ce stade du raisonnement, l'opération est tout à fait classique. La filiale américaine, détenant les titres des sociétés cibles grâce au concours financier de sa société mère française, est en mesure de percevoir des dividendes distribués par les deux sociétés cibles américaines. Quant à la société « Dassault Systèmes », elle est rémunérée par les intérêts d'emprunt, versés par sa filiale américaine « DS Corp ». D'un point de vue fiscal, ces intérêts sont pleinement imposables en France. À ce stade, aucun reproche d'abus de droit ne peut être fait à la société « Dassault Systèmes »[1847].

**713. La restructuration (complexe) du groupe de sociétés aboutissant à la perception de dividendes par la société « Dassault Systèmes ». –** Toutefois, à la suite de divers actes réalisés par le groupe de sociétés, les intérêts ne sont plus imposables en France. En

---

[1845] CE, 8ème et 3ème ch., 9 septembre 2020, n° 431283, *Sté Européenne Dassault Systèmes* : *RJF* 12/20, n° 988.

[1846] CAA Versailles, 7ème ch., 1er avril 2021, n° 20VE002388 et n° 20VE002389, *Sté Dassault Systèmes SE* : *RJF* 7/21, n° 697.

[1847] Pour une présentation détaillée de l'affaire, v. Romain VICTOR, concl. sur CE, 8ème et 3ème ch., 9 septembre 2020, n° 431283, *Sté Européenne Dassault Systèmes* : *RJF* 12/20, C 988.

effet, la société « Dassault Systèmes » ne reçoit plus d'intérêts de la part de sa filiale américaine « DS Corp », mais elle perçoit des dividendes qu'elle retranche de sa base imposable en vertu du régime des sociétés mères (CGI, art 145 ; 216). Comment la société « Dassault Systèmes » est-elle parvenue à cette situation ? En « réorganisant » le groupe de sociétés. La filiale américaine « DS Corp » crée une sous-filiale américaine, la société DS Holding LLC (dite la société « DS Holding »). Elle y apporte alors la quasi-totalité des titres des deux sociétés cibles, de sorte que, la société « DS Holding » est désormais propriétaire des titres des sociétés « Abacus » et « Matrix One ». En contrepartie, la filiale américaine « DS Corp » perçoit des actions de préférence. Concomitamment à cet apport, la société « DS Corp » cède le reste des actions qu'elle détient dans la société cible « Abacus », ainsi que les actions de préférence à la société française « Dassault Systèmes ». La société « Dassault Systèmes » et la société « DS Corp » invoquent une compensation de leurs obligations réciproques (paiement du prix d'acquisition des titres, d'un côté ; remboursement des sommes prêtées, de l'autre côté), et, partant, l'extinction de celles-ci. Aussi, suivant un schéma somme toute similaire, la société « DS Corp » apporte la totalité des titres de la seconde société cible « Matrix one », à une autre sous-filiale américaine, la société « DSAC », dans laquelle la société « Dassault Systèmes » était déjà actionnaire. En contrepartie de cet apport, diverses actions de préférence sont attribuées à la société « DS Corp ». Cette dernière cède finalement à la société « Dassault Systèmes » ces actions de préférence. Une fois de plus, la compensation invoquée par les deux parties à l'opération aboutit à l'extinction de l'obligation relative au versement du prix d'acquisition des titres et l'obligation de remboursement des sommes prêtées. En outre, la société « Dassault Systèmes » perçoit, postérieurement à cette réorganisation, des dividendes, attachés aux actions de préférence. Ces dividendes sont placés par la société « Dassault Systèmes » sous le régime de faveur des sociétés mères (CGI, art. 145 ; 216). L'économie d'impôt se traduit par la différence entre l'imposition des intérêts perçus et l'imposition des dividendes perçus. La constatation de cet avantage fiscal ne permet à elle seule de qualifier l'abus de droit. Encore faut-il révéler les facteurs qui révèlent l'artificialité du montage.

**714. Un montage artificiel dissimulant une pension de titres ? –** En s'intéressant aux opérations du groupe de sociétés, l'Administration constate que la société « DS Holding », filiale de la société « DS Corp » (la société cédante) a conclu concomitamment à toutes ces opérations qui ont eu lieu à quelques jours d'intervalle, des pactes d'actionnaires dans lesquels elle s'engage à racheter à la société « Dassault Systèmes » (la société cessionnaire) dans un délai de 7 ans, à un prix fixé et garanti, les actions de préférence acquises. Qui plus est, par le biais de pactes de stabilité, la société « DS Corp » s'engage, notamment, à ne pas céder les titres de la société « DS Holding ». Si, formellement, il s'agit d'une opération tripartite dans laquelle la filiale du cédant s'engage à racheter les titres acquis par le cessionnaire, l'Administration fiscale estime que cet accord dissimule en réalité une rétrocession des actions acquises par la société « Dassault Systèmes » auprès de la société « DS Corp », c'est-à-dire une pension de titres (« Repo ») (CoMoFi, art. 211-27). L'Administration laisse alors entendre que l'interposition de cette troisième partie est artificielle. Elle tente de rendre inopposable cette troisième société, afin de requalifier le montage en opération de « pension » qui ne rentre pas dans le champ d'application du régime des sociétés mères. En effet, dans ce type d'opération, les revenus perçus par le cessionnaire s'assimilent à des revenus de créances et non à des revenus de participations. Si l'absence de substance de la société « DS Holding » n'est pas dénoncée, l'absence de justification de la création de cette société dans la réorganisation du groupe est reprochée au contribuable. Dans son arrêt du 21 avril 2021, la Cour administrative d'appel de Versailles n'admet aucune des justifications autres que fiscales invoquées par le contribuable (éviter un risque de change, améliorer le rendement de l'opération, organiser l'ensemble des activités américaines)[1848]. La Cour administrative d'appel, convaincue par l'argumentation de l'Administration fiscale, conclut que, par ces opérations, le contribuable s'est rendu coupable d'un montage artificiel qui, par construction, permet de caractériser tant le critère du « but exclusivement fiscal » et le critère de « la violation de l'esprit d'un texte fiscal » (n° 719 et s.).

**715. Analyse de la jurisprudence. –** Vraisemblablement, cette jurisprudence, qui montre l'étendue de la marge de manœuvre attachée à l'article L. 64 du LPF pour appréhender des pratiques abusives, peut faire naître un sentiment d'insécurité fiscale aux contribuables. Cela peut donner l'impression, comme dans les affaires *Wendel*[1849], *Ingram*[1850] ou *Manpower*[1851] que le juge fait preuve de sévérité vis-à-vis des contribuables et d'une certaine souplesse vis-à-vis de l'Administration. Toutefois, cette marge de manœuvre laissée aux services de contrôle est nécessaire. Elle permet d'appréhender de nouveaux types d'opérations plus complexes et sophistiquées. Par conséquent, les contribuables les plus téméraires sont davantage découragés. Toujours est-il que la procédure d'abus de droit permet d'appréhender toutes sortes d'opérations, des plus rudimentaires aux plus élaborées, des plus simples aux plus complexes, ou des plus frustes

---

[1848] CAA Versailles, 7ème ch., 1er avril 2021, n° 19VE01800, *Sté Dassault Systèmes SE* : *Dr. fisc.* 2021, n° 30-35, comm. 344, note Alice DE MASSIAC, Myriam MOULOUDJ.

[1849] CE, 10ème et 9ème ch., 12 février 2020, n° 421441 et n° 421444, *Wendel*, *préc.*

[1850] CE, 10ème et 9ème ch., 13 janvier 2017, n° 391196, *SAS Ingram Micro*, *préc.* ; CE, 3ème et 8ème ch., 19 juillet 2017, n° 408227, *SAS Ingram Micro*, *préc.*

[1851] CE, 9ème et 10ème ch., 3 décembre 2018, n° 406617, *Sté Manpower France Holding*, *préc.*

aux plus raffinées. Ainsi, la justification selon laquelle la multiplication des textes, tels que les articles L. 64 A du LPF et 205 A du CGI, permettrait d'appréhender des opérations dont l'artificialité n'est pas évidente à qualifier apparaît, une fois de plus, non fondée.

**716. Conclusion de la Section I. –** Le « montage artificiel » a fait peu à peu son apparition dans la jurisprudence fiscale et, au fil du temps, s'est imposé comme une évidence. Toutefois, à la lumière de la jurisprudence récente, quelques incertitudes apparaissent. Certaines décisions du juge de l'impôt laissent planer le doute sur le fait de savoir s'il existe des situations où, sans qu'un « montage artificiel » ne soit caractérisé, un abus de droit puisse être qualifié. Autrement dit, le « montage artificiel », à la différence de ce que peuvent laisser penser les conclusions de Pierre COLLIN sur la décision *Sagal*[1852], ne recouvrirait pas entièrement le concept d'abus de droit. Il ne serait qu'un cas particulier de l'abus de droit. En ce sens, le « montage artificiel » ferait preuve d'autonomie, ce qui aurait potentiellement pour conséquence de stratifier les pratiques abusives selon un « degré » de gravité et de segmenter ainsi le champ d'application des mesures anti-abus selon qu'elles appréhendent des « montages artificiels, dénués de toute substance » ou des « montages artificiels, non dénués de toute substance ».

---

1852 Pierre COLLIN, concl. sur CE, 8ème et 3ème s.-s., 18 mai 2005, n° 267087, *Sté Sagal*, *préc.*

## Section II – La potentialité du « montage artificiel »

**717.** Jusqu'il y a peu, l' « artificialité » s'analysait comme un facteur liant toutes les mesures anti-abus. Dès lors que l'opération d'un contribuable est artificielle, une mesure anti-abus est susceptible d'être mise en œuvre. Toutefois, quelques décisions récentes laissent penser que le Conseil d'État assimile le « montage artificiel, dénué de substance » à un cas particulier de l'abus de droit. Le Conseil d'État paraît attacher un régime juridique spécifique à ce type d'opération (§ **1**). Dans le prolongement de ce courant jurisprudentiel, il convient de s'interroger sur le fait de savoir si l' « artificialité » se divise en plusieurs « degrés » de gravité. Ainsi, le choix du dispositif anti-abus à mettre en œuvre se ferait en fonction du « degré » d'artificialité d'une opération. De cette manière, il serait possible de prévenir les conflits de mesures anti-abus. En ce sens, l'article L. 64 du LPF permettrait d'appréhender « les montages artificiels, dénués de toute substance » (expression employée dans la décision *Charbit*[1853]), et, les autres mesures anti-abus permettraient d'appréhender « les montages artificiels, non dénués de toute substance » (expression non consacrée en jurisprudence). Mais, à la vérité, cette articulation, qui aboutit à la stratification des pratiques abusives, n'emporte pas la conviction (§ **2**).

### *§ 1 – La particularité du « montage artificiel » dans la jurisprudence*

**718.** Lorsque l'Administration démontre l'existence d'un « montage artificiel », dans le cadre de la mise en œuvre de la seconde branche de l'abus de droit (LPF, art. L. 64), elle serait exonérée de prouver l'élément constitutif matériel de l'abus de droit, à savoir, la « violation de l'esprit » du texte fiscal dans le champ d'application duquel se place le contribuable (**A**). Certains plaident alors pour que le recours à ce raisonnement ne soit qu'exceptionnel, afin de ne pas remettre en cause notamment l'apport de la décision *Janfin*[1854]. Ainsi entendu, dans le cas où il n'y aurait pas de « montage artificiel », l'Administration devrait tout de même être tenue de démontrer les deux conditions classiques de la fraude à la loi. Raisonner ainsi ne suppose-t-il pas qu'il existe plusieurs « étages » à l'abus de droit ? La réponse paraît positive. Il existerait un abus de droit plus « grave » que les autres : le « montage artificiel ». Cela justifierait que l'Administration soit exonérée du fardeau de la preuve d'une des conditions de la fraude à la loi. En conséquence de quoi, l'article L. 64 du LPF permettrait d'appréhender des opérations qui, sans être artificielles, seraient tout de même abusives ;

---

[1853] CE, Ass., 28 octobre 2020, n° 428048, *Charbit*, *préc.*

[1854] V. Daniel GUTMANN, *Droit fiscal des affaires*, *op. cit.*, p. 820, § 1009.

en somme, des opérations abusives « moins graves » que le « montage artificiel ». En réalité, cette vision n'est pas exempte de critiques (**B**).

### *A. La caractérisation des deux éléments constitutifs de l'abus de droit fiscal par le « montage artificiel »*

**719. La qualification d'un « montage artificiel » caractérise-t-elle les deux éléments constitutifs de l'abus de droit au sens de la seconde branche de l'article L. 64 du LPF ? –** Savoir si le « montage artificiel », qualifié par l'Administration, suffit à caractériser les deux éléments constitutifs de la fraude à la loi (LPF, art. L. 64), à savoir l'intention exclusive d'obtenir un avantage fiscal et le détournement de l'objet ou de la finalité d'un texte fiscal, est une question récente. Depuis les décisions *Janfin*[1855] et *Persicot*[1856], rendues en 2006 et 2007 par le Conseil d'État, et la réforme de 2008[1857], le critère du détournement de l'objet d'un texte fiscal est formellement intégré dans la définition de la seconde branche de la fraude à la loi. Or, le « montage », expression consacrée avant 2006, notamment dans les décisions *Pléiade*[1858] et *Sagal*[1859], était déjà employé dans la jurisprudence fiscale. En effet, à l'époque où seul le « but exclusivement fiscal » constituait formellement l'élément constitutif de l'abus de droit par fraude à la loi (indépendamment de l'obtention d'un avantage fiscal), la caractérisation d'un « montage artificiel » suffisait à qualifier un abus de droit. L'ajout de la « violation de l'esprit d'un texte », comme condition à la fraude à la loi, a pu susciter quelques interrogations. Il convient de savoir si le « montage », ou le « montage artificiel », permet de caractériser seulement le « but exclusivement fiscal », ou bien, s'il permet de caractériser les deux éléments constitutifs de la fraude à la loi. À ce sujet, deux visions s'opposent : certains considèrent que le « montage artificiel » permet simplement, lorsqu'il est qualifié, de remplir la condition dite « subjective » de l'abus de droit par fraude à la loi, c'est-à-dire, l'élément constitutif « intentionnel », le « but exclusivement fiscal » ; d'autres estiment que le « montage artificiel », une fois qualifié par l'Administration, caractérise les deux conditions de la fraude à la loi, tant le « but exclusivement fiscal », que la condition dite « objective » de l'abus de droit par fraude à la loi, c'est-à-dire, l'élément constitutif « matériel », la « violation de l'esprit du texte fiscal ». Pour les premiers, les deux conditions doivent être appréciées

---

[1855] CE, Sect., 27 septembre 2006, n° 260050, *Janfin, préc.*
[1856] CE, 9ème et 10ème s.-s., 28 février 2007, n° 284565, *Persicot, préc.*
[1857] Loi n° 2008-1448 du 30 décembre 2008 de finances rectificative pour 2008, art. 35.
[1858] CE, 8ème et 3ème s.-s., 18 février 2004, n° 247729, *Sté Pléiade, préc.*
[1859] CE, 8ème et 3ème s.-s., 18 mai 2005, n° 267087, *Sté Sagal, préc.*

indépendamment. Pour les seconds, les deux conditions étant imbriquées, elles s'apprécient conjointement.

**720. Le « montage artificiel » : indice de l'élément constitutif « intentionnel » de la fraude à la loi.** – Des commentateurs ont très rapidement conclu au fait que, les décisions *Janfin*[1860] et *Persicot*[1861] ayant été rendues, il fallait porter une attention toute particulière à l'élément constitutif matériel de l'abus de droit nouvellement édicté : il en irait de la sécurité juridique du contribuable. Ils voient dans les deux éléments constitutifs de l'abus de droit, deux conditions distinctes l'une de l'autre. De sorte que, le « montage artificiel » ne serait qu'un indice, parmi d'autres, du « but exclusivement fiscal ». La contrariété de l'opération à l'intention des auteurs du texte fiscal dans le champ d'application duquel le contribuable se place devrait être indépendamment vérifiée[1862]. D'ailleurs, les conclusions du rapporteur public sur la décision *Persicot* peuvent laisser penser que la qualification d'un « montage artificiel » ne permet de caractériser que l'élément constitutif intentionnel de l'abus de droit par

---

1860 CE, Sect., 27 septembre 2006, n° 260050, *Janfin*, *préc.*

1861 CE, 9ème et 10ème s.-s., 28 février 2007, n° 284565, *Persicot*, *préc.*

1862 V. Stéphane AUSTRY, Daniel GUTMANN, « L'été de l'abus de droit et de la fraude à la loi », *FR 39/09*, inf. 3, p. 5. Ils tiennent le raisonnement suivant : « *Le caractère artificiel du montage, comme le défaut de substance économique, ne saurait donc constituer en soi un critère autonome de mise en œuvre de l'abus de droit. C'est ainsi que l'interprétation la plus commune de la décision Sagal veut que le défaut de substance économique ne soit qu'un élément de preuve d'un but exclusivement fiscal. De la même façon, l'existence d'un montage artificiel ne peut plus désormais se suffire à elle-même pour démontrer l'abus de droit. L'application à une hypothèse de type "Sagal" de la nouvelle définition de l'abus de droit devrait impliquer que l'administration démontre, non seulement, le but exclusivement fiscal (dont le défaut de substance n'est qu'un indice), mais également la contrariété entre les opérations effectuées et l'intention des auteurs des textes. Faute de raisonner ainsi, le caractère artificiel d'un montage conduirait à présumer irréfragablement d'une recherche du bénéfice d'une application littérale des textes contraire à leur esprit. Or, si cette convergence est sans doute probable dans la plupart des cas, il nous semble contraire à l'état actuel du droit qu'une telle présomption irréfragable voie le jour* ».
V. Olivier FOUQUET, « La définition de l'abus de droit en question ? », *op. cit.* Pour Olivier FOUQUET, la qualification du montage artificiel ne permet pas de s'exonérer de la recherche de la violation de l'esprit d'un texte, et ce, pour trois raisons essentielles : « *En premier lieu, la notion de montage artificiel a été dégagée par la jurisprudence à une époque où seul le critère subjectif (poursuite d'un but exclusivement fiscal) suffisait à qualifier l'abus de droit. […] En deuxième lieu, depuis la décision Sté Janfin, la jurisprudence du Conseil d'État s'est toujours prononcée sur les deux critères, lorsque leur existence était critiquée. […] En troisième lieu, l'ajout du critère objectif a eu dans certaines espèces un rôle décisif […]* ». Le deuxième argument est très contestable, étant donné que le Conseil d'État a déjà pris des solutions, après les décisions *Janfin* et *Persicot* (*préc.*), dans lesquelles il ne s'est intéressé qu'au « montage » pour qualifier une fraude à la loi. V. par ex. : CE, 10ème et 9ème s.-s., 10 décembre 2008, n° 295977, *Sté Andros et Cie*, *préc.*

fraude à la loi[1863]. Le Conseil d'État a pu montrer un certain attachement à la vérification de la condition de la « violation de l'esprit du texte » dans les affaires *Axa* et *Goldfarb*[1864], ainsi que dans l'affaire *Garnier Choiseul*[1865], avec, certes, toutes les difficultés que suppose l'identification de l'intention des auteurs d'un texte fiscal (n° 121 et s.). Toutefois, cette indépendance entre les deux éléments constitutifs de la fraude à la loi ne fait pas l'unanimité.

**721. Le « montage artificiel » : caractéristique des éléments constitutifs « intentionnel » et « matériel » de la fraude à la loi.** – Dans ses conclusions sur la décision *Sagal*, Pierre COLLIN ne se pose pas explicitement la question de l'articulation des deux éléments constitutifs de la fraude à la loi. Cela s'explique par le fait que l'affaire est antérieure aux décisions *Janfin*[1866] et *Persicot*[1867] qui concrétisent explicitement la nécessité, pour l'Administration, de caractériser la condition relative à la « violation de l'esprit du texte fiscal ». Néanmoins, dans ses conclusions sur la décision *Pléiade*, Pierre COLLIN a admis que la seconde branche de l'abus de droit dégagée en 1981 permet d'appréhender *in fine* le contribuable qui passe « *des actes à la seule et unique fin de réduire son impôt en faisant un usage de la loi fiscale formellement régulier mais contraire à son esprit* »[1868] (n° 107 et s.). Ainsi, une certaine logique voudrait que le « montage artificiel », une fois qualifié, caractérise aussi bien l'élément constitutif intentionnel (le but exclusivement fiscal), que l'élément constitutif matériel (la violation de l'esprit d'un texte fiscal), et donc, l'abus de droit par fraude à la loi. Laurent OLLEON, dans ses conclusions sur la décision *Abbey National Treasury Services*, soutient la thèse selon laquelle : « *les auteurs d'un texte fiscal ne peuvent jamais avoir eu pour intention d'en faire bénéficier un montage artificiel* »[1869]. Celle-ci a été reprise par plusieurs rapporteurs publics, notamment par ceux qui ont

---

1863 V. Laurent VALLEE, concl. sur CE, 9ème et 10ème s.-s., 28 février 2007, n° 284565, *Persicot, préc.* Laurent VALLEE tient le raisonnement suivant : « *Il incombe d'abord au juge de l'impôt de vérifier si les actes mis en cause ont été inspirés par un but exclusivement fiscal. À cette occasion, un élément de nature à établir ce motif exclusivement fiscal est l'identification d'un "montage purement artificiel". […] Il convient, également, de déterminer si l'avantage fiscal obtenu par le contribuable à la faveur de l'opération motivée par le but exclusivement fiscal qui aura été, par hypothèse, établi est, ou non, contraire aux objectifs poursuivis par le législateur fiscal* ».

1864 CE, 8ème et 3ème s.-s., 7 septembre 2009, n° 305586, *min. c/ SA Axa, préc.* CE, 8ème et 3ème s.-s., 7 septembre 2009, n° 305586, *Sté Henri Goldfarb, préc.*

1865 CE, 9ème et 10ème s.-s., 17 juillet 2013, n° 356523, *min. c/ SAS Garnier Choiseul Holding* ; n° 352989, *min. c/ SARL Garnier Choiseul Holding* ; n° 360706, *min. c/ SARL Garnier Choiseul Holding, préc.*

1866 CE, Sect., 27 septembre 2006, n° 260050, *Janfin, préc.*

1867 CE, 9ème et 10ème s.-s., 28 février 2007, n° 284565, *Persicot, préc.*

1868 Pierre COLLIN, concl. sur CE, 8ème et 3ème s.-s., 18 février 2004, n° 247729, *Sté Pléiade, préc.*

1869 Laurent OLLEON, concl. sur CE, 8ème et 3ème s.-s., 24 avril 2012, n° 343709, *Abbey National Treasury Services* : *BDCF* 07/12, n° 89.

conclu sur les affaires *Natixis* (abus du régime « mères-filiales »)[1870], *Verdannet* (abus de la convention fiscale franco-luxembourgeoise)[1871] et *Charbit* (abus d'une disposition législative dans l'interprétation qu'en donne l'Administration fiscale)[1872]. Une partie de la doctrine universitaire soutient cette prise de position des rapporteurs publics, qui est désormais partagée par le Conseil d'État[1873].

**722. L'interprétation du juge de l'impôt.** – Depuis peu, le Conseil d'État considère qu'en cas de « montage artificiel », les deux conditions de l'abus de droit par fraude à la loi sont remplies. Dans la seconde décision *Ingram*[1874], rendue le 19 juillet 2017, le juge examine le moyen selon lequel la Cour administrative d'appel aurait insuffisamment motivé son arrêt en s'abstenant de répondre au moyen tiré de ce que le critère « objectif » de la fraude à la loi (la violation de l'esprit du texte fiscal) n'était pas rempli. Le Conseil d'État ne donne pas raison au requérant. Le juge estime que : « *la*

---

1870 V. Émilie BOKDAM-TOGNETTI, concl. sur CE, 9ème et 10ème s.-s., 11 mai 2015, n° 365564, *SA Natixis Banques populaires, préc.* Selon Émilie BOKDAM-TOGNETTI : « *il nous semble que ce critère [la violation de l'esprit d'un texte fiscal] peut être regardé implicitement comme rempli, dès lors que le régime des sociétés mères ne saurait avoir été conçu par ses auteurs pour des montages dépourvus de tout intérêt économique, impliquant des filiales sans substance créées à des seules fins fiscales* ».

1871 V. Édouard CREPEY, concl. sur CE, Plén., 25 octobre 2017, n° 396954, *Verdannet, préc.* : Pour le rapporteur public : « *le montage artificiel [...] révèle aussi par lui-même la méconnaissance de l'intention des auteurs du texte qui, quel qu'il soit, ont nécessairement voulu appréhender une substance et non pas un artifice* ».

1872 V. Marie-Gabriel MERLOZ, concl. sur CE, Ass., 28 octobre 2020, n° 428048, *Charbit, préc.* : *Dr. fisc.* 2020, n° 47, comm. 444. Pour Marie-Gabriel MERLOZ : « *Selon un raisonnement désormais bien connu et souvent rappelé à ce pupitre, les concepteurs d'un régime fiscal favorable ne peuvent jamais être regardés comme ayant eu pour intention qu'il s'applique à de tels montages. Ils ont nécessairement voulu appréhender une substance et non un artifice* ».

1873 V. Florence DEBOISSY, « La fraude corrompt tout, y compris l'application d'une convention fiscale », *op. cit.*, § 22. Florence DEBOISSY explique la chose suivante : « *Depuis la refonte de la définition de l'abus de droit en 2008 se pose la question de l'articulation de la condition tenant à la poursuite d'un but exclusivement fiscal avec celle tenant à l'application littérale du texte ou de la décision contrairement à l'intention de ses auteurs. Là où la majorité de la doctrine tend à y voir deux conditions distinctes, totalement indépendantes l'une de l'autre, la syntaxe de l'article L. 64 du LPF comme son sens profond invite à considérer que la seconde condition, qui existait au demeurant de façon sous-jacente dès avant 2008, n'a été expressément posée que pour préciser le concept de fraude à la loi auquel elle est intrinsèquement inhérente* ».
V. aussi du même auteur : « Opposabilité de la doctrine administrative et abus de droit : le montage artificiel emporte tout », *op. cit.* Florence DEBOISSY affirme la chose suivante : « *Refuser le rapport d'identité établi par le Conseil d'État entre "montage artificiel" et "détournement de l'intention des auteurs du texte" reviendrait à admettre que le législateur pourrait, en définissant le régime fiscal applicable à une situation donnée, avoir pour objectif que le contribuable puisse en bénéficier en se plaçant artificiellement dans cette situation, c'est-à-dire sans que cela corresponde à la réalité envisagée par le législateur ; ce qui, sauf hypothèse particulière, est difficile à admettre* ».

1874 CE, 3ème et 8ème ch., 19 juillet 2017, n° 408227, *SAS Ingram Micro, préc.*

*cour, qui a rappelé la condition de recherche du bénéfice d'une application littérale des textes à l'encontre des objectifs poursuivis par leurs auteurs et qui a explicité le caractère artificiel du montage litigieux, a suffisamment motivé son arrêt, alors même qu'elle a regardé la condition comme remplie de façon implicite. Le moyen d'insuffisance de motivation soulevé sur ce point par la société doit donc être écarté* »[1875]. De la même manière, dans la décision plénière *Verdannet*[1876], le Conseil d'État affirme solennellement que : « *l'opération [...] litigieuse était artificielle et qu'elle n'avait eu d'autre but que de faire échapper la plus-value de cession à toute imposition en France* ». Le juge administratif suprême postule alors que : « *[les] États parties à la convention fiscale franco-luxembourgeoise ne sauraient être regardés comme ayant entendu, pour répartir le pouvoir d'imposer, appliquer ses stipulations à des situations procédant de montages artificiels dépourvus de toute substance économique. Il suit de là qu'en jugeant que l'opération litigieuse était contraire aux objectifs poursuivis par les deux États signataires, la cour n'a entaché son arrêt d'aucune erreur de droit* ». Le raisonnement est reproduit quasiment à l'identique dans la décision d'assemblée *Charbit*[1877], rendue fin 2020 par le Conseil d'État (n° 317 et s.). Les solutions sont claires : lorsqu'un « montage artificiel » est caractérisé, les deux conditions de la fraude à la loi sont remplies.

**723. Les vertus du recours au « montage artificiel ». –** Ce courant jurisprudentiel aboutit finalement à l'octroi d'une « *commodité* » par le juge à l'Administration[1878]. Cette commodité n'est pas sans limite. D'abord, il y a de fortes chances pour que le juge soit minutieux dans le contrôle de qualification d'un montage artificiel. Ce faisant, l'Administration est incitée à recourir au vocable « montage artificiel » dans les cas où l'absence de substance de l'opération ne fait aucun doute[1879]. Ensuite, le recours au « montage artificiel » est parfois analysé comme rendant plus « objective » l'appréciation, censée être « subjective », de l'abus de droit par fraude à la loi[1880]. En effet, dans la décision *Charbit*[1881], le Conseil d'État explique que l'Administration doit démontrer « *par des éléments objectifs* » que l'opération litigieuse « *procède d'un montage artificiel* », ce qui relève, d'une appréciation précise au cas par cas des opérations des contribuables. Le Conseil d'État se place finalement dans le sillage de l'interprétation donnée par la Cour de

---

1875 Le Conseil d'État fait de même dans la décision *Manpower*. V. CE, 9ème et 10ème ch., 3 décembre 2018, n° 406617, *préc.*
1876 CE, Plén., 25 octobre 2017, n° 396954, *Cts Verdannet, préc.*
1877 CE, Ass., 28 octobre 2020, n° 428048, *Charbit, préc.*
1878 L'expression est empruntée à : Martin COLLET, « Opposabilité de la doctrine et répression des abus de droit : quelle conciliation en cas de montage abusif ? », *op. cit.*, § 14.
1879 V. Daniel GUTMANN, *Droit fiscal des affaires, op. cit.*, p. 820, § 1009.
1880 V. Florence DEBOISSY, « Opposabilité de la doctrine administrative et abus de droit : le montage artificiel emporte tout », *op. cit.*, § 21.
1881 CE, Ass., 28 octobre 2020, n° 428048, *Charbit, préc.*

justice. Dans l'arrêt *T Danemark*[1882] de 2019, le juge européen explique que la « *réunion d'un certain nombre d'indices peut attester de l'existence d'un abus de droit, pour autant que ces indices sont objectifs et concordants* » (point 124). Si des éléments ou des indices, dont certains sont donnés à titre d'illustrations par la Cour de justice[1883], démontrent que le contribuable est entré artificiellement dans le champ d'application d'une disposition, alors, par la même occasion, il n'est pas contestable que le contribuable n'a pas pu atteindre l'objectif poursuivi par les auteurs de la disposition dans le champ d'application de laquelle il s'est artificiellement placé.

**724.** Par ailleurs, à la lecture de la jurisprudence récente, il apparaît que dans le cas où le contribuable n'a pas poursuivi de « montage artificiel », l'appréciation des deux éléments constitutifs de l'abus de droit devrait être indépendante. L'interprétation majoritaire de cette décision est que « le montage artificiel » est un cas particulier de l'abus de droit. Autrement dit, le « montage artificiel » ne recouvrirait pas entièrement la notion d'abus de droit.

### *B. Le « montage artificiel » comme cas particulier de l'abus de droit*

**725. Le « montage artificiel » : une forme d'abus parmi d'autres. –** Si les conclusions des rapporteurs publics affluent dans le sens selon lequel, en cas de « montage artificiel », les deux éléments constitutifs de l'abus de droit sont remplis « *par construction* »[1884], elles laissent aussi entendre que le « montage artificiel » est seulement « *un cas particulier* »[1885] ou « *une forme particulière* »[1886] de l'abus de droit par fraude à la loi. Sans doute sensibles aux inquiétudes émises par une partie de la doctrine qui redoute une dissolution de la condition relative à la violation de l'esprit d'un texte à celle du but exclusivement fiscal de l'abus de droit[1887], des rapporteurs publics tentent d'atténuer la portée du « montage artificiel » afin de ne pas remettre en cause

---

[1882] CJUE, Grande ch., 26 février 2019, aff. C-116/16 et C-117/16, *Skatteministeriet c/ T Danmark et Y Denmark Aps*, *préc.*

[1883] *Ibid.*, point 124 : « *La réunion d'un certain nombre d'indices peut attester de l'existence d'un abus de droit, pour autant que ces indices sont objectifs et concordants. Peuvent constituer de tels indices, notamment, l'existence de sociétés relais n'ayant pas de justification économique ainsi que le caractère purement formel de la structure du groupe de sociétés, du montage financier et des prêts* ».

[1884] Édouard CREPEY, concl. sur CE, Plén., 25 octobre 2017, n° 396954, *Verdannet*, *préc.*, § 47.

[1885] *Ibid.*, § 46.

[1886] *Ibid.*

[1887] V. Stéphane AUSTRY, Daniel GUTMANN, « L'été de l'abus de droit et de la fraude à la loi », *op. cit.*, § 8 à 12 ; Olivier FOUQUET, « La définition de l'abus de droit en question ? », *op. cit.*, § 4.

l'acquis de la jurisprudence *Janfin* et de la réforme de 2008[1888]. Le « montage artificiel » est parfois réduit à un cas de figure de l'abus de droit[1889]. De sorte que, en dehors des cas où sont en cause des « montages purement artificiels », l'examen approfondi de l'intention des auteurs du texte dans le champ d'application duquel le contribuable se place, doit être effectué par l'Administration[1890]. C'est ce qui ressort d'une décision rendue le 8 février 2019 par le Conseil d'État[1891]. Une dichotomie entre les pratiques abusives poursuivies sur le terrain de la seconde branche de l'article L. 64 du LPF existerait. La procédure d'abus de droit permettrait d'appréhender aussi bien des « montages artificiels » et des opérations qui, sans être totalement artificielles, seraient tout de même abusives. Le problème tient à distinguer les pratiques abusives qui relèvent du « montage artificiel » et ceux qui n'en relèvent pas.

**726. Les conséquences directes pour l'Administration, le contribuable et le juge fiscal quant à la mise en œuvre de l'article L. 64 du LPF. –** Si l'Administration soutient que le contribuable poursuit une opération qui, sans être constitutive « d'un montage artificiel, dénué de toute substance », est abusive, alors la condition de la violation des objectifs poursuivis par les auteurs du texte appliqué doit être appréciée de manière indépendante. Formellement, l'Administration, ne reprochant aucun « montage artificiel », ne peut pas bénéficier de la « commodité » dégagée par la jurisprudence (n° 719 et s.). En dehors de tout montage artificiel, c'est-à-dire dans le cas éventuel où une opération pourrait se justifier par quelques motifs économiques, juridiques ou patrimoniaux, l'Administration pourrait tout de même envisager de contester cette opération sur le terrain de l'article L. 64 du LPF. Elle devrait alors spécifiquement s'intéresser dans ses écritures à la condition de la violation de l'esprit du texte fiscal. Ce n'est que dans le cas spécifique du « montage artificiel » ou lorsque l'opération

---

1888 V. Marie-Gabrielle MERLOZ, concl. sur CE, 9ème et 10ème ch., 8 février 2019, n° 407641, *Ruggieri* : *RJF* 5/19, C 465, § 10. Dans ses conclusions, Marie-Gabrielle MERLOZ explique que : « *l'acquis de la jurisprudence Janfin ne saurait être remis en cause et que l'intention des auteurs du texte ne peut être réputée méconnue qu'en cas de montages artificiels* ».

1889 V. en ce sens : Anne IJLIC, concl. sur CE, 10ème et 9ème ch., 12 février 2020, n° 421441 et n° 421444, *Wendel*, *préc.*, § 89 : « *Parfois dénoncée comme procédant d'une dissolution de la condition dite "objective" dans la condition subjective de l'abus de droit, tenant au but poursuivi par le contribuable, la facilité qui en résulte, consistant à regarder implicitement rempli le critère de la contrariété aux objectifs poursuivis par les auteurs de la norme sans même prendre la peine de caractériser leur intention, est toutefois strictement cantonnée à cette forme particulière d'abus de droit que constitue le montage* ».

1890 V. Marie-Gabrielle MERLOZ, concl. sur CE, 9ème et 10ème ch., 8 février 2019, n° 407641, *Ruggieri*, *préc.*, § 7.

1891 V. CE, 9ème et 10ème ch., 8 février 2019, n° 407641, *Ruggieri*, *préc.*

du contribuable lui permet « *d'entrer artificiellement dans les prévisions* »[1892] d'une disposition fiscale, que l'Administration serait exonérée de démontrer le détournement de l'objet ou de la finalité du texte abusé. Le contribuable, quant à lui, dans le premier cas, répondrait formellement aux arguments de l'Administration pour chacune des deux conditions de la fraude à la loi. Dans le deuxième cas, le contribuable serait toujours en mesure de démontrer que le « montage » poursuivi n'est pas artificiel. Quant au juge du fond, s'il admet que l'Administration a apporté la preuve du « but exclusivement fiscal » d'une opération, et déduit directement que l'abus de droit est caractérisé sans regarder si la condition de la recherche du bénéfice d'une application littérale d'un texte à l'encontre des objectifs poursuivis par leurs auteurs est remplie, alors il commet une erreur de droit et une insuffisance de motivation que le Conseil d'État ne manque pas de sanctionner[1893]. Ainsi, dans la jurisprudence récente du Conseil d'État, « le montage artificiel, dénué de toute substance » semble s'analyser comme un cas particulier de l'abus de droit.

**727. Une autre lecture de la décision *Ruggieri* du 8 février 2019. –** Une partie de la doctrine interprète différemment le considérant de principe de la décision du 8 février 2019 selon lequel : « *la cour a jugé apportée par l'administration la preuve de ce que les contribuables n'avaient pu être inspirés [...] par aucun autre motif que celui d'atténuer les charges fiscales qu'ils auraient normalement dû supporter [...]. En en déduisant directement que l'abus de droit était caractérisé, sans rechercher, alors qu'elle n'avait pas regardé ces opérations comme procédant d'un montage artificiel, si était en outre remplie la condition de la recherche du bénéfice d'une application littérale de ces dispositions à l'encontre des objectifs poursuivis par leurs auteurs, qu'elle a omis de déterminer, elle a entaché son arrêt d'erreur de droit et d'insuffisance de motivation* ». La solution du juge suprême serait un rappel à l'ordre, à destination de l'Administration et des juges du fond, selon lequel il n'est pas suffisant d'invoquer la motivation fiscale déterminante de l'opération du contribuable pour qualifier l'abus de droit. Cette décision viendrait en réalité confirmer la nécessité de prouver l'artificialité de l'opération par des éléments objectifs[1894].

**728. Une autre lecture à tempérer.** – Cette interprétation est séduisante. Elle permet de maintenir l' « artificialité » comme un élément commun qui lie toutes mesures anti-abus et qui évite toute stratification de l'abus de droit. Toutefois, cette interprétation originale de la décision du 8

---

[1892] Cette expression est employée dans les décisions *Wendel* : CE, 10ème et 9ème ch., 12 février 2020, n° 421441 et n° 421444, *Wendel*, *préc.*
[1893] CE, 9ème et 10ème ch., 8 février 2019, n° 407641, *Ruggieri*, *préc.*
[1894] Florence DEBOISSY, « Opposabilité de la doctrine administrative et abus de droit : le montage artificiel emporte tout », *op. cit.*, § 20.

février 2019 peut être nuancée. Le Conseil d'État, jugeant au fond de l'affaire, ne fait à aucun moment référence à une quelconque « artificialité » quant à l'opération du contribuable. Le Conseil d'État qualifie l'opération d'abus de droit après avoir vérifié successivement l'élément constitutif « intentionnel » de la fraude à la loi (considérant 11) et l'élément constitutif « matériel » de la fraude à la loi (considérant 12). Qui plus est, le Conseil d'État se réfère explicitement aux travaux préparatoires du texte fiscal dans le champ d'application duquel le contribuable s'est placé pour obtenir un avantage fiscal, comme pour mieux montrer qu'il convient d'apprécier indépendamment l'élément constitutif « matériel » en dehors de tout « montage artificiel ». Ce faisant, le Conseil d'État conforte l'interprétation selon laquelle le « montage artificiel » représente une forme particulière, voire aggravée, de l'abus de droit.

**729. La stratification proposée par le Conseil d'État à la lumière de la jurisprudence européenne. –** Dans l'arrêt *T Danmark et Y Denmark*[1895] rendu en février 2019, la Cour de justice explicite formellement son attachement au fait que l'abus de droit est constitué de deux éléments constitutifs que sont : le « *respect formel des conditions prévues par la réglementation de l'Union, [dont] l'objectif poursuivi [...] n'a pas été atteint* » et « *la volonté d'obtenir un avantage résultant de la réglementation de l'Union en <u>créant artificiellement</u> les conditions requises pour son obtention* » (point 124). Ainsi, au sens de la jurisprudence européenne, la ligne de démarcation entre l'opération abusive et l'opération non abusive repose bien sur une analyse de l'artificialité de l'opération du contribuable. En ce sens, l'interprétation selon laquelle l'abus pourrait découler d'opérations qui, somme toute, ne seraient pas artificielles, est critiquable sur le terrain de la compatibilité au droit de l'Union européenne. L'artificialité reste intrinsèquement liée à l'abus de droit. Ainsi, la jurisprudence du Conseil d'État, pour être compatible à la solution donnée par la Cour de justice de l'Union européenne, ne peut pas être interprétée comme consacrant un abus de droit à deux étages, selon lequel le premier serait guidé par l' « artificialité » et le second par un facteur autre que l' « artificialité ». Même en dehors des situations relevant du droit de l'Union européenne, par souci de cohérence, il serait judicieux d'analyser l'abus de droit uniquement à travers le prisme de l' « artificialité », sauf à créer une dichotomie dont l'utilité est difficile à percevoir[1896]. Dans le cas où l'abus de droit ne devrait être lu qu'à travers le prisme de

---

[1895] CJUE, Grande ch., 26 février 2019, aff. C-116/16 et C-117/16, *Skatteministeriet c/ T Danmark et Y Denmark Aps*, *préc.*

[1896] Plus largement, il est délicat de distinguer ce qui relève de l'artificiel, et donc, par construction, de l'abus de droit, et ce qui relève de l'abus sans pour autant être artificiel. En ce sens, v. Christophe DE LA MARDIERE, « Abus de droit : affres et misères de la jurisprudence Verdannet », *op. cit.*, § 4.

l' « artificialité », alors, une mesure anti-abus pourrait être mise en œuvre dès lors que l' « artificialité » d'une opération serait caractérisée. Inversement, si une opération n'est pas artificielle, aucune mesure anti-abus ne serait susceptible d'être mise en œuvre.

**730.** Par ailleurs, il n'est pas inenvisageable que le juge consacre des différences de « degré » d'artificialité entre les pratiques abusives. Concrètement, d'un côté, il y aurait les opérations artificielles « dénuées de toute substance »[1897] et, d'un autre côté, les opérations artificielles « non dénuées de toute substance »[1898]. Afin d'attribuer un effet utile aux nouvelles mesures anti-abus, cette stratification pourrait alors avoir pour effet de réserver la mise en œuvre de l'article L. 64 du LPF aux opérations artificielles dénuées de toute substance (les pratiques abusives les plus graves) et de réserver la mise en œuvre d'autres mesures anti-abus aux opérations artificielles non dénuées de toute substance (les pratiques abusives « ordinaires »).

### *§ 2 – L' « artificialité » comme point d'articulation des mesures anti-abus*

**731.** Pour prévenir les cas dans lesquels les mesures anti-abus se concurrencent, il pourrait être tentant de réserver l'application de l'article L. 64 du LPF aux « montages artificiels, dénués de toute substance », et de réserver l'application des dispositions des autres mesures anti-abus aux opérations dont l'artificialité n'est pas totale (**A**). Bien qu'elle puisse guider la mise en œuvre de toutes les mesures anti-abus, il n'est pas possible de donner une définition précise de l' « artificialité ». À tout le moins, il est envisageable de rapprocher l' « artificialité » d'autres expressions abstraites, telles que l'absence de « substance » ou l'absence de « rationalité » d'une opération. En aucun cas, ces expressions ne permettent de préciser le contenu attaché à l' « artificialité », puisqu'elles reposent également sur des critères de définition imprécis. Stratifier cette artificialité risque alors d'ajouter inutilement de l'imprévisibilité dans la mise en œuvre des mesures anti-abus (**B**).

---

1897 Cette expression est consacrée par le Conseil d'État dans la décision *Charbit* : CE, Ass., 28 octobre 2020, n° 428048, *Charbit*, *préc.*
1898 Cette expression n'a pas fait l'objet d'une consécration en jurisprudence.

### A. *La stratification des pratiques abusives selon le degré d' « artificialité »*

**732. Des « degrés » d' « artificialité » variables entre les pratiques abusives ? –** Depuis les décisions *Ingram*[1899], *Verdannet*[1900] et *Charbit*[1901], le Conseil d'État estime qu'en cas de « *montage artificiel, dénué de toute substance* », l'Administration n'est pas tenue de démontrer l'élément constitutif « matériel » de la seconde branche de l'abus de droit. Évasif quant à la définition de cette expression, le Conseil d'État peut donner l'impression de distinguer, au sein des pratiques abusives appréhendées par l'article L. 64 du LPF, celles qui seraient « totalement » artificielles et celles qui seraient « partiellement » artificielles[1902]. La « facilité » ou la « commodité » de preuve ne s'appliquerait qu'en présence d'une opération artificielle dénuée de toute substance. Ce courant jurisprudentiel peut être analysé comme opérant implicitement une stratification de l'abus de droit. Il existerait donc plusieurs « niveaux » ou plusieurs « degrés » d'artificialité. De sorte que, dans le sillage de cette jurisprudence, le juge pourrait décider d'articuler les mesures anti-abus en tenant compte de cette stratification. Rien n'empêche, *a priori*, de rendre applicables les dispositions des articles L. 64 A du LPF et 205 A du CGI pour les opérations qui ne sont pas « totalement » artificielles et de réserver l'application de l'article L. 64 du LPF aux opérations qualifiables de « montages artificiels, dénués de toute substance ». Une telle interprétation pourrait se justifier par le fait que les dispositions de l'article L. 64 du LPF, lorsqu'elles sont mises en œuvre, aboutissent à la sanction automatique du contribuable (CGI, art. 1729, b). Les autres mesures anti-abus, n'aboutissant pas à la sanction automatique du contribuable, pourraient alors être réservées aux abus de droit « les moins graves ». Cette articulation repose sur la proposition selon laquelle il existerait un « degré » variable d'absence de substance entre les pratiques abusives. Il conviendrait alors de diviser les mesures anti-abus entre, d'un côté, celles qui appréhendent des opérations dont l'artificialité n'est pas très marquée et, d'un autre côté, celles qui appréhendent des opérations dont l'artificialité est totale. Cette articulation a l'avantage de donner un effet utile aux mesures anti-abus nouvellement édictées (LPF, art. L. 64 A ; CGI, art. 205 A), alors même qu'elles sont surabondantes (n° 288 et s.). Néanmoins, mettre en œuvre cette articulation s'avère difficile.

---

[1899] CE, 10ème et 9ème ch., 13 janvier 2017, n° 391196, *SAS Ingram Micro*, *préc.* ; CE, 3ème et 8ème ch., 19 juillet 2017, n° 408227, *SAS Ingram Micro*, *préc.*

[1900] CE, Plén., 25 octobre 2017, n° 396954, *Verdannet*, *préc.*

[1901] CE, Ass., 28 octobre 2020, n° 428048, *Charbit*, *préc.*

[1902] Le Conseil d'État laisse même croire qu'il existe des opérations abusives, alors même qu'elles ne seraient pas artificielles. V. CE, 9ème et 10ème ch., 8 février 2019, n° 407641, *préc.*

**733. L'embarras quant à l'appréciation de la différence de « degré » d'artificialité.** – Qu'est-ce qui distingue le « montage artificiel, dénué de toute substance » et l'opération abusive ayant un « degré » d' « artificialité » moins marqué ? Difficile à dire. Cette dichotomie n'est pas opportune. Elle tente de mettre sur deux plans différents deux types d'opérations abusives alors que, *in fine*, elles sont liées par le fait que, dans l'un ou dans l'autre cas, le contribuable se place artificiellement dans le champ d'application d'une disposition. Il est vrai qu'il existe des situations dans lesquelles l'appréciation d'un abus de droit s'avère plus ou moins délicate. Les niveaux d'audace et de complexité des opérations des contribuables varient (n° 694 et s.). Mais, diviser ce standard abstrait qu'est l' « artificialité » ne ferait que créer de la confusion. Tracer une ligne de démarcation entre deux types d'opérations abusives, les opérations « totalement artificielles » et les opérations ayant un degré d'artificialité moins marqué relève du « *chamanisme fiscal* »[1903] puisque la distinction ne reposerait sur aucun critère clair et précis. Or, il convient de rappeler qu'en fonction de la qualification opérée par l'Administration, un régime juridique différent serait applicable pour les contribuables : les contribuables organisant une opération qualifiée de « montage artificiel, dénué de toute substance » seraient susceptibles d'être sanctionnés *a minima* d'une pénalité de 40 % du montant des droits éludés (CGI, art. 1729, b) ; alors que les contribuables organisant une « opération abusive non dénuée de toute substance » ne seraient pas susceptibles d'être sanctionnés automatiquement sur le fondement de l'article 1729, b du CGI. En parallèle, toutes les mesures anti-abus « modalités d'assiette », pourtant susceptibles d'appréhender les interpositions de sociétés dénuées de substance, tomberaient en désuétude. Ce serait regrettable étant donné qu'elles ont spécifiquement pour objet de viser ce type d'opération et qu'elles allègent le fardeau de la preuve de l'Administration.

**734. L'embarras quant à la portée régulatrice des mesures anti-abus.** – Cette articulation n'est pas idéale en termes de régulation des comportements. Il est vrai que, les opérations abusives des contribuables ne s'assimilent pas toutes à des montages « caricaturaux », à l'image des opérations visées dans les affaires *Sagal*[1904], *Verdannet*[1905] ou *Charbit*[1906]. En effet, les contribuables, comme le démontrent les affaires *Wendel*[1907] ou

---

[1903] L'expression est empruntée à : Luc JAILLAIS, « Le nouvel abus de droit, ou la consécration du chamanisme fiscal ? », *op. cit.*
[1904] CE, 8ème et 3ème s.-s., 18 mai 2005, n° 267087, *Sté Sagal, préc.*
[1905] CE, Plén., 25 octobre 2017, n° 396954, *Verdannet, préc.*
[1906] CE, Ass., 28 octobre 2020, n° 428048, *Charbit, préc.*
[1907] CE, 10ème et 9ème ch., 12 février 2020, n° 421441 et n° 421444, *Wendel, préc.*

*Dassault Systèmes*[1908], ont tendance à poursuivre des opérations de plus en plus sophistiquées, dont l'artificialité n'apparaît pas aisément (n° 701 et s.). Typiquement, ces opérations, avant l'entrée en vigueur des nouvelles mesures anti-abus, étaient appréhendées sur le terrain de la procédure d'abus de droit. Elles pourraient, à l'avenir, être appréhendées sur le terrain des dispositions des articles 205 A du CGI ou L. 64 A du LPF, dans la mesure où l'Administration et le juge pourraient les assimiler à des opérations « partiellement » artificielles. En suivant cette articulation, les contribuables qui poursuivent des opérations abusives mais « non dénuées de toute substance » ne seraient pas susceptibles de faire l'objet d'une sanction automatique. N'est-ce pas inciter les contribuables à proposer des opérations de plus en plus subtiles et complexes, puisque le seul risque pour eux, désormais, serait que l'Administration rectifie leur résultat sur le fondement d'une mesure anti-abus « modalité d'assiette »[1909] ? Les contribuables les plus audacieux, à l'origine d'opérations sophistiquées, ne craindraient plus la sanction automatique de l'abus de droit, puisque leur opération ne serait pas totalement artificielle. Or, le propre d'une mesure anti-abus est de décourager en amont les contribuables. Cette articulation pourrait donc réduire, en partie, la portée régulatrice des mesures anti-abus.

**735. L'embarras quant à l'interprétation pragmatique de l'abus de droit. –** Enfin, cette dichotomie aboutirait à mettre fin à la souplesse avec laquelle le juge interprète la notion d'abus de droit. Avant la consécration du courant jurisprudentiel du Conseil d'État[1910], il était amené à interpréter des mesures anti-abus aux terminologies distinctes. Pourtant, il n'a jamais stratifié l'abus de droit, l'analysant toujours plus ou moins explicitement à la lumière d'un critère abstrait et commun : celui de l' « artificialité ». Espérons alors que le juge continue d'interpréter de façon pragmatique et convergente l'abus de droit. Les mesures anti-abus peuvent toutes être interprétées et appliquées à travers le même critère, celui de l'artificialité, celui de l'absence de substance ou celui de l'absence de rationalité (n° 738 et s.). Il serait plus cohérent d'assimiler l' « artificialité » comme un facteur commun à toutes les mesures anti-abus, sans en faire un concept subdivisible. Distinguer les opérations « totalement » artificielles et les opérations « partiellement » artificielles est peu souhaitable.

---

[1908] CE, 8ème et 3ème ch., 9 septembre 2020, n° 431283, *Sté Européenne Dassault Systèmes*, *préc.* ; CAA Versailles, 7ème ch., 1er avril 2021, n° 20VE002388 et n° 20VE002389, *Sté Dassault Systèmes SE*, *préc.*

[1909] L'application des majorations de droit commun, en cas de rectification prononcée sur le terrain d'une mesure anti-abus « modalité d'assiette », n'a rien d'automatique (n° 410 et s.).

[1910] Nous faisons référence à la jurisprudence qui suppose la dichotomie entre l'opération totalement artificielle et celle qui ne le serait pas.

**736.** L'articulation selon laquelle les mesures anti-abus appréhenderaient des opérations abusives au degré d' « artificialité » variable ne convainc pas, dans la mesure où il est très délicat de définir clairement et précisément l' « artificialité ».

### *B. L'indivisibilité de l' « artificialité »*

**737. L'absence de définition précise. –** La qualification d'une pratique abusive dépend du fait de savoir si le contribuable a créé artificiellement les conditions requises pour obtenir un avantage fiscal. Pour identifier concrètement ce qui s'apparente à des pratiques abusives, il convient d'étudier notamment les avis rendus par le Comité d'abus de droit fiscal[1911], la carte des pratiques et montages abusifs de l'Administration[1912], les commentaires de l'OCDE[1913], la jurisprudence fiscale[1914] et européenne[1915]. Par ailleurs, l'étude de ces éléments s'avère limitée dans le cas où l'opération du contribuable ne fait l'objet d'aucun commentaire ou d'aucune illustration jurisprudentielle. Déterminer, en avance, tous les éléments qui pourraient encourager l'Administration à considérer que le contribuable a créé artificiellement les conditions pour entrer dans le champ d'application d'une règle fiscale est impossible. Cela tient au fait que le juge ne donne aucune définition précise de l' « artificialité ». Comme l'explique Martin COLLET, ce refus de définir cette expression suggère que « *le juge ne souhaite pas se lier les mains [et celles de l'Administration] en précisant ce qu'il entend par là* »[1916]. Autrement dit, le juge s'accommode de cette expression à la définition imprécise, ce qui laisse une marge de manœuvre étendue pour déterminer ce qui relève de l'abus de droit[1917]. À tout le moins, le juge rapproche

---

[1911] V. les avis commentés par l'administration (https://www.impots.gouv.fr/les-avis-commentes-par-ladministration) et les rapports annuels du Comité de l'abus de droit fiscal (https://www.impots.gouv.fr/rapports-annuels-et-nominations-3).

[1912] V. la carte des pratiques et montages abusifs (https://www.economie.gouv.fr/dgfip/carte-des-pratiques-et-montages-abusifs).

[1913] V. Convention modèle OCDE 2017, C(29).

[1914] Pour une série d'exemples jurisprudentiels, v. Bruno GOUTHIERE, *Les impôts dans les affaires internationales*, *op. cit.*, pp. 1267-1280.

[1915] La jurisprudence donne des indices qui peuvent être à l'origine d'une pratique abusive internationale. V. CJUE, Grande ch., 26 février 2019, aff. C-116/16 et C-117/16, *Skatteministeriet c/ T Danmark et Y Denmark Aps*, *préc.*, point 124.

[1916] Martin COLLET, « Opposabilité de la doctrine et répression des abus de droit : quelle conciliation en cas de montage abusif ? », *op. cit.*, § 19.

[1917] La doctrine, par souci de pédagogie, explique parfois que l'artificialité se définit par « *le vide* » ou par le fait que le contribuable décide de « *tout changer pour que rien ne change* », v. Christophe DE LA MARDIERE, « Abus de droit. - Textes, historique et notion », *op. cit.*, § 301. En revanche, ces métaphores ne permettent pas de préciser la définition de l' « artificialité ».

l' « artificialité » d'une autre terminologie : la « substance »[1918]. Quant à certains auteurs, ils tentent de montrer qu'une opération est « substantielle » et n'est pas « artificielle », lorsqu'elle est dotée d'une « rationalité » suffisante[1919].

**738. Les liens unissant l' « artificialité » et la « substance » d'une opération. –** L'expression de « substance » a été employée plus tardivement en France par rapport à d'autres États[1920]. Aujourd'hui, cette notion est consacrée en droit fiscal international français. Elle est employée conjointement par le juge fiscal, notamment dans l'arrêt *Sagal*[1921], dans les travaux « BEPS » de l'OCDE[1922], ainsi que dans les commentaires des mesures anti-abus au BOFIP[1923]. Classiquement, l'expression de « substance » est employée afin de dénoncer les opérations des contribuables impliquant une entité dépourvue de substance économique (n° 695 et s.). Toutefois, le juge fiscal attribue à cette expression une portée bien plus étendue. Dans ses décisions *Verdannet*[1924] et *Charbit*[1925], le Conseil d'État fait référence « *au montage artificiel dépourvu de toute substance économique* » et au « *montage artificiel, dénué de toute substance et élaboré sans autre fin que d'éluder ou d'atténuer l'impôt* ». La mise en œuvre d'une mesure anti-abus est justifiée si l'opération du contribuable n'est pas substantielle. En faisant comprendre que l' « artificialité » et la « substance » sont deux expressions intrinsèquement liées, le juge de l'impôt ne précise pas davantage le sens de

---

1918 Pour une étude globale sur les liens entre abus de droit et substance économique, v. Laurent TASOCAK, « Substance économique et abus de droit : le réalisme fiscal à tout prix ? », *Dr. fisc.* 2017, n° 30-35, 410.

1919 V. notamment Grégory ABATE, « Le projet BEPS et le concept de substance », *op. cit.*, p. 426.

1920 Pour la question de la substance aux États-Unis, v. Thomas CHAPEROT, « De la substance économique en Amérique : perspectives croisées entre les clauses anti-abus américaines et françaises », *REIDF*, 2017/3, p. 253 ; « Les doctrines anti-abus aux États-Unis », *REIDF*, 2018/4, p. 475. Dans une perspective comparatiste, il peut être utile de voir, dans les pays anglo-saxons, scandinaves et latins, comment est abordée la question de la lutte contre l'abus de droit. En ce sens, v. une série d'articles publiés à la *REIDF* au numéro 2018/4 : Judith FREEDMAN, « Tackling fiscal "abuse of law" in the UK : different routes to a single destination », p. 467 ; Cécile BROKELIND, « L'évasion fiscale en droit fiscal suédois », p. 481 ; Peter KOERVER SCHMIDT, « Abuse and Avoidance – a contemporary analysis of Danish tax law », p. 489 ; Philippe MALHERBE, « Abuse of Law in Belgian Tax Law », p. 501 ; Laurence CORNU, « L'abus de droit en droit fiscal suisse : la théorie de l'évasion fiscale », p. 512 ; Paolo PIANTAVIGNA, « Abuse of law in Italy », p. 525.

1921 CE, 8ème et 3ème s.-s., 18 mai 2005, n° 267087, *Sté Sagal, préc.*

1922 Pour une étude d'ensemble sur ce sujet v. : Grégory ABATE, « Le projet BEPS et le concept de substance », *op. cit.*, p. 427.

1923 Par ex. : sur l'article L. 64 A du LPF, v. BOI-CF-IOR-30-20, § 110 ; sur l'article 209 B du CGI, v. BOI-IS-BASE-60-10-40, § 20.

1924 CE, Plén., 25 octobre 2017, n° 396954, *Verdannet, préc.*

1925 CE, Ass., 28 octobre 2020, n° 428048, *Charbit, préc.*

la première expression. Une fois de plus, il recourt à une expression abstraite à la définition imprécise. Des conclusions de rapporteurs publics laissent entendre qu'une opération est substantielle lorsqu'elle est « rationnelle »[1926]. À vrai dire, le rapprochement entre le caractère substantiel d'une opération et son caractère rationnel, même s'il ne précise pas outre mesure la définition de l' « artificialité », permet d'y voir un peu plus clair.

**739. Le rapprochement avec la « rationalité » d'une opération. –** Dans le cas où une opération est rationnelle vis-à-vis de la finalité de la règle de droit dans le champ d'application de laquelle le contribuable s'est placé[1927] et qu'elle est rationnelle d'un point de vue économique, organisationnel, financier, patrimonial ou familial[1928], aucun reproche d'abus de droit ne peut être fait au contribuable. S'il existe un décalage entre ce qui est annoncé par le contribuable et les objectifs réellement atteints grâce à l'opération litigieuse, le caractère abusif de l'opération risque d'être constaté. L'Administration et le juge doivent réussir à distinguer les objectifs ayant réellement motivé l'opération du contribuable, de ceux qui s'analysent comme de simples prétextes (n° 144 et s.). Toujours est-il que, si une opération répond à des considérations économiques, financières ou autres en rapport avec la finalité du texte fiscal dans le champ d'application duquel le contribuable se place, alors il est difficile de qualifier cette opération de pratique abusive. Lorsque le contribuable poursuit véritablement un objectif économique, organisationnel ou financier (ou autre), il ne peut que respecter l'esprit de la règle appliquée. Une règle fiscale, au-delà de l'avantage fiscal qu'elle octroie (il s'agit de son objet), a pour fonction d'inciter les contribuables à poursuivre des opérations justifiées d'un point de vue économique, organisationnel ou financier (ou autre)[1929]. Dès lors que l'opération du contribuable est rationnelle, même si elle tient compte d'un « *paramètre fiscal* »[1930], comme le bénéfice d'un régime

---

[1926] V. Émilie BOKDAM-TOGNETTI, concl. sur CE, 9ème et 10ème ch., 3 décembre 2018, n° 406617, *Sté Manpower France Holding*, *préc.*, § 11.
[1927] V. Florence DEBOISSY, « Commentaires administratifs de la nouvelle procédure d'abus de droit (LPF, art. L. 64 A) », *op. cit.*, § 8.
[1928] V. Florence DEBOISSY, « La fraude corrompt tout, y compris l'application d'une convention fiscale », *op. cit.*, § 20.
[1929] La seule exception semble être la législation relative à l'avoir fiscal. Dans plusieurs affaires *Axa*, *Goldfarb* et *Natixis* (*préc.*), le juge s'est montré exigeant quant à la qualification de l'abus de droit. Il a reconnu l'abus du régime « mères-filles » dans le cadre de sociétés dépourvues de substance économique, mais aucun abus de la législation relative à l'avoir fiscal. Aujourd'hui, il n'est pas certain que le juge trancherait le litige de la même façon.
[1930] Grégory ABATE, « Le projet BEPS et le concept de substance », *op. cit.*, p. 426.

fiscal favorable ou le bénéfice d'un réseau conventionnel étendu, elle ne s'assimile pas à une pratique abusive.

**740. Conclusion de la Section II. –** En pratique, laisser entendre que des mesures anti-abus, telles que l'article L. 64 du LPF, sont destinées à appréhender des opérations dont le « degré » d'artificialité est « très marqué », et que d'autres mesures anti-abus, telles que celles des articles L. 64 A du LPF et 205 A du CGI, sont faites pour appréhender des opérations dont le « degré » d'artificialité est « moins marqué », ne paraît pas pertinent. En effet, cette interprétation complexifie inutilement l'articulation entre les mesures anti-abus. La distinction entre les opérations artificielles les plus graves et les opérations artificielles moins graves ne repose pas sur des critères précis et, partant, repose sur une appréciation éminemment subjective. Les juges du fond, de première instance et d'appel, sont déjà, parfois, en désaccord quant à la qualification d'abus de droit[1931]. En pratique, faire la distinction entre les abus les plus graves, et les abus les moins graves s'avère au moins aussi compliqué. Il paraît plus prudent de consacrer l'hypothèse selon laquelle le « montage artificiel » recouvre entièrement la notion d'abus de droit. Ainsi, l'articulation des mesures anti-abus ne devrait pas reposer sur la « stratification » de l'abus de droit en plusieurs opérations de gravité diverse, sauf à préciser dans la loi les critères permettant d'identifier clairement ce qu'est une opération abusive aggravée[1932].

---

1931 Par exemple, dans les affaires *BNP*, *Natixis* et *Crédit agricole*, si le juge de première instance avait suivi l'Administration, le juge d'appel a été convaincu par les contribuables. V. CE, 8ème et 3ème ch., 20 septembre 2019, n° 420798, *min. c/ SA BNP Paribas*, n° 420820, *min. c/ SA Natixis* ; n° 420824, *min. c/ SA Crédit Agricole* : *RJF* 12/19, n° 1174, C 1174.

1932 Il ne serait pas incohérent de prévoir des éléments objectifs qui permettent de distinguer les formes « aggravées » d'abus de droit. Sans doute, sur cette question, il conviendrait de mener une réflexion plus poussée. Une forme « aggravée » d'abus pourrait se caractériser en fonction du *quantum* de l'avantage fiscal qui découle de l'opération abusive (avec des seuils potentiellement variables en fonction du type de contribuable concerné). En ce sens, si l'évaluation de l'avantage fiscal est inférieure au *quantum* fixé (par la loi), l'abus de droit caractérisé ne présenterait pas une forme « aggravée ». Si l'évaluation de l'avantage fiscal est supérieure au *quantum* fixé, l'abus de droit caractérisé présenterait une forme « aggravée ». Si l'objectivité de ces critères est certaine, elle peut aussi être contre-productive. En effet, des contribuables, pourraient prendre le risque de poursuivre des pratiques abusives « non-aggravées », l'opération aboutissant au bénéfice d'un avantage fiscal inférieur au *quantum* fixé.

## Conclusion du Chapitre I

**741.** Le juge fiscal recourt au champ lexical de l'« artificialité » pour mettre en œuvre les mesures anti-abus en droit fiscal international. L'absence de définition précise de cette expression ne doit pas être nécessairement dénoncée, puisqu'elle permet de réguler les comportements des contribuables et d'inviter l'Administration à se fonder sur une mesure anti-abus dans des cas flagrants. Recourir à un facteur commun précis aboutirait à réduire le champ d'application de l'abus de droit. Néanmoins, est-il possible d'imaginer que les mesures anti-abus aient un champ d'application segmenté dans le sens où certaines appréhenderaient uniquement des opérations avec un « degré atténué » d'artificialité ou un « degré aggravé » d'artificialité ? Aujourd'hui, la question n'est pas tranchée en droit positif. Il n'est pas nécessaire que les mesures anti-abus soient analysées comme des règles stratifiant l'abus de droit. Elles devraient être analysées comme des règles organisant des prérogatives variées à la disposition de l'Administration pour appréhender des pratiques abusives, qui se manifestent dans des cas plus ou moins spécifiques. Certaines mesures anti-abus identifient concrètement des « montages artificiels » dans des situations transnationales, d'autres laissent plus de marge de manœuvre à l'Administration pour déterminer les opérations artificielles.

**742.** Il convient alors de se demander si l'articulation des mesures anti-abus ne devrait pas se faire à la lumière de l'objet des mesures anti-abus.

## Chapitre II – L'articulation à la lumière de l'objet des dispositifs anti-abus

**743.** Nombreuses sont les hypothèses dans lesquelles, pour une même opération transnationale, plusieurs mesures anti-abus sont susceptibles d'être appliquées. Se pose la question de savoir quel dispositif anti-abus doit être mis en œuvre par l'Administration. Autrement dit, l'articulation des dispositions anti-abus renvoie, plus spécifiquement, à la question du choix du fondement de la rectification des impositions du contribuable. Quelques solutions ont été posées par le législateur et par le juge. Elles varient selon l'objet des mesures anti-abus, plus précisément, selon que la mise en œuvre de leurs dispositions aboutit (ou non), à la sanction automatique du contribuable[1933]. Deux cas de figure peuvent être distingués. Le premier tient à l'articulation entre l'article L. 64 du LPF, seule mesure de nature répressive[1934], et les autres mesures anti-abus[1935]. Le second tient à l'articulation des mesures anti-abus qui déterminent des règles d'assiette.

**744. L'articulation entre la procédure d'abus de droit et les autres mesures anti-abus. –** La jurisprudence donne souvent l'impression que les dispositions de la procédure d'abus de droit (LPF, art. L. 64) sont d'application subsidiaire par rapport aux autres dispositions d'assiette du droit fiscal. Par analogie, les dispositions de l'article L. 64 du LPF seraient d'application subsidiaire par rapport aux dispositions des mesures anti-abus « règles d'assiette ». Pour autant, il n'est pas certain que le caractère subsidiaire de la procédure d'abus de droit soit, à l'avenir, consacré par le

---

1933 La distinction des mesures anti-abus selon qu'elles aient, ou non, une nature répressive, trouve sa source dans la jurisprudence du Conseil constitutionnel, v. Cons. const., 29 décembre 2015, n° 2015-726, *Loi de finances rectificative pour 2015*, *préc.*, § 12.

1934 Le Conseil d'État estime que les dispositions de l'article L. 64 du LPF déterminent une simple règle d'assiette, v. CE, 9ème et 10ème s.-s., 29 septembre 2010, n° 341065, *Sté Snerr Théâtre de Paris*, *préc.* Mais, il n'en demeure pas moins que, lorsque l'Administration met en œuvre la procédure d'abus de droit, le contribuable est automatiquement sanctionné d'une majoration de 40 % et, dans certains cas particuliers, d'une majoration de 80 % (CGI, art. 1729, b). En ce sens, l'article L. 64 du LPF, comme l'estime d'ailleurs Florence DEBOISSY, est une mesure de nature répressive (v. Florence DEBOISSY, « La fraude corrompt tout, y compris l'application d'une convention fiscale internationale, *op. cit.*, § 16).

1935 Les autres mesures anti-abus, étant donné qu'elles n'aboutissent pas, lorsqu'elles sont mises en œuvre, à une sanction automatique du contribuable, n'ont pas de nature répressive. Il s'agit seulement de dispositions qui déterminent des règles d'assiette. Par commodité de langage, il peut être dit qu'il s'agit de dispositifs anti-abus « modalités d'assiette » ou de dispositifs anti-abus « règles d'assiette ». Nous les distinguons des « autres règles d'assiette », dont la mise œuvre n'est nullement conditionnée à la caractérisation d'une pratique abusive.

juge. En réalité, en conférant un tel caractère, les dispositions de l'article L. 64 du LPF risquent de tomber en désuétude, ou, à tout le moins, de n'être applicables que pour appréhender les opérations à l'origine d'une simulation ou à l'origine d'un montage artificiel dénué de toute substance.

**745. L'articulation entre les autres mesures anti-abus. –** Le législateur a parfois pris le soin de proposer une méthode d'articulation entre les dispositions de différentes mesures anti-abus « règles d'assiette ». En ce sens, lorsqu'elles ont des champs d'application susceptibles de se recouper, la loi indique un ordre de priorité entre les différentes modalités d'assiette posées par ces mesures anti-abus. Par exemple, une règle d'articulation entre les dispositions de l'article L. 64 A du LPF et celles de l'article 205 A du CGI a été fixée dans la loi. Le plus souvent, les règles d'articulation proposées suivent la logique selon laquelle il convient d'appliquer prioritairement les dispositions de la mesure anti-abus au champ d'application le plus étroit. Cela permet ainsi de rendre plus prévisible leur mise en œuvre. À l'avenir, cette méthode d'articulation pourrait être généralisée. Mais, en parallèle, il est nécessaire de tenir compte de la particularité des mesures anti-abus inscrites dans les conventions fiscales dont les stipulations pourraient être d'application prioritaire vis-à-vis des dispositions des autres mesures anti-abus.

**746.** Il convient d'étudier, d'un côté, l'articulation des dispositions de la procédure d'abus de droit avec les dispositions de toutes les autres mesures anti-abus « règles d'assiette » (**Section I**) et, d'un autre côté, l'articulation des dispositions des mesures anti-abus « règles d'assiette » (**Section II**).

## Section I – La concurrence entre la procédure traditionnelle d'abus de droit fiscal (LPF, art. L. 64) et les autres mesures anti-abus

**747.** Depuis que les mesures anti-abus « règles d'assiette » se sont multipliées en droit fiscal international, se pose la question de savoir comment leurs dispositions s'articulent avec celles de l'article L. 64 du LPF. Cette question s'est d'abord posée au sujet des dispositions des clauses anti-abus spécifiques du droit fiscal international, telles que celles des articles 123 *bis*, 238 A, 155 A ou 209 B du CGI. Elle se pose désormais au sujet des dispositions des mesures anti-abus récemment entrées en vigueur, telles que celles des articles 119 *bis* A, 119 *ter*, 3, 119 *quater*, 3, 205 A, 210-0 A, III du CGI, de l'article L. 64 A du LPF ou des clauses « PPT » des conventions fiscales internationales.

**748.** Au stade du contrôle de l'impôt, face à une pratique abusive du contribuable, l'Administration s'interroge sur le choix du fondement de la rectification. L'enjeu est de savoir si ce choix est contraint (§ **1**). Lors de la phase contentieuse, devant l'Administration (au stade de la réclamation préalable) et devant le juge fiscal (dans le cas où la réclamation auprès de l'Administration n'a pas donné satisfaction au contribuable), l'enjeu est différent[1936]. Il s'agit de savoir à quelles conditions une substitution de base légale peut être opérée par l'Administration. En effet, le fisc peut souhaiter modifier le fondement d'une rectification, et ce, afin de justifier le bien-fondé de l'acte d'imposition rectificatif. Il convient d'étudier les situations dans lesquelles l'Administration est en droit de substituer l'article L. 64 du LPF à une autre mesure anti-abus, et inversement, comme fondement d'une rectification (§ **2**).

### *§ 1 – Le choix d'une mesure anti-abus au moment de la rectification du contribuable*

**749.** Dans le cas où les dispositions d'une mesure anti-abus « règle d'assiette » et celles de l'article L. 64 du LPF se concurrencent, l'Administration fiscale est-elle libre ou contrainte quant au choix des dispositions à mettre en œuvre ? Cette question se pose dans deux hypothèses. La première hypothèse tient au cas dans lequel un contribuable conteste l'application des dispositions d'une mesure anti-abus « règle d'assiette » en développant l'argumentation selon laquelle l'Administration

---

[1936] La présentation opérée dans cette section s'inspire de celle opérée par Florence DEBOISSY dans son article « Articulation de la procédure d'abus de droit et des clauses anti-abus » (*op. cit.*).

aurait commis un abus de droit « rampant » ou « implicite » (n° 385 et s.). Toutefois, dans le cas où elle applique les dispositions d'une mesure anti-abus distincte de celles de l'article L. 64 du LPF, le juge estime que l'Administration n'a pas à respecter les conditions procédurales attachées à l'article L. 64 (**A**). La seconde hypothèse tient au cas dans lequel la rectification d'un contribuable est fondée sur les dispositions de l'article L. 64 du LPF. Un contribuable peut être tenté de reprocher à l'Administration d'avoir mis en œuvre cette procédure de rectification particulière, alors que les dispositions d'une autre mesure anti-abus, aux conséquences moins graves pour le contribuable, étaient applicables. Plusieurs rapporteurs publics du Conseil d'État et commentateurs estiment que la procédure d'abus de droit a un caractère « subsidiaire », dans le sens où elle ne pourrait être mise en œuvre que dans des cas où aucun autre fondement ne permettrait de rectifier le contribuable. Il pourrait en être déduit que l'Administration ne peut avoir recours au dispositif de l'article L. 64 du LPF dans l'hypothèse où les dispositions d'une autre mesure anti-abus sont applicables (**B**).

### *A. La liberté de recourir à une mesure anti-abus autre que l'article L. 64 du LPF*

**750. La rectification fondée sur les dispositions d'une mesure anti-abus « modalité d'assiette » : l'Administration doit-elle déclencher la procédure d'abus de droit fiscal ? –** Certains contribuables, dont l'imposition est rectifiée sur le fondement d'un dispositif anti-abus qui détermine une simple « règle d'assiette » (CGI, art. 123 *bis*, 155 A, 209 B, 238 A, etc.), ont tenté de faire valoir devant le juge l'argument selon lequel l'Administration doit se fonder, en outre, sur la base légale de l'article L. 64 du LPF et, partant, accorder les garanties spécifiques que la loi attache à cette procédure[1937]. Ces contribuables ont alors plaidé que, dans le cas où l'Administration n'accorde pas ces garanties, la procédure d'imposition est irrégulière. Selon eux, l'Administration ne pourrait pas mettre en œuvre les dispositions d'une mesure anti-abus « règle d'assiette » dans le cadre d'une procédure de rectification autre que celle instituée par l'article L. 64 du LPF.

**751. L'autonomie des mesures anti-abus « modalités d'assiette ». –** Le Conseil d'État a coupé court à cette argumentation. Il estime que les mesures anti-abus particulières sont d'application autonome vis-à-vis de la

[1937] CE, 8ème et 3ème s.-s., 18 octobre 2002, n° 224459, *Cambay* : *RJF* 1/03, n° 10. Pour une décision récente relative à l'articulation entre les dispositions du a de l'article 111 du CGI et les dispositions de l'article L. 64 du LPF, v. CE, 8ème et 3ème ch., 11 février 2022, n° 455794, *préc.*

procédure d'abus de droit[1938]. Autrement dit, les dispositions législatives qui poursuivent par elles-mêmes un objectif anti-abus constituent une base légale suffisante, sans que l'Administration n'ait à se fonder sur la procédure d'abus de droit. Cette solution est reconnue depuis la décision *Cambay* du 18 octobre 2002[1939]. Dans cette affaire, un contribuable, imposé sur le fondement des dispositions de l'article 155 A du CGI, reprochait à la Cour administrative d'appel d'avoir commis une erreur de droit, puisqu'elle admettait la mise en œuvre de cette mesure fiscale, sans rechercher si pouvaient être appliquées les dispositions de l'article L. 64 du LPF. Le contribuable estimait que l'Administration avait écarté comme fictive l'existence d'une société établie en Suisse sans recourir à la procédure d'abus de droit. Le Conseil d'État n'a pas suivi le raisonnement du contribuable. Ainsi, la mise en œuvre des mesures anti-abus « modalités d'assiette » n'est pas conditionnée aux mêmes contraintes procédurales que celles entourant la mise en œuvre de l'article L. 64 du LPF. En conséquence, rien n'empêche l'Administration de suivre, par exemple, la procédure de rectification de droit commun ou une procédure d'imposition d'office, lorsque ses conditions d'application sont remplies, pour imposer le contribuable sur le fondement d'une mesure anti-abus « modalité d'assiette ». Par exemple, dans l'affaire *Cambay*, l'Administration a eu recours à une procédure d'imposition d'office (LPF, art. L. 66). Finalement, pour reprendre la formule employée par le commissaire du gouvernement dans ses conclusions, l'invocation de la théorie de l'abus de droit rampant, pour contester la mise en œuvre d'une mesure anti-abus, « *est sans portée* »[1940].

**752. L'extension de l'interprétation.** – Par analogie, ce qui vaut pour l'article 155 A du CGI, paraît valoir également pour les dispositions des autres mesures anti-abus spécifiques du droit fiscal international, telles que celles des articles 123 *bis*, 209 B ou 119 *ter*, 3 du CGI[1941]. Admettre

---

[1938] Le Conseil d'État partage ainsi les conclusions de son commissaire du gouvernement, v. les conclusions de Stéphane AUSTRY sur CE, 8ème et 3ème s.-s., 18 octobre 2002, n° 224459, *Cambay* : *BDCF* 1/03, n° 2. Le juge suprême rejoint aussi l'interprétation qui avait été donnée quelques mois auparavant par les juges du fond. V. en ce sens : CAA Paris, 2ème ch., 9 avril 2002, n° 97-1288, *B. Deiss* : *RJF* 11/02, n° 1200, concl. Dominique KIMMERLIN *BDCF* 11/02, n° 131. À noter aussi que, la Cour administrative d'appel de Lyon estimait déjà que lorsque l'Administration se référait expressément à l'article 57 du CGI, elle ne pouvait être regardée comme ayant implicitement invoqué les dispositions de l'article L. 64 du LPF relatives à l'abus de droit. V. en ce sens : CAA Lyon, 4ème ch., 3 avril 1996, n° 93-1194, *SICPA* : *RJF* 6/96, n° 719.

[1939] CE, 8ème et 3ème s.-s., 18 octobre 2002, n° 224459, *Cambay*, *préc.*

[1940] Stéphane AUSTRY, concl. sur CE, 8ème et 3ème s.-s., 18 octobre 2002, n° 224459, *Cambay*, *préc.*

[1941] V. Maurice COZIAN, Florence DEBOISSY, Martial CHADEFAUX, *Précis de fiscalité des entreprises*, *op. cit.*, p. 1003, § 2739.

l'applicabilité de la théorie de l'abus de droit rampant dans ce genre d'hypothèse « *conduirait à assécher le jeu des clauses anti-abus* »[1942]. En effet, il peut être supposé que ces dernières aient été édictées pour pallier les difficultés de mise en œuvre attachées à la procédure d'abus de droit fiscal. Lorsqu'elle applique les dispositions d'une clause anti-abus « modalité d'assiette », il ne peut pas être reproché à l'Administration de ne pas respecter les exigences de la procédure d'abus de droit. *A priori*, il en irait de même dans le cas où l'Administration ferait le choix de recourir à l'article 205 A du CGI. Le fait de ne pas suivre les obligations attachées à la procédure de rectification de l'article L. 64 du LPF n'est pas constitutif d'un abus de droit « rampant ». De la même manière, la doctrine s'accorde à dire que, lorsque l'Administration met en œuvre une clause anti-abus conventionnelle, telle que la clause « PPT » de la convention multilatérale de l'OCDE, l'Administration n'a pas à appliquer les règles spécifiques relatives à la procédure d'abus de droit traditionnelle[1943]. Toutefois, dans l'hypothèse où le juge consacrerait la thèse selon laquelle il existerait plusieurs « degrés » de gravité de pratiques abusives (n° 732 et s.), cela obligerait l'Administration à être vigilante dans ses écritures, afin de ne pas être suspectée d'éviter la procédure d'abus de droit fiscal (n° 386 et s.).

**753. La liberté de recourir à une mesure anti-abus « modalité d'assiette ». –** Il apparaît alors que l'Administration fiscale n'a pas l'obligation de mettre en œuvre la procédure d'abus de droit fiscal de l'article L. 64 du LPF, lorsqu'elle recourt à une autre mesure anti-abus « modalité d'assiette » pour rectifier l'imposition du contribuable. Par analogie, il ne peut être reproché à l'Administration de préférer mettre en œuvre les dispositions d'une mesure anti-abus « règle d'assiette » plutôt que celles de la nouvelle procédure d'abus de droit (LPF, art. L. 64 A). Concrètement, dans le cas où les dispositions d'une mesure anti-abus « modalité d'assiette » sont en concurrence avec celles de l'une et/ou de l'autre procédure d'abus de droit fiscal, l'Administration peut rectifier l'imposition du contribuable en se fondant sur les dispositions de la mesure anti-abus « modalité d'assiette », et ce, dans le cadre d'une procédure de rectification contradictoire ou d'une procédure d'imposition d'office. *In fine*, l'Administration ne commet pas d'abus de droit « rampant » ou « implicite » lorsqu'elle a recours à une mesure anti-abus « modalité d'assiette » plutôt qu'à l'article L. 64 du LPF ou à l'article L. 64 A du LPF. De sorte que, la procédure d'établissement de l'impôt suivie par l'Administration est régulière et les impositions établies sur le fondement de la mesure anti-abus

---

[1942] L'expression est empruntée à : Florence DEBOISSY, « Articulation de la procédure d'abus de droit et des clauses anti-abus », *op. cit.*, § 19.

[1943] En ce sens, v. Philippe MARTIN, « Interprétation et application de la clause générale anti-abus de l'OCDE », *op. cit.*, § 14.

« modalité d'assiette » ne peuvent pas être déchargées ou réduites. En effet, l'Administration n'est pas dans l'obligation de recourir à la procédure d'abus de droit fiscal, et d'appliquer les garanties qui lui sont attachées, lorsqu'elle applique une mesure anti-abus « modalité d'assiette ».

**754.** Toutefois, dans l'hypothèse où l'Administration met en œuvre la procédure d'abus de droit, alors que les dispositions d'une mesure anti-abus « règle d'assiette » auraient pu être appliquées, le contribuable pourrait contester cette rectification en plaidant le caractère subsidiaire de la procédure d'abus de droit.

### *B. Le caractère subsidiaire de l'article L. 64 du LPF*

**755.** Aucun texte ne précise les modalités selon lesquelles l'Administration devrait résoudre un conflit entre l'article L. 64 du LPF et une mesure anti-abus « règle d'assiette ». De sorte que, *a priori*, rien n'empêcherait l'Administration, en début de procédure, de préférer recourir à l'article L. 64 du LPF plutôt qu'à une mesure anti-abus « modalité d'assiette ». Toutefois, à en croire quelques décisions jurisprudentielles et écrits doctrinaux, la procédure d'abus de droit serait d'application subsidiaire (**1**). Il pourrait en être déduit qu'il conviendrait alors de refuser à l'Administration le droit de mettre en œuvre l'article L. 64 du LPF, lorsqu'une autre mesure anti-abus est susceptible d'être appliquée. En pratique, cette interprétation est discutable (**2**).

#### *1. L'affirmation du caractère subsidiaire de la procédure d'abus de droit*

**756. Le caractère subsidiaire de la procédure d'abus de droit. –** Depuis la décision *Pharmacie des Chalonges*[1944], il est classiquement enseigné qu'il est exclu pour l'Administration de recourir à la procédure d'abus de droit « *lorsqu'elle dispose du pouvoir de procéder au redressement lié au montage sur le fondement des dispositions du CGI* »[1945]. En effet, « *juger autrement permettrait au contribuable, dans le cas où l'administration n'aurait pas fait application de la procédure d'abus de droit, d'invoquer l'absence de respect des garanties offertes par cette procédure et de plaider ainsi l'abus de droit rampant* »[1946]. Le Conseil d'État évite alors « *tout recouvrement entre le champ de la procédure de répression des abus de droit et celui du redressement de droit commun* »[1947]. La doctrine attribue un caractère

---

[1944] CE, 8ème et 3ème s.-s., 5 mars 2007, n° 284457, *Pharmacie des Chalonges*, *préc.*
[1945] V. les observations de la décision à la *RJF* : *RJF* 5/07, n° 600.
[1946] *Ibid.*
[1947] *Ibid.*

« *subsidiaire* »[1948] à la procédure d'abus de droit de l'article L. 64 du LPF. Les rapporteurs publics du Conseil d'État reprennent cette interprétation dans leurs conclusions[1949]. En ce sens, l'Administration ne pourrait utiliser cette procédure d'abus de droit que dans le cas où il serait indispensable de rendre inopposable un acte, c'est-à-dire dans le cas où les autres dispositions du droit fiscal ou les pouvoirs normaux de rectification seraient insuffisants pour rectifier l'imposition du contribuable[1950]. Dans le prolongement de cette jurisprudence, dans la décision *Kalpokdjian*[1951], le Conseil d'État laisserait entendre que les dispositions de l'article L. 64 du LPF ne seraient pas applicables, lorsque le redressement serait justifié par l'existence d'un acte anormal de gestion, alors même que les conditions de l'article L. 64 du LPF seraient susceptibles d'être remplies[1952]. De sorte que, le contribuable ne pourrait pas faire le reproche à l'Administration de ne pas recourir à la procédure d'abus de droit lorsqu'elle rectifie l'imposition du contribuable

---

[1948] Olivier FOUQUET, « Le caractère subsidiaire de l'abus de droit », *Dr. fisc.* 2007, n° 20, 522.

[1949] V. une affirmation claire en ce sens : Vincent DAUMAS, concl. sur CE, 3ème et 8ème ch., 12 mai 2017, n° 398300, *Repolowicz* : *RJF* 8-9/17, C 771, § 10. Vincent DAUMAS affirme que : « *Dans l'hypothèse où l'administration fiscale pourrait, pour aboutir à un supplément d'impôt d'un montant donné, emprunter soit la voie de l'abus de droit soit une voie de rectification plus classique, en réalité la première est fermée. L'administration ne dispose pas, dans cette hypothèse, de deux voies alternatives entre lesquelles elle aurait la liberté de choisir, l'article L 64 du LPF restant d'application subsidiaire, autrement dit ne trouvant à s'appliquer que si l'imposition ne peut être établie sans y recourir* ». V. aussi Anne ILJIC, « Distributions de dividendes et émission d'obligations remboursables en actions : réflexion sur l'affaire SAS Ingram Micro », *op. cit.* Anne ILJIC affirme que : « *On sait que le terrain de l'abus de droit [LPF, art. L. 64], compte tenu des conséquences lourdes qu'il entraîne en termes de majorations, est subsidiaire par rapport à celui de l'acte anormal de gestion* ». Pour une affirmation plus récente, v. Karin CIAVALDINI, concl. sur CE, 8ème et 3ème ch., 11 février 2022, n° 455794 : *Dr. fisc.* 2022, n° 22, comm. 239.

[1950] V. Jérôme TUROT, « Peut-il être abusif de ne pas dissoudre une société ? », *Dr. fisc.* 2016, n° 17, comm. 303, § 3 ; Stéphane AUSTRY, « La fin de l'abus de droit ? », *op. cit.*, § 7 ; Martin COLLET, Pierre COLLIN, *Procédures fiscales*, *op. cit.*, p. 158, § 224.

[1951] CE, 10ème et 9ème s.-s., 6 octobre 2010, n° 299986, *M. Kalpokdjian*, *préc.* Comme l'indique Julien BOUCHER dans ses conclusions (*Dr. fisc.* 2011, n° 4, comm. 126), cette interprétation se retrouvait déjà dans des décisions antérieures, telles que dans les affaires *Gagnepain* et *Tiffon* : CE, 8ème et 9ème s.-s., 29 décembre 1999, n° 196532 *SA Gagnepain* ; n° 196533, *Gagnepain* : *Dr. fisc.* 2000, n° 24, comm. 498, concl. Jean COURTIAL ; CE, 9ème et 10ème s.-s., 13 janvier 2006, n° 267684, *SA Tiffon* : *Dr. fisc.* 2006, n° 20, comm. 397.

[1952] Le Conseil d'État explique que : « *l'Administration est fondée à écarter comme ne lui étant pas opposables les actes passés par le contribuable, dès lors que ces actes ont un caractère fictif ou, à défaut, n'ont pu être inspirés par aucun motif autre que celui d'éluder ou d'atténuer les charges fiscales que l'intéressé, s'il n'avait pas passé de tels actes, aurait normalement supportées eu égard à sa situation et à ses activités réelles ; que toutefois ces dispositions [LPF, art. L. 64] ne sont pas applicables, alors même qu'une de ces conditions serait remplie, lorsque le redressement est justifié par l'existence d'un acte anormal de gestion* ».

en employant un fondement alternatif[1953]. Ainsi, la doctrine en conclut que l'Administration ne devrait pas recourir à la procédure d'abus de droit lorsqu'il existe un autre moyen de rectifier le contribuable.

**757. Le cas particulier des mesures anti-abus conventionnelles. –** Plus récemment encore, dans ses conclusions sur la décision *Verdannet*, Édouard CREPEY expliquait aussi : « *[qu'] un outil conventionnel spécialement dédié a probablement vocation à évincer les instruments nationaux ayant un objet analogue* »[1954]. Ainsi, la clause anti-abus « PPT », généralisée par la convention multilatérale « BEPS » pourrait être d'application prioritaire vis-à-vis de la procédure d'abus de droit. Cette prise de position s'explique sans doute par le caractère multilatéral de cet outil anti-abus. En effet, il peut être plus cohérent de faire application d'une mesure anti-abus qui a été négociée et adoptée par plusieurs États, plutôt que de poursuivre une pratique abusive en mettant en œuvre un outil anti-abus général national tel que l'article L. 64 du LPF. Cela paraît valoir également pour les dispositifs anti-abus des articles L. 64 A du LPF et 205 du CGI. Il reste à savoir si cette interprétation du rapporteur public sera consacrée et généralisée à l'avenir.

**758.** Toujours est-il que, plusieurs éléments peuvent laisser croire que la procédure d'abus de droit serait d'application subsidiaire. Mais, cette interprétation est parfois contestée en doctrine.

### 2. *La discussion du caractère subsidiaire de la procédure d'abus de droit*

**759. Le caractère discutable de la subsidiarité de l'article L. 64 du LPF. –** Une autre partie de la doctrine estime que la décision *Pharmacie des Chalonges*[1955] ne consacre pas le caractère subsidiaire de la procédure d'abus de droit. Il est vrai qu'à la lecture de la solution, il n'apparaît pas explicitement que le Conseil d'État oblige l'Administration à recourir à un fondement autre que la procédure d'abus de droit dans le cas où un autre fondement est applicable[1956]. Dans l'affaire *Pharmacie des Chalonges*, le Conseil d'État viendrait seulement dire que, lorsque la charge fiscale normalement applicable n'est pas modifiée par l'acte ou l'opération litigieuse, l'acte ou

---

[1953] Sur la question de la mise en place de fondements alternatifs par le Conseil d'État, v. Alexis REVEL, « Panorama sur la notion d'abus de droit fiscal », *Revue Droit & Affaires* 2013, n° 11, 21.

[1954] Édouard CREPEY, concl. sur CE, Plén., 25 octobre 2017, n° 396954, *Verdannet*, *préc.*, § 26.

[1955] CE, 8ème et 3ème s.-s., 5 mars 2007, n° 284457, *Pharmacie des Chalonges*, *préc.*

[1956] En ce sens, v. Maurice COZIAN, Florence DEBOISSY, Martial CHADEFAUX, *Précis de fiscalité des entreprises*, *op. cit.*, p. 1009, § 2756.

l'opération ne saurait constituer un abus de droit[1957] (n° 129 et s.). Qui plus est, la décision *Kalpokdjian*[1958], sur laquelle se fondent ceux qui estiment que le Conseil d'État a consacré le caractère subsidiaire de la procédure d'abus de droit par rapport à l'acte anormal de gestion, peut être interprétée différemment. Classiquement, il ressort de cette décision que : « *Lorsque l'administration fiscale fonde le redressement sur l'existence d'un acte anormal de gestion, elle ne retient pas, même implicitement, un abus de droit. Le contribuable ne peut soutenir que l'administration fiscale n'aurait, à tort, pas mis en œuvre la procédure de répression des abus de droit instaurée par l'article L 64 du LPF alors même que l'une ou l'autre des conditions prévues par cet article serait remplie* »[1959]. Cela signifie-t-il que l'Administration ne puisse pas recourir à la procédure d'abus de droit dans le cas où un autre fondement serait susceptible d'être appliqué par l'Administration ? En réalité, aucune réponse n'a clairement été donnée à cette question dans cette affaire. Certains affirment même que le Conseil d'État concrétiserait le « *choix des armes* » pour l'Administration[1960]. La solution dégagée dans cette décision pourrait être analysée comme la consécration de l'autorisation pour l'Administration de recourir à la théorie de l'acte anormal de gestion, plutôt qu'à la première branche de la procédure d'abus de droit, lorsque l'occasion se présente[1961]. En suivant une logique de symétrie, si l'Administration peut choisir de mettre en œuvre la théorie de l'acte anormal de gestion plutôt que la procédure d'abus de droit, elle peut aussi choisir de mettre en œuvre la procédure d'abus de droit plutôt qu'un autre fondement[1962]. À la vérité, il est difficile de savoir, à la seule lecture de ces décisions, si le Conseil d'État consacre la thèse de la subsidiarité de la procédure d'abus de droit ou la thèse du « choix des armes ». À l'avenir, le Conseil d'État sera vraisemblablement amené à trancher plus clairement et explicitement la question. Pour admettre le caractère subsidiaire ou non à la procédure d'abus de droit, le juge fiscal va sans doute devoir peser le pour et le contre de chaque thèse.

**760. Reconnaître la subsidiarité de l'article L. 64 du LPF est-il opportun ? –** En consacrant l'interprétation selon laquelle la procédure d'abus de droit est d'application subsidiaire, il pourrait en être conclu que l'Administration est tenue de mettre prioritairement en œuvre les mesures anti-abus « modalités d'assiette ». Par exemple, dans le cas où les dispositions des articles 209 B du CGI et L. 64 du LPF seraient en

---

[1957] *Ibid.*

[1958] CE, 10ème et 9ème s.-s., 6 octobre 2010, n° 299986, *Kalpokdjian*, *préc.*

[1959] V. le commentaire sur la décision *Kalpokdjian* : *RJF* 1/11, n° 77.

[1960] Florence DEBOISSY, « Articulation de la procédure d'abus de droit et des clauses anti-abus », *op. cit.*, § 16.

[1961] *Ibid.*, § 19.

[1962] *Ibid.*

concurrence, l'Administration pourrait être tenue d'appliquer le premier dispositif anti-abus. Quant à la procédure de l'article L. 64 du LPF, elle ne pourrait être mise en œuvre que dans le cas où aucune autre mesure anti-abus ne serait susceptible d'être appliquée. Deux difficultés essentielles apparaissent.

**761. Le risque de multiplication des contentieux. –** La première difficulté tient au fait que le juge pourrait finalement reprocher à l'Administration d'avoir mis en œuvre la procédure d'abus de droit fiscal, plutôt qu'une autre mesure anti-abus au champ d'application plus spécifique. Le débat entre le contribuable et l'Administration risque de se cristalliser autour de l'applicabilité hypothétique d'une autre mesure anti-abus, afin de savoir si la procédure d'abus de droit a été ou non irrégulièrement mise en œuvre. Cela tend à complexifier la résolution des litiges. Or, la mise en œuvre de la procédure d'abus de droit, bien qu'elle puisse aboutir à la sanction du contribuable, propose des garanties procédurales supplémentaires à celles attachées à la procédure de rectification contradictoire ou à une procédure d'imposition d'office. Faire le reproche à l'Administration de ne pas avoir appliqué une mesure anti-abus « modalités d'assiette » dans le cadre d'une procédure de rectification moins lourde et moins formaliste (donc moins protectrice du contribuable) que la procédure d'abus de droit fiscal, est discutable.

**762. La branche « fraude à la loi » de l'article L. 64 du LPF risque de tomber en désuétude. –** L'application prioritaire des articles 205 A du CGI et L. 64 A du LPF, aux champs d'application plus restreints, aboutirait à happer les opérations susceptibles d'être appréhendées par la procédure d'abus de droit fiscal, à l'exception des cas de fictivité[1963]. De sorte que, ces opérations ne seraient plus susceptibles de faire l'objet d'une sanction automatique. Or, la sanction automatique attachée à la mise en œuvre de l'article L. 64 du LPF a vocation à réguler les comportements des contribuables. Prôner le caractère subsidiaire de l'article L. 64 du LPF vis-à-vis des autres mesures anti-abus, c'est prendre le risque de réduire la portée dissuasive de la procédure d'abus de droit traditionnelle.

**763. Reconnaître la liberté de choix à l'Administration est-il opportun ? –** Admettre que l'Administration a le choix de recourir à la procédure d'abus de droit plutôt qu'à une autre mesure anti-abus a l'avantage de laisser une marge de manœuvre à l'Administration. Elle pourrait dès lors décider des cas dans lesquels il conviendrait de mettre en œuvre une mesure anti-abus pour seulement rectifier le montant de

---

[1963] V. Stéphane AUSTRY, « La fin de l'abus de droit ? », *op. cit.*, § 8.

l'imposition du contribuable (mesures anti-abus « modalités d'assiette » ; LPF, art. L. 64 A) ou pour sanctionner le contribuable (LPF, art. L. 64 ; CGI, art. 1729, b). Mais, cela ne signifierait-il pas que l'Administration aurait un pouvoir discrétionnaire quant au choix de la mesure anti-abus à appliquer ?[1964] La réponse paraît positive. Or, il est peu probable que le juge de l'impôt décide de laisser une telle marge de manœuvre à l'Administration fiscale. Le choix deviendrait fortement imprévisible. Une alternative serait de postuler que la procédure d'abus de droit ne vise que les abus les « plus graves » et les autres mesures anti-abus les pratiques abusives « moins graves ». Or, une fois de plus, il ne semble pas que cette distinction soit satisfaisante. Dès lors que cette hiérarchisation ne repose pas sur des critères de définition précis, il serait tout simplement impossible de déterminer en avance ce qui distingue un abus de droit « aggravé » et une pratique abusive « non aggravée » (n° 740).

**764.** La situation est très embarrassante car aucune méthode d'articulation n'a été rigoureusement posée dans les textes. Pourtant, la question du choix de la mesure anti-abus à mettre en œuvre se pose nécessairement lorsque l'Administration souhaite rectifier le montant des impositions d'un contribuable qui a opéré sur le terrain international. Il peut aussi arriver, qu'au cours de la phase contentieuse, l'Administration souhaite substituer une autre mesure anti-abus (ou un autre fondement) à la mesure anti-abus initialement appliquée.

### *§ 2 – Le choix d'une autre mesure anti-abus au cours de la procédure contentieuse*

**765.** Au cours de la phase administrative ou juridictionnelle contentieuse, l'Administration peut douter du bien-fondé de la rectification opérée sur le fondement d'une mesure anti-abus. De la même manière, elle peut douter du bien-fondé de la sanction qu'elle a infligée au contribuable. En contentieux fiscal, la jurisprudence autorise l'Administration à opérer une substitution de base légale. Autrement dit, cette dernière a « *la possibilité d'ajuster le tir* »[1965] et de « *sauver une imposition [ou une sanction] pourtant mal fondée à l'origine* »[1966]. *A priori*, l'Administration pourrait avoir recours à cette technique dans le cadre d'un contentieux impliquant la mise en œuvre d'une mesure anti-abus. Néanmoins, pour opérer un changement de base légale,

---

[1964] Pour une étude globale sur le pouvoir discrétionnaire de l'Administration, v. Stéphane BUFFA, *Le pouvoir discrétionnaire de l'administration fiscale*, Thèse, 2014, IRJS Éditions, « Bibliothèque de l'Institut de recherche juridique de la Sorbonne – André Tunc ».
[1965] Martin COLLET, Pierre COLLIN, *Procédures fiscales*, 2020, *op. cit.*, p. 291, § 402.
[1966] *Ibid.*, p. 292, § 403.

plusieurs conditions doivent être respectées (**A**). Par conséquent, la substitution d'une mesure anti-abus à une autre mesure anti-abus (ou d'une sanction à une autre) n'a rien d'automatique (**B**).

### *A. Les caractères de la substitution de base légale*

**766. La fonction de la substitution de base légale : assurer le maintien d'une imposition en substituant un fondement adéquat à un fondement erroné.** – Analysée comme un « *droit à l'erreur* »[1967], la substitution de base légale « *permet à l'Administration d'invoquer à tout moment de la procédure les moyens qui sont propres à justifier le fondement légal d'une imposition initialement établie sur un autre fondement juridique* »[1968]. L'Administration est en mesure d'invoquer un texte différent, ou bien, au sein d'un même texte, une condition différente, afin de justifier le montant d'une rectification précédemment établie[1969]. Il ressort de la jurisprudence que l'Administration peut recourir à la technique de la substitution de base légale à tout moment de la procédure contentieuse, soit au stade de la réclamation faite par le contribuable devant l'Administration[1970], soit devant le juge de l'impôt[1971]. Qui plus est, lorsque la substitution de base légale a lieu au cours de la phase juridictionnelle, le Conseil d'État impose qu'un débat contradictoire ait lieu sur ce point devant le juge[1972]. Plus en amont, l'Administration, après avoir notifié une proposition de rectification au contribuable, a la capacité de notifier une proposition de rectification de substitution en se fondant sur une nouvelle base légale, et donc, sur une mesure anti-abus distincte de celle initialement invoquée. La technique de la substitution de base légale est forcément un « *atout* »[1973] pour l'Administration dans le sens où cette dernière peut s'adapter, au fil de la procédure de rectification ou de la phase contentieuse, à l'argumentation du contribuable. Il est vrai aussi que ce

---

[1967] *Ibid.*, p. 289, § 398.

[1968] BOI-CTX-DG-20-40-10, § 120. Pour un rappel de ce principe en jurisprudence, v. CE, 9ème et 10ème s.-s., 20 juin 2007, n° 290554, *min. c/SA Ferette* : *RJF* 10/07, n° 1131.

[1969] *Ibid.*

[1970] CE, 9ème s.-s., 10 février 2010, n° 316437, *min. c/ Espana* : *RJF* 5/10, n° 526.

[1971] CE, 7ème et 9ème s.-s., 6 février 1981, n° 14683 : *RJF* 4/81, n° 307. La substitution de base légale peut être demandée par l'Administration pour la première fois en appel, v. en ce sens : CE, 8ème et 3ème s.-s., 8 juin 2011, n° 311580, *Morel* : *RJF* 8-9/11, n° 974.

[1972] CE, Avis, 9ème et 10ème s.-s., 1er avril 2010, n° 334465, *SAS Marsadis* : *Dr. fisc.* 2010, n° 17-18, comm. 299, concl. Pierre COLLIN. Dans le cas où la substitution de base légale intervient au stade de la phase contentieuse administrative, il peut évidemment être utile que ce débat contradictoire ait lieu.

[1973] Martin COLLET, Pierre COLLIN, *Procédures fiscales*, 2020, *op. cit.*, p. 292, § 403.

dernier peut avoir l'impression qu'il s'agit « *d'un duel à armes inégales* »[1974]. Pour autant, l'octroi de cette prérogative peut se justifier par le fait que l'Administration ne peut renoncer au bénéfice de la loi fiscale[1975]. L'Administration est donc, selon le Conseil d'État, tout à fait légitime à demander une substitution de base légale[1976]. Cette technique peut être d'une aide très utile en matière de lutte contre les pratiques abusives dans les situations transnationales. En effet, en cas de doute sur le bien-fondé d'une imposition qui résulte de la mise en œuvre d'une mesure anti-abus, l'Administration peut recourir à un autre fondement, et donc, à une autre mesure anti-abus. Toutefois, l'usage de la substitution de base légale a été encadré par la jurisprudence.

**767. La protection des garanties du contribuable. –** La condition la plus importante tient à ce que la substitution de base légale ne doive pas aboutir, pour le contribuable, à la privation des garanties légales attachées au fondement nouvellement invoqué par l'Administration[1977]. Autrement dit, les règles de procédure attachées à cette nouvelle base légale doivent être respectées. D'ailleurs, le juge vérifie d'office si la procédure d'imposition liée à la nouvelle base légale invoquée par l'Administration a été régulièrement suivie[1978]. Par conséquent, les demandes de substitution de base légale par l'Administration fiscale ne sont pas toujours acceptées par le juge. Comme le précise la doctrine administrative, les possibilités de substitution de base légale sont limitées[1979]. « *En premier lieu, la substitution de base légale peut être effectuée lorsque la nature des procédures correspondant à l'ancien fondement légal et au nouveau fondement est identique. […] En second lieu, la substitution de base légale peut être effectuée lorsque la procédure contradictoire a été primitivement mise en œuvre, alors que l'Administration entend invoquer un cas d'évaluation ou de taxation d'office* »[1980]. En dehors de ces deux cas de figure, la

---

1974 *Ibid.* Par ailleurs, le Conseil d'État n'estime pas pour autant cette technique contraire à l'article 6 § 1 de la CESDH (CE, 8ème et 9ème s.-s., 13 octobre 1999, n° 186535, n° 186536, n° 186537, *Pujos* : *RJF* 12/99, n° 1600) et à la Constitution (CE, 8ème ch., 12 juillet 2017, n° 411264 et n° 411270, *SARL Lupa Patrimoine France* ; *SARL Lupa Immobilière France* : *RJF* 11/17, n° 1096).
1975 CE, 7ème et 8ème s.-s., 7 décembre 1981, n° 16576 : *RJF* 2/82, n° 123 ; CE, 8ème et 3ème s.-s., 10 juin 2010, n° 306832, *min. c/ Méjean* : *RJF* 10/10, n° 877.
1976 Par ailleurs, la substitution n'est pas opérée d'office par le juge, elle résulte toujours d'une demande de l'Administration. V. en ce sens : CE, Sect., 21 mars 1975, n° 87573 : *RJF* 5/75, n° 258.
1977 CE, Sect., 21 mars 1975, n° 87573, *préc.*
1978 CE, Sect., 13 décembre 1991, n° 65940 et n° 66868, *Sté Aset* : *RJF* 1/92, n° 123. Toutefois, le Conseil d'État estime que le juge n'est pas tenu de statuer expressément sur ce point, v. en ce sens : CE, 8ème et 9ème s.-s., 6 décembre 1996, n° 156003, *Joseph* : *RJF* 1/97, n° 35.
1979 BOI-CTX-DG-20-40-10, § 150.
1980 *Ibid.*

substitution de base légale n'est pas admise par le juge de l'impôt, car cela reviendrait à priver le contribuable d'une ou plusieurs garanties attachées à la procédure applicable au nouveau fondement[1981].

**768. L'alternative à la substitution de base légale.** – Dans le cas où la substitution de base légale ne peut aboutir car elle priverait le contribuable d'une garantie substantielle, la question est de savoir si l'Administration est autorisée à « *revenir à la charge* »[1982]. L'alternative pour l'Administration est d'opérer une reprise de la procédure de rectification. Pour ce faire, elle « *doit procéder au dégrèvement de l'imposition initialement établie et engager la procédure appropriée au nouveau fondement légal qu'elle entend retenir* »[1983]. Dans ce cas, le juge estime que l'Administration ne peut établir, sur les mêmes bases, une nouvelle imposition sans avoir préalablement informé le contribuable de la persistance de son intention de l'imposer[1984]. Qui plus est, l'Administration est limitée quant au *quantum* du montant des bases imposables. En effet, la jurisprudence estime que : « *l'administration reste en droit de procéder à une nouvelle imposition, dans la limite du redressement antérieurement notifié* »[1985]. Outre ces deux limites, l'Administration peut se heurter aux règles de délais de reprise. En principe, la proposition de rectification vient interrompre les délais de reprise (LPF, art. L. 189) et fait ainsi courir une prescription semblable à celle qu'elle a pour effet d'interrompre[1986]. L'Administration peut donc réclamer au contribuable les suppléments d'impôt dans ce nouveau délai. En pratique, cela ne pose pas de difficultés pour l'Administration lorsqu'elle décide de reprendre la procédure rapidement. Mais, c'est évidemment plus délicat lorsque la phase contentieuse est déjà

---

1981 Il est de jurisprudence constante que, lorsque l'Administration invoque une nouvelle base légale pour maintenir l'imposition initiale, la procédure d'imposition correspondant à la nouvelle base légale ait été suivie en fait, v. CE, 7ème et 9ème s.-s., 18 mars 1981, n° 6404 et n° 7359 : *RJF* 5/81, n° 408 ; CE, 8ème et 9ème s.-s., 28 septembre 1983, n° 37524 : *RJF* 11/83, n° 1261 ; CE, 8ème et 9ème s.-s., 23 mars 1984, n° 36345 : *RJF* 5/84, n° 668 ; CE, 9ème et 8ème s.-s., 29 décembre 1990, n° 67489, *Bastide* : *RJF* 12/90, n° 1521. Aussi, il est admis en jurisprudence que dans le cas où la procédure correspondant à la nouvelle base légale invoquée n'a pas été suivie, l'Administration doit prononcer le dégrèvement de l'imposition et établir une nouvelle imposition après avoir suivi une procédure d'imposition appropriée au nouveau fondement légal, v. CE, Plén., 10 avril 1974, n° 88134 : *Dupont* 1974, p. 271 ; CE, 7ème et 9ème s.-s., 11 juillet 1983, n° 36732 : *RJF* 10/83, n° 1187 ; CE, 8ème et 9ème s.-s., 23 mars 1984, n° 36345, *préc.*

1982 La formule est empruntée à : Martin COLLET, Pierre COLLIN, *Procédures fiscales*, 2020, *op. cit.*, p. 97, § 135.

1983 BOI-CTX-DG-20-40-10, § 120.

1984 CE, Avis, 9ème et 10ème s.-s., 1er avril 2010, n° 334465, *SAS Marsadis*, *préc.*

1985 CE, Sect., 8 avril 1994, n° 65876, *Touchais* : *RJF* 5/94, n° 579.

1986 BOI-CF-PGR-10-10, § 130. Sur la question des cas de reprise d'une procédure de rectification, v. Martin COLLET, Pierre COLLIN, *Procédures fiscales*, *op. cit.*, p. 97, § 135.

entamée. En effet, le délai risque d'être écoulé le jour où l'Administration, dans l'impossibilité d'opérer une substitution de base légale, souhaite dégrever la première imposition du contribuable dans l'objectif de reprendre une procédure de rectification.

### B. *Les hypothèses de substitution de base légale*

**769.** Les hypothèses de substitution de base légale sont variées. Les difficultés apparaissent lorsque le nouveau fondement invoqué s'accompagne de garanties procédurales supplémentaires ou distinctes vis-à-vis du fondement initialement invoqué. Les principes de solution se distinguent selon que l'Administration tente de substituer une mesure anti-abus « règle d'assiette » à la procédure d'abus de droit (**1**) ou de substituer la procédure d'abus de droit à une mesure anti-abus « règle d'assiette » (**2**).

#### *1. La substitution d'une mesure anti-abus « modalité d'assiette » à la procédure d'abus de droit : l'absence de perte d'une garantie*

**770. Justifier le bien-fondé d'une rectification. –** Abandonner le terrain de la procédure d'abus de droit traditionnel (LPF, art. L. 64) ou le terrain de la procédure de « mini-abus de droit » (LPF, art. L. 64 A) peut s'expliquer par des raisons pratiques. Par exemple, l'Administration peut éprouver des difficultés à démontrer le caractère « artificiel » d'une opération transnationale. Recourir à une mesure anti-abus qui allège le fardeau de la preuve de l'Administration pourrait alors lui faciliter le travail dans le cadre d'un contentieux et ainsi permettre de garantir le bien-fondé de la rectification initiale. Dans le cas où l'Administration s'aperçoit, au stade de la réclamation ou devant le juge, qu'une autre mesure anti-abus spécifique au droit fiscal international, plus favorable sur le terrain de la preuve, est susceptible d'être appliquée, elle peut demander la substitution de cette mesure anti-abus « règle d'assiette » à la procédure d'abus de droit.

**771. Illustration.** – Par exemple, dans le cas où le contribuable tente d'instrumentaliser une stipulation d'une convention fiscale, l'Administration peut recourir à la clause « PPT », dans l'hypothèse où cette clause renferme des règles de preuve favorables à l'Administration (n° 459 et s.). De la même manière, l'Administration pourrait recourir aux mesures anti-abus inscrites dans le CGI, telles que les articles 209 B, 123 *bis* ou 155 A qui organisent des présomptions de pratiques abusives. Par ailleurs, l'intérêt de substituer l'article 205 A du CGI (ou même l'article L. 64 A du LPF) à la procédure d'abus de droit (LPF, art. L. 64) en cours de procédure pourrait s'avérer utile dans le cas où cette mesure anti-abus « modalité d'assiette » vise des pratiques abusives moins « graves » que celles visées par l'article L. 64 du LPF. En effet, dans l'hypothèse où l'opération initialement appréhendée sur le terrain de la procédure d'abus de droit serait artificielle sans pour autant être dénuée de toute substance, l'usage de l'article 205 A du CGI (ou de l'article L. 64 A du LPF) pourrait s'imposer, et donc, se substituer à l'article L. 64 du LPF.

**772. Une substitution envisageable. –** Pour l'instant, le juge n'a pas été amené à traiter de la question de la substitution d'une mesure anti-abus « modalité d'assiette » à l'article L. 64 du LPF. Toutefois, par le passé, le Conseil d'État a déjà eu à connaitre de la substitution de la procédure d'abus de droit par une autre règle d'assiette, notamment dans les affaires *Darty*[1987] et *Compagnie Parisienne de Réescompte*[1988]. À cette occasion, le juge s'est interrogé sur le fait de savoir « *si l'abandon d'un redressement fondé sur la procédure de répression des abus de droit au profit de l'application d'autres dispositions fiscales constitue bien une substitution de base légale* »[1989]. Comme il ressortait de la jurisprudence que la substitution de base légale ne pouvait concerner que des règles d'assiette[1990], des contribuables ont pu douter de la faculté pour l'Administration d'opérer une substitution de base légale à l'article L. 64 du LPF. En effet, les dispositions de l'article L. 64 du LPF organisant une procédure de rectification, il aurait pu être délicat d'admettre la substitution de base légale d'une règle d'assiette à l'article L. 64 du LPF. Par ailleurs, l'article L. 64 du LPF s'analyse aussi comme une règle d'assiette[1991]. Dans ces conditions, le Conseil d'État a expressément reconnu la possibilité pour l'Administration de substituer une règle d'assiette à la procédure d'abus de droit. Il l'a d'ailleurs fait à plusieurs reprises[1992]. De sorte qu'il est tout à fait envisageable qu'une mesure anti-abus « modalité d'assiette » puisse se substituer à l'article L. 64 du LPF (ou à l'article L. 64 A du LPF). Encore faut-il que la substitution n'aboutisse pas à la privation, pour le contribuable, d'une garantie de procédure dont il bénéficiait normalement en application du fondement substitué.

**773. La perte d'une garantie pour le contribuable du fait de la substitution de base légale ? –** La substitution d'une mesure anti-abus

---

[1987] CE, 3ème et 8ème s.-s., 26 octobre 2001, n° 217228, *SA Darty* : *RJF* 1/02, n° 77.
[1988] CE, 3ème et 8ème s.-s., 26 octobre 2001, n° 299303, *Compagnie Parisienne de Réescompte (CPR)* : *RJF* 1/02, n° 77.
[1989] Stéphane AUSTRY, concl. sur CE, 3ème et 8ème s.-s., 26 octobre 2001, n° 217228, *SA Darty* et n° 299303 *CPR* : *RJF* 1/02, n° 77, p. 11.
[1990] *Ibid.* V. les références jurisprudentielles citées par dans les conclusions de Stéphane AUSTRY sur les affaires *SA Darty* et *CPR*.
[1991] CE, Plén., 10 juin 1981, n° 19079, *préc.*
[1992] CE, 8ème et 3ème s.-s., 1er décembre 2004, n° 250344, *Sté France Télécom Transpace* : *RJF* 2/05, n° 167, concl. Pierre COLLIN *BDCF* 7/05, n° 24 ; CE, 9ème et 10ème s.-s., 23 avril 2008, n° 271853, *SA Kraft Foods France* : *RJF* 7/08, n° 863, concl. Pierre COLLIN *BDCF* 7/08, n° 97.

« modalité d'assiette » à la procédure d'abus de droit ne prive *a priori* le contribuable d'aucune garantie[1993]. Par le passé, la substitution d'une règle d'assiette à la procédure d'abus de droit a toutefois pu laisser perplexes quelques requérants. En effet, certains ont plaidé que la demande de substitution de base légale ne pouvait aboutir dans la mesure où le contribuable n'avait pas la possibilité de saisir l'une des commissions administratives des impôts, à savoir la commission départementale des impôts directs et des taxes sur le chiffre d'affaires (CDI) (LPF, art. L. 59). Traditionnellement, la jurisprudence estime que la faculté de recourir à l'une de ces commissions est une garantie procédurale[1994]. Toutefois, le juge estime que cette argumentation ne tient que dans l'hypothèse où l'une des commissions est compétente (LPF, art. L. 59 A et s.) pour statuer sur le désaccord entre le contribuable et l'Administration[1995]. Or, dans un contentieux où l'Administration substitue une mesure anti-abus « modalité d'assiette » à la procédure d'abus de droit, le différend qui oppose les deux parties reste le même, il s'agit de la qualification d'une pratique abusive au sens de la mesure anti-abus appliquée par l'Administration. Seulement, aucune des commissions visées par les articles L. 59 et suivants du LPF n'a matériellement la compétence pour donner son avis sur l'opération de qualification juridique d'abus de droit opérée par l'Administration. En principe, seul le Comité de l'abus de droit fiscal formule un avis en ce sens, et pour certaines mesures anti-abus seulement (LPF, art. L. 64 et L. 64 A ; CGI, art. 979, I, al. 2). Ainsi, selon toute vraisemblance, le juge ne devrait pas refuser l'éventuelle substitution d'une mesure anti-abus « modalité d'assiette » à l'article L. 64 du LPF (ou à l'article L. 64 A du LPF). En ce sens, le juge de l'impôt a même reconnu la possibilité d'opérer la substitution du principe général de fraude à la loi à la procédure d'abus de droit fiscal dans les décisions *Axa* et *Goldfarb*[1996].

---

[1993] V. Florence DEBOISSY, « Articulation de la procédure d'abus de droit et des clauses anti-abus », *op. cit.*, § 20.

[1994] CE, 9ème et 7ème s.-s., 7 octobre 1985, n° 43242 : *RJF* 12/85, n° 1548.

[1995] Pour une solution classique non-spécifique aux dispositifs anti-abus, v. CE, 9ème et 8ème s.-s., 28 juillet 1999, n° 164834, *SARL Parc de loisirs de Sainte-Aulde* : *RJF* 10/99, n° 1161.
Qui plus est, la jurisprudence estime que l'Administration, qui a infligé au contribuable des redressements sur le fondement de l'article L. 64 du LPF, peut à tout moment devant le juge justifier ces redressements sur le fondement de l'article 199 *ter* A du CGI (conditions d'imputation des crédits d'impôt attachés aux produits des actifs compris dans un fonds commun de placement) dès lors que cette substitution de base légale ne prive le contribuable d'aucune garantie de procédure, la commission départementale n'étant pas compétente pour connaître du litige. V. en ce sens les arrêts précités *SA Darty*, *CPR*, *Sté France Télécom*, *Transpace* et *SA Kraft Foods France*.

[1996] CE, 8ème et 3ème s.-s., 7 septembre 2009, n° 305586, *SA Axa*, *préc.*

**774. Justifier le bien-fondé d'une sanction. –** La technique de la substitution de base légale est également applicable en matière de pénalités[1997]. Ainsi, se pose la question de la sanction du contribuable lorsque, initialement, l'imposition du contribuable a été rectifiée sur le fondement de l'article L. 64 du LPF. En effet, le contribuable est sanctionné automatiquement sur le terrain de l'article 1729, b du CGI. Or, dans le cas où, en cours de procédure, l'Administration décide de se fonder sur une mesure anti-abus « modalité d'assiette », la sanction automatique attachée à l'article 1729, b du CGI n'est plus justifiée, puisqu'elle ne s'applique qu'en cas d'application de la procédure d'abus de droit (n° 406 et s.). À tout le moins, l'Administration peut substituer le point a ou c de l'article 1729 du CGI au point b de l'article 1729. Ces deux fondements, les points a et c de l'article 1729 du CGI, disposent respectivement des majorations pour manquement délibéré et pour manœuvres frauduleuses. La difficulté tient au fait que la substitution de base légale en matière de sanctions est conditionnée à ce que le contribuable ne soit privé d'aucune garantie, d'abord, et, à ce que les faits faisant l'objet de la répression sur la nouvelle base légale soient identiques à ceux retenus pour motiver la sanction initialement appliquée[1998], ensuite. Or, la jurisprudence ne conditionne pas la substitution à ce que la pénalité substituée ait fait l'objet d'une motivation propre[1999]. Ainsi, la substitution de pénalités, telle qu'elle est présentée ici, ne paraît pas priver le contribuable de garanties de procédure. Tout l'enjeu est de savoir si la seule constatation des faits, qui a servi à la qualification d'une pratique abusive initialement sur le terrain de l'article L. 64 du LPF, va être suffisante pour qualifier un manquement délibéré ou des manœuvres frauduleuses. Évidemment, l'appréciation relèvera du cas par cas. Mais, les éléments de fait qui permettent la caractérisation d'une pratique abusive ne permettent pas systématiquement de caractériser un manquement délibéré ou des manœuvres frauduleuses (n° 410 et s.).

**775. L'appréciation du juge au regard des nouveaux fondements substitués. –** Si la substitution d'une mesure anti-abus à la procédure d'abus de droit, ainsi que la substitution d'une majoration pour manquement délibéré ou manœuvres frauduleuses à la majoration pour abus de droit, peuvent être demandées par l'Administration en cours de procédure, il n'y a évidemment aucune certitude que le juge fasse droit aux demandes. En effet, le juge, une fois la substitution de base légale jugée

---

[1997] CE, Sect., 1er octobre 1999, n° 170598, *Association pour l'unification du christianisme mondial* : *RJF* 11/99, n° 1397.
[1998] CE, 3ème et 8ème s.-s., 4 août 2006, n° 279873, *min. c/ Chauvet* : *RJF* 11/06, n° 1390.
[1999] CE, 8ème et 3ème s.-s., 16 février 2000, n° 143839, *min. c/ Keslassy* : *RJF* 4/00, n° 515.

possible, se doit néanmoins d'apprécier le bien-fondé de la rectification ou le bien-fondé de la sanction au regard des nouveaux fondements substitués.

**776.** Par ailleurs, la demande de substitution de la procédure d'abus de droit à une mesure anti-abus « modalité d'assiette » risque de s'opposer à un refus de la part du juge. En effet, le contribuable est privé de la garantie selon laquelle il a la faculté de saisir le Comité de l'abus de droit fiscal.

### *2. La substitution de la procédure d'abus de droit à une mesure anti-abus « modalité d'assiette » : la perte d'une garantie*

**777. Contextualisation. –** L'Administration, après avoir fondé la rectification de l'imposition d'un contribuable sur le terrain d'une mesure anti-abus « modalité d'assiette », pourrait envisager de recourir à l'article L. 64 du LPF. En cours de procédure, l'Administration peut s'apercevoir que la mesure anti-abus spécifique du droit fiscal international initialement invoquée n'est en réalité pas applicable. Par exemple, l'Administration peut fonder la rectification de l'imposition d'une entreprise française sur le fondement de l'article 209 B du CGI, en estimant qu'elle détient les parts d'une société établie dans un État où elle bénéficie d'un régime fiscal privilégié. Au cours de la phase contentieuse, s'il est avéré que la filiale établie à l'étranger n'est soumise à aucun régime fiscal privilégié, alors la rectification n'est plus fondée. Estimant, à tort ou à raison, que l'opération du contribuable s'analyse tout de même comme un « montage artificiel dénué de toute substance », l'Administration pourrait envisager de substituer l'article L. 64 du LPF à l'article 209 B du CGI. Aussi, l'Administration pourrait estimer, en cours de procédure, que l'opération initialement rectifiée sur le terrain de l'article 205 A du CGI, s'assimile en réalité à une « opération artificielle dénuée de toute substance » susceptible d'être appréhendée uniquement sur le terrain de la procédure d'abus de droit traditionnelle (LPF, art. L. 64). L'enjeu est de savoir si l'Administration peut « *basculer sur le terrain de [la procédure de] l'abus de droit* »[2000] au cours de la procédure contentieuse.

**778. Une substitution de base légale admissible ? –** Par le passé, le juge a déjà reconnu la possibilité pour l'Administration de substituer l'article L. 64 du LPF à la théorie de l'acte anormal de gestion[2001]. Toutefois, cette substitution a été jugée possible car elle n'aboutissait à aucune perte de garantie pour le contribuable. En effet, il était question de l'ancienne

---

[2000] Florence DEBOISSY, « Articulation de la procédure d'abus de droit et des clauses anti-abus », *op. cit.*, § 18.
[2001] CE, 9ème et 8ème s.-s., 10 mai 1993, n° 95128, *SARL Elite Model Management*, *préc.*

version de l'article L. 64 du LPF, antérieure à la réforme « AICARDI » de 1987. Selon cette version, le contribuable rectifié sur le fondement de l'article L. 64 du LPF n'était pas autorisé à saisir l'ancêtre du Comité de l'abus de droit fiscal, à savoir le Comité consultatif pour la répression des abus de droit. Il est clair que, aujourd'hui, une telle substitution de base légale serait impossible devant le juge car elle aboutirait à priver le contribuable de la garantie selon laquelle celui-ci a la faculté de saisir le Comité. De la même manière, dès que l'Administration tente de substituer, au cours de la phase contentieuse, une des deux procédures d'abus de droit (LPF, art. L. 64 A ou L. 64) à une autre mesure anti-abus « modalité d'assiette » qui ne prévoit pas la faculté de saisir le Comité de l'abus de droit fiscal, le juge estimera probablement que la substitution de base légale est impossible. En parallèle, dans l'hypothèse d'une demande de substitution de l'article L. 64 du LPF à l'article L. 64 A du LPF, le contribuable risque d'être privé d'une autre garantie substantielle. En effet, le déclenchement de la procédure de rectification fondée sur l'article L. 64 du LPF suppose le visa d'un agent ayant au moins le grade d'un inspecteur divisionnaire (LPF, art. R*64-1), ce qui n'est pas le cas pour l'article L. 64 A du LPF. Si la substitution de base légale aboutit à la privation d'une garantie pour le contribuable, la seule alternative pour l'Administration est d'opérer le dégrèvement de l'imposition du contribuable fondée sur l'article L. 64 A du LPF et de reprendre la procédure de rectification sur le fondement de l'article L. 64 du LPF, afin de garantir la mise en œuvre régulière de la procédure de rectification.

**779. Un risque d'iniquité en raison d'un encadrement procédural distinct entre les mesures anti-abus. –** Dans le cas où l'Administration a appliqué à tort une mesure anti-abus, elle peut toujours opérer un dégrèvement et reprendre la procédure de rectification. Mais, l'Administration est contrainte par les délais de reprise. Or, si l'Administration n'est plus en droit de rectifier le contribuable, ce dernier peut s'en sortir, et ce, même s'il existe des éléments qui laissent penser que l'opération est artificielle. La multiplication des mesures anti-abus dans l'ordonnancement juridique ne permet pas toujours de rendre plus efficace la lutte contre les pratiques abusives. Dans l'hypothèse où les mesures anti-abus auraient eu un encadrement procédural semblable, la substitution de base légale aurait pu être envisagée. En ce sens, étendre la faculté de saisir le Comité de l'abus de droit fiscal en cas de mise en œuvre de n'importe quelle mesure anti-abus par l'Administration paraît utile. Outre le fait que cette extension permettrait d'apporter de la sérénité dans les discussions relatives à la qualification des pratiques abusives, avant le déclenchement de la phase contentieuse, cela permettrait aussi d'éviter les situations dans lesquelles la substitution de base légale s'avère impossible alors même que des indices d'artificialité apparaissent lors de la phase de contrôle de l'opération du contribuable[2002].

**780. Conclusion de la Section I. –** Le fait que la procédure d'abus de droit ait été complétée, au fil des années, par des mesures anti-abus « modalités d'assiette », a sans doute complexifié l'état du droit positif. La principale difficulté tient au fait qu'aucune articulation systématique n'ait été proposée dans les textes. Le législateur a néanmoins tenté de proposer une articulation entre certaines mesures anti-abus « modalités d'assiette ». Cette démarche, si elle doit être saluée, mériterait d'être étendue.

---

2002 Par ailleurs, si l'Administration propose de rectifier l'imposition du contribuable sur le fondement d'une mesure anti-abus « modalité d'assiette » et, après avoir analysé les observations du contribuable, doute du bien-fondé de sa proposition, elle est toujours à temps d'en proposer une nouvelle sur le fondement de l'article L. 64 ou L. 64 A du LPF, puisque l'Administration ne prive aucunement le contribuable d'une garantie. En effet, si la nouvelle proposition de rectification respecte les différentes conditions de mise en œuvre de la procédure d'abus de droit, alors elle est régulière. La régularité de la procédure ne pourra pas être contestée devant le juge de l'impôt.

## Section II – La concurrence entre les autres mesures anti-abus

**781.** La question de l'articulation se pose aussi entre les autres mesures anti-abus qui prennent la forme de « règles d'assiette ». Au fil des décisions et des réformes, des solutions ont été posées par la jurisprudence et le législateur. Pour sa part, l'Administration fiscale tente également de lever le flou dans sa doctrine sur certaines situations problématiques. Seulement, les solutions proposées apparaissent limitées et incomplètes. En effet, à chaque fois qu'une règle d'articulation est posée, c'est pour traiter un cas précis. Il existe de nombreuses situations qui n'ont pas fait l'objet d'un traitement particulier. Il est également délicat de bien saisir l'étendue de ces règles d'articulation, dans la mesure où il est difficile de bien comprendre les conséquences attachées à leur violation (§ **1**). Ces incertitudes peuvent susciter un certain sentiment d'inachevé et, partant, d'imprévisibilité. Elles nous poussent à mener une réflexion plus générale. Dans la perspective de renforcer la lisibilité du droit en la matière, il conviendrait de poser globalement les règles d'articulation entre les mesures anti-abus « règles d'assiette » (§ **2**).

### *§ 1 – Une articulation traitée en droit positif*

**782.** Ayant adopté récemment deux nouvelles mesures anti-abus (LPF, art. L. 64 A ; CGI, art. 205 A), le législateur a fait l'effort de proposer une méthode d'articulation entre elles. Il a aussi proposé une méthode d'articulation entre la clause anti-abus générale en matière d'impôt sur les sociétés (CGI, art. 205 A) et la clause anti-abus relative au régime des « fusions » (CGI, art. 210-0 A, III). Le fait que le législateur ait mis en exergue clairement ces modalités est à saluer puisque cela apporte un niveau satisfaisant de prévisibilité pour les acteurs du droit fiscal. Cependant, il est regrettable que l'articulation entre les mesures anti-abus n'ait été que partiellement traitée par le législateur (**A**). Antérieurement, d'autres solutions avaient été émises par l'Administration fiscale et la jurisprudence. Elles permettent, en partie, de compléter les solutions du législateur (**B**).

#### *A. Un encadrement textuel partiel*

**783.** Seules les dispositions des articles 205 A du CGI et L. 64 A du LPF prévoient des règles d'articulation. En ce sens, le dispositif anti-abus de l'article 205 A du CGI est d'application subsidiaire par rapport au dispositif anti-abus du III de l'article 210-0 A du CGI. De même, le dispositif anti-abus de l'article L. 64 A du LPF s'avérerait d'application subsidiaire par rapport au dispositif anti-abus de l'article 205 A du CGI. Par analogie, le dispositif anti-abus de l'article 210-0 A III du CGI serait d'application prioritaire par rapport au dispositif anti-abus de l'article L. 64 A du LPF (**1**).

En revanche, les dispositions des articles 205 A du CGI et L. 64 A du LPF ne renseignent pas quant à leur articulation vis-à-vis des dispositions des autres mesures anti-abus « modalités d'assiette ». Cette situation crée, une fois de plus, quelques incertitudes (**2**).

### *1. La subsidiarité des articles 205 A du CGI et L. 64 A du LPF*

**784. Les articulations envisagées.** – Probablement dans l'optique d'assurer une certaine prévisibilité dans la mise en œuvre des mesures anti-abus, le législateur a fait le choix de traiter spécifiquement de l'articulation de certaines mesures anti-abus avec d'autres mesures anti-abus. En effet, le législateur prévoit une articulation des dispositions des articles 210-0 A, III et 205 A du CGI, ainsi qu'une articulation des dispositions des articles 205 A du CGI et L. 64 A du LPF. Cette articulation est bienvenue puisque le champ d'application respectif de chacune de ces trois mesures anti-abus paraît, à première vue, se recouvrir (n° 288 et s.). Le point III de l'article 210-0 A du CGI a pour objet de prévenir les cas dans lesquels les contribuables tentent de bénéficier abusivement du régime de faveur des « fusions ». L'article 205 A du CGI a vocation à prévenir les abus qui aboutissent à l'évitement de l'impôt sur les sociétés. L'article L. 64 A du LPF paraît s'appliquer à tous les impôts. Ainsi, l'article 205 A du CGI a un champ d'application qui empiète sur celui de l'article 210-0 A, III du CGI. L'article L. 64 A du LPF a un champ d'application qui empiète sur celui de l'article 205 A du CGI et, accessoirement, sur celui du III, de l'article 210-0 A du CGI. Le législateur a fait le choix d'articuler ces mesures anti-abus de la manière suivante : les dispositions de l'article L. 64 A du LPF s'appliquent « *sous réserve de l'application de l'article 205 A du [CGI]* » et les dispositions de l'article 205 A du CGI s'appliquent « *sous réserve de celles prévues au III de l'article 210-0 A [du CGI]* ». Le législateur paraît donc instituer un ordre de priorité entre ces trois mesures anti-abus lorsque, pour une même situation, ces trois mesures anti-abus sont susceptibles d'être appliquées.

**785. L'interprétation de l'expression « *sous réserve de* ».** – Le *Guide de légistique* du Conseil d'État renseigne sur le sens à attribuer à l'expression « *sous réserve de* ». Cette dernière « *indique l'ordre de prééminence entre deux dispositions en conflit, soit qu'elles appartiennent à deux textes différents, soit qu'elles se situent à l'intérieur d'un même texte : la disposition ne joue que lorsque le texte réservé ne trouve pas à s'appliquer* »[2003]. Ainsi, dans l'hypothèse où l'opération litigieuse

---

[2003] Premier ministre, Conseil d'État, *Guide de légistique*, *op. cit.*, p. 303. V. Nicolas JACQUOT, « Abus de droit de l'article L. 64 A du LPF. Mini-abus de droit. - Définition et notions », *op. cit.*, § 74.

concerne l'application du régime de faveur des « fusions », les dispositions de l'article 210-0 A, III du CGI doivent être prioritairement mises en œuvre par rapport à celles de l'article 205 A du CGI (et de l'article L. 64 A du LPF). De la même manière, dans l'hypothèse où l'opération aboutit à l'évitement de l'impôt sur les sociétés, il convient de mettre en œuvre prioritairement les dispositions de l'article 205 A du CGI par rapport à celles de l'article L. 64 A du LPF. Dans le cas où, finalement, pour une quelconque raison, les dispositions de l'article 205 A du CGI ne sont pas applicables, alors les dispositions de l'article L. 64 A du LPF pourraient être appliquées par l'Administration[2004]. Par symétrie, cela signifie également que les dispositions de l'article 205 A du CGI sont d'application subsidiaire par rapport à celles de l'article 210-0 A, III du CGI et les dispositions de l'article L. 64 A du LPF sont d'application subsidiaire par rapport à celles de l'article 205 A du CGI.

**786. Une interrogation : quelle sanction pour l'Administration en cas de non-respect de l'ordre de prééminence ?** – Reconnaître le caractère subsidiaire des articles 205 A du CGI et L. 64 A du LPF vis-à-vis des articles 210-0 A, III et 205 A du CGI peut être source de contentieux. Il peut exister des hypothèses dans lesquelles l'Administration, pour une quelconque raison, ne respecte pas l'ordre de prééminence qui, semble-t-il, est institué par la loi. Par exemple, l'Administration ne respecte pas cet ordre lorsque des rectifications qui pourraient être fondées sur la base des dispositions de l'article 205 A du CGI sont finalement fondées sur la base des dispositions de l'article L. 64 A du LPF. Tenant compte du caractère subsidiaire des dispositions de l'article L. 64 A du LPF vis-à-vis de celles de l'article 205 A du CGI, le juge est-il en mesure d'annuler les rectifications qui seraient prononcées par l'Administration ? La difficulté principale tient au fait que ni le législateur, ni le juge fiscal ne traitent des conséquences attachées à une éventuelle violation des règles d'articulation incluses dans les articles 205 A du CGI et L. 64 A du LPF. Il n'est donc pas possible, pour le moment, de répondre avec certitude à cette question. Mais, l'Administration, quant à elle, préfère retenir l'interprétation selon laquelle les services de contrôle n'appliquent pas les dispositions de l'article 205 A du CGI lorsque celles du III de l'article 210-0 A du CGI sont applicables[2005]. Elle estime aussi que les dispositions de l'article L. 64 A du LPF concernent « *tous les impôts à l'exception de l'impôt sur les sociétés* »[2006]. Ce faisant, les services

---

[2004] Toutefois, en cours de procédure, la substitution de l'article L. 64 A à l'article 205 A du CGI est impossible, puisque le contribuable serait privé de la faculté de saisir le Comité de l'abus de droit fiscal (n° 777 et s.).
[2005] BOI-IS-BASE-70, § 100.
[2006] BOI-CF-IOR-30-20, § 20. Par ailleurs, cette interprétation risque de poser un problème de conformité au regard du principe d'égalité ou du principe de non-

de contrôle, en suivant rigoureusement les instructions de la doctrine administrative, ne feront pas le choix de fonder une rectification sur la base de l'article 205 A du CGI (ou de l'article L. 64 A du LPF) dans le cas où les dispositions du III de l'article 210-0 A du CGI (ou de l'article 205 A du CGI) sont applicables. Ainsi, les services de contrôle évitent d'outrepasser les règles d'articulation édictées par le législateur et, partant, diminuent le risque de voir les rectifications prononcées à l'encontre du contribuable être annulées par le juge fiscal pour ce seul motif.

**787.** Le fait que le législateur traite du caractère subsidiaire des articles 205 A du CGI et L. 64 A du LPF vis-à-vis des articles 210-0 A, III et 205 A du CGI conduit à s'interroger sur l'extension de la subsidiarité de ces mesures anti-abus vis-à-vis des autres mesures anti-abus « modalités d'assiette ».

### *2. L'étendue de la subsidiarité des articles 205 A du CGI et L. 64 A du LPF*

**788. Les limites du caractère subsidiaire des articles 205 A du CGI et L. 64 A du LPF. –** Le doute persiste sur le fait de savoir si les dispositions des articles 205 A du CGI et L. 64 A du LPF sont d'application subsidiaire uniquement vis-à-vis des dispositions des mesures anti-abus auxquelles elles font explicitement référence, à savoir celles de l'article 210-0 A, III (pour l'article 205 A du CGI) et celles de l'article 205 A du CGI (pour l'article L. 64 A du LPF), ou si elles sont d'application subsidiaire, plus généralement, vis-à-vis des dispositions que renferment les autres mesures anti-abus. Il est regrettable que le législateur n'ait pas été plus clair et précis, car ce point revêt une grande importance pratique. Par exemple, dans l'hypothèse où les dispositions des articles 205 A et 209 B du CGI sont applicables pour une même situation, l'Administration est-elle dans l'obligation de faire application de l'article 209 B du CGI ? Dans l'hypothèse où les dispositions de l'article 123 *bis* ou celles de l'article 155 A du CGI et celles de l'article L. 64 A du LPF sont toutes applicables pour une même situation, l'Administration est-elle dans l'obligation de prioriser l'application d'une mesure anti-abus ? Rien, dans les textes, ne permet de répondre à ces questions, alors qu'elles sont susceptibles de se poser lorsque l'Administration exerce son pouvoir de rectification.

---

discrimination (n° 579 et s.). Pour une critique de l'interprétation de l'Administration, v. : Nicolas JACQUOT, « Abus de droit de l'article L. 64 A du LPF. Mini-abus de droit. - Définition et notions », *op. cit.*, § 72.

**789. Discussion à travers un exemple. –** À première vue, la logique inspirée de l'adage *specialia generalibus derogant*[2007], selon laquelle il conviendrait de faire application de la règle au champ d'application spécial vis-à-vis de la règle au champ d'application plus général, pourrait inciter l'Administration à mettre en œuvre les dispositions des articles 209 B, 123 *bis* ou 155 A du CGI plutôt que les dispositions des articles 205 A du CGI ou L. 64 A du LPF. Les champs d'application des premières mesures anti-abus sont plus étroits que les champs d'application des secondes mesures anti-abus. En effet, les dispositions des articles 209 B, 123 *bis* et 155 A du CGI ont vocation à lutter contre des pratiques abusives précisément identifiées (n° 173 et s.), à la différence des dispositions de l'article 205 A du CGI ou de l'article L. 64 A du LPF qui définissent abstraitement les pratiques abusives combattues (n° 89 et s.). Aussi, pour mettre en œuvre les dispositions des articles 209 B et 123 *bis* du CGI, l'Administration doit démontrer que le contribuable détient une entité établie à l'étranger qui bénéficie d'un régime fiscal privilégié au sens de l'article 238 A du CGI. Or, en pratique, il est courant que l'Administration rencontre des difficultés à prouver que l'entité étrangère bénéficie d'un régime fiscal privilégié (n° 180 et s.). En toute opportunité, l'Administration pourrait préférer recourir à l'article 205 A du CGI parce qu'elle estime ne pas avoir à sa disposition assez d'éléments pour démontrer le caractère privilégié du régime fiscal auquel est soumis l'entité étrangère. Elle peut être en mesure d'avoir plus d'éléments lui permettant de démontrer le caractère abusif d'une opération sur le terrain de l'article 205 A du CGI, que d'éléments lui permettant de démontrer le fait que l'entité étrangère bénéficie d'un régime fiscal privilégié. Ainsi, elle estime qu'elle assurerait le plus efficacement possible le bien-fondé de la rectification en recourant dès le départ à l'article 205 A du CGI.

**790. Un risque de contentieux.** – En revanche, le contribuable, dont la rectification est fondée sur l'article 205 A du CGI, pourrait faire valoir que l'Administration, de la même manière qu'elle doit appliquer prioritairement les dispositions de l'article 210-0 A, III du CGI vis-à-vis de l'article 205 A du CGI, doit faire prioritairement application des dispositions des autres mesures anti-abus au champ d'application plus spécifique. Ainsi, dans le cas où l'article 209 B du CGI est applicable, le contribuable pourrait soutenir que l'Administration ne puisse pas recourir aux dispositions de l'article 205

---

[2007] Pour une étude de cet adage, v. *Specialia generalibus derogant* in Henri ROLAND, Laurent BOYER, *Adages du droit français*, 4ème éd., 1999, Litec, p. 843 et s. Il s'agit d'un adage qui, en tant que tel, n'a pas de portée juridique obligatoire. Pour une étude plus spécifique de cet adage en droit public, v. Johanne SAISON, « Le juge administratif et l'adage *lex specialis derogat generalibus* – Réflexions sur la liberté de l'interprète », *RFDA* 2016, p. 556.

A du CGI pour rectifier le contribuable. Finalement, si le juge reconnaît, d'une manière générale, un caractère subsidiaire aux dispositions des articles 205 A du CGI et L. 64 A du LPF, alors les contribuables risquent de reprocher à l'Administration de ne pas avoir fait application des mesures anti-abus au champ d'application plus restreint, dans l'hypothèse où l'une d'entre elles est potentiellement applicable. Alors même que l'Administration apporte des éléments convaincants quant au caractère abusif d'une opération, le risque est que les rectifications des contribuables soient annulées parce que le fisc n'aurait pas fait application de la règle anti-abus au champ d'application plus spécifique. Mais, il convient de rappeler que l'Administration est toujours en capacité, en cours de procédure, de demander une substitution de base légale et de fonder la rectification contestée par le contribuable sur la base de dispositions anti-abus spécifiques (n° 766 et s.). Puis, pour couper court à ce type d'argumentation, le juge de l'impôt pourrait simplement dénier le caractère subsidiaire général des articles 205 A du CGI et L. 64 A du LPF et n'admettre que le caractère subsidiaire vis-à-vis des mesures anti-abus qu'ils visent expressément. Il est vrai que, consacrer la thèse du choix des armes permettrait d'éviter la multiplication des contentieux fondés sur l'éventuel caractère subsidiaire des articles 205 A du CGI et L. 64 A du LPF.

**791.** La multiplication récente des mesures anti-abus n'est pas un phénomène abouti, puisqu'il existe encore des incertitudes quant à l'articulation des dispositions qu'elles renferment. Sans doute le juge viendra à l'avenir rationaliser la mise en œuvre de ces différentes mesures anti-abus. Ce faisant il complèterait l'encadrement qu'il a initié par le passé au sujet de l'articulation de quelques mesures anti-abus « modalités d'assiette ».

### *B. Un encadrement jurisprudentiel partiel*

**792.** La question de l'articulation des mesures anti-abus « modalités d'assiette » du droit fiscal international a déjà fait l'objet d'un encadrement par le juge de l'impôt. Il a déjà eu l'occasion de traiter la question de l'articulation des dispositions de l'article 155 A du CGI avec des règles d'assiette du droit fiscal international commun. La jurisprudence assimile l'article 155 A du CGI à un texte spécial d'application alternative vis-à-vis des dispositions du droit commun. En ce sens, le contribuable ne peut pas reprocher à l'Administration d'avoir rectifié le montant de ses impositions sur le terrain de cette mesure anti-abus « modalité d'assiette », plutôt que sur le terrain d'une disposition commune du CGI. Ainsi, le juge reconnaît que, dans certaines circonstances, l'Administration a la liberté de recourir à la mesure anti-abus de son choix. Ce faisant, le juge ne généralise pas le caractère subsidiaire des mesures anti-abus « modalités d'assiette » (**1**). Cette liberté, pour les services de contrôle, de recourir à la mesure anti-abus

« modalité d'assiette » de leur choix, est encadrée par la jurisprudence. En effet, le juge fiscal fait en sorte que la mise en œuvre d'une mesure anti-abus n'aboutisse pas à une situation de double imposition économique d'un même flux de revenu. Pour ce faire, il prohibe l'application cumulée de la mesure anti-abus « modalité d'assiette » avec l'autre mesure d'assiette également susceptible d'être appliquée. Nul doute que cette limite établie au sujet de l'article 155 A du CGI puisse être étendue aux autres mesures anti-abus « modalités d'assiette » (**2**).

### *1. L'alternative des mesures anti-abus « modalités d'assiette »*

**793. Contextualisation. –** Il convient de s'interroger tant sur les liens qui unissent les autres mesures anti-abus « modalités d'assiette » entre elles, que sur les liens qui unissent les mesures anti-abus « modalités d'assiette » avec les dispositions communes du droit fiscal international. En effet, pour une même opération, des mesures anti-abus « modalités d'assiette » et d'autres règles d'assiette pourraient être potentiellement simultanément applicables. Le premier constat tient au fait que les textes ne traitent pas explicitement de la résolution des conflits qui pourraient résulter d'une situation dans laquelle deux mesures anti-abus (ou une mesure anti-abus et une règle fiscale de droit commun) seraient toutes les deux applicables à une même opération. Il est regrettable que le législateur ne se soit pas saisi de cette question. En effet, il ne s'agit pas d'hypothèses purement théoriques. Elles sont susceptibles de se rencontrer fréquemment en pratique. D'ailleurs, le Conseil d'État a eu à se prononcer sur cette question au sujet de l'article 155 A du CGI dans une décision du 12 mai 2017[2008]. Revenir sur cette affaire permet de voir comment le juge raisonne quant à l'articulation d'une mesure anti-abus « modalité d'assiette » spécifique au droit fiscal international avec les dispositions communes du droit fiscal international français. Nonobstant le fait qu'il s'agit d'une solution propre à l'articulation de l'article 155 A du CGI avec d'autres modalités d'assiette, il est vraisemblable qu'elle puisse être transposée aux autres dispositifs anti-abus « modalités d'assiette » spécifiques au droit fiscal international qui ont une économie générale semblable.

**794. Les faits de la décision du 12 mai 2017 : une rectification fondée sur les dispositions de l'article 155 A du CGI. –** Dans cette affaire, il est question d'une société établie au Luxembourg. Deux personnes physiques, alors uniques salariés de la société, détiennent chacun 25 % des

---

[2008] CE, 3ème et 8ème ch., 12 mai 2017, n° 398300, *Repolowicz* : *RJF* 8-9/17, n° 771, concl. Vincent DAUMAS, (C 771).

parts de la société luxembourgeoise. À la fin des années 1990 et au début des années 2000, cette dernière conclut plusieurs contrats et avenants avec une société établie en France. Il est alors stipulé que la société française accorde à la société luxembourgeoise un mandat exclusif de commercialisation de matériels médicaux sur le territoire français. Ainsi, en contrepartie de la prestation d'agent commercial rendue par la société luxembourgeoise, réalisée par l'intermédiaire d'un des deux salariés de la société, la société française rémunère la société luxembourgeoise. Fiscalement, l'opération s'analyse *a priori* comme suit : la société française peut déduire le montant des versements effectués à la société luxembourgeoise de ses résultats imposables ; la société luxembourgeoise, sauf si elle exploite une entreprise en France, n'est en principe pas imposable sur le montant des versements perçus ; les deux salariés de la société luxembourgeoise, en tant que résidents fiscaux français, sont imposables sur les revenus du travail de source luxembourgeoise. Cependant, l'Administration fiscale, après plusieurs opérations de contrôle, estime être en droit de rectifier le montant de l'imposition d'un des deux salariés, sur le fondement des dispositions de l'article 155 A du CGI. En reprenant les critères de mise en œuvre donnés dans la décision *Piazza*[2009] rendue en 2013 par le Conseil d'État, le bien-fondé de la rectification de l'Administration, dans cette affaire, est subordonnée à ce que le salarié contrôle directement ou indirectement la société luxembourgeoise percevant les rémunérations versées par la société française, que le salarié réalise effectivement la prestation de service et que la facturation par la société luxembourgeoise ne trouve aucune contrepartie réelle dans une intervention propre de cette dernière.

**795. La contestation de la rectification : le caractère subsidiaire de l'article 155 A du CGI. –** Le contribuable conteste l'application des dispositions de l'article 155 A du CGI. Outre le fait qu'il tente de démontrer que les conditions classiques de mise en œuvre de ce dispositif anti-abus ne sont pas remplies, le contribuable développe une argumentation originale et inédite. S'inspirant de l'interprétation selon laquelle les dispositions de la procédure d'abus de droit fiscal (LPF, art. L. 64) sont d'application subsidiaire (n° 756 et s.), le contribuable affirme que les dispositions de l'article 155 A du CGI sont, elles aussi, d'application subsidiaire. Selon le requérant, cette interprétation implique que l'Administration ne peut faire application de l'article 155 A du CGI qu'à défaut de pouvoir fonder l'imposition de l'opération sur d'autres dispositions du CGI. Le contribuable, en invoquant un impératif de « cohérence fiscale », plaide pour l'extension de l'interprétation classique attachée à la décision *Pharmacie*

---

[2009] CE, 9ème et 10ème s.-s., 20 mars 2013, n° 346642, *Piazza*, *préc.*

*des Chalonges*[2010] à toutes les mesures anti-abus, et donc, aux dispositions de l'article 155 A du CGI[2011].

**796. L'alternative à l'article 155 A du CGI : le recours à l'article 209, I du CGI ? –** Or, au regard des éléments d'espèce, le requérant estime que les dispositions de l'article 209 du CGI auraient dû être mises en œuvre en priorité par l'Administration. Il n'est pas contestable, qu'en principe, sur la base du I, de l'article 209 du CGI (sous réserve de l'application d'une convention fiscale internationale), l'Administration est autorisée à imposer à l'impôt sur les sociétés en France, une société dont le siège est à l'étranger, dès lors qu'elle exploite une entreprise sur le territoire français. En l'espèce, le requérant estime que, dans la mesure où l'activité de la société luxembourgeoise est exercée à travers un représentant sans personnalité professionnelle indépendante de la société (un salarié qui n'est autre que le requérant), cette société luxembourgeoise est imposable en France à l'impôt sur les sociétés au titre de l'article 209, I du CGI. En résumé, le contribuable tente d'éviter l'imposition fondée sur les dispositions de l'article 155 A du CGI en soutenant, qu'hypothétiquement, la société luxembourgeoise aurait pu être imposée en raison de la présence d'une exploitation en France.

**797. La réponse du Conseil d'État : l'article 155 A du CGI n'a pas de caractère subsidiaire. –** Le raisonnement présenté par le contribuable implique, pour le Conseil d'État, de trancher sur le fait de savoir si l'Administration est dans l'obligation de faire application des dispositions du droit commun fiscal, avant d'appliquer les dispositions d'une mesure anti-abus « modalité d'assiette » dérogatoire au droit commun. Le Conseil d'État réfute l'interprétation proposée par le contribuable. En effet, le juge suprême estime que : « *La circonstance que la personne qui a facturé la prestation a en France un établissement stable et aurait pu être, elle-même, imposée à raison de la rémunération en cause, sur le fondement des règles de droit commun de l'impôt sur le revenu ou de l'impôt sur les sociétés, ne fait pas obstacle à ce que l'administration choisisse, de manière alternative, d'imposer la personne qui a, pour l'essentiel, rendu le service* ». Cette prise de position du Conseil d'État est riche d'enseignements. Elle reconnaît explicitement le « choix des armes » quant à la rectification d'une opération entre, d'un côté, l'article 155 A du CGI et, d'un autre côté, une règle du droit commun fiscal. Sans doute, cette solution peut être

---

[2010] CE, 8ème et 3ème s.-s., 5 mars 2007, n° 284457, *Pharmacie des Chalonges*, *préc.*

[2011] L'argumentation du contribuable est présentée dans les conclusions du rapporteur public sur cette affaire : Vincent DAUMAS, concl. sur CE, 3ème et 8ème ch., 12 mai 2017, n° 398300, *Repolowicz*, *préc.*
À titre de remarque, cela illustre toute la potentialité de cette argumentation dans le cadre d'un contentieux au sujet de la subsidiarité des articles 205 A du CGI et L. 64 A du LPF vis-à-vis des autres mesures anti-abus « modalités d'assiette » (n° 788 et s.).

étendue aux mesures anti-abus « modalités d'assiette » qui ont une économie générale semblable à celle de l'article 155 A du CGI, telles que les articles 123 *bis*, 209 B, 119 *ter*, 3 ou 238 A du CGI. Cette décision de 2017 paraît neutraliser les futures argumentations des contribuables qui tenteraient d'échapper à la rectification prononcée par l'Administration sur le fondement d'une mesure anti-abus « modalité d'assiette », au motif qu'une autre règle fiscale du droit commun aurait permis d'aboutir à l'imposition du même flux de revenu (ou plus généralement de la même base imposable) entre les mains d'un autre contribuable.

**798. La justification de la solution. –** Les raisons qui ont poussé le Conseil d'État à ne pas reconnaître le caractère subsidiaire de l'article 155 A du CGI apparaissent dans les conclusions rendues par son rapporteur public[2012]. Après avoir reconnu le caractère anti-abus de l'article 155 A du CGI, le rapporteur public rappelle la fonction qui lui est attachée. L'article 155 A du CGI a pour objet de simplifier les opérations de contrôle et de rectification de l'Administration. En parallèle, le rapporteur public n'exclut pas le fait que des modalités d'assiette de droit commun permettent, *in fine*, d'appréhender le montant des impositions éludées par un contribuable à l'origine d'une pratique abusive transnationale. Par exemple, dans la présente affaire, l'Administration aurait pu imposer les sommes perçues par la société luxembourgeoise sur le terrain de l'article 209, I du CGI ou, plus spécifiquement, sur le terrain de la qualification d'un établissement stable au sens de la convention fiscale franco-luxembourgeoise. Toutefois, le fait qu'il existe une alternative à l'application d'une mesure anti-abus « modalité d'assiette » n'a pas pour conséquence de restreindre la possibilité pour l'Administration de justifier les rectifications sur le fondement des dispositions d'une mesure anti-abus « modalité d'assiette ». Sinon, la finalité qu'est censée poursuivre cette dernière, à savoir, l'amélioration de l'efficacité des contrôles et des rectifications des pratiques abusives transnationales, serait difficilement atteignable.

**799. Réserve.** – Pour autant, le rapporteur public prend le soin de ne pas généraliser outre mesure son propos. Il n'exclut pas le fait que des mesures anti-abus, pour des raisons diverses, puissent renfermer un caractère subsidiaire. En effet, dans ses conclusions, le rapporteur public prend l'exemple de la restriction de la mise en œuvre de la procédure de répression des abus de droit, dont il admet volontiers la subsidiarité vis-à-vis des autres dispositions du droit fiscal. Cette subsidiarité de l'article L. 64 du LPF tiendrait en réalité aux conséquences sévères qui sont attachées à sa mise en œuvre, à savoir la sanction qui lui est attachée (CGI, art. 1729, b). Ainsi, à

---

[2012] *Ibid.*

la différence de l'article 155 A du CGI, ou de toute autre mesure anti-abus « modalité d'assiette », la procédure d'abus de droit « *reste à la disposition de l'administration lorsqu'elle ne peut se fonder sur aucun autre dispositif anti-abus spécifique* »[2013]. Plus largement, le rapporteur public fait également état des cas dans lesquels la subsidiarité d'une mesure anti-abus apparaîtrait à la lecture de ses dispositions. Même si, à l'époque de l'affaire, les articles 205 A du CGI et L. 64 A du LPF n'existaient pas encore, il est vraisemblable, qu'aujourd'hui, les dispositions de ces deux mesures anti-abus soient jugées comme étant d'application subsidiaire vis-à-vis des dispositions des autres mesures anti-abus car le législateur a pris le soin d'expliquer que leurs dispositions s'appliquent « *sous réserve de* » l'application des dispositions d'autres mesures anti-abus.

**800.** Dans le cas où une mesure anti-abus dont les dispositions ne renferment que des « modalités d'assiette » (CGI, art. 119 *bis* A ; 119 *ter*, 3 ; 123 *bis* ; 155 A ; 209 B ; 238 A ; etc.) est en conflit avec un autre dispositif fiscal, qui renferme aussi des « modalités d'assiette » (qu'il s'agisse ou non d'une mesure anti-abus), l'Administration n'est pas contrainte quant au choix de la mesure fiscale à mettre en œuvre. Toujours est-il que, si le juge suprême consacre cette liberté pour l'Administration, il prend soin d'en limiter son usage. En effet, le Conseil d'État contraint l'Administration de ne pas faire une application cumulative des dispositions d'une mesure anti-abus « modalité d'assiette » avec les dispositions d'une autre règle d'assiette. Plus précisément, le juge de l'impôt prohibe les cas de double imposition économique en France.

### *2. La limitation de la double imposition économique*

**801. Le risque de double imposition économique. –** L'affaire traitée par le Conseil d'État le 17 mai 2017 met en évidence une difficulté particulière. En effet, le juge laisse entendre que l'opération envisagée est susceptible d'entrer dans le champ d'application d'une mesure anti-abus « modalité d'assiette » spécifique du droit fiscal international (CGI, art. 155 A) et d'une mesure du droit fiscal international commun (CGI, art. 209, I). La question qui se pose est de savoir si l'Administration fiscale peut faire une application cumulée de ces dispositions ? Dans l'hypothèse où l'Administration met en œuvre cumulativement les dispositions de l'article 155 A et les dispositions de l'article 209, I du CGI, cela aboutit à ce que l'imposition du salarié, d'un côté et, l'imposition de la société luxembourgeoise, d'un autre côté, soient rectifiées. Le salarié, contrôlant la

---

[2013] *Ibid.*, § 17.

société luxembourgeoise, serait imposé à l'impôt sur le revenu sur les rémunérations encaissées par la société luxembourgeoise (CGI, art. 155 A). La société luxembourgeoise, réputée exploiter une entreprise en France en raison de l'activité exercée par son salarié sur le territoire français, serait imposée à l'impôt sur les sociétés en France sur les rémunérations encaissées (CGI, art. 209, I). Par conséquent, les rémunérations versées par la société française à la société luxembourgeoise pourraient être imposées deux fois en France. Deux contribuables distincts, le salarié et la société, seraient imposés sur une même base imposable, à deux impôts différents. Il s'agit d'une situation de double imposition économique française.

**802. La limite posée par le Conseil d'État.** – Si le Conseil constitutionnel ne limite pas en tant que telles les doubles impositions économiques en France[2014] (n° 605), le Conseil d'État, de manière prétorienne, a fait le choix de limiter ce type de double imposition. Même s'il concrétise le « choix des armes » pour l'Administration, cette dernière n'est pas en mesure de cumuler l'application des dispositions d'une mesure anti-abus « modalités d'assiette » et d'autres modalités d'assiette du droit fiscal international français qui aboutirait à une double imposition économique[2015]. Concrètement, lorsque la mise en œuvre des dispositions d'une mesure anti-abus « modalité d'assiette » permet d'imposer un revenu entre les mains d'un contribuable et que d'autres dispositions du droit fiscal international permettent d'appréhender cette même base imposable entre les mains d'un autre contribuable, l'Administration doit choisir un unique fondement. Pour cette raison, le Conseil d'État estime que dans le cas où le prestataire réel a fait l'objet d'une imposition sur le terrain de l'article 155 A du CGI, alors « *la personne qui a un établissement stable en France et qui a facturé la prestation ne saurait être imposée au titre de la rémunération qu'elle a perçue sur le fondement des règles de droit commun de l'impôt sur le revenu ou de l'impôt sur les sociétés* ». Dans la présente affaire, le contribuable aurait pu contester la rectification fondée sur les dispositions de l'article 155 A du CGI si l'Administration avait, en même temps, effectivement imposé la société luxembourgeoise sur la même base imposable sur le fondement des dispositions de l'article 209, I du CGI. En l'espèce, il n'était nullement démontré que la société luxembourgeoise avait été effectivement imposée en France sur le fondement de ces dispositions.

---

[2014] Le Conseil constitutionnel reconnaît d'ailleurs qu' « *aucune règle ou principe de valeur constitutionnelle ne fait obstacle à ce que, [...], le législateur puisse, pour un impôt déterminé, retenir un élément d'assiette qui sert déjà de base à un autre impôt* », v. : Cons. const., 29 décembre 1984, déc n° 84-184 DC, : *Dr. fisc.* 1985, n° 2-3, comm. 56.

[2015] V. Christophe DE LA MARDIERE, « Article 155 A : l'Administration a le choix des armes », *Dr. fisc.*, 2017, n° 40, 491.

**803. L'analyse de la solution. –** Comme l'explique la doctrine, cette décision du Conseil d'État pourrait trouver sa source dans le principe d'égalité devant les charges publiques (DDHC, art. 13)[2016]. Elle complète alors la protection accordée par le Conseil constitutionnel contre les doubles impositions juridiques (n° 605). Néanmoins, les contribuables peuvent s'interroger sur l'étendue de la protection accordée par le Conseil d'État. A-t-elle vocation à ne s'appliquer qu'à l'article 155 A du CGI ou peut-elle être transposée aux autres mesures anti-abus ? Le juge fiscal ne s'est pas prononcé. Par ailleurs, dans l'hypothèse où une mesure anti-abus « modalité d'assiette » et une autre disposition du droit fiscal seraient toutes les deux applicables et qu'une application cumulée aboutirait à une double imposition de la même base taxable en France, l'Administration a plutôt intérêt à concilier leur mise en œuvre. À vrai dire, elle n'est pas insensible à la double imposition économique qui peut résulter d'une application cumulée de deux mesures anti-abus « modalités d'assiette » spécifiques. Par exemple, dans sa doctrine, l'Administration neutralise les situations de double imposition économique qui pourraient aboutir de l'application simultanée des articles 209 B et 123 *bis* du CGI[2017].

**804.** En conséquence, la question de la double imposition économique française qui résulte de l'application simultanée d'une mesure anti-abus « modalité d'assiette » et d'une autre mesure fiscale fait l'objet d'une attention particulière par le juge et l'Administration. Une même base imposable ne peut pas être imposée deux fois en France sur deux fondements distincts entre les mains de deux contribuables différents. Si ces éléments, donnés dans les textes ou par la jurisprudence, permettent d'anticiper plus sereinement la manière dont l'Administration peut ou doit articuler les mesures anti-abus entre elles ou avec les autres modalités d'assiette du droit fiscal international, il serait sans doute opportun d'établir clairement, à l'avenir, une articulation entre les mesures anti-abus du droit fiscal international.

---

[2016] V. Jean-Luc PIERRE, « Imposition en France des sommes versées à des sociétés étrangères en rémunération de prestations de services accomplies dans cet État », *Dr. sociétés* 2017, n° 11, comm. 200.

[2017] BOI-RPPM-RCM-10-30-20-20, § 130 et s. En effet, il peut exister des cas dans lesquels une personne physique détient une participation dans une entité juridique étrangère, imposable sur le terrain de l'article 123 *bis* du CGI, par l'intermédiaire d'une société française. Or, si la société française détient l'entité étrangère à plus de 50 %, elle peut être soumise aux dispositions de l'article 209 B du CGI. L'Administration propose alors que la société soit soumise à l'impôt sur les sociétés sur le fondement de l'article 209 B. Toutefois, les droits financiers détenus à travers la société française, s'ils doivent être pris en compte pour le calcul de la détention du seuil de 10 %, ne doivent pas être retenus pour la détermination des revenus de capitaux mobiliers.

## *§ 2 – Une articulation envisagée en droit prospectif*

**805.** Toutes les questions attachées à l'articulation des mesures anti-abus ne trouvent pas forcément des réponses en droit positif. En ce sens, les textes et la jurisprudence ne traitent pas explicitement de la question du « choix des armes » pour l'Administration entre, d'un côté, les dispositions d'une mesure anti-abus « règle d'assiette » et, d'un autre côté, celles d'une mesure du droit commun fiscal international, lorsqu'elles sont applicables à un même contribuable (**A**). Pour faciliter l'articulation des mesures anti-abus, il serait probablement judicieux d'abroger les mesures anti-abus « surabondantes » et de poser clairement et concrètement les règles d'articulation (**B**).

### *A. La généralisation de la subsidiarité des mesures anti-abus vis-à-vis des autres règles d'assiette*

**806. Le contrôle limité du juge quant au choix des dispositions à mettre en œuvre.** – Hormis les cas dans lesquels les dispositions des mesures anti-abus paraissent être d'application subsidiaire (LPF, art. L. 64 ; L. 64 A ; CGI, art. 205 A), l'Administration paraît libre de faire l'application de la mesure fiscale de son choix dont les dispositions permettent d'assurer le plus efficacement possible « *la sauvegarde des intérêts du Trésor* »[2018]. L'Administration dispose donc, quant au choix de la mesure fiscale à mettre en œuvre, pour le moment du moins, d'une entière liberté d'action. Les cas dans lesquels l'Administration ne dispose pas d'une liberté de choix sont réduits. Toujours est-il que le juge contrôle variablement le choix opéré par l'Administration. En effet, dans le cas où l'Administration met en œuvre des dispositions d'application subsidiaire, le juge peut vérifier que les dispositions d'aucune autre mesure anti-abus au champ d'application plus spécifique (ou d'aucune autre mesure du droit fiscal commun) ne sont applicables. Dans le cas où les dispositions d'une autre mesure anti-abus (ou les dispositions d'autres dispositifs fiscaux d'assiette) auraient pu être appliquées, la décision d'imposition prise par l'Administration pourrait être annulée. La question qui se pose, à la lecture de cet état du droit, est de savoir si l'Administration ne doit pas être contrainte, plus largement, quant au choix des dispositions à mettre en œuvre pour imposer l'opération transnationale entre les mains d'un contribuable. Ne serait-il pas judicieux de faire en sorte que l'Administration soit contrainte de mettre en œuvre les dispositions des mesures anti-optimisation, lorsqu'elles sont applicables, plutôt que de faire application des dispositions d'une mesure anti-abus ?

---

[2018] L'expression est empruntée à l'Administration : BOI-BIC-CHG-80-20, § 50.

**807. L'extension de la subsidiarité des mesures anti-abus ? –** La jurisprudence a récemment traité de la question de la subsidiarité d'une mesure anti-abus « modalité d'assiette » spécifique du droit fiscal international (CGI, art. 155 A) vis-à-vis des dispositions communes du droit fiscal international français (CGI, art. 209, I). Le juge autorise alors l'Administration à faire application des dispositions de la mesure anti-abus pour rectifier la base imposable à l'impôt sur le revenu d'un contribuable résident, plutôt que de faire application des dispositions d'une mesure du droit fiscal international pour rectifier la base imposable à l'impôt sur les sociétés d'un autre contribuable non-résident (n° 792 et s.). Mais, le juge ne s'est pas prononcé sur la question de savoir si l'Administration est autorisée à recourir aux dispositions d'une mesure anti-abus pour rectifier l'imposition d'un contribuable, alors que les dispositions d'une mesure d'assiette trouvent à s'appliquer et, partant, permettent de rectifier la même base imposable du même contribuable.

**808. Des difficultés concrètes.** – Par exemple, une société mère établie en France, au cours de l'exercice 2022, perçoit des dividendes d'une filiale établie à l'étranger. La société mère fait application des dispositions de l'article 145 du CGI et opte pour le régime de faveur « mères-filles ». Au cours d'une opération de contrôle, l'Administration fiscale s'aperçoit que la filiale établie à l'étranger a pu déduire de son résultat imposable les bénéfices distribués. Or, le point b de l'article 145 du CGI dispose que le régime de faveur ne s'applique pas aux produits des titres d'une société dans la proportion où les bénéfices ainsi distribués sont déductibles du résultat imposable de cette société. En même temps, l'Administration estime que la substance de la société étrangère est douteuse, ce qui lui permettrait éventuellement de mettre en œuvre les dispositions de l'article 205 A du CGI. L'Administration peut s'interroger sur le choix des dispositions qui pourraient fonder la rectification du contribuable. Les dispositions de l'article 145, 6, b permettent de refuser le bénéfice du régime de faveur « mères-filles » et de rectifier le montant de l'assiette imposable à l'impôt sur les sociétés de la société mère française. Les dispositions de l'article 205 A du CGI peuvent aboutir à la même solution. Recourir aux dispositions d'une mesure anti-abus est-il adapté lorsque les dispositions d'une mesure anti-optimisation peuvent être mises en œuvre ? En recourant aux dispositions anti-abus, l'Administration pourrait être jugée comme allant au-delà de ce qui est nécessaire pour imposer une opération. Plus encore, le juge pourrait simplement dire que l'opération n'aboutit pas à l'obtention d'un avantage fiscal, étant donné que les dispositions du b de l'article 145, 6 sont applicables.

**809. Discussion. –** Dans un contexte où le législateur tente d'apaiser les relations entre l'Administration et les contribuables[2019], il pourrait être judicieux de réduire les cas dans lesquels l'Administration reproche au contribuable d'avoir commis une pratique abusive. L'application des dispositions d'une mesure anti-abus ne serait faite qu'aux contribuables qui échappent à l'application des dispositions du droit fiscal international commun. Une telle interprétation pousserait alors les services de contrôle à ne mettre en œuvre que parcimonieusement les mesures anti-abus. En pratique, il n'est pas exclu que les services de contrôle rencontrent des difficultés à prouver que l'opération poursuivie par un contribuable entre, par exemple, dans le champ d'application des dispositions d'une mesure anti-optimisation et préfère ainsi appliquer les dispositions d'une mesure anti-abus. Cependant, les mesures anti-abus ont vocation à appréhender les pratiques abusives des contribuables qui échappent à l'impôt normalement dû. Or, si l'imposition du contribuable peut être rectifiée sur le fondement d'une mesure anti-optimisation, l'Administration n'a pas besoin de recourir aux mesures anti-abus.

**810.** L'avenir dira si la vision traditionnelle attachée à la procédure d'abus de droit (LPF, art. L. 64), à savoir sa subsidiarité vis-à-vis des autres dispositions du droit fiscal, sera étendue aux mesures anti-abus « modalités d'assiette ». Il serait préférable que le législateur se saisisse rapidement de cette question. Plus généralement, il serait opportun de « *toiletter le CGI* »[2020] afin de supprimer les mesures anti-abus surabondantes dans l'optique de proposer une articulation claire des mesures anti-abus.

### B. L'abrogation des mesures anti-abus surabondantes

**811.** Le rapport PEYROL du 7 avril 2021 insiste sur « *la nécessité de poursuivre la réflexion sur l'articulation des outils anti-abus* »[2021]. Selon ce rapport, il est sensé de faire évoluer « *utilement* »[2022] l'articulation des mesures anti-abus afin de garantir une meilleure prévisibilité juridique. Pour ce faire, l'alternative la plus efficace serait d'abroger certains dispositifs anti-abus surabondants.

---

[2019] V. notamment la loi dite « ESSoC » (pour *État au service d'une société de confiance*) : loi n° 2018-727 du 10 août 2018.
[2020] Florence DEBOISSY, « Articulation de la procédure d'abus de droit et des clauses anti-abus », *op. cit.*, § 21.
[2021] Rapport PEYROL II, *préc.*, p. 52 et s.
[2022] *Ibid.*

**812. Les solutions proposées par des travaux parlementaires. –** Dans ce récent rapport parlementaire, il est mis en évidence le fait que, dans l'esprit du législateur, l'article L. 64 A du LPF, contrairement à ce qu'affirme l'Administration fiscale, a vocation à s'appliquer en matière d'impôt sur les sociétés. De sorte que, les champs d'application des dispositions des articles L. 64 A du LPF et 205 A du CGI se superposent. Cet éclairage est évidemment bienvenu. Pour autant, il n'est pas suffisant pour améliorer l'articulation des mesures anti-abus entre elles. Le rapport insiste alors sur le fait qu'il est envisageable, qu'à l'avenir, les dispositions des articles 205 A, 210-0 A, III et 119 *ter*, 3 soient abrogées. En effet, telles qu'elles sont actuellement rédigées, les dispositions de l'article L. 64 A du LPF peuvent être mises en œuvre par l'Administration pour lutter contre les pratiques abusives susceptibles d'être appréhendées sur le terrain des articles 205 A, 210-0 A, III et 119 *ter*, 3 du CGI. Cette proposition est souhaitable pour plusieurs raisons. D'abord, elle permet de réduire drastiquement le nombre de clauses anti-abus inscrites dans le CGI. La « *fusion* »[2023] des textes anti-abus précités au sein de l'article L. 64 A du LPF permettrait d'éviter une superposition malvenue (n° 298 et s.). Qui plus est, les contentieux qui se cristalliseraient autour de la question du choix du dispositif à mettre en œuvre seraient évités. La question de savoir si l'Administration doit prioritairement appliquer un dispositif anti-abus vis-à-vis d'un autre ne se pose plus au sujet des dispositifs anti-abus éventuellement abrogés. Cette question doit néanmoins être résolue pour les autres mesures qui resteraient en vigueur. Plus encore, la différence de traitement entre les articles L. 64 A du LPF et 205 A du CGI ne poserait plus de difficultés au regard du principe d'égalité et/ou du principe de non-discrimination (n° 585 et s.).

**813. Une difficulté : la transposition de l'article 6 de la directive « ATAD 1 ».** – La difficulté tient au fait que l'article L. 64 A du LPF ne reprend pas exactement les critères de définition de la clause anti-abus générale de la directive « ATAD 1 ». Toutefois, l'article L. 64 A du LPF pourrait être interprété comme transposant l'article 6 de la directive « ATAD 1 ». En effet, les dispositions de l'article L. 64 A du LPF peuvent être appliquées par l'Administration et par le juge de l'impôt en tenant compte de l'interprétation que la jurisprudence de la Cour de justice de l'Union européenne donnera à la clause anti-abus générale de la directive. De la même manière, il n'est pas inenvisageable que l'article L. 64 A du LPF soit réécrit pour prendre en compte, au fur et à mesure, les avancées de la jurisprudence européenne.

---

[2023] *Ibid.*, p. 55.

**814. Le maintien de deux procédures d'abus de droit ? –** Une fois ces abrogations adoptées, les deux procédures d'abus de droit fiscal (LPF, art. L. 64 et L. 64 A), la clause anti-abus « PPT », ainsi que de multiples mesures anti-abus spécifiques seraient maintenues dans l'ordonnancement juridique. Ne serait-il pas opportun de faire en sorte que l'article L. 64 du LPF absorbe l'article L. 64 A du LPF ? Il n'est pas inconcevable que les deux procédures d'abus de droit aient chacune leur utilité. En effet, l'une viendrait appréhender toute sorte d'abus de droit (LPF, art. L. 64 A). L'autre viendrait appréhender les formes « aggravées » d'abus de droit (LPF, art. L. 64). Seules les formes « aggravées » seraient susceptibles de faire l'objet d'une sanction automatique (CGI, art. 1729, b). La difficulté tient au critère de distinction entre les formes « classiques » et les formes « aggravées » d'abus de droit. La frontière entre ces deux formes d'abus de droit pourrait être celle du « montage artificiel dénué de toute substance » (n° 731 et s.). En dessous de ce seuil, l'opération abusive serait appréhendée sur le terrain de l'article L. 64 A du LPF. Or, distinguer les pratiques abusives selon le degré plus ou moins marqué d'artificialité d'une opération laisse une marge d'appréciation étendue à l'Administration pour déterminer ce qui relève (ou non) d'une forme « aggravée » d'abus de droit. Laisser une seule procédure d'abus de droit, à la disposition de l'Administration, qui permet d'appréhender toutes sortes de pratiques abusives, est une alternative qui semble être plus raisonnable. À moins que le législateur détermine des critères clairs et précis de ce qui pourrait s'assimiler à une pratique abusive « aggravée », autant maintenir un standard unique en matière d'abus de droit, comme « garde-fou » ultime.

**815. La nécessité de poser clairement des règles d'articulation. –** Par ailleurs, en cas de conflit entre une mesure anti-abus qui identifie concrètement une pratique abusive et une mesure anti-abus qui identifie abstraitement l'abus de droit, il ne serait pas inopportun, au regard de l'objectif de prévisibilité juridique, de poser la règle selon laquelle la première devrait être d'application prioritaire. De la même manière, en cas de conflit entre la clause « PPT » et l'une des deux procédures d'abus de droit, il paraît plus cohérent de faire une application prioritaire de la clause anti-abus conventionnelle pour tenir compte de la logique bilatérale ou multilatérale qui lui est attachée. Dans le cas où les dispositions d'une mesure anti-abus identifiant concrètement une pratique abusive et celles d'une autre règle du droit fiscal international se concurrencent pour appréhender une même base imposable entre les mains d'un même contribuable, il peut être opportun de faire en sorte que l'Administration priorise la mise en œuvre des secondes. Généraliser la solution selon laquelle les dispositions anti-abus sont des techniques subsidiaires de protection de l'ordonnancement juridique est sans doute préférable. Consacrer un tel caractère subsidiaire ne serait évidemment pas éloigné de ce qui est pratiqué dans les autres matières. Par exemple, en droit international privé, l'exception de la fraude à la loi a un caractère subsidiaire[2024]. En outre, en droit administratif, le détournement de pouvoir, est un moyen d'annulation à caractère subsidiaire d'un acte administratif[2025]. Ainsi, en droit fiscal international, il pourrait être cohérent d'analyser les règles relatives à la répartition des bases d'imposition comme des règles d'application prioritaire, vis-à-vis des règles anti-abus qui ont pour objectif de lutter contre la fraude et l'évasion fiscales internationales.

**816. Conclusion de la Section II.** – Les règles d'articulation entre les mesures anti-abus « modalités d'assiette » manquent de lisibilité. Poser des règles d'articulation claires et cohérentes, dans la perspective d'éviter des contentieux entre le contribuable et l'Administration, est nécessaire. Les travaux parlementaires ont entamé une réflexion sur le sujet. Il serait évidemment bienvenu que cette démarche soit à l'avenir poursuivie par les pouvoirs publics. Il est tout de même plus probable qu'il revienne *in fine* au juge de combler les lacunes de la loi.

---

[2024] Pascal DE VAREILLES-SOMMIERES, « Fraude à la loi », in *Répertoire de droit international*, § 52.

[2025] Pascale GONOD, Mathias GUYOMAR, « Détournement de pouvoir et de procédure », in *Répertoire du contentieux administratif*, § 4.

## Conclusion du Chapitre II

**817.** Actuellement, quelques règles d'articulation sont posées par la loi et la jurisprudence. Cependant, elles manquent le plus souvent de précision. En pratique, l'étendue du caractère subsidiaire de la procédure d'abus de droit (LPF, art. L. 64 LPF) ou du caractère subsidiaire des dispositifs anti-abus des articles L. 64 A du LPF et 205 A du CGI est discutée. Aussi, il existe un manque de clarté au sujet de l'articulation entre les mesures anti-abus « règles d'assiette » et les autres règles d'assiette du droit fiscal international. La jurisprudence tend à analyser les mesures anti-abus « modalités d'assiette » comme des outils permettant de faciliter les opérations de contrôle et de rectification de l'Administration. Ainsi, cela permet de justifier le « choix des armes » des services de contrôle lorsqu'une mesure anti-abus et une autre règle d'assiette se concurrencent. Mais, cette interprétation s'éloigne d'une conception plus traditionnelle selon laquelle les règles anti-abus, du fait de leur caractère dérogatoire au droit commun, ne devraient être mises en œuvre que dans le cas où aucun autre fondement ne permet de justifier l'imposition du contribuable. Finalement, le manque de lisibilité des règles d'articulation s'explique par le fait que le législateur n'a pas jugé utile de s'intéresser globalement à la question de l'articulation des mesures anti-abus, alors même qu'il les multipliait au fil des réformes, ce qui est évidemment regrettable. Pour clarifier l'état du droit positif, adopter des solutions plus explicites paraît nécessaire.

## Conclusion du Titre II

**818.** Les règles qui ont pour objet de traiter la question de l'articulation des mesures anti-abus sont incomplètes. Le législateur ne s'est pas suffisamment interrogé sur cette thématique. La jurisprudence est amenée à trouver des solutions au fil des contentieux. En l'état, il est délicat de trouver une cohérence d'ensemble. Il serait préférable que des principes d'articulation soient précisément posés. Pour sûr, la question de l'articulation des mesures anti-abus susciterait moins de difficultés dans l'hypothèse où seraient abrogées les mesures anti-abus surabondantes. Étant donné que le législateur est probablement peu enclin à proposer de tels aménagements, les solutions viendront sans doute de la jurisprudence. En pratique, il paraît pertinent de généraliser l'interprétation selon laquelle une mesure anti-abus est d'application subsidiaire par rapport aux autres règles d'assiette du droit fiscal international. En ce sens, il conviendrait de refuser à l'Administration la possibilité de recourir à une règle anti-abus, dès lors qu'un autre fondement du droit commun permettrait d'aboutir à la même rectification. Dans le cas où aucun fondement du droit commun ne permettrait de rectifier l'imposition du contribuable, le recours à une règle anti-abus se justifie. Ainsi, il serait judicieux de faire application, d'abord, des mesures anti-abus « règles d'assiette » et, ensuite, des mesures anti-abus dont la mise en œuvre aboutit à l'inopposabilité de l'opération. Pour décider de la mesure anti-abus applicable, le juge pourrait être amené à stratifier la notion d'abus de droit. Les abus « les plus graves » seraient appréhendées sur le terrain de l'article L. 64 du LPF et les abus « les moins graves » seraient appréhendées sur le terrain des articles 205 A du CGI et L. 64 A du LPF. Or, cette stratification ne paraît acceptable, dès lors qu'elle ne repose sur aucun critère précis de définition et tend à complexifier la mise en œuvre des mesures anti-abus.

## Conclusion de la Partie II

**819.** La rationalisation de la mise en œuvre des mesures anti-abus du droit fiscal international français est nécessaire. Elle est censée remédier aux incertitudes attachées à la diversification des mesures anti-abus. Les juges jouent alors un rôle essentiel à deux niveaux. D'abord, ils s'assurent que les dispositions des mesures anti-abus n'aillent pas au-delà de ce qui est nécessaire pour parvenir à l'objectif poursuivi par les mesures anti-abus, à savoir, la lutte contre l'évasion fiscale internationale. Ensuite, au fil des décisions et des arrêts, ils tentent de trouver une méthode d'articulation convenable entre les différentes mesures anti-abus, mais aussi, avec les règles d'assiette du droit fiscal international. Cependant, ce processus de rationalisation ne paraît pas totalement achevé. Probablement, à l'occasion de contentieux futurs, les juges tenteront de proposer des solutions satisfaisantes aux questions qui sont nées de la multiplication excessive des mesures anti-abus du droit fiscal international.

> « *On le voit, le système de notre jurisprudence sur la sanction à donner à l'abus est loin de présenter une unité, qui n'est d'ailleurs aucunement désirable ; c'est un système extrêmement souple, empiriquement aménagé, nuancé à l'infini [...].* »
>
> Louis JOSSERAND[2026]

**820. Une diversification bienvenue ? –** À la fin de son ouvrage *De l'esprit des droits et de leur relativité : théorie dite de l'abus des droits*, Louis JOSSERAND s'avoue satisfait de la diversité des régimes juridiques permettant de sanctionner les abus des sujets de droit. Mais, la conclusion de notre étude sur les dispositifs anti-abus en droit fiscal international est plus mesurée que celle du célèbre auteur civiliste. Les dispositifs anti-abus en droit fiscal international ne forment pas un « *système parfait* »[2027]. Nous estimons que le système est satisfaisant à la condition qu'il permette de concilier suffisamment la lutte contre les pratiques abusives en droit fiscal international et la garantie d'un niveau raisonnable de prévisibilité juridique. Or, le système contient un certain nombre d'incohérences et d'éléments de régime à la proportionnalité discutable. Dès lors, en l'état, le système ne permet pas de concilier suffisamment les différents intérêts en présence. Pour sûr, il existe aussi des éléments de régime jugés cohérents et proportionnés qui méritent l'approbation.

**821. Des éléments de régime garantissant une cohérence d'ensemble. –** Divers éléments de régime propres aux dispositifs anti-abus participent à la garantie d'une cohérence d'ensemble. D'abord, le fait que l'ordonnancement juridique contienne simultanément des règles anti-abus définissant concrètement les pratiques abusives internationales et des règles anti-abus définissant abstraitement l'abus de droit est pertinent. En effet, les contribuables peuvent anticiper, grâce aux mesures anti-abus spécifiques, diverses opérations s'assimilant à des pratiques abusives (n° 169 et s.). En même temps, le recours à des dispositifs anti-abus consacrant une définition générale de l'abus de droit laisse à l'Administration, sous le contrôle du juge, une marge de manœuvre utile et bienvenue pour décider

[2026] Louis JOSSERAND, *De l'esprit des droits et de leur relativité : théorie dite de l'abus des droits*, *op. cit.*, p. 442, § 332.

[2027] L'expression est empruntée à : Véronique CHAMPEIL-DESPLATS, *Méthodologies du droit et des sciences du droit*, *op. cit.*, p. 332 , § 538.

au cas par cas ce qui relève, ou non, de l'abus de droit. Ces dernières mesures anti-abus ont l'avantage de pousser les contribuables à la réflexion, en amont de toute opération, sur la limite entre l'acceptable et l'inacceptable (n° 89 et s.). Ensuite, la diversification des prérogatives de l'Administration pour lutter contre les abus de droit permet de faciliter les opérations de contrôle et de rectification (n° 364 et s.). Aussi, cette diversification permet de renforcer le caractère dissuasif des règles anti-abus. Ayant conscience que l'Administration a un « arsenal » conséquent « d'armes » à sa disposition, au premier rang desquels viennent le pouvoir de rendre inopposable l'opération abusive et le pouvoir de sanction, le contribuable est découragé de commettre une pratique abusive.

**822. Des éléments de régime garantissant la proportionnalité. –** Nous croyons que plusieurs éléments de régime permettent d'assurer un équilibre, dans le sens où ils proposent des garanties aux contribuables. Les contribuables ont la faculté, grâce à la procédure de rescrit, de sécuriser une opération qu'ils comptent réaliser (n° 382 et s.). Aussi, il convient de rappeler que la mise en œuvre des mesures anti-abus par l'Administration fait parfois l'objet d'un encadrement procédural spécifique et bienvenu. Par exemple, c'est à l'inspecteur divisionnaire d'avaliser le recours à la procédure d'abus de droit fiscal (n° 379). En outre, en cas de désaccord entre l'Administration et le contribuable s'agissant de la rectification prononcée sur le fondement d'une mesure anti-abus, il est fort appréciable que le Comité d'abus de droit fiscal puisse être saisi pour rendre un avis indépendant (n° 380). Le fait que des garanties soient accordées aux contribuables permet d'éviter que des prérogatives à la disposition de l'Administration apparaissent comme excessives.

**823. Des éléments de régime à la cohérence discutable. –** Cependant, d'autres éléments de régime sont à l'origine d'une certaine incohérence. En effet, nous les jugeons incohérents lorsque nous éprouvons des difficultés à percevoir leur effet utile, lorsqu'ils font naître des contradictions et/ou lorsqu'ils paraissent incomplets. D'abord, il n'était pas nécessaire d'adopter les dispositifs anti-abus des articles 205 A du CGI et L. 64 A du LPF au regard de l'alternative solide que représentait la procédure traditionnelle d'abus de droit (LPF, art. L. 64) (n° 291 et s.). D'autres mesures anti-abus ont un effet utile discutable (n° 307, 361). Par exemple, le maintien de la clause de bénéficiaire effectif dans les conventions fiscales pourrait être analysé comme injustifié en raison notamment de la généralisation de la clause « PPT » depuis l'entrée en vigueur de la convention multilatérale « BEPS » (n° 333 et s.). De plus, par l'accumulation des dispositifs anti-abus, le législateur a créé de la confusion vainement. En effet, la stratification de l'abus de droit en de multiples définitions générales s'avère peu harmonieuse. Le flou persiste sur la portée qu'il convient d'attribuer aux critères du « but exclusivement fiscal », du

« but principalement fiscal », du « but essentiellement fiscal » ou du « montage non-authentique » (n° 148 et s.). En outre, la stratification de la notion d'abus de droit dans la jurisprudence du Conseil d'État fait peu à peu son apparition. L'interprétation du juge administratif suprême ne donne pas non plus totalement satisfaction car les distinctions qu'il opère ne repose pas sur des critères suffisamment clairs et précis (n° 718 et s.). En parallèle, il est également difficile de comprendre pourquoi la loi attache à certains dispositifs anti-abus des garanties substantielles, qu'elle n'attache pas à d'autres dispositifs anti-abus analogues (n° 380). Enfin, le système paraît incomplet à certains égards. En effet, il est encore complexe de bien saisir la manière dont s'articulent les dispositions des mesures anti-abus dans le cadre des opérations de contrôle et de rectification de l'Administration (n° 743 et s.). Ces incohérences sont à l'origine d'une certaine ambigüité qui portent excessivement atteinte à la prévisibilité juridique.

**824. Des éléments de régime disproportionnés selon la jurisprudence. –** À plusieurs reprises, la jurisprudence a eu l'occasion de prohiber le recours à certains éléments spécifiques de régime. Par exemple, les juges estiment que les dispositifs anti-abus doivent viser spécifiquement les montages artificiels (n° 625 et s.) et ne doivent organiser ni une présomption irréfragable de fraude ou d'évasion (n° 607, 628), ni une présomption générale d'abus (n° 629). De la même manière, il ressort de la jurisprudence que la mise en œuvre des dispositifs anti-abus ne doit aboutir à aucune situation de double imposition juridique (n° 601 et s.) ou économique (n° 801 et s.) en France. Pour sûr, les dispositifs anti-abus qui ne respecteraient pas ces limites clairement établies par la jurisprudence iraient au-delà de ce qui est nécessaire pour lutter contre les pratiques abusives et, partant, porteraient une atteinte excessive à la prévisibilité fiscale. En pratique, les pouvoirs publics et le juge de l'impôt font en sorte d'effacer et de neutraliser les éléments de régime des dispositifs anti-abus qui ne se conforment pas à ces limites d'origine jurisprudentielle, ce qui tend à assurer en partie la conciliation des différents intérêts en présence.

**825. Des éléments de régime à la proportionnalité discutable.** – En dehors des cas relevés par la jurisprudence, nous estimons qu'il existe des éléments de régime dont la proportionnalité n'est pas évidente à caractériser. En ce sens, la pertinence de certaines règles de preuve propres aux mesures anti-abus est discutée. Deux exemples marquants peuvent illustrer le propos. Le fait que la loi présume le caractère abusif d'une opération, seulement parce que cette dernière implique une entité qui bénéficie d'un régime fiscal privilégié à l'étranger ou implique un contribuable non-résident, peut paraître disproportionné. Si ces présomptions pouvaient pendant un temps se justifier en raison des difficultés pour l'Administration de contrôler les opérations transnationales des contribuables, il est désormais beaucoup plus aisé pour les services de contrôle de recueillir des informations auprès des Administrations étrangères. Qui plus est, ces présomptions peuvent contribuer à établir un climat de méfiance entre le contribuable et les services. Or, ce climat n'est point en harmonie avec la volonté politique contemporaine d'établir une relation de confiance entre les administrés et l'Administration. Dès lors, ce changement de circonstances laisse penser que certaines présomptions (même réfragables) puissent être analysées comme disproportionnées (n° 462 et s.). En parallèle, la dichotomie entre « le montage artificiel, dénué de toute substance » et les autres pratiques abusives proposée par le Conseil d'État est discutée (n° 719 et s.). Certains pourraient la juger excessive dès lors qu'elle revient en partie sur une garantie établie par la jurisprudence quelques années auparavant, selon laquelle l'Administration doit démontrer que le contribuable a violé l'esprit d'un texte fiscal. En tout état de cause, cette dichotomie ne permet pas, en l'état, de garantir une cohérence d'ensemble (n° 730 et s.). Afin de neutraliser ces incohérences et ces éléments de régime excessifs, il serait souhaitable que des aménagements soient proposés par les pouvoirs publics ou par la jurisprudence.

**826. Des aménagements législatifs souhaitables. –** Il serait bienvenu que la démarche de rationalisation des mesures anti-abus applicables en droit fiscal international s'accentue à l'avenir afin de garantir aussi bien l'exigence de cohérence, que l'exigence de proportionnalité. Un moyen efficace de remédier aux difficultés identifiées serait d'engager une réforme globale des règles anti-abus. L'abrogation des dispositifs anti-abus jugés surabondants serait adaptée (n° 811 et s.)[2028]. Il serait également appréciable que le législateur aménage certains éléments de régime. L'extension de la faculté pour le contribuable de saisir le Comité de l'abus de droit fiscal mettrait fin à des différences de traitement qui ne reposent pas sur de solides justifications (n° 381). De la même manière, par souci de lisibilité et de simplification de l'état du droit, les exigences en matière de preuve mériteraient d'être harmonisées, à tout le moins dans les dispositifs anti-abus qui organisent des présomptions de pratiques abusives. Il conviendrait alors de distinguer plus clairement des hypothèses communes dans lesquelles la charge de la preuve repose sur l'Administration et celles dans lesquelles elle repose sur le contribuable (n° 450 et s., 611 et s.). Toutefois, en pratique, pour des considérations politiques, il est peu probable que les pouvoirs publics décident d'entamer une réforme globale.

---

[2028] Rappelons, comme l'estime Catherine BERGEAL, que « *l'abrogation n'est pas seulement un moyen de lutter contre la multiplication des textes normatifs ; elle est la condition de leur cohérence* ». V. Catherine BERGEAL, *Manuel de légistique*, 9ème éd., 2022, Berger-Levrault, « Les indispensables », p. 217, § 175.

**827. Des aménagements jurisprudentiels envisageables.** – À l'avenir, il est plus probable que les juges, dans le cadre des affaires qu'ils ont à traiter, viennent rationaliser le système (n° 474 et s.). Il serait pertinent qu'ils proposent une interprétation convergente des différentes définitions de l'abus de droit à travers l'« artificialité » (n° 163 et s., 737 et s.). Dans l'hypothèse où le juge fiscal persisterait à stratifier l'abus de droit entre, d'un côté, des formes « aggravées » d'abus et, de l'autre côté, des formes « moins graves » d'abus, il serait judicieux qu'il pose des critères suffisamment précis et objectifs permettant de saisir plus clairement la frontière entre ces deux hypothèses (n° 740). Ensuite, il serait raisonnable que le juge fiscal prenne globalement position sur une méthode d'articulation entre les différentes mesures anti-abus. En ce sens, dans l'optique d'apaiser les tensions entre le fisc et les contribuables, les règles anti-abus pourraient être analysées comme des règles d'application subsidiaire par rapport aux dispositions d'assiette communes du droit fiscal international (n° 806 et s.). En parallèle, en cas de conflit entre deux mesures anti-abus, il serait compréhensible, au moins par souci de lisibilité, de faire en sorte que l'Administration applique prioritairement les dispositions les plus spécifiques, avant de faire application des dispositions plus générales. En pratique, cette méthode n'est pas en tout point satisfaisante dans la mesure où elle peut être à l'origine d'une multiplication des contentieux (n° 789 et s.).

**828. Une matière en constante évolution.** – *In fine*, une certaine hétérogénéité ressort de l'étude des dispositifs anti-abus en droit fiscal international. Pour autant, elle n'est pas en tant que telle critiquable. Les spécificités de certaines règles anti-abus peuvent se justifier selon les circonstances et, à plusieurs reprises, paraissent cohérentes et proportionnées. Cependant, il serait souhaitable que divers aménagements soient réalisés afin de tendre vers un système davantage satisfaisant. L'assurance d'un niveau raisonnable de sécurité juridique paraît tout aussi importante que la lutte contre les pratiques abusives. Par ailleurs, la quête d'un système satisfaisant est rendue délicate par des réformes de plus en plus nombreuses et récurrentes en la matière. Il n'est pas certain, dans le contexte actuel où les États recherchent constamment à protéger leur budget face à la fraude et l'évasion fiscales internationales, que le rythme des réformes en matière d'abus de droit s'atténue. La récente proposition de directive du Conseil établissant des règles pour empêcher l'utilisation abusive d'entités écrans à des fins fiscales[2029], dite « ATAD 3 », le montre bien.

---

[2029] Commission européenne, *Proposition de directive du Conseil établissant des règles pour empêcher l'utilisation abusive d'entités écrans à des fins fiscales et modifiant la directive*

**829. La recherche perpétuelle d'un système équilibré. –** Si la lutte contre les pratiques abusives en droit fiscal international n'a pas été en soi « *réinventée* »[2030], elle a fait l'objet de profondes réformes ces dernières années. Cette évolution s'explique en grande partie par l'influence des travaux de l'Union européenne et de l'Organisation de coopération et de développement économiques. Cette influence, qui s'est concrétisée par l'adoption de multiples directives européennes et de la convention multilatérale « BEPS », ne doit pas être nécessairement dénoncée. Au contraire, elle mérite d'être encouragée car elle participe à l'adoption d'éléments de régime communs entre les États et permet d'établir une harmonie au sein du système fiscal international pour faire face aux évolutions économiques et sociétales. Ainsi, désavouer les avancées des réformes récemment entreprises et adoptées à l'échelle européenne et mondiale paraît excessif. Il n'est toutefois pas disproportionné de soutenir que des ajustements sont nécessaires dans notre ordonnancement juridique. Concilier les standards français, européens et internationaux relatifs à la lutte contre l'abus de droit n'est pas insurmontable s'ils convergent vers un même point : la recherche d'un équilibre satisfaisant entre la lutte contre les pratiques abusives et la garantie d'un niveau raisonnable de sécurité juridique.

**830. Vers un système parfait ? –** Faire des dispositifs anti-abus applicables en droit fiscal international français un « *système parfait* »[2031] ou un « *système extrêmement souple, empiriquement aménagé et nuancé à l'infini* »[2032] est délicat, puisqu'il est complexe de trouver un compromis convenant à tous les acteurs du droit fiscal. En effet, l'appréciation de la qualité d'un système renferme une part irréductible de subjectivité. D'ailleurs, nous rappelons que notre évaluation, même si elle se fonde sur des appréciations qui s'efforcent d'être les plus objectives possible, reste en partie subjective. Mais, trouver des points d'équilibre convaincants n'est pas impossible. En ce sens, l'adaptation des mesures anti-abus à l'exigence du « montage purement artificiel » permet d'illustrer le propos. D'origine européenne, ce critère a été intégré dans l'ordonnancement juridique français. Pour le

---

*2011/16/UE*, COM(2021)565, décembre 2021. Pour une présentation synthétique et complète de la proposition de directive, v. « Entités écrans, impôt minimum, ETNC : l'UE poursuit la lutte contre la fraude et l'évasion fiscales », *FR* 19/22, inf. 1, p. 3.

[2030] Ce terme fait allusion à un colloque tenu au Conseil d'État en 2018 : Conseil d'État, « *La fiscalité internationale à réinventer – Un colloque organisé par le Conseil d'État le 30 novembre 2018*, 2020, La documentation française, « Droits et débats ».

[2031] L'expression est empruntée à : Véronique CHAMPEIL-DESPLATS, *Méthodologies du droit et des sciences du droit*, *op. cit.*, p. 332 , § 538.

[2032] L'expression est empruntée à : Louis JOSSERAND, *De l'esprit des droits et de leur relativité : théorie dite de l'abus des droits*, *op. cit.*, p. 442, § 332.

moment, il guide la mise en œuvre de plusieurs dispositifs anti-abus. Il permet de rassurer les contribuables qui ne font preuve d'aucune habileté excessive dans leurs opérations. En même temps, ce critère laisse une marge de manœuvre suffisante à l'Administration pour déterminer au fil des évolutions ce qui relève ou non de l'abus de droit. Le montage artificiel permet aussi bien d'assurer un niveau satisfaisant de prévisibilité juridique, que d'assurer une protection efficace de l'ordonnancement juridique contre les pratiques abusives internationales. Ce critère mérite l'approbation car il satisfait les exigences de cohérence et de proportionnalité. C'est donc vers ce genre de conciliation des différents intérêts en présence que les pouvoirs publics et les juges devraient tendre en effaçant les éléments de régime incohérents et excessifs.

## I – Ouvrages généraux, manuels et traités

ALLAND (D.), *Manuel de droit international public*, 8ème éd., 2021, PUF, « Manuels ».

BENABENT (A.), *Droit des obligations*, 19ème éd., 2021, LGDJ, « Précis Domat ».

BERGEL (J.-L.), *Méthodologie juridique : fondamentale et appliquée*, 3ème éd., 2018, PUF, « Thémis. Droit ».

BERLIN (D.), *Droit fiscal communautaire*, 1988, PUF, « Droit fondamental. Droit financier ».

BIENVENU (J.-J.), LAMBERT (T.), VAPAILLE (L.), *Droit fiscal*, 5ème éd., 2021, PUF, « Droit fondamental. Classiques ».

BUREAU (D.), MUIR WATT (H.) *Droit international privé*, 2 t., 5ème éd., 2021, PUF, « Thémis ».

CARTOU (L.), *Droit fiscal international et européen*, 2ème éd., 1986, Dalloz, « Précis ».

CASTAGNEDE (B.), *Précis de fiscalité internationale*, 6ème éd., 2019, PUF.

CHAMPEIL-DESPLATS (V.), *Méthodologies du droit et des sciences juridiques*, 2ème éd., 2016, Dalloz, « Méthodes du droit ».

CHAPUS (R.) :

- *Droit administratif général*, 2 t., 15ème éd., 2001, Montchrestien, « Domat droit public ».
- *Droit du contentieux administratif*, 13ème éd., 2008, Montchrestien, « Domat droit public ».

COLLET (M.) :

- *Droit fiscal*, 10ème éd., 2022, PUF, « Thémis ».
- *Finances publiques*, 6ème éd., 2021, LGDJ, « Précis Domat ».

COLLET (M.), COLLIN (P.), *Procédures fiscales*, 4ème éd., 2020, PUF, « Thémis ».

COMBACAU (J.), SUR (S.), *Droit international public*, 13ème éd., 2019, LGDJ, « Précis Domat ».

COMMUNIER (J.-M.), *Droit fiscal communautaire*, 2001, Bruylant, « Pratique du droit communautaire ».

COZIAN (M.), *Les grands principes de la fiscalité des entreprises*, 4ème éd., 1999, Litec.

COZIAN (M.), DEBOISSY (F.), CHADEFAUX (M.), *Précis de fiscalité des entreprises*, 45ème éd., 2021-2022, LexisNexis, « Précis fiscal ».

COZIAN (M.), VIANDIER (A.), DEBOISSY (F.), *Droit des sociétés*, 34ème éd., 2021, LexisNexis, « Manuels ».

DAVID (C.), FOUQUET (O.), PLAGNET (B.), RACINE (P.-F.), *Les grands arrêts de la jurisprudence fiscale*, 5ème éd., 2004, Dalloz, « Grands arrêts ».

DETRAZ (S.), SALOMON (R.), *Précis de droit pénal fiscal*, 2021, LexisNexis, « Précis fiscal ».

DOUET (F.), *Précis de droit fiscal de la famille*, 20ème éd., 2021, LexisNexis, « Précis fiscal ».

DUGUIT (L.), *Traité de droit constitutionnel*, t. II, 2ème éd., 1923, Fontemoing & Cie.

FAGES (B.), *Droit des obligations*, 11ème éd., 2021, LGDJ, « Manuel ».

GEST (G.), TIXIER (G.), *Droit fiscal international*, 2ème éd., 1990, PUF, « Droit fondamental. Droit financier ».

GOUTHIERE (B.), *Les impôts dans les affaires internationales : 30 études pratiques*, 15ème éd., 2021, Éditions Francis Lefebvre.

GUTMANN (D.), *Droit fiscal des affaires*, 12ème éd., 2021, LGDJ, « Précis Domat ».

HAMON (F.), TROPER (M.), *Droit constitutionnel*, 42ème éd., 2021-2022, LGDJ, « Manuel ».

HAURIOU (M.), *Précis de droit administratif et de droit public*, 12ème éd., 1933, impr. 2002, Dalloz.

KELSEN (H.), *Théorie pure du droit*, 2ème éd., 1962, Dalloz, « Philosophie du droit ».

LAMARQUE (J.), NEGRIN (O.), AYRAULT (L.), *Droit fiscal général*, 4ème éd., 2016, LexisNexis, « Manuels ».

LAMBERT (T.), *Procédures fiscales*, 4ème éd., 2019, LGDJ, « Précis Domat ».

LHUILIER (G.), *Le droit transnational*, 2016, Dalloz, « Méthodes du droit ».

LIGNEREUX (B.), *Précis de droit constitutionnel fiscal*, 2020, LexisNexis, « Précis fiscal ».

LONG (M.), WEIL (P.), BRAIBANT (G.), DELVOLVE (P.), GENEVOIS (B.), *Les grands arrêts de la jurisprudence administrative*, 23ème éd., 2021, Dalloz, « Grands arrêts ».

MAITROT DE LA MOTTE (A.), *Droit fiscal de l'Union européenne*, 3ème éd., 2022, Bruylant, « Droit de l'Union européenne ».

MALHERBE (P.), *Éléments de droit fiscal international*, 2015, Bruylant.

MARCHESSOU (P.), TRESCHER (B.), *Droit fiscal international et européen*, 2018, Bruylant, « Finances publiques ».

MARTUCCI (F.), *Droit de l'Union européenne*, 3ème éd., 2021, Dalloz, « HyperCours ».

MAZEAUD (H.), MAZEAUD (L.), MAZEAUD (J.), CHABAS (F.), *Leçons de droit civil : théorie générale*, t. II, vol. 1, 9ème éd., 1998, Montchrestien.

MENJUCQ (M.), *Droit international et européen des sociétés*, 6ème éd., 2021, LGDJ, « Domat droit privé ».

OUDENOT (P.), *Fiscalité approfondie des sociétés*, 5ème éd., 2020, LexisNexis, « Précis fiscal ».

PESCATORE (P.), *Introduction à la science du droit, 1960*, 2ème réimpression, 2009, Université du Luxembourg, Bruylant.

PLAGNET (B.), *Droit fiscal international*, 1986, Litec.

PLESSIX (B.), *Droit administratif général*, 3ème éd., 2020, LexisNexis, « Manuels ».

ROCHFELD (J.), *Les grandes notions du droit privé*, 2ème éd., 2013, PUF, « Thémis ».

SEILLER (B.), *Droit administratif*, 2 t., 8ème éd., 2021, Flammarion, « Champs ».

SERLOOTEN (P.), DEBAT (O.), *Droit fiscal des affaires*, 20ème éd., 2021, Dalloz, « Précis ».

### II – Thèses et ouvrages spécialisés

AGOSTINI (A.), *Les options fiscales*, Thèse, 1983, LGDJ, « Bibliothèque de finances publiques et de fiscalité ».

ANGOT (F.), *La distinction de l'habileté et de l'abus de droit en droit fiscal comparé : France-Allemagne*, Thèse, 2003, Paris II.

AUDIT (B.), *La fraude à la loi*, Thèse, 1974, Dalloz, « Bibliothèque de droit international privé ».

BALLOT SQUIRAWSKI (C.), *Les éléments constitutifs, essai sur les composantes de l'infraction*, Thèse, 2017, Paris-Sud Saclay.

BAUDUIN (E.), *La France face à l'évasion fiscale internationale*, Thèse, 2004, Paris II.

BERGEAL (C.), *Manuel de légistique*, 9ème éd., 2022, Berger-Levrault, « Les indispensables ».

BERLIN (D.), MARTUCCI (F.), PICOD (F.) (dir.), *La fraude et le droit de l'Union européenne*, 2017, Bruylant, « Droit de l'Union européenne ».

BETTINA (B.), *Montages sociétaires et abus de droit fiscal*, Thèse, 2004, Nice.

BEZZINA (A.-C.), *Les questions et les moyens soulevés d'office par le Conseil constitutionnel*, Thèse, 2014, Dalloz, « Bibliothèque parlementaire et constitutionnelle ».

BLANLUET (G.), *Essai sur la notion de propriété économique en droit privé français. Recherches au confluent du droit fiscal et du droit civil*, Thèse, 1999, LGDJ, « Bibliothèque de droit privé ».

BUFFA (S.), *Le pouvoir discrétionnaire de l'administration fiscale*, Thèse, 2014, IRJS Éditions, « Bibliothèque de l'Institut de recherche juridique de la Sorbonne – André Tunc ».

BURGORGUE-LARSEN (L.), DUBOUD (E.), MAITROT DE LA MOTTE (A.), TOUZE (S.), PELLET (A.), *Droit de l'Union européenne et droit international : les interactions normatives*, 2012, Pedone, « Cahiers de droit européen ».

CAUSSADE (T.), *La stratégie fiscale de l'entreprise : entre optimisation et fraude*, Thèse, 2017, Toulouse I.

CHADEFAUX (M.), DEBOISSY (F.), DE LA MARDIERE (C.) (dir.), *Écrits de fiscalité des entreprises : études à la mémoire du professeur Maurice Cozian*, 2009, LexisNexis.

CHAHID-NOURAÏ (N.), FABER (S.), DE FAYDEAU (H.), FOUQUET (O.), *Optimisation fiscale et abus de droit*, 1990, Ed. de Fiscalité européenne, « Référence première ».

CHRETIEN (M.) :

- *À la recherche du droit international fiscal commun. Étude de droit positif à partir de la jurisprudence des cours internationales*, 1955, Librairie du Recueil Sirey.
- *Contribution à l'étude du droit international fiscal actuel : le rôle des organisations internationales dans le règlement des questions d'impôts entre les divers États*, 1955, Sijthof, Académie de droit international de La Haye, « Recueil des cours ».

CICIN-SAIN (N.), *Analyse comparée des dispositifs de lutte contre l'évasion fiscale en droit fiscal croate et français*, Thèse, 2017, LGDJ, « Bibliothèque de finances publiques et fiscalité ».

COULON (É.), *L'évasion fiscale : essai de construction d'une catégorie juridique*, Thèse, 2023, Dalloz, « Nouvelle Bibliothèque de Thèses ».

COURNOT (A.-A.), *Essai sur les fondements de nos connaissances et sur les caractères de la critique philosophique*, 1851, Librairie de L. Hachette et Cie.

CUENOT (P.-H.), *La notion de bénéficiaire effectif dans les conventions fiscales bilatérales*, Thèse, 2003, Paris I.

DAL VECCHIO (F.), *L'opposabilité des conventions de droit privé en droit fiscal*, Thèse, 2014, L'Harmattan, « Finances publiques ».

DEBOISSY (F.), *La simulation en droit fiscal*, Thèse, 1997, LGDJ, « Bibliothèque de droit privé ».

DECOTTIGNIES (R.), *Les présomptions en droit privé*, Thèse, 1949, LGDJ.

DEDEURWAERDER (G.), *Théorie de l'interprétation et droit fiscal*, Thèse, 2010, Dalloz, « Nouvelle Bibliothèque de Thèses ».

DE GASTINES (L.), *Les présomptions en droit administratif*, Thèse, 1991, LGDJ, « Bibliothèque de droit public ».

DE LA MARDIERE (C.), *La preuve en droit fiscal*, 2009, LexisNexis, « Litec Fiscal ».

DE MONTALIVET (P.), *Les objectifs de valeur constitutionnelle*, Thèse, 2006, Dalloz, « Bibliothèque parlementaire et constitutionnelle ».

DEROUIN (P.), MARTIN (P.), *Droit communautaire et fiscalité. Sélection d'arrêts et de décisions*, 2ème éd., 2008, Litec.

DESBOIS (H.), *La notion de fraude à la loi et la jurisprudence française*, Thèse, 1927, Dalloz.

DI MALTA (P.), *Droit fiscal européen comparé*, 1995, PUF, « Droit fondamental ».

DINH (E.), *La planification fiscale internationale*, Thèse, 2009, Paris-Dauphine.

DOUET (F.), *Contribution à l'étude de sécurité juridique en droit fiscal interne français*, Thèse, 1997, LGDJ, « Bibliothèque de droit privé ».

DOURADO (A.-P.), *International and EU Tax Multilateralism : Challenges Raised by the MLI*, 2020, IBFD.

DUBOUIS (L.), *La théorie de l'abus de droit et la jurisprudence administrative*, Thèse, 1962, LGDJ, « Bibliothèque de droit public ».

ESMEL-BERAUDY (P.), *De la spécificité de l'abus de droit en matière fiscale*, Thèse, 2000, Nice.

ESSER (H.-J.), DE BONT (G.), KEMMEREN (E.) (dir.), *The Compatibility of Anti-Abuse Provisions in Tax Treaties with EC Law*, Kluwer Law International, « Eucotax ».

EYSSARTIER (P.), *La gestion de patrimoine privé à l'épreuve de l'abus de droit fiscal*, Thèse, 2014, Bordeaux.

FALCO (D.), *La fraude à la TVA*, Thèse, 2019, Dalloz, « Nouvelle Bibliothèque de Thèses ».

GHALI (M.), *La réforme de l'abus de droit fiscal*, Thèse, 2021, Montpellier.

GIRONDEAU (L.), *Contribution à l'étude de la pénalisation du droit fiscal*, Thèse, 2021, L'Harmattan, « Finances publiques ».

GLASPER (S.), *Les clauses anti-abus dans les conventions fiscales internationales*, Thèse, 2007, Montpellier.

IONESCU (O.), *La notion de droit subjectif dans le droit privé*, Thèse, 1931, Librairie du Recueil Sirey.

JOANNARD-LARDENT (E.), *L'établissement processuel de la preuve fiscale : essai de droit comparé interne*, Thèse, 2019, L'Harmattan, « Finances publiques ».

JOUSSET (D.), *L'emploi des présomptions dans la lutte contre la fraude et l'évasion fiscales internationales*, Thèse, 2016, Paris I.

JESTIN (K.), *La notion d'abus de convention fiscale : réflexions à la lumière des droits français et américain,* Thèse, 2017, Aix-Marseille.

KALLERGIS (A.), *La compétence fiscale*, Thèse, 2018, Dalloz, « Nouvelle Bibliothèque de Thèses ».

KRUGER (H.), *Liberté de gestion et endettement des entreprises en droit fiscal*, Thèse, 2007, LGDJ, « Bibliothèque de finances publiques et fiscalité ».

LAMBERT (É.), MODERNE (F.), *Le gouvernement des juges et la lutte contre la législation sociale aux États-Unis : l'expérience américaine du contrôle judiciaire de la constitutionnalité des lois*, 2005, Dalloz, « Bibliothèque Dalloz ».

LAUMONIER (A.), *La coopération entre États dans la lutte contre la fraude et l'évasion fiscales internationales*, Thèse, 2019, LGDJ, « Bibliothèque de finances publiques et fiscalité ».

LEMEE (J.), *Essai sur la théorie de l'abus de droit*, Thèse, 1977, Paris XII.

LEMEY (M.), *L'abus de droit en droit international public*, Thèse, 2021, LGDJ, « Bibliothèque de droit international et de l'Union européenne ».

LEROUGE (G.), *Théorie de la fraude en droit fiscal*, Thèse, 1944, LGDJ.

LEVINE (P.), *La lutte contre l'évasion fiscale de caractère international en l'absence et en présence de conventions internationales*, Thèse, 1988, LGDJ, « Bibliothèque de finances publiques et fiscalité ».

LIGEROPOULO (A.), *Le problème de la fraude à la loi. Étude de droit privé, interne et international de droit fiscal, pénal et comparé*, Thèse, 1927, Marseille.

MALGOYRE (A.), *Montages juridiques et habileté fiscale*, 3ème éd., 2020, Gualino, « Hors collection ».

MAILLOT (J.-M.), *La théorie administrativiste des principes généraux du droit*, Thèse, 2003, Dalloz, « Nouvelle Bibliothèque de Thèses ».

MAITROT DE LA MOTTE (A.), *Souveraineté fiscale et construction communautaire : Recherche sur les impôts directs*, Thèse, 2005, LGDJ, « Bibliothèque de science financière ».

MARKOVITCH (M.), *La théorie de l'abus des droits en droit comparé*, Thèse, 1936, LGDJ.

MELOT (N.), *Territorialité et mondialité de l'impôt : étude de l'imposition des bénéfices des sociétés de capitaux à la lumière des expériences française et américaine*, Thèse, 2004, Dalloz, « Nouvelle Bibliothèque de Thèses ».

MONTEIRO (A.), *L'apport-cession-délocalisation*, Thèse, 2013, Paris II.

MOREL (C.), *Les risques d'abus de droit fiscal en ingénierie financière*, Thèse, 2004, Nice.

NEVEU (E.), CADIET (L.) (dir.), *Regards sur la fraude fiscale*, 1986, Economica, « Travaux et recherches ».

OUEDRAOGO (J.-K.), *De la notion d'abus de droit*, Thèse, 2016, Lyon.

PELLETIER (M.), *Les normes du droit fiscal*, Thèse, 2008, Dalloz, « Nouvelle Bibliothèque de Thèses ».

PERIN-DUREAU (A.), *L'obligation fiscale à l'épreuve des droits et libertés fondamentaux*, Thèse, 2014, Dalloz, « Nouvelle Bibliothèque de Thèses ».

PEZET (F.), *La fiscalité et le marché. De l'État fiscal à la fiscalité de marché*, Thèse, 2017, Créteil.

PIAZZON (T.), *La sécurité juridique*, Thèse, 2009, Defrénois, « Doctorat & notariat ».

PREVOST-GELLA (J.), *Le juge administratif français et les conflits de traités internationaux*, Thèse, 2018, Dalloz, « Nouvelle Bibliothèque de thèses ».

QUETAND-FINET (C.), *Les présomptions en droit privé*, Thèse, 2013, IRJS Éditions, « Bibliothèque de l'Institut de recherche juridique de la Sorbonne - André Tunc ».

RAINGEARD DE LA BLETIERE (E.), *Les relations entre le droit communautaire et le droit fiscal international : nouvelles perspectives*, Thèse, 2008, Paris I.

RIALS (S.), *Le juge administratif et la technique du standard. Essai sur le traitement juridictionnel de l'idée de normalité*, Thèse, 1980, LGDJ, « Bibliothèque de droit public ».

RIPERT (G.), *La règle morale dans les obligations civiles*, 4ème éd., 1949, LGDJ.

RIU (I.), *Sociétés et établissements stables en droit fiscal international et de l'Union européenne*, Thèse, 2012, L'Harmattan, « Finances publiques ».

ROBBEZ-MASSON (C.), *La notion d'évasion fiscale en droit interne français*, Thèse, 1990, LGDJ, « Bibliothèque de science financière ».

RRAPI (P.), *L'accessibilité et l'intelligibilité de la loi en droit constitutionnel : étude du discours sur la « qualité de la loi »*, Thèse, 2014, Dalloz, « Nouvelle Bibliothèque de Thèses ».

Secrétariat général du gouvernement et Conseil d'État, *Guide de légistique*, 3ème éd., 2017, La documentation française.

SICARD (F.), *La cohérence des systèmes fiscaux en droit de l'Union européenne – Étude en fiscalité directe*, Thèse, 2021, Paris II.

STANKIEWICZ (L.), *L'abus de convention fiscale internationale*, Thèse, 2009, Lyon 3.

THOMAS (J.), *Le contrôle fiscal des opérations internationales*, Thèse, 2004, L'Harmattan, « Finances publiques ».

TIROLE (J.), *Économie du bien commun*, 2018, PUF, « Quadrige ».

TRINDADE MARINHO (A.), *La subsidiarité des conventions fiscales*, Thèse, 2015, Paris I.

VAN HASSEL (F.), *L'utilisation des sociétés étrangères à des fins d'évasion fiscale*, Thèse, 1996, Paris II.

VERGNET (N.), *La création et la répartition de la valeur en droit fiscal international*, Thèse, 2020, LGDJ, « Bibliothèque de Finances publiques et fiscalité ».

VIALA (A.), *Les réserves d'interprétation dans la jurisprudence du Conseil constitutionnel*, Thèse, 1999, LGDJ, « Bibliothèque constitutionnelle et de science politique »

VIDAL (J.), *Essai d'une théorie générale de la fraude en droit français : le principe « fraus omnia corrumpit »*, Thèse, 1957, Dalloz.

### III – Encyclopédies et dictionnaires

ALLAND (D.), RIALS (S.) (dir.), *Dictionnaire de la culture juridique*, 2003, PUF, « Quadrige ».

ARNAUD (A.-J.) (dir.), *Dictionnaire encyclopédique de théorie et de sociologie du droit*, 2ème éd., 1993, LGDJ.

BACHELIER (G.), « Conseil d'Etat. – Juge de cassation. – Portée du contrôle. – Contrôle du bien-fondé de la décision juridictionnelle », in *JCl. Procédures fiscales*, fasc. 444-10, 2020.

BERLIN (D.), « Fiscalité directe. – Régime société mère-filiale, dividendes et intérêts. – Régime fusion, scission, apport. – ACCIS, régime fiscalité de l'épargne. – Régime de la société européenne. – Convention d'arbitrage », in *JCl. Europe Traité*, fasc. 1620, 2020.

CABANNES (X.), « Participations dans des entités étrangères soumises à un régime fiscal privilégié (CGI, art. 123 bis) », in *JCl. Fiscal international*, fasc. 3760, 2015.

CADIET (L.), LE TOURNEAU (P.), « Abus de droit », in *Rép. civ.*, 2017.

CATALAN (R.), « Territorialité. – Impôt sur les sociétés. – Droit interne (CGI, art. 209, I) », in *JCl. Fiscal international*, fasc. 3300, 2020.

COIN (R.), « Répression de l'évasion fiscale internationale. – Versements au profit de personnes dans des pays à fiscalité privilégiée (CGI, art. 238 A) », in *JCl. Fiscal international*, fasc. 3720, 2021.

CORNU (G.) (dir.), *Vocabulaire juridique*, 14ème éd., 2022, PUF, « Quadrige ».

DE LA MARDIERE (C.), « Abus de droit. – Textes, historique et notion », in *JCl. Procédures fiscales*, fasc. 375, 2021.

DE VAREILLES-SOMMIERES (P.), « Fraude à la loi », in *Répertoire de droit international*, 2009.

DIBOUT (P.), « Enregistrement. – Successions. Donations », in *JCl. Fiscal international*, fasc. 357-A, 1989.

DINH (E.), « Bénéfices de sociétés établies dans un pays à fiscalité privilégiée (CGI, art. 209 B) », in *JCl. Fiscal international*, fasc. 3740, 2013.

GAUTIER (M.), MELLERAY (F.) :

- « Applicabilité des normes internationales », in *JCl. Administratif*, fasc. 20, 2019.
- « Sources internationales et hiérarchie des normes », in *JCl. Administratif*, fasc. 21, 2021.

GAUTIER (M.), MELLERAY (F.), PLATON (S.), « Application des normes internationales », in *JCl. Administratif*, fasc. 22, 2015.

GEST (G.), « Territorialité. – Impôt sur les revenus et le patrimoine des personnes physiques. – Domicile fiscal », in *JCl. Fiscal international*, fasc. 3240, 2020.

GICQUEL (J.-E.), « Constitution du 4 octobre 1958 », in *JCl. Administratif*, fasc. 10, 2020.

GONOD (P.), GUYOMAR (M.), « Détournement de pouvoir et de procédure », in *Répertoire du contentieux administratif*, 2010.

JACQUOT (N.) :

- « Abus de droit de l'article L. 64 A du LPF. Mini-abus de droit. – Définition et notions », in *JCl. Procédures fiscales*, fasc. 379, 2021.
- « Abus de droit fiscal. – Procédure », in *JCl. Procédures fiscales*, fasc. 378, 2021.

JEANDIDIER (W.), « Principe de légalité criminelle. – Interprétation de la loi pénale », in *JCl. Pénal Code*, art. 111-2 à 111-5, fasc. 20, 2019.

LALANDE (A.) (dir.), *Vocabulaire technique et critique de la philosophie*, 3ème éd., 2010, PUF, « Quadrige ».

LAMULLE (T.), « Répression de l'évasion fiscale internationale. – Rémunérations de prestations de services rendues à des personnes étrangères (CGI, art. 155 A) », in *JCl. Fiscal international*, fasc. 3780, 2013.

LE MENTEC (F.) :

- « Notion d'établissement stable », in *JCl. Fiscal international*, fasc. 3320, 2014.
- « Répression de l'évasion fiscale internationale. – Exit tax (CGI, art. 167 bis) », in *JCl. Fiscal international*, fasc. 3710, 2021.

LEGENTIL (P.), « Taxe sur la valeur vénale des immeubles possédés en France par des entités juridiques », in *JCl. Fiscal international*, fasc. 3820, 2016.

OPHELE (C.), « Simulation », in *Rép. civ.*, 2016.

PLAGNET (B.), « Abus des traités », in *JCl. Fiscal international*, fasc. 350-A, 2012.

PRETOT (X.), JAN (P.), « Bloc de constitutionnalité », *JCl. Administratif*, fasc. 1418, 2020.

ROLAND (H.), BOYER (L.), *Adages du droit français*, 4ème éd., 1999, Litec.

SERAILLE (M.), « Répression de l'évasion fiscale internationale. – Charge de la preuve dans les dispositifs de lutte contre l'évasion et la fraude fiscales », in *JCl. Fiscal international*, fasc. 3880, 2021.

Autres :

- « Lutte contre l'évasion fiscale internationale. – Plan d'action de l'OCDE », in *JCl. Fiscal international*, fasc. 3705, 2017.
- « Lutte contre l'évasion fiscale internationale. – Transferts d'actifs hors de France (CGI, art. 238 bis-0 I et 238 bis-0 I bis) », in *JCl. Fiscal international*, fasc. 3800, 2014.

## IV – Articles, contributions, chroniques et notes de jurisprudence


ABATE (G.), « Le projet BEPS et le concept de substance », *REIDF*, 2016/4, p. 421.

ACARD (C.), GENESTIER (N.), EXERJEAN (G.), « La ligne de démarcation entre risque fiscal et risque pénal (2e volet). – Un abus de droit peut-il être constitutif d'une fraude fiscale ? », *Dr. fisc.* 2016, n° 7-8, 207.

AGUILA (Y.), FROGER (G.), GAYRAL (J.), RUTSCHMANN (Y.), « La réforme de l'abus de droit au prisme de la Constitution », *FR* 50/13, inf. 5, p. 13.

AGUILA (Y.), GAYRAL (J.), RUTSCHMANN (Y.), « La nouvelle clause anti-abus du régime des sociétés mères : critique de la décision du Conseil constitutionnel et opportunité d'une saisine de la Cour de justice de l'Union européenne », *Dr. fisc.* 2016, n° 13, 248.

AMSELEK (P.), « Les mécanismes régulateurs de la pratique du droit fiscal en France », *Dr. fisc.* 1983, n° 40, p. 1178.

ARDOUIN (J.), « Incompatibilité de l'ancien article 209 B du CGI avec la liberté d'établissement, sauf en cas de montage purement artificiel », *Dr. fisc.* 2014, n° 38, comm. 536.

ARDOUIN (J.), FERRE (M.), « Le montage artificiel chasse l'opposabilité », *RFP* 2020, n° 12, 17.

AUSTRY (S.) :

- « Clause de sauvegarde de l'article 209 B : une (re)naissance ? », *Dr. fisc.* 2013, n° 7-8, comm. 158.
- « La fin de l'abus de droit ? », *FR* 54/18, inf. 4, p. 17.

AUSTRY (S.), DARDOUR-ATTALI (S.), « Doctrine administrative et abus de droit : confirmations et innovations », *FR* 47/20, inf. 7, p. 16.

AUSTRY (S.), GELIN (S.), SOREL (D.), « Les clauses de bénéficiaire effectif ont-elles un effet utile ? », *RJF* 12/08, p. 1097.

AUSTRY (S.), GUTMANN (D.) :

- « L'été de l'abus de droit et de la fraude à la loi », *FR* 39/09, inf. 3., p. 5.

- « Convention fiscale et clause de bénéficiaire effectif. À propos de CE, 20 mai 2022, n° 444451, Sté Planet », *Dr. fisc.* 2022, n° 24, act. 232.

AYRAULT (L.) :

- « La fin des présomptions ? À propos des présomptions irréfragables », *REIDF*, 2018/1, p. 17.
- « Le principe d'égalité en matière fiscale », *Titre VII* 2020, n° 4.

BACHELIER (G.), « L'interprétation juridictionnelle de la loi fiscale », *Dr. fisc.* 2022, n° 5, 103.

BENARD (Y.) :

- « Optimisation fiscale intracommunautaire : la liberté ne va pas sans risque », *RJF* 12/05, chron. p. 943.
- « Dissuasion à l'anglaise : la double clef de la fraude à la loi », *RJF* 12/06, chron. p. 1083.
- « Fraude à la loi et Treaty Shopping : que penser de la décision Bank of Scotland ? », *RJF* 4/07, chron., p. 319.

BERGERES (M.-C.), « Le principe de subsidiarité des conventions fiscales internationales », *Dr. fisc.* 2005, n° 36, 30.

BLANLUET (G.) :

- « La notion de bénéficiaire effectif en droit fiscal international », in *Écrits de fiscalité des entreprises : études à la mémoire du professeur Maurice Cozian*, 2009, LexisNexis, pp. 513-536.
- « Discrimination à rebours : le droit interne à l'épreuve du droit de l'Union européenne. À propos de Cons. const., 3 février 2016, n° 2015-520 QPC, Sté Metro Holding », *Dr. fisc.* 2016, n° 12, 233.
- « Discriminations à rebours : pour elles sonne le glas ? », *Dr. fisc.* 2020, n° 28, ét. 302.

BLANLUET (G.), AUSTRY (S.), AYRAULT (L.), « Encadrement de la lutte contre la fraude et l'évasion fiscales », *Dr. fisc.* 2015, n° 39, 582.

BOEREN (M.), GROSJEAN (M.), VULEVIC (M.), « The ATAD general anti-abuse rule in Luxembourg », *FI* 2020, n° 2, 02.5.

BOIGELOT (É.), « Actions BEPS : chronique d'une mort annoncée du chalandage fiscal international ? », in *Mélanges Pascal Minne : fiscalité internationale et patrimoniale*, 2016, Bruylant, pp. 105-130.

BOKDAM-TOGNETTI (É.) :

- « Article 209 B : causeries autour de la clause de sauvegarde », *RJF* 2/13, chron., p. 107.
- « Portée et limites des exit tax : quelques enseignements jurisprudentiels », *RJF* 7/13, chron. p. 611.
- « Coquilles et abus de droit : les délices de la conchyliologie », *RJF* 11/13, chron. p. 883.
- « Régime des sociétés mères et abus de droit : de l'arrêt Sté Pléiade à l'arrêt Groupement charbonnier Montdiderien, retour sur dix ans de jurisprudence du Conseil d'Etat », *Dr. fisc.* 2014, n° 41, 566.

BONNET (A.), « La charge de la preuve en contentieux fiscal », *Dr. fisc.* 2013, n° 49, 535.

BROKELIND (C.), « L'évasion fiscale en droit fiscal suédois », *REIDF*, 2018/4, p. 481.

BRUNET (A.), PASQUALINI (F.), « L'abus de droit en fiscalité. Abus de droit et droit fiscal », *Rev. Soc.* 2002, p. 507.

BUCHET (M.), « Abus de droit et fusion de coquilles en vue de bénéficier d'une imputation de reports déficitaires », *Dr. fisc.* 2014, n° 26, comm. 408.

BUCHET (M.), MASSOUNGA (I.), « Paiements dans des pays à fiscalité privilégiée : précisions sur la notion de paiement et de preuve du régime fiscal privilégié », *JCP E* 2019, n° 29, 1374.

BURGUBURU (J.), « Mes concerts, mes impôts, mes... ou quand l'article 155 A pousse sa chansonnette un peu plus loin », *RJF* 5/08, chron. p. 447.

CADIET (L.), « Remarques sur la notion d'abus de droit fiscal », in *Regards sur la fraude fiscale*, 1986, Economica, « Travaux et recherches », pp. 33-56.

CALZAS (G.), « Transposition française de la directive ATAD 2 : vers un durcissement de la lutte contre les "dispositifs hybrides" », *REIDF*, 2020/3, p. 339.

CHAHID-NOURAÏ (N.), COUTURIER (P.), « Article 209 B et conventions fiscales, Commentaire de l'arrêt d'Assemblée du 28 juin 2002 », *FR* 34/02, inf. 14, p. 15.

CHAHID-NOURAÏ (N.), OLLEON (L.), « Abus de droit et garantie contre les changements de doctrine ; une réponse ou des questions ? », *Dr. fisc.* 2019, n° 5, 17.

CHAPEROT (T.) :

- « De la substance économique en Amérique : perspectives croisées entre les clauses anti-abus américaines et françaises », *REIDF*, 2017/3, p. 253.
- « Les doctrines anti-abus aux États-Unis », *REIDF*, 2018/4, p. 475.

COLLET (M.) :

- « Les bienfaits du "dialogue des juges". Remarques sur la mise en œuvre par le juge fiscal des articles 14 de la Convention EDH et 1er de son protocole additionnel », *Dr. fisc.* 2006, n° 51, 70
- « La régulation fiscale », *Dr. fisc.* 2008, n° 12, 220.
- « Le Conseil constitutionnel et les discriminations à rebours en matière fiscale », *JCP G* 2016, n° 13, 373.
- « Contrôle juridictionnel des rescrits fiscaux : les bons sentiments font-ils les bonnes décisions ? », *JCP G* 2017, n° 4, 88.
- « Opposabilité de la doctrine et répression des abus de droit : quelle conciliation en cas de montage abusif ? », *Dr. fisc.* 2020, n° 47, 441.

COLLIN (P.), « L'application du droit de l'Union européenne dans les situations purement internes », *Dr. fisc.* 2012, n° 47, 531.

CORNU (L.), « L'abus de droit en droit fiscal suisse : la théorie de l'évasion fiscale », *REIDF*, 2018/4, p. 512.

COUDERT (C.), LEON AGUIRRE (J.-C.), « Services rendus en France par une "rent a star company" : définition et dévolution de la preuve », *RFP* 2018, n° 4, 6.

COUDIN (P.), « Réflexions sur la portée du principe de subsidiarité des conventions fiscales internationale », in *Écrits de fiscalité des entreprises. Études à la mémoire du professeur Maurice Cozian*, 2009, LexisNexis, pp. 499-512.

COZIAN (M.) :

- « La gestion fiscale de l'entreprise », *RJF* 5/80, p. 202.
- « Abus de droit et fiscalité. Proposition d'un universitaire : et si on supprimait l'abus de droit ? », *Rev. Soc.* 2002, p. 499.
- « Abus de droit, apport-cession et apport-donation : la Cour de cassation est-elle en train de perdre le cap ? », *Dr. fisc.* 2007, n° 36, 795.
- « Le cousinage sybillin entre abus de droit et acte anormal de gestion », in *Regards critiques et perspectives sur le droit et la fiscalité : liber*

*amicorum Cyrille David*, LGDJ, « Bibliothèque de l'Institut André Tunc », pp. 81-92.

COZIAN (M.), DEBOISSY (F.), « Les garanties procédurales de l'abus de droit », *RJF* 2/93, p. 99.

CREPEY (É.), « Réflexions sur la jurisprudence Metro Holding », *Dr. adm.* 2016, n° 7, alerte 80.

DAUMAS (V.) :

- « Subsidiarité des conventions fiscales internationales : un pragmatique retour à l'orthodoxie », *RJF* 11/09, chron. p. 819.
- « Abus de droit : derniers développements jurisprudentiels », *RJF* 1/11, chron. p. 5.

DE BOYNES (N.) :

- « Les sociétés holding face au grief d'abus de droit », *Dr. fisc.* 2015, n° 31-35, comm. 526.
- « La CJUE ouvre la voie à une réforme du régime des fusions et des apports », *Dr. fisc.* 2017, n° 20, 306.
- « La CJUE donne son éclairage sur la notion d'abus de droit », *Dr. fisc.* 2019, n° 21, 275.

DE L'ESTOILE-CAMPI (A.), « La clause générale anti-abus de la Convention multilatérale de l'OCDE : commentaire et exemples d'application », *REIDF*, 2021/02, p. 247.

DE LA MARDIERE (C.) :

- « La charge de la preuve en matière d'abus de droit », *Dr. fisc.* 2011, n° 10, comm. 250.
- « Article 155 A du CGI et droit de l'Union européenne : épilogue ? », *Dr. fisc.* 2013, n° 20, comm. 282.
- « Article 155 A du CGI : épilogue des mésaventures fiscales d'un footballeur en France », *Dr. fisc.* 2014, n° 11, comm. 211.
- « L'abus de droit supranational », *REIDF*, 2015/2, p. 222.
- « Article 155 A : l'Administration a le choix des armes », *Dr. fisc.*, 2017, n° 40, 491.
- « Abus de droit : vers une plus grande répression ? Comment analyser l'état du droit depuis la décision Verdannet ? », *Dr. fisc.* 2018, n° 24, 297.
- « Abus de droit : affres et misères de la jurisprudence Verdannet », *Dr. fisc.* 2019, n° 29, 330.

- « Des redevances de marques ne sont pas imposables sur le fondement de l'article 155 A du CGI », *Dr. fisc.* 2020, n° 41, comm. 401.
- « Question prioritaire de constitutionnalité (QPC) et abus de droit fiscal », *REIDF*, 2020/4, p. 476.
- « L'œuvre fiscale de la Société des Nations », *REIDF*, 2021/1, p. 67.
- « Abus de droit et doctrine administrative, une autre lecture de l'arrêt Charbit », *Dr. fisc.* 2021, n° 7-8, 148.

DE LA TAILLE (G.), « Abus, doctrine et artifices », *RJF* 1/21, chron. p. 7.

DE MASSIAC (A.), MOULOUDJ (M.), « Dividendes dissimulant des revenus de créances tirés d'opérations assimilables à une pension de titres... un "montage artificiel" constitutif d'un abus de droit ! », *Dr. fisc.* 2021, n° 30-35, comm. 344.

DE MONTALIVET (P.), « Les objectifs de valeur constitutionnelle », *CCC* 2006, n° 20, p. 169.

DE WAAL (A.), « Fusion transfrontalière : renvoi préjudiciel à la CJUE sur la conformité au droit de l'UE de l'agrément de l'article 210 C du CGI », *Dr. fisc.* 2016, n° 13, comm. 258.

DEBAT (O.) :

- « La loi relative à la lutte contre la fraude fiscale. Contribution à l'étude des phénomènes de distorsion entre l'intitulé et le contenu des normes juridiques », *Rev. int. compliance* 2014, n° 1, 24.
- « Dispositifs anti-hybrides – Lutte contre les montages internationaux exploitant les effets d'asymétrie », *Revue de droit bancaire et financier*, 2020, n° 22, alerte 22.

DEBAT (O.), MESLIN (A.), « À propos d'un jeu fiscal sur la qualification juridique et sa répression. L'emploi de dispositifs hybrides par les groupes internationaux de sociétés », in *Mélanges en l'honneur de professeur Henri Hovasse : l'ingénierie sociétaire et patrimoniale*, 2016, LexisNexis, pp. 365-380.

DEBOISSY (F.) :

- « L'opposabilité à l'administration fiscale des montages contractuels », *RDC* 2007, p. 1006.
- « Appréciation de la fraude à la loi : rupture ou continuité ? », *Dr. fisc.* 2010, n° 11, comm. 307.
- « Abus de droit ou pouvoir général de requalification d'un contrat : le choix des armes », *Dr. fisc.* 2011, n° 10, 249.

- « Abus de droit : quel est le risque pénal ? », *Dr. fisc.* 2014, n° 46, 623.
- « Retour sur un principe controversé : l'indépendance des procédures pénale et fiscale », *Dr. fisc.* 2014, n° 51-52, ét. 692.
- « Transformation, consolidation sauvage et abus de droit. Les apports de l'arrêt SNC Distribution Leader Price du 15 février 2016 », *Dr. fisc.* 2016, n° 11, act. 149.
- « Société holding et clause anti-abus : le régime mères-filles est-il réservé aux entreprises ? » *Dr. fisc.* 2016, n° 16, 287.
- « Articulation de la procédure d'abus de droit et des clauses anti-abus », *Dr. fisc.* 2016, n° 46, 632.
- « La fraude corrompt tout, y compris l'application d'une convention fiscale », *Dr. fisc.* 2018, n° 2, 64.
- « Tout n'est-il qu'abus de droit ? », *REIDF*, 2018/1, p. 90.
- « L'endettement intra-groupe à l'épreuve de l'abus de droit : être ou ne pas être artificiel », *Dr. fisc.* 2019, n° 4, comm. 132.
- « Commentaires administratifs de la nouvelle procédure d'abus de droit (LPF, art. L. 64 A) », *Dr. fisc.* 2020, n° 10, 182.
- « Le contribuable peut-il, pour faire obstacle à l'abus de droit, se prévaloir de l'existence d'une voie non abusive permettant de parvenir au même résultat fiscal ? », *Dr. fisc.* 2020, n° 23, act. 180.
- « Interposition d'une société holding, PEA et abus de droit », *Dr. fisc.* 2020, n° 46, comm. 438.
- « Opposabilité de la doctrine administrative et abus de droit : le montage artificiel emporte tout », *Dr. fisc.* 2020, n° 47, comm. 444.
- « L'administration n'est pas tenue de recourir à l'abus de droit pour établir que des fonds ont été prêtés à un associé par le biais d'une société interposée au sens de l'article 111, a du CGI », *Dr. fisc.* 2022, n° 22, comm. 239.

DEBOISSY (F.), POURREAU (C.), DAUCHEZ (O.), DERO (C.), KERFS (P.), « La diversification des règles anti-évasion », in *La fiscalité internationale à réinventer – Un colloque organisé par le Conseil d'État le 30 novembre 2018*, 2020, La documentation française, « Droits et débats », pp. 77-121.

DEBOISSY (F.), WICKER (G.), « Rachat de sociétés "liquides" et abus de droit : le Conseil d'État écarte le motif autre que fiscal présentant un caractère négligeable et précise la finalité du régime des sociétés mères », *Dr. fisc.* 2013, n° 41, comm. 477.

DELAUNAY (B.) :

- « L'évolution de la jurisprudence relative aux justifications des restrictions fiscales aux libertés communautaires », *Dr. fisc.* 2009, n° 12-13, 248.
- « L'évolution de la jurisprudence fiscale de la Cour de justice en matière de liberté de circulation des capitaux », *Dr. fisc.* 2012, n° 47, 526.
- « La détermination de la liberté de circulation applicable dans le contentieux fiscal européen », *Dr. fisc.* 2013, n° 24, 318.
- « Où commence l'optimisation fiscale internationale ? Fraude, évasion fiscale et *tax planning* », *Dr. fisc.* 2013, n° 39, 436.
- « La planification fiscale agressive en droit de l'Union européenne », *REIDF*, 2015/2, p. 237.
- « Les évolutions de la fiscalité internationale depuis la crise financière de 2008 », *Dr. fisc.* 2017, n° 36, ét. 423.

DESBUQUOIS (J.-F.), KOZLOWSKI (J.), « Évolutions récentes de l'abus de droit », *Dr. fisc.* 2019, n° 3, ét. 8.

DESSERTEAUX (M.), « Abus de droit ou conflit de droits », *RTD civ.* 1906, p. 122.

DI MALTA (P.-Y.), « Interposition sociétaire et imputation déficitaire : du spectre de l'abus de droit pour fraude à la loi », *Dr. fisc.* 2019, n° 21, comm. 272.

DIBOUT (P.) :

- « L'article 209 B du CGI est-il compatible avec les conventions fiscales internationales et le droit communautaire ? », *Dr. fisc.* 1990, n° 44, 100037.
- « L'inapplicabilité de l'article 209 B du CGI face à la convention fiscale franco-suisse du 9 septembre 1966 (À propos de l'arrêt CE, Ass., 28 juin 2002, Schneider Electric) », *Dr. fisc.* 2002, n° 36, 28.
- « Répression des abus de droit en matière fiscale et principe de fraude à la loi », *JCP E* 2006, n° 50, 2820.
- « Bénéficiaire effectif : l'approche française », in *Fiscalité et entreprise : politiques et pratiques. Liber amicorum Jean-Pierre Le Gall*, 2007, Dalloz, pp. 49-59.
- « Abus de droit : but non exclusivement fiscal de la prise de participation d'une société française dans une centrale de trésorerie belge ayant le statut de centre de coordination », *Dr. fisc.* 2011, n° 24, comm. 394.

DIHN (E.), « Quelles conditions d'application de l'article 123 bis du CGI aux trusts ? », *FI* 2020, n° 3, 9.3.

DOCCLO (C.), « L'ambition de l'Union européenne d'introduire des règles anti-abus dans les lois disparates de ses États membres », in *Mélanges Pascal Minne : Fiscalité internationale et patrimoniale*, 2016, Bruylant, pp. 227-268.

DURAND (P.), « Le principe de territorialité : une valeur universelle ? À propos des arrêts CE, 21 nov. 2011, SIFA et Cie des Glénans », *Dr. fisc.* 2012, n° 5, comm. 128.

DUSSART (V.), « L'intelligibilité de la loi fiscale, un objectif inaccessible », in *Écrits de droit de l'entreprise : mélanges en l'honneur de Patrick Serlooten*, 2015, Dalloz, pp. 627-635.

EISENMANN (C.), « Quelques problèmes de méthodologie des définitions et des classifications en science juridique », In *La logique du droit*, Archives de philosophie du droit, 1966, p. 25.

ESPASA-MATTEI (S.), RENAUDIN (J.-P.), DRAGUTINI (N.), « Pas de "clauses de sauvegarde" en cas de dispositif luttant contre l'optimisation fiscale », *Dr. fisc.* 2018, n° 42-43, comm. 426.

EVEILLARD (G.), « L'exigence de critères objectifs et rationnels dans le contrôle de l'égalité devant l'impôt par le Conseil constitutionnel », *LPA* 2000, n° 20, p. 8.

FALCO (D.), « Pratiques abusives et fiscalité indirecte », *REIDF*, 2020/3, p. 313.

FERNOUX (P.) :

- « Abus de droit : revisitons le passé à l'aune de la nouvelle définition », *Dr. fisc.* 2010, n° 49, 584.
- « La substance d'une société dans la mécanique de l'abus de droit », *Dr. fisc.* 2017, n° 45, ét. 155.
- « Quelles sont les décisions dont on pourrait abuser ? », *Dr. fisc.* 2017, n° 49, 650.
- « Revisitons le passé à l'aune du but principalement fiscal », *Dr. fisc.* 2019, n° 22, 279.

FOUQUET (O.) :

- « Fraude à la loi et abus de droit », *Dr. fisc.* 2006, n° 47, comm. 65.
- « Interprétation française et interprétation européenne de l'abus de droit », *RJF* 5/06, chron. p. 383.
- « Un contrat de treaty shopping qualifié de fraude à la convention franco-britannique », *Dr. fisc.* 2007, n° 4, comm. 87.

- « Le caractère subsidiaire de l'abus de droit », *Dr. fisc.* 2007, n° 20, 522.
- « Un acte non fictif ne peut être taxé d'abus de droit que s'il est artificiel et motivé par la seule volonté d'éluder l'impôt », *Dr. fisc.* 2007, n° 14, comm. 386.
- « Fraude à la loi : l'explication du critère subjectif », *Dr. fisc.* 2009, n° 39, 287.
- « L'application littérale de la doctrine administrative peut-elle être constitutive d'un abus de droit ? », *Dr. fisc.* 2009, n° 42, 316.
- « Le Conseil constitutionnel et le principe d'égalité devant l'impôt », *NCCC* 2011, n° 33, p. 7.
- « La réforme de l'abus de droit : pour quoi faire ? », *FR* 39/13, inf. 12, p. 23.
- « Abus de droit : l'acquéreur d'une "coquille" doit réinvestir », *Dr. fisc.* 2014, n° 43-44, comm. 598.
- « Abus de droit : la sécurité juridique rédactionnelle. À propos de la censure des articles 96 et 100 de la loi de finances pour 2014 », *Dr. fisc.* 2014, n° 1-2, 3.
- « La définition jurisprudentielle de l'abus de droit n'est pas inconstitutionnelle », *Dr. fisc.* 2014, n° 43-44, 596.
- « L'abus de droit et la sécurité juridique », *RFFP* 2015, n° 130, p. 23.
- « Dispositif anti-abus et poursuite d'un but principalement fiscal. À propos de Cons. const., déc. n° 2015-726 DC, 29 déc. 2015 », *Dr. fisc.* 2016, n° 4, 50.
- « La définition de l'abus de droit en question ? », *Dr. fisc.* 2017, n° 43-44, 529.
- « Les deux nouvelles procédures de "mini-abus de droit" instituées par le projet de loi de finances pour 2019 sont-elles constitutionnelles ? », *Dr. fisc.* 2018, n° 49, 519.
- « La garantie contre les changements de doctrine remise en cause ? », *FR* 4/19, inf. 4, p. 10.
- « Abus de droit : le syndrome luxembourgeois », *Dr. fisc.* 2019, n° 40, comm. 388.
- « Les nouveaux rapports entre la garantie contre les changements de doctrine (LPF, art. L. 80 A) et l'abus de droit : jurisprudence infléchie ou complétée ? », *Dr. fisc.* 2020, n° 45, 380.
- « Abus de droit : du nouveau ? À propos des affaires Wendel », *FR* 18/20, inf. 17, p. 30.
- « Les redevances de marques et brevets n'entrent pas dans le champ de l'article 155 A du CGI », *Dr. fisc.* 2021, n° 49, comm. 449.

FREEDMAN (J.), « Tackling fiscal "abuse of law" in the UK : different routes to a single destination », *REIDF*, 2018/4, p. 467.

FRULEUX (F.), « Réforme de l'abus de droit : des commentaires administratifs "mesurés" », *JCP N* 2020, n° 10, ét. 1063.

GAEREMYNCK (J.), CHATEL (S.), SASSEVILLE (J.), QUEST (S.), « La gouvernance de la fiscalité internationale », in *La fiscalité internationale à réinventer – Un colloque organisé par le Conseil d'État le 30 novembre 2018*, 2020, La documentation française, « Droits et débats », pp. 17-39.

GENTILHOMME (R.), « Expatriation et transmissions entre vifs », *Dr. et patri.* 2000, n° 80, p. 26.

GEST (G.) :

- « Subsidiarité des conventions, fictions fiscales et associés non-résidents des sociétés de personnes françaises », *Dr. fisc.* 2013, n° 24, 321.
- « Histoire et esprit du régime des sociétés mères », *Dr. fisc.* 2014, n° 41, 565.
- « Les grandes évolutions de la fiscalité internationale jusqu'à la crise financière de 2008 », *Dr. fisc.* 2017, n° 39, 469.

GIBERT (B.), ROUX (F.), « Convention multilatérale : l'impact des choix de la France en matière d'établissement stable », *Dr. fisc.* 2018, n° 39, 403.

GIRAY (M.), « Le devoir d'optimisation fiscale », in *Mélanges en l'honneur du professeur Michel Grimaldi*, 2020, Défrenois, pp. 451-466.

GOULARD (G.), « L'abus de droit à la lumière du droit communautaire. À propos de l'arrêt CE, 18 mai 2005, SA Sagal », *Dr. fisc.* 2005, n° 44-45, 39.

GOUTHIERE (B.) :

- « Article 209 B et droit communautaire. La CJCE précise la notion de montage artificiel », *FR* 39/06, inf. 9, p. 21.
- « Dispositifs anti-abus et conventions fiscales », *FR* 26/08, inf. 8, p. 9.
- « Article 155 A du CGI : Compatibilité avec les normes juridiques supérieures ? », *BF* 6/11, p. 469.

GUIBE (C.) :

- « Abus de droit et gains de management package : affaire Wendel, le scénario se précise », *RJF* 4/20, chron. p. 427.
- « Sommes versées à un résident étranger : à la recherche du bénéficiaire effectif », *RJF* 7/20, chron. p. 871.

GUTMANN (D.) :

- « Réflexions comparatistes sur la constitutionnalité de la répression de l'abus de droit », *FR* 56/08, inf. 11, p. 23.
- « La "pénalisation" du droit fiscal : mythe ou réalité ? », *Dr. fisc.* 2011, n° 4, 122.
- « La véritable signification de l'indépendance des procédures fiscale et pénale », *FR* 6/11, inf. 23, p. 29.
- « Les dix définitions de l'abus de droit fiscal », in *Mélanges en l'honneur de Professeur Henri Hovasse*, 2016, LexisNexis, pp. 381-391.
- « Contre la théorie du bénéficiaire effectif en droit fiscal européen et international », *FI* 2019, n° 2, 01.
- « Directive DAC 6 : transpositions françaises et européennes », *FI* 2020, n° 3, 02.
- « Les Piliers de la réforme fiscale internationale : état des lieux », *FR* 36/21, inf. 9, p. 15.
- « Les Piliers de la réforme fiscale internationale : état des lieux (suite) », *FR* 37/21, inf. 3, p. 15.

HOMO (B.), CHAGNEAU (A.), VIDEAU (J.), « Transposition de la directive 2018/822 dite DAC 6 : encadrement de l'optimisation fiscale transfrontière », *Dr. fisc.* 2020, n°15-16, ét. 222.

HOMO (B.), VERGNET (N.), VIDEAU (J.), « Commentaires administratifs des obligations des contribuables tendant à la prévention de la fraude – Déclaration de dispositifs transfrontières », *Dr. fisc.* 2020, n° 51-52, 474.

HOO (M.-P.), « Aménagement du régime mère-fille : note sous L. n° 2015-1786, 29 déc. 2015, art. 29 et 36 », *Dr. fisc.* 2016, n° 1, 26.

ILJIC (A.) :

- « Distributions de dividendes et émission d'obligations remboursables en actions : réflexions sur l'affaire SAS Ingram Micro », *RJF* 4/17, chron. p. 435.
- « Quelle est la portée de l'article 155 A du CGI », *RJF* 8-9/17, chron. p. 1047.
- « Peut-on abuser d'une convention fiscale bilatérale ? », *RJF* 12/17, chron. p. 1553.

JACQUEMONT (T.), « La clause anti-abus générale de la directive ATAD : tour d'horizon européen », *FI* 2020, n° 2, 02.

JACQUOT (N.), JANORAY (O.), MAZZUCO (M.), « DAC 6 : à vos marqueurs, prêts, partez ! », *RFP* 2020, n° 2, 3.

JAILLAIS (J.), « Le nouvel abus de droit, ou la consécration du chamanisme fiscal ? », *Option Finance*, 23 mars 2009, n° 1021.

JANORAY (O.), GRAJALES (A.), DEMORTIERE (J.) :

- « L'article 150-0 B ter du CGI : mesure anti-abus ou mesure de rendement ? », *RFP* 2019, n° 4, ét. 11.
- « Sociétés holding patrimoniales étrangères : un avenir incertain », *RFP* 2019, n° 10, ét. 24.

JESTIN (K.), « Le *treaty shopping* à la lumière du droit de l'Union européenne », *REIDF*, 2020/3, p. 329.

JOANNARD-LARDENT (E.), « Les principes de sécurité juridique et de confiance légitime en droit fiscal », *Dr. fisc.* 2014, n° 10, 191.

KOERVER SCHMIDT (P.), « Abuse and Avoidance – a contemporary analysis of Danish tax law », *REIDF* 2018/4, p. 489.

KOURALEVA-CAZALS (P.), « Les piliers 1 et 2 : les piliers d'un nouvel ordre ? », *Dr. fisc.* 2022, n° 12, 152

KRUGER (H.), « Haro sur les ORA : la liberté de financement des entreprises est-elle soluble dans l'abus de droit ? », *Dr. fisc.* 2015, n° 46, 670.

KUIPERS (I.), « The ATAD general anti-avoidance rule in the Netherlands », *FI* 2020, n° 2, 02.6.

LABRUNE (N.), « Article 209 B du CGI : sauvegarde, preuve et pragmatisme », *RJF* 13/6, chron. p. 269.

LAGARRIGUE (A.), « Proposition de directive relative "aux sociétés écrans" : l'anticipation s'impose », *Dr. fisc.* 2022, n° 16, 196.

LAGARRIGUE (A.), HARDECK (B.), « Dispositif anti-hybrides : retour sur les difficultés d'application à la lumière des premiers commentaires de l'administration », *Dr. fisc.* 2014, n° 22, 352.

LAURATET (S.), « La clause anti-abus générale de la directive ATAD : comparaison des transpositions dans 5 États membres (France, Allemagne, Irlande, Luxembourg et Pays-Bas) », *FI* 2021, n° 2, 02.1.

LAURATET (S.), DELSOL (C.), « Transposition de la nouvelle clause anti-abus générale en droit fiscal français : s'agit-il d'une révolution législative et quelles seront les évolutions jurisprudentielles ? », *Dr. fisc.* 2018, n° 47, 472.

LAURATET (S.), GIBON (S.), SUEUR (J.), « La clause anti-abus issue de la transposition française de la directive ATAD », *FI* 2020, n° 2, 02.2.

LE MENTEC (F.) :

- « Abus de convention et fraude à la loi. À propos de l'arrêt du Conseil d'État du 29 décembre 2006, Bank of Scotland », *JCP E* 2007, n° 12, 1399.
- « Clause anti-abus de l'article 119 ter du CGI : office des juges du fond et portée du contrôle du juge de cassation », *Dr. fisc.* 2017, n° 3, comm. 66.

LECLERCQ (L.), LOCATELLI (F.), GIBON (S.), « Abrogation de l'article 212, 1-b du CGI : "l'aveu" d'incompatibilité », *Dr. fisc.* 2019, n° 50-52, 485.

LEGALL (J.-P.), « L'arrêt Diebold : un incident ou un cataclysme ? », *Dr. fisc.* 2000, n° 15, 100122.

LEON AGUIRRE (J.-C.), « À propos de quelques spécificités de l'abus de directive », *REIDF*, 2020/3, p. 319.

LIGNEREUX (B.), « Les dispositifs européens de lutte contre l'optimisation fiscale », *REIDF*, 2021/2, p. 226.

LOUSTALET (G.), « Article 155 A du CGI et conformité au droit de l'Union européenne : la guerre de Troie aura-t-elle lieu ? », *JCP E*, 2013, n° 6, 1102.

LUGAND (F.), VERBAN (M.), TOF (D.), « La notion de substance en fiscalité internationale », *Dr. fisc.* 2011, n° 9, ét. 228.

MAITROT DE LA MOTTE (A.) :

- « Les libertés européennes de circulation et les "pays tiers" », *Dr. fisc.* 2014, n°25, comm. 384.
- « Les clauses anti-abus et le droit de l'Union européenne », *Dr. fisc.* 2016, n° 13, 257.
- « L'extension des régimes fiscaux européens aux situations originellement exclues de leur champ : vers l'élimination des discriminations européennes par le principe constitutionnel d'égalité corrélative ? », *Dr. fisc.* 2016, n° 37, 475.
- « La réaction de l'Union européenne : le "paquet de mesures contre l'évasion fiscale" », *Dr. fisc.* 2016, n° 49, ét. 631.
- « La lutte contre l'évasion fiscale internationale », in *La Commission européenne en voie de redynamisation ? – Colloque international de Nice des*

*1er et 2 avril 2015*, 2017, Pédone, « Institut du droit de la paix et du développement », pp. 221-244.

- « La conformité de l'amendement Charasse à la Constitution : la déduction d'une charge financière est-elle vraiment un avantage fiscal ? », *Dr. fisc.* 2018, n° 39, 410.
- « L'application du droit de l'Union européenne en matière fiscale », *Titre VII* 2019, n° 2.
- « Note sur CJUE, gde ch., 26 fév. 2019, C-116/16 et C-117/16 Skatteministerie c/ T Danmark et Y Denmark Aps. – Et CJUE, gde ch., 26 février 2019, C-115/16, C-118/16, C-119/16 et C-299/16, N Luxembourg 1 et a. », *FI* 2019, n° 2, 3.
- « Les limites du principe constitutionnel d'égalité corrélative », *Dr. fisc.* 2020, n° 20, 163.
- « La réforme du système fiscal international : quelles conséquences pour le droit fiscal de l'Union européenne ? », *Dr. fisc.* 2022, n° 12, 151.

MAITROT DE LA MOTTE (A.), SILBERMAN (L.), « Les clauses anti-abus, le droit primaire et le droit dérivé de l'Union européenne : presque rien sur presque tout », *Dr. fisc.* 2018, n° 11, 223.

MALHERBE (P.), « Abuse of Law in Belgian Tax Law », *REIDF*, 2018/4, p. 501.

MARCUS (E.), « Droit à l'erreur, accompagnement : les nouvelles traductions du principe de sécurité juridique en matière fiscale », *REIDF*, 2020/1, p. 104.

MARTIN (P.) :

- « La portée fiscale des libertés communautaires de circulation : réflexions au regard du droit interne », *Dr. fisc.* 2000, n° 44, p. 1444.
- « La jurisprudence fiscale de la CJCE du point de vue du Conseil d'État », *Dr. fisc.* 2009, n° 12, 247.
- « L'interprétation des conventions fiscales internationales », *Dr. fisc.* 2013, n° 24, 320.
- « Le régime français des sociétés mères à la lumière de la directive : les méthodes d'interprétation du juge fiscal », *Dr. fisc.* 2014, n° 41, 569.
- « Interprétation et application de la clause générale anti-abus de l'OCDE », *FI* 2019, n° 4, 9.3.
- « La notion de bénéficiaire effectif : vers une clarification ? », *FI* 2021, n° 2, 01.

MARTIN (P.), BLANLUET (G.), ANTONI (M.-P.), ROBERT (E.), MATE (M.), « L'adaptation des standards du droit fiscal international à une économie mondialisée et transformée par le numérique », in *La fiscalité internationale à réinventer – Un colloque organisé par le Conseil d'État le 30 novembre 2018*, 2020, La documentation française, « Droits et débats », pp. 43-73.

MARTIN (P.), CASSAGNABERE (H.), MAITROT DE LA MOTTE (A.), TUROT (J.), « La souveraineté fiscale à l'épreuve de la jurisprudence de la CJUE », *FI* 2019, n° 2, 2.2.

MARTIN (P.), DIBOUT (P.), GAUTIER (J.-L.), « La frontière entre abus de droit et optimisation s'est-elle déplacée ? », *Dr. fisc.* 2007, n° 47, 977.

MARTIN (P.), EVERS (M.), JATON (L.), MARCUS (E.), SILBERZTEIN (C.), « La convention multilatérale OCDE : quel impact sur la fiscalité internationale ? Actes de la soirée d'étude annuelle de l'IFA, 4 oct. 2017 », *Dr. fisc.* 2017, n ° 51-52, 587.

MARTIN (P.), GOUTHIERE (B.), « Les conflits de normes : les clauses anti-évasion », *Dr. fisc.* 2017, n° 39, 479.

MELOT (N.), BUCHET (M.), « Abus de droit : les arrêts Bank of Scotland et Abbey National Treasury Services à la lumière des écrits de Patrick Dibout », *Dr. fisc.* 2013, n° 24, 328.

MEIER (E.), BOUTEMY (B.), « Conventions fiscales bilatérales au sein de l'Union européenne ou l'histoire d'une passation de pouvoir ? », *BF* 1/05, p. 21.

MEIER (E.), CALLOUD (A.), « L'article 238 A du CGI est-il en sursis ? À propos de la non-conformité à la libre prestation de services d'une limitation de déduction, au titre des frais professionnels, de sommes versées à une société non-résidente », *Dr. fisc.* 2013, n° 3, comm. 71.

MEIER (E.), TORLET (R.) :

- « "Transferts" d'avoirs fiscaux et fraude à la loi. À la recherche des objectifs des auteurs … », *Dr. fisc.* 2009, n° 39, comm. 484.
- « Filiales étrangères : de la substantielle question de la substance … », *Dr. fisc.* 2013, n° 23, comm. 310.
- « Obligations remboursables en actions et distributions de dividendes : simple optimisation ou abus ? », *Dr. fisc.* 2015, n° 46, 681.

MEIER (E.), VALETEAU (M.), FREDY (M.), « Juge fiscal et juge pénal : qui a la priorité », *FR* 30/21, inf. 5, p. 10.

NAYBERG (L.), VERGNET (N.) :

- « La clause anti-abus générale de la directive ATAD, Réflexions sur le principe européen de lutte contre les pratiques abusives », *FI* 2019, n° 1, 9.4.1.
- « Achèvera-t-on le requiem du contentieux des discriminations à rebours ? », *Dr. fisc.* 2020, n° 20, comm. 240.

NEGRIN (O.), « La garantie contre les changements de doctrine ne fait pas obstacle à la répression de la fraude à la loi aggravée », *Procédures* 2021, n° 30, 1.

NOËL (G.), « Le juge de l'imposition et la régulation fiscale. La technique de la "chrysalidation juridique" de préceptes contenus dans la Charte du contribuable », *Dr. fisc.* 2014, n° 21, 335.

NOLLET (A.), « La mesure générale anti-"abus fiscal" en vigueur en droit belge confrontée à la clause générale anti-abus de la directive "ATAD" », *REIDF*, 2020/3, p. 367.

OLLÉON (L.) :

- « Article 209 B et conventions fiscales internationales : "Après les ténèbres, la lumière" », *RJF* 10/02, n° 1080, chron. p. 755.
- « L'être, le paraître et l'abus de droit », *RJF* 4/03, n° 474, chron. p. 303.
- « Exit l'exit tax », *RJF* 5/04, chron. p. 347.
- « Mini-abus de droit : la Campagne des cent fleurs ? », *Dr. fisc.* 2019, n° 30-35, 344.

OUDENOT (P.), « La prise en compte des bénéfices réalisés dans un pays à fiscalité privilégiée : état des lieux de l'article 209 B », *Dr. fisc.* 2014, n° 38, 528.

PELLETIER (M.) :

- « La spécificité du contrôle de constitutionnalité des lois fiscales. Conseil constitutionnel versus Cour de justice de l'Union européenne et Cour européenne des droits de l'homme », *Dr. fisc.* 2015, n° 13, 230.
- « Principe d'égalité devant les charges publiques et article 123 bis du CGI : l'agonie des présomptions irréfragables », *Dr. fisc.* 2017, n° 11, 165.
- « Non bis in idem et cumul des sanctions fiscales et pénales : épilogue provisoire ? À propos de CJUE, 1re ch., 5 mai 2022, aff. C-570/20, BV c/ DDFIP de la Haute-Savoie », *Dr. fisc.* 2022, n° 20, act. 176.

PIANTAVIGNA (P.), « Abuse of law in Italy », *REIDF*, 2018/4, p. 525.

PIERRE (J.-L.) :

- « Imposition en France des sommes versées à des sociétés étrangères en rémunération de prestations de services accomplies dans cet État », *Dr. sociétés* 2017, n° 11, comm. 200.
- « L'éloignement du droit de la propriété intellectuelle et du droit fiscal dans la détermination du régime d'imposition des produits de source française perçus par une société britannique de gestion collective de droits d'auteur et reversés, pour l'essentiel, à des membres de celle-ci ayant leur résidence fiscale au Royaume-Uni », *Dr. fisc.* 2021, n° 17, comm. 226.

PONS (T.) :

- « L'article 209 B : règle de territorialité élargie ou mesure anti-évasion ? », *BF* 04/11, ét. p. 319.
- « Les mesures contre l'évasion fiscale internationale et la Constitution », *BF* 01/12, ét. p. 5.
- « Article 209 B : ou quand la présomption d'évasion est combattue avec succès », *FR* 3/16, inf. 6, p. 6.

POULLAIN (B.), « L'abus de droit en fiscalité. La jurisprudence de la Cour de cassation », *Rev. Soc.* 2002, p. 479.

RACINE (P.-F.) :

- « Existe-t-il des décisions dont on puisse abuser ? », *Dr. fisc.* 2010, n° 23, 357.
- « De l'art d'interpréter les lois : quand le Conseil d'État édicte une nouvelle règle », *Dr. fisc.* 2011, n° 37, comm. 502.

RAQUIN (C.), « Le contrôle des juges de la constitutionnalité et de la conventionnalité sur les dispositifs de prévention de l'évasion fiscale », *RJF* 4/12, chron. p. 299.

RAUTENSTRAUCH (G.), « The ATAD general anti-abuse rule in Germany », *FI* 2020, n° 2, 02.3.

RESTINO (V.), DE DAMPIERRE (Z.), « Quel fondement pour la remise en cause, sur le terrain de la fraude à la loi, d'un crédit d'impôt recherche à l'occasion de l'examen d'une réclamation tendant à son remboursement ? », *Dr. fisc.* 2020, n° 29, comm. 315.

REVEL (A.), « Panorama sur la notion d'abus de droit fiscal », *Dr. fisc.* 2013, n° 11, 21.

RICARD (T.), « L'originalité de la procédure pénale en matière fiscale », *Dr. fisc.* 2007, n° 2, ét. 18.

RIGAUDEAU (P.-O.), « Garantie contre les changements de doctrine administrative. La vraie nature de la garantie contre les changements de doctrine enfin révélée », *Dr. fisc.* 2020, n° 39, 379.

RIVERO (J.), « Apologie pour les "faiseurs de systèmes" », in *Pages de doctrine*, 1980, t. 1, pp. 3-10.

ROBLOT-TROIZIER (A.), « Les cours suprêmes et l'interprétation de la loi », *NCC* 2013, n° 38, p. 216.

ROEMER (F.), MARTIN (E.), « Le simple salarié pris au radar du 155 A pour sa propre prestation intégrée dans une prestation globale », *Dr. fisc.* 2019, n° 30-35, comm. 349.

RUTSCHMANN (Y.), ROCH (P.-M.), « Transposition de la clause anti-abus en matière d'IS (CGI, art. 205 A) et nouvelle procédure d'abus de droit (LPF, L. 64 A) : les paradoxes de la réforme », *Dr. fisc.* 2019, n° 3, 116.

SADOWSKY (M.) :

- « Le principe de subsidiarité des conventions fiscales internationales », *Dr. fisc.* 2018, n° 45, 436.

- « L'histoire de la fiscalité internationale », *FI* 2021, n° 4, 1.1.

SAINT-AMANS (P.), « Le projet BEPS et la longue marche en direction d'une fiscalité globale pour l'économie du XXIe siècle », *Dr. fisc.* 2015, n° 49, 709.

SAINT-AMANS (P.), JACQUES (T.), « Les perspectives de la fiscalité internationale », *Dr. fisc.* 2017, n° 39, 474.

SAINT-AMANS (P.), ROBERT (E.), « Le projet BEPS et son héritage », *REIDF*, 2016/4, p. 409.

SAISON (J.), « Le juge administratif et l'adage *lex specialis derogat generalibus* – Réflexions sur la liberté de l'interprète », *RFDA* 2016, p. 556.

SCHMITT (T.), « Le juge et l'abus de droit rampant », in *Écrits de fiscalité des entreprises. Études à la mémoire du professeur Maurice Cozian*, 2009, LexisNexis, pp. 187-207.

SERANDOUR (Y.), « L'abus de droit selon la CJCE. À propos de l'arrêt Halifax (CJCE, 21 fév. 2006, aff. C-255/02) », *Dr. fisc.* 2006, n° 16, comm. 16.

SERLOOTEN (P.), « Liberté de gestion et droit fiscal : la réalité et le renouvellement de l'encadrement de la liberté », *Dr. fisc.* 2007, n° 12, 301.

SMITH (K.), KELLY (S.), « The ATAD general anti-abuse rule in Ireland », *FI* 2020, n° 2, 02.4.

STUCKER (T.), « L'artificialité, métronome de la lutte contre les montages », *FI* 2021, n° 2, 9.1.

TASOCAK (L.), « Substance économique et abus de droit : le réalisme fiscal à tout prix ? », *Dr. fisc.* 2017, n° 30-35, 410.

TEIXEIRA (O.), « Exonération de RAS : la condition de bénéficiaire effectif est compatible avec la directive mère-fille », *FR* 32/20, inf. 6, p. 15.

TIRARD (J.-M.), « L'abus de droit en droit comparé », *Écrits de fiscalité des entreprises. Études à la mémoire du professeur Maurice Cozian*, 2009, LexisNexis, pp. 209-227.

TIXIER (G.), comm. sur CE, 7ème et 8ème s.-s., 21 avril 1989, n° 88983, *Sté Cinécustodia*, *Dr. fisc.* 1989, n° 40, comm. 1172.

TOUTTEE (J.), « La présomption d'abus de droit : jusqu'où ira-t-on ? », *FR* 33/20, inf. 6, p. 13.

TUROT (H.) :

- « On n'a pas tout dit sur la clause anti-abus de l'article 119 ter ! », *Dr. fisc.* 2017, n° 8, 162.
- « Procédure d'abus de droit et principe de fraude à la loi : le glaive et le bouclier », *Dr. fisc.* 2022, n° 13, comm. 174.

TUROT (J.) :

- « Réalisme fiscal, abus de droit et opposabilité à l'administration des actes juridiques (ou l'abus de droit rampant) », *RJF* 8-9/89, chron. p. 458.
- « La vraie nature de la garantie contre les changements de doctrine », *RJF* 5/92, chron. p. 371.
- « L'abus d'abus de droit est-il un vice ? », *RJF* 7/96, chron. p. 486.
- « L'article 209 B est-il soluble dans le droit communautaire ? À propos de l'arrêt CJCE, 16 juillet 1998, Imperial Chemical Industries (ICI) » : *RJF* 12/98, chron. p. 940.
- « La liberté de gestion des entreprises entre enfer et paradis (et plus près de l'enfer) », *Dr. fisc.* 2017, n° 27, 378.
- « La fin du "Tout noir ou tout blanc" ? À propos de CE, 10ème et 9ème ch., 12 février 2020, n° 421444 et 421441 », *Dr. fisc.* 2020, n° 10, act. 68.
- « Demain, serons-nous tous des Al Capone ? À propos d'une éventuelle prohibition des actes à but principalement fiscal », *Dr. fisc.* 2013, n° 33, 394.

UNTERMAIER (J.), « Déqualification et requalification en droit fiscal », in *Annales de la Faculté de droit de Lyon*, 1974, pp. 153-173.

VABRES (R.), « Sursis d'imposition et abus de droit », *Dr. fisc.* 2020, n° 10, comm. 180.

VERCLYTTE (S.), « Abus de droit et garanties des contribuables ayant appliqué la doctrine administrative : le triomphe de la sécurité juridique », *RJF* 5/98, n° 562, chron. p. 359.

VERGNET (N.) :

- « Les fondements théoriques de l'établissement stable à l'épreuve de la modernisation de l'économie », *Dr. fisc.* 2017, n° 39, 476.

- « Abus de conventions fiscales : une tentative d'exégèse de la "clause PPT" », *Dr. fisc* 2018, n° 26, 313.
- « Vers l'uniformisation de la lutte contre les pratiques abusives en droit fiscal de l'Union européenne », *REIDF*, 2019/4, p. 451.

VOYAME (J.), COTTIER (B.), ROCHA (B.), « L'abus de droit en droit comparé », in *L'abus de droit et les concepts équivalents : principe et applications actuelles*, 1990, Conseil de l'Europe – Service de l'édition et de la documentation, pp. 23-52.

## V – Conclusions des commissaires du gouvernement, des rapporteurs publics et des avocats généraux

### *A. Conclusions auprès du Conseil d'État*

ALADJIDI (F.), concl. sur :

- CE, 9ème et 10ème s.-s., 28 novembre 2012, n° 338682 et n° 341128, *Sté BNP Paribas* et *min. c/ BNP Paribas* : *BDCF* 2/13, n° 17.
- CE, 9ème et 10ème s.-s., 20 mars 2013, n° 346642, *Piazza* : *Dr. fisc.* 2013, n° 20, comm. 282.
- CE, 9ème et 10ème s.-s., 17 juillet 2013, n° 356523, *min. c/ SAS Garnier Choiseul Holding*, n° 352989, *min. c/ SARL Garnier Choiseul Holding* et n° 360706, *min. c/ SARL Garnier Choiseul Holding* : *Dr. fisc.* 2013, n° 41, comm. 477.
- CE, 9ème et 10ème s.-s., 11 avril 2014, n° 352999, *SARL Garnier Choiseul Holding* : *Dr. fisc.* 2014, n° 26, comm. 408.
- CE, 9ème et 10ème s.-s., 23 juin 2014, n° 360708, *min. c/ Sté Groupement Charbonnier Montdiderien* : *BDCF* 10/94, n° 99.
- CE, 9ème et 10ème s.-s., 30 décembre 2015, n° 369311, *Sté Euro Park Service* : *Dr. fisc.* 2016, n° 13, comm. 258.

AUSTRY (S.), concl. sur :

- CE, 3ème et 8ème s.-s., 26 octobre 2001, n° 217228, *SA Darty* et n° 299303, *Compagnie Parisienne de Réescompte (CPR)* : *RJF* 1/02, n° 77, p. 11.
- CE, Ass., 28 juin 2002, n° 232276, *min. c/ Schneider Electric* : *BDCF* 10/02, n° 120.
- CE, 8ème et 3ème s.-s., 18 octobre 2002, n° 224459, *Cambay* : *BDCF* 1/03, n° 2.

BACHELIER (G.), concl. sur :

- CE, 8ème et 9ème s.-s., 6 mai 1996, n° 154217, *min. c/ SA Quartz d'Alsace* : *Dr. fisc.* 1996, n° 30, comm. 988.
- CE, Sect., 30 décembre 1996, n° 128611, *min. c/ M. Benmiloud* : *Dr. fisc.* 1997, n° 11, comm. 309.
- CE, 8ème et 9ème s.-s., 13 octobre 1999, n° 191191, *SA Diebold Courtage* : *RJF* 12/99, n° 1492.
- CE, Sect., 30 décembre 2003, n° 233894, *SA Andritz* : *RJF* 3/04, n° 238, p. 166.

BENARD (Y.), concl. sur CE, 9ème et 10ème ch., 19 mars 2018, n° 399862, *min. c/ A.* : *Dr. fisc.* 2018, n° 28, comm. 334.

BOHNERT (B.), concl. sur :

- CE, 8ème et 3ème ch., 23 novembre 2016, n° 383838, *Sté Eurotrade Juice* : *RJF* 2/17, n° 130.
- CE, 8ème et 3ème ch., 15 décembre 2016, n° 404270 : *RJF* 3/17, C 256.
- CE, 8ème et 3ème ch., 7 juillet 2017, n° 410620 : *RJF* 11/17, C 1090.
- CE, 8ème et 3ème ch., 12 octobre 2018, n° 414383 : *RJF* 1/19, C 1.

BOKDAM-TOGNETTI (É.), concl. sur :

- CE, 9ème et 10ème s.-s., 11 mai 2015, n° 365564, *SA Natixis Banques populaires* : *BDCF* 8-9/15, n° 109.
- CE, 9ème et 10ème s.-s., 30 décembre 2015, n° 372522, *min. c/ Sté Paribas International* et n° 372733, *min. c/ Sté BNP Paribas* : *RJF* 3/16, C 225 et 226.
- CE, 9ème et 10ème s.-s., 30 décembre 2015, n° 374836, *Sté Holcim France SAS* : *Dr. fisc.* 2016, n° 13, comm. 257.
- CE, 9ème et 10ème ch., 13 avril 2018, n° 398271, *Sté LVMH* : *RJF* 7/18, C 727.
- CE, 9ème et 10ème ch., 30 mai 2018, n° 412964, *Sté HighCo* : *Dr. fisc.* 2018, n° 42-43, comm. 426.
- CE, 9ème et 10ème ch., 3 décembre 2018, n° 406617, *Sté Manpower France Holding* : *RJF* 3/19, C 283.
- CE, 9ème et 10ème ch., 5 juin 2020, n° 425789, *Sté Faraday* : *RJF* 8-9/20, C 671.
- CE, 9ème et 10ème ch., 5 juin 2020, n° 423809, *Sté Eqiom* : *Dr. fisc.* 2020, comm. 407.
- CE, 9ème et 10ème ch., 5 novembre 2021, n° 433367 : *RJF* 1/22, C 2.

BOUCHER (J.), concl. sur CE, 10ème et 9ème s.-s., 24 septembre 2010, n° 341573 : *BDCF* 12/10, n° 134.

BRETONNEAU (A.), concl. sur :

- CE, 10ème et 9ème s.-s., 11 mars 2015, n° 369048, *Sté Groupe JLF Finances* : *BDCF* 6/15, n° 66.
- CE, 10ème et 9ème ch., 22 septembre 2017, n° 412408, *Époux G.* : *Dr. fisc.* 2018, n° 29, comm. 347.

CIAVALDINI (K.), concl. sur :

- CE, 8ème et 3ème ch., 9 mai 2019, n° 417514 : *RJF* 8-9/19, C 738.
- CE, 8ème et 3ème ch., 4 novembre 2020, n° 436367 : *RJF* 1/21, C 2.
- CE, 8ème et 3ème ch., 16 juillet 2021, n° 433578, *min. c/ M. B.* : *RJF* 11/21, C 1017.
- CE, 8ème et 3ème ch., 11 février 2022, n° 455794 : *Dr. fisc.* 2022, n° 22, comm. 239.

COLLIN (P.), concl. sur :

- CE, 8ème et 3ème s.-s., 2 avril 2003, n° 237751 et n° 237753, *Sté d'Édition des artistes peignant de la bouche et du pied* : *BDCF* 6/03, n° 75.
- CE, Sect., 20 juin 2003, n° 232832, *Sté Établissements Lebreton* : *Dr. fisc.* 2004, n° 5, comm. 200 : *BDCF* 10/03, n° 125.
- CE, 8ème et 3ème s.-s., 30 juillet 2003, n° 232004, *SARL Azur Industrie* : *BDCF* 11/03, n° 144.
- CE, 8ème et 3ème s.-s., 18 février 2004, n° 247729, *Sté Pléiade* : *BDCF* 5/04, n° 65.
- CE, 8ème et 3ème s.-s., 18 mai 2005, n° 267087, *Sté Sagal* : *BDCF* 8-9/05, n° 110.
- CE, 8ème et 3ème s.-s., 5 mars 2007, n° 284457, *Pharmacie des Chalonges* : *RJF* 5/07, n° 600, p. 426.
- CE, 9ème et 10ème s.-s., 29 septembre 2010, n° 341065, *Sté Snerr Théâtre de Paris* : *Dr. fisc.* 2010, n° 45, comm. 551.
- CE, 9ème et 10ème s.-s., 15 avril 2011, n° 322610, *Sté Alcatel CIT* : *Dr. fisc.* 2011, n° 24, comm. 394.
- CE, 9ème et 10ème s.-s., 17 juin 2011, n° 314667, *Sté Finaparco* et *SARL Méditerranée automobiles* : *Dr. fisc.* 2011, n° 37, comm. 502.
- CE, 9ème et 10ème s.-s., 21 novembre 2011, n° 325214, *min. c/ Sté industrielle et financière de l'Artois (SIFA)* : *Dr. fisc.* 2012, n° 5, comm. 128.
- CE, 9ème et 10ème s.-s., 21 novembre 2011, n° 327207, *min. c/ Cie des Glénans* : *Dr. fisc.* 2012, n° 5, comm. 128.
- CE, 9ème et 10ème, 2 février 2012, n° 351600, *Sté Sonepar* : *BDCF* 5/12, n° 63.

CORTOT-BOUCHER (E.), concl. sur :

- CE, 3ème et 8ème s.-s., 17 décembre 2010, n° 318048, *min. c/ SARL Concept Sport* : *Dr. fisc.* 2011, n° 10, comm. 249.
- CE, 3ème et 8ème s.-s., 11 février 2011, n° 314950, *Picoux* : *BDCF* 5/11, n° 64.
- CE, 3ème et 8ème s.-s., 23 juillet 2012, n° 342017, *M. et Mme Bazin-Faucon* : *Dr. fisc.* 2012, n° 48, comm. 538.
- CE, 3ème et 8ème ch., 19 juillet 2017, n° 408227, *Sté Ingram Micro* : *Dr. fisc.* 2017, n° 43-44, comm. 529.
- CE, 3ème et 8ème ch., 22 janvier 2018, n° 406888 : *RJF* 4/18, C 342.
- CE, 8ème et 3ème ch., 24 juillet 2019, n° 411382 : *RJF* 11/19, C 1065.

CREPEY (É.), concl. sur :

- CE, Plén., 11 avril 2014, n° 362237, *Giorgis* : *BDCF* 7/14, n° 73.
- CE, 10ème et 9ème ch., 13 janvier 2017, n° 391196, *SAS Ingram Micro* : *RJF* 3/17, C 250.
- CE, Plén., 25 octobre 2017, n° 396954, *Cts Verdannet* : *Dr. fisc.* 2018, n° 2, comm. 64.

CYTERMANN (L.), concl. sur :

- CE, 3ème et 8ème ch., 15 mars 2019, n° 412155, *Sté Mi Développement 2* : *Dr. fisc.* 2019, n° 44-45, comm. 429.
- CE, 3ème et 8ème ch., 24 avril 2019, n° 412284, *Sté Gemar Lumitec* : *RJF* 7/19, C 632.
- CE, 3ème et 8ème ch., 9 juin 2020, n° 427441, *Sté Hays* : *Dr. fisc.* 2020, n° 29, comm. 315.

DAUMAS (V.), concl. sur :

- CE, 3ème et 8ème s.-s., 4 décembre 2013, n° 348136, *M. Edmilson Gomes De Moraes* : *Dr. fisc.* 2014, n° 11, comm. 211.
- CE, 3ème et 8ème ch., 12 mai 2017, n° 398300, *Repolowicz* : *RJF* 8-9/17, C 771.
- CE, 3ème et 8ème ch., 1er février 2018, n° 412155, *SAS Mi Développement 2* : *Dr. fisc.* 2018, n° 7-8, comm. 183.

DOMINGO (L.), concl. sur :

- CE, 10ème et 9ème ch., 5 février 2021, n° 430594 et 432845, *min. c/ Sté Performing Rights Society Ltd* : *Dr. fisc.* 2021, n° 17, comm. 226.
- CE, 9ème et 10ème ch., 28 janvier 2022, n° 433965 : *RJF* 4/22, n° 353, C 353.

FOUQUET (O.), concl. sur :

- CE, 7ème et 9ème s.-s., 21 mars 1986, n° 53002, *min. c/ Sté Auriège* : *Dr. fisc.* 1986, n° 31.
- CE, Plén., 27 juillet 1988, n° 50020, *SARL Boutique 2M* : *Dr. fisc.* 1988, n° 49, comm. 2202.

GEFFRAY (E.), concl. sur :

- CE, 3ème et 8ème s.-s., 12 mars 2010, n° 306368, *Sté Charcuterie du Pacifique* : *Dr. fisc.* 2010, n° 19, comm. 307.
- CE, 3ème et 8ème s.-s., 17 novembre 2010, n° 314291, min. *c/ SCI Ram* : *BDCF* 2/11, n° 24.

GLASER (E.), concl. sur :

- CE, 8ème et 3ème s.-s., 27 juillet 2009, n° 295358, *Caisse interfédérale de Crédit Mutuel* : *BDCF* 12/09, n° 143.
- CE, 8ème et 3ème s.-s., 27 juillet 2009, n° 295805, *Conforama Holding* : *BDCF* 12/09, n° 143.

GOULARD (G.), concl. sur CE, Avis Ass., 8 avril 1998, n° 192539, *Sté de distribution de chaleur de Meudon et d'Orléans (SDMO)* : *Dr. fisc.* 1998, n° 18, comm. 398.

GUIBE (C.), concl. sur :

- CE, 9ème et 10ème ch., 24 février 2021, n° 434129, *Sté France Citévision* : *RJF* 5/21, C 480.
- CE, 9ème et 10ème ch., 19 mai 2021, n° 433201, *Sté Douaisienne de transports* : *Dr. fisc.* 2021, n° 44, comm. 415.

ILJIC (A.), concl. sur :

- CE, 10ème et 9ème ch., 28 décembre 2018, n° 406714, *Sté Acanthe Développement* : *RJF* 3/19, n° 284, C 284.
- CE, 10ème et 9ème ch., n° 423020, 8 février 2019, *M. et Mme. H.* : *Dr. fisc.* 2019, n° 42, comm. 410.
- CE, 10ème et 9ème ch., 12 février 2020, n° 421441 et n° 421444, *Wendel* : *Dr. fisc.* 2020, n° 10, comm. 180.
- CE, 10ème et 9ème ch., 8 juin 2020, n° 418962 et n° 418963, *Vuarnet* : *Dr. fisc.* 2020, n° 41, comm. 401.
- CE, 10ème et 9ème ch., 19 juin 2020, n° 418452 : *Dr. fisc.* 2020, n° 46, comm. 438.

LANDAIS (C.), concl. sur CE, 10ème et 9ème s.-s., 28 mars 2008, n° 271366, *Aznavour* : *Dr. fisc.* 2008, n° 17, comm. 293.

LATOURNERIE (M.-A.), concl. sur :

- CE, Plén., 3 février 1984, n° 38230 : *Dr. fisc.* 1984, n° 2626, comm. 1278.
- CE, 7ème et 8ème s.-s., 27 juin 1984, n° 35030, *Courtaulds* : *Dr. fisc.* 1985, n° 22-23, comm. 1063.

LEGRAS (C.), concl. sur CE, 9ème et 10ème s.-.s., 23 mai 2014, n° 374056, *Sté financière des pins* : *Dr. fisc.* 2014, n° 43-44, comm. 596.

LOLOUM (F.), concl. sur CE, 9ème et 8ème s.-s., 18 mai 1998, n° 157974, *min. c/ SA Arthur Loyd* : *BDCF* 4/98, n° 78.

LOBRY (P.), concl. sur CE, Plén., 10 juin 1981, n° 19079 : *Dr. fisc.* 1981, n° 48-49, comm. 2187.

MARTIN-LAPRADE (B.), concl. sur :

- CE, 7ème et 8ème s.-s., 7 octobre 1987, n° 49774 : *Dr. fisc.* 1988, n° 5, comm. 158.
- CE, 7ème et 9ème s.-s., 4 novembre 1988, n° 62221 et n° 74341 : *Dr. fisc.* 1989, n° 29, comm. 1487.
- CE, 7ème et 8ème s.-s., 21 avril 1989, n° 88983, *Sté Cinécustodia* : *Dr. fisc.* 1989, n° 40, comm. 1172.

MERLOZ (M.-G.) :

- CE, 9ème et 10ème ch., 8 février 2019, n° 407641, *Ruggieri* : *Dr. fisc.* 2019, n° 21, comm. 272.
- CE, Ass., 28 octobre 2020, n° 428048, *Charbit* : *RJF* 1/21, C 59.
- CE, 3ème et 8ème ch., 4 février 2022, n° 455278, *Sté Hays France* : *Dr. fisc.* 2022, n° 13, comm. 174.
- CE, 3ème et 8ème ch., 14 février 2022, n° 442061 et n° 442062 : *RJF* 5/22, C 453.

NICOLAZO DE BARMON (A.), concl. sur :

- CE, Plén., 4 juillet 2014, n° 357264 et n° 359924, *Bolloré SA* : *Dr. fisc.* 2014, n° 38, comm. 536.
- CE, 9ème et 10ème ch., 31 mars 2017, n° 383129, *Sté Senoble Groupe Services* : *RJF* 6/17, n° 539, C 539.

- CE, 9ème et 10ème ch., 21 juillet 2017, n° 392908, *Sté Thermo Electron Holdings* : *Dr. fisc.* 2017, n° 49, comm. 577.

OLLEON (L.), concl. sur :

- CE, Sect., 27 septembre 2006, n° 260050, *Sté Janfin* : *Dr. fisc.* 2006, n° 47, comm. 744.
- CE, 8ème et 3ème s.-s., 7 septembre 2009, n° 305586, *SA Axa* : *BDCF* 12/09, n° 142.
- CE, 8ème et 3ème s.-s., 7 septembre 2009, n° 305596, *Sté Henri GoldFarb* : *BDCF* 12/09, n° 142.
- CE, 8ème et 3ème s.-s., 24 avril 2012, n° 343709, *Sté Abbey National Treasury Services* : *BDCF* 7/12, n° 89.

RACINE (P.-F.), concl. sur CE, 9ème et 7ème s.-s., 27 juillet 1984, n° 16649 : *Dr. fisc.* 1984, n° 39, comm. 1570.

SCHRICKE (C.), concl. sur CE, 9ème et 8ème s.-s., 19 janvier 1983, n° 33831 : *Dr. fisc.* 1983, n° 31, comm. 1621.

SENERS (F.), concl. sur CE, 3ème et 8ème s.-s., 29 décembre 2006, n° 283314, *Bank of Scotland* : *BDCF* 3/07, n° 33.

VALLEE (L.), concl. sur CE, 9ème et 10ème s.-s., 28 février 2007, n° 284565, *Persicot* : *Dr. fisc.* 2007, n° 14, comm. 386.

VICTOR (R.), concl. sur :

- CE, 8ème et 3ème ch., 16 septembre 2019, n° 432818, *EURL Abo Wind* : *Dr. fisc.* 2019, n° 52-52, comm. 488.
- CE, 8ème et 3ème ch., 20 septembre 2019, n° 420798, *min. c/ SA BNP Paribas*, n° 420820, *min. c/ SA Natixis* ; n° 420824, *min. c/ SA Crédit Agricole* : *RJF* 12/19, C 1174.
- CE, 8ème et 3ème ch., 10 mars 2020, n° 427104 : *Dr. fisc.* 2020, n° 41, comm. 402.
- CE, 8ème et 3ème ch., 29 juin 2020, n° 433937, *Sté Bernys* : *RJF* 10/20, C 767.
- CE, 8ème et 3ème ch., 9 septembre 2020, n° 431283, *Sté Européenne Dassault Systèmes* : *RJF* 12/20, C 988.

### B. *Conclusions auprès de la Cour de justice de l'Union européenne (anciennement Cour de justice des Communautés européennes)*

BOBEK (M.), concl. sur CJUE, 4ème ch., 22 novembre 2017, aff. C-251/16, *Cussens et al.* : ECLI:EU:C:2017:648.

KOKOTT (J.), concl. sur :

- CJUE, 6ème ch., 7 septembre 2017, aff. 6/16, *Eqiom SAS et Enka SA :* ECLI:EU:C:2017:34.
- CJUE, Grande ch., 26 février 2019, aff. C-115/16, C-118/16, C-119/16 et C-299/16, *N Luxembourg 1 et a.* : ECLI:EU:C:2018:143.

LA PERGOLA (A.), concl. sur CJCE, 9 mars 1999, aff. C-212/97, *Centros* : *RJDA* 7/99, n° 786, p. 603.

LEGER (P.) concl. sur CJCE, Grande ch., 12 septembre 2006, aff. C-196/04, *Cadbury Schweppes plc et Cadbury Schweppes Ltd* : ECLI:EU:C:2006:278.

MAZAK (J.), concl. sur :

- CJUE, 3ème ch., 22 décembre 2010, aff. C-277/09, *RBS Deutschland Holdings GmbH* : ECLI:EU:C:2010:566.
- CJUE, 3ème ch., 22 décembre 2010, aff. C-103/09, *Weald Leasing* : ECLI:EU:C:2010:633.

MENGOZZI (P.), concl. sur CJUE, Grande ch., 26 février 2019, aff. C-135/17, *X GmbH c/ Finanzant Stuttgart Körperschaften* : ECLI:EU:C:2018:389.

MISCHO (J.), concl. sur CJCE, 5ème ch., , 11 mars 2004, aff. C-9/02, *De Lasteyrie du Saillant* : *BDCF* 5/04, n° 69.

POIARES MADURO (L.-M.), concl. sur :

- CJCE, Grande ch., 13 décembre 2005, aff. 446/03, *Marks & Spencer plc* : *BDCF* 2/06, n° 13.
- CJCE, Grande ch., 21 février 2006, aff. C-255/02, *Halifax plc* : *BDCF* 5/06, n° 68.

RANTOS (A.), concl. sur CJUE, 5ème ch., 24 février 2022, aff. C-257/20, *Viva Telecom Bulgaria EOOD* : ECLI:EU:C:2021:779.

RUIZ-JARABO COLOMER (D.), concl. sur CJCE, 12 mai 1998, aff. 336/96, *Gilly* : *BDCF* 4/98, n° 97.

TESAURO (G.), concl. sur CJCE, 16 juillet 1998, aff. C-264/96, *Imperial Chemical Industries plc (ICI)* : *BDCF* 6/98, n° 137.

WATHELET (M.), concl. sur CJUE, 1ère ch., 8 mars 2017, aff. C-14/16, *Euro Park Service* : ECLI:EU:C:2016:806.

## VI – Travaux, documents et rapports

### *A. Parlement*

BOCQUET (A.), DUPONT-AIGNAN (N.), Commission des affaires étrangères, *Rapport d'information en conclusion des travaux d'une mission d'information constituée le 14 novembre 2012 – Lutte contre les paradis fiscaux : si l'on passait des paroles aux actes*, Assemblée nationale, n° 143, 2013.

BOCQUET (E.), *Rapport au nom de la commission d'enquête sur l'évasion des capitaux et des actifs hors de France et ses incidences fiscales*, Sénat, n° 673, 2012.

BRARD (J.-P.), Commission des finances, de l'économie générale et du plan :

- *Rapport d'information sur la fraude et l'évasion fiscales*, Assemblée nationale, n° 1105, 1998.
- *Rapport sur la lutte contre la fraude et l'évasion fiscales*, Assemblée nationale, n° 1802, 1999.

BRUNEAU (I.), LAFFINEUR (M.), Commission des affaires européennes, *Rapport d'information sur l'Union européenne et la lutte contre l'optimisation fiscale*, Assemblée nationale, n° 3101, 2015.

CARIOU (E.), Mission d'information commune, *Rapport d'information sur les procédures de poursuite des infractions fiscales*, Assemblée nationale, n° 982, 2018.

CARIOU (E.), CORDIER (P.), Mission d'information commune, *Rapport d'information sur le bilan de la lutte contre les montages transfrontaliers*, Assemblée nationale, n° 2252, 2019.

CARREZ (G.), Commission des finances, de l'économie générale et du contrôle budgétaire, *Rapport d'information sur les paradis fiscaux*, Assemblée nationale, n° 1902, 2009.

LEONARD (G.), DE COURSON (C.), *Rapport de la mission parlementaire sur les fraudes et les pratiques abusives*, Assemblée nationale, 1996.

MUET (P.-A.), Commission des finances, de l'économie générale et du contrôle budgétaire :

- *Rapport d'information en conclusion des travaux d'une mission d'information sur l'optimisation fiscale des entreprises dans un contexte international*, Assemblée nationale, n° 1243, 2013.
- *Rapport d'information sur la mise en œuvre des conclusions de la mission d'information sur l'optimisation fiscale des entreprises dans un contexte international*, Assemblée nationale, n° 2023, 2014.

PEYROL (B.), Commission des finances, de l'économie générale et du contrôle budgétaire :

- *Rapport d'information en conclusion des travaux d'une mission d'information relative à l'évasion fiscale des entreprises*, Assemblée nationale, n° 1236, 2018.
- *Rapport d'information sur la mise en œuvre des conclusions de la mission d'information relative à l'évasion fiscale internationale des entreprises*, Assemblée nationale, n° 4052, 2021.

### B. *Exécutif*

AUVIGNE (F.), COLIN (N.), PAINAULT (P.), MASON-SCHULER (M.), Inspection générale des finances, *Mission de comparaisons internationales sur la lutte contre l'évasion fiscale via les échanges économiques et financiers intra-groupes*, 2013.

COLLIN (P.), COLIN (N.), Ministère de l'Économie et des Finances, Ministère du Redressement productif, Ministère des Petites et Moyennes entreprises, de l'Innovation et de l'Économie numérique, Ministère du Budget, *Mission d'expertise sur la fiscalité de l'économie numérique*, 2013.

FOUQUET (O.) (dir.), Ministre du Budget, des Comptes publics et de la Fonction publique, *Améliorer la sécurité juridique des relations entre l'administration fiscale et les contribuables : une nouvelle approche*, 2008.

Ministre de l'Action et des Comptes publics :

- *Lutte contre l'évasion et la fraude fiscales, Document de politique transversale, Projet de loi de finances pour 2018*, 2017.
- *Lutte contre l'évasion et la fraude fiscales, Document de politique transversale, Projet de loi de finances pour 2019*, 2018.
- *Lutte contre l'évasion et la fraude fiscales, Document de politique transversale, Projet de loi de finances pour 2020*, 2019.

Ministre de l'Économie, des Finances et de la Relance :

- *Lutte contre l'évasion fiscale et la fraude en matière d'impositions de toutes natures et de cotisations sociales, Document de politique transversale, Projet de loi de finances pour 2021*, 2020.
- *Lutte contre l'évasion fiscale et la fraude en matière d'impositions de toutes natures et de cotisations sociales, Document de politique transversale, Projet de loi de finances pour 2022*, 2021.

Ministre du Budget, des Comptes publics et de la Fonction publique, *Rapport sur la lutte contre la fraude et l'évasion fiscales par le biais de paradis fiscaux*, 2008.

### C. *Union européenne*

Commission européenne :

- *Rapport du Comité fiscal et financier (« Rapport Neumark »)*, 1962.
- *Rapport du Comité de réflexion des experts indépendants sur la fiscalité des entreprises (« Rapport Ruding »)*, 1992.
- *Communication de la Commission au Conseil, au Parlement européen et au Comité économique et social européen, L'application des mesures de lutte contre les abus dans le domaine de la fiscalité directe – au sein de l'Union européenne et dans les rapports avec les pays tiers*, COM(2007) 785 final, décembre 2007.
- *Communication de la Commission au Conseil, au Parlement européen et au Comité économique et social européen, Encourager la bonne gouvernance dans le domaine fiscal*, COM(2009) 201 final, avril 2009.
- *Résolution du Conseil du 8 juin 2010 sur la coordination des règles relatives aux sociétés étrangères contrôlées (SEC) et à la sous-capitalisation au sein de l'Union européenne (2010/C 156/01)*, juin 2010.
- *Proposition de directive concernant une assiette commune consolidée pour l'impôt sur les sociétés*, COM(2011) 121/4, mars 2011.
- *Recommandation de la Commission du 6 décembre 2012 relative à la planification fiscale agressive*, (2012/772/UE), décembre 2012.
- *Communication de la Commission au Parlement européen et au Conseil, Plan d'action pour renforcer la lutte contre la fraude et l'évasion fiscales*, COM(2012) 722 final, décembre 2012.
- *Proposition de directive du Conseil modifiant la directive 2011/96/UE concernant le régime fiscal commun applicable aux sociétés mères et filiales d'États membres différents*, COM(2013) 814 final, novembre 2013.
- *Communication de la Commission au Parlement européen et au Conseil, Paquet de mesures contre l'évasion fiscale : prochaines étapes pour assurer une imposition effective et davantage de transparence fiscale dans l'Union européenne*, COM(2016) 23 final, janvier 2016.

- *Communication de la Commission au Parlement européen et au Conseil sur une stratégie extérieure pour une imposition effective*, COM(2016) 24 final, janvier 2016.
- *Proposition de directive du Conseil établissant des règles pour lutter contre les pratiques d'évasion fiscale qui ont une incidence directe sur le fonctionnement du marché intérieur*, COM(2016) 26 final, janvier 2016.
- *Recommandation (UE) 2016/136 de la Commission du 28 janvier 2016 concernant la mise en œuvre de mesures contre l'utilisation abusive des conventions fiscales*, C(2016) 271, janvier 2016.
- *Communication de la Commission au Parlement européen et au Conseil, Communication sur d'autres mesures visant à renforcer la transparence et la lutte contre la fraude et l'évasion fiscales*, COM(2016) 451 final, juillet 2016.
- *Proposition de directive du Conseil concernant une assiette commune pour l'impôt sur les sociétés*, COM(2016) 685, octobre 2016.
- *Proposition de directive du Conseil concernant une assiette commune consolidée pour l'impôt sur les sociétés*, COM(2016) 683, final, octobre 2016.
- *Proposition de Directive du Conseil établissant les règles d'imposition des sociétés ayant une présence numérique significative*, COM(2018) 147 final, mars 2018.
- *Proposition de directive du Conseil concernant le système commun de taxe sur les services numériques applicables aux produits tirés de la fourniture de certains services numériques*, COM(2018) 148 final, mars 2018.
- *Communication de la Commission au Parlement européen et au Conseil relative à la bonne gouvernance fiscale dans l'UE et au-delà*, COM(2020) 313 final, juillet 2020.
- *Communication de la Commission au Parlement européen et au Conseil relatif à la mise en œuvre de la directive (UE) 2016/1164 du Conseil du 12 juillet 2016 établissant des règles pour lutter contre les pratiques d'évasion fiscale qui ont une incidence directe sur le fonctionnement du marché intérieur, telle que modifiée par la directive (UE) 2017/952 du Conseil du 29 mai 2017 modifiant la directive (UE) 2016/1164 en ce qui concerne les dispositifs hybrides faisant intervenir des pays tiers*, COM(2020) 383 final, août 2020.
- *Communication au Parlement européen et au Conseil, Fiscalité des entreprises pour le XXIème siècle*, COM(2021) 251 final, mai 2021.
- *Proposition de directive du Conseil relative à la mise en place d'un niveau minimum d'imposition mondial pour les groupes multinationaux dans l'Union*, COM(2021) 823 final, décembre 2021.
- *Proposition de directive du Conseil établissant des règles pour empêcher l'utilisation abusive d'entités écrans à des fins fiscales et modifiant la directive 2011/16/UE*, COM(2021)565, décembre 2021.

Conseil des communautés européennes, *Résolution du Conseil du 10 février 1975 relative aux mesures à prendre par la Communauté dans le domaine de la lutte contre la fraude et l'évasion fiscales internationales*, C35/1, février 1975.

### D. Organisation de coopération et de développement économique (OCDE) et Organisation des nations unies (ONU)

#### 1. Modèles de conventions pertinents

OCDE :

- *Modèle de Convention de double imposition concernant les successions et les donations 1982*, 1983, Éditions OCDE.
- *Modèle de Convention fiscale concernant le revenu et la fortune 2017*, 2019, Éditions OCDE.

ONU :

- *Modèle de convention des Nations Unies concernant les doubles impositions entre pays développés et pays en développement, Révision de 2011*, 2011.
- *United Nations Model Double Taxation Convention between Develop and Developing Countries 2017*, 2017.

#### 2. Travaux, documents et rapports antérieurs au projet « BEPS »

OCDE :

- R*(5). Les conventions préventives de la double imposition et l'utilisation des sociétés écran*, 1986.
- R*(6). Les conventions préventives de la double imposition et l'utilisation des sociétés relais*, 1986.
- R*(17). La limitation du droit aux avantages des conventions fiscales*, 2002.

ONU, Committee of Experts on International Cooperation in Tax Matters, *Treaty Abuse and Treaty Shopping*, 2006, E/C.18/2006/2.

Société des Nations (SDN) :

- *Double imposition et évasion fiscale : rapports et résolutions par les experts techniques au Comité financier*, 1925, C.368.M.115.1925.II.
- *Double imposition et évasion fiscale, Rapport présenté par le Comité des Experts techniques sur la double imposition et l'évasion fiscale*, 1925, C.216.M.85.1927.II.

- *Double Imposition et Evasion Fiscale, Rapport présenté par la Réunion générale d'Experts gouvernementaux en matière de double imposition et d'évasion fiscale*, 1928, C.562.M.178.1928.II.

### *3. Travaux, documents et rapports liés au projet « BEPS »*

Exposé des actions « BEPS » :

- *Lutter contre l'érosion de la base d'imposition et les transferts de bénéfices*, 2013, Éditions OCDE.
- *Plan d'action concernant l'érosion de la base d'imposition et le transfert de bénéfices*, 2013, Éditions OCDE.
- *Exposé des actions 2014, Projet OCDE/G20 sur l'érosion de la base d'imposition et le transfert de bénéfices*, 2014, Éditions OCDE.
- *Exposé des actions 2015, Projet OCDE/G20 sur l'érosion de la base d'imposition et le transfert de bénéfices*, 2015, Éditions OCDE.
- *Note d'information*, 2015.
- *Note de synthèse, L'imposition des entreprises multinationales*, 2015.
- *10 mythes et réalités sur le BEPS*, 2015.

Action 1 – Économie numérique :

- *Relever les défis fiscaux posés par l'économie numérique, Action 1 – Rapport final 2015, Projet OCDE/G20 sur l'érosion de la base d'imposition et le transfert de bénéfices*, 2017, Éditions OCDE.
- *Les défis fiscaux soulevés par la numérisation de l'économie – rapport intérimaire 2018 : Cadre inclusif sur le BEPS, Projet OCDE/G20 sur l'érosion de la base d'imposition et le transfert de bénéfices*, 2018, Éditions OCDE.
- *Proposition du Secrétariat d'une « Approche unifiée » au titre du Pilier 1*, octobre 2019.
- *Les défis fiscaux soulevés par la numérisation – Rapport sur le blueprint du Pilier Un : Cadre inclusif sur le BEPS, Projet OCDE/G20 sur l'érosion de la base d'imposition et le transfert de bénéfices*, Éditions OCDE, octobre 2020.
- *Déclaration sur une solution reposant sur deux piliers pour résoudre les défis fiscaux soulevés par la numérisation de l'économie*, juillet 2021.
- *Tax Challenges Arising from the Digitalisation of the Economy – Global Anti-Base Erosion Model Rules (Pillar Two): Inclusive Framework on BEPS*, 2021, Éditions OCDE.

Action 2 – Hybrides :

- *Neutraliser les effets des dispositifs hybrides, Action 2 – Rapport final 2015, Projet OCDE/G20 sur l'érosion de la base d'imposition et le transfert de bénéfices*, 2017, Éditions OCDE.
- *Neutraliser les effets des dispositifs hybrides impliquant une succursale, Action 2 : Cadre inclusif sur le BEPS, Projet OCDE/G20 sur l'érosion de la base d'imposition et le transfert de bénéfices*, 2017, Éditions OCDE.

Action 3 – Règles concernant les sociétés étrangères contrôlées (SEC) :

- *Concevoir des règles efficaces concernant les sociétés étrangères contrôlées, Action 3 – Rapport final 2015, Projet OCDE/G20 sur l'érosion de la base d'imposition et le transfert de bénéfices*, 2015, Éditions OCDE.

Action 4 – Déductions d'intérêts :

- *Limiter l'érosion de la base d'imposition faisant intervenir les déductions d'intérêts et d'autres frais financiers, Action 4 – 2015 Rapport final, Projet OCDE/G20 sur l'érosion de la base d'imposition et le transfert de bénéfices*, 2015, Éditions OCDE.
- *Limiter l'érosion de la base d'imposition faisant intervenir les déductions d'intérêts et d'autres frais financiers, Action 4 – Version actualisée 2016 : Cadre inclusif sur le BEPS, Projet OCDE/G20 sur l'érosion de la base d'imposition et le transfert de bénéfices*, 2017, Éditions OCDE.

Action 5 – Pratiques fiscales dommageables :

- *Lutter plus efficacement contre les pratiques fiscales dommageables, en prenant en compte la transparence et la substance, Projet OCDE/G20 sur l'érosion de la base d'imposition et le transfert de bénéfices*, 2014, Éditions OCDE.
- *Lutter plus efficacement contre les pratiques fiscales dommageables, en prenant en compte la transparence et la substance, Action 5 – Rapport final 2015, Projet OCDE/G20 sur l'érosion de la base d'imposition et le transfert de bénéfices*, 2016, Éditions OCDE.
- *Pratiques fiscales dommageables – Rapport d'étape de 2017 sur les régimes préférentiels : Cadre inclusif sur le BEPS : Action 5, Projet OCDE/G20 sur l'érosion de la base d'imposition et le transfert de bénéfices*, 2017, Éditions OCDE.
- *Harmful Tax Practices – Peer Review Reports on the Exchange of Information on Tax Rulings: Inclusive Framework on BEPS: Action 5, OECD/G20 Base Erosion and Profit Shifting Project*, 2017, Éditions OCDE.
- *Harmful Tax Practices – 2017 Peer Review Reports on the Exchange of Information on Tax Rulings: Inclusive Framework on BEPS: Action 5,*

*OECD/G20 Base Erosion and Profit Shifting Project*, 2018, Éditions OCDE.

Action 6 – Utilisation abusive des conventions fiscales :

- *Empêcher l'utilisation abusive des conventions fiscales lorsque les circonstances ne s'y prêtent pas, Projet OCDE/G20 sur l'érosion de la base d'imposition et le transfert de bénéfices*, 2014, Éditions OCDE.
- *Empêcher l'octroi inapproprié des avantages des conventions fiscales, Action 6 – Rapport final 2015, Projet OCDE/G20 sur l'érosion de la base d'imposition et le transfert de bénéfices*, 2017, Éditions OCDE.
- *Prévention de l'utilisation abusive des conventions – Rapport d'examen par les pairs sur le chalandage fiscal : Cadre inclusif sur le BEPS : Action 6, Projet OCDE/G20 sur l'érosion de la base d'imposition et le transfert de bénéfices*, 2019, Éditions OCDE.
- *Prévention de l'utilisation abusive des conventions – Deuxième rapport d'examen par les pairs sur le chalandage fiscal : Cadre inclusif sur le BEPS : Action 6, Projet OCDE/G20 sur l'érosion de la base d'imposition et le transfert de bénéfices*, 2020, Éditions OCDE.
- *Prévention de l'utilisation abusive des conventions fiscales – Troisième rapport d'examen par les pairs sur le chalandage fiscal : Le Cadre Inclusif sur le BEPS : Action 6, Projet OCDE/G20 sur l'érosion de la base d'imposition et le transfert de bénéfices*, 2021, Éditions OCDE.
- *Prévention de l'utilisation abusive des conventions fiscales – Quatrième rapport d'examen par les pairs sur le chalandage fiscal : Cadre inclusif sur le BEPS : Action 6, Projet OCDE/G20 sur l'érosion de la base d'imposition et le transfert de bénéfices*, 2022, Éditions OCDE.

Action 7 – Statut d'établissement stable :

- *Empêcher les mesures visant à éviter artificiellement le statut d'établissement stable, Action 7 – Rapport final 2015, Projet OCDE/G20 sur l'érosion de la base d'imposition et le transfert de bénéfices*, 2016, Éditions OCDE.
- *Instructions supplémentaires sur l'attribution de bénéfices aux établissements stables dans le cadre de l'Action 7 du Plan d'action BEPS*, 2018.

Action 11 – Analyse des données du BEPS :

- *Mesurer et suivre les données relatives au BEPS, Action 11 – Rapport final 2015, Projet OCDE/G20 sur l'érosion de la base d'imposition et le transfert de bénéfices*, 2017, Éditions OCDE.

Action 15 – Instrument multilatéral :

- *L'élaboration d'un instrument multilatéral pour modifier les conventions fiscales bilatérales, Projet OCDE/G20 sur l'érosion de la base d'imposition et le transfert de bénéfices*, 2014, Éditions OCDE.
- *L'élaboration d'un instrument multilatéral pour modifier les conventions fiscales bilatérales, Action 15 – Rapport final 2015, Projet OCDE/G20 sur l'érosion de la base d'imposition et le transfert de bénéfices*, 2015, Éditions OCDE.

Cadre inclusif :

- *Cadre inclusif sur le BEPS de l'OCDE et du G20 : Rapport d'étape juillet 2016 – juin 2017*, 2017, Éditions OCDE.
- *Cadre inclusif sur le BEPS de l'OCDE et du G20 : Rapport d'étape juillet 2017 – juin 2018*, 2018, Éditions OCDE.
- *Cadre inclusif sur le BEPS de l'OCDE et du G20 : Rapport d'étape juillet 2018 – mai 2019*, 2019, Éditions OCDE.
- *Cadre inclusif sur le BEPS de l'OCDE et du G20 : Rapport d'étape juillet 2019 – juillet 2020*, 2020, Éditions OCDE.
- *Cadre inclusif sur le BEPS de l'OCDE et du G20 : Rapport d'étape juillet 2020 – septembre 2021*, 2021, Éditions OCDE.
- *Les travaux de l'OCDE en matière de fiscalité*, 2021.

### E. *Autres travaux, documents et rapports*

Comité de l'abus de droit fiscal (CADF), *Rapports annuels*.

Commission des infractions fiscales (CIF), *Rapports annuels à l'attention du Gouvernement et du Parlement*.

Conseil des prélèvements obligatoires :

- *Les relations entre les contribuables et l'administration fiscale*, 2002.
- *La fraude aux prélèvements obligatoires et son contrôle*, 2007.
- *Les prélèvements obligatoires des entreprises dans une économie globalisée*, 2009.
- *Adapter la fiscalité des entreprises à une économie mondiale numérisée*, 2020.
- *Les enjeux pour la France des négociations à l'OCDE sur la taxation des bénéfices des multinationales*, 2021.

Conseil d'État :

- *De la sécurité juridique – Rapport public annuel 1991*, 1991, La documentation française, « Études et documents du Conseil d'État ».

- *Sécurité juridique et complexité du droit – Rapport public annuel 2006*, 2006, La documentation française, « Études et documents du Conseil d'État ».
- *Avis n° 382.545*, Section des finances, 31 mars 2009 : *Dr. fisc.* 2010, n° 22, comm. 339.
- *L'ordre juridique national en prise avec le droit européen et international : questions de souveraineté – Le regard croisé du Conseil d'État et de la Cour de cassation – Un colloque organisé par le Conseil d'État et la Cour de cassation le 10 avril 2015*, 2016, La documentation française, « Droits et débats ».
- *Simplification et qualité du droit – Étude annuelle 2016*, 2016, La documentation française, « Les rapports du Conseil d'État ».
- *La fiscalité internationale à réinventer – Un colloque organisé par le Conseil d'État le 30 novembre 2018*, 2020, La documentation française, « Droits et débats ».

Cour des comptes :

- *Les relations de l'administration fiscale avec les particuliers et les entreprises*, 2012.
- *Le rapport public annuel 2016 – La lutte contre la fraude fiscale : des progrès à confirmer*, 2016.
- *La fraude aux prélèvements obligatoires – Évaluer, prévenir, réprimer – Communication au Premier ministre*, 2019.

European Association of Tax Law Professors (EATLP) :

- *Tax Avoidance Revisited in the EU BEPS Context*, 2016, IBFD, « EATLP international tax series », vol. 15.
- *Taxation and Value Creation*, 2020, IBFD, « EATLP international tax series », vol. 19.

Groupe des vingt (G20) :

- *Leader's Statement, London Summit*, 2 April 2009.
- *Leader's Statement, Pittsburgh Summit*, 24-25 September 2009.
- *Leader's Declaration, Los Cabos*, 18-19 June 2012.

International Fiscal Association :

- *Tax avoidance, tax evasion*, 1983, « Cahiers de droit fiscal international », vol. 68a.
- *Interpretation of double taxation conventions*, 1993, « Cahiers de droit fiscal international », vol. 78a.

- *Pratical issues in the application of double tax conventions*, 1998, « Cahiers de droit fiscal international », vol. 83b.
- *Tax treatment of hybrid financial instruments in cross-border transactions*, 2000, « Cahiers de droit fiscal international », vol. 85a.
- *Limits of the use of low-tax regimes by multinational businesses*, 2001, « Cahiers de droit fiscal international », vol. 86b.
- *Form and substance in tax law*, 2002, « Cahiers de droit fiscal international », vol. 87a.
- *The notion of tax and the elimination of international double taxation or double non-taxation*, 2016, « Cahiers de droit fiscal international », vol. 101b.
- *Assessing BEPS : origins, standards and responses*, 2017, « Cahiers de droit fiscal international », vol. 102a.
- *Anti-avoidance measures of general nature and scope – GAAR and other rules*, 2018, « Cahiers de droit fiscal international », vol. 103a.

## I – Droit interne

### A. *Livre des procédures fiscales*

- LPF, art. L. 64.
- LPF, art. L. 64 A.

### B. *Code général des impôts*

#### 1. *Mesures anti-abus*

- CGI, art. 119 *bis* A, 3.
- CGI, art. 119 *ter*, 3.
- CGI, art. 119 *quater*, 3.
- CGI, art. 123 *bis*.
- CGI, art. 145, 6, k (dans sa version antérieure à la loi n° 2019-1479 du 28 décembre 2019 de finances pour 2020).
- CGI, art. 155 A.
- CGI, art. 182 B *bis*, 3.
- CGI, art. 205 A.
- CGI, art. 209, II, A.
- CGI, art. 209 B.
- CGI, art. 210-0 A, III.
- CGI, art. 210 B, 3.
- CGI, art. 210 C, 2 (dans sa version antérieure à la loi n° 2017-1775 du 28 décembre 2017 de finances rectificative pour 2017).
- CGI, art. 238 A.
- CGI, art. 885 V *bis* (dans sa version antérieure à la loi n° 2017-1837 du 30 décembre 2017 de finances pour 2018).
- CGI, art. 979, I, al. 2.

### 2. *Autres mesures d'assiette évoquées*

- CGI, art. 150-0 B *ter*.
- CGI, art. 167 *bis*.
- CGI, art. 205 B.
- CGI, art. 205 C.
- CGI, art. 205 D.
- CGI, art. 209, I.
- CGI, art. 209, IX (dans sa version antérieure à la loi n° 2018-1317 du 28 décembre 2018 de finances pour 2019).
- CGI, art. 212, I, b (dans sa version antérieure à la loi n° 2019-1479 du 28 décembre 2019 de finances pour 2020).
- CGI, art. 219, I, a, *septies*.
- CGI, art. 221, 2.
- CGI, art. 223 B, al. 6.
- CGI, art. 238-0 A (et les dispositifs associés).
- CGI, art. 238 *bis*-0 I.
- CGI, art. 750 *ter*, 3.
- CGI, art. 990 D.

## II – Droit de l'Union européenne

Directive « mères-filles » :

- Directive 90/435/CEE du Conseil, du 23 juillet 1990, concernant le régime fiscal commun applicable aux sociétés mères et filiales d'États membres différents.
- Directive 2003/123/CE du Conseil du 22 décembre 2003 modifiant la directive 90/435/CEE concernant le régime fiscal commun applicable aux sociétés mères et filiales d'États membres différents.
- Directive 2011/96/UE du Conseil du 30 novembre 2011 concernant le régime fiscal commun applicable aux sociétés mères et filiales d'États membres différents (refonte).
- Directive 2014/86/UE du Conseil du 8 juillet 2014 modifiant la directive 2011/96/UE concernant le régime fiscal commun applicable aux sociétés mères et filiales d'États membres différents.
- Directive (UE) 2015/121 du Conseil du 27 janvier 2015 modifiant la directive 2011/96/UE concernant le régime fiscal commun applicable aux sociétés mères et aux filiales d'États membres différents.

Directive « fusions » :

- Directive 90/434/CEE du Conseil, du 23 juillet 1990, concernant le régime fiscal commun applicable aux fusions, scissions, apports d'actifs et échanges d'actions intéressant des sociétés d'États membres différents.
- Directive 2005/19/CE du Conseil du 17 février 2005 modifiant la directive 90/434/CEE concernant le régime fiscal commun applicable aux fusions, scissions, apports d'actifs et échanges d'actions intéressant des sociétés d'États membres différents.
- Directive 2009/133/CE du Conseil du 19 octobre 2009 concernant le régime fiscal commun applicable aux fusions, scissions, scissions partielles, apports d'actifs et échanges d'actions intéressant des sociétés d'États membres différents, ainsi qu'au transfert du siège statutaire d'une SE ou d'une SCE d'un État membre à un autre.

Directive « intérêts-redevances » : Directive 2003/49/CE du Conseil du 3 juin 2003 concernant un régime fiscal commun applicable aux paiements d'intérêts et de redevances effectués entre des sociétés associées d'États membres différents.

Directive « ATAD » :

- Directive (UE) 2016/1164 du Conseil du 12 juillet 2016 établissant des règles pour lutter contre les pratiques d'évasion fiscale qui ont une incidence directe sur le fonctionnement du marché intérieur.
- Directive (UE) 2017/952 du Conseil du 29 mai 2017 modifiant la directive (UE) 2016/1164 en ce qui concerne les dispositifs hybrides faisant intervenir des pays tiers.

Directive « règlement des différends » : Directive (UE) 2017/1852 du Conseil du 10 octobre 2017 concernant les mécanismes de règlement des différends fiscaux dans l'Union européenne.

Directive « DAC 6 » : Directive (UE) 2018/822 du Conseil du 25 mai 2018 modifiant la directive 2011/16/UE en ce qui concerne l'échange automatique et obligatoire d'informations dans le domaine fiscal en rapport avec les dispositifs transfrontières devant faire l'objet d'une déclaration.

## III – Droit conventionnel

### *A. Conventions bilatérales*

#### *1. Conventions concernant le revenu et la fortune*

- Convention entre la France et l'Andorre (art. 10.8 ; 11.8 ; 12.6 ; 20.4 ; 25, 1, c).
- Convention entre la France et l'Autriche (Protocole annexé, point 10).
- Convention entre la France et la Belgique (art. 15.2.a).
- Convention entre la France et la Chine (art. 10.7 ; 11.8 ; 12.7 ; 22.4).
- Convention entre la France et Chypre (art. 25.2).
- Convention entre la France et les Émirats arabes unis (art. 19.2).
- Convention entre la France et l'Espagne (art. 13.1.b).
- Convention entre la France et les États-Unis (art. 10.3 ; 30).
- Convention entre la France et la Finlande (art. 13.1).
- Convention entre la France et la Géorgie (Protocole annexé, point 8).
- Convention entre la France et Hong-Kong (art. 10.6 ; 11.8 ; 12.7 ; 13.6 ; Protocole annexé, points 1 ; 11 ; 12).
- Convention entre la France et l'Italie (Protocole annexé, point 15).
- Convention entre la France et le Japon (art. 10.9 ; 11.10 ; 12.6 ; 22.5).
- Convention entre la France et le Kazakhstan (Protocole annexé point 5.a ; point 11).
- Convention entre la France et le Kenya (art. 22.3).
- Convention entre France et Malte (art. 10.8 ; 11.8 ; 12.8 ; 22.3).
- Convention entre la France et le Nigéria (art. 10.5 ; 11.7 ; 12.6 ; Protocole annexé, point 1).
- Convention entre la France et Oman (art. 19.I.2).
- Convention entre la France et l'Ouzbékistan (Protocole annexé, point 11).
- Convention entre la France et le Panama (art. 10.8 ; 11.8 ; 12.7 ; 17 ; 20.4).
- Convention entre la France et les Pays-Bas (art. 13.1).
- Convention entre la France et les Philippines (Protocole annexé, art. 1).
- Convention entre la France et le Qatar (art. 8.7 ; 9.4 ; 10.4 ; 16 A.3).
- Convention entre la France et le Royaume-Uni (art. art. 11.6 ; 12.5 ; 13.5 ; 23.4 ; 29.1).
- Convention entre la France et la Slovénie (Protocole annexé, point 10).

- Convention entre la France et la Suisse (art. 4.6.b).
- Convention entre la France et Singapour (art. 22.1 ; 28).
- Convention entre la France et la Turquie (Protocole annexé, art. 1).

#### *2. Conventions concernant les donations et les successions*

- Convention entre la France et la Suède (art. 12.3).
- Convention entre la France et les États-Unis (art. 1.4).
- Convention entre la France et l'Allemagne (art. 4.3).

### *B. Convention multilatérale*

Convention multilatérale pour la mise en œuvre des mesures relatives aux conventions fiscales pour prévenir l'érosion de la base d'imposition et le transfert de bénéfices, 2018.

Conventions fiscales du réseau français couvertes par l'instrument multilatéral :

- Convention entre la France et l'Afrique du Sud.
- Convention entre la France et l'Albanie.
- Convention entre la France et l'Allemagne.
- Convention entre la France et Andorre.
- Convention entre la France et l'Arabie Saoudite.
- Convention entre la France et l'Argentine.
- Convention entre la France et l'Arménie.
- Convention entre la France et l'Australie.
- Convention entre la France et l'Autriche.
- Convention entre la France et le Bahreïn.
- Convention entre la France et la Belgique.
- Convention entre la France et la Bosnie-Herzégovine.
- Convention entre la France et la Bulgarie.
- Convention entre la France et le Burkina-Faso.
- Convention entre la France et le Cameroun.
- Convention entre la France et le Canada.
- Convention entre la France et le Chili.
- Convention entre la France et la Chine.
- Convention entre la France et Chypre.
- Convention entre la France et la Colombie.
- Convention entre la France et la Corée du Sud.
- Convention entre la France et la Côté d'Ivoire.
- Convention entre la France et la Croatie.
- Convention entre la France et l'Egypte.
- Convention entre la France et les Emirats Arabes Unis.

- Convention entre la France et l'Espagne.
- Convention entre la France et l'Estonie.
- Convention entre la France et la Finlande.
- Convention entre la France et le Gabon.
- Convention entre la France et la Géorgie.
- Convention entre la France et la Grèce.
- Accord entre la France et Hong Kong.
- Convention entre la France et la Hongrie.
- Convention entre la France et l'Inde.
- Convention entre la France et l'Indonésie.
- Convention entre la France et l'Irlande.
- Convention entre la France et l'Islande.
- Convention entre la France et Israël.
- Convention entre la France et l'Italie.
- Convention entre la France et la Jamaïque.
- Convention entre la France et le Japon.
- Convention entre la France et la Jordanie.
- Convention entre la France et le Kazakhstan.
- Convention entre la France et le Kenya.
- Convention entre la France et le Koweït.
- Convention entre la France et la Lettonie.
- Convention entre la France et la Lituanie.
- Convention entre la France et la Macédoine du Nord.
- Convention entre la France et la Malaisie.
- Convention entre la France et Malte.
- Convention entre la France et le Maroc.
- Convention entre la France et l'île Maurice.
- Convention entre la France et le Mexique.
- Convention entre France et Monaco.
- Convention entre la France et la Namibie.
- Convention entre la France et le Nigéria.
- Convention entre la France et la Nouvelle-Zélande.
- Convention entre la France et Oman.
- Convention entre la France et le Pakistan.
- Convention entre la France et le Panama.
- Convention entre la France et les Pays-Bas.
- Convention entre la France et la Pologne.
- Convention entre la France et le Portugal.
- Convention entre la France et le Qatar.
- Convention entre la France et la République tchèque.
- Convention entre la France et la Roumanie.
- Convention entre la France et le Royaume-Uni.
- Convention entre la France et la Russie.
- Convention entre la France et le Sénégal.
- Convention entre la France et la Serbie.

- Convention entre la France et Singapour.
- Convention entre la France et la Slovaquie.
- Convention entre la France et la Slovénie.
- Convention entre la France et la Tunisie.
- Convention entre la France et la Turquie.
- Convention entre la France et l'Ukraine.

# Table des jurisprudences

## I – Juridictions françaises

### *A. Conseil constitutionnel*

- Cons. const., 27 décembre 1973, déc. n° 73-51 DC, *Taxation d'office* : *Rec.* p. 25.
- Cons. const., 15 janvier 1975, déc. n° 74-54 DC, *Loi relative à l'interruption volontaire de la grossesse* : *Rec.* p. 19.
- Cons. const., 19 et 20 janvier 1981, déc. n° 80-127 DC, *Loi sécurité et liberté* : *Rec.* p. 15.
- Cons. const., 27 juillet 1982, déc. n° 82-141 DC, *Loi sur la communication audiovisuelle* : *Rec.* p. 48.
- Cons. const., 18 novembre 1982, déc. n° 82-146 DC, *Quotas par sexe* : *Rec.* p. 66.
- Cons. const., 29 décembre 1983, déc. n° 83-164 DC, *Loi de finances pour 1984* : *Rec.* p. 67.
- Cons. const., 23 août 1985, déc. n° 85-197 DC, *Loi sur l'évolution de la Nouvelle-Calédonie* : *Rec.* p. 70.
- Cons. const., 28 juillet 1989, déc. n° 89-260 DC, *Loi relative à la sécurité et à la transparence du marché financier*, *Rec.* p. 71.
- Cons. const., 29 décembre 1989, déc. n° 89-268 DC, *Loi de finances pour 1990* : *Rec.* p. 110.
- Cons. const., 28 décembre 1990, déc. n° 90-285 DC, *Loi de finances pour 1991* : *Rec.* p. 95.
- Cons. const., 9 avril 1992, déc. n° 92-308 DC, *Traité sur l'UE* : *Rec.* p. 55.
- Cons. const., 16 juillet 1996, déc. n° 96-377 DC, *Loi tendant à renforcer la répression du terrorisme et des atteintes aux personnes dépositaires de l'autorité publique ou chargées d'une mission de service public et comportant des dispositions relatives à la police judiciaire* : *Rec.* p. 87.
- Cons. const., 30 décembre 1996, déc. n° 96-386 DC, *Loi de finances rectificative pour 1996* : *Rec.* p. 154.
- Cons. const., 22 avril 1997, déc. n° 97-389 DC, *Loi portant diverses*
- *dispositions relatives à l'immigration* : *Rec.* p. 45.

- Cons. const., 7 novembre 1997, déc. n° 97-391 DC, *Loi portant mesures urgentes à caractère fiscal et financier* : *Rec.* p. 232.
- Cons. const., 18 décembre 1997, déc. n° 97-393 DC, *Loi de financement pour la sécurité sociale pour 1998* : *Rec.* p. 320.
- Cons. const., 30 décembre 1997, déc. n° 97-395 DC, *Loi de finances pour 1998* : *Rec.* p. 333.
- Cons. const., 10 juin 1998, déc. n° 98-401 DC, *Loi d'orientation et d'incitation relative à la réduction du temps de travail* : *Rec.* p 258.
- Cons. const., 16 juin 1999, déc. n° 99-411 DC, *Loi portant diverses mesures relatives à la sécurité routière et aux infractions sur les agents des exploitants de réseau de transport public de voyageurs* : *Rec.* p. 75.
- Cons. const., 16 décembre 1999, déc. n° 99-421 DC, *Loi portant habilitation du Gouvernement à procéder, par ordonnances, à l'adoption de la partie législative de certains codes* : *Rec.* p. 136.
- Cons. const., 29 décembre 1999, déc. n° 99-424 DC, *Loi de finances pour 2000* : *Rec.* p. 156.
- Cons. const., 7 février 2002, déc. n° 2002-458 DC, *Loi organique portant validation de l'impôt foncier sur les propriétés bâties en Polynésie française* : *Rec.* p. 80.
- Cons. const., 24 juillet 2003, déc. n° 2003-475 DC, *Loi portant réforme de l'élection des sénateurs* : *Rec.* p. 397.
- Cons. const., 10 juin 2004, déc. n° 2004-496 DC, *Loi pour la confiance dans l'économie numérique* : *Rec.* p. 101.
- Cons. const., 19 novembre 2004, déc. n° 2004-505 DC, *Traité établissant une Constitution pour l'Europe* : *Rec.* p. 173.
- Cons. const., 29 décembre 2005, déc. n° 2005-530 DC, *Loi de finances pour 2006* : *Rec.* p. 168.
- Cons. const., 27 juillet 2006, déc. n° 2006-540 DC, *Loi relative au droit d'auteur et aux droits voisins dans la société de l'information* : Rec. p. 88.
- Cons. const., 29 décembre 2009, déc. n° 2009-599 DC, *Loi de finances pour 2010* : *Rec.* p. 218.
- Cons. const., 12 mai 2010, déc. n° 2010-605 DC, *Loi relative à l'ouverture à la concurrence et à la régulation du secteur des jeux d'argent et de hasard en ligne* : *Rec.* p. 78.
- Cons. const., 18 juin 2010, déc. n° 2010-5 QPC, *SNC Kimberly Clark* : *Rec.* p. 114
- Cons. const., 22 juillet 2010, déc. n° 2010-4/17 QPC, *M. Alain C.* : *Rec.* p. 156.
- Cons. const., 23 juillet 2010, déc. n° 2010-16 QPC, *M. Philippe E.* : *RJF* 11/10, n° 1072.

- Cons. const., 17 septembre 2010, déc. n° 2010-28 QPC, *Association Football Club de Metz* : *RJF* 12/10, n° 1214.
- Cons. const., 6 octobre 2010, déc. n° 2010-39 QPC, *Mmes Isabelle D. et Isabelle B.* : *Rec.* p. 264.
- Cons. const., 14 octobre 2010, déc. n° 2010-52 QPC, *Compagnie agricole de la Crau* : *Rec.* p. 283.
- Cons. const., 26 novembre 2010, déc. n° 2010-70 QPC, *M. Moreau* : *Dr. fisc.* 2010, n° 48, act. 458.
- Cons. const., 17 décembre 2010, déc. n° 2010-79 QPC, *M. Kamel D.* : *Rec.* p. 406.
- Cons. const., 25 mars 2011, déc. n° 2010-108 QPC, *Marie-Christine D.* : *Rec.* p. 154.
- Cons. const., 25 novembre 2011, déc. n° 2011-199 QPC, *M. Michel C.* : *Rec.* p. 555.
- Cons. const., 20 juillet 2012, déc. n° 2012-266 QPC, *M. Georges R.* : *Rec.* p. 390.
- Cons. const., 29 décembre 2012, déc. n° 2012-661 DC, *Loi de finances rectificative pour 2012 (III)* : *Rec.* p. 715.
- Cons. const., 29 décembre 2012, déc. n° 2012-662 DC, *Loi de finances pour 2013* : *Rec.* p. 724.
- Cons. const., 29 décembre 2013, déc. n° 2013-684 DC, *Loi de finances rectificative pour 2013* : *RJF* 3/14, n° 269.
- Cons. const., 29 décembre 2013, déc. n° 2013-685 DC, *Loi de finances pour 2014* : *RJF* 3/14, n° 267.
- Cons. const., 19 septembre 2014, déc. n° 2014-413 QPC, *Sté PV-CP Distribution* : *Dr. fisc.* 2015, n° 5, comm. 119.
- Cons. const., 19 septembre 2014, déc. n° 2014-417 QPC, *Sté Red Bull on Premise* : *RJF* 12/14, n° 1133.
- Cons. const., 29 décembre 2014, déc. n° 2014-708 DC, *Loi de finances rectificative pour 2014* : *RJF* 3/15, n° 244.
- Cons. const., 20 janvier 2015, déc. n° 2014-437 QPC, *Association française des entreprises privées et autres (AFEP)* : *Dr. fisc.* 2015, n° 12, comm. 223.
- Cons. const., 26 juin 2015, déc. n° 2015-473 QPC, *Époux P.* : *RJF* 10/15, n° 823.
- Cons. const., 29 décembre 2015, déc. n° 2015-726 DC, *Loi de finances rectificative pour 2015* : *RJF* 3/16, n° 274.
- Cons. const., 3 février 2016, déc. n° 2015-520 QPC, *Sté Metro Holding* : *Dr. fisc.* 2016, n° 12, ét. 233.
- Cons. const., 24 juin 2016, déc. n° 2016-546 QPC, *Cahuzac* : *RJF* 10/16, n° 862.

- Cons. const., 25 novembre 2016, déc. n° 2016-598 QPC, *Sté Eurofrance* : *Dr. fisc.* 2016, n° 48, act. 672.
- Cons. const., 29 décembre 2016, déc. n° 2016-744 DC, *Loi de finances pour 2017* : *RJF* 3/17, n° 252.
- Cons. const., 1er mars 2017, déc. n° 2016-614 QPC, *M. L.* : *Dr. fisc.* 2017, n° 10, act. 159.
- Cons. const., 6 octobre 2017, déc. n° 2017-659 QPC, *Époux N.* : *RJF* 12/17, n° 1220.
- Cons. const., 15 décembre 2017, déc. n° 2017-679 QPC, *M. Courtois* : *Dr. fisc.* 2018, n° 10, comm. 212, ét. 208.
- Cons. const., 20 avril 2018, déc. n° 2018-701 QPC, *Sté Mi Développement 2* : *Dr. fisc.* 2018, n° 39, comm. 410.
- Cons. const., 30 novembre 2018, déc. n° 2018-748 QPC, *Sté Zimmer Biomet France Holdings* : *Dr. fisc.* 2019, n° 7, comm. 156.
- Cons. const., 22 novembre 2019, déc. n° 2019-814 QPC, *Sté Prato Corbara* : *RJF* 2/20, n° 160.
- Cons. const., 3 avril 2020, déc. n° 2019-832/833 QPC, *Marc S et al.* : *Dr. fisc.* 2020, n° 20, 240.
- Cons. const., 28 décembre 2020, déc. n° 2020-813 DC, *Loi de finances pour 2021* : *RJF* 3/21, n° 298.


### B. *Conseil d'État*


- CE, 25 février 1864, *Lesbats* : *Rec.* p. 209.
- CE, 26 novembre 1875, n° 47544, *Pariset* : *Rec.* p. 934.
- CE, 12 décembre 1930 : *Rec.* p. 1030.
- CE, Sect., 9 mars 1951, n° 92004, *Société des concerts du Conservatoire* : *Rec.* p. 151.
- CE, Sect., 15 mai 1953, n° 8240, *Laplace* : *Rec.* p. 232.
- CE, 7ème s.-s., 5 novembre 1955, n° 22322 : *Dr. fisc.* 1956, n° 1, p. 5.
- CE, Ass., 27 juin 1958, n° 35160, *Georger et Teivassigamany* : *Rec.* p. 403.
- CE, 7ème s.-s., 7 juillet 1958, n° 35977, *Sté Les Entreprises de travaux publics André Borie* : *Dr. fisc.* 1958, n° 44, comm. 938.
- CE, 7ème s.-s., 8 avril 1959, n° 36889 : *BCD Dupont*, 1959, n° 7, p. 391.
- CE, 8ème s.-s., 27 avril 1960, n° 45818 : *Dr. fisc.* 1960, n° 22, 247.
- CE, 3 mars 1961, *André et Sté des tissages Nicolas Gaimant* : *Rec.* p. 154.
- CE, 8ème s.-s., 20 décembre 1963, n° 52308 : *Dr. fisc.* 1964, n° 4-5, comm. 156.
- CE, 29 janvier 1964, n° 47515 : *Rec.* p. 57.

- CE, Ass., 19 juin 1964, n° 47007, *Sté des Pétroles Shell-Berre et a.* : *Rec.* p. 344.
- CE, 25 février 1966, n° 64228 : *BCD Dupont*, p. 241.
- CE, Sect., 1er mars 1968, n° 62814, *Syndicat général des fabricants de Semoule de France* : *Rec.* p. 149.
- CE, 7ème et 8ème s.-s., 16 avril 1969, n° 68662, *OMO* : *Dr. fisc.* 1970, n° 51, comm. 1474.
- CE, 8ème et 9ème s.-s., 20 février 1974, n° 83270, *Lemarchand* : *Dr. fisc.* 1974, n° 30, comm. 958.
- CE, Plén., 10 avril 1974, n° 88134 : *Dupont* 1974, p. 271.
- CE, Sect., 10 mai 1974, n° 88032 et n° 88148, *Denoyez et Chorques* : *RDP* 1974, p. 467.
- CE, 3 janvier 1975, n° 93525, n° 93526, n° 93876 et n° 93882, *SCI Foncière Cannes Benefiat* : *Rec.* p. 1.
- CE, Sect., 21 mars 1975, n° 87573 : *RJF* 5/75, n° 258.
- CE, Plén., 19 décembre 1975, n° 84774 et n° 91895, *Cie d'assurance A.* : *RJF* 2/76, n° 77.
- CE, 8ème et 9ème s.-s., 4 octobre 1978, n° 4020 : *RJF* 11/78, n° 458.
- CE, 7ème et 9ème s.-s., 6 février 1981, n° 14683 : *RJF* 4/81, n° 307.
- CE, 7ème et 9ème s.-s., 18 mars 1981, n° 6404 et n° 7359 : *RJF* 5/81, n° 408.
- CE, Plén., 10 juin 1981, n° 19079 : *Dr. fisc.* 1981, n° 48-49, comm. 2187.
- CE, 7ème et 8ème s.-s., 7 décembre 1981, n° 16576 : *RJF* 2/82, n° 123.
- CE, 9ème et 8ème s.-s., 19 janvier 1983, n° 33831 : *RFJ* 3/83, n° 432.
- CE, 7ème et 8ème s.-s., 21 mars 1983, n° 29742 : *RJF* 5/83, n° 700.
- CE, 7ème et 9ème s.-s., 11 juillet 1983, n° 36732 : *RJF* 10/83, n° 1187.
- CE, 8ème et 9ème s.-s., 28 septembre 1983, n° 37524 : *RJF* 11/83, n° 1261.
- CE, Plén., 3 février 1984, n° 38230 : *RJF* 4/84, n° 499.
- CE, 8ème et 9ème s.-s., 23 mars 1984, n° 36345 : *RJF* 5/84, n° 668.
- CE, 7ème et 8ème s.-s., 27 juin 1984, n° 35030, *Courtaulds* : *RJF* 8-9/84, n° 937.
- CE, 9ème et 7ème s.-s., 27 juillet 1984, n° 16649 : *Dr. fisc.* 1984, n° 39, comm. 1570.
- CE, 7ème et 8ème s.-s., 6 mai 1985, n° 35572 : *RJF* 7/85, n° 1096.
- CE, Sect., 26 juillet 1985, n° 42204, *Office national interprofessionnel des céréales* : *Rec.* p. 233.
- CE, 9ème et 7ème s.-s., 7 octobre 1985, n° 43242 : *RJF* 12/85, n° 1548.
- CE, 7ème et 9ème s.-s., 21 mars 1986, n° 53002, *min. c/ Sté Auriège* : *Dr. fisc.* 1986, n° 31, comm. 1432.

- CE, 7ème et 8ème s.-s., 7 octobre 1987, n° 49774 : *Dr. fisc.* 1988, n° 5, comm. 158.
- CE, 7ème et 9ème s.-s., 2 novembre 1987, n° 79363 : *RJF* 1/88, n° 97.
- CE, 9ème et 7ème s.-s., 16 décembre 1987, n° 55790 : *RJF* 2/88 n° 153.
- CE, Plén., 27 juillet 1988, n° 50020, *SARL Boutique 2M* : *RJF* 10/88, n° 1130.
- CE, 7ème et 9ème s.-s., 4 novembre 1988, n° 62221 et n° 74341 : *Dr. fisc.* 1989, n° 29, comm. 1487.
- CE, Sect., 20 janvier 1989, n° 103063, *CNCL c/ TF1* : *Rec.* p. 9.
- CE, 8ème et 9ème s.-s., 25 janvier 1989, n° 49847, *Société Hempel Peintures Marine France* : *RJF* 3/89, n° 274.
- CE, 7ème et 8ème s.-s., 21 avril 1989, n° 88983, *Sté Cinécustodia* : Dr. *fisc.* 1989, n° 40, comm. 1172.
- CE, Plén., 21 juillet 1989, n° 59970 et n° 58871, *Bendjador* et *Lalande* : *RJF* 8-9/89, n° 998 et n° 999.
- CE, Ass., 20 octobre 1989, n° 108243, *Nicolo* : *Rec.* p. 190.
- CE, Ass., 22 décembre 1989, n° 86113, *Cercle militaire mixte de la Caserne Mortier* : *RJF* 2/90, n° 130.
- CE, Ass., 29 juin 1990, n° 78519, *Gisti* : *RJF* 8-9/90, n° 1096.
- CE, 9ème et 8ème s.-s., 29 décembre 1990, n° 67489, *Bastide* : *RJF* 12/90, n° 1521.
- CE, Sect., 11 janvier 1991, n° 90995, *SA Morgane* : *RJF* 2/91, n° 219.
- CE, 9ème et 8ème s.-s., 24 juin 1991, n° 70938, *Sofipark* : *RJF* 8-9/91, n° 1119.
- CE, Sect., 13 décembre 1991, n° 65940 et n° 66868, *Sté Aset* : *RJF* 1/92, n° 123.
- CE, 8ème et 9ème s.-s., 30 septembre 1992, n° 75464, *SARL Tool France* : *RJF* 11/92, n° 1470.
- CE, Avis Sect., 9 octobre 1992, n° 137342, *Abihilali* : *Rec.* p. 363.
- CE, 9ème et 8ème s.-s., 9 décembre 1992, n° 71859, *Ravot* : *RJF* 2/93, n° 207.
- CE, 8ème et 9ème s.-s., 17 mars 1993, n° 85894, *Memmi* : *RJF* 5/93, n° 612.
- CE, 9ème et 8ème s.-s., 10 mai 1993, n° 95128, *SARL Elite Model Management* : *RJF* 7/93, n° 1038.
- CE, 8ème et 9ème s.-s., 26 mai 1993, n° 75800, *SA Brenneisen* : *RJF* 7/93 n° 981.
- CE, Sect., 8 avril 1994, n° 65876, *Touchais* : *RJF* 5/94, n° 579.
- CE, 9ème et 8ème s.-s., 16 janvier 1995, n° 112746, *SARL « Constructions industrielles pour l'agriculture » (CIPA)* : *Dr. fisc.* 1995, n° 22, comm. 1187.

- CE, 10ème s.-s., 24 mai 1995, n° 131990, *Brunet*, publié au *Rec.*
- CE, 8ème et 9ème s.-s., 6 mai 1996, n° 154217, *min. c/ SA Quartz d'Alsace* : *RJF* 6/96, n° 731.
- CE, Ass., 3 juillet 1996, n° 169219, *Koné* : *Rec.* p. 255.
- CE, 8ème et 9ème s.-s., 6 décembre 1996, n° 156003, *Joseph* : *RJF* 1/97, n° 35.
- CE, Sect., 30 décembre 1996, n° 128611, *min. c/ M. Benmiloud* : *RJF* 2/97, n° 158.
- CE, 9ème et 8ème s.-s., 8 janvier 1997, n° 139711, *Fattel* : *RJF* 3/97, n° 195.
- CE, 8ème et 9ème s.-s., 21 avril 1997, n° 144943, *Avalle* : *RJF* 6/97, n° 598.
- CE, Sect., 9 juillet 1997, n° 151064, *Assoc. Ekin* : *RFDA* 1997, p. 1284.
- CE, Avis Ass., 8 avril 1998, n° 192539, *Sté de distribution de chaleur de Meudon et d'Orléans (SDMO)* : *Dr. fisc.* 1998, n° 18, comm. 398.
- CE, 9ème et 8ème s.-s., 18 mai 1998, n° 157974, *min. c/ SA Arthur Loyd* : *RJF* 7/98, n° 790.
- CE, Ass., 30 octobre 1998, n° 200286, *Sarran, Levacher et autres* : *Rec.* p. 368.
- CE, 8ème et 9ème s.-s., 13 octobre 1999, n° 190083, *Banque française de l'Orient* : *RJF* 12/99, n° 1587.
- CE, 8ème et 9ème s.-s., 13 octobre 1999, n° 186535, n° 186536 et n° 186537, *Pujos* : *RJF* 12/99, n° 1600.
- CE, 8ème et 9ème s.-s., 29 décembre 1999, n° 196532, *SA Gagnepain* ; n° 196533, *Gagnepain* : *Dr. fisc.* 2000, n° 24, comm. 498.
- CE, 9ème et 8ème s.-s., 28 juillet 1999, n° 164834, *SARL Parc de loisirs de Sainte-Aulde* : *RJF* 10/99, n° 1161.
- CE, Sect., 1er octobre 1999, n° 170598, *Association pour l'unification du christianisme mondial* : *RJF* 11/99, n° 1397.
- CE, 8ème et 9ème s.-s., 13 octobre 1999, n° 191191, *SA Diebold Courtage* : *RJF* 12/99, n° 1492.
- CE, 8ème et 3ème s.-s., 16 février 2000, n° 143839, *min. c/ Keslassy* : *RJF* 4/00, n° 515.
- CE, 5ème et 7ème s.-s., 21 avril 2000, n° 206902, *Zaïdi* : *JCP G* 2000, IV, 2633.
- CE, 3ème et 8ème s.-s., 26 octobre 2001, n° 217228, *SA Darty* : *RJF* 1/02, n° 77.
- CE, 3ème et 8ème s.-s., 26 octobre 2001, n° 299303, *Compagnie Parisienne de Réescompte (CPR)* : *RJF* 1/02, n° 77.
- CE, 9ème et 10ème s.-s., 23 novembre 2001, n° 205132, *SA Cogedac* : *Dr. fisc.* 2002, n° 13, comm. 281.

- CE, 1ère et 2ème s.-s., 3 décembre 2001, n° 226514, *Syndicat National de l'industrie pharmaceutique* : *JCP G*, 2002, n° 24, 1962.
- CE, Avis Ass., 12 avril 2002, n° 239693, *SA Financière Labeyrie* : *RJF* 6/02, n° 673.
- CE, Ass., 28 juin 2002, n° 232276, *min. c/ Schneider Electric* : *RJF* 10/02, n° 1080.
- CE, 8ème et 3ème s.-s., 8 juillet 2002, n° 239366, *Commune de Porta* : *Rec.* p. 260.
- CE, 8ème et 3ème s.-s., 18 octobre 2002, n° 224459, *Cambay* : *RJF* 1/03, n° 10.
- CE, Ass., 6 décembre 2002, n° 239540, *Maciolak* : *RFDA* 2003, p. 694.
- CE, Sect., 18 décembre 2002, n° 233618, *Mme Duvignères* : *Rec.* p. 463.
- CE, 8ème et 3ème s.-s., 2 avril 2003, n° 237751 et n° 237753, *Sté d'Édition des artistes peignant de la bouche et du pied* : *RJF* 6/03, n° 693.
- CE, Sect., 20 juin 2003, n° 232832, *Sté Établissements Lebreton* : *Dr. fisc.* 2004, n° 5, comm. 200.
- CE, Sect., 20 juin 2003, n° 224407, *min c/ Sté Interhome AG* : *RJF* 10/03, n° 1147.
- CE, 8ème et 3ème s.-s., 30 juillet 2003, n° 232004, *SARL Azur Industrie* : *RJF* 11/03, n° 1273.
- CE, Sect., 30 décembre 2003, n° 233894, *SA Andritz* : *RJF* 3/04, n° 238.
- CE, 8ème et 3ème s.-s., 18 février 2004, n° 247729, *Sté Pléiade* : *RJF* 5/04, n° 510.
- CE, 9ème et 10ème s.-s., 25 février 2004, n° 250328, *Sté Hallminster Ltd* : *RJF* 5/04, n° 463.
- CE, 8ème et 3ème s.-s., 1er décembre 2004, n° 250344, *Sté France Télécom Transpace* : *RJF* 2/05, n° 167.
- CE, 3ème s.-s., 15 décembre 2004, n° 262325, *Tiroche* : *RJF* 4/05, n° 288.
- CE, 8ème et 3ème s.-s., 18 mai 2005, n° 267087, *Sté Sagal* : *RJF* 8-9/05, n° 910.
- CE, 9ème et 10ème s.-s., 10 août 2005, n° 259741, *Sarteur* : *RJF* 11/05, n° 1305.
- CE, 3ème et 8ème s.-s., 10 août 2005, n° 275983, *Sté Électromécanique du Nivernais* : *RJF* 12/05, n° 1398.
- CE, 9ème et 10ème s.-s., 13 janvier 2006, n° 267684, *SA Tiffon* : *Dr. fisc.* 2006, n° 20, comm. 397.
- CE, Ass., 24 mars 2006, n° 288460, *Sté KPMG et Sté Ernst & Young et autres*, *Rec.* p. 154.

- CE, 8ème et 3ème s.-s., 26 juillet 2006, n° 284930, *Sté Natexis Banques populaires* : *RJF* 11/06, n° 1421.
- CE, 8ème s.-s., 26 juillet 2006, n° 282595, *Sté des Hôtels et Casinos de Deauville* : *RJF* 5/07, n° 601.
- CE, 3ème et 8ème s.-s., 4 août 2006, n° 279873, *min. c/ Chauvet* : *RJF* 11/06, n° 1390.
- CE, Sect., 27 septembre 2006, n° 260050, *Sté Janfin* : *Dr. fisc.* 2006, n° 47, comm. 744.
- CE, Sect., 27 octobre 2006, n° 260767, *Sté Techna et autres* : *RFDA* 2007, p. 265.
- CE, 3ème et 8ème s.-s., 29 décembre 2006, n° 283314, *Bank of Scotland* : *Dr. fisc.* 2007, n° 4, comm. 87.
- CE, 10ème et 9ème s.-s., 17 janvier 2007, n° 262967, *Banque fédérative du Crédit mutuel (BFCM)* : *RJF* 4/07, n° 406.
- CE, Ass., 8 février 2007, n° 287110, *Sté Arcelor Atlantique et Lorraine* : *Rec.* p. 55.
- CE, 9ème et 10ème s.-s., 28 février 2007, n° 284565, *Persicot* : *Dr. fisc.* 2007, n° 14, comm. 386.
- CE, 8ème et 3ème s.-s., 5 mars 2007, n° 284457, *Pharmacie des Chalonges* : *RJF* 5/07, n° 600.
- CE, 9ème et 10ème s.-s., 20 juin 2007, n° 290554, *min. c/SA Ferette* : *RJF* 10/07, n° 1131.
- CE, 8ème et 3ème s.-s., 10 juillet 2007, n° 294537, *min. c/ Tomasina* : *RJF* 11/07, n° 1297.
- CE, 10ème et 9ème s.-s., 28 mars 2008, n° 271366, *Aznavour* : *RJF* 6/08, n° 629.
- CE, Sect., 10 avril 2008, *Conseil national des barreaux*, n° 296845 : *D.* 2008, p. 2322.
- CE, 9ème et 10ème s.-s., 23 avril 2008, n° 271853, *SA Kraft Foods France* : *RJF* 7/08, n° 863.
- CE, 10ème et 9ème s.-s., 10 décembre 2008, n° 295977, *Sté Andros et Cie* : *RJF* 3/09, n° 255.
- CE, 8ème et 3ème s.-s., 27 juillet 2009, n° 295358, *Caisse interfédérale de Crédit Mutuel* : *RJF* 12/09, n° 1140.
- CE, 8ème et 3ème s.-s., 27 juillet 2009, n° 295805, *Conforama Holding* : *RJF* 12/09, n° 1142.
- CE, 3ème et 8ème s.-s., 31 juillet 2009, n° 296471, *Sté Overseas Thoroughbred Racing Stud Farms Limited* : *RJF* 11/09, n° 979.
- CE, 3ème et 8ème s.-s., 31 juillet 2009, n° 297933, *min. c/ Sté Swiss International Air Lines AG* : *RJF* 11/09, n° 980.
- CE, 8ème et 3ème s.-s., 7 septembre 2009, n° 305586, *SA Axa* : *RJF* 12/09, n° 1138.

- CE, 8$^{ème}$ et 3$^{ème}$ s.-s., 7 septembre 2009, n° 305596, *Sté Henri GoldFarb* : *RJF* 12/09, n° 1138.
- CE, Avis, 3$^{ème}$ et 8$^{ème}$ s.-s., 4 décembre 2009, n° 329173, *Sté Rueil Sports* : *Dr. fisc.* 2010, n° 181.
- CE, 9$^{ème}$ s.-s., 10 février 2010, n° 316437, *min. c/ Espana* : *RJF* 5/10, n° 526.
- CE, 3$^{ème}$ et 8$^{ème}$ s.-s., 12 mars 2010, n° 306368, *Sté Charcuterie du Pacifique* : *Dr. fisc.* 2010, n° 19, comm. 307.
- CE, 10$^{ème}$ et 9$^{ème}$ s.-s., 31 mars 2010, n° 304715 et n° 308525, *Sté Zimmer Limited* : *Dr. fisc.* 2010, n° 16.
- CE, Avis, 9$^{ème}$ et 10$^{ème}$ s.-s., 1$^{er}$ avril 2010, n° 334465, *SAS Marsadis* : *Dr. fisc.* 2010, n° 17-18, comm. 299.
- CE, 10$^{ème}$ et 9$^{ème}$ s.-s., 14 mai 2010, n° 312305, *Jurovic* : *Rec.* p. 165.
- CE, 8$^{ème}$ et 3$^{ème}$ s.-s., 10 juin 2010, n° 306832, *min. c/ Méjean* : *RJF* 10/10, n° 877.
- CE, Ass., 9 juillet 2010, n° 327663, *Fédération nationale de la libre pensée* : *RFDA* 2010, p. 980.
- CE, 10$^{ème}$ et 9$^{ème}$ s.-s., 24 septembre 2010, n° 341573, *Moreau* : *RJF* 12/10, n° 1218.
- CE, 9$^{ème}$ et 10$^{ème}$ s.-s., 29 septembre 2010, n° 341065, *Sté Snerr Théâtre de Paris* : *Dr. fisc.* 2010, n° 45, comm. 551.
- CE, 10$^{ème}$ et 9$^{ème}$ s.-s., 6 octobre 2010, n° 299986, *Kalpokdjian* : *Dr. fisc.* 2011, n° 4, comm. 126.
- CE, 8$^{ème}$ et 3$^{ème}$ s.-s., 8 octobre 2010, n° 301934, *Bazire* ; n° 313139, *Bauchart* ; n° 321361, *Four* : *Dr. fisc.* 2010, n° 45, comm. 553.
- CE, 3$^{ème}$ et 8$^{ème}$ s.-s., 17 novembre 2010, n° 314291, *min. c/ SCI Ram* : *RJF* 2/11, n° 205.
- CE, 3$^{ème}$ et 8$^{ème}$ s.-s., 17 décembre 2010, n° 318048, *min. c/ SARL Concept Sport* : *Dr. fisc.* 2011, n° 10, comm. 249.
- CE, 3$^{ème}$ et 8$^{ème}$ s.-s., 11 février 2011, n° 314950, *Picoux* : *RJF* 5/11, n° 628.
- CE, 9$^{ème}$ et 10$^{ème}$ s.-s., 15 avril 2011, n° 322610, *Sté Alcatel CIT* : *Dr. fisc.* 2011, n° 24, comm. 394.
- CE, 8$^{ème}$ et 3$^{ème}$ s.-s., 8 juin 2011, n° 311580, *Morel* : *RJF* 8-9/11, n° 974.
- CE, 9$^{ème}$ et 10$^{ème}$ s.-s., 17 juin 2011, n° 314667, *Sté Finaparco* : *Dr. fisc.* 2011, n° 37, comm. 502.
- CE, 9$^{ème}$ et 10$^{ème}$ s.-s., 17 juin 2011, n° 324392, *SARL Méditerranée automobiles* : *Dr. fisc.* 2011, n° 37, comm. 502.
- CE, 3$^{ème}$ et 8$^{ème}$ s.-s., 29 juin 2011, n° 320263, *min. c/ Chauvin* : *Dr. fisc.* 2011, n° 39, comm. 532.

- CE, Plén., 11 juillet 2011, n° 317024, *Sté Quality Invest* : *RJF* 10/11 n° 1063.
- CE, 1ère et 6ème s.-s., 12 septembre 2011, n° 34744 : *RJDA* 12/11, n° 1014.
- CE, 9ème et 10ème s.-s., 21 novembre 2011, n° 325214, *min. c/ Sté industrielle et financière de l'Artois (SIFA)* : *Dr. fisc.* 2012, n° 5, comm. 128.
- CE, 9ème et 10ème s.-s., 21 novembre 2011, n° 327207, *min. c/ Cie des Glénans* : *Dr. fisc.* 2012, n° 5, comm. 128.
- CE, 10ème et 9ème s.-s., 28 novembre 2011, n° 352520, *Sté Verneuil et associés* : *Dr. fisc.* 2011, n° 49, act. 378.
- CE, Ass., 23 décembre 2011, n° 303678, *Kandyrine de Brito Paiva* : *Dr. fisc.* 2012, n° 4, act. 48.
- CE, 9ème et 10ème s.-s., 2 février 2012, n° 351600, *Sonepar* : *Dr. fisc.* 2012, n° 10, comm. 180.
- CE, Sect., 16 avril 2012, n° 320912, *M. et Mme Meyer* : *Dr. fisc.* 2012, n° 27, comm. 366.
- CE, 8ème et 3ème s.-s., 24 avril 2012, n° 343709, *Sté Abbey National Treasury Services* : *RJF* 7/12, n° 735.
- CE, Plén., 9 mai 2012, n° 308996, *Sté EPI* : *RJF* 7/12, n° 786.
- CE, 8ème et 3ème s.-s., 27 juin 2012, n° 36392, *Sté Gérard Poulalion* : *Dr. fisc.* 2012, n° 41, comm. 474.
- CE, 3ème et 8ème s.-s., 23 juillet 2012, n° 342017, *M. et Mme Bazin-Faucon* : *Dr. fisc.* 2012, n° 48, comm. 538.
- CE, 9ème et 10ème s.-s., 27 juillet 2012, n° 337656 et n° 337810, *min. c/ Regazzacci et Regazzacci* : *RJF* 11/12, n° 1012.
- CE, 10ème et 9ème s.-s., 27 juillet 2012, n° 327295, *M. et Mme Berjot* : *Dr. fisc.* 2012, n° 46, comm. 522.
- CE, 9ème et 10ème s.-s., 28 novembre 2012, n° 338682 et n° 341128, *Sté BNP Paribas* et *min. c/ BNP Paribas* : *RJF* 2/13, n° 138.
- CE, 9ème s.-s., 26 décembre 2012, n° 349071, *min. c/Sté HSBC France* : *RJF* 3/13, n° 271.
- CE, 9ème s.-s., 26 décembre 2012, n° 349070, *min. c/Sté BNP Paribas* : *RJF* 3/13, n° 271.
- CE, 9ème et 10ème s.-s., 30 janvier 2013, n° 346683, *Sté Ambulances de France* : *RJF* 4/13, n° 392.
- CE, Avis Sect., 8 mars 2013, n° 353782, *Monzani* : *Dr. fisc.* 2013, n° 15, comm. 240.
- CE, 9ème et 10ème s.-s., 20 mars 2013, n° 346642, *Piazza* : *Dr. fisc.* 2013, n° 20, comm. 282.
- CE, 2ème et 7ème s.-s., 10 juin 2013, n° 358835 : *JCP A* n° 13, 31 mars 2014, 2088.

- CE, 8ème et 3ème s.-s., 12 juillet 2013, n° 359314, *Gibier* : *RJF* 11/13, n° 1028.
- CE, 8ème et 3ème s.-s., 12 juillet 2013, n° 359994, *Aube Martin* : *RJF* 11/13, n° 1028.
- CE, 9ème et 10ème s.-s., 17 juillet 2013, n° 356523, *min. c/ SAS Garnier Choiseul Holding*, n° 352989, *min. c/ SARL Garnier Choiseul Holding* et n° 360706, *min. c/ SARL Garnier Choiseul Holding* : *Dr. fisc.* 2013, n° 41, comm. 477.
- CE, 3ème et 8ème s.-s., 4 décembre 2013, n° 348136, *M. Edmilson Gomes De Moraes* : *Dr. fisc.* 2014, n° 11, comm. 211.
- CE, 9ème et 10ème s.-s., 12 mars 2014, n° 362528, *Sté Céline* : *RJF* 6/14, n° 602.
- CE, 9ème et 10ème s.-s., 11 avril 2014, n° 352999, *SARL Garnier Choiseul Holding* : *Dr. fisc.* 2014, n° 26, comm. 408.
- CE, Plén., 11 avril 2014, n° 362237, *Giorgis* : *RJF* 7/14, n° 718.
- CE, 10ème et 9ème s.-s., 11 avril 2014, n° 346687, *Banca di Roma Spa* : *Dr. fisc.* 2014, n° 23, comm. 365.
- CE, 9ème et 10ème s.-s., 23 mai 2014, n° 374056, *Sté financière des pins* : *Dr. fisc.* 2014, n° 43-44, comm. 596.
- CE, 9ème et 10ème s.-s., 28 mai 2014, n° 360890, *Sté Al Hayat Publishing Company Ltd* : *RJF* 8-9/14, n° 839.
- CE, 9ème et 10ème s.-s., 23 juin 2014, n° 360708, *min. c/ Sté Groupement Charbonnier Montdiderien* : *RJF* 10/14, n° 925.
- CE, Plén., 4 juillet 2014, n° 357264 et n° 359924, *Bolloré SA* : *Dr. fisc.* 2014, n° 38, comm. 536.
- CE, 9ème et 10ème s.-s., 5 novembre 2014, n° 356148, *min c/ Smet* : *Dr. fisc.* 2014, n° 51-52, comm. 705.
- CE, Plén., 24 novembre 2014, n° 363556, *Sté Artemis SA* : *RJF* 2/15, n° 102.
- CE, Plén., 24 novembre 2014, n° 368935, *min. c/ Société Lufthansa AG* : *RJF* 2/15, n° 120.
- CE, 10ème et 9ème s.-s., 15 décembre 2014, n° 380942, *SA Technicolor* : *Dr. fisc.* 2015, n° 11, comm. 203.
- CE, 9ème et 10ème s.-s., 23 janvier 2015, n° 369214, *SAS Rottapharm* : *Dr. fisc.* 2015, n° 16, comm. 268.
- CE, 10ème et 9ème s.-s., 11 mars 2015, n° 369048, *Sté Groupe JLF Finances* : *Dr. fisc.* 2015, n° 28, 460.
- CE, 8ème et 3ème s.-s., 10 avril 2015, n° 379955, *Sté Red Bull on Premise* : *Dr. fisc.* 2015, n° 26, comm. 434.
- CE, 9ème et 10ème s.-s., 11 mai 2015, n° 365564, *SA Natixis Banques populaires* : *RJF* 8-9/15, n° 718.

- CE, 9ème et 10ème s.-s., 9 novembre 2015, n° 370054, *min. c/ Landesärztekammer Hessen Versorgungswerk* et n° 371132, *Santander Pensiones SA EGFP* : *Dr. fisc.* 2016, n° 28, comm. 421.
- CE, 9ème et 10ème s.-s., 9 novembre 2015, n° 370964, *Sodirep Textiles SA-NV* : *Dr. fisc.* 2016, n° 24, comm. 377.
- CE, 9ème et 10ème s.-s., 30 décembre 2015, n° 372522, *min c/ Sté Paribas International* et n° 372733, *min. c/ Sté BNP Paribas* : *RJF* 3/16, n° 225 et 226.
- CE, 9ème et 10ème s.-s., 30 décembre 2015, n° 369311, *Sté Euro Park Service* : *Dr. fisc.* 2016, n° 13, comm. 258.
- CE, 9ème et 10ème s.-s., 30 décembre 2015, n° 374836, *Sté Holcim France SAS* : *Dr. fisc.* 2016, n° 13, comm. 257.
- CE, 3ème et 8ème s.-s., 20 mai 2016, n° 389994, *min. c/ Société Easyvista* : *Dr. fisc.* 2016, n° 28, comm. 422.
- CE, 8ème et 3ème ch., 23 novembre 2016, n° 383838, *Sté Eurotrade Juice* : *RJF* 2/17, n° 130.
- CE, Sect., 2 décembre 2016, n° 387613, *min. c/ Société Export Press* : *Dr. fisc.* 2017, n° 8, comm. 172.
- CE, 8ème et 3ème ch., 15 décembre 2016, n° 404270 : *RJF* 3/17, n° 256.
- CE, 10ème et 9ème ch., 13 janvier 2017, n° 391196, *SAS Ingram Micro* : *RJF* 3/17, n° 250.
- CE, 8ème et 3ème ch., 29 mars 2017, n° 399506, *Sté Layher* : *Dr. fisc.* 2017, n° 25, comm. 365.
- CE, 9ème et 10ème ch., 31 mars 2017, n° 383129, *Sté Senoble Groupe Services* : *RJF* 6/17, n° 539.
- CE, 3ème et 8ème ch., 12 mai 2017, n° 398300, *Repolowicz* : *RJF* 8-9/17, n° 771.
- CE, 8ème et 3ème ch., 7 juillet 2017, n° 410620 : *RJF* 11/17, n° 1090.
- CE, 8ème ch., 12 juillet 2017, n° 411264 et n° 411270, *SARL Lupa Patrimoine France* et *SARL Lupa Immobilière France* : *RJF* 11/17, n° 1096.
- CE, 3ème et 8ème ch., 19 juillet 2017, n° 408227, *Sté Ingram Micro* : *Dr. fisc.* 2017, n° 43-44, comm. 529.
- CE, 9ème et 10ème ch., 21 juillet 2017, n° 392908, *Sté Thermo Electron Holdings* : *Dr. fisc.* 2017, n° 49, comm. 577.
- CE, 10ème et 9ème ch., 22 septembre 2017, n° 412408, *Époux G.* : *Dr. fisc.* 2018, n° 29, comm. 347.
- CE, Plén., 25 octobre 2017, n° 396954, *Cts Verdannet* : *Dr. fisc.* 2018, n° 2, comm. 64.
- CE, Plén., 25 octobre 2017, n° 403320, *min. c/ Sté Vivendi* : *Dr. fisc.* 2018, n° 7-8, comm. 188.

- CE, 3ème et 8ème ch., 22 janvier 2018, n° 406888 : *RJF* 4/18, n° 342.
- CE, 3ème et 8ème ch., 1er février 2018, n° 412155, *SAS Mi Développement 2* : *Dr. fisc.* 2018, n° 7-8, comm. 183.
- CE, 9ème ch., 7 février 2018, n° 393279, *Holcim.*
- CE, 9ème et 10ème ch., 19 mars 2018, n° 399862, *min. c/ A.* : *Dr. fisc.* 2018, n° 28, comm. 334.
- CE, 9ème et 10ème ch., 13 avril 2018, n° 398271, *Sté LVMH* : *RJF* 7/18, n° 727.
- CE, 9ème et 10ème ch., 30 mai 2018, n° 412964, *Sté HighCo* : *Dr. fisc.* 2018, n° 42-43, comm. 426.
- CE, Plén., 21 décembre 2018, n° 402226, *Sté Cröe Suisse* : *Dr. fisc.* 2019, n° 9, comm. 176.
- CE, 8ème et 3ème ch., 12 octobre 2018, n° 414383 : *RJF* 1/19, n° 1.
- CE, 9ème et 10ème ch., 3 décembre 2018, n° 406617, *Sté Manpower France Holding* : *RJF* 3/19, n° 283.
- CE, 10ème et 9ème ch., 28 décembre 2018, n° 406714, *Sté Acanthe Développement* : *RJF* 3/19, n° 284.
- CE, 10ème et 9ème ch., 8 février 2019, n° 423020, *M. et Mme. H.* : *Dr. fisc.* 2019, n° 42, comm. 410.
- CE, 9ème et 10ème ch., 8 février 2019, n° 407641, *Ruggieri* : *Dr. fisc.* 2019, n° 21, comm. 272.
- CE, 3ème et 8ème ch., 15 mars 2019, n° 412155, *Sté Mi Développement 2* : *Dr. fisc.* 2019, n° 44-45, comm. 429.
- CE, 3ème et 8ème ch., 24 avril 2019, n° 412284, *Sté Gemar Lumitec* : *RJF* 7/19, n° 632.
- CE, 3ème et 8ème ch., 24 avril 2019, n° 413129, *SAS Control Union Inspections France (CUIF)* : *RJF* 7/19, n° 624.
- CE, 8ème et 3ème ch., 9 mai 2019, n° 417514 : *RJF* 8-9/19, n° 738.
- CE, Ass., 19 juillet 2019, n° 424216 et n° 424217, *Association des Américains accidentels* : *JCP G* 2019, n° 47, 1193.
- CE, 8ème et 3ème ch., 24 juillet 2019, n° 411382 : *RJF* 11/19, n° 1065.
- CE, 8ème et 3ème ch., 16 septembre 2019, n° 432818, EURL *Abo Wind* : *Dr. fisc.* 2019, n° 52-52, comm. 488.
- CE, 8ème et 3ème ch., 22 novembre 2019, n° 431867 : *Dr. fisc.* 2020, n° 8, comm. 150.
- CE, 10ème et 9ème ch., 12 février 2020, n° 421441 et n° 421444, *Wendel* : *Dr. fisc.* 2020, n° 10, comm. 180.
- CE, 8ème et 3ème ch., 10 mars 2020, n° 427104 : *Dr. fisc.* 2020, n° 41, comm. 402
- CE, 9ème et 10ème ch., 5 juin 2020, n° 425789, *Sté Faraday* : *RJF* 8-9/20 n° 671.

- CE, 9ème et 10ème ch., 5 juin 2020, n° 423809, *Sté Eqiom* : *Dr. fisc.* 2020, comm. 407.
- CE, 10ème et 9ème ch., 8 juin 2020, n° 418962 et n° 418963, *Vuarnet* : *Dr. fisc.* 2020, n° 41, comm. 401.
- CE, 3ème et 8ème ch., 9 juin 2020, n° 427441, *Sté Hays* : *Dr. fisc.* 2020, n° 29, comm. 315.
- CE, 10ème et 9ème ch., 19 juin 2020, n° 418452 : *Dr. fisc.* 2020, n° 46, comm. 438.
- CE, 8ème et 3ème ch., 29 juin 2020, n° 433937, *Société Bernys* : *RJF* 8-9/20, n° 767.
- CE, 8ème et 3ème ch., 16 juillet 2020, n° 436570 : *RJF* 11/20, n° 932.
- CE, 8ème et 3ème ch., 9 septembre 2020, n° 431283, *Sté Européenne Dassault Systèmes* : *RJF* 12/20, n° 988.
- CE, Ass., 28 octobre 2020, n° 428048, *Charbit* : *RJF* 1/21, n° 59.
- CE, 8ème et 3ème ch., 4 novembre 2020, n° 436367 : *RJF* 1/21, n° 2.
- CE, Plén., 11 décembre 2020, n° 420174, *min. c/ Conversant International Ltd, anciennement dénommée Valueclick International Ltd* : *Dr. fisc.* 2021, n° 4, comm. 117.
- CE, 10ème et 9ème ch., 5 février 2021, n° 430594 et n° 432845, *min. c/ Sté Performing Rights Society Ltd* : *RJF* 4/21, n° 407.
- CE, 9ème et 10ème ch., 24 février 2021, n° 434129, *Sté France Citévision* : *RJF* 5/21, n° 480.
- CE, 9ème ch., 8 mars 2021, n° 434803 : *RJF* 5/21, n° 447.
- CE, 9ème et 10ème ch., 2 avril 2021, n° 427880, *min c/ World Investment Corporation* : *Dr. fisc.* 2021, n° 21, comm. 261.
- CE, Ass., 21 avril 2021, n° 393099, n° 394922, n° 397844, n° 397851, n° 424717 et n° 424718, *Sté Free Mobile, French Data Network, La Quadrature du Net et Féd. fournisseurs d'accès à internet associatifs* : *JCP G* 2021, n° 24, 659.
- CE, 9ème et 10ème ch., 19 mai 2021, n° 429476, *Sté Comsa* : *Dr. fisc.* 2021, n° 38, comm. 371.
- CE, 9ème et 10ème ch., 19 mai 2021, n° 433201, *Sté Douaisienne de transports* : *Dr. fisc.* 2021, n° 44, comm. 415.
- CE, 8ème et 3ème ch., 16 juillet 2021, n° 433578, *min. c/ M. B.* : *RJF* 11/21, n° 1017.
- CE, 9ème et 10ème ch., 5 novembre 2021, n° 433367 : *RJF* 1/22, n° 2.
- CE, 9ème et 10ème ch., 28 janvier 2022, n° 433965 : *RJF* 4/22, n° 353.
- CE, 3ème et 8ème ch., 4 février 2022, n° 455278, *Sté Hays France* : *Dr. fisc.* 2022, n° 13, comm. 174.
- CE, 8ème et 3ème ch., 11 février 2022, n° 455794 : *Dr. fisc.* 2022, n° 22, comm. 239.

- CE, 3ème et 8ème ch., 14 février 2022, n° 442061 et n° 442062 : *RJF* 5/22, n° 453.
- CE, 9ème et 10ème ch., 25 avril 2022, n° 439859, *Sté Rubis* : *Dr. fisc.* 2022, n° 19, act. 172.
- CE 3ème et 8ème ch., 12 mai 2022, n° 444994 : *Dr. fisc.* 2022, n° 20, act. 184.
- CE, 9ème et 10ème ch., 20 mai 2022, n° 444451, *Sté Planet* : *Dr. fisc.* 2022, n° 21, act. 199.
- CE, 9ème et 10ème ch., 21 juin 2022, n° 449408 : *Dr. fisc.* 2022, n° 26, act. 256.

### *C. Cour de cassation*

- Cass. crim., 5 novembre 1847 : *DP* 1847, I, p. 510.
- Cass. crim., 17 mars 1854 : *D.* 1854, 1, p. 165.
- Cass. civ., 20 août 1867, *Sieur Legrand* : *DP* 1867, I, p. 337.
- Cass. civ., 18 mars 1878, *Princesse de Bauffremont* : *S.* 1878, I, 193.
- Cass. req., 16 décembre 1885, *Esnault de Moulins* : *DP* 1886, I, p. 270.
- Cass. req., 28 janvier 1903 : *DP* 1903, 1, 64.
- Cass. req., 16 juin 1913 : *DP* 1914, 5, 23.
- Cass. civ., 3 août 1915, n° 00-02.378, *Clément-Bayard* : *DP* 1917, I, 79.
- Cass. crim., 8 mars 1930 : *DP* 1930, 1, p. 101.
- Cass. civ., 22 décembre 1931, *Sanchez c/ Gozland* : *JDI* 1932, p. 683.
- Cass. req., 19 avril 1932, *Sté La Mutuelle générale française-vie* : *S.* 1933, I, p. 321.
- Cass. crim., 23 décembre 1968, n° 68-92.026 : *Bull. crim.* 1968, n° 353.
- Cass. crim., 9 avril 1970, n° 68-92.282 : *D.* 1970, p. 755.
- Cass. crim., 4 juin 1970, *Delfaux*, n° 69-93.414 : *Dr. fisc.* 1970, n° 28, comm. 833.
- Cass. crim., 3 février 1972, n° 71-92.033 : *Bull. crim.* 1972, n° 45.
- Cass. Mixte, 24 mai 1975, n° 73-13.556, *Administration des douanes c/ Société des cafés Jacques Vabre* : *D.* 1975 p. 497.
- Cass. crim., 5 juillet 1976, n° 75-93.347 : *Gaz. Pal.* 1976, II p. 788.
- Cass. crim., 24 novembre 1983, n° 82-90.672 : *Bull. crim.* 1983, n° 315.
- Cass., 1ère civ., 11 juillet 1984, n° 83-12.312 : *Bull. civ.* I, n° 231.
- Cass. com., 16 octobre 1984, n° 734, *Sté SEDIF* : *RJF* 2/85, n° 342.
- Cass. crim., 10 décembre 1985, n° 85-90.814 : *Bull. crim.* 1985, n° 396.

- Cass. crim., 10 mars 1986, n° 84-95.510, *Sabathie et Delhomme* : *RJF* 7/86, n° 742.
- Cass. crim., 14 décembre 1987, n° 86-94.560, *Inédit.*
- Cass. com., 19 avril 1988, n° 86-19.079, *Donizel* : *Dr. fisc.* 1988, n° 32-38, comm. 1733.
- Cass., 1ère civ., 13 décembre 1988, n° 86-19.068 : *Bull. civ.* I, n° 352.
- Cass., 1ère civ., 31 janvier 1989, n° 87-11.346 : *RTD civ.* 1989, p. 544, n° 16.
- Cass. crim., 25 février 1991, n° 90-80.672 : *RJF* 7/91, n° 1020.
- Cass. crim., 8 février 1993, n° 91-86.622 : *Bull. crim.* 1993, n° 65.
- Cass. soc., 29 avril 1993, *Caisse autonome mutuelle de retraite des agents de chemins de fer c/ Djaidir et a.* : *Gaz. Pal.* 1994, 1 p. 179.
- Cass., 1ère civ., 19 décembre 1995, n° ° 93-20.424, *Banque africaine de Développement* : *Gaz. Pal.* 1996, 2, p. 686.
- Cass. com., 10 décembre 1996, n° 94-20.070, *Sté RMC France* : *Dr. fisc.* 1997, n° 17, comm. 471.
- Cass. com., 10 juin 1997, n° 95-13.799, *Sté Béton chantier du Lot* : *Bull. com.* 1997 IV n° 182, p. 160.
- Cass., Ass. plén., 2 juin 2000, n° 99-60.274, *Fraisse* : *Bull.* 2000, Ass. plén. n° 4, p. 7.
- Cass. crim., 11 février 2004, n° 02-84.472 : *RJF* 2/05, n° 179.
- Cass. com., 9 juin 2004, n° 01-11.964, *SA Prominox* : *Dr. fisc.* 2004, n° 37, comm. 682.
- Cass. crim., 22 juin 2005, n° 04-85.340 : *Bull. crim.* 2005, n° 192.
- Cass. crim., 28 juin 2006, n° 05-86.759, *F-D, C. Jean-Louis et Isabelle* : *Dr. fisc.* 2007, n° 28, comm. 739.
- Cass. crim., 22 novembre 2006, n° 05-87.267.
- Cass. com., 20 mars 2007, n° 05-20.599, *Sté Distribution Casino France* : *RJF* 8-9/07, n° 993.
- Cass., Ass. plén., 13 février 2009, n° 01-85.826 : *Bull. crim.* 2009, Ass. plén., n° 1.
- Cass., Ass. plén., 19 mai 2010, n° 09-70.161.
- Cass. crim., 4 novembre 2010, n° 10-81.233, *F-D, DSF de Paris Est et a. c/ M. Laurent* : *RJF* 4/11, n° 513.
- Cass. crim., 18 mai 2011, n° 10-87.011, *Inédit.*
- Cass., Ass. plén., 20 mai 2011, n° 11-90.025, n° 11-90.032 et n° 11-90.033.
- Cass. crim., 13 juin 2012, n° 11-84.092 : *Dr. fisc.* 2012, n° 42, comm. 488.
- Cass. com., 2 juin 2015, n° 13-19.486, *Mme Gihr-Chitarrini* : *Dr. fisc.* 2015, n° 42, comm. 643.

- Cass., Ass. Plén., 2 octobre 2015, n° 14-14.256, *Eshagh* : *Dr. fisc.* 2015, n° 46, comm. 679.
- Cass. crim., 11 septembre 2019, n° 18-81.980 : *Dr. fisc.* 2019, n° 43, ét. 412.
- Cass. com., 4 mars 2020, n° 17-31.642 : *Dr. fisc.* 2020, n° 23, comm. 261.
- Cass. crim., 8 avril 2021, n° 19-87.905 : *Dr. fisc.* 2021, n° 21, comm. 260.

### *D. Juridictions du fond*

**Ordre juridictionnel administratif :**

- **Cours administratives d'appel (CAA) :**
- CAA Lyon, 4ème ch., 3 avril 1996, n° 93-1194, *SICPA* : *RJF* 6/96, n° 719.
- CAA Lyon, 2ème ch., 2 mai 2000, n° 96-2779, *Sté touristique, thermale et hôtelière de Divonne-les-Bains* : *RJF* 11/00, n° 1241.
- CAA Paris, 2ème ch., 9 avril 2002, n° 97-1288, *B. Deiss* : *RJF* 11/02, n° 1200.
- CAA Nantes, 1ère ch., 18 décembre 2006, n° 05-486, *Bazire* : *RJF* 5/07, n° 598.
- CAA Nantes, 1ère ch., 18 décembre 2006, n° 05-650, *Simmenauer* : *RJF* 5/07, n° 598.
- CAA Nantes, 1ère ch., 7 avril 2008, n° 06-976, *Paumard* : *RJF* 10/08, n° 1104.
- CAA Nantes, 1ère ch., 7 avril 2008, n° 06-453, *Ciavatta* : *RJF* 10/08, n° 1104.
- CAA Lyon, 2ème ch., 7 mai 2008, n° 05-646, *SARL Production métallurgique de Bourgogne* : *RJF* 12/08, n° 1304.
- CAA Nancy, 1ère ch., 22 août 2008, n° 07NC00783, *M. Rifaut* : *RJF* 2/09, n° 122.
- CAA Paris, 9ème ch., 18 décembre 2008, n° 06-3136, *SIFA* : *RJF* 8-9/09, n° 727.
- CAA Nantes, 1ère ch., 16 février 2009, n° 07-3143, *SA Cie des Glénans* : *RJF* 7/09, n° 622.
- CAA Nantes, 1ère ch., 23 mars 2009, n° 06-01192, *Soulé* : *Dr. fisc.* 2009, n° 20, comm. 319.
- CAA Lyon, 2ème ch., 8 juin 2010, n° 08LY01883, *M. et Mme A., Inédit au Recueil Lebon.*
- CAA Paris, 5ème ch., 25 mars 2010, n° 08PA04326 : *RFP* 2010, comm. 57.

- CAA Douai, 2ème ch., 14 décembre 2010, n° 08-1103, *Deschilder* : *RJF* 4/11, n° 400.
- CAA Paris, 7ème ch., 17 février 2012, n° 09PA04156, *SNC Verneuil et associés.*
- CAA Paris, 9ème ch., 11 octobre 2012, n° 10PA04573, *Casta* : *RJF* 1/13, n° 113.
- CAA Versailles, 3ème ch., 16 octobre 2012, n° 10VE01908, *Sté Alcatel Lucent France* : *RJF* 2/13, n° 132.
- CAA Nantes, 1ère ch., 28 mai 2015, n° 13NT02033, *SARL Flèche Intérim* : *RJF* 10/15, n° 783.
- CAA Marseille, 3ème ch., 17 décembre 2015, n° 14MA00697, *SAS Eurotrade Fish.*
- CAA Lyon, 5ème ch., 1er décembre 2016, n° 14LY02357.
- CAA Versailles, 9 mai 2017, n° 16VE00568, *Sté Gemar Lumitec.*
- CAA Nancy, 2ème ch., 28 septembre 2017, n° 16NC00901.
- CAA Versailles, 1ère ch., 5 mars 2019, n° 16VE02168, *Sté Rexel* : *RJF* 8-9/19, n° 762.
- CAA Paris, Ch. réunies, 20 décembre 2018, n° 17PA00747, *M. Charbit* : *Dr. fisc.* 2019, n° 11, comm. 206.
- CAA Douai, 4ème ch., 1er juillet 2019, n° 17DA01029 : *RJF* 11/19, n° 1064.
- CAA Versailles, 1ère ch., 17 décembre 2019, n° 17VE02164 : *RJF* 5/20, n° 468.
- CAA Versailles, 3ème ch., 28 mai 2020, n° 19VE01481, *Sté Gemar Lemitec.*
- CAA Paris, 2ème ch., 24 juin 2020, n° 19PA00458, *Clive-Worms* : *Dr. fisc.* 2020, n° 40, comm. 391.
- CAA Paris, 2ème ch., 7 octobre 2020, n° 19PA03807 : *Dr. fisc.* 2021, n° 11, comm. 185.
- CAA Versailles, 3ème ch., 9 février 2021, n° 18VE02668, *SASU Thai Union France Holding* : *Dr. fisc.* 2021, n° 18, comm. 235.
- CAA Versailles, 7ème ch., 1er avril 2021, n° 19VE01800, *Sté Dassault Systèmes SE* : *Dr. fisc.* 2021, n° 30-35, comm. 344.
- CAA Versailles, 1ère ch., 25 mai 2021, n° 19VE00473 : *Dr. fisc.* 2021, n° 38, 364.
- CAA Versailles, 3ème ch., 27 mai 2021, n° 19VE00090, *SAS Alphatrad* : *Dr. fisc.* 2022, n° 13, comm. 172.
- CAA Versailles, 2ème ch., 8 décembre 2021, n° 20PA03971, *Conversant International Ltd* : *Dr. fisc.* 2022, n° 7-8, comm. 120.
- CAA Versailles, 7ème ch., 1er avril 2021, n° 20VE002388 et n° 20VE002389, *Sté Dassault Systèmes SE* : *RJF* 7/21, n° 697.

- **Tribunaux administratifs (TA) :**

- TA Lyon, 20 novembre 2007, n° 05-04128, *SAS Mac Kechnie France* : *Dr. fisc.* 2008, n° 11, comm. 205.
- TA Montreuil, 1ère ch., 16 juin 2011, n° 0905509 et n° 1007116, *Sté Nordstrom European Capital Group* : *RJF* 12/11, n° 1345.
- TA Paris, 4 janvier 2017, n° 1516621 : *RJF* 7/17, n° 720.
- TA Montreuil, 10 juillet 2017, n° 1601006, *SAS NCH France* : *RJF* 4/18, n° 428.
- TA Montreuil, 7ème ch., 20 novembre 2017, n° 1507740, *Sté Compagnie Géofinancière* : *RJF* 6/18, n° 616.
- TA Montreuil, 1ère ch., 21 mai 2019, n° 1801760, *Sté Danone.*
- TA Montreuil, 1ère ch., 19 décembre 2019 n° 1707095 et n° 1812350, *Sté Lafarge.*

**Ordre juridictionnel judiciaire :**

- CA Colmar, 2 mai 1855 : *DP* 1856, 2, 9.
- Trib. Civ., Sedan, 17 décembre 1901 : *DP* 1906, 5, 38.
- Trib. Civ. Compiègne, 12 février 1913 : *D.* 13, 177.
- CA Chambéry, 21 juillet 1914 : *Gaz. Trib.* 19 janvier 1916.
- CA Colmar, ch. corr., 9 août 1989, n° 857/89, *M. Gianoli.*
- CA Paris, 1ère ch., Sect. B, 16 septembre 2005, n° 03-8922, *Cts Logeais* : *RJF* 2/06, n° 223.

## II – Juridictions de l'Union européenne

### *A. Cour de justice des communautés européennes (CJCE)*

- CJCE, 6 février 1962, aff. 13/61, *Bosch* : *Rec.* p. 89.
- CJCE, 15 juillet 1964, aff. 6/64, *Costa c/ Enel* : *Rec.* p. 1141.
- CJCE, 17 décembre 1970, aff. 11/70, *Internationale Handelsgesellschaft* : *Rec.* p. 1125.
- CJCE, 21 juin 1974, aff. 2/74, *Reyners* : *Rec.* p. 631.
- CJCE, 3 décembre 1974, aff. C-33/74, *Van Binsbergen* : *Rec.* p. 1299.
- CJCE, 9 mars 1978, aff. 106/77, *Simmenthal*, *Rec.* p. 629.
- CJCE, 6 octobre 1982, aff. 283/81, *Cilfit*, *Rec.* p. 3415.
- CJCE, 10 janvier 1985, aff. C-229/83, *Leclerc et al.* : *Rec.* p. 1.

- CJCE, 28 janvier 1986, aff. 270/83, *Commission c/ France* : *Rec.* p. 273.
- CJCE, 21 juin 1988, aff. C-39/86, *Lair* : *Rec.* p. 3161.
- CJCE, 5ème ch., 8 mai 1990, aff. C-175/88, *Klaus Biehl* : *Rec.* p. I-1779.
- CJCE, 1ère ch., 3 octobre 1990, C-61/89, *Bouchoucha* : *Rec.* p. I-3551.
- CJCE, 28 janvier 1992, aff. C-204/90, *Bachmann* : *Rec.* p. I-249.
- CJCE, 3 février 1993, aff. C-148/91, *Veronica Omroep Organisatie* : *Rec.* p. I-487.
- CJCE, 3 mars 1993, aff. C-8/92, *General Milk Products* : *Rec.* p. I-779.
- CJCE, 5 octobre 1994, aff. C-23/93, *TV10* : *Rec.* p. I-4795.
- CJCE, 14 février 1995, C-279/93, *Schumacker* : *Rec.* p. I-225.
- CJCE, 28 mars 1995, *Kleinwort Benson*, aff. C-346/93 : *Rec.* p. I-615.
- CJCE, 30 novembre 1995, aff. C-55/94, *Gebhard* : *Rec.* p. I-4165.
- CJCE, 2 mai 1996, C-206/94, *Paletta* : *Rec.* p. I-2357.
- CJCE, 15 mai 1997, aff. C-250/95, *Futura Participations SA et Singer* : *Rec.* p. I-2471.
- CJCE, 17 juillet 1997, aff. C-28/95, *Leur-Bloem* : *Rec.* p. I-4161.
- CJCE, 12 mai 1998, aff. C-367/96, *Kefalas et al.* : *Rec.* p. I-2843.
- CJCE, 12 mai 1998, aff. C-336/96, *Gilly* : *Rec.* p. I-2793.
- CJCE, 16 juillet 1998, aff. C-264/96, *Imperial Chemical Industries plc (ICI)* : *Rec.* p. I-4695.
- CJCE, 9 mars 1999, aff. C-212/97, *Centros* : *Rec.* p. I-1459.
- CJCE, 21 septembre 1999, aff. 307/97, *Cie de Saint-Gobain ZN* : *Rec.* p. I-6161.
- CJCE, 26 octobre 1999, aff. C-294/97, *Eurowings Luftverkehrs AG* : *Rec.* p. I-7447.
- CJCE, 6 juin 2000, aff. C-35/98, *B.G.M. Verkooijen* : *Rec.* p. I-4071.
- CJCE, 14 décembre 2000, aff. C-110/99, *Emsland-Stärke GmnH* : *Rec.* p. I-11569.
- CJCE, 15 mars 2001, C-265/99, *Commission c/ France* : *Rec.* p. I-2305.
- CJCE, 5 novembre 2002, aff. C-208/00, *Überseering* : *Rec.* p. I-9919.
- CJCE, 5ème ch., 12 décembre 2002, *Lankhorst-Hohorst*, aff. C-324/00 : *RJF* 3/03, n° 391.
- CJCE, 30 septembre 2003, aff. C-167/01, *Inspire Art* : *Rec.* p. I-10155.
- CJCE, 6ème ch., 20 novembre 2003, aff. C-296/01, *Commission c/ France* : *Rec.* p. I-13909.
- CJCE, 5ème ch., 11 mars 2004, aff. C-9/02, *De Lasteyrie du Saillant* : *Rec.* p. I-2409.

- CJCE, Grande ch., 13 décembre 2005, aff. C-446/03, *Marks & Spencer* : *Rec.* p. I-10837.
- CJCE, Grande ch., 21 février 2006, aff. C-255/02, *Halifax plc* : RJF 5/06, n° 648.
- CJCE, Grande ch., 12 septembre 2006, aff. C-196/04, *Cadbury Schweppes plc et Cadbury Schweppes Ltd* : *Rec.* p. I-7995.
- CJCE, Grande ch., 3 octobre 2006, aff. C-290/04, *FKP ScorpioKonzertproduktionen, GmbH* : *Rec.* p. I-9461.
- CJCE, Grande ch., 13 mars 2007, aff. C-524/04, *Test Claimants in the Thin Cap Group Litigation* : *Rec.* p. I-2107.
- CJCE, 1ère ch., 5 juillet 2007, aff. C-321/05, *Kofoed* : *Rec.* p. I-5795.
- CJCE, Grande ch., 18 décembre 2007, aff. C-101/05, *Skatteverket c/ A.* : *Rec.* p. I-11531.
- CJCE, 4ème ch., 17 janvier 2008, aff. C-105/07, *Lammers & Van Cleef NV c/ Belgische Staat* : *Rec.*, p. I-173.
- CJCE, 2ème ch., 21 février 2008, aff. C-425/06, *Part Service Srl* : *Rec.* p. I-897.
- CJCE, Grande ch., 20 mai 2008, aff. C-194/06, *Orange European Smallcap Fund NV* : *Rec.* p. I-3747.
- CJCE, 3ème ch., 22 mai 2008, aff. C-162/07, *Ampliscientifica Srl et Amplifin SpA* : *Rec.* p. I-4019.
- CJCE, 4ème ch., 23 octobre 2008, aff. C-157/07, *Krankenheim Ruhesitz am Wannsee-Seniorenheimstatt GmbH* : *Rec.* p. I-8061.

### B. *Cour de justice de l'Union européenne (CJUE)*

- CJUE, 3ème ch., 22 décembre 2010, aff. C-277/09, *RBS Deutschland Holdings GmbH* : *Rec.* p. I-13805.
- CJUE, 3ème ch., 22 décembre 2010, aff. C-103/09, *Weald Leasing* : *Rec.* p. I-13589.
- CJUE, 1ère ch., 3 mars 2011, aff. C-50/09, *Commission c/ Irlande* : *Rec.* p. I-873.
- CJUE, 5ème ch., 10 novembre 2011, aff. C-126/10 *Foggia* : *Rec.* p. I-10923.
- CJUE, 1ère ch., 5 juillet 2012, aff. C-318/10, *Sté d'investissement pour l'agriculture tropicale* : ECLI:EU:C:2012:415.
- CJUE, 5ème ch., 18 octobre 2012, aff. C-603/10, *Pelati* : RJF 1/13, n° 125.
- CJUE, 3ème ch., 20 juin 2013, aff. C-653/11, *Her Majesty's Commissioners of Revenue and Customs c/ Paul Newey* : *Dr. fisc.* 2013, n° 36, act. 472.

- CJUE, 1ère ch., 18 décembre 2014, aff. C-131/13, C-163/13 et C-164/13, *Schoenimport «Italmoda» Mariano Previti et al.* : ECLI:EU:C:2014:2455.
- CJUE, 3ème ch., 11 juin 2015, aff. C-29/14, *Commission c/ Pologne* : ECLI:EU:C:2015:379.
- CJUE, 1ère ch., 8 mars 2017, aff. C-14/16, *Euro Park Service venant aux droits et obligations de la SCI Cairnbulg Nanteuil c/ Ministre des Finances et des Comptes publics : Dr. fisc.* 2017, n° 20, comm. 306.
- CJUE, 6ème ch., 7 septembre 2017, aff. C-6/16, *Eqiom SAS, anciennement Holcim France SAS, Enka SA c/ Ministre des Finances et des Comptes publics* : *RJF* 11/17, n° 1145.
- CJUE, 4ème ch., 22 novembre 2017, aff. C-251/16, *Cussens et al.* : ECLI:EU:C:2017:881.
- CJUE, 6ème ch., 20 décembre 2017, aff. C-504/16 et C-613/16, *Deister Holding AG, anciennement Traxx Investments NV et Juhler Holding A/S* : ECLI:EU:C:2017:1009.
- CJUE, Grande ch., 6 février 2018, aff. C-359/16, *Altun et al.* : ECLI:EU:C:2018:63.
- CJUE, 5ème ch., 11 juillet 2018, aff. C-365/15, *Commission c/ Belgique* : ECLI:EU:C:2017:19.
- CJUE, 5ème ch., 4 octobre 2018, aff. 416/17, *Commission c/ France* : *RJF* 12/18, n° 1299.
- CJUE, Grande ch., 26 février 2019, aff. C-115/16, C-118/16, C-119/16 et C-299/16, *N Luxembourg 1 et a.* : *RJF* 6/19, n° 613.
- CJUE, Grande ch., 26 février 2019, aff. C-116/16 et C-117/16, *Skatteministeriet c/ T Danmark et Y Denmark Aps* : *RJF* 6/19, n° 611.
- CJUE, Grande. ch., 26 février 2019, aff. C-135/17, *X GmbH c/ Finanzant Stuttgart Körperschaften* : *RJF* 5/19, n° 503.
- CJUE, 5ème ch., 18 juin 2020, aff. C-276/18, *KrakVet Marek Batko sp.k. c/ Nemzeti Adó- és Vámhivatal Fellebbviteli Igazgatósága* : ECLI:EU:C:2020:485.
- CJUE, 1ère ch., 20 janvier 2021, aff. C-484/19, *Lexel AB* : *RJF* 4/21, n° 439.
- CJUE, 5ème ch., 24 février 2022, aff. C-257/20, *Viva Telecom Bulgaria EOOD* : *RJF* 5/22, n° 514.
- CJUE, 1ère ch., 5 mai 2022, aff. C-250/20, *BV c/ DDFIP de la Haute-Savoie* : *Dr. fisc.* 2022, n° 20, act. 176.

# Index

**Les chiffres indiqués renvoient aux numéros de paragraphes.**

## Table des matières

## Structures éditoriales du groupe L'Harmattan

**L'Harmattan Italie**
Via degli Artisti, 15
10124 Torino
harmattan.italia@gmail.com

**L'Harmattan Hongrie**
Kossuth l. u. 14-16.
1053 Budapest
harmattan@harmattan.hu

---

**L'Harmattan Sénégal**
10 VDN en face Mermoz
BP 45034 Dakar-Fann
senharmattan@gmail.com

**L'Harmattan Cameroun**
TSINGA/FECAFOOT
BP 11486 Yaoundé
inkoukam@gmail.com

**L'Harmattan Burkina Faso**
Achille Somé – tengnule@hotmail.fr

**L'Harmattan Guinée**
Almamya, rue KA 028 OKB Agency
BP 3470 Conakry
harmattanguinee@yahoo.fr

**L'Harmattan RDC**
185, avenue Nyangwe
Commune de Lingwala – Kinshasa
matangilamusadila@yahoo.fr

**L'Harmattan Congo**
219, avenue Nelson Mandela
BP 2874 Brazzaville
harmattan.congo@yahoo.fr

**L'Harmattan Mali**
ACI 2000 - Immeuble Mgr Jean Marie Cisse
Bureau 10
BP 145 Bamako-Mali
mali@harmattan.fr

**L'Harmattan Togo**
Djidjole – Lomé
Maison Amela
face EPP BATOME
ddamela@aol.com

**L'Harmattan Côte d'Ivoire**
Résidence Karl – Cité des Arts
Abidjan-Cocody
03 BP 1588 Abidjan
espace_harmattan.ci@hotmail.fr

---

## Nos librairies en France

**Librairie internationale**
16, rue des Écoles
75005 Paris
librairie.internationale@harmattan.fr
01 40 46 79 11
www.librairieharmattan.com

**Librairie des savoirs**
21, rue des Écoles
75005 Paris
librairie.sh@harmattan.fr
01 46 34 13 71
www.librairieharmattansh.com

**Librairie Le Lucernaire**
53, rue Notre-Dame-des-Champs
75006 Paris
librairie@lucernaire.fr
01 42 22 67 13

www.ingramcontent.com/pod-product-compliance
Lightning Source LLC
LaVergne TN
LVHW011215061026
849535LV00001BA/33